Berliner Handbücher

Erbenhaftung

von

Dr. Norbert Joachim
Rechtsanwalt und Fachanwalt für Erbrecht und Verkehrsrecht in Hannover
Lehrbeauftragter an der Leibniz Universität Hannover

4., völlig neu bearbeitete und erweiterte Auflage

ERICH SCHMIDT VERLAG

Bibliografische Information der Deutschen Nationalbibliothek
Die Deutsche Nationalbibliothek verzeichnet diese Publikation in der
Deutschen Nationalbibliografie; detaillierte bibliografische Daten sind im
Internet über http://dnb.d-nb.de abrufbar.

Weitere Informationen zu diesem Titel finden Sie im Internet unter
ESV.info/978 3 503 17780 6

1. Auflage 2002
2. Auflage 2006
3. Auflage 2011
4. Auflage 2018

Die 1. bis 3. Auflage erschienen unter dem Titel
„Die Haftung des Erben für Nachlassverbindlichkeiten".

ISBN 978 3 503 17780 6
ISSN 1865-4185

Dieses Papier erfüllt die Frankfurter Forderungen
der Deutschen Nationalbibliothek und der Gesellschaft für das Buch
bezüglich der Alterungsbeständigkeit und entspricht sowohl den
strengen Bestimmungen der US Norm Ansi/Niso Z 39.48-1992
als auch der ISO Norm 9706.

Gesetzt aus der Stempel Garamond, 9/11 Punkt

Satz: multitext, Berlin
Druck und Bindung: Hubert & Co., Göttingen

Vorwort

Seit dem Erscheinen der dritten Auflage, die vor allem den Neuregelungen des am 1.9.2009 in Kraft getretenen Gesetzes über das Verfahren in Familiensachen und in Angelegenheiten der freiwilligen Gerichtsbarkeit (FamFG) geschuldet war, sind einige Jahre vergangen. Spätestens die für Erbfälle seit dem 17.8.2015 geltende Europäische Erbrechtsverordnung, das internationale Erbrechtsverfahrensgesetz (IntErbRVG) zur Durchführung der Verordnung, die Änderungen im Kostenrecht durch das Gesetz über Kosten der freiwilligen Gerichtsbarkeit für Gerichte und Notare (Gerichts- und Notarkostengesetz GNotKG vom 23.7.2013 (BGBl. I S. 2586)) und aufgrund des Gesetzes zur Übertragung von Aufgaben im Bereich der freiwilligen Gerichtsbarkeit auf Notare vom 26.6.2013 (BGBl. I S. 1800) machten eine Neuauflage erforderlich. Das Kapital zum internationalen Privatrecht ist vollständig neu bearbeitet worden. Die Länderübersicht wurde um die Staaten Kroatien, Ungarn und Zypern erweitert und aktualisiert. Die anderen Kapitel wurden umfänglich überarbeitet und erweitert, insbesondere die Ausführungen zum Aufgebotsverfahren, zur Inventarerrichtung, aber auch zum Höferecht und zum Staatserbrecht. Des Weiteren wurden 17 neue Muster aufgenommen. Das Stichwortverzeichnis wurde ebenfalls umfänglich überarbeitet und ermöglicht einen schnelleren Zugriff auf einzelne Problembereiche.

Das Bürgerliche Gesetzbuch regelt in den §§ 1967 bis 2017 BGB zunächst die Haftung des Alleinerben und anschließend in den §§ 2058 bis 2063 BGB Besonderheiten der Haftung mehrerer Erben.

Die Interessen der Nachlassgläubiger werden dabei höher bewertet als die des/der Erben. Den Erben werden jedoch – durch ein nicht ganz unkompliziertes System – Möglichkeiten eröffnet, die Haftung auf den Nachlass zu beschränken, um so den Zugriff von Nachlassgläubigern auf ihr Eigenvermögen zu verhindern. Das Gesetz ermöglicht einmal eine rechtliche Absonderung des Nachlasses unter fremder Verwaltung, aber auch eine solche aufgrund einer Verwaltung des Erben selbst. Voraussetzung für die Anwendung dieses Haftungssystems ist immer, dass eine Verbindlichkeit gegeben ist, die den Nachlass als solchen betrifft.

Der Erbe kann sich dem Zugriff auf sein Eigenvermögen auch durch Ausschlagung der Erbschaft entziehen. Die Ausschlagung hat mit einer Beschränkung der Haftung auf den Nachlass nichts zu tun, wofür Voraussetzung ist, dass der Erbe die Erbschaft zuvor angenommen hat. Die Ausschlagung ist deshalb auch nicht bei den Vorschriften über die Erbenhaftung geregelt. Hatte ein Erbe vor einer Ausschlagung der Erbschaft bereits Geschäfte für den Nachlass besorgt, ist er demjenigen, der tatsächlich Erbe wird, wie ein Geschäftsführer ohne Auftrag berechtigt und verpflichtet. Die Ausschlagung begründet zwar in besonderem Maße einen Schutz vor der Inanspruchnahme aus Nachlassverbindlichkeiten und wird deshalb in dieser Darstellung zur Erbenhaftung mit behandelt. Das Gesetz stellt aber durchaus flexiblere Möglichkeiten bereit, um auch später noch die Haftung auf den Nachlass beschränken zu können, so dass das Unterlassen der Ausschlagung in vielen Fällen unschädlich ist.

Die Darstellung orientiert sich an der Gesetzessystematik. Deshalb wird zuerst die Haftung des Alleinerben und im Anschluss daran die Haftung mehrerer Erben erläutert. Besonderheiten der Haftung von Vor- und Nacherben, der des Fiskus und der des Hoferben sowie beim Erbschaftskauf werden ebenfalls behandelt. Ein eigenes Kapitel ist der prozessualen Geltendmachung des Haftungsbeschränkungsrechts im Erkenntnis- und im Vollstreckungsverfahren gewidmet. Abgerundet wird das Buch durch ein Kapitel zur Ausschlagung und einen Exkurs zur Haftung des Erbschaftsbesitzers, die als solche mit der Haftung eines Erben nichts zu tun hat.

Dieses Werk zur Haftung des Erben für Nachlassverbindlichkeiten wendet sich in erster Linie an den juristischen Praktiker, der als anwaltlicher Berater, als Notar oder als Richter mit den entsprechenden Fragestellungen beschäftigt ist. Aber auch Hochschullehrer, Steuerberater, Wirtschaftsprüfer, Nachlasspfleger, Insolvenzverwalter, Testamentsvollstrecker, Studenten und interessierte Laien, die sich einen Überblick über das erbrechtliche Haftungssystem verschaffen wollen, können das Buch mit Gewinn nutzen. Berücksichtigt wurden die bis zum Februar 2018 erschienene Rechtsprechung und Literatur.

Meiner Mitarbeiterin, Frau Sibylle Sander, gebührt wiederum mein besonderer Dank für ihre unermüdliche Umsetzung meiner – nicht immer gut leserlich – niedergeschriebenen Gedanken.

Hannover, im März 2018   Der Verfasser

Inhaltsübersicht

Inhaltsverzeichnis

Abkürzungsverzeichnis

a.A.	anderer Ansicht
ABGB	Allgemeines bürgerliches Gesetzbuch Österreichs
ABL.	Amtsblatt der Europäischen Union
Abs.	Absatz
AcP	Archiv für die civilistische Praxis
AEUV	Vertrag über die Arbeitsweise der Europäischen Union
a.F.	alte Fassung
AGS	Anwaltsgebühren spezial (seit 1993)
AK	Alternativkommentar
Alt.	Alternative
Anm.	Anmerkung
Anwk.	Anwaltskommentar
AO	Abgabenordnung
Art.	Artikel
BAGE	Entscheidungssammlung des Bundesarbeitsgerichts
BayObLG	Bayerisches Oberstes Landesgericht
BayObLGZ	Entscheidungssammlung in Zivilsachen des Bayerischen Obersten Landesgerichts
BB	Betriebsberater (Zeitschrift)
BBodSchG	Bundesbodenschutzgesetz vom 17. 3. 1998, BGBl. I 502, FNA 2129-32
bearb.	bearbeitet
BReg	Bundesregierung
BGBl.	Bundesgesetzblatt
BeckOGK	Beck´scher Online Großkommentar
BeurkG	Beurkundungsgesetz
BFH	Bundesfinanzhof
BFHE	Entscheidungssammlung des Bundesfinanzhofes
BFH/NV	Sammlung der nicht veröffentlichten Entscheidungen des Bundesfinanzhofes
BGB	Bürgerliches Gesetzbuch
BGH	Bundesgerichtshof
BGHZ	Entscheidungen des Bundesgerichtshofes
BNotO	Bundesnotarordnung in der Fassung vom 24. 2. 1961, BGBl. I 98, FNA 303-1
Brüssel Ia-VO	Verordnung (EU) Nr. 1215/2012 über die gerichtliche Zuständigkeit und die Anerkennung und Vollendung von Entscheidungen in Zivil- und Handelssachen
BSGE	Entscheidungssammlung des Bundessozialgerichts
BT-Drucks.	Bundestagsdrucksache

BStBl.	Bundessteuerblatt
BVerwG	Bundesverwaltungsgericht
BVerwGE	Entscheidungen des Bundesverwaltungsgerichts
BWNotZ	Zeitschrift für das Notariat in Baden-Württemberg
bzw.	beziehungsweise
DAR	Deutsches Autorecht
DB	Der Betrieb (Zeitschrift)
d. h.	das heißt
DJZ	Deutsche Juristen-Zeitung
DÖV	Die Öffentliche Verwaltung (Zeitschrift)
DStR	Deutsches Steuerrecht
DStZ	Deutsche Steuerzeitung
EE	Eisenbahn- und Verkehrsrechtliche Entscheidungen und Abhandlungen
EFG	Entscheidungen der Finanzgerichte
EGBGB	Einführungsgesetz zum Bürgerlichen Gesetzbuch in der Fassung vom 21. 9. 1994, BGBl. I 2494, FNA 400-1
EGInsO	Einführungsgesetz zur Insolvenzordnung vom 5. 10. 1994, BGBl. I 2911, FNA 311-14-1
EUInsO	Europäische Verordnung über Insolvenzverfahren
Einf.	Einführung
ErbR	Zeitschrift für die gesamte erbrechtliche Praxis
ErbStG	Erbschaftsteuergesetz
ErwG	Erwägungsgrund
EStG	Einkommensteuergesetz
EuErbVO	Erbrechtsverordnung, Verordnung (EU) Nr. 650/2012
ff.	folgende
FamFG	Gesetz über das Verfahren in Familiensachen und in den Angelegenheiten der freiwilligen Gerichtsbarkeit vom 17. 12. 2008, BGBl. I 2586, FNA 315-24
FamRZ	Zeitschrift für das gesamte Familienrecht
FeuerbeG	Feuerbestattungsgesetz
ff.	fortfolgende
FGG-RG	Gesetz zur Reform des Verfahrens in Familiensachen und in den die Angelegenheiten der freiwilligen Gerichtsbarkeit
FK	Frankfurter Kommentar zur Insolvenzordnung
Fn.	Fußnote
FR	Finanzrundschau
FS	Festschrift
GBO	Grundbuchordnung
GewArch	Gewerbearchiv (Zeitschrift)
GewStG	Gewerbesteuergesetz
ggf.	gegebenenfalls

XXVIII

GKG	Gerichtskostengesetz
GmbH	Gesellschaft mit beschränkter Haftung
GNotKG	Gesetz über Kosten der freiwilligen Gerichtsbarkeit für Gerichte und Notare
GOA	Geschäftsführung ohne Auftrag
GrS	Großer Senat
GrStG	Grundsteuergesetz
GVG	Gerichtsverfassungsgesetz
HK-InsO	Heidelberger Kommentar zur Insolvenzordnung
Hk	Handkommentar
h.M.	herrschende Meinung
Hs	Halbsatz
HGB	Handelsgesetzbuch
HöfeO	Höfeordnung in der Fassung vom 26.7.1976, BGBl. I 1933, FNA 7811-6
HöfeVfO	Verfahrensordnung für Höfesachen vom 29.3.1976, BGBl. I 881, 885, FNA 7811-6-1-2
HRR	Höchstrichterliche Rechtsprechung (Jahr u. Nr.)
Hrsg.	Herausgeber
HWB-EuP	Handwörterbuch des Europäischen Privatrechts
i.H.	in Höhe
InsO	Insolvenzordnung
IntErbR	Internationales Erbrecht
IntErbVG	Internationales Erbrechtsverfahrensgesetz
IPrax	Praxis des Internationalen Privat- und Verfahrensrechts
IPRG	Gesetz zur Neugestaltung des Internationalen Privatrechts
i.S.v.	im Sinne von
i.V.m.	in Verbindung mit
JBeitrG	Justizbeitreibungsgesetz neu gefasst durch Bekanntmachung vom 27.6.2017 (BGBl. I S. 1926)
JFG	Jahrbuch für Entscheidungen in Angelegenheiten der Freiwilligen Gerichtsbarkeit und des Grundbuchrechtes (Band u. Seite)
JR	Juristische Rundschau
Jura	Juristische Ausbildung
JurBüro	Das juristische Büro
jurisPR-FamR	juris-PraxisReport Familien- und Erbrecht
JuS	Juristische Schulung
JW	Juristische Wochenschrift
JZ	Juristen-Zeitung
Kap.	Kapitel
KG	Kammergericht/Kommanditgesellschaft
KO	Konkursordnung
KonsG	Konsulargesetz

KTS	Zeitschrift für Konkurs-, Treuhand- und Schiedsgerichtswesen (bis 2003)
LFGG	Landesgesetz über die Angelegenheiten der freiwilligen Gerichtsbarkeit
LM	Lindenmaier/Möhring
LPartG	Lebenspartnerschaftsgesetz vom 16. 2. 2001, BGBl. I 266, FNA 400-15
Ls	Leitsatz
LuftVG	Luftverkehrsgesetz
LwVG	Gesetz über das gerichtliche Verfahren in Landwirtschaftssachen vom 21. 7. 1953, BGBl. I 667, FNA 317-1
LZ	Leipziger Zeitschrift für Deutsches Recht
MDR	Monatsschrift für Deutsches Recht
m. E.	meines Erachtens
MHbeG	Minderjährigenhaftungsbeschränkungsgesetz
Mot.	Motive zum BGB
m. w. N.	mit weiteren Nachweisen
MüKo	Münchener Kommentar
Nds	Niedersächsisches
NdsRpfl	Niedersächsische Rechtspflege
n. F.	neue Fassung
NJOZ	Neue Juristische Online-Zeitschrift
NJW	Neue Juristische Wochenschrift
NJWE-FER	NJW Entscheidungsdienst Familien- und Erbrecht (-Zeitschrift, bis 1997)
NJW-RR	NJW-Rechtsprechungsreport
nrkr	nicht rechtskräftig
Nr.	Nummer
NVwZ	Neue Zeitschrift für Verwaltungsrecht
NVwZ-RR	Neue Zeitschrift für Verwaltungsrecht-Rechtsprechungsreport
NWB	Neue Wirtschaftsbriefe
NZM	Neue Zeitschrift für Mietrecht
NZV	Neue Zeitschrift für Verkehrsrecht
OHG	Offene Handelsgesellschaft
OLG	Oberlandesgericht
OLGE	Entscheidungssammlung des OLG
OLGR	OLG-Report
OLGZ	Entscheidungen der Oberlandesgerichte in Zivilsachen
OWiG	Ordnungswidrigkeitengesetz in der Fassung vom 19. 2. 1987, BGBl. I 603, FNA 454-1
PflVG	Pflichtversicherungsgesetz
PR	Praxisreport
Prot.	Protokolle der Kommission für die II. Lesung des Entwurfs des BGB

RabelsZ	Rabels Zeitschrift für ausländisches und internationales Privatrecht
Rdn.	Randnummer
Recht	Zeitschrift „Das Recht" (Jahr und Nummer der Entscheidung)
RegE	Regierungsentwurf
RG	Reichsgericht
RGRK	Reichtsgerichtsräte-Kommentar
RGZ	Entscheidungen des Reichsgerichts in Zivilsachen
Rpfleger	Der Deutsche Rechtspfleger (Zeitschrift)
RPflG	Rechtspflegergesetz
r + s	Recht und Schaden (Zeitschrift)
RVG	Rechtsanwaltsvergütungsgesetz
S.	Seite/Satz
SeuffA	Seufferts Archiv für Entscheidungen der obersten Gerichte in den deutschen Staaten
StBp	Die steuerliche Betriebsprüfung
(Zeitschrift)	
SGB	Sozialgesetzbuch
StAG	Staatsangehörigkeitsgesetz vom 22. 7. 1917, RGBl. 583, FNA 102-1
StPO	Strafprozessordnung
str.	streitig
StRK	Steuerrechtsprechung in Karteiform, hrsg. von Felix
StuW	Steuer und Wirtschaft
StVG	Straßenverkehrsgesetz
StVj	Steuerliche Vierteljahresschrift
UAbs	Unterabsatz
UmwStG	Umwandlungssteuergesetz
UStG	Umsatzsteuergesetz
u.U.	unter Umständen
v.	vor, von
VBVG	Vormünder- und Betreuervergütungsgesetz vom 21. 4. 2005, BGBl. I 1073, FNA 400-16
VersAuglG	Versorgungsausgleichsgesetz vom 3. 4. 2009, BGBl. I 700, FNA 404-31
VersR	Versicherungsrecht (Zeitschrift)
VGH	Verwaltungsgerichtshof
vgl.	vergleiche
Vorbem.	Vorbemerkung
VV	Vergütungsverzeichnis RVG
VVG	Versicherungsvertragsgesetz vom 23. 11. 2007, BGBl. I 2631, FNA 7632-6
WarnR	Warneyer, Die Rechtsprechung des Reichsgerichts
WM	Zeitschrift für Wirtschafts- und Bankrecht

z.B.	zum Beispiel
ZErb	Zeitschrift für die Steuer- und Erbrechtspraxis
ZEV	Zeitschrift für Erbrecht und Vermögensnachfolge
ZfW	Zeitschrift für Wasserrecht
ZGB	Zivilgesetzbuch der DDR
ZGR	Zeitschrift für Unternehmens- und Gesellschaftsrecht
ZHR	Zeitschrift für das gesamte Handels- und Wirtschaftsrecht
zit.	zitiert
ZIP	Zeitschrift für Wirtschaftsrecht
ZPO	Zivilprozessordnung in der Fassung vom 5. 12. 2005, BGBl. I 3202, FNA 310-4
ZUR	Zeitschrift für Umweltrecht
ZVG	Zwangsversteigerungsgesetz

A. Einleitung

In der Bevölkerung wird – begründet durch den in den letzten Jahrzehnten ständig ge- *1*
stiegenen Wohlstand, der damit einhergehenden Vermehrung privater Vermögen und
immer höherer Nachlasswerte – oftmals verdrängt, dass ein Nachlass auch überschuldet sein kann. Nach dem **Grundsatz der Universalsukzession** gemäß § 1922 Abs. 1
BGB gehen sowohl die Aktiva eines Nachlasses als auch die vom Erblasser herrührenden Verbindlichkeiten als Ganzes auf den Erben über. Dieser wird persönlicher Schuldner der Gläubiger seines Rechtsvorgängers und tritt an die Stelle der Rechtspersönlichkeit, die ihren Gläubigern infolge des Todes verloren gegangen ist. In einer Vielzahl von
Erbfällen ist nicht ersichtlich, ob der Nachlass werthaltig ist. So unterliegen Nachlässe
Wertschwankungen, die es einem Erben – beispielsweise bei Grundstücken oder Geldanlagen – erschweren, den geeigneten Zeitpunkt der Veräußerung zu bestimmen. Die
kurz bemessene **sechswöchige Ausschlagungsfrist** des § 1944 Abs. 1 BGB **ist abgelaufen**, eine spätere Anfechtung der Versäumung der Ausschlagungsfrist verzeichnet nicht
immer Erfolg. Für die rechtlichen Berater von Erben und Nachlassgläubigern, aber
auch für die bei den Gerichten tätigen Personen sind Fragen der Erbenhaftung deshalb
von erheblicher praktischer Bedeutung. Den **Interessen des Erben**, den Nachlass möglichst vollständig für eigene Zwecke verwenden und sein Privatvermögen vor dem Zugriff von Nachlassgläubigern schützen zu können, stehen deren Interessen gegenüber,
ihre Forderungen gegenüber dem Erben möglichst ungeschmälert durchzusetzen.

Titel 2 des Buches 5 (§ 1967–2017 BGB) regelt in fünf Untertiteln die Haftung des *1a*
nicht ausschlagenden Erben für Nachlassverbindlichkeiten. Untertitel 1 (§§ 1967–
1969 BGB) umschreibt zunächst die Nachlassverbindlichkeiten als solche und wer dafür
haftet. Untertitel 2 (§§ 1970–1974 BGB) enthält Bestimmungen über das Aufgebot der
Nachlassgläubiger, Untertitel 3 (§§ 1975–1992 BGB) bestimmt die Voraussetzungen,
unter denen der Erbe eine Beschränkung seiner Haftung für Nachlassverbindlichkeiten
herbeiführen kann. Untertitel 4 (§§ 1993–2013 BGB) befasst sich mit der Errichtung
eines Inventars und bestimmt, dass Verletzungen der Inventarpflicht zu einer endgültigen unbeschränkten Haftung des Erben führen können. Untertitel 5 (§§ 2014–2017
BGB) ermöglicht es dem noch nicht unbeschränkbar haftenden Erben, für eine bestimmte Zeit (Schonfrist) Nachlassgläubiger an der Durchsetzung ihrer Rechte zu hin-
dern, um den Nachlass in Ruhe sichten zu können. Die Vorschriften des zweiten Titels
des 5. Buches werden durch verschiedene Bestimmungen des Bürgerlichen Gesetzbuches ergänzt: § 211 BGB ist für die Ablaufhemmung der Verjährung von Relevanz.
Besonderheiten bei minderjährigen Erben regelt § 1629a BGB. Die §§ 2058–2063 BGB
beschäftigten sich mit der Haftung mehrerer Erben, die §§ 2143–2146 BGB regeln die
Haftung im Falle der Vor- und Nacherbschaft. Die §§ 1432, 1437, 1439, 1455 Nr. 1, 3,
1459, 1461 BGB sind hinsichtlich der Haftung der in Gütergemeinschaft lebenden Ehegatten für die Verbindlichkeiten eines zum Gesamtgut gehörenden Nachlasses von Bedeutung. §§ 1942 Abs. 2, 1966, 2011 BGB treffen ergänzende Regelungen für den Fall,
dass der Fiskus gesetzlicher Erbe ist. § 1958 BGB beschränkt die gerichtliche Geltendmachung von Ansprüchen gegen noch ausschlagungsberechtigte Erben. Durch die

§§ 2382–2385 BGB wird die Nachhaftung für Nachlassverbindlichkeiten in den Fällen des Erbschaftsverkaufes und andere auf Veräußerung der Erbschaft gerichteter Verträge geregelt. § 1963 BGB trifft eine Regelung hinsichtlich des Unterhaltsanspruchs einer Mutter, die zur Zeit des Erbfalls die Geburt eines Erben zu erwarten hat. Durch § 884 BGB wird die unbeschränkte Haftung eines Erben, soweit ein Anspruch gegen den Erblasser durch Vormerkung im Grundbuch gemäß § 883 BGB gesichert ist, ergänzt.[1] Außerhalb des BGB regeln die §§ 27, 139 HGB die Haftung von Erben, die ein zum Nachlass gehörendes Handelsgeschäft fortführen und der Erben des Teilhabers einer OHG für Geschäftsschulden. In §§ 315 ff. InsO finden sich Regelungen zum Nachlassinsolvenzverfahren, in der ZPO hinsichtlich des Gerichtsstandes (§§ 27, 28 ZPO), der Haftung des Erben vor der Annahme der Erbschaft (§§ 239 Abs. 5, 246, 778, 779 ZPO) und hinsichtlich der prozessualen Geltendmachung von Haftungsbeschränkungen einschließlich der durch die §§ 2014, 2015 BGB gewährten aufschiebenden Einreden (§§ 305, 780–785 ZPO). In § 15 HöfeO ist die Haftung eines Hoferben und deren Verhältnis zur Haftung der übrigen Erben geregelt. Ferner finden sich Normen zur Erbenhaftung in § 23a Abs. 1 Nr. 2, Abs. 2 Nr. 2 GVG, in §§ 342 ff. FamFG hinsichtlich der Zuständigkeit des Nachlassgerichtes und hinsichtlich des gerichtlichen Verfahrens bei der Sicherung des Nachlasses (§ 1960 BGB), bei der Nachlasspflegschaft (§§ 1960, 1961 BGB) sowie in den §§ 175 ff. ZVG hinsichtlich des dort unter gewissen Voraussetzungen anerkannten Rechts eines Erben und anderer Personen, die Zwangsversteigerung eines zum Nachlass gehörenden Grundstücks zu beantragen, wenn ein Nachlassgläubiger für seine Forderung ein Recht auf Befriedigung aus diesem Grundstück hat.

I. Der Grundsatz unbeschränkter, aber auf den Nachlass beschränkbarer Haftung

2　Das BGB regelt die Haftung des Erben für Nachlassverbindlichkeiten als **unbeschränkte, aber auf den Nachlass beschränkbare Haftung**.[2] Der Erbe hat es in der Hand, seine zunächst nach Annahme der Erbschaft eingetretene Haftung mit dem Nachlass und mit seinem Eigenvermögen in eine auf den Nachlass beschränkte Haftung umzuwandeln. **Vor der Ausübung des Beschränkungsrechts** hat der Erbe den **Nachlass ordnungsgemäß zu verwalten**, anderenfalls ihm unter den Voraussetzungen der §§ 1978, 1980, 1991 BGB Schadensersatzansprüche drohen. Das Gesetz sieht in § 1975 BGB als ein Mittel der Haftungsbeschränkung gegenüber allen Nachlassgläubigern die amtlichen Verfahren der Nachlassverwaltung und des Nachlassinsolvenzverfahrens vor. Fehlt es an einer für die Anordnung oder Eröffnung dieser Verfahren erforderlichen kostendeckenden Masse, kann der Erbe durch Erhebung der Dürftigkeitseinrede gemäß § 1990 Abs. 1 Satz 1 BGB eine Haftung mit dem Eigenvermögen gegenüber allen Nachlassgläubigern vermeiden. Beruht die Überschuldung des Nachlasses auf Vermächtnissen und Auflagen, kann sich der Erbe gegenüber diesen Gläubigern auf die Überschwerungseinrede gemäß § 1992 BGB berufen.

1　*Staudinger/Dutta* (2016), Vorbem. zu §§ 1967 ff. Rdn. 1.
2　Einen einleitenden Überblick geben *Joachim*, ZEV 2005, 99 ff.; *Sick*, ZErb 2010, 325 ff. und *Bartsch*, ZErb 2010, 345 ff.

Eine Haftungsbeschränkung gegenüber **einzelnen Nachlassgläubigern** kann der Erbe herbeiführen, indem er ein Aufgebotsverfahren anstrengt und einem Gläubiger, der sich im Aufgebotsverfahren nicht gemeldet hat, die sog. Ausschließungseinrede gemäß § 1973 BGB entgegenhält. Meldet sich ein Gläubiger überhaupt erst nach Ablauf von 5 Jahren nach dem Erbfall, kann der Erbe ihm gegenüber die sog. Verschweigungseinrede gemäß § 1974 BGB erheben. Ausgeschlossene und säumige Gläubiger kann er auf den Nachlassüberschuss nach Bereicherungsrecht verweisen.

Miterben können vor der Teilung des Nachlasses gemäß § 2059 Abs. 1 Satz 1 BGB eine vorläufige Haftungsbeschränkung auf den Nachlass und ihren Miterbenanteil herbeiführen. Diese Haftungsbeschränkung dürfte neben der Erhebung der Dürftigkeitseinrede gemäß § 1990 Abs. 1 Satz 1 BGB in der Praxis am häufigsten vorkommen. Nach der Teilung kommt eine **teilschuldnerische Haftung** ausschließlich mit dem Erbteil unter den besonderen Voraussetzungen der §§ 2060, 2061 BGB in Betracht.

II. Überblick über das Haftungssystem nach dem BGB aus Sicht des/der Erben und der Nachlassgläubiger

Alleinerbe/Miterben	Nachlassgläubiger
A. Haftung des Alleinerben I. Nach dem Tod des Erblassers kommt es zum Vonselbsterwerb des Nachlasses; der Erbe wird sogleich auch Schuldner von Nachlassverbindlichkeiten. II. Ausschlagungsfristen beachten: Sie betragen unter den Voraussetzungen von § 1944 BGB 6 Wochen bis max. 6 Monate nach Kenntnis von dem Anfall und dem Grund der Berufung. III. Zeitlich begrenzte Möglichkeit der Abwehr von Nachlassgläubigern durch Erhebung der aufschiebenden Einreden der §§ 2014, 2015 BGB, sofern der Erbe noch nicht gemäß § 2016 Abs. 1 BGB unbeschränkt haftet. 1. Bis zum Ablauf der ersten drei Monate nach Annahme der Erbschaft, jedoch nicht über den Zeitpunkt einer Inventarerrichtung hinaus durch die Erhebung der Dreimonatseinrede gemäß § 2014 BGB. 2. Innerhalb eines Jahres nach Annahme der Erbschaft Antrag auf Erlass des Aufgebots der Nachlassgläubiger und nach Zulassung des Antrages Erhebung der	I. Vor Annahme der Erbschaft ist die gerichtliche Geltendmachung von Nachlassverbindlichkeiten gegen den Erben ausgeschlossen, § 1958 BGB. II. Möglichkeiten der Herbeiführung der unbeschränkten Haftung des Erben gegenüber allen Nachlassgläubigern: 1. Antrag auf Bestimmung einer Frist zur Errichtung eines Inventars und Fristversäumung des Erben, § 1994 Abs. 1 BGB Beachte: Eine Inventarfrist kann dem Fiskus gemäß § 2011 BGB sowie Nachlasspflegern und Nachlassverwaltern gemäß § 2012 BGB nicht bestimmt werden. 2. Aufdecken einer Inventaruntreue gemäß § 2005 Abs. 1 Satz 1 BGB oder nach Auskunftsverweigerung bzw. -verzögerung durch den Erben gemäß § 2005 Abs. 1 Satz 2 BGB. Das errichtete Inventar muss aufgrund erheblicher Unvollständigkeit oder der Aufnahme nicht bestehender Nachlassverbindlichkeiten fehlerhaft sein.

3

Alleinerbe/Miterben	Nachlassgläubiger

Einrede des Aufgebotsverfahrens gemäß § 2015 BGB bis zu dessen Beendigung.
IV. Endgültige Beschränkung der Haftung des Alleinerben gegenüber allen Nachlassgläubigern durch:
  1. Antrag auf Eröffnung des Nachlassinsolvenzverfahrens, § 1980 BGB.
  2. Antrag auf Anordnung der Nachlassverwaltung, § 1981 BGB.
  3. Erhebung der Dürftigkeitseinrede, § 1990 Abs. 1 Satz 1 BGB.
  4. Erhebung der Überschwerungseinrede gemäß § 1992 BGB bei Überschuldung durch Vermächtnisse und Auflagen; Einrederecht nur gegenüber Vermächtnisnehmern und Auflagenberechtigten.
V. Beschränkung der Haftung des Alleinerben gegenüber einzelnen Nachlassgläubigern durch:
  1. Ausschließungseinrede gemäß § 1973 BGB; Haftung nur mit dem Überschuss des Nachlasses.
  2. Verschweigungseinrede gemäß § 1974 BGB; Rechtsfolgen wie bei § 1973 BGB.
VI. Die rechtzeitige Inventarerrichtung führt nicht zur Beschränkung der Haftung, sondern begründet nur die Vermutungswirkung, dass zur Zeit des Erbfalls weitere Nachlassgegenstände als die angegebenen nicht vorhanden gewesen sind, § 2009 BGB.
 	
B. Haftung bei der Miterbengemeinschaft
I. Bis zur Annahme der Erbschaft gilt wie beim Alleinerben § 1958 BGB.
II. Haftung zwischen Annahme der Erbschaft und Nachlassteilung nur mit dem Miterbenanteil am Nachlass; der Miterbe muss sich aber auf die aufschiebende Einrede der beschränkten Miterbenhaftung gemäß § 2059 Abs. 1 Satz 1 BGB berufen.
	III. Herbeiführung der unbeschränkten Haftung des Erben gegenüber einzelnen Nachlassgläubigern durch:
	  1. Verlangen der Abgabe der eidesstattlichen Versicherung und Verweigerung des Erben, § 2006 Abs. 1, 3 BGB.
	  2. Vertraglicher Verzicht des Erben auf das Recht zur Haftungsbeschränkung.
	  3. Unterlassen der Herbeiführung des Vorbehalts der beschränkten Erbenhaftung gemäß § 780 Abs. 1 ZPO
	  Beachte: Ein Vorbehalt ist in den Fällen des § 780 Abs. 2 ZPO entbehrlich.
	IV. Wichtige Fristen für Nachlassgläubiger:
	  1. Ein Antrag auf Anordnung der Nachlassverwaltung ist nur möglich, wenn seit der Annahme der Erbschaft noch keine zwei Jahre verstrichen sind, § 1981 Abs. 2 Satz 2 BGB.
	  2. Nach Ablauf von 5 Jahren seit dem Erbfall können Nachlassgläubiger sich nur aus dem Nachlassrest befriedigen, sofern die Forderung dem Erben nicht vor Ablauf der 5 Jahre bekannt geworden oder im Aufgebotsverfahren angemeldet worden ist, § 1974 Abs. 1 BGB
	V. Besonderheiten bei Miterben
	  1. Der Erbfall führt zu einer Gesamtschuld aller Miterben für gemeinschaftliche Nachlassverbindlichkeiten, § 2058 BGB.
	  2. Nachlassgläubiger können die Gesamtschuldklage zur Befriedigung aus dem Eigenvermögen des verklagten Miterben, zu dem auch sein Miterbenanteil gehört, erheben.
	  3. Möglich ist auch eine Gesamthandsklage gegen alle Miterben als Träger des Nachlasses, § 2059 Abs. 2 BGB. Sie ist auf Befriedigung aus dem ungeteilten Nachlass gerichtet, § 747 ZPO.

Alleinerbe/Miterben	Nachlassgläubiger
III. Nach der Teilung des Nachlasses haftet der Miterbe unter den besonderen Voraussetzungen der §§ 2060, 2061 BGB nur mit seinem Erbteil. IV. Miterben stehen nach der Teilung des Nachlasses weiterhin die Dürftigkeits- und die Verschweigungseinrede gemäß §§ 1990 Abs. 1 Satz 1, 1992 BGB zu. Beachte: Nachlassverwaltung kann nach der Teilung gemäß § 2062 Hs. 2 BGB nicht mehr beantragt werden. Ein Nachlassinsolvenzverfahren ist dagegen gemäß § 316 Abs. 2 InsO weiterhin möglich.	

III. Ausnahmen vom Grundsatz der unbeschränkten, aber beschränkbaren Haftung

Die Möglichkeit der Beschränkung der Haftung für Nachlassverbindlichkeiten auf den Nachlass auf der Grundlage des Bürgerlichen Gesetzbuches wird allgemein als die den Interessen des Erben, der Nachlassgläubiger sowie denen der Eigengläubiger am besten entsprechende Lösung angesehen.[3] Die Gesetzgebung weicht von diesem Grundsatz zum Teil aufgrund einer – zweifelhaften – Intention, die Haftungslage des Erben zu verbessern, ab.[4]

    4

1. Gegenständlich beschränkte Haftung des Erben

Als eine von den Regelungen des Bürgerlichen Gesetzbuches abweichende Regelung der Erbenhaftung bestimmt **§ 5 Abs. 5 Satz 2 KonsG**, dass die Verpflichtung zum Ersatz von Aufwendungen aufgrund von Hilfeleistungen des Konsulates auf den Erben übergeht, dessen Haftung aber gegenständlich auf den Nachlass beschränkt ist. Für Erbfälle im Beitrittsgebiet sah zwischen dem 1. 1. 1976 und dem 3. 10. 1990 **§ 409 ZGB-DDR** ebenfalls eine gegenständlich auf den Nachlass beschränkte Haftung vor. Die gegenständlich beschränkte Haftung ist eine von Amts wegen zu beachtende, weil kraft Gesetzes eingetretene Art der Beschränkung.[5]

    5

2. Haftung des Erben mit dem Wert des Nachlasses

Eine Überschuldung eines Nachlasses kann wegen des Bezuges steuerfinanzierter, nachrangiger Sozialleistungen durch den Erblasser auf einem **sozialen leistungsbeding-**

    6

---

3   MüKo/*Küpper*, Vor § 1967 Rdn. 3; *Staudinger/Dutta* (2016), Vorbem. zu §§ 1967–2017 Rdn. 46; *Lange/Kuchinke*, § 46 I 3.

4   MüKo/*Küpper*, Vor § 1967 Rdn. 3.

5   MüKo/*Küpper*, Vor § 1967 Rdn. 5.

ten **Regress des Hilfeträgers** beruhen. Die §§ 34 Abs. 2, 35 Abs. 1 Satz 2 SGB II, § 102 Abs. 2 Satz 2 SGB XII (früher § 92c Abs. 2 Satz 2 BSHG) und § 103 Abs. 2 Satz 2 SGB XII (früher § 92a Abs. 2 Satz 2 BSHG) regeln eine Haftung des Erben des Sozialhilfeempfängers mit dem Wert des Nachlasses im Zeitpunkt des Erbfalls. Es werden auch Vermögensteile erfasst, die dem Erblasser selbst als Schonvermögen anrechnungsfrei verbleiben konnten. Die Erben eines Hilfeempfängers, seines Ehegatten oder eingetragenen Lebenspartners, falls dieser vor dem Hilfeempfänger verstirbt, sind gemäß § 102 Abs. 1 Satz 2 SGB XII zum **Ersatz der innerhalb eines Zeitraums von 10 Jahren vor dem Erbfall rechtmäßig aufgewendeten Sozialhilfe,** die das Dreifache des Grundbetrages nach § 85 Abs. 1 SGB XII übersteigt, verpflichtet. Eine entsprechende Regelung enthält § 35 Abs. 1 Satz 2 SGB II für die Gewährung von Grundsicherung für Arbeitsuchende. Nicht rechtmäßig ist eine frühere Hilfegewährung, wenn Vermögensteile eines Hilfeempfängers aufgrund der unzutreffenden Annahme durch den Sozialleistungsträger, es handelte sich um Schonvermögen, nicht zur Verwertung gelangten.[6] Ausgenommen sind gemäß § 102 Abs. 5 SGB XII auch Leistungen der Grundsicherung im Alter oder bei Erwerbsunfähigkeit.

Nach § 102 Abs. 2 Satz 1 SGB XII ist die Ersatzpflicht des Erben als Nachlassverbindlichkeit ausgestaltet. Die Ersatzpflicht des Erben **beschränkt** sich gemäß § 102 Abs. 2 Satz 2 SGB XII **auf den Wert des zum Todeszeitpunkt vorhandenen Nachlasses,** wobei ein sonstiger Erwerb durch Rechtsgeschäft unter Lebenden auf den Todesfall nicht einbezogen ist. Spätere Wertverluste oder die Weggabe von Nachlassgegenständen vor einer Inanspruchnahme durch den Sozialleistungsträger führen nicht zu einer Entlastung des Erben. Jeder Nachlass ist – abgesehen von einem Sockelbetrag in Höhe des 6-fachen Eckregelsatzes – vollständig einschließlich früherer Schonvermögensteile zu verwerten. Die Haftung ist nicht auf die Nachlassgegenstände zum Zeitpunkt des Erbfalls beschränkt; der Erbe hat u. U. auch sein Eigenvermögen einzusetzen. Mehrere Erben haften gesamtschuldnerisch. Der Sozialleistungsträger ist grundsätzlich zur Heranziehung der Erben zum Kostenersatz verpflichtet. Der Ersatzanspruch ist durch Leistungsbescheid geltend zu machen. Ist der Nachlass nur zum Teil heranzuziehen, besteht ein an der Leistungsfähigkeit von Miterben orientiertes Auswahlermessen, das grundsätzlich anhand des Kriteriums der Leistungsfähigkeit auszuüben ist.[7] Eine Privilegierung besteht für solche Erben, die den Hilfeempfänger bis zu seinem Tod in häuslicher Gemeinschaft gepflegt haben, wenn der Wert des Nachlasses unter 15.340,00 € liegt, § 102 Abs. 3 Nr. 2 SGB XII. Ferner ist der Ersatzanspruch ausgeschlossen, wenn der Wert des Nachlasses unter dem Dreifachen des Grundbetrages nach § 85 Abs. 1 SGB XII liegt oder einzelfallbedingt eine besondere Härte gegeben ist (§ 102 Abs. 3 Nr. 1 und 3 SGB XII). Wird ein Miterbe aufgrund eines in seiner Person liegenden Ausschlussgrundes von der Haftung frei, beschränkt sich trotz der Gesamtschuld die Haftung der übrigen Miterben auf ihre Haftungsanteile.[8] Der Anspruch auf Kostenersatz gegen die Erben erlischt gemäß § 102 Abs. 4 SGB XII in drei Jahren nach dem Tod der leistungsberechtigten Person, ihres Ehegatten oder Lebenspartners.

---

6 BVerwG v. 10. 9. 1992, 5 C 71/88, BVerwGE 91, 13.
7 VGH Kassel v. 26. 11. 1998, 1 UE 1276/95, FamRZ 1999, 1023.
8 VGH Mannheim v. 29. 6. 1976, VI 101675, FEVS 25, 107; *Adams*, in: Rolfs/Giesen/Kreikebohm/Udsching, Beck'scher Online-Kommentar Sozialrecht, § 102 SGB XII Rdn. 2 m. w. N.

Befriedigt die Staatskasse den **Vormund** oder **Gegenvormund** wegen seiner Vergü- 7
tungs- bzw. Aufwendungsersatzansprüche oder einen **Betreuer**, gehen deren Ansprüche gemäß § 1836e Abs. 1 Satz 1 BGB bzw. gemäß §§ 1908i Abs. 1 Satz 1 i.V.m. 1836e
Abs. 1 Satz 1 BGB auf die Staatskasse über. Das gilt auch bei einem Betroffenen, der
i.S.v. § 1836d BGB mittellos ist, weil ein Berufsbetreuer auch ihm gegenüber Vergütungsansprüche hat. Die Mittellosigkeit führt nur dazu, dass der Betreuer gemäß § 1
Abs. 2 Satz 2 VBVG die Vergütung von der Staatskasse verlangen kann.[9] Bei der zum
Todeszeitpunkt des Betroffenen noch bestehenden Vergütungsforderung handelt es
sich um eine Nachlassverbindlichkeit i.S.d. § 1967 Abs. 1 BGB.[10] Für diese Nachlassverbindlichkeiten haften die Erben des Betroffenen nach § 1836e Abs. 1 Satz 2 Hs. 1
BGB bzw. nach §§ 1908 Abs. 1 Satz 1 i.V.m. 1836e Abs. 1 Satz 2 Hs. 1 BGB nur mit
dem Wert des im Zeitpunkt des Erbfalls vorhandenen Nachlasses. Nach § 1836e Abs. 1
Satz 2 Hs. 2 BGB findet § 1836c BGB auf Erben keine Anwendung. Es gilt § 102
Abs. 3, Abs. 4 SGB XII entsprechend. Diese speziellen Vorschriften sind in einem nach
§§ 292 Abs. 1, 168 FamFG durchzuführenden Festsetzungsverfahren zu beachten. Auf
diese Weise sollen Verfahren nach den §§ 1945 ff., 1975 ff. BGB für die Erben vermieden werden.[11] Auf die Haftungsbeschränkung des § 1836e Abs. 1 Satz 2 Hs. 1 BGB
kann sich ein Erbe auch berufen, wenn die Vergütung unmittelbar gegen ihn festgesetzt
werden soll. Der Wert des Nachlasses i.S.v. § 1836e Abs. 1 Satz 2 Hs. 1 BGB ist durch
Abzug der Nachlassverbindlichkeiten vom Aktivvermögen zu ermitteln, wobei keine
Unterschiede zu den vergleichbar formulierten §§ 2311 Abs. 1 Satz 1 BGB, 102 Abs. 2
Satz 2 SGB XII bestehen.[12] Zu den zu berücksichtigenden Nachlassverbindlichkeiten
gehören alle Verpflichtungen aus § 1967 Abs. 1, Abs. 2 BGB. Gleich- oder nachrangige
Nachlassverbindlichkeiten mindern den im Rahmen des § 1836e Abs. 1 Satz 2 BGB
maßgeblichen Nachlasswert nicht.[13] Vermächtnisse schmälern den für den Regress
maßgeblichen Nachlasswert ebenfalls nicht, mag es sich nach § 1967 Abs. 2 BGB auch
um Nachlassverbindlichkeiten handeln, die den Erben treffen. Diese Verbindlichkeiten
sind nachrangig gegenüber dem staatlichen Regressanspruch aus § 1836e Abs. 1 Satz 1
BGB i.V.m. den Bestimmungen über die Betreuervergütung.[14]

Die rechnerisch beschränkte Haftung auf den Nachlasswert führt dazu, dass der 8
Erbe für die vorerwähnten Verbindlichkeiten mit dem Nachlass und dem Eigenvermögen haftet. Er trägt die **Risiken von Unsicherheiten der Wertfeststellung auf den
Zeitpunkt des Erbfalls und die Folgen eines nach dem maßgeblichen Zeitpunkt eintretenden Wertverlustes**.[15] Die gesetzgeberische Intention, dem Erben die Haftung
mit seinem Eigenvermögen trotz der Möglichkeiten der Haftungsbeschränkung nach

---

9   BGH v. 25.1.2012, XII ZB 605/10, MDR 2012, 431 Rdn. 18.
10 BGH v. 27.8.2014, XII ZB 133/12, BeckRS 2014, 17866 Rdn. 2 = NJW 2014, 3370; LG Mainz
    v. 25.11.2010, 8 T 71/10, BeckRS 2011, 06932.
11 BGH v. 27.8.2014, XII ZB 133/12, BeckRS 2014, 17866 Rdn. 2 = NJW 2014, 3370; Palandt/
    Götz, § 1836e Rdn. 3.
12 BGH v. 27.8.2014, XII ZB 133/12, BeckRS 2014, 17866 Rdn. 3.
13 BGH v. 27.8.2014, XII ZB 133/12, BeckRS 2014, 17866 Rdn. 4 = NJW 2014, 3370; MüKo/
    Fröschle, § 1836e Rdn. 17.
14 BGH v. 27.8.2014, XII ZB 133/12, BeckRS 2014, 17866 Rdn. 7 = NJW 2014, 3370; Erman/
    Posselt, § 1836e Rdn. 6; Palandt/*Götz*, § 1836e Rdn. 3.
15 *Lange/Kuchinke*, § 46 III 6; MüKo/*Küpper*, Vor § 1967 Rdn. 4; *Burandt/Rojahn/Joachim*,
    § 1967 Rdn. 11.

dem Bürgerlichen Gesetzbuch in jedem Fall zu ersparen, wird vielfach verfehlt, weil die wertmäßig beschränkte Haftung nicht gegenständlich auf den Nachlass beschränkt ist. Weitere Probleme ergeben sich, wenn noch andere Nachlassgläubiger vorhanden sind, denen gegenüber der Erbe eine auf den Nachlass beschränkte Haftung beispielsweise nach Anordnung oder Eröffnung amtlicher Verfahren oder aufgrund der Einreden des § 1990 Abs. 1 Satz 1 BGB herbeiführen kann.

3. Haftungsbeschränkung bei Minderjährigen

9   Eine praktisch wichtige Abweichung von dem haftungsrechtlichen System der §§ 1967 ff. BGB enthält die durch das Minderjährigenhaftungsbeschränkungsgesetz (MHbeG) vom 25. 8. 1998[16] eingefügte Vorschrift des § 1629a BGB. Auch ein minderjähriger Erbe kann seine Haftung für Nachlassverbindlichkeiten nach den §§ 1975 ff. BGB beschränken. Nach § 1629a Abs. 1 Satz 1 Hs. 1 BGB **beschränkt sich u.a. seine Haftung für Verbindlichkeiten, die aufgrund eines während der Minderjährigkeit erfolgten Erwerbs von Todes wegen entstanden sind, auf den Bestand des bei Eintritt der Volljährigkeit vorhandenen Kindesvermögens.** Eine nach Fristsetzung durch das Nachlassgericht unterbliebene Inventarerrichtung führt zur unbeschränkten Haftung des minderjährigen Erben. Sie bleibt jedoch kraft Gesetzes auf den Bestand des bei Eintritt der Volljährigkeit vorhandenen Vermögens beschränkt.[17] Das gilt gleichermaßen für Inventarverfehlungen. Die Beschränkung der Haftung auf das Altvermögen erfolgt nach § 1629a Abs. 1 Satz 2 BGB im Wege einer Rechtsfolgenverweisung auf die §§ 1990, 1991 BGB[18], ohne dass es eines amtlichen Verteilungsverfahrens bedarf. Die Verwalterhaftung gegenüber Nachlassgläubigern aus § 1978 Abs. 1 BGB beginnt in gleicher Weise erst mit dem Eintritt der Volljährigkeit, entsprechende Ersatzansprüche gehören zum Altvermögen.[19]

10   Erst mit der Erhebung der Einrede durch den volljährig gewordenen Erben wird seine **Haftung auf das Altvermögen beschränkt.** Die Beschränkung ist ihm wie bei jeder anderen Verurteilung wegen einer Nachlassverbindlichkeit im Urteil vorzubehalten, §§ 780 Abs. 1, 786 ZPO.[20] Die Erhebung der Einrede setzt keine Dürftigkeit des Nachlasses voraus und ist damit auch bei einem werthaltigen Nachlass möglich.

11   Die Vorschrift des § 1629a BGB **beschränkt ferner die Haftung eines minderjährigen Erben aus der Fortführung eines ererbten einzelkaufmännischen Betriebes** gemäß § 27 HGB.[21] Dabei ist es unerheblich, ob die Fortführung unter Beibehaltung der bisherigen Firma erfolgt. Die Beschränkung der Haftung auf das Altvermögen setzt auch keine Einstellung des Unternehmens innerhalb von drei Monaten nach Eintritt der Volljährigkeit voraus. § 1629a Abs. 4 Satz 1 Hs. 2 BGB begründet bei Fortführung des Handelsgeschäfts nach Eintritt der Volljährigkeit eine doppelte Vermutung dahingehend, dass das gegenwärtige Vermögen schon bei Eintritt der Volljährigkeit vorhan-

---

16   BGBl. I S. 2487.
17   *Christmann*, ZEV 2000, 45, 48; *Muscheler*, WM 1998, 2271, 2281; *Behnke*, NJW 1998, 3078, 3079 f.
18   Palandt/*Götz*, § 1629a Rdn. 4.
19   *Burandt/Rojahn/Joachim*, § 1967 Rdn. 12.
20   Dazu näher Rdn. 614 ff.
21   Siehe Rdn. 122 ff.

den war und die aus dem Betrieb des Handelsgeschäfts herrührenden Verbindlichkeiten nach dem Eintritt der Volljährigkeit entstanden sind. Unter den gleichen Voraussetzungen wird zum Schutz der Altgläubiger vermutet, dass das gegenwärtige Vermögen des volljährig Gewordenen schon bei Eintritt der Volljährigkeit vorhanden war, § 1629a Abs. 4 Satz 2 BGB.[22] Gleiches gilt bei der unterbliebenen Kündigung der Gesellschaft, an der ein Minderjähriger beteiligt ist, und wenn er nicht die Auseinandersetzung des Nachlasses verlangt, § 1629a Abs. 4 Satz 1 Hs. 1 BGB.

4. Haftungsbeschränkung für bestimmtes Verwaltungshandeln

Einen besonderen Fall kraft Gesetzes eintretender Beschränkung der Haftung eines durch Erbschein oder durch eine andere öffentliche oder öffentlich beglaubigte Urkunde ausgewiesenen Erben eines zuletzt eingetragenen Eigentümers eines Bodenreformgrundstücks regelt Art. 233 § 16 Abs. 2 Satz 2 EGBGB für Verwaltungshandlungen auf einen einzelnen Nachlassgegenstand. Nach dieser Vorschrift wird die Haftung des Erben für die **Veräußerung eines Bodenreformgrundstücks** auf die in dem Vertrag zu seinen Gunsten vereinbarten Leistungen beschränkt. Es handelt sich um einen verschuldensunabhängigen Surrogatanspruch.[23]

12

IV. Kritik des geltenden Haftungssystems und Reformvorschläge[24]

Die Vorschriften über die Erbenhaftung sahen sich schon vor dem Inkrafttreten des BGB Kritik ausgesetzt. Ein Teil wollte einem Erben, der ein Inventar errichtet hat, die Möglichkeit geben, die Haftung auf den Nachlass zu beschränken. Andere wollten für die Nachlassabwicklung einen Nachlassvollstrecker schaffen, dem Befugnisse und Aufgaben eines Nachlassverwalters zukommen sollten. Nach dem Inkrafttreten sind Vorschläge zur Neuregelung der Erbenhaftung insgesamt gemacht worden.

12a

1. Vorschlag einer grundsätzlich gegenständlichen, vorläufig beschränkten Haftung

Ein Vorschlag von *Siber* ging von einer von Amts wegen zu berücksichtigenden grundsätzlich gegenständlichen[25], vorläufig beschränkten[26] Haftung aus. Eine Verwirkung der vorläufig beschränkten Haftung sollte eintreten, wenn der Erbe durch seine Verwaltung den Nachlass schädigt oder den Zugriff der Nachlassgläubiger auf Nachlassgegenstände erschwert. Statt dem Nachlassgläubiger einen Anspruch gegen den Erben auf Herausgabe des Erlangten zu geben, schlug *Siber* eine dingliche Surrogation für die

12b

---

22 Palandt/*Götz*, § 1629a Rdn. 15, BGH v. 5.12.1997, V ZR 179/96, WM 1998, 408, 409 = ZEV 1998, 270.

23 BGH v. 5.12.1997, V ZR 179/96, WM 1998, 408, 409 = ZEV 1998, 270; MüKo/*Küpper*, Vor § 1967 Rdn. 9.

24 Siehe hierzu im Einzelnen die instruktive Dissertation von *Ehrenkönig*, Die Erbenhaftung. Ein Vorschlag zur Neuregelung, Frankfurt am Main 1991.

25 *Siber*, Nachlaßschulden, S. 73 ff.

26 *Siber*, Nachlaßschulden, S. 51 ff.

erworbenen Gegenstände vor.[27] Für den Fall, dass der Gegenwert in Geld besteht, regte er eine ergänzende rechnerisch beschränkte Haftung an.[28]

Bei Miterben sollte vor der Teilung bei unbeschränkter Haftung der Erben keine Haftung mit dem Bruchteil gemäß § 2059 Abs. 1 Satz 2 BGB eintreten, sondern eine gesamtschuldnerische Haftung. Nach der Teilung sollte ausschließlich eine Inanspruchnahme als Gesamtschuldner vorgesehen sein, so dass die von Gesetzes wegen in Ausnahmefällen bestehende Umwandlung in Teilschulden entfallen sollte. Darüber hinaus schlug *Siber* vor, dass ein unbeschränkt haftender Erbe von seiner Haftung als Gesamtschuldner nach 5 Jahren befreit wird, sofern er nicht innerhalb dieser Frist in Anspruch genommen worden ist.[29]

2. Breslauer Entwurf

12c **Der von *Karpe* bearbeitete und von *Lange* herausgegebene und abgedruckte Breslauer Entwurf**[30] ging von einer unbeschränkten, aber beschränkbaren Haftung des Erben aus. *Karpe* sah in dem Umstand, dass ein vorsichtiger Erbe eines ausreichenden erheblichen Nachlasses eine Haftungsbeschränkung nur erreichen könne, wenn er die Nachlassverwaltung und damit eine Fremdverwaltung wähle, einen erheblichen Nachteil der geltenden Erbenhaftung. Er schlug deshalb vor, dem Inventarrecht haftungsbeschränkende Wirkung zu verleihen.[31] Bei Fristversäumung eines freiwillig errichteten Inventars sollte der Erbe seine Haftungsbeschränkung noch durch eine amtliche Nachlassabwicklung erreichen können, während bei einer Fristversäumung eines von einem Nachlassgläubiger beantragten Inventars allen Gläubigern gegenüber die unbeschränkte Haftung eintreten sollte. Versäumt der Erbe die Frist, sollte er trotzdem nur unbeschränkt haften, wenn er den Gläubigern keine Auskunft und Rechnung legt. Andernfalls sollte er kraft Einrede beschränkt haften trotz Versäumung der Inventarfrist. Als Neuerung bei der Nachlassverwaltung schlug *Karpe* vor, auch dem Alleinerben bzw. einzelnen Miterben die Möglichkeit zu geben, als Nachlassverwalter bestellt zu werden und die haftungsbeschränkende Wirkung des Verfahrens auch nach dessen Beendigung andauern zu lassen. Darüber hinaus wollte *Karpe* den Nachlassgläubigern ein bevorzugtes Pfändungsrecht vor den Eigengläubigern gewähren.[32]

Bei Miterben sollte vor der Teilung die Bruchteilshaftung bei unbeschränkter Haftung entfallen. Nach der Teilung sollte der Miterbe regelmäßig Gesamtschuldner sein. Aufgrund einer Interessenbewertung sollte mit der Teilung eine unbeschränkte Haftung eintreten, die nur durch einen Nachlasskonkurs, die Einrede der Unzulänglichkeit oder durch ein Inventar beschränkt werden konnte.[33]

---

[27] *Siber*, Nachlaßschulden, S. 75 f.
[28] *Siber*, Nachlaßschulden, S. 76 f.
[29] *Siber*, Nachlaßschulden, S. 111 ff.
[30] *Karpe* in: Lange, Die Regelung der Erbenhaftung, S. 1–141.
[31] *Karpe* in: *Lange*, Die Regelung der Erbenhaftung, S. 63.
[32] *Karpe* in: *Lange*, Die Regelung der Erbenhaftung, S. 94 ff.
[33] *Karpe* in: *Lange*, Die Regelung der Erbenhaftung, S. 108.

3. Stellungnahme des Erbrechtsausschusses

Der **Erbrechtsausschuss** sprach sich in seiner Stellungnahme[34] zu den Vorschlägen von *12d*
Siber und *Karpe* für eine vorläufig beschränkte Haftung aus. Ein Nachlassverzeichnis
sollte die Haftungsbeschränkung solange herbeiführen, als nicht der Gläubiger die Verwirkung der Beschränkung durch Untreue nachweist. Die Nachlassverwaltung sollte
auf Kosten des Nachlasskonkursverfahrens aufgewertet werden. Für die dürftigen
Nachlässe sollte ein privates Nachlassverzeichnis geschaffen werden, durch dessen Errichtung der Erbe die unbeschränkte Haftung vermeiden konnte.

Bei Miterben sollte es eine differenzierte Behandlung der Haftungsfrage geben, je
nachdem, ob der Nachlass geteilt wird oder ungeteilt ist. Bis zur Teilung sollte eine auf
den Nachlass beschränkte Haftung bestehen, nach der Teilung eine unterschiedliche
Regelung für die bis zur Teilung bekannten und die erst nachher bekannt werdenden
Gläubiger erreicht werden. Gegenüber bereits bekannten Gläubigern sollte eine unbeschränkte gesamtschuldnerische Haftung eintreten. Gegenüber den erst nach der Teilung hervortretenden Gläubigern wurde eine Haftung auf den Nachlass angeordnet,
wenn ein Inventar errichtet worden ist oder wenn bei der Widerspruchsklage – gegen
die Vollstreckung in das Eigenvermögen – eine Auskunft über den Verbleib des Nachlasses gegeben wird.

4. Kritik am geltenden System

Schon *von Gierke*[35] prophezeite in seinem Lehrbuch zum Bürgerlichen Gesetzbuch, *12e*
dass mit dem geltenden Erbenhaftungssystem, das er als einen „unbegreiflich feinen
Gesetzesapparat" bezeichnete, das Leben recht sauer werde.

In **materieller Hinsicht** wäre zu erwägen, ob das in vielen Ländern geltende System,
wonach es zu einer Beschränkung der Haftung aufgrund einer ordnungsgemäßen Inventarerrichtung kommt, auch für das deutsche Recht maßgeblich sein sollte, wenn
sichergestellt ist, dass das Inventar ordnungsgemäß errichtet wurde. Die bloße Erlangung der Vermutungswirkung nach § 2009 BGB erscheint als eine zu schwache Rechtsfolge. Die Haftungssanktionen als Folge einer Inventaruntreue oder vergleichbarer Tatbestände wären beizubehalten. **In prozessualer Hinsicht** sollte die Umsetzung des
materiellrechtlichen Haftungssystems in jedem Fall anders gestaltet werden. Nach dem
geltenden Recht wird der Erbe zur Durchsetzung der Beschränkung der Erbenhaftung
auf den Weg der Vollstreckungsgegenklage verwiesen, die für ihn mit Kosten und Risiken verbunden ist. Stattdessen sollte bereits im Erkenntnisverfahren abschließend
über die Berechtigung der Haftungsbeschränkung auf den Nachlass entschieden werden. Das mag in Einzelfällen zu einer Verlängerung des Prozesses führen, doch erscheint diese Lösung immer noch sachgerechter als ein gänzlich neuer Prozess. Auf den
Haftungsbeschränkungsvorbehalt nach § 780 Abs. 1 ZPO könnte verzichtet werden.
Der Streitstoff würde in einem Prozess behandelt werden, was – ggf. im Zusammen-
wirken mit einer Vereinfachung der materiellrechtlichen Haftungsbeschränkungs-
gründe – zu einer effizienteren Durchsetzung der Interessen sowohl von Nachlassgläubigern als auch von Erben führen dürfte.

---

[34] Veröffentlicht bei *Lange*, Die Regelung der Erbenhaftung, S. 142 ff.
[35] *Von Gierke*, Das Bürgerliche Gesetzbuch, S. 16 f.

11

B. Die Zugehörigkeit einer Verbindlichkeit zum Nachlass als Voraussetzung für die Haftung des Erben

In § 1967 Abs. 1 BGB ist allgemein bestimmt, dass der Erbe Schuldner der Nachlass- *13* verbindlichkeiten ist. Bis zur Herbeiführung einer Haftungsbeschränkung auf den Nachlass haben Nachlassgläubiger die Möglichkeit, sowohl auf den Nachlass als auch auf das Eigenvermögen des Erben zuzugreifen, nachdem mit dem Anfall der Erbschaft beide Vermögensmassen miteinander verschmolzen sind. Auch wegen nicht in § 27 ZPO genannter Nachlassverbindlichkeiten können die Nachlassgläubiger Klagen im Gerichtsstand der Erbschaft gemäß § 28 ZPO erheben.[36] Die Haftung als Erbe setzt immer voraus, dass Verbindlichkeiten betroffen sind, die einen Bezug zum Erbfall aufweisen. Schuldner von Nachlassverbindlichkeiten ist nach der Systematik des Bürgerlichen Gesetzbuches gemäß § 1967 Abs. 1 BGB der **Alleinerbe**. Das gilt unabhängig davon, ob er als **Ersatzerbe** anstelle eines weggefallenen Erben zur Erbfolge gelangt oder als **Vor- bzw. Nacherbe**.

Aus § 1922 Abs. 2 BGB ergibt sich, dass **Miterben** grundsätzlich wie ein Alleinerbe haften. Für Miterben enthalten die §§ 2058–2063 BGB jedoch ergänzende Regelungen. Der **Schlusserbe** eines gemeinschaftlichen Testamentes haftet erst nach dem Tod des letztversterbenden Ehegatten, nicht nach dem Tod des Erstversterbenden.[37]

Die Erbschaft muss einer Person tatsächlich angefallen sein, so dass **Putativerben**, **Scheinerben oder ein Erbschaftsbesitzer**, der sich ein ihm in Wirklichkeit nicht zustehendes Erbrecht anmaßt, **nicht Schuldner von Nachlassverbindlichkeiten** sein können.[38] Ein ausschlagender Erbe, dem die Erbschaft mit dem Erbfall zunächst angefallen war, haftet für die während seiner Zeit als vorläufiger Erbe eingegangenen Verbindlichkeiten, sofern sie sich auf den Nachlass beziehen, kann aber von dem endgültigen Erben Befreiung von einer entsprechenden Verbindlichkeit verlangen, wenn er sie im Rahmen einer unverschiebbaren Verwaltungstätigkeit eingegangen ist, §§ 1978 Abs. 3, 1959 Abs. 1 i.V.m. §§ 683, 670 BGB.[39]

I. Überblick über die verschiedenen Arten von Nachlassverbindlichkeiten

Nach der **Legaldefinition für Nachlassverbindlichkeiten** in § 1967 Abs. 2 BGB han- *14* delt es sich um Schulden, die entweder vom Erblasser herrühren oder die den Erben

---

[36] OLG Naumburg v. 27. 11. 2013, 1 AR 25/13, BeckRS 2014, 02837 = ZEV 2014, 205.
[37] *Burandt/Rojahn/Joachim*, § 1967 Rdn. 2.
[38] *Burandt/Rojahn/Joachim*, § 1967 Rdn. 2; MüKo/*Küpper*, § 1967 Rdn. 3.
[39] *Burandt/Rojahn/Joachim*, § 1967 Rdn. 2; MüKo/*Küpper*, § 1967 Rdn. 4.

als solchen treffen. Exemplarisch werden Verbindlichkeiten aus Pflichtteilsrechten, Vermächtnissen und Auflagen genannt. Unterschieden wird **nach dem Zeitpunkt der Entstehung** zwischen **Erblasserschulden, Erbfallschulden,** die erst mit dem Erbfall überhaupt entstehen, sowie **Erbschaftsverwaltungs- und Nachlasskostenschulden.** Letztere werden im Zusammenhang mit dem Erbfall oder dessen Verwaltung und Abwicklung begründet.

15   Zu den Nachlassverbindlichkeiten gehören **neben Geldschulden alle sonstigen Ansprüche,** die sich gegen den Erblasser, den Erben sowie gegen den Nachlass richten und aus ihm befriedigt werden müssen. Dazu zählen Verpflichtungen zu einem Tun, Dulden oder Unterlassen, zur Duldung der Befriedigung, zur Abgabe von Willenserklärungen oder der eidesstattlichen Versicherung sowie zur Herausgabe von Sachen. Neben eigentlichen Nachlassverbindlichkeiten sind auch Mischformen von Nachlass- und Eigenverbindlichkeiten, die der Erbe selbst eingegangen ist, denkbar. Man spricht von **Nachlasserbenschulden.**[40] Für diese Verbindlichkeiten haftet der Erbe nicht in seiner Eigenschaft als Rechtsnachfolger des Erblassers. Er hat selbst die Ursache gesetzt. Von daher ist es gerechtfertigt, wenn er persönlich mit seinem gesamten Vermögen in Anspruch genommen werden kann. Kommt beispielsweise ein Kind im Hause des Erblassers auf einer Treppe zu Fall, von deren gefährlichen Zustand nur dieser selbst Kenntnis hatte, ohne Abhilfe zu schaffen, haftet für diese Verbindlichkeit ausschließlich der Nachlass. Etwas anderes gilt, wenn sich der Erbe die Kenntnis verschaffen konnte. Neben einer Nachlassverbindlichkeit würde eine persönliche Schuld des Erben begründet, wenn er selbst trotz Kenntnis oder fahrlässiger Unkenntnis den gefährlichen Zustand bestehen ließe. Dann wäre es keineswegs gerechtfertigt, wenn der Erbe seine Haftung auf den Nachlass beschränken könnte und der Geschädigte bei einem überschuldeten Nachlass u. U. leer ausginge.

II. Die „vom Erblasser herrührenden" Verbindlichkeiten

16   Die in § 1967 Abs. 2 Alt. 1 BGB als „vom Erblasser herrührend" genannten Verbindlichkeiten werden auch als „Erblasserschulden" bezeichnet. Sie hatten ihre **Anlage schon in der Person des Erblassers** und gehen mit dem Erbfall auf den Erben über. Es handelt sich um einen gesetzlich geregelten Fall einer fremden Schuld. Diese muss nicht endgültig in der Person des Erblassers entstanden sein, wenn nur der Entstehungsgrund aus seiner Person entweder vor oder mit dem Erbfall erwachsen ist.[41] Trotz der rechtlichen Einordnung als vom Erblasser herrührend ergibt sich aus der persönlichen Haftung des Erben für diese Verbindlichkeiten, dass sich die Voraussetzungen des Schuldnerverzuges, der Unmöglichkeit, der Pfändbarkeit und Unpfändbarkeit nach seiner Person bestimmen.[42]

---

[40] *Staudinger/Dutta* (2016), § 1967 Rdn. 5; BeckOGK/*Grüner,* § 1967 Rdn. 195; *Burandt/Rojahn/ Joachim,* § 1967 Rdn. 3; MüKo/*Küpper,* § 1967 Rdn. 15

[41] BGH v. 30. 6. 1976, VIII ZR 52/75, WM 1976, 808; BGH v. 13. 11. 1996, IV ZR 62/96, BGHZ 134, 60, 61; *Lange/Kuchinke,* § 47 II 1b; MüKo/*Küpper,* § 1967 Rdn. 9 m. w. N. Fn 26 f.

[42] *Lange/Kuchinke,* § 47 II 1c; *Burandt/Rojahn/Joachim,* § 1967 Rdn. 4.

1. Vererblichkeit der Schuld

Voraussetzung für den Übergang einer Verbindlichkeit und damit für die Haftung des Erben ist immer, dass die Schuld vererblich ist. **Verbindlichkeiten, die ausschließlich die Person des Erblassers betreffen, erlöschen mit dem Tod.** Dazu gehören die in § 613 Satz 1 BGB geregelte persönliche Dienstleistungspflicht, die bei einem Arbeitsverhältnis mit dem Tod des Dienstleistungsverpflichteten endet, das mit dem Tod erlöschende Rentenversprechen gemäß § 520 BGB, sofern sich aus dem Versprechen nicht etwas anderes ergibt, sowie bestimmte Unterhaltsverpflichtungen.[43] Fällig oder rückständig gewordene Beträge sind dagegen Nachlassverbindlichkeiten.[44]

17

a) Unterhaltsansprüche als Nachlassverbindlichkeiten

Ob ein Erbe für Unterhaltsansprüche gegen den Erblasser haftet, hängt davon ab, **welches rechtliche Schicksal diese Ansprüche mit dem Tod des Erblassers nehmen.** Unterhaltsansprüche gegenüber Verwandten, dem überlebenden Ehegatten sowie gegenüber der Familie erlöschen mit dem Tod des Berechtigten oder Verpflichteten, §§ 1360a Abs. 3, 1615 Abs. 1 Hs. 1 BGB, § 5 Satz 2 LPartG, sofern der Unterhalt nicht ausnahmsweise für die Vergangenheit zu leisten ist oder bereits beim Tod des Erblassers auf fällige im Voraus zu bewirkende Leistungen gerichtet war, § 1615 Abs. 1 Hs. 2 BGB. Bestimmte nachfolgend darzustellende Unterhaltsansprüche erlöschen jedoch nicht und gehen auf den Erben über.

18

aa) Der Unterhaltsanspruch der Mutter eines künftigen Erben

Neben bereits lebenden Kindern kann Erbe/Miterbe von Gesetzes wegen auch ein bereits gezeugter, aber noch nicht geborener Abkömmling (**nasciturus**) werden, und zwar sowohl aufgrund einer Verfügung von Todes wegen als auch kraft Gesetzes. Er gilt als vor dem Erbfall geboren, wenn das Erfordernis einer Lebendgeburt erfüllt ist, § 1923 Abs. 2 BGB.

19

Um die Mutter eines künftigen Erben zu schützen, gewährt das Gesetz der Schwangeren in **§ 1963 Satz 1 BGB für die Zeit bis zur Entbindung** einen in der Praxis nur selten zur Anwendung kommenden Unterhaltsanspruch, der seinen **Grund in der Erwartung des künftigen erbberechtigten Kindes** hat.[45] Dieser Anspruch soll der Mutter neben dem Ersatz der Entbindungskosten einen angemessenen Unterhalt bis zur Entbindung sichern, was auch dem Kindesinteresse dient. Nimmt die Mutter öffentliche Mittel in Anspruch, geht ihr Unterhaltsanspruch im entsprechenden Umfang auf den Sozialleistungsträger über. Dem Anspruch aus § 1963 BGB können die aufschiebenden Einreden der §§ 2014, 2015 BGB[46] nicht entgegengehalten werden, da er seiner Natur nach keiner Verzögerung zugänglich ist.[47]

---

[43] *Burandt/Rojahn/Joachim*, § 1967 Rdn. 5.
[44] Palandt/*Weidenkaff*, § 520 Rdn. 1.
[45] MüKo/*Leipold*, § 1963 Rdn. 1.
[46] Näher dazu Rdn. 179 ff.
[47] *Soergel/Stein*, § 1963 Rdn. 4; BeckOGK/*Heinemann*, § 1963 Rdn. 40; MüKo/*Leipold*, § 1963 Rdn. 8.

Der Anspruch **steht** – obwohl er mittelbar dem Interesse des Kindes gilt – **allein der Mutter zu** und kann nur von ihr, nicht aber von einem Leibesfruchtpfleger geltend gemacht werden.[48] Sie muss mit dem Erblasser nicht verheiratet sein. Nach dem Inkrafttreten des Erbrechtsgleichstellungsgesetzes[49] am 1.4.1998 kommt es auf die Ehelichkeit nicht mehr an. Ist das schon gezeugte Kind zum Nacherben eingesetzt, hat die Mutter gemäß § 2141 BGB den Anspruch erst mit dem Eintritt des Nacherbfalls. Bei einer Pflichtteilsberechtigung aufgrund eines Ausschlusses von der Erbfolge oder bei einer Stellung als Vermächtnisnehmer steht ihr der Anspruch nicht zu.[50] Dagegen gebührt ihr ein Anspruch auf Unterstützung aus § 1963 Satz 1 BGB, wenn das Kind Ersatzerbe wird und der Erstberufene wegfällt.[51] Es handelt sich um eine echte Nachlassverbindlichkeit und nicht um ein **gesetzliches Vermächtnis** wie etwa der Dreißigste gemäß § 1969 BGB oder der Voraus gemäß § 1932 BGB.[52] Der Vermächtnisanspruch der Mutter aus § 1969 BGB geht dem Anspruch auf Unterhalt aus § 1963 Satz 1 BGB vor.[53] Auf den Anspruch kann die Mutter nicht verzichten. Für zukünftigen Unterhalt folgt dies aus § 1614 BGB, für bereits entstandene Unterhaltsansprüche aus der besonderen Zweckrichtung des Anspruchs, der den Interessen des Kindes dient.[54] Ebenso kann der Anspruch weder aufgrund Erbunwürdigkeit der Mutter noch durch eine Verfügung von Todes wegen entzogen werden.[55] Die Verbindlichkeit ist einerseits Erblasserschuld, trifft aber auch das Kind selbst, sobald es Erbe oder Miterbe geworden ist. Bei einer Alleinerbschaft des zu erwartenden Kindes ist der Unterhalt aus dem Nachlass, bei einer Miterbengemeinschaft nur aus dem Erbteil des Kindes geschuldet. Da der Erbteil des Kindes vor der Geburt nicht abtrennbar ist, richtet sich der Anspruch gegen den gesamten Nachlass und ist lediglich der Höhe nach auf den Anteil des Kindes am Nachlass begrenzt.[56] Der Anspruch ist aus der Nachlasssubstanz zu befriedigen und besteht auch bei einer Überschuldung, solange Vermögenswerte vorhanden sind.[57] Im Verfahren der Nachlassinsolvenz ist er eine gewöhnliche Insolvenzforderung.[58]

20 Der Anspruch aus § 1963 Satz 1 BGB setzt voraus, dass die Mutter nicht in der Lage ist, sich selbst im relevanten Zeitraum zu unterhalten. Für ihre **Bedürftigkeit** ist sie **beweispflichtig**. Soweit andere Unterhaltsschuldner existent sind, schränkt dies den Anspruch nicht ein.[59]

---

[48] *Kipp/Coing*, § 126 IV; Palandt/*Weidlich*, § 1963 Rdn. 2; MüKo/*Leipold*, § 1963 Rdn. 2.

[49] BGBl. I 1997, S. 2968.

[50] MüKo/*Leipold*, § 1963 Rdn. 3; *Erman/J. Schmidt*, § 1963 Rdn. 4; a.A. *Staudinger/Mesina* (2017), § 1963 Rdn. 4, die eine analoge Anwendung der Vorschrift für den Pflichtteilsberechtigten befürwortet.

[51] MüKo/*Leipold*, § 1963 Rdn. 3; *Lange/Kuchinke*, § 47 III 2b Fn. 69.

[52] BeckOGK/*Heinemann*, § 1963 Rdn. 21; *Lange/Kuchinke*, § 47 III 2b.

[53] MüKo/*Leipold*, § 1963 Rdn. 4; *Staudinger/Mesina* (2017), § 1963 Rdn. 5; *Riesenfeld*, Erbenhaftung, Band I, S. 7.

[54] BeckOGK/*Heinemann*, § 1963 Rdn. 24.

[55] BeckOGK/*Heinemann*, § 1963 Rdn. 24.

[56] MüKo/*Leipold*, § 1963 Rdn. 7.

[57] *Soergel/Stein*, § 1963 Rdn. 5; MüKo/*Leipold*, § 1963 Rdn. 7; Palandt/*Weidlich*, § 1963 Rdn. 3.

[58] *Staudinger/Mesina* (2017), § 1963 Rdn. 9.

[59] MüKo/*Leipold*, § 1963 Rdn. 4; RGRK/*Johannsen*, § 1963 Rdn. 6.

Der Anspruch orientiert sich entsprechend § 1610 Abs. 1 BGB an der Lebensstellung 21
der Bedürftigen bis zur Entbindung. Zum **Unterhaltsbedarf** zählen neben den Entbindungskosten die Behandlungskosten während der Schwangerschaft, nicht jedoch die
anschließenden Wochenbettkosten.[60]

Der Unterhaltsanspruch ist **monatlich im Voraus durch Entrichtung einer Geld-** 22
rente zu gewähren.[61] Er besteht einschließlich des Monats der Entbindung – selbst
wenn es zu einer Totgeburt kommt –, für den Sterbemonat der Mutter und gleichfalls
bei einem Abgang der Leibesfrucht. Eine Rückforderung des Unterhalts wird in einem
solchen Fall zu Recht überwiegend wegen des gesetzgeberischen Zwecks der Erwartung einer Erbengeburt verneint[62], zum Teil unter Hinweis auf § 814 BGB für ausgeschlossen gehalten.[63] Bei irrtümlicher Annahme einer Schwangerschaft, der Erbberechtigung oder im Fall der Ausschlagung besteht ein Rückforderungsanspruch aus § 812
Abs. 1 Satz 1 Alt. 1 BGB.[64] **Täuscht die Mutter die Schwangerschaft oder die Vater-**
schaft nur vor, tritt neben den Bereicherungsanspruch eine Schadensersatzpflicht aus
unerlaubter Handlung, § 823 Abs. 2 BGB i.V.m. § 263 StGB, § 826 BGB.[65]

bb) Der Unterhaltsanspruch des geschiedenen und des vom Ehegattenerbrecht
ausgeschlossenen Ehegatten

Grundsätzlich sind Unterhaltspflichten unvererblich, soweit der Unterhalt nicht aus- 23
nahmsweise für die Vergangenheit zu leisten ist oder bereits beim Tode des Erblassers
auf fällige im Voraus zu bewirkende Leistungen gerichtet war, § 1615 Abs. 1 BGB.
Nachlassverbindlichkeiten sind **gemäß § 1586b Abs. 1 BGB** jedoch **der Anspruch des**
geschiedenen Ehegatten auf Unterhalt und die **nachpartnerschaftliche Unterhalts-**
pflicht aus § 16 Abs. 2 Satz 2 LPartG. Die Regelung des § 1586b Abs. 1 BGB findet
gemäß § 1933 Abs. 1 Satz 3 BGB auch Anwendung, wenn der noch nicht geschiedene
Ehegatte sein Erbrecht aufgrund eines schwebenden Scheidungsverfahrens nach Maßgabe des § 1933 Abs. 1 Satz 1, Satz 2 BGB bereits verloren hat. Der Anspruch des
schon oder noch nicht geschiedenen Ehegatten ist eine **der Höhe nach begrenzte Erb-**
lasserschuld[66], die der Erbe zu erfüllen hat. Die Haftung ist auf den fiktiven Pflichtteil
des Berechtigten begrenzt, der den Umfang der Haftungssumme bestimmt, bis zu deren Höhe ein Unterhaltsanspruch besteht. Der geschiedene Ehegatte soll das bekommen, was er auch bekommen hätte, wenn die Ehe durch Tod und nicht durch Scheidung aufgelöst worden wäre.[67] Darin spiegelt sich der dem Scheidungsrecht immanente
Gedanke der Nachsorgepflicht von Ehegatten untereinander wider.

---

60 BeckOGK/*Heinemann*, § 1963 Rdn. 35; *Soergel/Stein*, § 1963 Rdn. 4; MüKo/*Leipold*, § 1963
   Rdn. 5.
61 Palandt/*Weidlich*, § 1963 Rdn. 2.
62 BeckOGK/*Heinemann*, § 1963 Rdn. 42; MüKo/*Leipold*, § 1963 Rdn. 10; *Erman/J. Schmidt*,
   § 1963 Rdn. 8; RGRK/*Johannsen* § 1963 Rdn. 9; *Staudinger/Mesina* (2017), § 1963 Rdn. 12.
63 *Kipp/Coing*, § 126 IV; Palandt/*Weidlich*, § 1963 Rdn. 1; a.A. *Soergel/Stein*, § 1963 Rdn. 6, der einen Anspruch aus ungerechtfertigter Bereicherung bejaht.
64 BeckOGK/*Heinemann*, § 1963 Rdn. 43 f.; MüKo/*Leipold*, § 1963 Rdn. 10.
65 BeckOGK/*Heinemann*, § 1963 Rdn. 43; MüKo/*Leipold*, § 1963 Rdn. 10; Palandt/*Weidlich*,
   § 1963 Rdn. 1.
66 *Lange/Kuchinke*, § 12 VI 2c; *Frenz*, ZEV 2001, 115.
67 *Burandt/Rojahn/Joachim*, § 1967 Rdn. 7; kritisch dazu *Roessink*, FamRZ 1990, 924 ff.

Der überlebende Ehegatte wäre ohne Scheidung am Nachlass durch Erb- und Pflichtteilsansprüche beteiligt, die bei wirtschaftlicher Betrachtungsweise ein Äquivalent für den verlorenen Unterhalt darstellen.[68] Die passive Vererblichkeit des Unterhaltsanspruches schafft einen Ausgleich für den mit der Scheidung einhergehenden Verlust der erbrechtlichen Ansprüche. Der Anspruch aus § 1586b Abs. 1 BGB ist für den/die Erben regelmäßig belastend. Deshalb sollte – auch um Schwierigkeiten im Rahmen eines Erbverzichtes zu vermeiden – der Anspruch **in eine vertragliche Regelung zwischen den Ehegatten im Fall der Scheidung einbezogen werden.** In einer Scheidungsfolgenvereinbarung oder in einem Erbverzichtsvertrag kann der Anspruch dergestalt geregelt werden, dass der geschiedene Ehegatte entweder auf ihn verzichtet oder der Anspruch nur eingeschränkt bestehen, aber auch über den fiktiven Pflichtteil hinausgehen soll.[69]

(1) Probleme bei der Anwendung des § 1586b BGB

24 Im Zusammenhang mit der gesetzlichen Regelung des Unterhaltsanspruchs des überlebenden geschiedenen Ehegatten aus § 1586b Abs. 1 BGB, der oftmals gar nicht bekannt ist[70], stellt sich zum einen die Frage, **welcher Nachlasswert** bei der Berechnung der Haftungssumme **zugrunde zu legen ist** und zum anderen, ob ein zu Lebzeiten erklärter **Verzicht** den Anspruch ganz oder teilweise entfallen lässt.

(2) Berücksichtigung von Pflichtteilsergänzungsansprüchen

25 Unterhalt kann nur bis zur Höhe des fiktiven Pflichtteils verlangt werden. Wäre für dessen Berechnung nur der Nachlasswert zum Zeitpunkt des Todes zu berücksichtigen, könnte der Erblasser den Unterhaltsanspruch des überlebenden geschiedenen Ehegatten dadurch schmälern, dass er zu Lebzeiten einen Großteil seines Vermögens verschenkt. Im Pflichtteilsrecht wird diesem Verhalten des Erblassers durch die Gewährung von Pflichtteilsergänzungsansprüchen gemäß §§ 2325, 2329 BGB Rechnung getragen. Schenkungen wirken sich im Zeitraum von 10 Jahren vor dem Erbfall rechtlich unter den Voraussetzungen des § 2325 Abs. 3 BGB (pro-rata-Regelung) zu Lasten eines Pflichtteilsberechtigten nicht oder nur beschränkt aus. Schenkungen und Zuwendungen an den Ehegatten unterliegen gemäß § 2325 Abs. 3 Satz 3 BGB während der Ehe keiner zeitlichen Begrenzung und sind immer zu berücksichtigen.

Nach **ganz herrschender Meinung in Literatur und Rechtsprechung** sind für die Berechnung des fiktiven Pflichtteils i.S.v. § 1586b BGB auch **Pflichtteilsergänzungsansprüche einzubeziehen.**[71] Dieser Auffassung ist zuzustimmen. Der Wortlaut des § 1586b BGB verweist zwar nur auf den ordentlichen Pflichtteil und nicht auf den da-

---

[68] Palandt/*Brudermüller,* § 1586b Rdn. 1; *Roessink,* FamRZ 1990, 924, 925.

[69] *Schmitz,* FamRZ 1999, 1569; *Dieckmann,* NJW 1980, 2281; *Klingelhöffer,* ZEV 1999, 13 f.

[70] *Roessink,* FamRZ 1990, 924, 925.

[71] BGH v. 29. 11. 2000, XII ZR 165/98, BGHZ 146, 114 = NJW 2001, 828; BGH v. 5. 2. 2003, XII ZR 29/00, BGHZ 153, 372 = NJW 2003, 1796; BGH v. 18. 7. 2007, XII ZR 64/05, NJW 2007, 3207, 3208 = ZEV 2007, 584 m. Anm. *Klingelhöffer;* OLG Koblenz v. 28. 8. 2002, 9 UF 745/01, NJW 2003, 439 m. abl. Anm. *Dressler,* 2430; Palandt/*Brudermüller,* § 1586b Rdn. 7; *Burandt/ Rojahn/Joachim,* § 1967 Rdn. 7; *Erman/Maier,* § 1586b Rdn. 10; MüKo/*Maurer,* § 1586b Rdn. 38; a.A. RGRK/*Cuny,* § 1586b Rdn. 13; AG Bottrop, FamRZ 1989, 1009, 1010.

neben bestehenden selbstständigen Pflichtteilsergänzungsanspruch. Der Ausschluss dieses Anspruchs hätte jedoch zur Folge, dass der Erblasser den Unterhaltsanspruch durch lebzeitige Schenkungen verringern könnte, was vor dem Hintergrund fortbestehender Spannungen der geschiedenen Eheleute nicht selten sein dürfte. Eine Sanktionslosigkeit liefe dem Zweck des Unterhaltsanspruchs zuwider, der dem geschiedenen Ehegatten die Sicherung geben soll, die er bei fortbestehender Ehe gehabt hätte. Für eine entsprechende Anwendung von § 2325 Abs. 1 BGB auf den Unterhaltsanspruch spricht auch, dass Pflichtteils- und -ergänzungsansprüche nahezu wesensgleich sind.[72] Selbst pflichtteilsberechtigte Erben können sich gegenüber dem fiktiven Pflichtteilsergänzungsanspruch des Unterhaltsberechtigten nicht auf § 2328 BGB berufen.[73]

Anders als der Anspruch aus § 2325 BGB ist der **Pflichtteilsergänzungsanspruch gegen den Beschenkten nach § 2329 BGB nicht einzubeziehen.** Der Unterhaltsanspruch des geschiedenen Ehegatten richtet sich nur gegen den Erben bzw. Erbeserben, nicht gegen den Beschenkten. Der frühere unterhaltsberechtigte Ehegatte ist insoweit nicht pflichtteilsberechtigt.[74] Ist der Beschenkte jedoch zugleich Erbe, sollte der Anspruch einbezogen werden.[75]

Weitgehend **ungeklärt** ist, ob für die Bestimmung des fiktiven **Pflichtteils unentgeltliche Zuwendungen** zu berücksichtigen sind, die der Erblasser für die **Alterssicherung** bzw. für den **Unterhalt seines zweiten Ehegatten** vornimmt. Derartige Zuwendungen stellen grundsätzlich keinen ergänzungspflichtigen Vorgang dar, so dass – wie in dem Fall, den das OLG Celle entschieden hat[76] – der Erblasser seiner zweiten erbenden Ehefrau eine Lebensversicherung in beträchtlicher Höhe zukommen lassen könnte, wohingegen der Nachlass als solcher wertlos ist. Der Unterhaltsanspruch der geschiedenen Ehefrau gegen die zweite Ehefrau ginge ins Leere, während die Erbin mit dem Erbfall wegen des Anspruchs auf Auszahlung der Lebensversicherung ein beträchtliches Vermögen erlangt. Bei Zuwendungen zur Alterssicherung ist immer sehr genau zu prüfen, ob die Voraussetzungen für die Annahme eines Ausschlusses von der Ergänzungspflichtigkeit tatsächlich gegeben sind. Erwägenswert könnte eine Anpassung entsprechend § 1582 BGB sein, um den unterhaltsrechtlichen Aspekt des § 1586b BGB in den Vordergrund zu rücken. Dieser darf durch erbrechtliche Gestaltungsmöglichkeiten seiner Funktion nicht völlig beraubt werden.[77] Ist der Nachlass als solcher nicht werthaltig – was auch Folge ergänzungsfester Zuwendungen des Erblassers an die zweite Ehefrau als Erbin zur Alterssicherung oder als Unterhalt sein kann –, ginge der Unterhaltsanspruch aus § 1586b Abs. 1 BGB zwingend ins Leere. Er begründet recht-

26

---

[72] BGH v. 29.11.2000, XII ZR 165/98, BGHZ 146, 114 = NJW 2001, 828; MüKo/*Lange*, § 2325 Rdn. 68.

[73] BGH v. 18.7.2007, XII ZR 64/05, NJW 2007, 3207 = ZEV 2007, 584 m. Anm. *Klingelhöffer*; OLG Karlsruhe v. 11.3.2005, 10 U 43/04, NJOZ 2007, 2015, 2021; MüKo/*Lange*, § 2325 Rdn. 68; MüKo/*Maurer*, § 1586b Rdn. 39; abw. OLG Koblenz, NJW 2003, 439 = ZEV 2003, 111 m. Anm. *Klingelhöffer*, NJW 2003, 439, 441.

[74] OLG Koblenz v. 7.2.2008, 7 U 87/07, NJOZ 2008, 2015, 2020; OLG Koblenz v. 28.8.2002, 9 UF 741/01, NJW 2003, 439 m. abl. Anm. *Dressler*, 2430 = FamRZ 2003, 261, 263 = ZEV 2003, 111, 112 f. m. Anm. *Klingelhöffer*; Palandt/*Brudermüller*, § 1586b Rdn. 7; MüKo/*Maurer*, § 1586b Rdn. 40; *Frenz*, ZEV 2001, 115; a.A. *Dressler*, NJW 2003, 2430, 2431 f.

[75] Bejahend auch *Frenz*, ZEV 2001, 115.

[76] OLG Celle v. 19.12.1994, 21 UF 112/94, OLGR 1995, 88 f.

[77] So wohl *Klingelhöffer*, ZEV 2001, 179, 180.

lich keinen Pflichtteils- oder Pflichtteilsergänzungsanspruch des geschiedenen Ehegatten, sondern richtet sich nur in Höhe eines am fiktiven Pflichtteil orientierten Geldbetrages gegen den Erben.

(3) Berücksichtigung von Erb- und/oder Pflichtteilsverzichten

27 **Sehr umstritten ist, ob ein von dem überlebenden geschiedenen Ehegatten erklärter Erb- oder Pflichtteilsverzicht den Unterhaltsanspruch aus § 1586b Abs. 1 BGB entfallen lässt.**

Nach wohl noch überwiegender Meinung[78] wirkt sich ein erklärter Erb- bzw. Pflichtteilsverzicht auf den Anspruch aus § 1586b Abs. 1 BGB dergestalt aus, dass ein solcher nicht besteht. Sinn und Zweck der Regelung sei es, dem geschiedenen Ehegatten einen Anspruch für den mit der Scheidung einhergehenden Verlust seiner erbrechtlichen Ansprüche zu gewähren. Dieser habe eine Ersatzfunktion für das weggefallene Erbrecht. Bei fortbestehender Ehe hätte der Ehegatte jedenfalls durch den nur schwer entziehbaren Pflichtteilsanspruch eine Sicherung erfahren. Wer dagegen freiwillig auf sein Erb- und/oder Pflichtteilsrecht verzichtet, bringe zum Ausdruck, weder Erbe werden noch einen Anspruch gegen den Erben auf seinen Pflichtteil verfolgen zu wollen.

Demgegenüber wird unter Hinweis auf den Wortlaut der Vorschrift die – **im Vordringen befindliche** – **Auffassung** vertreten, dass der Unterhaltsanspruch aus § 1586b Abs. 1 BGB trotz eines erklärten Erb-/Pflichtteilsverzichts uneingeschränkt bestehen bleibe.[79] Der Anspruch sei unterhaltsrechtlich und nicht erbrechtlich zu qualifizieren. Die Beschränkung auf den Pflichtteil spiele nur für die Höhe des Anspruchs eine Rolle, treffe aber keine Aussagen über die Auswirkungen eines erklärten Verzichts. Auch sei nicht zu erkennen, dass der Gesetzgeber bei der Bestimmung der Höhe den Unterhaltsanspruch auch dem Grunde nach vom Pflichtteilsrecht abhängig machen wollte.[80]

Die zuletzt dargestellte Ansicht führt bei konsequenter Anwendung jedoch zu **Wertungswidersprüchen** insbesondere bei einer noch nicht rechtskräftigen Scheidung. Ein Ehegatte, der auf Erb-/Pflichtteilsansprüche verzichtet hat, von dem sich der Erblasser aber nicht mehr scheiden lassen wollte, hätte nach dessen Tod weder einen Unterhaltsanspruch noch eine Berechtigung am Nachlass. War der Wille des Erblassers vor seinem Tod weiterhin auf die Scheidung gerichtet und hätte der Ehegatte zuvor einen Erb- oder Pflichtteilsverzicht erklärt, erhält der überlebende Ehegatte einen Unterhaltsanspruch. Die Verzichtserklärung stellt eine Entäußerung rechtlicher Möglichkeiten dar, einschließlich des Anspruchs aus § 1586b Abs. 1 BGB. Familienrechtliche Aspekte des abstrakt unterhaltsberechtigten Ehegatten müssen dann in den Hintergrund treten.

Der Pflichtteilsverzicht ist nur soweit zu beachten, wie sein Inhalt reicht. Ist kein völliger Verzicht auf das Pflichtteilsrecht erklärt worden, sondern nur eine gegenständliche Beschränkung, darf lediglich diese berücksichtigt werden. Ausschließlich sie wirkt

---

[78] BeckOKBGB/*Beutler*, § 1586b Rdn. 4; *Erman/Maier*, § 1586b Rdn. 11; MüKo/*Maurer*, § 1586b Rdn. 6; RGRK/*Cuny*, § 1586b Rdn. 8; *Dieckmann*, NJW 1980, 2777, 2778; ders., FamRZ 1992, 633.

[79] *Bergschneider*, FamRZ 2003, 1049; *Grziwotz*, FamRZ 1991, 1258, 1259; Palandt/*Brudermüller*, § 1586b Rdn. 8 m.w.N.; *Pentz*, FamRZ 1998, 1344 ff.; *Schmitz*, FamRZ 1999, 1569.

[80] *Pentz*, FamRZ 1998, 1344, 1346.

sich auf die Höhe des Unterhaltsanspruchs aus.[81] Eine abweichende Vereinbarung umgekehrter Art, dass die Unterhaltspflicht über den Pflichtteil hinausgehen soll, führt zum Wegfall der Beschränkung aus § 1586b Abs. 1 Satz 3 BGB.

(4) Die Voraussetzungen des Unterhaltsanspruchs aus § 1586b BGB

Der Unterhaltsanspruch des geschiedenen Ehegatten aus § 1586b BGB **setzt** dessen **28** **Bedürftigkeit voraus.** Änderungen, die sich aufgrund des Todes des Verpflichteten ergeben, sind zu berücksichtigen[82], so dass beispielsweise Ansprüche aus Versicherungen einzubeziehen sind. Abweichend zu sonstigen Unterhaltsansprüchen kommt es mit dem Tod des Unterhaltsschuldners auf dessen Leistungsfähigkeit nicht mehr an, weil seine angemessene Lebensführung nicht mehr gefährdet werden kann, §§ 1586 Abs. 1 Satz 2, 1581 Abs. 1 Satz 2 BGB.[83] Der geschiedene Ehegatte kann somit bei Bedürftigkeit den vollen Unterhalt nach den ehelichen Lebensverhältnissen verlangen.[84] Da die übrigen Unterhaltsansprüche mit dem Tod erlöschen, werden sie nicht mehr anspruchsmindernd berücksichtigt.

Die Haftung des Erben aus § 1586b BGB ist **auf den fiktiven sog. kleinen Pflichtteil** **29** **beschränkt.** Dieser entspricht der Hälfte des gesetzlichen Erbteils ohne Berücksichtigung des Zugewinnausgleichsanspruchs und beträgt neben Abkömmlingen als Erben 1. Ordnung 1/8. Nach § 1586b Abs. 2 BGB kommt es nicht auf den Güterstand an. Entscheidend ist der Wert des Nachlasses zum Zeitpunkt des Todes, wobei die Ehe als bis zum Tode des Erblassers fortbestehend fingiert wird. Mit dieser Fiktion bleibt eine eventuelle Wiederheirat unberücksichtigt. Lediglich sonstige Pflichtteilsberechtigte sind zu berücksichtigen.[85]

Der Berechtigte kann eine **Unterhaltsrente in Geld beanspruchen,** nach dem Tod des Erblassers – wie bei sonstigen Unterhaltsansprüchen auch – **alternativ gemäß** **§ 1585 Abs. 2 BGB eine Kapitalabfindung,**[86] wobei sich die Prüfung der Billigkeit auf die Verhältnisse des Erben bezieht.

Realisierbar ist der Unterhaltsanspruch des geschiedenen Ehegatten nur, wenn ein **30** **ausreichender Nachlass vorhanden** ist.[87] Ein geschiedener Ehegatte, der Unterhalt aus dem Nachlass bis zur Höhe des fiktiven Pflichtteils unter Einbeziehung des Pflichtteilsergänzungsanspruchs geltend macht, kann bei einem wertlosen Nachlass auch ganz leer ausgehen. Zur Abwendung des Unterhaltsanspruchs aus § 1586b Abs. 1 BGB wird teilweise vorgeschlagen, Lebensversicherungen zugunsten der Erben abzuschließen, um dem Nachlass zu Lebzeiten Werte zu entziehen.[88] Der Erbe soll sich gemäß § 1990 Abs. 1 Satz 1 BGB wirksam auf die Dürftigkeit des Nachlasses berufen können. Da ein solches Vorgehen entsprechend § 2325 BGB nicht zu einer Minderung des fiktiven Pflichtteils führt, erscheint es jedoch nicht erfolgversprechend.

---

[81] *Frenz,* ZEV 2001, 115.
[82] MüKo/*Maurer,* § 1586b Rdn. 25.
[83] MüKo/*Maurer,* § 1586b Rdn. 29.
[84] Palandt/*Brudermüller,* § 1586b Rdn. 5.
[85] Jauernig/*Budzikiewicz,* § 1586b Rdn. 5; *Klingelhöffer,* ZEV 1999, 13.
[86] *Soergel/Heberle,* § 1586b Rdn. 6; RGRK/*Cuny,* § 1586b Rdn. 5; MüKo/*Maurer,* § 1586b Rdn. 28.
[87] *Klingelhöffer,* ZEV 1999, 13, 14.
[88] *Klingelhöffer,* ZEV 1999, 13, 14.

(5) Haftungsbeschränkung und prozessuale Situation

31 Der Erbe kann unabhängig von der speziellen Haftungsbeschränkung auf den fiktiven Pflichtteil nach § 1586b Abs. 1 Satz 3 BGB wegen der rechtlichen Einordnung des Unterhaltsanspruchs als Nachlassverbindlichkeit seine **Haftung auch nach den allgemeinen Vorschriften der §§ 1970 ff. BGB auf den Nachlass beschränken**. In der Nachlassinsolvenz stellt der Anspruch aus § 1586b BGB eine Insolvenzforderung i. S. v. § 38 InsO dar.[89]

Die Haftungsbeschränkung nach § 1586b Abs. 1 Satz 3 BGB tritt nicht von Gesetzes wegen ein. Sie muss **vom Erben** durch eine einseitige empfangsbedürftige Willenserklärung gegenüber dem Berechtigten **geltend gemacht werden**. Im Prozess ist sie eine **von Amts wegen zu berücksichtigende Einwendung**.[90] Der Erbe muss sich den Vorbehalt der beschränkten Erbenhaftung gemäß § 780 Abs. 1 ZPO sichern, um gegen eine Zwangsvollstreckung in sein Eigenvermögen im Wege der Vollstreckungsgegenklage gemäß § 767 ZPO vorgehen zu können.[91] Dazu muss er sich auf die beschränkte Haftung nach § 1586b Abs. 1 Satz 3 BGB im Erkenntnisverfahren berufen. Nur wenn die Haftungsbeschränkung erst nach dem Erlass des Titels eintritt, kann er sie im Wege der Vollstreckungsgegenklage ohne Vorbehalt geltend machen.[92]

Der Unterhaltsanspruch des geschiedenen Ehegatten ist im familienrechtlichen Bereich begründet. Seine **Geltendmachung ist eine Familienstreitsache** gemäß §§ 112 Nr. 1, 231 Abs. 1 Nr. 2 FamFG.[93] Zuständig ist das **Amtsgericht als Familiengericht**, § 23b GVG. Einen vor dem Tod des Erblassers erstrittenen Titel kann der Unterhaltsberechtigte nach § 95 Abs. 1 FamFG, §§ 727, 795 Satz 1 ZPO gegen den oder die Erben umschreiben lassen.[94] Aus praktischen Gründen wäre es verfehlt, den Erben nicht als Rechtsnachfolger des Erblassers anzusehen und dem Gläubiger die Möglichkeit der Titelumschreibung abzuschneiden. Der Anspruch auf Unterhalt rührt letztlich vom Erblasser her. Es kann deshalb nicht entscheidend sein, ob die Verpflichtung als solche erst in der Person des Erben entsteht. Der Grund des Anspruchs wurzelt in der unterhaltsrechtlichen Verpflichtung der Ehegatten untereinander nach der Scheidung. Der Erbe tritt an die Stelle des vormaligen Unterhaltsschuldners. Ihm ist bei einer wesentlichen Änderung der für die Unterhaltsbemessung maßgebenden Umstände die Möglichkeit eines Abänderungsantrages gemäß §§ 238, 239 FamFG eröffnet[95], die auch einem Miterben allein zustehen kann.[96]

---

[89] RG v. 10.5.1917, IV 104/17, RGZ 90, 202, 204 f. (zu § 1712 BGB a.F.); MüKo/*Küpper*, Vor § 1967 Rdn. 8; a. A. *Häsemeyer*, Insolvenzrecht Rdn. 16.19 Fn. 60, der eine nachrangige Forderung gemäß § 327 Abs. 1 Satz 1 InsO annimmt.

[90] MüKo/*Maurer*, § 1586b Rdn. 31; Soergel/*Heberle*, § 1586b Rdn. 9.

[91] Siehe dazu Rdn. 615 ff.

[92] MüKo/*Maurer*, § 1586b Rdn. 64.

[93] MüKo/*Maurer*, § 1586b Rdn. 56; *Keidel/Weber*, § 231 FamFG Rdn. 9

[94] BGH v. 4.8.2004, XII ZB 38/04, NJW 2004, 2896; MüKo/*Maurer*, § 1586b Rdn. 57; Palandt/ *Brudermüller*, § 1586b Rdn. 10; a. A. *Staudinger/Baumann* (2014), § 1586b Rdn. 56, weil der Erbe nicht Rechtsnachfolger des Schuldners sei.

[95] Palandt/*Brudermüller*, § 1586b Rdn. 10; MüKo/*Maurer*, § 1586b Rdn. 65.

[96] OLG Zweibrücken, Urt. v. 27.10.2006 – UF 58/06 –; zit. von G. *Möller*, EE 2007, 78.

Da der überlebende geschiedene Ehegatte oftmals keine genaue Kenntnis vom Um-   *32*
fang des Nachlasses hat, steht ihm gegen den Erben ein **Anspruch auf Auskunft über
den Bestand des Nachlasses aus § 242 BGB** zu.[97]

cc) Der Anspruch des Stiefkindes auf Ausbildungsunterhalt

Lebte der Erblasser mit seinem Ehegatten im Güterstand der **Zugewinngemeinschaft**   *33*
und bleiben bei seinem Tod nach ihm unterhaltsberechtigte Stiefkinder zurück, d.h.
einseitige Abkömmlinge des Erblassers, kann ihnen gegen den überlebenden Ehegatten
aus dem Zugewinn ein **Anspruch auf Ausbildungsunterhalt** zustehen, **§ 1371 Abs. 4
BGB**. Dieser Unterhaltsanspruch ist dispositiv.[98] Der Erblasser kann ihn durch Testament ausschließen und es im Übrigen bei der gesetzlichen Erbfolge belassen. Der Anspruch kommt von vornherein **nur im Fall der gesetzlichen Erbfolge des Verpflichteten** zum Tragen.[99] Anderenfalls käme es auch nicht zu einem Zugewinnausgleich
i.S.v. § 1371 Abs. 1 BGB. Die Haftung aus § 1371 Abs. 4 BGB tritt nicht ein, wenn der
Ehegatte testamentarischer Erbe oder Vermächtnisnehmer wird. Der Erbe kann der
Haftung entgehen, wenn er die Erbschaft ausschlägt. **Kinder des Erblassers müssen
ebenfalls gesetzlich erbberechtigt sein.** Sie dürfen weder testamentarisch eingesetzt
werden[100], noch verzichtet oder ausgeschlagen[101] haben.

Der **Anspruch gegen den gesetzlich erbenden Ehegatten** ist nur im weiteren Sinne   *34*
eine Nachlassverbindlichkeit. Er rührt seiner Natur nach aus der **Verbindung von
Ehegüterrecht (Zahlung von Unterhalt) und Erbrecht** her und hat **Mischcharakter.**
Der Anspruch ist der Sache nach auf Zahlung von Unterhalt gerichtet, doch ist die Verbindlichkeit gleichzeitig im Erbrecht verwurzelt. Damit wird eine auf den erbenden
Ehegatten beschränkte Nachlassverbindlichkeit in Form einer Erbfallschuld begründet.[102] Das **Stiefkind** hat zur Durchsetzung seines Anspruchs und zur Ermittlung der
Höhe gegenüber dem überlebenden Ehegatten einen **Auskunftsanspruch.** Voraussetzung für die Geltendmachung sind immer eine Ausbildungsbedürftigkeit des Stiefkindes sowie dessen allgemeine Bedürftigkeit. Daran fehlt es, wenn das Stiefkind aus
eigenem Vermögen seinen Unterhalt bestreiten kann. Einschlägig sind die §§ 1602, 1610
BGB[103], so dass das Kind grundsätzlich zum Einsatz seines Vermögensstammes verpflichtet ist. Das ist gerechtfertigt, weil ein Anspruch in Geld geschuldet ist.[104]

Der Unterhaltsanspruch ist **auf den Teil des Erbes beschränkt, der der Erhöhung**   *35*
nach § 1371 Abs. 1 BGB entspricht.[105] Darin liegt keine gegenständlich beschränkte
Haftung auf das zusätzlich gewährte Viertel, sondern eine **rechnerisch beschränkte**

---

[97] AG Bad Homburg v. 31.5.2007, 93 F 12/06 UE, FamRZ 2007, 1771; MüKo/*Küpper,* Vor
§ 1967 Rdn. 8; MüKo/*Maurer,* § 1586b Rdn. 22.
[98] Palandt/*Brudermüller,* § 1371 Rdn. 11.
[99] MüKo/*Koch,* § 1371 Rdn. 55; Palandt/*Brudermüller,* § 1371 Rdn. 7.
[100] MüKo/*Koch,* § 1371 Rdn. 54.
[101] Palandt/*Brudermüller,* § 1371 Rdn. 7.
[102] BeckOGK/*Kuhn,* § 1371 Rdn. 198; MüKo/*Koch,* § 1371 Rdn. 60; *Burandt/Rojahn/Joachim,*
§ 1967 Rdn. 10.
[103] Palandt/*Brudermüller,* § 1371 Rdn. 9.
[104] Einzelheiten bei MüKo/*Koch,* § 1371 Rdn. 67, der zu Recht eine Grenze zieht, wenn die Verwertung des Vermögensstammes unwirtschaftlich wäre; zustimmend BeckOGK/*Kuhn,* § 1371
Rdn. 178 m.w.N.
[105] MüKo/*Koch,* § 1371 Rdn. 61; Palandt/*Brudermüller,* § 1371 Rdn. 10.

Haftung. Das Viertel bildet kein Sondervermögen.[106] Ob daneben die erbrechtlichen Haftungsbeschränkungen möglich sind, wird nicht einheitlich beantwortet.[107] Die Problematik wird relevant, wenn der Nachlass zunächst werthaltig war, aufgrund von Wertveränderungen aber überschuldet ist. Die Anwendbarkeit der erbrechtlichen Beschränkungsmöglichkeiten der §§ 1970 ff. BGB rechtfertigt sich daraus, dass in einem solchen Fall nur auf diese Weise dem erbenden Ehegatten der Schutz seines Eigenvermögens möglich ist. Der Anspruch aus § 1371 Abs. 4 BGB gründet sich dagegen in der Ehe und im gesetzlichen Güterstand.

b) Andere Verbindlichkeiten familienrechtlicher Natur

36 Eine sowohl aktiv als auch passiv **vererbliche Erblasserschuld** ist die **Zugewinnausgleichsforderung** des überlebenden Ehegatten, es sei denn, er wird gemäß § 1371 Abs. 2 BGB nicht Erbe oder schlägt die Erbschaft gemäß § 1371 Abs. 3 BGB aus.[108] Nach § 31 Abs. 1 Satz 1 VersAusglG geht im Falle des Todes eines Ehegatten nach Rechtskraft der Scheidung, aber vor Rechtskraft der Entscheidung über den Wertausgleich nach den §§ 9–19 VersAusglG die Verpflichtung auf den Erben über.[109] Der schuldrechtliche **Versorgungsausgleich** nach §§ 20–24 VersAusglG ist gemäß § 31 Abs. 3 Satz 1 VersAusglG unvererblich.

37 Vererblich ist gemäß § 1615l Abs. 3 Satz 4 BGB der **Unterhaltsanspruch der Mutter eines nichtehelichen Kindes auf Unterhalt aus Anlass der Geburt sechs Wochen davor und acht Wochen danach.** Nach § 1615n Satz 1 BGB besteht dieser Anspruch auch, wenn der Vater vor der Geburt des Kindes gestorben oder das Kind tot geboren worden ist. Gleiches gilt für den Anspruch aus § 1615m BGB auf Ersatz der **Beerdigungskosten für die Mutter**, soweit deren Bezahlung nicht von den Erben der Mutter zu erlangen ist. Die Ansprüche aus §§ 1615l und 1615m BGB kommen nach § 1615n Satz 2 BGB auch bei einer Fehlgeburt zum Tragen.

c) Verpflichtungen aus sonstigen vermögensbezogenen Leistungen

38 Nachlassverbindlichkeiten sind auch **Verpflichtungen aus vermögensbezogenen Leistungen** wie Darlehensschulden, Herausgabe- und Auskunftsansprüche gegen den Erbschaftsbesitzer, die auf § 985 BGB beruhende Herausgabepflicht sowie die Pflicht zur Herausgabe einer ungerechtfertigten Bereicherung. Als vom Erblasser herrührende Verbindlichkeiten sind sie **grundsätzlich vererblich**.[110] Dazu gehören ferner Verbindlichkeiten **aus unerlaubten Handlungen**, mögen die Rechtsgutsverletzung und der Schaden erst nach dem Erbfall eintreten. Erforderlich ist nur, dass der Anspruch bereits vor dem Erbfall angelegt war. Vererblich sind danach **Versorgungszusagen eines Ar-**

---

[106] BeckOGK/*Kuhn*, § 1371 Rdn. 194; MüKo/*Koch*, § 1371 Rdn. 62.

[107] Dafür BeckOGK/*Kuhn*, § 1371 Rdn. 199; MüKo/*Koch*, § 1371 Rdn. 65; *Soergel/Lange*, § 1371 Rdn. 40; *Bamberger/Roth/Siede*, § 1371 Rdn. 47; nunmehr auch *Erman/Budzikiewicz*, § 1371 Rdn. 22; a. A. Palandt/*Brudermüller*, § 1371 Rdn. 10.

[108] BeckOGK/*Grüner*, § 1967 Rdn. 112; *Staudinger/Dutta* (2016), § 1967 Rdn. 9; MüKo/*Küpper*, § 1967 Rdn. 7; Palandt/*Brudermüller*, § 1371 Rdn. 15; nach *Lange/Kuchinke*, § 47 III 2a und *Erman/Horn*, § 1967 Rdn. 6 soll es sich um eine Erbfallschuld handeln; offengelassen in BGH v. 21.3.1962, IV ZR 251/61, BGHZ 37, 58, 64 = NJW 1962, 1719.

[109] Palandt/*Brudermüller*, § 31 VersAusglG Rdn. 4.

[110] *Staudinger/Dutta* (2016), § 1967 Rdn. 9 m.w.N. und weiteren Beispielen.

beitgebers, selbst wenn die aus ihnen resultierenden Ansprüche zur Zeit des Erbfalles noch nicht fällig sind.[111]

d) Verpflichtungen aus nichtvermögenswerten und aus von Dritten nicht ausführbaren Leistungen

Zu den vererblichen Verbindlichkeiten zählen auch solche, die sich auf durch Dritte   *39*
nicht ausführbare oder auf nichtvermögenswerte Leistungen richten.[112] Hierzu gehören die **Verpflichtung zur Abgabe einer Willenserklärung** oder zur **Auskunftserteilung**[113], der Anspruch auf **Abgabe der eidesstattlichen Versicherung**[114] sowie **Unterlassungspflichten**[115]. Als nichtvermögensrechtliche Verpflichtung vererblich ist auch die **Pflicht des OHG-Gesellschafters,** sein **Ausscheiden aus der Gesellschaft zur Eintragung im Handelsregister anzumelden**[116] und gleichermaßen die **Pflicht zur Anmeldung des Erlöschens einer Firma.**[117] Da den Erben im Fall der Nichtanmeldung zum Handelsregister die gleichen Rechtsfolgen treffen, die sich aus § 15 HGB ergeben und denen auch der Erblasser ausgesetzt wäre, hat die Frage der Vererblichkeit in der Praxis keine Bedeutung.

e) Vererblichkeit öffentlich-rechtlicher Verbindlichkeiten

Die Vererblichkeit öffentlich-rechtlicher Verbindlichkeiten **bestimmt sich** in erster Li-   *40*
nie **nach den Vorschriften des öffentlichen Rechtes** und **nur subsidiär nach den §§ 1967 ff. BGB.** Dabei macht es für die Praxis keinen Unterschied, ob die §§ 1922, 1967 BGB unmittelbar oder analog zur Anwendung kommen.[118] Vererblich sind öffentlich-rechtliche Verbindlichkeiten, sofern das Gesetz nicht etwas anderes regelt.[119]

aa) Einzelne Verpflichtungen

Vererbbar sind die durch eine entsprechende Verfügung **konkretisierte Zustandsver-   *41*
antwortlichkeit**[120], die **abstrakte Verhaltensverantwortlichkeit**[121], **Erschließungs-
beitragsschulden**[122], kirchensatzungsrechtliche Friedhofunterhaltungsgebüh-

---

[111] BAG v. 23.1.1990, 3 AZR 171/88, BAGE 64, 62, 67.

[112] Einzelheiten bei *Staudinger/Dutta* (2016), § 1967 Rdn. 10 f.

[113] BGH v. 5.6.1985, IVa ZR 257/83, NJW 1985, 3068 ff.; OLG München v. 31.10.1986, 25 W 1652/86, NJW-RR 1987, 649; *Staudinger/Dutta* (2016), § 1967 Rdn. 10; BeckOGK/*Grüner,* § 1967 Rdn. 173 f., der zu Recht darauf hinweist, dass sich der Umfang des Anspruchs abhängig vom Wissen des Erben ändern kann.

[114] BGH v. 8.6.1988, IVa ZR 57/87, BGHZ 104, 369 ff.; BeckOGK/*Grüner,* § 1967 Rdn. 176.

[115] OLG Hamm v. 20.9.1994, 15 W 250/94, FamRZ 1995, 700.

[116] *Schäfer* in GroßkommHGB, § 143 HGB Rdn. 16.

[117] Streitig: dafür *Staudinger/Dutta* (2016), § 1967 Rdn. 12; *Burandt/Rojahn/Joachim,* § 1967 Rdn. 13; *Burgard* in GroßkommHGB, § 31 HGB Rdn. 36; dagegen MüKo-HGB/*Krafka,* § 31 HGB Rdn. 16 .

[118] Für eine analoge Anwendung MüKo/*Küpper,* § 1967 Rdn. 47; für eine unmittelbare Anwendung *Staudinger/Kunz* (2017), § 1922 Rdn. 352.

[119] BVerwG v. 9.1.1963, V C 74.62, NJW 1963, 1075 f.; BSG v. 17.12.1965, 8 RV 749/64, NJW 1966, 1239 f.

[120] VGH München v. 12.1.2000, M 2 V 99.2620, NVwZ 2000, 1312.

[121] OVG Lüneburg v. 7.3.1997, 7 M 3628/96, NJW 1998, 97, 98.

[122] OVG Bremen v. 14.2.1984, 1 BA 91/83, NVwZ 1985, 917.

ren[123], öffentlich-rechtliche Erstattungspflichten, die **Vermögensabgabeschuld beim Lastenausgleich**[124], die **Pflicht zur Bodensanierung** nach § 4 Abs. 3 Satz 1 BBodSchG[125] und **Beitragsschulden des verstorbenen Mitglieds einer Krankenkasse.** Ist die Erbenstellung unstreitig, darf eine Krankenkasse die Beitragsschulden durch Verwaltungsakt auf eine Erbengemeinschaft überleiten. Ist oder wird die Erbenstellung streitig, beispielsweise wenn über die Rechtzeitigkeit einer Erbausschlagung Streit besteht, ist zur Entscheidung das dafür zuständige Zivilgericht und nicht das Sozialgericht berufen.[126] Vererblich ist ferner die **Ersatzpflicht der Kosten der Sozialhilfe**, für die der Erbe nach Maßgabe des § 102 Abs. 2 Satz 2 SGB XII mit dem Wert des Nachlasses haftet[127]. **Aufgrund ihres höchstpersönlichen Charakters nicht vererblich** sind **Geldstrafen** und **Geldbußen.** Ihretwegen darf von Gesetzes wegen nicht in den Nachlass vollstreckt werden, § 459c Abs. 3 StPO, § 101 OWiG. Demgegenüber gehen **Geldzahlungsverpflichtungen aus** schon **gegen den Erblasser erkannten Nebenfolgen einer Straftat oder Ordnungswidrigkeit** auf den Erben über, § 459g Abs. 2 StPO, ebenso die Verpflichtung zur **Tragung der Kosten bei rechtskräftiger Verurteilung vor dem Erbfall**, § 465 Abs. 3 StPO, §§ 89, 103 Abs. 1 OWiG. Der Übergang von **Gerichtskostenschulden** des Erblassers ist in § 29 Nr. 3 GKG und § 1 Abs. 1 Nr. 4 i. V. m. § 8 Abs. 2 JBeitrG vorgesehen.

bb) Haftungsbeschränkung und bodenschutzrechtliche Sanierungspflichten

42   Für den Erben eines Grundstücks kann sich eine erhebliche finanzielle Belastung daraus ergeben, dass dieses mit Altlasten oder schädlichen Bodenveränderungen belastet ist. Ihm droht eine Inanspruchnahme als **Sanierungsverantwortlicher gemäß § 4 Abs. 3 BBodSchG.** Die praktische Bedeutung zeigt sich an Altlastenzahlen, die das Umweltbundesamt ermittelt hat. So waren bundesweit bis März 2004 230.558 Flächen i. S. v. § 2 Abs. 6 BBodSchG altlastenverdächtig. Eine Sanierung war von nur 13.598 Flächen abgeschlossen.[128] Vor diesem Hintergrund ist die Frage nach der Beschränkbarkeit der Haftung des Erben für die entsprechenden Sanierungskosten eines Grundstücks von erheblicher Bedeutung.

43   Die Verantwortlichkeit des Erben kann auf unterschiedlichen Rechtsgründen beruhen. **Gleichrangig und unbeschränkt können zur Sanierung von Grundstücken herangezogen werden:**
– Der Verursacher der schädlichen Bodenveränderung oder Altlast gemäß § 4 Abs. 3 Satz 1 Alt. 1 BBodSchG,
– dessen Rechtsnachfolger gemäß § 4 Abs. 3 Satz 1 Alt. 2 BBodSchG,
– der Grundstückseigentümer gemäß § 4 Abs. 3 Satz 1 Alt. 3 BBodSchG,

---

[123] VG Schwerin v. 13. 1. 2014, 4 A 1200/11, BeckRS 2015, 46180.
[124] BGH v. 30. 9. 1954, IV ZR 43/54, BGHZ 14, 368, 370; BeckOGK/*Grüner,* § 1967 Rdn. 124.
[125] BVerwG v. 16. 3. 2006, 7 C 3/05, BVerwGE, 125, 325; MüKo/*Küpper,* § 1967 Rdn. 8; siehe dazu näher Rdn. 42 ff.
[126] SG Mainz v. 19. 4. 2016, S 14 KR 87/14, FamRZ 2017, 249, 250.
[127] Siehe dazu näher Rdn. 6.
[128] Zahlen des Umweltbundesamts, ermittelt für die einzelnen Bundesländer zwischen Dezember 2001 und März 2004, abrufbar unter www. umweltbundesamt. de/boden-und-altlasten/altlast/web1/deutsch/1-3. htm; weitere Zahlen bei *Ewer,* in: Landmann/Rohmer, Umweltrecht, Vorbem. BBodSchG Rdn. 21.

– der Inhaber der tatsächlichen Gewalt über das Grundstück gemäß § 4 Abs. 3 Satz 1 Alt. 4 BBodSchG.

Daneben haften:

– Der frühere, bösgläubige Grundstückseigentümer gemäß § 4 Abs. 6 BBodSchG,
– derjenige, der aus einem handels- oder gesellschaftsrechtlichen Rechtsgrund für eine juristische Person einzustehen hat gemäß § 4 Abs. 3 Satz 4 Alt. 1 BBodSchG,[129]
– derjenige, der das Eigentum am Grundstück aufgegeben hat gemäß § 4 Abs. 3 Satz 4 Alt. 2 BBodSchG,

Für Erben sind im Wesentlichen die Haftung als Rechtsnachfolger des Verursachers sowie diejenige als Grundstückseigentümer von Belang. Als Inhaber der tatsächlichen Gewalt ist der Erbe nicht schon aufgrund seines Erbenbesitzes nach § 857 BGB anzusehen.[130]

Neben der **Differenzierung zwischen Zustands- und Verhaltensverantwortlichkeit** ist zu unterscheiden, ob im Zeitpunkt des Erbfalls eine nur **abstrakte Verantwortlichkeit des Erblassers** bestand **oder die Verantwortlichkeit bereits durch Verwaltungsakt konkretisiert** war. Als Instrument, mit dem eine Beschränkung der Erbenhaftung herbeigeführt werden kann, kommt neben den spezifischen erbrechtlichen Rechtsinstituten – Nachlassverwaltung, Nachlassinsolvenz oder Dürftigkeitseinrede gemäß § 1990 Abs. 1 Satz 1 BGB – der öffentlich-rechtliche Verhältnismäßigkeitsgrundsatz, der eine spezifische bodenschutzrechtliche Ausprägung in der Rechtsprechung des Bundesverfassungsgerichts gefunden hat, in Betracht.[131]

(1) Die Rechtsnachfolge in die Verhaltensverantwortlichkeit

War der **Erblasser selbst Verursacher der** schädlichen Bodenveränderung oder Altlast, haftet der Erbe als sein Rechtsnachfolger gemäß § 4 Abs. 3 Satz 1 Alt. 2 BBodSchG. Die Vorschrift regelt den Übergang der abstrakten Polizeipflichtigkeit auf den Erben. Daneben steht die Rechtsnachfolge in die konkretisierte Verhaltensverantwortlichkeit.   *44*

(a) Die Rechtsnachfolge in die konkretisierte Verhaltensverantwortlichkeit

War vor Eintritt des Erbfalls bereits eine Ordnungsverfügung an den Erblasser ergangen, die dessen konkrete Polizeipflichtigkeit betraf, wurde die Möglichkeit des Übergangs im Wege der Gesamtrechtsnachfolge analog § 1922 BGB bereits vor Erlass des Bundesbodenschutzgesetzes allgemein bejaht. Sie entspricht allgemeinen polizeirechtlichen Grundsätzen.[132] Fraglich ist allein, **welche Abwehrinstrumentarien dem Erben zur Verfügung stehen.** Die Ordnungsbehörde hat ein naheliegendes Interesse daran, die bereits an den Erblasser ergangene Ordnungsverfügung auch gegenüber dem Erben wirken zu lassen. Da dieser mit dem Erbfall in die verfahrensrechtliche Position des Erblassers einrückt, braucht die Behörde keine Verfahrenshandlungen mehr vornehmen, die andernfalls erforderlich wären, um eine neuerliche Ordnungsverfügung auf-   *45*

---

[129] Hierzu ausführlich *Joachim/Lange,* ZEV 2011, 53 ff.
[130] *Versteyl/Sondermann,* § 4 BBodSchG, Rdn. 23; *Taupitz,* in: Bodenschutz und Umweltrecht, 15. Trierer Kolloquium zum Umwelt- und Technikrecht, S. 203, 256; *Joachim/Lange,* ZEV 2011,54.
[131] *Joachim/Lange,* ZEV 2011, 53, 54.
[132] *Landel/Vogg/Wüterich,* § 4 BBodSchG Rdn. 81; *Joachim/Lange,* ZEV 2011, 53, 54.

grund der – daneben bestehenden – abstrakten Verhaltensverantwortlichkeit gegen den Erben zu erlassen. Als Rechtsnachfolger stehen dem Erben **in verfahrensrechtlicher Hinsicht alle Rechtsbehelfe und Rechtsmittel zur Verfügung, die auch dem Erblasser zum Zeitpunkt des Erbfalls zustanden.** Er kann alle materiellrechtlichen Einwendungen erheben, die auch dem Erblasser zustanden. Als **spezifisch erbrechtliche Beschränkung der Haftung** kommen gemäß § 1975 BGB die Anordnung der Nachlassverwaltung oder die Eröffnung eines Nachlassinsolvenzverfahrens[133] sowie gemäß § 1990 Abs. 1 Satz 1 BGB die Erhebung der Dürftigkeitseinrede[134] in Betracht. Dies setzt jeweils voraus, dass es sich bei der Verbindlichkeit, für die die Beschränkung der Erbenhaftung eintreten soll, um eine Nachlassverbindlichkeit i.S.v. § 1967 BGB handelt. Der öffentlich-rechtliche Charakter einer Verpflichtung steht der Anwendung der Haftungsbeschränkungsregeln der §§ 1975 ff. BGB nicht entgegen.[135] Für die schon gegenüber dem Erblasser durch Verwaltungsakt konkretisierte Sanierungs- und Kostentragungspflicht stehen Grund und Höhe der Verpflichtung zum Zeitpunkt des Erbfalls fest. Die Verpflichtung rührt von dem Erblasser her und stellt eine klassische Nachlassverbindlichkeit i.S.v. § 1967 Abs. 2 BGB dar, für die der Erbe bei Vorliegen der Voraussetzungen die Haftung auf den Nachlass beschränken kann.

(b) Die Rechtsnachfolge in die abstrakte Verhaltensverantwortlichkeit

46   Problematischer stellt es sich dar, ob die Beschränkung der Haftung des Erben auf den Nachlass auch im Fall einer **rein abstrakten Verhaltensverantwortlichkeit** möglich ist. Hatte die Behörde gegenüber dem Erblasser, der Verursacher der schädlichen Bodenveränderung oder Altlast war, noch keine Ordnungsverfügung erlassen, kann sie dies ohne Weiteres gegenüber dem Erben nachholen, § 4 Abs. 3 Satz 1 Alt. 2 BBodSchG. Insoweit kommt eine Beschränkung der Erbenhaftung nach § 1975 BGB durch Anordnung der Nachlassverwaltung oder Eröffnung des Nachlassinsolvenzverfahrens oder bei Fehlen einer die Kosten deckenden Masse gemäß § 1990 Abs. 1 Satz 1 BGB in Betracht. Voraussetzung ist zunächst, dass die Verpflichtung des Erblassers tatsächlich im Wege der erbrechtlichen Universalsukzession übergegangen ist. Die Verpflichtung muss in diesem Sinne derivativer Natur sein, also von der Verpflichtung des Verursachers abgeleitet werden können. Würde das Gesetz die Verantwortlichkeit des Rechtsnachfolgers mit dem Eintritt der Rechtsnachfolge originär entstehen lassen, wäre für eine Anwendung der zivilrechtlichen Vorschriften der Beschränkung der Erbenhaftung kein Raum.[136] Nach dem Wortlaut wäre theoretisch ein Verständnis möglich, dass die Verpflichtung des Rechtsnachfolgers originär entsteht und nicht an die vorhergehende Pflichtenstellung des Verursachers angeknüpft wird. Der Begriff des Rechtsnachfolgers hätte in diesem Fall allein einen umschreibenden Charakter, indem er die Person des Pflichtigen näher bezeichnet, würde aber nicht darauf hinweisen, dass der Rechtsnachfolger gerade aufgrund der Rechtsnachfolge zur Sanierung verpflichtet ist.

---

133 *Schwartmann/Vogelheim*, ZEV 2001, 101, 102.

134 *Joachim/Lange*, ZEV 2011, 53, 54.

135 MüKo/*Küpper*, § 1967 Rdn. 47.

136 *Taupitz*, in: Bodenschutz und Umweltrecht, 15. Trierer Kolloquium zum Umwelt- und Technikrecht, S. 203, 229 f.; *Joachim/Lange*, ZEV 2011, 53, 54.

Die Gesetzesgenese lässt eine solche Auslegung nicht zu.[137] Im Gesetzgebungs-   47
verfahren wurde speziell die Frage der Rechtsnachfolge in die abstrakte Polizeipflichtigkeit erörtert, die im polizei- und ordnungsrechtlichen Schrifttum generell und
insbesondere mit Blick auf das Bodenschutzrecht umstritten war.[138] Für das Bodenschutzrecht wollte der Gesetzgeber eine Klärung der Rechtslage mit § 4 Abs. 3 Satz 1
Alt. 2 BBodSchG herbeiführen. Geklärt werden sollte die Frage der Rechtsnachfolge in
die abstrakte Verhaltensverantwortlichkeit. Deshalb geht die **ganz überwiegende Meinung** zu Recht davon aus, dass **das Bundesbodenschutzgesetz für seinen Anwendungsbereich diese Frage einer gesetzlichen Klärung zugeführt hat.**[139] Einer Auslegung der Bestimmung als originäre Verpflichtung des Rechtsnachfolgers stehen auch
systematische Bedenken entgegen. Das Polizei- und Ordnungsrecht kennt als Verant-
wortliche den Verhaltensstörer, den Zustandsstörer und – unter engeren Voraussetzungen der Inanspruchnahme – den Nichtstörer sowie die jeweiligen Rechtsnachfolger.
Würde § 4 Abs. 3 Satz 1 Alt. 2 BBodSchG eine originäre, inhaltlich von dem Verursa-
cherbeitrag des Rechtsvorgängers losgelöste Verantwortlichkeit schaffen, würde es sich
um eine weitere Kategorie von Verantwortlichen handeln, die nicht in den klassischen
Adressatenkreis der Polizeipflichtigen einzuordnen wäre.[140] Anhaltspunkte für eine
solch weitgehende gesetzgeberische Intention liegen nicht vor. Der Rechtsnachfolger
haftet gerade als solcher anstelle des Verursachers.

Ein **Teil des Schrifttums** schließt eine Beschränkung der Erbenhaftung nach §§ 1975,   48
1990 Abs. 1 Satz 1 BGB aus, weil die abstrakte Polizeipflichtigkeit auch unter der Geltung des Bundesbodenschutzgesetzes nicht im zivilrechtlichen Sinne vererbbar sein
soll. Die Sanierungspflicht gehe zwar derivativ vom Erblasser auf den Erben über, doch
sei § 4 Abs. 3 Satz 1 Alt. 2 BBodSchG eine gefahrenabwehrrechtliche Haftungsnorm
außerhalb des Erbrechts, die unmittelbar gegen den Erben gerichtet ist.[141]

Dieser Ansatz ist jedoch mit dem Regelungsgehalt des § 4 Abs. 3 Satz 1 Alt. 2
BBodSchG nicht vereinbar. Die Vorschrift nimmt Bezug auf den Rechtsnachfolger des
Verursachers und stellt klar, dass eine Rechtsnachfolge in die abstrakte Polizeipflichtigkeit im Bodenschutzrecht anzuerkennen ist. Dagegen wird ein Übergang der Verantwortlichkeit auf den Rechtsnachfolger durch § 4 Abs. 3 Satz 1 Alt. 2 BBodSchG ebenso
wenig selbstständig angeordnet wie die Rechtsnachfolge selbst. Das Gefahrenabwehr-
recht ist vielmehr auf die Heranziehung der Rechtsnachfolgetatbestände des Zivilrechts, namentlich des Erbrechts, zur Bestimmung der Gesamtrechts- und Einzelrechtsnachfolger angewiesen. Die Anwendung der Rechtsnachfolgetatbestände hat

---

[137] Ausführlich hierzu v. Mutius/Nolte, DÖV 2000, 1, 2 f.; in diesem Sinne auch Fluck, Kreislauf-
wirtschafts-, Abfall- und Bodenschutzrecht, § 4 BBodSchG Rdn. 181; Joachim/Lange, ZEV
2011, 53, 54.
[138] Zum früheren Meinungsstand siehe Kügel, NJW 1996, 2477, 2482; Papier, NVwZ 1986, 256,
262; Schink, GewArch 1996, 50, 60 f.; Striewe, ZfW 1986, 273, 287; weitere Nachweise bei
Kloepfer, Umweltrecht § 12 Rdn. 169.
[139] Erbguth/Stollmann, Bodenschutzrecht, S. 77; Kloepfer, Umweltrecht, § 12 Rdn. 170; Landel/
Vogg/Wüterich, § 4 BBodSchG Rdn. 83; Joachim/Lange, ZEV 2011, 53, 54.
[140] Ebenso v. Mutius/Nolte, DÖV 2000, 1, 3.
[141] Schwartmann/Vogelheim, ZEV 2001, 101, 102; ähnlich Hilger, in: Holzwarth/Radtke/Hilger/
Bachmann, § 4 BBodSchG Rdn. 90a.

vollständig zu erfolgen, anderenfalls die durch den Gesetzgeber in bestimmter Weise ausgeformte Rechtsnachfolgeregelung beschnitten würde.[142]

49   **Fraglich** kann somit lediglich sein, **ob die abstrakte Verantwortlichkeit eine Verbindlichkeit darstellt, die i.S.v. § 1967 Abs. 2 BGB vom Erblasser herrührt oder die den Erben als solchen trifft.** Eine Erbfallschuld liegt nicht vor, weil die abstrakte Verhaltensverantwortlichkeit keinen Umstand darstellt, der den Erben aus Anlass des Erbfalls, wie etwa Vermächtnisse oder Auflagen, unmittelbar trifft.[143] Die abstrakte Verantwortlichkeit obliegt dem Erben als Rechtsnachfolger des Erblassers. Sie findet jedoch ihre sachliche Rechtfertigung nicht unmittelbar im Erbfall (wie es etwa beim Vermächtnis der Fall ist), sondern in der Zurechnung des Verhaltens des Erblassers im Wege der Gesamtrechtsnachfolge. Innerer Haftungsgrund ist das gefahrenabwehrrechtliche Verursacherprinzip, so dass die abstrakte Verantwortlichkeit als Erblasserschuld zu qualifizieren ist.[144] Die gegenteilige Annahme, dass nur eine konkretisierte Sanierungs- und Kostenpflicht vom Erblasser herrühren könne[145], vermag nicht zu überzeugen. Ob eine öffentlich-rechtliche Verpflichtung der Universalsukzession gemäß § 1922 Abs. 1 BGB unterliegt, bestimmt sich in erster Linie nach den spezialgesetzlichen Bestimmungen des Öffentlichen Rechts. Durch Schaffung der Regelung des § 4 Abs. 3 Satz 1 Alt. 2 BBodSchG hat der Gesetzgeber den Meinungsstreit zu der Frage, ob eine Rechtsnachfolge in die abstrakte Polizeipflichtigkeit stattfindet, für das Bodenschutzrecht entschieden. Damit ist die daraus resultierende Pflichtenstellung des Erblassers, die derivativ auf den Erben übergeht, als Nachlassverbindlichkeit einzuordnen.

Ein Herrühren vom Erblasser i.S.v. § 1967 Abs. 2 BGB setzt nicht zwingend voraus, dass die Pflicht bereits vor dem Erbfall in durchsetzbarer Weise feststand. Nachlassverbindlichkeiten sind auch Pflichten aus werdenden und schwebenden Rechtsbeziehungen, insbesondere bedingte, befristete und künftige Bindungen und Lasten.[146] Zu den Erblasserschulden zählen ferner Verpflichtungen, die durchsetzbar erst in der Person des Erben entstehen mögen, aber als solche des Erblassers hätten entstehen müssen, wäre dieser nicht vor der endgültigen Entstehung gestorben.[147] Reicht es für die Annahme einer Nachlassverbindlichkeit aus, dass die endgültige Entstehung der Pflichtenstellung nach dem Erbfall eintritt, muss eine abstrakte, aber bereits endgültig entstandene Polizeipflichtigkeit erst Recht als Erblasserschuld angesehen werden. Hierfür spricht des Weiteren die – unter systematischen Gesichtspunkten vergleichbare – Beurteilung der zivilrechtlichen Haftung des Erben für unerlaubte Handlungen des Erblassers. Eine Erblasserschuld ist gegeben, wenn der Erblasser die deliktische Handlung zwar begangen hat, die Rechtsgutverletzung oder der Schaden erst nach dem Erbfall eintreten.[148] Hat der Erblasser die schädliche Bodenveränderung bzw. Altlast verursacht und damit eine „öffentlich-rechtliche unerlaubte Handlung" begangen, kann der

---

[142] *Joachim/Lange*, ZEV 2011, 53, 54.

[143] Insoweit zutreffend *Schwartmann/Vogelheim*, ZEV 2001, 101, 102.

[144] *Joachim/Lange*, ZEV 2011, 53, 54.

[145] In diesem Sinne *Schwartmann/Vogelheim*, ZEV 2001, 101, 102.

[146] MüKo/*Küpper*, § 1967 Rdn. 9; vgl. auch für einen zukünftigen Auseinandersetzungsanspruch BGH v. 13.11.2000, II ZR 52/99, ZEV 2001, 68 und die Abtretung künftiger Forderungen durch den Erblasser BGH v. 14.7.1997, II ZR 122/96, NJW 1997, 3370, 3371.

[147] BGH v. 7.6.1991, V ZR 214/89, NJW 1991, 2558; MüKo/*Küpper* § 1967 Rdn. 9.

[148] *Staudinger/Dutta* (2016), § 1967 Rdn. 21; MüKo/*Küpper*, § 1967 Rdn. 9; für eine unerlaubte Handlung im Straßenverkehr OLG Hamm v. 16.6.1994, 6 U 227/93, NZV 1995, 276.

Erbe haftungsrechtlich nicht schlechter stehen. Ihm muss die Möglichkeit eröffnet sein, seine Haftung durch Nachlassverwaltung bzw. Nachlassinsolvenz oder durch Erhebung der Dürftigkeitseinrede zu beschränken.[149]

(c) Generelle Beschränkung der Haftung auf den Nachlass

Aus Gründen der Verhältnismäßigkeit wird zum Teil vertreten, die Haftung des *50* Rechtsnachfolgers sei von vornherein auf den Wert des übernommenen Vermögens beschränkt.[150] Dagegen spricht, dass die Konstruktion einer an dem Vermögen des Rechtsvorgängers selbst haftenden Verantwortlichkeit als sachlichem Zurechnungsgrund im Gesetz keine Stütze findet. Eine solchermaßen wertmäßige Beschränkung der Haftung stünde im Gegensatz zu den §§ 1975, 1990 Abs. 1 Satz 1 BGB, die eine Beschränkung auf den Nachlass zum Schutz der Gläubiger im Fall der Nachlassverwaltung, der Nachlassinsolvenz oder der Dürftigkeitseinrede vorsehen und auch im Gegensatz zu der grundsätzlich vom Gesetzgeber gewollten vermögensmäßig unbeschränkten Haftung der Sanierungsverantwortlichen.[151]

(2) Die Haftung aufgrund Zustandsverantwortlichkeit

Von der Haftung des Erben als Rechtsnachfolger des Verursachers der bodenschutz- *51* rechtlichen Gefahr ist die **Verantwortlichkeit als Grundstückseigentümer eines belasteten Grundstücks**, das im Wege der Gesamtrechtsnachfolge auf ihn übergegangen ist, zu unterscheiden. Auch insoweit ist zwischen der abstrakten und der durch Verwaltungsakt konkretisierten Verantwortlichkeit zu differenzieren.

(a) Die Rechtsnachfolge in die konkrete Zustandsverantwortlichkeit

Die Rechtsnachfolge in die konkrete Zustandsverantwortlichkeit betrifft den Fall, dass *52* die **Ordnungsbehörde gegen den Erblasser als Grundstückseigentümer bereits eine Ordnungsverfügung zur Sanierung des Grundstücks getroffen hatte**. Diese konkretisierte Pflicht ist mit Eintritt des Erbfalls von dem Erben zu erfüllen. Der Übergang der konkreten Zustandsverantwortlichkeit auf den Rechtsnachfolger als solcher ist allgemein anerkannt.[152] Auf die Zustandsverantwortlichkeit sind die erbrechtlichen Möglichkeiten der Beschränkung der Haftung des Erben, Nachlassverwaltung, Nachlassinsolvenzverfahren, Dürftigkeitseinrede anzuwenden.[153] Mit dem Erlass des Verwaltungsakts ist eine für den Erblasser konkrete Verpflichtung entstanden. Deshalb stellt die konkrete Zustandsverantwortlichkeit eine vom Erblasser herrührende Verbindlichkeit dar, die als Nachlassverbindlichkeit zu qualifizieren ist. Insoweit gilt nichts anderes als im Falle der Rechtsnachfolge in die konkrete Verhaltensverantwortlichkeit.

---

[149] *Fluck*, Kreislaufwirtschafts-, Abfall- und Bodenschutzrecht, § 4 BBodSchG Rdn. 183; *Gerhold*, Altlasten spektrum 1998, 107, 108; *Joachim/Lange*, ZEV 2011, 53, 55; *Kloepfer*, Umweltrecht, § 12 Rdn. 171; *Landel/Vogg/Wüterich*, § 4 BBodSchG Rdn. 84; a.A. *Hilger*, in: Holzwarth/Radtke/Hilger/Bachmann, § 4 BBodSchG Rdn. 90a; *Schwartmann/Vogelheim*, ZEV 2001, 101, 102.

[150] *Spieth/Wolfers*, NVwZ 1999, 355, 360.

[151] *Joachim/Lange*, ZEV 2011, 53, 56.

[152] *Landel/Vogg/Wüterich*, § 4 BBodSchG Rdn. 106; *Joachim/Lange*, ZEV 2011, 53, 56.

[153] So auch *Schwartmann/Vogelheim*, ZEV 2001, 343, 345.

Daneben treten originär öffentlich-rechtliche Beschränkungen der Erbenhaftung im Rahmen der Verhältnismäßigkeitsprüfung der Maßnahme, auf die im Rahmen der abstrakten Zustandsverantwortlichkeit näher einzugehen sein wird.[154] Die hierzu entwickelten Grundsätze finden in gleicher Weise auf die konkrete Zustandsverantwortlichkeit Anwendung, wobei zu beachten ist, dass die Umstände aus der Verantwortungssphäre des Erblassers dem Erben – anders als im Falle der abstrakten Zustandsverantwortlichkeit – zuzurechnen sind.

(b) Die Haftung des Erben aufgrund abstrakter Zustandsverantwortlichkeit

53 Problematischer als bei der konkreten Zustandsverantwortlichkeit stellt sich die Verantwortlichkeit des Erben als Grundstückseigentümer im Fall einer abstrakten Verantwortlichkeit dar. Das **Gesetz ordnet für diesen Fall ausdrücklich keine Rechtsnachfolge an**, was **im Schrifttum** aber **überwiegend als entbehrlich angesehen** wird.[155] Zur Begründung wird ausgeführt, dass jeder Grundstückseigentümer originär gemäß § 4 Abs. 3 Satz 1 Alt. 3 BBodSchG für die Sanierung verantwortlich ist und es deshalb keiner zusätzlichen Rechtsnachfolge in die abstrakte Zustandsverantwortlichkeit des Erblassers als vormaligem Eigentümer bedürfe. Anders als im Fall der (abstrakten und konkreten) Verhaltensverantwortlichkeit und der konkreten Zustandsverantwortlichkeit rechtfertigt sich die Inanspruchnahme des Erben als Grundstückseigentümer nicht aus einer derivativen, von dem Erblasser abgeleiteten Pflichtigkeit. Haftungsgrund ist allein, dass der Erbe zur Zeit seiner Inanspruchnahme Eigentümer der betroffenen Fläche ist. Eine Zurechnung im Wege der Rechtsnachfolge findet zur konstruktiven Herleitung der Verantwortlichkeit nicht statt.[156]

54 **Die Haftung als Erbe kann schon auf der Ebene des Verhältnismäßigkeitsgrundsatzes beschränkt sein.** Die abstrakte Zustandsverantwortlichkeit des Grundstückseigentümers ist in besonderer Weise am Maßstab der Verhältnismäßigkeit zu messen, weil eine Verantwortlichkeit des Eigentümers unabhängig von einem zurechenbaren Verursachungsbeitrag oder gar Verschulden im Grundsatz unbeschränkt besteht. Die Zustandsverantwortlichkeit des Eigentümers rechtfertigt sich aus dem Gesichtspunkt, dass derjenige, dem der Nutzen des Eigentums zukommt, grundsätzlich die aus dem Eigentum resultierenden Lasten tragen soll.[157]

Gleichwohl kann die Belastung des Eigentümers mit den Kosten der Sanierung **das erforderliche und angemessene Maß überschreiten**. Das **Bundesverfassungsgericht** hat hierzu spezielle bodenschutzrechtliche Kriterien anhand des Grundrechts aus Art. 14 GG entwickelt. Danach ist eine Beschränkung der Kostenhaftung unter Verhältnismäßigkeitsgesichtspunkten geboten[158], wenn etwa das Grundstück die Grundlage der privaten Lebensführung des Eigentümers darstellt (selbst genutztes Eigenheim) oder die bodenschutzrechtliche Gefahr nicht aus der Verantwortungssphäre des Eigentümers stammt. Letzteres ist bei schädlichen Bodenveränderungen anzunehmen, die

---

[154] Rdn. 53 ff.

[155] *Fluck*, Kreislaufwirtschafts-, Abfall- und Bodenschutzrecht, § 4 BBodSchG Rdn. 181.

[156] *Joachim/Lange*, ZEV 2011, 53, 57.

[157] BVerfG v. 16. 2. 2000, 1 BVR 242/91 und 1 BVR 315/99, NJW 2000, 2573, 2575.

[158] BVerfG v. 16. 2. 2000, 1 BVR 242/91 und 1 BVR 315/99, NJW 2000, 2573, 2575; zustimmend *Fluck*, Kreislaufwirtschafts-, Abfall- und Bodenschutzrecht, § 4 BBodSchG Rdn. 170; *Spieth/ von Oppen*, ZUR 2002, 257; siehe auch *Lepsius*, JZ 2001, 22.

von Naturereignissen oder von nicht nutzungsberechtigten Dritten herrühren.[159] Die **Haftung des Eigentümers beschränkt sich dann im Regelfall auf den Wert des Grundstücks, den dieses nach einer durchgeführten Sanierung hätte.** In Einzelfällen kann sich eine abweichende Bestimmung des Haftungsmaßstabes ergeben.

Das **Bundesverfassungsgericht** hat auch Kriterien festgelegt, bei deren Vorliegen eine **Beschränkung der Inanspruchnahme auf den Verkehrswert des Grundstücks nach Sanierung verfassungsrechtlich nicht geboten ist:**

Hat der Eigentümer das Risiko der schädlichen Bodenveränderung oder Altlast bewusst und freiwillig in Kauf genommen, wird eine Haftung über den Verkehrswert des sanierten Grundstücks hinaus als zumutbar angesehen,[160] beispielsweise wenn der Eigentümer das Grundstück in Kenntnis des Vorhandenseins von Altlasten erworben hat oder die Nutzung des Grundstücks in einer risikoreichen, den Bodenschutz beeinträchtigenden Weise zulässt.

Weniger schutzwürdig ist auch derjenige, der bei Erwerb des Eigentums oder bei der Nutzungsgewährung an Dritte die damit einhergehende bodenschutzrechtliche Gefährdungslage zwar nicht erkannt hat, aber bei Anwendung der gebotenen Sorgfalt hätte erkennen können. Das Bundesverfassungsgericht betont jedoch, dass die fahrlässige Unkenntnis nicht uneingeschränkt mit der positiven Kenntnis von der Gefährdung des Bodens bei Eigentumserwerb oder Nutzungsgewährung gleichgesetzt werden darf.[161]

Der vollständige Zugriff auf das Vermögen des Eigentümers kann selbst dann unverhältnismäßig sein, wenn eine Kostenbelastung über den Verkehrswert des sanierten Grundstücks hinaus als solche zulässig ist. Damit ist insoweit eine zweite Begrenzungslinie gezogen. So ist es unzumutbar, Vermögenswerte zur Sanierung eines Grundstücks einzusetzen, die in keinem rechtlichen oder wirtschaftlichen Zusammenhang mit dem sanierungsbedürftigen Grundstück stehen.[162] Erforderlich ist eine funktionale Einheit zwischen einzusetzendem Vermögen und dem zu sanierenden Grundstück.

Diese **Grundsätze finden gleichfalls zugunsten des Erben des vormaligen Eigentümers Anwendung. Die Haftung des Erben ist originärer Natur,** so dass es für die Anwendung der Kriterien allein auf die Person des Erben ankommt. Die Kenntnis oder das Verhalten des Erblassers sind dem Erben nicht zurechenbar. Es kommt folglich nicht darauf an, ob die schädliche Bodenveränderung im Sinne der Rechtsprechung des Bundesverfassungsgerichts aus dem Verantwortungsbereich des Erblassers stammt. Maßgeblich ist allein, ob die **Verantwortungssphäre des Erben betroffen** ist. Dies wird regelmäßig zum Zeitpunkt des Erbfalls nicht der Fall sein, weil auszuschließen ist, dass der Erbe das mit dem Eigentum verbundene Risiko in freier und bewusster Entscheidung übernommen hat.[163] Eine freiwillige Risikoübernahme ist für den rechtsgeschäftlichen Eigentumserwerb prägend, nicht jedoch für den gesetzlichen Vonselbsterwerb gemäß § 1922 BGB, den der Erbe nicht beeinflussen kann. Ihm bleibt allenfalls die Möglichkeit, die Erbschaft auszuschlagen, so dass eine freiwillige Risikoübernahme

55

---

[159] Zu dieser Beschränkung der Zustandsverantwortlichkeit auch *Giesberts/Reinhardt,* § 4 BBodSchG Rdn. 71 ff.

[160] BVerfG v. 16.2.2000, 1 BVR 242/91 und 1 BVR 315/99, NJW 2000, 2573, 2575.

[161] BVerfG v. 16.2.2000, 1 BVR 242/91 und 1 BVR 315/99, NJW 2000, 2573, 2576.

[162] BVerfG v. 16.2.2000, 1 BVR 242/91 und 1 BVR 315/99, NJW 2000, 2573, 2576.

[163] *Schwartmann/Vogelheim,* ZEV 2001, 343, 344 f.; *Joachim/Lange,* ZEV 2011, 53, 57.

nur im Verstreichenlassen der Ausschlagungsfrist des § 1944 Abs. 1, Abs. 3 BGB liegen könnte. Die Nichtausschlagung macht den gesetzlichen Eigentumserwerb nicht zu einem freiwilligen. Die Ausschlagung beseitigt zwar die Eigentümerstellung des Erben, bildet jedoch kein Tatbestandsmerkmal des Eigentumserwerbs des Erben. Sie stellt lediglich einen eigenen Weg zur – völligen – Haftungsbeschränkung dar, der neben und nicht an die Stelle der Haftungsbeschränkung aus Verhältnismäßigkeitsgesichtspunkten tritt.[164]

56 Der **Aspekt der Nutzungsgewährung an Dritte in Kenntnis oder fahrlässiger Unkenntnis der damit einhergehenden bodenschutzrechtlichen Gefahren steht regelmäßig einer Haftungsbeschränkung zugunsten des Erben nicht entgegen.** Die Verpflichtung des Erben Dritten die Nutzung des Grundstücks zu gestatten (etwa durch Miet- und Pachtvertrag) wird regelmäßig auf einer vertraglichen Verpflichtung des Erblassers herrühren, die dem Erben im Rahmen der Verhältnismäßigkeitsprüfung nicht entgegen gehalten werden kann. Lässt der Erbe nach dem Erbfall dagegen selbst die Nutzung des Grundstücks durch Dritte in Kenntnis oder fahrlässiger Unkenntnis der Gefahren zu, indem er den Pachtvertrag mit dem Dritten, der die schädliche Bodenveränderung verursacht hat und weiter verursacht, verlängert, setzt er einen **eigenen Zurechnungsgrund, der der Haftungsbeschränkung entgegensteht.**[165] In diesem Zusammenhang stellt sich die Frage, ob der Erbe von einer ihm zustehenden Kündigungsmöglichkeit unverzüglich Gebrauch machen muss. Dies ist wegen des subjektiven Maßstabs, den das Bundesverfassungsgericht heranzieht, zu bejahen. Weiß der Erbe, dass die Nutzung des Grundstücks durch Dritte schädliche Bodenveränderungen hervorruft, oder ist ihm insoweit fahrlässige Unkenntnis vorzuwerfen, muss er alle ihm zu Gebote stehenden, rechtlich zulässigen Möglichkeiten ergreifen, um die Nutzung zu beenden. Andernfalls wäre eine über den Grundstückswert hinausgehende Haftung nicht unverhältnismäßig. Eine Teilung der Verantwortlichkeit des Eigentümers in vor und nach dem Erbfall entstehende Sanierungspflichten scheidet aus. Die Sanierungspflicht des Zustandsverantwortlichen ist als solche unteilbar auf alle schädlichen Bodenveränderungen bezogen, so dass die Verhältnismäßigkeitsprüfung sich auf die gesamte Sanierungspflicht beziehen muss. Lässt der Erbe nur teilweise eigenverantwortlich das Entstehen weiterer schädlicher Bodenveränderungen zu, scheidet eine Haftungsbeschränkung auf den Wert des sanierten Grundstücks aus.[166]

57 **Neben der Haftungsbeschränkung auf den Verkehrswert des sanierten Grundstücks steht die Beschränkung der Haftung auf das rechtlich und wirtschaftlich mit dem Grundstück zusammenhängende Vermögen.** Mit dem ererbten Grundstück steht in rechtlichem oder wirtschaftlichem Zusammenhang nur der Nachlass, nicht das Eigenvermögen des Erben. Die Zusammenführung der Vermögenssphären durch den Erbfall ist aus gefahrenabwehrrechtlicher Perspektive zufällig und erlaubt es nicht von einem Zusammenhang des Eigentums am Grundstück mit dem ursprünglichen Vermögen des Erben auszugehen. Sind mehrere Erben in einer Erbengemeinschaft verbunden, so ist die damit einhergehende Trennung der Vermögenssphären am deutlichsten. Die sich insoweit ergebende Haftungsbeschränkung auf den Nachlass muss auch gelten, wenn der Wert des Nachlasses den Verkehrswert des sanierten Grundstücks unter-

---

164 *Schwartmann/Vogelheim*, ZEV 2001, 343, 345; *Joachim/Lange*, ZEV 2011, 53, 57.
165 *Joachim/Lange*, ZEV 2011, 53, 58.
166 *Joachim/Lange*, ZEV 2011, 53, 58.

schreitet.[167] Die Haftungsgrenzen hat das Bundesverfassungsgericht unabhängig voneinander ausgebildet, wobei die Begrenzung auf das rechtlich und wirtschaftlich in einem Zusammenhang zu dem Grundstück stehende Vermögen als absolute Obergrenze verstanden wird. Diese Haftungsbeschränkung entfällt, wenn der Erbe durch eigene Maßnahmen eine rechtliche oder wirtschaftliche Verknüpfung des Grundstücks mit seinem übrigen Vermögen herbeiführt, so wenn er beispielsweise das Grundstück in einen eigenen Gewerbebetrieb einbringt. Dadurch **stellt der Erbe eigenverantwortlich die funktionale Einheit her, die die Haftungsbeschränkung auf den Nachlass entfallen lässt.** Gleiches gilt, wenn das Grundstück nach dem Willen sowohl des Erben als auch des Erblassers bereits vor dem Erbfall in wirtschaftlichem Zusammenhang zu dem Vermögen des Erben stand. Die sich **aus dem Verhältnismäßigkeitsgrundsatz ergebende Beschränkung der Erbenhaftung findet nur auf den Erben des Eigentümers Anwendung. Sie gilt nicht für den Verursacher bzw. dessen Rechtsnachfolger.**[168]

Es stellt sich die Frage, ob trotz der originären Begründung der Zustandsverantwortlichkeit des Erben eine Beschränkung seiner Haftung mit erbrechtlichen Mitteln, d.h. gemäß § 1975 BGB durch Anordnung der Nachlassverwaltung oder Eröffnung des Nachlassinsolvenzverfahrens oder durch Erhebung der Dürftigkeitseinrede des § 1990 Abs. 1 Satz 1 BGB, in Betracht kommt. Dann müsste auch die abstrakte Zustandsverantwortlichkeit als Nachlassverbindlichkeit gemäß § 1967 Abs. 2 BGB qualifiziert werden können. Grundlage der Zustandsverantwortlichkeit des Erben sind schädliche Bodenveränderungen und Altlasten, die vor dem Erbfall auf dem Grundstück entstanden sind. Damit knüpft die Verantwortlichkeit des Erben an einen abgeschlossenen, dem Erblasser aufgrund seiner Eigentümerstellung zurechenbaren Sachverhalt an.

Gegen eine Einordnung als Erblasserschuld mit der Möglichkeit der Haftungsbeschränkung spricht jedoch, dass die **Zustandsverantwortlichkeit nicht von dem Erblasser auf den Erben übergeht.** Sie entsteht vielmehr in der Person des Erben neu,[169] wobei die Zustandsverantwortlichkeit des Erblassers erlischt. Die bloße Anknüpfung an einen in der Vergangenheit bereits eingetretenen Sachverhalt – die schädliche Bodenveränderung des Grundstücks – rechtfertigt nicht die Annahme, dass die Zustandsverantwortlichkeit des Erben von dem Erblasser herrührt. Anderenfalls müsste jede mit dem Erbfall neu entstehende Verpflichtung des Erben, die an Umstände aus der Zeit vor dem Erbfall anknüpft, als Erblasserschuld angesehen werden. Die Sachlage ist nicht mit der Haftung des Erben für unerlaubte Handlungen des Erblassers[170] vergleichbar. Die Entstehung des Anspruchs nach dem Erbfall mag dort der Einordnung als Erblasserschuld nicht entgegenstehen. Jedenfalls liegt eine Handlung des Erblassers vor, die dem Erben nach § 1922 Abs. 1 BGB zugerechnet wird, um die Haftung zu begründen. Die Zustandsverantwortlichkeit des Erben setzt eine derartige Zurechnung gerade nicht voraus.

58

---

[167] *Schwartmann/Vogelheim*, ZEV 2001, 343, 345.
[168] *Fluck*, Kreislaufwirtschafts-, Abfall- und Bodenschutzrecht, § 4 BBodSchG Rdn. 171; *Joachim/Lange*, ZEV 2011, 53, 58.
[169] So *Schwartmann/Vogelheim*, ZEV 2001, 343, 346; *Joachim/Lange*, ZEV 2011, 53, 58.
[170] Siehe hierzu Rdn. 49.

Die fehlende Möglichkeit, sich auf erbrechtliche Haftungsbeschränkungen zu berufen, lässt keine dem Willen des Gesetzgebers zuwiderlaufenden Schutzlücken entstehen, die eine analoge Anwendung der §§ 1975, 1990 BGB rechtfertigen könnten. Der **Erbe ist durch die Grundsätze zur Verhältnismäßigkeit der ihn treffenden Kostenlast hinreichend geschützt**, weil aufgrund der Beschränkung der Haftung einerseits auf den Verkehrswert des sanierten Grundstücks und anderseits auf den Nachlass seine Verantwortlichkeit im Ergebnis nicht weiter geht als bei Anwendung der §§ 1975, 1990 BGB.[171]

(3) Mehrheit von Verantwortlichkeiten

59   Zur Sanierung eines Grundstücks kann ein Erbe auch aufgrund einer Mehrheit an Verantwortlichkeiten verpflichtet sein. So kann der Erblasser die schädliche Bodenveränderung oder Altlast einerseits verursacht haben und anderseits zugleich Eigentümer des betroffenen Grundstücks gewesen sein. Der Erbe ist dann sowohl als Rechtsnachfolger des Verursachers als auch als neuer Grundstückseigentümer verantwortlich. Darüber hinaus kann die Ordnungsbehörde gegen den Erblasser bereits eine Ordnungsverfügung erlassen haben. In einem solchen Fall tritt neben die abstrakte Verhaltens- und Zustandsverantwortlichkeit zusätzlich die konkretisierte Verhaltensverantwortlichkeit des Erben. Die Behörde ist in diesem Fall nicht gehindert, den Erben aufgrund seiner abstrakten Verantwortlichkeit in Anspruch zu nehmen. Sie ist nicht darauf beschränkt, eine bereits gegen den Erblasser ergangene Ordnungsverfügung nunmehr gegen den Erben zu richten. Die **Verantwortlichkeiten des Erben stehen selbstständig nebeneinander**, was zur Folge hat, dass eine Beschränkung der Erbenhaftung hinsichtlich einer Verantwortlichkeit keine Gesamtwirkung entfaltet. Will der **Erbe** von jeglicher Haftung frei werden, **muss** er **die Haftung für jede Verantwortlichkeit einzeln nach den oben dargestellten Grundsätzen beschränken.**[172]

f) Verbindlichkeiten aus dem Steuerschuldverhältnis

60   Nach dem in § 1922 Abs. 1 BGB geregelten Prinzip der Universalsukzession rückt der Erbe vollständig in die Stellung des Erblassers ein. Das für den Erbfall statuierte Prinzip der Gesamtrechtsnachfolge ist nicht auf den Bereich des Zivilrechts beschränkt, sondern erstreckt sich auf das öffentliche Recht einschließlich des Steuerrechts.[173] **Für das Steuerrecht bestimmt § 45 Abs. 1 Satz 1 AO, dass bei einer Gesamtrechtsnachfolge die Forderungen und Schulden aus dem Steuerschuldverhältnis auf den Rechtsnachfolger übergehen.** Der Erbe haftet für die Schulden des Erblassers sowohl mit dem Nachlass als auch mit seinem Eigenvermögen. Er hat jedoch verschiedene Möglichkeiten, seine Haftung auf den Nachlass zu beschränken. Er kann die Anordnung einer Nachlassverwaltung oder die Eröffnung eines Nachlassinsolvenzverfahrens beantragen. Fehlt es an einer die Kosten der Eröffnung dieser Verfahren deckenden Masse, kann er die Dürftigkeitseinrede gemäß § 1990 Abs. 1 Satz 1 BGB erheben. Diese **erbrechtlichen Möglichkeiten der Beschränkung der Erbenhaftung gelten gemäß § 45 Abs. 2 AO grundsätzlich auch für das Steuerschuldverhältnis.**

---

[171] *Joachim/Lange,* ZEV 2011, 53, 59.
[172] *Joachim/Lange,* ZEV 2011, 53, 59.
[173] BFH v. 17.12.2007, GrS 2/04, ZEV 2008, 199, 201.

aa) Übergang von Forderungen und Schulden im Erbfall, § 45 Abs. 1 AO

Bei der Gesamtrechtsnachfolge geht gemäß § 45 Abs. 1 Satz 1 AO die gesamte Rechts-   61
position auf den Rechtsnachfolger über, **ohne dass es eines besonderen Übertragungsaktes hinsichtlich einzelner Rechte oder Verbindlichkeiten bedarf.**[174] Nach dem Wortlaut der Vorschrift gehen nur Forderungen und Schulden aus dem Steuerschuldverhältnis über, doch ist nach zutreffender überwiegender Auffassung – ungeachtet des restriktiven Wortlauts – **die gesamte steuerrechtlich relevante Rechtsposition des Rechtsvorgängers betroffen.** Der Gesamtrechtsnachfolger tritt anders als der Einzelrechtsnachfolger sowohl in materiell- als auch in verfahrensrechtlicher Hinsicht in die abgabenrechtliche Rechtsstellung seines Vorgängers ein.[175] Nur höchstpersönliche Verhältnisse und unlösbar mit der Person des Rechtsvorgängers verknüpfte Umstände gehen nicht auf den Gesamtrechtsnachfolger über.[176]

Zur Gesamtrechtsnachfolge kommt es nur, wenn das Vermögen einer Person als   62
Ganzes kraft Gesetzes auf den Rechtsnachfolger übergeht. Das ist neben **Erbfällen** insbesondere bei der **Begründung einer Gütergemeinschaft**, der **Verschmelzung und Umwandlung von Gesellschaften**, bei der **Spaltung/Aufspaltung, Abspaltung, Aufgliederung** sowie der **Anwachsung eines Anteils am Gesellschaftsvermögen** gemäß § 738 Abs. 1 Satz 1 BGB, wenn von zwei Gesellschaftern einer ausscheidet und der andere das Unternehmen allein weiterführt[177], der Fall. Kommt es nicht zu einer Übertragung des Vermögens im Ganzen, scheidet eine Gesamtrechtsnachfolge aus, so dass § 45 Abs. 1 Satz 1 AO keine Anwendung findet. **Ausgeschlossen ist die Anwendbarkeit auch im Fall einer Ausschlagung** nach den §§ 1942 ff. BGB. Es kommt dann nicht zu einem Eintritt des Rechtsnachfolgers in die abgabenrechtliche Stellung des Rechtsvorgängers. Der Ausschlagende muss die steuerbegründenden Verhältnisse aus der Person seines Rechtsvorgängers nicht gegen sich gelten lassen. Schlagen sämtliche Erben die Erbschaft aus, kommt es zu einer Gesamtrechtsnachfolge des Fiskus als gesetzlichem Erben. Das hat zur Folge, dass sich die auf einen Erblasser entfallende Einkommensteuerschuld vollständig mit der Steuerforderung des Fiskus vereinigt und sich durch Konfusion erledigt. Ein Steuerschuldner, dem von einer mit ihm zusammen veranlagten Person in oder nach dem Veranlagungszeitraum, für den noch Steuerrückstände bestehen, unentgeltlich Vermögensgegenstände zugewendet wurden, kann bis zur Höhe des Gemeinwertes dieser Zuwendung steuerlich in Anspruch genommen werden. Ist beispielsweise aufgrund von **Vermögensübertragungen auf den Ehegatten** eine gegen den Erblasser bestehende Steuerschuld nicht mehr realisierbar, kann das Finanzamt gemäß § 278 Abs. 2 Satz 1 AO gegen den Empfänger die Vollstreckung betreiben.

Forderungen und Schulden können nach § 45 Abs. 1 Satz 1 AO nur dann auf den   63
Gesamtrechtsnachfolger übergehen, sofern sie **entstanden sind.** Sie **müssen nicht be-**

---

[174] *Klein/Ratschow,* § 45 AO Rdn. 5.
[175] BFH v. 17. 6. 1997, IX R 30/95, DStR 1997, 1803; BFH v. 5. 5. 1999, XI R 1/97, BStBl. 1999, 653, 655; BFH v. 20. 3. 2002, II R 53/99, BStBl. II 2002, 441, 442 = DStR 2002, 903; *Klein/ Ratschow,* § 45 AO Rdn. 5; a. A. *Tipke/Kruse/Drüen,* § 45 AO Rdn. 2, wonach § 45 Abs. 1 Satz 1 AO nur den Übergang der Ansprüche aus dem Steuerschuldverhältnis regelt.
[176] BFH v. 11. 11. 1971, V R 111/68, BStBl. II 1972, 80; BFH v. 15. 3. 2000, X R 130/97, BStBl. II 2001, 530 = DStR 2000, 1131; *Tipke/Kruse/Drüen,* § 45 AO Rdn. 12.
[177] *Tipke/Kruse/Drüen,* § 45 AO Rdn. 5.

reits festgesetzt oder fällig sein. Umgekehrt bleiben Befreiungsgründe aus der Person des Rechtsvorgängers für den Erben wirksam. Hat der Rechtsvorgänger den Steuertatbestand erfüllt, bestimmen sich die Voraussetzungen von Befreiungen, Ermäßigungen und Vergünstigungen nach dessen Verhältnissen.[178]

64   Der vollständige Eintritt in die abgabenrechtliche Stellung des Rechtsvorgängers führt dazu, dass der Rechtsnachfolger auch die bei dem Rechtsvorgänger entstandenen steuerlichen Nebenleistungen gegen sich gelten lassen muss. Auf den Rechtsnachfolger **gehen verwirkte Säumniszuschläge über**, die nicht ohne Weiteres zu erlassen sind[179], ebenso **Verspätungszuschläge sowie Zinsen und/oder Kosten**. Die **Verpflichtung zur Zahlung von Zwangsgeldern** gemäß §§ 328 ff. AO **geht** gemäß § 45 Abs. 1 Satz 2 AO **nicht über**, weil Zwangsgelder Beugecharakter haben.[180]

65   Das Steuerschuldverhältnis geht auf den Gesamtrechtsnachfolger in dem Stand über, in dem es sich zum Zeitpunkt des Übergangs befindet.[181] Forderungen und Schulden aus dem Steuerschuldverhältnis gehen auf den Erben über, wenn die Steuer durch eine Tatbestandsverwirklichung seitens des Rechtsvorgängers bereits entstanden ist. **Der in bestimmten Einzelsteuergesetzen festgelegte abweichende Entstehungszeitpunkt,** z.B. der Ablauf des Veranlagungszeitraums gemäß § 36 Abs. 1 EStG oder des Voranmeldungszeitraums gemäß § 13 Abs. 1 UStG **führt dazu, dass diese Steuern einzelne Besteuerungszeiträume erfassen, in denen der Steuerpflichtige die jeweiligen Tatbestände verwirklicht.** Für den Übergang der Steuerschuld auf den Gesamtrechtsnachfolger ist der von § 38 AO abweichende Entstehungszeitpunkt bestimmter Einzelsteuergesetze bedeutsam.

bb) Die Geltendmachung steuerrechtlicher Ansprüche

66   Da der **Gesamtrechtsnachfolger Steuerschuldner und nicht Haftender ist**, wird er durch einen Steuerbescheid in Anspruch genommen.[182] **Steuer- und Feststellungsbescheide sind an ihn zu richten.** Der Steuerbescheid muss inhaltlich hinreichend bestimmt sein, d.h. angeben, wer die Steuer schuldet. Ein Bescheid, der den Schuldner nicht erkennen lässt oder ihn so ungenau bezeichnet, dass Verwechslungen nicht ausgeschlossen sind, kann wegen inhaltlicher Unbestimmtheit nicht befolgt werden und ist unwirksam.[183] Bei einem Einkommensteuerbescheid, mit dem Eheleute zusammen zur Einkommensteuer veranlagt werden, handelt es sich inhaltlich und verfahrensrechtlich zwar um zwei selbstständige Bescheide, die gemäß § 155 Abs. 3 Satz 1 AO in einem Bescheid zusammengefasst sind. Ein solcher Bescheid kann noch nach dem Tod eines Ehegatten gegenüber dem überlebenden Ehegatten und den Erben des verstorbenen Ehegatten erlassen werden. Im Fall des Todes eines Ehegatten **richtet sich der zusammengefasste Bescheid einmal an den überlebenden Ehegatten und zum anderen**

---

[178] BFH v. 11. 11. 1971, V R 111/68, BStBl. 72, 80; FG Saarland v. 20. 5. 1987, 1 K 273/85, EFG 87, 435; *Tipke/Kruse/Drüen*, § 45 AO Rdn. 11.
[179] BFH v. 22. 1. 1993, III R 92/89, BFH/NV 93, 455; *Klein/Ratschow*, § 45 AO Rdn. 6.
[180] *Staudinger/Dutta* (2016), § 1967 Rdn. 18.
[181] *Tipke/Kruse/Drüen*, § 45 AO Rdn. 7.
[182] BFH v. 14. 1. 1965, IV 49/63 U, BStBl. 65, 622; 73, 544; BFH v. 28. 3. 1973, I R 100/71, BStBl. 73, 544; *Klein/Ratschow*, § 45 AO Rdn. 10; *Tipke/Kruse/Drüen*, § 45 AO Rdn. 17.
[183] BFH v. 23. 2. 1995, VII ZR 51/94, BFH/NV 1995, 862; BFH v. 17. 11. 2005, III R 8/03, ZEV 2006, 176.

an den/die Erben des Verstorbenen.[184] Ein Einkommensteuerbescheid, der sich an die Erben richtet, ist diesen gegenüber nur wirksam, wenn die Erben namentlich als Inhaltsadressaten aufgeführt sind oder sich durch Auslegung des Bescheides ergibt, um wen es sich bei den Erben handelt.[185] Nach der **Rechtsprechung des Bundesfinanzhofes** müssen die Steuerschuldner nicht mehr zwingend aus dem Bescheid selbst oder den dem Bescheid beigefügten Unterlagen für einen Dritten erkennbar sein.[186] Entscheidend ist, ob ein Inhaltsadressat durch Auslegung anhand der den Betroffenen bekannten Umstände hinreichend sicher bestimmt werden kann. Dafür reicht die Bezugnahme auf einen den Betroffenen bekannten Betriebsprüfungsbericht aus, wenn sich aus ihm die Beteiligten einer Erbengemeinschaft entnehmen lassen.[187] Die Bezeichnung des Erblassers statt des Erben genügt nicht, auch nicht die Bezeichnung „an die Erben" eines namentlich benannten Steuerschuldners.[188] **Bei einem noch ungeteilten Nachlass ist der Steuerbescheid an die einzelnen beteiligten Erben zu richten, nicht an die Erbengemeinschaft. Sie besitzt keine eigene Rechtspersönlichkeit.**[189] Bei einer Erbengemeinschaft sind die einzelnen Miterben Gesamtschuldner der steuerlichen Verbindlichkeiten, so dass der Bescheid auch nur an einen von ihnen gerichtet werden kann.[190] Ein einheitlicher Feststellungsbescheid kann schon mit der Bekanntgabe einzelnen Erben gegenüber Wirksamkeit entfalten. Er wird aber erst mit der Bekanntgabe an alle Feststellungsbeteiligten gegenüber allen wirksam.[191]

Die in der Person des Erblassers entstandenen Steueransprüche können **gegen den** 67 **Erben oder bei einer verwaltenden Testamentsvollstreckung gegen den Testamentsvollstrecker festgesetzt werden**[192], gegen ihn ebenfalls durch Steuerbescheid. Nach § 748 Abs. 1 ZPO ist zur Vollstreckung in den Nachlass ein gegen den Testamentsvollstrecker ergangenes Urteil erforderlich, aber auch ausreichend. Die Vorschrift gilt gleichfalls gemäß § 65 AO für die Vollstreckung in den Nachlass. Der an den Testamentsvollstrecker gerichtete Steuerbescheid kann entweder auf Leistung gemäß § 748 Abs. 1 ZPO oder auf Duldung der Zwangsvollstreckung in den Nachlass gemäß § 748 Abs. 2 ZPO gerichtet sein. Es bedarf noch eines Titels gegen den Erben. Bei Steuerschulden des Erblassers muss der gegen die Erben gerichtete Bescheid ein Steuerbescheid sein, **der gegen den Testamentsvollstrecker gerichtete Bescheid ein Duldungsbescheid.** Handelt es sich um Haftungsschulden des Erblassers, muss gegen die Erben ein Haftungsbescheid und gegen den Testamentsvollstrecker ein Duldungsbescheid ergehen.[193]

---

184 BFH v. 17. 11. 2005, III R 8/03, ZEV 2006, 176.

185 BFH v. 21. 1. 1999, IV R 27/97, BStBl. II 1999, 638 = DStR 1999, 489.

186 BFH v. 17. 11. 2005, III R 8/03, ZEV 2006, 176, 177.

187 BFH v. 17. 11. 2005, III R 8/03, ZEV 2006, 176, 177.

188 BFH v. 29. 3. 1972, II S 12/71, BStBl. 72, 502; FG Hamburg v. 24. 10. 1989, II 117/86, EFG 90, 458; *Klein/Ratschow*, § 45 AO Rdn. 10.

189 BFH v. 29. 3. 1972, II S 12/71, BStBl. 72, 502; BFH v. 28. 3. 1973, I R 100/71, BStBl. 73, 544; *Tipke/Kruse/Drüen*, § 45 AO Rdn. 18.

190 BFH v. 30. 9. 1987, II R 42/84, BStBl. 73, 544; 76, 606; BFH v. 28. 6. 1984, IV R 204, 205/82, 84, 784; FG Bremen v. 8. 2. 1994, 293343K2, EFG 94, 562; a. A. FG Münster v. 9. 11. 1972, 862/70 E, EFG 73, 240.

191 BFH v. 21. 3. 1992, IV R 47/90, BStBl. 92, 865; BFH v. 25. 5. 1976, VIII R 66/74; *Klein/Ratschow*, § 45 AO Rdn. 11.

192 BFH, BStBl. 88, 120; *Tipke/Kruse/Drüen*, § 45 AO Rdn. 21; *Klein/Ratschow*, § 45 AO Rdn. 12; a. A. FG Bremen, EFG 94, 562.

193 Näher dazu *Tipke/Kruse/Drüen*, § 45 AO Rdn. 21.

cc) Die Rechtsstellung des Erben, § 45 Abs. 2 AO

68 Für Verbindlichkeiten des Erblassers aus dem Steuerschuldverhältnis bestimmt § 45 Abs. 2 Satz 1 AO den **Umfang der Haftung**.[194] Danach haben Erben für die aus dem Nachlass zu entrichtenden Schulden nach den Vorschriften des bürgerlichen Rechts über die Haftung des Erben für Nachlassverbindlichkeiten einzustehen, so dass **auch für das Steuerrecht grundsätzlich eine unbeschränkte, aber auf den Nachlass beschränkbare Haftung gilt**.[195] Mit der angeordneten Verweisung auf die Vorschriften des bürgerlichen Rechts wird den Verbindlichkeiten des Erblassers nicht deren öffentlich-rechtlicher Charakter genommen, da die Vorschriften des bürgerlichen Rechts nur sinngemäß gelten. Zu den **Schulden, die erst aus Anlass des Erbfalls entstehen,** gehört insbesondere die **Erbschaftsteuer, nicht** jedoch **die Einkommensteuer auf Einkünfte des Erben aus dem Nachlass,** z.B. bei der Fortsetzung eines ererbten Gewerbebetriebes.[196] Einkommensteuerschulden als Folge von Einkünften, die der Erbe nach dem Tod des Erblassers aus dem Nachlassvermögen erzielt, sind **Eigenverbindlichkeiten,** weil er selbst den Tatbestand der entsprechenden Einkunftsart i.S.v. § 2 Abs. 1 Nr. 1–7 EStG erfüllt.[197] Für diese Verbindlichkeiten ist § 45 Abs. 2 Satz 1 AO daher nicht anwendbar.[198]

dd) Möglichkeiten der Haftungsbeschränkung im Steuerschuldverhältnis

69 Dem Erben stehen im Steuerschuldverhältnis grundsätzlich alle **Haftungsbeschränkungsmöglichkeiten des bürgerlichen Rechts gemäß §§ 1973, 1975, 1990 BGB einschließlich der Verschweigungseinrede nach § 1974 BGB zu**.[199] In letzterem Fall darf die Forderung des Gläubigers dem Erben nicht vorher bekannt geworden oder im Aufgebotsverfahren angemeldet worden sein.[200] Weist die Finanzbehörde die Verschweigungseinrede zurück, ist der Einspruch nach § 347 AO statthaft.[201]

Gegen den Erben ist kein besonderer Duldungsbescheid erforderlich. **Grundlage der Zwangsvollstreckung ist der Steuerbescheid gegen den Erblasser oder gegen den Erben als Gesamtrechtsnachfolger des Erblassers.**[202] Voraussetzung der Zwangsvollstreckung ist das aufgrund dieses Steuerbescheides ergangene Leistungsgebot. **Für die Vollstreckung gegen den Erben gelten gemäß § 265 AO die §§ 1958, 1960 Abs. 3, 1961 BGB sowie die §§ 747, 748, 779, 781–784 ZPO entsprechend.**

---

[194] BFH v. 12.7.1983, VII R 31/82, BStBl. 83, 653; BFH v. 11.8.1998, VII R 118/95, BStBl. 98, 705, 707.

[195] BFH v. 17.1.2008, VI R 45/04, NJW 2008, 1759, 1760.

[196] BFH v. 28.4.1992, VII R 33/91, BStBl. 92, 781, 783; FG Münster v. 24.1.1991, 14 K 783/88 AO, EFG 91, 579.

[197] BFH v. 28.4.1992, VII R 33/91, BStBl. 92, 781, 783; *Tipke/Kruse/Drüen*, § 45 AO Rdn. 27.

[198] *Klein/Rarschow*, § 45 AO Rdn. 17; zu der Frage, ob das auch im Falle der Nachlassverwaltung für die durch die Nachlassverwaltung ausgelösten Steuerschulden gilt, siehe Rdn. 76 ff.

[199] Speziell die Einrede der Dürftigkeit des Nachlasses im Steuerrecht behandelt *Hartmann*, ZEV 2009, 324 ff.

[200] Siehe dazu Rdn. 409 ff.

[201] *Tipke/Kruse/Drüen*, § 45 AO Rdn. 33.

[202] BFH v. 24.6.1981, I B 18/81, BStBl. 81, 729.

ee) Die Durchsetzung der beschränkten Erbenhaftung im Steuerrecht

Die Beschränkung der Erbenhaftung ist weder im Steuerfestsetzungsverfahren noch gegen das Leistungsgebot **geltend zu machen**, sondern **ausschließlich im Zwangsvollstreckungsverfahren**.[203] Anders als im Zivilrecht, wo ein Haftungsbeschränkungsvorbehalt grundsätzlich im Tenor des im Erkenntnisverfahren ergangenen Urteils enthalten sein muss[204], ist ein entsprechender Vorbehalt im Steuerbescheid oder im Leistungsgebot nicht erforderlich und im Gesetz auch nicht vorgesehen. Die Vorschrift des **§ 265 AO enthält** für das Vollstreckungsverfahren **keine Verweisung auf die Regelung des § 780 ZPO, die folglich keine Anwendung findet**.[205]

Wie die Beschränkung der Erbenhaftung im Zwangsvollstreckungsverfahren durchgesetzt werden kann, ist **umstritten**. Nach **überwiegender Meinung** bleibt die Haftungsbeschränkung unberücksichtigt, bis der Erbe entsprechende Einwendungen gegen die Vollstreckung erhebt. Die Einwendungen seien **durch formlose Erklärung gegenüber der Vollstreckungsbehörde geltend zu machen**.[206] Dem Erben bleibe unbenommen, im Streitfall einen Rechtsbehelf einzulegen und sich auf die Beschränkung der Haftung zu berufen.[207] Trotz der Eröffnung eines Nachlassinsolvenzverfahrens oder der Anordnung einer Nachlassverwaltung kann danach eine einheitlich festgesetzte Einkommensteuerschuld, die sowohl die Nachlasseinkünfte als auch die persönlichen Einkünfte des Erben betrifft, durch Steuerbescheid gegenüber dem Erben geltend gemacht werden. Er muss sich im Vollstreckungsverfahren auf die Haftungsbeschränkung berufen.

Nach **anderer Auffassung** sollen aufgrund einer sinngemäßen Anwendung des § 781 ZPO im Rahmen der AO Einwendungen der beschränkten Erbenhaftung **nur mit dem Einspruch und erforderlichenfalls im Finanzgerichtsweg geltend gemacht werden können**.[208] Vor der Einlegung eines Einspruchs sei lediglich eine formlose Gegenvorstellung bei der Vollstreckungsbehörde möglich, um vor Erlass eines Vollstreckungsaktes Einwendungen erheben zu können. **Zum Teil wird in der Literatur auch danach unterschieden, ob ein Zugriff von vornherein auf den Nachlass erfolgen soll oder nicht.** Läge eine einheitlich festgesetzte Steuerschuld vor, die sowohl Nachlasseinkünfte als auch persönliche Einkünfte des Erben umfasse, müsse sich der Erbe – selbst bei Anordnung einer Nachlassverwaltung oder Eröffnung eines Nachlassinsolvenzverfahrens – wegen des Steueranteils, der auf den Nachlasseinkünften beruht auf die Haftungsbeschränkung im Vollstreckungsverfahren berufen. Beziehe sich der Zugriff von vornherein nur auf den Nachlass, sei die Haftungsbeschränkung bereits im steuerlichen

70

71

---

[203] BFH v. 24.6.1981, I B 18/81, BStBl. 81, 729; BFH v. 28.4.1992, VII R 33/91, BStBl. 92, 781; BFH v. 11.8.1998, VII R 118/95, BStBl. 98, 705, 708 = BB 98, 2195; *Klein/Ratschow*, § 45 AO Rdn. 18; *Tipke/Kruse/Drüen*, § 45 AO Rdn. 33.

[204] Siehe dazu Rdn. 618 ff.

[205] BFH v. 11.8.1998, VII R 118/95, BStBl. 81, 729; BFH v. 11.8.1995, VII R 118/95, BStBl. 98, 705, 708 = BB 98, 2195.

[206] BFH v. 28.4.1992, VII R 33/91, BStBl. 81, 729; BFH v. 11.8.1995, VII R 118/95, BStBl. 98, 705, 708; Nds. FG v. 8.4.2004, 3 V 359/02, EFG 2005, 505 (Entscheidung Nr. 309); *Tipke/Kruse/Loose*, § 265 AO Rdn. 15; H/H/S/*Müller-Eiselt*, § 265 AO Rdn. 24.

[207] BFH v. 11.8.1998, VII R 118/95, BStBl. 98, 705, 708.

[208] *Klein/Werth*, § 265 AO Rdn. 13, was auch für die aufschiebenden Einreden der §§ 2014, 2015 BGB gelten soll; Rdn. 14.

Erhebungsverfahren zu berücksichtigen und die Einkommensteuerschuld aufzuteilen. Der auf dem Nachlass beruhende Teil sei gegenüber dem Nachlassverwalter geltend zu machen.[209]

Die zuletzt dargestellten Auffassungen bürden letztlich dem dafür nicht ausgebildeten Sachbearbeiter der Veranlagungsstelle des Finanzamtes die Prüfung erbrechtlicher Haftungsbeschränkungsmöglichkeiten im Festsetzungsverfahren auf. Das hätte zur Folge, dass die entsprechende Berücksichtigung wegen der u. U. notwendigen und zum Teil langwierigen Ermittlungen zum Umfang und zum Wert des Nachlasses den Erlass eines Leistungsgebotes in einer Vielzahl von Fällen erheblich verzögern und die Vollstreckung beeinträchtigen könnten.[210] Würden die aufgrund einer formlosen Erklärung oder aufgrund einer Gegenvorstellung erhobenen Einwendungen von der Vollstreckungsbehörde berücksichtigt, ergeben sich zwischen den verschiedenen Auffassungen keine Unterschiede. Anderenfalls kann einem Erben nicht zugemutet werden, zunächst die Vollstreckungsakte abzuwarten, um überhaupt beschwert zu sein.[211] **Im Ergebnis ist daher der herrschenden Auffassung der Vorzug zu geben.**

72   Nach **Erhebung der aufschiebenden Einreden der §§ 2014, 2015 BGB**[212] kann der Erbe gemäß § 265 AO i. V. m. § 782 ZPO verlangen, dass die Zwangsvollstreckung während der Dauer der in diesen Vorschriften bestimmten Fristen auf solche Maßnahmen beschränkt wird, die zur Vollziehung eines Arrestes zulässig sind, §§ 930–932 ZPO.[213]

ff) Die Haftung des Erben für nachlassbezogene Einkommensteuerschulden

73   Die Einkommensteuerpflicht einer natürlichen Person endet mit ihrem Tod. Der Verstorbene wird nur mit den bis zu seinem Tod angefallenen Einkommensteuern veranlagt, so dass die Besteuerung des Erblassers und die des Erben im Todesjahr zwei getrennte Veranlagungen erfordert. **Die für den Erblasser veranlagte Einkommensteuer ist eine Nachlassverbindlichkeit, für die der Erbe unbeschränkt sowohl mit dem Nachlass als auch mit seinem Eigenvermögen haftet. Insoweit stehen ihm gemäß § 45 Abs. 2 Satz 1 AO alle Haftungsbeschränkungsmöglichkeiten des bürgerlichen Rechts zu. Die Haftung für eigene nachlassbezogene Steuerschulden kann er** dagegen **nicht beschränken.** Zur Beurteilung und rechtlichen Einordnung der Haftung für nachlassbezogene Einkommensteuerschulden ist der Zeitpunkt maßgebend, in dem die Schuld entstanden ist.

(1) Einkommensteuerschulden als Erblasserschulden

74   Einkommensteuerschulden, die bereits **im Verhältnis zu dem Erblasser entstanden** sind, **gehen** gemäß § 45 Abs. 1 AO **auf den Erben über**. Dieser hat die Möglichkeit der Haftungsbeschränkung, da es sich um **Nachlassverbindlichkeiten in Form vom Erblasser herrührender Schulden i. S. v. § 1967 Abs. 2 BGB** handelt. Der Erblasser hat

---

[209] *Siegmann/Siegmann*, StVj 1993, 337, 346.
[210] BFH v. 11. 8. 1998, VII R 118/95, BStBl. 98, 705, 708.
[211] *Tipke/Kruse/Loose*, § 265 AO Rdn. 15.
[212] Näher dazu Rdn. 179 ff.
[213] *Tipke/Kruse/Loose*, § 265 AO Rdn. 17.

den Tatbestand selbst verwirklicht, den der Gesetzgeber an die steuerliche Leistungspflicht geknüpft hat, ohne dass es einer konkreten Festsetzung oder Fälligkeit der Schuld bedarf.

(2) Einkünfte gemäß § 24 Nr. 2 EStG

Einkünfte, die der Einkommensteuer unterliegen, sind in § 2 Abs. 1 EStG aufgeführt. *75* Zu den Einkünften im Sinne dieser Vorschrift gehören solche aus einer ehemaligen Tätigkeit i.S.v. § 2 Abs. 1 Satz 1 Nr. 1–4 EStG oder aus einem früheren Rechtsverhältnis i.S.d. § 2 Abs. 1 Satz 1 Nr. 5–7 EStG, und zwar auch dann, wenn sie dem Steuerpflichtigen als Rechtsnachfolger zufließen, § 24 Nr. 2 letzter Halbsatz EStG. Bei Einkommensteuerschulden, die aus Einkünften i.S.v. § 24 Nr. 2 EStG resultieren, **hat zwar der Erblasser den wesentlichen Tatbestand für die Einkünfte bereits zu Lebzeiten gesetzt, doch erfolgt der Eingang der Einnahmen als für die Entstehung der Einkommensteuerschuld maßgeblichem Zeitpunkt erst in das Vermögen des Erben** als Rechtsnachfolger. Diese Einkünfte sind deshalb dem Erben als nachträgliche Einkünfte bei seiner Einkommensteuerveranlagung zuzurechnen. Die darauf entfallenden Einkommensteuerschulden stellen jedoch keine originäre Schuld des Erben, sondern eine Erbfallschuld dar, so dass er die Möglichkeit der Haftungsbeschränkung hat.[214]

(3) Einkünfte aus Nachlassverwaltung oder Nachlassinsolvenzverfahren

Nach § 1975 BGB **beschränkt sich die Haftung des Erben** für Nachlassverbindlich- *76* keiten **auf den Nachlass**, wenn eine Nachlassverwaltung angeordnet oder ein Nachlassinsolvenzverfahren eröffnet worden ist. Aufgrund der amtlichen Verfahren kommt es zu einer Trennung von Nachlass und Eigenvermögen. Sein Eigenvermögen muss der Erbe nicht zur Begleichung von Nachlassverbindlichkeiten einsetzen.

Nach einer **Entscheidung des BFH vom 28.4.1992**[215] **sollte das nicht für Steuer-** *77* **schulden gelten, die durch die Tätigkeit eines Nachlassverwalters ausgelöst werden.** Ein Erbe, der von der Möglichkeit der Ausschlagung keinen Gebrauch gemacht hat, sollte nach der Entscheidung des BFH seine Haftung für derartige Steuerverbindlichkeiten nicht auf den Nachlass beschränken können. Bei einer angeordneten Nachlassverwaltung sei nicht der Nachlass als Steuersubjekt anzusehen. Dass der Erbe bei Steuerschulden auch sein Privatvermögen einzusetzen habe, während das bei zivilrechtlichen Verbindlichkeiten nicht der Fall ist, beruhe nicht auf einer bewussten Entscheidung des Gesetzgebers, sondern sei eine ungewollte Folge daraus, dass der Nachlass zwar zivilrechtlich, nicht aber steuerlich verselbstständigt werden könne.[216] Der Entscheidung lag ein Sachverhalt zugrunde, in dem die Klägerin Alleinerbin ihres verstorbenen Vaters geworden war, der als Kommanditist an einer GmbH & Co. KG beteiligt war. Die Klägerin war als Rechtsnachfolgerin in das Handelsregister eingetragen worden. Bei der einheitlichen Gewinnfeststellung wurden ihr aus der GmbH & Co. KG Gewinnanteile zugeordnet und bei den Einkommensteuerveranlagungen erfasst. Über den Nachlass wurde zunächst Nachlassverwaltung angeordnet und später das Nach-

---

[214] Allgemeine Auffassung; BFH v. 24.1.1996, X R 14/94, FR 1996, 321; BFH v. 16.5.2001, I R 76/99, FR 2001, 1052; H/H/S/*Boeker,* § 45 AO Rdn. 66.

[215] BFH v. 28.4.1992, VII R 33/91, DStR 1992, 1724.

[216] BFH v. 28.4.1992, VII R 33/91, DStR 1992, 1724.

lasskonkursverfahren (heute Nachlassinsolvenzverfahren) eröffnet. Die Klägerin wandte ein, sie habe die Gewinne nicht zu versteuern, weil ihr aus der KG kein Geld zugeflossen sei. Die aus dem Nachlass erzielten Erträge habe der Nachlassverwalter zur Berichtigung von Nachlassverbindlichkeiten verwendet, so dass sie sich auf die Beschränkung der Haftung auf den Nachlass gemäß § 45 Abs. 2 Satz 1 AO berufen könne und eine persönliche Inanspruchnahme ausgeschlossen sei.

Eine Beschränkung der Haftung auf den Nachlass setzt voraus, dass es sich bei diesen Steuerschulden um Nachlassverbindlichkeiten handelt. Der BFH hatte die Einkommensteuer aufgrund von Einkünften, die der Erbe erst nach dem Tod des Erblassers während einer Nachlassverwaltung aus dem Nachlass erzielt, nicht als Nachlassverbindlichkeiten qualifiziert, weil der Erbe den Tatbestand der Einkünfteerzielung nach § 38 AO selbst verwirkliche und Steuerschuldner sei. Es handele sich um Eigenschulden des Erben, für die er die Haftung nicht beschränken könne. Eine Nachlassverwaltung begründe für die Erben zwar Verwaltungs- und Verfügungsbeschränkungen, ließe jedoch nicht den Tatbestand der Einkünfteerzielung entfallen, der nach dem Tod des Erblassers allein von den Erben verwirklicht werde. Die einkommensteuerrechtlichen Ansprüche richteten sich daher – auch soweit sie aus Erträgen des Nachlassvermögens resultieren – gegen die Erben und nicht gegen den Nachlass, der selbst kein Einkommensteuer- oder Körperschaftsteuersubjekt sei. Der BFH hielt es für gerechtfertigt, dass wegen dieser persönlichen Steuerschulden auch das Eigenvermögen des Erben in Anspruch zu nehmen und eine Beschränkung der Haftung auf den Nachlass auszuschließen sei. Dass dem Erben die während der Nachlassverwaltung aus dem Nachlass erzielten Erträge nicht zufließen, weil der Nachlassverwalter verpflichtet ist, daraus zunächst die Nachlassverbindlichkeiten zu berichtigen, stünde dem nicht entgegen. Die Verwendung der erzielten Gewinne zur Schuldentilgung berühre die Steuerpflicht nicht.

78 Die vorgenannte Entscheidung des BFH **fand in der Literatur Zustimmung**[217], hat **zum Teil aber auch Kritik erfahren.**[218] So wurde insbesondere eingewandt, der BFH unterscheide nicht hinreichend zwischen der Frage der Zurechnung der Steuerschuld und der davon zu trennenden Frage, ob die Steuerschuld gegen den Erben persönlich geltend gemacht werden könne. Diese Unterscheidung sei insbesondere in der Parallelsituation des Konkurses, auch des Nachlasskonkurses (heute Insolvenz bzw. Nachlassinsolvenz) anerkannt. Die sich danach stellende Frage, gegen wen die Steuerschuld bei einer Beschränkung der Erbenhaftung geltend gemacht werden könne, sei gemäß § 45 Abs. 2 Satz 1 AO, wenn – wie im Einkommensteuerrecht – eine steuerrechtliche Sonderregelung fehle, nach den Vorschriften des bürgerlichen Rechts zu beurteilen. Die von einem Nachlassverwalter oder Nachlassinsolvenzverwalter begründeten Verbindlichkeiten seien grundsätzlich Nachlassverwaltungskosten und damit Erbfallschulden, für die der Erbe bei wirksamer Haftungsbeschränkung nicht persönlich einzustehen habe.[219] Eine Einkommensteuerverpflichtung, die durch ein Handeln des Nachlassverwalters ausgelöst werde, sei eine zwangsläufige Folge der Verwaltung bzw. der Verwertung des Nachlasses durch den Nachlassverwalter und daher mit Verwaltungskosten

---

[217] H/H/S/*Boeker*, § 45 AO Rdn. 68; *Tipke/Kruse/Drüen*, § 45 AO Rdn. 27.

[218] *Welzel*, DStZ 1993, 425; *Paus*, DStZ 1993, 82; *Depping*, DStR 1993, 1246; *G. Siegmann*, Urteilsanm. in: StRK, Anm. § 45 AO, Rechtsspruch 8.

[219] *Siegmann/Siegmann*, StVj 1993, 337.

vergleichbar. Der Nachlassverwalter könne nur Nachlassverbindlichkeiten begründen, so dass diesbezügliche Einkommensteuerschulden des Erben als Erbfallschulden zu qualifizieren seien, selbst wenn der Erbe als Steuerschuldner anzusehen ist.[220] Nach **anderer Auffassung** soll ein dem Gedanken der Steuergerechtigkeit Rechnung tragendes Ergebnis nicht zwangsläufig durch eine Beschränkung der Erbenhaftung erreicht werden müssen, da dem Erben ein **Anspruch auf Steuererlass wegen einer sachlichen Härte zustünde.** Dieses Instrument sei flexibler zu handhaben als die Beschränkung der Erbenhaftung. Die Voraussetzungen für einen Erlassanspruch seien gegeben, wenn eine Ausschlagung der Erbschaft nicht erwartet werden konnte, an den Erben keine Gewinne ausgeschüttet und ihm die gezahlten Steuerbeträge vom Nachlassverwalter nicht ersetzt wurden. Die Erhebung der Steuern widerspräche den Zielsetzungen des Gesetzgebers und allgemeinen Gerechtigkeitsvorstellungen.[221]

Wohl aufgrund der zum Teil als berechtigt angesehenen Kritik hatte der BFH zunächst eine gewisse Abkehr von seiner früheren Rechtsprechung vollzogen, über deren Reichweite spekuliert wurde. In einem Urteil vom 11. 8. 1998[222] hatte er über eine Klage gegen Pfändungen des Finanzamtes zu entscheiden, die auch das Eigenvermögen eines Klägers betrafen, der Alleinerbe seines Vaters war. Der Vater war an einer Paten-Reederei beteiligt. Aufgrund eines noch zu seinen Lebzeiten gefassten Beschlusses war das Motorschiff der Paten-Reederei nach dem Tod des Vaters und nach Eröffnung des Nachlassinsolvenzverfahrens ohne Zutun des Klägers oder des Nachlassinsolvenzverwalters veräußert worden. Das zuständige Finanzamt hatte den auf den Kläger als Erbe entfallenden Veräußerungserlös gesondert festgestellt und ihm die daraus entstehende Einkommensteuerschuld zugerechnet. Er zahlte nicht, so dass es zu Pfändungen des Finanzamtes in sein Eigenvermögen kam. Der BFH hatte im Vollstreckungsverfahren zu entscheiden, ob der Kläger für die aus dem Nachlasserlös entstandene Einkommensteuerschuld persönlich haftet. Er sah es als gerechtfertigt an, dass sich der Kläger auf die beschränkte Erbenhaftung berufen hat. Der Erblasser habe durch eine Rechtshandlung einen Geschehensablauf in Kraft gesetzt, infolge dessen es nach dem Erbfall und nach Eröffnung des Nachlassinsolvenzverfahrens im Nachlassvermögen zwangsläufig, ohne ein Handeln des Erben oder des Nachlassinsolvenzverwalters zur Verwirklichung eines Steuertatbestandes gekommen sei. Diesen konnten weder der Erbe noch der Nachlassinsolvenzverwalter durch eigenes Handeln verhindern, so dass eine § 24 Nr. 2 EStG vergleichbare Konstellation gegeben sei und eine Erbfallschuld in Form der Nachlassverwaltungskostenschuld vorliege.

Der BFH hatte damit noch **keine vollständige Abkehr von seiner bisherigen Rechtsprechung** vollzogen, soweit es um Steuerschulden ging, die durch einen Nachlass- oder Nachlassinsolvenzverwalter in seiner Funktion erzielt oder realisiert worden sind, sondern hielt in der vorbenannten Entscheidung daran fest, dass die Steuerschuld bei Fremdverwaltung des Nachlasses grundsätzlich dem Erben als Steuerschuldner zuzurechnen sei. Die Kommentarliteratur ging überwiegend aufgrund der inhaltlich nicht eindeutig vollzogenen Abkehr des BFH von seiner früheren Rechtsprechung weiterhin nicht davon aus, dass eine Möglichkeit der Haftungsbeschränkung für aus der Nach-

---

[220] *Wetzel,* DStZ 1993, 425, 429.
[221] *Paus,* DStZ 1993, 82, 83.
[222] BFH v. 11. 8. 1998, VII R 118/95, BStBl. 98, 705 = ZEV 1998, 441.

lassverwaltung resultierende Einnahmen besteht,[223] während andere in der Entscheidung eine weitgehende Abkehr von der früheren Rechtsprechung sahen.[224]

80 In der Vorauflage dieses Werkes war die **frühere Rechtsprechung des BFH zur Haftung des Erben für nachlassbezogene Einkommensteuerschulden im Zusammenhang mit einer Nachlassverwaltung bzw. einem Nachlassinsolvenzverfahren insgesamt als nicht überzeugend angesehen worden,** weil in diesen Fällen Steuerschulden nicht durch eigenes Handeln des Erben begründet werden. Deshalb wurde eine Haftungsbeschränkung für Einkommensteuerschulden, die aus einer Nachlassverwaltung oder aus einem Nachlassinsolvenzverfahren resultieren, befürwortet. Aufgrund der damals nicht eindeutigen Rechtslage war vorgeschlagen worden, dass Erben und ihre rechtlichen Berater versuchen sollten, durch Verhandlungen mit dem Finanzamt unter Hinweis auf die Entscheidung vom 11. 8. 1998[225] eine Schonung des Eigenvermögens zu erreichen und sie sich anderenfalls gegenüber Pfändungen des Finanzamtes in das Eigenvermögen weiterhin durch eine Vollstreckungsgegenklage wehren sollten. Deren Ergebnis wurde als unsicher eingeschätzt.

(4) Änderung der Rechtsprechung

80a **Der 7. Senat des BFH ist zwischenzeitlich in seiner Entscheidung vom 10. 11. 2015[226] von seiner früheren Senatsrechtsprechung abgewichen.** Es komme für die Anwendung von § 45 Abs. 2 Satz 1 AO i.V.m. § 1975 BGB allein darauf an, ob zivilrechtlich eine Nachlassverbindlichkeit vorliege. Die Tatsache, dass der Nachlass als solcher weder Einkommensteuer- noch Körperschaftsteuersubjekt sei, sondern allein der Erbe den steuerrechtlichen Tatbestand der Einkünfteerzielung verwirklichen könne, führe nicht zur Ablehnung einer Nachlassverbindlichkeit.[227] Es ergäben sich aus § 45 Abs. 2 Satz 1 AO keine Anhaltspunkte für eine Besserstellung des Fiskus. Aus der Vorschrift folge vielmehr, dass die für den Erben in § 1975 BGB geregelten Schutzmöglichkeiten – Nachlassverwaltung und Nachlassinsolvenz – in vollem Umfange auch gegenüber dem Fiskus gelten müssten. Das bedeute, dass im Fall der Anordnung eines amtlichen Verfahrens die Haftung des Erben für Nachlassverbindlichkeiten auf den Nachlass beschränkbar sei. Der BFH nimmt an, dass die auf den Veräußerungsgewinn entfallenden Steuerbeträge unter die **Fallgruppe der Erbfallschulden fielen.** Darunter fielen auch diejenigen Verbindlichkeiten, die nicht mit dem Erbfall selbst, aber infolge des Erbfalls entstünden, sog. Nachlasskosten- bzw. Nachlassverwaltungsschulden. Diese Gruppe erfasse u. a. die durch die Tätigkeit eines Nachlassverwalters verursachten Verbindlichkeiten, während sog. Nachlasserbenschulden, die auch als Eigenschuld des Erben anzusehen seien, eine eigenhändige Verwaltung des Nachlasses durch den Erben voraussetzen.[228] Im Streitfall hatte der Nachlassverwalter eine Kommanditbeteiligung des

---

[223] H/H/S/*Boeker,* § 45 AO Rdn. 68; Palandt/*Weidlich,* § 1967 Rdn. 7; *Jauernig/Stürner,* § 1967 Rdn. 5.

[224] *M. Siegmann,* ZEV 1999, 52, 54.

[225] BFH v. 11. 8. 1998, VII R 118/95, BStBl. 98, 705 = ZEV 1998, 441.

[226] BFH v. 10. 11. 2015, VII R 35/13, ZEV 2016, 340, 341 ff.; a.A. noch die Vorinstanz FG Köln v. 14. 4. 2013, 3 K 2990/10, BeckRS 2014, 95286 unter Bejahung einer Nachlasserbenschuld. Das FG Köln hatte die Revision wegen grundsätzlicher Bedeutung zugelassen.

[227] BFH v. 10. 11. 2015, VII R 35/13, ZEV 2016, 340, 342; *Koenig/Koenig,* § 45 AO Rdn. 21.

[228] BFH v. 10. 11. 2015, VII R 35/13, ZEV 2016, 340, 342.

Erblassers gekündigt und damit die auf den Veräußerungsgewinn entfallende Einkommensteuerschuld ausgelöst. Eine Nachlasserbenschuld kommt nach Auffassung des BFH nicht in Betracht, und zwar unabhängig davon, ob der Nachlassverwalter dazu trotz der grundsätzlichen Einschränkung der Verwaltungsbefugnis im Rahmen der Beteiligung an Personengesellschaften gemäß § 1985 BGB i.V.m. § 725 BGB analog befugt gewesen sei. Die durch den Nachlassverwalter ausgesprochene Kündigung führe in jedem Fall zu einer Erbfallschuld in Form einer Nachlasserbenschuld, für die sich der Erbe auf die Beschränkung der Erbenhaftung gemäß § 1975 BGB berufen könne. Diese Rechtsprechung steht, wie der 7. Senat selbst hervorhebt, in Einklang mit der Rechtsprechung des 10. Senates des BFH zur Testamentsvollstreckung, der ebenfalls von einer Erbfallschuld ausgeht.

Die **Änderung der Rechtsprechung des 7. Senates des BFH ist zu begrüßen.** Der BFH geht zutreffend davon aus, dass der Annahme einer Nachlassverbindlichkeit nicht entgegensteht, dass der Erbe selbst das Steuersubjekt ist, weil die angefallene Steuer in seiner Person entsteht. Nachlassverbindlichkeiten der in § 1967 Abs. 2 BGB exemplarisch genannten Art entstehen erst unmittelbar in der Person des Erben und belasten ausschließlich ihn als Gesamtrechtsnachfolger des Erblassers. Die Entstehung der Steuerschuld erst in seiner Person kann kein entscheidendes Kriterium für die Annahme auch einer Eigenschuld des Erben sein. Besonders hervorzuheben ist, dass der BFH ausdrücklich anerkennt, dass für die Anwendung steuerrechtlicher Vorschriften, namentlich des § 45 Abs. 2 AO, die **zivilrechtliche Situation entscheidend** ist. Eine Besserstellung des Fiskus sieht der Gesetzgeber nicht vor. Im Ergebnis bedarf es deshalb keiner Ausschlagung mehr, um generell eine Haftung für Steuerschulden mit dem Privatvermögen zu vermeiden. Der Erbe kann die Ausschlagungsfrist verstreichen lassen und in Ruhe entscheiden, ob er ein amtliches Verfahren zur Beschränkung seiner Haftung auf den Nachlass anstrengt.[229]

gg) Die Abzugsfähigkeit von Nachlassverbindlichkeiten nach § 10 Abs. 5 ErbStG

Der Erwerb von Todes wegen unterliegt gemäß § 1 Abs. 1 Nr. 1 ErbStG der Erbschaftsteuer.

Von dem Erwerb sind **bestimmte Nachlassverbindlichkeiten abzugsfähig.** Dazu zählen nach **§ 10 Abs. 5 Nr. 2 ErbStG Verbindlichkeiten aus Vermächtnissen, Auflagen und geltend gemachten Pflichtteilen und Erbersatzansprüchen** und nach **§ 10 Abs. 5 Nr. 3 ErbStG die Kosten der Bestattung, für ein angemessenes Grabmal, für die übliche Grabpflege sowie solche Kosten, die dem Erwerber unmittelbar im Zusammenhang mit der Abwicklung, Regelung oder Verteilung des Nachlasses oder mit der Erlangung des Erwerbs entstehen.** Beruft sich ein Erwerber von Todes wegen darauf, dass aufgrund **erbrachter Unterhalts-, Hilfs- und Pflegeleistungen** Nachlassverbindlichkeiten bestünden, so können dies nur dann **Erblasserschulden i.S.v. § 10 Abs. 5 Nr. 1 ErbStG** sein, wenn zwischen dem Erben und dem Erblasser ein Schuldverhältnis, z.B. ein **Dienstvertrag**, bestand, aufgrund dessen der Erblasser berechtigt

---

[229] *Wolffskeel v. Reichenberg* weist in seiner Anmerkung zu der Entscheidung des 7. Senates, ZEV 2016, 340, 343, zu Recht darauf hin, dass auf diese Weise übersetzte Ausschlagungen nicht mehr erforderlich seien. Seinen Hinweis darauf, dass bei der Abgrenzung von reinen Nachlass- zu „Auch-Eigenverbindlichkeiten" des Erben dogmatisch vieles umstritten und ungeklärt sei, kann aber nur eingeschränkt gefolgt werden.

war, von dem späteren Erben die entsprechenden Leistungen zu fordern und der Erbe berechtigt war, eine vereinbarte Vergütung geltend zu machen bzw. ihm ein Anspruch auf Vergütung zustand. Erforderlich ist, dass ein **eindeutiger vertraglicher Bindungswille** erkennbar ist. Die tatsächlich erbrachte Arbeitsleistung allein genügt nach Auffassung des BFH nicht, um ein durch schlüssiges Verhalten zustande gekommenes Arbeitsverhältnis anzunehmen. Es bestehe auch kein allgemeiner Erfahrungssatz, dass ein Leistender einen Anspruch auf eine Vergütung habe, wenn dem Empfänger die entsprechenden Mittel zur Zahlung eines Entgeltes zur Verfügung stünden. Eine vom Erben etwa angenommene moralische Verpflichtung reiche für den Abzug nach § 10 Abs. 5 Nr. 1 ErbStG ebenfalls nicht aus.[230]

Fraglich könnte sein, ob eine **Abzugsfähigkeit nach § 10 Abs. 5 Nr. 3 ErbStG denkbar** ist. Zu den Erwerbskosten gehören auch Zuwendungen, die der Erbe zu Lebzeiten des Erblassers für eine vertraglich vereinbarte Erbeinsetzung erbracht hat. Der Erblasser hat sich mit dem Abschluss des Erbvertrages an eine Erbeinsetzung gebunden, während der andere Vertragserbe die betreffenden Zuwendungen als Gegenleistung für die erbvertraglich vereinbarte Erbeinsetzung erbringt. Deshalb handelt es sich nach der Rechtsprechung des BFH um Leistungen, die den nach § 10 Abs. 5 Nr. 3 Satz 1 ErbStG erforderlichen unmittelbaren Zusammenhang mit der Erlangung des Erwerbs aufwiesen. Voraussetzung der Abziehbarkeit ist jedoch, **dass eine zunächst in Geld messbare Gegenleistung des Erben vorliegt.**[231] Fehle es an einer Vereinbarung über die Erbeinsetzung, so könne der testamentarisch eingesetzte Erbe seine Entgeltansprüche aus von ihm dem Erblasser gegenüber erbrachten Pflege- oder Unterhaltsleistungen nicht nach § 10 Abs. 5 Nr. 3 ErbStG geltend machen, ebenso wenig ein Vertragserbe seine vor Abschluss des Erbvertrages erbrachten Pflegeleistungen als Erwerbskosten abziehen, weil eine rückwirkende Vereinbarung insoweit nicht möglich sei.[232] Stand eine Erbeinsetzung weder unter der Bedingung von dem Erben zu erbringender Gegenleistungen und wurde auch die Erbeinsetzung nicht in ein Leistungsaustauschverhältnis eingestellt, wonach der Erbe für von ihm erbrachte oder zu erbringende Dienstleistungen als Entlohnung zum Erben eingesetzt werden sollte, scheidet eine Abzugsfähigkeit nach § 10 Abs. 5 Nr. 3 ErbStG ebenfalls aus. Der Erbe kann aber nachweisen, dass es eine entsprechende Vereinbarung – entweder im Sinne eines Dienstleistungsverhältnisses oder im Sinne einer erbvertraglichen Regelung – doch gegeben hat und es sich nicht nur um allgemeine Gefälligkeitsleistungen handelte.[233]

81a   Nach **§ 10 Abs. 5 Nr. 1 ErbStG** sind vom Erwerb des Erben **die vom Erblasser herrührenden persönlichen Verbindlichkeiten**, die gemäß § 1922 Abs. 1 BGB, § 45 Abs. 1 AO auf den Erben übergegangen sind, **als Nachlassverbindlichkeiten abzuziehen.** Aufwendungen zur Beseitigung von Schäden an geerbten Gegenständen wie Grundstücken oder Gebäuden, deren Ursache vom Erblasser gesetzt wurde, die aber erst nach dessen Tod in Erscheinung treten, sind nicht als Nachlassverbindlichkeiten

---

230 Ständige Rechtsprechung des BFH; BFH v. 9. 11. 1994, IV R 110/91, BStBl. II 1995, 62; BFH v. 30. 9. 1998, II D 29/98, BFH/NV 1999, 489; siehe auch FG Köln v. 22. 10. 2010, 9 K 3267/09, BeckRS 2011, 95699.

231 BFH v. 13. 7. 1983, II R 105/82, BStBl. II 1984, 37; FG Köln v. 22. 10. 2010, 9 K 3267/09, BeckRS 2011, 95699.

232 BFH v. 9. 11. 1994, II R 110/91, BStBl. II 1995, 62; BFH v. 30. 9. 1998, II B 29/98, BFH/NV 1999, 489; FG Köln v. 22. 10. 2010, 9 K 3267/09, BeckRS 2011, 95699.

233 FG Köln v. 22. 10. 2010, 9 K 3267/09, BeckRS 2011, 95699.

i.S.v. § 10 Abs. 5 Nr. 1 ErbStG abziehbar, ebenso Aufwendungen zur Beseitigung von Mängeln und Schäden an geerbten Grundstücken oder Gebäuden unter dem Gesichtspunkt eines aufgestauten Reparaturbedarfs.[234] Etwas anderes gilt, wenn schon zu Lebzeiten des Erblassers eine öffentlich-rechtliche oder eine privatrechtliche Verpflichtung – etwa gegenüber einem Mieter aus § 535 Abs. 1 Satz 2 BGB – zur Mängel- oder Schadensbeseitigung bestand.[235] Der **Abzug setzt nach ständiger Rechtsprechung des BFH immer voraus, dass die Verbindlichkeiten rechtlich bestehen und den Erblasser im Todeszeitpunkt wirtschaftlich belastet haben.**[236] An einer wirtschaftlichen Belastung fehlt es, wenn der Erblasser als Schuldner davon ausgehen konnte, die Verpflichtungen unter normalen Umständen nicht selbst erfüllen zu müssen. Der BFH betont, dass **mit dem zusätzlichen Erfordernis der wirtschaftlichen Belastung vom Zivilrecht abgewichen** werde. Dem stünde gegenüber, dass Leistungen des Erben aus dem Nachlass auch ohne rechtliche Verpflichtung in besonders gelagerten Ausnahmefällen als Nachlassverbindlichkeiten in Betracht kämen, wenn sie eine ernsthafte wirtschaftliche Belastung darstellten.[237]

Der **2. Senat des BFH** geht unter Hervorhebung, dass der Abzug einer Steuerschuld *81b* als Nachlassverbindlichkeit nach § 10 Abs. 5 Nr. 1 ErbStG abweichend vom Zivilrecht zusätzlich eine wirtschaftliche Belastung voraussetzt, **unter Änderung der früheren Rechtsprechung davon aus, dass die auf den Erben entsprechend seiner Erbquote entfallenden Abschlusszahlungen für die vom Erblasser herrührende Einkommensteuer des Todesjahres,** einschließlich Kirchensteuer und Solidaritätszuschlag, **als Nachlassverbindlichkeiten nach § 10 Abs. 5 Nr. 1 ErbStG abzugsfähig seien.** Bei einer Zusammenveranlagung von im selben Jahr verstorbenen Ehegatten seien Abschlusszahlungen für das Todesjahr analog § 270 AO aufzuteilen und als Nachlassverbindlichkeiten bei dem jeweiligen Erwerb von Todes wegen abzuziehen.[238] Der Entscheidung des BFH lag ein Sachverhalt zugrunde, in dem eine Klägerin neben ihrer Schwester hälftig Miterbin ihres am 31.12.2004 verstorbenen Vaters geworden war. Die Mutter war am 13.11.2004 vorverstorben. Die Eltern sind für das Jahr 2004 zusammen zur Einkommensteuer veranlagt worden. Nach Anrechnung der von ihnen entrichteten Vorauszahlungen, des Zinsabschlages und der Kapitalertragsteuer sollten für Einkommensteuer einschließlich Kirchensteuer und Solidaritätszuschlag Abschlusszahlungen in Höhe von insgesamt 1.823.885 € entrichtet werden. Während das Niedersächsische Finanzgericht davon ausging, dass die Einkommensteuer des Todesjahres des Erblassers beim Erben nicht als Nachlassverbindlichkeit abgezogen werden könne, weil sie am maßgeblichen Stichtag noch nicht entstanden sei, hielt der 2. Senat des BFH die anteilig auf die Klägerin als Miterbin entfallenden Abschlusszahlungen, soweit sie den Vater betrafen, entgegen der Auffassung des Niedersächsischen Finanzgerichtes als Nachlassverbindlichkeiten für abzugsfähig. Zur Begründung verwies der BFH darauf, dass zu den abzugsfähigen Nachlassverbindlichkeiten i.S.v. § 10 Abs. 5 Nr. 1 ErbStG nicht nur die Steuerschulden gehörten, die zum Zeitpunkt des Erbfalls bereits rechtlich

---

[234] BFH v. 26.7.2017, II R 33/15, BeckRS 2017, 130066 = ZEV 2018, 99 m. Anm. *Königer.*
[235] BFH v. 11.7.1990, II R 153/87, BFH/NV 1991, 97.
[236] BFH v. 27.6.2007, II R 30/05, ZEV 2007, 502, 503.
[237] BFH v. 27.6.2007, II R 30/05, ZEV 2007, 502, 503.
[238] BFH v. 4.7.2012, II R 15/11, DStR 2012, 1698; anders noch die Vorinstanz Niedersächsisches FG v. 23.2.2011, 3 K 332/10, DStR 2012, 627; wie der BFH schon früher FG Düsseldorf v. 2.11.2011, 4 K 2263/11 Erb, DStR 2012, 573.

entstanden waren, sondern auch solche Verbindlichkeiten, **die der Erblasser als Steuerpflichtiger durch die Verwirklichung von Steuertatbeständen begründet habe und die mit dem Ablauf des Todesjahres erst entstünden.** Der BFH schließt sich insoweit der herrschenden zivilrechtlichen Auffassung an, dass Erblasserschulden i.S.v. § 1967 Abs. 2 BGB auch die erst in der Person des Erben entstehenden Verbindlichkeiten sind, die als solche bei dem Erblasser entstanden wären, wäre er nicht vor Eintritt der zu ihrer Entstehung nötigen weiteren Voraussetzungen verstorben.[239] Diese zivilrechtlichen Grundsätze seien auch für die Beurteilung der Nachlassverbindlichkeiten i.S.v. § 10 Abs. 5 Nr. 1 ErbStG zu beachten.[240] Der Abzug der vom Erblasser herrührenden Schulden setze nicht zwingend voraus, dass beim Tod des Erblassers und damit zum maßgeblichen Zeitpunkt der Steuerentstehung eine rechtliche Verpflichtung bestanden haben müsse. Bei einem Erwerb von Todes wegen wirkten sich auch Steuerschulden aus der Veranlagung des Erblassers für das Todesjahr bereicherungsmindernd aus, obwohl sie beim Erbfall noch nicht rechtlich entstanden waren. Der Erbe habe diese Steuerschulden zu tragen. Entscheidend für den Abzug als Nachlassverbindlichkeiten sei aber, dass der Erblasser in eigener Person und nicht etwa der Erbe als Gesamtrechtsnachfolger steuerrechtliche Tatbestände verwirklicht habe und deshalb „für den Erblasser" als dem Steuerpflichtigen eine Steuer entstehe. Der BFH betont weiter, dass das für das Erbschaftsteuerrecht maßgebliche **Stichtagsprinzip, §§ 9, 11 ErbStG, dem Abzug dieser Steuerverbindlichkeiten nicht entgegensteht.** Es stünde bereits zum Zeitpunkt der Steuerentstehung und damit beim Tod des Erblassers fest, dass die Belastung kraft Gesetzes mit Ablauf des Todesjahres eintreten werde.[241] An den hauptsächlich zum Erfordernis einer wirtschaftlichen Belastung ergangenen Entscheidungen, aus denen entnommen werden könnte oder kann, dass der Abzug von Nachlassverbindlichkeiten nach § 10 Abs. 5 Nr. 1 ErbStG „nur" bei einer zum Zeitpunkt des Erbfalls bereits bestehenden rechtlichen Verpflichtung möglich sei, werde nicht festgehalten für die kraft Gesetzes aufgrund einer Tatbestandsverwirklichung des Erblassers entstehenden Steueransprüche.

Der BFH vollzieht nicht den weitergehenden Schluss, sich vollständig an das Zivilrecht anzulehnen. Er belässt es dabei, dass der Abzug einer Steuerschuld als Nachlassverbindlichkeit nach § 10 Abs. 5 Nr. 1 ErbStG zusätzlich voraussetzt, dass sie eine wirtschaftliche Belastung darstellt.[242] Er schließt sich einer zuvor im Schrifttum weit verbreiteten Rechtsauffassung an, dass die auf den Erben entsprechend seiner Erbquote entfallende Abschlusszahlung für die vom Erblasser selbst herrührende Einkommensteuer des Todesjahres als Nachlassverbindlichkeit nach § 10 Abs. 5 Nr. 1 ErbStG abzugsfähig ist.[243] Der BFH stellt zu Recht darauf ab, dass entscheidend sei, ob der Steuerpflichtige bis zu seinem Ableben selbst Steuertatbestände verwirklicht und damit das spätere Entstehen der Steuerverbindlichkeiten bereits in eigener Person begründet hat.

---

[239] BFH v. 4.7.2012, II R 15/11, DStR 2012, 1698, 1699 Rdn. 14.

[240] BFH v. 4.7.2012, II R 15/11, DStR 2012, 1698, 1699; BFH v. 5.7.1978, II R 64/73, BFHE 126, 55.

[241] BFH v. 4.7.2012, II R 15/11, DStR 2012, 1698, 1699; BFH v. 5.7.1978, II R 64/73, BFHE 126, 55.

[242] BFH v. 4.7.2012, II R 15/11, DStR 2012, 1698, 1700; BFH v. 5.7.1978, II R 64/73, BFHE 126, 55.

[243] *Kapp/Ebeling*, § 10 ErbStG Rdn. 82; *Meincke/Hannes/Holtz*, § 10 ErbStG Rdn. 42; BFH v. 4.7.2012, II R 15/11, DStR 2012, 1698, 1700 Rdn. 18 m.w.N. auch zur Gegenauffassung.

Die Einkommensteuer ist eine Jahressteuer, die nach § 36 Abs. 1 EStG mit Ablauf des Veranlagungszeitraums entsteht. Sterbe der Steuerpflichtige vor Ablauf des Kalenderjahres und ende damit seine persönliche Steuerpflicht, werde der Veranlagung für das Todesjahr (Kalender) ein abgekürzter Ermittlungszeitraum zugrunde gelegt. Die Veranlagung sei auf das bis zum Tod des Steuerpflichtigen erzielte Einkommen zu beschränken. Nur soweit der Erbe selbst einkommensteuerrelevante Tatbestände verwirklicht (der BFH verweist auf den Zufluss nachträglicher Einnahmen aus einer ehemaligen Tätigkeit des Erblassers nach § 24 Nr. 2 EStG), seien die darauf entfallenden Einkommensteuerzahlungen des Erben keine Nachlassverbindlichkeiten i.S.v. § 10 Abs. 5 Nr. 1 ErbStG. Der BFH betont weiter, dass seine Auffassung zu einer unterschiedlichen Beurteilung des Abzugs von Steuerschulden als Nachlassverbindlichkeiten und des Ansatzes von Steuererstattungsansprüchen als Erwerb führe, weil an unterschiedliche Voraussetzungen angeknüpft werde.[244]

Bei zusammen veranlagten Ehegatten bestehen nach Auffassung des BFH Besonderheiten. Aufgrund einer Zusammenveranlagung seien Ehegatten gemäß § 44 Abs. 1 Satz 1 AO Gesamtschuldner der Einkommensteuer, so dass jeder Gesamtschuldner die gesamte Leistung gemäß § 44 Abs. 1 Satz 2 AO schulde, soweit nicht etwas anderes bestimmt sei. Sterbe einer der Ehegatten und ergebe sich aufgrund der Zusammenveranlagung für das Todesjahr eine Abschlusszahlung, sei die vom verstorbenen Ehegatten als Erblasser herrührende Einkommensteuerschuld analog § 270 AO (im entscheidenden Fall in der für das Jahr 2004 maßgeblichen Fassung) zu ermitteln. Für das Vollstreckungsverfahren könnten Gesamtschuldner so gestellt werden, als seien sie Einzelschuldner, § 268 AO. Nach Maßgabe der §§ 269 ff. AO werde die Gesamtschuld auf die einzelnen Steuerschuldner aufgeteilt und es seien zur Bestimmung des Aufteilungsmaßstabes fiktive Veranlagungen durchzuführen. Das Verhältnis der sich daraus ergebenden Steuerbeträge ergebe den Aufteilungsschlüssel für die rückständige Steuer. Entsprechendes gelte, wenn zusammen veranlagte Ehegatten im selben Jahr versterben und die Veranlagung der Einkommensteuer für das Todesjahr zu einer Abschlusszahlung führe. Die Abschlusszahlung sei analog § 270 AO (in der für 2004 maßgeblichen Fassung im konkreten Fall) auf die Ehegatten aufzuteilen und als Nachlassverbindlichkeit beim jeweiligen Erwerb von Todes wegen abzugsfähig. Das führt im Ergebnis nach Auffassung des 2. Senates des BFH dazu, dass bei einem Ableben der Ehegatten im selben Jahr und **wenn der zweitverstorbene Ehegatte Alleinerbe des zuerst verstorbenen Ehegatten gewesen ist, beim Erwerb der Erben des zweitverstorbenen Ehegatten die gesamte Abschlusszahlung aus der Zusammenveranlagung der beiden verstorbenen Ehegatten für das Todesjahr als Nachlassverbindlichkeit abzugsfähig ist.** Die Steuerschuld, die auf einer Verwirklichung des Steuertatbestandes durch den zuerst verstorbenen Ehegatten beruhe, sei erbschaftsteuerrechtlich als eine vom zweitverstorbenen Ehegatten herrührende Nachlassverbindlichkeit abzugsfähig, weil sie bereits den Erwerb des zweitverstorbenen Ehegatten gemindert habe und bei seinem Ableben mangels entsprechender Tilgung als schwebende, mit Ablauf des Jahres entstehende Belastung weiter bestanden habe. Deshalb mindere sie auch die Bereicherung der Erben des zweitverstorbenen Ehegatten. Der BFH hebt weiter hervor, dass nach den gleichen Grundsätzen auch hinsichtlich des Solidaritätszuschlages und der

---

[244] BFH v. 4.7.2012, II R 15/11, DStR 2012, 1698, 1700; BFH v. 5.7.1978, II R 64/73, BFHE 126, 55.

Kirchensteuer zu entscheiden sei, die ebenfalls als Nachlassverbindlichkeiten abzugsfähig seien. Er hat in dem entschiedenen Fall die Sache an das Niedersächsische Finanzgericht zurückverwiesen, weil aufgrund der getroffenen tatsächlichen Feststellungen nicht beurteilt werden konnte, ob die Abschlusszahlungen, soweit sie die Mutter betroffen haben, ebenfalls als Nachlassverbindlichkeiten vom Erwerb der Klägerin aufgrund des Ablebens des Vaters abgezogen werden könnten. Fraglich war, ob der Vater die Erbschaft ausgeschlagen hatte. In diesem Fall wären die Abschlusszahlungen nur abzugsfähig, als sie allein auf den Vater entfielen.

81c   Die Änderung der Rechtsprechung des BFH zur Frage der Abzugsfähigkeit von Abschlusszahlungen für die vom Erblasser herrührende Einkommensteuer des Todesjahres einschließlich Kirchensteuer und Solidaritätszuschlag ist zu begrüßen. Die Begründung erscheint allerdings teilweise ergebnisorientiert, soweit der BFH zum einen – zu Recht – auf die im Zivilrecht einhellig vertretene Auffassung verweist, dass der Erblasser noch nicht alle Voraussetzungen einer Verbindlichkeit in seiner Person erfüllt haben muss, um eine von ihm herrührende Nachlassverbindlichkeit anzunehmen, zum anderen jedoch daran festhält, dass das Erbschaftsteuerrecht insoweit vom Zivilrecht abweicht, als zusätzlich vorausgesetzt wird, dass die Steuerschuld zu einer wirtschaftlichen Belastung führen muss.

81d   In dem vom BFH entschiedenen Fall war der Erblasser am letzten Tag des Kalenderjahres verstorben, so dass objektiv feststand, ob und in welcher Höhe eine Abschlusszahlung anfallen wird. Davon unterschied sich ein vom FG Münster entschiedener Fall dadurch, dass der Erblasser unterjährig gestorben war und noch fällig werdende Einkommensteuervorauszahlungen erst nach dem Tod entrichtet wurden.[244a] Während der Erbe die gegenüber dem Erblasser für das III. und IV. Quartal festgesetzten Vorauszahlungen als Nachlassverbindlichkeiten berücksichtigt sehen wollte, berücksichtigte das Finanzamt lediglich die Vorauszahlung für das III. Quartal. Den zugrunde liegenden Erbschaftsteuerbescheid hielt das FG Münster für rechtswidrig. Das Gericht führte zur Begründung aus, dass zu den abzugsfähigen Nachlassverbindlichkeiten nicht nur die zum Zeitpunkt des Erbfalls bereits entstandenen Nachlassverbindlichkeiten zählten, sondern auch solche, die durch die Verwirklichung von Steuertatbeständen begründet seien, die mit Ablauf des Todesjahres entstünden. Die BFH-Rechtsprechung zur Einkommensteuerabschlusszahlung sei auch auf Vorauszahlungen anwendbar, mögen diese zum Todeszeitpunkt noch nicht entstanden sein. Die Abschlusszahlung fiele höher aus, wenn die Vorauszahlungen nicht geleistet worden wären.

Geck/Messner[244b] weisen darauf hin, dass sich dem Sachverhalt nicht entnehmen lasse, ob die Vorauszahlungen tatsächlich dazu geführt haben, dass die Abschlusszahlung niedriger wird. Die Rechtslage sei eine andere, wenn die Vorauszahlungen dazu führen, dass die Einkommensteuerfestsetzung im Todesjahr zu einem Erstattungsanspruch des Nachlasses führe. Dieser sei nicht dem Nachlass zuzurechnen, weil dies die Wertung des § 10 Abs. 1 Satz 3 ErbStG als Folge des strengen Stichtagsprinzips sei. Nach Auffassung von *Geck/Messner* könnte eine ausgewogene Lösung darin bestehen, Vorauszahlungen nur insoweit als Nachlassverbindlichkeiten anzuerkennen, als sie erforderlich seien, die Abschlusszahlung als Steuerschuld des Erblassers zu reduzieren.

[244a] FG Münster v. 31. 8. 2017 – III K 1641/17 Erb, ZEV 2017, 131, nrkr; AZ. BFH: II B 105/17.
[244b] *Geck/Messner*, ZEV 2018, 79, 81.

Es sei schwer nachvollziehbar, Vorauszahlungen als Nachlassverbindlichkeiten anzuerkennen, während spätere Erstattungen nicht erbschaftsteuerbar seien.[244c]

Zu den **Verbindlichkeiten i.S.v. § 10 Abs. 5 Nr. 1** ErbStG gehören auch **Schulden,**   82
**die grundbuchrechtlich durch Grundstücke gesichert sind, die der Erblasser zuvor
unter Nießbrauchsvorbehalt (ohne Übertragung der persönlichen Schuldverpflichtung) auf den Erben übertragen hatte**[245] sowie die **Zugewinnausgleichsforderung,**
die dem überlebenden Ehegatten, der weder Erbe noch Vermächtnisnehmer geworden
ist, beim Tode des anderen Ehegatten zusteht. Diese Nachlassverbindlichkeit können
die Erben von ihrem Erwerb abziehen.[246] Da es sich bei der Ausgleichsforderung um
eine Geldforderung handelt, hat der Abzug zum Nennwert zu erfolgen, unabhängig
davon, ob Erfüllungsabreden getroffen worden sind.[247] Die Zugewinnausgleichsforderung führt auf Seiten des Anspruchsberechtigten anders als der Pflichtteilsanspruch zu
keinem der Erbschaftsteuer unterliegenden Erwerb, § 5 Abs. 2 ErbStG, da sie ihren
Rechtsgrund nicht im Erbrecht, sondern im ehelichen Güterrecht hat.[248] Mit einem
Betrag unterhalb des Nennwertes kann eine Zugewinnausgleichsforderung wegen fehlender wirtschaftlicher Belastung nur angesetzt werden, wenn der Verpflichtete damit
rechnen konnte, dass der überlebende Ehegatte die Zugewinnausgleichsforderung nicht
oder nicht in voller Höhe geltend machen würde.[249]

Kosten der Rechtsvertretung in Steuerfestsetzungs- und Wertfeststellungsverfahren sind als Nachlassverbindlichkeiten **nicht abzuziehen.** Insoweit gilt § 10 Abs. 8
ErbStG, wonach die vom Erwerber zu entrichtende eigene Erbschaftsteuer nicht als
Nachlassverbindlichkeit i.S.v. § 10 Abs. 5 ErbStG abzugsfähig ist. Das Abzugsverbot
erstreckt sich auf die einem Erwerber entstehenden Rechtsverfolgungskosten, die er
zur Abwehr der von ihm zu entrichtenden eigenen Erbschaftsteuer aufwendet.[250] Die
von einem Erben aufgewendeten Kosten eines Rechtsstreits, der die von ihm zu tragende eigene Erbschaftsteuer betrifft, ist auch nicht gemäß § 10 Abs. 5 Nr. 3 ErbStG
abzugsfähig, wenn der Erbe in einem Einspruchs- oder Klageverfahren eines Vermächtnisnehmers, zu dem er hinzugezogen bzw. beigeladen wurde, einen Rechtsvertreter
einschaltet.[251] Haben sich Eheleute in einem Berliner Testament gegenseitig zu Alleinerben und ihre Kinder zu Schlusserben des Letztversterbenden eingesetzt und verzichten die Kinder gegenüber dem überlebenden Ehegatten jeweils gegen Zahlung einer erst
mit dessen Tod fälligen Abfindung auf die Geltendmachung ihrer Pflichtteile nach dem
erstverstorbenen Ehegatten, können sie beim Tod des überlebenden Ehegatten keine
Nachlassverbindlichkeiten i.S.v. § 10 Abs. 5 Nr. 1 ErbStG aus dieser Vereinbarung abziehen, da die Abfindungsverpflichtungen für den überlebenden Ehegatten keine wirtschaftliche Belastung darstellten.[252]

[244c] *Geck/Messner*, ZEV 2018, 79, 81.
[245] FG Münster v. 18.5.2011, 3 K 1003/08 Erb, BeckRS 2011, 96035.
[246] BFH v. 10.5.1993, II R 27/89, BStBl. II 1993, 368 = DStR 1993, 723 = NJW 1993, 2461; BFH,
ZEV 2008, 549.
[247] BFH v. 1.6.2008, II R 71/06, ZEV 2008, 549, 550.
[248] BFH v. 1.6.2008, II R 71/06, ZEV 2008, 549.
[249] *Meincke/Hannes/Holtz*, § 10 ErbStG Rdn. 43.
[250] BFH v. 20.5.2007, II R 29/06, BStBl. II 2007, 722 = ZEV 2007, 545; BFH v. 10.5.1993, II R
27/89, ZEV 2008, 549, 550.
[251] BFH v. 20.5.2007, II R 29/06, BStBl. II 2007, 722 = ZEV 2007, 545.
[252] BGH v. 12.7.2006, V ZR 298/03, ZEV 2006, 502.

hh) Nachlassverbindlichkeiten als außergewöhnliche Belastungen

83 **Aufwendungen als Folge von Nachlassverbindlichkeiten** werden nach ständiger Rechtsprechung des BFH **nur unter besonderen Umständen als außergewöhnliche Belastungen anerkannt.** Eine Ermäßigung der Einkommensteuer um größere Aufwendungen, als sie der überwiegenden Mehrzahl der Steuerpflichtigen gleicher Einkommensverhältnisse, gleicher Vermögensverhältnisse oder gleichen Familienstandes erwachsen, gestattet § 33 Abs. 1 EStG nur, wenn die betreffenden Aufwendungen für den Steuerpflichtigen zwangsläufig sind. Bei Nachlassverbindlichkeiten, die ein Steuerpflichtiger als Erbe begleichen muss, fehlt es nach Auffassung des BFH im Allgemeinen schon an dem Merkmal der Zwangsläufigkeit. Dafür ist nach § 33 Abs. 2 Satz 1 EStG Voraussetzung, dass **sich ein Steuerpflichtiger den fraglichen Aufwendungen aus rechtlichen, tatsächlichen oder sittlichen Gründen nicht entziehen kann.** Ein Steuerpflichtiger kann nach Auffassung des BFH jedoch Aufwendungen für die Begleichung von Nachlassverbindlichkeiten im allgemeinen ohne Weiteres vermeiden, indem er die Erbschaft ausschlägt.[253] Selbst wenn ein Steuerpflichtiger aus sittlichen Gründen gehindert sei, von seinem Ausschlagungsrecht Gebrauch zu machen, fehle es an einer außergewöhnlichen Belastung aufgrund von Nachlassverbindlichkeiten jedenfalls dann, wenn der Wert des dem Steuerpflichtigen zufallenden Erbes die Verbindlichkeiten übersteigt.[254] Dieser Grundsatz gilt auch bei den von einem Ehepartner des Steuerpflichtigen herrührenden Nachlassverbindlichkeiten, unabhängig davon, ob jedem ein Abzugsbetrag nach § 33 EStG zu gewähren gewesen wäre.[255]

ii) Gewerbesteuerliche Haftung

84 In § 2 Abs. 5 Satz 1 GewStG ist bestimmt, dass ein Gewerbebetrieb, der im Ganzen auf einen anderen Unternehmer übergeht, als durch den bisherigen Unternehmer eingestellt gilt. Der **Gewerbebetrieb gilt gemäß § 2 Abs. 5 Satz 2 GewStG als durch den anderen Unternehmer neu gegründet, wenn er nicht mit einem bereits bestehenden Gewerbebetrieb vereinigt wird.** Das **gilt gleichermaßen für eine Unternehmensnachfolge in Form der Gesamtrechtsnachfolge.** Bei Fortführung des Betriebes durch den Erben entfällt zunächst die Gewerbesteuerpflicht für den Betrieb. Sie entsteht neu. Gewerbesteuerrechtlich sind zwei voneinander unabhängige Betriebe zu besteuern, obwohl der gleiche Betrieb über den gesamten Zeitraum ununterbrochen fortgeführt worden ist. Da der Betrieb als neugegründet gilt, geht das Recht zum Verlustabzug gemäß § 10a Satz 8 GewStG nicht auf den Erben über.

Innerhalb eines Kalenderjahres muss für den Erblasser und den Erben jeweils ein Steuermessbetrag hinsichtlich des erzielten Ertrages vor bzw. nach dem Erbfall festgesetzt werden. Der Freibetrag nach § 11 Abs. 1 Satz 3 Nr. 1 GewStG ist jeweils anteilsmäßig nach der Dauer der jeweiligen Steuerpflicht zu bemessen.[256] Der Steuermessbetrag für das Gewerbekapital ist demjenigen zuzurechnen, der den Gewerbebetrieb zu Beginn des Kalenderjahres unterhielt. Das war regelmäßig der Erblasser. Steuerschuld-

---

[253] BFH v. 24.7.1987, III R 208/82, BStBl. II 1987, 715; BFH v. 29.5.1996, III R 86/95, NJWE-FER 1997, 69.

[254] BFH v. 29.5.1996, III R 86/95, NJWE-FER 1997, 69.

[255] BFH v. 29.5.1996, III R 86/95, NJWE-FER 1997, 69, 70.

[256] H/H/S/*Boeker*, § 45 AO Rdn. 36.

ner ist niemals eine Erbengemeinschaft, da es bei ihr an einem verselbstständigten Gesamthandsvermögen fehlt.[257]

jj) Grundsteuer

Schuldner der Grundsteuer ist gemäß § 10 Abs. 1 GrStG **derjenige, dem der Steuer- gegenstand bei der Feststellung des Einheitswertes zugerechnet ist.** Das ist immer der Eigentümer des Grundbesitzes.[258] **Voraussetzung** für die Erhebung der Grundsteuer ist gemäß § 2 GrStG **das Bestehen einer wirtschaftlichen Einheit des Grundvermögens einschließlich der Betriebsgrundstücke und/oder das Bestehen eines Betriebes der Land- und/oder Forstwirtschaft im Sinne des Bewertungsgesetzes als Steuergegenstand.** Der Erbe haftet für die Grundsteuerschuld als Steuerschuldner für den Zeitraum, in dem er Eigentümer oder wirtschaftlicher Eigentümer i.S.v. § 39 Abs. 1 AO des Grundstückes ist, unbeschränkbar mit seinem Eigenvermögen. Die künftige Zahlungsverpflichtung kann als jährlich neu entstehende Verbindlichkeit nur durch Auf- oder Übergabe des Eigentums vermieden werden. Grundsteuerschulden sind auch Nachlassverbindlichkeiten, da die Grundsteuer unmittelbar an den wirtschaftlichen Wert des Grundstücks, das Nachlassbestandteil ist, anknüpft.[259]

Der Erbe haftet nach § 11 GrStG unbeschränkbar als Steuerschuldner, wenn ihm eigenes vorangegangenes Tun, wie die Mitwirkung an der Bestellung eines Nießbrauchs zu seinen Gunsten gemäß § 11 Abs. 1 GrStG oder ein Erwerb gemäß § 11 Abs. 2 GrStG durch eigenhändigen Vertragsschluss mit dem Veräußerer entgegengehalten werden kann.[260]

Das Grundstück als Steuergegenstand ist nach § 12 GrStG mit einer dinglichen Haftung belastet, die gegenüber dem Erben aufgrund seiner bürgerlich-rechtlichen Eigentümerstellung am Grundstück geltend gemacht wird. Obwohl es sich um eine Eigenverbindlichkeit des Erben handelt, ist **die Haftung gegenständlich auf das Grundstück beschränkt.**

kk) Umsatzsteuer

Die Unternehmereigenschaft geht nicht im Wege der Gesamtrechtsnachfolge auf den Erben über.[261] Nicht abschließend geklärt ist, inwieweit die übrigen umsatzsteuerrechtlichen Positionen auf den Gesamtrechtsnachfolger übergehen.[262] Soweit nicht Sachverhalte betroffen sind, die durch den Erblasser bereits realisiert wurden, **kann** der Erbe **umsatzsteuerrechtlich erst in Anspruch genommen werden, wenn in seiner Person die Unternehmereigenschaft nach dem UStG gegeben ist.** Dafür muss er selbst nachhaltig gewerblich tätig werden, wofür schon eine kurzzeitige Fortführung des Unternehmens ausreicht.[263] Hat der Erblasser in seiner Person die Sachverhalte realisiert, z.B. seine Umsätze nach den allgemeinen Vorschriften des UStG versteuert und mit

85

86

---

257 *Blümich/Gosch,* § 5 GewStG Rdn. 50; Glanegger/Güroff/*Selder,* § 5 GewStG Rdn. 12.

258 *Troll/Eisele,* § 10 GrStG Rdn. 2.

259 *Rebmann,* Der Eintritt des Erben in pflichtbelastete Rechtspositionen, S. 185.

260 *Rebmann,* Der Eintritt des Erben in pflichtbelastete Rechtspositionen, S. 185.

261 *Sölch/Ringleb/Klenk,* § 2 UStG Rdn. 20.

262 H/H/S/*Boeker,* § 34 AO Rdn. 38.

263 *Sölch/Ringleb/Klenk,* § 2 UStG Rdn. 20.

Genehmigung des Finanzamtes die Umsatzsteuer nach vereinnahmten Entgelten berechnet, schuldet der Erbe die auf der unternehmerischen Tätigkeit des Erblassers beruhende Umsatzsteuer entsprechend den steuerlichen Verhältnissen des Erblassers, mag diese auch erst nach dem Erbfall entstehen.[264] Er tritt in die Unternehmerstellung des Erblassers ein, wenn dieser bereits Honorare durch steuerbare Leistungen verdient, sie aber noch nicht versteuert hat.[265] Umgekehrt kann er Vorsteuer abziehen, die auf Leistungen für das Unternehmen des Erblassers beruhen, für die die Rechnungen aber erst nach dessen Tod eingehen.[266]

ll) Der Abzug „ererbter Verluste" nach § 10d EStG

87 Die **Entscheidung des Großen Senats des Bundesfinanzhofes** vom 17.12.2007[267] hat eine jahrelange Phase der Rechtsunsicherheit, ob der Erbe einen vom Erblasser nicht ausgenutzten Verlust bei seiner eigenen Veranlagung zur Einkommensteuer geltend machen kann, beendet.

In der Sache ging es um die Frage, ob sich aus § 1922 BGB bzw. aus § 45 AO herleiten lässt, dass der Verlustabzug nach § 10d EStG verblich ist. Der Kläger des Ausgangsverfahrens war Landwirt und ermittelte den Gewinn seines land- und forstwirtschaftlichen Betriebes durch Betriebsvermögensvergleich gemäß § 4 Abs. 1 EStG. Sein verstorbener Vater hatte ihn testamentarisch zum alleinigen Hoferben bestimmt. Der Erblasser hatte in den Veranlagungszeiträumen 1980 bis 1982 Verluste in Höhe von 107.165,00 DM erlitten. Von diesen konnte er gemäß § 10d EStG im Veranlagungszeitraum 1983, in dem er verstorben ist, lediglich 16.431,00 DM abziehen. Der Kläger beantragte in seinen Einkommensteuererklärungen für die Kalenderjahre 1983 bis 1986, die bei dem Erblasser nicht ausgeglichenen Verluste in Höhe von 90.734,00 DM bei ihm gemäß § 10d EStG abzuziehen. Das zuständige Finanzamt erkannte erklärungsgemäß nur einen Teil der Verlustabzüge an und lehnte für das Streitjahr 1986 einen Verlustvortrag insgesamt ab. Das Schleswig-Holsteinische Finanzgericht hatte die Klage als unbegründet abgewiesen[268] und ausgeführt, dass der Verlustabzug entgegen der ständigen Rechtsprechung des Bundesfinanzhofes nicht vererblich sei. Der Kläger rügte die Verletzung des § 45 AO sowie des § 10d EStG. Der 11. Senat des BFH wollte die Revision des Klägers als unbegründet zurückweisen, sah sich daran jedoch durch Urteile des 1. und des 8. Senates des BFH gehindert. Diese Senate hatten entschieden, dass der Erbe einen vom Erblasser nicht ausgenutzten Verlustvortrag gemäß § 10d EStG bei seiner eigenen Veranlagung zur Einkommen- bzw. Körperschaftsteuer geltend machen könne.[269] Nachdem der 1. und der 8. Senat auf Anfrage des 11. Senates mitgeteilt hatten, dass sie einer Abweichung von ihren Urteilen nicht zustimmen, legte der 11. Senat die Sache dem Großen Senat des BFH vor.

---

[264] H/H/S/*Boeker*, § 45 AO Rdn. 38.

[265] BFH v. 7.5.1953, V 61/52 U, BStBl. 53, 204.

[266] *Bunjes/Geist/Korn*, § 2 UStG Rdn. 33.

[267] BFH v. 17.12.2007, GrS 2/04, ZEV 2008, 199 m. Anm. *Röder* sowie *Piltz*, ZEV 2008, 376 = BB 2008, 1038 m. Anm. *Schulte/Knief*, 1046 und *Witt*, BB 2008, 1199 = DB 2008, 675 m. Anm. *Birnbaum*, 778 = DStR 2008, 545 m. Anm. *Dötsch*, 641.

[268] Schleswig-Holsteinisches FG v. 21.9.1999, III 23/95, DStR 2000, 345.

[269] BFH v. 25.4.1974, VIII R 61/69, n.v.; BFH v. 13.11.1979, VIII R 193/77 = BFHE 129, 262 = BStBl. II 1980, 188; BFH v. 16.5.2001, I R 76/99 = BFHE 195, 128 = BStBl. II 2002, 487 = ZEV 2001, 368 = NJW 2001, 3726.

Wegen der Personenidentität kann nach § 10d EStG grundsätzlich nur derjenige den   88
Verlust geltend machen, der ihn erlitten hat.[270] Der 1. Senat des BFH hatte regelmäßig
die Notwendigkeit einer Personenidentität im Erbfall unter Hinweis auf die zivilrechtliche Gesamtrechtsnachfolge verneint, in einer Entscheidung vom 5.5.1999[271] seine
Rechtsprechung jedoch insoweit verschärft, als er die Möglichkeit eines Verlustabzuges
dem Erben nur noch zugestand, wenn dieser durch die Verluste wirtschaftlich belastet
ist. Der Grundsatz der Vererbbarkeit als solcher wurde dadurch nicht berührt.[272] Der
1. Senat hatte zwischenzeitlich die Auffassung vertreten, dass an dem Element der Personenidentität zwischen dem Steuerpflichtigen, der den Verlust erwirtschaftet hat, und
demjenigen, der den Verlust geltend macht, festzuhalten sei mit der Folge, dass die
§ 10d EStG-Position im Erbfall nicht übergehen könne.[273] In der Folgezeit hatte er
seine dogmatischen Bedenken zurückgestellt und seine frühere Rechtsprechung – Vererbbarkeit der Verlustausgleichsposition – ausdrücklich bestätigt.[274]

Die **Rechtsprechung des 1. Senates des BFH war in der Literatur auf Kritik ge-**   89
stoßen, weil sie dem Grundsatz der Individualbesteuerung widerspreche. Die Regelung
des § 10d EStG diene allein der Bestimmung des zu besteuernden Einkommens und
zwar desjenigen, der den Verlust erlitten habe. Der Erblasser und der Erbe seien zwei
unterschiedliche Steuersubjekte, so dass eine Übertragung nicht mit dem Gesetz vereinbar sei.[275] Das einkommensteuerrechtliche Prinzip der persönlichen Leistungsfähigkeit könne die Vererbbarkeit des Verlustvortrages nicht begründen, da die Einkommensteuerpflicht mit dem Tod ende und der Nachlass nicht Einkommensteuersubjekt
sei.[276] Es gebe auch keine Rechtsgrundlage, dass der Erbe den Verlust wirtschaftlich
tragen müsse, um ihn geltend machen zu können.[277] Die Entlastung des Erben gleiche
eine Übersteuerung des Erblassers nicht aus.[278] Der Verlustabzug beinhalte keinen entsprechenden Vermögenswert im Sinne von § 1922 BGB, sondern stelle vielmehr ein Be-
steuerungsmerkmal dar, das als solches nicht vererbbar sei.[279]

Andere Stimmen hatten sich für eine Vererbbarkeit des Verlustvortrages ausgesprochen. So sei zwischen der rechtlichen und der ökonomischen Bedeutung der Verlustausgleichsposition, die einen Vermögenswert darstelle, zu unterscheiden.[280] Die von
dem Gesetzgeber beschlossene Mindestbesteuerung aus § 10d EStG führe dazu, dass
die Verlustvortragsposition zeitlich gestreckt werde. Die Verluste seien tatsächlich eingetreten und sollten auch vererbbar sein. Das Abstellen auf den höchstpersönlichen
Charakter der Verrechnungsmöglichkeit sei im Falle des Erben nicht erforderlich. Dieser sei nicht beliebiger Dritter, sondern Rechtsnachfolger und daher in einer Sonderstellung, aus der er materiell- und verfahrensrechtlich in die abgabenrechtliche Stellung
des Erblassers eintrete. Für ihn müssten deshalb Sonderregeln gelten.[281]

---

[270] *Schmidt/Heinicke*, § 10d EStG Rdn. 12.
[271] BFH v. 5.5.1999, XI R 1/97, BStBl. 99, 653 = NJW 2000, 239 = ZEV 1999, 452.
[272] BFH v. 5.5.1999, XI R 1/97, BStBl. 99, 653.
[273] BFH v. 29.3.2000, I R 76/99, BStBl. 00, 622 = ZEV 2000, 330.
[274] BFH v. 16.5.2001, I R 76/99, BStBl. 02, 487 = ZEV 2001, 368.
[275] *Keuk*, StuW 1973, 74, 84.
[276] *Strnad*, FR 2001, 1054.
[277] *Strnad*, FR 2001, 1054; *ders.*, FR 1998, 935.
[278] *Kirchhoff/Pfirrmann*, § 10d EStG Rdn. 6.
[279] *Gosch*, StBp 1996, 166.
[280] *Crezelius*, ZEV 2004, 45, 53.
[281] *Meincke*, ZEV 2005, 80, 81.

90   Der Große Senat des BFH hat sich der Auffassung des 11. Senates angeschlossen und **entschieden, dass der Übergang eines vom Erblasser nicht ausgenutzten Verlustvortrages nach § 10d EStG auf den Erben weder auf zivilrechtliche noch auf steuerrechtliche Vorschriften und Prinzipien gestützt werden könne.** Er hat offen gelassen, ob § 1922 BGB bzw. § 45 AO eine Rechtsgrundlage für den Verlustübergang im Erbfall darstellen könnten. Da es an einer ausdrücklichen gesetzlichen Anordnung fehle, insbesondere § 10d EStG keine ausdrückliche Aussage zur Zulässigkeit des interpersonellen Verlustausgleiches enthalte, stünden der **Rechtscharakter der Einkommensteuer als Personensteuer und das Prinzip der Individualbesteuerung einer Nutzung der Verluste des Erblassers durch den Erben entgegen.**[282] Die Vererblichkeit des Verlustabzuges liefe auf eine unzulässige Abziehbarkeit eines Drittaufwandes hinaus, ohne dass die Haftung des Erben für Erblasserschulden ein anderes Ergebnis rechtfertige. Negative Einkünfte und Erblasserschulden seien streng auseinanderzuhalten. Erstere verkörperten eine unlösbar mit der Person des Einkünftebeziehers verbundene Besteuerungsgrundlage, während Schulden im Grundsatz verkehrsfähige negative Wirtschaftsgüter seien.[283] Die Vererblichkeit des Verlustabzugs könne nicht durch die „Leitidee" des Totalitätsprinzips gerechtfertigt werden. Aus den für einen interperiodischen Verlustausgleich sprechenden Grundsätzen könnten keine Anhaltspunkte für einen interpersonellen Verlustausgleich gewonnen werden. Eine Rechtfertigung der Vererblichkeit könne auch nicht aus einer Wertung des § 24 Nr. 2 letzter Halbsatz EStG hergeleitet werden. Die Vorschrift regele nach herrschender und zutreffender Auffassung mit rechtsbegründender Wirkung nur die persönliche Zurechnung der Einkünfte beim Rechtsnachfolger. Der sachliche Anwendungsbereich beschränke sich auf solche Fälle, in denen die Einkünfte nach Maßgabe des Zu- und Abflussprinzips ermittelt würden. Nach allgemeinen Grundsätzen seien die Einkünfte derjenigen Person zuzurechnen, die sie erzielt, d.h. den Einkünfteerzielungstatbestand erfüllt hat.[284] Der Große Senat ist auch dem Ansatz entgegengetreten, dass § 6 Abs. 3 EStG ein Argument für die Vererblichkeit des Verlustabzuges liefern könnte. Die Vorschrift nehme eine Sonderstellung im System des vom Grundsatz der Individualbesteuerung geprägten Einkommensteuerrechts ein und könne nicht auf § 10 d EStG übertragen werden.

91   Die neue Rechtsprechung des BFH gilt für alle Erbfälle, die nach Ablauf des Tages der Veröffentlichung des Beschlusses eingetreten sind und eintreten werden. Der BFH sah sich wegen der gegebenen besonderen Konstellation veranlasst, in typisierender Weise Vertrauensschutz gegenüber der zu Lasten der Steuerpflichtigen geänderten Rechtsprechung in allen Erbfällen zu gewähren, die bis zum Ablauf des Tages der Veröffentlichung des Beschlusses eingetreten waren. Die **typisierende Gewährung von Vertrauensschutz** wurde nicht als abschließend verstanden. Es bleibt der Finanzverwaltung unbenommen, auf der Grundlage der §§ 163 und 227 AO einen weitergehenden typisierenden Vertrauensschutz zu gewähren.

92   Als Konsequenz der geänderten Rechtsprechung des Bundesfinanzhofes werden in der Literatur verschiedene Möglichkeiten, dem Wegfall des Verlustvortrages im Erbfall zu entgehen, erörtert. **So erwägt** *Piltz*[285] **die nachfolgenden Maßnahmen vor dem Tod:**

---

[282] BFH v. 17. 12. 2007, GrS 2/04, ZEV 2008, 199, 201.
[283] BFH v. 17. 12. 2007, GrS 2/04, ZEV 2008, 199, 202.
[284] BFH v. 17. 12. 2007, GrS 2/04, ZEV 2008, 199, 203.
[285] *Piltz*, ZEV 2008, 376 ff.

– Der Erblasser solle einen Erhaltungsaufwand und sonstige sofort abzugsfähige Ausgaben vor dem Erbfall unterlassen und diese seinen Erben vornehmen lassen.
– Könne der Tod nicht abgewartet werden, weil Gebäude unbedingt überholt werden müssten, solle der Erblasser Gebäude mit hohem Erhaltungsbedarf verschenken, damit der Beschenkte den Erhaltungsaufwand geltend machen könne.
– Bei der Generierung von Ertrag stünde die Realisierung stiller Reserven im Vordergrund. Der Erblasser könne sein Unternehmen oder seine Beteiligung an einem Unternehmen an den Erben oder eine von ihm beherrschte Personen- oder Kapitalgesellschaft verkaufen.
– Der Erblasser könne an den Erben betriebliche Einzelwirtschaftsgüter verkaufen, müsse dann aber erbschaftsteuerliche Nachteile hinnehmen.
– Der Erblasser könne betriebliche Einzelwirtschaftsgüter entnehmen.
– Der Erblasser könne steuerverhaftetes Privatvermögen, z.B. Grundstücke oder Beteiligungen i.S.v. § 17 EStG an den Erben oder an eine von ihm beherrschte Personen- oder Kapitalgesellschaft veräußern. Erbschaftsteuerlicher Nachteil sei, dass zum Nachlass eine Kaufpreisforderung und kein Grundstück bzw. -anteil gehöre.
– Stünde der Erblasser in einem „Wahlrechtsstatus", dass er durch Antrag eine Realisierung stiller Reserven in seinem Vermögen herbeiführen könne, sollte er diesen Antrag stellen.
– Der Erblasser könne eine Kapitalgesellschaft beherrschen und die Ausschüttung einer „Superdividende" beschließen.
– Der Erblasser könne bewusst eine Betriebsaufspaltung in der Weise auflösen, dass er entweder das Besitzunternehmen oder das Betriebsunternehmen dem künftigen Unternehmensnachfolger schenke. Der Erblasser realisiere dadurch einen Betriebsaufgabegewinn. Beim Erbfall gehe der bisher nicht geschenkte Teil an den Beschenkten durch Erbfolge über, wodurch die Betriebsaufspaltung wieder hergestellt werde, jedoch mit höheren Buchwerten.
– Der Erblasser könne die gewerbliche Prägung einer vermögensverwaltenden GmbH & Co. KG beenden.
– Der Erblasser könne einen Betrieb, Teilbetrieb oder den Anteil eines Mitunternehmers unter Verletzung der Bedingungen des § 6 Abs. 3 EStG für die Gewinnneutralität der Schenkung verschenken.
– Der Erblasser könne Einzelwirtschaftsgüter im Bereich von Personengesellschaften unter Verletzung des § 6 Abs. 5 EStG übertragen. Die Finanzverwaltung und Teile der Literatur gingen davon aus, dass in diesem Fall stille Reserven aufgedeckt würden.
– Es kämen auch Umwandlungsvorgänge in Betracht, welche nach Wahl gewinnneutral oder gewinnrealisierend durchgeführt werden können, z.B. die Einbringung von Betrieben in eine Kapitalgesellschaft zum Buch-, Zwischen- oder Teilwert, die Einbringung von Anteilen an einer Kapitalgesellschaft oder einer Genossenschaft in eine andere Kapitalgesellschaft oder Genossenschaft gegen Gewährung neuer Anteile zum Buch-, Zwischen- oder Teilwert (§ 21 UmwStG) oder die Einbringung eines Betriebs-, Teilbetriebs- oder Mitunternehmensanteils in eine Personengesellschaft zum Buch-, Zwischen- oder Teilwert (§ 24 UmwStG).
– Kapitaleinkünfte, die ohne Gestaltung im Laufe der Jahre steuerpflichtig einfließen, könnten sofort in steuerpflichtige Kapitaleinkünfte verwandelt werden.

– Es könne eine Eheschließung mit einem Ehepartner erfolgen, dessen positive Einkünfte den Verlust des Erblassers mindern.

– Für den Fall, dass ein Gesellschaftsvertrag vorsehe, dass der Erblasser mit seinem Tod aus der Gesellschaft gegen eine Abfindung ausscheide, werde der Vorgang als Veräußerung des Mitunternehmensanteils noch durch den Gesellschafter gewertet. Diesem sei der Veräußerungsgewinn zuzurechnen, gewissermaßen als Realisierung in der letzten Sekunde. Dieser Ansatzpunkt könne nur verwendet werden, wenn die künftigen Erben bereits an der Gesellschaft beteiligt seien.

– Nach dem Tod könne der Erbe in der letzten Einkommensteuerveranlagung des Erblassers, in der er als dessen Gesamtrechtsnachfolger agiere, Wahlrechte ausüben, die dem Erblasser bis zu seinem Tode zugestanden haben, in Richtung eines möglichst hohen Gewinns oder Überschusses z.B. bei einer Gewinnermittlung gemäß § 4 Abs. 3 EStG (Übergang zum Betriebsvermögensvergleich gemäß R 4.6 EStR), eine Auflösung von § 6b EStG-Rücklagen und von Rücklagen für eine Ersatzbeschaffung gemäß R 6.6 Abs. 4 EStR sowie die Ausübung der Bewertungswahlrechte des Umwandlungssteuergesetzes im Sinne einer Gewinnrealisierung.[286]

92a   **Der Ansatz des Großen Senates des BFH**, dass ein im Todeszeitpunkt noch bestehender Verlustvortrag nach § 10d EStG nicht auf den bzw. die Erben übergeht, weil es sich um eine höchstpersönliche Rechtsposition handele, die nicht Gegenstand der Gesamtrechtsnachfolge sein könne, **führt nicht in allen Fällen von Verlustvorträgen zu akzeptablen Ergebnissen.** So wendet die Finanzverwaltung diese Grundsätze in einigen Fällen nicht an, in denen der Verlust einer bestimmten Einkunftsquelle zuzuordnen ist. **Wichtigster Ausnahmefall ist der gesondert festgestellte verrechenbare Verlust i.S.v. § 15a EStG.**[287] Nicht sachgerecht ist die Versagung der Vererbbarkeit des Verlustvortrages nach § 10d EStG auch in anderen Sachverhaltskonstellationen. Zu nennen sind hier der Bereich der Verluste im Sonderbetriebsvermögen sowie der gewerbesteuerliche Verlustvortrag. *Fischer/Lacus* zeigen auf, dass die Nichtvererbbarkeit von Verlustvorträgen rechtlich zweifelhaft ist, wenn der Erblasser als Mitunternehmer für bestimmte Verpflichtungen Rückstellungen seiner Sonderbilanz bilden muss. Das ist der Fall, wenn **ein Mitunternehmer ein Grundstück in seinem steuerlichen Sonderbetriebsvermögen aktiviert und im Zusammenhang mit diesem Grundstück Verpflichtungen aus Sanierung oder Instandhaltung bestünden.** Entsprechende Aufwendungen aus der Rückstellungszuführung im Sonderbetriebsvermögen fallen nicht unter die Verlustabzugsbegrenzung des § 15a EStG, sofern sie nicht mit einem Gewinnanteil aus der Gesamthandsbilanz oder mit ausreichenden Einnahmen im Sonderbetriebsvermögen ausgeglichen werden können. Die Sonderbetriebsverluste werden vielmehr sofort mit anderen Einkünften verrechnet und, wenn im betreffenden Jahr nicht ausreichend Verrechnungspotenzial vorhanden ist, ggf. als Verlustvortrag nach § 10d EStG festgestellt.[288] Spätere Zahlungen aus diesen Verpflichtungen sind in den folgenden Jahren für den Mitunternehmer steuerneutral. Die jeweiligen Rückstellungen vermindern sich entsprechend und die Berücksichtigung der wirtschaftlichen Leistungsfähigkeit des Mitunternehmers erfolgt durch die Bildung der Rückstellungen sowie den Verlustrücktrag bzw. Verlustvortrag auf seine früheren bzw. zukünftigen po-

---

[286] Vertiefend *Piltz*, ZEV 2008, 376, 378.
[287] Bay. LfSt v. 18. 11. 2011, S – 2225 2.1–7/7 St 32, DB 2012, 203; *Fischer/Lacus*, DStR 2014, 302.
[288] *Blümich/Heuermann*, § 15a EStG Rdn. 29; *Fischer/Lacus*, DStR 2014, 302, 303.

sitiven Einkünfte. Stirbt ein solcher Mitunternehmer und hat seine Rückstellung bis zum Todeszeitpunkt noch nicht zu einem vollständig ausgeglichenen Verlust geführt, tritt der Erbe in die Mitunternehmerstellung nebst Sonderbetriebsvermögen ein, ohne dass der Verlustvortrag, der beim Tod des Erblassers aus der Rückstellung besteht, auf ihn übergeht. Zahlt der Erbe in nachfolgenden Veranlagungszeiträumen aufgrund der Sanierungsverpflichtungen bestimmte Beträge und entsprechen diese den Mieteinnahmen aus dem Grundstück, verbleibt ihm nichts an Liquidität. Die Zahlung aufgrund der Sanierungsverpflichtung ist steuerneutral gegen die Rückstellung zu buchen, die sich dadurch entsprechend verringert. Gleichzeitig hat der Erbe jedoch Einnahmen in gleicher Höhe, so dass das steuerpflichtige Sonderbetriebsergebnis des Erben für den Veranlagungszeitraum die entsprechende Einnahme aufweist. Daraus ergibt sich eine Einkommensteuerbelastung, die der Erblasser selbst nicht gehabt hätte. Hätte der Erbe selbst die Rückstellung gebildet und nicht im Wege der Gesamtrechtsnachfolge übernommen, so dass der entsprechende Verlustvortrag bei dem Erben selbst entstanden wäre, hätte er für das entsprechende Jahr keine Einkommensteuer zu bezahlen. Wäre der Verlustvortrag des Erblassers nach § 10d EStG auf den Erben übergegangen, wären die Aufwendungen aus der Sanierungsverpflichtung weiterhin steuerneutral gegen die übernommene Rückstellung zu buchen, während die Mieteinnahmen weiterhin Sonderbetriebseinnahmen des Erben aus seiner Beteiligung darstellen. Die Sonderbilanz des Erben bliebe dann am Ende des entsprechenden Veranlagungszeitraums unverändert. Der Erbe würde auch bei Übergang des Verlustabzuges Einkünfte aus Gewerbebetrieb in Höhe der Mieteinnahmen erzielen, ohne dass bei ihm aufgrund der Nutzbarkeit des steuerlichen Verlustabzuges eine Steuerbelastung entstünde. Es erscheint durchaus gerechtfertigt, in einem solchen Fall den Verlustabzug auf den Erben übergehen zu lassen, weil die Einkunftsquelle selbst auf den Erben übergegangen ist. *Fischer/ Lacus* weisen zu Recht darauf hin, dass dieser Ansatz nicht den Grundsätzen des Großen Senates widerspricht, weil dieser in seiner Entscheidung auf die Quellenbezogenheit von Einkünften Bezug nehme und die Vererbbarkeit des nach § 10d EStG festgestellten Verlustvortrages u.a. deshalb ablehne, weil in diesen Betrag auch andere Faktoren eingingen und der exakt aus einer bestimmten Einkunftsquelle stammende Anteil nicht ohne Weiteres ermittelbar sei. Sonderbetriebseinnahmen und -ausgaben stünden mit der konkreten Einkunftsquelle, dem Mitunternehmeranteil des Erben, im Zusammenhang. Die Verluste im Sonderbetriebsvermögen sind lediglich bewusst aus dem Verlustberechnungskreis des § 15a EStG ausgenommen, weil der Steuerpflichtige diese regelmäßig selbst trägt und würde deshalb auch nicht gesondert festgestellt. Der Erbe ist durch die Zahlungen aufgrund der Verpflichtung zur Sanierung, die sich vom Erblasser auf ihn vererbt hat, in seiner eigenen wirtschaftlichen Leistungsfähigkeit gemindert und wird lediglich aufgrund der Gesamtrechtsnachfolge im Bereich des Sonderbetriebsvermögens von der steuerlichen Berücksichtigung seiner Aufwendungen ausgeschlossen.

Ähnliche Probleme stellen sich in den Fällen **des sog. schädlichen Unternehmerwechsels mit der Folge des Untergangs des anteiligen Gewerbesteuerverlustvortrages.** Nach der Rechtsprechung und Verwaltungsauffassung wird dies auch bei einer Gesamtrechtsnachfolge durch Erbfall angenommen.[289] Begründet wird das wiederum

92b

---

[289] BFH v. 7.12.1993, VIII R 160/86, DStR 1994, 615.

damit, dass den Gewerbesteuerverlustvortrag nur der Unternehmer und Mitunternehmer in Anspruch nehmen könne, der den Verlust (Fehlbetrag) selbst getragen habe.[290] Die geforderte Unternehmeridentität entspricht nicht zwangsläufig dem Objektsteuercharakter der Gewerbesteuer. Gegenstand ist der Gewerbebetrieb und nicht der einzelne Gesellschafter, so dass der Wegfall des gewerbesteuerlichen Verlustvortrages im Rahmen eines unentgeltlichen Übergangs des Mitunternehmeranteils besonders problematisch ist.[291] In diesen Fällen gilt es, eine sachgerechte und der Besteuerung nach der wirtschaftlichen Leistungsfähigkeit entsprechende Lösung zu finden.

Fischer/Lacus schlagen verschiedene Möglichkeiten vor:[292]

– Ein quellenbezogener Verlustvortrag aus dem Sonderbetriebsvermögen soll im Zeitpunkt des Todes gesondert festgestellt werden und könne somit, da er nicht mehr in den allgemeinen Bereich des § 10d EStG falle, unmittelbar zusammen mit der Einkunftsquelle vererbt werden. Voraussetzung hierfür wäre die Schaffung einer entsprechenden gesetzlichen Regelung.

– Als praktikablere Lösung wird angesehen, dass die Rückstellung beim Erblasser in dem Umfang, in dem er die Rückstellung nicht mehr selbst bedienen könne, d.h. in Höhe der zum Todeszeitpunkt noch bestehenden Rückstellung, beim Erblasser ertragswirksam aufgelöst und als letzter ertragsteuerlicher Vorgang mit dem bei ihm bestehenden Verlustvorgang verrechnet werde. Der Erbe übernehme die Sonderbilanz ohne die entsprechende Rückstellung und bilde im Zeitpunkt der Übernahme des Mitunternehmeranteils bzw. in vergleichbaren Fällen des Einzelunternehmens eine eigene aufwandswirksame Rückstellung in Höhe der Beträge, die er selbst wirtschaftlich zu tragen habe. Er kann die bei ihm tatsächlich getragenen Aufwendungen steuerlich geltend machen und wird zutreffend nach seiner eigenen wirtschaftlichen Leistungsfähigkeit besteuert.

Erwogen wird des Weiteren, dass der Erbe in vergleichbaren Fällen einen Antrag auf abweichende Steuerfestsetzung aus sachlichen Billigkeitsgründen gemäß § 163 AO stellt und einen solchen Billigkeitsantrag stattgegeben werden müsste. Ob die Finanzverwaltung dem folgt, dürfte vor dem Hintergrund der Rechtsprechung des BFH jedoch zweifelhaft sein. In der Sache wäre es sinnvoll, wenn in den aufgeführten Fällen der Erbe jedenfalls die von ihm tatsächlich selbst getragenen Aufwendungen steuermindernd geltend machen könnte.

2. Der Verpflichtungsgrund in der Person des Erblassers

93 Der **Erbe** haftet nicht nur für Verpflichtungen, die abgeschlossen sind, sondern **tritt auch in sog. „pflichtbelastete Rechtslagen" des Erblassers ein.** Das sind solche, in denen der Verpflichtungsgrund in der Person des Erblassers erfüllt oder von ihm herbeigeführt worden war, die Verwirklichung des Tatbestandes aber von weiteren Voraussetzungen abhängt.[293] Dazu zählen insbesondere **Verbindlichkeiten aus unerlaubten Handlungen des Erblassers, wenn sich deren nachteilige Folgen erst nach dem**

---

[290] BFH v. 7. 12. 1993, VIII R 160/86, DStR 1994, 615.

[291] *Blümich/Drüen*, § 10a GewStG Rdn. 62; *Fischer/Lacus*, DStR 2014, 302, 305.

[292] *Fischer/Lacus*, DStR 2014, 302, 305.

[293] *Staudinger/Dutta* (2016), § 1967 Rdn. 19.

Erbfall eingestellt haben.[294] Daneben kommt eine Haftung des Erben mit dem Eigenvermögen in Betracht, wenn er sich persönlich einer Pflichtverletzung schuldig gemacht hat.

a) Prozessuale Kostentragungspflichten

Ein **anschauliches Beispiel** für eine pflichtbelastete Rechtslage ist die **Kostentragungspflicht für Prozesskosten.** Ein von dem Erblasser geführter Rechtsstreit wird bei seinem Tod gemäß § 239 ZPO von Gesetzes wegen unterbrochen, sofern er nicht gemäß § 246 ZPO durch einen Prozessbevollmächtigten vertreten war, dessen Vollmacht nach § 86 ZPO fortwirkt. Zur Aussetzung kommt es gemäß § 246 Abs. 1 Hs. 2 ZPO, wenn der Prozessbevollmächtigte einen entsprechenden Antrag an das Gericht stellt. Nimmt ein Erbe den Rechtsstreit des Erblassers, dem Prozesskostenhilfe bewilligt worden war, nicht auf, haftet er auch dann nicht für die angefallenen Gerichtskosten, wenn bei ihm die persönlichen Voraussetzungen für die Bewilligung von Prozesskostenhilfe nicht vorliegen.[295] Wird der Prozess weitergeführt, kann der Erblasser auch nach dem Eintritt des Erbfalls verurteilt werden. Es handelt sich nicht um eine Verurteilung des Erben.[296] Nehmen die Erben einen unterbrochenen Rechtsstreit auf und unterliegen sie, so ist die Verpflichtung zur Erstattung der bis zu ihrem Eintritt in den Rechtsstreit angefallenen Prozesskosten eine Nachlassverbindlichkeit. Für diese haftet der Erbe auch mit seinem Eigenvermögen, sofern ihm im Urteil keine Beschränkung seiner Haftung gemäß § 780 Abs. 1 ZPO vorbehalten worden ist. Jedenfalls auf Antrag ist einem Beklagten, dem die Kosten eines Rechtsstreits auferlegt werden, die Beschränkung der Haftung auf den Nachlass insoweit vorzubehalten, als es sich bei den Kosten um Nachlassverbindlichkeiten handelt, § 780 Abs. 1 ZPO analog.[297] Nicht einheitlich wird in Literatur und Rechtsprechung die Frage beantwortet, ob der im Urteil enthaltene Vorbehalt der beschränkten Erbenhaftung unverändert in den Kostenfestsetzungsbeschluss zu übernehmen ist. Das Kammergericht hat seine in einer älteren Entscheidung vertretene Auffassung, dass im Kostenfestsetzungsverfahren eine entsprechende Prüfung nicht stattzufinden habe und der im Urteil ausgesprochene Vorbehalt unverändert in den Kostenfestsetzungsbeschluss zu übernehmen sei, in einer späteren Entscheidung präzisiert.[298] Danach soll der Vorbehalt nur zu übernehmen sein, wenn er sich auch auf die Kostenentscheidung erstrecken soll.[299] Nach anderer Ansicht erstreckt sich ein im Urteil enthaltener Vorbehalt grundsätzlich nicht auf die Kostenentscheidung und sei deshalb nicht in den Kostenfestsetzungsbeschluss aufzunehmen.[300] Eine Haftungsbeschränkung hinsichtlich der festgesetzten Kosten ist nur möglich, wenn auch die **Kostenentscheidung unter den Vorbehalt der Erbenhaftung gestellt worden** ist. Das Gericht müsse die Beschränkung ausdrücklich auch auf die Kosten-

94

---

[294] RG v. 10.2.1942, VI 117/41, HRR 1942, 522; MüKo/*Küpper*, § 1967 Rdn. 9.

[295] OLG Koblenz v. 16.11.2012, 14 W 625/12, ErbR 2013, 83.

[296] *Staudinger/Dutta* (2016), § 1967 Rdn. 20.

[297] BAG v. 12.11.2013, 9 AZR 646/12, ErbR 2014, 242.

[298] KG v. 24.4.1964, 1 W 338/64, NJW 1964, 1330.

[299] KG v. 24.4.1981, 1 W 1036/81, MDR 1981, 851; ebenso OLG Koblenz v. 28.6.1996, 14 W 355/96, NJW-RR 1997, 1160; OLG München v. 18.7.1979, 11 W 1497/79, MDR 1980, 147.

[300] OLG Köln v. 12.5.2004, 17 W 322/03, AGS 2004, 451; OLG Celle v. 16.4.1987, 5 U 142/86, NJW-RR 1988, 133, 134; OLG Hamm v. 19.1.1982, 23 W 464/81, MDR 1982, 855; OLG Frankfurt v. 4.7.1977, 20 W 528/77, Rpfleger 1977, 372.

entscheidung erstrecken, um diese herbeizuführen, anderenfalls die erstattungsverpflichtete Partei hinsichtlich der festgesetzten Kosten unbeschränkt hafte.[301] Es ist allemal zweckmäßig, dass die Haftungsbeschränkung auch in den Kostenfestsetzungsbeschluss aufgenommen wird, weil so für die Vollstreckungsorgane sofort erkennbar ist, dass nur eine Vollstreckung in den Nachlass möglich ist. Dies ist immer zulässig, aber auch nicht zwingend, wenn die der Festsetzung zugrunde liegende Kostenentscheidung selbst unter den Vorbehalt gestellt ist.[302] Zwar umfasst der Vorbehalt grundsätzlich nur die zu Lebzeiten des Erblassers entstandenen Ansprüche und nicht den in einem Prozess gegen den Erben entstandenen prozessualen Kostenerstattungsanspruch. Das ist jedoch anders, wenn der Haftungsbeschränkungsvorbehalt in den Kostentenor des Urteils aufgenommen worden ist oder sich für die Prozesskosten aus den Urteilsgründen ergibt. Sachgerecht ist es, den Haftungsbeschränkungsvorbehalt auf die Prozesskosten zu beziehen, wenn der Erbe einen zurzeit des Erbfalls bereits anhängigen Rechtsstreit fortführt und unterliegt. Ihm ist die Möglichkeit der Haftungsbeschränkung auf den Nachlass für die bis zum Erbfall entstandenen Kosten zu gewähren.[303] Der Beschränkungsvorbehalt erstreckt sich nicht auf die Kostenentscheidung, wenn die Kosten auf Rechtshandlungen des Erben selbst beruhen, indem er beispielsweise den Prozess als Inhaber des Nachlasses im eigenen Interesse führt. Die **Kosten eines von dem Erben aufgenommenen und von ihm weitergeführten Rechtsstreits lösen dessen persönliche und unbeschränkte Haftung aus,** mag er wegen der Nachlassverbindlichkeit selbst nur unter dem Vorbehalt der beschränkten Erbenhaftung verurteilt worden sein.[304] Der Erbe haftet immer nur für die Kosten, die nach seinem Eintritt entstanden sind, d.h. für die weiteren Urteilsgebühren oder für Kosten einer weiteren Beweisaufnahme. Unbillig wäre es auch, den Erben mit Kosten zu belasten, wenn er den Rechtsstreit nach dem Erbfall aufnimmt und durch ein Anerkenntnis unter dem Vorbehalt der Haftungsbeschränkung oder durch Rücknahme eines Rechtsmittels alsbald beendet. Der Erbe tut alles, um den aus seiner Sicht ohnehin verlorenen Prozess rasch und kostengünstig zu beenden. Ob bei einem sofortigen Anerkenntnis eine Entscheidung nach § 93 ZPO in Betracht kommt – wenn auch unter dem Vorbehalt der Beschränkung der Haftung –, hängt davon ab, ob der Erbe Veranlassung zur Klage gegeben hat. Der Erbe muss seine Leistungsbereitschaft erklärt oder – wenn er gemäß § 1991 Abs. 3 BGB gegenüber dem Urteilsgläubiger zur vorrangigen Befriedigung bzw. zur Abwehr von Vollstreckungen anderer verpflichtet ist – eine Zwangsvollstreckungsunterwerfung unter dem Vorbehalt der Haftungsbeschränkung angeboten haben. Dies dürfte nur bei einfachen Sachverhalten sinnvoll sein. Ein Anerkenntnis scheidet regelmäßig aus, wenn die Berechtigung der Forderung dem Grunde und/oder der Höhe nach zweifelhaft ist.

b) Verpflichtungen aus Gefährdungshaftung und aus vermutetem Verschulden

95 Verpflichtungen aus Gefährdungshaftung **rühren** ebenso wie solche aus unerlaubten Handlungen **vom Erblasser her,** selbst wenn die Rechtsgutverletzung und der Schaden erst nach dem Erbfall eintreten, **sofern nur der Anspruchsgrund der Norm er-**

---

[301] *Schneider,* ErbR 2011, 276.
[302] *Schneider,* ErbR 2011, 276.
[303] BGH v. 26.6.1970, V ZR 156/69, BGHZ 54, 204, 207 = NJW 1970, 1742.
[304] Näher dazu *Staudinger/Dutta* (2016), § 1967 Rdn. 47 m.w.N.

füllt ist. Gleiches gilt für die Entstehung eines **Direktanspruchs aus § 115 Abs. 1 Satz 1 Nr. 1 VVG i.V.m. § 3a PflVG gegen den Haftpflichtversicherer des Erblassers, sofern dieser die im Haftpflichttatbestand vorausgesetzte Handlung zu Lebzeiten zurechenbar verwirklicht hat.**[305] Von praktischer Bedeutung ist der Fall, dass an einem Unfall ein ererbtes Kraftfahrzeug beteiligt ist. Die **Halterhaftung** aus § 7 StVG (gleiches gilt für §§ 33 Abs. 1, Abs. 2 Satz 2 und 3 LuftVG sowie für § 833 Satz 1 BGB) trifft denjenigen, der zum Zeitpunkt des schädigenden Ereignisses „Halter" des Fahrzeuges ist. Der Erbe wird nicht automatisch mit dem Tod des Erblassers Halter. Das wäre unhaltbar, wenn er vom Anfall und der Zusammensetzung der Erbschaft noch gar nichts weiß. Damit keine Haftungslücke zu Lasten des Geschädigten eintritt, besteht bis zu diesem Zeitpunkt eine vom Erblasser herrührende Ersatzpflicht. Dessen Haltereigenschaft wird als fortbestehend fingiert, so dass eine Nachlassverbindlichkeit in Form einer Erblasserschuld vorliegt.[306] Ist der Erbe durch die Annahme der Erbschaft und/oder durch Besitzergreifung selbst Halter des Fahrzeuges geworden, haftet er für nunmehr entstehende Ansprüche aus § 7 StVG persönlich mit seinem Eigenvermögen.[307] Es liegt keine reine Nachlassverbindlichkeit vor, weil ein Grund für die Fortgeltung der zunächst als fortbestehend fingierten Halterhaftung des Erblassers nicht mehr besteht. Denkbar ist die Entstehung sog. Nachlasserbenschulden[308], wenn der Erbe ein Fahrzeug in ordnungsgemäßer Verwaltung des Nachlasses – beispielsweise bis zur Nachlassabwicklung – verwendet.[309]

Die gleichen Grundsätze gelten bei der Haftung für vermutetes Verschulden. Das   96
sind insbesondere die Fälle des § 833 S. 2 BGB, wenn nach dem Erbfall ein vormals dem Erblasser gehörendes Tier einen Schaden anrichtet und des § 836 Abs. 1 Satz 2 BGB, wenn ein ererbtes Gebäude einstürzt. Solange der Erbe zu dem Tier oder dem Gebäude noch keine rechtliche Beziehung hergestellt hat, handelt es sich um Erblasserschulden und damit um reine Nachlassverbindlichkeiten, für die der Erbe nur als solcher haftet. Eine Eigenverbindlichkeit des Erben liegt vor, wenn er von dem nach § 857 BGB auf ihn übergegangenen Eigenbesitz Kenntnis erlangt hat. Im Interesse möglicher Geschädigter ist dann jedenfalls eine Erkundigungs- und Verkehrssicherungspflicht des Erben zu bejahen, weil er die Exkulpationsmöglichkeit nach §§ 833 Satz 2, 836 Abs. 1 Satz 2 BGB hat.[310]

c) Verbindlichkeiten aus Dauerschuldverhältnissen

Nachlassverbindlichkeiten können auch aus Dauerschuldverhältnissen herrühren, die   97
der Erblasser eingegangen war und die mit dessen Tod nicht erloschen sind. Hierzu zählen insbesondere solche aus Mietverhältnissen. Ein **Mietverhältnis geht** nach den allgemeinen erbrechtlichen Bestimmungen **im Wege der Gesamtrechtsnachfolge** gemäß § 1922 Abs. 1 BGB **auf den Erben des Mieters über.** Dessen Tod begründet keine Beendigung des Mietvertrages. Für bestimmte dem verstorbenen Mieter nahestehende

---

[305] *Staudinger/Dutta* (2016), § 1967 Rdn. 21.

[306] MüKo/*Küpper*, § 1967 Rdn. 9; *Staudinger/Dutta* (2016), § 1967 Rdn. 23.

[307] *Staudinger/Dutta* (2016), § 1967 Rdn. 23; RGRK/*Johannsen*, § 1967 Rdn. 5.

[308] Näher dazu Rdn. 117 ff.

[309] *Staudinger/Dutta* (2016), § 1967 Rdn. 23; MüKo/*Küpper*, § 1967 Rdn. 19; *Weimar*, MDR 1971, 369; *Eberl-Borges*, VersR 1996, 1070, 1072.

[310] Einschränkend *Staudinger/Dutta* (2016), § 1967 Rdn. 23.

Personen bestimmen die §§ 563, 563a BGB eine **Sonderrechtsnachfolge**. Nur wenn es nicht zu einer solchen kommt, wird das Mietverhältnis mit dem Erben, der nicht mit dem verstorbenen Mieter zusammengewohnt hat, fortgesetzt.

98   § 563 BGB regelt eine Sonderrechtsnachfolge für den Fall, dass eine **Wohnung von mehreren Personen genutzt wurde, ein Vertragsverhältnis jedoch nur zu dem verstorbenen Mieter bestand**. Der Bestandsschutz des Mietverhältnisses besteht für **Ehegatten, andere Familienangehörige** sowie **Lebensgefährten**.[311] Dem Ehegatten steht der **eingetragene Lebenspartner** gemäß § 563 Abs. 1 Satz 2 BGB gleich. Die Sonderrechtsnachfolge vollzieht sich in der Weise, dass Personen der höheren Stufe nachrangige Personen ausschließen und bei Gleichstufigkeit ein gemeinsames Eintrittsrecht besteht. Danach schließt der Ehegatte des verstorbenen Mieters dessen Kinder aus, diese wiederum andere Familienangehörige oder sonstige Personen, die mit dem Mieter in einem auf Dauer angelegten gemeinsamen Haushalt gelebt haben.

99   § 563a BGB betrifft die Konstellation, dass **neben dem verstorbenen Mieter weitere Personen als Mietpartei vertraglich gebunden** waren. Gehören sie zu denjenigen, denen nach § 563 BGB ein privilegiertes Eintrittsrecht zusteht, setzen sie unter Ausschluss des Erben das Mietverhältnis allein fort. Die überlebenden Mieter können das Mietverhältnis innerhalb eines Monats nach Kenntnis vom Tod des Mieters außerordentlich mit der gesetzlichen Frist kündigen. Mehrere Eintrittsberechtigte haften neben dem Erben als Gesamtschuldner, was in § 563b Abs. 1 Satz 1 BGB ausdrücklich klargestellt ist. Nach § 563b Abs. 1 Satz 2 BGB haftet im Innenverhältnis im Zweifel der Erbe allein, soweit nichts anderes bestimmt ist.

100   Die **Fortsetzung des Mietvertrages mit dem Erben nach § 564 BGB ist gegenüber dem Eintrittsrecht nach § 563 BGB und der Fortsetzung nach § 563a BGB subsidiär**. Der Erbe des Mieters wird nur dann Inhaber der Rechte und Pflichten aus dem Mietvertrag, wenn die Vorschriften über die Sonderrechtsnachfolge nicht zum Tragen kommen.[312] Sowohl der Vermieter als auch der in den Mietvertrag eingetretene Erbe haben **gemäß § 564 Satz 2 BGB ein Sonderkündigungsrecht**, das als „außerordentliche Kündigung mit der gesetzlichen Frist" bezeichnet wird. Ein berechtigtes Interesse des Vermieters an der Kündigung ist gemäß §§ 573d Abs. 1, 575a Abs. 1 BGB nicht erforderlich.[313] Das Sonderkündigungsrecht ist sowohl für den Vermieter als auch für den Erben fristgebunden. Es muss **innerhalb eines Monats, nachdem die Kündigungsberechtigten vom Tod des Mieters und davon Kenntnis erlangt haben, dass ein Eintritt in das Mietverhältnis oder dessen Fortsetzung nicht erfolgt sind, ausgeübt werden**. Die Frist beträgt damit in der Regel mindestens zwei Monate nach dem Tod des Mieters und verlängert sich entsprechend durch die Kenntnis der nach §§ 563, 563a BGB privilegierten Personen.[314] Ist die Frist zur Ausübung des Sonderkündigungsrechtes abgelaufen, richtet sich die Kündigung gegenüber dem Erben nach den §§ 573 ff. BGB.

Wird das Mietverhältnis nach dem Tod des Mieters gemäß § 564 Satz 1 BGB mit dem oder den Erben fortgesetzt, war lange Zeit **streitig, ob die nach dem Erbfall fällig werdenden Forderungen reine Nachlassverbindlichkeiten mit der Möglichkeit der Haf-**

---

[311] Palandt/*Weidenkaff*, § 563 Rdn. 1.
[312] Palandt/*Weidenkaff*, § 564 Rdn. 4; *Lützenkirchen*, Neue Mietrechtspraxis, Rdn. 689.
[313] Palandt/*Weidenkaff*, § 564 Rdn. 9.
[314] *Lützenkirchen*, Neue Mietrechtspraxis, Rdn. 694.

tungsbeschränkung auf den Nachlass sind oder sog. Nachlasserbenschulden[315], für die der eintretende Erbe auch mit seinem Eigenvermögen und nicht nur beschränkt auf den Nachlass haftet. Dies war insbesondere streitig, wenn das Mietverhältnis innerhalb der in § 564 Satz 2 BGB bestimmten Frist durch den Erben außerordentlich mit der gesetzlichen Frist gekündigt wird. Hierzu wurde **zum Teil die Auffassung vertreten**, der Erbe hafte für alle nach dem Erbfall entstehenden mietrechtlichen Verbindlichkeiten persönlich, weil er in die Mieterstellung des Erblassers eingetreten sei[316], während **andere** von einer reinen Nachlassverbindlichkeit jedenfalls dann ausgehen, wenn das Mietverhältnis durch Kündigung nach § 564 Satz 2 BGB beendet wird.[317] Der **Bundesgerichtshof** hat die streitige Frage dahingehend entschieden, dass auch die nach dem Tod des Erblassers fällig werdenden Forderungen aus dem Mietverhältnis reine Nachlassverbindlichkeiten sind, wenn das Mietverhältnis innerhalb der Frist des § 564 Satz 2 BGB beendet wird. Dem ist zuzustimmen. § 564 BGB versucht die unterschiedliche Interessenlage des Vermieters und die des in das Mietverhältnis eintretenden Erben durch ein Sonderkündigungsrecht dahingehend zu entschärfen, dass beide Parteien das Mietverhältnis außerordentlich mit der gesetzlichen Frist kündigen können. Dem Erben bleibt so die Möglichkeit, die Wohnung ohne Druck räumen und ggf. Schönheitsreparaturen durchführen zu können, während der Vermieter die Zeit bis zur endgültigen Beendigung des Mietverhältnisses nutzen kann, um Nachmieter zu finden, wobei ihm während dieser Zeit die Miete gebührt. Aus § 564 BGB lässt sich nicht entnehmen, dass im Interesse des Vermieters auch eine persönliche Haftung des in das Mietverhältnis eintretenden Erben begründet werden soll. Es kommt hinzu, dass § 564 BGB nur zur Anwendung kommt, wenn kein Fall des § 563 BGB oder des § 563a BGB gegeben ist. Der Bundesgerichtshof weist weiter zu Recht darauf hin, dass § 580 BGB für sonstige Mietverhältnisse lediglich eine dem § 564 Satz 2 BGB entsprechende außerordentliche Kündigungsfrist vorsieht, folglich den Übergang des Mietverhältnisses auf den Erben voraussetzt. Die Haftung des Erben ist damit auf den Nachlass beschränkt. Im vom Bundesgerichtshof zu entscheidenden Fall[318] hatte dieser sich auf die Einrede der Dürftigkeit berufen, wobei die Erschöpfung des Nachlasses feststand.[319]

Kündigt der Erbe nicht, stellt sich die Frage, ob die auf die Zeit nach dem frühestmöglichen Kündigungstermin entfallenden Mietzinsansprüche reine Nachlassverbindlichkeiten oder daneben Eigenverbindlichkeiten des Erben sind. Zum Teil wird eine reine Nachlassverbindlichkeit bejaht[320], während andere eine Nachlasserbenschuld[321] annehmen[322], wenn der Erbe das Vertragsverhältnis zum Zwecke der ungestörten Abwicklung des Nachlasses einstweilen fortsetzt. Für die Annahme einer auch den Erben persönlich treffenden Schuld spricht, dass es regelmäßig in seinem Interesse liegt, das

---

315 Näher dazu Rdn. 117 ff.
316 *Schmidt-Futterer/Streyl*, Mietrecht, § 564 Rdn. 3; *Kinne/Schach/Bieber/Kinne*, Miet- und Mietprozessrecht, § 564 Rdn. 3.
317 KG v. 9.1.2006, 8 U 111/05, NJW 2006, 2561, 2562; OLG Düsseldorf v. 28.10.1993, 10 U 12/93, ZMR 1994, 114; LG Wuppertal v. 27.9.1996, 10 S 195/96, MDR 1997, 34; *Staudinger/ Rolfs* (2017), § 564 Rdn. 7; *Soergel/Stein*, § 1967 Rdn. 2, 11.
318 BGH v. 23.1.2013, VIII ZR 68/12, ZEV 2013, 208.
319 BGH v. 23.1.2013, VIII ZR 68/12, ZEV 2013, 208, 209.
320 So *Staudinger/Dutta* (2016), § 1967 Rdn. 24.
321 Siehe dazu näher Rdn. 117 ff.
322 So MüKo/*Küpper*, § 1967 Rdn. 20; *Erman/Horn*, § 1967 Rdn. 9.

Vertragsverhältnis wegen nachlassbezogener Zwecke fortsetzen zu können. Besondere Bedeutung hat der Streit nicht, weil der Gläubigeranspruch zur reinen Eigenverbindlichkeit des Erben wird, wenn dieser selbst mit dem Vermieter in vertragliche Beziehungen tritt und das Dauerschuldverhältnis für eigene Zwecke fortsetzt.[323]

101 Nachlassverbindlichkeit ist das von einem Wohnungseigentümer nach § 16 Abs. 2 WEG zu entrichtende Wohngeld, wenn der Erbfall nach der letzten Beschlussfassung über die Zahlungsverpflichtung der Eigentümer eingetreten ist.[324] Hausgeldschulden, die während der Dauer einer Testamentsvollstreckung fällig werden, sind Nachlassverbindlichkeiten, wenn zum Nachlass eine Eigentumswohnung gehört, die ein Testamentsvollstrecker für den Erben mit Nachlassmitteln erworben hat. Geht ein Testamentsvollstrecker im Rahmen der Verwaltung Verbindlichkeiten ein, entstehen nach allgemeiner Auffassung notwendig Nachlassverbindlichkeiten.[325] Umstritten ist, ob **Wohngeldverpflichtungen, die aus Beschlüssen nach dem Erbfall herrühren, persönliche Zahlungspflichten des Erben begründen**[326] **oder ebenfalls reine Nachlassverbindlichkeiten sind.**[327] Im letzten Fall könnte der Erbe die Haftung insoweit auf den Nachlass beschränken. Der **Bundesgerichtshof** hat entschieden, dass nach dem Erbfall fällig werdende oder durch Beschluss der Wohnungseigentümergemeinschaft begründete Wohngeldschulden jedenfalls auch Eigenverbindlichkeiten der Erben sind, wenn ihnen das Halten der Wohnung als ein Handeln bei der Verwaltung des Nachlasses zugerechnet werden könne. Hiervon sei in der Regel spätestens dann auszugehen, wenn der die Erbschaft angenommen habe oder die Ausschlagungsfrist abgelaufen ist und ihm faktisch die Möglichkeit zustehe, die Wohnung zu nutzen.[328] Der Begriff der Eigenverwaltung des Erben wird damit weit ausgelegt. Insoweit **deckt sich die Auffassung des Bundesgerichtshofes im Ergebnis mit einer in der Literatur vertretenen Ansicht**, wonach der Erbe für Wohngeldverbindlichkeiten aufgrund seiner Stellung als Wohnungseigentümer und nicht als Erbe haftet, wenn diese auf einem nach dem Erbfall gefassten Beschluss der Wohnungseigentümergemeinschaft beruhen.[329] Davon abweichend nimmt der Bundesgerichtshof eine Beschränkungsmöglichkeit auf den Nachlass an, wenn in – vom Erben darzulegenden und zu beweisenden – Ausnahmefällen lediglich ein passives Verhalten im Hinblick auf eine zum Nachlass gehörende Eigentumswohnung gegeben sei, weil dies keine Maßnahme der Verwaltung darstelle. Einen solchen Fall hält er für gegeben, wenn ein Erbe aufgrund einer Belastung der Wohnung mit einem Nutzungsrecht für einen Dritten im Hinblick auf diese Wohnung keine Handlungsoption habe, er keine Nutzung aus ihr ziehe und ziehen könne.[330] Ein

---

[323] MüKo/*Küpper*, § 1967 Rdn. 20.
[324] LG Bamberg v. 15. 3. 2011, 1 S 40/10 WEG, BeckRS 2011, 21933; MüKo/*Küpper*, § 1967 Rdn. 20.
[325] BGH v. 4. 11. 2011, V ZR 82/11, ZEV 2012, 103, 104; LG Bamberg v. 15. 3. 2011, 1 S 40/10, WEG BeckRS 2011, 21933; MüKo/*Küpper*, § 1967 Rdn. 21.
[326] So G. *Siegmann*, NZM 2000, 995; *Marotzke*, ZEV 2000, 153; *Staudinger/Kunz* (2017), § 1922 Rdn. 162.
[327] BayOLG v. 7. 10. 1999, 2 Z BR 73/99, NZM 2000, 41 = ZEV 2000, 151; zustimmend *Niedenführ*, NZM 2000, 641; *Münzberg*, Rpfleger 2000, 216; nach AG Düsseldorf v. 29. 2. 2012, 291 a C 6680/11 soll der Erbe dann nicht haften, wenn er die Wohnung nicht selbst bewohnt und Nachlassinsolvenz beantragt hatte, BeckRS 2012, 06211 = ZMR 2012, 283.
[328] BGH v. 5. 7. 2013, V ZR 81/12, ZEV 2013, 609, 610 f.
[329] *Bonifacio*, MDR 2006, 244, 245 f.; MüKo/*Küpper*, § 1967 Rdn. 20.
[330] In Anlehnung an AG Düsseldorf v. 29. 2. 2012, 291a C 6680/11, BeckRS 2012, 06211 = ZMR 2012, 583.

Verwaltungshandeln des Erben soll dagegen vorliegen, sobald er an Beschlüssen der Eigentümerversammlung selbst mitwirkt. Er hat dann keine Beschränkungsmöglichkeit. Danach käme es nicht darauf an, dass der Erbe die Erbschaft nur annimmt und als Eigentümer im Grundbuch eingetragen wird. Die Wohngeldverpflichtung trifft den Erben aber schon aufgrund seiner Stellung als neuer Eigentümer, und zwar unabhängig davon, ob ihm für die Wohnung eine Nutzungsmöglichkeit zusteht oder nicht. Tatsächlich sollte ihm eine Beschränkungsmöglichkeit grundsätzlich versagt werden, wenn die Beschlüsse in Eigentümerversammlungen nach der Eintragung des Erben im Grundbuch gefasst werden. Wer wirtschaftlich für die Wohn- und Hausgeldschulden einzustehen hat, betrifft in erster Linie das Innenverhältnis zwischen dem Erben und dem Nutzungsberechtigten. War im Innenverhältnis der Erblasser als Eigentümer verpflichtet, die entsprechenden Kosten zu tragen, wäre diese Verpflichtung auf den Erben übergegangen. Im Verhältnis zu anderen Wohnungseigentümern wäre es unbillig, dem Erben für Wohn- und Hausgeldschulden eine Haftungsbeschränkung auf den Nachlass zuzubilligen, wenn diese ihre Grundlage in Beschlüssen nach dem Erbfall und nach der Eigentumsumschreibung auf den Erben haben. Das Kriterium des Bundesgerichtshofes, der an eine Maßnahme der Verwaltung anknüpft, könnte dann offen bleiben. Es sollte ausreichen, wenn der Erbe mit der Annahme der Erbschaft nach außen zu erkennen gibt, dass er die Wohnung als solche für sich behalten will, was sich spätestens in der Eigentumsumschreibung auf ihn dokumentiert.[331]

Tritt der **Erbe als Vermieter oder Verpächter** in einen Miet- oder Pachtvertrag ein, *102* hat er diesen Vertrag als Nachlassverbindlichkeit zu erfüllen. Weder ihm noch seinem Vertragspartner steht ein besonderer Kündigungsgrund zu.

d) Die über den Tod hinaus erteilte Vollmacht

Zu den vom Erblasser herrührenden Schulden gehören auch Verbindlichkeiten, die erst *103* nach dem Erbfall aufgrund einer **über den Tod hinaus erteilten Vollmacht** in seinem **Namen begründet worden sind**, so bei der **Prokura gemäß § 52 Abs. 3 HGB**. Es macht keinen Unterschied, ob ein von dem Erblasser Bevollmächtigter vor oder nach dem Tod von der Vollmacht Gebrauch macht. Eine vor dem Tod des Vollmachtgebers von dem Bevollmächtigten eingegangene Verbindlichkeit stellt **im Erbfall eine reine Nachlassverbindlichkeit** dar. Geht der Bevollmächtigte nach dem Tod des Erblassers aufgrund der ihm erteilten postmortalen Vollmacht Verpflichtungen ein, wird das Vertreterhandeln gleichfalls durch die noch zu Lebzeiten des Erblassers erteilte Vollmacht bestimmt. Die Annahme einer Eigenverbindlichkeit des Erben ist nicht gerechtfertigt.[332] Zur **persönlichen Haftung des Erben** kommt es, wenn er dem **Vertreterhandeln zustimmt** oder **unter den Voraussetzungen einer Duldungs- oder Anscheinsvollmacht**.[333] Der Bevollmächtigte ist nach Eintritt des Erbfalls zum Stellvertreter des

---

[331] OLG Köln v. 18.9.1991, 16 Wx 64/91, NJW-RR 1992, 460, 461; *Joachim*, Anm. zu BGH v. 5.7.2013, V ZR 81/12, ZEV 2013, 609, 612 f.

[332] BGH v. 18.6.1962, II ZR 99/61, NJW 1962, 1718, 1719; *Staudinger/Dutta* (2016), § 1967 Rdn. 28 mit der zutreffenden Begründung, dass es anderenfalls zu einer mit dem Gedanken der Privatautonomie unvereinbaren Gefährdung des Eigenvermögens des Erben käme; *Kurze*, ZErb 2008, 399, 401; a. A. BGH v. 24.9.1959, II ZR 46/59, BGHZ 30, 391, 396 = NJW 1959, 2114 (obiter dictum); *Beuthin*, Miterbenprokura, S. 18; *Soergel/Stein*, § 1967 Rdn. 5.

[333] *Staudinger/Dutta* (2016), § 1967 Rdn. 28; MüKo/*Küpper*, § 1967 Rdn. 14.

Erben geworden, so dass er den Nachlass nur im Rahmen ordnungsgemäßer Verwaltung – wie der Erbe selbst – verpflichten kann. Tut er das nicht, kommt eine persönliche Haftung des Bevollmächtigten gemäß § 179 BGB in Betracht.[334]

e) Auf den Tod aufschiebend bedingte Verpflichtung zur Grundstücksrückübertragung

103a Hat sich ein Erblasser auf seinen Tod aufschiebend bedingt verpflichtet, seinen Eltern ein Grundstück zurückzuübertragen, das diese ihm gegen Einräumung eines dinglichen lebenslangen Wohnrechts übertragen hatten, handelt es sich um eine vom Erblasser herrührende Verbindlichkeit, die gemäß § 40 Abs. 1 Satz 2 GNotKG abzuziehen ist.[335]

III. Die den Erben „als solchen" treffenden Verbindlichkeiten

104 Neben den vom Erblasser herrührenden Schulden gehören nach der nicht abschließenden Aufzählung in § 1967 Abs. 2 BGB zu den Nachlassverbindlichkeiten auch diejenigen, die den Erben „als solchen" treffen. Diese **Wortwahl ist sprachlich wenig geglückt**, weil er in dieser Eigenschaft immer auch Schuldner von Verbindlichkeiten ist, die von dem Erblasser selbst herrühren.[336] Das Gesetz zählt zu den den Erben als solchen treffenden Verbindlichkeiten diejenigen, die unmittelbar Folge des Erbfalls sind sowie die, die erst nach dem Erbfall entstehen.

1. Die unmittelbaren Erbfallschulden

105 Schulden, die unmittelbar mit dem Erbfall anfallen, sind gemäß § 1967 Abs. 2 BGB die exemplarisch aufgeführten **Verbindlichkeiten aus Pflichtteilsrechten, Vermächtnissen und Auflagen,** aber auch Verpflichtungen aus Vorausvermächtnissen sowie aus den gesetzlich geregelten vermächtnisähnlichen Ansprüchen des § 1932 BGB (Voraus des Ehegatten) und des § 1969 BGB (Dreißigster).

a) Beerdigungskosten

106 Der Erbe trägt gemäß § 1968 BGB die Kosten der Beerdigung des Erblassers. Die **Beerdigungskosten sind unmittelbare Erbfallschulden**[337], obwohl sie erst nach dem Tod durch ein Geschäft für den Nachlass entstehen. Die Begünstigung eines Dritten aus einer Sterbegeldversicherung ändert an der Verpflichtung des Erben aus § 1968 BGB nichts.[338]

aa) Bestattungspflicht und Recht zur Totenfürsorge

107 Von der Frage nach dem Umfang der Verpflichtung des Erben zur Zahlung der Beerdigungskosten aus § 1968 BGB sind die öffentlich-rechtliche Bestattungspflicht sowie das private Recht und die private Pflicht zur Totenfürsorge zu unterscheiden.

---

[334] MüKo/*Küpper*, § 1967 Rdn. 14.
[335] OLG Düsseldorf v. 20. 4. 2016, I-3 Wx 62/16, BeckRS 2016, 08771 = ZEV 2016, 382.
[336] *Burandt/Rojahn/Joachim*, § 1967 Rdn. 26.
[337] *Staudinger/Dutta* (2016), § 1967 Rdn. 31; *Burandt/Rojahn/Joachim*, § 1968 Rdn. 3.
[338] *Joachim/Lange*, ZEV 2012, 126, 129.

Das **gewohnheitsrechtlich begründete private Recht zur Totenfürsorge** beinhaltet das Recht und die Pflicht der nächsten Familienangehörigen des Verstorbenen, die Bestattungsart und die Art der letzten Ruhestätte zu bestimmen.[339] Für die Wahrnehmung der Totenfürsorge ist maßgeblich der Wille des Erblassers, der nicht in einer letztwilligen Verfügung geäußert werden muss. Er kann mit allen zulässigen Beweismitteln auch als konkludenter Wille ermittelt werden. Für das zivilrechtliche Totenfürsorgerecht muss nicht zwingend auf die Reihenfolge der totenfürsorgeberechtigten und -verpflichteten Angehörigen in den öffentlich-rechtlichen Bestattungsgesetzen der Länder zurückgegriffen werden. Kann ein Erblasserwille, wer totenfürsorgeberechtigt sein soll, nicht ermittelt werden, stellen diese aber einen Anhalt dar. § 1968 BGB entfaltet keine Sperrwirkung für einen Anspruch auf Erstattung von Beerdigungskosten. Es kommt auch ein Aufwendungsersatzanspruch nach den Regeln über die Geschäftsführung ohne Auftrag gemäß §§ 677, 683, 670 BGB in Betracht.[340]

Zunächst ist zu klären, **wer die nächsten Angehörigen sind, die über die Totenfürsorge entscheiden, wenn kein Erblasserwille festgestellt werden kann.** Der Personenkreis muss nicht mit dem der Erben übereinstimmen. Abgestellt werden kann auf die Wertungen in den Landesbestattungsgesetzen der Länder, die den früheren § 2 FeuerbestattungsG abgelöst haben.[341] Den Landesbestattungsgesetzen der Länder lässt sich übereinstimmend entnehmen, dass Ehegatten und Lebenspartner i.S.d. Lebenspartnerschaftsgesetzes vor Kindern[342], diese wiederum vor Eltern, Großeltern und Geschwistern verpflichtet sind. Unterschiedliche Einordnungen gibt es dagegen bei den Enkelkindern, der Frage der Volljährigkeit der Kinder und Enkelkinder sowie der Heranziehung weiterer Personen. Entscheidend ist, dass in erster Linie auf den Willen des Erblassers abzustellen ist, wen er selbst als seinen Totenfürsorgeberechtigten bestimmen will.[343] Der Erblasser kann vor seinem Tod auch ausdrücklich Dritten unter Ausschluss seiner Angehörigen das Totenfürsorgerecht übertragen.[344] Dies gilt nicht nur für den Ort, sondern auch für die Art der Bestattung.[345]

bb) Kostentragungspflicht des Erben

Zur Zahlung der Beerdigungskosten ist immer der Erbe verpflichtet. Bei einer Erbengemeinschaft sind es die einzelnen **Miterben als Gesamtschuldner**, selbst wenn die nicht erbenden Angehörigen die Bestattung bestimmen und andere Personen sie durchführen. Insoweit stellt § 1968 BGB eine speziell geregelte Anspruchsgrundlage gegen den/die Erben dar.[346] Derjenige, der als Totenfürsorgeberechtigter die Beerdigung veranlasst hat, kann den Erben auf Ersatz der verauslagten Kosten in Anspruch nehmen. Es handelt sich um eine für den Erben begründete Schuld, die eine Nachlassverbindlichkeit i.S.v. § 1967 Abs. 2 BGB darstellt.

107a

108

---

[339] BGH v. 20.9.1973, III ZR 148/71, NJW 1973, 2103, 2104.
[340] BGH v. 14.12.2011, IV ZR 132/11, ZEV 2012, 559; *Karczewski*, ZEV 2017, 129, 130.
[341] *Karczewski*, ZEV 2017, 129, 132.
[342] OLG Schleswig v. 14.5.1986, 4 U 202/85, NJW-RR 1987, 72.
[343] Einen Überblick über die Landesbestattungsgesetze gibt *Staudinger/Kunz* (2017), § 1922 Rdn. 119.
[344] BGH v. 24.3.1993, IV ZR 291/91, NJW-RR 1992, 834; MüKo/*Küpper*, § 1968 Rdn. 5.
[345] AG Osnabrück v. 27.2.2015, 14 C 568/15, ZErb 2015, 159 = BeckRS 2015, 08550; *Karczewski*, ZEV 2017, 129, 133 f.
[346] *Erman/Horn*, § 1967 Rdn. 3.

Die Durchführung der Bestattung wird regelmäßig einem **Bestattungsunternehmen** übertragen. Ist der Erbe selbst Auftraggeber, haftet er aus diesem Vertrag unbeschränkbar mit seinem Eigenvermögen, wenn er nicht die Haftung durch Vereinbarung auf den Nachlass beschränkt hat.[347] Bedeutung erlangt das im Fall der Eröffnung eines Nachlassinsolvenzverfahrens, weil davon nur echte Nachlassgläubiger betroffen sind, § 325 InsO. Hat ein naher Familienangehöriger, der nicht Erbe geworden ist, das Bestattungsunternehmen beauftragt und die Kosten verauslagt, kann er von dem Erben Ersatz verlangen. Er hat gegen ihn auch einen Anspruch auf Freistellung von der Forderung des Bestattungsunternehmers. Kann die Bezahlung der Beerdigungskosten gegen den Erben nicht durchgesetzt werden, haften subsidiär die Unterhaltspflichtigen des Erblassers, sofern sie leistungsfähig sind, gemäß §§ 1360a Abs. 3, 1615 Abs. 2[348], 1615m BGB, §§ 5, 12 Abs. 2 Satz 2 LPartG. Hat der Erbe die Beerdigungskosten gemäß § 1968 BGB aus eigenen Mitteln gezahlt, tritt er im Falle eines Nachlassinsolvenzverfahrens an die Stelle des Gläubigers, sofern er nicht für die Nachlassverbindlichkeit unbeschränkt haftet. Ersatzansprüche eines Erben, der die Kosten der standesgemäßen Beerdigung des Erblassers aus seinem Eigenvermögen getragen hat, sind im Nachlassinsolvenzverfahren Masseschulden entweder gemäß § 324 Abs. 1 Nr. 2 InsO, wenn der Erbe die Kosten der Beerdigung aus seinem Eigenvermögen bezahlt hat, oder gemäß § 324 Abs. 1 Nr. 1 InsO, wenn die Nachlassgläubiger die Berichtigung nach § 1979 BGB als für Rechnung des Nachlasses erfolgt gegen sich gelten lassen müssen.

109   **Von der zivilrechtlichen ist die öffentlich-rechtliche Kostentragungspflicht zu unterscheiden.** Sie richtet sich nach den jeweiligen **Bestattungsgesetzen.** Lehnt ein naher Angehöriger vor der Beerdigung ausdrücklich ab, die Kosten dafür zu übernehmen, steht einem Bestattungsunternehmer ein Aufwendungsersatzanspruch aus Geschäftsführung ohne Auftrag zu.[349] Ob diesem Recht eine bürgerlich-rechtliche Rechtspflicht zur Ausübung des Totenfürsorgerechts entspricht oder ob es sich bei der Bestattungspflicht um eine öffentlich-rechtliche Verpflichtung nach den Bestattungsgesetzen der Länder handelt, hat der III. Zivilsenat des Bundesgerichtshofes dahinstehen lassen. Ein entgegenstehender Wille des Totenfürsorgeberechtigten, nicht für die Beerdigung sorgen zu wollen, sei nach § 679 BGB unbeachtlich. Nur wenn der Totenfürsorgeverpflichtete nicht in der Lage ist, selbst für die Kosten der Beerdigung aufzukommen, kommt eine Kostenübernahme durch den Sozialhilfeträger gemäß § 74 SGB XII in Betracht. Der **Aufwendungsersatzanspruch umfasst die übliche Vergütung.** Ist dem Geschäftsführer bekannt oder musste er damit rechnen, dass der bestattungspflichtige Geschäftsführer nicht oder nur eingeschränkt leistungsfähig ist, beschränken sich die erforderlichen Kosten auf die Ausgaben, die nach § 74 SGB XII erstattungspflichtig sind.[350] Soweit es um die Erstattung von Aufwendungen durch die öffentliche Hand im Rahmen der Totenfürsorge gegen deren Inhaber geht, handelt es sich um eine bürgerliche Rechtsstreitigkeit i.S.v. § 13 GVG.[351] Ein Anspruch auf Ersatz der für die Bestattung angefallenen Kosten nach den §§ 677, 683, 670 BGB muss somit vor den Zivilgerichten verfolgt werden. Weigert sich ein Angehöriger, der nach der gesetzlich angeordneten Rangfolge verpflichtet wäre, die Bestattung zu veranlassen, muss die zu-

---

[347] Siehe dazu Rdn. 415 ff.

[348] LG Münster v. 9.1.2008, 1 T 60/07, NJW-RR 2008, 597.

[349] BGH v. 17.11.2011, III ZR 53/11, ZEV 2012, 556 Rdn. 12.

[350] BGH v. 17.11.2011, III ZR 53/11, ZEV 2012, 556.

[351] BGH v. 26.11.2015, III ZUD 62/14, FamRZ 2016, 301 = BeckRS 2015, 20626.

ständige Behörde das tun. Sie kann anschließend von den Bestattungspflichtigen Erstattung der Kosten verlangen, ohne dass der Bestattungspflichtige diesem Erstattungsanspruch die Einrede der Dürftigkeit des Nachlasses gemäß § 1990 Abs. 1 Satz 1 BGB entgegensetzen kann. **Grundlage der öffentlich-rechtlichen Kostentragungspflicht ist die öffentlich-rechtliche Bestattungspflicht und nicht die Erbenstellung.**[352] Der Bestattungspflichtige kann seinerseits Ersatz seiner Aufwendungen nach den Grundsätzen der Geschäftsführung ohne Auftrag vom Erben verlangen. Soweit einem Bestattungspflichtigen eine Kostenübernahme nicht zugemutet werden kann, hat sie der Sozialhilfeträger nach § 74 SGB XII zu übernehmen. Der Erbe schuldet dann Kostenersatz. Die Ersatzpflicht gehört zu den Nachlassverbindlichkeiten, für die ein Erbe kraft Gesetzes nur mit dem Wert des im Zeitpunkt des Erbfalls vorhandenen Nachlasses haftet.[353] Eine Verpflichtung zum Kostenersatz nach anderen Rechtsvorschriften bleibt unberührt, so dass auch ein Anspruch aus Geschäftsführung ohne Auftrag gemäß §§ 683, 670 BGB besteht. Diesem gegenüber kann die Einrede der Dürftigkeit des Nachlasses gemäß § 1990 Abs. 1 Satz 1 BGB erhoben werden.[354]

cc) Umfang der Verpflichtung des Erben

Notwendigkeit und Angemessenheit der Beerdigungskosten **richten sich nach der Ausrichtung der Lebensstellung des Verstorbenen.**[355] Gehen sie über das für eine daran ausgerichtete Beerdigung Notwendige hinaus, haftet der Erbe den Nachlassgläubigern aus §§ 1978 Abs. 1, 1991 Abs. 1 BGB, ohne seinerseits Aufwendungsersatzansprüche aus § 1978 Abs. 3 BGB zu haben. Für die Beurteilung, ob die Kosten der Beerdigung der Lebensstellung des Verstorbenen entsprachen, spielen die Vermögensverhältnisse des Erben und die Wertschätzung des Erblassers zu Lebzeiten keine Rolle. Bei der Art und Weise der Bestattung muss ein erkennbarer Wille des Verstorbenen berücksichtigt werden.[356] Zu den Beerdigungskosten zählen deshalb auch die **Kosten einer vom Erblasser oder seinen Angehörigen gewünschten Feuerbestattung**, da die Feuerbestattung der Erdbestattung gleichgestellt ist. — 110

Ob die Kosten einer Beerdigung der Lebensstellung des Verstorbenen gerecht werden, ist **Gegenstand einer umfänglichen Kasuistik.** Diese kann hier nur kurz angerissen werden.[357] Ersetzungspflichtig sind die Kosten des Transportes der Leiche[358], der Erstausschmückung des Grabes mit Blumenkränzen und Gestecken[359], der Trauerkleidung[360], eines den Verhältnissen des Erblassers angemessenen Grabsteines[361], Kosten — 111

---

352 BVerwG v. 19.8.1994, 1 B 149/94, NVwZ-RR 1995, 283; VGH Mannheim v. 5.12.1996, 1 S 1366/96, NJW 1997, 3113.
353 Siehe dazu schon Rdn. 8.
354 *Lange/Kuchinke,* § 47 III 2b.
355 Mot. V 553.
356 RG v. 5.4.1937, IV ZR 18/37, RGZ 154, 269, 270.
357 Einzelheiten und weitere Nachweise bei *Staudinger/Dutta* (2016), § 1968 Rdn. 5 ff.
358 BGH v. 19.2.1960, VI ZR 30/59, BGHZ 32, 72, 75 f. = NJW 1960, 910.
359 OLG München v. 28.9.1973, 19 U 1932/73, NJW 1974, 703 f.; OLG Düsseldorf v. 23.6.1994, 18 U 10/94, ZEV 1994, 372 f.
360 OLG Hamm v. 25.11.1955, 9 U 214/55, DAR 1956, 217; Palandt/*Weidlich,* § 1968 Rdn. 2; *Weimar,* MDR 1967, 980; a.A. MüKo/*Küpper,* § 1968 Rdn. 4; *Staudinger/Dutta* (2016), § 1968 Rdn. 7.
361 RG v. 9.2.1933, VI 359/32, RGZ 139, 393, 395.

von Todesanzeigen, Danksagungen und Verdienstausfall der Angehörigen.[362] **Hat der Erblasser Anordnungen für seine Bestattung getroffen, hat der Erbe dem nachzukommen.** Er kann aber Vereinbarungen mit den bestattungsberechtigten Hinterbliebenen über die Art der Bestattung treffen. Zu den Beerdigungskosten zählen auch alle Kosten der Bestattung im Rahmen der landesüblichen, kirchlichen und bürgerlichen Leichenfeierlichkeiten, um der Lebensstellung des Verstorbenen einen entsprechenden gesellschaftlichen Rahmen zu geben.

112   **Nicht ersetzungspflichtig** sind die Mehrkosten eines Doppelgrabes, weil in § 1968 BGB nur von der Beerdigung des Erblassers die Rede ist[363], sowie die Reisekosten von Angehörigen zum Zweck der Teilnahme an der Beerdigung.[364] Diese Kosten sind jedoch dann ersetzungsfähig, wenn ein naher Angehöriger aufgrund seiner Bedürftigkeit sonst gehindert wäre, an der Beerdigung teilzunehmen.[365] Kosten der Instandhaltung und **Pflege der Grabstätte** fallen dem Erben nicht zur Last, weil der Beerdigungsakt mit der Herrichtung einer geeigneten Grabstätte seinen Abschluss findet.[366] Hatte der Erblasser zu Lebzeiten einen Grabpflegevertrag geschlossen oder hat er den Erben testamentarisch zur Grabpflege verpflichtet[367a], handelt es sich um eine Nachlassverbindlichkeit, für die der Erbe haftet. Der Erblasser kann zu Lebzeiten auch einen Dritten verpflichten, die Kosten der Beerdigung zu übernehmen. Es handelt sich um einen Vertrag zugunsten des Erben oder erstattungsberechtigter Angehöriger. Verpflichtet der Erblasser einen Vermächtnisnehmer oder einen Miterben, die Beerdigungskosten zu tragen, liegt darin ein Vermächtnis zugunsten des Alleinerben bzw. restlicher Miterben.[367] Die Kosten einer Umbettung und endgültigen Bestattung des Erblassers hat der Erbe nur zu tragen, wenn dafür ausreichende Gründe vorliegen.[368]

b) Erbschaftsteuer

113   **Allein aus Anlass des Erbfalls** und ohne sein Zutun **schuldet der Erbe** nach § 3 Abs. 1 Nr. 1 ErbStG i.V.m. § 1922 BGB die **Zahlung der Erbschaftsteuer.** Die steuerpflichtigen Vorgänge sind in § 1 ErbStG abschließend geregelt. Als steuerpflichtiger Vorgang ist u.a. der Erwerb von Todes wegen geregelt, § 1 Abs. 1 Nr. 1 ErbStG. Was als „Erwerb von Todes wegen" anzusehen ist, regelt § 3 ErbStG. Dessen Absatz 1 enthält die Grundfälle, Absatz 2 befasst sich mit den Ersatz- und Ergänzungstatbeständen. Die

---

[362] RG v. 9.2.1933, VI 359/32, RGZ 139, 393; OLG Hamm v. 25.11.1955, 9 U 214/55, DAR 1956, 217; Palandt/*Weidlich*, § 1968 Rdn. 2; a.A. MüKo/*Küpper*, § 1968 Rdn. 4.

[363] RG v. 13.5.1939, VI 256/38, RGZ 160, 255, 256; BGH v. 20.9.1973, III ZR 148/71, BGHZ 61, 238, 240 = NJW 1973, 2103, 2104; OLG Celle v. 31.1.1996, 3 U 24/95, r+s 1997, 160.

[364] *Staudinger/Dutta* (2016), § 1968 Rdn. 8; AG Hamburg v. 9.1.2008, 70 C 13/07, ErbR 2008, 202.

[365] BGH v. 19.2.1960, VI ZR 30/59, BGHZ 32, 72, 75 f. = NJW 1960, 910; OLG Karlsruhe v. 13.8.1969, 7 U 2/69, MDR 1970, 48.

[366] RG v. 13.5.1939, VI 256/38, RGZ 160, 255, 256; BGH v. 20.9.1973, III ZR 148/71, BGHZ 61, 238, 239 = NJW 1973, 2103, 2104; OLG Oldenburg v. 28.1.1992, 5 U 96/92, FamRZ 1992, 987; nach *Lange/Kuchinke*, § 47 III 2b Fn. 59 sollen jedenfalls Grabpflegekosten für das erste Jahr noch vom Erben zu tragen sein; a.A. *Damrau*, ZEV 2004, 456 unter Hinweis darauf, dass sie gemäß § 10 Abs. 5 Nr. 3 ErbStG vom steuerpflichtigen Erwerb abgezogen werden können; ihm folgend AG Neuruppin v. 17.11.2006, 42 C 324/05, ZEV 2007, 597.

[367] MüKo/*Küpper*, § 1968 Rdn. 9.

[367a] OLG Schleswig v. 6.10.2009, 3 U 98/08, FamRZ 2010, 1194.

[368] OLG München v. 28.9.1973, 19 U 1932/73, NJW 1974, 703.

§§ 4–6 ErbStG betreffen Sonderfälle. § 2 ErbStG begrenzt die steuerpflichtigen Vorgänge auf solche mit Inlandsbezug, während § 9 ErbStG die Entstehung der Erbschaft- und Schenkungsteuer regelt. Nach allgemeinem Abgabenrecht ist die Steuerentstehung gemäß § 38 AO von der Fälligkeit gemäß § 220 AO zu unterscheiden. **Für die Erbschaftsteuerverbindlichkeit besteht die Besonderheit, dass der Erbe nicht die Möglichkeit hat, die Haftung auf den Nachlass zu beschränken.**[369] Bei einer Erbengemeinschaft haftet nach § 20 Abs. 3 ErbStG bis zur Auseinandersetzung der gesamte Nachlass für die Erbschaftsteuer der am Erbfall Beteiligten. Die Erben haben für die aus dem Nachlass zu entrichtenden Steuern ebenso wie für Nachlassverbindlichkeiten einzustehen, § 45 Abs. 2 Satz 1 AO. Zwischen der Eigenhaftung des Erben und der Mithaftung des Nachlasses besteht ein der Gesamtschuld entsprechendes Verhältnis.[370] Bei Miterben wird jeder nach dem auf ihn entfallenden Wert am Nachlass veranlagt.[371]

In Rechtsprechung und Literatur bestehen **unterschiedliche Auffassungen** darüber, *113a* **ob die vom Erben geschuldete Erbschaftsteuer eine Nachlassverbindlichkeit in Form einer Erbfallschuld i. S. v. § 1967 Abs. 2 BGB ist.** Eine Einordnung der Erbschaftsteuerschuld als Erblasserschuld kommt von vornherein nicht in Betracht, weil sie zwangsläufig erst mit dem Tod des Erblassers selbst entstehen und festgesetzt werden kann. Eine insbesondere vom Bundesfinanzhof, im insolvenz- und steuerrechtlichen Schrifttum sowie zum Teil auch in der zivilrechtlichen Rechtsprechung und Literatur vertretene Auffassung bejaht dies[372], weil sie aus Anlass des Erbfalls und ohne Zutun des Erben entstehe. Das Finanzamt könne die vom Erben geschuldete Erbschaftsteuer als Nachlassinsolvenzforderung im Nachlassinsolvenzverfahren geltend machen. Zur Begründung wird ausgeführt, es sei unerheblich, dass die Erbschaftsteuer gegen den Erben persönlich und nicht gegen den Nachlass als solchen festgesetzt werde. Die Erbschaftsteuer unterscheide sich nicht von anderen Erbfallschulden wie z. B. Beerdigungskosten, die ebenfalls in der Person des Erben entstünden und gegen diesen auch gesetzlich durchgesetzt werden könnten. Die zu (dem zwischenzeitlich aufgehobenen) § 107 Abs. 2 Satz 1 KostO ergangenen Entscheidungen[373] stünden dem nicht entgegen. Diese Entscheidungen gingen nur davon aus, dass die Erbschaftsteuer als Nachlassverbindlichkeit bei der Festsetzung der Gebühren im Erbscheinserteilungsverfahren nicht festzusetzen sei, weil dies nur eine Verkomplizierung des Verfahrens darstelle, die mit dem Zweck des § 107 Abs. 2 Satz 1 KostO nicht vereinbar wäre. Auch eine Entscheidung des Reichsgerichts[374], wonach die Erbschaftsteuer nicht zu den eigentlichen Nachlassverbindlichkeiten rechne, stünde dem nicht entgegen. Das Reichsgericht hatte zur Begründung angeführt, dass andernfalls § 2379 Satz 3 BGB, wonach

---

[369] *Staudinger/Dutta* (2016), § 1967 Rdn. 33; MüKo/*Küpper*, § 1967 Rdn. 16.

[370] *Staudinger/Dutta* (2016), § 1967 Rdn. 33.

[371] Zu Verbindlichkeiten aus dem Steuerschuldverhältnis siehe auch Rdn. 60 ff.

[372] BFH v. 20. 1. 2016, II R 34/14, ZEV 2016, 343, 344, 94457; BFH v. 11. 8. 1998, VII R 118/95, BFHE 186/328; BFH v. 28. 4. 1992, VII R 33/91, BFHE 168, 206; OLG Naumburg v. 20. 10. 2006, 10 U 33/06, ZEV 2007, 381, 383; *Graf-Schlicker/Busch*, § 325 InsO Rdn. 2; BeckOGK/*Grüner*, § 1967 Rdn. 185; *Kübler/Prütting/Bork/Holzer*, § 325 InsO Rdn. 5; Erman/*Horn*, § 1967 Rdn. 6a; *Bamberger/Roth/Lohmann*, § 1967 Rdn. 17; *Jauernig/Stürner*, § 1967 Rdn. 2; *Meincke/Hannes/Holtz*, § 20 ErbStG Rdn. 5; anders noch in der Vorauflage.

[373] OLG Hamm v. 3. 7. 1990, 15 W 493/89, MDR 1990, 1014; OLG Frankfurt v. 13. 2. 2003, 20 W 35/02.

[374] RG v. 15. 11. 1943, III 77/43, RGZ 172, 147.

der Käufer einer Erbschaft für zu entrichtende Abgaben haftet, neben § 2378 Abs. 1 BGB, wonach der Käufer einer Erbschaft dem Verkäufer gegenüber zur Erfüllung von Nachlassverbindlichkeiten verpflichtet ist, überflüssig sei. Dies lasse nach Auffassung des BFH keinen Rückschluss zu, dass die Erbschaftsteuer nicht als Insolvenzforderung im Nachlassinsolvenzverfahren geltend gemacht werden könnte.

In der zivilgerichtlichen Rechtsprechung und im überwiegenden zivilrechtlichen Schrifttum wird – zu Recht – mehrheitlich die Auffassung vertreten, die Erbschaftsteuer sei eine persönliche unbeschränkbare Steuerschuld des Erben, bei der der Nachlass ausnahmsweise für eine Eigenschuld des Erben mit haftet.[375] Die Problematik des Umfangs der Berücksichtigung von Nachlassverbindlichkeiten stellt sich insbesondere im Pflichtteilsrecht, weil die Höhe der Pflichtteilsansprüche maßgeblich von der Höhe abzugsfähiger Positionen abhängig ist. Nach ganz überwiegender Ansicht sind Erbschaftsteuerschulden bei der Bestimmung des Wertes des Nachlasses i.S.v. § 2311 BGB für zu erfüllende Pflichtteilsansprüche nicht abzugsfähig, weil diese nur den Erben und nicht den Nachlass als solchen treffen.[376] Ansprüche etwaiger Pflichtteilsberechtigter aus Anlass des Erbfalls mögen ohne Zutun des Erben entstehen. Erbschaftsteuerschulden sind aber für die Bestimmung des Wertes des Nachlasses nach § 2311 BGB unbeachtet zu lassen, andernfalls die Höhe des Pflichtteilsanspruches von der Höhe der Erbschaftsteuer abhinge. Es kann daher nicht allein maßgeblich sein, ob die Schuld im Zusammenhang mit dem Erbfall steht und den Erben als solchen trifft, sondern auch, ob der Nachlass als solcher mit der Schuld belastet wird.[377] Die Erbschaftsteuerschuld mag aus Anlass des Erbfalls und unabhängig von einem Tätigwerden des Erben entstehen, doch kann dies für die Klassifizierung der Erbschaftsteuerschuld als Erbfallschuld als nicht ausreichend angesehen werden, da diese Steuern den Nachlass nicht als solchen treffen. Insbesondere haftet der Erbe nicht für die Erbschaftsteuerschulden anderer Erben. Dementsprechend geht im Wege der Gesamtrechtsnachfolge nicht der mit der Erbschaftsteuerschuld belastete Nachlass auf den Erben über. Die Entstehung der Erbschaftsteuerschuld knüpft an den Erwerb durch den Erbfall an und dient nicht der Abwicklung des Nachlasses, der grundsätzlich nicht unmittelbar mit Erbschaftsteuern belastet wird.[378] Eine gegenteilige Betrachtungsweise kann auch nicht aus der Vorschrift des § 20 Abs. 3 ErbStG hergeleitet werden. Danach haftet der Nachlass (nicht der Erbe) bis zur Auseinandersetzung nach § 2042 BGB für die Steuer der am Erbfall

---

[375] *Staudinger/Dutta* (2016), § 1967 Rdn. 33; Palandt/Weidlich, 76. Aufl., § 1967 Rdn. 7; anders noch in der 74. Aufl.; MüKo/*Küpper*, § 1967 Rdn. 16; *Lange/Kuchinke,* § 47 III 2b; *Damrau/ Tanck/Riedel,* § 2311 Rdn. 50; anders dagegen *Damrau/Tanck/Gottwald*, § 1967 Rdn. 24; *Burandt/Rojahn/Joachim*, § 1967 Rdn. 18b; OLG Hamm v. 3.7.1990, 15 W 493/89, MDR 1990, 1014; OLG Frankfurt v. 13.2.2003, 20 W 35/02, BeckRS 2003, 17951; OLG Frankfurt v. 27.1.2012, 24 U 38/11, Beck RS 2013, 21990; OLG Düsseldorf v. 18.12.1998, 7 U 72/98, BeckRS 1999, 02276; BayObLG v. 12.8.2002, 1 Z BR 66/02, ZEV 2003, 26, 27; OLG Koblenz v. 14.12.2010, 5 U 1116/10, BeckRS 2012, 09514; LG Heidelberg v. 1.8.2014, 1 O 29/14, openjur 2015, 3995; offen gelassen von BGH v. 10.10.2013, IX ZR 30/12, NJW 2014, 391 Rdn. 21, weil die Forderung eines Nachlassgläubigers unwidersprochen zur Tabelle festgestellt worden war.
[376] OLG Düsseldorf v. 18.12.1998, 7 U 72/98, BeckRS 1999, 02276; MüKo/*Lange*, § 2311 Rdn. 20; BeckOGK/*Blum*, § 2311 Rdn. 70; *Burandt/Rojahn/G. Müller*, § 2311 Rdn. 39; *Jauernig/Stürner*, § 2311 Rdn. 9.
[377] *Joachim/Janzen*, ZEV 2018, 74, 76.
[378] OLG Düsseldorf v. 18.12.1998, 7 U 72/98, BeckRS 1999, 02276.

Beteiligten. Diese Regelung steht nur scheinbar im Widerspruch zu der Annahme, dass die Erbschaftsteuerschuld nicht den Nachlass als solchen trifft. Die Haftung des Nachlasses nach § 20 Abs. 3 ErbStG ist in zeitlicher Hinsicht bis zum Zeitpunkt der Auseinandersetzung der Erbengemeinschaft beschränkt. Die Regelung soll sicherstellen, dass auch das noch im ungeteilten Nachlass gebundene gemeinsame Vermögen der jeweiligen Miterben als Grundlage für die Erbschaftsteuer zur Verfügung steht.[379] Dementsprechend wird lediglich eine Mithaftung des Nachlasses bis zur Auseinandersetzung der Erbengemeinschaft begründet, wobei allein die Absicherung des Interesses der öffentlichen Hand an der Begleichung der Erbschaftsteuerschuld relevant ist. Der Bundesfinanzhof mag in § 20 Abs. 3 ErbStG eine Klarstellung des Gesetzgebers sehen, dass eine Haftung der Erben für Erbschaftsteuerschulden nach dem Zeitpunkt der Auseinandersetzung hinaus nicht länger beabsichtigt und dementsprechend die Berücksichtigung der Steuer als Nachlassverbindlichkeit gerade nicht Gegenstand der Regelung gewesen sei. Das überzeugt nicht, da der Nachlass nur kraft ausdrücklicher steuerrechtlicher Normierung in § 20 Abs. 3 ErbStG bis zur Auseinandersetzung für die Steuer der am Erbfall Beteiligten haftet. Sollte es sich nach dem gesetzgeberischen Willen um eine Nachlassverbindlichkeit i.S.v. § 1967 Abs. 2 BGB handeln, wäre die Vorschrift überflüssig. Es hätte keiner entsprechenden Anordnung der Mithaftung des Nachlasses bedurft.[380] Somit spricht ein Umkehrschluss aus § 20 Abs. 3 ErbStG sogar dafür, dass der Gesetzgeber Erbschaftsteuerschulden nicht als Nachlassverbindlichkeiten i.S.v. § 1967 Abs. 2 BGB ansieht.

Auch die Normen zum Erbschaftskauf sprechen gegen eine Einordnung der Erbschaftsteuer als Nachlassverbindlichkeit i.S.v. § 1967 Abs. 2 BGB. § 2033 Abs. 1 BGB eröffnet die Möglichkeit für den Erben, über seinen Anteil am Nachlass als solchen zu verfügen. Als Verpflichtungsgeschäft liegt dem zumeist eine Schenkung i.S.d. § 516 ff. BGB bzw. ein Erbschaftskauf nach § 2371 BGB zugrunde. Veräußert der Erbe seinen Anteil am Nachlass an einen Dritten, stellt sich die Frage, ob Nachlassverbindlichkeiten vom Veräußerer oder vom Erwerber zu tragen sind. Hierzu finden sich die entsprechenden Regelungen in den §§ 2378 ff. BGB, die jedoch dispositiv sind. Nach § 2378 BGB ist der Käufer dem Verkäufer gegenüber verpflichtet, die Nachlassverbindlichkeiten zu erfüllen, soweit nicht der Verkäufer nach § 2376 BGB dafür haftet, dass sie nicht bestehen. Damit korrespondierend regelt die Vorschrift des § 2379 BGB das „Schicksal" von Nutzungen und Lasten, die vor dem Verkauf angefallen sind. Für die Zeit vor dem Verkauf verbleiben die Nutzungen dem Verkäufer, der im Gegenzug grundsätzlich die Lasten zu tragen hat. Der Käufer hat nach § 2379 Satz 3 BGB die von der Erbschaft zu entrichtenden Abgaben sowie außerordentlichen Lasten zu tragen, welche als auf den Stammwert der Erbschaftsgegenstände gelegt anzusehen sind. Als Abgabe i.S.v. § 2379 Satz 3 BGB ist insbesondere die Erbschaftsteuer zu verstehen.[381] Soweit der Bundesfinanzhof in § 2379 Satz 3 BGB eine Sonderregelung für die Haftung des Käufers einer Erbschaft sieht, die keine allgemeinen Rückschlüsse für die Behandlung der Erbschaftsteuer im Nachlassinsolvenzverfahren zulasse, ist dies ebenfalls nicht überzeugend. Wäre der Gesetzgeber bei der Schaffung der Regelungen zum Erbschaftskauf

---

[379] *Meincke/Hannes/Holtz*, § 20 ErbStG Rdn. 19; *Joachim/Janzen*, ZEV 2018, 74, 77.

[380] *Bamberger/Roth/Lohmann*, § 1967 Rdn. 17.

[381] BeckOGK/*Grigas*, § 2379 Rdn. 5; *Damrau/Tanck/Redig*, § 2379 Rdn. 3; *Joachim/Janzen*, ZEV 2018, 74, 77.

davon ausgegangen, dass es sich bei Erbschaftsteuerschulden um Nachlassverbindlichkeiten handelt, wäre die Regelung des § 2379 Satz 3 BGB überflüssig. Es hätte gegenüber § 2378 BGB keiner eigenständigen Regelung bedurft. Vielmehr legt ebenso wie bei § 20 Abs. 3 ErbStG ein Umkehrschluss aus § 2379 Satz 3 BGB nahe, dass die Erbschaftsteuer keine Nachlassverbindlichkeit i.S.v. § 1967 Abs. 2 BGB ist. Der Bundesfinanzhof sieht die Erbschaftsteuerschuld auch deshalb als Nachlassverbindlichkeit an, weil § 2379 Satz 3 BGB nach seinem Wortlaut voraussetze, dass die Abgaben von der Erbschaft zu entrichten seien.[382] Auch dies überzeugt nicht, weil das Gesetz an die von der Erbschaft zu entrichtenden Abgaben anknüpft. Es sollte nur ausgeschlossen sein, dass der Käufer sämtliche Abgaben zu tragen hat, die im Zusammenhang mit der Veräußerung des Anteils am Nachlass stehen. Die Erbschaftsteuer belastet nicht den Nachlass als solchen, steht jedoch im Zusammenhang mit einem Erbfall, weil nur beim Tod einer Person überhaupt Erbschaftsteuer anfallen kann. Vor diesem Hintergrund ist der Wortlaut des § 2379 Satz 3 BGB zu verstehen, d.h. durch die Formulierung werden diejenigen Abgaben ausgeschlossen, die nicht dem Erbfall als solchem „zuzurechnen" sind. So ist die durch die Veräußerung des Anteils am Nachlass entstehende Einkommensteuerbelastung nicht vom Käufer zu tragen. Die Vorschrift des § 2379 Satz 3 BGB erfasst die Einkommensteuerbelastung nicht.[383] Diese Steuerbelastung ist auf die Veräußerung des Anteils am Nachlass und nicht auf den Anfall der Erbschaft zurückzuführen, so dass die Einkommensteuerbelastung nicht ohne Zutun des Erben erhoben werden kann. Die Gegenansicht hätte zur Folge, dass die Erbschaftsteuerschuld als vorrangige Nachlassverbindlichkeit Ansprüchen aus Vermächtnissen und Pflichtteilen vorginge und würde damit zu einer unberechtigten Privilegierung des Erben führen.[384] Die Höhe der Erbschaftsteuerschuld nach dem ErbStG bestimmt sich nach dem Grad der verwandtschaftlichen Beziehung. Dieser kann individuell und erst nach der endgültigen Feststellung, wer Erbe geworden ist, bestimmt werden. Voraussetzung für eine Nachlassverbindlichkeit ist aber einerseits immer, dass die Verpflichtung den Erben in dieser Eigenschaft trifft, andererseits zur Abwicklung des Nachlasses gehören muss.[385] Diese Voraussetzungen sind hinsichtlich der Erbschaftsteuerschuld gerade nicht erfüllt. Der Erbe mag in dieser Eigenschaft belastet sein, haftet jedoch nicht für die Erbschaftsteuerschulden anderer Erben. Der Nachlass geht nicht belastet mit der Erbschaftsteuerschuld auf den Erben im Wege der Gesamtrechtsnachfolge über, was der Bundesfinanzhof übersieht. Stattdessen knüpft die Entstehung der Steuerschuld individuell an jeden Erwerb durch den Erbfall an.

113b Geht man davon aus, dass Erbschaftsteuerschulden von Gesetzes wegen keine Nachlassverbindlichkeiten i.S.v. § 1967 Abs. 2 BGB sind, kann ein gegenteiliger Wille des Erblassers eine entsprechende Einordnung rechtfertigen. Der Erblasser kann eine ent-

---

[382] BFH v. 20.1.2016, II R 34/14, ZEV 2016, 343, 345.

[383] BeckOKBGB/*Litzenburger*, § 2379 Rdn. 2.

[384] Das OLG Naumburg, das der Auffassung des BFH folgt, hat deshalb konsequent bei der Berechnung des für ein Vermächtnis maßgeblichen Nachlasswertes die Erbschaftsteuer als Abzugsposten berücksichtigt und ergänzend ausgeführt, diese Rechtsauffassung dürfte auch dem Willen des Erblassers entsprechen, nachdem dieser seine Erbschaft steuerrechtlich nicht privilegierte Lebensgefährtin als Erbin eingesetzt habe.

[385] OLG Düsseldorf v. 18.12.1998, 7 U 72/98, BeckRS 1999, 02276.

sprechende Anordnung testamentarisch herbeiführen.[386] Die zu bejahende Möglichkeit der Anordnung, dass die Erbschaftsteuerschuld eine Nachlassverbindlichkeit sein soll, eröffnet für die Praxis **Gestaltungsmöglichkeiten**, vor allem wenn der Erblasser beabsichtigt, Geldvermächtnisse auszusetzen. Neben der Aussetzung eines feststehenden Geldbetrages kommt die Bemessung der Höhe des Geldvermächtnisses anhand des noch vorhandenen Geldvermögens in Betracht. Im Rahmen dessen könnte ein Mindestbetrag oder ein Höchstbetrag bestimmt werden. Soll sich die Höhe des Geldvermächtnisses am Geldvermögen orientieren, wäre zu klären, ob die Erbschaftsteuer vorab als Nachlassverbindlichkeit in Abzug gebracht werden soll. Bei Geldvermächtnissen, die das potentielle Geldvermögen nahezu vollständig aufzehren, spielt die Möglichkeit einer entsprechenden Anordnung eine erhebliche Rolle, andernfalls der Erbe zur Erfüllung von Geldvermächtnissen sowie Erbschaftsteuerschulden das sonstige Vermögen veräußern müsste. Dies entspricht oftmals nicht dem Willen des Erblassers, der sogar von der Anordnung eines Geldvermächtnisses abgehalten werden könnte, obwohl er an sich eine entsprechende Zuwendung, beispielsweise an seine Enkelkinder, wünscht. Eine Veräußerung anderer Nachlassgegenstände kann u. U. durch einen vorherigen Abzug der Erbschaftsteuer vermieden werden. Soweit die zu erwartende Erbschaftsteuer ohnehin das Geldvermögen übersteigt, gingen die Geldvermächtnisse schlicht „ins Leere". Bejaht man die Möglichkeit der Anordnung, dass die Erbschaftsteuerschuld als Nachlassverbindlichkeit zu berücksichtigen ist, führt das zu einer Stärkung der Dispositionsfreiheit des Erblassers, weil die Steuerschuld vor der Erfüllung des Geldvermächtnisses von dem Geldvermögen abzuziehen ist. Dieses bildet gerade die Grundlage der Bemessung. Auf diese Weise kann vermieden werden, dass dann, wenn das Geldvermögen zur Begleichung der Nachlassverbindlichkeiten sowie der Erbschaftsteuer nicht ausreicht, andere Nachlassgegenstände veräußert werden müssen, allein um die Geldvermächtnisse zu erfüllen. Für das Pflichtteilsrecht ist eine Anordnung des Erblassers in der Weise, dass Erbschaftsteuern als Nachlassverbindlichkeiten Berücksichtigung finden sollen, zwingend ausgeschlossen. Andernfalls könnte der Erblasser durch entsprechende Bestimmungen die Pflichtteilsansprüche unzulässig beschränken. Die Höhe der Ansprüche wäre abhängig vom Erblasserwillen, ob die Erbschaftsteuer anzusetzen ist oder nicht. Ein derart weitgehendes Dispositionsrecht des Erblassers ist zu verneinen.

In jedem Fall ist der Rechtsanwender bei der Beratung eines (künftigen) Erblassers gehalten, dessen Willen im Hinblick auf die Berücksichtigung von Erbschaftsteuerschulden als Nachlassverbindlichkeiten zu ergründen. Er hat dem Erblasser die Auswirkungen einer grundsätzlich nicht gegebenen Berücksichtigungsfähigkeit vor Augen zu führen.

2. Nachlasskosten- und Erbschaftsverwaltungsschulden

Von den unmittelbaren Erbfallschulden unterscheiden sich die sog. Nachlasskosten- und Erbschaftsverwaltungsschulden dadurch, dass sie **zum Zeitpunkt des Erbfalls noch nicht existent sind, sondern erst danach entstehen.** Zu ihnen zählen Verbind- *114*

---

[386] OLG Koblenz v. 14. 12. 2010, 5 U 1116/10, BeckRS 2012, 09514; OLG Hamm v. 3. 7. 1990, 15 W 493/89, MDR 1990, 1014; LG Heidelberg v. 1. 8. 2014, 1 O 29/14, openjur 2015, 3995; *Joachim/Janzen*, ZEV 2018, 74, 78.

lichkeiten aus der Durchführung und Abwicklung des Erbfalls sowie aus Geschäften für den Nachlass.[387] Teilweise werden diese Verbindlichkeiten einheitlich unter dem Begriff „Nachlasskostenschulden" zusammengefasst[388], teilweise auch einheitlich als Erbschaftsverwaltungskosten bezeichnet.[389] Hier soll der Übersichtlichkeit halber zwischen Nachlasskosten- und Erbschaftsverwaltungsschulden (auch Nachlassverwaltungsschulden genannt)[390] unterschieden werden.

115 Zur Untergruppe der **Nachlasskostenschulden** gehören die nach dem Erbfall entstehenden Kosten der **Eröffnung einer Verfügung von Todes** wegen, der gerichtlichen **Nachlasssicherung** gemäß § 1960 Abs. 1 BGB, der **Nachlasspflegschaft** gemäß § 1961 BGB[391], der **Feststellung des Fiskus als Erbe** gemäß § 1964 BGB, des **Nachlassgläubigeraufgebotes** gemäß §§ 1970 ff. BGB, der **Nachlassverwaltung** gemäß § 1975 BGB, des **Nachlassinsolvenzverfahrens** gemäß § 1989 BGB, §§ 315, 54, 55 Abs. 1 Nr. 1 InsO, **Kosten der Inventarerrichtung** gemäß §§ 1993 ff. BGB, der **Pflegschaft für einen Nacherben** gemäß § 1913 Satz 2 BGB[392], der **Ermittlung des Erben** gemäß § 342 Abs. 2 Nr. 4 FamFG sowie die **Erbschaftsteuer in den Ausnahmefällen des § 9 Abs. 1 Nr. 1a bis i ErbStG**. Für diese Kosten haften gemäß § 24 GNotKG die Erben nach den Vorschriften des Bürgerlichen Gesetzbuches über Nachlassverbindlichkeiten, so dass eine Beschränkung auf den Nachlass möglich ist.[393] Anders als nach dem früheren § 6 KostO gelten die Grundsätze über die Haftung für Nachlassverbindlichkeiten aber nur dann, wenn das Gericht nichts anderes bestimmt, so dass auch ein Absehen von der beschränkbaren Haftung möglich ist. Von dieser Ausnahme werden Fälle umfasst, in denen Anträge zurückgenommen oder zurückgewiesen werden oder auch Rechtsmittelverfahren.[394] **Keine Nachlasskostenschulden** und damit auch keine Nachlassverbindlichkeiten sind die Kosten des Privataufgebots eines Miterben. Sie fallen gemäß § 2061 Abs. 2 Satz 3 BGB dem Erben zur Last, der die Aufforderung erlässt (Antragsteller) und begründen deshalb eine reine Eigenverbindlichkeit.[395] Der das **Privataufgebot** beantragende Miterbe kann jedoch einen Erstattungsanspruch aus Auftragsrecht gemäß § 670 BGB oder unter den Voraussetzungen der Geschäftsführung ohne Auftrag gemäß § 683 BGB haben.[396]

116 **Erbschaftsverwaltungsschulden** sind **Verpflichtungen, die sich aus einer ordnungsgemäßen Verwaltung** eines vorläufigen Erben oder eines Vorerben **ergeben**, ebenso Verbindlichkeiten aus Verwaltungshandlungen eines Amtsträgers oder Vertreters im Rahmen seiner Verwaltungsmacht. Es handelt sich um Verpflichtungen aus

---

[387] BeckOGK/*Grüner*, § 1967 Rdn. 188; *Lange/Kuchinke*, § 47 IV 1; *Erman/Horn*, § 1967 Rdn. 2.

[388] *Boehmer*, Erbfolge und Erbenhaftung, S. 117.

[389] *Schlüter*, Erbrecht § 49 IV.

[390] BeckOGK/*Grüner*, § 1967 Rdn. 188; MüKo/*Küpper*, § 1967 Rdn. 10a.

[391] OLG Köln v. 21. 11. 2014, 20 W 94/13, ZEV 2015, 355; OLG Naumburg v. 22. 11. 2013, 2 Wx 64/13, FamRZ 2014, 1404; BeckOGK/*Grüner*, § 1967 Rdn. 189.

[392] *Staudinger/Dutta* (2016), § 1967 Rdn. 37.

[393] *Erman/Horn*, § 1967 Rdn. 7; *Staudinger/Dutta* (2016), § 167 Rdn. 37.

[394] BT-Drucks. 17/11471 [neu] S. 161.

[395] MüKo/*Küpper*, § 1967 Rdn. 11; MüKo/*Ann*, § 2061 Rdn. 7; a.A. *Staudinger/Marotzke* (2016), § 2061 Rdn. 6.

[396] MüKo/*Ann*, § 2061 Rdn. 7.

Geschäften des Nachlasspflegers[397], des -verwalters, des -insolvenzverwalters und des Testamentsvollstreckers. Ein Testamentsvollstrecker kann Verbindlichkeiten für den Nachlass nur eingehen, soweit das zur ordnungsgemäßen Verwaltung gemäß § 2206 Abs. 1 Satz 1 BGB erforderlich ist, soweit sich aus §§ 2206 Abs. 1 Satz 2, 2207, 2209 Satz 2 BGB nichts anderes ergibt. Liegen diese Voraussetzungen nicht vor, wird eine wirksame Nachlassverbindlichkeit anzunehmen sein, wenn der Vertragspartner bei Abschluss des Vertrages ohne Fahrlässigkeit annimmt, dass der Vertrag zur ordnungsgemäßen Verwaltung erforderlich ist.[398] Zu den Nachlassverbindlichkeiten zählen auch solche, die aus einer Haftung des Erben für eine vom Testamentsvollstrecker zu verantwortende culpa in contrahendo oder für eine vom Testamentsvollstrecker verursachte Leistungsstörung im Rahmen einer bestehenden Nachlassverbindlichkeit eingetreten sind. Gleiches gilt, wenn ein Erbe analog § 31 BGB für Delikte eines Testamentsvollstreckers haftet.[399] Dagegen können Nachlassverbindlichkeiten durch genehmigungspflichtige, jedoch nicht genehmigte Geschäfte des Pflegers eines Erben nicht begründet werden.[400]

Zu den Erbschaftsverwaltungsschulden gehören auch die **Vergütungsansprüche der mit der Verwaltung des Nachlasses betrauten Personen aus ihrer Geschäftsführung**.[401] Ist ein Nachlass mittellos, steht einem Nachlasspfleger der geltend gemachte Vergütungsanspruch aus §§ 1915 Abs. 1 Satz 1, 1836 Abs. 1 BGB i.V.m. § 1 Abs. 2 Satz 1 VBVG gegen die Staatskasse nach Maßgabe des in § 4 VBVG geregelten Stundensatzes zu. Mittellosigkeit liegt vor, wenn ein die Vergütung deckender Aktivnachlass nicht vorhanden ist, aber auch dann, wenn der Verwertung des Nachlassvermögens ein tatsächliches oder rechtliches Hindernis entgegensteht oder die Verwertung in angemessener Zeit nicht durchgeführt werden kann.[402]

3. Die Begründung neuer Verbindlichkeiten durch den Erben

Verbindlichkeiten, die der Erbe durch eigene Rechtshandlungen begründet, sind ausschließlich Nachlassverbindlichkeiten, wenn er mit seinem Vertragspartner wirksam vereinbart, dass für die Erfüllung nur der Nachlass und nicht sein Eigenvermögen haften soll. Das gilt unabhängig davon, ob die Verpflichtung mit oder ohne Bezug auf den Nachlass geschlossen wird.[403] Gläubiger werden sich kaum auf eine solche Vereinbarung einlassen, weil ihr Interesse regelmäßig dahin geht, dass der Erbe für nachlassbezogene Verbindlichkeiten auch mit seinem Eigenvermögen ohne Möglichkeit der Beschränkung der Haftung auf den Nachlass einsteht. Die auf diese Weise begründeten Verbindlichkeiten sind einerseits Nachlassverbindlichkeiten mit der Möglichkeit der Haftungsbeschränkung, andererseits Verbindlichkeiten des Erben, für die er mit seinem Eigenvermögen haftet. Sie werden im Anschluss an Boehmer als „**Nachlasserbenschul-**

117

---

[397] BeckOGK/*Grüner*, § 1967 Rdn. 190; dazu BGH v. 14.5.1985, IX ZR 142/84, NJW 1985, 2596.

[398] BGH v. 7.7.1982, IVa ZR 36/81; *Staudinger/Dutta* (2016), § 1967 Rdn. 38.

[399] *Muscheler*, Testamentsvollstreckung, 234 ff., 243 ff.

[400] *Staudinger/Dutta* (2016), § 1967 Rdn. 38.

[401] BeckOGK/*Grüner*, § 1967 Rdn. 190; *Erman/Horn*, § 1967 Rdn. 7a; *Staudinger/Dutta* (2016), § 1967 Rdn. 38.

[402] OLG Schleswig v. 24.3.2014, 3 Wx 84/13, BeckRS 2014, 12008 = FamRZ 2015, 281.

[403] *Staudinger/Dutta* (2016), § 1967 Rdn. 40.

den" bezeichnet.[404] Ihr Charakteristikum besteht in der **Doppelstellung als Nachlassverbindlichkeit und Eigenschuld** des Erben.[405]

118   Die Doppelhaftung darf nicht beliebig ausgedehnt werden. Andernfalls käme es zu einer Benachteiligung der „Alt-Nachlassgläubiger". Der Erbe hätte es durch Eingehung neuer Verbindlichkeiten in der Hand, den Kreis der Nachlassgläubiger beliebig zu vergrößern, wodurch die im Insolvenzfall auf jeden Nachlassgläubiger entfallende Haftungsquote aus dem Nachlass verringert würde.[406] Daher sind nur solche Verpflichtungen, die der Erbe nach dem Erbfall neu eingegangen ist, auch als Nachlassverbindlichkeiten anzuerkennen, die „**vom Standpunkt eines sorgfältigen Verwalters in ordnungsgemäßer Verwaltung des Nachlasses**" eingegangen worden sind.[407] Als Beispiele dafür kommen eine Kreditaufnahme für Nachlasszwecke[408], ein Bauauftrag zur Erhaltung von Nachlassgebäuden[409] oder die Verpflichtung zur Zahlung von Abwasserbeiträgen, die erst nach dem Erbfall in der Person des Erben als neuem Eigentümer des ererbten Grundstücks entstehen, in Betracht. Im letzteren Fall haftet der Erbe grundsätzlich mit seinem Eigenvermögen und nicht beschränkt auf den Nachlass, wenn ein Nachlassinsolvenzverfahren eröffnet wird. Abwasserbeitragsbescheide können trotz Nachlassinsolvenz dem Erben selbst bekanntgegeben werden und müssen das Nachlassinsolvenzverfahren nicht erwähnen.[410] Der Erbe muss die Verpflichtung nicht ausdrücklich für den Nachlass übernommen oder dem Geschäftsgegner die Beziehung zum Nachlass erkennbar gemacht haben.[411] **Außerhalb der Grenzen einer ordnungsgemäßen Verwaltung eingegangene Verbindlichkeiten sind reine Eigenschulden des Erben**, die er auch durch eine ausdrückliche Vereinbarung mit dem Gläubiger nicht zu einer Nachlassverbindlichkeit umwandeln kann.[412] Dagegen ist es dem Erben unbenommen, eine Vereinbarung mit dem Gläubiger zu schließen, nach der er ausschließlich mit seinem Eigenvermögen haftet. In diesem Fall handelt es sich auch dann nicht um eine Nachlassverbindlichkeit, wenn sich die Verbindlichkeit vom Standpunkt eines sorgfältigen Verwalters aus gesehen als ordnungsgemäße Verwaltung des Nachlasses darstellt.

119   Für den Fall eines **rechtsgeschäftlichen Anerkenntnisses einer nachlassbezogenen Verbindlichkeit** durch den Erben ist zu differenzieren, ob er die Schuld erkennbar als Nachlassverbindlichkeit oder als eigene anerkannt hat. Die Möglichkeit einer Be-

---

[404] *Boehmer*, Erbfolge und Erbenhaftung, S. 117; BeckOGK/*Grüner*, § 1967 Rdn. 195; *Lange/Kuchinke*, § 47 V; *Staudinger/Dutta* (2016), § 1967 Rdn. 5–7, 42; MüKo/*Küpper*, § 1967 Rdn. 15; kritisch dazu *Dauner-Lieb*, Unternehmen im Sondervermögen, S. 129 ff.

[405] BGH v. 10.2.1960, V ZR 39/58, BGHZ 32, 60 = NJW 1960, 959; BGH v. 30.3.1987, VII ZR 244/76, BGHZ 71, 180, 187 = NJW 1978, 1385; BeckOGK/*Grüner*, § 1967 Rdn. 199; MüKo/*Küpper*, § 1967 Rdn. 15; *Staudinger/Dutta* (2016), § 1967 Rdn. 5–7.

[406] *Staudinger/Dutta* (2016), § 1967 Rdn. 41.

[407] RG v. 26.3.1917, IV 398/16, RGZ 90, 91, 95; BGH v. 10.2.1960, V ZR 39/58, BGHZ 32, 60 = NJW 1960, 959; BGH v. 5.7.2013; V ZR 81/12, NJW 2013, 3446, 3446 m. Anm. *Joachim* ZEV 2013, 609–613; BeckOGK/*Grüner*, § 1967 Rdn. 198; Palandt/*Weidlich*, § 1967 Rdn. 9; MüKo/*Küpper*, § 1967 Rdn. 16; *Damrau/Tanck/Gottwald*, § 1967 Rdn. 28; *Staudinger/Dutta* (2016), § 1967 Rdn. 42.

[408] BGH v. 31.1.1990, IV ZR 326/88, BGHZ 110, 176 = NJW 1990, 1237.

[409] KG v. 20.3.2009, 7 U 16/08, FamRZ 2009, 1520.

[410] OVG Bautzen v. 23.5.2012, 5 A 499/09, BeckRS 2012, 54867 Rdn. 16.

[411] *Staudinger/Dutta* (2016), § 1967 Rdn. 42; MüKo/*Küpper*, § 1967 Rdn. 16.

[412] RG v. 23.8.1938, VII 85/38, JW 1938, 2822 für den Vorerben; *Staudinger/Dutta* (2016), § 1967 Rdn. 43; a.A. RGRK/*Johannsen*, § 1967 Rdn. 12.

schränkung der Haftung auf den Nachlass hat er nur, wenn das Anerkenntnis in ordnungsgemäßer Verwaltung des Nachlasses abgegeben worden ist. Andernfalls handelt es sich ausschließlich um eine Eigenverbindlichkeit des anerkennenden Erben.[413] Dies gilt gleichermaßen, wenn der Erbe im Prozess die Nachlassverbindlichkeiten anerkennt. Stellte sich das Anerkenntnis als Akt ordnungsgemäßer Verwaltung des Nachlasses dar, begründet der Erbe im Fall einer entsprechenden Verurteilung eine echte Nachlassverbindlichkeit. Erfolgte das Anerkenntnis infolge nachlässiger Prozessführung des Erben, stellt sich die Frage, ob andere Nachlassgläubiger im Nachlassinsolvenzverfahren auch mit einem dermaßen begünstigten Gläubiger konkurrieren müssen. Hier scheint es naheliegender, eine reine Eigenverbindlichkeit des Erben anzunehmen und die Nachlassgläubiger nicht auf Ansprüche aus § 1978 Abs. 1 BGB zu verweisen.[414]

Nachlasserbenschulden **können auch durch vorläufige Erben, Vorerben und Miterben begründet werden**, wenn sie Verträge im Rahmen der ordnungsgemäßen Verwaltung des Nachlasses schließen, der Miterbe auch außerhalb des Notgeschäftsführungsrechtes aus § 2038 Abs. 1 Satz 2 Hs. 2 BGB.[415] Nachlasserbenschulden unterfallen dem erweiterten Gerichtsstand der Erbschaft gemäß § 28 ZPO, was auch gilt, wenn ein Miterbe selbst Nachlassgläubiger ist.[416]

Zur Gruppe der Nachlasserbenschulden gehören **auch Verbindlichkeiten, die der Erbe nicht selbst begründet, sondern ein Dritter, der in berechtigter Geschäftsführung ohne Auftrag Verwaltungsgeschäfte für den Erben erledigt.** Er kann seinen Aufwendungsersatzanspruch aus §§ 683, 670 BGB sowohl gegen den Erben persönlich als auch gegen den Nachlass richten, wenn die **Geschäftsführung zur ordnungsgemäßen Verwaltung des Nachlasses erforderlich** war. Auch die Ansprüche aus § 812 Abs. 1 Satz 1 BGB auf Rückgewähr einer erst nach dem Erbfall eingetretenen ungerechtfertigten Bereicherung sind Nachlasserbenschulden, sofern sich die Bereicherung im Nachlass niederschlägt. Es darf sich nicht um eine Leistung handeln, die zwecks Erfüllung eines nicht zum Nachlass gehörenden Anspruchs nur an den Erben persönlich erbracht worden ist.

Von **praktischer Bedeutung** sind Fälle, in denen **nach dem Tod des Berechtigten noch weitere Zahlungen von Versicherungs- oder Versorgungsträgern** erfolgen. Zum Teil wird in diesen Fällen eine Nachlasserbenschuld mit der Möglichkeit einer Beschränkung der Haftung des Erben auf den Nachlass bejaht.[417] Gleichzeitig läge aber auch eine Eigenverbindlichkeit vor. Dagegen spricht aber, dass das Eigenvermögen des Erben gar nicht betroffen ist, wenn Renten- oder Versorgungsleistungen nur auf ein dem Nachlass dienendes Konto des Erblassers weiter gezahlt werden. In diesem Fall liegt eine reine Erbfallschuld vor.[418] Dagegen ist ausschließlich eine Eigenverbindlich-

---

413 *Staudinger/Dutta* (2016), § 1967 Rdn. 45.
414 Dafür *Staudinger/Dutta* (2016), § 1967 Rdn. 46.
415 *Staudinger/Dutta* (2016), § 1967 Rdn. 49 u. § 2058 Rdn. 42; a.A. *Erman/Bayer*, § 2038 Rdn. 12.
416 OLG Schleswig v. 12. 4. 2007, 2 W 66/07, ZEV 2008, 43.
417 BGH v. 30. 3. 1978, VII ZR 244/76, BGHZ 71, 180 = NJW 1978, 1385; BGH v. 18. 1. 1979, VII ZR 165/78, BGHZ 73, 202; Palandt/*Weidlich*, § 1967 Rdn. 9; *Erman/Horn*, § 1967 Rdn. 9; unklar *Soergel/Stein*, § 1967 Rdn. 13.
418 MüKo/*Küpper*, § 1967 Rdn. 13; *Staudinger/Dutta* (2016), § 1967 Rdn. 52; *Scherer/M. Siegmann*, § 23 Rdn. 18.

keit des Erben zu bejahen, wenn das bisherige Erblasserkonto in ein Konto des Erben umgewandelt worden ist, auf das nach wie vor Zahlungen erfolgen. Diese gelangen nur noch in das Eigenvermögen des Erben[419], so dass eine Möglichkeit der Haftungsbeschränkung ausscheidet. Das gilt auch, wenn ein auf dem Konto eines Erblassers befindliches Guthaben für Rückforderungsansprüche anderer Rentenversicherer aufgewandt worden ist. Der Erbe ist dann von entsprechenden Rückforderungsansprüchen durch die Zahlung in entsprechender Höhe befreit worden. Er kann sich auch nicht auf § 814 BGB wegen der Rückforderung irrtümlich gezahlter Renten nach dem Tod des Rentenberechtigten berufen. Als Empfänger hat er Kenntnis, dass ein Rentenbezug nach dem Tod des Berechtigten ohne Rechtsgrund erfolgt ist und darf nicht damit rechnen, das Geld behalten zu dürfen.[420] Für Bereicherungsansprüche, die bereits gegen den Erblasser begründet waren, haftet der Erbe als solcher.[421] Erhalten Nachlasspfleger oder Testamentsvollstrecker eine dem Erben nicht zustehende Leistung, ist der bereicherungsrechtliche Rückgewähranspruch ebenfalls eine reine Nachlassverbindlichkeit in Form einer Erbfallschuld.[422]

4. Geschäftsschulden

121 Teil eines Nachlasses ist oftmals ein **einzelkaufmännisches Handelsgeschäft**, ein **Anteil an einer Personenhandelsgesellschaft oder an einer Kapitalgesellschaft**. Der jeweiligen Organisation entsprechend kommt es bei den unterschiedlichen Unternehmensformen bzw. Gesellschaftsanteilen zu einer Überschneidung von Interessen der Geschäftsgläubiger und denen des Erben. Den Geschäftsgläubigern stand in der Person des Erblassers vielfach ein persönlich haftender Schuldner gegenüber. Sie haben deshalb ein gesteigertes Interesse, neben dem Unternehmensvermögen weiterhin einen persönlich Haftenden in Anspruch nehmen zu können. Dagegen steht der Erbe vor der Entscheidung, ob er das Unternehmen fortführen und die damit verbundenen Haftungsrisiken tragen soll oder seine Haftung mit dem Eigenvermögen sowie das unternehmerische Risiko ausschließen will. Die Haftung des Erben für Geschäftsschulden hängt zum einen davon ab, ob sie im Betrieb eines einzelkaufmännischen Handelsgeschäfts, im Betrieb einer offenen Handelsgesellschaft bzw. einer Kommanditgesellschaft oder einer Kapitalgesellschaft entstanden sind. Zum anderen ist zwischen Geschäftsschulden, die vor dem Erbfall entstanden sind, und solchen, die erst nach dem Erbfall begründet wurden, zu unterscheiden.

a) Verbindlichkeiten eines einzelkaufmännischen Unternehmens

122 Ist ein einzelkaufmännisches Unternehmen in den Nachlass gefallen, sind die noch von dem Erblasser begründeten Geschäftsverbindlichkeiten Nachlassverbindlichkeiten i.S.v. § 1967 Abs. 2 BGB. Für die **früheren Geschäftsschulden haftet der Erbe wie für andere Erblasserschulden unbeschränkt, aber beschränkbar.** Diese erbrechtliche

---

[419] MüKo/*Küpper*, § 1967 Rdn. 13; *Staudinger/Dutta* (2016), § 1967 Rdn. 52.

[420] BGH v. 18.1.1979, VII ZR 165/78, BGHZ 73, 292; AG Bad Segeberg v. 25.11.2011, 17 C 160/11, NJW-RR 2012, 213.

[421] Dazu näher MüKo/*Küpper*, § 1967 Rdn. 13.

[422] BGH v. 14.5.1985, IX ZR 142/84, BGHZ 94, 312, 315 f. für den Nachlasspfleger; BayObLG v. 28.5.1990, BReg. 1a Z 54/89, FamRZ 1990, 1124 für den Testamentsvollstrecker; MüKo/ *Küpper*, § 1967 Rdn. 13.

Haftung ändert sich, wenn der Erbe den einzelkaufmännischen Betrieb des Erblassers mehr als drei Monate unter der bisherigen Firma mit oder ohne einen die Nachfolge andeutenden Zusatz fortführt. Der Erbe haftet dann gemäß § 27 Abs. 1 i.V.m. § 25 Abs. 1 Satz 1 HGB[423] zusätzlich unbeschränkt und damit verschärft für die Geschäftsverbindlichkeiten des früheren Inhabers. Er wird so behandelt, als hätte er das Handelsgeschäft unter Lebenden erworben und würde die bisherige Firma fortführen. Erben i.S.v. § 27 HGB sind auch Vor- und Nacherben.[424] Der Vermächtnisnehmer haftet unmittelbar aus § 25 HGB. Eine Haftungsbeschränkung durch amtliche Nachlassabsonderung nach den bürgerlich-rechtlichen Regelungen durch Nachlassverwaltungs- oder Nachlassinsolvenzverfahren kann er nur für die übrigen – geschäftsfremden – Nachlassverbindlichkeiten herbeiführen. Eine Fortführung des Handelsgeschäfts durch den Erben liegt nicht vor, wenn während der Dreimonatsfrist ein Nachlassverwaltungs- oder ein Nachlassinsolvenzverfahren angeordnet bzw. eröffnet wird. Der Verwalter wird für den Nachlass und nicht für den Erben tätig, so dass die Aufrechterhaltung des Betriebes dem Erben nicht zurechenbar ist.[425] Der Erbe haftet in gleicher Weise, als ob die Übernahme von Verbindlichkeiten in handelsüblicher Weise bekannt gemacht worden ist oder ein sonstiger Verpflichtungsgrund vorliegt.

Will der Erbe sein **Eigenvermögen vor der Haftung für Geschäftsverbindlichkeiten aus dem ererbten Betrieb einer Einzelfirma schützen**, so hat er in seine Überlegungen nicht nur die erbrechtlichen Verfahren zur Nachlassabsonderung, sondern auch die strengere, an den Gegebenheiten des Handelsverkehrs orientierte Regelung des § 27 HGB einzubeziehen, wenn er das Unternehmen des Erblassers unter der bisherigen Firma fortführen und die geschäftlichen Traditionen des Erblassers fortsetzen will.[426] Der Erbe muss sich entscheiden, ob er das unternehmerische Risiko tragen will oder nicht. Entscheidet er sich für die Fortführung des Handelsgeschäfts, haftet er auch für die schon von dem Erblasser begründeten Geschäftsverbindlichkeiten persönlich. Will der Erbe den Verlust des Rechts zur Haftungsbeschränkung vermeiden, muss er die Fortführung des Handelsgeschäfts unter der bisherigen Firma innerhalb von drei Monaten nach Kenntnis vom Erbfall gemäß § 27 Abs. 2 Satz 1 HGB einstellen. Zur Fristwahrung genügt es, wenn ein Nachlass- oder Nachlassinsolvenzverwalter dies tut. Die ganz überwiegende Meinung billigt dem Erben zu Recht auch die Möglichkeit zu, gemäß § 25 Abs. 2 HGB analog durch einseitige Erklärung, die im Handelsregister einzutragen und bekannt zu machen oder Dritten mitzuteilen ist, die unbeschränkte handelsrechtliche Haftung auszuschließen.[427] Da § 27 HGB uneingeschränkt auf § 25 HGB verweist, der Erbe aber bis zur Annahme der Erbschaft durch § 1958 BGB geschützt ist und sich auf die aufschiebenden Einreden der §§ 2014, 2015 BGB berufen kann, ist ihm dafür auch die volle Dreimonatsfrist des § 27 Abs. 2 HGB zuzugestehen. Er muss

123

---

[423] MüKo-HGB/*Thiessen*, § 27 HGB Rdn. 1; *Graf*, ZEV 2000, 125, 131.

[424] *Burandt/Rojahn/Joachim*, § 1967 Rdn. 32.

[425] MüKo/*Küpper*, § 1967 Rdn. 40; MüKo-HGB/*Thiessen*, § 27 HGB Rdn. 17.

[426] MüKo-HGB/*Thiessen*, § 27 HGB Rdn. 37; *K. Schmidt*, Handelsrecht, § 8 IV 2c; *Lange/Kuchinke*, § 47 VI 1b.

[427] MüKo/*Küpper*, § 1967 Rdn. 42; *Staudinger/Dutta* (2016), § 1967 Rdn. 59; BeckOGK/*Grüner*, § 1967 Rdn. 206 f. (mit Formulierungsvorschlag); *Baumbach/Hopt/Hopt*, § 27 HGB Rdn. 8; *Damrau/Tanck/Gottwald*, § 1967 Rdn. 38; a.A. *Schlegelberger/Hildebrandt/Steckhahn*, § 27 HGB Rdn. 14; MüKo-HGB/*Thiessen*, § 27 HGB Rdn. 46.

sich nicht unverzüglich erklären.[428] Durch den entsprechenden Handelsregistereintrag kommt es zur erbrechtlichen Haftung mit Beschränkungsmöglichkeit. Für die bei der Fortführung des Unternehmens angefallenen neuen Verbindlichkeiten haftet der Erbe nach erbrechtlichen Grundsätzen persönlich, sofern er beim Geschäftsabschluss nicht deutlich zum Ausdruck gebracht hat, dass nur der Nachlass haften soll.[429] Der Erbe verpflichtet bei der Eingehung neuer Verbindlichkeiten immer auch den Nachlass, wenn die Geschäfte unternehmensbezogen sind.[430]

Die Fortführung des Handelsgeschäfts führt nicht zum Verlust des Ausschlagungsrechts, während **mit der Ausschlagung eine Haftung nach § 27 HGB entfällt.** Der ausschlagende Erbe kann allenfalls für seine bisherige Geschäftsführung nach den Regeln der Geschäftsführung ohne Auftrag verantwortlich sein, §§ 1959 Abs. 1, 677 ff. BGB. Schlägt der Erbe aus, wird der Nächstberufene Erbe. Für ihn beginnt die Frist des § 27 Abs. 2 HGB erneut zu laufen. Dadurch wird der Interessenlage des Erben Rechnung getragen, der durch die strenge handelsrechtliche Haftung nicht gezwungen sein soll, das Erbe insgesamt auszuschlagen. Die Einstellung des Betriebes lässt die erbrechtlichen Haftungsbeschränkungsmöglichkeiten nicht entfallen.

Streitig ist, ob § 27 Abs. 2 HGB die **völlige Aufgabe des Geschäftsbetriebes voraussetzt oder ob auch die Übertragung auf einen Dritten oder auf eine Gesellschaft genügt.** Die Übertragung auf einen Dritten oder die Umwandlung in eine GmbH bzw. in eine GmbH & Co. KG wird zum Teil als Aufgabe angesehen, wenn der Erbe das Geschäft zunächst selbst geführt hat.[431] Die besseren Argumente sprechen aber für eine weitergehende Auslegung von § 27 Abs. 2 HGB und gegen eine Fortführung. Den Geschäftsgläubigern wird die Haftungsmasse auf diese Weise nicht entzogen. Es kann unter ökonomischen Gesichtspunkten sogar sinnvoll sein, ein Geschäft in der beschriebenen Weise fortzuführen, was regelmäßig auch den Interessen der Gläubiger entspricht.[432]

124   **Mit seinem gesamten Vermögen haftet der Erbe für Verbindlichkeiten des Unternehmens, die er nach dem Erbfall begründet,** sofern er nicht rechtsgeschäftlich seine Haftung auf den Nachlass beschränkt hat. Nachlassverbindlichkeiten können auch bei einer Firmenänderung oder Firmenfortführung begründet werden, wenn die Änderung der Firma oder deren Fortführung vom Standpunkt eines sorgfältigen Verwalters zur ordnungsgemäßen Verwaltung des Nachlasses gehören. Dann handelt es sich um eine Nachlasserbenschuld.[433] Oftmals spielen aber kaufmännische Erwägungen eine Rolle, die die Einordnung als ordnungsgemäße Verwaltung des Nachlasses erschweren können. Der Erbe kann somit Nachlassverbindlichkeiten begründen und gleichzeitig durch die Einstellung des Betriebes seine handelsrechtliche Haftung begrenzen.[434] Zum Teil wird kritisiert, dass der Erbe auf diese Weise zu Lasten der Altgläubiger die Zahl der

---

[428] MüKo/*Küpper,* § 1967 Rdn. 42; *Staudinger/Dutta* (2016), § 1967 Rdn. 59; *Graf,* ZEV 2000, 125, 131; a.A. *Canaris,* Handelsrecht, § 7 Rdn. 112; *Erman/Horn,* § 1967 Rdn. 11a.

[429] *Damrau/Tanck/Gottwald,* § 1967 Rdn. 39.

[430] MüKo/*Küpper,* § 1967 Rdn. 41; *Lange/Kuchinke,* § 47 VI 1 f.

[431] RG v. 1. 12. 1903, VII 356/03, RGZ 56, 195, 197; MüKo/*Küpper,* § 1967 Rdn. 40; *Ebenroth,* Rdn. 850; a.A. MüKo-HGB/*Thiessen,* § 27 HGB Rdn. 52; *Soergel/Stein,* Vor § 1967 Rdn. 18; *Burgard* in GroßkommHGB § 27 HGB Rdn. 65; *Burandt/Rojahn/Joachim,* § 1967 Rdn. 35.

[432] *Lange/Kuchinke,* § 47 VI 1d.

[433] BeckOGK/*Grüner,* § 1967 Rdn. 208; siehe dazu Rdn. 117 ff.

[434] *Lange/Kuchinke,* § 47 VI 1 f.; *Schmidt,* ZHR 157 (1993), 600, 604 f.

Gläubiger erhöhen kann.[435] Erkennt man aber die Möglichkeit der Begründung von Nachlasserbenschulden[436] durch den Erben grundsätzlich an und will man die Verwaltung durch ihn nicht verbieten, ist die sich daraus ergebende Möglichkeit der Verringerung der Nachlassmasse hinzunehmen. Altgläubiger sind dadurch nicht schlechter gestellt als ohne Erbfall. Auch dem Erblasser wäre es zu Lebzeiten möglich gewesen, die Haftungsmasse tatsächlich oder durch Rechtsformwechsel beispielsweise in eine GmbH nachteilig zu verändern.

aa) Haftung bei Fortführung unter einer neuen Firma

Das Handelsrecht sieht in **§ 27 Abs. 1 i.V.m. § 25 Abs. 3 HGB** eine **Haftung aus**   *125* **einem besonderen Verpflichtungsgrund** vor, **wenn der Erbe das Handelsgeschäft nicht oder nicht unter der bisherigen Firma fortführt.** Er kann das Unternehmen des Erblassers auch in der Weise fortführen, dass er an die Stelle des Erblassernamens seinen eigenen Namen setzt. Eine solche Haftung ist gegeben, wenn er die Übernahme der Verbindlichkeit in handelsüblicher Weise bekannt macht. Weitere besondere Verpflichtungsgründe i.S.v. § 25 Abs. 3 HGB können sich aus den allgemeinen Vorschriften des Schuldrechts aufgrund eines Schuldbeitritts, Schuldversprechens oder einer Schuldübernahme ergeben.[437] Dadurch wird jeweils eine persönliche Haftung des Erben für Altverbindlichkeiten begründet. Er haftet unbeschränkt mit dem Nachlass und dem Eigenvermögen. Es handelt sich um den Fall des Verzichts auf das Recht der Haftungsbeschränkung bzw. um einen solchen der rechtsgeschäftlichen Haftungserweiterung.[438]

bb) Fortführung in ungeteilter Erbengemeinschaft

Eine Erbengemeinschaft kann ein einzelkaufmännisches Unternehmen ebenfalls fort-   *126* führen. Während der **Unternehmensfortführung im Übergangszeitraum von drei Monaten**, § 27 HGB, kann daraus noch nicht auf die Bildung einer Personenhandelsgesellschaft geschlossen werden. Die Erbengemeinschaft verwaltet den Nachlass und insoweit auch das Unternehmen im Regelfall nur vorläufig, so dass vor der Teilung eine Haftung nur mit dem Anteil am Nachlass gemäß § 2059 Abs. 1 Satz 1 BGB besteht. Auch eine **Fortführung über die Dreimonatsfrist hinaus führt nicht zwingend zur Entstehung einer offenen Handelsgesellschaft.**[439] Die Erben können das Unternehmen in ungeteilter Erbengemeinschaft u.U. sogar ohne Zeitbegrenzung fortführen.[440] Teilweise wird eine Fortführung in ungeteilter Erbengemeinschaft als unzulässig angesehen, weil das Gesellschaftsrecht kein einzelkaufmännisches Unternehmen in ungeteilter Erbengemeinschaft kenne.[441] Im Gesellschaftsrecht findet sich umgekehrt aber auch keine entsprechende Verbotsnorm, was dafür spricht, dass die Erbengemeinschaft ein Unternehmen uneingeschränkt ohne Begründung eines gesellschaftlichen Zusammen-

---

[435] *Dauner-Lieb*, Unternehmen im Sondervermögen, S. 142 ff.; *Hüffer*, ZGR 1986, 634.
[436] Siehe dazu Rdn. 117 ff.
[437] *Damrau/Tanck/Gottwald*, § 1967 Rdn. 40.
[438] MüKo/*Küpper*, § 1967 Rdn. 44.
[439] Kritisch dazu *Fischer*, ZHR 144 (1980), 1, 8 ff.
[440] BGH v. 8.10.1984, II ZR 223/83, BGHZ 92, 259, 263; *Strothmann*, ZIP 1985, 969, 970; *Ebenroth*, Rdn. 853.
[441] *Fischer*, ZHR 144 (1980), 1, 4 ff. m.w.N.

schlusses fortführen darf. Dies ist zweckmäßig, wenn beispielsweise eine Vor- und Nacherbschaft angeordnet ist oder das Geschäft veräußert werden soll. Allerdings dürfte die Fortführung in ungeteilter Erbengemeinschaft kaum empfehlenswert sein, weil sie regelmäßig mit Schwierigkeiten insbesondere im Innenverhältnis verbunden sein dürfte.[442] Die **Fortführung des Handelsgeschäftes über die Dreimonatsfrist hinaus bedingt immer die handelsrechtliche Haftung aus § 27 Abs. 1 i.V.m. § 25 Abs. 1 Satz 1 HGB.** Die Miterben haften gesamtschuldnerisch unbeschränkt für die Geschäftsverbindlichkeiten. Kaum geklärt ist die Frage des Haftungsgrundes[443], den man wohl – unabhängig von den Grundsätzen der Gesamthandsgemeinschaft – in den allgemeinen Vorschriften sehen muss, insbesondere in den Regelungen der §§ 164 ff., 421 ff. BGB. Führen die Erben aufgrund eines gesellschaftlichen Zusammenschlusses das Handelsgeschäft in Form einer OHG fort, haften sie nach handelsrechtlichen Grundsätzen persönlich und unbeschränkt, §§ 128, 130 HGB.

b) Verbindlichkeiten der offenen Handelsgesellschaft

127 Der Tod des Gesellschafters einer OHG führt beim **Fehlen einer Nachfolgeklausel** gemäß § 131 Abs. 3 Nr. 1 HGB zum **Ausscheiden aus der Gesellschaft.** Der Erbe kann einen Abfindungsanspruch gegen die Gesellschaft geltend machen oder – auch bei Fehlen einer Nachfolgeklausel – als neuer Gesellschafter in die OHG eintreten, wenn er sich mit den übrigen Gesellschaftern dahingehend einigt.

aa) Die Auflösung der offenen Handelsgesellschaft

128 Bei einer **Zwei-Personen-OHG** führt der Tod eines Gesellschafters, wenn eine Fortsetzungsklausel fehlt, **zwingend zur Auflösung der Gesellschaft,** anderenfalls durch das fingierte Ausscheiden aus der Gesellschaft eine rechtlich unzulässige Ein-Mann-OHG entstünde. Kommt es zur Auflösung, wird der Erbe Mitglied einer Abwicklungsgesellschaft. Seine Haftung folgt den erbrechtlichen Grundsätzen, d.h. er haftet für Geschäftsschulden beschränkbar auf den Nachlass und zwar unabhängig davon, ob sie vor oder nach dem Erbfall entstanden sind.[444] Zur Haftung des Erben auch mit dem Eigenvermögen kommt es nur, wenn er einen Verpflichtungstatbestand in seiner Person erfüllt.

bb) Die Fortführung der offenen Handelsgesellschaft

129 Sieht der Gesellschaftsvertrag vor, dass beim Tod eines persönlich haftenden Gesellschafters die **Gesellschaft mit dem oder den Erben fortgesetzt werden soll, wird dieser zunächst persönlich haftender Gesellschafter.** Er haftet wie ein Eintretender gemäß § 130 Abs. 1 HGB für die früheren Gesellschaftsschulden persönlich und unbeschränkbar. Für neue Geschäftsschulden ergibt sich das unmittelbar aus § 128 HGB. Bei den Altverbindlichkeiten handelt es sich zugleich um Nachlassverbindlichkeiten. Für sie haftet der Erbe aus einem doppelten Rechtsgrund, einmal als eintretender Gesellschafter nach §§ 130, 121 HGB persönlich unbeschränkbar und einmal als Erbe beschränkbar auf den Nachlass.

---

442 *Strothmann,* ZIP 1985, 975; *Ebenroth,* Rdn. 853.
443 Dazu *Wolf,* AcP 181 (1981), 502 ff.; *Ebenroth,* Rdn. 854.
444 BGH v. 6.7.1981, II ZR 38/81, NJW 1982, 45, 46; BeckOGK/*Grüner,* § 1967 Rdn. 213; *Graf,* ZEV 2000, 125, 131.

Die **Altgläubiger** können wegen ihrer Forderungen sowohl in den Nachlass als auch in das Eigenvermögen des Erben vollstrecken. **Neugläubigern** haftet der Erbe persönlich mit seinem gesamten Vermögen. Kommt es zu einer Nachlassabsonderung durch Nachlassverwaltung oder Nachlassinsolvenz, ist diesen Geschäftsgläubigern der Zugriff auf den Nachlass verwehrt.[445] Neue Verbindlichkeiten begründet der Erbe nicht für den Nachlass.[446] Neugläubigern gegenüber haftet er gemäß § 128 HGB wie ein außerhalb des Erbgangs stehender Dritter.[447]

cc) Die Regelung des § 139 HGB

Tritt der Erbe in die Gesellschafterstellung des Erblassers ein, trifft ihn grundsätzlich *130* eine unbeschränkte Haftung. Um zu verhindern, dass er deswegen zur Ausschlagung der Erbschaft gezwungen wird, räumt ihm das Gesetz ein **Wahlrecht** ein. Der Erbe kann seine erworbene **Gesellschafterzugehörigkeit** gemäß § 139 Abs. 1 HGB **davon abhängig machen, dass ihm die Stellung eines Kommanditisten eingeräumt wird.** Lehnen die übrigen Gesellschafter dies ab, kann der Erbe **ohne Einhaltung einer Kündigungsfrist aus der Gesellschaft ausscheiden,** § 139 Abs. 2 HGB. Ein einklagbarer Anspruch auf Einräumung einer Kommanditistenstellung besteht nicht, weil die Gesellschafter nicht in ihrer Entscheidungsfreiheit beschränkt werden können. Das Wahlrecht steht **jedem Miterben ohne Rücksicht auf die anderen Erben zu** und kann durch Gesellschaftsvertrag nicht entzogen werden.

Das Wahlrecht kann gemäß § 139 Abs. 3 Satz 1 HGB **nur innerhalb von drei Monaten ab Kenntnis vom Anfall der Erbschaft bzw. darüber hinaus gemäß § 139 Abs. 3 Satz 3 HGB bis zum Ablauf der Ausschlagungsfrist ausgeübt werden.** Der Erbe kann seine unbeschränkte Haftung als Gesellschafter ausschließen, wenn er nach Ablauf von drei Monaten aus der OHG ausscheidet oder die Stellung eines Kommanditisten erhält, § 139 Abs. 4 HGB, oder wenn die Gesellschaft innerhalb der Frist aufgelöst wird. Für die bis zu diesem Zeitpunkt entstandenen Gesellschaftsschulden haftet der Erbe nur nach erbrechtlichen und nicht nach handelsrechtlichen Grundsätzen, mag er diese Verbindlichkeiten auch als Vertreter der Gesellschaft eingegangen sein.[448] Erhält der Erbe die Stellung eines Kommanditisten, gilt das jedoch nur, wenn er die Kommanditeinlage geleistet hat und sie ihm nicht zurückgezahlt worden ist, §§ 171 Abs. 1, 172 Abs. 4 HGB. **Umstritten** ist, ob es vor der Eintragung der Stellung als Kommanditist zu einer Anwendung von § 176 Abs. 2 HGB kommen kann. Diese Regelung sieht für den Kommanditisten, der vor seiner Eintragung ins Handelsregister in die Gesellschaft eintritt, eine unbeschränkte Haftung für die zwischen seinem Eintritt und der Eintragung in das Handelsregister eingegangenen Gesellschaftsverbindlichkeiten vor. Der **Bundesgerichtshof** bejaht die Anwendbarkeit, gewährt dem Erben aber eine Schonfrist, wenn er seinen Antrag unverzüglich herbeiführt.[449]

---

[445] *Graf,* ZEV 2000, 125, 131.

[446] *Ebenroth,* Rdn. 1099.

[447] MüKo/*Küpper,* § 1967 Rdn. 45.

[448] *Ebenroth,* Rdn. 877; MüKo/*Küpper,* § 1967 Rdn. 45; *Damrau/Tanck/Gottwald,* § 1967 Rdn. 43.

[449] BGH v. 4.3.1976, II ZR 145/75, BGHZ 66, 100 ff.; BGH v. 21.3.1983, II ZR 113/82, NJW 1983, 2258, 2259; *Staudinger/Dutta* (2016), § 1967 Rdn. 71; MüKo/*Küpper,* § 1967 Rdn. 45; a.A. *Schlegelberger/K. Schmidt,* § 176 HGB Rdn. 23; MüKo-HGB/*K. Schmidt,* § 176 HGB Rdn. 24; *Muscheler,* Testamentsvollstreckung, 502.

Wird einem Erben innerhalb der Dreimonatsfrist des § 139 Abs. 3 Satz 1 HGB die **Stellung eines Kommanditisten eingeräumt,** haftet er gemäß § 139 Abs. 4 HGB **nur für die bis dahin entstandenen Geschäftsschulden nach erbrechtlichen Grundsätzen** und nicht auch unmittelbar gemäß § 173 HGB.[450] Er haftet ohne die Beschränkung auf den Betrag einer evtl. rückständigen Einlage mit der Möglichkeit, seine Haftung gemäß §§ 1975 ff. auf den Nachlass zu beschränken. Insoweit geht § 139 Abs. 4 HGB der Regelung des § 173 HGB vor, anderenfalls es sonst bis zur Höhe der möglicherweise noch rückständigen Einlage auch für die Altschulden zu einer nicht auf den Nachlass beschränkbaren Haftung des Erben als Kommanditist kommen würde.[451] Die gesetzliche Lösung ist angemessen, weil dem Erben die Entscheidung erleichtert wird, ob er Gesellschafter bleiben will. Gleichzeitig wird die zwangsläufige Entstehung von Abfindungsansprüchen, die die Gesellschaft über Gebühr belasten könnten, weitgehend ausgeschlossen.[452]

Anders stellt sich die Rechtslage dar, wenn schon der Erblasser selbst Kommanditist war und der Gesellschaftsanteil als Kommanditanteil an den Erben vererbt wird.[453]

dd) Die Haftung des ausgeschiedenen Erben

131 Der aus der offenen Handelsgesellschaft ausgeschiedene Erbe **haftet für die bis zu seinem Ausscheiden entstandenen Geschäftsverbindlichkeiten nur mit dem Nachlass**[454], soweit er sich nicht ausdrücklich gegenüber Neugläubigern persönlich verpflichtet hat. Er muss dafür Sorge tragen, dass sein Ausscheiden unverzüglich im Handelsregister eingetragen wird. Anderenfalls bietet sich das Bild eines in der Gesellschaft verbliebenen Erben, der entsprechend diesem Rechtsschein haftet, §§ 15, 143 HGB.

c) Die Rechtslage bei der Kommanditgesellschaft

132 Bei der Kommanditgesellschaft **kommt** es für die Haftung des Erben **darauf an, ob** dieser einen Kommanditisten oder einen Komplementär beerbt.

aa) Der Erblasser als Komplementär

133 Hatte der Erblasser die Stellung eines Komplementärs, richtet sich die Haftung des Erben ebenso wie bei der offenen Handelsgesellschaft nach § 139 HGB, der über § 161 Abs. 2 HGB auch für die Kommanditgesellschaft gilt. **Der Erbe kann unter den Voraussetzungen des § 139 HGB eine Haftung als Kommanditist herbeiführen.** Dazu muss er innerhalb der dreimonatigen Frist des § 139 Abs. 3 HGB entweder aus der Gesellschaft ausscheiden oder gemäß § 139 Abs. 2 HGB die Stellung eines Kommanditisten erlangen. Auch im Fall der Auflösung der Gesellschaft haftet der Erbe für die bis dahin entstandenen Verbindlichkeiten der Gesellschaft, insbesondere für die Altschulden, aber auch für zwischenzeitlich entstandene Schulden nach erbrechtlichen Vorschriften, § 139 Abs. 4 HGB, d. h. der Nachlass haftet auch für die nach dem Erbfall

---

[450] *Staudinger/Dutta* (2016), § 1967 Rdn. 63, 68 f.; *Liebisch*, ZHR 116 (1954), 128, 183; a. A. *Schäfer* in GroßkommHGB § 139 HGB Rdn. 125; MüKo-HGB/*K. Schmidt*, § 139 HGB Rdn. 101, 110.

[451] *Staudinger/Dutta* (2016), § 1967 Rdn. 68.

[452] *Staudinger/Dutta* (2016), § 1967 Rdn. 68.

[453] Siehe dazu näher Rdn. 134

[454] *Erman/Horn*, § 1967 Rdn. 14; *Staudinger/Dutta* (2016), § 1967 Rdn. 63.

begründeten Verbindlichkeiten.[455] Stirbt der einzige Komplementär neben dem bereits als Gesellschafter beteiligten Erben, sind die §§ 139, 27 HGB sinngemäß anzuwenden. Der Erbe kann die Auflösung der KG betreiben und den Betrieb innerhalb der Dreimonatsfrist einstellen, um sich die erbrechtliche Haftungsbeschränkungsmöglichkeit zu erhalten.[456] Er haftet für die bis dahin begründeten Verbindlichkeiten nach erbrechtlichen Grundsätzen. Wird der Erbe durch den Erbgang Alleininhaber des Gesellschaftsvermögens, haftet er unter den Voraussetzungen des § 27 HGB.[457]

bb) Haftung bei Vererbung eines Kommanditanteils

Mit dem **Tod eines Kommanditisten** fällt sein **Geschäftsanteil an den Erben**. Die Gesellschaft wird, wenn keine abweichenden vertraglichen Regelungen bestehen, mit dem Erben fortgesetzt, § 177 HGB. **Mehrere Erben** treten nicht als Erbengemeinschaft in die Kommanditistenstellung ein, sondern **unmittelbar mit den Anteilen, die ihrem Anteil am Nachlass entsprechen**.[458]   *134*

Der Erwerb eines Kommanditanteils im Wege der Erbfolge wird als Eintritt in die Gesellschaft i.S.v. § 173 HGB angesehen. Der Erbe wird anstelle des Erblassers Kommanditist. Er haftet für frühere Gesellschaftsschulden mit seinem Kommanditanteil, in Höhe der rückständigen Hafteinlage auch mit dem sonstigen Nachlass sowie mit seinem Eigenvermögen bis zur Höhe der rückständigen Haftsumme.[459] Die Haftung ist ausgeschlossen, soweit die Einlage geleistet ist. Daneben besteht die erbrechtliche Haftung mit der Möglichkeit der Beschränkung nach den §§ 1975 ff. BGB. In bestimmten Fällen kann sich der Erbe eines Kommanditisten bei dieser Konstellation schlechter als der Erbe eines Komplementärs stehen. Dieser hat immer die Möglichkeit, seine Rechtsstellung als Komplementär in eine Kommanditistenstellung umzuwandeln oder aus der Gesellschaft auszuscheiden, wodurch er eine Beschränkung der Haftung für Altverbindlichkeiten auf den Nachlass nach erbrechtlichen Grundsätzen erreicht. Dem Erben eines Kommanditisten bliebe nur die Möglichkeit der Ausschlagung, um der unbeschränkten Haftung der §§ 171, 172 HGB zu entgehen. Deshalb ist **streitig, ob eine handelsrechtliche Beschränkung der Haftung gemäß § 139 Abs. 4 HGB auch für den Erben eines Kommanditisten möglich sein soll**.[460] Die Haftungslage eines Komplementärs ist aber mit der des Kommanditisten nicht vergleichbar.[461] Die Haftung des Erben eines Kommanditisten für frühere Gesellschaftsschulden ist summenmäßig auf den Kommanditanteil beschränkt. Sie erfolgt nur, wenn die Hafteinlage nicht vollständig erbracht worden ist, in Höhe des Rückstandes aus dem sonstigen Nachlass und dem Eigenvermögen. Dieser steht sich damit in der Regel deutlich besser als der Erbe eines Komplementärs und kann das Risiko der Annahme der Erbschaft hinnehmen.

---

[455] BGH v. 21.12.1970, II ZR 258/67, BGHZ 55, 267, 274 = NJW 1971, 1268; MüKo-HGB/ *K. Schmidt*, § 139 HGB Rdn. 113; MüKo/*Küpper*, § 1967 Rdn. 45.

[456] BGH v. 10.12.1990, II ZR 256/89, NJW 1991, 844, 845.

[457] MüKo-HGB/*Thiessen*, § 27 HGB Rdn. 4.

[458] *Graf*, ZEV 2000, 125, 131.

[459] BeckOGK/*Grüner*, § 1967 Rdn. 212; *Lange/Kuchinke*, § 47 VI 2b; *Erman/Horn*, § 1967 Rdn. 15; *Soergel/Stein*, Vor § 1967 Rdn. 32; a.A. *Staudinger/Dutta* (2016), § 1967 Rdn. 69 m.w.N.

[460] *Staudinger/Dutta* (2016), § 1967 Rdn. 69; *Luttermann*, ZErb 2008, 139, 141 ff.

[461] *Lange/Kuchinke*, § 47 VI 2b.

Gerechtfertigt ist es auch, dass der Erbe eines Kommanditisten für die rückständige Hafteinlage mit seinem Eigenvermögen haftet. § 173 HGB gilt insoweit sowohl für den vertraglichen Eintritt in die Kommanditgesellschaft als auch für den Eintritt kraft Erbfalls.[462] Ein Vorrang des § 139 Abs. 4 HGB ist nicht gegeben. Kommt es erst nach der Auflösung der Kommanditgesellschaft zum Erbfall, haftet der Erbe eines Kommanditisten für Einlageverpflichtungen des Erblassers nur nach erbrechtlichen Grundsätzen. Er kann seine Haftung beschränken.[463]

Gegenüber **Neugläubigern** haftet der Erbe **nur mit dem ererbten Kommanditanteil und bis zur Höhe der Haftsumme persönlich mit seinem gesamten Vermögen**.[464] Gleiches gilt für Neuverbindlichkeiten, die zwischen dem Erbfall und der Eintragung des Erben in das Handelsregister entstanden sind. § 176 HGB findet nur Anwendung, wenn die Kommanditgesellschaft als solche oder ein Eintritt des Erblassers in die Gesellschaft zum Zeitpunkt des Erbfalls noch nicht eingetragen war.[465] Der Erbe hat insoweit keinen Rechtsschein gesetzt, persönlich zu haften. Das Vertrauen der Gläubiger ist nur darauf gerichtet, dass die Haftungssumme des Kommanditisten eingezahlt ist.

d) Die Haftung bei der Gesellschaft bürgerlichen Rechts

135 Die Gesellschaft bürgerlichen Rechts wird **gemäß § 727 Abs. 1 BGB mit dem Tode eines Gesellschafters aufgelöst**, doch können auch die Gesellschafter einer solchen Gesellschaft im Gesellschaftsvertrag deren Fortsetzung statuieren. Kommt es zur Auflösung der Gesellschaft, so **entspricht die Haftung des Erben der Situation bei der OHG**. Er haftet nach erbrechtlichen Grundsätzen zunächst unbeschränkt, hat aber die Möglichkeit die Beschränkung seiner Haftung auf den Nachlass herbeizuführen. Neuverbindlichkeiten, die zur Liquidation der Gesellschaft eingegangen worden sind, treffen nur den Nachlass. Es handelt sich nicht um Nachlasserbenschulden, die den Erben zugleich persönlich träfen.

Wird die Gesellschaft **aufgrund einer Nachfolgeklausel mit dem Erben fortgeführt**, haftet dieser für die **Altschulden** mit seinem Anteil am Gesellschaftsvermögen und mit dem Nachlass. Eine Haftung mit dem Eigenvermögen ist zweifelhaft, weil ein Verpflichtungstatbestand entsprechend § 130 HGB fehlt.[466] Für die **Neuverbindlichkeiten** haftet der Erbe persönlich, so dass Neugläubiger im Fall der Haftungsbeschränkung ungehindert auch auf den Nachlass als Teil des Eigenvermögens zugreifen können.[467] Der für das Gesellschaftsrecht zuständige **II. Zivilsenat des Bundesgerichtshofes** hat in einer Entscheidung vom 17.12.2013 ausgeführt, dass die Rechtsfrage, ob auch Erben des Gesellschafters einer Gesellschaft bürgerlichen Rechts analog

---

[462] RG v. 15.3.1929, II B 3/29, RGZ 123, 366, 370; BGH v. 3.7.1989, II ZB 1/89, BGHZ 108, 187, 197 = NJW 1989, 3152; OLG Hamburg v. 5.11.1993, 11 U 39/93, NJW-RR 1994, 809, 810; MüKo/*Küpper*, § 1967 Rdn. 45; *Erman/Horn*, § 1967 Rdn. 14a; *Lange/Kuchinke*, § 47 VI 2b; MüKo-HGB/*K. Schmidt*, § 173 HGB Rdn. 44; a.A. *Staudinger/Dutta* (2016), § 1967 Rdn. 69; *Luttermann*, ZErb 2008, 139, 141 ff.

[463] BGH v. 21.9.1995, II ZR 273/93, NJW 1995, 3314 m. Anm. *Schmidt*, JuS 1996, 362.

[464] *Erman/Horn*, § 1967 Rdn. 15a.

[465] BGH v. 3.7.1989, II ZB 1/89, BGHZ 108, 187, 197; *Lange/Kuchinke*, § 47 VI 2c; a.A. *Baumbach/Hopt/Roth*, § 176 HGB Rdn. 12.

[466] MüKo/*Küpper*, § 1967 Rdn. 46.

[467] *Burandt/Rojahn/Joachim*, § 1967 Rdn. 45.

§§ 128, 130 HGB für Altschulden der Gesellschaft haften, keine grundsätzliche Bedeutung habe, auch wenn die Rechtsfrage bisher nicht ausdrücklich angesprochen worden sei.[468] Die grundsätzliche Bedeutung der Rechtsfrage wurde verneint, weil es in der Literatur völlig herrschende Meinung sei, dass § 130 HGB analoge Anwendung finde.[469] Streit bestehe lediglich über die Frage, ob § 139 HGB überhaupt und wenn ja in welcher Form auf den analog §§ 128, 130 HGB haftenden Erben Anwendung finde. Darauf käme es nicht an, weil die Beklagten im zu entscheidenden Fall von einem eventuellen Austrittsrecht keinen Gebrauch gemacht hätten.

Konsequenz einer Haftung des Erben analog § 130 HGB müsste dann auch die Möglichkeit der Haftungsbegrenzung entsprechend § 139 Abs. 4 HGB sein.[470] Anderenfalls verlöre der Erbe eines BGB-Gesellschafters nicht nur seine gegenüber den Erben eines Gesellschafters einer Handelsgesellschaft nach der ursprünglichen Rechtslage eher privilegierte haftungsrechtliche Stellung, sondern wäre sogar schlechter gestellt, weil ihm eine gesetzliche Haftungsbeschränkung gänzlich abgeschnitten wäre. *Küpper* weist zu Recht darauf hin, dass eine Haftung des eintretenden Erben nach § 130 HGB analog nicht durch die Anerkennung der Rechtsfähigkeit der Gesellschaft bürgerlichen Rechts und den Übergang von der Doppelverpflichtungslehre zum Akzessorietätsprinzip vorgegeben sei. Der für die Haftung nach § 130 HGB herangezogene Gesichtspunkt, dass der Eintretende für Altschulden sonst überhaupt nicht hafte, andererseits aber dieselben Zugriffsmöglichkeiten auf das Gesellschaftsvermögen habe wie die Altgesellschafter, greife bei einem Erbgang nicht. Der Erbe haftet für Altschuldner nach den zivilrechtlichen Vorschriften der §§ 1967 ff. BGB und bei persönlichen Entnahmen auch unbeschränkbar nach § 1978 Abs. 1 BGB mit seinem Eigenvermögen. Ausgehend von einer Haftung des eintretenden Erben eines BGB-Gesellschafters analog § 130 HGB für Altschulden, muss nach *Küpper* in jedem Fall der Weg zu einer Anwendung des § 139 Abs. 4 HGB vorgegeben sein, deren Ausgestaltung im Einzelnen ungeklärt sei. Die Möglichkeit einer Umwandlung der Gesellschaft in eine KG erscheine generell oder jedenfalls in vielen Fällen zweifelhaft. Daher könne möglicherweise allein ein innerhalb der dreimonatigen Frist des § 139 Abs. 3 BGB geltend zu machendes Austrittsrecht des Erben anzunehmen sein.[471]

e) Minderjährige Erben eines Unternehmens

Wird ein Unternehmen unter Beteiligung eines minderjährigen Erben durch gesetzliche Vertreter fortgeführt, ist die **Haftung** von vornherein **auf das Vermögen beschränkt, was bei Eintritt der Volljährigkeit noch vorhanden ist, §§ 1629a, 1990, 1991 BGB.** Der nunmehr Volljährige kann innerhalb von drei Monaten das Unternehmen einstellen oder die Auseinandersetzung bzw. Kündigung der Gesellschaft betreiben.[472] Er kann die Haftungsbeschränkung auch im Prozess geltend machen.

136

---

[468] BGH v. 17.12.2013, II ZR 121/12, ZEV 2014, 432 m. kritischer Anm. *Küpper*, ZEV 2014, 433 f.

[469] *Baumbach/Hopt/Roth*, § 130 HGB Rdn. 3 f.; *Ebenroth/Boujong/Joost/Strohn/Hillmann*, § 130 HGB Rdn. 2, 5; MüKo-HGB/*K. Schmidt*, § 130 HGB Rdn. 5, 14; MüKo/*Schäfer*, § 714 Rdn. 74, § 727 Rdn. 47; Palandt/*Sprau*, § 727 Rdn. 3.

[470] *Küpper*, Anm. zu BGH v. 17.12.2013, II ZR 121/12, ZEV 2014, 432, 434.

[471] *Küpper*, Anm. zu BGH v. 17.12.2013, II ZR 121/12, ZEV 2014, 432, 434.

[472] Vertiefend *Damrau*, NJW 1985, 2236 ff.

f) Haftung für Verbindlichkeiten eines Kapitalgesellschafters

136a Die Haftung des Erben eines Kapitalgesellschafters gegenüber der Gesellschaft **bestimmt sich nach den allgemeinen Regeln des Erbrechts**, insbesondere auf die Leistung von Einlagen.[473] Streitig ist, ob die Eintragung in die Gesellschafterliste nach §§ 16 GmbHG, 67 AktG ein selbstständiger Verpflichtungsgrund ist. Dies hätte zur Folge, dass die erbrechtlichen Haftungsbeschränkungen ausgeschlossen wären.[474]

5. Vom Erben zu vertretende Leistungsstörungen

137 Da der Erbe mit dem Anfall der Erbschaft ungeachtet der Möglichkeit der Haftungsbeschränkung persönlicher Schuldner aller Nachlassverbindlichkeiten geworden ist, haftet er aufgrund einer **schuldhaften Verletzung seiner Pflicht zur Erfüllung für sich daraus ergebende Schadensersatzansprüche persönlich und unbeschränkbar**.[475] Dass der Anspruch ohne Einschränkungen gegen das Eigenvermögen des Erben geltend gemacht werden kann, rechtfertigt sich daraus, dass er die Pflichtverletzung selbst verschuldet hat und deshalb nicht in den Genuss der Privilegierung kommen soll.[476] Über **§ 278 BGB** haftet der Erbe auch für Leistungsstörungen, die ein Testamentsvollstrecker, Nachlasspfleger oder Nachlassverwalter zu vertreten haben. Er hat in einem solchen Fall die Möglichkeit, die Haftung auf den Nachlass zu beschränken.

Abgesehen von den Tatbeständen der **§§ 823, 826 BGB**, bei denen der Erbe neben einer Nachlass- **auch eine Eigenverbindlichkeit begründet**, werden sowohl der Nachlass als auch das sonstige Vermögen des Erben von der Haftung für die Pflichtverletzung frei, wenn der Erbe die Erbschaft ausschlägt oder die Erbschaftsannahme bzw. die Versäumung der Ausschlagungsfrist wirksam anficht. In diesem Fall gilt der Anfall der Erbschaft an ihn und damit sogleich sein Eintritt in die verletzte Nachlassverbindlichkeit als nicht erfolgt.[477]

6. Vollberechtigte und nachrangige Nachlassverbindlichkeiten

138 Das Bürgerliche Gesetzbuch unterscheidet nur in Einzelfällen zwischen vollberechtigten und minderberechtigten Nachlassverbindlichkeiten. Die Rangstellung muss ausdrücklich bestimmt sein, ohne dass nach dem Entstehungsgrund zu unterscheiden ist. Zurückgesetzt sind Verbindlichkeiten aus Pflichtteilsansprüchen, Vermächtnissen und Auflagen. Der Pflichtteilsberechtigte soll aufgrund seiner engen familiären Beziehung zum Erblasser nicht vollständig vom Nachlass ausgeschlossen werden. Beruht die Überschuldung des Nachlasses auf Pflichtteilsansprüchen, muss der Erbe die Eröffnung eines Nachlassinsolvenzverfahrens beantragen. Bei einer Überschuldung des Nachlasses nur aufgrund von Vermächtnisansprüchen und Auflagen kann er den Nachlass ohne amtliches Verfahren einer beschränkten Haftung zuführen, indem er sich auf die Überschwerungseinrede gemäß § 1992 BGB beruft.[478]

---

[473] MüKo/*Küpper*, § 1967 Rdn. 47; Palandt/*Weidlich*, § 1967 Rdn. 4.

[474] Siehe hierzu die Rechtsprechungsnachweise bei MüKo/*Küpper*, § 1967 Rdn. 47 Fn. 281.

[475] So RG v. 22.3.1918, II 515/17, RGZ 92, 341, 343 für solche aus Unmöglichkeit, Verzug und positiver Vertragsverletzung.

[476] *Staudinger/Dutta* (2016), § 1967 Rdn. 53.

[477] *Staudinger/Dutta* (2016), § 1967 Rdn. 53.

[478] Näher dazu Rdn. 368 ff.

Der **unterschiedliche Rang der Nachlassverbindlichkeiten spielt eine wesentliche** *139*
Rolle in der Insolvenz. Das Nachlassinsolvenzverfahren folgt dem einfachen Insolvenzverfahren in der Gliederung in Massegläubiger gemäß §§ 53 ff. InsO, in Insolvenzgläubiger gemäß § 38 InsO sowie in nachrangige Insolvenzgläubiger gemäß § 39 InsO.

Zu den **Massekosten** zählen die gerichtlichen Kosten des Nachlassinsolvenzverfahrens sowie die Kosten für die Verwaltung, Verwertung und Verteilung der Masse, §§ 54, 55 Abs. 1 Nr. 1 InsO.

Masseverbindlichkeiten sind von den Erblasserschulden nur die aus zweiseitigen Verträgen, die noch nicht abgewickelt worden sind, § 55 Abs. 1 Nr. 2 InsO sowie echte Bereicherungsschulden, § 55 Abs. 1 Nr. 3 InsO. Von den Erbfallschulden gehören dazu gemäß § 324 Abs. 1 InsO die Bestattungskosten (Nr. 2), die Kosten der Todeserklärung (Nr. 3), von den Nachlasskostenschulden die Kosten der Eröffnung der Verfügung von Todes wegen, Kosten für die Nachlasssicherung, für die Nachlasspflegschaft, für das Aufgebot der Nachlassgläubiger und die Inventarerrichtung (Nr. 4), von den Erbschaftsverwaltungsschulden Verbindlichkeiten aus der Verwaltung des Nachlasses der damit betrauten Personen, namentlich des Nachlassinsolvenzverwalters, des Nachlassverwalters, des Nachlasspflegers oder des Testamentsvollstreckers gemäß § 324 Abs. 1 Nr. 5 InsO, gewisse Ersatzansprüche aus der Geschäftsführung dieser Personen sowie des ausschlagenden Erben gegen den endgültigen Erben, § 324 Abs. 1 Nr. 6 InsO. Masseverbindlichkeiten sind auch solche, die dem Erben aus Aufwendungen zustehen, die ihm nach den §§ 1978 Abs. 3, 1979 BGB aus dem Nachlass zu ersetzen sind, § 324 Abs. 1 Nr. 1 InsO. Ein Erbschaftsbesitzer lässt durch seine Verwaltungshandlungen keine Nachlassverbindlichkeiten entstehen.[479]

Nachrangige Verbindlichkeiten sind in §§ 39, 327 InsO geregelt. Im Rang nach den in § 39 InsO bezeichneten Verbindlichkeiten und in folgender Rangfolge, bei gleichem Rang nach dem Verhältnis ihrer Beträge, werden die Verbindlichkeiten gegenüber Pflichtteilsberechtigten, § 327 Abs. 1 Nr. 1 InsO, und die Verbindlichkeiten aus den vom Erblasser angeordneten Vermächtnissen und Auflagen erfüllt, § 327 Abs. 1 Nr. 2 InsO. Ihnen folgen gemäß § 327 Abs. 3 InsO die im Aufgebotsverfahren[480] oder nach § 1974 BGB ausgeschlossenen Gläubiger[481], § 327 Abs. 3 InsO.

---

[479] MüKo/*Küpper,* § 1967 Rdn. 12.
[480] Siehe dazu Rdn. 367 ff.
[481] Siehe dazu Rdn. 406 ff.

C. Die Ausschlagung der Erbschaft zum Zwecke der Haftungsvermeidung

Die Erbschaft geht nach dem **Grundsatz der Universalsukzession** (§ 1922 Abs. 1 BGB) im Wege des Vonselbsterwerbs mit dem Erbfall auf den Erben über. Dieser Übergang erfolgt unabhängig davon, ob es sich um einen überschuldeten oder dem Erben aus sonstigen Gründen unliebsamen Nachlass handelt. Der Nachlass ist ohne Kenntnis des Bestandes ein Geschenk, bei dem man nicht weiß, ob es Geld einbringt oder Geld kostet.[482] Für den Erben stellt sich immer die Frage, ob er die Erbschaft annehmen oder ausschlagen soll. Das **Rechtsinstitut der Ausschlagung hat mit der Haftung des Erben für Nachlassverbindlichkeiten unmittelbar nichts zu tun, sondern geht dieser voraus.** Annahme und Ausschlagung der Erbschaft sind im Abschnitt 2 des 5. Buches des Bürgerlichen Gesetzbuches bei den Vorschriften über die rechtliche Stellung des Erben geregelt. Der rechtliche Berater, der zur Ausschlagung rät, sollte vorher möglichst genau klären, dass dem Erben dadurch keine Rechte genommen werden, anderenfalls er selbst haftbar sein kann.[483] Beruht die Versäumung der Ausschlagungsfrist auf einem Fehlverhalten des Anwalts, begründet sich daraus in aller Regel noch kein bzw. kein erheblicher Schaden. Es besteht weiterhin die Möglichkeit, die Haftung für Nachlassverbindlichkeiten auf den Nachlass zu beschränken. Allenfalls für entstehende Mehrkosten, beispielsweise für die Feststellung, ob eine die Kosten eines Nachlassinsolvenzverfahrens deckende Masse vorhanden ist, ist eine Haftung denkbar. Wird nur vermutet, dass der Nachlass nicht werthaltig ist und/oder dass ein Risiko hoher vom Erblasser herrührender Verbindlichkeiten besteht, kann der Ausschluss der Haftung mit dem Eigenvermögen mit den gesetzlichen Möglichkeiten der Haftungsbeschränkung erreicht werden. Die im Gesetz vorgesehene sechswöchige Frist zur Ausschlagung ist für eine genauere Bestandsaufnahme des Nachlasses im Interesse einer schnellen Klärung der Erbfolge sehr knapp bemessen und bei größeren Nachlässen fast immer zu kurz.

Ein **Motiv des Erben zur Ausschlagung** kann auch darin liegen, dass er sich aus persönlichen Gründen in keiner Weise mit einem Nachlass als einer nicht selbst geschaffenen Vermögensmasse auseinandersetzen oder sich den Mühen einer Nachlassabwicklung entziehen möchte. Mit der Ausschlagung können in Einzelfällen auch steuerliche Zwecke verfolgt werden.[484] Häufigstes Motiv der Erbausschlagung ist jedoch die feststehende Überschuldung des Nachlasses.

Anfall, Annahme und Ausschlagung der Erbschaft sind in den §§ 1942–1959 BGB geregelt. Der Erbe kann die Erbschaft annehmen oder ausschlagen, sobald der Erbfall eingetreten ist, § 1946 BGB.

140

---

[482] *Försterer*, Erbrecht, S. 53.
[483] *Frieser*, anwaltliche Praxis, Rdn. 253.
[484] Einen Überblick zu Motiven von Annahme und Ausschlagung einer Erbschaft gibt *Walter*, ZEV 2008, 319 ff.

I. Das Recht zur Ausschlagung

141   Jeder Erbe hat das **Recht zur Ausschlagung ohne Rücksicht auf den Berufungsgrund**. Das Recht kann durch letztwillige Verfügung nicht ausgeschlossen werden.[485] Solange der Erbe die Erbschaft ausschlagen kann, ist er als nur vorläufiger Erbe in der Lage, sich gegen den endgültigen Erwerb eines unübersichtlichen, unwillkommenen oder überschuldeten Nachlasses zu wehren. Mit dem Verlust der Ausschlagungsmöglichkeit und der Stellung als endgültiger Erbe wird ihm das Recht zur Beschränkung der Haftung auf den Nachlass nicht genommen, wenn er sein Eigenvermögen vor dem Zugriff der Nachlassgläubiger bewahren möchte.

Eine **Ausnahme gilt gemäß § 1942 Abs. 2 BGB für den Fiskus, der kein Recht zur Ausschlagung hat,** wenn er **als gesetzlicher Erbe bestimmt** ist. Im Interesse einer geordneten Nachlassabwicklung soll jeder Nachlass einen Rechtsträger haben. **Herrenlose Nachlässe sollen vermieden werden.** Als gewillkürter Erbe ist der Fiskus **zur Ausschlagung berechtigt,** weil kein Grund ersichtlich ist, ihn anders als sonstige gewillkürte Erben zu behandeln. Die Regelung des § 1942 Abs. 2 BGB **gilt auch für Körperschaften, Stiftungen oder Anstalten des öffentlichen Rechts, die** aufgrund des Vorbehalts in Art. 138 EGBGB **nach Landesrecht anstelle des Staates als gesetzliche Erben berufen sind.**[486]

142   Das Recht zur **Ausschlagung unterliegt allein dem Willen des Erben.** Es kann nicht gepfändet werden. Ist der Erbe Insolvenzschuldner – unabhängig davon, ob ihm die Erbschaft vor oder nach der Eröffnung des Insolvenzverfahrens angefallen ist – ist die Ausschlagung **ausschließlich seine Sache, nicht die des Insolvenzverwalters.** In einem Verfahren zur Erlangung der Restschuldbefreiung bleibt es während der Wohlverhaltensperiode weiter dem Schuldner überlassen, ob er eine ihm während dieser Phase angefallene Erbschaft ausschlägt. Die Ausschlagung stellt keine Obliegenheitsverletzung des Schuldners dar.[487] Im Fall der Annahme der Erbschaft muss der Erbe nach einer Kündigung der Restschuldbefreiung nur die Hälfte des Wertes gemäß § 295 Abs. 1 Nr. 2 InsO an den Treuhänder herausgeben.

Gläubigern des Erben bzw. dem Insolvenzverwalter steht auch kein Recht zu, die Ausschlagung nach den Vorschriften des Anfechtungsgesetzes oder nach §§ 129 ff. InsO anzufechten[488]. Der Sozialhilfeträger, der dem Erben Leistungen gewährt hat, kann ebenfalls nicht durch eine Anspruchsüberleitung das Ausschlagungsrecht erlangen, beispielsweise um nach einer Ausschlagung gemäß § 2306 Abs. 1 BGB zum Pflichtteilsanspruch zu gelangen.[489]

---

[485] MüKo/*Leipold,* § 1942 Rdn. 12; *Ebenroth,* Rdn. 329.
[486] BeckOGK/*Heinemann,* § 1942 Rdn. 30; MüKo/*Leipold,* § 1942 Rdn. 12.
[487] BGH v. 25.6.2009, IX ZB 196/08, ZEV 2009, 469; MüKo-InsO/*Ehricke,* § 295 InsO Rdn. 49; *Kübler/Prütting/Bork/Wenzel,* § 295 InsO Rdn. 19b; a.A. *Bartels,* KTS 2003, 41, 64 f.; *Frank,* FS für Leipold, 983, 992.
[488] BGH v. 6.5.1997, IX ZR 147/96, NJW 1997, 2384; MüKo-InsO/*Schumann,* § 83 InsO Rdn. 4; a.A. *Bartels,* KTS 2003, 41, 56.
[489] OLG Stuttgart v. 25.6.2001, 8 W 494/99, NJW 2001, 3484, 3486; OLG Frankfurt v. 7.10.2003, 14 U 233/02, ZEV 2004, 24, 25; *Bengel,* ZEV 1994, 29, 30; BeckOGK/*Heinemann,* § 1942 Rdn. 34; MüKo/*Leipold,* § 1942 Rdn. 14.

II. Der Erbschaftsanfall

Der **Anfall der Erbschaft** erfolgt gemäß § 1942 Abs. 1 BGB mit dem Tod des Erblassers. Der Erbe wird sogleich Besitzer (§ 857 BGB) und dinglich Berechtigter. Voraussetzung ist eine Berufung zum Erben, entweder durch Gesetz oder durch Verfügung von Todes wegen, sowie die Erbfähigkeit zum Zeitpunkt des Erbfalls.[490] Sofern keine Sondererbfolge eingreift, besteht der Erbschaftsanfall im Übergang des gesamten vererblichen Vermögens einschließlich der Verbindlichkeiten auf den Erben im Wege der Gesamtrechtsnachfolge. Gleichzeitig kommt es zu einer Verschmelzung des Nachlasses mit dem Eigenvermögen des Erben. Die Person darf das Erbrecht jedoch nicht durch Erbverzicht gemäß § 2346 BGB verloren haben. **Juristische Personen des Privatrechts oder des öffentlichen Rechts sind rechtsfähig**, wenn sie im Zeitpunkt des Erbfalls und wenigstens noch einen Sekundenbruchteil darüber hinaus bestehen.[491] Für Stiftungen wird die Erbfähigkeit durch § 84 BGB erweitert. Sie gelten als vor dem Tod des Stifters entstanden, mag die Anerkennung der Stiftung als rechtsfähig erst nach dessen Tod ausgesprochen worden sein.[492]

Der Erbschaftsanfall wirkt auf den Zeitpunkt des Erbfalls zurück, damit es nicht zu einem subjektlosen Nachlass kommt.[493] In der Zwischenzeit handelt es sich nicht um einen Nachlass ohne Rechtsträger, sondern um einen solchen, dessen Rechtsträger noch nicht feststellbar ist.

143

III. Voraussetzungen der Annahme

Der zunächst nur vorläufige Erbe wird durch Erklärung der Annahme der Erbschaft zum endgültigen Erben. Gleichzeitig verliert er gemäß § 1943 BGB das Recht zur Ausschlagung. Die Annahmeerklärung unterliegt im Gegensatz zur Ausschlagungserklärung keinem Formerfordernis. Sie kann **durch ausdrückliche mündliche oder schriftliche Erklärung**, z.B. gegenüber Miterben, Nachlassgläubigern, Nachlasspflegern, Testamentsvollstreckern oder dem Nachlassgericht, erfolgen. Da sie **nicht empfangsbedürftig ist**[494], bedarf sie keines Adressaten. Die Annahme kann **auch konkludent** durch ein nach außen erkennbares Verhalten, das nach allgemeinen Auslegungsgrundsätzen den Schluss zulässt, der Erbe nehme die Erbschaft an, erklärt werden[495]. Beispiele dafür sind die Antragstellung auf Erteilung eines Erbscheins oder der Verkauf der Erbschaft.[496] Davon abzugrenzen sind solche Maßnahmen, die nur der Erhaltung des Nachlasses dienen oder im Rahmen ordnungsgemäßer Verwaltung erforderlich sind. Darin liegt keine Annahmeerklärung durch schlüssiges Verhalten.[497] Die An-

144

---

490 MüKo/*Leipold*, § 1942 Rdn. 4.
491 MüKo/*Leipold,* § 1923 Rdn. 33.
492 MüKo/*Leipold,* § 1923 Rdn. 34.
493 MüKo/*Leipold,* § 1942 Rdn. 9.
494 RG v. 9. 11. 1912, IV 187/12, RGZ 80, 377, 380; BeckOGK/*Heinemann*, § 1967 Rdn. 10.
495 BeckOGK/*Heinemann,* § 1943 Rdn. 10; *Kipp/Coing,* § 87 III 2; *Damrau/Tanck/Masloff*, § 1943 Rdn. 3.
496 RGRK/*Johannsen*, § 1943 Rdn. 8; weitere Beispiele bei MüKo/*Leipold*, § 1943 Rdn. 5 und bei *Damrau/Tanck/Masloff*, § 1943 Rdn. 3.
497 MüKo/*Leipold*, § 1943 Rdn. 5; *Staudinger/Otte* (2017), § 1943 Rdn. 8; *Erman/J. Schmidt*, § 1943 Rdn. 3.

nahme kann gemäß § 1943 BGB auch durch einfaches Ablaufenlassen der Ausschlagungsfrist erklärt werden. Der Fristablauf steht im Wege einer Fiktion der Annahme gleich. Die Annahme der Erbschaft führt automatisch zum Verlust des Ausschlagungsrechts. Der Erbe kann seine Erbenstellung nur noch dadurch beseitigen, indem er die Annahme bzw. das Verstreichenlassen der Frist anficht.[498]

Die Erbschaftsannahme kann **nur der Erbe persönlich**, nicht aber ein Testamentsvollstrecker, Nachlasspfleger oder Nachlassverwalter **erklären**. Wegen des höchstpersönlichen Charakters **unterliegt** die Annahme ebenso wie das Recht zur Ausschlagung **nicht der Pfändung**.[499] Bei in ehelicher Gütergemeinschaft lebenden Ehegatten obliegt die Annahme der Erbschaft nur dem zum Erben berufenen Ehegatten, unabhängig davon, wer das Gesamtgut verwaltet, §§ 1432 Abs. 1 Satz 1, 1455 Nr. 1 BGB.[500] Ist der Erbe geschäftsunfähig oder in der Geschäftsfähigkeit beschränkt, trifft die Entscheidung über die Annahme sein gesetzlicher Vertreter, ohne dass es einer Genehmigung des Familiengerichts bedarf.[501] Der beschränkt Geschäftsfähige kann mit Einwilligung des gesetzlichen Vertreters annehmen. Die Annahme kann auch durch einen Abwesenheitspfleger (§ 1911 BGB)[502], einen Ergänzungspfleger (§ 1909 BGB) sowie durch einen Betreuer im Rahmen seines Aufgabenbereiches erklärt werden. Von den vertretungsberechtigten Eltern kann gemäß § 1912 Abs. 2 BGB oder durch einen Leibesfruchtpfleger gemäß § 1912 Abs. 1 BGB eine Erbschaft auch schon vor der Geburt des Erben angenommen werden.[503]

IV. Die Voraussetzungen des Ausschlagungsrechts

145   Die Voraussetzungen der Ausschlagung sind speziell in den §§ 1944–1947 BGB geregelt.

1. Form der Ausschlagung

146   Die **Ausschlagungserklärung** ist ihrer Rechtsnatur nach eine **sog. amtsempfangsbedürftige Willenserklärung**, auf die die allgemeinen Vorschriften der §§ 104 ff. BGB mit Ausnahme der §§ 116 Satz 2, 117 BGB anzuwenden sind. Aus Gründen der Rechtssicherheit **muss die Erklärung gemäß § 1945 Abs. 1 BGB gegenüber dem gemäß § 343 Abs. 1 FamFG örtlich zuständigen Nachlassgericht am letzten gewöhnlichen Aufenthaltsort des Erblassers oder gemäß § 344 Abs. 7 FamFG gegenüber dem Nachlassgericht, in dessen Bezirk der Ausschlagende seinen gewöhnlichen Aufenthalt hat[504], abgegeben werden**. Die Erklärung wird erst mit Zugang beim Nachlass-

---

[498] Siehe dazu Rdn. 160 ff.
[499] BeckOGK/*Heinemann*, § 1943 Rdn. 21; MüKo/*Leipold*, § 1943 Rdn. 7.
[500] MüKo/*Leipold*, § 1943 Rdn. 7.
[501] OLG Koblenz v. 16.7.2007, 5 W 535/07, FamRZ 2008, 1031; BeckOGK/*Heinemann*, § 1943 Rdn. 19; *Erman/J. Schmidt*, § 1943 Rdn. 7.
[502] BeckOGK/*Heinemann*, § 1943 Rdn. 17; MüKo/*Leipold*, § 1943 Rdn. 7.
[503] *Staudinger/Otte* (2017), § 1946 Rdn. 5; BeckOGK/*Heinemann*, § 1943 Rdn. 19; MüKo/*Leipold*, § 1943 Rdn. 7; *Bamberger/Roth/Siegmann/Höger*, § 1943 Rdn. 4; *Erman/J. Schmidt*, § 1943 Rdn. 7; a.A. noch *Erman/Schlüter*, 13. Aufl., § 1943 Rdn. 4; ebenso Palandt/*Weidlich*, § 1943 Rdn. 4; *Walter*, ZEV 2008, 319, 322.
[504] *Bahrenfuss/Schaal*, § 344 FamFG Rdn. 40.

gericht gemäß § 130 Abs. 1, Abs. 3 BGB wirksam. Die Wirksamkeit einer Ausschlagung wird nicht dadurch berührt, dass sie gegenüber einem unzuständigen Nachlassgericht erklärt wird.[505] Das gilt sowohl, wenn sie vor Ablauf der Frist an das zuständige Gericht weitergeleitet wird und dort eingeht als auch für den Fall, dass das nach Fristablauf geschieht.[506] Unwirksam ist die Erklärung, wenn sie vom unzuständigen Gericht gegenüber dem Ausschlagenden zurückgewiesen wird. Soweit die Erklärung durch einen gewillkürten Vertreter abgegeben wird, bedarf auch die Vollmacht der öffentlichen Beglaubigung. Die Vollmacht muss spätestens bis zum Ablauf der Ausschlagungsfrist vorgelegt werden. Bis dahin ist eine Zurückweisung der Erklärung mangels Vollmacht unzulässig. Sie muss den Willen des Erklärenden „nicht erben zu wollen" hinreichend deutlich zum Ausdruck bringen. Das **Wort „Ausschlagung" muss nicht verwendet werden.** Es reicht aus, dass der Wille durch Auslegung erkennbar ist.

Das Nachlassgericht ist Erklärungsempfänger, ohne materiell beteiligt zu sein. Seine Kenntnis vom geheimen Vorbehalt bzw. sein Einverständnis mit einer Scheinerklärung sind deshalb keine geeigneten Kriterien für die Unwirksamkeit der Erklärung.[507] Die **Ausschlagungserklärung kann** gemäß § 118 BGB **wegen Nichternstlichkeit** und gemäß § 138 BGB **wegen Sittenwidrigkeit nichtig sein.**[508] Letzteres erlangt praktische Bedeutung bei der Ausschlagung durch einen Sozialleistungsempfänger, wenn dieser durch die Ausschlagung den Zugriff des Hilfeträgers vermeiden will oder wenn die Ausschlagungserklärung eines Studenten darauf abzielt, weiterhin staatliche Leistungen nach dem Bundesausbildungsförderungsgesetz zu erhalten. Da das Gesetz in derartigen Fällen Einschränkungen des Ausschlagungsrechts nicht vorsieht, die Entscheidung über die Ausschlagung oder der Annahme also uneingeschränkt dem Erben überlässt, wird eine Sittenwidrigkeit zu Recht überwiegend verneint.[509] Andere sehen es regelmäßig als sittenwidrig an, wenn dadurch der weitere Bezug von Sozialleistungen ermöglicht werden soll.[510]

Zugelassene Formen sind die **öffentliche Beglaubigung**, die nur durch einen Notar erfolgen kann, sowie die **Abgabe der Erklärung zur Niederschrift des Nachlassgerichts.** Die Niederschrift des Nachlassgerichts ist gemäß § 1945 Abs. 2 BGB nach den Vorschriften des BeurkG zu errichten. Es sind die Regeln über die Beurkundung von Willenserklärungen gemäß §§ 6–26 BeurkG anzuwenden. Bei entsprechender Anwendung des BeurkG tritt der Rechtspfleger, der nach § 3 Nr. 1f RpflG funktionell zu-

147

---

[505] MüKo/*Leipold*, § 1945 Rdn. 14.

[506] RG v. 15. 7. 1909, IV 558/08, RGZ 71, 380, 382; *Erman/J. Schmidt*, § 1945 Rdn. 4; Palandt/ *Weidlich*, § 1945 Rdn. 8.

[507] BayObLG v. 19. 3. 1992, BReg 1 Z 56/91, FamRZ 1992, 1106, 1108; *Soergel/Stein*, § 1945 Rdn. 3.

[508] MüKo/*Leipold*, § 1945 Rdn. 3.

[509] LG Aachen v. 4. 11. 2004, 7 T 99/04, NJW-RR 2005, 307 = ZEV 2005, 120; *Linde*, BWNotZ 1988, 54, 58; *J. Mayer*, ZEV 2002, 369, 370; *Ivo*, FamRZ 2003, 6; eine Sittenwidrigkeit der Ausschlagungserklärung als undenkbar ansehend *Lange/Kuchinke*, § 8 VII 1b; *Soergel/Stein*, § 1945 Rdn. 3; ebenso BeckOGK/*Heinemann*, § 1942 Rdn. 36 unter Hinweis darauf, dass auch Erbschaftsanfall und Annahme nicht sittenwidrig sein könnten.

[510] Für die Ausschlagung durch einen Sozialhilfeempfänger, um den weiteren Bezug von Sozialleistungen zu ermöglichen OLG Stuttgart v. 25. 6. 2001, 8 W 494/99, NJW 2001, 3484, 3486 = ZEV 2002, 367 m. Anm. *J. Mayer* 369; OLG Hamm v. 16. 7. 2009, I-15 Wx 85/09, ZEV 2009, 471; MüKo/*Leipold*, § 1945 Rdn. 3.

ständig ist, an die Stelle des Notars. Die notarielle Beglaubigung muss den Voraussetzungen des § 129 BGB entsprechen. Erst recht genügt gemäß § 129 Abs. 2 BGB eine **notarielle Beurkundung.** Einer öffentlichen Beglaubigung bedarf es nicht, wenn das Jugendamt als Amtsvormund die Ausschlagung erklärt und die Erfordernisse einer öffentlichen Urkunde gemäß § 415 Abs. 1 ZPO vorliegen.[511]

2. Geschäftsfähigkeit

148   Die Wirksamkeit der **Ausschlagungserklärung setzt die Geschäftsfähigkeit des Ausschlagenden voraus.** Für geschäftsunfähige Erben muss die Ausschlagung **durch den gesetzlichen Vertreter erklärt** werden. Erforderlich ist, dass bei gemeinsamem Sorgerecht beide Eltern (§ 1629 Satz 1 BGB) die Ausschlagung in der Form des § 1945 BGB erklären. Als einseitiges, nicht lediglich rechtlich vorteilhaftes Rechtsgeschäft bedarf die **Ausschlagungserklärung des beschränkt Geschäftsfähigen der Einwilligung des gesetzlichen Vertreters** oder des Vormunds, andernfalls müssen diese Personen selbst ausschlagen. Eine nachträgliche Genehmigung ist gemäß § 111 Satz 1 BGB nicht ausreichend. Die Ausschlagungserklärung ist ein genehmigungsbedürftiges Rechtsgeschäft, d.h. die für einen Minderjährigen, Betreuten oder für ein Mündel erklärte Ausschlagung bedarf der Genehmigung des Familien- bzw. des Betreuungsgerichts, §§ 1643 Abs. 2 Satz 1, 1822 Nr. 2, 1896, 1903, 1908i, 1915 Abs. 1 BGB. Durch das Genehmigungserfordernis soll verhindert werden, dass die Entscheidung über die Ausschlagung von eigennützigen Motiven der Eltern getragen wird. **Hatte der vertretungsberechtigte Elternteil zuvor jedoch selbst ausgeschlagen, bedarf es keiner Genehmigung,** weil kollidierende Interessen ausgeschlossen sind, § 1643 Abs. 2 Satz 2 BGB. Wegen der Interessenlage des nasciturus wird es überwiegend für zulässig angesehen, dass die Eltern bereits für die Leibesfrucht ausschlagen, also nicht bis zur Geburt warten müssen.[512]

3. Bedingungsfeindlichkeit

149   Das Interesse des Rechtsverkehrs, den Schwebezustand nach dem Tod des Erblassers nur kurz andauern zu lassen und schnell klare Verhältnisse zu schaffen, führt zu der gesetzlichen Regelung, dass die **Ausschlagung ebenso wie die Annahme nicht mit einer Bedingung oder Zeitbestimmung verknüpft werden kann,** § 1947 BGB. Die Ausschlagung unter der Bedingung, dass ein Miterbe ausschlägt oder dass ein bestimmter Dritter die Erbschaft erhält, ist unwirksam. Die Bedingungsfeindlichkeit betrifft nur rechtsgeschäftliche Bedingungen. Sie **gilt nicht für Rechtsbedingungen,** die die gesetzlichen Voraussetzungen der Annahme oder Ausschlagung betreffen.[513] Zulässig ist danach beispielsweise eine Ausschlagung unter der Bedingung Erbe geworden zu sein.[514]

---

[511] BeckOGK/*Heinemann,* § 1945 Rdn. 35; MüKo/*Leipold,* § 1945 Rdn. 10 m.w.N. Fn. 33.

[512] OLG Oldenburg v. 26.1.1994, 5 W 9/94, NJW-RR 1994, 651; OLG Stuttgart v. 5.11.1992, 8 W 484/92, NJW 1993, 2250; Soergel/*Stein,* § 1946 Rdn. 2, der zu Recht darauf verweist, dass Vorwirkungen der elterlichen Sorge gesetzlich anerkannt sind; BeckOGK/*Heinemann,* § 1945 Rdn. 47; a.A. LG Berlin v. 15.5.1990, 83 T 121/90, Rpfleger 1990, 362; AK-*Derleder,* § 1946 Rdn. 2.

[513] MüKo/*Leipold,* § 1947 Rdn. 3.

[514] Palandt/*Weidlich,* § 1947 Rdn. 1.

4. Wirkung der Ausschlagungserklärung

Die Ausschlagung erstreckt sich nach der Auslegungsregel des § 1949 Abs. 2 BGB im *150* Zweifel sowohl **auf die Berufung als gewillkürter Erbe als auch auf die Berufung als gesetzlicher Erbe.** Die Ausschlagungserklärung **beseitigt rückwirkend die Erbenstellung auf den Zeitpunkt des Erbfalls.** Die Erbschaft gilt von Anfang an als nicht erfolgt, § 1953 Abs. 1 BGB. Die **Erbfolge** ist nach der Ausschlagung **so zu beurteilen, als ob der Ausschlagende zum Zeitpunkt des Erbfalls bereits verstorben wäre,** § 1953 **Abs. 2 Hs. 1 BGB.** Der Nachlass fällt an diejenigen Personen, die zum Zeitpunkt des Erbfalles als Nächste berufen gewesen wären. Bei gesetzlicher Erbfolge treten an die Stelle des gesetzlichen Erben die nächstberufenen Erben späterer Ordnungen, §§ 1924 ff. BGB, bei gewillkürter Erbfolge kommt zunächst ein etwaiger Ersatzerbe (§§ 2096, 2069 BGB) zum Zuge. Ist ein solcher nicht berufen, tritt der gesetzliche Erbe an seine Stelle, bei Miterben kommt Anwachsung in Betracht.[515] Nach § 1953 Abs. 3 Satz 1 BGB soll das Nachlassgericht die nachfolgenden Erben über die Ausschlagung informieren, wobei das Nachlassgericht gemäß § 26 FamFG auch verpflichtet ist, die ersatzweise berufenen Personen von Amts wegen zu ermitteln.[516] Nach § 1953 Abs. 3 Satz 2 BGB besteht ein Recht auf Einsicht in die Ausschlagungserklärung, sofern ein rechtliches Interesse glaubhaft gemacht werden kann. Die Einsichtnahme muss rechtlich bedeutsame Folgen für Rechtsverhältnisse haben können.[517]

Ist der Nächstberufene zwischen Erbfall und Ausschlagung verstorben, ist ihm die Erbschaft im Wege der Rückwirkung angefallen und kommt seinen Erben zugute. Der neu berufene Erbe wird mit Wirkung auf den Zeitpunkt des Erbfalls nur vorläufiger Erbe und kann sich innerhalb der Fristen des § 1944 BGB eigenverantwortlich entscheiden, ob er die Erbschaft annimmt oder ausschlägt.

Die Ausschlagung **führt grundsätzlich zum Verlust des Pflichtteilsrechts,** sofern *151* nicht einer der – praktisch wichtigen – gesetzlichen **Ausnahmefälle** der §§ 1371 Abs. 3, 2306 Abs. 1, 2307 Abs. 1 Satz 1 BGB gegeben ist. Bei der Zugewinngemeinschaftsehe erhält der ausschlagende Ehegatte neben dem vollen Zugewinnausgleich den sog. kleinen Pflichtteil, der neben Abkömmlingen 1/8 beträgt. Nach § 2306 Abs. 1 BGB hat der pflichtteilsberechtigte Erbe ein generelles Wahlrecht, ob er die Zuwendung mit Beschränkungen oder Beschwerungen behalten will oder ob er die Erbschaft ausschlägt und den vollen Pflichtteil fordert. § 2307 Abs. 1 Satz 1 BGB gibt einem Pflichtteilsberechtigten die Möglichkeit, seinen vollen Pflichtteil ungekürzt zu verlangen, wenn er mit einem Vermächtnis bedacht ist und dieses ausschlägt.

5. Vererblichkeit

Stirbt ein Ausschlagungsberechtigter vor Ablauf der Ausschlagungsfrist, ohne die An- *152* nahme der Erbschaft erklärt zu haben, geht das **Recht zur Ausschlagung gemäß § 1952 Abs. 1 BGB auf seine Erben über.** Das Ausschlagungsrecht für den ersten Nachlass erhält der Erbe nur, wenn er auch Erbe des zweiten Nachlasses wird. Schlägt er die Erbschaft nach dem verstorbenen ersten Ausschlagungsberechtigten aus, verliert er den ersten Nachlass. Nimmt er den zweiten Nachlass an, kann er gleichwohl den

[515] Palandt/*Weidlich*, § 1953 Rdn. 5; *Erman*/*J. Schmidt*, § 1953 Rdn. 6.
[516] *Erman*/*J. Schmidt*, § 1953 Rdn. 8; *Damrau*/*Tanck*/*Masloff*, § 1953 Rdn. 10.
[517] *Erman*/*J. Schmidt*, § 1953 Rdn. 9; *Damrau*/*Tanck*/*Masloff*, § 1953 Rdn. 8.

ersten Nachlass ausschlagen. Treffen mehrere Erben des verstorbenen Erben zusammen, kann jeder den ersten Nachlass in Höhe seines Erbteils beim zweiten Nachlass ausschlagen, § 1952 Abs. 3 BGB.[518]

6. Höchstpersönlichkeit

153 Das Recht zur Ausschlagung ist trotz Vererblichkeit **nicht rechtsgeschäftlich** – auch nicht zusammen mit dem Nachlass oder dem Erbteil – **übertragbar**.[519] Dafür ist praktisch keine Notwendigkeit ersichtlich.

7. Ausschlagungsfrist

154 Die Ausschlagungsfrist beträgt gemäß § 1944 Abs. 1 BGB **regelmäßig sechs Wochen**. Die Frist wird gemäß § 1944 Abs. 2 Satz 3 BGB **gehemmt, solange der Erbe durch höhere Gewalt an der Ausschlagung gehindert** ist. Zu dem in § 206 BGB zwar nicht mehr ausdrücklich als Hemmungsgrund genannten Stillstand der Rechtspflege, der weiterhin einen Anwendungsfall höherer Gewalt darstellt, gehört auch der Fall, dass ein Familiengericht über eine erforderliche Genehmigung gemäß §§ 1643 Abs. 2, 1822 Nr. 2 BGB nicht vor Fristablauf entscheidet.[520] War ein Erbe bei Beendigung der Sechs-Wochen-Frist geschäftsunfähig oder in der Geschäftsfähigkeit beschränkt und hat er keinen gesetzlichen Vertreter, läuft die Frist erst sechs Wochen nach Erlangung der Geschäftsfähigkeit oder der Bestellung eines gesetzlichen Vertreters ab, §§ 1944 Abs. 2 Satz 3 i.V.m. § 210 Abs. 1 Satz 1 und Satz 2 BGB. Der Erbe trägt die Beweislast, wenn er behauptet, er sei nicht geschäftsfähig und der Lauf der Ausschlagungsfrist deshalb gehemmt gewesen.[521] Durch die sehr knapp bemessene Frist soll der Erbe veranlasst werden, sich möglichst schnell Kenntnis vom Nachlass zu verschaffen, um sich über die Annahme oder Ausschlagung der Erbschaft schlüssig zu werden. Damit wird zugleich dem Interesse des Rechtsverkehrs an einer frühzeitigen Klärung der Erbenstellung Rechnung getragen. Die Frist beginnt in dem **Zeitpunkt zu laufen, in dem der Erbe sichere Kenntnis vom Anfall der Erbschaft, § 1944 Abs. 2 Satz 1 1. Alt. BGB, und vom Berufungsgrund hat, § 1944 Abs. 2 Satz 1 2. Alt BGB**.[522] Bei einer Berufung durch Verfügung von Todes wegen beginnt die Frist nach § 1944 Abs. 2 Satz 2 BGB nicht vor der Bekanntgabe durch das Nachlassgericht.[523]

Nach § 348 Abs. 3 FamFG hat das Nachlassgericht den Beteiligten den sie betreffenden Inhalt einer Verfügung von Todes wegen **schriftlich bekanntzugeben**, sofern, wie üblich, kein Eröffnungstermin stattfand. Die schriftliche Bekanntgabe richtet sich nach § 15 Abs. 2 Satz 1 FamFG. Sie erfolgt durch Zustellung nach §§ 166–195 ZPO oder Aufgabe zur Post. **Fand ein Eröffnungstermin statt, hat das Nachlassgericht den Erschienenen die Verfügung mündlich bekanntzugeben oder ihnen die Verfügung**

---

[518] Zur Problematik der Teilausschlagung bei mehreren Erbeserben *Heinrich/Heinrich*, Rpfleger 1999, 201; *Pentz*, Rpfleger 1999, 516.

[519] *Brox/Walker*, Rdn. 302; *Erman/J. Schmidt*, § 1945 Rdn. 1.

[520] MüKo/*Leipold*, § 1944 Rdn. 25; Palandt/*Weidlich*, § 1944 Rdn. 7.

[521] BGH v. 5.7.2000, IV ZR 180/99, NJW-RR 2000, 1530 = FamRZ 2000, 1504; MüKo/*Leipold*, § 1944 Rdn. 33.

[522] *Leipold*, Rdn. 441; *Erman/J. Schmidt*, § 1944 Rdn. 3.

[523] BayObLG v. 8.9.2004, 1 Z BR 59/04, NJW-RR 2005, 232.

vorzulegen, § 348 Abs. 2 Satz 2, 3 FamFG. Werden nach dem Tod des erstversterbenden Ehegatten Verfügungen des überlebenden Ehegatten wegen der Untrennbarkeit mit bekanntgegeben, liegt darin noch keine Bekanntgabe in Bezug auf den zweiten Erbfall.[524] Ist die Bekanntgabe der letztwilligen Verfügung aus tatsächlichen Gründen unmöglich, weil beispielsweise die Testamentsurkunde unauffindbar ist oder vernichtet wurde, beginnt die Frist mit der Kenntnis i.S.v. § 1944 Abs. 2 Satz 1 BGB und der zusätzlichen Kenntnis des Erben, dass die Eröffnung nicht möglich ist.[525]

Die Regelung des § 1944 Abs. 2 Satz 2 BGB ist durch das Gesetz zur Reform des Verfahrens in Familiensachen und in den Angelegenheiten der freiwilligen Gerichtsbarkeit (FGG-RG) vom 17. 12. 2008 mit Wirkung ab dem 1. 9. 2009 geändert worden. Die Neuregelung lässt nicht eindeutig erkennen, ob es für den frühestmöglichen Fristbeginn lediglich darauf ankommt, ob überhaupt eine Bekanntgabe erfolgt ist, oder ob die Bekanntgabe gegenüber dem konkreten Ausschlagungsberechtigten erfolgt sein muss. Der Bundesgerichtshof hatte zur bisherigen, an die Verkündung anknüpfenden Regelung entschieden, dass nicht allein die Eröffnung des Testamentes in einem Termin ohne Ladung des Erben genüge, sondern es müsse die Kenntnis des Ausschlagungsberechtigten von der Eröffnung hinzutreten, damit ihm gegenüber die Ausschlagungsfrist beginnen könne. Der Bundesgerichtshof hatte auf die Unterrichtungsfunktion der Verkündung nach § 1944 Abs. 2 Satz 2 BGB a.F. hingewiesen. Diese Zweckrichtung kann auf die Neuregelung übertragen werden, so dass der früheste Fristbeginn von einer mündlichen oder schriftlichen Bekanntgabe gerade gegenüber dem Ausschlagungsberechtigten abzustellen ist.[526]

Hatte der **Erblasser seinen letzten Wohnsitz nur im Ausland** oder **hielt sich der Erbe bei Beginn der Ausschlagungsfrist im Ausland auf,** beträgt die Frist gemäß § 1944 Abs. 3 BGB 6 Monate. Ist der Erbe geschäftsunfähig oder in der Geschäftsfähigkeit beschränkt, kommt es auf den Aufenthalt des gesetzlichen Vertreters an.[527] Für den Erbeserben verlängert sich die Frist, weil er sowohl für den Erst- als auch für den Zweitnachlass die gleiche Überlegungsfrist erhalten soll, § 1952 Abs. 2 BGB. Ein Nacherbe kann bereits bei Eintritt des Vorerbfalls ausschlagen, § 2142 Abs. 1 BGB. Die Frist für den durch Beschränkungen oder Beschwerungen belasteten pflichtteilsberechtigten Erben zur Ausschlagung gemäß § 2306 Abs. 1 BGB beginnt erst in dem Zeitpunkt, in dem er Kenntnis von den Beschränkungen oder Belastungen erhält.

155

8. Mehrere Berufungsgründe

Wer **durch Verfügung von Todes wegen als Erbe berufen** ist, hat gemäß § 1948 Abs. 1 BGB ein **Wahlrecht** derart, dass er nur das gewillkürte Erbrecht ausschlagen kann, das nach § 1937 BGB vorrangig ist. Voraussetzung für das Wahlrecht ist, dass der Erklärende aufgrund der §§ 1922 ff. BGB gesetzlicher Erbe wird, wenn er die Berufung aufgrund einer letztwilligen Verfügung (Testament oder Erbvertrag) ausschlägt. Allerdings

156

---

[524] *Erman/J. Schmidt,* § 1944 Rdn. 8; Palandt/*Weidlich,* § 1944 Rdn. 4; *Damrau/Tanck/Masloff,* § 1944 Rdn. 10.

[525] *Bamberger/Roth/Siegmann/Höger,* § 1944 Rdn. 7; Palandt/*Weidlich,* § 1944 Rdn. 4; *Soergel/ Stein,* § 1944 Rdn. 14; MüKo/*Leipold,* § 1944 Rdn. 22.

[526] *Erman/J. Schmidt,* § 1944 Rdn. 8; *Damrau/Tanck/Masloff,* § 1944 Rdn. 10; MüKo/*Leipold,* § 1944 Rdn. 18.

[527] *Bamberger/Roth/Siegmann/Höger,* § 1944 Rdn. 12; Palandt/*Weidlich,* § 1944 Rdn. 1.

kann eine Auslegung des Erblasserwillens ergeben, dass der Erbe gerade nicht gesetzlicher Erbe werden sollte. Bedeutsam sind ferner § 2069 BGB, wonach die Abkömmlinge Ersatzerben des Ausschlagenden werden, sowie § 2094 BGB, wonach der Erbteil des Ausschlagenden den Nichterben anwächst. Standardfall von § 1948 Abs. 1 BGB ist somit die Ausschlagung eines kinderlosen Alleinerben. Die Ausübung des Wahlrechts mit der Folge der Berufung zum gesetzlichen Erben bietet den Vorteil des Erhaltes des Voraus nach § 1932 BGB oder von Ausgleichsansprüchen nach § 2050 BGB.[528] In § 1948 Abs. 2 BGB ist Entsprechendes für den Fall gleichzeitiger Berufung durch Testament und Erbvertrag angeordnet. Das Gesetz lässt damit eine „Teilbarkeit" von Annahme und Ausschlagung zu, die auf der gesetzlichen Vorstellung beruht, dass sich die Ausschlagung und Annahme nicht einheitlich auf die Erbschaft beziehen, sondern der Erbschaft in Verbindung mit einem bestimmten Berufungsgrund gelten.[529] Voraussetzung ist immer, dass der eingesetzte Erbe ohne die Verfügung von Todes wegen als Erbe kraft Gesetzes berufen wäre.

V. Teilausschlagung

157 Der Erbe kann die Erbschaft nur insgesamt annehmen oder ausschlagen, § 1950 Satz 1 BGB. Eine **Teilausschlagung oder Teilannahme ist gemäß § 1950 Satz 1, Satz 2 BGB unzulässig.** Der Erbe soll auf seine Erbquote keinen Einfluss nehmen können.[530] Erklärt der Erbe eine teilweise Ausschlagung oder Annahme, kommt dieser keine Wirkung zu. Die Erbschaft gilt nach Ablauf der Ausschlagungsfrist insgesamt als angenommen. Dagegen **gestattet § 11 Abs. 1 HöfeO einem Hoferben, der zugleich Erbe oder Miterbe des übrigen Nachlasses geworden ist, allein den Anfall des Hofes auszuschlagen, ohne seine weitergehende Erbenstellung zu verlieren.** Die rechtliche Behandlung des umgekehrten Falles (Annahme des Hofes und Ausschlagung der übrigen Erbschaft) ist umstritten. Die überwiegende Ansicht[531] verneint die Ausschlagungsmöglichkeit zu Recht, weil der Hof kein Erbteil i.S.v. § 1951 BGB, sondern Nachlassgegenstand ist.[532]

158 Ausnahmen von dem Grundsatz unzulässiger Teilausschlagung oder -annahme **regelt § 1948 BGB.**[533] Gesetzgeberische Intention dieser vielfach kritisierten Teilausschlagung[534] ist es dem Erben die Möglichkeit einzuräumen, eine bessere Stellung als gesetzlicher Erbe zu erlangen, wobei sich Annahme und Ausschlagung nicht einheitlich auf die Erbschaft beziehen, sondern der Erbschaft in Verbindung mit einem bestimmten Berufungsgrund gelten.[535]

159 Ein Erbe kann auch **zu mehreren Erbteilen berufen** sein, beispielsweise als Vollerbe des einen und als Nacherbe des anderen Erbteils. In einem solchen Fall kann er den

---

[528] *Erman/J. Schmidt*, § 1948 Rdn. 2; *Damrau/Tanck/Masloff*, § 1948 Rdn. 3.

[529] MüKo/*Leipold*, § 1948 Rdn. 1.

[530] MüKo/*Leipold*, § 1950 Rdn. 1.

[531] *Staudinger/Otte* (2017), § 1951 Rdn. 4; *Soergel/Stein*, § 1950 Rdn. 3; *Erman/J. Schmidt*, § 1951 Rdn. 6; a.A. Müko/*Leipold*, § 1950 Rdn. 9 m.w.N.

[532] *Bamberger/Roth/Siegmann/Höger*, § 1945 Rdn. 8; *Erman/J. Schmidt*, § 1951 Rdn. 6.

[533] Siehe dazu Rdn. 156.

[534] *Lange/Kuchinke*, § 8 VI 3e; MüKo/*Leipold*, § 1948 Rdn. 2; *Soergel,/Stein*, § 1948 Rdn. 1.

[535] MüKo/*Leipold*, § 1948 Rdn. 1.

einen Erbteil annehmen und den anderen ausschlagen, § 1951 Abs. 1 BGB. Liegt nur ein einheitlicher Berufungsgrund vor, stellt § 1951 Abs. 2 Satz 1 BGB klar, dass die Ausschlagung bzw. die Annahme auch den anderen Erbteil erfasst. Das gilt auch, wenn dieser dem Erben erst später – etwa als Ersatz- oder Nacherbe – anfällt. Hat der Erblasser bei der gewillkürten Erbfolge in einer oder in mehreren letztwilligen Verfügungen von Todes wegen mehrere Erbteile gebildet, kann der Erblasser gemäß § 1951 Abs. 3 BGB durch Verfügung von Todes wegen die getrennte Annahme und Ausschlagung gestatten. Der Erblasser kann auch die einem Erben zugedachte Erbschaft zur Annahme und Ausschlagung in mehrere Teile zerlegen.[536]

VI. Die Anfechtung von Annahme- und Ausschlagungserklärung

Die Entscheidung zwischen Annahme und Ausschlagung ist von Gesetzes wegen – im Interesse der Rechtssicherheit – nur in dem sehr begrenzten Zeitraum der in der Regel sechswöchigen Ausschlagungsfrist des § 1944 Abs. 1 BGB möglich. Oftmals erhält der Erbe in diesem Zeitraum noch nicht die notwendigen Informationen, um seine Entscheidung zu rechtfertigen, so dass die Annahme- oder die Ausschlagungserklärung aufgrund falscher Vorstellungen abgegeben worden sein kann. **Irrt sich der Erbe über den Berufungsgrund, ist die Annahme von vornherein unwirksam, § 1949 Abs. 1 BGB**, ohne dass es einer Anfechtungserklärung bedarf. In den **übrigen Fällen kommt eine Anfechtung nach den §§ 1954 ff. BGB in Betracht.**

160

Die **Versäumung der Ausschlagungsfrist**, die als konkludente Annahme zu werten ist, **kann** gemäß § 1956 BGB **in gleicher Weise wie die Annahme selbst angefochten werden.** Da das Vorhandensein einer Nachlassverbindlichkeit eine verkehrswesentliche Eigenschaft der Erbschaft sein kann, sofern sie im Verhältnis zum Gesamtnachlass erheblich und für den Wert des Nachlasses von wesentlicher Bedeutung ist, spielt die Anfechtung der Erbschaftsannahme in der Praxis eine bedeutende Rolle. Hatte der Erbe von der Verbindlichkeit keine Kenntnis, stellt die Anfechtung der Annahme in der Regel eine im Verhältnis zu den Beschränkungsmöglichkeiten der Haftung auf den Nachlass nach den §§ 1975 ff. BGB einfachere und günstigere Möglichkeit dar, um das Eigenvermögen zu schützen.

1. Anfechtungsgründe

Die **Anfechtung** von Annahme und Ausschlagung richtet sich bei Willensmängeln **nach den allgemeinen Vorschriften der §§ 119 ff. BGB.** Daneben enthalten die §§ 1954–1957 BGB und § 2308 BGB Sonderregelungen, die sich jedoch nicht auf die Voraussetzungen der Anfechtbarkeit beziehen. Die §§ 2078, 2079 BGB finden keine Anwendung,[537] so dass ein Motivirrtum als Anfechtungsgrund ausscheidet, sofern

161

---

[536] BayObLG v. 27.06.1996, 1Z BR 148/95, NJW-RR 1997, 72; *Bamberger/Roth/Siegmann/ Höger*, § 1951 Rdn. 6; *Soergel/Stein*, § 1951 Rdn. 7; MüKo/*Leipold*, § 1951 Rdn. 7; *Staudinger/ Otte* (2017), § 1951 Rdn. 13.

[537] Zur Behandlung der Irrtumsgründe bei der Ausschlagung in der Rechtsprechung *Malitz*, ZEV 1998, 415 ff.

nicht die Voraussetzungen des § 119 Abs. 2 BGB oder die besonderen Voraussetzungen des § 2308 BGB erfüllt sind.[538]

Der **Irrtum des Erben muss** für die Annahme bzw. für die Ausschlagung **kausal gewesen sein.** Im Prozess muss der Erklärende darlegen, dass er ohne Irrtum die Erklärung nicht abgegeben hätte.

a) Inhalts- und Erklärungsirrtum

162 Ein **Erklärungsirrtum oder ein Irrtum in der Erklärungshandlung** i.S.v. § 119 **Abs. 1 Alt. 2 BGB** ist denkbar, wenn der Erbe die Begriffe Annahme und Ausschlagung bei der Abgabe seiner Erklärung verwechselt. Typisch sind Fälle des Sich-Versprechens und des Sich-Verschreibens.[539]

Ein **Irrtum über den Inhalt der Erklärung gemäß § 119 Abs. 1 Alt. 1 BGB** kommt in Betracht, wenn der äußere Tatbestand der Erklärung mit dem Willen des Erklärenden zwar übereinstimmt, der Erklärende sich jedoch über die rechtliche Bedeutung oder die Tragweite seiner Erklärung irrt.[540] Die schlüssige Annahme der Erbschaft kann angefochten werden, wenn ein Erbe gar nicht wusste, dass er ausschlagen kann.[541] Dagegen ist bei einer ausdrücklichen Annahmeerklärung trotz fehlender Kenntnis vom Ausschlagungsrecht ein Recht zur Anfechtung zu verneinen, weil ein auf das Behalten des Nachlasses gerichteter Wille vorhanden ist.[542] Schlägt der Erbe in dem Glauben aus, die Erbschaft falle einer bestimmten Person zu, während tatsächlich andere Personen nächstberufene Erben sind, so beispielsweise wenn der neben der Mutter gesetzlicher Erbe gewordene Sohn ausschlägt, damit die Mutter Alleinerbin wird, während sie tatsächlich die Erbschaft mit einer Schwester des Erblassers teilen muss, scheidet eine Anfechtung aus.[543] Das Oberlandesgericht Düsseldorf hat einen zur Anfechtung berechtigenden Irrtum über die unmittelbaren und wesentlichen Wirkungen der Ausschlagung angenommen, wenn der Sohn eines Erblassers und dessen Ehefrau für die gemeinsam von ihnen vertretene Tochter (Enkelin des Erblassers) die Erbschaft ausschlagen und die Mutter der Enkelin des Erblassers nicht wusste, dass dieser noch eine Schwester hatte und deshalb davon überzeugt war, dass es außer ihrem Ehemann und der Ehefrau des Erblassers andere potentielle gesetzliche Erben nicht gab und deshalb infolge der Ausschlagung der Nachlass zu 100 % der Ehefrau des Erblassers zufallen werde.[544] Das OLG Düsseldorf hat sich insoweit der Auffassung von *Ivo*[545] ange-

---

538 MüKo/*Leipold*, § 1954 Rdn. 3.
539 *Hausmann/Hohloch/Ruby/Uricher*, Handbuch des Erbrechts, Kap. 2, Rdn. 216.
540 BGH v. 26. 5. 1999, VIII ZR 141/98, NJW 1999, 2664, 2665; *Erman/J. Schmidt*, § 1954 Rdn. 3.
541 *Bamberger/Roth/Siegmann/Höger*, § 1954 Rdn. 6; MüKo/*Leipold*, § 1954 Rdn. 6.
542 BayObLG v. 29. 10. 1987, BReg 1 Z 2/87, NJW 1988, 1270; *Bamberger/Roth/Siegmann/Höger*, § 1954 Rdn. 6; *Staudinger/Otte* (2017), § 1954 Rdn. 4; Palandt/*Weidlich*, § 1954 Rdn. 2; a. A. MüKo/*Leipold*, § 1954 Rdn. 6.
543 OLG Düsseldorf v. 8. 1. 1997, 3 Wx 575/96, ZEV 1997, 258 = FamRZ 1997, 905; OLG Schleswig v. 11. 5. 2005, 3 Wx 70/04, ZEV 2005, 526; *Erman/J. Schmidt*, § 1954 Rdn. 3; Palandt/*Weidlich*, § 1954 Rdn. 3; *Musielak*, ZEV 2016, 353, 355.
544 OLG Düsseldorf v. 21. 9. 2017, I-3 Wx 173/17, BeckRS 2017, 129499; der Senat hat die Rechtsbeschwerde wegen grundsätzlicher Bedeutung der Frage, ob und in welchem Umfang ein Irrtum des Ausschlagenden über die Rechtsfolgen der Ausschlagung einen zur Anfechtung berechtigenden Inhaltsirrtum i.S.v. § 119 Abs. 1 Alt. 1 BGB darstellt, zugelassen.
545 *Ivo*, Anm. zu OLG Frankfurt v. 4. 5. 2017, 20 W 197/16, ZEV 2017, 515.

schlossen, wonach die Anfechtung auch dann zugelassen werden sollte, wenn der Ausschlagende zwar erkannt habe, dass nach § 1953 Abs. 2 BGB der Nächstberufene an seine Stelle tritt, er sich aber konkret über dessen Person geirrt hat. In diesem Fall bezieht sich der Irrtum nicht auf den Inhalt der Erklärung, sondern auf deren Rechtsfolgen. Ob ein Anfechtungsrecht besteht, wenn der Erbe bei der Ausschlagung irrtümlich meinte, in den Genuss eines Pflichtteilsanspruchs zu kommen, ist umstritten.[546] Tatsächlich liegt ein unbeachtlicher Motivirrtum und nicht nur ein Rechtsfolgenirrtum über den Inhalt der Ausschlagungserklärung vor, so dass ein Anfechtungsrecht zu verneinen ist. Die Annahme der Erbschaft durch den pflichtteilsberechtigten, beschwerten Erben ist hingegen anfechtbar, wenn der Erbe entgegen § 2306 Abs. 1 BGB irrtümlich annahm, im Fall der Ausschlagung auch den Pflichtteilsanspruch zu verlieren.[547]

Ein **Irrtum über Lauf, Dauer oder** die **bestehende Ausschlagungsfrist berechtigt zur Anfechtung** der (ggf. konkludenten) Erklärung.[548] Der objektive Sachverhalt steht für eine Erklärung, die der Erbe nicht abgeben wollte. Die **irrtümliche Annahme in Unkenntnis der Formvorschriften, die Ausschlagung sei wirksam erfolgt,** stellt ebenfalls einen **Inhaltsirrtum** dar.

b) Eigenschaftsirrtum

Der Eigenschaftsirrtum wird in **§ 119 Abs. 2 BGB** dem Erklärungsirrtum gleichgestellt, *163* obwohl es sich letztlich um einen Motivirrtum handelt.[549] Da sich die Ausschlagung oder die Annahme allein auf die Erbschaft beziehen und mit den beteiligten Personen nichts zu tun haben, kann eine Anfechtung gemäß § 119 Abs. 2 BGB nicht auf einen Irrtum über die Eigenschaften beteiligter Personen wie z. B. des Erblassers, eines Nachlassgläubigers oder von Miterben gestützt werden.[550] **Da die Erbschaft eine Sache i. S. v. § 119 Abs. 2 BGB ist, kann ein Irrtum über deren wesentliche Eigenschaften ein Anfechtungsrecht begründen.**[551] So berechtigt beispielsweise ein Irrtum über die Zusammensetzung des Nachlasses oder die Zugehörigkeit bestimmter Rechte zum Nachlass, sofern es sich um eine wesentliche Eigenschaft handelt[552], zur Anfechtung. Der Irrtum über den Wert des Nachlasses oder einzelner Nachlassbestandteile ist da-

---

546 Bejahend OLG Hamm v. 16. 7. 1981, 15 W 42/81, NJW 1981, 2585; OLG Hamm v. 20. 9. 2005, 15 W 188/05, ZEV 2006, 168, 170 m. Anm. *Haas/Jeske*, 172 f.; OLG Düsseldorf v. 18. 9. 2000, 3 Wx 229/00, ZEV 2001, 109; *MüKo/Leipold*, § 1954 Rdn. 8; verneinend BayObLG v. 16. 3. 1995, 1 Z BR 82/94, NJW-RR 1995, 904; *Musielak*, ZEV 2016, 353, 355; *Staudinger/Otte* (2017), § 1954 Rdn. 6; *Soergel/Stein*, § 1954 Rdn. 2.

547 BGH v. 29. 06. 2016, IV ZR 387/15, NJW 2016, 2954.

548 So etwa für die unrichtige Annahme, die Anfechtungsfrist beginne erst mit Erhalt des Erbscheins OLG Schleswig v. 31. 07. 2015, 3 Ws 120/14, NJW-RR 2016, 330; *Bamberger/Roth/Siegmann/Höger*, § 1954 Rdn. 6; *Musielak*, ZEV 2016, 353, 354 f.

549 *Staudinger/Singer* (2017), § 119 Rdn. 80; *Hausmann/Hohloch/Ruby/Uricher*, Handbuch des Erbrechts, Kap. 2, Rdn. 220.

550 MüKo/*Leipold*, § 1954 Rdn. 16.

551 BayObLG v. 5. 7. 2001, 1 Z BR 45/01, BayObLGZ 2002, 189, 205 = NJW 2003, 216, 221; MüKo/*Leipold*, § 1954 Rdn. 11; *Musielak*, ZEV 2016, 353, 354.

552 OLG Düsseldorf v. 5. 9. 2008, I-3 Wx 123/08, ZEV 2009, 137; MüKo/*Leipold*, § 1954 Rdn. 11; *Lange/Kuchinke*, § 8 VII 2 f.; RGRK/*Johannsen*, § 1954 Rdn. 4; a. A. *Staudinger/Otte* (2017), § 1954 Rdn. 16.

gegen kein zur Anfechtung berechtigender Eigenschaftsirrtum[553], während die falsche Vorstellung über wertbildende Faktoren einen Anfechtungsgrund bildet.

Hat der Erbe erst **nach der Annahme der Erbschaft Kenntnis von einer Überschuldung erlangt, ist zu differenzieren.** Zur Anfechtung ist er berechtigt, wenn er sich im Irrtum über das Vorhandensein bestimmter Nachlassposten befunden hat, nicht aber, wenn sich die Überschuldung als das Ergebnis der Bewertung eines bekannten Nachlassgegenstandes oder von Nachlassverbindlichkeiten darstellt.[554] Eine verkehrswesentliche Eigenschaft i.S.v. § 119 Abs. 2 BGB liegt nur in der Überschuldung des Nachlasses als solcher. Ein Anfechtungsgrund ist gegeben, wenn der Irrtum bzgl. der Überschuldung des Nachlasses auf falschen Vorstellungen hinsichtlich der Zusammensetzung des Nachlasses, hinsichtlich des Bestandes an Aktiva oder Passiva beruht.[555] Allein eine kausale und objektiv erhebliche Vorstellung begründet in diesem Fall die Anfechtung.[556]

Zu den wertbildenden Faktoren eines Nachlasses gehört auch, ob und in welchem Umfang er mit Nachlassverbindlichkeiten belastet ist.[557] Die Verbindlichkeiten müssen im Verhältnis zum Gesamtnachlass erheblich und für den Wert des Nachlasses von wesentlicher Bedeutung sein. Das Erfordernis der Ursächlichkeit ist auch in diesem Zusammenhang als Regulativ zu beachten. Daran fehlt es, wenn aus der Ausschlagungserklärung hervorgeht, dass sie ohne Rücksicht auf den (positiven oder negativen) Wert des Nachlasses erfolgt.[558] Das Bestehen bestimmter hoher Nachlassverbindlichkeiten wie Steuerschulden kann eine wesentliche Eigenschaft des Nachlasses begründen. Es wird jedoch regelmäßig an der Kausalität des Irrtums für die Annahme der Erbschaft fehlen, wenn zum Zeitpunkt der Annahme gleichwohl ein wesentlicher Reinnachlass verblieben wäre.[559] Zu den Nachlassverbindlichkeiten in diesem Sinne gehören auch Vermächtnisse, weil sie die Erbschaft belasten.[560] Voraussetzung für die Anfechtung der Annahme der Erbschaft ist immer, **dass sich der Erbe im Irrtum über das Vorhandensein von Nachlassverbindlichkeiten befand.** Kannte er sie als solche und bewertet er sie nur falsch, scheidet eine Anfechtung nach § 119 Abs. 2 BGB aus.[561]

---

[553] OLG Köln v. 15.5.2017, 2 Wx 109/17, BeckRS 2017, 124757 = NWB 2017, 2894; OLG Düsseldorf v. 5.9.2008, I-3 Wx 123/08, ZEV 2009, 137, 138; BayObLG v. 22.12.1997, 1 Z BR 138/97, ZEV 1998, 431; *Erman/J. Schmidt*, § 1954 Rdn. 3; MüKo/*Leipold*, § 1954 Rdn. 12.

[554] OLG Zweibrücken v. 16.2.1996, 3 W 260/95, ZEV 1996, 428, 429.

[555] OLG Köln v. 15.5.2017, 2 Wx 109/17, BeckRS 2017, 124757 = NWB 2017, 2894.

[556] BGH v. 8.2.1989, IVa ZR 98/87, BGHZ 106, 359, 363 = NJW 1989, 2885; KG v. 16.3.2004, 1 W 120/01, ZEV 2004, 283; BayObLG v. 29.1.1980, BReg 3 Z 78/79, DNotZ 1981, 54; Palandt/*Weidlich*, § 1954 Rdn. 6; MüKo/*Leipold*, § 1954 Rdn. 14; *Erman/J. Schmidt*, § 1954 Rdn. 4; *Soergel/Stein*, § 1954 Rdn. 3; *Staudinger/Otte* (2017), § 1954 Rdn. 15; *Kipp/Coing*, § 89 I 3 und *Lange/Kuchinke*, § 8 VII 2 f. sehen in der Überschuldung des Nachlasses pauschal eine verkehrswesentliche Eigenschaft; a.A. RG v. 26.9.1921, IV 3/21, RGZ 103, 21, 23.

[557] BayObLG v. 13.1.1983, BReg 1 Z 27/82, FamRZ 1983, 834; MüKo/*Leipold*, § 1954 Rdn. 14; *Erman/J. Schmidt*, § 1954 Rdn. 4; *Hausmann/Hohloch/Ruby/Uricher*, Handbuch des Erbrechts, Kap. 2, Rdn. 224.

[558] MüKo/*Leipold*, § 1954 Rdn. 14.

[559] BayObLG v. 11.1.1999, I Z BR 113/98, NJW-RR 1999, 590; MüKo/*Leipold*, § 1954 Rdn. 14; *Hausmann/Hohloch/Ruby/Uricher*, Handbuch des Erbrechts, Kap. 2, Rdn. 224.

[560] MüKo/*Leipold*, § 1954 Rdn. 14; *Staudinger/Otte* (2017), § 1954 Rdn. 13; a.A. RGRK/*Johannsen*, § 1954 Rdn. 3.

[561] Zu Rechtsfolgeirrtümern siehe ausführlich *Staudinger/Singer* (2017), § 119 Rdn. 72 f. und *Hausmann/Hohloch/Ruby/Uricher*, Handbuch des Erbrechts, Rdn. 227 ff.

c) Rechtsfolgenirrtum/unbeachtlicher Motivirrtum

Ein beachtlicher Rechtsfolgenirrtum kommt grundsätzlich nur in Betracht, wenn die *163a* **Fehlvorstellung des Erben unmittelbar die Rechtsfolgen betraf, die mit seiner Willenserklärung herbeigeführt werden sollten.** Irrt sich der Erklärende dagegen nur über andere Rechtsfolgen, die mittelbar aufgrund gesetzlicher Regelungen an die Willenserklärung geknüpft werden, fallen Wille und Erklärung nicht auseinander. Der Eintritt der – mittelbaren – Rechtsfolge ist in einem solchen Fall nicht von dem Willen des Erklärenden abhängig, sondern erfolgt kraft Gesetzes. Ein derartiger Rechtsirrtum berechtigt nicht zur Anfechtung.[562] Der Erfolg einer Anfechtung hängt maßgeblich davon ab, wie der Anfechtende seine Anfechtung begründet. Hierfür besteht eine umfassende Begründungspflicht[563], so dass ein Anfechtender das Risiko trägt, mit Anfechtungsgründen, die er nicht schon bei Abgabe der Anfechtungserklärung angegeben hat, später wegen Ablaufs der Anfechtungsfrist präkludiert zu sein.

2. Verfahren, Form und Frist der Anfechtung

Die Anfechtung der Annahme oder der Ausschlagung einer Erbschaft ist der Ausschla- *164* gungserklärung nachgebildet. Sie muss deshalb **gegenüber dem nach §§ 343, 344 Abs. 7 FamFG örtlich zuständigen Nachlassgericht** erklärt werden, § 1955 Satz 1 BGB, entweder **zur Niederschrift des Gerichts oder in öffentlich beglaubigter Form**, § 1955 Satz 2 i.V.m. § 1945 BGB. Ein Bevollmächtigter bedarf einer öffentlich beglaubigten Vollmacht, §§ 1955, 1945 Abs. 3 BGB. Für die Anfechtung ist dieselbe familiengerichtliche Erklärung beizubringen wie für die Ausschlagung durch einen gesetzlichen Vertreter für ein minderjähriges Kind oder einen Betreuten.[564] Eine Erklärung gegenüber den Beteiligten am Nachlass genügt nicht.

Die **Frist zur Anfechtung** von Annahme- oder Ausschlagungserklärung **beträgt** *165* **grundsätzlich 6 Wochen**, § 1954 Abs. 1 BGB. **Eine sechsmonatige Frist gilt**, wenn der Erblasser beim Erbfall seinen Wohnsitz nur im Ausland hatte oder sich der Erbe bei Fristbeginn im Ausland aufhielt, § 1954 Abs. 3 BGB. 30 Jahre nach der Annahme oder Ausschlagung der Erbschaft ist die Anfechtung generell ausgeschlossen, § 1954 Abs. 4 BGB. Die Frist zur Anfechtung **beginnt mit der Kenntnis vom Anfechtungsgrund.** Der Anfechtungsberechtigte hat Kenntnis vom Irrtum, wenn ihm die insoweit maßgeblichen Tatsachen bekannt werden und er erkennt, dass seine Erklärung eine andere Bedeutung oder Wirkung hatte, als er ihr beilegen wollte. Die Frist läuft nicht, wenn er die maßgeblichen Tatsachen nur kennen musste oder lediglich Verdachtsgründe vorliegen. Der Anfechtungsberechtigte muss nicht sicher wissen, dass ihn diese Tatsachen zur Anfechtung berechtigen oder ob die Anfechtung mit Sicherheit durchgreift.[565] Er muss von den für seinen Irrtum maßgeblichen Tatsachen in so zuverlässiger Weise erfahren, dass von ihm vernünftigerweise erwartet werden kann, dass er sich

---

[562] BGH v. 26.09.2016, IV ZR 387/15, NJW 2016, 2954, 2955; *Trappe*, ErbR 2017, 458; ablehnend gegenüber dieser Unterscheidung aufgrund einer damit verbundenen Rechtsunsicherheit *Musielak*, ZEV 2016, 353, 355.

[563] OLG Düsseldorf v. 17.10.2016, 3 Wx 155/17, ErbR 2017, 518; *Trappe*, ErbR 2017, 458, 463.

[564] *Hausmann/Hohloch/Ruby/Uricher*, Handbuch des Erbrechts, Kap. 2, Rdn. 239.

[565] BayObLG v. 22.12.1997, I Z BR 138/97, FamRZ 1998, 924.

darüber Gedanken macht, ob er seine Annahme- oder Ausschlagungserklärung anfechten soll.[566]

3. Anfechtungsberechtigung

166 Das Anfechtungsrecht steht **nur dem oder den Erben oder seinem/ihrem gesetzlichen Vertreter(n),** nicht jedoch Gläubigern,[567] Nachlasspflegern[568], Nachlassverwaltern, Testamentsvollstreckern oder Insolvenzverwaltern zu[569]. Der beschränkt Geschäftsfähige kann die Anfechtung ebenfalls nicht wirksam erklären. Die gemäß § 1957 Abs. 1 BGB zugleich bewirkte Ausschlagung oder Annahme sind nicht lediglich rechtlich vorteilhaft. Mit dem Tod des Erben geht das Anfechtungsrecht gemäß § 1952 Abs. 3 BGB analog auf seine Erben über. Sind mehrere Erbeserben vorhanden, kann jeder gemäß § 1952 Abs. 3 BGB analog für sich hinsichtlich des auf ihn entfallenden Anteils anfechten.[570]

4. Wirkung der Anfechtung

167 Die **Anfechtung der Ausschlagungserklärung gilt in Abweichung von § 142 Abs. 1 BGB als Annahme, die Anfechtung der Annahme dagegen als Ausschlagung,** § 1957 Abs. 1 BGB. Mit der Anfechtung muss der Erklärende die entgegengesetzte Rechtsfolge hinnehmen. Von der Anfechtung der Annahme soll das Nachlassgericht gemäß § 1953 Abs. 3 Satz 1 BGB dem Nächstberufenen Mitteilung machen. Nach § 1957 Abs. 2 Satz 1 BGB ist eine entsprechende Pflicht des Nachlassgerichts gegeben, von der Anfechtung der Ausschlagung denjenigen zu informieren, dem die Erbschaft infolge der Ausschlagung zugefallen war. Da der Anfall erst durch mehrere Ausschlagungen erfolgt, sind auch diejenigen zu benachrichtigen, die ohne ihre eigene Ausschlagungserklärung berufen gewesen wären.

168 Der **erfolgreich Anfechtende ist gegenüber jedem Nachlassbeteiligten zum Ersatz des Schadens verpflichtet,** den dieser dadurch erleidet, dass er auf die Wirksamkeit der Annahme- oder Ausschlagungserklärung vertraut hat, § 122 BGB. Typische **Vertrauensschäden** sind die Kosten von Kreditauskünften, anwaltlicher Beratung, der Geltendmachung von Forderungen gegenüber dem später Ausschlagenden, Schäden durch Freigabe von Bürgschaften, Pfändern oder Mitschuldnern mit Rücksicht auf eine scheinbar unbeschränkte Haftung des vermögenden Erben, der später anficht.[571] Der Anspruch auf Ersatz des Vertrauensschadens ist der Höhe nach auf das positive Interesse an der Wirksamkeit der angefochtenen Erklärung beschränkt, § 122 Abs. 1 letzter Halbsatz BGB. Der Berechtigte kann nie mehr verlangen, als er bei Wirksamkeit von Annahme oder Ausschlagung erhalten hätte. Er hat nicht die Möglichkeit, eine neue Entscheidung herbeizuführen.

---

566 *Hausmann/Hohloch/Ruby/Uricher,* Handbuch des Erbrechts, Kap. 2, Rdn. 240.
567 *Erman/J. Schmidt,* § 1954 Rdn. 11.
568 Palandt/*Weidlich,* § 1954 Rdn. 2.
569 MüKo/*Leipold,* § 1954 Rdn. 20; *Erman/J. Schmidt,* § 1954 Rdn. 6.
570 MüKo/*Leipold,* § 1954 Rdn. 20; *Erman/J. Schmidt,* § 1954 Rdn. 11.
571 *Hausmann/Hohloch/Ruby/Uricher,* Handbuch des Erbrechts, Kap. 2, Rdn. 241.

VII. Verfügungen während der Ausschlagungsfrist

Der Erbe ist während der Ausschlagungsfrist unabhängig von seiner Stellung als vor- 169
läufiger Erbe aufgrund des Vonselbsterwerbs der Erbschaft Inhaber aller Rechte, die
zum Nachlass gehören und kann über sie verfügen. **Schlägt er aus,** verliert er seine
Rechtsstellung mit Rückwirkung auf den Zeitpunkt des Erbfalls, § 1953 Abs. 1 BGB.
Die von ihm vorgenommenen Verfügungen stellen sich **nachträglich als Verfügungen
eines Nichtberechtigten** dar. Derjenige, dem die Ausschlagung zugute gekommen ist,
kann die Nachlassrechte geltend machen und sich dabei grundsätzlich auch auf die Unwirksamkeit der Verfügungen des vorläufigen Erben berufen.

**§ 1959 BGB regelt die widerstreitenden Interessen zwischen dem vorläufigen und
dem endgültigen Erben sowie das Verhältnis zu Dritten.** Der vorläufige Erbe ist bis
zur Ausschlagung zur einstweiligen Verwaltung über den Nachlass berechtigt, aber
nicht verpflichtet.[572] Trotz der **ex-tunc-Wirkung der Ausschlagung** handelt der vorläufige Erbe gemäß § 1959 Abs. 1 BGB für den Nachlass. Für das Verhältnis zwischen
ihm und dem endgültigen Erben gelten die Regeln der Geschäftsführung ohne Auftrag,
§§ 677 ff. BGB. Kümmert er sich nicht um die Erbschaft, obliegt diese Aufgabe dem
Nachlassgericht, das einen Nachlasspfleger bestellen muss, § 1960 BGB.

Hat der vorläufige Erbe während der laufenden Ausschlagungsfrist erbrechtliche Geschäfte besorgt, bleibt er trotz Ausschlagung mit seinem Vermögen verpflichtet.[573] Er
hat jedoch einen **Ausgleichsanspruch gegen den endgültigen Erben** und kann **Ersatz
seiner Aufwendungen und Befreiung von den eingegangenen Verbindlichkeiten**
verlangen, soweit die Geschäfte dem wirklichen oder mutmaßlichen Willen eines ver-
ständigen Erben mit Rücksicht auf die Art des Nachlasses entsprochen haben.[574] Der
Inanspruchnahme mit seinem Eigenvermögen kann der vorläufige Erbe entgehen,
wenn er bei der Vornahme der Rechtsgeschäfte die Haftung von vornherein auf den
Nachlass beschränkt.[575] Eine solche Beschränkung setzt aber voraus, dass der Erbe erkennbar zum Ausdruck bringt, nur mit einem Teil seines Vermögens die Haftung übernehmen zu wollen.

Unaufschiebbare Verfügungen des vorläufigen Erben **bleiben wirksam, wenn er die
Erbschaft später ausschlägt,** § 1959 Abs. 2 BGB. Die Frage der Aufschiebbarkeit beurteilt sich sowohl nach objektiven als auch nach wirtschaftlichen Gesichtspunkten. Es
kommt auf die Verhältnisse zum Zeitpunkt der Verfügung an. Waren die Verfügungen
aufschiebbar, handelte der vorläufige Erbe als Nichtberechtigter. Deren Wirksamkeit
richtet sich nach den Vorschriften über den gutgläubigen Erwerb. Sachen sind trotz der
Rückwirkungsfiktion der Ausschlagung nicht i.S.v. § 935 BGB abhandengekommen,
weil der vorläufige Erbe im Zeitpunkt der Verfügung berechtigter Besitzer war.[576]

---

[572] *Staudinger/Mesina* (2017), § 1959 Rdn. 4; *Kipp/Coing*, Kap. 2, § 90 III 1.
[573] *Brox/Walker*, Rdn. 316.
[574] OLG Celle v. 9.6.1970, 10 U 196/69, MDR 1970, 1012, 1013.
[575] *Brox/Walker*, Rdn. 316.
[576] *Bamberger/Roth/Siegmann/Höger*, § 1953 Rdn. 3; *Erman/J. Schmidt*, § 1953 Rdn. 5; *Palandt/
    Weidlich*, § 1953 Rdn. 4; *Soergel/Stein*, § 1953 Rdn. 4; *Kipp/Coing*, § 90 III 3 d; *Ebenroth*,
    Rdn. 850; a.A. *Lange/Kuchinke*, § 8 V 2 Fn. 110.

D. Die zeitlich befristete Schonung des Erben

Der Erbe wird häufig vom Anfall einer Erbschaft mehr oder weniger „überrascht". Es *170* entspricht deshalb regelmäßig seinem Interesse, sich zunächst einen Überblick über die Nachlassverhältnisse und insbesondere über den Bestand des Nachlasses zu verschaffen. Erst wenn er den Nachlassbestand – zumindest in groben Zügen – kennt, kann er eine ausgewogene Entscheidung treffen, ob er das Risiko der unbeschränkten Haftung für Nachlassverbindlichkeiten mit seinem gesamten Vermögen eingeht.

Interessen des Erben stehen während dieser „Klärungsphase" Interessen der Nachlassgläubiger gegenüber. Sie wollen ihre Rechte und Forderungen schnellstmöglich und ggf. vor anderen Nachlassgläubigern und insbesondere vor Eigengläubigern des Erben durchsetzen. Das Bürgerliche Gesetzbuch trägt dieser Interessenlage Rechnung, indem es eine Haftung des vorläufigen Erben ganz ausschließt und dem endgültigen Erben nach Ablauf der Ausschlagungsfrist die Möglichkeit eröffnet, in den ersten drei Monaten nach der Annahme oder während eines laufenden öffentlichen Gläubigeraufgebotes[577] einer Verwertung des Nachlasses in der Zwangsvollstreckung zu widersprechen. Der Erbe kann die Gläubiger auch selbst öffentlich aufbieten oder als Miterbe privat aufrufen. Die Gläubiger sind in diesem frühen Stadium aber nicht nur auf eine passive Rechtsstellung verwiesen. Sie können den Erben der Gefahr der unbeschränkten Haftung aussetzen, indem sie von ihm die Errichtung eines Inventars fordern.[578]

I. Die Rechtsstellung des vorläufigen Erben

Bis zu einer möglichen Ausschlagung gilt der bis dahin nur **vorläufige Erbe** zwar *171* rechtlich als Erbe. Er ist aber vor der tatsächlichen oder fingierten Annahme der Erbschaft **noch nicht endgültig Rechtsnachfolger des Erblassers** geworden. Die vorläufige Erbenstellung rechtfertigt sich daraus, dass die als Erbe in Frage kommenden Personen regelmäßig dem Nachlass am nächsten stehen.

1. Klagen während der Ausschlagungsfrist

Ein gegen den Nachlass gerichteter Anspruch kann gemäß § 1958 BGB gegen den vor- *172* läufigen Erben nicht gerichtlich geltend gemacht werden. Entsprechende **Klagen sind bis zur Annahme der Erbschaft mangels Prozessführungsbefugnis unzulässig.**[579] Die Erbschaftsannahme ist Prozessvoraussetzung und von Amts wegen zu berücksich-

---

[577] Siehe dazu Rdn. 376 ff.
[578] Dazu ausführlich Rdn. 442 ff.
[579] MüKo/*Leipold*, § 1958 Rdn. 10; *Staudinger/Mesina* (2017), § 1958 Rdn. 2; *Erman/J. Schmidt*, § 1958 Rdn. 11; *Graf*, ZEV 2000, 125, 127; *Lange/Kuchinke*, § 48 II 1, der zu Recht darauf hinweist, dass die praktische Bedeutung gering ist, ob die Annahme der Erbschaft Prozessvoraussetzung ist oder ob dem vorläufigen Erben die Passivlegitimation fehlt (so RGZ 60, 1179, 181; 79, 301, 203; RGRK/*Johannsen*, § 1958 Rdn. 1) und die Klage als unbegründet abzuweisen wäre.

tigen.[580] Der Beklagte kann darauf **nicht verzichten**.[581] Nachlassgläubiger können wegen § 1958 BGB auch keinen Neubeginn der Verjährungsfrist gemäß § 212 BGB herbeiführen. Deshalb wird gemäß § 211 BGB für die Schwebezeit die Verjährung gehemmt. Nur die Prozessführung gegen den vorläufigen Erben wird durch § 1958 BGB ausgeschlossen. Hat der Erblasser Testamentsvollstreckung angeordnet und hat der Testamentsvollstrecker sein Amt angenommen, gilt gemäß § 2213 Abs. 2 BGB, bei Anordnung der Nachlasspflegschaft gemäß § 1960 Abs. 3 BGB oder der Nachlassverwaltung gemäß § 1984 Abs. 1 Satz 3 BGB, dass gegen diese Personen nachlassbezogene Ansprüche vor Erbschaftsannahme gerichtlich geltend gemacht werden können. **Nachlassgläubiger können** gemäß § 1961 BGB vor der Annahme der Erbschaft **die Bestellung eines Nachlasspflegers beantragen**, wenn sie schon in diesem frühen Stadium klagen wollen.

Der Schutz des § 1958 BGB besteht nur soweit, als der Erbe die Erbschaft bis **zum Zeitpunkt der letzten mündlichen Verhandlung** noch nicht angenommen hat.[582] Erklärt er vor diesem Zeitpunkt wirksam die Annahme, ist die Klage zulässig. Von § 1958 BGB werden nur solche Ansprüche erfasst, die sich gegen den Nachlass als solchen richten. Das sind die Erblasser- und Erbfallschulden, während Nachlasserbenschulden[583], die ein vorläufiger Erbe im Rahmen ordnungsgemäßer Verwaltung eingegangen ist, schon vor der Annahme uneingeschränkt gegen ihn gerichtlich geltend gemacht werden können. Diese Verbindlichkeiten beruhen auf Eigenhandlungen des Erben, so dass er dafür unabhängig von einer erklärten Ausschlagung einzustehen hat.[584]

Prozesse, die bereits **gegen den Erblasser anhängig** waren, werden **von § 1958 BGB nicht erfasst**. Diese Prozesse werden **gemäß § 239 Abs. 1 ZPO unterbrochen**, sofern keine Vertretung durch einen Prozessbevollmächtigten stattfand. Hatte der Erblasser einen Prozessbevollmächtigten bestellt, gilt dessen Prozessvollmacht fort. Es bedarf dann eines **entsprechenden Antrages des Prozessbevollmächtigten gemäß § 246 Abs. 1 ZPO**, damit das Gericht die **Aussetzung des Verfahrens anordnet**. Auch der Gegner ist in den Fällen des Todes einer Partei oder bei Nacherbfolge antragsberechtigt. Vor der Annahme ist der Erbe zur Fortsetzung des Prozesses nicht verpflichtet, § 239 Abs. 5 ZPO. Er ist nicht einmal berechtigt, in diesem Stadium Prozesse über Ansprüche gegen den Nachlass aufzunehmen. Anderes gilt, wenn Ansprüche des Nachlasses selbst betroffen sind, da § 1958 BGB insoweit keine Anwendung findet.[585]

2. Sicherung des Nachlasses durch das Nachlassgericht

173 Das Nachlassgericht trifft die erforderlichen **Sicherungsmaßnahmen**, wenn der Nachlass in der Zeit bis zur Annahme gefährdet ist, § 1960 Abs. 1 BGB. Ist der **Erbe unbekannt**, die **Annahme der Erbschaft noch offen** oder ihre Wirksamkeit zweifelhaft, bestellt es einen **Nachlasspfleger**, der die Sicherung und Erhaltung des Nachlasses ge-

---

[580] RG v. 24.2.1905, VII 628/04, RGZ 60, 181; *Lange/Kuchinke*, § 48 II 1; *Erman/J. Schmidt*, § 1959 Rdn. 11.
[581] *Erman/J. Schmidt*, § 1958 Rdn. 11; *MüKo/Leipold*, § 1958 Rdn. 11; *Staudinger/Mesina* (2017), § 1958 Rdn. 2; a.A. *Brox/Walker*, Rdn. 315.
[582] *Bamberger/Roth/Siegmann/Höger*, § 1958 Rdn. 2; *MüKo/Leipold*, § 1958 Rdn. 8.
[583] Zum Begriff Rdn. 117 ff.
[584] *MüKo/Leipold*, § 1958 Rdn. 2.
[585] *MüKo/Leipold*, § 1958 Rdn. 14.

währleisten soll. Soweit er tätig wird, ist er **Vertreter des endgültigen Erben**.[586] Der Nachlasspfleger hat keine verdrängende Vertretungsmacht, so dass der vorläufige Erbe ebenso wie der endgültige Erbe seine Verwaltungsbefugnis nicht verliert.[587] Bei kollidierenden Handlungen binden Verpflichtungen nebeneinander, bei Verfügungen gilt das Prioritätsprinzip, wenn kein gutgläubiger Erwerb eintritt.[588]

3. Geschäftsführung vor Ausschlagung

Nach § 1959 Abs. 3 BGB können fristgebundene Erklärungen und einseitige empfangsbedürftige Willenserklärungen mit Wirkungen auf den Nachlass dem vorläufigen Erben gegenüber vor der Ausschlagung mit Wirkung für den endgültigen Erben vorgenommen werden. Dazu gehören Erklärungen wie Anfechtungen, Rücktritt, Genehmigungen, Kündigung, Widerruf, Forderungsanmeldungen sowie die Aufrechnung eines Nachlassschuldners mit einer Forderung gegen den Nachlass.[589] Die Regelung des § 1959 Abs. 3 BGB kommt nicht zum Tragen, wenn der Nachlass von einem Nachlassverwalter oder einem Testamentsvollstrecker verwaltet wird. Richtiger Adressat der empfangsbedürftigen Willenserklärung ist dann nicht der vorläufige Erbe, sondern der Verwalter. *174*

Der **vorläufige Erbe kann** bis zur Annahme der Erbschaft in analoger Anwendung von § 1958 BGB **nicht in Schuldnerverzug** kommen.[590] **Streitig ist** dagegen, ob er unter den Voraussetzungen der §§ 293 ff. BGB **in Annahmeverzug geraten** kann. Die überwiegende Meinung bejaht dies zu Recht, da § 1959 Abs. 3 BGB den vorläufigen Erben als Adressat einer Leistung des Schuldners ansieht, sobald dieser berechtigt ist, die Nachlassforderung zu erfüllen. Der in § 1959 Abs. 3 BGB vorgesehene Schutz des Schuldners muss deshalb konsequent in dem Sinne verstanden werden, dass ein Annahmeverzug bei Nichtannahme der Leistung schon gegenüber dem vorläufigen Erben eintritt.[591] Soweit die Gegenauffassung[592] meint, bis zur Annahme der Erbschaft stünde noch gar nicht fest, wer Gläubiger der Nachlassforderung sei, verkennt sie, dass die rechtliche Ausgestaltung des § 1959 BGB die Interessen Dritter höher bewertet als die des Erben. Deshalb treffen den vorläufigen wie den endgültigen Erben die Folgen der Annahmeverweigerung, sobald der Schuldner eine Nachlassforderung erfüllen darf. *175*

Im Gesetz nicht geregelt ist, ob der **Erbe vor der Annahme der Erbschaft** nachlassbezogene Rechte gerichtlich geltend machen kann und wie sich die Ausschlagung auf solche Prozesse auswirkt. § 1959 Abs. 2 und 3 BGB beziehen sich nicht auf die Prozessführung des Erben, § 1958 BGB erklärt lediglich Passivprozesse vor der Annahme *176*

---

[586] BGH v. 26.10.1967, VII ZR 86/65, BGHZ 49, 1, 4; BGH v. 14.5.1985, IX ZR 142/84, BGHZ 94, 312, 314 = NJW 1985, 2596; Palandt/*Weidlich*, § 1960 Rdn. 11.

[587] AG Starnberg v. 10.1.1983, VI 233/80, FamRZ 1983, 1280, 1281; *Erman/J. Schmidt*, § 1960 Rdn. 19; MüKo/*Leipold*, § 1960 Rdn. 51 f.

[588] MüKo/*Leipold*, § 1960 Rdn. 51.

[589] MüKo/*Leipold*, § 1959 Rdn. 9; *Damrau/Tanck/Masloff*, § 1959 Rdn. 10.

[590] RG v. 3.4.1912, III 259/11, RGZ 79, 201, 203; MüKo/*Leipold*, § 1958 Rdn. 18; *Lange/Kuchinke*, § 48 II 2; *Erman/J. Schmidt*, § 1958 Rdn. 12; *Bamberger/Roth/Siegmann/Höger*, § 1958 Rdn. 6; a.A. noch v. *Lübtow*, Erbrecht II, S. 751.

[591] *Erman/J. Schmidt*, § 1959 Rdn. 10; *Soergel/Stein*, § 1959 Rdn. 12; *Staudinger/Mesina* (2017), § 1959 Rdn. 19; MüKo/*Leipold*, § 1959 Rdn. 11.

[592] *Lange/Kuchinke*, § 48 II 2; RGRK/*Johannsen*, § 1959 Rdn. 13.

für unzulässig. Da der vorläufige Erbe jedoch in materieller Hinsicht Träger der Nachlassrechte ist, steht ihm **nach allgemeinen Grundsätzen ein Prozessführungsrecht zu.** Er kann Leistung an sich selbst verlangen.[593] **In der Klageerhebung kann eine konkludente Annahme der Erbschaft gesehen werden.**[594] Schlägt der vorläufige Erbe während des anhängigen Verfahrens aus, ist die Klage unbegründet. Eine Fortführung des Prozesses in Prozessstandschaft für den endgültigen Erben ist ebenso wenig vorgesehen wie ein Übergang des Verfahrens auf den endgültigen Erben. Ist bereits ein rechtskräftiges Urteil gegen den vorläufigen Erben ergangen, wirkt dieses gemäß § 325 Abs. 1 ZPO nicht gegenüber dem endgültigen Erben. Dieser ist nicht Rechtsnachfolger des vorläufigen Erben.[595] War die Prozessführung dringlich, lag sie im Interesse des endgültigen Erben, so dass die Prozessführung auch Wirkungen gegenüber dem endgültigen Erben entfaltet, § 1959 Abs. 2 BGB. Die Ausschlagung führt zu einer Unterbrechung gemäß § 242 ZPO analog, wodurch ein Parteiwechsel möglich wird.[596] Die Aufnahme des Verfahrens gegenüber dem endgültigen Erben ist gemäß §§ 242, 239 Abs. 5 ZPO erst zulässig, wenn dieser die Erbschaft angenommen hat. Ist vor der Ausschlagung bei dringlicher Prozessführung bereits ein rechtskräftiges Urteil ergangen, muss dieses konsequenterweise gemäß § 326 Abs. 1, Abs. 2 ZPO analog auch Wirkung für und gegen den endgültigen Erben entfalten.[597]

4. Möglichkeiten vor Annahme der Erbschaft

177 **Einseitige Rechtsgeschäfte,** die ein Dritter mit Wirkungen gegenüber dem Nachlass vorzunehmen hat, können gegenüber dem vorläufigen Erben als Adressaten geltend gemacht werden und **bleiben** auch **nach einer Ausschlagung wirksam.** Von besonderer **Bedeutung** ist dies **bei fristgebundenen Erklärungen,** bei denen der beabsichtige Rechtserfolg schon durch die empfangsbedürftige Willenserklärung an den vorläufigen Erben bewirkt wird.[598] Wird der Nachlass von einem **Nachlassverwalter** oder **Testamentsvollstrecker** verwaltet, **müssen einseitige Willenserklärungen diesen Personen gegenüber abgegeben werden.** Neben einem Nachlasspfleger bleibt der vorläufige Erbe empfangszuständig.[599] **§ 1959 Abs. 3 BGB betrifft nicht den Fall von Verpflichtungsgeschäften mit Bezug auf Nachlassgegenstände.** Sie werden nicht gegenüber, sondern mit dem vorläufigen Erben vorgenommen. Leistungen zur Erfüllung von Nachlassforderungen fallen dagegen unter § 1959 Abs. 3 BGB.[600] Nachlassgläubiger können vor der Annahme der Erbschaft neben der Einsetzung eines Nachlasspflegers gemäß § 1961 BGB beantragen, dass dem vorläufigen Erben eine Frist zur Errichtung eines Nachlassinventars gesetzt wird, § 1994 Abs. 1 BGB. Die Inventarfrist beginnt aber niemals vor der Annahme der Erbschaft zu laufen, § 1995 Abs. 2 BGB.

---

[593] RGRK/*Johannsen,* § 1959 Rdn. 2; MüKo/*Leipold,* § 1959 Rdn. 12; a.A. *Staudinger/Mesina* (2017), § 1959 Rdn. 21, die einen vorläufigen Erben nur unter der Voraussetzung des § 1959 Abs. 2 BGB für prozessführungsbefugt hält.

[594] *Bamberger/Roth/Siegmann/Höger,* § 1958 Rdn. 2; MüKo/*Leipold,* § 1959 Rdn. 13.

[595] BGH v. 8.2.1989, IVa ZR 98/87, BGHZ 106, 359, 365 = NJW 1989, 2885, 2886; MüKo/*Leipold,* § 1959 Rdn. 13.

[596] MüKo/*Leipold,* § 1959 Rdn. 13.

[597] *Staudinger/Mesina* (2017), § 1959 Rdn. 21; MüKo/*Leipold,* § 1959 Rdn. 13.

[598] Siehe schon Rdn. 174.

[599] MüKo/*Leipold,* § 1959 Rdn. 10.

[600] MüKo/*Leipold,* § 1959 Rdn. 11; *Kipp/Coing,* § 90 III 3c.

5. Zwangsvollstreckung vor dem Erbfall

Die Regelung des § 1958 BGB gilt nicht für das Zwangsvollstreckungsverfahren. Eine **178** Zwangsvollstreckung wegen nachlassbezogener Verbindlichkeiten, die bereits vor dem Erbfall begonnen hatte, **kann gemäß § 778 Abs. 1 ZPO vor der Annahme der Erbschaft nur gegen den Nachlass**, nicht aber gegen das Eigenvermögen des Erben gerichtet werden. Während dieser Schwebezeit sind die Gläubiger des Erben und die des Erblassers rechtlich noch streng voneinander getrennt. Hatte der Gläubiger einen Vollstreckungstitel gegen den Erblasser erwirkt, wäre eine Titelumschreibung auf den Erben vor Annahme der Erbschaft unzulässig.[601] **Wegen Eigenverbindlichkeiten können Gläubiger nur in das Eigenvermögen des Erben vollstrecken, § 778 Abs. 2 ZPO.** Eine Zwangsvollstreckung, die gegen den Erblasser zurzeit seines Todes bereits begonnen hatte, wird gemäß § 779 Abs. 1 ZPO in seinen Nachlass fortgesetzt. Hatte die Zwangsvollstreckung gegen den Erblasser noch nicht begonnen, muss der Gläubiger zunächst die Bestellung eines Nachlasspflegers gemäß § 1961 BGB beantragen, um in den Nachlass vollstrecken zu können. **Gegen unzulässige Vollstreckungsmaßnahmen** kann sich der Erbe mit der **Erinnerung** gemäß § 766 ZPO oder mit der **Drittwiderspruchsklage** gemäß § 771 ZPO wehren.

II. Die Schonungseinreden

Die kurz bemessene sechswöchige Ausschlagungsfrist genügt dem vorläufigen Erben **179** häufig nicht, um sich einen ausreichenden Überblick über den Bestand des Nachlasses, d.h. über sämtliche Aktiva und Passiva, zu verschaffen. Mit der Annahme der Erbschaft **läuft** er **Gefahr, dass Nachlass- und Eigengläubiger in den Nachlass vollstrecken**, nachdem es zur Verschmelzung des Nachlasses mit dem Eigenvermögen gekommen war und der bis dahin bestehende Schutz des vorläufigen Erben endete. Als endgültiger Erbe ist er in einem Prozess der richtige Beklagte. Ein Titel, der gegen den Erblasser erwirkt worden war, kann gegen ihn umgeschrieben werden, § 727 ZPO.

Für den Erben kann mit der Annahme der Erbschaft ungeklärt sein, ob und wenn ja **180** welche Maßnahmen zur Haftungsbeschränkung auf den Nachlass er treffen sollte. Um ihm **genügend Zeit für eine Bestandsaufnahme zu geben**, billigt ihm das Gesetz eine **zeitlich befristete Schonung** zu. Er kann für eine Übergangszeit Nachlassgläubiger durch Erhebung der aufschiebenden Einreden (Schonungseinreden) abwehren. Die sog. **Dreimonatseinrede**, die in § 2014 BGB geregelt ist, erlaubt dem Erben, die Erfüllung von Nachlassverbindlichkeiten in den ersten drei Monaten nach der Annahme zu verweigern. Die in § 2015 BGB normierte sog. **Aufgebotseinrede** schützt den Erben, der sich im Wege eines Gläubigeraufgebotsverfahrens Klarheit über den Bestand des Nachlasses verschaffen will. Könnten sich Nachlassgläubiger in dieser Phase der Orientierung auch aus dem Eigenvermögen des Erben befriedigen, wäre eine eventuell später erforderliche Trennung der Vermögensmassen erschwert. Entsprechend der Zielsetzung der §§ 2014, 2015 BGB soll der Nachlass während dieser Zeit aber zusammengehalten werden. Der Schutz der Schonungseinreden besteht **auch gegenüber den Eigengläubigern des Erben, § 783 ZPO.**

---

[601] *Bamberger/Roth/Siegmann/Höger*, § 1958 Rdn. 5; *Brox/Walker*, Rdn. 315.

181   Wegen der in § 1978 Abs. 1 BGB geregelten Verantwortlichkeit des Erben für seine Verwaltung des Nachlasses besteht eine **Pflicht zur Geltendmachung der Schonungseinreden.**[602] Das ist sinnvoll, weil die Einreden auch dem Schutz der Nachlassgläubiger an einer gleichmäßigen Befriedigung ihrer Forderungen dienen. Verletzt der Erbe diese Pflicht schuldhaft, ist er bei Eintritt eines Schadens wegen nicht ordnungsgemäßer Verwaltung haftbar. Hat er bei Erhebung einer der Einreden schuldhaft nicht erkannt, dass der Nachlass zur Befriedigung der Gläubiger ausreicht, kann er ebenfalls aus § 1978 Abs. 1 BGB schadensersatzpflichtig sein, wenn den Nachlassgläubigern ein Schaden entsteht.[603]

1. Die Dreimonatseinrede, § 2014 BGB

182   Der Erbe kann unter den Voraussetzungen von § 2014 BGB die **Berichtigung der Nachlassverbindlichkeiten bis zum Ablauf von drei Monaten nach der Annahme der Erbschaft verweigern.**

183   Zur **Geltendmachung der Einrede** sind neben dem **Erben** der **Testamentsvollstrecker mit Verwaltungsbefugnis,** der **Nachlassverwalter,** der vor Annahme der Erbschaft gemäß §§ 1960, 1961 BGB bestellte **Nachlasspfleger** und der das Gesamtgut verwaltende Ehegatte bei der Gütergemeinschaft gemäß § 1489 Abs. 2 BGB berechtigt.[604] Im Interesse der Nachlassgläubiger ist für den verwaltenden Nachlasspfleger die Frist zur Geltendmachung der Schonungseinreden gemäß § 2017 BGB auf den Zeitpunkt der Bestellung vorverlegt. Das hat seinen Grund darin, dass ihm gegenüber gemäß § 1960 Abs. 3 BGB schon vor der Annahme der Erbschaft Ansprüche gerichtlich geltend gemacht werden können.[605] Für den Testamentsvollstrecker beginnt die Frist erst mit der Annahme der Erbschaft durch den Erben. Erst ab diesem Zeitpunkt kann er ein Aufgebotsverfahren beantragen.

184   Die **Frist zur Erhebung der Einrede beginnt mit der Annahme zu laufen,** d.h. spätestens nach Ablauf der Ausschlagungsfrist. Hatte der Erbe schon während dieser drei Monate freiwillig oder auf Antrag eines Gläubigers ein **Inventar errichtet,** d.h. beim zuständigen Nachlassgericht eingereicht, **verliert er nach § 2014 Hs. 2 BGB die Einrede.**[606] Er bedarf des Schutzes des § 2014 BGB nicht mehr, weil das Inventar ihm einen hinreichenden Überblick über die Aktiva und Passiva des Nachlasses ermöglicht.

185   Aufgrund der keinen Aufschub duldenden Unterhaltsverpflichtungen aus § 1963 **BGB (Mutterschutz)** und aus § 1969 BGB (Dreißigster) kann die Dreimonatseinrede gegenüber diesen Ansprüchen **nicht erhoben werden.**[607] Gleiches gilt für die den Erben als solchen treffenden Anzeige- und Notbesorgungspflichten aus §§ 673, 727, 1894,

---

[602] *Staudinger/Dobler* (2016), Vorbem. zu §§ 2014–2017 Rdn. 2; *Erman/Horn,* Vorbem. vor § 2014 Rdn. 5; *Michalski,* Rdn. 850; *Damrau/Tanck/Gottwald,* Vorbem. zu §§ 2014–2017 Rdn. 2.

[603] MüKo/*Küpper,* § 2014 Rdn. 6, der als Beispiel die Entstehung eines hohen Verzugsschadens nennt.

[604] MüKo/*Küpper,* § 2014 Rdn. 2; Palandt/*Weidlich,* § 2014 Rdn. 1.

[605] Näher zum Nachlasspfleger Rdn. 197 f.

[606] *Soergel/Stein,* § 2014 Rdn. 1; *Staudinger/Dobler* (2016), § 2014 Rdn. 5.

[607] *Bamberger/Roth/Lohmann,* § 2014 Rdn. 5; Palandt/*Weidlich,* § 2014 Rdn. 1.

2218 BGB, für die Vorlagepflichten gemäß §§ 809–811 BGB sowie gegenüber den Gebrauchsgewährungspflichten nach Übergabe einer Miet- und Pachtsache durch den Erblasser.[608] Zu § 2016 Abs. 2 siehe Rdn. 194 ff.

2. Die Einrede des Aufgebotsverfahrens, § 2015 BGB

Der Erbe kann, um sich Gewissheit über den Umfang der Nachlassverbindlichkeiten   *186*
zu verschaffen, gemäß § 2015 Abs. 1 BGB innerhalb eines Jahres nach der Annahme
der Erbschaft ein Aufgebotsverfahren der Nachlassgläubiger beantragen. Die sog. Aufgebotseinrede **dient** im Fall der Zulassung des Antrages der Sicherstellung **der gleichmäßigen Befriedigung der Nachlassgläubiger**, indem sie verhindert, dass einzelne
Gläubiger vorab befriedigt werden.[609] Sie geht durch eine ordnungsgemäße Inventarerrichtung, anders als die Einrede aus § 2014 BGB, nicht verloren.[610]

Die Aufgebotseinrede setzt voraus, dass der Erbe **binnen eines Jahres nach An-**   *187*
nahme der Erbschaft einen Antrag auf Einleitung des Aufgebotsverfahrens stellt.
Die zeitliche Beschränkung verhindert eine Verschleppung. Der von einem **Miterben**
gestellte Antrag sowie ein von ihm erwirkter Ausschließungsbeschluss kommen gemäß § 460 Abs. 1 Satz 1 FamFG **den übrigen Miterben zustatten.** Der Antrag muss
gemäß § 434 Abs. 2 FamFG zugelassen worden sein. Es reicht aus, wenn der Antrag
innerhalb der Frist gestellt wird. Die Zulassung kann später erfolgen. Vor der Zulassung kann das Gericht bei rechtzeitiger Antragstellung einstweilige Anordnungen zur
Einstellung der Zwangsvollstreckung treffen, §§ 769, 770, 785 ZPO.[611] Wird vor der
Annahme der Erbschaft zur Verwaltung des Nachlasses ein Nachlasspfleger bestellt,
beginnt die Jahresfrist des § 2015 Abs. 1 BGB erst mit dessen Bestellung zu laufen,
§ 2017 BGB.

Unter den Voraussetzungen des § 1980 Abs. 2 Satz 2 BGB ist der Erbe verpflichtet,   *188*
den Antrag auf Einleitung des Aufgebotsverfahrens der Nachlassgläubiger zu stellen.
Anderenfalls kann er den Nachlassgläubigern gemäß § 1978 Abs. 1 BGB persönlich für
seine Verwaltung haftbar sein, wenn durch eine Vorabbefriedigung einzelne Gläubiger
gegenüber anderen begünstigt worden sind.

3. Wirkungen der Schonungseinreden

Den Schonungseinreden **kommt lediglich eine prozessuale bzw. vollstreckungsrecht-**   *189*
liche Wirkung zu, während eine **materiellrechtliche Wirkung zu Recht überwiegend**
verneint wird.[612] Es erscheint keineswegs unbillig, wenn statt des Nachlassgläubigers
der Erbe als Träger des Nachlasses die Folgen von dessen Unübersichtlichkeit und der
Nichterfüllung von an sich zu erfüllenden Verbindlichkeiten trägt. Die Fälligkeit der
Nachlassverbindlichkeit bleibt unberührt. Der Erbe kann trotz der Erhebung der Dreimonatseinrede in Schuldnerverzug kommen und zur Zahlung von Verzugszinsen,

---

[608] *Bamberger/Roth/Lohmann,* § 2014 Rdn. 5; MüKo/*Küpper,* § 2014 Rdn. 3.
[609] MüKo/*Küpper,* § 2015 Rdn. 1.
[610] *Staudinger/Dobler* (2016), § 2015 Rdn. 1; *Bamberger/Roth/Lohmann,* § 2015 Rdn. 4.
[611] *Burandt/Rojahn/Joachim,* § 2015 Rdn. 2; *Staudinger/Dobler* (2016), § 2015 Rdn. 3.
[612] RG v. 3. 4. 1912, III 259/11, RGZ 79, 201, 206 ff.; Palandt/*Weidlich,* § 2014 Rdn. 3; MüKo/
Küpper, § 2014 Rdn. 5; *Erman/Horn,* Vor § 2014 Rdn. 4; *Burandt/Rojahn/Joachim,* § 2014
Rdn. 9; *Bamberger/Roth/Lohmann,* § 2014 Rdn. 8.

Schadensersatz oder einer Vertragsstrafe verpflichtet sein.[613] Die **Gegenansicht** stellt auf den Wortlaut des § 2014 BGB ab und schließt daraus, dass mit der Einräumung der Schonfristen nicht lediglich prozessuale Wirkungen gewollt seien.[614] Das überzeugt nicht, denn aus den ergänzend heranzuziehenden Vorschriften der §§ 305, 782, 783 ZPO lässt sich herleiten, dass der Erbe zur Leistung verurteilt und in sein Vermögen die Zwangsvollstreckung betrieben werden kann. Er soll sich lediglich gegen die Verwertung der gepfändeten Gegenstände wehren können.

Wegen der fehlenden materiellrechtlichen Wirkung ist die Aufrechnung eines Nachlassgläubigers gegen eine Nachlassforderung nicht ausgeschlossen. Es liegt kein Fall von § 390 BGB vor.[615]

190 Die **Erhebung der Schonungseinreden führt nicht zur Hemmung der Verjährung der Nachlassverbindlichkeiten.** Dies war in § 202 Abs. 2 BGB a.F. ausdrücklich geregelt. Daran hat sich inhaltlich nach Inkrafttreten des Schuldrechtsmodernisierungsgesetzes nichts geändert.[616]

191 Im **Erkenntnisverfahren führt die Erhebung** der Schonungseinreden **nicht zur Abweisung der Klage.** Es wird lediglich gemäß § 780 Abs. 1 ZPO der **allgemeine Vorbehalt der Haftungsbeschränkung in die Urteilsformel aufgenommen.** Eines besonderen Vorbehaltes der Schonungseinrede bedarf es nicht.[617] Der **Erbe kann zur Leistung verurteilt werden,** was sich aus §§ 305 Abs. 1, 782 ZPO herleiten lässt. Die Einrede muss zusätzlich zum Klageabweisungsantrag geltend gemacht werden. Für die Aufnahme des Vorbehalts reicht die bloße Geltendmachung aus, ohne dass es eines dahingehenden Antrages bedarf.[618] Ein solcher Antrag ist aber aus Klarstellungsgründen zu empfehlen. Fehlt der Vorbehalt trotz Erhebung einer der Schonungseinreden, kann der Erbe nach § 321 ZPO eine Ergänzung des Urteils verlangen. Unzulässig wäre ein Urteil, das die Rechtsfolgen des § 782 ZPO bereits ausspricht.[619] Eine Ausnahme von der Erforderlichkeit der Herbeiführung eines Haftungsbeschränkungsvorbehaltes besteht nach § 780 Abs. 2 ZPO, wenn der Fiskus erbt, die Klage gegen einen Nachlassverwalter, Nachlasspfleger oder Testamentsvollstrecker gerichtet oder wenn das Urteil schon vor dem Erbfall rechtskräftig ist bzw. schon mit der Vollstreckung begonnen wurde.[620] In diesen Fällen war es dem Erben nicht möglich, den Vorbehalt schon im Erkenntnisverfahren zu erwirken, da es bereits abgeschlossen war. Der Vorbehalt der Haftungsbeschränkung ist auch nicht in den Vergütungsfestsetzungsbeschluss zu Gunsten eines Nachlasspflegers aufzunehmen.[621]

---

[613] RG v. 3.4.1912, III 259/11, RGZ 79, 201, 204 ff.; Palandt/*Weidlich,* § 2014 Rdn. 3; *Soergel/ Stein,* § 2014 Rdn. 4 f.; *Bamberger/Roth/Lohmann,* § 2014 Rdn. 8; *Jauernig/Stürner,* § 2014 Rdn. 1.

[614] *Staudinger/Dobler* (2016), § 2014 Rdn. 8; *Brox/Walker,* Rdn. 706; RGRK/*Johannsen,* § 2014 Rdn. 7; *Kipp/Coing,* § 100 IV 1.

[615] Palandt/*Weidlich,* § 2014 Rdn. 3; MüKo/*Küpper,* § 2014 Rdn. 5; *Staudinger/Dobler* (2016), § 2014 Rdn. 11; *Bamberger/Roth/Lohmann,* § 2014 Rdn. 9.

[616] *Staudinger/Dobler* (2016), § 2014 Rdn. 10; *Bamberger/Roth/Lohmann,* § 2014 Rdn. 9.

[617] MüKo/*Küpper,* § 2014 Rdn. 4.

[618] *Michalski,* Rdn. 848; *Kipp/Coing,* § 101 III.

[619] *Soergel/Stein,* § 2014 Rdn. 3.

[620] *Soergel/Stein,* § 2014 Rdn. 3.

[621] OLG Hamm v. 31.8.2016, 15 W 273/16, FamRZ 2016, 660.

Die **Erhebung der Schonungseinreden** und ein darauf ergangener Vorbehalt der Haftungsbeschränkung im Urteilstenor im Erkenntnisverfahren **hindert den obsiegenden Nachlassgläubiger nicht, die Zwangsvollstreckung gegen den Erben zu betreiben.** Der Gläubiger kann in das gesamte Vermögen des Erben, das aus den verbliebenen Teilen des Nachlasses und dem Eigenvermögen besteht, vollstrecken und gepfändete Gegenstände verwerten, § 781 ZPO. Der Erbe muss mit der **Vollstreckungsgegenklage** gemäß §§ 782, 785, 767 ZPO erreichen, dass die **Zwangsvollstreckung auf sichernde Maßnahmen beschränkt** wird. Er kann die Verwertung nur zeitweilig verhindern. Nach Erhebung der Vollstreckungsgegenklage ist er auch vor seinen Eigengläubigern geschützt, wenn diese in Nachlassgegenstände vollstrecken wollen, § 783 ZPO. **Zulässig** sind **Maßnahmen, die zur Vollziehung eines Arrestes zugelassen sind,** § 782 Satz 1 ZPO. Das ist **bei beweglichen Sachen gemäß § 930 ZPO die Pfändung** und **bei Grundstücken die Eintragung einer Sicherungshypothek gemäß § 932 Abs. 1 ZPO.** Sinn und Zweck der aufgeschobenen Verwertung ist es, den Nachlass solange zusammenzuhalten, bis die Insolvenzfrage geklärt ist.[622] Das liegt auch im Interesse der Nachlassgläubiger, weil der Erbe über die gepfändeten Gegenstände nicht verfügen darf. Der **Klageantrag des Erben** ist darauf zu richten, die Zwangsversteigerung oder sonstige Verwertung der aufgrund des Urteils (genaue Bezeichnung) gepfändeten Gegenstände bis zum Ablauf der Dreimonatsfrist bzw. bis zum Abschluss des Aufgebotsverfahrens für unzulässig zu erklären.[623]

Die **Einrede des Aufgebotsverfahrens kann der Erbe bis zur Beendigung des Auf-** 192 **gebotsverfahrens erheben.** Abgesehen von den Fällen der Eröffnung des Nachlassinsolvenzverfahrens oder der Rücknahme des Antrages tritt die Beendigung des Verfahrens ein, wenn gemäß § 439 FamFG ein **Ausschließungsbeschluss erlassen oder der Antrag zurückgewiesen worden ist.** § 2015 Abs. 3 BGB berücksichtigt die Möglichkeit der Beschwerde gemäß § 58 FamFG, die innerhalb eines Monats nach schriftlicher Bekanntgabe an die Beteiligten erhoben werden kann, § 63 Abs. 3 FamFG. Der Erbe kann einen Rechtsmittelverzicht erklären.[624]

Nach Ablauf der Schonfristen kann die Zwangsvollstreckung fortgesetzt werden, 193 wenn nicht vor Ablauf der Frist ein Antrag auf Eröffnung des Nachlassinsolvenzverfahrens gestellt wurde. In diesem Fall kann der Erbe beantragen, dass die Beschränkung der Zwangsvollstreckung bis zur rechtskräftigen Entscheidung über die Eröffnung des Insolvenzverfahrens aufrecht zu erhalten ist, § 782 Satz 2 ZPO.

4. Ausschluss der Einreden, § 2016 BGB

Haftet der Erbe unbeschränkt, kann er die Schonungseinreden nicht mehr geltend 194 **machen,** § 2016 Abs. 1 BGB. Die **unbeschränkte Haftung** kann im Verhältnis zu **allen Nachlassgläubigern** aufgrund einer **Inventaruntreue** gemäß § 2005 Abs. 1 BGB oder **nach Versäumung einer gesetzten Inventarfrist** gemäß § 1994 Abs. 1 Satz 2 BGB, gegenüber dem beantragenden Gläubiger bei **Verweigerung der Abgabe der**

---

[622] *Lange/Kuchinke*, § 48 III 2; *Burandt/Rojahn/Joachim*, § 2014 Rdn. 12; *Staudinger/Dobler* (2016), § 2014 Rdn. 13.

[623] *Zöller/Geimer*, § 782 ZPO Rdn. 1.

[624] Palandt/*Weidlich*, § 2015 Rdn. 1.

eidesstattlichen Versicherung gemäß § 2006 Abs. 3 BGB oder bei Versäumung des Vorbehaltes aus §§ 305 Abs. 1, 780 Abs. 1 ZPO eintreten.

Der Verlust der Haftungsbeschränkung **gegenüber einzelnen Gläubigern** führt nicht dazu, dass dem Erben die Geltendmachung der Schonungseinreden anderer Nachlassgläubigern gegenüber verwehrt ist.[625] Dazu kann er unter den Voraussetzungen von § 1980 Abs. 1 Satz 2 BGB sogar verpflichtet sein, um sich nicht schadensersatzpflichtig zu machen. Trotz eingetretener unbeschränkter Haftung des Erben können sich der **Nachlassverwalter** und der **verwaltende Testamentsvollstrecker** weiter auf die Aufgebotseinrede berufen, weil sie unabhängig davon das Aufgebotsverfahren betreiben dürfen.[626]

195 Nach § 2016 Abs. 2 BGB kann sich der Erbe **gegenüber bestimmten Gläubigern nicht auf die Schonungseinreden berufen.** Das sind die gemäß § 1971 BGB bevorrechtigten Pfandgläubiger, andere dinglich berechtigte Nachlassgläubiger, diejenigen, die eine Vormerkung durch Bewilligung gemäß § 885 BGB oder durch Pfändung im Wege der Zwangsvollstreckung oder durch Arrestvollziehung ein Pfändungspfandrecht oder eine Sicherungshypothek und diejenigen, die eine Vormerkung durch einstweilige Verfügung erworben haben. Gleiches gilt gegenüber **Absonderungs- und Aussonderungsberechtigten im Insolvenzverfahren.** Sie dürfen aber jeweils nur ihre dinglichen Ansprüche geltend machen und müssen ihr Recht schon vor dem Erbfall erworben haben. Haben sie das Recht erst nach dem Erbfall erworben, müssen sie sich – eine Ausnahme gilt bei der Bewilligung einer Vormerkung gemäß § 885 BGB – die Einreden entgegenhalten lassen.[627] Entsteht ein Pfändungspfandrecht erst nach dem Erbfall, kann der Erbe dagegen nach §§ 782, 783, 785 ZPO im Wege der Vollstreckungsabwehrklage vorgehen.

196 Eine Berufung auf die Schonungseinreden kann auch **nach Treu und Glauben ausgeschlossen sein,** wenn der Nachlass offensichtlich zur Erfüllung der Nachlassverbindlichkeiten ausreicht und andere als die dem Erben bekannten Nachlassgläubiger mit hoher Wahrscheinlichkeit nicht vorhanden sind.[628]

5. Fristbeginn bei Nachlasspflegschaft, § 2017 BGB

197 Wird ein **Nachlasspfleger** bestellt, können Nachlassgläubiger **schon vor der Annahme der Erbschaft durch den Erben Ansprüche** gegenüber dem Pfleger gemäß § 1960 Abs. 3 BGB **gerichtlich geltend machen.** Er kann ab dem Zeitpunkt seiner Bestellung ein Aufgebotsverfahren beantragen, wenn ihm die Verwaltung des Nachlasses zusteht, § 455 Abs. 2 FamFG. Er kann sich gemäß § 2017 BGB auf die Einreden der §§ 2014, 2015 Abs. 1 BGB berufen, unabhängig davon, ob er zur Sicherung oder Verwaltung des Nachlasses bestellt wurde.[629] Die in diesen Vorschriften bestimmten Fristen beginnen für ihn mit dem Zeitpunkt seiner Bestellung zu laufen, d.h. mit der Bekanntgabe des Beschlusses an ihn gemäß § 41 FamFG. Der Erbe muss sich den Zeitablauf, der gegen-

---

[625] *Kipp/Coing*, § 100 III; *Ebenroth*, Rdn. 1108; *Bamberger/Roth/Lohmann*, § 2016 Rdn. 1.

[626] *Bamberger/Roth/Lohmann*, § 2016 Rdn. 1; Palandt/*Weidlich*, § 2016 Rdn. 1; MüKo/*Küpper*, § 2016 Rdn. 1; a.A. *Soergel/Stein*, § 2016 Rdn. 1.

[627] *Erman/Horn*, § 2016 Rdn. 2; MüKo/*Küpper*, § 2016 Rdn. 2.

[628] *Soergel/Stein*, § 2014 Rdn. 2; *Staudinger/Dobler* (2016), § 2014 Rdn. 6; *Bamberger/Roth/Lohmann*, § 2014 Rdn. 4.

[629] MüKo/*Küpper*, § 2017 Rdn. 1.

über dem Nachlasspfleger eingetreten ist, anrechnen lassen.[630] Der Nachlasspfleger übt in Bezug auf die Ermittlung des Nachlassbestandes eine Tätigkeit aus, die sonst dem Erben zukommt. Ohnehin darf die Einrede aus § 2014 BGB nicht über die Errichtung eines Inventars hinaus erhoben werden. Ist der **Nachlasspfleger nur zur Sicherung des Nachlasses gemäß § 1960 Abs. 1 bestellt worden, kommt es für den Fristbeginn grds. auf die Annahme der Erbschaft an.**[631] Streitig ist, ob der Nachlasspfleger die Einreden vorher ohne zeitliche Beschränkung geltend machen kann. Zum Teil wird bei einer Sicherungspflegschaft hinsichtlich des Fristbeginns vertreten, dass es bei den allgemeinen Bestimmungen, d.h. der Annahme der Erbschaft, bleibt.[632] Dagegen spricht, dass ein nur zur Sicherung berufener Nachlasspfleger das Aufgebot nicht beantragen und somit durch einen eigenen Aufgebotsantrag die aufschiebende Einrede des § 2015 BGB nicht erwerben kann. Zum anderen eröffnet § 1961 BGB die Möglichkeit, dass ein Nachlasspfleger lediglich zu dem Zweck bestellt wird, um einem dies beantragenden Nachlassgläubiger die Rechtsverfolgung gegen den Nachlass zu ermöglichen. Von daher erschiene es widersprüchlich, wenn sich ein Nachlasspfleger, der zur Sicherung bestellt wurde, ohne Bindung an irgendwelche Fristen auf § 2014 BGB berufen und so die Befriedigung des Gläubigers aus dem Nachlass auf ungewisse Zeit verhindern könnte. Von daher sollte die Dreimonatsfrist des § 2014 BGB in diesen Fällen schon mit der Bestellung des Pflegers beginnen und ab Annahme der Erbschaft durch den Erben für ihn eine neue Frist laufen.[633] War ausnahmsweise Nachlassverwaltung vor einer Annahme der Erbschaft durch den Erben angeordnet worden, ist § 2017 BGB ebenfalls anwendbar, weil die Nachlassverwaltung eine besondere Art der Verwaltungspflegschaft ist. Hatte der Erbe die Erbschaft angenommen und wurde dann ein Nachlassverwalter bestellt, kann dieser sich auf die Schonungseinreden nicht mehr berufen, wenn sie zum Zeitpunkt seiner Bestellung durch Fristablauf bereits erloschen waren.

Auf die Schonungseinreden kann sich auch ein **verwaltender Testamentsvollstecker berufen, wenn er** gemäß § 2213 Abs. 2 BGB **vor der Annahme der Erbschaft in Anspruch genommen wird.** Dann beginnen die Fristen immer erst mit der Annahme der Erbschaft oder mit der Bestellung des verwaltenden Pflegers gemäß § 2017 BGB. Wenn der Testamentsvollstrecker sein Amt schon früher annimmt, § 2202 Abs. 1 BGB, ist § 2017 BGB weder unmittelbar noch entsprechend anwendbar.[634] Er kann erst nach Annahme der Erbschaft ein Gläubigeraufgebot beantragen, § 455 Abs. 3 FamFG. **198**

Da sowohl der **Nachlassverwalter** als auch der **verwaltende Testamentsvollstrecker** die Einreden von dem Recht des Erben ableiten, können sie sich **bei unbeschränkter Haftung des Erben nicht auf die Dreimonatseinrede berufen.** Die Möglichkeit, die **Aufgebotseinrede gemäß § 2015 Abs. 1 BGB** zu erheben, bleibt bestehen, wenn die Voraussetzungen gegeben sind.[635]

---

[630] *Soergel/Stein,* § 2017 Rdn. 2; MüKo/*Küpper,* § 2017 Rdn. 2.

[631] *Staudinger/Dobler* (2016), § 2017 Rdn. 8; *Erman/Horn,* § 2017 Rdn. 1; *Burandt/Rojahn/Joachim,* § 2017 Rdn. 1; *Damrau/Tanck/Gottwald,* § 2017 Rdn. 2.

[632] So *Erman/Horn,* § 2017 Rdn. 1; RGRK/*Johannsen,* § 2017 Rdn. 5; *Soergel/Stein,* § 2017 Rdn. 3; *Bamberger/Roth/Lohmann,* § 2017 Rdn. 2.

[633] So *Staudinger/Dobler* (2016), § 2017 Rdn. 8; AK/*Teubner,* § 2017 Rdn. 3.

[634] *Soergel/Stein,* § 2017 Rdn. 4; *Staudinger/Dobler* (2016), § 2017 Rdn. 4; MüKo/*Küpper,* § 2017 Rdn. 3.

[635] *Bamberger/Roth/Lohmann,* § 2016 Rdn. 1; MüKo/*Küpper,* § 2016 Rdn. 1; *Staudinger/Dobler* (2016), § 2016 Rdn. 2; a.A. *Soergel/Stein,* § 2016 Rdn. 1.

E. Die Haftung des Alleinerben

Der vorläufige Erbe wird mit der Annahme der Erbschaft zum endgültigen Erben. Die bis dahin noch getrennten Vermögensmassen, Nachlass und Eigenvermögen, verschmelzen. Nachlassgläubiger können jetzt gerichtlich und außergerichtlich gegen den Erben vorgehen. Dieser hat **verschiedene Möglichkeiten**, ihnen gegenüber **eine Beschränkung** der **Haftung auf den Nachlass herbeizuführen** und so die Befriedigung aus seinem Eigenvermögen abzuwehren, sofern er noch nicht unbeschränkt haftet. *199*

Das Gesetz regelt in den **§§ 1975 bis 1992 BGB die Voraussetzungen, unter denen ein Alleinerbe gegenüber allen Nachlassgläubigern seine Haftung auf den Nachlass beschränken kann.** Dazu stehen ihm einmal gemäß § 1975 BGB die amtlichen Verfahren zur Nachlassabsonderung – **Nachlassverwaltung und Nachlassinsolvenzverfahren** – zur Verfügung. Beide Verfahren setzen voraus, dass der vorhandene Aktivnachlass ausreicht, um die Kosten des Verfahrens zu decken, bei der Nachlassverwaltung darüber hinaus einen zur Tilgung der Nachlassverbindlichkeiten ausreichenden Nachlass. Ist nicht einmal eine die Kosten des Verfahrens deckende Masse vorhanden, soll der Erbe nicht dem Zwang ausgesetzt sein, den fehlenden Betrag aus seinem Eigenvermögen aufzuwenden. Ihm eröffnen die **§§ 1990, 1991 BGB** die Möglichkeit, sich ohne amtliche Nachlassabsonderung auf eine Beschränkung seiner Haftung gegenüber allen Nachlassgläubigern berufen zu können. Beruht die Überschuldung des Nachlasses nur auf Vermächtnissen und Auflagen, muss der Erbe ebenfalls kein Nachlassinsolvenzverfahren beantragen. Er kann dies tun, aber auch die sog. **Überschwerungseinrede gemäß § 1992 Satz 1 BGB** erheben. *200*

Der Erbe kann **gemäß §§ 1973, 1974 und 1989 BGB die Haftung gegenüber im Aufgebotsverfahren ausgeschlossenen Gläubigern oder gegenüber solchen, die ihre Forderung erst später als 5 Jahre nach dem Erbfall geltend gemacht haben,** nach den Grundsätzen des Bereicherungsrechts **auf den Nachlassrest beschränken,** d.h. die Befriedigung dieser Nachlassgläubiger insoweit verweigern, als der Nachlass dazu nicht mehr ausreicht. Den Nachlassrest muss er zum Zwecke der Zwangsvollstreckung zur Befriedigung des Gläubigers zur Verfügung stellen. *201*

Bei **anderen Verbindlichkeiten als Geldforderungen** besteht für den Erben keine Möglichkeit der Haftungsbeschränkung. Es handelt sich um Ansprüche aus Herrschaftsrechten, durch Vormerkung gesicherte Ansprüche an Grundstücken und Grundstücksrechten des Nachlasses sowie um Besitzschutzansprüche.[636] Gegenüber diesen Ansprüchen ist ihm nicht einmal die Geltendmachung der aufschiebenden Einreden der §§ 2014, 2015 BGB gestattet.[637] *202*

Ist der Erbe zur **Abgabe einer Willenserklärung** verurteilt worden, gilt die Erklärung als abgegeben, wenn das Urteil in Rechtskraft erwachsen ist und er sich im Rechtsstreit die beschränkte Haftung nicht vorbehalten hat. **Der Vorbehalt aus § 780** *203*

---

[636] *Lange/Kuchinke,* § 49 I 4 a.
[637] Siehe Rdn. 195.

Abs. 1 ZPO verhindert, dass die Rechtsfolgen des § 894 ZPO eintreten. Der Gläubiger kann auch in diesem Fall gemäß § 888 ZPO durch Zwangsgeld oder Zwangshaft vollstrecken[638], doch kann der Erbe seine Einwendungen im Wege der Vollstreckungsgegenklage gemäß §§ 781 ff., 767 ZPO geltend machen.[639] Ansprüche auf Vornahme vertretbarer Handlungen werden gemäß § 887 ZPO durch Ersatzvornahme vollstreckt, wogegen der Erbe ebenfalls nach §§ 781–785 ZPO Einwendungen im Wege der Vollstreckungsgegenklage erheben kann.

I. Die endgültige Beschränkung gegenüber allen Nachlassgläubigern

204   Aus systematischen Gründen werden zunächst die Möglichkeiten erörtert, mit denen ein noch nicht unbeschränkt haftender Alleinerbe eine Beschränkung seiner Haftung auf den Nachlass gegenüber allen Nachlassgläubigern herbeiführen kann. Daran schließt sich die Darstellung der Beschränkungsmöglichkeiten gegenüber einzelnen Nachlassgläubigern an.

1. Haftungsbefreiung durch amtliche Nachlassabsonderung

205   In § 1975 BGB ist allgemein die Möglichkeit einer Haftungsbeschränkung gegenüber allen Nachlassgläubigern aufgrund der amtlichen Verfahren – Nachlassverwaltung und Nachlassinsolvenzverfahren – vorgesehen. Die Vorschriften über das Nachlassinsolvenzverfahren finden sich in §§ 315 ff. InsO. Die **Wirkungen der angeordneten Nachlassverwaltung sind in den §§ 1984 ff. BGB sowie in den §§ 1975–1979, 2000 BGB geregelt.** Nachlass- und Nachlassinsolvenzverwalter sind nach der heute allgemein vertretenen Amtstheorie[640] Träger eines öffentlichen Amtes und im Prozess Partei.[641] Der gemäß §§ 1960, 1961 BGB eingesetzte Nachlasspfleger ist dagegen gesetzlicher Vertreter des Erben.

206   Die **Nachlassverwaltung** ist nach dem Wortlaut von § 1975 BGB eine **besondere Art der Nachlasspflegschaft**, die in erster Linie dem Ziel der gleichmäßigen Befriedigung der Nachlassgläubiger dient und sich dadurch von der in den §§ 1960, 1961 BGB geregelten eigentlichen Nachlasspflegschaft unterscheidet. Diese soll die vermögensrechtlichen Interessen des/der Erben wahren. Die Nachlassverwaltung wahrt bei einem ausreichenden Nachlass jedoch auch die Interessen des Erben. Ihm bleiben Schwierigkeiten bei der Verwertung des Nachlasses und der damit verbundene Verwaltungsaufwand erspart. Mit dem Nachlassverwaltungsverfahren steht neben dem Nachlassinsolvenzverfahren den Nachlassgläubigern ein zweites Rechtsinstrument zur Verfügung,

---

[638] RG v. 23.10.1901, V 216/01, RGZ 49, 415 ff.; MüKo/*Küpper*, § 1967 Rdn. 29; *Soergel/Stein*, Vor § 1967 Rdn. 14; RGRK/*Johannsen*, § 1975 Rdn. 10; *Lange/Kuchinke*, § 49 I 4 b Fn. 26 differenziert danach, ob der Erbe bis zur Rechtskraft des Urteils die Haftungsbeschränkung herbeigeführt hat oder nicht.

[639] *Staudinger/Dutta* (2016), Vorbem. zu §§ 1967–2017 Rdn. 39.

[640] RG v. 10.7.1905, VI 533/04, RGZ 61, 222; 151, 57, 64; *Staudinger/Mesina* (2017), § 1958 Rdn. 1 ff.; MüKo/*Küpper*, § 1975 Rdn. 3; *Lange/Kuchinke*, § 49 II 3.

[641] *Staudinger/Mesina* (2017), § 1958 Rdn. 1 ff.; MüKo/*Küpper*, § 1975 Rdn. 3; *Lange/Kuchinke*, § 49 II 3.

das die Durchsetzung ihrer Ansprüche erleichtert und deren gleichmäßige Befriedigung gewährleistet. Die wirksame Anordnung der Nachlassverwaltung führt dazu, dass sich die Nachlassgläubiger nur noch aus dem Nachlass befriedigen und ihre Ansprüche gemäß § 1984 Abs. 1 Satz 3 BGB nur noch gegen den Nachlassverwalter geltend machen können. Nach der Anordnung der Nachlassverwaltung sind Zwangsvollstreckungen und Arreste in den Nachlass zugunsten von Eigengläubigern nach § 1984 Abs. 2 BGB ausgeschlossen. Die Nachlassverwaltung endet mit der Eröffnung eines Nachlassinsolvenzverfahrens gemäß § 1988 Abs. 1 BGB oder durch einen Aufhebungsbeschluss des Nachlassgerichts.

Das **Nachlassinsolvenzverfahren** wird aufgrund eines entsprechenden Antrages *207* eines Berechtigten oder nachdem sich in einem Nachlassverwaltungsverfahren herausgestellt hat, dass der Nachlass zur Befriedigung der Gläubiger nicht ausreicht, eröffnet. Der **Erbe** kann bei **Überschuldung, Zahlungsunfähigkeit** und sogar schon bei **drohender Zahlungsunfähigkeit des Nachlasses** die gewünschte **Trennung von Nachlass und Eigenvermögen herbeiführen.** Voraussetzung ist immer, dass **eine die Kosten des Verfahrens deckende Masse vorhanden** ist. Eigengläubiger können nach der Eröffnung nicht mehr auf den Nachlass zugreifen, was dem Interesse der Nachlassgläubiger entspricht.[642]

Nicht einheitlich geregelt ist, wie sich die Haftung des Erben nach der Beendigung der amtlichen Verfahren der Nachlassverwaltung und des Nachlassinsolvenzverfahrens **darstellt.** Wird ein Nachlassinsolvenzverfahren durch Verteilung der Masse oder durch einen Insolvenzplan beendet, haftet der Erbe den nicht befriedigten Nachlassgläubigern wie ausgeschlossenen Gläubigern gemäß § 1989 BGB i. V. m. § 1973 BGB. Da der Insolvenzverwalter ein Inventar errichtet hat, kann dem Erben gemäß § 2000 Satz 3 BGB keine Frist zur Inventarerrichtung gesetzt werden. Nach Beendigung eines Nachlassverwaltungsverfahrens ist die Bestimmung einer Inventarfrist dagegen zulässig, weil § 2003 Satz 3 BGB nur auf § 1989 BGB verweist.[643] Der **Erbe haftet auch bei einem nicht dürftigen Nachlass nur beschränkt gemäß §§ 1990 ff. BGB.** Den Nachlassgläubigern bleibt er gemäß §§ 1978–1980 BGB verantwortlich.

Bei einer verwaltenden Testamentsvollstreckung werden **gemäß § 2214 BGB** *209* **Eigengläubiger des Erben vom Nachlass abgewehrt.** Nachlassverbindlichkeiten können sowohl gegen den Erben als auch gegen den Testamentsvollstrecker geltend gemacht werden. Für den Pflichtteilsanspruch ist in § 2213 Abs. 1 Satz 3 BGB bestimmt, dass dieser nur gegen den Erben geltend gemacht werden kann. Zur Herbeiführung der Haftungsbeschränkung stehen bei angeordneter Testamentsvollstreckung dem Erben wie jedem anderen Erben die amtlichen Nachlassabsonderungsverfahren offen. Dadurch verliert der Testamentsvollstrecker seine Befugnisse, sofern er nicht selbst zum Verwalter bestimmt wird.

a) Haftung trotz amtlicher Nachlassabsonderung

Die Beschränkung der Haftung auf den Nachlass gegenüber allen Nachlassgläubigern *210* aufgrund amtlicher Nachlassabsonderung tritt nur ein, **soweit der Erbe dieses Recht noch nicht allgemein verloren hat. Für diesen Fall schließt § 2013 Abs. 1 Satz 1 BGB**

---

[642] *Burandt/Rojahn/Joachim,* § 1975 Rdn. 6.
[643] MüKo/*Küpper,* § 1975 Rdn. 6; *Burandt/Rojahn/Joachim,* § 1975 Rdn. 9.

die Anwendung von § 1975 BGB aus. Hat er sein Haftungsbeschränkungsrecht nur gegenüber einzelnen Nachlassgläubigern verloren, entfällt die haftungsbeschränkende Wirkung der Nachlassverwaltung nur diesen Gläubigern gegenüber. Das Recht des Erben, die Anordnung einer Nachlassverwaltung zu beantragen, wird gemäß § 2013 Abs. 2 BGB dadurch nicht berührt, weil das Interesse anderer Gläubiger an einer ordnungsgemäßen Verwaltung des Nachlasses weiter besteht. § 2013 Abs. 1 Satz 1 Hs. 2 BGB stellt klar, dass das Recht des Erben die Anordnung einer Nachlassverwaltung zu beantragen nur aufgrund allgemein unbeschränkbarer Haftung verloren geht. Einen **Antrag auf Eröffnung eines Nachlassinsolvenzverfahrens kann der Erbe auch im Fall der allgemein unbeschränkbaren Haftung weiterhin stellen,** weil der Nachlass dadurch dem Zugriff seiner Eigengläubiger entzogen bleibt, obwohl die Rechtsfolge der unbeschränkten Haftung gegenüber den Nachlassgläubigern eingetreten ist.[644]

211 **Nachlassgläubigern steht der Antrag auf Anordnung einer Nachlassverwaltung auch dann zu, wenn der Erbe bereits allgemein unbeschränkt haftet.** Voraussetzung ist nach § 1981 Abs. 2 BGB jedoch, dass die Befriedigung der Nachlassgläubiger aus dem Nachlass durch das Verhalten oder die Vermögenslage des Erben gefährdet ist. Grund für die Antragsbefugnis ist, dass die absondernde Wirkung zugunsten der Nachlassgläubiger nicht automatisch entfällt.

b) Wirkungen und Rechtsfolgen amtlicher Nachlassabsonderung

212 Die amtlichen Verfahren der Nachlassverwaltung und des Nachlassinsolvenzverfahrens führen dazu, dass der **Nachlass rückwirkend zu einem Sondervermögen wird,** das durch den Abwicklungszweck dinglich gebunden ist.[645]

Der jeweilige Verwalter hat den Nachlass in Besitz zu nehmen und zu verwerten, §§ 148, 149 InsO. Nachlassgläubiger können ihre Ansprüche gemäß § 1984 Abs. 1 Satz 3 BGB nur noch gegen den Verwalter geltend machen, der die Nachlassverbindlichkeiten aus dem Nachlass zu berichtigen hat. Eigengläubiger des Erben können während der amtlichen Abwicklung nicht in den Nachlass vollstrecken, § 1984 Abs. 2 BGB, §§ 38 Abs. 1, 325 InsO. Der **Erbe verliert die aktive und passive Prozessführungsbefugnis** für alle Nachlassstreitigkeiten. Der **Verwalter kann ihn jedoch nach den Grundsätzen der gewillkürten Prozessstandschaft ermächtigen.**[646] Hat der Erbe vor den amtlichen Verfahren bereits über Nachlassgegenstände verfügt oder haben Eigengläubiger Befriedigung durch Vollstreckung in den Nachlass gefunden, werden diese Rechtsfolgen nicht rückwirkend beseitigt. Die Haftung des Erben beschränkt sich nicht von selbst auf den Nachlass. Wird er wegen einer Nachlassverbindlichkeit trotz amtlicher Nachlassabsonderung persönlich verklagt oder hat ein Kläger einen unterbrochenen Rechtsstreit gegen den Erblasser nach dessen Tod gegen den Erben aufgenommen, **muss der Erbe die eingetretene Haftungsbeschränkung im Wege einer materiellrechtlichen Einrede geltend machen.**

---

[644] *Staudinger/Dobler* (2016), § 2013 Rdn. 4.
[645] *Damrau/Tanck/Gottwald*, Vorbem. zu den §§ 1975–1992 Rdn. 5; *Burandt/Rojahn/Joachim*, § 1975 Rdn. 7.
[646] *Lange/Kuchinke*, § 49 III 5 Fn. 92; *Burandt/Rojahn/Joachim*, § 1975 Rdn. 8.

aa) Verlust der Verwaltungs- und Verfügungsbefugnis des Erben

Die amtlichen Verfahren der Nachlassverwaltung und des Nachlassinsolvenzverfahrens   213
führen zu einem sofortigen völligen **Verlust der nachlassbezogenen Verwaltungs-
und Verfügungsbefugnisse des Erben,** dem aber die Nachlassgegenstände materiellrechtlich weiterhin zugeordnet bleiben. Verwaltung und Verfügungen über Nachlassgegenstände und die Berichtigung von Schulden obliegen ausschließlich dem amtlichen
Absonderungsverwalter.

bb) Die Fiktion des Nichterlöschens erloschener Rechtsverhältnisse, § 1976 BGB

Im Fall der Anordnung einer Nachlassverwaltung oder der Eröffnung eines Nachlass-   214
insolvenzverfahrens **leben gemäß § 1976 BGB Rechtsverhältnisse, die durch eine
beim Erbfall eingetretene Vereinigung von Forderung und Verbindlichkeit** – Konfusion – **oder von Recht und Belastung** – Konsolidation – **erloschen sind, wieder auf.**
Sie werden rückwirkend so behandelt, als seien sie nicht erloschen. Stand dem Erblasser gegen seinen Alleinerben eine Forderung beispielsweise aus einem Darlehen zu, ist
die Forderung mit dem Eintritt des Erbfalls zunächst erloschen, weil sich Gläubiger
und Schuldner des Darlehensanspruchs in der Person des Erben vereint haben. Eine
zugunsten des Erblassers bestellte Fremdgrundschuld auf dem Grundstück des Erben
ist zu einer Eigentümergrundschuld geworden. Die infolge der amtlichen Verfahren der
Nachlassverwaltung oder Nachlassinsolvenz eingetretene Trennung von Nachlass und
Eigenvermögen hat zur Folge, dass die durch Konfusion oder Konsolidation erloschenen Rechtsverhältnisse als nicht erloschen gelten. Es handelt sich um eine kraft Gesetzes **gegenüber jedermann**[647] eintretende Rechtsfolge, nicht um eine schuldrechtliche
Verpflichtung zur Wiederherstellung erloschener Rechtsverhältnisse.[648] Zu einem Wiederaufleben erloschener Rechtsverhältnisse **kommt es auch bei einer unbeschränkten
Haftung des Erben,** weil § 2013 Abs. 1 Satz 1 BGB die Vorschrift des § 1976 BGB
nicht ausschließt. Damit kann auch ein endgültig unbeschränkt haftender Erbe seine
ihm gegen den Erblasser zustehenden Ansprüche geltend machen. Für die **Berechnung
der Erbschaftsteuer** gelten die infolge von Konfusion und Konsolidation erloschenen
Rechte gemäß § 10 Abs. 3 ErbStG als nicht erloschen. Bei einer Erbengemeinschaft
kommt es nicht zu einer Konfusion oder Konsolidation[649], ebenso bei einer Testamentsvollstreckung zur Verwaltung des Nachlasses, weil der Nachlass schon vor den
amtlichen Verfahren Sondervermögen geworden war.[650]

Das **Wiederaufleben von Sicherungsrechten wie Bürgschaften oder Pfandrechten**   215
wird ebenfalls fingiert. Eine **Auflassungsvormerkung,** die als Sicherungsrecht infolge
Konfusion erloschen war, weil der Grundstückskäufer den Grundstücksverkäufer
beerbt hatte, lebt wieder auf.[651] **Ob eine Vormerkung unabhängig von § 1976 BGB
bestehen bleibt, wenn und soweit sie bereits zu Rechtsfolgen gegenüber Dritten ge-**

---

647 *Damrau/Tanck/Gottwald,* § 1976, Rdn. 4; MüKo/*Küpper,* § 1976 Rdn. 4; BeckOGK/*Herzog,*
    § 1976 Rdn. 19.
648 *Staudinger/Dobler* (2016), § 1976 Rdn. 1; *Burandt/Rojahn/Joachim,* § 1976 Rdn. 1.
649 BGH v. 2.10.1957, IV ZR 217/57, BGHZ 25, 275 (278 f.) = NJW 1957, 1916, 1917; MüKo/
    Küpper, § 1976 Rdn. 2; *Burandt/Rojahn/Joachim,* § 1976 Rdn. 1.
650 BGH v. 1.6.1967, II ZR 150/66, NJW 1967, 2399; *Burandt/Rojahn/Joachim,* § 1976 Rdn. 1.
651 BGH v. 30.4.1980, V ZR 56/79, NJW 1981, 447, 448 m. Anm. *Wacke,* NJW 1981, 1577; BGH
    v. 3.12.1999, V ZR 329/98, NJW 2000, 1033 = ZEV 2000, 203.

führt hat, wird **unterschiedlich gesehen.**[652] Die gesetzgeberische Wertung, dass gemäß § 889 BGB eine Konsolidation ausdrücklich nur bei beschränkten dinglichen Rechten an einem fremden Grundstück ausgeschlossen sein soll, verbietet eine Übertragung auf die Vormerkung. Diese setzt wie die Hypothek eine gesicherte Forderung gerade voraus.[653]

216 Hat ein **Hypothekengläubiger** ein mit der Hypothek belastetes Grundstück durch Erbfall erworben, ist die Hypothek gemäß § 1177 Abs. 1 Satz 1 BGB zur Eigentümergrundschuld geworden. Im Falle der rückwirkenden Änderung des Rechtsverhältnisses wird sie wieder zu einer **Fremdhypothek,** aus der ein Gläubiger die Zwangsvollstreckung betreiben kann. Die Regelung des § 1197 Abs. 1 BGB, die eine Zwangsvollstreckung des Eigentümers in das mit einer Eigentümergrundschuld belastete Grundstück ausschließt, findet keine Anwendung.[654] War die Hypothek schon vor der Aufhebung der Vereinigung der Vermögensmassen gelöscht worden und hat der Erbe als Grundstückseigentümer einem Dritten eine Hypothek bestellt, rechtfertigt der **Gedanke des Verkehrsschutzes** die Annahme, eine nach der Anordnung der Nachlassverwaltung wieder einzutragende gelöschte Hypothek lediglich im Rang nach der bestehen gebliebenen Hypothek des Dritten einzutragen.[655] Die amtlichen Verfahren der Nachlassabsonderung haben auf die zugunsten eines Dritten eingetragene Hypothek keinen Einfluss. Die Fiktion des § 1976 BGB setzt sich allgemein nicht gegenüber endgültigen Veränderungen einer Rechtslage zugunsten eines Dritten durch.[656] Das Wiederaufleben einer Forderung führt deshalb auch nicht zum Verlust der Rangstellung aufgerückter Pfandgläubiger.[657]

217 Eine **durch Konfusion erloschene Forderung kann der Erbe** – jetzt in seiner Eigenschaft als Nachlassgläubiger – **nach der Rückgängigmachung der Vereinigung von Forderung und Verbindlichkeit geltend machen. Die Trennung der Vermögensmassen lässt** auch **eine Neubegründung selbstständiger Rechtsbeziehungen zwischen dem Erben und dem Nachlass zu.**[658] Der Erbe bleibt trotz Nachlassabsonderung Träger des materiellen Rechts, wofür auch praktische Gründe sprechen. Ein Erbe kann am Erwerb eines Nachlassgegenstandes von dem amtlichen Verwalter durchaus ein Interesse haben, um sich diesen Gegenstand frei von der Zugriffsmöglichkeit anderer Gläubiger persönlich zu sichern.[659]

218 **Entsprechende Anwendung** findet § 1976 BGB, **wenn der Erblasser und der Erbe ursprünglich Miteigentümer desselben Grundstückes** waren und die Miteigentums-

---

[652] Dagegen BGH v. 30. 4. 1980, V ZR 56/79, NJW 1981, 447, 448, a. A. *Staudinger/Dobler* (2016), § 1976 Rdn. 4; *Wacke,* NJW 1981, 1577 BGB.

[653] BGH v. 30. 4. 1980, V ZR 56/79, NJW 1981, 447, 448.

[654] Palandt/*Weidlich,* § 1976 Rdn. 3; *Erman/Horn,* § 1976 Rdn. 2.

[655] MüKo/*Küpper,* § 1976 Rdn. 5; *Staudinger/Dobler* (2016), § 1976 Rdn. 4; *Burandt/Rojahn/ Joachim,* § 1976 Rdn. 3; *Bamberger/Roth/Lohmann,* § 1976 Rdn. 3.

[656] BGH v. 27. 9. 1995, IV ZR 52/94, ZEV 1995, 453; *Burandt/Rojahn/Joachim,* § 1976 Rdn. 3; *Lange/Kuchinke,* § 49 II 2 c.

[657] *Lange/Kuchinke,* § 49 II 2 c; MüKo/*Küpper,* § 1976 Rdn. 5; a. A. *Bamberger/Roth/Lohmann,* § 1976 Rdn. 3.

[658] BGH v. 14. 12. 1990, V ZR 224/89, NJW-RR 1991, 683, 684 für den Fall, dass das neue Recht an die Stelle eines Nachlassgegenstandes treten soll; Palandt/*Weidlich,* § 1976 Rdn. 2; MüKo/ *Küpper,* § 1976 Rdn. 6; a. A. *Soergel/Stein,* § 1976 Rdn. 3; RGRK/*Johannsen,* § 1976 Rdn. 2.

[659] MüKo/*Küpper,* § 1976 Rdn. 6; BeckOGK/*Herzog,* § 1976 Rdn. 27.

anteile durch den Erbfall zu Alleineigentum des Erben verschmolzen sind.[660] Eine gegen den Nachlass gerichtete Zwangsvollstreckung ist nur in den vorher dem Erblasser gehörenden Miteigentumsanteil zulässig. Gegen die Zwangsvollstreckung eines Nachlassgläubigers auch in die in seinem Eigenvermögen befindliche Grundstückshälfte kann der Erbe nach §§ 784 Abs. 1, 767 ZPO im Wege der Vollstreckungsgegenklage vorgehen, sofern er diesem Gläubiger gegenüber nicht unbeschränkt haftet. Aufgrund ihres allgemeinen Rechtsgedankens findet **§ 1976 BGB ebenfalls entsprechende Anwendung, wenn der Nachlassbestand Berechnungsgrundlage einer Forderung war.**[661] Das ist bei **Pflichtteilsansprüchen** oder **Quotenvermächtnissen** der Fall. Entsprechende Bestimmungen enthalten die §§ 1991 Abs. 2, 2175, 2377 BGB im Verhältnis zu den jeweils genannten Personen sowie § 2143 BGB. Erhebt der Erbe die Ausschließungseinrede gemäß § 1973 BGB, werden dem Aktivbestand des Nachlasses diejenigen Rechte hinzugerechnet, die infolge der Vereinigung mit den in der Person des Erben vorhanden gewesenen Verbindlichkeiten oder Lasten erloschen waren. Die Fiktion des Wiederauflebens der Rechtsfolgen von Konfusion und Konsolidation **erstreckt sich nur auf Forderungen und Rechte.** § 1976 BGB ist nicht anwendbar, wenn der Prokurist eines Handelsgeschäfts durch Erbfall dessen Inhaber wird. Ursprüngliche **gesellschaftsrechtliche Verhältnisse leben** infolge der Nachlassseparation **ebenfalls nicht wieder auf,** wenn dem Erben beim Tod eines Mitgesellschafters dessen Geschäftsanteil **kraft gesellschaftsvertraglicher Regelung angewachsen ist.** Die Anwachsung stellt keinen Übergang des Geschäftsanteils kraft Erbfolge dar. Auch wenn der einzige verbliebene Gesellschafter den Erblasser beerbt, findet § 1976 BGB keine Anwendung, weil sich die Gesellschaft infolge Erlöschens in ein Einzelunternehmen verwandelt hat. Der Verwalter muss gegen den Erben den Abfindungsanspruch geltend machen.[661a]

Hat der Erbe **vor der Anordnung der Nachlassverwaltung oder vor Eröffnung des Nachlassinsolvenzverfahrens bereits wirksam Verfügungen über Nachlassgegenstände getroffen, werden** diese **Verfügungen nicht nachträglich unwirksam.** § 1976 BGB gilt nicht für Verfügungen, die durch Konvaleszenz gemäß § 185 Abs. 2 BGB, d. h. im Fall nachträglichen Wirksamwerdens eines zuvor unwirksamen Rechtsgeschäftes, **wirksam geworden sind.** Der Erwerber bleibt Eigentümer eines Nachlassgegenstandes, wenn ein späterer Erbe vor dem Erbfall als Nichtberechtigter eine Verfügung über einen dem Erblasser gehörenden Gegenstand getroffen hat, die infolge der Beerbung wirksam geworden ist, § 185 Abs. 2 Satz 1 Alt. 2 BGB.[662]   *219*

cc) Wirkung auf eine Aufrechnung, § 1977 BGB

Die als Folge der Anordnung der Nachlassverwaltung oder der Eröffnung des Nachlassinsolvenzverfahrens eintretende rückwirkende Trennung der Vermögensmassen hat **Auswirkungen auf zuvor erklärte Aufrechnungen.** Mit Eintritt des Erbfalls können Eigengläubiger des Erben ihre Forderungen gegen Nachlassforderungen aufrechnen, ebenso Nachlassgläubiger die ihnen zustehenden Forderungen gegen Eigenforderungen   *220*

---

[660] OLG Stuttgart v. 30. 4. 1912, 132/12, Recht 1912 Nr. 1818; Palandt/*Weidlich,* § 1976 Rdn. 3; *Soergel/Stein,* § 1976 Rdn. 2; kritisch MüKo/*Küpper,* § 1976 Rdn. 7.

[661] Palandt/*Weidlich,* § 1976 Rdn. 4; *Burandt/Rojahn/Joachim,* § 1976 Rdn. 5; BeckOGK/*Herzog,* § 1976 Rdn. 14.

[661a] Staudinger/Dobler (2016), § 1976 Rdn. 9; MüKo/*Küpper,* § 1976 Rdn. 7; a. A. *Soergel/Stein,* § 1976 Rdn. 2.

[662] MüKo/*Küpper,* § 1976 Rdn. 10; *Bamberger/Roth/Lohmann,* § 1976 Rdn. 5.

des Erben. Damit Schwierigkeiten für den Erben aufgrund der Beschränkung der Haftung auf den Nachlass vermieden werden und um die Nachlassmasse den Nachlassgläubigern zur gleichmäßigen Befriedigung zur Verfügung zu stellen, regelt § 1977 BGB, dass **nach Anordnung eines Nachlassverwaltungs- oder nach Eröffnung eines Nachlassinsolvenzverfahrens Aufrechnungen von Nachlass- oder Eigengläubigern des Erben unter bestimmten Voraussetzungen als nicht erfolgt anzusehen sind.** Der Erbe wird durch § 1977 Abs. 1 BGB vor dem Verlust der beschränkten Haftung geschützt, während § 1977 Abs. 2 BGB den Nachlass vor der Verkürzung des Bestandes bewahrt.[663]

(1) Aufrechnung nach dem Erbfall und vor Eröffnung der amtlichen Verfahren

221   Voraussetzung für die Anwendung von § 1977 BGB ist immer, dass **nach dem Erbfall und vor Eröffnung des Nachlassinsolvenzverfahrens bzw. vor Anordnung der Nachlassverwaltung aufgerechnet wird.**[664] In diesen Fällen wird die Aufrechnungswirkung durch die Trennung der Vermögensmassen – Nachlass und Eigenvermögen – rückwirkend wieder aufgehoben. Die ursprünglich gemäß § 389 BGB erloschenen Forderungen leben samt ihrer Nebenrechte wieder auf. Hat der Erbe eine **Privatforderung an den Nachlassgläubiger gegen dessen Forderung aufgerechnet,** berührt das die Wirkung der Aufrechnung durch Anordnung der Nachlassverwaltung oder Eröffnung des Nachlassinsolvenzverfahrens nicht, weil die **Verfügungsmöglichkeit des Erben über sein Privatvermögen** durch die amtlichen Verfahren **nicht eingeschränkt wird.**[665] Der Erbe ist nicht schutzwürdig. Ihm steht ein Anspruch auf Aufwendungsersatz gemäß § 1978 Abs. 3 BGB zu[666], den er im Nachlassinsolvenzverfahren als Masseverbindlichkeit gemäß § 324 Abs. 1 Nr. 1 InsO geltend machen kann. Anderenfalls erlangt der Erbe einen Bereicherungsanspruch und tritt an die Stelle des Nachlassgläubigers, gegen dessen Forderung er mit seiner Privatforderung aufgerechnet hat, § 326 Abs. 2 InsO.[667] Das Gesetz bestimmt keine absolute Haftungsbeschränkung. Dem Erben ist es insbesondere nicht verwehrt, sein Eigenvermögen freiwillig zur Erfüllung von Nachlassverbindlichkeiten einzusetzen. Die Aufrechnung mit einer Privatforderung stellt keine Verfügung über einen Nachlassgegenstand dar und hat ausschließlich die positive Folge, dass eine gegen den Nachlass gerichtete Verbindlichkeit erlischt. Dies kommt den Nachlassgläubigern insgesamt zugute.

222   **§ 1977 Abs. 1 BGB** regelt den Fall, **dass ein Nachlassgläubiger vor Verfahrenseröffnung die Aufrechnung gegen eine zum Eigenvermögen des Erben gehörende Forderung erklärt.** Hat der **Erbe** der Aufrechnung **nicht zugestimmt,** wird sie rückwirkend aufgehoben, sofern er für die Nachlassverbindlichkeiten nicht unbeschränkt haftet. Er muss nicht hinnehmen, dass Nachlassverbindlichkeiten auf seine Kosten ge-

---

[663] *Erman/Horn,* § 1977 Rdn. 1; *Burandt/Rojahn/Joachim,* § 1977 Rdn. 1; *Bamberger/Roth/Lohmann,* § 1977 Rdn. 1.

[664] *Erman/Horn,* § 1977 Rdn. 2; *Staudinger/Dobler* (2016), § 1977 Rdn. 2; *Bamberger/Roth/Lohmann,* § 1977 Rdn. 2.

[665] *Palandt/Weidlich,* § 1977 Rdn. 3; *RGRK/Johannsen,* § 1977 Rdn. 7; *Bamberger/Roth/Lohmann,* § 1977 Rdn. 3.

[666] *Soergel/Stein,* § 1977 Rdn. 7; *Erman/Horn,* § 1977 Rdn. 3a; *Staudinger/Dobler* (2016), § 1977 Rdn. 4.

[667] *Staudinger/Dobler* (2016), § 1977 Rdn. 4; *Erman/Horn,* § 1977 Rdn. 3; *Bamberger/Roth/Lohmann,* § 1977 Rdn. 3.

tilgt werden. Hat der Erbe der **Aufrechnung zugestimmt, hat er eine Verfügung über eine zu seinem Vermögen gehörende Forderung getroffen und ist deshalb nicht schutzwürdig.** In der Zustimmung liegt ein Verzicht des Erben auf die beschränkte Haftung im Verhältnis zu diesem Gläubiger.[668]

Nach § **1977 Abs. 2 BGB gilt das Gleiche wie nach Absatz 1, wenn ein Eigengläu-**   223
biger des Erben ohne dessen Zustimmung mit einer ihm gegen den Erben zustehenden Forderung gegen eine zum Nachlass gehörende Forderung aufgerechnet hat. Die Nachlassgläubiger sollen dadurch vor einer Reduzierung des Nachlasses geschützt werden.

Hat der Erbe im Falle des § 1977 Abs. 2 BGB der von einem Eigengläubiger gegenüber einer Nachlassforderung erklärten Aufrechnung **zugestimmt, ist umstritten, ob die Aufrechnungswirkung durch die spätere Anordnung der Nachlassverwaltung oder durch die Eröffnung des Nachlassinsolvenzverfahrens berührt wird.** Nach **überwiegender Auffassung** kommt es in einem solchen Fall ebenso wie nach § 1977 Abs. 1 BGB aufgrund der Zustimmung nicht zu einer Unwirksamkeit der Aufrechnungswirkung.[669] Nach der **Gegenansicht** soll sich aus dem Gesetzeszweck – Schutz der Nachlassgläubiger vor einer Schmälerung des Nachlasses – ergeben, dass es auf die Zustimmung des Erben nicht ankomme.[670] Die Aufrechnung verliert nach dieser Ansicht ungeachtet der Zustimmung nachträglich ihre Wirksamkeit. Die zuletzt dargestellte Ansicht ist jedoch mit dem eindeutigen Wortlaut des § 1977 Abs. 2 BGB nicht in Einklang zu bringen. Mit der Wendung „das gleiche gilt" in § 1977 Abs. 2 BGB wird insgesamt auf § 1977 Abs. 1 BGB und damit auch auf die Zustimmung verwiesen.[671] Erkennt man die Fortgeltung getroffener Verfügungen grundsätzlich an, so ist es konsequent, die Wirksamkeit einer solchermaßen erklärten Aufrechnung nicht in Frage zu stellen. Der Verwalter ist auf einen Anspruch gegen den Erben für die bisherige Verwaltung nach § 1978 Abs. 1 BGB zu verweisen.[672]

Die Anordnung der Nachlassverwaltung oder die Eröffnung des Nachlassinsolvenz-   224
verfahrens entfalten keine Wirkung, wenn der Erbe mit einer Nachlassforderung an einen Eigengläubiger gegen dessen Forderung aufgerechnet hat. Das ergibt sich aus § 1984 BGB, wonach die Verfahren der amtlichen Nachlassabsonderung nur ex nunc wirken. Sie lassen nicht rückwirkend die Verfügungsmacht des Erben über den Nachlass entfallen.[673]

(2) Aufrechnung nach Verfahrenseröffnung

§ **1977 BGB regelt nicht die Fälle, in denen eine Aufrechnung erst nach Verfahrens-**   225
eröffnung erklärt wird. Nach der Anordnung der Nachlassverwaltung oder der Eröffnung des Nachlassinsolvenzverfahrens kann ein **Nachlassgläubiger** seine Forderung

---

[668] MüKo/*Küpper*, § 1977 Rdn. 2.

[669] RG v. 3.12.1915, VII 247/15, LZ 1916, 1364 Nr. 9; *Staudinger/Dobler* (2016), § 1977 Rdn. 9; RGRK/*Johannsen*, § 1977 Rdn. 6; *Soergel/Stein*, § 1977 Rdn. 5; *Burandt/Rojahn/Joachim*, § 1977 Rdn. 8; BeckOGK/*Herzog*, § 1977 Rdn. 20.

[670] MüKo/*Küpper*, § 1977 Rdn. 6; *Palandt/Weidlich*, § 1977 Rdn. 4; *Erman/Horn*, § 1977 Rdn. 3; *Kipp/Coing*, § 97 IV 3; *Bamberger/Roth/Lohmann*, § 1977 Rdn. 5.

[671] RGRK/*Johannsen*, § 1977 Rdn. 6; *Soergel/Stein*, § 1977 Rdn. 5.

[672] *Soergel/Stein*, § 1977 Rdn. 5; RGRK/*Johannsen*, § 1977 Rdn. 6; *Staudinger/Dobler* (2016), § 1977 Rdn. 9.

[673] *Staudinger/Dobler* (2016), § 1977 Rdn. 10; RGRK/*Johannsen*, § 1977 Rdn. 6.

nur noch gegen den Verwalter gemäß § 1984 Abs. 1 Satz 3 BGB, §§ 38, 87 InsO geltend machen. Eine Aufrechnungserklärung gegen eine Eigenforderung des Erben bleibt ohne Wirkung, sofern der Erbe diesem Gläubiger gegenüber nicht unbeschränkt haftet. In diesem Fall dürfte der Gläubiger sogar im Wege der Zwangsvollstreckung auf die Privatforderung des Erben zugreifen. **Streitig** ist, ob der Erbe eine gegenüber einem Dritten bestehende Nachlassverbindlichkeit auch noch nach Verfahrenseröffnung durch Aufrechnung mit einer zu seinem Eigenvermögen gehörenden, gerade gegen den Dritten gerichteten Forderung erfüllen kann. **Zum Teil wird die Auffassung vertreten,** dass in einem solchen Fall die Gegenseitigkeit fehle, so dass der Erbe eine Nachlassschuld nicht mehr durch Aufrechnung mit einer Eigenforderung gegen den Nachlassgläubiger tilgen könne. § 267 BGB sei auf die rechtsgestaltende Aufrechnung nicht anwendbar.[674] Tatsächlich bleibt der Erbe trotz Verfahrenseröffnung weiterhin materiellrechtlich gesehen Schuldner der Nachlassverbindlichkeiten. Lediglich seine Haftung hat sich gemäß § 1975 BGB auf den Nachlass beschränkt, was den Erben aber nicht von seiner Schuldnerstellung befreit. Er kann lediglich die Leistung aus seinem Eigenvermögen verweigern. Das **Einrederecht hindert ihn jedoch nicht, freiwillig eine Nachlassverbindlichkeit aus seinem Eigenvermögen zu befriedigen.** Die Aufrechnung einer Privatforderung des Erben gegen die Forderung eines Nachlassgläubigers stellt keine Verfügung über einen Nachlassgegenstand dar. Sie befreit den Nachlass von einer auch den Erben treffenden Verbindlichkeit. Der Erbe ist in einem solchen Fall noch weniger schutzwürdig, als wenn er vor Verfahrenseröffnung mit einer Privatforderung gegen eine Nachlassverbindlichkeit aufrechnet, so dass ihm auch ein Aufwendungsersatzanspruch aus den §§ 1978 Abs. 3, 324 Abs. 1 Nr. 1 InsO nicht zuzubilligen ist. Diese Vorschriften setzen eine vor Verfahrenseröffnung erfolgte Schuldentilgung gerade voraus. Allenfalls nach den Grundsätzen über die Geschäftsführung ohne Auftrag kommt ein Bereicherungsanspruch nach § 684 BGB in Betracht, mit dem der Erbe im Nachlassinsolvenzverfahren an die Stelle des Nachlassgläubigers tritt, gegen dessen Forderung er mit seiner Privatforderung aufgerechnet hat.[675]

Eigengläubiger des Erben können nach Trennung der Vermögensmassen gegen eine zum Nachlass gehörende Forderung ebenfalls nicht mehr aufrechnen. Das gilt auch, wenn der Erbe einer solchen Aufrechnung zustimmt.[676]

(3) Aufrechnung von Nachlassgläubigern gegenüber Nachlassforderungen

226 Die **Aufrechnung von Nachlassgläubigern gegenüber Nachlassforderungen wird von § 1977 BGB ebenfalls nicht erfasst.** Ein Nachlassgläubiger kann deshalb nach Anordnung der amtlichen Verfahren seinen Anspruch gegen eine Nachlassforderung aufrechnen. Das gilt selbst bei einer Unzulänglichkeit des Nachlasses.[677] Der Nachlassgläubiger kann nicht schlechter gestellt sein als in der Nachlassinsolvenz.

§ 1977 BGB regelt auch nicht den Fall, wenn zwischen der Aufrechnung und der amtlichen Vermögensabsonderung eine oder beide Forderungen verjährt sind. So-

---

[674] *Erman/Horn*, § 1977 Rdn. 2a; *Brox/Walker*, Rdn. 681 für den Fall, dass der Nachlassgläubiger nicht zustimmt; *Muscheler*, ErbR Rdn. 3571.

[675] Palandt/*Weidlich*, § 1977 Rdn. 3; RGRK/*Johannsen*, § 1977 Rdn. 12; *Staudinger/Dobler* (2016), § 1977 Rdn. 12; *Bamberger/Roth/Lohmann*, § 1977 Rdn. 2.

[676] *Staudinger/Dobler* (2016), § 1977 Rdn. 11.

[677] MüKo/*Küpper*, § 1977 Rdn. 10; *Burandt/Rojahn/Joachim*, § 1977 Rdn. 4.

fern sich der Schuldner darauf beruft, könnten die Forderungen nicht mehr durchgesetzt werden. Der Gesetzgeber hat bei den Verjährungsvorschriften die Konstellation, dass in § 1977 BGB die Aufrechnung auflösend bedingt geregelt ist, nicht berücksichtigt. Sachgerecht lässt sich das Problem durch eine **entsprechende Anwendung von § 205 BGB lösen.** Für die Zeit zwischen der Erklärung der Aufrechnung und dem Eintritt der Vermögensseparation ist die Verjährung gehemmt. Nach § 205 BGB wirkt bereits das Bestehen eines vertraglichen Leistungsverweigerungsrechts verjährungshemmend, so dass die Vorschrift erst Recht anzuwenden ist, wenn eine von der Verjährung bedrohte Forderung wegen ihres Erlöschens nicht mehr geltend gemacht werden kann.[678]

(4) Unbeschränkte Haftung des Erben

Haftet der Erbe allen Nachlassgläubigern gegenüber unbeschränkt, kommt die Regelung des § 1977 BGB nach § 2013 Abs. 1 Satz 1 BGB nicht zur Anwendung. Damit müssten an sich alle Aufrechnungen wirksam bleiben. Nachlassgläubiger haben aber sowohl im Falle unbeschränkter als auch beschränkter Haftung ein gesetzlich geschütztes Interesse daran, dass der Nachlass nicht zugunsten des Eigenvermögens des Erben durch Aufrechnungen geschmälert wird.[679] **Deshalb wird nach heute allgemeiner Ansicht § 2013 Abs. 1 Satz 1 BGB einschränkend dahingehend ausgelegt, dass die Verweisung ausschließlich für § 1977 Abs. 1 BGB gilt**[680], d.h. dass nur Aufrechnungen zu Lasten des Eigenvermögens des Erben bestehen bleiben. Haftet der Erbe einzelnen Gläubigern gegenüber unbeschränkbar, ist § 1977 BGB gemäß § 2013 Abs. 2 BGB anwendbar. **Die Bestimmung des § 2013 Abs. 2 BGB ist ebenfalls einschränkend dahingehend auszulegen, dass sie sich nur auf § 1977 Abs. 2 BGB bezieht.**[681] Auf diese Weise kann eine Verkürzung der Haftungsmasse für die übrigen Nachlassgläubiger verhindert werden. Würde auch im Fall des § 1977 Abs. 1 BGB die Aufrechnung unwirksam werden, könnte der Erbe diesem Gläubiger gegenüber die bereits verlorene Möglichkeit der Haftungsbeschränkung wiedererlangen. Das soll gerade ausgeschlossen sein, so dass die Aufrechnung wirksam bleiben muss.[682]

Im Fall der unbeschränkten Haftung gilt damit, dass die Anwendung des § 1977 Abs. 1 BGB nur gegenüber den Gläubigern ausgeschlossen ist, denen der Erbe unbeschränkbar haftet, während § 1977 Abs. 2 BGB stets anwendbar bleibt.[683]

2. Verantwortlichkeit des Erben für Verwaltungsmaßnahmen, § 1978 BGB

Im Fall der Anordnung einer Nachlassverwaltung oder der Eröffnung eines Nachlassinsolvenzverfahrens tritt § 1978 BGB neben die Bestimmungen der §§ 1976 (Wirkung auf durch Vereinigung erloschene Rechtsverhältnisse) und 1977 BGB (Wirkung auf eine Aufrechnung). Verfügungen des Erben, die er als Berechtigter nach dem Anfall der Erbschaft und vor der Anordnung der Nachlassverwaltung oder der Eröffnung des Nachlassinsolvenzverfahrens getroffen hat, verlieren mit der Nachlassabsonderung ihre

227

228

---

[678] *Staudinger/Dobler* (2016), § 1977 Rdn. 14.
[679] *Erman/Horn*, § 1977 Rdn. 4.
[680] *Staudinger/Dobler* (2016), § 1977 Rdn. 8; Palandt/*Weidlich*, § 1977 Rdn. 5; *Brox/Walker*, Rdn. 681; *Bamberger/Roth/Lohmann*, § 1977 Rdn. 6.
[681] MüKo/*Küpper*, § 1977 Rdn. 8; *Bamberger/Roth/Lohmann*, § 1977 Rdn. 4.
[682] MüKo/*Küpper*, § 1977 Rdn. 8.
[683] MüKo/*Küpper*, § 1977 Rdn. 8.

Wirksamkeit nicht. **Das Gesetz macht den Erben jedoch für die bisherigen Verwaltungsmaßnahmen gegenüber den Nachlassgläubigern verantwortlich.** Er wird gemäß § 1978 BGB mit dem Eintritt der Haftungsbeschränkung **rückwirkend auf den Erbfall bezogen wie ein Verwalter fremden Vermögens behandelt,** obwohl er Inhaber der Rechte an allen Nachlassgegenständen geworden ist.[684] Der Nachlass soll Nachlassgläubigern möglichst ungeschmälert zur Verfügung stehen. Die in § 1978 Abs. 1 BGB bestimmte Haftung wird durch § 1979 BGB abgemildert und durch § 1980 BGB verschärft. Für die Zeit **vor der Annahme** der Erbschaft haftet der Erbe gemäß § 1978 Abs. 1 Satz 2 BGB den Nachlassgläubigern wie ein **Geschäftsführer ohne Auftrag,** für die **Zeit nach der Annahme der Erbschaft** nach § 1978 Abs. 1 Satz 1 BGB **wie ein Beauftragter.** Der **Anspruch aus § 1978 Abs. 1 BGB verjährt** nach der dreijährigen Regelverjährung **gemäß §§ 195, 199 BGB.**[685]

229   **Haftet der Erbe allgemein unbeschränkbar, ist § 1978 BGB nicht anwendbar.** Das ergibt sich aus § 2013 Abs. 1 Satz 1 BGB. Die Nachlassgläubiger können ohnehin auf das Eigenvermögen des Erben zugreifen, so dass keine Notwendigkeit besteht, ihn für Verwaltungsmaßnahmen nochmals haften zu lassen.[686] Haftet der Erbe **nur einzelnen Nachlassgläubigern gegenüber unbeschränkbar,** kommt gemäß § 2013 Abs. 2 BGB die Regelung des § 1978 BGB zum Tragen.

230   Der **Erbe haftet** aus § 1978 Abs. 1 BGB **nur für Verwaltungsmaßnahmen nach dem Anfall der Erbschaft.** Auf **Verfügungen vor dem Erbfall,** die gemäß § 185 Abs. 2 Satz 1 Hs. 2 BGB infolge des Erbfalls wirksam geworden sind, **findet § 1978 BGB keine Anwendung.**[687] Es kommt eine Herausgabe des durch die unberechtigte Verfügung erlangten Erlöses entsprechend § 816 Abs. 1 Satz 1 BGB in Betracht. **Schlägt der Erbe die Erbschaft aus,** haftet er den Nachlassgläubigern ebenfalls nicht nach § 1978 BGB. Gegenüber dem endgültigen Erben ist er gemäß § 1959 Abs. 1 BGB verantwortlich.[688]

231   Das Gesetz bestimmt in **§ 1978 Abs. 2 BGB, dass die den Nachlassgläubigern zustehenden Ansprüche als zum Nachlass gehörend gelten.** Daraus ergibt sich, dass die Verantwortlichkeit des Erben für die bisherige Verwaltung des Nachlasses **als persönliche Haftung mit seinem Eigenvermögen**[689] ausgestaltet ist.

a) Verantwortlichkeit für Geschäfte vor der Annahme

232   Der **vorläufige Erbe** haftet gemäß § 1978 Abs. 1 Satz 2 BGB für die Verwaltung des Nachlasses den Nachlassgläubigern gegenüber **wie ein Geschäftsführer ohne Auftrag.** Da die tatsächliche Situation eines vorläufigen Erben der eines Geschäftsführers im Sinne der §§ 677 ff. BGB nicht in vollem Umfang entspricht, sind diese **Bestimmungen** jedoch **nur entsprechend anwendbar.**[690] Da es sich um eine **Rechtsfolgenverweisung**

---

[684] *Klook,* Die überschuldete Erbschaft, S. 184.

[685] Palandt/*Weidlich,* § 1978 Rdn. 3; MüKo/*Küpper,* § 1978 Rdn. 12; *Damrau/Tanck/Gottwald,* § 1978 Rdn. 13; BeckOGK/*Herzog,* § 1978 Rdn. 91.

[686] MüKo/*Küpper,* § 1978 Rdn. 2.

[687] *Staudinger/Dobler* (2016), § 1978 Rdn. 6; MüKo/*Küpper,* § 1978 Rdn. 2.

[688] OLG Celle v. 9.6.1970, 10 U 196/69, MDR 1970, 1012 f.; *Staudinger/Dobler* (2016), § 1978 Rdn. 4; *Bamberger/Roth/Lohmann,* § 1978 Rdn. 3.

[689] MüKo/*Küpper,* § 1978 Rdn. 2.

[690] BGH v. 2.7.1992, IX ZR 256/91, NJW 1992, 2694, 2695 = LM § 675 Nr. 182; MüKo/*Küpper,* § 1978 Rdn. 3; *Staudinger/Dobler* (2016), § 1978 Rdn. 5.

handelt, ist zu prüfen, ob die Regelungen über die berechtigte Geschäftsführung ohne Auftrag entsprechende Anwendung finden oder beim Fehlen der Voraussetzungen des § 683 Satz 1 BGB die Vorschriften über die Herausgabe einer ungerechtfertigten Bereicherung. Die Differenzierung zwischen der zeitlichen Phase vor und nach der Erbschaftsannahme begründet sich daraus, dass der Erbe vor der Annahme der Erbschaft zum Tätigwerden für den Nachlass grundsätzlich nur verpflichtet sein kann, wenn er bereits zu einem vorangegangenen Zeitpunkt die Führung eines erbschaftlichen Geschäfts aktiv übernommen oder die Abwehr von Eigengläubigern, die die Zwangsvollstreckung in den Nachlass betreiben wollen, unterlassen hat. Der **vorläufige Erbe** ist nicht gehalten, auf den wirklichen oder mutmaßlichen Willen einzelner Nachlassgläubiger abzustellen, sofern er **bei der Führung erbschaftlicher Geschäfte** nur deren **objektives Interesse wahrt.** Die Haftung tritt **bei jeder Art des Verschuldens** ein[691], mit Ausnahme der Nothilfe gemäß § 680 BGB. Die Haftung für ein Übernahmeverschulden folgt aus § 678 BGB. Die Haftung für Pflichtverletzungen bei der Ausführung des Geschäfts (Ausführungsverschulden) ergibt sich aus § 280 Abs. 1 BGB. Das Vertretenmüssen für eine feststehende Pflichtverletzung wird nach § 280 Abs. 1 Satz 2 BGB vermutet. Die Wahrung objektiver Interessen ist nicht gegeben, wenn der Erbe entgegen § 778 Abs. 2 ZPO vor der Annahme der Erbschaft **Vollstreckungen in den Nachlass wegen Eigenverbindlichkeiten duldet.** Er hat die durch den Wegfall der Eigenverbindlichkeit bei ihm eingetretene Bereicherung auszugleichen. Darüber hinaus ist er für den Schaden haftbar, der dem Nachlass dadurch entstanden ist, dass Nachlassgegenstände unter ihrem wirklichen Wert versteigert worden sind.[692]

b) Verantwortlichkeit für Verwaltungsmaßnahmen ab Annahme der Erbschaft

Nach der Annahme der Erbschaft ist der **Erbe verpflichtet, den Nachlass zu verwalten, bis es zu einer Nachlassabsonderung aufgrund der amtlichen Verfahren kommt.**[693] Mit der Nachlassseparation verliert der Erbe die Befugnis zur Nachlassverwaltung und zur Verfügung über Nachlassgegenstände. **Setzt er sich über diese Beschränkungen hinweg, haftet er nach den allgemeinen Regeln, wenn er von der Verfahrenseröffnung Kenntnis hatte.** War das nicht der Fall, gilt zu seinen Gunsten analog § 674 BGB der in § 1978 Abs. 1 BGB fingierte Verwaltungsauftrag fort[694], obwohl das Auftragsrecht nach Verfahrenseröffnung sonst auf Verwaltungshandlungen des Erben keine Anwendung findet. Der Erbe hat die Verwaltung so zu besorgen, wie wenn er von der Annahme an die Verwaltung als Beauftragter der Nachlassgläubiger zu führen gehabt hätte. Unter **Verwaltung i. S. v. § 1978 Abs. 1 BGB** wird die gesamte tatsächliche und rechtliche Verfügung über den Nachlass verstanden, die ihrem Zweck nach auch der Erhaltung dienen soll.[695] Die Bestimmungen über den Auftrag sind trotz abweichenden Wortlauts des Satzes 1 gegenüber § 1978 Abs. 1 Satz 2 BGB nach allge-

233

---

[691] MüKo/*Küpper,* § 1978 Rdn. 3; BeckOGK/*Herzog,* § 1978 Rdn. 58.

[692] *Bamberger/Roth/Lohmann,* § 1978 Rdn. 3; *Erman/Horn,* § 1978 Rdn. 2; *Klook,* Die überschuldete Erbschaft, S. 214; a. A. *Staudinger/Dobler* (2016), § 1978 Rdn. 7, die es bei einem Bereicherungsanspruch belassen will; ausführlich hierzu BeckOGK/*Herzog,* § 1978 Rdn. 57.4 ff.

[693] Einen guten Überblick über das Haftungsregime des § 1978 Abs. 1 Satz 1 BGB gibt *Ostholt,* ZEV 2015, 444 ff., der die konkrete Ausgestaltung der Regelung in mehrerer Hinsicht für kritikwürdig hält.

[694] RGRK/*Johannsen,* § 1984 Rdn. 4; *Burandt/Rojahn/Joachim,* § 1978 Rdn. 19.

[695] *Staudinger/Dobler* (2016), § 1978 Rdn. 10.

meiner Auffassung ebenfalls nur entsprechend anwendbar.[696] Vorschriften, die wesentlich mit der rechtsgeschäftlichen Übernahme der Geschäftsbesorgung zusammenhängen, finden dagegen keine Anwendung. **Entsprechend anwendbar** sind die §§ 664 Abs. 1 Satz 2, Satz 3, 666–668 BGB, **nicht** jedoch die §§ 662, 663, 664 Abs. 1 Satz 1, Abs. 2, 665, 669 sowie die §§ 671–674 BGB.[697]

234   Der Erbe ist **gemäß § 666 BGB** den Nachlassgläubigern im Fall der Nachlassabsonderung **zur Auskunft verpflichtet**. Er muss **gemäß § 259 Abs. 1 BGB Rechnung legen und Belege erteilen, gemäß § 260 Abs. 1 BGB ein Nachlassverzeichnis erstellen** und **bei Vorliegen der Voraussetzungen des § 259 Abs. 2 BGB die eidesstattliche Versicherung abgeben**. Die Verpflichtung zur Erstellung des Verzeichnisses entspricht nicht der Errichtung eines Inventars nach den §§ 1993 ff. BGB. Die sich aus den gesetzlichen Regelungen der §§ 2005, 2006 BGB über die Errichtung eines inhaltlich nicht zutreffenden Inventars und aus der Verweigerung der Abgabe einer eidesstattlichen Versicherung gegenüber einzelnen Nachlassgläubigern ergebenden Rechtsfolgen kommen nicht zum Tragen.[698]

235   Der wie ein Beauftragter zu behandelnde Erbe ist verpflichtet, **dem Nachlass- oder Nachlassinsolvenzverwalter den Nachlass gemäß § 1978 Abs. 1 Satz 1 i. V. m. § 667 BGB herauszugeben**. Für das Prozessgericht ist ein rechtskräftiger Beschluss über die Eröffnung des Insolvenzverfahrens bindend, und zwar selbst dann, wenn er verfahrensfehlerhaft ergangen ist. Als in dem dafür vorgesehenen Verfahren ergangener hoheitlicher Akt beansprucht er Geltung gegenüber jedermann, sofern der Entscheidung kein solcher Fehler anhaftet, der zur Nichtigkeit führt, wie beispielsweise bei einer fehlenden Unterschrift des Richters.[699] Wird in dem Nachlassinsolvenzverfahren die Forderung eines Gläubigers widerspruchslos zur Insolvenztabelle festgestellt, ist das Prozessgericht im Rechtsstreit zwischen dem Nachlassinsolvenzverwalter und dem Erben, in dem um die Herausgabe des durch eine Verwaltungsmaßnahme Erlangten gestritten wird, ebenfalls an die Feststellung gebunden.[700] **Entnommene Nachlassgelder** hat er zu ersetzen.[701] Herauszugeben sind **sämtliche vorhandenen Nutzungen**. Er hat **Ersatz für verbrauchte Nutzungen** zu leisten. Sind **Surrogate** an die Stelle von Erbschaftsgegenständen getreten, **unterliegen** sie ebenfalls **der Herausgabepflicht**, sofern es sich um Nachlassgegenstände handelt, die ohne eigenes Zutun des Erben dem Nachlass zugefallen sind.[702] Hat der Erbe ein ererbtes Grundstück vermietet, ist er **zur Herausgabe der vereinnahmten Mietzinsen verpflichtet**.[703] Mietzins ist die mittelbare Frucht einer Sache gemäß § 99 Abs. 3 BGB und damit gemäß § 100 BGB als Nutzung anzusehen. Erzielt der Erbe einen ortsüblichen Mietzins, muss er diesen nach § 667

---

[696] MüKo/*Küpper*, § 1978 Rdn. 4; *Klook*, Die überschuldete Erbschaft, S. 187, *Burandt/Rojahn/ Joachim*, § 1978 Rdn. 4; *Bamberger/Roth/Lohmann*, § 1978 Rdn. 4.

[697] MüKo/*Küpper*, § 1978 Rdn. 4; *Klook*, Die überschuldete Erbschaft, S. 187; *Planck/Flad*, § 1978 Anm. 2b; *Staudinger/Dobler* (2016), § 1978 Rdn. 11, 25, die jedoch § 674 BGB für analog anwendbar hält.

[698] *Soergel/Stein*, § 1978 Rdn. 3; *Klook*, Die überschuldete Erbschaft, S. 187.

[699] BGH v. 14. 1. 1991, II ZR 112/90, BGHZ 113, 216, 218; BGH v. 10. 10. 2013, IX ZR 30/12, ErbR 2014, 229, 230.

[700] BGH v. 10. 10. 2013, IX ZR 30/12, ErbR 2014, 229, 231.

[701] BGH v. 13. 3. 2008, IX ZR 13/05, ZEV 2008, 237.

[702] *Staudinger/Dobler* (2016), § 1978 Rdn. 15; MüKo/*Küpper*, § 1978 Rdn. 6.

[703] *Klook*, Die überschuldete Erbschaft, S. 189.

Alt. 2 BGB herausgeben. Hat der Erbe einen Mietzins erzielt, der deutlich über den gewöhnlich gezahlten Preisen für vergleichbare Mietobjekte liegt, muss er trotzdem die gesamte vereinnahmte Miete herausgeben. Darin liegt für ihn keine unzumutbare Härte, da er trotz der rückwirkenden Einstufung als Fremdverwalter Eigentümer der Nachlassgegenstände bleibt. Die Erzielung möglichst hoher Mieten entspricht dem Grundsatz ordnungsgemäßer wirtschaftlicher Verwaltung und ist Ausdruck der an den Erben zu stellenden Anforderungen im Umgang mit Nachlassgegenständen. Hat der Erbe bei der Vermietung eines Grundstücks oder einer Wohnung nur einen unter der marktüblichen Miete liegenden Mietzins erzielt, hat er gemäß §§ 1978 Abs. 1 Satz 1, 667 Alt. 2 BGB den tatsächlich erzielten Mietzins herauszugeben. Daneben kommt ein Schadensersatzanspruch in Höhe der Differenz zwischen dem erzielten Mietzins und dem nach der Marktlage erzielbaren Mietzins wegen einer Pflichtverletzung in Betracht. Der Prüfung des Verschuldens auf Seiten des Erben kommt dabei besondere Bedeutung zu. Bewohnt der Erbe selbst bis zur amtlichen Nachlassabsonderung ein ererbtes Grundstück, hat er für den erlangten Gebrauchsvorteil Ersatz zu leisten. Dieser bemisst sich nach dem üblichen Mietwert ohne Berücksichtigung der von ihm getragenen Nebenkosten.[704]

Verwendet der Erbe Geld aus dem Nachlass für sich, hat er den Betrag gemäß §§ 1978 Abs. 1, 668 BGB zu **verzinsen**. Die Pflicht zur Zinszahlung entfällt, wenn die Zinsen zur Befriedigung der nicht ausgeschlossenen Gläubiger nicht erforderlich sind. *236*

Wegen der entsprechend anwendbaren Regelungen des Auftragsrechts hat der Erbe nach § 276 Abs. 1 Hs. 1 BGB **Vorsatz und Fahrlässigkeit zu vertreten**. Im Rahmen des zwischen ihm und den Nachlassgläubigern bestehenden Schuldverhältnisses haftet er gemäß **§ 278 BGB auch für das Verschulden gesetzlicher Vertreter** und solcher Personen, derer er sich zur Erfüllung seiner Verbindlichkeiten bedient. Für ein Verschulden der gesetzlichen Vertreter hat der Erbe uneingeschränkt einzustehen, für das Verschulden eines Nachlasspflegers oder eines Testamentsvollstreckers nur mit dem Nachlass.[705] Für das deliktische Verhalten eines amtlichen Verwalters ist der Erbe nicht verantwortlich.[706] Es gilt ein objektiver Fahrlässigkeitsmaßstab. Eine Bevorzugung des Erben bei der Verwaltung des Nachlasses ist aufgrund der geltenden Gesetzesfassung ausgeschlossen, so dass die erforderliche Sorgfalt bei vorhandenen Defiziten des Erben nicht zu subjektivieren ist.[707] Die **Grundsätze einer bloß eigenüblichen Sorgfalt** oder einer **Haftungsbeschränkung auf das Maß grober Fahrlässigkeit lassen sich weder aus der Interessenlage noch aus einer analogen Anwendung haftungsbeschränkender Grundsätze und Regelungen entnehmen.**[708] *237*

Hat der Erbe durch Rechtsgeschäft etwas mit Mitteln des Nachlasses erworben, **kommt eine dingliche Surrogation nicht in Betracht**, weil die Regelungen der §§ 2019 Abs. 1, 2111 Abs. 1 BGB, die kraft Gesetzes einen Ausgleich für Änderungen *238*

---

[704] MüKo/Küpper, § 1978 Rdn. 8.
[705] *Erman/Horn,* § 1978 Rdn. 4; *Staudinger/Dobler* (2016), § 1978 Rdn. 13; Palandt/*Weidlich,* § 1978 Rdn. 3; MüKo/*Küpper,* § 1978 Rdn. 11.
[706] MüKo/*Küpper,* § 1978 Rdn. 11.
[707] Näher dazu *Klook,* Die überschuldete Erbschaft, S. 327 ff.
[708] BeckOGK/*Herzog,* § 1978 Rdn. 47; ausführlich *Klook,* Die überschuldete Erbschaft, S. 339 ff.; *Burandt/Rojahn/Joachim,* § 1978 Rdn. 11; a. A. *Soergel/Stein,* § 1978 Rdn. 5, der die Vorschriften über die eigenübliche Sorgfalt im Fall einer Nachlassverwaltung durch den Erben zur Anwendung bringen möchte.

des Bestandes des Nachlasses herbeiführen, im Fall der amtlichen Nachlassabsonderung nicht analog anwendbar sind.[709] Der Erbe hat das, was er mit Nachlassmitteln rechtsgeschäftlich erworben hat, grundsätzlich nicht herausgeben, sondern **nur Ersatz zu leisten.** Damit geht eine Kaufpreisforderung bei Veräußerung eines Nachlassgegenstandes erst durch Abtretung des Erben auf den Verwalter über. Erwirbt der Erbe willentlich für den Nachlass, wird der durch dieses Rechtsgeschäft erworbene Gegenstand sogleich Bestandteil des Nachlasses, wenn dem Vertragsgegner erkennbar sein musste, dass der Erbe für den Nachlass erwerben will.[710]

239 Der Umfang der Verantwortlichkeit des Erben reicht weit, weil das Gesetz den **Begriff der Verwaltung umfassend** versteht.[711] Der Erbe haftet, wenn er dem Nachlass durch seine Maßnahmen oder durch das Unterlassen gebotener Erhaltungsmaßnahmen Schaden zufügt, so durch eine Vernachlässigung der Unterhaltungspflicht oder bei einer Verletzung von Pflichten aus laufenden Versicherungsverträgen. **Die Pflicht zur Berichtigung von Nachlassverbindlichkeiten ist in § 1979 BGB gesondert** geregelt, diejenige zur **Stellung des Antrages auf Eröffnung eines Nachlassinsolvenzverfahrens in § 1980 BGB.** Aus der entsprechenden Anwendung der Bestimmungen des Auftragsrechts folgt, dass der Erbe zur Befriedigung von Eigengläubigern aus dem Nachlass oder zu einer Duldung einer von diesen Gläubigern betriebenen Zwangsvollstreckung in den Nachlass im Verhältnis zu den Nachlassgläubigern nicht berechtigt ist. Er **ist zur Abwehr der Zwangsvollstreckung von Eigengläubigern in den Nachlass,** ggf. **unter Geltendmachung der Schonungseinreden der §§ 2014, 2015 BGB,** verpflichtet.[712] Dazu kann er die Eigengläubiger freiwillig aus seinem Eigenvermögen befriedigen, die Rechte aus § 783 ZPO geltend machen oder **Vollstreckungsgegenklage gemäß §§ 784 Abs. 2, 785, 767 ZPO** erheben. Er kann zur Abwehr auch einen Antrag auf Anordnung der Nachlassverwaltung oder auf Eröffnung eines Nachlassinsolvenzverfahrens stellen.

240 Die Herausgabe- und Ersatzansprüche der Nachlassgläubiger stehen gemäß **§ 1978 Abs. 2 BGB dem Nachlass** und damit auch dem Erben als Träger des Nachlasses zu. Die Ansprüche richten sich gegen den Erben als Träger seines Eigenvermögens und sind Eigenverbindlichkeiten, für die er unbeschränkbar haftet.[713] Einem ausgeschlossenen oder säumigen Gläubiger oder einem Insolvenzgläubiger haftet der Erbe gemäß §§ 1973, 1974, 1989 BGB nur in Höhe der vorhandenen Bereicherung. Die Zuordnung von Ersatzansprüchen zum Nachlass gemäß § 1978 Abs. 2 BGB ist **für die Berechnung des Nachlasswertes bedeutsam,** so bei § 1980 BGB für die Frage der Überschuldung, bei §§ 1982, 1988 Abs. 2, 1990 BGB, §§ 26, 207 InsO im Zusammenhang mit der Frage, ob eine die Kosten deckende Masse vorhanden ist.

---

[709] BGH v. 13. 7. 1989, IX ZR 227/87, NJW-RR 1989, 1226; MüKo/*Küpper,* § 1978 Rdn. 6; *Staudinger/Dobler* (2016), § 1978 Rdn. 16 f. m. w. N.; *Bamberger/Roth/Lohmann,* § 1978 Rdn. 4.

[710] OLG Braunschweig v. 23. 7. 1909 (Hartwieg), OLGE 19, 234 = Recht 1909 Nr. 2436; *Staudinger/Dobler* (2016), § 1978 Rdn. 17; *Lange/Kuchinke,* § 41 I 2; nach MüKo/*Küpper,* § 1978 Rdn. 6 und Palandt/*Weidlich,* § 1978 Rdn. 3 kommt es nicht einmal auf die Erkennbarkeit des Willens an; nach BeckOGK/*Herzog,* § 1978 Rdn. 36.1 scheidet eine dingliche Surrogation stehts aus und es besteht nur ein schuldrechtlicher Anspruch auf Herausgabe gegen den Erben.

[711] MüKo/*Küpper,* § 1978 Rdn. 10; *Burandt/Rojahn/Joachim,* § 1978 Rdn. 9.

[712] MüKo/*Küpper,* § 1978 Rdn. 10.

[713] BGH v. 2. 7. 1992, IX ZR 256, 91, NJW 1992, 2694; *Burandt/Rojahn/Joachim,* § 1978 Rdn. 12.

c) Aufwendungsersatzansprüche des Erben

Das Gegenstück zu den Verpflichtungen des Erben aus § 1978 Abs. 1 BGB stellen des- 241
sen Aufwendungsersatzansprüche nach § 1978 Abs. 3 BGB dar. **Aufwendungen sind
ihm aus dem Nachlass zu ersetzen, soweit er als Geschäftsführer ohne Auftrag oder
als Beauftragter Ersatz beanspruchen könnte.**

Hat der Erbe vor der Annahme der Erbschaft Aufwendungen auf den Nachlass 242
gemacht, richtet sich der **Ersatzanspruch nach § 683 BGB.** Die Besorgung der erbschaftlichen Geschäfte muss dem Interesse und dem wirklichen oder mutmaßlichen
Willen der Nachlassgläubiger entsprochen haben. Liegen diese Voraussetzungen nicht
vor, kann der Erbe nur **nach § 684 BGB Herausgabe der Bereicherung** beanspruchen.
**Streitig ist, ob unter den Voraussetzungen des § 685 Abs. 1 BGB Aufwendungs-
satzansprüche des Erben aus § 1978 Abs. 3 BGB entfallen.** Danach steht dem Geschäftsführer ein Aufwendungsersatzanspruch nicht zu, wenn er subjektiv nicht die
Absicht hatte, von dem Geschäftsherrn Ersatz zu verlangen. Gegen die Anwendbarkeit
des § 685 Abs. 1 BGB im Rahmen von § 1978 Abs. 3 BGB spricht, dass derjenige, der
wie der Erbe keinen Fremdgeschäftsführungswillen hat, auch nicht die nach dieser Vorschrift erforderliche Absicht haben kann, von einem Geschäftsherrn keinen Aufwendungsersatz zu verlangen.[714]

Aufwendungen nach Annahme der Erbschaft sind dem Erben nach § 670 BGB 243
zu ersetzen, soweit er sie zum Zwecke der Verwaltung des Nachlasses den Umständen
nach für erforderlich halten durfte, was jeweils im Einzelfall zu prüfen ist.[715] Zugunsten des Erben gilt auch die **Zinspflicht des zum Aufwendungsersatz Verpflichteten
gemäß § 256 BGB.** Befreiung von eingegangenen Verbindlichkeiten, die der Erbe in
ordnungsgemäßer Verwaltung des Nachlasses mit der Folge persönlicher Haftung eingegangen ist, kann er gemäß §§ 670, 257 BGB verlangen. Der Aufwendungsersatzanspruch wird im **Nachlassinsolvenzverfahren** nach § 324 Abs. 1 Nr. 1 InsO als **Masseverbindlichkeit** berücksichtigt. Einschlägig sind des Weiteren die §§ 323, 326 Abs. 2,
Abs. 3, 328 Abs. 2 InsO.

Als Beauftragter kann der Erbe für seine Geschäftsführung und Verwaltung 244
keine Vergütung beanspruchen, weil es hierfür an einer gesetzlichen Grundlage
fehlt.[716] Ein Vergütungsanspruch kommt analog § 1835 Abs. 3 BGB in Betracht, wenn
der Erbe ein Unternehmen des Erblassers gewerblich oder berufsmäßig fortgeführt hat.
Es muss ihm freistehen, ob er die Unternehmensfortführung einem Fremdgeschäfts-
führer überträgt oder die Aufgabe selbst gegen Entgelt übernimmt.[717]

Dem Erben steht wegen seiner Aufwendungsersatzansprüche **kein Zurückbehaltungsrecht** zu. Das ist für das Nachlassinsolvenzverfahren ausdrücklich in § 323 InsO
bestimmt und ist im Nachlassverwaltungsverfahren in Analogie zu dieser Vorschrift

---

[714] *Staudinger/Dobler* (2016), § 1978 Rdn. 26; BeckOGK/*Herzog*, § 1978 Rdn. 79; a.A. MüKo/
Küpper, § 1978 Rdn. 13.

[715] *Klook*, Die überschuldete Erbschaft, S. 184.

[716] BGH v. 29. 4. 1993, IX ZR 215/92, BGHZ 122, 297, 306 f. = NJW 1993, 1851, 1853; *Burandt/
Rojahn/Joachim*, § 1978 Rdn. 16.

[717] *Staudinger/Dobler* (2016), § 1978 Rdn. 26.

nicht anders.[718] Sofern eine Gleichartigkeit der beiderseitigen Forderungen besteht, ist eine **Aufrechnung gegenüber dem Anspruch des amtlichen Verwalters aus § 1978 Abs. 1 BGB zulässig.**[719]

245 Die Aufwendungsansprüche nach § 1978 Abs. 3 BGB stehen dem Erben als Träger seines Eigenvermögens zu und können **von seinen Gläubigern gepfändet** werden. **Pfändungen von Nachlassgläubigern kann der Erbe nach §§ 784 Abs. 1, 785, 767 ZPO abwenden.**

Die Ansprüche aus § 1978 Abs. 3 BGB **unterliegen gemäß § 211 BGB der Ablaufhemmung.** Diese Regelung schützt sowohl die Nachlassgläubiger als auch den Erben. Die Sechsmonatsfrist beginnt mit der Eröffnung des Nachlassinsolvenzverfahrens, mit der Einsetzung eines Nachlassverwalters, Nachlasspflegers, Abwesenheitspflegers oder eines Testamentsvollstreckers zu laufen, bei letzterem erst mit der Annahme des Amtes.

3. Berichtigung von Nachlassverbindlichkeiten, § 1979 BGB

246 **§ 1979 BGB ist eine spezielle § 1978 BGB ergänzende Regelung für den Fall, dass der Erbe Nachlassverbindlichkeiten berichtigt.** Hat der Erbe Nachlassverbindlichkeiten berichtigt, müssen die Nachlassgläubiger dies unter den Voraussetzungen des § 1979 BGB gelten lassen, anderenfalls er der Gesamtheit der Nachlassgläubiger gemäß § 1978 Abs. 1 BGB schadensersatzpflichtig ist. Der Erbe soll gegen Härten und **Unbilligkeiten geschützt werden, die sich aus der uneingeschränkten Geltung der §§ 1978, 670 BGB ergeben könnten,** indem die Befriedigung eines Nachlassgläubigers im Interesse der übrigen Gläubiger gelegen haben müsste.[720] Die Befriedigung eines Nachlassgläubigers gilt als für Rechnung des Nachlasses erfolgt, wenn der Erbe den Umständen nach annehmen durfte, dass der Nachlass zur Befriedigung der Verbindlichkeiten ausreicht. Hat sich der Erbe an diesem Maßstab orientiert und einen Nachlassgläubiger mit Eigenmitteln befriedigt, kann er Ersatz seiner tatsächlichen Aufwendungen aus dem Nachlass verlangen. Die Tilgung einer Nachlassschuld mit Mitteln des Nachlasses kann er bei seiner Rechenschaft berücksichtigen, was sowohl den Interessen des Erben als auch denen des Gläubigers entspricht.[721]

247 Damit der Erbe beurteilen kann, ob der Nachlass für die Berichtigung aller Nachlassverbindlichkeiten ausreicht, trifft ihn eine **Prüfungspflicht.**[722] Ansprüche aus Vermächtnissen und Auflagen sowie ausgeschlossene und säumige Gläubiger bleiben außer Betracht, was sich aus §§ 1980 Abs. 1 Satz 3, 1973, 1974 und 1989 BGB herleiten lässt.[723] Der Erbe darf die Berichtigung einer Nachlassverbindlichkeit nicht aufgrund

---

[718] Palandt/*Weidlich*, § 1978 Rdn. 5; *Erman/Horn*, 1978 Rdn. 6; MüKo/*Küpper*, § 1978 Rdn. 16; BeckOGK/*Herzog*, § 1978 Rdn. 90 f.; differenzierend *Staudinger/Dobler* (2016), § 1978 Rdn. 31.

[719] MüKo/*Küpper*, § 1978 Rdn. 16; *Staudinger/Dobler* (2016), § 1978 Rdn. 33; BeckOGK/*Herzog*, § 1978 Rdn. 89.

[720] Prot. V 766.

[721] *Burandt/Rojahn/Joachim*, § 1979 Rdn. 1.

[722] MüKo/*Küpper*, § 1979 Rdn. 3; *Erman/Horn*, § 1979 Rdn. 3; BeckOGK/*Herzog*, § 1979 Rdn. 12.

[723] *Bamberger/Roth/Lohmann*, § 1979 Rdn. 3; *Erman/Horn*, § 1979 Rdn. 3; *Burandt/Rojahn/Joachim*, § 1979 Rdn. 3; a.A. *Staudinger/Dobler* (2016), § 1979 Rdn. 6 f.

der allgemeinen Befürchtung verweigern, es könnten noch weitere bisher nicht bekannte und zur Unzulänglichkeit des Nachlasses führende Verbindlichkeiten vorhanden sein.[724] Ob der Erbe seiner Pflicht zur sorgfältigen Prüfung des Umfangs der Nachlassverbindlichkeiten nachgekommen ist, muss **jeweils im Einzelfall beurteilt werden**. Er wird nicht entlastet, wenn er nur einwendet, er habe von weiteren Verbindlichkeiten keine Kenntnis gehabt. Der Kenntnis der Zahlungsunfähigkeit oder der Überschuldung steht gemäß § 1980 Abs. 2 BGB die auf Fahrlässigkeit beruhende Unkenntnis gleich. **Der Erbe hat darzulegen, nicht fahrlässig gehandelt zu haben.** Muss er davon ausgehen, dass über die bekannten Nachlassgläubiger hinaus noch weitere Nachlassverbindlichkeiten zu erfüllen sind, wird er ein **Inventar zu errichten** und ein **Aufgebotsverfahren**[725] **zu beantragen haben.** Anderenfalls hat er den Nachlass zu sichten und danach zu entscheiden, ob noch weitere Ermittlungen nötig sind. Das kann beispielsweise durch Nachfragen bei Banken, Familienangehörigen oder durch Einsichtnahme in Unterlagen des Erblassers und von Dritten erfolgen. Die **rechtskräftige Verurteilung** wegen einer Nachlassverbindlichkeit **entbindet den Erben nicht von seiner Prüfungspflicht** aus § 1979 BGB[726], weil sie der Befriedigung i. S. v. §§ 1973 Abs. 2, 1989 und 1991 Abs. 3 BGB nicht gleichgestellt ist. Ergibt die Prüfung trotz rechtskräftiger Verurteilung, dass möglicherweise nicht alle Verbindlichkeiten beglichen werden können, muss der Erbe die Eröffnung eines Nachlassinsolvenzverfahrens beantragen, um die Vollstreckung des Klägers zu verhindern, §§ 88, 89, 321 InsO.[727]

Sowohl im **Aktiv- als auch im Passivprozess** trägt die Erbe die **Darlegungs- und Beweislast** für die Umstände, die ihn veranlasst haben, die Zulänglichkeit des Nachlasses zur Berichtigung aller Nachlassverbindlichkeiten anzunehmen.[728] Die Ersatzpflicht bei Verletzung der Prüfungspflicht ist eine Eigenverbindlichkeit des Erben, so dass die §§ 780 ff. ZPO nicht zur Anwendung kommen. **Nimmt ein Nachlassgläubiger den Erben wegen einer Verletzung seiner Pflichten aus § 1979 BGB auf Zahlung von Schadensersatz in Anspruch, muss er den Anspruch nach Grund und Höhe darlegen und beweisen.**[729]

Nach § 2013 Abs. 1 Satz 1 BGB findet § 1979 BGB keine Anwendung, wenn der *248* Erbe im Zeitpunkt der Anordnung eines amtlichen Verfahrens allgemein unbeschränkt haftet. In diesem Fall ist gemäß § 326 Abs. 2 InsO auch das Eintrittsrecht des Erben anstelle des befriedigten Gläubigers ausgeschlossen. Ein unbeschränkt haftender Erbe hätte mit seinem Eigenvermögen für etwaige Ausfälle der Gläubiger einzustehen. Bei einem Verlust der Haftungsbeschränkungsmöglichkeit **nur gegenüber einzelnen Nachlassgläubigern** ist die **Anwendbarkeit des § 1979 BGB gemäß § 2013 Abs. 2 BGB nicht ausgeschlossen.**

---

[724] MüKo/*Küpper*, § 1979 Rdn. 3.

[725] BGH v. 11.7.1984, IVa ZR 23/83, NJW 1985, 140; *Staudinger/Dobler* (2016), § 1979 Rdn. 5; BeckOGK/*Herzog*, § 1979 Rdn. 12.

[726] *Erman/Horn*, § 1979 Rdn. 3; BeckOGK/*Herzog*, § 1979 Rdn. 16.

[727] *Erman/Horn*, § 1979 Rdn. 3; BeckOGK/*Herzog*, § 1979 Rdn. 16.

[728] BGH v. 11.7.1984, IVa ZR 23/83, NJW 1985, 140; *Damrau/Tanck/Gottwald*, § 1979 Rdn. 8; BeckOGK/*Herzog*, § 1979 Rdn. 45.

[729] OLG Düsseldorf v. 5.3.1999, 7 U 149/98, ZEV 2000, 236; *Damrau/Tanck/Gottwald*, § 1979 Rdn. 8.

249   Durfte der Erbe davon ausgehen, dass der Nachlass zur Befriedigung aller Nachlassverbindlichkeiten ausreicht und hat er dafür Mittel des Nachlasses eingesetzt, kann er **nicht auf Rückerstattung in Anspruch genommen** werden.[730] Er kann den vollen Betrag als Ausgabe in Rechnung stellen. Hat er Eigenmittel eingesetzt, kann er gemäß §§ 1979, 1978 Abs. 3 BGB **Ersatz in voller Höhe beanspruchen**. Kommt es zur **Nachlassinsolvenz**, ist er gemäß § 324 Abs. 1 Nr. 1 InsO **Massegläubiger**, und zwar unabhängig davon, welchen Rang der von ihm befriedigte Gläubiger in der Insolvenz gehabt hätte. Der Anspruch besteht in Höhe des tatsächlich aufgewandten Betrages, bei nur teilweiser Tilgung in Höhe des Teilbetrages.[731] Bestand eine dingliche Sicherheit für die getilgte Nachlassverbindlichkeit auf einem Nachlassgrundstück, ist die Sicherheit mit dem Erlöschen der Forderung zur Eigentümergrundschuld geworden. Diese steht dem Nachlass zu.[732]

250   Im Fall der **Verkennung der Voraussetzungen des § 1979 BGB** ist der Erbe den Nachlassgläubigern zur Zahlung von **Schadensersatz** verpflichtet, wenn er die Forderung mit Mitteln des Nachlasses beglichen hat.[733] Die Haftung ist beschränkt, als vor- und gleichrangige Gläubiger im Nachlassinsolvenzverfahren weniger erhalten als sie erhalten hätten, wenn der Erbe die Verbindlichkeiten nicht erfüllt hätte.[734] Die Haftung beschränkt sich nach h.M. auf die Differenz von der Ist- zur Soll-Quote. Hat der Erbe den aufgewandten Betrag **zum Nachlass gleichwohl vollständig zurückgezahlt**, tritt er im Nachlassinsolvenzverfahren gemäß § 326 Abs. 2 InsO an die Stelle des von ihm befriedigten Gläubigers, es sei denn er haftet unbeschränkt. Gleiches gilt, wenn die **Schuld mit Eigenmitteln getilgt** wurde. Außerhalb eines Nachlassinsolvenzverfahrens hat der Erbe lediglich einen **Bereicherungsanspruch gemäß §§ 1978 Abs. 3, 684 BGB gegen den Nachlass**.[735] Auf den Nachlassverwalter findet die Regelung des § 1979 BGB gemäß § 1985 Abs. 2 Satz 2 BGB entsprechende Anwendung. Er ist in gleicher Weise wie der Erbe den Nachlassgläubigern bei der Berichtigung von Nachlassverbindlichkeiten verantwortlich. **Entsprechende Anwendung** findet § 1979 BGB gemäß §§ 1991 Abs. 1, 1990, 1992 S. 1 BGB.

251   Hat ein Erbe unter Verletzung des § 1979 BGB einen Nachlassgläubiger befriedigt, **führt das nicht zur Unwirksamkeit der Verfügung**.[736] Der Insolvenzverwalter kann sie jedoch wie eine unentgeltliche Verfügung des Erben **unter den Voraussetzungen der §§ 129 ff. InsO anfechten**.[737] Eine dem § 129 Abs. 1 InsO entsprechende Vorschrift fehlt für den Fall der Anordnung der Nachlassverwaltung. Es gibt auch keine gesetzliche Bestimmung, nach der das Anfechtungsrecht wie der Schadensersatzanspruch

---

[730] *Staudinger/Dobler* (2016), § 1979 Rdn. 10; *Burandt/Rojahn/Joachim*, § 1979 Rdn. 6.

[731] *Staudinger/Dobler* (2016), § 1979 Rdn. 10; BeckOGK/*Herzog*, § 1979 Rdn. 21.

[732] Palandt/*Weidlich*, § 1979 Rdn. 3.

[733] *Erman/Horn*, § 1979 Rdn. 4.

[734] BeckOGK/*Herzog*, § 1979 Rdn. 12 m.w.N.; hingegen geht *Bamberger/Roth/Lohmann*, § 1979 Rdn. 5 davon aus, dass eine Pflicht zur vollständigen Rückzahlung besteht, da die Berechnung des Quotenschadens vor Abschluss des Insolvenzverfahrens unmöglich sei und damit stets eine Nachtragsverteilung nach §§ 203 ff. InsO erforderlich würde.

[735] MüKo/*Küpper*, § 1979 Rdn. 5; *Erman/Horn*, § 1979 Rdn. 4a; *Soergel/Stein*, § 1979 Rdn. 4; *Staudinger/Dobler* (2016), § 1979 Rdn. 15 befürwortet eine analoge Anwendung des § 326 Abs. 2 InsO.

[736] MüKo/*Küpper*, § 1979 Rdn. 8.

[737] Palandt/*Weidlich*, § 1979 Rdn. 4; *Burandt/Rojahn/Joachim*, § 1979 Rdn. 9.

gegen den Erben gemäß § 1978 Abs. 2 BGB als zum Nachlass gehörend gilt. **Streitig ist, ob** etwaige Anfechtungsrechte während einer Nachlassverwaltung nur nach Maßgabe des AnfG bestehen und deshalb nur von Nachlassgläubigern selbst ausgeübt werden können.[738] Besser erscheint es, die Anfechtungsrechte in der Person des Verwalters zu bündeln.[739] Ein Anfechtungsrecht aus §§ 1 ff. AnfG steht einem Nachlassgläubiger deshalb ausschließlich in den Fällen der §§ 1990, 1992 BGB zu, weil es dann keinen amtlichen Verwalter gibt.[740]

4. Verpflichtung, die Eröffnung des Nachlassinsolvenzverfahrens zu beantragen, § 1980 BGB

Die Vorschrift des § 1980 BGB stellt neben § 1979 BGB eine weitere **Ergänzung zu** § 1978 Abs. 1 BGB dar. Sie legt dem Erben die Verpflichtung auf, unter bestimmten Voraussetzungen einen Antrag auf Eröffnung des Nachlassinsolvenzverfahrens zu stellen, anderenfalls er den Nachlassgläubigern schadensersatzpflichtig sein kann. Der Schadensersatzanspruch aus § 1980 Abs. 1 Satz 2 BGB unterliegt der **dreijährigen Regelverjährungsfrist gemäß §§ 195, 199 Abs. 1 BGB.**[741] Das ist der Fall, **wenn der Erbe von einer Zahlungsunfähigkeit oder Überschuldung des Nachlasses Kenntnis erlangt hat.** Darin spiegelt sich der Wille des Gesetzgebers wider, dass der Nachlass den Nachlassgläubigern im Fall einer Beschränkung der Haftung des Erben ungeschmälert zur Befriedigung ihrer Forderungen erhalten bleiben soll. Voraussetzung ist eine die Kosten des Verfahrens deckende Masse. Das **Verfahren** selbst ist **in den §§ 315–331 InsO geregelt.**

252

a) Voraussetzungen der Haftung

Die Haftung aus § 1980 Abs. 1 Satz 2 BGB kommt in Betracht, wenn **objektiv ein Insolvenzgrund** – Zahlungsunfähigkeit oder Überschuldung des Nachlasses – vorliegt. **Zahlungsunfähigkeit** ist **gemäß § 17 Abs. 2 Satz 1 InsO gegeben,** wenn der Erbe nicht mehr in der Lage ist, fällige Nachlassforderungen zu erfüllen.[742] **Überschuldung des Nachlasses liegt gemäß § 19 Abs. 2 InsO vor, wenn das Nachlassvermögen die Nachlassverbindlichkeiten nicht mehr deckt.**[743] Bei der Bemessung der Zulänglichkeit des Nachlasses **bleiben gemäß § 1980 Abs. 1 Satz 3 BGB Verbindlichkeiten aus Vermächtnissen und Auflagen außer Betracht.** Beruht die Unzulänglichkeit des Nachlasses auf diesen Verbindlichkeiten, besteht keine Pflicht zur Beantragung eines Nachlassinsolvenzverfahrens. Bei der Feststellung, ob tatsächlich eine

253

---

[738] So RGRK/*Johannsen*, § 1979 Rdn. 5; *Staudinger/Dobler* (2016), § 1979 Rdn. 20.

[739] Palandt/*Weidlich*, § 1979 Rdn. 4; *Erman/Horn*, § 1979 Rdn. 5; MüKo/*Küpper*, § 1979 Rdn. 8.

[740] *Erman/Horn*, § 1979 Rdn. 5; Palandt/*Weidlich*, § 1979 Rdn. 4; *Burandt/Rojahn/Joachim*, § 1979 Rdn. 9; a.A. *Staudinger/Dobler* (2016), § 1979 Rdn. 18 f., die das Anfechtungsrecht trotz der Regelungen der §§ 1984 Abs. 1, 1985 Abs. 1 BGB auch bei bestehender Nachlassverwaltung dem durch die Berichtigung einer Nachlassforderung in seiner Rechtsstellung verkürzten Nachlassgläubiger einräumen will.

[741] *Staudinger/Dobler* (2016), § 1980 Rdn. 21 mit Hinweisen zu Altfällen, für die § 197 Abs. 1 Nr. 2 BGB einschlägig war.

[742] Näher zum Begriff der Zahlungsunfähigkeit siehe Rdn. 315.

[743] Näher zum Begriff der Überschuldung siehe Rdn. 316.

Überschuldung i.S.v. § 320 InsO gegeben ist, sind sie zu berücksichtigen.[744] Dies gilt nicht für Pflichtteilsrechte, die bei der Berechnung der Zulänglichkeit des Nachlasses berücksichtigt werden müssen.[745]

Eröffnungsgrund ist gemäß **§ 320 Satz 2 InsO** schon die **drohende Zahlungsunfähigkeit**, wenn der Erbe, ein Nachlassverwalter, ein anderer Nachlasspfleger oder der verwaltende Testamentsvollstrecker die Eröffnung beantragen. **Für die Haftung aus § 1980 Abs. 1 Satz 2 BGB ist dieser Eröffnungsgrund ohne Bedeutung.** Eine drohende Zahlungsunfähigkeit löst keine Pflicht zur Antragstellung aus. Der Erbe soll bei drohender Zahlungsunfähigkeit eines zum Nachlass gehörenden Unternehmens die Möglichkeit haben, ohne Gefahr von Schadensersatzansprüchen die Sanierung zu versuchen.[746]

254   Neben die objektive Voraussetzung eines Insolvenzgrundes tritt zur Begründung einer Haftung des Erben als **subjektive Voraussetzung** dessen **positive Kenntnis vom Insolvenzgrund** i.S.v. § 1980 Abs. 1 Satz 1 BGB. Der Kenntnis **steht die auf Fahrlässigkeit beruhende Unkenntnis des Erben vom Insolvenzgrund gemäß § 1980 Abs. 2 Satz 1 BGB gleich.** Von einer Überschuldung hat der Erbe positive Kenntnis, wenn er Umstände kennt, die ihn zu der Auffassung zwingen, dass die Aktiva des Nachlasses die Passiva übersteigen. Kenntnis von der Zahlungsunfähigkeit hat er, wenn er weiß, dass er nicht über die nötigen Zahlungsmittel verfügt und deswegen dauerhaft außerstande sein wird, die wesentlichen fälligen Geldverbindlichkeiten zu erfüllen.[747] Von einer positiven Kenntnis eines Eröffnungsgrundes i.S.v. § 1980 Abs. 1 Satz 1 BGB ist regelmäßig auszugehen, wenn der Erbe für den Nachlass die Zahlungen eingestellt hat.

Dem Erben kann gemäß § 1980 Abs. 2 Satz 2 Hs. 1 BGB ein Fahrlässigkeitsvorwurf gemacht werden, wenn er Grund zu der Annahme hat, dass unbekannte Nachlassverbindlichkeiten vorhanden sind und er kein Aufgebotsverfahren beantragt. Fahrlässigkeit liegt nicht vor, wenn der Erbe nur Zweifel an der Zulänglichkeit des Nachlasses hat. **Gemäß § 1980 Abs. 2 Satz 2 Hs. 2 BGB ist kein Aufgebotsantrag erforderlich, wenn die Kosten im Verhältnis zu dem Bestand des Nachlasses unverhältnismäßig groß sind.** Er hat sich dann auf andere Weise Kenntnis von einer möglicherweise entstandenen Zahlungsunfähigkeit oder Überschuldung zu verschaffen, beispielsweise durch Errichtung eines Inventars, Hinzuziehung eines Sachverständigen oder als Miterbe durch Vornahme eines privaten Gläubigeraufgebotes gemäß § 2061 BGB.

Der Erbe macht sich **schadensersatzpflichtig**, wenn er bei Kenntnis oder der fahrlässigen Unkenntnis von einer Zahlungsunfähigkeit oder Überschuldung **nicht unverzüglich – d.h. ohne schuldhaftes Zögern i.S.v. § 121 Abs. 1 Satz 1 BGB – einen Antrag auf Eröffnung eines Nachlassinsolvenzverfahrens gestellt** hat.

255   In **§ 316 Abs. 1 InsO** ist klargestellt, dass die **Eröffnung des Nachlassinsolvenzverfahrens nicht dadurch ausgeschlossen wird, dass der Erbe nur vorläufiger Erbe ist,** d.h. die Erbschaft noch nicht angenommen hat. Auch in diesem Stadium ist ein **Antragsrecht zu bejahen.**[748] Solange der **Erbe die Erbschaft nicht angenommen hat,**

---

[744] *Erman/Horn,* § 1980 Rdn. 3.

[745] *Staudinger/Dobler* (2016), § 1980 Rdn. 2.

[746] Begründung zu Art. 31 RegE EGInsO, BT-Drucks. 12/3803, Nr. 36; *Michalski,* Rdn. 886.

[747] MüKo-InsO/*Siegmann,* § 320 InsO Rdn. 2.

[748] *Marotzke,* ZInsO 2011, 2105, 2107.

besteht aber **noch keine Verpflichtung, einen Insolvenzantrag zu stellen.** Der Erbe ist bis zur Annahme der Erbschaft nicht verpflichtet, sich um den Nachlass zu kümmern. Er kann folglich auch nicht verpflichtet sein, von seinem ihm zwar schon jetzt zustehenden Recht, einen Antrag auf Eröffnung des Nachlassinsolvenzverfahrens zu stellen, Gebrauch zu machen.[749] Fraglich ist, ob eine Schadensersatzpflicht aus § 1980 Abs. 1 Satz 2 BGB auch demjenigen droht, der in Kenntnis einer Zahlungsunfähigkeit oder Überschuldung des Nachlasses einen Antrag auf Eröffnung des Nachlassinsolvenzverfahrens unterlässt, weil die Erbenstellung aus seiner Sicht ungeklärt ist. **Der Bundesgerichtshof hat offen gelassen, ob eine Insolvenzantragspflicht des Erben besteht, wenn dieser die Versäumung der Ausschlagungsfrist angefochten hat und die Wirksamkeit dieser Anfechtung von Dritten in Zweifel gezogen wird.** Die Schadensersatzhaftung, die § 1980 Abs. 1 Satz 2 BGB an die Verletzung einer bestehenden Antragspflicht anknüpft, zwinge schon deshalb nicht dazu, einem Erben, der behauptet, die Versäumung der Ausschlagungsfrist wirksam angefochten zu haben, die Berechtigung zur Beantragung des Nachlassinsolvenzverfahrens zuzuerkennen, weil bei fehlender Antragsberechtigung keine Schadensersatzpflicht aus § 1980 Abs. 1 Satz 2 BGB besteht.[750] Eine Antragspflicht ist zu bejahen, wenn der Erbe von seiner Stellung als endgültiger Erbe ohne Ausschlagungsrecht hätte Kenntnis haben müssen, folglich seine diesbezügliche Unkenntnis auf Fahrlässigkeit beruht. Dann ist eine analoge Anwendung des § 1980 Abs. 2 Satz 1 BGB zu bejahen. Darin wird zwar nur Bezug auf die Kenntnis der Zahlungsunfähigkeit oder Überschuldung genommen, wobei die auf Fahrlässigkeit beruhende Unkenntnis gleichsteht. Für eine Unkenntnis der Erbenstellung und ihrer Endgültigkeit kann aber nichts anderes gelten.[751] War dem Erben seine endgültige Erbenstellung ohne Verschulden unbekannt, gilt dies nicht. Eine Haftung ist auch möglich, wenn ein Erbe, der die Versäumung der Ausschlagungsfrist unwirksam angefochten hat und für den bei Beachtung der im Verkehr erforderlichen Sorgfalt erkennbar war, dass ein gesetzlich anerkannter Anfechtungsgrund nicht vorlag, die Antragstellung unterlässt.[752] In allen diesen Fällen ist sehr sorgfältig zu prüfen, ob ein solcher Erbe von der Zahlungsunfähigkeit oder der Überschuldung des Nachlasses wusste oder hätte wissen müssen.

b) Ausschluss der Antragspflicht

Keine Pflicht zur Beantragung eines Nachlassinsolvenzverfahrens besteht neben dem in § 1980 Abs. 1 Satz 3 BGB geregelten Fall, dass die Unzulänglichkeit des Nachlasses auf Vermächtnissen und Auflagen beruht, nach überwiegender Ansicht auch gegenüber ausgeschlossenen oder ihnen gleichgestellten Gläubigern, §§ 1973, 1974 BGB, oder wenn die Überschuldung nur auf ihren Forderungen beruht.[753]   *256*

---

[749] BGH v. 8.12.2004, IV ZR 199/03, ZEV 2005, 109 m. Anm. *Marotzke*; *Staudinger/Dobler* (2016), § 1980 Rdn. 15; BeckOGK/*Herzog*, § 1980 Rdn. 25.

[750] BGH v. 19.5.2011, IX ZB 74/10, ZEV 2011, 544 ff., Rdn. 19.

[751] *Marotzke*, ZinsO 2011, 2105, 2106.

[752] *Marotzke*, ZinsO 2011, 2105, 2106.

[753] *Erman/Horn*, § 1980 Rdn. 2; MüKo/*Küpper*, § 1978 Rdn. 6; a.A. *Staudinger/Dobler* (2016), § 1980 Rdn. 3.

Einer Antragspflicht unterliegt **der Erbe** des Weiteren nicht, **wenn er vor der An-nahme einzelne Nachlassgläubiger aus Mitteln des Nachlasses befriedigt hat.**[754] Im Fall der Anordnung einer **Nachlasspflegschaft** gemäß §§ 1960, 1961 BGB ist er dagegen antragspflichtig.[755] Die Verpflichtung endet mit der Anordnung der Nachlassverwaltung, weil es nunmehr Aufgabe des Nachlassverwalters ist, sich ein Bild zu verschaffen, ob der Nachlass überschuldet ist oder ob Zahlungsunfähigkeit besteht. Hat der Erbe bereits vor der Anordnung der Nachlassverwaltung Kenntnis von der Überschuldung oder Zahlungsunfähigkeit erlangt oder musste sie ihm bekannt sein, gilt die Verpflichtung aus § 1980 Abs. 1 Satz 1 BGB fort.[756] Unterlässt es der Erbe, den Nachlassverwalter über die ihm bekannten Umstände zu unterrichten, obliegt weiterhin ihm die Antragspflicht gemäß § 1980 Abs. 1 Satz 1 BGB. Kommt es zum Eintritt eines Schadens, haftet der Erbe gemäß § 1980 Abs. 1 Satz 2 BGB und nicht nur unter den strengeren Voraussetzungen des § 826 BGB.[757]

Keine Antragspflicht des Erben besteht ferner, **wenn er bereits allen Gläubigern gegenüber unbeschränkt haftet, § 2013 Abs. 1 Satz 1 BGB.** Besteht eine unbeschränkte Haftung nur gegenüber einzelnen Nachlassgläubigern, bleibt die Antragspflicht gemäß § 2013 Abs. 2 BGB bestehen.

Eine schadensersatzbegründende Antragspflicht entfällt auch, wenn **kein inländischer Gerichtsstand für die Eröffnung des Nachlassinsolvenzverfahrens** gegeben ist[758] oder wenn sie **dem Erben durch Vereinbarung mit den Nachlassgläubigern erlassen worden ist.**[759] Bei **Dürftigkeit des Nachlasses** ist der Erbe berechtigt, Nachlassgläubiger ohne Insolvenzverfahren aus dem Nachlass zu befriedigen, so dass keine Pflicht besteht, ein Insolvenzverfahren zu beantragen.[760] Beruft sich der Erbe auf die Dürftigkeitseinrede des § 1990 Abs. 1 Satz 1 BGB, haftet er entsprechend § 1980 Abs. 1 Satz 1 BGB, wenn der Nachlass nicht dürftig war, als er von der Zahlungsunfähigkeit oder Überschuldung Kenntnis hatte oder sie hätte erkennen müssen.[761] Der Erbe kann den Nachlass den Gläubigern gemäß § 1990 Abs. 1 Satz 2 BGB zur Befriedigung bereitstellen.[762]

---

[754] *Staudinger/Dobler* (2016), § 1980 Rdn. 15; *Bamberger/Roth/Lohmann,* § 1980 Rdn. 5; *Burandt/Rojahn/Joachim,* § 1980 Rdn. 9; *Lange/Kuchinke,* § 49 IV 3.; a.A. *Erman/Horn,* § 1980 Rdn. 5; *Soergel/Stein,* § 1980 Rdn. 5.

[755] BGH v. 8.12.2004, IV ZR 199/03, ZEV 2005, 109 m. Anm. *Marotzke,* 109; a.A. *Marotzke,* ZInsO 2011, 2105, 2108. .

[756] MüKo/*Küpper,* § 1980 Rdn. 9.

[757] *Erman/Horn,* § 1980 Rdn. 5; *Staudinger/Dobler* (2016), § 1980 Rdn. 14; *Palandt/Weidlich,* § 1980 Rdn. 3; BeckOGK/*Herzog,* § 1980 Rdn. 27.1; a.A. MüKo/*Küpper,* § 1980 Rdn. 9; *Planck/Flad,* § 1980 Anm. 2.

[758] *Erman/Horn,* § 1980 Rdn. 2; MüKo-InsO/*Siegmann,* § 315 InsO Rdn. 2; *Palandt/Weidlich,* § 1980 Rdn. 3; ebenso BeckOGK/*Herzog,* § 1980 Rdn. 50 ff., die zu Recht darauf hinweist, dass sich hieran auch durch Inkrafttreten der EuInsVO nichts geändert hat; kritisch *Staudinger/Dobler* (2016), § 1980 Rdn. 5.

[759] OLG München v. 3.12.1996, 5 U 2597/96, ZEV 1998, 100; BeckOGK/*Herzog,* § 1980 Rdn. 51; jeder Nachlassgläubiger kann nur mit Wirkung gegen sich selbst handeln, vgl. *Staudinger/Dobler* (2016), § 1980 Rdn. 6.

[760] *Staudinger/Dobler* (2016), § 1980 Rdn. 7; MüKo/*Küpper,* § 1980 Rdn. 13.

[761] BGH v. 2.7.1992, IX ZR 256/91, NJW 1992, 2694, 2695; MüKo/*Küpper,* § 1980 Rdn. 13 f.; *Palandt/Weidlich,* § 1991 Rdn. 2.

[762] *Staudinger/Dobler* (2016), § 1980 Rdn. 7.

c) Umfang der Ersatzpflicht

Im Fall einer schuldhaft verzögerten Antragstellung auf Eröffnung des Nachlassinsolvenzverfahrens **besteht der Schaden der Nachlassgläubiger in der Differenz zwischen dem tatsächlich erhaltenen Betrag und demjenigen, den sie bei rechtzeitiger Antragstellung erhalten hätten.** Der Anspruch ist von dem Insolvenzverwalter geltend zu machen. Zum Schadenseintritt kann es kommen, wenn einzelne Nachlassgläubiger zwischenzeitlich in den Nachlass vollstreckt haben und voll befriedigt worden sind oder wenn den Nachlassgläubigern unnötige Prozesskosten entstehen.[763] Eine verzögerte Antragstellung wird regelmäßig noch nicht zu einem Schaden führen, wenn zwischenzeitlich noch keine Vollstreckungsmaßnahmen erfolgt sind oder keine unnötigen Prozesse geführt wurden. **Umfang und Inhalt des Schadensersatzanspruchs aus § 1980 Abs. 1 Satz 2 BGB bestimmen sich nach den §§ 249 ff. BGB.** Der Anspruch richtet sich gegen den Alleinerben oder gegen **Miterben als Gesamtschuldner.** Es handelt sich um eine Eigenverbindlichkeit der Miterben, die sich insoweit auch nicht auf die §§ 2059 ff. BGB berufen können.[764]

256a

d) Beweislast

Die **Nachlassgläubiger müssen** als Anspruchsteller **die Voraussetzungen sowie den Umfang des Schadensersatzanspruchs darlegen und ggf. beweisen.**[765] Entweder sie oder der Insolvenzverwalter tragen die Darlegungs- und Beweislast, dass ein **Eröffnungsgrund objektiv gegeben** war, der **Erbe davon Kenntnis hatte** oder aufgrund bestimmter Tatsachen davon hätte Kenntnis haben müssen, der **Schaden im geltend gemachten Umfang eingetreten** und die **unterlassene Antragstellung für den konkret geltend gemachten Schaden ursächlich geworden ist.** Unterlässt der Erbe die Beantragung eines Aufgebotsverfahrens der Nachlassgläubiger, besteht eine Vermutung der Kausalität des Unterlassens, für die Unkenntnis des Erben sowie die Fahrlässigkeit nur, wenn Grund zu der Annahme bestand, dass unbekannte Nachlassgläubiger vorhanden waren. Beweisbelastet ist der Anspruchsteller. Gelingt ihm dieser Beweis, kann der Erbe die Vermutung widerlegen, indem er seinerseits darlegt und ggf. beweist, dass er auch durch ein Aufgebot keine Kenntnis von der Überschuldung erlangt hätte oder dass die Verfahrenskosten i.S.v. § 1980 Abs. 2 Satz 2 Hs. 2 BGB unverhältnismäßig hoch gewesen wären.[766]

256b

e) Entsprechende Anwendung der Norm

§ 1980 BGB ist gemäß § 1985 Abs. 2 BGB **auf den Nachlassverwalter entsprechend anwendbar.** Im Umkehrschluss sind ein gemäß §§ 1960, 1961 BGB bestellter **Nachlasspfleger bzw. ein verwaltender Testamentsvollstrecker den Nachlassgläubigern nicht zur Antragstellung verpflichtet**[767], wenngleich sie nach § 317 InsO an-

257

---

[763] Palandt/*Weidlich*, § 1980 Rdn. 7.

[764] MüKo/*Küpper*, § 1980 Rdn. 10; *Burandt/Rojahn/Joachim*, § 1980 Rdn. 11.

[765] *Staudinger/Dobler* (2016), § 1980 Rdn. 18; *Damrau/Tanck/Gottwald*, § 1980 Rdn. 10.

[766] *Bamberger/Roth/Lohmann*, § 1980 Rdn. 7; BeckOGK/*Herzog*, § 1980 Rdn. 67.

[767] *Erman/Horn*, § 1980 Rdn. 5; *Staudinger/Dobler* (2016), § 1980 Rdn. 20; BeckOGK/*Herzog*, § 1980 Rdn. 31.

tragsberechtigt sind. Sie sind dem Erben gegenüber im Fall unterlassener Antragstellung gemäß §§ 1915, 1833, 2216 Abs. 1, 2219 BGB haftbar.[768]

5. Die Anordnung der Nachlassverwaltung

258 Das Gesetz regelt die Nachlassverwaltung als eine **besondere Art der Nachlasspflegschaft** mit dem primären Ziel der gleichmäßigen und vollständigen Befriedigung der Nachlassgläubiger. Durch diese besondere Zweckbestimmung unterscheidet sie sich von der in den §§ 1960, 1961 BGB geregelten eigentlichen Nachlasspflegschaft. Auf die Nachlassverwaltung finden, **soweit die §§ 1981 ff.** BGB keine besonderen Bestimmungen enthalten, die allgemeinen Vorschriften über die Pflegschaft, §§ 1915 ff. BGB und über § 1915 Abs. 1 BGB die des Vormundschaftsrechts Anwendung. Ausgeschlossen ist gemäß § 1981 Abs. 3 BGB die Anwendbarkeit des § 1785 BGB, so dass keine Pflicht zur Übernahme des Amtes besteht. § 1962 BGB bestimmt, dass anstelle des Familien- oder Betreuungsgerichts das Nachlassgericht tritt. Das gilt auch für die Nachlassverwaltung als besondere Unterart der Nachlasspflegschaft. Wegen ihres speziellen Zwecks ist der – nicht zu begründende[769] – **Antrag eines Beteiligten Voraussetzung für die Anordnung,** während die der Sicherung des Nachlasses dienende eigentliche Nachlasspflegschaft nur von Amts wegen angeordnet wird. Für Nachlasspfleger und -verwalter ergibt sich aus §§ 1915 Abs. 1, 1779 Abs. 2 BGB, dass sie nach ihren persönlichen Verhältnissen und ihrer Vermögenslage sowie nach den sonstigen Umständen zur Führung geeignet sein sollen.[770]

259 Die Nachlassverwaltung **dient** bei einem ausreichenden Nachlass **in erster Linie den Interessen der Nachlassgläubiger, berücksichtigt aber auch die Interessen des Erben,** der sich Schwierigkeiten bei der Verwertung und den damit verbundenen Verwaltungsaufwand erspart. Den Gläubigern steht – neben dem Nachlassinsolvenzverfahren – ein zweites Rechtsinstitut zur Verfügung, das die Durchsetzung ihrer Ansprüche erleichtert und eine gleichmäßige und vollständige Befriedigung ihrer Forderungen gewährleistet. Mit der Anordnung können Nachlassgläubiger Befriedigung nur noch aus dem Nachlass suchen und ihre Ansprüche gemäß § 1984 Abs. 1 Satz 3 BGB nur gegen den Verwalter geltend machen. Der Erbe kann aufgrund der damit einhergehenden Trennung der Vermögensmassen – Nachlass und Eigenvermögen –, sofern er seine Haftungsbeschränkungsmöglichkeit noch nicht verloren hat, verlangen, dass bereits getroffene Maßnahmen der Zwangsvollstreckung zugunsten eines Nachlassgläubigers gemäß § 784 Abs. 1 ZPO in sein Eigenvermögen aufgehoben werden. Zwangsvollstreckungen und Arreste in den Nachlass sind ab diesem Zeitpunkt zugunsten eines Eigengläubigers ebenfalls ausgeschlossen, § 1984 Abs. 2 BGB. Es obliegt dem Nachlassverwalter, die Aufhebung von Vollstreckungsmaßnahmen zu verlangen, die vor der Anordnung der Nachlassverwaltung zugunsten von Eigengläubigern erfolgt sind, § 784 Abs. 2 ZPO.

259a Bei todesfallbedingten Unternehmenskrisen stellt sich die Nachlassverwaltung für Erben mutmaßlich überschuldeter Unternehmen als ein **Sanierungsinstrument** und damit als ein kostengünstiger und sicherer Weg dar, eine persönliche Haftung für die im Erbgang befindlichen Verbindlichkeiten zu vermeiden. Es ist sehr sinnvoll, ein im

---

[768] *Erman/Horn,* § 1980 Rdn. 5.
[769] *Herzog,* ErbR 2013, 70, 75.
[770] Näher zur Auswahl von Nachlassverwaltern *Zimmermann,* ZEV 2007, 313 ff.

Erbgang befindliches Unternehmen, bei dem es sich oftmals um das Lebenswerk eines Verstorbenen handelt, sowie die damit verbundenen Arbeitsplätze zu erhalten. Zum Teil wird die Nachlassverwaltung als Sonderform einer („starken") vorläufigen Insolvenzverwaltung angesehen, so dass Nachlassverwalter gemäß § 22 Abs. 1 Nr. 2 InsO analog die Pflicht haben, ein insolventes Unternehmen einstweilen fortzuführen.[771] Der Nachlassverwalter hat – anders als ein vorläufiger Erbe – die generelle Rechtsmacht, Masseverbindlichkeiten zu begründen wie ein starker vorläufiger Insolvenzverwalter oder ein eigenverwaltender Schuldner in einem Verfahren nach § 270b InsO. Die Nachlassverwaltung ist auch ein probates Mittel, um über die Auswahl eines geeigneten Nachlassverwalters die **sofortige Zuführung externer Sanierungs- und Insolvenzexpertise zu ermöglichen**, ohne die eine sachverständige Erstellung einer nachlassbezogenen Überschuldungsbilanz kaum möglich ist.[772] *Nöll/Flitsch* weisen zu Recht darauf hin, dass eine Nachlassverwaltung faktisch einen „Change of control" bewirkt, so dass bei Verhandlungen mit Gläubigern oftmals ein echter Neustart möglich wird. Insbesondere wenn der Erblasser die im Erbgang befindlichen Probleme durch sein Fehlverhalten mit ausgelöst hat, erscheint dies umso wichtiger, weil Angehörige der Mitwisserschaft oder gar Komplizenschaft bezichtigt werden können. Die Wahrung der Gläubigerinteressen durch den **Nachlassverwalter** wird auch dadurch offensichtlich, dass ihm im Gegensatz zu Nachlasspflegern und Erben die **Rechte zur Gläubigeranfechtung nach §§ 1 ff. AnfG** zustehen.[773]

Die Nachlassverwaltung **umfasst das gesamte im Nachlass befindliche pfändbare Vermögen**, nicht jedoch unpfändbares Vermögen. Die Unpfändbarkeit bestimmt sich nach der Person des Erben.[774] Sie erstreckt sich immer auf den gesamten Nachlass, **bezogen auf einen Erbteil ist sie unzulässig**.[775]   *259b*

a) Antragsberechtigung

Die Anordnung der Nachlassverwaltung setzt einen **Antrag an das Nachlassgericht** *260* voraus. § 1981 Abs. 1 BGB regelt das Antragsrecht des Erben, dessen Interesse an der Haftungsbeschränkung nach dem Willen des Gesetzgebers demjenigen ausreichend gesicherter Gläubiger vorgeht.[776] Die Antragsbefugnis des **Nacherben** folgt aus § 2144 Abs. 1 BGB.[777] Das Antragsrecht der Nachlassgläubiger ist gemäß § 1981 Abs. 2 BGB anders als das Recht des Erben an weitere Voraussetzungen geknüpft. Eine Antragsrücknahme ist analog § 13 Abs. 2 InsO nur bis zur Anordnung der Nachlassverwaltung oder bis zur rechtskräftigen Abweisung des Antrages zulässig.[778]

Gehört der Nachlass insgesamt oder gehören Teile davon zum **Gesamtgut einer Gütergemeinschaft**, ist der Ehegatte unabhängig davon, ob er Erbe ist, antragsberech-

---

[771] *Nöll/Flitsch*, ZEV 2017, 247, 248.
[772] *Nöll/Flitsch*, ZEV 2017, 247, 248.
[773] *Nöll/Flitsch*, ZEV 2017, 247, 250; MüKo/*Küpper*, § 1979 Rdn. 8; Palandt/*Weidlich*, § 1979 Rdn. 4; a.A. *Staudinger/Dobler* (2016), § 1979 Rdn. 20.
[774] *Lange/Kuchinke*, § 49 III 4.
[775] *Firsching/Graf*, Rdn. 4.786.
[776] *Lange/Kuchinke*, § 49 III 2 a.
[777] *Staudinger/Dobler* (2016), § 1981 Rdn. 14; *Lange/Kuchinke*, § 49 III 2 a.
[778] *Staudinger/Dobler* (2016), § 1981 Rdn. 2; für eine Anwendung von § 22 FamFG BeckOGK/*Herzog*, § 1981 Rdn. 78.

tigt, wenn er das Gesamtgut allein oder mit dem Ehegatten gemeinschaftlich verwaltet. Er bedarf keiner Zustimmung des anderen Ehegatten, was sich aus § 318 Abs. 1 InsO analog herleiten lässt.[779] Die Antragsberechtigung des **Erbschaftskäufers** ergibt sich aus § 2383 BGB und für den **verwaltenden Testamentsvollstrecker entsprechend** § 317 Abs. 1 InsO.[780] Neben diesem behält der Erbe sein Antragsrecht.[781] **Streitig ist die Antragsberechtigung des nach §§ 1960, 1961 BGB bestellten Nachlasspflegers.** Gegen dessen Antragsrecht spricht, dass die Nachlassverwaltung zwar eine Unterart der Nachlasspflegschaft ist, doch unterscheidet sich die Tätigkeit des Nachlasspflegers von der des Nachlassverwalters dadurch, dass er weder eine Befriedigung der Nachlassgläubiger noch eine Beschränkung der Haftung auf den Nachlass im Interesse des Erben herbeizuführen hat.[782] Ihm obliegt nur die Nachlassfürsorge, weshalb der Hinweis auf eine Analogie zu § 317 Abs. 1 InsO sowie auf die Stellung des Nachlasspflegers als gesetzlichem Vertreter des Erben nicht überzeugt.[783]

b) Antrag des Erben

261 Das **Antragsrecht des endgültigen Erben**[784] **unterliegt keinen zeitlichen Beschränkungen.** Es kann auch noch ausgeübt werden, wenn eine exakte Trennung zwischen Privatvermögen und Nachlass unmöglich und der Erbe deshalb nicht einmal mehr in der Lage ist, ein aussagekräftiges Inventar zu errichten.[785] **Streitig ist, ob der Antrag schon vor oder erst nach der Erbschaftsannahme gestellt werden kann.** § 1981 Abs. 1 BGB enthält hierzu keine Regelung. Für ein ausschließliches Antragsrecht des endgültigen Erben könnte sprechen, dass die Nachlassverwaltung auf Antrag des vorläufigen Erben zwar angeordnet werden müsste, im Fall der Ausschlagung der Erbschaft aber wieder aufzuheben wäre, wenn der endgültige Erbe den Nachlass privat abwickeln will.[786] Für das Nachlassinsolvenzverfahren bestimmt § 316 Abs. 1 InsO, dass der Antrag auf Eröffnung des Verfahrens bereits vor der Annahme der Erbschaft erfolgen kann. Das Nachlassverwaltungsverfahren dient in gleicher Weise der Separation des Nachlasses vom Eigenvermögen des Erben. Deshalb müssen beide Verfahren gleich behandelt werden. **Für ein Antragsrecht auch des vorläufigen Erben** spricht ferner, dass die Anordnung der Nachlassverwaltung eine sofortige Verpflichtung des Nachlassverwalters zur Inbesitznahme des Nachlasses begründet, so der Antrag im Hinblick auf Sicherungsmaßnahmen bereits in dem frühen Stadium sinnvoll ist.[787]

---

[779] Palandt/*Weidlich*, § 1981 Rdn. 1; *Staudinger/Dobler* (2016), § 1981 Rdn. 7.

[780] Palandt/*Weidlich*, § 1981 Rdn. 14; MüKo/*Küpper*, § 1981 Rdn. 4.

[781] *Staudinger/Dobler* (2016), § 1981 Rdn. 14.

[782] Gegen ein Antragsrecht BayObLG v. 28. 6. 1976, BReg. 1 Z 27/76, BayObLGZ 1976, 167, 172; *Firsching/Graf*, Rdn. 4.788; *Staudinger/Dobler* (2016), § 1981 Rdn. 14; MüKo/*Küpper*, § 1981 Rdn. 4; Palandt/*Weidlich*, § 1981 Rdn. 1; a.A. *Lange/Kuchinke*, § 49 III 2 a Fn. 58; *Soergel/ Stein*, § 1981 Rdn. 4.

[783] So aber *Soergel/Stein*, § 1981 Rdn. 4; *Lange/Kuchinke*, § 49 III 2 a Fn. 57.

[784] Das OLG Jena billigt dem Erbeserben ohne zeitliche Beschränkung ein Antragsrecht zu, OLG Jena v. 10. 9. 2008, 9 W 395/08, ZEV 2009, 33, 34.

[785] *Staudinger/Dobler* (2016), § 1981 Rdn. 10.

[786] *Staudinger/Dobler* (2016), § 1981 Rdn. 11; *Lange/Kuchinke*, § 49 III 2 a; *Kipp/Coing*, § 97 I.

[787] Palandt/*Weidlich*, § 1981 Rdn. 1; MüKo/*Küpper*, § 1981 Rdn. 2; *Erman/Horn*, § 1981 Rdn. 2; RGRK/*Johannsen*, § 1981 Rdn. 1; *Burandt/Rojahn/Joachim*, § 1981 Rdn. 3; *Bamberger/Roth/ Lohmann*, § 1981 Rdn. 2; *Firsching/Graf*, Rdn. 4.787.

Streitig ist, **ob** die **Eröffnung eines Insolvenzverfahrens über das nicht nur die Erbschaft umfassende Vermögen des Erben dessen Antragsrecht ausschließt.** Für die Dauer des Verfahrens dürfte das Bedürfnis des Erben zur Beantragung einer Nachlassverwaltung nicht generell zu verneinen sein. Der Erbe kann nach Zustandekommen eines Insolvenzplanes daran interessiert sein, dass sich die Nachlassverwaltung ohne zeitlichen Zwischenraum an das Insolvenzverfahren und die auf dessen Dauer beschränkte insolvenzrechtliche Vollstreckungssperre nach den §§ 88, 89 Abs. 1 InsO anschließt. Ist eine Überschuldung des Nachlasses möglich, muss der Erbe verhindern können, dass Nachlassgläubiger während des zwischen Nachlass und Eigenvermögen nicht unterscheidenden Gesamtinsolvenzverfahrens zu Lasten der Quote der Eigengläubiger und damit letztlich auf seine Kosten auch aus seinem Eigenvermögen befriedigt werden.[788]

Ein Antrag auf Anordnung der Nachlassverwaltung allein stellt nicht zwangsläufig eine (konkludente) Annahme der Erbschaft dar.[789] Stellt sich später heraus, dass jemand den Antrag gestellt hat, der tatsächlich nicht Erbe geworden ist, bedarf es einer formellen Aufhebung der Nachlassverwaltung. Die Anordnung der Verwaltung wird nicht von selbst unwirksam.[790]

Das **Antragsrecht erlischt, wenn der Erbe allgemein unbeschränkbar haftet,** § 2013 Abs. 1 Satz 1 Hs. 2 BGB. Insoweit unterscheidet sich die Nachlassverwaltung vom Nachlassinsolvenzverfahren, bei der das Antragsrecht fortbesteht, §§ 316 Abs. 1, 317 InsO. **Nach § 2013 Abs. 2 BGB behält der Erbe sein Antragsrecht, wenn er nur einzelnen Nachlassgläubigern gegenüber unbeschränkbar haftet.** Die haftungsbeschränkende Wirkung kann jedoch nur noch gegenüber den übrigen Nachlassgläubigern eintreten.

Miterben können **gemäß § 2062 Hs. 1 BGB den Antrag auf Anordnung einer** *262* **Nachlassverwaltung nur gemeinschaftlich und nur vor der Teilung des Nachlasses stellen.** Die überwiegende Auffassung schließt daraus, dass der Antrag unzulässig ist, wenn nur ein Miterbe allen Gläubigern unbeschränkbar haftet.[791] Die Gegenauffassung hebt darauf ab, dass § 2062 BGB dem Schutz der Verwaltungsbefugnis der Miterben dient und nicht dem der Nachlassgläubiger.[792] Dieser einseitig auf die Interessenlage der Miterben abstellenden Argumentation steht aber der eindeutige und nicht auslegungsfähige Wortlaut des § 2062 Hs. 1 BGB i.V.m. § 2013 Abs. 1 Satz 1 Hs. 2 BGB

---

[788] LG Aachen v. 22.9.1959, 7 T 453/59, NJW 1960, 46, 48; Palandt/*Weidlich,* § 1981 Rdn. 1; *Staudinger/Dobler* (2016), § 1981 Rdn. 9; *Keidel/Zimmermann,* § 359 FamFG Rdn. 13 m.w.N.; a.A. OLG Köln v. 2.2.2005, 2 U 72/04, ZEV 2005, 307, 309; MüKo/*Küpper,* § 1981 Rdn. 2 sowie das überwiegende insolvenzrechtliche Schrifttum, beispielsweise MüKo-InsO/ *Schumann,* § 83 InsO Rdn. 7; MüKo-Inso/*Siegmann,* § 331 InsO Rdn. 7.

[789] *Firsching/Graf,* Rdn. 4.787; ebenfalls differenzierend *Bamberger/Roth/Lohmann,* § 1981 Rdn. 2.

[790] BGH v. 14.12.1990, V ZR 244/89, NJW-RR 1991, 683, 684.

[791] KG v. 18.3.1930, 1 X 819/30, JW 1932, 1389, 1390; *Firsching/Graf,* Rdn. 4.788; MüKo/*Küpper,* § 1981 Rdn. 3; MüKo/*Ann,* § 2062 Rdn. 3; *Soergel/Wolf,* § 2062 Rdn. 2; RGRK/ *Johannsen,* § 1981 Rdn. 3; *Rugullis,* ZEV 2007, 117, 118; BeckOGK/*Herzog,* § 2062 Rdn. 33; a.A. *Staudinger/Marotzke* (2016), § 2062 Rdn. 12.

[792] *Kipp/Coing,* § 121 II 1; *Staudinger/Marotzke* (2016), § 2062 Rdn. 12; *v. Lübtow,* Erbrecht III, S. 1186; *Muscheler,* Erbrecht II Kap. 15 Rdn. 3811; nach *Riesenfeld,* Erbhaftung Band II, S. 37 sogar ohne ihn.

entgegen[793]. Vor der Teilung haften die Miterben nicht mit ihrem Eigenvermögen, so dass sie ausreichend geschützt sind.[794]

c) Gläubigerantrag

263   Das Antragsrecht eines Nachlassgläubigers **unterliegt gemäß § 1981 Abs. 2 BGB** anders als das des Erben **zeitlichen und sachlichen Beschränkungen.** Ebenso wie bei dem Erbenantrag ist die **Annahme der Erbschaft keine Voraussetzung.**[795] **Antragsbefugt ist jeder Nachlassgläubiger,** auch die gemäß §§ 1973, 1974 BGB aufgrund eines Aufgebotsverfahrens oder einer fünfjährigen Säumnis ausgeschlossenen Gläubiger, Pflichtteilsberechtigte sowie Vermächtnis- und Auflagegläubiger.[796] Ein Nachlassgläubiger, der zugleich Miterbe ist, ist ebenfalls antragsbefugt.[797] Das Antragsrecht der Nachlassgläubiger hängt nicht davon ab, ob der Erbe sämtlichen oder dem antragstellenden Gläubiger gegenüber das Recht zur Haftungsbeschränkung verloren hat. Bei unbeschränkter Haftung dient die Nachlassverwaltung der Trennung des Nachlasses vom Eigenvermögen des Erben. Dies liegt weiterhin im Interesse der Nachlassgläubiger, weil Eigengläubiger des Erben vom Nachlass ferngehalten werden.

264   Nachlassgläubiger können gemäß § 1981 Abs. 2 Satz 2 BGB den Antrag **nach Ablauf von 2 Jahren ab Annahme der Erbschaft nicht mehr stellen.** Die zeitliche Grenze entspricht derjenigen des § 319 InsO. Die Befristung hat ihren Grund darin, dass es nach Ablauf eines längeren Zeitraums immer schwieriger wird, das Eigenvermögen des Erben vom Nachlass zu trennen.[798] Das Gesetz trägt dadurch auch Interessen solcher Gläubiger des Erben Rechnung, die nicht Nachlassgläubiger sind.

265   Neben der zeitlichen Beschränkung **setzt das Antragsrecht** der Nachlassgläubiger **in sachlicher Hinsicht voraus, dass deren Befriedigung durch das Verhalten des Erben gefährdet ist.** Eine Gefährdung in diesem Sinne ist gegeben, **wenn der Erbe den Nachlass leichtsinnig verschleudert oder voreilig einzelne Gläubiger befriedigt.** Die Gefahr, dass nur ein einzelner Anspruch erfüllt wird, reicht nicht aus.[799] Eine Gefährdung ist bei einer Verwahrlosung und bloßer Gleichgültigkeit des Erben[800] anzunehmen, ohne dass es auf ein Verschulden oder auf eine Benachteiligungsabsicht ankommt[801]. Eine Gefährdung der Befriedigung der Nachlassgläubiger liegt nach dem Gesetz auch vor, wenn die persönliche Vermögenslage des Erben – nicht die des Nachlasses – schlecht ist und einen Zugriff der Eigengläubiger befürchten lässt. Der Erbe kann die Gefährdung durch Sicherheitsleistung beseitigen.[802] Bei einer Dauertestamentsvollstreckung, die sich auf den gesamten Nachlass bezieht, kann diese Voraussetzung nur erfüllt sein, wenn das Ende der Testamentsvollstreckung absehbar ist. Bei

---

[793] KG v. 18.3.1930, 1 X 819/30, JW 1932, 1389, 1390; Palandt/*Weidlich,* § 2062 Rdn. 1; MüKo/*Ann,* § 2062 Rdn. 3; RGRK/*Kregel,* § 2062 Rdn. 1; *Soergel/Wolf,* § 2062 Rdn. 2.
[794] MüKo/*Ann,* § 2062 Rdn. 3.
[795] Näher dazu Rdn. 261.
[796] *Staudinger/Dobler* (2016), § 1981 Rdn. 18.
[797] *Erman/Horn,* § 1981 Rdn. 4; *Staudinger/Dobler* (2016), § 1981 Rdn. 18.
[798] MüKo/*Küpper,* § 1981 Rdn. 5.
[799] *Bamberger/Roth/Lohmann,* § 1981 Rdn. 6.
[800] MüKo/*Küpper,* § 1981 Rdn. 6; BeckOGK/*Herzog,* § 1981 Rdn. 42.
[801] *Staudinger/Dobler* (2016), § 1981 Rdn. 22.
[802] Palandt/*Weidlich,* § 1981 Rdn. 4; BeckOGK/*Herzog,* § 1981 Rdn. 52.

einer **Erbengemeinschaft** besteht das Antragsrecht der Nachlassgläubiger, **wenn die Voraussetzungen des § 1981 Abs. 2 Satz 1 BGB bei einem der Miterben vorliegen.**[803]

Nachlassgläubiger sind nicht berechtigt, die Entlassung eines **verwaltenden Testamentsvollstreckers** zu beantragen, wenn dessen Verhalten ihre Befriedigung aus dem Nachlass gefährdet. Es stellt sich daher die Frage, ob bei Vorliegen dieser Voraussetzungen ein **Antragsrecht der Nachlassgläubiger** auf Anordnung der Nachlassverwaltung besteht. Überwiegend wird hierzu die Auffassung vertreten, dass eine Antragsbefugnis bei einer Gefährdung durch das Verhalten des verwaltenden Testamentsvollstreckers nur gegeben sei, wenn dem Erben selbst ein Vorwurf gemacht werden könne, er also trotz Kenntnis der unzureichenden Verwaltung keine Maßnahmen zum Schutz der Gläubiger ergreift, insbesondere keinen Entlassungsantrag stellt.[804] **Die besseren Argumente sprechen dafür**, in diesem Fall **ein eigenes Antragsrecht der Nachlassgläubiger zu bejahen**, anderenfalls ihren Interessen nicht genügend Rechnung getragen würde. Der Erblasser hätte es in der Hand, die erforderliche ordnungsgemäße Fremdverwaltung durch die Auswahl eines „geeigneten" Testamentsvollstreckers zu verhindern. Streitige Auseinandersetzungen zwischen Nachlassgläubigern und Erben über die Verpflichtung, einen Entlassungsantrag zu stellen, entfielen. Das gläubigergefährdende Verhalten eines Testamentsvollstreckers ist dem des Erben gleichzustellen, § 1981 Abs. 2 BGB analog.[805] **266**

Der beantragende Nachlassgläubiger muss seine **Forderung sowie die Gefährdung der Befriedigung der Nachlassgläubiger** lediglich **glaubhaft machen**. Das ergibt sich aus dem Wortlaut des § 1981 Abs. 2 Satz 1 BGB „Grund zu der Annahme".[806] Der Amtsermittlungsgrundsatz gemäß § 26 FamFG wird durch § 1981 Abs. 2 Satz 1 BGB nicht eingeschränkt. Er findet seinen Ausdruck in Hinweispflichten des Nachlassgerichts zur Förderung des Antragstellers. Für weitere Ermittlungen des Nachlassgerichts ist nur Raum, wenn der antragstellende Nachlassgläubiger zumindest schlüssig Anhaltspunkte vorträgt, dass ihm eine Nachlassforderung zusteht und worin die Gefährdung der Nachlassgläubiger zu sehen ist.[807] **267**

d) Verfahren und Rechtsmittel

Die Anordnung der Nachlassverwaltung ist eine Nachlasssache nach § 342 Abs. 1 Nr. 2 FamFG, so dass das Amtsgericht als Nachlassgericht nach § 23a Abs. 2 Nr. 2 GVG **sachlich zuständig** ist. Das Nachlassgericht ist eine Abteilung des Amtsgerichts. Die **örtliche Zuständigkeit** bestimmt sich nach § 343 Abs. 1 FamFG danach, wo der Erblasser im Zeitpunkt seines Todes seinen gewöhnlichen Aufenthalt hatte. Hatte er im Inland keinen solchen, ist das Gericht zuständig, in dessen Bezirk er seinem letzten gewöhnlichen Aufenthalt im Inland hatte, § 343 Abs. 2 FamFG; sonst ist gemäß § 343 **268**

---

803 BayObLG v. 15. 2. 1966, BReg. 1 b Z 133/65, BayObLGZ 1966, 75, 76; MüKo/*Küpper*, § 1981 Rdn. 6; *Burandt/Rojahn/Joachim*, § 1981 Rdn. 7; BeckOGK/*Herzog*, § 1981 Rdn. 48.

804 *Bamberger/Roth/Lohmann*, § 1981 Rdn. 6; MüKo/*Küpper*, § 1981 Rdn. 6; Palandt/*Weidlich*, § 1981 Rdn. 3.

805 *Staudinger/Dobler* (2016), § 1981 Rdn. 23; *Burandt/Rojahn/Joachim*, § 1981 Rdn. 8; *Muscheler*, Die Haftungsordnung der Testamentsvollstreckung, S. 133; *Planck/Flad*, § 1981 Anm. 3a.

806 Palandt/*Weidlich*, § 1981 Rdn. 4; *Soergel/Stein*, § 1981 Rdn. 10; *Staudinger/Dobler* (2016), § 1981 Rdn. 24; BeckOGK/*Herzog*, § 1981 Rdn. 50.

807 KG v. 28. 9. 2004, 1 W 99/04, ZEV 2005, 114, 115 mit Anm. *Joachim*, 116.

Abs. 3 FamFG das Amtsgericht Schöneberg in Berlin zuständig. **Funktionell zuständig** ist der Rechtspfleger gemäß §§ 3 Nr. 2c, 16 Abs. 1 Nr. 1 RPflG.[808] Verfahrensbeteiligt am Antragsverfahren ist neben dem Antragsteller gemäß § 7 Abs. 1 FamFG der in Aussicht genommene Nachlassverwalter, § 345 Abs. 4 Satz 1 Nr. 1 FamFG. Das Nachlassgericht kann weitere unmittelbar Betroffene hinzuziehen und ist auf deren Antrag dazu verpflichtet, § 345 Abs. 4 Satz 2, Satz 3 FamFG. Stellt ein Nachlassgläubiger den Antrag, so sind dies die Erben, der Testamentsvollstrecker, der Erbteilserwerber, aber auch andere Nachlassgläubiger und der Nachlassinsolvenzverwalter. Bei einem Gläubigerantrag stellt das Gericht grundsätzlich von Amts wegen fest, ob die Antragsfrist eingehalten ist, die sachlichen Voraussetzungen vorliegen und eine kostendeckende Masse i.S.v. § 1982 BGB vorhanden ist.

269   Die **Anordnung** der Nachlassverwaltung erfolgt ebenso wie deren **Ablehnung** gemäß § 38 FamFG **durch Beschluss**. Das Gericht bestellt zugleich den Nachlassverwalter. Der Beschluss ist den Beteiligten gemäß § 41 FamFG bekanntzugeben, auch an den Nachlasspfleger, der für unbekannte Erben bestellt wurde.[809] Der Beschluss wird gemäß § 40 FamFG mit der Bekanntgabe an den Beteiligten wirksam, für den er seinem wesentlichen Inhalt nach bestimmt ist.

270   In § 1983 BGB ist bestimmt, dass das Nachlassgericht die Anordnung der Nachlassverwaltung **durch das für seine Bekanntmachungen bestimmte Blatt zu veröffentlichen hat**. Die Bekanntmachung muss eine nähere Bezeichnung des Nachlasses sowie die Bekanntgabe des Namens und der Anschrift des Verwalters enthalten. Die Erwähnung des Antragstellers oder des Erben ist nicht erforderlich und auch nicht üblich.[810] Eine **Veröffentlichung im Bundesanzeiger** ist abweichend von § 30 Abs. 1 Satz 2 InsO **nicht vorgesehen**. Die öffentliche Bekanntmachung ist keine Voraussetzung für die Wirksamkeit der Anordnung der Nachlassverwaltung.[811] Sie wird bereits mit der Zustellung des Anordnungsbeschlusses an den oder die Erben bzw. an den verwaltenden Testamentsvollstrecker oder an einen Nachlasspfleger für unbekannte Erben wirksam.

271   Die **Eintragung** der Nachlassverwaltung **im Grundbuch ist zulässig** und notwendig, anderenfalls die sich aus § 1984 BGB ergebende Verfügungsbeschränkung des Erben gegenüber gutgläubigen Dritten nicht wirksam wäre, §§ 892 Abs. 1, Abs. 2, 893 BGB.[812] Die Eintragung hat bei allen Grundstücken, für die der Erblasser oder der Erbe im Grundbuch als Eigentümer eingetragen ist, zu erfolgen. Das gleiche gilt für die zugunsten eines Erblassers oder des Erben eingetragenen Rechte an Grundstücken oder an einzutragenden Rechten, im letzteren Fall entsprechend § 32 Abs. 1 Nr. 2 InsO jedoch nur dann, wenn nach der Art des Rechts und den obwaltenden Umständen bei einer Unterlassung der Eintragung eine Beeinträchtigung der Nachlassgläubiger zu besorgen wäre.[813]

272   Bei der **Auswahl des Nachlassverwalters** hat das Nachlassgericht darauf zu achten, dass eine geeignete Persönlichkeit bestellt wird. Der bestellte Nachlassverwalter wird wie ein Vormund gemäß § 1789 BGB verpflichtet. Nach § 1981 Abs. 3 BGB findet

---

[808] *Rugullis*, ZEV 2007, 117, 118.
[809] Palandt/*Weidlich*, § 1981 Rdn. 5.
[810] MüKo/*Küpper*, § 1983 Rdn. 1.
[811] Palandt/*Weidlich*, § 1983 Rdn. 1.
[812] MüKo/*Küpper*, § 1983 Rdn. 2; BeckOGK/*Herzog*, § 1983 Rdn. 13.
[813] *Staudinger/Dobler* (2016), § 1984 Rdn. 12; BeckOGK/*Herzog*, § 1983 Rdn. 12.1.

§ 1785 BGB keine Anwendung, so dass **keine Verpflichtung zur Übernahme des Verwalteramtes besteht**. Der in Aussicht Genommene ist vorher zu hören. Der Erbe selbst kann niemals zum Nachlassverwalter bestellt werden, anderenfalls ein offensichtlicher Interessenwiderstreit gegeben wäre. Es muss immer eine dritte Person mit der Verwaltung beauftragt werden.[814] Ein verwaltender Testamentsvollstrecker kann ebenso wie der Zwangsverwalter eines Nachlassgrundstücks zum Nachlassverwalter bestellt werden, u. U. auch ein Nachlassgläubiger oder sein Vertreter. Das Nachlassgericht wird in diesen Fällen aber genau zu prüfen haben, ob sich daraus Interessenkollisionen ergeben könnten. Nach der Bestellung eines Nachlassverwalters beschränkt sich die **Tätigkeit des Nachlassgerichtes** auf die **Überwachung seiner Tätigkeit**. Das Gericht hat durch geeignete Gebote und Verbote gegen Pflichtwidrigkeiten einzuschreiten. ggf. hat es die Entlassung des Nachlassverwalters zu verfügen, §§ 1962, 1837, 1886 BGB.

Der dem Antrag eines Erben auf Anordnung der Nachlassverwaltung **stattgebende Beschluss** ist **gemäß § 359 Abs. 1 FamFG nicht anfechtbar**. Entgegen § 359 Abs. 1 FamFG ist die befristete Beschwerde ausnahmsweise zulässig, wenn kein wirksamer Antrag des Erben vorlag oder wenn die Verwaltung trotz Vorhandenseins mehrerer Erben nicht von allen gemeinschaftlich entgegen § 2062 Hs. 1 BGB beantragt worden ist.[815] Wurde dem **Antrag eines Nachlassgläubigers** stattgegeben, steht dem **Erben** – bei Miterben jedem von ihnen – oder dem **verwaltenden Testamentsvollstrecker** die **befristete Beschwerde** gemäß § 359 Abs. 2 i. V. m. §§ 58, 63 FamFG offen.[816] Die Beschwerde kann nicht auf Ereignisse gestützt werden, die erst nach der Anordnung eingetreten sind. Da der Beschluss auf Anordnung der Nachlassverwaltung immer einen Antrag voraussetzt, ist bei Zurückweisung gemäß § 59 Abs. 2 FamFG nur der Antragsteller beschwerdebefugt. Mehrere Erben sind nur gemeinschaftlich beschwerdeberechtigt.[817] Wird ein Antrag auf Aufhebung der Nachlassverwaltung abgelehnt, steht jedem einzelnen Miterben ein Beschwerderecht zu, während der Nachlassverwalter dagegen kein Beschwerderecht hat.[818]

Bei der Nachlassverwaltung richten sich die Gerichtsgebühren nach Nrn. 12310–12312 KV GNotKG. Nach Nr. 12310 KV GNotKG fällt eine Verfahrensgebühr von 0,5 an. Bei Nr. 12311 KV GNotKG handelt es sich um eine Jahresgebühr.

e) Ablehnung der Anordnung der Nachlassverwaltung mangels Masse

Vor Anordnung der Nachlassverwaltung hat das Nachlassgericht immer zu prüfen, ob der Nachlass die Kosten des Verfahrens deckt. Anderenfalls erfolgt regelmäßig eine Ablehnung gemäß § 1982 BGB. In der Vorschrift kommt ebenso wie in § 26 Abs. 1 Satz 1 InsO der sog. **Kostendeckungsgrundsatz** zum Ausdruck. Zum Nachlass als Masse gehören auch Ersatzansprüche gegen den Erben aus §§ 1978–1980 BGB sowie

273

273a

274

---

[814] MüKo/*Küpper*, § 1981 Rdn. 8; *Burandt/Rojahn/Joachim*, § 1981 Rdn. 8;; BeckOGK/*Herzog*, § 1981 Rdn. 91; a. A. für den Miterben *Reihlen*, MDR 1989, 603.

[815] *Keidel/Zimmermann*, § 359 FamFG Rdn. 11, wobei umstritten ist, ob alle Miterben oder nur der übergangene Miterbe das Beschwerderecht hat oder etwa auch die Nachlassgläubiger. Hinweise hierzu in § 359 FamFG Fn. 15 und bei BeckOGK/*Herzog*, § 1981 Rdn. 110.1.

[816] Allgemein zu den Rechtsmitteln nach dem FamFG *Joachim/Kräft*, JR 2010, 277 ff.

[817] Palandt/*Weidlich*, § 1981 Rdn. 6; *Staudinger/Dobler* (2016), § 1981 Rdn. 38; *Keidel/Zimmermann*, § 361 FamFG Rdn. 15. .

[818] *Keidel/Zimmermann*, § 359 FamFG Rdn. 16.

die nach Konsolidation und Konfusion wieder auflebenden Forderungen und Rechte, die der Verfügung des Nachlassverwalters unterliegen. Berücksichtigt werden müssen auch Verfahrenskosten wie Gerichtsgebühren (§§ 8, 64 GNotKG, Nr. 12311 KV GNotKG), Auslagen sowie die Vergütung des Nachlassverwalters einschließlich seiner Aufwendungen (§§ 1983, 1987 BGB).

Über das Vorhandensein einer kostendeckenden Masse **hat das Nachlassgericht nach pflichtgemäßem Ermessen zu entscheiden**. Ob die Verwertung der Masse im Zeitpunkt der Entscheidung über die Anordnung der Nachlassverwaltung einen hinreichenden Erlös verspricht, der die Kosten der Verwaltung übersteigt, muss ggf. durch Sachverständige geklärt werden. Ein Antrag darf nicht deshalb abgelehnt werden, weil die Kosten einen unverhältnismäßig großen Teil der Masse in Anspruch nehmen und diese zum Nachteil der Gläubiger übermäßig verringern würden[819], ebenso wenig wenn der Antragsteller selbst den zur Deckung eines fehlenden Betrages ausreichenden Vorschuss leistet, § 26 Abs. 1 Satz 2 InsO analog.[820] Zurückzuzahlen ist der Vorschuss, wenn die Kosten aus dem Nachlass beglichen werden können.[821] Zeigt sich das Fehlen einer den Kosten entsprechenden Masse erst, nachdem die Nachlassverwaltung angeordnet worden war, kann sie gemäß § 1988 Abs. 2 BGB aufgehoben werden. In einem solchen Fall kann sich der Erbe ebenso wie bei der Ablehnung seines Antrages auf die haftungsbeschränkenden Einreden der §§ 1990, 1991 BGB berufen.

f) Rechtliche Auswirkungen der Anordnung der Nachlassverwaltung

275 Die **unmittelbaren Rechtsfolgen**, die sich aus der Anordnung der Nachlassverwaltung für den Erben, seine Eigengläubiger sowie die Nachlassgläubiger ergeben, sind in § 1984 BGB geregelt. Die Anordnung muss wirksam geworden sein, was mit der Zustellung des Anordnungsbeschlusses an den oder die Erben bzw. an einen verwaltenden Testamentsvollstrecker der Fall ist. Die Vorschrift ist gemäß § 2013 Abs. 1 Satz 1 BGB **auch bei allgemein unbeschränkbarer Haftung des Erben anwendbar**.

276 **Der Erbe verliert** gemäß § 1984 Abs. 1 Satz 1 BGB mit der Anordnung der Nachlassverwaltung **die Befugnis, den Nachlass selbst zu verwalten und über ihn zu verfügen**. Diese Befugnisse gehen in dem Zeitpunkt, in dem sie der Erbe verliert, auf den Nachlassverwalter über. Das gilt nicht für die den Nachlass betreffenden höchstpersönlichen Rechte, die der Erbe auch nach Anordnung der Verwaltung nur persönlich ausüben kann. Ein **verwaltender Testamentsvollstrecker verliert ebenfalls seine Befugnisse** zur Verwaltung und zu Verfügungen über den Nachlass. War dem Erben die Anordnung zunächst nicht bekannt, ohne dass ihn ein Verschulden trifft, ist er gegenüber den Nachlassgläubigern wegen einer weiteren Besorgung erbschaftlicher Geschäfte gemäß §§ 1978 Abs. 1 BGB, 674 BGB geschützt, bis er von der Anordnung Kenntnis erlangt oder sie kennen muss. Die Wirksamkeit vorgenommener Handlungen gegenüber Dritten beurteilt sich gemäß § 1984 Abs. 1 Satz 2 BGB nach den §§ 81, 82 InsO.[822] Mit dem Wirksamwerden der Anordnung der Nachlassverwaltung erlischt

---

[819] MüKo/*Küpper*, § 1982 Rdn. 1; *Staudinger/Dobler* (2016), § 1982 Rdn. 2; *Erman/Horn*, § 1982 Rdn. 2; a.A. *Soergel/Stein*, § 1982 Rdn. 2.

[820] Palandt/*Weidlich*, § 1982 Rdn. 1.

[821] LG Lüneburg v. 1.4.2009, 3 T 103/08, Rpfleger 2009, 458 m. Anm. *Sticherling*; siehe auch Rdn. 299.

[822] Palandt/*Weidlich*, § 1984 Rdn. 2; näher dazu Rdn. 278, 279.

auch eine von dem Erblasser über den Tod hinaus erteilte Vollmacht[823], ohne dass es eines ausdrücklichen Widerrufs bedarf. Zugunsten eines Beauftragten wirkt § 674 BGB, Dritte sind gemäß §§ 170–173 BGB geschützt. Das Recht des Erben, das Aufgebot der Nachlassgläubiger zu beantragen sowie das Recht, ein Inventar zu errichten, werden von der Anordnung der Nachlassverwaltung nicht berührt.[824]

Verfügungen, die der Erbe entgegen § 1984 Abs. 1 Satz 1 BGB **trifft, sind gegenüber jedermann unwirksam.**[825] Auf die Unwirksamkeit einer nach der Anordnung erfolgten Abtretung einer Nachlassforderung kann sich der Schuldner berufen.[826] Verfügungen können aber gemäß § 185 Abs. 2 Satz 1 Alt. 1 BGB analog **rückwirkend durch Genehmigung des Nachlassverwalters** gemäß § 184 BGB **wirksam werden** oder **unter den Voraussetzungen von § 185 Abs. 2 Satz 1 Alt. 2 BGB analog.**[827] Die **Bestimmung einer Inventarfrist wird gemäß § 2000 Satz 1 BGB unwirksam.** Eine Gefährdung der Nachlassgläubiger durch ein Verhalten oder die Vermögenslage des Erben besteht nach Anordnung der Verwaltung nicht mehr, so dass es einer Inventarisierung durch den Erben nicht mehr bedarf.[828] Durch das amtliche Verfahren wird der Nachlass in die Hände eines Nachlassverwalters gelegt, der eine gleichmäßige Befriedigung der Nachlassgläubiger herbeizuführen hat. Gleichzeitig kommt es dem Interesse des Erben entsprechend zu einer Beschränkung der Haftung auf den Nachlass.

Grundbuchanträge des Erben, die nach der Anordnung der Nachlassverwaltung beim Grundbuchamt eingehen, **müssen zurückgewiesen werden,** auch wenn die Bewilligung vor der Anordnung der Nachlassverwaltung erteilt wurde.[829] Der Verfügungswechsel zugunsten des Nachlassverwalters wird – anders als bei der Testamentsvollstreckung, der Nacherbfolge oder der Eröffnung des Insolvenzverfahrens – nicht von Amts wegen in das Grundbuch eingetragen. Der **Nachlassverwalter** ist deshalb **gemäß § 13 Abs. 2 GBO berechtigt und sogar verpflichtet, schnellstmöglich die Eintragung der Anordnung der Nachlassverwaltung im Grundbuch zu beantragen.** Anderenfalls kann er bei Eintritt eines Schadens haftbar sein. Die nach § 19 GBO eigentlich erforderliche Bewilligung des Erben ist wegen § 22 Abs. 1 Satz 2 GBO entbehrlich. **Streitig ist, ob das Nachlassgericht von Amts wegen verpflichtet ist, das Grundbuchamt um die Eintragung zu ersuchen.** Das wird von der überwiegenden Ansicht verneint.[830] Eine entsprechende Verpflichtung ist trotz Fehlens einer entsprechenden Vorschrift aufgrund einer Analogie zu § 32 Abs. 2 InsO zu bejahen. Die Eintragung der Nachlassverwaltung verhindert einen gutgläubigen Erwerb Dritter von Grundstücken,

277

---

[823] *Staudinger/Dobler* (2016), § 1984 Rdn. 4.

[824] MüKo/*Küpper*, § 1984 Rdn. 2.

[825] RG v. 24. 4. 1909, V 61/09, RGZ 71, 38; BGH v. 9. 11. 1966, V ZR 176/63, BGHZ 46, 222, 230 = NJW 1967, 568; Palandt/*Weidlich*, § 1984 Rdn. 2; *Lange/Kuchinke*, § 49 III 5; *Staudinger/Dobler* (2016), § 1984 Rdn. 8; für relative Unwirksamkeit *Kipp/Coing*, § 97 VI 2.

[826] RG v. 21. 10. 1913, II 275/13, RGZ 83, 184, 189; *Lange/Kuchinke*, § 49 III 5; *Burandt/Rojahn/ Joachim*, § 1984 Rdn. 4.

[827] *Staudinger/Dobler* (2016), § 1984 Rdn. 10.

[828] MüKo/*Küpper*, § 2000 Rdn. 1.

[829] Palandt/*Weidlich*, § 1984 Rdn. 2.

[830] MüKo/*Küpper*, § 1983 Rdn. 2; Palandt/*Weidlich*, § 1983 Rdn. 2; *Soergel/Stein*, § 1983 Rdn. 2; *Bamberger/Roth/Lohmann*, § 1983 Rdn. 2; *Erman/Horn*, § 1983 Rdn. 2; a.A. *Staudinger/ Dobler* (2016), § 1984 Rdn. 13; *Burandt/Rojahn/Joachim*, § 1985 Rdn. 9; *v. Lübtow*, Erbrecht II, S. 1139 f.; *Hillebrand*, Nachlassverwaltung, S. 153.

beschränkten dinglichen Rechten sowie Rechten an solchen Rechten, die zum Nachlass gehören, was der Zielsetzung des Instituts der Nachlassverwaltung, die eine gleichmäßige Befriedigung der Nachlassgläubiger gewährleisten soll, im Besonderen entspricht.

278 Aus § 1984 Abs. 1 Satz 2 BGB i.V.m. § 81 Abs. 1 Satz 1 InsO ergibt sich, dass Verfügungen unwirksam sind, die der Erbe nach Eröffnung des Nachlassverwaltungsverfahrens über einen Gegenstand der Nachlassmasse trifft. Nach § 1984 Abs. 1 Satz 2 BGB i.V.m. **§ 81 Abs. 1 Satz 2 InsO bleiben u.a. die den öffentlichen Glauben des Grundbuches betreffenden Vorschriften der §§ 892, 893 BGB** unberührt. Der gute Glaube an die Verfügungsbefugnis des Erben wird bei Verfügungen über Grundstücke und Grundstücksrechte geschützt, solange die Nachlassverwaltung nicht im Grundbuch eingetragen wurde. Ein gutgläubiger lastenfreier Erwerb von Grundstücksrechten ist ebenfalls möglich. Voraussetzung ist immer, dass der Erwerber gemäß § 892 Abs. 1 Satz 2 BGB von der Anordnung keine Kenntnis hatte. Die nach § 1984 Abs. 1 Satz 2 BGB entsprechend anwendbare Regelung des **§ 81 Abs. 1 Satz 2 InsO nimmt auf die Gutglaubensvorschriften der §§ 932 ff., 1032, 1207 BGB keinen Bezug,** so dass bei beweglichen Sachen ein gutgläubiger Erwerb aufgrund einer Verfügung des Erben bzw. seines Stellvertreters ausgeschlossen ist. Ein gutgläubiger Erwerb an einer dem Recht des Nachlassverwalters unterliegenden beweglichen Sache ist möglich, wenn dem Erwerber deren Zugehörigkeit zum Nachlass ohne grobe Fahrlässigkeit unbekannt geblieben ist.[831] Nach § 81 InsO soll nur der gute Glaube an das Fehlen der Verfügungsbeschränkung nicht geschützt sein. Die Vorschrift richtet sich gegen die Unkenntnis vom Bestehen und Umfang eines umfassenden Insolvenzbeschlages. Dagegen führt das Nachlassverwaltungsverfahren im Interesse der Nachlassgläubiger und des Erben zu einer Trennung zweier Vermögensmassen. Ein gutgläubiger Erwerb eines Dritten, der von einem ersten gemäß § 1984 Abs. 1 Satz 2 BGB i.V.m. § 81 Abs. 1 Satz 2 InsO analog nicht geschützten Erwerber erworben hat, ist ebenfalls möglich.[832] Dafür spricht neben dem Wortlaut des § 1984 Abs. 1 Satz 2 BGB i.V.m. § 81 Abs. 1 Satz 2 InsO vor allem, dass der Erwerb eines Dritten nur mittelbar auf einer Verfügung des Erben, unmittelbar aber auf einer Verfügung eines Nichtberechtigten beruht.[833]

279 Der **Erbe kann** nach Anordnung der Nachlassverwaltung **gegen den Zugriff von Nachlassgläubigern in sein Eigenvermögen vorgehen,** sofern er sein Recht zur Beschränkung der Haftung noch nicht verloren hat. Er kann **Klage auf Aufhebung aller Vollstreckungsmaßregeln,** die bereits zugunsten eines Nachlassgläubigers in sein Eigenvermögen erfolgt sind, gemäß §§ 781, 784 Abs. 1, 785, 767 ZPO erheben oder eine **Vollstreckungsgegenklage,** wenn Nachlassgläubiger nach Anordnung der Nachlassverwaltung erstmals in sein Eigenvermögen vollstrecken, §§ 785, 781, 780, 767 ZPO.[834] Es besteht gemäß **§ 1984 Abs. 1 Satz 2 BGB i.V.m. § 81 Abs. 3 InsO eine Vermutung dafür, dass der Erbe Rechtshandlungen erst nach der Anordnung der Nachlassverwaltung vorgenommen hat, wenn er dies am Tag der Anordnung tat.** Wird die Vermutung der Unwirksamkeit nicht widerlegt oder steht sie fest, hat derjenige, der von

---

[831] Palandt/*Weidlich,* § 1984 Rdn. 2; *Erman/Horn,* § 1984 Rdn. 3b; MüKo/*Küpper,* § 1984 Rdn. 3; *Burandt/Rojahn/Joachim,* § 1984 Rdn. 6; a.A. *Staudinger/Dobler* (2016), § 1984 Rdn. 15; *Soergel/Stein,* § 1984 Rdn. 4; *Lange/Kuchinke,* § 49 III 5.

[832] MüKo/*Küpper,* § 1984 Rdn. 4; Palandt/*Weidlich,* § 1984 Rdn. 2; *Erman/Horn,* § 1984 Rdn. 3b; zweifelnd *Staudinger/Dobler* (2016), § 1984 Rdn. 16.

[833] MüKo/*Küpper,* § 1984 Rdn. 4; BeckOGK/*Herzog,* § 1984 Rdn. 22.

[834] OLG Frankfurt v. 23. 5. 1999, 20 W 166/97, NJW-RR 1998, 160; *Stein,* ZEV 1998, 178.

einem Erben unwirksam erworben hat, gemäß § 81 Abs. 1 Satz 3 InsO analog einen Anspruch auf Rückgewähr der Gegenleistung aus dem Nachlass, soweit dieser noch bereichert ist.

Nach § 1984 Abs. 1 Satz 2 BGB ist auch **§ 82 InsO entsprechend anwendbar.** Danach wird derjenige, der nach wirksamer Anordnung der Nachlassverwaltung an den Erben eine Leistung erbracht hat, für die nach § 1984 Abs. 1 Satz 1 BGB allein der Nachlassverwalter empfangszuständig war, analog § 82 Satz 1 InsO befreit, wenn er zur Zeit der Leistung von der Nachlassverwaltung keine Kenntnis hatte. Nach § 82 Satz 2 InsO analog wird vermutet, dass er die Anordnung nicht kannte, wenn er vor der öffentlichen Bekanntmachung (§ 1983 BGB) der Anordnung der Nachlassverwaltung geleistet hat. Erfolgte die Leistung nach der öffentlichen Bekanntmachung des Anordnungsbeschlusses, muss der Leistende seine Unkenntnis beweisen, was sich aus der Fassung des § 82 Satz 1 InsO i. V. m. einem Umkehrschluss aus § 82 Satz 2 InsO herleiten lässt.[835] Die Zustellung einer Mitteilung über die Anordnung der Nachlassverwaltung an den Schuldner steht seiner Kenntnis von der Anordnung nicht gleich.[836] *279a*

Mit dem Recht zur Verfügung über den Nachlass **verliert der Erbe** auch **das Recht, zum Nachlass gehörige Ansprüche gerichtlich geltend zu machen.** Ein vermögensrechtlicher Anspruch, der sich gegen den Nachlass richtet, kann nur noch gegen den Nachlassverwalter geltend gemacht werden, § 1984 Abs. 1 Satz 3 BGB. Die **Prozessführungsbefugnis des Erben geht auf den Nachlassverwalter über.** Eine trotzdem von dem Erben erhobene Klage wirkt nicht nach § 204 Abs. 1 Nr. 1 BGB verjährungshemmend.[837] War gegen den Erben ein Prozess anhängig oder hat der Erbe den Prozess als Kläger für den Nachlass geführt, wird der Prozess durch die Anordnung der Nachlassverwaltung gemäß § 241 Abs. 3 ZPO unterbrochen, sofern der Erbe nicht anwaltlich vertreten ist, § 246 ZPO. Bei nichtvermögensrechtlichen Streitigkeiten ist § 241 ZPO nicht anwendbar, so dass ein Auskunftsanspruch eines Pflichtteilsberechtigten aus § 2314 Abs. 1 Satz 1 BGB auch während der Nachlassverwaltung gegen den Erben persönlich geltend zu machen ist.[838] Die Unterbrechung endet, wenn der Nachlassverwalter dem Gegner von seiner Bestellung Anzeige gemacht oder der Gegner seine Absicht, das Verfahren fortzusetzen, dem Gericht angezeigt und das Gericht diese Anzeige von Amts wegen zugestellt hat, § 241 Abs. 1 ZPO. **Erhebt der Erbe trotzdem eine Klage gegen einen Nachlassschuldner, ist sie als unzulässig abzuweisen.**[839] Eine **gegen den Erben gerichtete Klage eines Nachlassgläubigers ist ebenfalls unzulässig,** es sei denn, der Erbe haftet bereits unbeschränkt und die Klage ist ausdrücklich auf Befriedigung aus dem Eigenvermögen des Erben gerichtet.[840] Der Nachlassverwalter kann **den Erben im Wege der Prozessstandschaft befugen,** eine Nachlassforderung als Kläger im eigenen Namen geltend zu machen, sofern ein schutzwürdiges Interesse des Erben an der Prozessführung besteht. Ein solches ist regelmäßig zu bejahen, weil der Erbe trotz Nachlassverwaltung Träger des materiellen Rechts bleibt.[841] *280*

---

[835] *Staudinger/Dobler* (2016), § 1984 Rdn. 18.

[836] *Erman/Horn,* § 1984 Rdn. 3b; RGRK/*Johannsen,* § 1984 Rdn. 14.

[837] BGH v. 9. 11. 1966, V ZR 176/63, BGHZ 46, 221, 229 f. zur Unterbrechung der Verjährung.

[838] OLG Celle v. 26. 1. 1960, 10 U 108/59, MDR 1960, 402.

[839] *Damrau/Tanck/Gottwald,* § 1984 Rdn. 12.

[840] *Erman/Horn,* § 1984 Rdn. 4a; *Bamberger/Roth/Lohmann,* § 1984 Rdn. 6.

[841] BGH v. 28. 11. 1962, V ZR 9/61, NJW 1963, 297, 299; *Damrau/Tanck/Gottwald,* § 1984 Rdn. 13; *Firsching/Graf,* Rdn. 4.830.

281 Die Wirksamkeit von **Vollstreckungsmaßnahmen** richtet sich danach, ob sie durch Nachlassgläubiger oder Eigengläubiger in den Nachlass veranlasst wurden und ob sie vor oder nach Anordnung der Nachlassverwaltung erfolgt sind.

Vollstreckungsmaßnahmen der Nachlassgläubiger vor der Anordnung bleiben bestehen, weil die Zwangsvollstreckung nur fortgesetzt wird.[842] Dazu bedarf es keiner vollstreckbaren Ausfertigung gegen den Nachlassverwalter. Anders ist es bei einer Vollstreckung **nach Anordnung der Nachlassverwaltung** aufgrund eines gegen den Erblasser oder gegen den Erben ergangenen Urteils. Schon wegen der Regelung in § 750 Abs. 1 ZPO, wonach die Zwangsvollstreckung nur beginnen darf, wenn im Urteil oder in der beigefügten Vollstreckungsklausel die Personen, für und gegen die vollstreckt werden soll, namentlich benannt sind, ist jetzt eine vollstreckbare Ausfertigung gegen den Nachlassverwalter als Partei kraft Amtes erforderlich.[843]

Vollstreckungsmaßnahmen von Eigengläubigern in den Nachlass sind nach § 1984 Abs. 2 BGB ausgeschlossen, wenn bereits Nachlassverwaltung angeordnet worden ist. Das ist von Amts wegen zu beachten.[844] **Vor der Anordnung** der Nachlassverwaltung sind solche Vollstreckungsmaßnahmen möglich, was sich im Wege eines Umkehrschlusses aus § 1984 Abs. 2 BGB herleiten lässt. Sie sind gemäß § 778 Abs. 2 ZPO ab der Annahme der Erbschaft zulässig.[845] Der Verwalter kann jedoch nach Anordnung der Verwaltung die Aufhebung der vor Verfahrenseröffnung erfolgten Vollstreckungsmaßnahmen im Klagewege gemäß §§ 784 Abs. 2, 785, 767 ZPO verlangen. Gegen die erstmalige Vollstreckung kann er sich mit der Erinnerung gemäß § 766 ZPO wehren, wenn ohne Titel oder ohne Klausel vollstreckt wird.[846] War einem Eigengläubiger eine Vollstreckungsklausel gegen den Nachlassverwalter erteilt worden, sind die Rechtsbehelfe der §§ 732 (Klauselerinnerung), 768 (Klauselgegenklage) ZPO statthaft.[847]

g) Aufgaben und Verantwortlichkeit des Nachlassverwalters

282 Die Aufgaben des Nachlassverwalters und seine Verantwortlichkeit gegenüber den Nachlassgläubigern sind in § 1985 BGB geregelt.

Nach § 1985 Abs. 1 BGB hat der Nachlassverwalter **den Nachlass zu verwalten und die Nachlassverbindlichkeiten aus dem Nachlass zu berichtigen.** § 1985 Abs. 2 Satz 1 BGB bestimmt, dass er für die Verwaltung des Nachlasses auch den Nachlassgläubigern verantwortlich ist. Die Verantwortlichkeit besteht danach nicht ausschließlich ihnen, sondern gleichermaßen dem Erben gegenüber. Dadurch unterscheidet sich der Nachlassverwalter von dem nach §§ 1960, 1961 BGB bestellten Nachlasspfleger. Die Bestimmung des § 1985 BGB wird durch Regelungen ergänzt, die ebenfalls die sich aus dem

---

[842] *Erman/Horn,* § 1984 Rdn. 5; BeckOGK/*Herzog,* § 1984 Rdn. 51.

[843] OLG Stuttgart v. 29.7.1957, 8 W 218/57, NJW 1958, 1353 zur Zwangsvollstreckung gegen einen Konkursverwalter; *Staudinger/Dobler* (2016), § 1984 Rdn. 27; MüKo/*Küpper,* § 1984 Rdn. 9; *Soergel/Stein,* § 1984 Rdn. 9; *Bamberger/Roth/Lohmann,* § 1984 Rdn. 32; *Stein/Jonas/ Münzberg,* § 727 ZPO Rdn. 28, 31; BeckOGK/*Herzog,* § 1984 Rdn. 49; a.A. Palandt/ *Weidlich,* § 1984 Rdn. 4; *Erman/Horn,* § 1984 Rdn. 6; *Lange/Kuchinke,* § 49 III 5.

[844] *Staudinger/Dobler* (2016), § 1984 Rdn. 28 m.w.N.

[845] *Staudinger/Dobler* (2016), § 1984 Rdn. 29.

[846] *Zöller/Geimer,* § 784 ZPO Rdn. 4.

[847] *Zöller/Geimer,* § 784 ZPO Rdn. 4; *Staudinger/Dobler* (2016), § 1984 Rdn. 28; *Scherer/Wiester,* § 27 Rdn. 40; MüKo/*Küpper,* § 1984 Rdn. 11; a.A. Palandt/*Weidlich,* § 1984 Rdn. 4, der eine Klage gemäß §§ 784 Abs. 2, 785, 767 ZPO für möglich hält.

Verwaltungsrecht ergebenden Einzelbefugnisse des Nachlassverwalters regeln. Das sind § 455 Abs. 2 FamFG und § 317 Abs. 1 InsO, wonach der Nachlassverwalter ein **Aufgebotsverfahren oder die Eröffnung eines Nachlassinsolvenzverfahrens beantragen kann.** Ihm steht auch das dem Erben gemäß § 175 ZVG verliehene **Recht zu, die Zwangsversteigerung eines belasteten Nachlassgrundstückes beantragen zu können,** § 175 Abs. 1 Satz 2 ZVG.[848]

aa) Die rechtliche Stellung des Nachlassverwalters

Die rechtliche Stellung des Nachlassverwalters ähnelt der eines Insolvenzverwalters.[849]   *283*
Ebenso wie dieser hat der Nachlassverwalter die **Stellung eines amtlich bestellten Organs zur Verwaltung einer fremden Vermögensmasse.** Er ist **nicht gesetzlicher Vertreter des Erben und/oder des Nachlassgläubigers.** Nach der wirksamen Anordnung der Nachlassverwaltung ist nur noch der Nachlassverwalter für die aktive und passive Prozessführung, bezogen auf Nachlassstreitigkeiten, zuständig. Er führt diese Rechtsstreitigkeiten nicht im Namen des Erben als dessen Vertreter, sondern als Verwalter über den Nachlass des Erblassers mit eigener Parteistellung.[850] In dieser Eigenschaft hat er gemäß § 91 ZPO auch die Kosten des Rechtsstreits zu tragen, wenn er unterliegt. Es handelt sich nicht um eine persönliche Schuld des Verwalters, sondern um eine Nachlassverbindlichkeit.[851] Die **Prozessführungsbefugnis des Nachlassverwalters** bedingt, dass der Erbe im Prozess als Zeuge vernommen werden kann.[852] **Prozesskostenhilfe** kann dem Verwalter gemäß § 116 Abs. 1 Nr. 1 ZPO gewährt werden, wenn die Voraussetzungen vorliegen.

Für den Nachlassverwalter **gelten über § 1915 Abs. 1 BGB ergänzend die Regelun**   *284*
gen des Vormundschaftsrechts. Er bedarf deshalb zu **Rechtsgeschäften der in §§ 1821, 1822 BGB beschriebenen Art** der **Genehmigung des Nachlassgerichtes** unabhängig davon, ob der Erbe minderjährig ist oder nicht. Die Genehmigung hat das Nachlassgericht zwingend zu versagen, wenn der Nachlassverwalter eine genehmigungsbedürftige Verfügung treffen will, obwohl er an sich verpflichtet wäre, ein Insolvenzverfahren zu beantragen. Auch für Verfügungen über Forderungen und Wertpapiere bedarf er nach Maßgabe der §§ 1812, 1813 BGB im Interesse der Nachlassgläubiger und des Erben der Genehmigung des Nachlassgerichtes.[853] Im Hinblick auf den Zweck der Nachlassverwaltung ist der Nachlassverwalter verpflichtet, Geldbeträge nicht in seinem Gewahrsam zu belassen, sondern gemäß § 1806 BGB verzinslich anzulegen, sofern das Geld nicht zur Bestreitung von Ausgaben oder zur sofortigen Befrie-

---

[848] *Hausmann/Hohloch/Joachim,* Handbuch des Erbrechts, Kap. 21, Rdn. 107; MüKo/*Küpper,* § 1985 Rdn. 1.

[849] RG v. 10.7.1905, VI 533/04, RGZ 61, 222; BGH v. 28.11.1962, V ZR 9/61, BGHZ 38, 281, 284.

[850] RG v. 4.1.1932, IV 353/31, RGZ 135, 305, 307; KG v. 29.11.2005, 1 W 180/03, FamRZ 2006, 659.

[851] *Staudinger/Dobler* (2016), § 1985 Rdn. 4.

[852] Zur Möglichkeit einer gewillkürten Prozessstandschaft siehe Rdn. 280.

[853] OLG Frankfurt v. 1.10.1974, 16 U 78/73, WM 1974, 473 f.; OLG Köln v. 9.7.1985, 15 U 61/ 85, WM 1986, 1495 f.; *Staudinger/Dobler* (2016), § 1985 Rdn. 34; *Soergel/Stein,* § 1985 Rdn. 2; a.A. OLG Hamm v. 27.3.1995, 22 U 74/94, DNotI-Report 1996, 29; Palandt/*Weidlich,* § 1985 Rdn. 2; MüKo/*Küpper,* § 1985 Rdn. 2; *Erman/Horn,* § 1985 Rdn. 1, wonach §§ 1812, 1813 BGB auf die Nachlassverwaltung nicht anwendbar seien.

digung von Nachlassgläubigern bereit zu halten ist.[854] Die Anlegung hat das Nachlassgericht gemäß §§ 1837, 1962 BGB zu überwachen.[855] Schenkungen sind dem Nachlassverwalter nach § 1804 Satz 1 BGB grundsätzlich untersagt. Er darf aber solche Schenkungen vornehmen, durch die einer sittlichen Pflicht oder einer auf den Anstand zu nehmenden Rücksicht entsprochen wird, § 1804 Satz 2 BGB. Für private Zwecke darf er gemäß § 1805 BGB den Nachlass nicht verwenden.[856] Ein **Selbstkontrahieren** ist dem Nachlassverwalter gemäß §§ 1795 Abs. 2, 181 BGB **nicht gestattet**.[857]

285   Der Nachlassverwalter **unterliegt nur einer Rechtsaufsicht des Nachlassgerichtes**, §§ 1962, 1915 Abs. 1 Satz 1, 1837 BGB.[858] Das Nachlassgericht hat gemäß § 1837 Abs. 2 Satz 1 Hs. 2 BGB bei Pflichtwidrigkeiten einzuschreiten, woraus zu schließen ist, dass es dem Nachlassverwalter in reinen Zweckmäßigkeitsfragen keine Anweisungen erteilen darf. Das Nachlassgericht hat einen Nachlassverwalter entsprechend § 1886 BGB von Amts wegen zu entlassen, wenn die Fortführung des Amtes durch ihn die Interessen der Erben und/oder der Nachlassgläubiger gefährden würde. **Im Fall mangelhafter Beaufsichtigung** des Nachlassverwalters durch das Nachlassgericht sind sowohl zugunsten des Erben als auch zugunsten von Nachlassgläubigern **Amtshaftungsansprüche denkbar**.[859] Auf ein Verschulden des Verwalters kommt es nicht an.[860] Da der Nachlassverwalter dem Nachlassgericht gemäß §§ 1915 Abs. 1, 1802 Abs. 1 Satz 1 BGB ein Nachlassverzeichnis einreichen muss, kann sich seine Ungeeignetheit für das Amt auch aus einer beharrlichen Weigerung oder lang andauernden Nichtvorlage des Verzeichnisses ergeben. Er hat gemäß §§ 1915, 1839 BGB jederzeit gegenüber dem Nachlassgericht Auskunft über die Führung seines Amtes zu erteilen und gemäß §§ 1915, 1840 Abs. 2, 3, 1841 BGB jährlich Rechnung zu legen. Diese Pflicht trifft ihn gemäß § 1890 BGB ebenso gegenüber dem Erben, dem er zur Schlussrechnung verpflichtet ist. Die Rechnung hat das Nachlassgericht zu überprüfen. Der Nachlassverwalter kann auch auf Antrag des Erben entlassen werden, sofern die Voraussetzungen des § 1886 BGB vorliegen. **Streitig** ist, **ob** auch **ein Nachlassgläubiger den Antrag auf Entlassung des Nachlassverwalters stellen kann**. Dies wird zum Teil mit der Begründung verneint, dass der in §§ 1975, 1981 Abs. 2, 1985 Abs. 2 Satz 1 BGB zum Ausdruck kommende Zweck der Nachlassverwaltung zwar ein Recht des Nachlassgläubigers erfordere, das Verfahren zu beantragen, nicht jedoch das Recht, in dem bereits schwebenden Verfahren weitere und insbesondere auf die Person des Verwalters zielende Anträge zu stellen. Verwiesen wird auf die fehlende Möglichkeit einzelner Gläubiger, die Entlassung eines Nachlassinsolvenzverwalters zu beantragen.[861] Die besseren Argumente sprechen für ein Antragsrecht der Nachlassgläubiger, weil das Verfahren der Nachlassverwaltung nicht die die Gläubigerinteressen wahrenden Organe des Gläubigerausschusses und der Gläubigerversammlung wie das Nachlassinsolvenzverfahren

---

[854] MüKo/*Küpper*, § 1985 Rdn. 2; *Burandt/Rojahn/Joachim*, § 1985 Rdn. 4; BeckOGK/*Herzog*, § 1984 Rdn. 49 (dort auch zu der Streitfrage, ob es einer mündelsicheren Anlage bedarf).

[855] RG v. 26.5.1916, III 51/16, RGZ 88, 264, 266.

[856] MüKo/*Küpper*, § 1985 Rdn. 2; *Lange/Kuchinke*, § 49 III 6 c.

[857] MüKo/*Küpper*, § 1985 Rdn. 2; *Lange/Kuchinke*, § 49 III 6 c.

[858] *Lange/Kuchinke*, § 49 III 6 a.

[859] *Staudinger/Dobler* (2016), § 1986 Rdn. 43.

[860] *Staudinger/Dobler* (2016), § 1985 Rdn. 36; *Burandt/Rojahn/Joachim*, § 1985 Rdn. 5.

[861] OLG Frankfurt v. 5.1.1998, 20 W 431/96 und 20 W 456/96, ZEV 1998, 263, 264; *Staudinger/Dobler* (2016), § 1985 Rdn. 36; *Soergel/Stein*, § 1985 Rdn. 3.

kennt und nicht ersichtlich ist, warum im Zusammenhang mit der Entlassung des Nachlassinsolvenzverwalters der Erbe, dessen Interessen jedem der Nachlassgläubiger sonst im Nachlassverwaltungsverfahren untergeordnet sind, eine bessere Stellung erhalten soll.[862] Mit der Entlassung endet das Amt des Verwalters.

Rechtsgeschäfte, die der Nachlassverwalter erkennbar in seiner Eigenschaft als Verwalter vorgenommen hat, **berechtigen und verpflichten den Erben als solchen**, d.h. er wird als Träger des Nachlasses verpflichtet. Bei Verfügungen über Nachlassgegenstände ist eine Offenlegung der Tätigkeit als Nachlassverwalter nicht erforderlich, weil dieser anstelle des Erben von Gesetzes wegen verfügungsbefugt ist. Legt er bei der Eingehung von Nachlassverbindlichkeiten sein Handeln als Verwalter nicht offen, haftet er persönlich mit seinem gesamten Vermögen. Erfolgte der Vertragsschluss in ordnungsgemäßer Verwaltung des Nachlasses, ist die Verbindlichkeit aus dem Nachlass zu begleichen. Bei einem Erwerb aufgrund rechtsgeschäftlichen Verhaltens erwirbt der Nachlassverwalter mit seinem Eigenvermögen, wenn er die Nachlassverwaltung nicht erkennbar zum Ausdruck bringt, sofern sich das Erwerbsgeschäft nicht allein auf den Nachlass bezieht. In diesem Fall erfolgt der Erwerb mit Mitteln des Nachlasses. *286*

bb) Aufgaben des Nachlassverwalters

Wie der Nachlassverwalter die ihm gemäß § 1985 Abs. 1 BGB obliegenden Pflichten der Verwaltung des Nachlasses sowie der Berichtigung von Nachlassverbindlichkeiten erfüllt, **bestimmt er im Einzelfall nach pflichtgemäßem Ermessen unter Zweckmäßigkeitsgesichtspunkten.** *287*

Der Nachlassverwalter hat das **Recht und die Pflicht, den Nachlass alsbald in Besitz zu nehmen**, was sich aus einem Umkehrschluss von § 1986 BGB herleiten lässt. Er wird dadurch unmittelbarer, der Erbe mittelbarer Besitzer. Aus dieser Verpflichtung ist nicht zu folgern, dass der Nachlassverwalter, ebenso wie ein nach §§ 1960, 1961 BGB bestellter Nachlasspfleger, ein Recht zur eigenmächtigen Besitzergreifung hat.[863] **Im Verhältnis zu Dritten**, die keine Erbenstellung inne haben und deshalb unberechtigte Besitzer sind, ist er **auf den Weg der Herausgabeklage zu verweisen. Streitig** ist, **ob dies auch im Verhältnis zu dem Erben gilt.** Die herrschende Meinung bejaht das zu Recht, weil der die Nachlassverwaltung anordnende Beschluss mangels vollstreckbaren Inhalts kein Vollstreckungstitel i.S.v. § 794 Nr. 3 ZPO ist.[864] Gegenüber dem Herausgabeverlangen des Verwalters steht dem Erben **kein Zurückbehaltungsrecht wegen möglicher Ansprüche aus §§ 1978 Abs. 3, 1979 BGB** zu.[865] Nach einem Wechsel in der Person des Nachlassverwalters ist der neue Verwalter gehalten, den Nachlass von seinem Amtsvorgänger herauszuverlangen. Dieser ist verpflichtet, alles herauszugeben, was er aus der Verwaltung des Nachlasses erlangt hat. Darunter fallen auch die von ihm angelegten Akten, unabhängig davon, ob sie sein persönliches Eigentum

---

[862] OLG Karlsruhe v. 11. 4. 1989, 4 W 128/88, NJW-RR 1989, 1095; *Erman/Horn*, § 1985 Rdn. 2a.

[863] *Staudinger/Dobler* (2016), § 1985 Rdn. 13; MüKo/*Küpper*, § 1985 Rdn. 3.

[864] LG Stuttgart v. 9. 8. 1977, 2 T 549/77, BWNotZ 1978, 164; MüKo/*Küpper*, § 1985 Rdn. 3; Palandt/*Weidlich*, § 1985 Rdn. 5; mit Einschränkungen *Staudinger/Dobler* (2016), § 1985 Rdn. 13; *Burandt/Rojahn/Joachim*, § 1985 Rdn. 8; *Erman/Horn*, § 1985 Rdn. 2; a.A. *Damrau/Tanck/Gottwald*, § 1985 Rdn. 5; *Kipp/Coing*, § 98 VI 3; BeckOGK/*Herzog*, § 1985 Rdn. 9; wohl auch *Bamberger/Roth/Lohmann*, § 1985 Rdn. 3.

[865] MüKo/*Küpper*, § 1985 Rdn. 3.

sind.[866] Während der Nachlassverwaltung ruht das Verwaltungs- und Verfügungsrecht eines Testamentsvollstreckers, so dass der Nachlassverwalter auch von ihm die Herausgabe des Nachlasses verlangen kann.

288 Im Rahmen der Verwaltungsbefugnisse darf der Nachlassverwalter den **Nachlass verwerten, soweit das zur Begleichung von Verbindlichkeiten erforderlich ist.** Ihn trifft regelmäßig die Pflicht, den **Schuldenstand zu ermitteln** und ein **Aufgebot der Nachlassgläubiger gemäß §§ 1970 ff. BGB zu beantragen.**[867] Zur Inventarerrichtung oder zur Auseinandersetzung des Erbes unter den Miterben ist er nicht berechtigt. Der Nachlassverwalter ist **gemäß § 13 Abs. 2 GBO berechtigt und verpflichtet, die Eintragung der Anordnung der Nachlassverwaltung in das Grundbuch zu bewirken.**[868] Die nach § 19 GBO erforderliche Bewilligung des Erben ist wegen § 22 Abs. 1 Satz 2 GBO entbehrlich. Als Rechtsinhaber bleibt der Erbe bzw. die Erbengemeinschaft im Grundbuch eingetragen, während der Nachlassverwalter nicht als Berechtigter eingetragen werden kann.

289 **Nachlassgläubiger sind nach Anordnung der Nachlassverwaltung nicht gehindert, in die weiterhin bei dem Erben befindlichen Nachlassgegenstände zu vollstrecken, § 784 Abs. 1 ZPO.** Die Abwehr der Eigengläubiger des Erben hängt nicht davon ab, dass der Nachlassverwalter den Nachlass bereits in den Händen hat. Um Zweifel wegen der herauszugebenden Gegenstände aufzuklären, ist der Erbe gegenüber dem Nachlassverwalter zur Auskunft, Rechenschaftslegung, Verzeichnisvorlage, Rechnungsstellung und u. U. zur Abgabe der eidesstattlichen Versicherung verpflichtet.

290 Die Verwaltungsbefugnis **umfasst grundsätzlich den gesamten Nachlass.** Gehört zum Nachlass ein Unternehmen, so umfasst die Befugnis auch die Pflicht, die Steuerung des Unternehmens ggf. durch zu überwachende Manager oder Geschäftsführer auszurichten und zu verantworten.[869] Ausgenommen sind solche Bestandteile, die nicht einmal ein Nachlassinsolvenzverwalter in Besitz nehmen dürfte. Die Nachlassinsolvenz erstreckt sich trotz einer unzureichenden Masse gemäß § 36 InsO nur auf das pfändbare Vermögen. Deshalb ist auch die **Nachlassverwaltung auf das pfändbare Vermögen zu beschränken.**[870] Das „Ob" der Pfändbarkeit bestimmt sich nach der Person des Erben.[871] Gegenstände, die bei dem Erblasser wegen seiner beruflichen Position unpfändbar wären, können beim Erben gepfändet werden, wenn dieser einen anderen Beruf ausübt und dafür die Gerätschaften nicht benötigt.[872]

291 Die Befugnisse des Nachlassverwalters erstrecken sich nur auf die vermögensrechtlichen Bestandteile des Nachlasses. **Höchstpersönliche Rechtspositionen**, in die der

---

[866] KG v. 12. 10. 1970, 12 U 98/70, NJW 1971, 566 f.

[867] Zum Anfechtungsrecht nach §§ 1 ff. AnfG siehe Rdn. 259a.

[868] Zur Frage, ob das Nachlassgericht von Amts wegen verpflichtet ist, das Grundbuchamt um die Eintragung zu ersuchen siehe Rdn. 277.

[869] *Fromm*, ZEV 2006, 298, 301.

[870] Palandt/*Weidlich*, § 1985 Rdn. 4; *Staudinger/Dobler* (2016), 1985 Rdn. 19; MüKo/*Küpper*, § 1985 Rdn. 4; *Burandt/Rojahn/Joachim*, § 1985 Rdn. 12; a.A. *Soergel/Stein*, § 1985 Rdn. 6; *Muscheler*, ErbR, Rdn. 3603.

[871] Palandt/*Weidlich*, § 1985 Rdn. 4; MüKo/*Küpper*, § 1985 Rdn. 4; *Staudinger/Dobler* (2016), § 1985 Rdn. 19.

[872] MüKo/*Küpper*, § 1985 Rdn. 4.

Erbe mit dem Erbfall eingerückt ist, **werden von der Nachlassverwaltung nicht umfasst.**[873] Hier kommen Rechte mit Persönlichkeitsbezug in Betracht, die vererblich sind, so beispielsweise die geerbte Gesellschafterstellung in einer OHG.[874] Das Ausschlagungsrecht des Erben ist zwar vererblich und damit nicht höchstpersönlich, doch kann es gemäß § 83 InsO in der Insolvenz vom Insolvenzverwalter nicht ausgeübt werden. Gleiches muss nach Anordnung der Nachlassverwaltung gelten. **Der Erbe hat weiterhin die Möglichkeit, die Ausschlagung zu erklären.**[875] Ein in den Nachlass fallender Pflichtteils- oder Zugewinnausgleichsanspruch unterliegt der Nachlassverwaltung auch, wenn er nicht vertraglich anerkannt oder rechtshängig gemacht worden ist. Die entsprechenden Ansprüche sind gemäß §§ 2317 Abs. 2, 1378 Abs. 3 BGB vererblich und übertragbar. Sie können trotz § 852 Abs. 1 ZPO als aufschiebend bedingte Ansprüche gepfändet werden.[876] Die Verwertung des Anspruchs ist ohne Mitwirkung des Erben, der über die Geltendmachung zu entscheiden hat, zwar nicht möglich. Er kann den Anspruch aufgrund der Nachlasszugehörigkeit nicht mehr abtreten oder verpfänden[877], jedoch auch zur Geltendmachung nicht gezwungen werden.

Da die Nachlassverwaltung für Nachlässe angeordnet wird, die zur Befriedigung der Nachlassgläubiger ausreichend erscheinen, **muss ein Gesellschaftsanteil grundsätzlich nicht zur Befriedigung der Nachlassgläubiger verwertet werden.** Wird beim Tod des Erblassers die Personengesellschaft fortgesetzt, hängt der Umfang der dem Nachlassverwalter zustehenden Rechtsmacht davon ab, ob der Erbe und die übrigen Gesellschafter der Nachlassverwaltung zugestimmt haben. Der Verwalter kann nicht die ererbten Mitgliedschaftsrechte ausüben und keine Rechte des Gesellschaftererben bei der Geschäftsführung wahrnehmen.[878] Er kann auch nicht die Feststellung begehren, dass ein Gesellschaftsvertrag nichtig oder wirksam angefochten ist. Ein entsprechendes Urteil berührt den Status der Gesellschaft und hätte entsprechende rechtliche Auswirkungen auf den weiteren Bestand der Mitgliedschaft der einzelnen Gesellschafter.[879] Der Nachlassverwalter ist darauf beschränkt, zur Befriedigung der Nachlassgläubiger den Anspruch des Gesellschaftererben auf den Gewinnanteil und das Auseinandersetzungsguthaben geltend zu machen.

Umstritten ist, ob die Gesellschaft gekündigt werden kann, wenn das sonstige Nachlassvermögen nicht zur Befriedigung der Nachlassverbindlichkeiten ausreicht, ob das **Bedürfnis, den Anteil des Erben am Gesellschaftsvermögen zur Schuldentilgung flüssig zu machen als wichtiger Grund zur Kündigung ausreicht und ob in Analogie zu §§ 725 BGB, 135 HGB ein eigenes Kündigungsrecht des Nachlassverwalters anzunehmen ist. Die herrschende Meinung bejaht das zu Recht**

---

[873] BGH v. 30.3.1967, II ZR 102/65, BGHZ 47, 293, 295 f.; *Soergel/Stein,* § 1985 Rdn. 6; BeckOGK/*Herzog,* § 1984 Rdn. 13.

[874] Vertiefend *Soergel/Stein,* § 1985 Rdn. 6.

[875] MüKo/*Küpper,* § 1985 Rdn. 4; BeckOGK/*Herzog,* § 1984 Rdn. 13.1.

[876] BGH v. 8.7.1993, IX ZR 116/92, BGHZ 123, 183 = NJW 1993, 2876; BGH v. 26.2.2009, VII ZB 30/08, ZEV 2009, 247, 248 m. Anm. *Musielak,* ZEV 2009, 249 f.

[877] MüKo/*Küpper,* § 1985 Rdn. 4.

[878] Palandt/*Weidlich,* § 1985 Rdn. 4; BeckOGK/*Herzog,* § 1984 Rdn. 13.7.

[879] BGH v. 30.3.1967, II ZR 102/65, NJW 1967, 1961; OLG Hamm v. 25.11.1992, 15 W 129/92, Rpfleger 1993, 282; *Burandt/Rojahn/Joachim,* § 1985 Rdn. 13.

unter Hinweis auf die Rechtsstellung des Nachlassverwalters und dessen Pflichten.[880] Die Anforderungen an das Kündigungsrecht müssen aber streng gehandhabt werden.

Eine von dem Erblasser erteilte und **über seinen Tod hinaus reichende Generalvollmacht kann der Nachlassverwalter widerrufen**, sofern sie nicht ohnehin aufgrund der Anordnung der Nachlassverwaltung erloschen ist. Davon wird regelmäßig auszugehen sein. Er kann von dem Bevollmächtigten die Urkunde herausverlangen.

292   **Hauptaufgabe des Nachlassverwalters ist die Berichtigung der Nachlassverbindlichkeiten.** Damit korrespondiert die Verpflichtung der Gläubiger nach § 1984 Abs. 1 Satz 3 BGB, ihre Ansprüche nur gegen den Verwalter geltend zu machen. § 2000 Satz 1, Satz 2 BGB bestimmt, dass eine dem Erben gesetzte Inventarfrist mit der Anordnung der Nachlassverwaltung unwirksam wird und während der Dauer des Verfahrens keine neue Inventarfrist bestimmt werden kann. Gläubiger können ihm keine Inventarfrist setzen lassen. Gemäß § 2012 Abs. 1 Satz 3 BGB kann ein nach §§ 1960, 1961 BGB bestellter Nachlasspfleger nicht auf die Beschränkung der Erbenhaftung verzichten. Diese Vorschrift findet gemäß § 2012 Abs. 2 BGB auf den Nachlassverwalter Anwendung. **Nachlassgläubigern ist er zur Auskunft über den Bestand des Nachlasses verpflichtet und damit auch zur Vorlage eines Nachlassverzeichnisses,** u. U. zur Abgabe einer eidesstattlichen Versicherung gemäß §§ 260, 261 BGB. Zur Berichtigung der Nachlassverbindlichkeiten muss der Nachlassverwalter den **Nachlass verwerten**. Ob er dies freihändig oder im Wege der öffentlichen Versteigerung gemäß § 383 Abs. 3 BGB tut, unterliegt seinem Ermessen.[881] Er hat gemäß § 1985 Abs. 2 Satz 2 BGB die §§ 1979, 1980 BGB zu beachten und darf deshalb eine Verbindlichkeit nur erfüllen, wenn er bei sorgfältiger Prüfung den Umständen nach annehmen darf, dass der Nachlass zur Berichtigung aller vorhandenen und in Zukunft noch entstehenden Verbindlichkeiten ausreicht. Soweit es erforderlich erscheint, muss er sich **der aufschiebenden Einreden der §§ 2014, 2015 BGB bedienen.**[882]

Da eine gesetzliche Verpflichtung auch gegenüber dem Erben besteht, **muss der Nachlassverwalter alle Möglichkeiten ausschöpfen, wenn dessen Eigengläubiger in den Nachlass vollstrecken.** Nachlassgläubiger müssen die Berichtigung einer Nachlassverbindlichkeit durch den Nachlassverwalter als für Rechnung des Nachlasses gegen sich gelten lassen, wenn dieser den Umständen nach annehmen durfte, dass der Nachlass zur Berichtigung aller Nachlassverbindlichkeiten ausreicht. Um in dieser Beziehung Gewissheit zu haben, hat der Nachlassverwalter **gemäß § 1980 Abs. 2 Satz 2 BGB** regelmäßig **ein Gläubigeraufgebot zu beantragen**. Dies ist im Umkehrschluss von § 454 Abs. 1 FamFG noch möglich, wenn der Erbe selbst unbeschränkbar haftet.[883] Gegenüber einem ausgeschlossenen Gläubiger kann sich der Verwalter **auf die Ausschließungseinrede** gemäß § 1973 BGB **berufen**.[884] Kommt ein Insolvenzeröffnungsantrag mangels Masse nicht in Betracht, muss der Verwalter die Aufhebung der Verwaltung gemäß § 1988 Abs. 2 BGB beantragen. **Umstritten ist, ob er sich in diesem**

---

[880] *Soergel/Stein,* § 1985 Rdn. 6; RGRK/*Johannsen,* § 1985 Rdn. 13; *Lange/Kuchinke,* § 49 III 4; MüKo/*Küpper,* § 1985 Rdn. 6; *Burandt/Rojahn/Joachim,* § 1985 Rdn. 13; a. A. *Staudinger/ Dobler* (2016), § 1985 Rdn. 21 m. w. N.

[881] MüKo/*Küpper,* § 1985 Rdn. 8; BeckOGK/*Herzog,* § 1985 Rdn. 16.3.

[882] *Nöll/Flitsch,* ZEV 2017, 247, 249; Palandt/*Weidlich,* § 2017 Rdn. 1.

[883] *Keidel/Zimmermann,* § 455 FamFG Rdn. 11.

[884] RG v. 10. 7. 1905, VI 533/04, RGZ 61, 221; MüKo/*Küpper,* § 1985 Rdn. 8.

Fall auf die Einreden der §§ 1990, 1991 BGB berufen kann. Dies wird überwiegend zu Recht verneint, weil diese Vorschriften in § 1985 BGB nicht erwähnt sind.[885] Da der Nachlassverwalter aber gegenüber den Nachlassgläubigern grundsätzlich dieselben Rechte hat wie der Erbe, was die Protokolle für das Verhältnis zu den in § 1992 BGB genannten Gläubigern als selbstverständlich bezeichnen[886], ist eine **Anwendbarkeit des § 1992 BGB zu bejahen.**[887] Größere praktische Bedeutung dürfte der Streit nicht haben, weil der Nachlassverwalter gemäß § 1985 Abs. 1 BGB die Befriedigung von Nachlassgläubigern verweigern kann, wenn der Nachlass nicht ausreicht.

Der Nachlassverwalter hat nicht die Aufgabe, den Nachlass zu verteilen oder die Auseinandersetzung unter den Miterben herbeizuführen.[887a] Während der Dauer einer Nachlassverwaltung ist eine gerichtliche Auseinandersetzung innerhalb der Erbengemeinschaft, weil dem Zweck der Verwaltung zuwiderlaufend, ausgeschlossen. *292a*

cc) Die Haftung des Nachlassverwalters

Mit der Ernennung des Nachlassverwalters entsteht ein gesetzliches Schuldverhältnis.[888] Wer das Amt annimmt, **haftet gegenüber dem Erben nach §§ 1915, 1833 BGB für jedes Verschulden persönlich mit seinem Eigenvermögen.** Eine Haftung entfällt nach Treu und Glauben, wenn der Nachlassverwalter sich über die ihm gesetzlich obliegenden Pflichten hinaus für die Interessen des Erben eingesetzt und ihm dadurch erhebliche Nachlasswerte erhalten hat, die sonst verloren gegangen wären. In diesem Fall wäre es nicht sachgerecht, wenn der Erbe den Verwalter für verschuldete Verluste haftbar machen kann.[889] *293*

Die **Verantwortlichkeit gegenüber den Nachlassgläubigern ist in § 1985 Abs. 2 Satz 1 BGB geregelt.** Ihnen gegenüber kann sich eine Verpflichtung zur Zahlung von Schadensersatz ergeben, wenn der Verwalter bei einer sich abzeichnenden Nachlassüberschuldung nicht die **Eröffnung des Nachlassinsolvenzverfahrens beantragt.** Beruht die Überschuldung auf Vermächtnissen und/oder Auflagen, besteht für ihn wegen der Regelung in § 1980 Abs. 1 Satz 3 BGB keine Antragspflicht. Diese Verbindlichkeiten bleiben bei der Bemessung der Zulänglichkeit des Nachlasses außer Betracht. Die **Antragspflicht entfällt** auch, wenn die Eröffnung des Nachlassinsolvenzverfahrens mangels einer die zusätzlichen Kosten dieses Verfahrens fehlenden Masse von vornherein ausgeschlossen ist. Der Nachlassverwalter haftet – anders als der gemäß §§ 1960, 1961 BGB bestellte Nachlasspfleger – für jeden durch seine schuldhafte Pflichtverletzung entstandenen Schaden. Die Ersatzansprüche gelten gemäß § 1985 Abs. 2 Satz 2 BGB i.V.m. § 1978 Abs. 2 BGB als zum Nachlass gehörend, so dass **geschädigte Nachlassgläubiger ihre Ersatzansprüche erst nach Aufhebung der Nachlassverwaltung geltend machen können.** Die Ansprüche richten sich gegen das Eigenvermögen

---

[885] OLG Stuttgart v. 22.5.1984, 8 W 165/84, OLGZ 1984, 304; MüKo/*Küpper*, § 1985 Rdn. 8; Palandt/*Weidlich*, § 1985 Rdn. 10; *Soergel/Stein*, § 1985 Rdn. 14; a.A. *Planck/Flad*, § 1985 Anm. 1b, dem *Staudinger/Dobler* (2016), § 1985 Rdn. 29 folgt.

[886] *Staudinger/Dobler* (2016), § 1985 Rdn. 29, die die §§ 1990 bis 1992 BGB insgesamt für anwendbar hält.

[887] *Erman/Horn*, § 1992 Rdn. 2; MüKo/*Küpper*, § 1992 Rdn. 3; *Staudinger/Dobler* (2016), § 1992 Rdn. 15; a.A. RGRK/*Johannsen*, § 1985 Rdn. 17.

[887a] RG v. 6.12.1909, Rep. VI 215/09, RGZ 72, 260, 262.

[888] RG v. 3.2.1936, IV 139/35, RGZ 150, 189, 190; MüKo/*Küpper*, § 1985 Rdn. 10.

[889] BGH v. 9.7.1975, IV ZR 63/73, FamRZ 1975, 576f.; BeckOGK/*Herzog*, § 1985 Rdn. 23.

des Nachlassverwalters. Werden Ansprüche aus einem Steuerschuldverhältnis wegen vorsätzlicher oder grob fahrlässiger Verletzung der dem Nachlassverwalter obliegenden Pflichten nicht oder nicht rechtzeitig festgestellt oder erfüllt, haftet er gemäß § 69 AO einschließlich der infolge der Pflichtverletzung zu zahlenden Säumniszuschläge.[890] Eine Haftung trifft den Nachlassverwalter auch, wenn er den Nachlass dem Erben vor der Berichtigung bekannter Nachlassverbindlichkeiten gemäß § 1986 BGB ausantwortet. Bei einer deliktischen Verantwortlichkeit des Verwalters haftet der Nachlass nicht gemäß § 31 BGB oder gemäß § 831 BGB[891], weil der **Verwalter nicht Verrichtungsgehilfe des Erben** ist.

Die **Schadensersatzansprüche** gegen den Nachlassverwalter **verjähren entsprechend der dreijährigen Regelverjährung gemäß §§ 195, 199 Abs. 1 BGB.**

dd) Die Herausgabe des Nachlasses

294   In **§ 1986 BGB** ist geregelt, **wann der Nachlassverwalter Nachlassgläubigern gegenüber berechtigt ist, den Nachlass dem Erben herauszugeben** (sog. Ausantwortung), nicht aber, wann eine entsprechende Verpflichtung gegenüber dem Erben besteht. In der Vorschrift kommt die herausgehobene Verantwortlichkeit gegenüber den Nachlassgläubigern zum Ausdruck. Gibt der Nachlassverwalter den Nachlass an den Erben heraus, bevor er alle ihm bekannten Nachlassverbindlichkeiten berichtigt hat, macht er sich ggf. gegenüber den entsprechenden Gläubigern schadensersatzpflichtig. Hat er Grund zu der Annahme, dass noch weitere – bis dahin unbekannte – Nachlassgläubiger vorhanden sein könnten, hat er gemäß §§ 1985 Abs. 2 Satz 2, 1980 Abs. 2 Satz 2 BGB ein Aufgebot der Gläubiger zu beantragen.[892] Ist die Berichtigung einer Verbindlichkeit zur Zeit nicht durchführbar oder eine Verbindlichkeit streitig, besteht nur dann ein Recht zur Ausantwortung, wenn dem Gläubiger gemäß § 1986 Abs. 2 Satz 1 BGB Sicherheit geleistet wird. Das gleiche gilt, wenn der entsprechende Gläubiger unbekannten Aufenthalts oder die Verpflichtung bedingt ist. Das gilt nicht, wenn die Möglichkeit des Bedingungseintritts so entfernt ist, dass die Forderung keinen gegenwärtigen Vermögenswert hat, § 1986 Abs. 2 Satz 2 BGB. Art und Weise der Sicherheitsleistung bestimmen sich nach den §§ 232 ff. BGB, wobei anstelle der Sicherheitsleistung eine Hinterlegung gemäß §§ 372 ff. BGB zulässig ist.[893]

295   Die **förmliche Aufhebung der Nachlassverwaltung ist nicht Voraussetzung für die Herausgabe des Nachlasses.** Hat der Nachlassverwalter den Nachlass bereits an den Erben herausgegeben und meldet sich danach – vor der förmlichen Aufhebung der Nachlassverwaltung – ein bis dahin nicht befriedigter Nachlassgläubiger, muss der Verwalter den Nachlass von dem Erben zurückfordern und das Verfahren fortsetzen. Da **§ 1986 BGB nur statische Nachlässe betrifft**[894], stellt sich die Frage, **wie die aus der Veränderung eines Nachlasses infolge der Fortführung eines Unternehmens entstandenen Verbindlichkeiten zu behandeln ist.** Insoweit hilft die Regelung des § 1986

---

[890]   *Staudinger/Dobler* (2016), § 1985 Rdn. 40; *Burandt/Rojahn/Joachim,* § 1985 Rdn. 17; BeckOGK/*Herzog,* § 1985 Rdn. 26.

[891]   MüKo/*Küpper,* § 1985 Rdn. 11; *Burandt/Rojahn/Joachim,* § 1985 Rdn. 18.

[892]   *Staudinger/Dobler* (2016), § 1986 Rdn. 6; *Burandt/Rojahn/Joachim,* § 1986 Rdn. 2.

[893]   *Burandt/Rojahn/Joachim,* § 1986 Rdn. 2.

[894]   MüKo/*Küpper,* § 1986 Rdn. 3 unter Verweis auf *Pütter,* Der Nachlassverwalter als Unternehmer, S. 162.

Abs. 2 BGB nicht weiter, weil immer wieder neue Verbindlichkeiten aus der Unternehmensfortführung entstehen, deren Gläubiger dem Verwalter bekannt sind. Die Nachlassverwaltung darf nicht zu einem Dauerzustand werden, weshalb der Nachlassverwalter das Unternehmen nach Berichtigung der sonstigen Verbindlichkeiten dem Erben übergeben kann. Erst zukünftig fällig werdende Verbindlichkeiten braucht er nicht zu erfüllen, sofern deren Erfüllung in der Zukunft gewährleistet ist.[895]

Mit dem Recht des Nachlassverwalters zur Ausantwortung des Nachlasses **korrespondiert ein Herausgabeanspruch des Erben nach Beendigung der Nachlassverwaltung**. Dazu bedarf es der Aufhebung seitens des Nachlassgerichts gemäß §§ 1988 Abs. 2, 1919 BGB. Erst dann muss der Nachlassverwalter dem Erben – im Falle des § 1988 Abs. 1 BGB dem Nachlassinsolvenzverwalter – den Nachlass herausgeben und Schlussrechnung legen. Gegenüber dem Anspruch des Erben kann er **wegen seines Vergütungsanspruchs aus § 1987 BGB**[896] **und seines Aufwendungsersatzanspruchs aus §§ 1915, 1835 BGB ein Zurückbehaltungsrecht gemäß § 273 BGB geltend machen.**[897] Der Anspruch des Erben auf Verschaffung des unmittelbaren Besitzes an den verbliebenen Nachlassgegenständen kann wie jede andere Forderung gepfändet werden. Es gehört nicht zu den Aufgaben des Nachlassverwalters, den Nachlass innerhalb der Erbengemeinschaft zu verteilen[898], so dass er mehreren Erben den Nachlass gemeinschaftlich auszuantworten und auf Verlangen eines von ihnen die Nachlassgegenstände für alle zu hinterlegen hat.[899]

Sind **nach Aufhebung der Nachlassverwaltung nicht alle Nachlassgläubiger befriedigt worden** und machen sie **jetzt gegenüber dem Erben Nachlassforderungen geltend**, haftet dieser ihnen unbeschränkt, wenn er bereits vor Anordnung der Nachlassverwaltung unbeschränkt haftete.[900] Gegenüber den im Aufgebotsverfahren ausgeschlossenen oder säumigen Gläubigern haftet er nach Maßgabe der §§ 1973, 1974 BGB nur nach Bereicherungsrecht.[901] Wurde die Nachlassverwaltung wegen Fehlens einer kostendeckenden Masse gemäß § 1988 Abs. 2 BGB aufgehoben, deckt der Nachlass die Kosten einer nochmaligen Nachlassverwaltung nicht. In diesem Fall kann der Erbe gemäß § 1990 Abs. 1 Satz 1 BGB die Befriedigung eines Nachlassgläubigers verweigern, sofern der Nachlass unter den Voraussetzungen des § 1991 BGB nicht ausreicht. Beruht die Überschuldung auf Vermächtnissen und Auflagen, kann der Erbe gemäß § 1992 Satz 1 BGB die Berichtigung dieser Verbindlichkeiten nach den Vorschriften der §§ 1990, 1991 BGB bewirken, ohne dass der Nachlass dürftig sein muss. Außerhalb des unmittelbaren Anwendungsbereiches der §§ 1973, 1974, 1990, 1992 BGB bleibt die Haftungsbeschränkung der Nachlassverwaltung bei ordnungsgemäß durchgeführtem Verfahren bestehen. Der Erbe kann den Gläubiger gemäß § 1990 BGB analog auf den vorhandenen Nachlassrest verweisen.[902]

296

297

---

[895] *Pütter*, Der Nachlassverwalter als Unternehmer, S. 158 f.; MüKo/*Küpper*, § 1986 Rdn. 3; *Burandt/Rojahn/Joachim*, § 1986 Rdn. 3.

[896] Siehe dazu noch Rdn. 298 ff.

[897] Palandt/*Weidlich*, § 1988 Rdn. 3; *Staudinger/Dobler* (2016), § 1986 Rdn. 3.

[898] RG v. 6. 12. 1909, VI 215/09, RGZ 72, 260.

[899] *Staudinger/Dobler* (2016), § 1986 Rdn. 4; *Burandt/Rojahn/Joachim*, § 1986 Rdn. 4.

[900] *Bamberger/Roth/Lohmann*, § 1986 Rdn. 3.

[901] *Erman/Horn*, § 1986 Rdn. 3; *Burandt/Rojahn/Joachim*, § 1986 Rdn. 5.

[902] BGH v. 17. 12. 1953, IV ZR 101/53, NJW 1954, 635, 636; Palandt/*Weidlich*, § 1986 Rdn. 1; MüKo/*Küpper*, § 1986 Rdn. 6; *Burandt/Rojahn/Joachim*, § 1986 Rdn. 5.

ee) Vergütungs- und Aufwendungsersatzansprüche des Nachlassverwalters

298   Der **Vergütungsanspruch** des Nachlassverwalters **ergibt sich aus § 1987 BGB.** Anders als der gemäß §§ 1960, 1961 BGB bestellte Nachlasspfleger ist der Nachlassverwalter gemäß §§ 1981 Abs. 3, 1785 BGB nicht zur Übernahme der Nachlassverwaltung verpflichtet. Da freiwillige Tätigkeiten regelmäßig nur gegen Geld übernommen werden, ist es gerechtfertigt, den Nachlassverwalter insoweit dem Insolvenzverwalter gleichzustellen. Die **Angemessenheit der Vergütung wird in § 1987 BGB vorausgesetzt.** Einem Nachlassverwalter kann die Vergütung insgesamt nur versagt werden, wenn er sich der Untreue schuldig gemacht hat oder wegen anderer schwerer Pflichtwidrigkeiten i.S.v. §§ 1886, 1915 Abs. 1 BGB entlassen worden ist.

Die Gerichte setzen oftmals **Berufsvormünder** oder **Berufsbetreuer** i.S.v. § 1836 Abs. 1 Satz 2 BGB als Nachlassverwalter ein, für die das Vormünder- und Betreuervergütungsgesetz vom 21. 4. 2005[903] zur Anwendung kommt. An die im VBVG 3 festgesetzten Stundensätze ist das Nachlassgericht aber gemäß § 1915 Abs. 1 S. 2 BGB nicht gebunden.

299   **Die Vergütung ist aus dem Nachlass geschuldet.** Der Anspruch kann **nicht gegen die Staatskasse gerichtet werden**[904], was sich aus § 1982 BGB herleiten lässt. Der Nachlassverwalter kann seine Vergütung selbst aus dem Nachlass entnehmen bzw. vor einer Ausschüttung an die Erben durch Ausübung eines Zurückbehaltungsrechts analog § 273 BGB sichern. Die Vergütungs- sind ebenso wie die Aufwendungsersatzansprüche des Nachlassverwalters entsprechend §§ 53, 209 Nr. 1 InsO vorrangig aus dem Nachlass zu befriedigen, weil es sich um Verwaltungskosten handelt.[905] Entnimmt ein Nachlassverwalter die entsprechenden Beträge nicht aus dem vorhandenen Aktivnachlass, sondern überlässt diesen Nachlassgläubigern, haftet der die Nachlassverwaltung beantragende Erbe nicht mit seinem Vorschuss. Dieser ist ihm seitens des Nachlassgerichtes zu erstatten, was ausnahmsweise doch zu einer subsidiären Staatshaftung führt.[906] Danach kann die Anordnung der Nachlassverwaltung abgelehnt werden, wenn eine die Kosten deckende Masse nicht vorhanden ist. § 1835 Abs. 4 Satz 1 BGB, wonach der Vormund Vorschuss und Ersatz aus der Staatskasse verlangen kann, wenn der Mündel mittellos ist, regelt nur den Aufwendungsersatz. Im Nachlassinsolvenzverfahren ist der **Vergütungsanspruch Masseschuld**, § 324 Abs. 1 Nr. 4, Nr. 6 InsO i.V.m. § 53 InsO.[907] Solange der Nachlassverwalter seine Vergütung nicht abschließend berechnen kann, sind ihm **Abschlagszahlungen zuzubilligen.** Dazu muss er den bereits angefallenen Zeitaufwand ermitteln und anmelden.[908] Da in § 1987 BGB nur von

---

[903] BGBl. I S. 1073.

[904] KG v. 29. 11. 2005, 1 W 180/03, FamRZ 2005, 559; Palandt/*Weidlich*, § 1987 Rdn. 1; BeckOGK/ *Herzog*, § 1987 Rdn. 13.1; a. A. *Zimmermann*, ZEV 2007, 519, 520.

[905] LG Lüneburg v. 1. 4. 2009, 3 T 103/08, Rpfleger 2009, 458, 459 m. Anm. *Sticherling*, 459, 460.

[906] LG Lüneburg v. 1. 4. 2009, 3 T 103/08, Rpfleger 2009, 458, 459, das offen lässt, von wem die Staatskasse die gezahlte Nachlassvergütung zurückfordern kann. *Sticherling* leitet in seiner Anmerkung aus dem Vorrang der Kosten der Nachlassverwaltung gegenüber anderen Nachlassverbindlichkeiten her, dass die Anforderung eines Vorschusses vom Erben bei ausreichendem Aktivnachlass ausgeschlossen sei.

[907] OLG München v. 8. 3. 2006, 33 Wx 131/05 und 33 Wx 132/05, Rpfleger 2006, 405; KG v. 29. 11. 2005, 1 W 180/03, FamRZ 2006, 559; Palandt/*Weidlich*, § 1987 Rdn. 1; *Burandt/ Rojahn/Joachim*, § 1987 Rdn. 2; a. A. *Zimmermann*, ZEV 2007, 519.

[908] OLG Zweibrücken v. 15. 3. 2007, 3 W 19/07, FamRZ 2007, 1191, 1192.

einer angemessenen Vergütung die Rede ist, stellt die Vorschrift keine eigenständige Bestimmung für die Vergütungshöhe des Nachlassverwalters dar.[909] Da die Nachlassverwaltung eine speziell geregelte Form der Pflegschaft ist, kann **§ 1915 Abs. 1 Satz 2 BGB als eigenständige Regelung für die Höhe der Vergütung des Verwalters herangezogen werden**, sofern der Zweck dieser Vorschrift nicht entgegensteht.[910] Für die seit dem 1. 7. 2005 erbrachten vergütungsfähigen Tätigkeiten kann der Nachlassverwalter seine Vergütung als Zeithonorar verlangen. Die Vergütung wird nach dem tatsächlichen Zeitaufwand und einem seinem Beruf angemessenen Stundensatz festgesetzt. Es ist auf seine nutzbaren Fachkenntnisse sowie auf Umfang und Schwierigkeit der Verwaltungsgeschäfte abzustellen. Auf diese Weise werden bei kleinen Nachlässen unangemessen geringe Vergütungen ebenso vermieden wie überzogene bei einem hohen Bruttonachlass. Das Nachlassgericht kann abweichend von den im VBVG 3 festgelegten Stundensätzen die Höhe des Stundensatzes nach den Umständen des Einzelfalls bestimmen[911], ohne auf fiskalische Interessen Rücksicht nehmen zu müssen.[912] Die Nachlassgerichte können und sollten eine gewisse Großzügigkeit walten lassen.[913]

Zuständig für die Festsetzung der Vergütung ist gemäß §§ 1975, 1915 Abs. 1, 1836   *300* Abs. 1 Satz 2, 1962 BGB **das Nachlassgericht**. Es handelt sich um eine **Rechtspflegerangelegenheit** gemäß §§ 3 Nr. 2c, 16 Abs. 1 Nr. 1 RPflG. Die Festsetzung erfolgt **auf Antrag des Nachlassverwalters**. Der **Beschluss des Nachlassgerichts ist ein Vollstreckungstitel i. S. v. § 86 FamFG**. Nach § 168 Abs. 5 FamFG gelten für die Pflegschaft und damit auch für die Nachlassverwaltung als besonderer Art § 168 Abs. 1 bis Abs. 4 FamFG entsprechend. Der Nachlassverwalter hat seinem Antrag eine Aufstellung über den Zeitaufwand beizufügen, die dem Erben zur Stellungnahme zu übermitteln ist. Da das Nachlassgericht die Zweckmäßigkeit des Handelns des Nachlassverwalters nicht kontrollieren darf, ist die geltend gemachte Vergütung nicht zu kürzen, wenn es die erbrachte Tätigkeit für unangebracht und ein anderes Vorgehen für zweckmäßiger gehalten hätte.[914] Der regelmäßig gemäß § 38 Abs. 3 Satz 1 FamFG zu begründende **Festsetzungsbeschluss** – sofern kein Fall des § 38 Abs. 4 FamFG vorliegt –, ist mit einer Rechtsmittelbelehrung zu versehen, § 39 FamFG. Er ist den Beteiligten schriftlich bekanntzugeben und bei Abweichung von dem erklärten Willen dem betroffenen Beteiligten gemäß § 41 Abs. 1 FamFG zuzustellen.

Gegen den Festsetzungsbeschluss ist das **Rechtsmittel der befristeten Beschwerde**   *301* **gemäß §§ 58, 63 FamFG statthaft**, sofern der Beschwerdewert 600,00 € übersteigt oder

---

[909] OLG München v. 8. 3. 2006, 33 Wx 131/05 und 33 Wx 132/05, ZEV 2006, 469; OLG Zweibrücken v. 15. 3. 2007, 3 W 19/07, ZEV 2007, 528; *Erman/Horn*, § 1987 Rdn. 2; Palandt/*Weidlich*, § 1987 Rdn. 2; *Burandt/Rojahn/Joachim*, § 1987 Rdn. 3; a. A. *Bamberger/Roth/Lohmann*, § 1987 Rdn. 2; *Staudinger/Dobler* (2016), § 1987 Rdn. 4; *Firsching/Graf*, Rdn. 4.848; *Fromm*, ZEV 2006, 298, 301.

[910] OLG Zweibrücken v. 15. 3. 2007, 3 W 19/07, FamRZ 2007, 1191, 1192; OLG München v. 8. 3. 2006, 33 Wx 131/05 und 33 Wx 132/05, Rpfleger 2006, 405; BeckOGK/*Herzog*, § 1987 Rdn. 7; *Zimmermann*, ZEV 2007, 519.

[911] Palandt/*Weidlich*, § 1987 Rdn. 2; *Burandt/Rojahn/Joachim*, § 1987 Rdn. 3; BeckOGK/*Herzog*, § 1987 Rdn. 9.

[912] KG v. 29. 11. 2005, 1 W 180/03, FamRZ 2006, 559.

[913] Das OLG München v. 8. 3. 2006, 33 Wx 131/05, 33 Wx 132/05, Rpfleger 2006, 405 hat einem Nachlassverwalter den doppelten Satz des BVormG zugebilligt. Das entsprach einem Betrag in Höhe von 67,00 € pro Stunde zzgl. Umsatzsteuer und Auslagen.

[914] OLG Zweibrücken v. 21. 11. 2007, 3 W 201/07, FamRZ 2008, 818, 819.

wenn das Nachlassgericht sie zugelassen hat, § 61 FamFG. Neben dem **antragstellenden Nachlassverwalter** sind **beschwerdebefugt** der **Erbe**, ein **verwaltender Testamentsvollstrecker**, ein **Nachlasspfleger** sowie die **Nachlassgläubiger**, wenn ihre Befriedigung durch die festgesetzte Vergütung beeinträchtigt wird.[915] Erhebt der Nachlassverwalter Beschwerde, gilt das Verböserungsverbot.

302 Neben seiner Vergütung steht dem Nachlassverwalter **ein Anspruch auf Ersatz seiner Aufwendungen nach §§ 1915 Abs. 1 Satz 1, 1835, 670, 256, 257 BGB zu.** Auch **Leistungen als Rechtsanwalt begründen einen Aufwendungsersatzanspruch.**[916] Er kann für die zwecks Führung der Nachlassverwaltung noch zu machenden Aufwendungen Vorschuss und für die bereits gemachten Ersatz verlangen, sofern er sie **den Umständen nach für erforderlich halten durfte.** Zu den Aufwendungen zählen **Porto- und Telefonkosten, Reisekosten** sowie **Kosten für die Beschaffung von Urkunden.**[917] Für den Aufwendungsersatzanspruch **haftet ausschließlich der Nachlass.** Nur bei einer Mittellosigkeit des Nachlasses und bei beschränkter Erbenhaftung kann eine Festsetzung der Auslagen nach den §§ 1915 Abs. 1, 1835 Abs. 4 Satz 1 BGB – **anders als die Vergütung – auch gegen die Staatskasse erfolgen.**[918] Kommt es wegen der Höhe der Aufwendungen zum Streit zwischen dem Nachlassverwalter und dem Erben, entscheidet das Prozessgericht.[919]

303 Die festgesetzte Vergütung und die ihm als Aufwendungsersatz zustehenden Beträge kann der Nachlassverwalter **dem Nachlass entnehmen bzw. die ihm zustehende Summe von dem verbliebenen Nachlass abziehen,** den er dem Erben nach Verfahrensende gemäß § 1890 BGB herausgeben muss. Ist die Vergütung noch nicht festgesetzt, darf er sich zu Lasten des an den Erben zurückzugebenden Nachlasses durch Ausübung eines Zurückbehaltungsrechtes gemäß § 273 BGB analog sichern.[920] Dem Nachlassverwalter steht in den Fällen der §§ 1990, 1992 BGB wegen seines Vergütungs- und Aufwendungsersatzanspruchs ein Anspruch auf Vorabbefriedigung zu.[921]

h) Ende und Aufhebung der Nachlassverwaltung

304 Die Nachlassverwaltung **endet kraft Gesetzes gemäß § 1988 Abs. 1 BGB mit der Eröffnung des Nachlassinsolvenzverfahrens.** Stellt sich heraus, dass **eine den Kosten entsprechende Masse nicht vorhanden ist, kann das Nachlassgericht gemäß § 1988 Abs. 2 BGB die Verwaltung aufheben,** muss das jedoch nicht. Eine Aufhebung nach § 1988 Abs. 2 BGB kommt nicht in Betracht, wenn die Masse eines überschuldeten Nachlasses zwar den Kosten der Nachlassverwaltung, nicht aber den zusätzlichen Kosten eines anschließenden Insolvenzverfahrens entspricht. Darin kommt der Kostendeckungsgrundsatz des § 26 Abs. 1 Satz 1 InsO zum Ausdruck. Die Aufhebung der

---

[915] Palandt/*Weidlich*, § 1960 Rdn. 27; *Burandt/Rojahn/Joachim*, § 1987 Rdn. 5.

[916] *Staudinger/Dobler* (2016), § 1987 Rdn. 20; *Bamberger/Roth/Lohmann*, § 1987 Rdn. 5.

[917] MüKo/*Küpper*, § 1987 Rdn. 4; *Zimmermann*, ZEV 2007, 519, 521.

[918] Palandt/*Weidlich*, § 1987 Rdn. 3, *Zimmermann*, ZEV 2007, 519, 521; *Burandt/Rojahn/Joachim*, § 1987 Rdn. 6; *Bamberger/Roth/Lohmann*, § 1987 Rdn. 5; a.A. *Damrau/Gottwald*, § 1987 Rdn. 11; BeckOK/*Herzog*, § 1987 Rdn. 38.1.

[919] Palandt/*Weidlich*, § 1987 Rdn. 3.

[920] *Staudinger/Dobler* (2016), § 1987 Rdn. 26; *Burandt/Rojahn/Joachim*, § 1987 Rdn. 7; BeckOGK/*Herzog*, § 1987 Rdn. 24; a.A. *Soergel/Stein*, § 1986 Rdn. 6.

[921] *Staudinger/Dobler* (2016), § 1987 Rdn. 28; BeckOGK/*Herzog*, § 1987 Rdn. 27.

Nachlassverwaltung kann gemäß § 207 Abs. 1 Satz 2 InsO analog durch Zahlung eines Kostenvorschusses abgewendet werden.[922]

§ 1988 BGB stellt eine Sonderregelung zu § 1918 Abs. 3 BGB dar, wonach eine Pflegschaft automatisch erst mit ihrer Erledigung endet. Mit der Eröffnung des Nachlassinsolvenzverfahrens endet das Amt des Nachlassverwalters, sofern er nicht selbst zum Insolvenzverwalter ernannt wird. Anderenfalls muss er dem Insolvenzverwalter den Nachlass herausgeben. Entsprechend § 323 InsO kann er – anderes als gegenüber dem Erben – **gegenüber dem Insolvenzverwalter kein Zurückbehaltungsrecht wegen seiner Aufwendungen und wegen seines Vergütungsanspruchs geltend machen.**[923] Das Amt endet unmittelbar mit Eröffnung des Insolvenzverfahrens und nicht erst mit der Rechtskraft des Eröffnungsbeschlusses.[924] Die Beendigung steht unter der auflösenden Bedingung, dass es nicht zur Aufhebung des Eröffnungsbeschlusses kommt. Nimmt der Nachlassverwalter nach Eröffnung des Insolvenzverfahrens noch Rechtshandlungen vor, sind diese aufgrund fehlender gesetzlicher Ermächtigung unwirksam. Die §§ 81, 82 InsO finden keine Anwendung.[925] Hatte der Nachlassverwalter von der Eröffnung des Insolvenzverfahrens keine Kenntnis, kann er sich auf die Fiktionswirkung des § 674 BGB berufen.[926] Wird er entlassen oder scheidet er durch Tod aus, ist lediglich seine Amtsstellung beendet, nicht jedoch die Nachlassverwaltung als solche.[927]

Über den gesetzlichen Grund der Aufhebung der Nachlassverwaltung gemäß § 1988 Abs. 2 BGB hinaus kommt eine Aufhebung in Betracht, wenn der **Zweck der Nachlassverwaltung durch die Berichtigung aller bekannten Nachlassverbindlichkeiten oder bei künftigen Verpflichtungen, die aus dem Nachlass zu erfüllen sind, durch Sicherheitsleistung**[928] gemäß **§§ 232 ff. BGB** erreicht ist. Zuvor ist die Aufhebung nur möglich, wenn die bekannten und noch nicht befriedigten Nachlassgläubiger und der Erbe **zustimmen.**[929] Eine Aufhebung findet auch statt, **wenn der Nachlass erschöpft ist und weitere Aufgaben nicht mehr erfüllt werden können**[930], wenn der Erbe, auf dessen Antrag die Nachlassverwaltung angeordnet ist, die Erbschaft wirksam ausschlägt und der Nachberufene die Aufhebung betreibt[931], oder bei einem Wechsel in der Person des Erben, wenn die Nachlassverwaltung auf Antrag eines Nachlassgläubigers angeordnet und die Voraussetzungen des § 1981 Abs. 2 Satz 1 BGB für den nachfolgenden Erben nicht gegeben sind. Das Nachlassgericht kann eine nicht mehr erforderliche Nachlassverwaltung auch ohne Antrag beenden, wenn beispielsweise der

305

---

[922] MüKo/*Küpper*, § 1988 Rdn. 3; *Burandt/Rojahn/Joachim*, § 1988 Rdn. 3; BeckOGK/*Herzog*, § 1988 Rdn. 12.

[923] *Staudinger/Dobler* (2016), § 1987 Rdn. 29 und § 1988 Rdn. 3; BeckOGK/*Herzog*, § 1988 Rdn. 8.

[924] MüKo/*Küpper*, § 1988 Rdn. 2.

[925] Palandt/*Weidlich*, § 1988 Rdn. 1; MüKo/*Küpper*, § 1988 Rdn. 2; *Bamberger/Roth/Lohmann*, § 1988 Rdn. 1; *Burandt/Rojahn/Joachim*, § 1988 Rdn. 1; a.A. BeckOGK/*Herzog*, § 1988 Rdn. 7; *Staudinger/Dobler* (2016), § 1988 Rdn. 4.

[926] *Burandt/Rojahn/Joachim*, § 1988 Rdn. 1; BeckOGK/*Herzog*, § 1988 Rdn. 6.

[927] *Staudinger/Dobler* (2016), § 1988 Rdn. 6.

[928] OLG Hamm v. 25.5.2010, I – 15 W 28/10, 15 W 28/10, ZErb 2010, 271, 272.

[929] BayObLG v. 28.6.1976, BReg 1 Z 27/76, BayObLGZ 1976, 167, 173; OLG Hamm v. 25.5.2010, I – 15 W 28/10, 15 W 28/10, ZErb 2010, 271, 272; MüKo/*Küpper*, § 1988 Rdn. 4; *Staudinger/Dobler* (2016), § 1988 Rdn. 11.

[930] MüKo/*Küpper*, § 1988 Rdn. 4; BeckOGK/*Herzog*, § 1988 Rdn. 13.

[931] *Staudinger/Dobler* (2016), § 1988 Rdn. 12; BeckOGK/*Herzog*, § 1988 Rdn. 13.

Verfahrenszweck der Verwaltung durch Erfüllung aller bekannten Nachlassverbindlichkeiten erledigt ist. Wurde die Nachlassverwaltung ursprünglich durch einen Miterben beantragt, wird die Nachlassverwaltung für den einzelnen Miterben zu einer rechtlichen Belastung, wenn sie nicht mehr von seinem Willen getragen wird. Es wäre ein widersinniges Ergebnis, wollte man einem einzelnen sich weigernden Miterben die Möglichkeit einräumen, weitere Miterben gegen ihren Willen an einer in der Sache erledigten Nachlassverwaltung festzuhalten, obwohl er umgekehrt das Verfahren nicht allein initiieren könnte.

305a   Der **Bundesgerichtshof** hat klargestellt, dass die **Aufhebung** der Nachlassverwaltung **nicht bereits deshalb unzulässig ist, wenn der insoweit Beteiligte sie nicht beantragt hat** und widerspricht damit der Auffassung, dass der Antrag auf Aufhebung der Nachlassverwaltung immer nur von dem Beteiligten gestellt werden könne, der selbst den verfahrensleitenden Antrag gestellt hat.[932] Den gesetzlichen Regelungen lasse sich nicht entnehmen, dass eine Aufhebung der Nachlassverwaltung im Fall der Zweckerreichung nur in Betracht kommt, wenn der ursprüngliche Antragsteller den Antrag stellt. Der Bundesgerichtshof betont auch, dass § 48 Abs. 1 Satz 2 FamFG dem nicht entgegenstehe. Zwar könne der Antrag auf Anordnung einer Nachlassverwaltung nur durch einen am Ausgangsverfahren materiell Berechtigten gestellt werden. Soweit es in der Gesetzesbegründung heißt, § 48 Abs. 1 Satz 2 FamFG bestimme, dass eine Abänderung im Antragsverfahren nur auf Antrag des ursprünglichen Antragstellers erfolgen könne, findet sich diese Beschränkung auf den ursprünglichen Antragsteller nach Auffassung des Bundesgerichtshofes im Wortlaut von § 48 Abs. 1 Satz 2 FamFG nicht wieder. Eine Rechtfertigung, warum nur der ursprüngliche Antragsteller berechtigt sein solle, die Aufhebung oder Abänderung zu beantragen, lasse sich der Gesetzesbegründung nicht entnehmen.[933] Antragsbefugt für die Aufhebung der Nachlassverwaltung ist damit jeder am Ausgangsverfahren materiell Beteiligte, mithin auch ein Miterbe oder Nachlassgläubiger.[934] Der **Bundesgerichtshof hat offen gelassen,** ob eine Aufhebung der Nachlassverwaltung **von Amts wegen auch ohne Antrag eines im Ausgangsverfahren materiell Berechtigten in Betracht kommt**, etwa im Fall des die Nachlassverwaltung ursprünglich beantragenden Alleinerben oder eines Antrages mehrerer Miterben, von denen keiner einen Aufhebungsantrag stellt. Zutreffend erscheint es, bei einer Zweckerreichung eine Aufhebung der Nachlassverwaltung auch ohne Antrag zu ermöglichen. Die Aufhebung sollte von Amts wegen möglich sein, ggf. auf Anregung des Nachlassverwalters, weil regelmäßig Interessen der durch die Nachlassverwaltung materiell betroffenen Personen nicht verletzt werden.[935]

305b   **Bei Eintritt des Nacherbfalls muss unterschieden werden**, auf wessen Antrag die Nachlassverwaltung angeordnet worden war. War Nachlassverwaltung auf Antrag eines Nachlassgläubigers angeordnet worden, ist sie aufzuheben. War sie auf Antrag

---

[932] BGH v. 5. 7. 2017, IV ZB 6/17, ZEV 2017, 513, 514 = BeckRS 2017, 117164 gegen OLG Köln v. 3. 11. 2014, I – 2 Wx 315/14, ErbR 2015, 100; *Keidel/Engelhardt*, § 48 FamFG Rdn. 16.

[933] BGH v. 5. 7. 2017, IV ZB 6/17, BeckRS 2017, 117164.

[934] Wie der BGH auch OLG Celle v. 21. 7. 2016, 6 W 92/16, ZEV 2017, 95; *Prütting/Helms/ Abramenko*, § 48 FamFG Rdn. 11; *Bahrenfuss/Rüntz*, § 48 FamFG Rdn. 14; *Staudinger/ Dobler* (2016), § 1988 Rdn. 15.

[935] OLG Hamm v. 12. 1. 2017, 15 W 237/16, ErbR 2017, 510, 511; OLG Düsseldorf v. 8. 8. 2016, I – 3 Wx 38/16, ZEV 2016, 701; OLG Hamm v. 25. 5. 2010, I – 15 W 28/10, ErbR 2010, 328; *Grau*, ZEV 2017, 96.

eines Vorerben angeordnet worden, ist der spätere Eintritt des Nacherbfalls kein Aufhebungsgrund. Dem Eintritt der Nacherbfolge kommt keine Rückwirkung zu. Der Vorerbe ist berechtigt, über den Nachlass mit Wirkung gegen den Nacherben zu verfügen. Die Nachlassverwaltung wirkt verfügungsähnlich.[936]

Eine **Aufhebung kommt ferner in Betracht**, wenn das **Nachlassgericht** die Anordnung der Nachlassverwaltung auf Antrag des Erben im Nachhinein für nicht gerechtfertigt erachtet und **seine eigene Verfügung ändert**.[937] Nach § 48 Abs. 1 FamFG kann das Nachlassgericht eine rechtskräftige Endentscheidung aufheben, wenn sich **die zugrunde liegende Sach- oder Rechtslage nachträglich wesentlich geändert hat**. Dies erfolgt nur auf Antrag, da auch die Nachlassverwaltung nur auf Antrag angeordnet wird, § 48 Abs. 1 Satz 2 FamFG. **Keine Aufhebungsgründe** sind der **Tod des Erben**, die **Rücknahme des Antrages nach Anordnung der Nachlassverwaltung** oder der **Antrag eines Erben oder eines Nachlassgläubigers**.[938]   *305c*

Da die Nachlassverwaltung keine Pflegschaft im eigentlichen Sinne ist, **kommt es zu** *306* **ihrer Beendigung nicht auf eine Erledigung i.S.v. § 1918 Abs. 3 BGB an**. Es bedarf der Aufhebung durch einen **Aufhebungsbeschluss des Nachlassgerichts** i.S.v. § 38 FamFG, der den Beteiligten gemäß § 41 Abs. 1 FamFG bekanntzugeben ist.[939] Der **Antragsteller** gemäß § 7 Abs. 1 FamFG und **die in ihren Rechten betroffenen Beteiligten** können **befristete Beschwerde gemäß §§ 58, 63 FamFG** einlegen. Ein Nachlassgläubiger ist gegen die Aufhebung der Nachlassverwaltung auch beschwerdeberechtigt, wenn die Nachlassverwaltung nicht auf seinen Antrag angeordnet war.[940] Da das Amt des Nachlassverwalters mit dem Aufhebungsbeschluss endet, ist er nicht beschwerdebefugt.[941] Gegen die Aufhebung der Nachlassverwaltung steht jedem Miterben ein Beschwerderecht zu.[942] Ist die Beschwerde erfolgreich, führt das nicht dazu, dass das Amt des Verwalters und die Nachlassverwaltung wieder aufleben. Es bedarf vielmehr der erneuten Anordnung der Nachlassverwaltung und der erneuten Bestellung eines Nachlassverwalters. Nur wenn die Voraussetzungen dafür vorliegen, kann die Beschwerde Erfolg haben.[943]

Das Nachlassverwaltungsverfahren wird **von Amts wegen aufgehoben**. Ein Nach-   *306a* lassverwalter selbst ist nicht berechtigt, die Aufhebung der Anordnung der Nachlassverwaltung zu beantragen, weil er nicht zu dem Kreis der ursprünglich antragsberech-

---

[936] *Staudinger/Dobler* (2016), § 1988 Rdn. 14.

[937] *Staudinger/Dobler* (2016), § 1988 Rdn. 15.

[938] MüKo/*Küpper*, § 1988 Rdn. 5.

[939] OLG Düsseldorf v. 8.8.2016, 3 Wx 38/16, ZEV 2016, 701 = BeckRS 2016, 18615 Rdn. 12.

[940] OLG Hamm v. 25.5.2010, I – 15 W 28/10, 15 W 28/10, ZErb 2010, 271, 272; *Staudinger/Dobler* (2016), § 1988 Rdn. 18; BeckOGK/*Herzog*, § 1988 Rdn. 21.

[941] RG v. 30.3.1936, IV B 7/36, RGZ 151, 62; Palandt/*Weidlich,* § 1988 Rdn. 3; BeckOGK/*Herzog*, § 1988 Rdn. 21.

[942] OLG Düsseldorf v. 8.8.2016, 3 Wx 38/16, ZEV 2016, 701 = BeckRS 2016, 18615 Rdn. 10; OLG Frankfurt v. 11.11.1952, 6 W 116/52, JZ 1953, 53; OLG Hamm v. 12.7.1955, 15 W 236/55, JMBl. NRW 1955, 230; *Bamberger/Roth/Lohmann,* § 1988 Rdn. 5; *Burandt/Rojahn/Joachim,* § 1988 Rdn. 6; Palandt/*Weidlich,* § 1988 Rdn. 3; *Staudinger/Dobler* (2016), § 1988 Rdn. 18; *Keidel/Zimmermann,* § 359 FamFG, Rdn. 16; a.A. KG v. 18.3.1930, 1 X 819/30, JW 1932, 1389 m. abl. Anm. *Boehmer* = HRR 1932 Nr. 956.

[943] OLG Düsseldorf v. 8.8.2016, 3 Wx 38/16, BeckRS 2016, 18615 Rdn. 17; MüKo/*Küpper*, § 1988 Rdn. 8.

tigten Beteiligten gehört.[944] Ein **Antrag des Erben oder eines Nachlassgläubigers auf Aufhebung der Nachlassverwaltung ist als Anregung an das Nachlassgericht auszulegen.**[945] Das Nachlassgericht ist nach Erlass eines Aufhebungsbeschlusses verpflichtet, das zuständige Grundbuchamt um Löschung der Anordnung der Nachlassverwaltung im Grundbuch zu ersuchen.[946]

307   Der Nachlassverwalter ist nach der Bekanntgabe des Aufhebungsbeschlusses an die Beteiligten gemäß § 41 FamFG verpflichtet, **den verbliebenen Nachlass an den Erben herauszugeben und Schlussrechnung gemäß § 1890 BGB zu legen.** Das Nachlassgericht hat die Abnahme der Schlussrechnung mit den Erben bzw. einem verwaltenden Testamentsvollstrecker zu vermitteln.

307a   Die **Kosten der Nachlassverwaltung sind gemäß § 24 GNotKG Nachlassverbindlichkeiten,** für deren Zahlung der Nachlassverwalter zu sorgen hat.

6. Die Eröffnung des Nachlassinsolvenzverfahrens

308   Neben der Nachlassverwaltung ist das Nachlassinsolvenzverfahren **das zweite amtliche Verfahren der Nachlassabsonderung vom Eigenvermögen des Erben.** Es dient ebenfalls der gleichmäßigen, wenn auch nur quotalen Befriedigung der Nachlassgläubiger.[947] Im Rahmen dieser Darstellung kann nur ein Überblick über die Regelungen und den gesetzgeberischen Zweck gegeben werden. Allerdings dürfte gegenüber der Nachlassverwaltung jedwede Form eines Insolvenzverfahrens begrifflich negativ besetzt sein, weil die bloße Insolvenzantragstellung die vorhandenen Vermögenswerte um pauschal mindestens 10 % abwerten soll. Ohne den Makel der Insolvenz erzielen Nachlassverwalter in Kaufverhandlungen erfahrungsgemäß bessere Verwertungsergebnisse als Nachlassinsolvenzverwalter, da bei Vertragspartnern kein Gefühl vorherrscht, aus einem bemakelten Vermögen heraus zu erwerben. Mit Rücksicht auf ein vermeintlich schlechtes Image des Insolvenzverfahrens ist unlängst die Schaffung eines vorinsolvenzlichen Sanierungsverfahrens gefordert worden. Auch auf europäischer Ebene wird an einem Verfahren gearbeitet, das die negativen Reputationseffekte und damit einhergehende Werteverichtungen von Insolvenzverfahren vermeiden und eine vorgeschaltete Restrukturierung und Sanierung von Unternehmen in geordneten Bahnen außerhalb einer Insolvenz ermöglichen soll.[948]

Zur Eröffnung eines Nachlassinsolvenzverfahrens kommt es häufig, weil **sich in einem Nachlassverwaltungsverfahren herausgestellt hat, dass der Nachlass zur Befriedigung aller Gläubiger nicht ausreicht.** Ob eine Erbengemeinschaft vor der Eröffnung des Nachlassinsolvenzverfahrens auseinandergesetzt worden ist, ist unerheblich. Nach § 316 Abs. 2 InsO ist die Eröffnung noch zulässig, wenn bei einer Mehrheit von Erben die Teilung des Nachlasses bereits erfolgt ist. Auf diese Weise wird ausgeschlossen, dass eine schnelle Teilung des Nachlasses zum Nachteil von Gläubigern vorgenommen wird. Der Insolvenzverwalter hat bei einer bereits vollzogenen Teilung des

---

[944] OLG Köln v. 3. 11. 2014, 2 Wx 315/14, FGPrax 2015, 87, 88.

[945] *Bamberger/Roth/Lohmann,* § 1988 Rdn. 5.

[946] *Staudinger/Dobler* (2016), § 1988 Rdn. 19.

[947] *Herzog,* ErbR 2013, 70, 75; *Isekeit/Weiß,* ZErb 2016, 249.

[948] Näher hierzu und zu weiteren Vorteilen der Nachlassverwaltung gegenüber der Nachlassinsolvenz *Nöll/Flitsch,* ZEV 2017, 247, 251.

Nachlasses nach Eröffnung des Nachlassinsolvenzverfahrens **sämtliches Nachlassvermögen in Besitz zu nehmen, §§ 80, 148, 149 InsO.** Die Erben ihrerseits sind verpflichtet, das in ihrem Besitz Befindliche an den Verwalter herauszugeben.[949] Bei **Überschuldung, Zahlungsunfähigkeit** und sogar schon bei **drohender Zahlungsunfähigkeit des Nachlasses kann der Erbe die gewünschte Trennung von Nachlass und Eigenvermögen** durch ein Nachlassinsolvenzverfahren herbeiführen.

Das Nachlassinsolvenzverfahren ist eine **besondere Art des Insolvenzverfahrens,** als es über das Vermögen eines Verstorbenen eröffnet werden kann. **Die Vorschriften der §§ 1975, 1980 BGB werden durch die §§ 315 ff. InsO ergänzt.** Hauptzweck der Sonder- bzw. Partikularinsolvenz ist nicht die rückwirkende Trennung von Nachlass und Eigenvermögen des Erben, um auf diese Weise dessen Haftungsbeschränkung zu bewirken, sondern die **gleichmäßige Befriedigung der Nachlassgläubiger.**[950] Der Erbe kann wie bei der Nachlassverwaltung erreichen, dass er den Nachlassgläubigern nur mit dem Nachlass haftet. Eigengläubiger können nach der Eröffnung nicht auf den Nachlass zugreifen, was gleichermaßen dem Interesse der Nachlassgläubiger entspricht. **Wirtschaftlich gesehen hat das Nachlassinsolvenzverfahren eine eher geringe Bedeutung, da die insolvenzbehafteten Nachlässe in der Regel nicht werthaltig sind.**[951]

Im Nachlassinsolvenzverfahren wird nicht das gesamte Schuldnervermögen verwertet, sondern nur der Nachlass als Sondervermögen, § 11 Abs. 2 Nr. 2 Alt. 1 InsO. Ein Erbteil kann gemäß § 316 Abs. 3 InsO nicht Gegenstand eines Nachlassinsolvenzverfahrens sein. Aus der gesamthänderischen Bindung bei einer Erbengemeinschaft ergibt sich, dass eine isolierte Vermögensliquidation nicht zulässig ist.[952] *309*

Auf Ersuchen des Insolvenzgerichts wird **in Grundbüchern** wegen der Eröffnung eines Nachlassinsolvenzverfahrens **ein Insolvenzvermerk eingetragen.** Wird eine GbR nach § 727 Abs. 1 BGB mangels abweichender Vereinbarung durch den Tod eines Gesellschafters aufgelöst, geht mit der Eröffnung des Insolvenzverfahrens über dessen Nachlass die Befugnis, über im Grundbuch eingetragene Rechte der GbR zu verfügen, von dem Erben auf den Insolvenzverwalter über. Enthält der Gesellschaftsvertrag eine Regelung, wonach die Gesellschaft beim Tod eines Gesellschafters nicht aufgelöst, sondern mit dessen Erben fortgesetzt wird (sog. Nachfolgeklausel), wird durch die Eröffnung des Nachlassinsolvenzverfahrens die Verfügungsbefugnis des Erben über im Grundbuch eingetragene Rechte der GbR nicht eingeschränkt. Der Insolvenzvermerk ist zu löschen, wenn der Insolvenzverwalter dies bewilligt oder wenn dem Grundbuchamt die Vereinbarung einer Nachfolgeklausel in der Form des § 29 Abs. 1 Satz 1 GBO nachgewiesen wird, d.h. durch öffentliche oder öffentlich beglaubigte Urkunden. Der **Bundesgerichtshof** hat offen gelassen, ob und inwieweit als Nachweis auch ein notarieller oder notariell beglaubigter Gesellschaftsvertrag ausreichen kann. Die Vorlage eines privatschriftlichen Gesellschaftsvertrages genügt jedenfalls nicht.[953] *309a*

---

949 BGH v. 10.10.2013, IX ZR 30/12, ErbR 2014, 229, 231.
950 Leonhardt/Smid/Zeuner/*Fehl*, § 315 InsO Rdn. 3, 7; *Erman/Horn*, § 1975 Rdn. 7.
951 *Gottwald/Döbereiner*, Insolvenzrechts-Handbuch, § 111 Rdn. 7.
952 FK-InsO/*Schallenberg/Rafiqpoor*, § 316 InsO Rdn. 13; *Burandt/Rojahn/Joachim*, § 1975 Rdn. 6.
953 BGH v. 13.7.2017, V ZB 136/16, NZG 2017, 1257, 1259.

a) Voraussetzungen für die Eröffnung des Nachlassinsolvenzverfahrens

310 Die Zulässigkeit eines Nachlassinsolvenzverfahrens hängt nicht davon ab, ob der Erbe die Erbschaft angenommen hat, beschränkbar oder unbeschränkbar haftet und ob bei einer Miterbengemeinschaft der Nachlass schon geteilt oder noch ungeteilt ist, § 316 Abs. 2 InsO. **Haftet der Erbe unbeschränkbar, dient das Verfahren ausschließlich dazu, Zugriffe von Eigengläubigern des Erben auf den Nachlass zu verhindern.**[954] Die Voraussetzungen für die Eröffnung des Nachlassinsolvenzverfahrens sind in der Insolvenzordnung geregelt. Wie jedes andere Insolvenzverfahren **wird auch das Nachlassinsolvenzverfahren gemäß § 26 InsO nur eröffnet, wenn die Verfahrenskosten gedeckt sind.** Damit ist grundsätzlich eine Bardeckung gemeint. Die Verfahrenskosten bestehen gemäß § 54 InsO aus den **Gerichtskosten** und der **Vergütung des** vorläufigen Insolvenz**verwalters**, des endgültigen Insolvenzverwalters bzw. der **Mitglieder des Gläubigerausschusses.**[955]

aa) Antrag

311 Das Nachlassinsolvenzverfahren wird wie das Nachlassverwaltungsverfahren **nur auf Antrag eröffnet.** Der Antrag kann **bereits vor der Annahme der Erbschaft gestellt werden.** Es sollte bei der Antragstellung klargestellt werden, dass es sich nicht um einen Antrag in einem Regel- oder Verbraucherinsolvenzverfahren, sondern um einen Antrag auf Eröffnung eines Nachlassinsolvenzverfahrens handelt. Ein bundesweit für Nachlassinsolvenzverfahren einheitlich zu verwendendes Antragsformular hat das Bundesministerium für Justiz und Verbraucherschutz bisher entgegen § 13 Abs. 4 InsO nicht eingeführt, was in der Praxis misslich ist.[956]

Antragsberechtigt sind gemäß § 317 Abs. 1 InsO jeder Erbe, Miterben (auch nach der Teilung des Nachlasses), **Vorerben** und **Nacherben während ihrer Erbzeit.** Anders als bei der Nachlassverwaltung **müssen nicht alle Miterben den Antrag gemeinsam stellen.** Zum Schutz der anderen Miterben vor einer unzeitigen Insolvenzeröffnung ist der Eröffnungsgrund gemäß § 317 Abs. 2 Satz 1 InsO i.V.m. § 294 ZPO glaubhaft zu machen, sofern der Antrag nicht von allen Miterben gestellt wird.[957] Die übrigen Erben sind nach § 317 Abs. 2 Satz 2 InsO zu hören. Hat der Erbe die Erbschaft verkauft, geht die Antragsberechtigung auf den **Erbschaftskäufer** über.[958] Lebte der Erblasser im Güterstand der Gütergemeinschaft und gehörte der Nachlass zum gemeinsam verwalteten Gesamtgut, steht das Antragsrecht **jedem Ehegatten, dem erbenden wie dem nichterbenden Ehegatten, der das Gesamtgut allein oder gemeinschaftlich mit dem anderen Ehegatten verwaltet**, ohne Zustimmung des anderen Ehegatten zu.[959] Die Antragsbefugnis entfällt nicht durch eine bestehende Nachlassver-

---

[954] Leonhardt/Smid/Zeuner/*Fehl*, § 316 InsO Rdn. 4; FK-InsO/*Schallenberg/Rafiqpoor*, § 316 InsO Rdn. 5.

[955] *Hausmann/Hohloch/Joachim*, Handbuch des Erbrechts, Kap. 21, Rdn. 116.

[956] *Isekeit/Weiß*, ZErb 2016, 249.

[957] MüKo-InsO/*Siegmann*, § 317 InsO Rdn. 10; *Hausmann/Hohloch/Joachim*, Handbuch des Erbrechts, Kap. 21, Rdn. 118.

[958] HK-InsO/*Marotzke*, § 317 InsO Rdn. 15.

[959] Leonhardt/Smid/Zeuner/*Fehl*, § 318 InsO Rdn. 2; FK-InsO/*Schallenberg/Rafiqpoor*, § 318 InsO Rdn. 2.

waltung oder eine Testamentsvollstreckung. Der **Testamentsvollstrecker ist zu einem Antrag des Erben gemäß § 317 Abs. 3 InsO zu hören.** Der antragstellende Erbe muss seine Erbeneigenschaft darlegen, was durch Vorlage eines Erbscheins oder einer letztwilligen Verfügung geschieht.[960] Es ist nicht Aufgabe des Insolvenzgerichts, eigene Ermittlungen darüber anzustellen, wer Erbe des Nachlassvermögens ist.

Der **Antragsteller hat die Voraussetzungen für eine Verfahrenseröffnung darzulegen,** d.h. anzugeben, dass und auf welcher Grundlage das Vorliegen eines Eröffnungsgrundes geltend gemacht wird. Bei der Nachlassinsolvenz erfolgt das durch **Vorlage eines Nachlassverzeichnisses. Die Verfahrenskostendeckung muss nicht nachgewiesen werden.** Die entsprechende Prüfung obliegt im Wege der Amtsermittlung gemäß § 5 Abs. 1 InsO dem Insolvenzgericht. Das **Recht des Erben,** ein Nachlassinsolvenzverfahren zu beantragen, **korrespondiert mit der Pflicht zur Antragstellung im Fall der Zahlungsunfähigkeit oder der Überschuldung des Nachlasses** gemäß § 1980 Abs. 1 Satz 1 BGB. Der Nachlassverwalter ist – wie der Erbe – gemäß § 1985 Abs. 2 BGB i.V.m. § 1980 Abs. 1 Satz 1 BGB ebenfalls verpflichtet, unverzüglich einen Antrag zu stellen, wenn er von einer Überschuldung oder Zahlungsunfähigkeit Kenntnis erlangt.[961] Der positiven Kenntnis von Zahlungsunfähigkeit und Überschuldung steht gemäß § 1980 Abs. 2 Satz 1 BGB die auf Fahrlässigkeit beruhende Unkenntnis gleich. Das Nachlassinsolvenzverfahren sollte deshalb schon vorsorglich zur Vermeidung von Schadensersatzansprüchen beantragt werden.[962] **Keine Antragspflicht** und damit verbundene Verantwortlichkeit im Verhältnis zu den Nachlassgläubigern **besteht für den nach §§ 1960, 1961 BGB bestellten Nachlasspfleger und den verwaltenden Testamentsvollstrecker** trotz ihres Rechts zur Antragstellung.[963] Sie sind nur dem Erben verantwortlich. Der Eröffnungsantrag eines Nachlasspflegers ist zulässig, wenn er eine Überschuldung des Nachlasses in substantiierter, nachvollziehbarer Form darlegt, ohne dass eine Schlüssigkeit im technischen Sinne erforderlich ist.[964]

Das **Antragsrecht des Erben erlischt mit der Ausschlagung der Erbschaft**[965], weil er rückwirkend seine Erbenstellung aufgibt und keine Berechtigung am Schicksal des Nachlasses mehr hat. **Eigengläubiger** des Erben können nur ein Insolvenzverfahren über das gesamte Vermögen des Erben beantragen. Der Insolvenzverwalter stellt dann den Antrag auf Eröffnung des Nachlassinsolvenzverfahrens.[966]

Prozesskostenhilfe kann für den Antrag eines Erben oder eines gesetzlichen Vertreters noch nicht feststehender Erben auf Eröffnung eines Nachlassinsolvenzverfahrens **nicht bewilligt werden.** Der Nachlass ist als Sondervermögen gemäß § 11 Abs. 2 Nr. 2 InsO insolvenzfähig, aber nicht rechtsfähig. Er kann somit nicht als Schuldner angese-

311a

---

[960] Palandt/*Weidlich,* § 1981 BGB Rdn. 1 zur Nachlassverwaltung.

[961] FK-InsO/*Schallenberg/Rafiqpoor,* § 317 InsO Rdn. 34.

[962] *Erman/Horn,* § 1975 Rdn. 1.

[963] KG v. 7.2.1975, 1 W 1218/74, FamRZ 1975, 292; *Bamberger/Roth/Lohmann,* § 1980 Rdn. 3; *Erman/Horn,* § 1980 Rdn. 5; Palandt/*Weidlich,* § 1980 Rdn. 3; *Hausmann/Hohloch/Joachim,* Handbuch des Erbrechts, Kap. 21, Rdn. 21; *Uhlenbruck/Lüer,* § 317 InsO Rdn. 7; a.A. *Nerlich/ Römermann/Riering,* § 317 InsO Rdn. 7; *Kübler/Prütting/Holzer,* § 317 InsO Rdn. 10.

[964] BGH v. 12.7.2007, IX ZB 82/04, ZEV 2007, 587, 588.

[965] FK-InsO/*Schallenberg/Rafiqpoor,* § 317 InsO Rdn. 9.

[966] *Häsemeyer,* Insolvenzrecht, Rdn. 33.06.

hen werden. Schuldner sind vielmehr die Erben als rechtsfähige natürliche Personen und Träger der in der Nachlassmasse befindlichen Vermögenswerte und Nachlassverbindlichkeiten. Für einen Schuldner sieht § 4a InsO eine **Stundung der Kosten des Insolvenzverfahrens** vor, wenn ein Antrag auf Restschuldbefreiung gestellt und dieser nicht offensichtlich zu versagen ist. Restschuldbefreiung kann gemäß §§ 286, 4a InsO nur eine natürliche Person beantragen, woraus folgt, dass für einen Erben lediglich für eine eigene Insolvenz, **nicht aber für ein Nachlassinsolvenzverfahren, das eine Restschuldbefreiung für den Nachlass nicht kennt**, Kostenhilfe im Wege der Stundung in Betracht kommt. Auf Kostenstundung kann nur der Schuldner hoffen, der das Ziel der Restschuldbefreiung verfolgt. Der vorrangige § 4a InsO schließt grundsätzlich die Bewilligung von Prozesskostenhilfe nach § 4 InsO i.V.m. §§ 114 ff. ZPO aus[967], so dass die Deckung der Verfahrenskosten gemäß § 26 InsO im Nachlassinsolvenzverfahren nicht aus der Staatskasse über Prozesskostenhilfe finanziert werden kann.

312   **Antragsberechtigt ist** gemäß § 317 Abs. 1 InsO **auch jeder Nachlassgläubiger** einschließlich Pflichtteilsberechtigten, Vermächtnisnehmern und Auflagenbegünstigten, wenn diese aus dem Verfahren Befriedigung erlangen können. Für sie sieht die Insolvenzordnung keine Frist für die Stellung des Antrages vor, während die Antragsberechtigung der Nachlassgläubiger **gemäß § 319 InsO zwei Jahre nach Annahme der Erbschaft erlischt.**[968] Die Eröffnung ist ohne zeitliche Beschränkung auch Jahre nach dem Erbfall zulässig.[969] Wird der Antrag von einem Nachlassgläubiger gestellt, hat er **ein eigenes rechtliches Interesse an der Verfahrenseröffnung darzulegen,** § 1 Abs. 1 InsO.[970] Er hat in dem Antrag seine **Forderung**[971] und den **Eröffnungsgrund** – Zahlungsunfähigkeit oder Überschuldung – **glaubhaft zu machen.**[972] Unzulässig ist ein Insolvenzantrag, wenn der Gläubiger ohne Insolvenzverfahren an sein Ziel kommen kann, so insbesondere die voll gesicherten dinglich Berechtigten. Die Glaubhaftmachung eines Insolvenzgrundes ist für einen Nachlassgläubiger nicht immer einfach, da der Nachlass als Sondervermögen des Erben für den Gläubiger der Höhe nach nicht erkennbar in Erscheinung tritt. Diese Einschränkungen führen in der Praxis dazu, dass **Gläubigeranträge so gut wie gar nicht vorkommen.** Der Gläubiger eines insolventen Nachlasses wird stets den jedenfalls zunächst unbeschränkt haftenden Erben in Anspruch nehmen, der im eigenen Interesse spätestens jetzt einen Insolvenzantrag stellen wird.

Hatte ein Gläubiger zu Lebzeiten des Erblassers die Eröffnung eines Regelinsolvenzverfahrens über das Vermögen des Erblassers als Schuldner beantragt und sind daraufhin Sicherungsmaßnahmen gemäß §§ 21, 22 InsO angeordnet und ein vorläufiger Insolvenzverwalter bestellt worden oder hat die Eröffnung des Regelinsolvenzverfahrens bereits stattgefunden und verstirbt der Schuldner dann, hat das Insolvenzgericht den

---

[967] LG Kassel v. 25.6.2014, 3 T 170/14, BeckRS 2014, 13610; AG Coburg v. 12.8.2016, IN 217/16, BeckRS 2016, 18731; a.A. LG Göttingen v. 10.10.2000, 10 T 128/00, ZinsO 2000, 619; LG Fulda v. 13.10.2006, 3 T 266/09, BeckRS 2007, 06564, die sich jedoch mit dem Konkurrenzverhältnis zwischen § 4a InsO einerseits und § 4 InsO, §§ 114 ff. ZPO nicht auseinandersetzen.

[968] *Isekeit/Weiß,* ZErb 2016, 249, 250.

[969] Leonhardt/Smid/Zeuner/*Fehl,* § 316 InsO Rdn. 6; *Haarmeyer/Wutzke/Förster,* Kap. 10, Rdn. 98.

[970] MüKo-InsO/*Siegmann,* § 317 InsO Rdn. 12.

[971] BGH v. 19.5.2011, IX ZB 74/10, FamRZ 2011, 1292, 1294, Rdn. 21.

[972] *Hausmann/Hohloch/Joachim,* Handbuch des Erbrechts, Kap. 21, Rdn. 119.

Gläubiger aufzufordern, zu erklären, ob er den Antrag zurücknimmt oder die Überleitung in das Nachlassinsolvenzverfahren beantragen will. Eine **Überleitung des Eröffnungsverfahrens vom Regel- in das Nachlassinsolvenzverfahren kann ohne Probleme erfolgen, weil die Eröffnungsgründe in beiden Verfahren dieselben sind.**[973] Mit dem Recht, den ursprünglichen Antrag auf Eröffnung des Regelinsolvenzverfahrens in einen Antrag auf Eröffnung eines Nachlassinsolvenzverfahrens umzustellen, korrespondiert die Verpflichtung, die Voraussetzungen für die Eröffnung eines Nachlassinsolvenzverfahrens glaubhaft zu machen, weil ex nunc die Regeln über das Nachlassinsolvenzverfahren Anwendung finden. Folglich muss der Gläubiger die Zahlungsunfähigkeit/Überschuldung des Nachlasses und seine Forderung als Nachlassforderung glaubhaft machen und ein rechtliches Interesse an der Eröffnung des Nachlassinsolvenzverfahrens darlegen.[974]

bb) Zuständiges Gericht

Als **Insolvenzgericht** ist nicht wie bei der Nachlassverwaltung das Nachlassgericht, sondern **ausschließlich das Amtsgericht zuständig, in dessen Bezirk ein Landgericht seinen Sitz hat, § 2 InsO.** Die **örtliche Zuständigkeit** des Insolvenzgerichts **bestimmt sich gemäß § 315 Satz 1 InsO nach dem allgemeinen Gerichtsstand des Erblassers zum Zeitpunkt des Todes.** Dieser richtet sich gemäß § 13 BGB nach dessen Wohnsitz.[975] **Allgemeiner Gerichtsstand bei wohnsitzlosen Personen** ist gemäß § 16 ZPO der Aufenthaltsort im Inland und wenn ein solcher nicht bekannt ist, der Ort des letzten Wohnsitzes. Hatte der Erblasser einen Wohnsitz im Ausland, ist § 16 ZPO nicht anwendbar. Es besteht keine inländische Zuständigkeit für die Eröffnung eines Nachlassinsolvenzverfahrens als Hauptinsolvenzverfahren. Ein Wohnsitz wird gemäß § 7 Abs. 1 BGB dort begründet, wo sich eine Person ständig niederlässt. Es ist eine tatsächliche Niederlassung mit dem Willen, den Ort zum ständigen Schwerpunkt der Lebensverhältnisse zu machen, erforderlich. Die Niederlassung erfordert eine eigene Unterkunft, wobei auch eine behelfsmäßige Unterkunft genügt. Der Domizilwille muss darauf gerichtet sein, den Ort zum ständigen Schwerpunkt der Lebensverhältnisse zu machen.[976] Eine polizeiliche Anmeldung allein reicht für die Begründung eines Wohnsitzes nicht aus. Es handelt sich um ein bloßes Indiz, so dass festgestellt werden muss, ob am Meldeort ein dauernder Lebensmittelpunkt besteht.[977] War der **Erblasser selbstständig wirtschaftlich tätig, besteht eine ausschließliche Zuständigkeit des Insolvenzgerichts, in dessen Bezirk die unternehmerische Tätigkeit ausgeübt wurde, § 315 Satz 2 InsO.** Auf die Verhältnisse des Erben kommt es nicht an. Die örtlichen Zuständigkeiten von Nachlass- und Insolvenzgericht können deshalb verschieden sein.[978] Ist eine Zuständigkeit für ein den gesamten Nachlass umfassendes Insolvenz-

313

---

[973] BGH v. 22.1.2004, IX ZR 39/03, BGHZ 157, 350–361, Rdn. 13; LG Hamburg v. 15.4.2016, 326 T 18/16, BeckRS 2016, 09274.

[974] LG Hamburg v. 15.4.2016, 326 T 18/16, BeckRS 2016, 09274.

[975] Zur örtlichen Zuständigkeit für das Nachlassinsolvenzverfahren über das Vermögen einer wohnsitzlosen Person mit zuletzt ausländischem Aufenthalt BGH v. 14.1.2010, IX ZB 76/09, ZEV 2010, 528.

[976] BGH v. 14.1.2010, IX ZB 76/09, ZEV 2010, 528 = ZinsO 2010, 348.

[977] BGH v. 21.12.1994, XII ARZ 35/94, NJW-RR 1995, 507; AG Niebüll v. 15.7.2015, 5 IN 7/15, BeckRS 2015, 15214.

[978] *Haarmeyer/Wutzke/Förster*, Kap. 10, Rdn. 92.

verfahren im Inland nicht gegeben, kann nach Art. 102 Abs. 2 Satz 1 EGInsO gleichwohl über das im Inland belegene Erblasservermögen ein Partikularinsolvenzverfahren eröffnet werden.[979]

cc) Eröffnungsgründe

314 Jedes Insolvenzverfahren setzt einen Eröffnungsgrund voraus. Bei der Nachlassinsolvenz muss er auf den Nachlass als Sondervermögen bezogen sein. Eröffnungsgründe sind die **Überschuldung** und die **Zahlungsunfähigkeit des Nachlasses** sowie eine **drohende Zahlungsunfähigkeit, §§ 16, 320 InsO.**

315 **Zahlungsunfähigkeit** liegt gemäß § 17 Abs. 2 Satz 1 InsO vor, **wenn der Erbe nicht mehr in der Lage ist, fällige Nachlassforderungen zu erfüllen.** Für die Nachlassinsolvenz bezieht sich das auf die flüssigen Nachlassmittel einerseits und sämtliche fälligen Nachlassverbindlichkeiten andererseits.[980] Das wird gemäß § 17 Abs. 2 Satz 2 InsO vermutet, wenn er seine Zahlungen eingestellt hat. Der Zahlungseinstellung kommt allerdings nur eine Indizwirkung zu. Die Zahlungsunfähigkeit muss darüber hinaus für den beteiligten Verkehrskreis bereits nach außen erkennbar gewesen sein.[981] Von der Zahlungsunfähigkeit sind ein vorübergehender Liquiditätsengpass oder eine Zahlungsunwilligkeit zu unterscheiden. Liquiditätsengpässe liegen vor, wenn der Schuldner kurzfristig zur Begleichung seiner Verbindlichkeiten nicht in der Lage ist, aber begründete Aussicht besteht, dass er in absehbarer Zeit wieder über ausreichende Mittel verfügt.[982]

316 **Überschuldet** ist der Nachlass gemäß § 19 Abs. 2 Satz 1 InsO, **wenn das Nachlassvermögen die Verbindlichkeiten nicht mehr deckt, wobei der Zeitpunkt der gerichtlichen Entscheidung über den Eröffnungsantrag maßgeblich ist.**[983] Die Nachlassaktiva sind mit ihrem aktuellen Veräußerungswert der Gesamtheit aller Nachlassverbindlichkeiten gegenüberzustellen. Dazu gehören auch diejenigen aus § 324 InsO. Zu den Aktiva zählen insbesondere auch die nach §§ 1976, 1977 BGB wieder auflebenden Rechte sowie Ansprüche gegen den Erben gemäß §§ 1978 Abs. 1, 1979 BGB.[984] Ob bei der Überschuldungsprüfung nachrangige Verbindlichkeiten – insbesondere solche aus Vermächtnissen oder Auflagen – unberücksichtigt bleiben, ist streitig.[985] Dafür spricht, dass sie aufgrund ihrer Nachrangigkeit nicht in Konkurrenz zu den übrigen Insolvenzforderungen treten und daher keine Überschuldungssituation im insolvenzrechtlichen Sinne auslösen können. Die Summe der Aus- und Absonderungsrechte und der Aufrechnungspositionen muss auf der Aktiv- und Passivseite identisch sein. Auf der Aktivseite vermindern sie in Höhe ihrer Werthaltigkeit die Zahlungsmasse, auf der Passivseite in gleicher Höhe die Schuldenmasse.

---

[979] MüKo-InsO/*Siegmann*, § 315 InsO Rdn. 8.
[980] *Kübler/Prütting/Holzer*, § 320 InsO Rdn. 3.
[981] FK-InsO/*Schallenberg/Rafiqpoor*, § 320 InsO Rdn. 9.
[982] MüKo-InsO/*Eilenberger*, § 17 InsO Rdn. 5.
[983] FK-InsO/*Schallenberg/Rafiqpoor*, § 320 InsO Rdn. 14.
[984] *Bamberger/Roth/Lohmann*, § 1980 Rdn. 2.
[985] Dafür *Haarmeyer/Wutzke/Förster*, Kap. 10, Rdn. 100; *Scherer/Wiester*, § 28 Rdn. 15; *Lutter*, ZiP 1999, 641, 645; *Hausmann/Hohloch/Joachim*, Handbuch des Erbrechts, Kap. 21, Rdn. 121; a.A. *Kübler/Prütting/Holzer*, § 320 InsO Rdn. 4; HK-InsO/*Kirchhof*, § 19 InsO Rdn. 23; *Nerlich/Römermann/Mönning*, § 19 InsO Rdn. 38.

Eine **drohende Zahlungsunfähigkeit** gemäß § 18 InsO **ist nur Eröffnungsgrund,**   *317*
**wenn der Erbe, ein Nachlassverwalter, ein Nachlasspfleger oder ein verwalterder
Testamentsvollstrecker die Eröffnung beantragen,** § 320 Abs. 2 InsO. Eine Pflicht
zur Insolvenzantragstellung besteht bei drohender Zahlungsunfähigkeit des Nachlasses nicht.[986] Nachlassgläubiger können ihren Antrag nicht auf eine drohende
Zahlungsunfähigkeit stützen. Gesetzgeberischer Hintergrund dieser einschränkenden
Regelung ist es, Nachlassgläubigern kein Druckmittel gegen den Erben in die Hand zu
geben.[987] Drohende Zahlungsunfähigkeit **liegt gemäß § 18 Abs. 2 InsO vor, wenn der**
Schuldner im Sinne überwiegender Wahrscheinlichkeit, d.h. bei mehr als 50 %, vor
aussichtlich nicht in der Lage sein wird, die bestehenden Zahlungsverpflichtungen
bei Eintritt der Fälligkeit zu erfüllen.

Der Eröffnungsgrund muss in der Regel **nicht glaubhaft gemacht werden, wenn**   *318*
der Erbe den Antrag stellt.[988] Ein Nachlassgläubiger muss gemäß § 14 InsO **stets**
ein rechtliches Interesse an der Eröffnung nachweisen. Er hat das Bestehen einer
Forderung und das Vorliegen eines Eröffnungsgrundes glaubhaft zu machen.[989]

b) Eröffnungsbeschluss

Über den Antrag auf Eröffnung des Nachlassinsolvenzverfahrens **entscheidet das In**   *319*
solvenzgericht durch Beschluss. Der Eröffnungsbeschluss **beinhaltet die Benennung**
eines Insolvenzverwalters, § 27 Abs. 1 Satz 1 InsO, **die Aufforderung an die Gläubi**
ger, ihre Forderungen innerhalb einer bestimmten Frist anzumelden, § 28 Abs. 1
InsO sowie **einen Termin der Gläubigerversammlung,** § 29 InsO. Der Eröffnungsbeschluss ist gemäß § 30 Abs. 1 InsO öffentlich bekanntzumachen und den Gläubigern
und Schuldnern des Nachlasses zuzustellen. Anders als bei der Nachlassverwaltung
muss der Eröffnungsbeschluss gemäß § 30 Abs. 1 Satz 2 InsO **immer auszugsweise**
auch im Bundesanzeiger veröffentlicht werden.

c) Insolvenzschuldner und Insolvenzmasse

Insolvenzschuldner ist der Erbe als Rechtsträger des Nachlasses. Für die Zeit vor   *320*
dem Erbfall ist der Erblasser als Insolvenzschuldner anzusehen.[990] Dem Nachlass als
solchem kommt keine Rechtspersönlichkeit zu.[991] Da der Erbe selbst keinen Eröffnungsgrund gesetzt hat, sondern nur wegen seiner Rechtsstellung als Erbe Insolvenzschuldner geworden ist, trifft ihn nicht dieselbe Schmälerung seiner persönlichen
Rechtsstellung aufgrund einer Minderung seiner staatsbürgerlichen Rechte, die der
Schuldner des Regelinsolvenzverfahrens erleidet.[992] Der Erbe hat alle Rechte und
Pflichten eines Insolvenzschuldners, die die Insolvenzordnung vorsieht.[993] Dazu gehö

---

[986] MüKo-Inso/*Siegmann*, § 320 InsO Rdn. 3; *Hausmann/Hohloch/Joachim*, Handbuch des Erbrechts, Kap. 21, Rdn. 123.
[987] FK-InsO/*Schallenberg/Rafiqpoor*, § 320 InsO Rdn. 19.
[988] Zu Ausnahmen bei der Antragstellung durch einen Miterben siehe Rdn. 311.
[989] *Michalski*, Rdn. 885.
[990] *Michalski*, Rdn. 889.
[991] FK-InsO/*Schallenberg/Rafiqpoor*, § 315 InsO Rdn. 22; *Hanisch*, FS für Henckel, S. 370 f.
[992] *Lange/Kuchinke*, § 49 IV 4; Leonhardt/Smid//*Zeuner/Fehl*, § 315 InsO Rdn. 12.
[993] Leonhardt/Smid/*Zeuner/Fehl*, § 315 InsO Rdn. 12.

ren die **Pflicht zur Auskunftserteilung, § 97 InsO, zur Abgabe der eidesstattlichen Versicherung, § 98 InsO und die Pflicht, sich gemäß § 176 InsO über die zur Tabelle angemeldeten Forderungen zu erklären.** Wurde über das Vermögen des Erblassers schon vor dem Erbfall das Regelinsolvenzverfahren eröffnet, wird es danach als Nachlassinsolvenzverfahren fortgeführt.[994] Ein Nacherbe wird gemäß § 329 InsO mit Eintritt des Nacherbfalls Insolvenzschuldner, ein Erbschaftskäufer gemäß § 330 Abs. 1 InsO mit Abschluss des Kaufvertrages und gemäß § 330 Abs. 3 InsO bei einem Weiterverkauf der zweite Käufer. Der Erbe kann aufgrund der Trennung der Vermögensmassen, deren Rechtsträger er in einer Person ist, sowohl Nachlassgläubiger als auch Insolvenzschuldner sein. Obwohl er Erbe geworden und damit in die Rechtsstellung des Erblassers eingetreten ist, kann er seine Ansprüche, soweit sie ihm gegen den Erblasser zustanden, gemäß § 326 InsO geltend machen.

321 **Die Insolvenzmasse besteht aus dem Nachlass zum Zeitpunkt der Eröffnung des Verfahrens, soweit er nach Maßgabe der §§ 811 ff. ZPO der Zwangsvollstreckung unterliegt.**[995] Welche Gegenstände pfändbar sind, bestimmt sich **unter Zugrundelegung der Verhältnisse des Erben.** Unpfändbarkeit ist nur gegeben, soweit der Erbe auf die Gegenstände zur Ermöglichung einer Berufsausübung oder einer menschenwürdigen Existenz angewiesen ist. Zur Insolvenzmasse gehören gemäß §§ 35, 36 InsO auch das Vermögen, das während des Verfahrens erworben wird, Ansprüche wegen einer bisherigen schlechten Verwaltung durch den Erben gemäß § 1978 Abs. 1 Satz 1 BGB, durch den Testamentsvollstrecker, Nachlasspfleger und Nachlassverwalter sowie Ersatzansprüche wegen verzögerter Beantragung des Verfahrens gemäß § 1980 Abs. 1 Satz 2 BGB.[996] Zur Insolvenzmasse gehört ferner, **was infolge anfechtbarer Rechtshandlungen gemäß §§ 129 ff. InsO** oder solcher Leistungen zur Erfüllung von Pflichtteilsansprüchen, Vermächtnissen oder Auflagen durch den Erben vor der Eröffnung des Insolvenzverfahrens **zurückgewährt wird, §§ 322, 328 InsO.** Bei einer Erbengemeinschaft gehört zum Nachlass auch das durch dingliche Surrogation gemäß § 2041 BGB Erlangte.[997] Für den Alleinerben gibt es eine entsprechende Vorschrift nicht, so dass lediglich ein Ausgleichsanspruch entstehen kann, der zur Masse zählt[998], sofern der Erbe nicht erkennbar für den Nachlass erwerben wollte[999].

Als wirtschaftliche Einheit fällt grundsätzlich auch ein vom Erblasser betriebenes Unternehmen einschließlich der zwischenzeitlich erwirtschafteten Erträge in die Masse. Hat das ererbte Unternehmen aufgrund der Geschäftsführung des Erben bis zur Verfahreneröffnung bereits eine Identitätsänderung erfahren, ist nur noch der in ihm enthaltene Wert des ererbten Unternehmens zur Zeit des Erbfalls massezugehörig.[1000]

---

[994] Leonhardt/Smid/Zeuner/*Fehl*, § 315 InsO Rdn. 19.
[995] Leonhardt/Smid/Zeuner/*Fehl*, § 315 InsO Rdn. 9; *Hanisch*, FS für Henckel, S. 372, 374.
[996] FK-InsO/*Schallenberg/Rafiqpoor*, § 315 InsO Rdn. 19.
[997] Leonhardt/Smid/Zeuner/*Fehl*, § 315 InsO Rdn. 9.
[998] Leonhardt/Smid/Zeuner/*Fehl*, § 315 InsO Rdn. 9; FK-InsO/*Schallenberg/Rafiqpoor,* § 315 InsO Rdn. 20.
[999] *Scherer/Wiester*, § 28 Rdn. 25.
[1000] *Häsemeyer*, Insolvenzrecht, Rdn. 33.18.

d) Rechtliche Auswirkungen der Insolvenzeröffnung

Die Eröffnung des Insolvenzverfahrens hat **Auswirkungen auf den Umfang der In-** *322* **solvenzmasse**, den **Übergang von Verwaltungs- und Verfügungsrechten** und auf **Zwangsvollstreckungsmaßnahmen.** Hinzu treten **steuerliche und prozessuale Auswirkungen.**

aa) Materiellrechtliche Folgen

Der Erbe verliert mit dem im Eröffnungsbeschluss angegebenen Zeitpunkt **das Recht** *323* **den Nachlass zu verwalten und über Nachlassgegenstände zu verfügen. Er bleibt** aber weiterhin Träger des Nachlasses. Die Verwaltungs- und Verfügungsbefugnis geht auf den Insolvenzverwalter über, § 80 Abs. 1 InsO. Eine schon angeordnete Nachlassverwaltung oder ein Aufgebotsverfahren enden gemäß § 1988 Abs. 1 BGB bzw. gemäß § 457 Abs. 2 FamFG mit diesem Zeitpunkt, weil ihr Sinn und Zweck im Nachlassinsolvenzverfahren aufgeht. Gleiches gilt für eine bestehende Testamentsvollstreckung. Die Bestellung einer Nachlasspflegschaft gemäß § 1960 BGB bleibt bestehen. Sie ist sogar noch während des Nachlassinsolvenzverfahrens möglich.[1001] **Rechtsverhältnisse zwischen dem Nachlass und dem Eigenvermögen des Erben werden als fortbestehend fingiert, § 1976 BGB, § 326 Abs. 1 InsO. Aufrechnungserklärungen** von Eigengläubigern gegen nachlasszugehörige Forderungen werden unwirksam, ebenso Aufrechnungserklärungen von Nachlassgläubigern gegen zum Eigenvermögen gehörende Forderungen des Erben, **§ 1977 Abs. 1, Abs. 2 BGB.** Der Nachlass dient nach der Eröffnung ausschließlich der Befriedigung der Nachlassgläubiger unter Ausschluss der Eigengläubiger des Erben, § 325 InsO. Nachlassgläubiger, denen der Erbe nicht unbeschränkbar haftet, können ihre Forderungen nur noch nach Maßgabe der Insolvenzordnung, d. h. durch Anmeldung zur Insolvenztabelle und nur noch auf einen Geldbetrag lautend, geltend machen, § 87 InsO. Sie bilden während des Verfahrens eine Zwangsgemeinschaft in Form der Gläubigerversammlung.

Die Eröffnung des Nachlassinsolvenzverfahrens **ändert nichts an der Zurechnung nachlassbezogener Steuerschulden zum Erben als Gesamtrechtsnachfolger des Erblassers**, was sich aus § 45 Abs. 1 Satz 2 AO ergibt. Der Nachlass selbst ist kein Steuerobjekt.[1002] Darunter fallen die nach § 45 Abs. 1 AO auf den Erben übergegangenen Steuer- und Haftungsschulden des Erblassers als Erblasserschulden sowie die durch den Erbfall entstandenen Erbschaftsteuerverbindlichkeiten des Erben selbst oder eines Vermächtnisnehmers.

Nach der Verfahrenseröffnung sind **Rechtshandlungen des Erben gemäß § 81** *324* **Abs. 1 Satz 1 InsO den Insolvenzgläubigern gegenüber absolut unwirksam.** Damit wird erreicht, dass der Umfang des Nachlasses nicht durch den Erben beeinträchtigt werden kann. Ein gutgläubiger Erwerb an beweglichen Sachen ist nicht mehr möglich, und zwar selbst dann nicht, wenn der Erwerber gutgläubig annimmt, der erworbene Gegenstand gehöre nicht zum Nachlass. Veräußert der Erbe nach Eröffnung des Insolvenzverfahrens einen zum Nachlass gehörenden Gegenstand an einen Käufer, der weder die Nachlasszugehörigkeit noch den Eröffnungsbeschluss kennt, erwirbt dieser kein

---

[1001] Leonhardt/Smid/Zeuner/*Fehl*, § 315 InsO Rdn. 18; *Hanisch*, FS für Henckel, S. 378.
[1002] BFH v. 28. 4. 1992, VII ZR 33/91, NJW 1993, 351.

Eigentum. Auf seine Gutgläubigkeit hinsichtlich der Veräußerungsbefugnis kommt es nicht an. Der Insolvenzverwalter kann von ihm den Gegenstand nach § 985 BGB herausverlangen. Da der Kaufvertrag nicht gegen den Nachlass wirkt, kann der Käufer keine Ersatzansprüche wegen Nichterfüllung gegen den Nachlass geltend machen. Möglich ist dagegen eine Haftung des Erben auf Schadensersatz mit seinem Eigenvermögen. Hat der Käufer den Kaufpreis bereits entrichtet, ist dieser gemäß § 81 Abs. 1 Satz 3 InsO zurückzugewähren, soweit die Masse durch die Zahlung bereichert ist. Hat der Käufer seinerseits den Nachlassgegenstand an einen gutgläubigen Dritten weiterveräußert und übergeben, ist ein gutgläubiger Eigentumserwerb möglich, sofern der Gegenstand dem Insolvenzverwalter nicht abhandengekommen ist.

Ein **gutgläubiger lastenfreier Erwerb von Grundstücken oder an Rechten, die diesen gleichgestellt sind, bleibt nach der Eröffnung gemäß § 81 Abs. 1 Satz 2 InsO möglich, bis der Insolvenzvermerk im Grundbuch eingetragen ist.** Erst dann steht der öffentliche Glaube des Grundbuchs dem Erwerb entgegen. Hat der Erbe ein Nachlassgrundstück veräußert, wird der Erwerber Eigentümer, wenn er von der Eröffnung des Nachlassinsolvenzverfahrens keine Kenntnis hatte. Seine Kenntnis wird unwiderlegbar vermutet, wenn der Sperrvermerk oder der Eröffnungsbeschluss im Grundbuch eingetragen ist. Deshalb wird regelmäßig **auf Ersuchen des Insolvenzgerichts unverzüglich ein Sperrvermerk in das Grundbuch eingetragen.** Unterlässt der Insolvenzverwalter schuldhaft die Herbeiführung dieser Eintragung, kann sich daraus eine persönliche Haftung ergeben.

325   **Leistungen an den Erben können mit befreiender Wirkung nur erfolgen, wenn der Leistende zur Zeit der Leistung die Eröffnung nicht kannte, § 82 Satz 1 InsO.** Vor der öffentlichen Bekanntmachung trägt der Insolvenzverwalter die Beweislast, danach muss der Leistende beweisen, dass er in Unkenntnis der Eröffnung geleistet hat. Nach § 91 Abs. 1 InsO können Rechte an Massegegenständen am Insolvenzverwalter vorbei nicht mehr wirksam erworben werden, sofern nicht die immobiliarrechtlichen Schutzregeln der §§ 878, 892, 893 BGB zur Anwendung kommen, § 91 Abs. 2 InsO. Die Vorschrift erfasst auch einen mehraktigen Rechtserwerb, den Rechtserwerb im Wege der Zwangsvollstreckung, die vor Verfahrenseröffnung eingeleitet wurde, sowie den Rechtserwerb kraft Gesetzes.[1003]

Miterben können gemäß § 2033 BGB über ihren Anteil am Nachlass verfügen. Hierdurch werden weder die Stellung des Nachlassinsolvenzverwalters noch Rechte der Gläubiger beeinträchtigt.[1004]

bb) Prozessuale Auswirkungen

326   Mit der Eröffnung des Nachlassinsolvenzverfahrens **verliert der Erbe die Prozessführungsbefugnis für diejenigen Prozesse, die den Nachlass betreffen.** Ist ein Prozess bereits anhängig, wird dieser gemäß § 240 Satz 1 ZPO zunächst unterbrochen. Das gilt auch, wenn ein Prozessbevollmächtigter bestellt war, weil § 246 ZPO nicht auf § 240 ZPO verweist. Auch Zahlungsklagen von Nachlassgläubigern gegen den Erben werden

---

[1003] MüKo-InsO/*Breuer*, § 91 InsO Rdn. 5.
[1004] Palandt/*Weidlich*, § 1984 Rdn. 1; *Hausmann/Hohloch/Joachim*, Handbuch des Erbrechts, Kap. 21, Rdn. 126.

unterbrochen.[1005] Herrscht zwischen den Parteien Streit über die Unterbrechung, hat das Prozessgericht hierüber durch Zwischenurteil gemäß § 303 ZPO zu entscheiden.[1006] Haftet ein Erbe für Nachlassverbindlichkeiten vor der Stellung eines Antrages auf Eröffnung des Nachlassinsolvenzverfahrens bereits unbeschränkt, sei es wegen einer Inventarsäumnis gemäß § 1994 Abs. 1 Satz 2 BGB oder unter den Voraussetzungen einer Inventaruntreue gemäß § 2005 Abs. 1 BGB, führt die Eröffnung des Nachlassinsolvenzverfahrens nicht zu einer Unterbrechung des Verfahrens gemäß § 240 ZPO.[1007] Die Unterbrechung tritt schon mit der Anordnung einer vorläufigen Insolvenzverwaltung ein. **Nach der Eröffnung sind Klagen von Nachlassgläubigern unzulässig.** Prozesse, in denen der Erbe oder ein Testamentsvollstrecker ein nachlassbezogenes Vermögensrecht geltend gemacht hat (Aktiv-Prozess), können in der Lage, in der sie sich befinden, vom Verwalter jederzeit aufgenommen werden.[1008] Der Gegner kann den Prozess zunächst nicht aufnehmen. Er kann das nur, wenn der Verwalter die Aufnahme verzögert oder ablehnt, § 85 Abs. 1 Satz 1, Abs. 2 InsO.

Für die nach § 240 Satz 1 ZPO unterbrochenen nachlassbezogenen Passiv-Prozesse gilt nach § 87 InsO, dass Nachlassgläubiger ihre Ansprüche nach der Verfahrenseröffnung durch individuelle Klagen nicht mehr weiter verfolgen können, sofern sie nicht eine unbeschränkte Haftung des Erben geltend machen und zugleich auf ihren Anspruch gegen den Nachlass verzichten.[1009] Es mag zwar mit dem Maßstab gemeinschaftlicher Gläubigerbefriedigung aus § 1 InsO nicht im Einklang stehen, wenn im Nachlassverfahren im Fall unbeschränkter Erbenhaftung jedem Nachlassgläubiger selbst das Recht zur Beitreibung seiner Forderung verbleibt. Es fehlt aber in dieser Konstellation für das Nachlassinsolvenzverfahren an einer gesetzlichen Regelung, nach der die Einzugsermächtigung auf den Nachlassinsolvenzverwalter übergine. Eine entsprechende Anwendung der §§ 93, 334 InsO kommt nicht in Betracht, weil es an einer planwidrigen Regelungslücke fehlt. Der Gesetzgeber hat sich bei Einführung der Insolvenzverordnung gegen die Einführung eines diesen Vorschriften entsprechenden Tatbestandes auch für das Nachlassinsolvenzverfahren entschieden.[1010] **Nachlassgläubiger sind nach Eröffnung des Insolvenzverfahrens gehalten, ihre Forderungen zur Tabelle anzumelden.**[1011] Der Insolvenzverwalter kann die angemeldete Forderung bestreiten. Nachlassgläubiger müssen dann gegen den Insolvenzverwalter auf Feststellung ihrer Forderung zur Tabelle klagen, §§ 179 ff. InsO. Der Gerichtsstand bestimmt sich gemäß § 19a ZPO nach dem Sitz des Insolvenzgerichts. Der Verlust der Prozessführungsbefugnis des Erben hat zur Folge, dass dieser im Prozess als Zeuge vernommen werden kann. Das gilt nicht für Rechtsstreitigkeiten, die im Erfolgsfall eine unmittelbare Masseminderung zur Folge haben. Es handelt sich um sog. Teilungsmassestreitig-

---

[1005] *Staudinger/Dobler* (2016), § 1984 Rdn. 21 für die Nachlassverwaltung; *Stein/Jonas/Roth*, § 240 ZPO Rdn. 7; a. A. MüKo-ZPO/*Stackmann*, § 240 ZPO Rdn. 18; nur die vom Erben geführten Verfahren.

[1006] BGH v. 11.2.2010, VII ZR 225/07, NJW-RR 2010, 1351, 1352 = BeckRS 2010, 05467; *Vorwerk/Wolf/Jaspersen*, § 240 ZPO Rdn. 15.

[1007] LG Karlsruhe v. 21.2.2014, 2 CT 19/13, ZErb 2014, 170.

[1008] *Michalski*, Rdn. 892.

[1009] BGH v. 24.10.1957, VII ZR 429/56, BGHZ 25, 395, 397 ff.; BGH v. 28.3.1996, IX ZR 77/95, NJW 1996, 2035 f.

[1010] OLG Schleswig v. 16.2.2011, 3 W 21/11, FormRZ 2011, 1682 = BeckRS 2011, 12273.

[1011] *Michalski*, Rdn. 892.

keiten wie die Geltendmachung von Aussonderungs- oder Absonderungsrechten und von Forderungen, die im eröffneten Insolvenzverfahren als Masseverbindlichkeiten zu behandeln sind. Zu diesen gehören im Nachlassinsolvenzverfahren gemäß § 324 InsO u. a. die Beerdigungskosten, die dem Erben oder dem Testamtentsvollstrecker zu ersetzenden Verwaltungsaufwendungen und die Kosten einer vorangegangenen Nachlassverwaltung. In einem solchen Fall kann der Prozess sowohl vom Verwalter als auch vom Prozessgegner jederzeit aufgenommen werden, § 86 Abs. 1 InsO.

Die **Durchsetzungssperre des § 87 InsO erfasst nur Insolvenzgläubiger.** Das sind gemäß § 38 InsO diejenigen Gläubiger, die einen bereits zur Zeit der Eröffnung des Insolvenzverfahrens begründeten Anspruch gegen den Schuldner haben. Neugläubiger sind durch § 87 InsO nicht gehindert, ihre nach Verfahrenseröffnung entstandenen Vermögensansprüche gegen den Schuldner unmittelbar geltend zu machen und in das beschlagnahmefreie Vermögen zu vollstrecken. Mietforderungen, die den Zeitraum nach dem Tod einer Insolvenzschuldnerin bis zum Ende des Mietverhältnisses betreffen, das der Erbe zum nächstmöglichen Zeitpunkt gekündigt hat, sind reine Nachlassverbindlichkeiten, für die der Erbe seine Haftung auf den Nachlass beschränken kann.[1012] Die Passivlegitimation des Erben wird nicht dadurch in Frage gestellt, dass ein Insolvenzverfahren über das Vermögen der Erblasserin mit deren Tod unmittelbar in ein Nachlassinsolvenzverfahren übergeleitet wurde, unabhängig ob es sich um ein Regelinsolvenzverfahren oder um ein Verbraucherinsolvenzverfahren handelt. Das bisherige Insolvenzverfahren nimmt ohne Unterbrechung seinen Fortgang mit dem Erben als neuem Schuldner. Nur das zwischen der Eröffnung des Insolvenzverfahrens und dem Erbfall erworbene pfändbare Vermögen des Erblassers gehört zur Masse, so dass sich die Neugläubiger des Erblassers an das bisher nicht pfändbare Restvermögen des Schuldners halten müssen.[1013]

cc) Auswirkungen auf Vollstreckungsmaßnahmen

327 **Während der Dauer des Nachlassinsolvenzverfahrens sind Zwangsvollstreckungsmaßnahmen ausgeschlossen,** d.h. Nachlassgläubiger können weder in die Insolvenzmasse noch in das Eigenvermögen des Erben vollstrecken, § 89 Abs. 1 InsO. Der **Erbe,** der sein Haftungsbeschränkungsrecht noch nicht verloren hat, **kann verlangen, dass Maßregeln der Zwangsvollstreckung, die seitens der Nachlassgläubiger in sein Eigenvermögen erfolgt sind, aufgehoben werden,** § 784 Abs. 1 ZPO.[1014] Vollstreckungsmaßnahmen von Nachlassgläubigern werden nach Eröffnung des Insolvenzverfahrens unzulässig[1015], während bereits laufende Zwangsvollstreckungsmaßnahmen gemäß § 240 Satz 1 ZPO unterbrochen werden. **Gegen Vollstreckungsmaßnahmen der Nachlassgläubiger in sein Eigenvermögen kann der beschränkt haftende Erbe mit**

[1012] BGH v. 23. 1. 2013, VIII ZR 68/12, NJW 2013, 933 Rdn. 15; BGH v. 26. 9. 2013, IX ZR 3/13, NJW 2014, 390.

[1013] BGH v. 26. 9. 2013, IX ZR 3/13, NJW 2014, 390; MüKo-InsO/*Siegmann*, Vor §§ 315–331 InsO Rdn. 3; a. A. HK-InsO/*Marotzke*, § 325 InsO Rdn. 2, wonach § 38 InsO durch § 325 InsO insoweit verdrängt werde, als auch Verbindlichkeiten des Schuldners, die dieser nach Eröffnung des Insolvenzverfahrens begründet hat und die gemäß § 1967 BGB mit dem Erbfall Nachlassverbindlichkeiten werden, gemäß § 325 InsO Insolvenzforderungen seien.

[1014] *Staudinger/Dobler* (2016), § 1975 Rdn. 6.

[1015] *Hausmann/Hohloch/Joachim*, Handbuch des Erbrechts, Kap. 21, Rdn. 129.

der Vollstreckungsgegenklage gemäß §§ 781, 785, 767 ZPO vorgehen.[1016] Eine Zwangsvollstreckung oder Zwangsverwaltung über nachlassbezogene Grundstücke aufgrund bestehender Grundpfandrechte bleibt gemäß § 49 InsO weiterhin zulässig.

Vollstreckungsmaßnahmen der Eigengläubiger des Erben werden rückwirkend aufgehoben, soweit sie noch nicht zur Pfandverwertung geführt haben. Ein Pfändungspfandrecht erlischt gemäß § 321 InsO. Die Wirkungen dieses Zurückschlagens des Insolvenzverfahrens auf die Zwangsvollstreckung sind gemäß § 88 InsO gegenüber dem Regelverfahren erheblich erweitert.[1017]

e) Die Stellung des Nachlassinsolvenzverwalters

Der **Nachlassinsolvenzverwalter** ist **Inhaber eines privaten Amtes,** kraft dessen er die Verwaltungs- und Verfügungsbefugnis über die Masse im eigenen Namen ausübt.[1018] **Im Prozess ist er Partei kraft Amtes.**[1019] Der Insolvenzverwalter **unterliegt** gemäß § 58 Abs. 1 Satz 1 InsO **der Aufsicht durch das Insolvenzgericht,** hat gemäß § 63 InsO einen Anspruch auf Vergütung seiner Geschäftsführung und auf Erstattung angemessener Auslagen aus der Insolvenzmasse einschließlich zu zahlender Umsatzsteuer.[1020] Der Vergütungssatz bestimmt sich nach einem Regelsatz, der sich aus der zur Zeit der Verfahrensbeendigung vorhandenen Insolvenzmasse unter Hinzurechnung bezahlter Masseschulden bemisst. **Einzelheiten der Vergütungsberechnung sind in der am 1. 1. 1999 in Kraft getretenen insolvenzrechtlichen Vergütungsverordnung vom 19. 8. 1998 geregelt**[1021], nach der sich eine degressive Vergütungsstruktur ergibt[1022]. **Die Vergütung wird durch das Insolvenzgericht festgesetzt.** Die Vergütungsforderung ist eine Masseverbindlichkeit gemäß §§ 55 Abs. 1 Nr. 1, 324 Abs. 1 Nr. 4, 6 InsO.

328

Der Insolvenzverwalter hat gemäß § 148 Abs. 1 InsO nach der Eröffnung des Verfahrens **die zur Insolvenzmasse gehörenden Gegenstände, soweit sie einen Vermögenswert haben, in Besitz und in Verwaltung zu nehmen sowie alle zur Sicherung der Masse erforderlichen Maßnahmen zu treffen.** Dazu gehört auch, die vorgefundenen Vermögensgegenstände ausreichend zu versichern.[1023] Hatte eine Miterbengemeinschaft den Nachlass schon geteilt, hat der Insolvenzverwalter die Nachlassgegenstände von den Miterben herauszuverlangen. Die Besitzergreifung beschränkt sich regelmäßig darauf, die ordnungsgemäße Verwahrung der vermögenswerten Gegenstände bei dem Erben sicherzustellen sowie ein Anderkonto einzurichten, auf das die nachlasszugehörigen Geldmittel eingezahlt werden. Wertgegenstände hat der Verwalter an sich zu nehmen. Bei nachlasszugehörigen Immobiliarrechten muss er unverzüglich darauf hinwirken, dass die **Verfahrenseröffnung bei massezugehörigem unbeweglichen Vermögen im Grundbuch und anderen Registern vermerkt wird,** um einen gutgläubigen Erwerb Dritter zu verhindern. Besteht die Insolvenzverwaltung in einer reinen Vermö-

329

[1016] *Schlüter,* Rdn. 1143.

[1017] *Haarmeyer/Wutzke/Förster,* Kap. 10, Rdn. 105.

[1018] *Häsemeyer,* Rdn. 15.01 ff.; *Lange/Kuchinke,* § 49 II 3; *Schlüter,* Rdn. 1127.

[1019] Leonhardt/Smid/Zeuner/*Fehl,* § 315 InsO Rdn. 16.

[1020] *Hausmann/Hohloch/Joachim,* Handbuch des Erbrechts, Kap. 21, Rdn. 137.

[1021] BGBl. I S. 2205.

[1022] MüKo-InsO/*Stephan,* § 63 InsO Rdn. 12; *Hausmann/Hohloch/Joachim,* Handbuch des Erbrechts, Kap. 21, Rdn. 137.

[1023] *Nerlich/Römermann/Andres,* § 148 InsO Rdn. 37 f.

gensabwicklung, darf der Verwalter Masseverbindlichkeiten nur zwecks Sicherung und Verwertung der Masse begründen.[1024] Um den Insolvenzstatus aufstellen zu können, hat der Insolvenzverwalter gemäß § 151 InsO ein Verzeichnis der Massegegenstände und gemäß § 152 InsO ein ausführliches Gläubigerverzeichnis zu erstellen. Dieses enthält im Gegensatz zur Forderungstabelle nach § 175 InsO auch absonderungsberechtigte Gläubiger ohne persönliche Forderung gegen den Erblasser, Insolvenzgläubiger, die ihre Forderung noch nicht angemeldet haben, sowie die geschätzte Höhe künftiger Masseverbindlichkeiten.

330   Als Inhaber der Verfügungsbefugnis über den Nachlass kann der Insolvenzverwalter **sämtliche Kündigungsrechte ausüben, die wegen nachlassbezogener Rechtsverhältnisse bestehen.** Er ist auch berechtigt, zur Geltendmachung von Masserechten **einen Erbschein auf den Namen des Erben gemäß § 2353 BGB zu erwirken**[1025] oder von einem Lebensversicherungsunternehmen Auskünfte darüber zu verlangen, wann in welcher Form Bezugsrechte zu einzelnen Lebensversicherungen eingeräumt wurden und auch, ob sie widerruflich oder unwiderruflich ausgestaltet waren.[1026] Er hat **mögliche Anfechtungstatbestände zu prüfen,** um im eröffneten Insolvenzverfahren bestimmte vor der Eröffnung der Insolvenz vorgenommene Vermögensverschiebungen an Gläubiger benachteiligender Art rückgängig machen zu können, insbesondere bei solchen Adressaten, die dem Schuldner nahestanden, § 138 InsO. **Das Anfechtungsrecht ist in der Nachlassinsolvenz erweitert,** weil die vor Eröffnung des Nachlassinsolvenzverfahrens erfolgte Erfüllung nachrangiger Ansprüche aus Pflichtteilsansprüchen, Vermächtnissen und Auflagen mit Nachlassmitteln, §§ 1991 Abs. 4 BGB, 327 Abs. 1 InsO, durch den Erben wie eine Schenkung angefochten werden kann, soweit der Erbe nicht schon nach §§ 1978 Abs. 1, 1979 BGB zur Erstattung verpflichtet ist. Reicht die Insolvenzmasse nicht aus, um die Masseverbindlichkeiten zu erfüllen, spricht man von „**Masseunzulänglichkeit**". Dagegen ist „**Masselosigkeit**" gegeben, wenn nicht einmal die Verfahrenskosten gedeckt sind. Im eröffneten Verfahren führt sie zur Einstellung, soweit kein ausreichender Geldbetrag vorgeschossen wird, § 209 Abs. 1 InsO. Masseunzulänglichkeit muss der Insolvenzverwalter dem Insolvenzgericht ebenso wie Masselosigkeit unverzüglich anzeigen.

331   **Bei Beendigung** seines Amtes **hat der Insolvenzverwalter gemäß § 66 InsO der Gläubigerversammlung Rechnung zu legen.** Dazu hat er dem Insolvenzgericht zuvor eine Schlussrechnung zur Prüfung und anschließend dem Gläubigerausschuss zur Stellungnahme vorzulegen, sofern ein solcher vorhanden ist. Die Rechnungslegung soll ein vollständiges Bild seiner gesamten Geschäftsführung vermitteln, um Adressaten die Prüfung der ordnungsgemäßen Verfahrensabwicklung zu ermöglichen.[1027]

332   Der Nachlassinsolvenzverwalter **unterliegt gegenüber allen Beteiligten einer persönlichen und deliktsähnlichen Amtshaftung gemäß § 60 InsO für schuldhaft verursachte Vermögensschäden.** Diese Haftung besteht unabhängig von allgemeinen Haftungstatbeständen aus §§ 823 ff. BGB, aus § 311 Abs. 2 BGB und aus Vertragshaftung.[1028] Zur Abdeckung dieses Risikos muss er eine **Berufshaftpflichtversicherung**

[1024] *Häsemeyer*, Rdn. 6.40.
[1025] *Firsching/Graf*, Rdn. 4.157.
[1026] OLG Saarbrücken v. 3.3.2010, 5 U 233/09, ZEV 2010, 420, 421.
[1027] MüKo-InsO/*Riedel*, § 66 InsO Rdn. 1; *Kübler/Prütting/Kübler*, § 66 InsO Rdn. 3.
[1028] HK-InsO/*Eickmann*, § 60 InsO Rdn. 21.

abschließen[1029], worauf das Insolvenzgericht zu achten hat. Insbesondere besteht eine Haftung für schuldhaft verursachte Masseverkürzungen, wenn der Insolvenzverwalter beispielsweise Massegegenstände durch ein Verjährenlassen von Masseforderungen nicht zur Masse zieht, verschleudert oder irrtümlich als aussonderungsberechtigt ansieht. Eine Haftung trifft ihn auch für eine unsorgfältige Masseverwaltung und für eine ungerechtfertigte Vergrößerung der Schuldenmasse durch Versäumung bei der Forderungsprüfung. **Haftungsmaßstab ist die Sorgfalt eines ordentlichen und gewissenhaften Insolvenzverwalters, § 60 Abs. 1 Satz 2 InsO.** Dabei müssen die Besonderheiten des Insolvenzverfahrens berücksichtigt werden.[1030]

f) Das Verfahren

Der **Ablauf des Nachlassinsolvenzverfahrens entspricht im Wesentlichen dem des**   *333*
Regelinsolvenzverfahrens. Das bedeutet, dass auch im Nachlassinsolvenzverfahren gelten die Vorschriften über die Aus- und Absonderung gemäß §§ 47 ff. InsO, über Massegläubiger gemäß §§ 53 ff. InsO, über Insolvenzgläubiger gemäß §§ 38 ff. InsO sowie über nachrangige Gläubiger gemäß § 39 InsO gelten. Insolvenzgläubigern ist die Insolvenzmasse zur gemeinschaftlichen Befriedigung haftungsrechtlich zugewiesen. **Mit der Eröffnung des Nachlassinsolvenzverfahrens** können die Insolvenzgläubiger ihre Ansprüche auf Sicherstellung oder Befriedigung nur nach Maßgabe der Insolvenzordnung verfolgen, § 86 InsO, d.h. sie können ihre **Ansprüche nur noch zur Insolvenztabelle anmelden und am Feststellungs- und Verteilungsverfahren teilnehmen.** Soweit der Erbe als Insolvenzschuldner die Forderungen nicht bestreitet, werden sie im Verteilungsverfahren berücksichtigt und die Tabelleneintragung wird über das Nachlassinsolvenzverfahren hinaus zum Vollstreckungstitel.

Bei der Befriedigung sind **vorrangig die Rechte der Aussonderungsberechtigten**   *334*
(z.B. Eigentümer von im Nachlass befindlichen Sachen) und die der Absonderungsberechtigten (z.B. Pfandgläubiger) zu beachten. Die Aussonderungsberechtigten sind am Verfahren selbst nicht beteiligt. Absonderungsberechtigte befriedigen sich ebenfalls außerhalb des Verfahrens, nehmen also nur mit ihrem Ausfall am Nachlassinsolvenzverfahren teil. Der Kreis der Absonderungsberechtigten ist **durch § 321 InsO** insofern **eingeschränkt,** als Maßnahmen der Zwangsvollstreckung in den Nachlass, die nach Eintritt des Erbfalls erfolgt sind, kein Recht zur abgesonderten Befriedigung gewähren.

Massegläubiger sind Inhaber von Forderungen, die nach § 53 InsO aus der Insol-   *335*
venzmasse vorweg zu befriedigen sind. Dazu gehören neben dem **Fiskus** und dem **Verwalter wegen der Verfahrenskosten** insbesondere die **Personen, die Rechtsgeschäfte mit dem Verwalter eingegangen sind** oder **Gläubiger aus gegenseitigen Verträgen mit dem Schuldner, die auch für die Zeit nach Eröffnung des Insolvenzverfahrens zu erfüllen sind,** sei es aufgrund einer Erfüllungswahl des Verwalters oder im Rahmen von fortbestehenden Dauerschuldverhältnissen. Bei der Nachlassinsolvenz ist der **Kreis der Massegläubiger gemäß § 324 Abs. 1 Nr. 1–6 InsO erweitert,** u.a. um Gläubiger aus Aufwendungen, die typischerweise im Rahmen einer ordnungsgemäßen Verwaltung des Nachlasses erfolgt sind, § 324 Abs. 1 Nr. 1 InsO. Das sind die dem Erben gemäß §§ 1978 Abs. 3, 1979 BGB zu erstattenden Aufwendungen. Massegläubiger unterliegen

---

[1029] MüKo-InsO/*Brandes/Schoppmeyer*, § 60 InsO Rdn. 111a.
[1030] Näher dazu MüKo-InsO/*Brandes/Schoppmeyer*, § 60 InsO Rdn. 90.

mit ihren Forderungen nicht den Beschränkungen, denen die Insolvenzgläubiger ausgesetzt sind. Sie müssen ihre Forderung nicht zur Tabelle anmelden und können jederzeit Klage gegen den Insolvenzverwalter erheben und die Zwangsvollstreckung in die Insolvenzmasse betreiben.[1031] Zu den Masseverbindlichkeiten zählen auch die Bestattungskosten des Erblassers gemäß § 324 Abs. 1 Nr. 2 InsO sowie Kosten aus Verfahren im Zusammenhang mit einer Todeserklärung, der Testamentseröffnung, der Nachlasssicherung, einer Nachlasspflegschaft, des Aufgebots der Nachlassgläubiger und der Inventarerrichtung, § 324 Abs. 1 Nr. 3 und 4 InsO. Masseverbindlichkeiten sind auch die Verbindlichkeiten aus Rechtsgeschäften, die ein Nachlasspfleger oder Testamentsvollstrecker vorgenommen hat, § 324 Abs. 1 Nr. 5 InsO. Haben diese Personen und der ausschlagende Erbe Ansprüche aus der Geschäftsführung gegen den Erben bzw. den Nachlass und entsprach die Geschäftsführung dem wirklichen oder mutmaßlichen Willen der Nachlassgläubiger, gehören diese Ansprüche ebenfalls zu den Masseverbindlichkeiten. Diese Verbindlichkeiten werden anteilig und nicht nach Nummernfolge befriedigt, §§ 324 Abs. 2, 209 Abs. 1 Nr. 3 InsO. Als Masseverbindlichkeiten sind sie privilegiert, weil sie als Aufwendungen im Interesse des Nachlasses erfolgt sind.[1032]

336   Die **Befriedigung gleichrangiger Insolvenzgläubiger i. S. v. § 38 InsO** erfolgt, soweit die Masse nicht zur vollständigen Erfüllung ausreicht, **nur quotenmäßig. Nachrangige Insolvenzgläubiger i. S. v. § 39 InsO** werden erst befriedigt, wenn alle übrigen Verbindlichkeiten berichtigt sind. Der **Kreis nachrangiger Gläubiger wird im Nachlassinsolvenzverfahren erweitert**, als Pflichtteilsberechtigte, Vermächtnisnehmer und Auflagenberechtigte zu den nachrangigen Insolvenzgläubigern gehören, § 327 Abs. 1 Satz 1 InsO.[1033] Die Erfüllung dieser Verbindlichkeiten richtet sich nach der Rangfolge der nachrangigen Insolvenzgläubiger. Zunächst sind die in § 39 InsO genannten Personen zu befriedigen, denen gleichrangig Pflichtteilsberechtigte und pflichtteilsberechtigte Vermächtnisnehmer folgen. Erst danach folgen die Verbindlichkeiten aus sonstigen Vermächtnissen und Auflagen. Die Inhaber dieser Forderungen gehen leer aus, wenn vorgehende Nachlassverbindlichkeiten den Aktivbestand des Nachlasses aufzehren.[1034] Eine abweichende Rangfolge kann sich ergeben, wenn der Erblasser testamentarisch eine bestimmte Reihenfolge für die Befriedigung von Vermächtnissen oder Auflagen vorgesehen hat, § 327 Abs. 2 Satz 2 InsO. Die im Rahmen des Aufgebotsverfahrens ausgeschlossenen Nachlassgläubiger werden unmittelbar nach den in § 39 InsO genannten Insolvenzgläubigern befriedigt, soweit ihre Forderungen nicht unter § 39 Abs. 1 InsO fallen, d. h. Pflichtteils-, Vermächtnis- oder Auflagenforderungen sind.

337   Gegenüber dem Regelinsolvenzverfahren ist der **Kreis der anfechtbaren Rechtshandlungen** i. S. v. §§ 129 ff. InsO **durch § 322 InsO erweitert.** Danach wird die **Erfüllung von Pflichtteilsansprüchen, Vermächtnissen und Auflagen als unentgeltliche Leistung behandelt** und unterliegt der Anfechtung, die innerhalb einer Frist von 2 Jahren möglich ist.[1035]

[1031] MüKo-InsO/*Siegmann,* § 324 InsO Rdn. 14.
[1032] *Hanisch,* FS für Henckel, S. 382.
[1033] Kritisch dazu *Siegmann,* ZEV 2000, 222.
[1034] *Leipold,* Rdn. 516.
[1035] Leonhardt/Smid/Zeuner/*Fehl,* § 322 InsO Rdn. 2.

g) Insolvenzplan

Abweichend von den Bestimmungen der Insolvenzordnung **ermöglicht** auch im Nach-   *338*
lassinsolvenzverfahren[1036] ein Insolvenzplan nach den §§ 217 ff. InsO **eine weitgehende individuelle Befriedigung der absonderungsberechtigten Gläubiger, der Insolvenzgläubiger sowie eine Verwertung und Verteilung der Insolvenzmasse.**[1037] Die
Gläubiger können selbst darüber entscheiden, ob das Insolvenzverfahren nach den
gesetzlichen Vorgaben ablaufen soll oder nicht. Die Erstellung eines Insolvenzplanes
folgt den allgemeinen Regeln, wobei die Rechtsstellung der Beteiligten derart geändert
werden soll, dass eine finanzielle „Vernichtung" des Schuldners vermieden werden
kann. Schuldner und Insolvenzverwalter können dem Insolvenzgericht vor dem
Schlussbericht einen Insolvenzplan vorlegen. Darin werden in einem darstellenden Teil
der Gang des Insolvenzverfahrens sowie die Grundlagen und Auswirkungen des Planes
beschrieben, um als Entscheidungsgrundlage für die Gläubiger zu dienen. In einem **gestaltenden Teil** werden die zukünftigen Veränderungen der Rechtsstellungen der Beteiligten festgelegt. Die Gläubiger sind nach ihrem Rang in Gruppen einzuteilen. Es
kommen Kürzungen, Stundungen oder Sicherungen der Rechte der Beteiligten in Betracht. Die Forderungen der nachrangigen Gläubiger gelten grundsätzlich als erlassen,
soweit nichts anderes geregelt wird, § 227 InsO.

Das Insolvenzgericht leitet den Insolvenzplan weiter oder weist ihn von Amts wegen
zurück, §§ 231–233 InsO. Die in ihrer Rechtsstellung betroffenen Gläubiger müssen
dem Insolvenzplan im Erörterungs- und Abstimmungstermin zustimmen, wobei ein
bestimmtes Quorum zu erfüllen ist.[1038] Der Insolvenzplan **wird durch Bestätigung
des Insolvenzgerichts wirksam.** Mit der Rechtskraft der Bestätigung werden die im
gestaltenden Teil festgelegten Rechtsänderungen wirksam.

h) Einstellung und Beendigung

Das Nachlassinsolvenzverfahren wird **eingestellt, soweit keine die Kosten deckende**   *339*
Masse vorhanden ist, § 207 InsO, wenn der **Eröffnungsgrund im Laufe des Verfahrens wegfällt** oder **auf Antrag des Erben mit Zustimmung aller Nachlassgläubiger.**

Das Nachlassinsolvenzverfahren **endet nach Vollzug der Schlussverteilung gemäß**
§ 200 Abs. 1 InsO **bzw. nach rechtskräftiger Bestätigung des Insolvenzplanes gemäß** § 258 Abs. 1 InsO **durch einen verfahrensaufhebenden Beschluss des Insolvenzgerichts.** Der Verwalter hat zuvor den Gläubigern im Schlusstermin Rechnung
über die Verfahrensabwicklung zu legen und ein Schlussverzeichnis zu erstellen. Auf
dessen Grundlage werden sämtliche noch zur Verteilung anstehenden Mittel ausgeschüttet. **Der Erbe unterliegt** mit der Aufhebung des Nachlassinsolvenzverfahrens **für
die noch offenen Nachlassverbindlichkeiten gemäß** § 201 Abs. 1 InsO grundsätzlich
der Weiterhaftung. Diese Vorschrift wird **jedoch durch** § 1989 BGB – sog. **Erschöpfungseinrede des Erben** – verdrängt, wenn das Verfahren durch Verteilung der
Masse oder durch einen Insolvenzplan beendet wird.[1039] § 1989 BGB begründet eine
beschränkte Haftung des Erben, so dass eine entsprechende Anwendung von § 201

1036 *Staudinger/Dobler* (2016), § 1975 Rdn. 48.
1037 HK-InsO/*Marotzke*, Vor §§ 315 bis 334 InsO Rdn. 4.
1038 *Lange/Kuchinke*, § 49 IV 7e.
1039 Palandt/*Weidlich*, § 1989 Rdn. 1; BeckOGK/*Herzog*, § 1989 Rdn. 26.

InsO, wonach Insolvenzgläubiger nach Beendigung eines Insolvenzverfahrens ihre restlichen Forderungen wieder unbeschränkt gegen den Schuldner geltend machen können, ausscheidet. Nur in diesen Fällen haftet er den nicht befriedigten Nachlassgläubigern wie ausgeschlossenen Gläubigern gemäß § 1973 BGB nach Bereicherungsgrundsätzen beschränkt auf einen etwaigen Nachlassrest. Bei Beendigung des Nachlassinsolvenzverfahrens durch Verteilung der Masse oder durch einen Insolvenzplan erfolgt die Herausgabe des Nachlassüberschusses gemäß § 1973 Abs. 2 Satz 1 BGB grundsätzlich in der Weise, dass der Erbe die Zwangsvollstreckung in den Überschuss duldet oder ihn an Zahlungs oder Erfüllungs statt freiwillig dem insoweit einverstandenen Nachlassgläubiger herausgibt. Ihm steht gemäß § 1973 Abs. 2 Satz 2 BGB auch das Recht zu, die Herausgabe eventuell vorhandener Nachlassgegenstände durch Zahlung ihres Wertes abzuwenden. Ein Nachlassgläubiger kann unter der Geltung des § 1989 BGB nicht die Zwangsversteigerung eines Grundstücks beantragen, § 175 Abs. 2 ZVG.

340   Ist das **Verfahren auf andere Weise als durch Verteilung der Masse oder durch einen Insolvenzplan beendet worden, findet § 1989 BGB keine Anwendung**, auch nicht auf einen Gläubiger, der gemäß § 1971 BGB von einem Aufgebot nicht betroffen sein würde.[1040] Wird ein Eröffnungsbeschluss auf eine Beschwerde hin wieder aufgehoben, entfallen rückwirkend sämtliche mit der Eröffnung eingetretenen Rechtswirkungen. Die Eröffnung gilt als nicht erfolgt. **Der Erbe haftet nach allgemeinen Grundsätzen**[1041], d.h. er muss zur Beschränkung der Haftung grundsätzlich wieder zu den Mitteln der Nachlassverwaltung oder des Nachlassinsolvenzverfahrens greifen. Ist das Insolvenzverfahren gemäß § 207 InsO **mangels Masse eingestellt worden, kann sich der Erbe auf die Einrede der Dürftigkeit des Nachlasses gemäß §§ 1990 Abs. 1 Satz 1, Abs. 2, 1991 BGB berufen.**[1042] Gegenüber ausgeschlossenen und diesen gleichgestellten säumigen Gläubigern gelten die §§ 1973, 1974 BGB.[1043] Ein Nachlassinsolvenzverfahren kann vorzeitig auch enden, wenn der Erbe glaubhaft macht, dass kein Insolvenzgrund mehr besteht, § 212 InsO. Wurde das **Nachlassinsolvenzverfahren mit Zustimmung aller Gläubiger gemäß §§ 213 ff. InsO eingestellt (sog. Gantverzicht), findet § 1990 Abs. 1 Satz 1 BGB Anwendung, wenn der Nachlass dürftig ist oder ein Fall des § 1992 BGB vorliegt.** Gegenüber den am Gantverzicht teilnehmenden Gläubigern ergeben sich Haftungsbeschränkungen zumeist aus Vereinbarungen, auf denen der Verzicht beruht. Sie treten an die Stelle sonstiger Regelungen.[1044]

341   **Vollstreckt ein Gläubiger aus dem Tabellenauszug, § 201 Abs. 2 Satz 1 InsO, in das Eigenvermögen des Erben, kann dieser gemäß §§ 781, 785, 767 ZPO Vollstreckungsabwehrklage erheben.** Eines Vorbehaltes gemäß § 780 Abs. 1 ZPO bedarf es nicht. Der Erbe hatte zuvor keine Möglichkeit, sich die Beschränkung der Haftung vorzubehalten. Die Tabelle gibt nur einen Titel gegen den Nachlass.[1045]

[1040] *Staudinger/Dobler* (2016), § 1989 Rdn. 5.

[1041] *Burandt/Rojahn/Joachim*, § 1989 Rdn. 3; MüKo/*Küpper*, § 1989 Rdn. 2; *Staudinger/Dobler* (2016), § 1989 Rdn. 2.

[1042] MüKo/*Küpper*, § 1989 Rdn. 3; MüKo-InsO/*Siegmann*, Vor §§ 315–331 InsO Rdn. 13.

[1043] *Bamberger/Roth/Lohmann*, § 1989 Rdn. 2.

[1044] *Bamberger/Roth/Lohmann*, § 1989 Rdn. 2.

[1045] Palandt/*Weidlich*, § 1989 Rdn. 1; MüKo/*Küpper*, § 1989 Rdn. 7.

i) Zusammentreffen von Nachlassinsolvenz und Insolvenz über das Eigenvermögen des Erben

Ein Insolvenzverfahren kann auch über das Eigenvermögen des Erben eröffnet werden. *342* **Unabhängig davon kann ein Nachlassinsolvenzverfahren beantragt und durchgeführt werden.** Aus Sicht der Nachlassgläubiger ist das geboten, wenn zu befürchten ist, dass Eigengläubiger des Erben auf den Nachlass zugreifen wollen und ein Eröffnungsgrund besteht.[1046] Das Nachlassinsolvenzverfahren kann nachträglich beantragt werden und führt – wie sonst auch – zu einer Trennung von Eigen- und Nachlassvermögen. **In beiden Verfahren ist der Erbe Schuldner als Rechtsträger des jeweiligen Vermögens.** Die Verfahren laufen getrennt voneinander ab.[1047] Nachlassgläubiger können ihre Forderungen nur im Nachlassinsolvenzverfahren geltend machen, Eigengläubiger nur im allgemeinen Insolvenzverfahren. Soweit der Erbe Nachlassgläubigern gegenüber unbeschränkt haftet und das Verfahren über das Eigenvermögen während oder nach Beendigung des Nachlassinsolvenzverfahrens eröffnet wird, können diese Nachlassgläubiger ihre Forderungen nur in Höhe ihres Ausfalls oder bei Verzicht im Nachlassinsolvenzverfahren nur anteilige Befriedigung im Insolvenzverfahren über das Eigenvermögen verlangen.[1048] So wird eine Benachteiligung der Eigengläubiger des Erben vermieden, die nicht am Nachlassinsolvenzverfahren beteiligt sein können.

7. Die Haftung nach Beendigung der amtlichen Verfahren

Das Gesetz **regelt die Haftung des Erben nach Beendigung einer Nachlassverwal-** *343* **tung bzw. eines Nachlassinsolvenzverfahrens nicht einheitlich.**

a) Die Haftung nach Beendigung der Nachlassverwaltung

Ist ein Nachlassverwaltungsverfahren förmlich aufgehoben worden und macht nun- *344* mehr ein bis dahin unbefriedigter Nachlassgläubiger Ansprüche geltend, kann der Erbe die Befriedigung dieses Nachlassgläubigers verweigern, soweit der Nachlass nicht ausreicht. **Nach herrschender Meinung haftet der Erbe nach Ende der ordnungsgemäß durchgeführten Nachlassverwaltung analog § 1990 Abs. 1 BGB auf den noch vorhandenen Nachlass beschränkt,** selbst wenn der noch vorhandene Rest zur Deckung der Kosten einer nochmaligen Nachlassverwaltung oder eines Nachlassinsolvenzverfahrens ausreicht, also eigentlich kein Fall von § 1990 Abs. 1 BGB vorliegt.[1049] In diesem Fall bleibt der Erbe den Nachlassgläubigern nur nach §§ 1991 Abs. 1, 1978, 1979 BGB verantwortlich. Er muss im Falle der Überschuldung gemäß § 1980 Abs. 1 Satz 1 BGB unverzüglich ein Nachlassinsolvenzverfahren beantragen. Gegenüber Verbind-

---

[1046] *Börner,* JuS 1968, 57 zum alten Recht.

[1047] FK-InsO/*Schallenberg/Rafiqpoor,* § 331 InsO Rdn. 2.

[1048] Leonhardt/Smid/Zeuner/*Fehl,* § 331 InsO Rdn. 1; FK-InsO/*Schallenberg/Rafiqpoor,* § 331 InsO Rdn. 8.

[1049] BGH v. 19.1.1954, V ZB 28/53, NJW 1954, 634, 635; BGH v. 22.1.1964, V ZR 37/62, BGHZ 41, 30, 32; RGRK/*Johannsen,* § 1986 Rdn. 6 ff.; *Erman/Horn,* § 1975 Rdn. 5; Palandt/ *Weidlich,* § 1975 Rdn. 1; MüKo/*Küpper,* § 1975 Rdn. 6; BeckOGK/*Herzog,* § 1990 Rdn. 36; a. A. *Staudinger/Dobler* (2016), § 1986 Rdn. 10 m. w. N., die mit der Aufhebung der Nachlassverwaltung ein Ende der haftungsbeschränkenden Wirkung der Nachlassverwaltung bejaht, sofern Grund für die Aufhebung nicht das Fehlen einer den Kosten entsprechenden Masse war.

lichkeiten aus Vermächtnissen und Auflagen kann der Erbe ebenfalls nach §§ 1990, 1991 BGB verfahren, selbst wenn der Nachlass nicht dürftig ist. Im Übrigen haftet er einem solchen Gläubiger wie einem im Aufgebotsverfahren ausgeschlossenen oder ihm wegen Versäumung gleichstehenden Gläubiger nur nach Maßgabe der §§ 1973, 1974 BGB, es sei denn, der Erbe haftet schon vor Anordnung der Nachlassverwaltung gegenüber einzelnen oder allen Nachlassgläubigern unbeschränkt. Er haftet dann weiter unbeschränkt. Nach Beendigung der Nachlassverwaltung ist die Bestimmung einer Inventarfrist zulässig. Das lässt sich im Umkehrschluss aus § 2000 Satz 3 BGB herleiten, der nur die Regelung des § 1989 BGB erwähnt.

b) Die Haftung nach Beendigung des Nachlassinsolvenzverfahrens

345 Ist ein Nachlassinsolvenzverfahren **durch Verteilung der Masse oder durch einen Insolvenzplan beendet** worden, **haftet der Erbe** den nicht befriedigten Nachlassgläubigern wie ausgeschlossenen Gläubigern gemäß **§ 1989 BGB i.V.m. § 1973 BGB nur mit dem Überschuss nach den Vorschriften über die Herausgabe einer ungerechtfertigten Bereicherung.**[1050] Das Nachlassinsolvenzverfahren steht insoweit einem Gläubigeraufgebot gleich. Allerdings führt die Aufhebung des Nachlassinsolvenzverfahrens nach einem bestätigten Insolvenzplan nicht ohne Weiteres zur Anwendung des § 1989 BGB, weil in erster Linie der gestaltende Teil des Plans die Haftung des Erben bestimmt, insbesondere ob er auch mit seinem Eigenvermögen einzustehen hat. Ein Insolvenzplan, der diese Frage nicht regelt, sollte vom Insolvenzgericht nicht bestätigt werden. Bleibt zweifelhaft, womit der Erbe haftet, kommt es zur Anwendung des § 1989 BGB.[1051] Von § 1989 BGB werden unerledigte Masseverbindlichkeiten, die der Verwalter vor der Aufhebung zu berichten hat, nicht umfasst. Unterbleibt dies, haftet der Erbe trotzdem nur gemäß § 1989 BGB. Da der Erbe den von § 1989 BGB betroffenen Gläubigern lediglich nach Maßgabe des § 1973 BGB haftet und die Berufung auf eine nach dieser Bestimmung eingetretene Haftungsbeschränkung auch in den Fällen der §§ 1994 Abs. 1 Satz 2, 2005 Abs. 1 BGB möglich ist, regelt § 2000 Satz 3 BGB, dass es zur Abwendung einer unbeschränkten Haftung einer Inventarerrichtung nicht bedarf, wenn das Nachlassinsolvenzverfahren durch Verteilung der Masse oder durch einen Insolvenzplan beendet worden ist. In diesem Fall hat der Insolvenzverwalter ein Inventar bereits gemäß § 153 InsO errichtet. Das gilt nicht gegenüber solchen Nachlassgläubigern, denen der Erbe bereits unbeschränkbar haftet oder bei allgemein unbeschränkter Haftung.[1052] Anwendbar ist § 1989 BGB auch gegenüber solchen Nachlassgläubigern, die von dem Insolvenzplan überhaupt nicht berührt werden. Das sind die Massegläubiger sowie die bevorrechtigten Insolvenzgläubiger. Für die Erbengemeinschaft wird § 1989 BGB nach der Teilung des Nachlasses durch § 2060 Nr. 3 BGB ergänzt. Danach tritt unter den gleichen Voraussetzungen eine Teilhaftung nach dem Verhältnis der Erbteile ein. Kommt es nachträglich zu einer Neuermittlung der Masse oder fließen Beträge an sie zurück, ist der Insolvenzverwalter zur Nachtragsverteilung gemäß §§ 203, 205 InsO verpflichtet, nicht der Erbe.

[1050] Siehe dazu auch Rdn. 339 f.
[1051] MüKo/*Küpper,* § 1989 Rdn. 7; *Staudinger/Dobler* (2016), § 1989 Rdn. 15; *Bamberger/Roth/ Lohmann,* § 1989 Rdn. 4.
[1052] MüKo/*Küpper,* § 1989 Rdn. 9.

Wird das Insolvenzverfahren **mangels einer den Kosten des Verfahrens entspre-** 346
chenden Masse nach § 207 InsO eingestellt, gelten die Regelungen der §§ 1990, 1991
BGB.[1053] Ausgeschlossenen oder säumigen Gläubigern haftet der Erbe nur gemäß
§§ 1973, 1974 BGB auf den Überschuss nach Bereicherungsrecht.

8. Haftungsbeschränkung ohne amtliches Verfahren

Die **amtlichen Verfahren zur Nachlassabsonderung** – Nachlassverwaltung und Nach- 347
lassinsolvenzverfahren – **setzen voraus, dass die Verfahrenskosten aus dem Nachlass
bestritten werden können,** sofern sie der Erbe oder ein Nachlassgläubiger nicht aus
eigenen Mitteln entrichtet. Oftmals reicht der Nachlass nicht aus und weder der Erbe
noch ein Nachlassgläubiger sind bereit, private Mittel aufzuwenden. Der Erbe ist in
einem solchen Fall besonders schutzwürdig, weshalb das Gesetz ihm mit den Einreden
der §§ 1990 Abs. 1 Satz 1, 1992 BGB hilft. Der Erbe kann unter den Voraussetzungen
der Einreden die Befriedigung eines Nachlassgläubigers verweigern, soweit der Nachlass nicht ausreicht. Er muss jedoch gemäß § 1990 Abs. 1 Satz 2 BGB den Nachlass zum
Zwecke der Befriedigung dieses Gläubigers im Wege der Zwangsvollstreckung
herausgeben. Macht der Erbe von seinen Befugnissen aus § 1990 Abs. 1 Satz 1 BGB
Gebrauch, richten sich seine Verantwortlichkeit und sein Anspruch auf Aufwendungsersatz gemäß § 1991 Abs. 1 BGB nach den Vorschriften der §§ 1978, 1979 BGB, d.h.
nach Regelungen, die auch bei den amtlichen Verfahren der Haftungsbeschränkung zur
Anwendung kommen. Die Verantwortlichkeit richtet sich nach der Annahme der Erbschaft nach Auftragsrecht, vor der Annahme nach den Grundsätzen der Geschäftsführung ohne Auftrag. Die Verantwortlichkeit trifft den Erben bis zur vollständigen
Herausgabe des Nachlasses.[1054] Erhebt der Erbe eine der Einreden des § 1990 Abs. 1
Satz 1 BGB, steht den Nachlassgläubigern zur Befriedigung ihrer Ansprüche lediglich
der vorhandene Nachlass zur Verfügung. Dessen Umfang kann sich nach § 1991 Abs. 1
BGB durch Ersatzansprüche wegen unzureichender Verwaltung gegen den Erben über
das tatsächlich vorhandene Vermögen hinaus erweitern. **Eigengläubiger des Erben** werden wie bei den amtlichen Verfahren der Nachlassverwaltung und des Nachlassinsolvenzverfahrens **von der Vollstreckung in die Nachlassgegenstände ausgeschlossen.**

a) Die Dürftigkeitseinrede, § 1990 BGB

Im Fall des Fehlens einer den Kosten der amtlichen Verfahren entsprechende Masse 348
kann der Erbe seine Haftung durch die Erhebung verschiedener in § 1990 Abs. 1 Satz 1
BGB geregelter Einreden auf den Nachlass beschränken. **§ 1990 BGB regelt die Voraussetzungen für die Erhebung, während § 1991 BGB bestimmt, welche Rechtsfolgen nach Erhebung der jeweiligen Einrede eintreten.** Man unterscheidet heute ganz
überwiegend begrifflich zwischen der **Dürftigkeitseinrede, der** spezielleren **Unzuläng-
lichkeits- und der Erschöpfungseinrede.**[1055] Ausgeschlossen sind die Einreden des
§ 1990 Abs. 1 Satz 1 BGB, wenn der Erbe allgemein sein Recht zur Beschränkung seiner
Haftung verloren hat, § 2013 Abs. 1 Satz 1 BGB. Besteht die Unbeschränkbarkeit nur

---

[1053] *Staudinger/Dobler* (2016), § 1989 Rdn. 3.
[1054] RGRK/*Johannsen,* § 1991 Rdn. 1.
[1055] *Staudinger/Dobler* (2016), § 1990 Rdn. 2; MüKo/*Küpper,* § 1990 Rdn. 11; *Soergel/Stein,*
§ 1990 Rdn. 2.

gegenüber einzelnen Gläubigern, kann er die Einrede im Verhältnis zu den anderen Gläubigern weiterhin erheben.[1056] Ein Erbe kann unter Berufung auf § 1990 Abs. 1 Satz 1 BGB grundsätzlich auch die Vorlage eines notariellen Nachlassverzeichnisses verweigern, wenn ein Aktivnachlass, aus dem die Kosten für den Notar entnommen werden können, nicht vorhanden ist.[1057] Gleiches gilt für den Wertermittlungsanspruch aus § 2314 Abs. 1 Satz 2 BGB.[1058] Etwas anderes gilt, wenn der Pflichtteilsberechtigte bereit ist, die Kosten für das Verzeichnis zu tragen und im Voraus direkt an den Notar zu entrichten. In diesem Fall ist es dem Erben nach § 242 BGB verwehrt, sich auf die Dürftigkeitseinrede zu berufen.[1059]

aa) Die einzelnen Einreden

349 Die **Einrede der Dürftigkeit dient ausschließlich der Abwehr des Zugriffs auf das Eigenvermögen des Erben, wenn die Aktiva des Nachlasses die Kosten einer Nachlassverwaltung oder eines Nachlassinsolvenzverfahrens nicht decken oder** die Nachlassverwaltung deshalb aufgehoben oder ein Nachlassinsolvenzverfahren gemäß § 207 Abs. 1 InsO eingestellt worden ist.[1060], ohne dass der Nachlass überschuldet sein muss. Die Dürftigkeitseinrede kommt damit auch bei sonst zulänglichen Nachlässen zum Tragen.[1061]

Der **Nachweis der Dürftigkeit obliegt dem Erben**, der nicht verpflichtet ist, zunächst einen Antrag auf Anordnung der Nachlassverwaltung oder auf Eröffnung des Nachlassinsolvenzverfahrens zu stellen und abzuwarten, dass ein entsprechender Antrag gemäß § 1982 BGB bzw. § 26 Abs. 1 InsO abgelehnt wird.[1062] Ist ein eingeleitetes Verfahren **mangels Masse durch Beschluss aufgehoben oder eingestellt** worden, wird dem Erben im Zwangsvollstreckungsverfahren die Durchsetzung der Haftungsbeschränkung erleichtert, wenn er von Nachlassgläubigern in Anspruch genommen wird. **Für das Prozessgericht steht bindend fest, dass es an einer ausreichenden Masse fehlt.**[1063] Gleiches gilt bei einem entsprechenden Ablehnungsbeschluss.[1064] Der Erbe kann zum Nachweis wegen der in § 2009 BGB umschriebenen Vermutungswirkung[1065]

[1056] MüKo/*Küpper,* § 1990 Rdn. 5; *Staudinger/Dobler* (2016), § 1990 Rdn. 9; *Bamberger/Roth/ Lohmann,* § 1990 Rdn. 3.

[1057] OLG München v. 1.6.2017, 23 U 3956/16, ZEV 2017, 460, 461; OLG Schleswig v. 30.7.2010, 3 W 48/10, ZEV 2011, 31; Palandt/*Weidlich,* § 2314 Rdn. 18.

[1058] BGH v. 19.4.1989, IVa ZR 85/88, NJW 1989, 287.

[1059] OLG München v. 1.6.2017, 23 U 3956/16, ZEV 2017, 460, 461 f.; der Senat ließ offen, ob der Pflichtteilsberechtigte generell bei Dürftigkeit des Nachlasses einen Anspruch auf Erstellung eines Nachlassverzeichnisses auf eigene Kosten hat, was u.a. von *Kuhn/Trappe,* ZEV 2011, 347, 349 vertreten wird.

[1060] MüKo/*Küpper,* § 1990 Rdn. 2; *Burandt/Rojahn/Joachim,* § 1990 Rdn. 3.

[1061] MüKo/*Küpper,* § 1990 Rdn. 11; *Soergel/Stein,* § 1990 Rdn. 2; Palandt/*Weidlich,* § 1990 Rdn. 1; nach *Staudinger/Dobler* (2016), § 1990 Rdn. 3 soll der Erbe dartun müssen, dass die ernsthafte Möglichkeit besteht, dass eine auf den Nachlass begrenzte Zwangsvollstreckung nicht zu einer vollständigen Befriedigung des Gläubigers führen würde.

[1062] MüKo/*Küpper,* § 1990 Rdn. 3; *Soergel/Stein,* § 1990 Rdn. 4.

[1063] *Erman/Horn,* § 1990 Rdn. 3; Palandt/*Weidlich,* § 1990 Rdn. 2; BeckOGK/*Herzog,* § 1990 Rdn. 33 f.

[1064] BGH v. 13.7.1989, IX ZR 227/87, NJW-RR 1989, 1226 f.; BeckOGK/*Herzog,* § 1990 Rdn. 33 f.; a.A. noch RG v. 9.4.1907, VII 328/06, Recht 1907 Nr. 1453.

[1065] Siehe dazu Rdn. 436 ff.

auch ein Inventar errichten oder Auskunft über den ursprünglichen Nachlassbestand geben, Gründe seiner etwaigen Verminderung nennen und gleichzeitig die Abgabe einer eidesstattlichen Versicherung über den angegebenen Bestand des Nachlasses anbieten.

Die **Unzulänglichkeitseinrede**, die inhaltlich dem in § 1990 Abs. 1 Satz 1 BGB beschriebenen Leistungsverweigerungsrecht entspricht, **kann der Erbe erheben, wenn der Nachlass nicht nur dürftig, sondern zusätzlich überschuldet ist, d.h. zur Befriedigung des geltend gemachten Anspruchs nicht ausreicht.** Lediglich ein Unterfall der Unzulänglichkeitseinrede ist die **Erschöpfungseinrede, auf die sich der Erbe berufen kann, wenn jegliche Nachlassmasse fehlt,** d.h. überhaupt kein Aktivbestand vorhanden ist.[1066] Sie darf nicht mit der ebenso bezeichneten Einrede aus § 1989 BGB verwechselt werden. Beruft sich der Erbe auf die Erschöpfungseinrede i.S.v. § 1990 Abs. 1 Satz 1 BGB und behauptet, der Nachlass sei vollständig verbraucht oder es fehle jegliche Aktivmasse, muss er aufgrund der ihm gemäß §§ 1991 Abs. 1 Satz 1, 1978 Abs. 1, 2 BGB obliegenden Verantwortlichkeit in einem Prozess auch darlegen, dass er das Nachlassvermögen restlos zur Bezahlung von Nachlassverbindlichkeiten verwendet hat. Der bloße Nachweis, dass von dem ursprünglichen Nachlass nichts mehr vorhanden ist, reicht nicht aus.[1067]

350

bb) Die zur Geltendmachung befugten Personen

Die Einreden des § 1990 Abs. 1 Satz 1 BGB können **neben dem Erben seine gewillkürten oder gesetzlichen Vertreter** einschließlich des unter den Voraussetzungen der §§ 1960, 1961 BGB eingesetzten **Nachlasspflegers** und der **Testamentsvollstrecker** erheben. Die gleiche Befugnis hat im Gesamtvermögensinsolvenzverfahren des Erben der **Insolvenzverwalter,** § 331 InsO[1068], **nicht** aber der **Nachlassverwalter.**[1069] Bei in Gütergemeinschaft lebenden Ehegatten stehen die Einreden auch dem **Gesamtgutsverwalter** zu.[1070] Auf sie kann sich ferner der Träger der Sozialversicherung berufen, wenn der Schädiger mit einer Ausgleichsforderung gemäß § 426 BGB i.V.m. § 17 StVG gegen eine Schadensersatzforderung, die dem Erben zusteht, aufrechnen will.[1071]

351

cc) Maßgebender Zeitpunkt

Nicht einheitlich beurteilt wird die Frage, auf welchen Zeitpunkt es für die Feststellung der Dürftigkeit, der Überschuldung bzw. der völligen Erschöpfung des Nachlasses ankommt. Einigkeit besteht darüber, dass der Nachlass im Zeitpunkt des Erbfalls noch nicht dürftig oder überschuldet sein muss. Einige halten den Zeitpunkt der Geltendmachung des Anspruchs für maßgebend[1072], andere den Zeitpunkt der Erhe-

352

[1066] MüKo/*Küpper*, § 1990 Rdn. 11; Palandt/*Weidlich*, § 1990 Rdn. 1; BeckOGK/*Herzog*, § 1990 Rdn. 14.

[1067] *Staudinger/Dobler* (2016), § 1990 Rdn. 19; *Burandt/Rojahn/Joachim*, § 1990 Rdn. 4.

[1068] *Staudinger/Dobler* (2016), § 1990 Rdn. 44; *Soergel/Stein*, § 1990 Rdn. 7.

[1069] Siehe dazu schon Rdn. 292.

[1070] *Staudinger/Thiele* (2007), § 1432 Rdn. 7.

[1071] BGH v. 27.6.1961, VI ZR 205/60, BGHZ 35, 317, 327 f.; BGH v. 23.3.1965, VI ZR 267/63, VersR 1965, 688; Palandt/*Weidlich*, § 1990 Rdn. 4.

[1072] *Lange/Kuchinke*, § 49 VIII 1 d; *Soergel/Stein*, § 1990 Rdn. 5; so auch noch BGH v. 23.3.1965, VI ZR 267/63, VersR 1965, 688.

bung der Einrede.[1073] Der **Bundesgerichtshof** und die **überwiegende Auffassung in der Literatur** stellen zu Recht wegen der größeren Flexibilität auf den Zeitpunkt der Entscheidung über die Einrede und damit auf den **Zeitpunkt der letzten mündlichen Verhandlung in der Tatsacheninstanz** ab.[1074] Danach kann eine zunächst unbegründete Einrede infolge nachträglicher Veränderungen begründet werden. Gegenüber einzelnen Gläubigern können verschiedene Zeitpunkte für das Bestehen der Voraussetzungen maßgeblich sein. Auf diese Weise lässt sich auch der praktisch relevante Fall lösen, bei dem die Dürftigkeit erst dadurch eingetreten ist, dass der Erbe den Nachlass zur Befriedigung ihm bekannter Nachlassgläubiger verwendet hat.

dd) Die Einreden im Vollstreckungsverfahren

353 Durch die Geltendmachung der Einreden des § 1990 Abs. 1 Satz 1 BGB **können** künftige **Vollstreckungsmaßnahmen in das Eigenvermögen des Erben abgewendet werden.** Aus § 1991 Abs. 3 BGB lässt sich herleiten, dass Vollstreckungsmaßnahmen ihre Wirkung nicht verlieren, wenn Nachlassgläubiger bereits in den Nachlass vollstreckt haben. Der Erbe kann die Aufhebung bereits erfolgter Vollstreckungsmaßnahmen aufgrund einer Nachlassverbindlichkeit in sein Eigenvermögen in entsprechender Anwendung von § 784 Abs. 1 ZPO verlangen[1075], wenn er anderenfalls an seiner Verpflichtung zur insolvenzmäßigen Befriedigung im Fall des § 1991 Abs. 4 BGB oder daran gehindert würde, für seine Aufwendungen gemäß § 1978 Abs. 3 BGB aus dem Nachlass Ersatz zu verlangen.[1076] Ein zur Leistung verurteilter Erbe kann in der Zwangsvollstreckung die Einreden des § 1990 Abs. 1 Satz 1 BGB nur geltend machen, wenn ihm die Beschränkung seiner Haftung im Urteil gemäß § 780 Abs. 1 ZPO vorbehalten wurde oder ein Vorbehalt ausnahmsweise nicht erforderlich ist. In § 780 Abs. 1 ZPO ist nur bestimmt, ob in der Zwangsvollstreckung die Haftungsbeschränkung geltend gemacht werden kann. Wie das zu erfolgen hat, regeln die §§ 781, 785 ZPO. Danach ist der Erbe auf die **Vollstreckungsabwehrklage** verwiesen, §§ 767, 769, 770 ZPO. Die Beschränkung der Haftung bleibt gemäß § 781 ZPO bei einer Zwangsvollstreckung gegen den Erben unberücksichtigt, bis dagegen Einwendungen durch den Erben aufgrund derselben erhoben werden. Nach Erhebung der Einreden ist der Erbe zur Offenlegung seines Eigenvermögens nicht mehr verpflichtet, ebenso wenig bei Abgabe der eidesstattlichen Versicherung gemäß § 807 ZPO.[1077]

354 Der Erbe kann sich gemäß **§ 1990 Abs. 2 BGB** auf die Einreden des Abs. 1 auch berufen, wenn ein **Nachlassgläubiger nach dem Erbfall im Wege der Zwangsvollstreckung oder der Arrestvollziehung bereits ein Pfandrecht oder eine Hypothek erlangt hat.** Durch diese Sonderregelung wird verhindert, dass ein Erbe, der mangels einer die Kosten deckenden Masse weder eine Nachlassverwaltung noch ein Nachlassinsolvenzverfahren beantragen will, schlechter gestellt ist als bei den amtlichen Verfah-

---

[1073] *Staudinger/Dobler* (2016), § 1990 Rdn. 7; *v. Lübtow*, Erbrecht II, S. 1166.

[1074] BGH v. 10. 11. 1982, IVa ZR 29/81, BGHZ 85, 274, 280 f. = NJW 1983, 1485; BGH v. 9. 2. 2011, IV ZR 228/08, ZEV 2011, 189, 190; KG v. 21. 11. 2002, 12 U 32/02, NJW-RR 2003, 941, 942; *Erman/Horn*, § 1990 Rdn. 2; MüKo/*Küpper*, § 1990 Rdn. 4; Palandt/*Weidlich*, § 1990 Rdn. 2; BeckOGK/*Herzog*, § 1990 Rdn. 28.

[1075] Palandt/*Weidlich*, § 1990 Rdn. 4; *Burandt/Rojahn/Joachim*, § 1990 Rdn. 9.

[1076] MüKo/*Küpper*, § 1990 Rdn. 6; *Burandt/Rojahn/Joachim*, § 1990 Rdn. 9.

[1077] *Soergel/Stein*, § 1990 Rdn. 11; *Burandt/Rojahn/Joachim*, § 1990 Rdn. 9.

ren. In diesem Fall könnte der Erbe gemäß § 784 Abs. 1 ZPO die Aufhebung von zugunsten eines Nachlassgläubigers erfolgten Vollstreckungsmaßnahmen verlangen. Bei Vorliegen der Voraussetzungen der Einreden des § 1990 Abs. 1 Satz 1 BGB steht ihm deshalb analog § 784 Abs. 1 ZPO in gleicher Weise die Möglichkeit zu, die Aufhebung von Vollstreckungsmaßnahmen in sein Eigenvermögen zu verlangen. Allerdings lässt sich aus § 1991 Abs. 3 BGB herleiten, dass diese Maßnahmen Bestand haben, wenn Nachlassgläubiger bereits in den Nachlass vollstreckt haben. Der Erbe kann in einem solchen Fall deren Aufhebung verlangen, wenn er anderenfalls an seiner Verpflichtung zur insolvenzmäßigen Befriedigung nach § 1991 Abs. 4 BGB oder daran gehindert würde, für seine Aufwendungen gemäß § 1978 Abs. 3 BGB aus dem Nachlass Ersatz zu verlangen.[1078]

Der Pfandrechts- oder Hypothekerlangung in der Zwangsvollstreckung **steht der Erwerb einer Vormerkung im Wege der einstweiligen Verfügung gleich, § 1990 Abs. 2 Alt. 3 BGB.** Durch diese spezielle gesetzliche Regelung ist die Anwendbarkeit des § 884 BGB ausgeschlossen. Anderenfalls könnte der Erbe gegenüber dem durch eine Vormerkung gesicherten Anspruch die Beschränkung seiner Haftung nicht geltend machen, wenn er sich auf die Einreden des § 1990 Abs. 1 Satz 1 BGB beruft. Hat der Nachlassgläubiger die Vormerkung aufgrund einer Bewilligung des Erben erlangt, kann dieser sich wegen der darin liegenden Verfügung diesem Gläubiger gegenüber nicht mehr auf die Beschränkung der Haftung berufen.[1079]

§ 1990 Abs. 2 BGB setzt immer voraus, dass die **Vollstreckung erst nach dem Erbfall erwirkt** wird. Hatte ein Gläubiger eine dingliche Sicherung oder eine Vormerkung schon gegenüber dem Erblasser erlangt, ist die Vorschrift nicht anwendbar.

Im Gesetz nicht geregelt und deshalb **streitig ist**, ob ein Erbe mit der Begründung, *355* er habe gegen einen oder mehrere Nachlassgläubiger die Rechte aus § 1990 Abs. 1 Satz 1 BGB geltend gemacht, auch **bereits erwirkte Vollstreckungsmaßnahmen von Eigengläubigern in den Nachlass abwehren** kann. Es stellt sich die Frage, ob für diesen Fall eine analoge Anwendung des § 784 Abs. 2 ZPO, der die Abwehr von Maßregeln der Zwangsvollstreckung zugunsten eines Eigengläubigers des Erben durch den Nachlassverwalter regelt, in Betracht kommt. Nach einer Auffassung wird eine Analogie verneint, weil das Gesetz dazu schweige.[1080] Andere verweisen darauf, dass der Erbe unter den Voraussetzungen des § 1990 BGB selbst als Verwalter eines dürftigen Nachlasses tätig werde und ihm deshalb ebenso wie einem Nachlassverwalter die Rechte des § 784 Abs. 2 ZPO zustünden.[1081] Für die letztgenannte Auffassung sprechen die besseren Argumente. Die von der erstgenannten Ansicht überwiegend zur Begründung herangezogene Verweisung der Nachlassgläubiger auf einen Ersatzanspruch gegen den Erben wegen mangelhafter Verwaltung gemäß § 1978 Abs. 1 BGB wäre bei fehlendem Eigenvermögen des Erben unbillig. Dieser Fall wird in der Praxis durchaus nicht selten sein[1082], während

---

[1078] MüKo/*Küpper*, § 1990 Rdn. 6.
[1079] *Staudinger/Dobler* (2016), § 1990 Rdn. 25; *Burandt/Rojahn/Joachim*, § 1990 Rdn. 11.
[1080] *Staudinger/Dobler* (2016), § 1990 Rdn. 28; RGRK/*Johannsen*, § 1990 Rdn. 18 jeweils m.w.N.
[1081] *Erman/Horn*, § 1990 Rdn. 10; *Lange/Kuchinke*, § 49 VIII 8 e; *Bamberger/Roth/Lohmann*, § 1990 Rdn. 10; Palandt/*Weidlich*, § 1990 Rdn. 5; AK/*Teubner*, § 1990 Rdn. 23; MüKo/*Küpper*, § 1990 Rdn. 7.
[1082] Zurückhaltend deshalb auch *Staudinger/Dobler* (2016), § 1990 Rdn. 28, die eine analoge Anwendung von § 784 Abs. 2 ZPO im Ergebnis ablehnt.

der Hinweis, die Vermögenslage des Erben könne sich bessern[1083], eher theoretischer Natur sein dürfte. Dagegen führt die Zulässigkeit einer Vollstreckungsgegenklage des Erben gegenüber einer Vollstreckung durch Eigengläubiger zu einer Verbesserung der Haftungssituation der Nachlassgläubiger. Das entspricht einer wesentlichen Zielsetzung der Regelungen über die Haftungsbeschränkungsrechte des Erben.

ee) Pflicht zur Herausgabe des Nachlasses

356 Beruft sich der Erbe auf die Einreden des § 1990 Abs. 1 Satz 1 BGB, ist er gemäß § 1990 Abs. 1 Satz 2 BGB verpflichtet, den **Nachlass zum Zwecke der Befriedigung des Gläubigers im Wege der Zwangsvollstreckung herauszugeben**. Dadurch ist klargestellt, dass sich weder der Erbe noch der Nachlassgläubiger darauf einzulassen brauchen, zur Klärung, ob bzw. inwieweit der Nachlass zur Befriedigung des Gläubigers nicht ausreicht, dessen Wert durch Schätzung zu ermitteln. Der Erbe ist nur verpflichtet, die Zwangsvollstreckung in den Nachlass zu dulden bzw. zu ermöglichen, indem er beispielsweise ein Nachlassverzeichnis vorlegt.[1084] **Gegenstand der Herausgabe ist immer der Nachlass**, dessen Umfang sich nicht nach den Grundsätzen des Bereicherungsrechtes, sondern nach dem strengeren Maßstab des § 1991 Abs. 1 BGB i.V.m. §§ 1978, 1979 BGB bestimmt.

Der Erbe kann den **Nachlass auch freiwillig herausgeben**, was insbesondere bei Geldbeträgen in Betracht kommt. Der Gläubiger kann sich daraus ohne Durchführung eines Zwangsvollstreckungsverfahrens befriedigen. Eine Pfändung und Ablieferung durch den Gerichtsvollzieher wäre überflüssig.[1085] Andere Gegenstände als Geld kann er dem Gläubiger ebenfalls unter Befreiung von dem Erfordernis der vollstreckungsmäßigen Verwertung herausgeben. Er läuft dann aber Gefahr, dass ihm von anderen Gläubigern später vorgehalten wird, er habe die Gegenstände unter Wert herausgegeben. Dies könnte eine Haftung wegen pflichtwidriger Verwaltung zur Folge haben.[1086]

357 Streitig ist, ob sich die **Herausgabepflicht** anders als bei den amtlichen Verfahren der Nachlassverwaltung oder des Nachlassinsolvenzverfahrens **auch auf die nach § 811 ZPO unpfändbaren Gegenstände bezieht**. Die Frage ist höchstrichterlich nicht geklärt. Zum Teil wird das mit der Begründung bejaht, dass letztlich gegen den eigentlichen Schuldner und nicht nur gegen seinen Erben vollstreckt werde.[1087] Die vollständige Ablieferung des Nachlasses sei der Preis für die private Abwicklung.[1088] Jedoch kann nach dem Tod des eigentlichen Schuldners für die Frage der Unpfändbarkeit nur auf die Person und die Verhältnisse des Erben als neuem Schuldner abgestellt werden. Eine Herausgabe zum Zwecke der Befriedigung des Gläubigers im Wege der Zwangsvollstreckung hat zu unterbleiben, soweit die ZPO eine Zwangsvollstreckung gar nicht zuließe.[1089] Das

---

[1083] MüKo/*Siegmann*, 4. Auflage, § 1990 Rdn. 7.

[1084] RG v. 20.6.1932, VI 67/32, RGZ 137, 50, 53; *Staudinger/Dobler* (2016), § 1990 Rdn. 29; BeckOGK/*Herzog*, § 1990 Rdn. 59 u. 61.

[1085] RGRK/*Johannsen*, § 1973 Rdn. 19.

[1086] *Lange/Kuchinke*, § 49 VIII 4.

[1087] OLG Celle v. 27.3.1907, IV ZS, OLGE 17, 195; MüKo/*Küpper*, § 1990 Rdn. 13; Palandt/*Weidlich*, § 1990 Rdn. 7.

[1088] *Lange/Kuchinke*, § 49 VIII 2.

[1089] *Staudinger/Dobler* (2016), § 1990 Rdn. 32 unter Bezugnahme auf *Kretzschmar*, LZ 1914, 363, 365; *Muscheler*, WM 1998, 2271, 2286; *Hillebrand*, Nachlassverwaltung, S. 103; *Burandt/Rojahn/Joachim*, § 1990 Rdn. 12; BeckOGK/*Herzog*, § 1990 Rdn. 57.1.

Argument, die vollständige Ablieferung des Nachlasses sei der Preis für die private Abwicklung, findet zudem im Gesetz keine hinreichende Stütze. Folge der Eigenverwaltung des Nachlasses durch den Erben darf keine Schlechterstellung der Nachlassgläubiger sein, so dass ein überzeugender Grund für die unterschiedliche Behandlung im Verhältnis zu den amtlichen Verfahren nicht ersichtlich ist. Eine Herausgabepflicht unpfändbarer Gegenstände besteht somit bei einer Eigenverwaltung nach § 1990 BGB nicht.

Der Erbe ist gemäß § 1990 Abs. 1 Satz 2 BGB i.V.m. § 260 BGB verpflichtet, **Nach-** 358 **lassgläubigern ein Verzeichnis über den Bestand des Nachlasses vorzulegen und dieses ggf. durch eine eidesstattliche Versicherung zu bekräftigen.**[1090] Aus den §§ 681 Satz 2, 666, 259, 260 BGB ergibt sich eine Verpflichtung des Erben, über seine private Verwaltung des Nachlasses **Rechenschaft zu legen.** Dazu hat er einem Gläubiger eine die geordnete Zusammenstellung der Einnahmen bzw. Ausgaben enthaltende Abrechnung zu übermitteln und ggf. Belege vorzulegen. Diese Verpflichtungen setzen immer voraus, dass sich der Erbe gegenüber dem Nachlassgläubiger auf die Einreden aus § 1990 Abs. 1 Satz 1 BGB beruft, was sich aus dem Wortlaut des § 1990 Abs. 1 Satz 2 BGB herleiten lässt („in diesem Falle"). Das Vermögensverzeichnis bzw. die eidesstattliche Versicherung nach § 807 ZPO erstrecken sich auf das gesamte Vermögen des Erben, wenn der Gläubiger aufgrund seines Titels sowohl in den Nachlass als auch in das Eigenvermögen des Erben vollstrecken darf. Lässt der Titel des Nachlassgläubigers eine Vollstreckung in das Eigenvermögen des Erben nicht zu oder ist die Vollstreckbarkeit durch ein aufgrund einer Vollstreckungsabwehrklage des Erben ergangenes Urteil auf den Nachlass beschränkt, kann der Gläubiger nur ein auf den Nachlass beschränktes Vermögensverzeichnis und dessen Bekräftigung durch eidesstattliche Versicherung verlangen.[1091] Nach Erhebung der Einreden aus § 1990 Abs. 1 Satz 1 BGB ist der Erbe zur Offenlegung seines Eigenvermögens nicht mehr verpflichtet.[1092]

ff) Materiellrechtliche Wirkungen

Beruft sich der Erbe auf die Einreden des § 1990 Abs. 1 Satz 1 BGB, hat dies keinen 359 Einfluss auf das Bestehen der Nachlassverbindlichkeiten. Die **Verjährung** der gegen den Nachlass gerichteten Ansprüche **wird** durch die Erhebung der Einreden **nicht gehemmt.**[1093] Das ließ sich früher im Umkehrschluss aus § 202 Abs. 1 BGB a.F. herleiten, der nur auf vorübergehende Einreden Bezug nahm. Der vollstreckende Gläubiger kann durch Vollstreckungshandlungen **gemäß § 212 BGB einen Neubeginn der Verjährung herbeiführen.** Eine Verjährungshemmung aufgrund einer Vereinbarung mit dem Gläubiger gemäß § 205 BGB kommt nicht in Betracht, weil die Einreden des § 1990 Abs. 1 Satz 1 BGB nicht auf einer Vereinbarung zwischen dem Erben und den Nachlassgläubigern, sondern auf dem Gesetz beruhen.[1094] Der **Erbe kann** als Träger des Nachlasses **in Schuldnerverzug kommen.** Eine in Unkenntnis der Leistungsver-

---

1090 *Staudinger/Dobler* (2016), § 1990 Rdn. 33; BeckOGK/*Herzog*, § 1990 Rdn. 61.
1091 *Staudinger/Dobler* (2016), § 1990 Rdn. 34.
1092 Palandt/*Weidlich*, § 1990 Rdn. 8; *Soergel/Stein*, § 1990 Rdn. 11.
1093 MüKo/*Küpper*, § 1990 Rdn. 17, *Damrau/Tanck/Gottwald*, § 1990 Rdn. 33.
1094 *Damrau/Tanck/Gottwald*, § 1990 Rdn. 33; *Staudinger/Dobler* (2016), § 1990 Rdn. 39.

weigerungsrechte aus § 1990 Abs. 1 Satz 1 BGB erbrachte Leistung kann er gemäß §§ 812 Abs. 1 Satz 1 Alt. 1, 813 Abs. 1 Satz 1 BGB zurückverlangen.[1095]

360   Nachlassgläubiger können dem Erben trotz des Vorliegens der Voraussetzungen der Einreden aus § 1990 Abs. 1 Satz 1 BGB eine **Inventarfrist gemäß § 1994 BGB bestimmen lassen** oder die **Abgabe der eidesstattlichen Versicherung gemäß § 2006 BGB verlangen** und so über §§ 1994 Abs. 1 Satz 2, 2005 Abs. 1, 2006 Abs. 3, 2013 Abs. 1 Satz 1 BGB Zugriff auf das Eigenvermögen des Erben erlangen.[1096] Die in § 2000 Satz 1 BGB angeordnete Unwirksamkeit der Fristbestimmung steht dem nicht entgegen, da nach dieser Vorschrift Voraussetzung ist, dass es zur Anordnung einer Nachlassverwaltung bzw. zur Eröffnung eines Nachlassinsolvenzverfahrens gekommen ist.

gg) Entsprechende Anwendung

361   Die Regelungen der §§ 1990, 1991 BGB finden entsprechende Anwendung auf **Gesamtgutsverbindlichkeiten bei der Gütergemeinschaft**, §§ 1480 Satz 2, 1489 Abs. 2 BGB, auf die **Haftung von Abkömmlingen bei der fortgesetzten Gütergemeinschaft für Gesamtgutsverbindlichkeiten**, die bei der Teilung nicht berücksichtigt worden sind, § 1504 Satz 2 BGB, und auf die **Haftung eines Erbteilskäufers nach Ausübung des Vorkaufsrechts** von Miterben gemäß § 2036 BGB. Eine entsprechende Anwendung ist auch bestimmt für die **Haftung eines Vorerben nach Eintritt der Nacherbfolge**, § 2145 Abs. 1 Satz 2 BGB, für die **Haftung eines Vermächtnisnehmers für ihm auferlegte Vermächtnisse und Auflagen** gemäß § 2187 Abs. 3 BGB, für die **Haftung eines volljährig Gewordenen** für die vor dem Eintritt der Volljährigkeit begründeten Verbindlichkeiten **gemäß § 1629a Abs. 1 Satz 2 BGB**, für die **Haftung eines Berechtigten für Wertausgleich nach § 7 des Gesetzes zur Regelung offener Vermögensfragen** sowie nach **Beendigung der Nachlassverwaltung**.[1097] Von der Ausnahme des § 1489 Abs. 2 BGB abgesehen ist in allen Fällen keine Dürftigkeit der Vermögensmasse, auf die sich die Haftung beschränkt, erforderlich.[1098]

hh) Folgen der Dürftigkeitseinrede, § 1991 BGB

362   Die Anwendung der Vorschrift des § 1990 BGB bedingt eine **weitgehende Gleichstellung** zwischen dem Erben, der den Nachlass privat abwickelt, und demjenigen, der eine **Haftungsbeschränkung aufgrund amtlicher Nachlassabsonderung** durch Nachlassverwaltung oder Nachlassinsolvenzverfahren herbeigeführt hat. Die **Rechtsfolgen nach Erhebung der Einreden des § 1990 Abs. 1 Satz 1 BGB sind in § 1991 BGB bestimmt.** Die Absätze 1 und 2 enthalten Bestimmungen zur Berechnung des Nachlassbestandes und normieren – anders als § 1973 BGB – keine Bereicherungs- sondern eine Verwalterhaftung des Erben gemäß §§ 1978–1980 BGB. Der Erbe verwaltet im Fall der Erhebung der Einreden des § 1990 Abs. 1 Satz 1 BGB einen dürftigen oder unzulänglichen Nachlass, dessen Gläubiger noch nicht befriedigt sind.[1099] Die

---

[1095] OLG Stuttgart v. 29. 6. 1989, 7 U 293/88, NJW-RR 1989, 1283; *Staudinger/Dobler* (2016), § 1990 Rdn. 40.

[1096] BGH v. 2. 7. 1992, IX ZR 250/91, NJW 1992, 2694, 2695; *Burandt/Rojahn/Joachim,* § 1990 Rdn. 20.

[1097] BGH v. 17. 12. 1953, IV ZR 101/53, NJW 1954, 635, 636.

[1098] *Staudinger/Dobler* (2016), § 1990 Rdn. 46; *Burandt/Rojahn/Joachim,* § 1990 Rdn. 27.

[1099] MüKo/*Küpper,* § 1991 Rdn. 1.

Absätze 3 und 4 bestimmten die Reihenfolge der Gläubigerbefriedigung. § 1991 BGB trifft keine ausdrückliche Bestimmung für die Behandlung solcher Gläubiger, die unter den Voraussetzungen der §§ 1973, 1974 BGB ausgeschlossen bzw. säumig sind. Der Erbe ist aber bei Erhebung der Dürftigkeitseinrede in gleicher Weise verpflichtet, sie erst nach anderen Gläubigern, aber noch vor den Nachlassbeteiligten gemäß § 327 Abs. 1 Nr. 1 und Nr. 2 InsO, d.h. vor Pflichtteilsberechtigten, Vermächtnisnehmern und Auflagenbegünstigten zu befriedigen.[1100]

Wie bei den amtlichen Verfahren der Nachlassverwaltung oder des Nachlassinsolvenzverfahrens ist der Erbe **für seine bisherige Verwaltung gemäß § 1978 Abs. 1 BGB verantwortlich.** Der Schadensersatzanspruch eines Gläubigers aus § 1978 Abs. 1 BGB gilt gemäß § 1978 Abs. 2 BGB als zum Nachlass gehörend. Nachlassgelder, die der Erbe zu persönlichen Zwecken entnommen hat, hat er gemäß § 667 BGB ohne Rücksicht auf ein Verschulden zu ersetzen bzw. herauszugeben.[1101] **Aufwendungsersatzansprüche stehen ihm gemäß § 1978 Abs. 3 BGB zu.** Wegen anderer Nachlassgegenstände als Geld kann er sich aufgrund seiner aus dem Nachlass zu ersetzenden Aufwendungen auf ein **Zurückbehaltungsrecht gemäß § 273 BGB berufen.**[1102] Der Erbe muss den Nachlass erst nach Befriedigung seiner eigenen Ansprüche herausgeben. Er kann den entsprechenden Betrag dem Nachlass entnehmen[1103] und wegen seiner Ansprüche einer Zwangsvollstreckung in bestimmte Nachlassgegenstände insoweit entgegentreten, als der Nachlassrest zur Befriedigung seiner eigenen Ansprüche nicht ausreichen würde.

In § 1991 Abs. 1 BGB ist die Regelung des **§ 1980 BGB** nicht erwähnt. Diese ist jedoch **entsprechend anwendbar.** Der Erbe macht sich den Gläubigern auch bei Erhebung der Einreden des § 1990 Abs. 1 Satz 1 BGB schadensersatzpflichtig, wenn er die Insolvenzantragspflicht schuldhaft verletzt, obwohl der Nachlass zahlungsunfähig oder überschuldet ist, aber die Insolvenzkosten deckt.[1104]

Für die Berechnung des Nachlassbestandes werden gemäß § 1991 Abs. 2 BGB ebenso wie bei der amtlichen Nachlassabsonderung die mit dem Erbfall eingetretenen **Konfusions- und/oder Konsolidationswirkungen rückwirkend als nicht erfolgt fingiert**[1105]. Anders als bei der Nachlassverwaltung oder beim Nachlassinsolvenzverfahren handelt es sich nicht um eine absolut und damit auch gegenüber Dritten wirkende Wiederherstellung der erloschenen Rechte. Die **Aufhebung erfolgt nur relativ im Verhältnis zu dem jeweiligen Gläubiger**[1106], so dass ein Eigengläubiger des Erben dessen Anspruch gegen den Nachlass nicht pfänden kann. Zugunsten von Nachlassgläubigern sind die als nicht erloschen zu behandelnden Ansprüche des Nachlasses gegen den Erben jedoch pfändbar. Verteidigt sich der Nachlassgläubiger gegen eine Vollstre-

363

364

[1100] *Staudinger/Dobler* (2016), § 1991 Rdn. 7; MüKo/*Küpper*, § 1990 Rdn. 7; *Burandt/Rojahn/Joachim*, § 1991 Rdn. 7.

[1101] BGH v. 13.3.2008, IX ZR 13/05, ZEV 2008, 237.

[1102] *Staudinger/Dobler* (2016), § 1991 Rdn. 13, *Burandt/Rojahn/Joachim*, § 1991 Rdn. 2.

[1103] BGH v. 10.11.1982, IVa ZR 29/81, NJW 1983, 1485, 1487; MüKo/*Küpper*, § 1991 Rdn. 2; *Lange/Kuchinke*, § 49 VIII 8 a.

[1104] MüKo/*Küpper*, § 1991 Rdn. 4; *Burandt/Rojahn/Joachim*, § 1991 Rdn. 3; BeckOGK/*Herzog*, § 1991 Rdn. 13.

[1105] Näher dazu Rdn. 214 ff.

[1106] BGH v. 10.12.1990, II ZR 256/89, BGHZ 113, 132, 138 = NJW 1991, 844, 846; MüKo/*Küpper*, § 1991 Rdn. 5.

ckungsgegenklage des Erben aufgrund einer Vollstreckung in dessen Eigenvermögen, kann er ohne vorangegangene Pfändung einwenden, der Erbe schulde dem Nachlass einen entsprechenden Betrag.[1107]

§ 1991 Abs. 2 BGB enthält **keine Regelung zu Aufrechnungsbefugnissen**, verweist insbesondere nicht auf § 1977 BGB. Es ist aber anerkannt, dass ein **Nachlassgläubiger** auch nach Erhebung der Einreden des § 1990 Abs. 1 Satz 1 BGB **gehindert ist, gegen eine Privatforderung des Erben aufzurechnen.**[1108] Anderenfalls könnte sich dieser Nachlassgläubiger den Einreden des § 1990 Abs. 1 Satz 1 BGB zuwider aus dem Eigenvermögen des Erben befriedigen. Nur wenn feststünde, bis zu welchem Betrag das Leistungsverweigerungsrecht des § 1990 Abs. 1 Satz 1 BGB nicht greift, kann eine Aufrechnung gegen eine Privatforderung des Erben zulässig sein.[1109] Ein Nachlassgläubiger kann **gegen eine an ihn gerichtete Nachlassforderung aufrechnen**, wenn seiner Forderung eine Einrede aus § 1990 Abs. 1 Satz 1 BGB entgegensteht. Zwar schließt § 390 BGB einredebehaftete Forderungen von der Aufrechnungsbefugnis aus. Für die haftungsbeschränkenden Einreden gilt das aber nur eingeschränkt, weil Aufrechnungsbefugnisse, die Nachlassgläubigern gegenüber Nachlassforderungen zustehen, selbst in einem Nachlassinsolvenzverfahren gemäß §§ 94 ff. InsO regelmäßig unberührt bleiben. Die Gläubiger dürfen im Fall der Erhebung der Dürftigkeitseinrede nicht schlechter gestellt sein als bei den amtlichen Verfahren.[1110] Die **Vorschriften der Insolvenzordnung sind deshalb analog anwendbar** mit der Maßgabe, dass an die Stelle des Zeitpunktes der Verfahrenseröffnung der Zeitpunkt tritt, in dem sich der Erbe erstmals auf § 1990 BGB beruft.[1111]

Ein **Eigengläubiger** des Erben **kann nach überwiegender Auffassung gegen eine an ihn gerichtete Forderung des Nachlasses aufrechnen**.[1112] Für die Zulässigkeit einer solchen Aufrechnungsmöglichkeit spricht neben der fehlenden Verweisung auf § 1977 BGB[1113] in § 1991 BGB, dass § 1990 BGB nur gegenüber Nachlassgläubigern Wirkung entfaltet. Diese werden nicht an der Aufrechnung gehindert, wenn gegen sie eine Nachlassforderung besteht.

365 Solange der Erbe von der Zulänglichkeit des Nachlasses ausgehen darf, muss er bei mehreren Nachlassgläubigern keine bestimmte Reihenfolge bei der Berichtigung ihrer Verbindlichkeiten einhalten, **§ 1979 BGB**. Er kann sie – unabhängig von einer Vor- oder Minderberechtigung – nach freiem Belieben befriedigen oder deren Befriedigung im Wege der Zwangsvollstreckung zulassen. Verschlossen ist ihm diese Möglichkeit, wenn er unter den Voraussetzungen des **§ 1980 Abs. 1 Satz 1 BGB** einen Antrag auf Eröffnung des Nachlassinsolvenzverfahrens stellen muss. War für ihn erkennbar, dass der Nachlass zur Befriedigung aller Gläubiger nicht ausreicht, kommt es zur Anwendung

---

[1107] *Staudinger/Dobler* (2016), § 1991 Rdn. 15; *Burandt/Rojahn/Joachim,* § 1991 Rdn. 4.

[1108] BGH v. 27. 6. 1961, VI ZR 205/06, BGHZ 35, 317, 327 f. = NJW 1961, 1966, 1968; MüKo/ *Küpper,* § 1991 Rdn. 6; *Staudinger/Dobler* (2016), § 1990 Rdn. 41; BeckOGK/*Herzog,* § 1990 Rdn. 42.

[1109] Offen gelassen in BGH v. 27. 6. 1961, VI ZR 205/60, BGHZ 35, 317, 328.

[1110] MüKo/*Küpper,* § 1990 Rdn. 6.

[1111] *Staudinger/Dobler* (2016), § 1990 Rdn. 42; BeckOGK/*Herzog,* § 1990 Rdn. 41.

[1112] Palandt/*Weidlich,* § 1990 Rdn. 10; MüKo/*Küpper,* § 1991 Rdn. 6; *Staudinger/Dobler* (2016), § 1990 Rdn. 43; *Burandt/Rojahn/Joachim,* § 1991 Rdn. 5; a.A. *Lange/Kuchinke,* § 49 VIII 5; *Soergel/Stein,* § 1990 Rdn. 8.

[1113] *Staudinger/Dobler* (2016), § 1990 Rdn. 43.

der §§ 1978, 1979 BGB, solange die Voraussetzungen des § 1990 Abs. 1 Satz 1 BGB nicht erfüllt sind und der Nachlass noch nicht dürftig ist. Ist der Nachlass aufgrund der Befriedigung von Nachlassgläubigern dürftig geworden, kann sich der Erbe auf die Einreden des § 1990 Abs. 1 Satz 1 BGB berufen. Aus seinem Eigenvermögen muss er nur denjenigen Betrag an den Nachlass leisten, der erforderlich ist, um die nicht befriedigten Nachlassgläubiger so zu stellen, wie sie im Fall eines rechtzeitigen Antrages auf Eröffnung des Insolvenzverfahrens gestanden hätten.[1114] Etwas anderes gilt gemäß § 1980 Abs. 1 Satz 3 BGB, wenn die Überschuldung nur auf Vermächtnissen und Auflagen beruht.

Bei der Befriedigung bis dahin unbefriedigt gebliebener Gläubiger geht gemäß **§ 1991 Abs. 3 BGB derjenige vor, der eine rechtskräftige Verurteilung des Erben erwirkt hat.** Einem rechtskräftigen Urteil stehen andere nicht mehr anfechtbare Vollstreckungstitel gemäß § 794 ZPO gleich.[1115] Gegenüber einem derart privilegierten Gläubiger besteht **nach überwiegender Meinung eine Verpflichtung des Erben zur vorrangigen Befriedigung bzw. zur Abwehr von Vollstreckungen anderer Gläubiger, die der Durchsetzung dieses Anspruches entgegenstehen könnten.**[1116] Der Erbe darf den privilegierten Gläubigern mit Ausnahme von Vermächtnisansprüchen ihm selbst gegen den Nachlass zustehende Forderungen entgegenhalten und die Herausgabe des Nachlasses soweit verweigern, als das zur Befriedigung seiner eigenen Ansprüche erforderlich ist.[1117]

Der Erbe hat gemäß **§ 1991 Abs. 4 BGB Verbindlichkeiten aus Pflichtteilsrechten, Vermächtnissen und Auflagen so zu berichtigen, wie sie in einem Nachlassinsolvenzverfahren befriedigt würden.** Die Regelung gilt **auch für Pflichtteilsergänzungsansprüche.**[1118] Die Gläubiger solcher Ansprüche gehen den übrigen Gläubigern selbst dann nach, wenn sie bereits eine rechtskräftige Verurteilung des Erben i.S.v. § 1991 Abs. 3 BGB erwirkt haben. Untereinander sind sie in der nach der Insolvenzordnung vorgesehenen Reihenfolge zu befriedigen. Nach § 327 Abs. 1 Nr. 1 InsO gehen Pflichtteilsansprüche solchen aus Vermächtnissen und Auflagen vor. Eine Vorrangbestimmung des Erblassers nach § 2189 BGB hat der Erbe gemäß § 327 Abs. 2 Satz 2 InsO zu berücksichtigen. § 1991 BGB enthält keine Regelung dazu, wie gemäß § 1993, 1974 BGB ausgeschlossene bzw. säumige Gläubiger zu behandeln sind. Der Erbe hat auch sie erst nach den anderen Gläubigern zu befriedigen, aber vor den nach § 1991 Abs. 4 BGB nachlassbeteiligten Gläubigern gemäß § 327 Abs. 1 Nr. 1 und 2 InsO.[1118a] Handelt der Erbe der Regelung des § 1991 Abs. 4 BGB zuwider, ist er den **benachteiligten Nachlassgläubigern nach Maßgabe der §§ 1978 Abs. 1, 1979 BGB verantwortlich.**

366

367

[1114] MüKo/*Küpper*, § 1991 Rdn. 7; *Damrau/Tanck/Gottwald*, § 1991 Rdn. 11.

[1115] *Lange/Kuchinke*, § 49 VIII 8 c; *Burandt/Rojahn/Joachim*, § 1991 Rdn. 8; BeckOGK/*Herzog*, § 1990 Rdn. 46.

[1116] BGH v. 29. 4. 1993, IX ZR 215/92, BGHZ 122, 297 = NJW 1993, 1851, 1853; RGRK/*Johannsen*, § 1991 Rdn. 8; *Erman/Horn*, § 1991 Rdn. 4; MüKo/*Küpper*, § 1991 Rdn. 8; a.A. *Staudinger/Dobler* (2016), § 1991 Rdn. 17; *Lange/Kuchinke*, § 49 VIII 4a Fn. 197.

[1117] BGH v. 7. 6. 1984, I ZR 47/82, WM 1984, 1060, 1063; BGH v. 8. 3. 1982, II ZR 86/81, NJW 1983, 120, 121; *Staudinger/Dobler* (2016), § 1991 Rdn. 19.

[1118] BGH v. 10. 11. 1982, IVa ZR 29/81, BGHZ 85, 274, 280; MüKo/*Küpper*, § 1991 Rdn. 9 Fn. 21; BeckOGK/*Herzog*, § 1991 Rdn. 36.

[1118a] *Staudinger/Dobler* (2016), § 1991 Rdn. 7; *Erman/Horn*, § 1991 Rdn. 5; MüKo/*Küpper*, § 1991 Rdn. 10.

367a   Befriedigt der Erbe einen Nachlassgläubiger in Unkenntnis der Unzulänglichkeit des Nachlasses und hat er sich deshalb nicht auf die Einreden des § 1990 Abs. 1 Satz 1 BGB berufen, steht ihm gemäß §§ 812 Abs. 1 Satz 1 Alt. 1, 813 Abs. 1 Satz 1 BGB gegenüber diesem Gläubiger ein Bereicherungsanspruch zu, als die berechtigte Forderung bei der Berufung auf § 1990 Abs. 1 Satz 1 BGB nicht zum Zuge gekommen wäre.[1119] Die unbefriedigt gebliebenen Gläubiger haben gegenüber den befriedigten keinen Anspruch auf Herausgabe des Erlangten.

b) Die Überschwerungseinrede, § 1992 BGB

368   Die Vorschrift des § 1992 BGB betrifft einen **Sonderfall**. Beruht die Überschuldung des Nachlasses auf angeordneten Vermächtnissen und Auflagen (sog. Überschwerung), müsste der Erbe, weil zumeist ein den Kosten eines Nachlassinsolvenzverfahrens entsprechender Nachlass vorhanden ist, einen Antrag auf Eröffnung des Nachlassinsolvenzverfahrens stellen. Es entspräche aber regelmäßig nicht dem mutmaßlichen Willen des Erblassers, wenn der Erbe aufgrund einer Überschuldung des Nachlasses gerade aufgrund von Vermächtnissen und Auflagen, die der Erblasser im Vertrauen auf die Zulänglichkeit des Nachlasses angeordnet hatte, einen Antrag auf Eröffnung eines amtlichen Verfahrens stellen müsste. Der Erbe ist zur Antragstellung zwar berechtigt, wegen der Regelung des § 1992 BGB aber nicht verpflichtet.[1120]

Die **Vorschrift ist nicht anwendbar, wenn er sein Recht zur Haftungsbeschränkung gegenüber allen Nachlassgläubigern verloren hat, § 2013 Abs. 1 Satz 1 BGB.** Er behält das Recht zur Erhebung der Einrede, wenn er nur einzelnen Gläubigern gegenüber unbeschränkbar haftet, im Verhältnis zu den übrigen Gläubigern.

Auf die Überschwerungseinrede können sich neben dem Erben der **Testamentsvollstrecker**, der nach §§ 1960, 1961 BGB bestimmte **Nachlasspfleger**[1121] und – anders als bei § 1990 BGB – auch der **Nachlassverwalter**[1122] berufen.

369   Die Einrede des § 1992 BGB besteht nur gegenüber Gläubigern von Vermächtnissen und Auflagen. Auf **Pflichtteilsansprüche** ist sie **nicht analog anwendbar**.[1123] Dagegen spricht neben dem eindeutigen Wortlaut, dass Pflichtteilsansprüche unabhängig vom Willen des Erblassers kraft Gesetzes entstehen und die auf den hypothetischen Erblasserwillen gestützte Begründung des § 1992 BGB für diese Ansprüche keine Gültigkeit hat. **Streitig ist, ob § 1992 BGB voraussetzt, dass die Überschuldung ausschließlich auf Vermächtnissen oder Auflagen beruht** oder ob die Vorschrift **auch anwendbar ist, wenn der Nachlass ohne Berücksichtigung der minderberechtigten Ansprüche überschuldet ist.** Gegen die Anwendbarkeit spricht neben dem eindeutigen Wortlaut der Norm, wonach die Überschuldung des Nachlasses gerade auf Vermächtnissen und Auflagen beruhen muss, dass den Erben bei einem überschuldeten, aber nicht dürftigen Nachlasses gemäß § 1980 Abs. 1 Satz 1 BGB anderenfalls eine Verpflichtung träfe, un-

---

[1119]   OLG Stuttgart v. 29.6.1989, 7 U 293/88, NJW-RR 1989, 1293; MüKo/*Küpper,* § 1991 Rdn. 11.

[1120]   *Staudinger/Dobler* (2016), § 1992 Rdn. 1.

[1121]   *Staudinger/Dobler* (2016), § 1992 Rdn. 15.

[1122]   MüKo/*Küpper,* § 1992 Rdn. 3; BeckOGK/*Herzog,* § 1992 Rdn. 7; siehe auch Rdn. 292.

[1123]   OLG München v. 3.12.1996, 5 U 2597/96, ZEV 1998, 100, 101; *Staudinger/Dobler* (2016), § 1992 Rdn. 6; MüKo/*Küpper,* § 1992 Rdn. 4;; BeckOGK/*Herzog,* § 1992 Rdn. 14; a.A. RGRK/*Johannsen,* § 1992 Rdn. 2.

verzüglich die Eröffnung eines Nachlassinsolvenzverfahrens zu beantragen. Mit der Eröffnung würde eine Liquidation nach § 1992 BGB gegenstandslos werden, was mit der gesetzgeberischen Intention nicht im Einklang stünde.[1124] Der Erbe kann sich deshalb nicht auf § 1992 BGB berufen, wenn eine Überschuldung des Nachlasses unabhängig von Verbindlichkeiten aus Vermächtnissen und Auflagen gegeben ist.[1125] Eine Ausnahme gilt, wenn die nicht von dieser Vorschrift betroffenen Gläubiger damit einverstanden sind, dass die Beantragung eines Nachlassinsolvenzverfahrens unterbleibt.

Maßgeblicher Zeitpunkt für die Beurteilung, ob die Überschuldung auf Vermächt-   370
nissen und Auflagen beruht, ist der **Zeitpunkt der letzten mündlichen Tatsachenverhandlung im Verfahren über die Geltendmachung des Anspruchs** und nicht der Zeitpunkt der Erhebung der Einrede. Die Darlegungs- und Beweislast, dass der Nachlass durch Vermächtnisse oder Auflagen überschwert ist, obliegt dem Erben.[1126]

Der Erbe ist gemäß § 1992 S. 1 BGB berechtigt, die **Befriedigung** der Vermächtnis-   371
nehmer und Auflagenberechtigten **nach den Vorschriften der §§ 1990, 1991 BGB zu bewirken.** Er hat somit für eine gleichmäßige Befriedigung der Vermächtnisnehmer und Auflagenberechtigten gemäß § 1991 Abs. 4 BGB, § 327 Abs. 1 InsO zu sorgen, jedoch eine Vorrangbestimmung des Erblassers gemäß § 327 Abs. 2 Satz 2 InsO zu beachten. Reicht der Nachlass zur Befriedigung aller Vermächtnisse und Auflagen nicht aus, hat der Erbe zusätzlich die Unzulänglichkeitseinrede des § 1990 Abs. 1 Satz 1 BGB. Er hat die in § 1992 BGB genannten Verbindlichkeiten gemäß § 1991 Abs. 4 BGB so zu berichtigen, wie sie bei einem Nachlassinsolvenzverfahren zur Berichtigung kämen. Pflichtteilsansprüche wären vor Verbindlichkeiten aus Vermächtnissen und Auflagen zu befriedigen, wobei ein pflichtteilvertretendes Vermächtnis als Pflichtteil zu behandeln ist. Dem Pflichtteilsberechtigten gegenüber kann sich der Erbe nicht auf § 1992 BGB berufen.[1127] Die Haftung für diese Verpflichtungen beschränkt sich auf den nach § 1991 BGB zu ermittelnden aktiven Nachlass. Der Erbe kann **Vollstreckungsmaßnahmen**, die wegen eines Anspruchs aus einem Vermächtnis oder einer Auflage **in sein Eigenvermögen** erfolgt sind, **mit der Überschwerungseinrede entgegentreten.** Auch wenn der Erblasser niemals Schuldner der von ihm angeordneten Vermächtnisse und Auflagen gewesen ist, **findet § 780 Abs. 1 ZPO Anwendung.** Der Erbe muss sich gegenüber Vermächtnisnehmern und Auflagenbegünstigten die Beschränkung seiner Haftung auf den Nachlass im Urteil des Erkenntnisverfahrens vorbehalten lassen.[1128]

Der Erbe kann gemäß § 1992 S. 2 BGB die **Herausgabe der noch vorhandenen**   372
Nachlassgegenstände durch Zahlung des Wertes abwenden. Mit dem Begriff „Herausgabe" ist die in § 1990 Abs. 1 Satz 2 BGB erwähnte Herausgabe des Nachlasses zum Zwecke der Befriedigung des Gläubigers im Wege der Zwangsvollstreckung gemeint. Die Abwendungsbefugnis bezieht sich nur auf die noch vorhandenen Nachlass-

---

[1124] MüKo/*Küpper*, § 1992 Rdn. 5.

[1125] RG v. 19.10.1911, IV 52/11, WarnR 1912 Nr. 33 = Recht 1911 Nr. 3917; OLG München v. 3.12.1996, 5 U 2597/96, ZEV 1998, 100, 101 m. Anm. *Weber*; KG v. 5.2.1998, 1 W 6796/95, OLGE 30, 175; MüKo/*Küpper*, § 1992 Rdn. 5; *Lange/Kuchinke*, § 49 VIII c; Palandt/*Weidlich*, § 1992 Rdn. 1; *Staudinger/Dobler* (2016), § 1992 Rdn. 3; BeckOGK/*Herzog*, § 1992 Rdn. 23; a.A. RGRK/*Johannsen*, § 1992 Rdn. 2; *Kipp/Coing*, § 99 VI 1.

[1126] *Bamberger/Roth/Lohmann*, § 1992 Rdn. 5; BeckOGK/*Herzog*, § 1992 Rdn. 49; *Weber*, ZEV 1989, 101.

[1127] MüKo/*Küpper*, § 1992 Rdn. 6; *Burandt/Rojahn/Joachim*, § 1992 Rdn. 9.

[1128] Siehe dazu Rdn. 616.

gegenstände und nur auf die durch § 1990 Abs. 1 Satz 2 BGB begründete Herausgabe-pflicht. Eine auf § 2174 BGB beruhende Verpflichtung zur Herausgabe eines bestimmten vermachten Gegenstandes bleibt unberührt. Die Herausgabe dieses Gegenstandes kann der Erbe nur solange verweigern, bis der Vermächtnisnehmer ihm den Betrag erstattet, um den der Wert des Nachlasses nach Abzug der diesem Vermächtnis vorgehenden Verbindlichkeiten hinter dem Wert des vermachten Gegenstandes zurückbleibt.[1129] § 1992 Satz 2 BGB gilt unabhängig davon, ob dem Erben wegen Vermächtnissen oder Auflagen die Rechte aus §§ 1990, 1991 BGB zustehen, weil die Überschuldung des Nachlasses auf diesen Verbindlichkeiten beruht oder der Nachlass dürftig i.S.v. § 1990 Abs. 1 Satz 1 BGB ist.

Vermächtnisgläubiger und Auflagenbegünstigte müssen sich – anders als die übrigen Gläubiger – damit abfinden, dass der Betrag, um den ihre Ansprüche zu kürzen sind, auf Wunsch des Erben nicht durch die vollstreckungsmäßige Verwertung des Nachlasses, sondern durch Schätzung seines Wertes ermittelt wird. **Bei der Bestimmung des Schätzwertes kommt** es wie bei § 1973 Abs. 2 Satz 2 BGB **auf den Zeitpunkt an, zu dem die Abwendungsbefugnis ausgeübt wird.** Der Erbe darf den Wert etwaiger ihm gemäß §§ 1978 Abs. 3, 1991 Abs. 1, 1992 Satz 1 BGB zu ersetzender Aufwendungen von dem Betrag abziehen, durch dessen Zahlung er die Herausgabe der noch vorhandenen Nachlassgegenstände abwenden kann.

373   Besteht die **Zuwendung im Erlass einer Schuld**, ist die zugrundeliegende Forderung insoweit als zum Nachlass gehörig anzusehen, als sie zur Deckung der Forderungen vorrangiger und des Anteils gleichrangiger Gläubiger erforderlich ist.[1130]

374   Die **Aufrechnungsbefugnis**, die einem Vermächtnisnehmer gegen eine Forderung des Nachlasses vor Eintritt der Überschwerung zustand, **wird nicht dadurch berührt, dass sich der Erbe auf § 1992 BGB beruft, § 94 InsO analog.**[1131] War die Vermächtnisforderung gegen einen von Anfang an überschuldeten Nachlass gerichtet oder wird sie erst nach Eintritt der Überschuldung fällig, ist die Aufrechnung im Hinblick darauf, dass dem Vermächtnisanspruch die Einrede des § 1992 BGB entgegenstünde, ausgeschlossen.[1132]

II. Möglichkeiten endgültiger Beschränkung gegenüber einzelnen Nachlassgläubigern

375   Der Erbe ist nicht gehindert, zur endgültigen Beschränkung seiner Haftung für Nachlassverbindlichkeiten auf den Nachlass **Vereinbarungen mit einzelnen Nachlassgläubigern** zu treffen. Sie sind aufgrund der allgemeinen Vertragsfreiheit grundsätzlich zulässig und können sowohl aus Gläubigersicht als auch aus der des Erben sinnvoll sein.[1133]

[1129] BGH v. 29.5.1964, V ZR 47/62, NJW 1964, 2298, 2300; *Burandt/Rojahn/Joachim,* § 1992 Rdn. 10.

[1130] *Soergel/Stein,* § 1992 Rdn. 4.

[1131] MüKo/*Küpper,* § 1992 Rdn. 8; BeckOGK/*Herzog,* § 1992 Rdn. 42.

[1132] MüKo/*Küpper,* § 1992 Rdn. 8; MüKo-InsO/*Siegmann,* § 327 InsO Rdn. 2; *Lange/Kuchinke,* § 49 VIII 5; *Burandt/Rojahn/Joachim,* § 1992 Rdn. 12; BeckOGK/*Herzog,* § 1992 Rdn. 42; a.A. Palandt/*Weidlich,* § 1992 Rdn. 3; *Soergel/Stein,* § 1992 Rdn. 6.

[1133] Näher dazu Rdn. 415 ff.

Das Gesetz regelt in den §§ 1970–1974 BGB, wie der Erbe eine Beschränkung seiner Haftung gegenüber einzelnen Nachlassgläubigern herbeiführen kann. Er kann durch ein **gerichtliches Aufgebotsverfahren** die Nachlassgläubiger auffordern, ihre Forderungen innerhalb einer bestimmten Frist anzumelden. Das Institut des erbrechtlichen Gläubigeraufgebotes ist dem preußischen Recht des 19. Jahrhundert entnommen.[1134] Meldet sich ein Gläubiger daraufhin nicht, haftet der Erbe ihm gegenüber gemäß § 1973 BGB nur noch nach Bereicherungsgrundsätzen auf den Nachlassüberschuss. Ausgeschlossenen Nachlassgläubigern stehen gemäß § 1974 BGB diejenigen gleich, die ihre **Forderungen erst später als fünf Jahre nach dem Erbfall geltend machen.** In diesem Fall der Säumnis ist entgegen der Überschrift des Untertitels 2 zu den §§ 1970–1974 BGB die Durchführung eines Aufgebotes keine Voraussetzung. Zugunsten von **Miterben** werden sie durch § 2060 Nr. 1 und 2 BGB ergänzt und modifiziert, wonach eine teilschuldnerische Haftung in Betracht kommt. Die materiellrechtlichen Vorschriften des Bürgerlichen Gesetzbuches finden eine **Ergänzung in den verfahrensrechtlichen Bestimmungen der §§ 454–463 FamFG**, die ihrerseits Ergänzungen zu den allgemeinen Regelungen der §§ 433–441 FamFG enthalten.[1135]

1. Aufruf der Nachlassgläubiger im Aufgebotsverfahren

Der Erbe kann im Wege des Aufgebotsverfahrens gemäß § 1970 BGB die Nachlassgläubiger zur Anmeldung ihrer Forderungen auffordern, **um sich so eine zuverlässige Kenntnis vom Umfang der Nachlassverbindlichkeiten zu verschaffen** und damit eine Grundlage für die Entscheidung zu haben, ob er die Anordnung eines Nachlassverwaltungs- oder die Eröffnung eines Nachlassinsolvenzverfahrens beantragen soll oder muss.[1136] Die Regelungen des Untertitels 2 dienen nach dem Willen des Gesetzgebers im besonderen Maße dem Interesse des Erben, sein Eigenvermögen vor dem Zugriff ihm unbekannter Nachlassgläubiger zu schützen.[1137]

376

a) Die Interessenlage

Das Aufgebotsverfahren **zielt** aus der Sicht des Erben **auf den Erlass eines Ausschließungsbeschlusses**, § 439 FamFG. Gegenüber Gläubigern, die ihre Forderung im Aufgebotsverfahren nicht angemeldet haben, kann er gemäß § 1973 Abs. 1 Satz 1 BGB die sog. **Ausschließungseinrede**, die auch als Ausschlusseinrede bezeichnet wird[1138], erheben und dadurch gegenüber den ausgeschlossenen Gläubigern seine Haftung auf den Nachlass beschränken. Der Erbe kann die Befriedigung ausgeschlossener Gläubiger verweigern, wenn der Nachlass durch die Befriedigung der nicht ausgeschlossenen Gläubiger „erschöpft" wird, so dass ein solcher Gläubiger ganz leer ausgehen kann. Deshalb ist auch die Bezeichnung **Erschöpfungseinrede** gebräuchlich[1139], die nicht mit

377

[1134] Mot. V 643.

[1135] *Holzer*, ZEV 2014, 583–589.

[1136] BGH v. 5.10.2016, IV ZB 37/15, NJW 2016, 3664, 3666; *Staudinger/Dutta* (2016), § 1970 Rdn. 1.

[1137] *Staudinger/Dutta* (2016), Vorbem. zu den §§ 1970–1974 Rdn. 1; *Damrau/Tanck/Gottwald*, Vorbem. zu den §§ 1970–1974 Rdn. 1.

[1138] *Staudinger/Dutta* (2016), § 1973 Rdn. 1.

[1139] *Staudinger/Dutta* (2016), § 1973 Rdn. 1; *Palandt/Weidlich*, § 1973 Rdn. 5; *MüKo/Küpper*, § 1973 Rdn. 6; *Erman/Horn*, § 1973 Rdn. 1; *Bamberger/Roth/Lohmann*, § 1973 Rdn. 1.

der gleichnamigen Einrede nach §§ 1989, 1990 Abs. 1 Satz 1 BGB verwechselt werden darf, wenn gar kein werthaltiger Nachlass vorhanden ist.

b) Wirkung des Aufgebots

378 Im Unterschied zu allen anderen Aufgeboten **führt** das Aufgebot der Nachlassgläubiger nach den §§ 454 ff. FamFG **trotz Nichtanmeldung von Forderungen nicht zu deren Rechtsverlust.** Der Nachlassgläubiger kann sie – möglicherweise jedoch nur eingeschränkt – weiterhin geltend machen. In einem späteren Nachlassinsolvenzverfahren wird eine durch das Aufgebotsverfahren ausgeschlossene Nachlassverbindlichkeit nach § 327 Abs. 3 Satz 1 InsO erst im Rang nach den in § 39 InsO genannten Verbindlichkeiten befriedigt, was regelmäßig eine Wertlosigkeit bedingt.

c) Zuständigkeit

379 **Örtlich zuständig** für das Aufgebotsverfahren ist das Amtsgericht, dem die Angelegenheiten des Nachlassgerichts obliegen, § 454 Abs. 2 Satz 1 FamFG. Das bestimmt sich wiederum nach dem gewöhnlichen Aufenthalt, den der Erblasser im Zeitpunkt seines Todes hatte, § 343 Abs. 1 FamFG. Sind die Angelegenheiten des Nachlassgerichtes einer anderen Behörde als einem Amtsgericht übertragen, z.B. in Württemberg bis zum 31.12.2017 dem Bezirksnotar, ist dasjenige Amtsgericht für das Aufgebotsverfahren zuständig, in dessen Bezirk die Nachlassbehörde ihren Sitz hat, § 454 Abs. 2 Satz 2 FamFG. Bei einem Zuständigkeitsstreit ist nach § 5 Abs. 1 Nr. 3, Nr. 4 FamFG zu verfahren.[1140] Das von einem örtlich unzuständigen Gericht erlassene Aufgebot ist gemäß § 2 Abs. 3 FamFG wirksam.

Das Gesetz enthält keine Regelung darüber, ob die allgemeine Zivilabteilung oder die Nachlassabteilung des Amtsgerichts **sachlich zuständig** ist. Der Wortlaut des § 454 Abs. 2 Satz 1 FamFG entspricht dem des früheren § 990 ZPO, so dass sich die Frage weiterhin stellt.[1141] Für eine Zuständigkeit der allgemeinen Zivilabteilung spricht, dass das Gesetz in § 454 Abs. 2 Satz 2 FamFG von „Amtsgericht" und nicht – wie in § 2353 BGB – von „Nachlassgericht" spricht.[1142] Die praktische Auswirkung dieses Streites dürfte gering sein, da auch ein Nachlassgericht das Aufgebotsverfahren ordnungsgemäß durchführen wird.[1143]

Funktionell zuständig ist gemäß § 3 Nr. 1c RPflG der **Rechtspfleger.**

d) Das Verfahren nach dem FamFG

380 Das **Verfahren ist Gegenstand der §§ 433–484 FamFG.** Nach § 454 Abs. 1 FamFG gelten für das Aufgebotsverfahren zur Ausschließung von Nachlassgläubigern aufgrund des § 1970 BGB die nachfolgenden besonderen Vorschriften, was gleichzeitig den Einstieg in den Abschnitt 4 des 8. Buches des FamFG darstellt, der sich auch mit dem Aufgebot der Gesamtgutsgläubiger befasst. Die Vorschriften dieses Abschnittes

---

[1140] *Holzer*, ZEV 2014, 583, 584; *Bahrenfuss/Waldner*, § 454 FamFG Rdn. 3.

[1141] *Keidel/Zimmermann*, § 454 FamFG Rdn. 7.

[1142] *Keidel/Zimmermann*, § 454 FamFG Rdn. 7; *Holzer*, ZEV 2014, 583, 584; *Burandt/Rojahn/Joachim*, § 1970 Rdn. 3; BeckOGK/*Herzog*, § 1970 Rdn. 51; a.A. MüKo/*Küpper*, § 1970 Rdn. 2 Fn. 3.

[1143] Darauf weist zutreffend *Holzer*, ZEV 2014, 583, 584 hin.

verdrängen die §§ 433–441 FamFG nicht, sondern enthalten Ergänzungen zu den allgemeinen Verfahrensvorschriften. Auch in dem Verfahren nach den §§ 454 ff. FamFG gilt der Amtsermittlungsgrundsatz des § 26 FamFG, so dass ein Aufgebotsantrag nicht mit der Begründung zurückgewiesen werden kann, der Antragsteller habe bestimmte Urkunden beispielsweise einen Erbschein nicht vorgelegt.[1144]

aa) Antrag, Antragsberechtigung und Verzeichnis der Nachlassgläubiger

Das **Aufgebotsverfahren** setzt nach § 434 Abs. 1 FamFG einen **Antrag** voraus. **Antragsbefugt** ist gemäß § 455 Abs. 1 FamFG **jeder Erbe.** Ist der Erbe gegenüber einzelnen Nachlassgläubigern unbeschränkt haftbar geworden, behält er sein Antragsrecht, weil der Zweck des Aufgebotsverfahrens gegenüber anderen Nachlassgläubigern noch erreicht werden kann. Nach § 2013 Abs. 1 BGB kann der **Erbe, der gegenüber allen Nachlassgläubigern unbeschränkt haftet, die Einrede des § 1973 BGB nicht geltend machen.** Einem Ausschließungsbeschluss kommt die in § 1973 BGB beschriebene Ausschlusswirkung auch nicht zu, wenn der Erbe das Recht, seine Haftung zu beschränken, vor oder während eines schwebenden Aufgebotsverfahrens gegenüber allen Nachlassgläubigern verliert und trotzdem ein Beschluss erlassen wird. Das ist möglich, weil das Aufgebotsgericht davon nicht immer gleich Kenntnis erhält, andernfalls es das Verfahren einstellen müsste.

Das Aufgebotsgericht darf die Bejahung der Befugnis des Erben nicht von der Vorlage eines Erbscheins abhängig machen. Es ist auch nicht gehalten, zum Zweck der Prüfung der Zulässigkeit des Antrages Beweiserhebungen durchzuführen, die zur abschließenden Feststellung der Erbfolge erforderlich wären. Die Antragsbefugnis ist schon zu bejahen, wenn nach Verwertung präsenter Erkenntnisquellen die Erbenstellung des Antragstellers als wahrscheinlich erscheint.[1145] Nach **§ 445 Abs. 2 FamFG** sind auch der **verwaltende Testamentsvollstrecker,** der nach §§ 1960, 1961 BGB bestellte **Nachlasspfleger** und der **Nachlassverwalter zum Antrag berechtigt.** Hat der Erbe die Erbschaft veräußert, steht die gleiche Befugnis gemäß § 463 Abs. 1 Satz 1 FamFG dem **Erbschaftskäufer** zu. Nach § 462 Abs. 1 FamFG ist bei im Güterstand der Gütergemeinschaft lebenden Eheleuten neben dem erbenden Ehegatten **auch der Ehegatte, der das Gesamtgut verwaltet,** zum Antrag befugt, **wenn der Nachlass zum Gesamtgut der Gütergemeinschaft gehört.**

Bei einer **Mehrheit von Erben** muss nicht jeder der Miterben einen eigenen Antrag stellen. Die erfolgte **Ausschließung kommt** gemäß § 460 Abs. 1 Satz 1 FamFG **den anderen Miterben zugute.** Haften die Miterben unbeschränkt, kann das im BGB vorgesehene Aufgebot nicht mehr beantragt und erlassen werden. Der Antragsteller kann aber gemäß § 460 Abs. 2 FamFG mit Wirkung für die Miterben, die keinen Antrag gestellt haben, die teilschuldnerische Haftung nach § 2060 Nr. 1 BGB herbeiführen.[1146] Antragsberechtigt sind auch der **Vorerbe** und der **Nacherbe schon vor Eintritt des Nacherbfalls,** § 461 FamFG.

Das Rechtsschutzbedürfnis für ein Aufgebotsverfahren zum Ausschluss unbekannter Erben eines eingetragenen Gläubigers eines Buchgrundpfandrechts ist zu bejahen, wenn

---

[1144] OLG Hamm v. 2. 12. 2011, I-15 W 384/11, ZErb 2012, 87, 88; *Holzer*, ZEV 2014, 383, 384.

[1145] OLG Hamm v. 2. 12. 2011, 15 W 384/11, ZErb 2012, 87, 88; BeckOGK/*Herzog*, § 1970 Rdn. 58.

[1146] *Keidel/Zimmermann*, § 460 FamFG Rdn. 6.

für die unbekannten Erben ein Nachlasspfleger bestellt und von diesem die Bewilligung der Löschung des Grundpfandrechts verlangt werden könnte.[1147]

382   § 455 Abs. 3 FamFG bestimmt, dass der **Erbe erst nach Annahme der Erbschaft antragsberechtigt ist.** Das erklärt sich daraus, dass er erst ab diesem Zeitpunkt die Ausschließungseinrede des § 1973 Abs. 1 Satz 1 BGB erheben kann. Das gilt **auch für den Testamentsvollstrecker, nicht** jedoch für den **Nachlasspfleger** und **Nachlassverwalter.**[1148]

Das **Antragsrecht ist nicht befristet.** Ein später als ein Jahr nach der Erbschaftsannahme gestellter Antrag schließt jedoch die aufschiebende Einrede des Aufgebotsverfahrens gemäß § 2015 BGB aus.[1149] Der Antrag kann **schriftlich oder zu Protokoll der Geschäftsstelle erklärt werden.** Anwaltszwang besteht nicht. Ist der Antrag unzulässig, ist er durch Beschluss gemäß § 38 Abs. 1 FamFG zurückzuweisen. Im Fall eines zulässigen Antrages ergeht der Beschluss, der das Aufgebot anordnet. Dieser ist – anders als der Ausschließungsbeschluss nach Ablauf der Aufgebotsfrist – nicht mit der Beschwerde anfechtbar, weil sich nicht um eine Endentscheidung i.S.v. § 38 Abs. 1 FamFG handelt.[1150]

382a   Der **Antragsteller** ist gemäß § 456 FamFG **zur Vorlage eines Verzeichnisses der Nachlassgläubiger verpflichtet.** Das Verzeichnis ist dem Aufgebotsantrag beizufügen. Das Verzeichnis muss **die dem Antragsteller bekannten Gläubiger enthalten** sowie **deren ladungsfähige Anschrift,** die den Wohnort enthält. Sind dem Antragsteller keine Gläubiger bekannt, so genügt es, wenn der Antragsteller diese Tatsache an Eides statt versichert. Gibt er auf Aufforderung keine Erklärung ab, ist der Antrag zurückzuweisen. Ein gleichwohl erlassener Ausschließungsbeschluss ist wirksam, aber mit der befristeten Beschwerde gemäß §§ 58, 63 FamFG anfechtbar.[1151] Gibt der Erbe einen ihm bekannten Gläubiger schuldhaft nicht in dem Verzeichnis an und versäumt dieser Gläubiger infolge der ihm gegenüber unterlassenen Zustellung des Aufgebotes die Anmeldung, ist ihm der Erbe gemäß § 280 Abs. 1 BGB aus dem der Nachlassverbindlichkeit zugrunde liegenden Schuldverhältnis zum Schadensersatz verpflichtet. Er kann sich nach § 249 Abs. 1 BGB gegenüber diesem Gläubiger nicht auf die Ausschlusswirkung berufen.[1152]

bb) Aufgebotsfrist

383   Die Aufgebotsfrist beträgt gemäß § 437 FamFG **mindestens sechs Wochen** und **soll** gemäß § 458 Abs. 2 FamFG **höchsten sechs Monate betragen.** Eine Überschreitung der Höchstfrist berechtigt nicht zur Beschwerde, da lediglich eine Soll-Vorschrift verletzt ist. Die Mindestfrist beginnt mit der ersten Veröffentlichung im Bundesanzeiger bzw. in einem Informations- und Kommunikationssystem i.S.v. § 425 Abs. 1 Satz 2 FamFG. Der körperliche Aushang an der Gerichtstafel spielt für den Fristbeginn keine Rolle, ebenso die Veröffentlichung in Tageszeitungen.

[1147] BGH v. 14.11.2013, V ZB 204/12, ErbR 2014, 242 (Ls).
[1148] *Holzer*, ZEV 2014, 383, 385.
[1149] Siehe dazu Rdn. 186 ff.
[1150] *Keidel/Zimmermann*, § 434 FamFG Rdn. 9; BeckOGK/*Herzog*, § 1970 Rdn. 104.
[1151] *Holzer*, ZEV 2014, 383, 386; *Staudinger/Dutta* (2016), § 1970 Rdn. 11.
[1152] *Staudinger/Dutta* (2016), § 1970 Rdn. 11; *Holzer*, ZEV 2014, 583, 586; BeckOGK/*Herzog*, § 1970 Rdn. 85.

cc) Inhalt des Aufgebots

Wegen der Rechtsnachteile des Aufgebotsverfahrens für diejenigen Gläubiger, die sich nicht melden, **bestimmt § 458 Abs. 1 FamFG eine Androhung im Aufgebot dergestalt, dass sie – gemäß § 458 Abs. 1 Hs. 2 FamFG unbeschadet ihres Rechtes, vor den Verbindlichkeiten aus Pflichtteilsrechten, Vermächtnissen und Auflagen berücksichtigt zu werden – nur insoweit Befriedigung ihrer Forderungen verlangen können, als sich nach Befriedigung der nicht ausgeschlossenen Gläubiger noch ein Überschuss ergibt.** Bei **mehreren Erben** ist gemäß § 460 Abs. 1 Satz 2 FamFG zusätzlich anzudrohen, dass jeder Erbe nach der Teilung des Nachlasses gemäß § 2060 Nr. 1 BGB nur für den seinem Erbteil entsprechenden Teil der Verbindlichkeit haftet. Nachlassgläubiger i.S.v. § 1970 BGB sind auch Miterben, die daher berechtigt wie zugleich verpflichtet sind, ihre Forderungen gegen den Nachlass anzumelden.[1153]

383a

dd) Anmeldung nach dem Anmeldezeitpunkt, § 438 FamFG

Zum Zwecke der Vermeidung ihres Ausschlusses im Aufgebotsverfahren nach § 1970 BGB ist eine Nachlassforderung grundsätzlich bis zum im Aufgebot angegebenen Anmeldezeitpunkt gemäß § 434 Abs. 2 Satz 2 Nr. 2 FamFG bei Gericht anzumelden. Aufgrund der Fiktion des § 438 FamFG ist auch **eine Anmeldung nach dem Anmeldezeitpunkt noch als rechtzeitig anzusehen, wenn sie vor dem Erlass des Ausschließungsbeschlusses erfolgt.** Nach **überwiegender Auffassung** ist ein Beschluss, der nicht verkündet wird, dann im Sinne der Vorschrift erlassen, sobald er in fertig abgefasster unterschriebener Form an die Geschäftsstelle zur Bekanntgabe übergeben worden ist[1154], was der Legaldefinition in § 38 Abs. 3 Satz 3 FamFG entspricht. **Andere** halten eine Forderungsanmeldung noch bis zur Wirksamkeit eines Ausschließungsbeschlusses für möglich, die gemäß § 439 Abs. 2 FamFG erst mit dessen Rechtskraft eintritt.[1155] Die Regelung des § 438 FamFG ist insoweit aber eindeutig. Der Wortlaut der Norm knüpft an den Erlass und nicht an das Wirksamwerden des Beschlusses an.[1156] **Streitig** ist, ob den Beteiligten, die die Aufgebotsfrist versäumt haben, **Wiedereinsetzung in die verstrichene Aufgebotsfrist zu gewähren ist.** Nach **bisher herrschender Meinung** soll § 439 Abs. 4 Satz 1 FamFG die Anwendung der Vorschriften der Wiedereinsetzung in den vorigen Stand gemäß §§ 17 ff. FamFG auch im Geltungsbereich von § 438 FamFG eröffnen,[1157] während **andere** die Möglichkeit einer Wiedereinsetzung in den vorigen Stand bei einem Aufgebotsverfahren nach § 1970 BGB für nicht anwendbar halten.[1158] Der **Bundesgerichtshof hat sich jetzt der zuletzt dargestellten**

383b

[1153] OLG Frankfurt v. 26. 5. 2017, 21 W 51/17, FGPrax 2017, 239, 240 = BeckRS 2017, 112561.

[1154] BGH v. 5. 10. 2016, IV ZB 37/15, NJW 2016, 3664; *Bahrenfuss/Waldner*, § 438 FamFG Rdn. 3; *Keidel/Zimmermann*, § 438 FamFG Rdn. 4; MüKo/*Küpper*, § 1970 Rdn. 2 Fn. 8.

[1155] *Bork/Jacoby/Schwab/Dutta*, § 438 FamFG Rdn. 1; MüKo-FamFG/*Eickmann*, § 438 FamFG Rdn. 7; *Zöller/Geimer*, ZPO, § 438 FamFG Rdn. 1.

[1156] BGH v. 5. 10. 2016, IV ZB 37/15, NJW 2016, 3664 = ZEV 2014, 37 m. krit. Anm. *Waldner*; BeckOGK/*Herzog*, § 1970 Rdn. 95.1.

[1157] OLG Hamm v. 27. 12. 2013, 15 W 299/12, FGPrax 2014, 136; OLG München v. 26. 8. 2015, 34 Wx 247/15, ZEV 2016, 195 Rdn. 11; *Bahrenfuss/Waldner*, § 439 FamFG Rdn. 5; *Bork/ Jacoby/Schwab/Dutta*, § 438 FamFG Rdn. 1; *Keidel/Zimmermann*, § 439 FamFG Rdn. 9.

[1158] OLG Düsseldorf v. 24. 1. 2012, I-3 Wx 301/11, FamRZ 2012, 1330, 1331; *Prütting/Helms/ Holzer*, § 439 FamFG Rdn. 10; BeckOGK/*Herzog*, § 1970 Rdn. 95.2.

Auffassung angeschlossen. Zunächst setze § 17 Abs. 1 FamFG die Versäumung einer gesetzlichen Frist voraus. Bei der Aufgebotsfrist handele es sich nach § 437 FamFG aber um eine gerichtlich bestimmte Frist. § 438 FamFG enthalte keine Fristbestimmung, sondern sehe nur eine gesetzliche Fiktion fristgemäßen Handelns vor. Speziell für den Fall eines Aufgebotsverfahrens zur Ausschließung der Nachlassgläubiger soll sich nach Auffassung des Bundesgerichtshofes auch kein gesetzgeberischer Wille den Gesetzesmaterialien entnehmen lassen, wonach der Rechteinhaber nach Ablauf der Fristen die Wiedereinsetzung in die Rechtsmittelfristen beantragen können soll. In systematischer Sicht finde sich die Bestimmung des § 439 Abs. 4 Satz 1 FamFG in unmittelbarem Anschluss an eine Regelung zur Zulässigkeit der Beschwerde, § 439 Abs. 3 FamFG, während die Vorschriften zur Aufgebotsfrist und deren Wahrung in gesonderten Paragraphen behandelt würden, §§ 437 f. FamFG. Der Bundesgerichtshof hebt des Weiteren zu Recht hervor, dass die Bestimmungen gleichermaßen den Interessen der Antragsberechtigten im Aufgebotsverfahren an einer abschließenden Klärung der Rechtsordnung innerhalb vertretbarer Zeit Rechnung tragen sollen. Interessen des Erben stünden im Fall eines Aufgebotsverfahrens nach § 1970 BGB der Möglichkeit einer Wiedereinsetzung des Berechtigten in die Aufgebotsfrist entgegen. Es bestünde zudem ein Wertungswiderspruch zu § 1974 BGB, der kein Aufgebotsverfahren voraussetze. Dem Erben würden die Wirkungen der Ausschlusseinrede fünf Jahre nach dem Erbfall auch ohne ein Aufgebotsverfahren zuteil. Wurde ein solches Verfahren durchgeführt, müsse er zur selben Zeit noch mit Wiedereinsetzungsanträgen unbekannter Nachlassgläubiger rechnen, wenn man die Möglichkeit der Wiedereinsetzung in die Aufgebotsfrist durch § 439 Abs. 4 Satz 1 FamFG als eröffnet ansähe. Mit der vom Gesetzgeber beabsichtigten Privilegierung des Erben, dem das Aufgebotsverfahren die Einrede der Ausschließung nach § 1973 Abs. 1 Satz 1 BGB ermöglichen soll, ließe sich ein solches Ergebnis nicht in Einklang bringen.[1159] Dem ist uneingeschränkt zuzustimmen.

ee) Erlass des Ausschließungsbeschlusses; Beschwerde; Wiedereinsetzung und Wiederaufnahme, § 439 FamFG

383c   Bevor ein Ausschließungsbeschluss erlassen werden kann, ist der **Antrag auf Erlass im Regelfall den übrigen Beteiligten zu übermitteln.** Es kommt eine Zeugenvernehmung in Betracht, ferner das Anfordern weiterer Unterlagen vom Antragsteller. Von diesem kann auch verlangt werden, dass er zu **Protokoll des Gerichts die Richtigkeit seiner Angaben eidesstattlich versichert.** Liegen die Voraussetzungen vor, erlässt das Gericht als **Endentscheidung einen Ausschließungsbeschluss.** Der Beschluss kann bestimmte Personen ausschließen, angemeldete Rechte vorbehalten und im Übrigen ausschließen. Der Rechtspfleger kann den Antrag auch zurückweisen. Die Aufnahme einer Forderung in den Ausschließungsbeschluss bewirkt, dass dem Erben die sonst mögliche Einrede aus § 1973 Abs. 1 Satz 1 BGB gegen die angemeldete Forderung genommen wird. Eine Aussage zu dem Bestehen der angemeldeten Forderung ist mit dem Beschluss nicht verbunden.[1160]

Nach § 40 Abs. 1 FamFG wird ein Beschluss grundsätzlich mit der Bekanntgabe an den Beteiligten wirksam, für den er seinem wesentlichen Inhalt nach bestimmt ist. Nach § 439 Abs. 2 FamFG besteht jedoch eine Ausnahme, weil die Endentscheidung

---

[1159] BGH v. 5. 10. 2016, IV ZB 37/15, NJW 2016, 3664, 3666.
[1160] OLG Frankfurt v. 26. 5. 2017, 21 W 51/17, BeckRS 2017, 112561.

in Aufgebotssachen erst mit ihrer Rechtskraft wirksam wird. **Rechtskraft tritt ein mit Ablauf der Rechtsmittelfrist** gemäß § 45 FamFG.

Der Ausschließungsbeschluss ist **mit der befristeten Beschwerde gemäß §§ 58 ff. FamFG anfechtbar. Beschwerdeberechtigt ist auch ein Nachlassgläubiger,** der sich gegen den erlassenen Ausschließungsbeschluss trotz verspäteter Forderungsanmeldung wendet. In einem solchen Fall ist die Beschwerdeberechtigung zu bejahen, weil der entsprechende Beteiligte durch den Beschluss in seinen Rechten beeinträchtigt ist. Die angefochtene Entscheidung muss lediglich ein bestehendes Recht des Beschwerdeführers aufheben, beschränken, mindern, ungünstig beeinflussen oder gefährden, die Ausübung dieses Rechts stören oder dem Beschwerdeführer die mögliche Verbesserung seiner Rechtsstellung vorenthalten oder erschweren.[1161]

Unter den Voraussetzungen des § 17 FamFG kann gegen die Versäumung der Beschwerdefrist **Wiedereinsetzung in den vorigen Stand** gewährt werden. Der **Antrag ist binnen 2 Wochen nach Wegfall des Hindernisses zu stellen,** § 18 Abs. 1 FamFG. Nach § 18 Abs. 3 FamFG ist die Möglichkeit der Wiedereinsetzung eingeschränkt, weil grundsätzlich nach Ablauf eines Jahres, vom Ende der versäumten Frist an gerechnet, keine Wiedereinsetzung mehr bewilligt werden kann. Nach § 439 Abs. 4 Satz 1 FamFG verlängert sich die Frist auf 5 Jahre, weil in der Regel unbekannte Personen ausgeschlossen werden und diese Personen, wenn überhaupt, oft erst nach Jahren vom Ausschließungsbeschluss Kenntnis erlangen. Liest jemand den elektronischen Bundesanzeiger nicht und hat er deshalb weder vom Aufgebot noch vom Ausschließungsbeschluss Kenntnis, ist das schuldlos. Ein solcher Gläubiger kann eine befristete Beschwerde gegen den Ausschließungsbeschluss einlegen und gegen die Fristversäumung Wiedereinsetzung beantragen.[1162]

Ein mit rechtskräftigem Ausschließungsbeschluss beendetes Verfahren kann unter den Voraussetzungen der §§ 578 ff. ZPO wieder aufgenommen werden. Es kommen eine **Nichtigkeitsklage,** § 579 ZPO, oder eine **Restitutionsklage,** § 580 ZPO, in Betracht. Nach § 586 ZPO ist eine Klage nur statthaft, wenn sie binnen eines Monats ab Kenntnis vom Anfechtungsgrund erhoben wird und nach Ablauf von 5 Jahren, gerechnet ab Rechtskraft des Urteils. Diese Frist wird durch § 440 Abs. 4 Satz 2 FamFG auf 10 Jahre verdoppelt, gerechnet von dem Tag der Rechtskraft des Ausschließungsbeschlusses an.

ff) Forderungsanmeldung und Einsichtsrecht

Bei der Anmeldung einer Forderung sind gemäß § 459 Abs. 1 Satz 1 FamFG sowohl der **Gegenstand** als auch der **Grund der Forderung anzugeben.** Das Erfordernis für diese Sonderregelung ist die Notwendigkeit der exakten Bezeichnung der von der Ausschließung erfassten Forderungen. Nur so kann bestimmt werden, welchen Forderungen der Erbe die Ausschließungseinrede gemäß § 1973 Abs. 1 Satz 1 BGB entgegenhalten darf.[1163] § 459 Abs. 1 Satz 2 FamFG bestimmt, dass **Urkunden der Anmeldung in**

383d

[1161] BGH v. 24.4.2013, IV ZB 42/14, ZEV 2013, 440 Rdn. 15; BGH v. 25.2.2004, XII ZB 208/00, FamRZ 2004, 1024.

[1162] *Keidel/Zimmermann,* § 440 FamFG Rdn. 9; kritisch hingegen BeckOGK/*Herzog,* § 1970 Rdn. 110, wonach ein solch restriktives Verständnis des Verschuldens faktisch zur Funktionslosigkeit des Aufgebotsverfahrens führe.

[1163] *Holzer,* ZEV 2014, 583, 586.

Urschrift oder Abschrift beizufügen sind. Die Urschriften werden dem Anmelder nach Abschluss des Verfahrens zurückgegeben. Da die Vorlage der Urkunden dem Gericht nur zur Individualisierung und Prüfung der Forderungen dienen soll, können auch unbeglaubigte Abschriften eingereicht werden. Zu einer materiellrechtlichen Überprüfung der angemeldeten Forderung ist das Gericht im Aufgebotsverfahren nicht berechtigt, und zwar weder im ersten noch im zweiten Rechtszug.[1164] Reicht der Antragsteller keine Urkunden ein, darf die Anmeldung nicht deswegen zurückgewiesen werden. Macht der Antragsteller keine ausreichenden Angaben, hat das Gericht auf die Konkretisierung der Anmeldung durch eine Zwischenverfügung analog § 382 Abs. 4 FamFG hinzuwirken.[1165]

Nach § 459 Abs. 2 FamFG hat **jedermann das Recht auf Einsicht in die Anmeldung, der ein rechtliches Interesse glaubhaft macht.** Es handelt sich um eine Spezialvorschrift, die die allgemeine Regel des § 13 FamFG ergänzt. Anders als nach § 13 Abs. 2 FamFG ist für die Einsicht in die Anmeldung kein berechtigtes Interesse, sondern ein weitergehendes rechtliches Interesse erforderlich. Dieses muss einen durch Rechtsnorm geregelten oder auf ihm beruhenden Bezug zum Aufgebotsverfahren haben, so dass ein nur wirtschaftliches oder gesellschaftliches Interesse sowie ein Interesse aus verfahrensfremden Zwecken (Neugier) zur Begründung des Einsichtsrechtes unzureichend ist.[1166]

gg) Verfahrensbeendigung und Kosten

384 Das Aufgebotsverfahren **endet mit Ablauf der Rechtsmittelfrist gegen den erlassenen Ausschließungsbeschluss.** Die rechtlichen Wirkungen treten gemäß § 45 Satz 1 FamFG mit der formellen Rechtskraft ein, welche der Beschluss seinem Inhalt nach herbeiführen kann und soll. Das Aufgebotsverfahren endet auch, **wenn ein Nachlassinsolvenzverfahren eröffnet wird,** § 457 Abs. 2 FamFG, weil die Eröffnung zur Haftungsbeschränkung führt. Der Erbe benötigt dann keinerlei Informationen mehr, um entscheiden zu können, ob er einen Antrag auf Eröffnung eines Nachlassinsolvenzverfahrens stellen soll. **Einzustellen** ist das Aufgebotsverfahren, **wenn der Erbe während des Verfahrens die Möglichkeit zur Beschränkung seiner Haftung verliert.**[1167] Wird das Insolvenzverfahren eingestellt, lebt das alte Aufgebotsverfahren nicht wieder auf. Es ist ein neuer Aufgebotsantrag erforderlich und zulässig.[1168]

385 Der **Anwalt des Antragstellers** erhält eine **Verfahrensgebühr** nach Nr. 3324 VV RVG sowie eine **Terminsgebühr** nach Nr. 3332 VV RVG. Beschränkt sich die Tätigkeit des Rechtsanwaltes auf die Antragstellung, erhält er nur die verminderte Verfahrensgebühr nach Nr. 3101 VV RVG.

Für das Aufgebotsverfahren wird nach **Nr. 15212 Nr. 3 KV GNotKG eine 0,5fache Gebühr erhoben,** wobei das Verfahren betreffend die Zahlungssperre des § 480 FamFG und ein anschließendes Aufgebotsverfahren sowie das Verfahren über die Aufhebung der Zahlungssperre nach § 482 FamFG als ein Verfahren gelten. Eine ausdrück-

---

[1164] OLG Düsseldorf v. 28. 4. 2017, I-3 Wx 75/17, FGPrax 2017, 239; *Keidel/Zimmermann,* § 440 FamFG Rdn. 5.
[1165] *Holzer,* ZEV 2014, 583, 586.
[1166] *Keidel/Zimmermann,* § 459 FamFG Rdn. 3.
[1167] MüKo/*Küpper,* § 1970 Rdn. 5; BeckOGK/*Herzog,* § 1970 Rdn. 111.
[1168] *Keidel/Zimmermann,* § 457 FamFG Rdn. 2.

liche Kostenentscheidung ist in dem Aufgebotsbeschluss nicht erforderlich, weil sich die Kostenfolge aus dem Gesetz ergibt. **Kostenschuldner** ist der **Antragsteller gemäß § 22 Abs. 1 GNotKG.**

Der **Wert** bestimmt sich nach §§ 61, 36 GNotKG und kann für das Verfahren zum Aufgebot der Nachlassgläubiger bei einem geringen Aktivnachlass auf 5 % der bekannt gewordenen Nachlassverbindlichkeiten festgesetzt werden.[1169] Sonst richtet sich die Wertfestsetzung gemäß § 61 Abs. 1 GNotKG nach dem Wert der Interessen, denen das Rechtsmittel ausweislich des Antrages dient. Ziel des Antrages kann auch eine Nichtaufnahme von Forderungen sein mit der Folge, dass die Einrede aus § 1973 Abs. 1 Satz 1 BGB erhalten bleibt. Der Wert der Einrede kann, sofern keine anderen Anhaltspunkte bestehen, auf 15 % bis ¼ der entfallenden Forderungen geschätzt werden.[1170] Die Kosten des Aufgebotsverfahrens sind Nachlassverbindlichkeiten und im Nachlassinsolvenzverfahren Masseschulden.

e) Die vom Aufgebot betroffenen Nachlassgläubiger

Die Aufforderung richtet sich **grundsätzlich an alle Nachlassgläubiger.** Dazu zählen nicht nur die **Gläubiger von Erblasserschulden,** sondern auch diejenigen **von Erbfallschulden.**[1171] Zu den Erbfallschulden gehören gegen den Nachlass gerichtete Forderungen wegen der Einleitung nachlassbezogener Verfahren und damit auch die Kosten des Aufgebotsverfahrens nach § 1970 BGB selbst. Die Stellung als Kostenschuldner schließt die Anmeldeberechtigung nicht aus, sondern begründet diese überhaupt erst, indem sie den Kostenschuldner zum Nachlassgläubiger macht.[1172] Dazu zählen die dem Erben bekannten und unbekannten Gläubiger, solche, deren Ansprüche rechtshängig sind, diejenigen, die bereits ein rechtskräftiges Urteil oder einen anderen Vollstreckungstitel gegen den Erben erlangt haben sowie Gläubiger noch nicht fälliger oder bedingter Forderungen.[1173] **Miterben, die zugleich Nachlassgläubiger sind, sind vom Aufgebot betroffen, wenn ein anderer von ihnen das Aufgebot betreibt.** Bis zur Trennung des gesamthänderisch gebundenen Sondervermögens vom Eigenvermögen jedes einzelnen Miterben kommt es nicht zu einem Erlöschen von Recht und Verbindlichkeit durch Konfusion. **Ob auch der Miterbe als Nachlassgläubiger betroffen ist, der das Aufgebot selbst beantragt hat, ist streitig.** Dafür spricht, dass eine gesetzliche Ausnahmevorschrift fehlt und der von einem Miterben gestellte Aufgebotsantrag gemäß § 460 Abs. 1 Hs. 1 FamFG den übrigen Miterben zustatten kommt.[1174] Zudem entspricht es dem Interesse der übrigen Miterben, sich gegenüber jedem ausgeschlossenen Nachlassgläubiger auf § 1973 Abs. 1 Satz 1 BGB berufen zu können. Die Situation stellt sich anders dar als bei einem antragstellenden Alleinerben.

386

[1169] OLG Hamm v. 11.5.2012, I-15 W 129/12, FGPrax 2012, 265; *Holzer,* ZEV 2014, 583, 587.

[1170] OLG Hamm v. 11.5.2012, I-15 W 129/12, FGPrax 2012, 265, wonach ein Bruchteil von 15 % als taugliche Richtschnur angesehen wird, ohne dass Abweichungen nach oben ausgeschlossen sind.

[1171] *Erman/Horn,* § 1970 Rdn. 1; MüKo/*Küpper,* § 1970 Rdn. 6; *Staudinger/Dutta* (2016), § 1970 Rdn. 13 und 19.

[1172] OLG Düsseldorf v. 28.4.2017, I-3 Wx 75/17, ZEV 2017, 456 = FGPrax 2017, 239.

[1173] MüKo/*Küpper,* §§ 1971, 1972 Rdn. 6; BeckOGK/*Herzog,* § 1970 Rdn. 13-17.

[1174] Palandt/*Weidlich,* § 1970 Rdn. 2; *Staudinger/Dutta* (2016), § 1970 Rdn. 18; BeckOGK/ *Herzog,* § 1970 Rdn. 36; a.A. *Lange/Kuchinke,* § 48 IV 2 Fn. 44 m.w.N.; MüKo/*Küpper,* §§ 1971, 1972 Rdn. 7.

f) Materiellrechtliche Folgen des Aufgebotsverfahrens

387 Das Aufgebotsverfahren führt zu der in § 1973 BGB festgelegten Wirkung des Ausschließungsbeschlusses. **Der Erbe haftet** gegenüber Gläubigern, die ihre Forderung im Aufgebotsverfahren nicht angemeldet haben, **nur nach bereicherungsrechtlichen Grundsätzen.** Eine Verantwortlichkeit nach den §§ 1978–1980 BGB entfällt.[1175] Ist der Nachlass durch die Befriedigung der nicht ausgeschlossenen Gläubiger bereits erschöpft, kann der Erbe die Befriedigung ausgeschlossener Gläubiger verweigern. Diese können von dem noch nicht unbeschränkt haftenden Erben im Klageweg Befriedigung ihrer Forderung verlangen. Gelingt dem insoweit darlegungs- und beweisbelasteten Erben[1176] jedoch der Nachweis der Erschöpfung des Nachlasses, ist die **Klage als zur Zeit unzulässig abzuweisen.**[1177] Dem Gläubiger soll so die Möglichkeit erhalten bleiben, beim Auftauchen neuer Nachlassgegenstände in diese zu vollstrecken.[1178] Ist der Nachlass nicht völlig erschöpft, kann der Erbe durch Erhebung der Ausschließungseinrede die Haftung auf den Nachlassrest beschränken. Der ausgeschlossene Gläubiger kann die Verurteilung des Erben zur Duldung bei Vermeidung der Zwangsvollstreckung in den Nachlass oder in konkret bezeichnete Nachlassgegenstände beantragen.[1179]

388 Hat der Erbe den Antrag auf Erlass des Aufgebotes innerhalb eines Jahres nach Annahme der Erbschaft gestellt und ist der Antrag zulässig, kann er mit der **Aufgebotseinrede gemäß § 2015 BGB** die Berichtigung einer Nachlassverbindlichkeit bis zur Beendigung des Aufgebotsverfahrens verweigern, sofern er nicht unbeschränkt haftet, § 2016 Abs. 1 BGB. **Jeder Miterbe kann** gemäß § 2045 BGB **verlangen, dass die Auseinandersetzung des Nachlasses bis zur Beendigung des Aufgebotsverfahrens verschoben wird**, wenn der Antrag auf dessen Einleitung schon gestellt ist oder unverzüglich gestellt wird. Jeder Miterbe haftet gemäß § 2060 Nr. 1 BGB nach der Teilung des Nachlasses nur für den seinem Erbteil entsprechenden Teil einer Nachlassverbindlichkeit, wenn der Gläubiger im Aufgebotsverfahren ausgeschlossen ist. Das Aufgebot erstreckt sich insoweit auch auf die in § 1972 BGB bezeichneten Gläubiger sowie auf diejenigen, denen der Erbe unbeschränkt haftet. Die Wirkungen des Ausschließungsbeschlusses werden beseitigt, wenn der Erbe gegenüber einem ausgeschlossenen Gläubiger die Abgabe der eidesstattlichen Versicherung gemäß § 2006 Abs. 3 BGB verweigert.[1180]

g) Vom Aufgebotsverfahren nicht betroffene Gläubiger

389 Die Aufforderung richtet sich nicht an **die in §§ 1971, 1972 BGB benannten Gläubiger** sowie an solche, **denen gegenüber der Ausschließungsbeschluss keine Wirkung entfalten konnte.**

[1175] MüKo/*Küpper*, § 1970 Rdn. 1.

[1176] BayObLG v. 23.12.1999, 1 Z BR 204/98, ZEV 2000, 151, 153.

[1177] Palandt/*Weidlich*, § 1973 Rdn. 3; MüKo/*Küpper*, § 1973 Rdn. 8.

[1178] BGH v. 17.12.1953, IV ZR 101/53, NJW 1954, 635, 636; *Firsching/Graf*, Rdn. 4.771.

[1179] *Firsching/Graf*, Rdn. 4.771.

[1180] *Staudinger/Dutta* (2016), § 1973 Rdn. 4; *Soergel/Stein*, § 1970 Rdn. 10; a.A. MüKo/*Küpper*, § 1970 Rdn. 7.

aa) Die nicht betroffenen Gläubiger des § 1971 BGB

Der **Normzweck von § 1971 BGB** besteht darin, dass ein dingliches Recht, aus be- | 390
stimmten Nachlassgegenständen Befriedigung zu suchen, nicht von einem Aufgebot
betroffen sein soll.[1181] Vom Aufgebotsverfahren unberührt bleiben die sog. **Realgläu-
biger gemäß § 1971 Satz 1 BGB**, d.h. Pfandgläubiger und solche, die Pfandgläubi-
gern im Insolvenzverfahren gleichstehen. Dazu gehören gemäß § 50 Abs. 1 InsO die
Inhaber eines Pfändungspfandrechts, eines gesetzlichen Pfandrechts oder **die in § 51
InsO genannten sonstigen absonderungsberechtigten Gläubiger**, die bei der
Zwangsvollstreckung in das unbewegliche Vermögen ein Recht auf Befriedigung aus
diesem Vermögen haben und in § 10 ZVG als Realberechtigte aufgeführt sind.[1182]
Gleiches gilt gemäß § 1971 Satz 2 BGB für Gläubiger, deren Ansprüche durch eine
Vormerkung gemäß §§ 883, 884 BGB gesichert sind, in Ansehung ihres Rechts so-
wie für Gläubiger, denen im Insolvenzverfahren ein Aussonderungsrecht gemäß
§ 47 InsO zusteht, in Ansehung des Gegenstandes ihres Rechts. Das sind diejenigen
Gläubiger, die aufgrund eines dinglichen oder persönlichen Rechts geltend machen
können, ein Gegenstand gehöre nicht zur Insolvenzmasse.

Für sämtliche Gläubiger des § 1971 BGB ist maßgebend, dass sie vom Aufgebot nur
insoweit ausgenommen sind, **als es sich um einen besonderen Gegenstand ihres
Rechts handelt**. Die zugrunde liegende obligatorische Forderung muss dagegen angemeldet werden.[1183] Gegenüber den Gläubigern, die unter § 1971 BGB fallen, kann sich
der Erbe **nicht auf die Schonungseinreden der §§ 2014, 2015 BGB berufen**.[1184] Hat
der Gläubiger das Recht jedoch erst nach dem Erbfall im Wege der Zwangsvollstreckung oder des Arrestes erlangt, kann er sich gemäß § 2016 Abs. 2 BGB auf sie berufen.

Gegenüber Nachlassgläubigern, die für ihre persönliche Forderung ein Recht auf | 391
Befriedigung aus einem Nachlassgrundstück haben, enthält § 175 ZVG eine die Be-
stimmungen des § 1971 BGB ergänzende Regelung.[1185] Danach steht dem Erben das
Recht zu, nach Annahme der Erbschaft die Zwangsversteigerung eines solchen Grundstücks zu beantragen. In dem Verfahren wird geklärt, in welcher Höhe dieser Gläubiger
befriedigt wird bzw. mit seiner Forderung ausfällt, so dass der Erbe den Umfang seiner
Haftung beurteilen kann. Jeder Nachlassgläubiger, der ein vom Erben anerkanntes
Recht auf Befriedigung aus dem Grundstück hat, kann verlangen, dass bei der Feststellung des geringsten Gebotes gemäß § 44 ZVG nur die seinem Recht vorgehenden
Rechte berücksichtigt werden, §§ 174, 176 ZVG. Sieht ein solcher Gläubiger davon ab
und wird sein Recht in das geringste Gebot aufgenommen, kann ihm die Befriedigung
aus dem übrigen Nachlass sowie aus dem Eigenvermögen des Erben verweigert werden. Der Gläubiger muss sich entscheiden, ob er sich mit seinem dinglichen Recht be-
gnügen, auf dessen Grundlage Befriedigung aus dem Grundstück suchen und seinen
Ausfall feststellen will, um die persönliche Ausfallforderung, die nicht unter § 1971
BGB fällt, gegen den übrigen Nachlass bzw. das Eigenvermögen des Erben geltend zu
machen. Jeder Antragsberechtigte des Aufgebotsverfahrens hat neben dem Erben das

---

[1181] MüKo/*Küpper*, §§ 1971, 1972 Rdn. 1; *Damrau/Tanck/Gottwald*, § 1971 Rdn. 1; BeckOGK/
Herzog, § 1971 Rdn. 2.
[1182] *Burandt/Rojahn/Joachim*, §§ 1971, 1972 Rdn. 2.
[1183] *Bamberger/Roth/Lohmann*, § 1971 Rdn. 3.
[1184] *Burandt/Rojahn/Joachim*, §§ 1971, 1972 Rdn. 3; *Damrau/Tanck/Gottwald*, § 1971 Rdn. 3.
[1185] *Damrau/Tanck/Gottwald*, § 1971 Rdn. 4.

Recht, die Zwangsversteigerung des Nachlassgrundstücks zu beantragen, um im Verhältnis zu den Grundpfandgläubigern den Umfang der Haftung des Nachlasses zu klären. **Das Antragsrecht entfällt jedoch gemäß § 175 Abs. 2 i.v.m. Abs. 1 Satz 2 ZVG,** wenn der Erbe unbeschränkt haftet, der Gläubiger mit seiner persönlichen Forderung ausgeschlossen ist oder einem ausgeschlossenen Gläubiger gleichsteht.

bb) Nicht betroffene Rechte, § 1972 BGB

392   Die Regelung des § 1972 BGB beruht auf der **Annahme, dass der Zweck des Aufgebots, dem Erben zuverlässige Kenntnis über die Passiva zu verschaffen, bei bestimmten Ansprüchen entfällt. Verbindlichkeiten aus Pflichtteilsrechten, Vermächtnissen und Auflagen sind** gemäß § 1972 BGB **vom Aufgebotsverfahren nicht betroffen.** Bei Auflagen ist niemand vorhanden, der sich zur Anmeldung berufen fühlen könnte.[1186] Diese Verbindlichkeiten braucht der Erbe erst nach den anderen Nachlassgläubigern, mögen diese im Aufgebotsverfahren ausgeschlossen sein, zu befriedigen, was sich aus § 1991 Abs. 4 BGB, §§ 322, 327 Abs. 3, 328 Abs. 2 InsO herleiten lässt. Darf der Erbe annehmen, dass der Nachlass zur Berichtigung aller Nachlassverbindlichkeiten ausreicht, kann er die in § 1972 BGB genannten Verbindlichkeiten vor anderen ihm bekannten Forderungen befriedigen. Die übrigen Nachlassgläubiger müssen diese Befriedigung gemäß § 1979 BGB als für Rechnung des Nachlasses erfolgt gegen sich gelten lassen.

393   **Die praktische Bedeutung der Vorschrift ist gering.**[1187] Sie besteht darin, dass der Erbe den Pflichtteils- und den anderen aufgeführten Gläubigern nach den §§ 1978, 1979 BGB für seine Verwaltung persönlich verantwortlich sein kann, ausgeschlossenen Gläubigern jedoch nur nach Bereicherungsgrundsätzen. Die nach § 1972 BGB nicht betroffenen Gläubiger sind im Insolvenzverfahren gemäß § 328 Abs. 2 InsO aus der Ersatzleistung des Erben vor den ihnen an sich vorgehenden ausgeschlossenen Gläubigern zu befriedigen, § 327 Abs. 3 InsO. Im Gegensatz zu den nach § 1971 BGB nicht betroffenen Gläubigern werden diejenigen des § 1972 BGB im Fall einer fünfjährigen Säumnis im Verhältnis untereinander wie ausgeschlossene Gläubiger behandelt. Deshalb empfiehlt sich die Anmeldung im Aufgebotsverfahren.[1188] Gegenüber den im Aufgebotsverfahren ausgeschlossenen Gläubigern wandelt sich die gesamtschuldnerische Haftung von Miterben aus § 2058 BGB nach der Teilung des Nachlasses unter den in § 2060 Nr. 1 BGB genannten Voraussetzungen in eine teilschuldnerische Haftung um. Insoweit erstreckt sich das Aufgebot auch auf die in § 1972 BGB bezeichneten Gläubiger sowie auf solche, denen ein Miterbe unbeschränkbar haftet, was sich aus § 1972 Hs. 2 i.V.m. § 2060 Nr. 1 Hs. 2 BGB ergibt.

cc) Weitere Ausnahmen vom Anmeldeprinzip

394   **Die Aufzählung in den §§ 1971, 1972 BGB ist nicht abschließend. Vom Aufgebotsverfahren nicht betroffen ist der Alleinerbe, der selbst das Aufgebot beantragt hat.** Ansprüche des Alleinerben gegen den Erblasser sind regelmäßig durch Konfusion erloschen. Mit der Stellung als Erbe wäre es auch unvereinbar, wenn er sich selbst mit

---

[1186] Prot. V 774.
[1187] *Staudinger/Dutta* (2016), § 1972 Rdn. 2.
[1188] *Staudinger/Dutta* (2016), § 1972 Rdn. 5.

dem in § 458 Abs. 1 FamFG bezeichneten Rechtsnachteil bedrohen ließe.[1189] **Betroffen ist der Alleinerbe jedoch**, soweit er Nachlassgläubiger ist und das Aufgebotsverfahren von einem Nachlassverwalter oder verwaltenden Testamentsvollstrecker beantragt war und die Nachlassverwaltung oder Testamentsvollstreckung zur Zeit des Ausschließungsbeschlusses fortdauert.[1190] Vom Aufgebotsverfahren nicht betroffen sind auch **solche Gläubiger, deren Forderungen erst nach der öffentlichen Bekanntmachung des Aufgebotes gemäß § 435 Abs. 1 FamFG dem Grunde nach entstanden sind.** Diesen Gläubigern kann die Anmeldung innerhalb der laufenden Frist nicht zugemutet werden.[1191] Nicht betroffen sind des Weiteren die **Eigengläubiger des Erben**[1192] sowie Gläubiger mit Forderungen aus Rechtsgeschäften, die erst nach Erlass des Aufgebotes mit einem Nachlasspfleger oder einem verwaltenden Testamentsvollstrecker abgeschlossen wurden oder die erst nach Erlass des Ausschließungsbeschlusses entstanden sind.[1193]

dd) Die rechtlichen Folgen des Nichtbetroffenseins

Der Erbe hat während des Aufgebotsverfahrens gegenüber den aus § 1971 BGB bevorrechtigten Nachlassgläubigern **kein Leistungsverweigerungsrecht nach den §§ 2014, 2015 BGB**, sofern diese Gläubiger ihre Sicherungsrechte nicht erst nach dem Erbfall durch Zwangsvollstreckung, Arrest oder einstweilige Verfügung erlangt haben, § 2016 Abs. 2 BGB.[1194] Gegenüber den ausgeschlossenen Gläubigern sind die gemäß § 1972 BGB nicht betroffenen Gläubiger durch § 1973 Abs. 1 Satz 2 BGB zurückgesetzt. Sie unterliegen sowohl der Verschweigungseinrede gemäß § 1974 BGB als auch der teilschuldnerischen Haftung gemäß § 2060 Nr. 1 BGB. *395*

2. Die Ausschließungseinrede, § 1973 BGB

Die **rechtlichen Wirkungen eines** in Rechtskraft erwachsenen **Ausschließungsbeschlusses** sind in § 1973 BGB bestimmt. Die **Forderung eines im Aufgebotsverfahren ausgeschlossenen Gläubigers erlischt nicht.** Sie wird jedoch nur noch aus dem verbliebenen Nachlass befriedigt. Der **Erbe haftet nach Bereicherungsgrundsätzen**, eine Verantwortlichkeit nach §§ 1978 Abs. 1, 1980 Abs. 1 Satz 2 BGB entfällt. Der Erbe darf aufgrund des sich ihm darstellenden Umfangs der Passiva davon ausgehen, andere als die angemeldeten Forderungen nicht befriedigen zu müssen. Macht ein ausgeschlossener Gläubiger seine Forderung trotzdem geltend, steht dem Erben die Ausschließungseinrede gemäß § 1973 Abs. 1 Satz 1 BGB zu. Dafür muss er nur **nachweisen**, dass der Nachlass durch die Befriedigung nicht ausgeschlossener Gläubiger bereits erschöpft ist oder durch eine noch ausstehende Befriedigung solcher Gläubiger erschöpft werden wird.[1195] *396*

[1189] *Staudinger/Dutta* (2016), § 1970 Rdn. 16.

[1190] MüKo/*Küpper* §§ 1971, 1972 Rdn. 7.

[1191] *Erman/Horn*, § 1970 Rdn. 1; MüKo/*Küpper*, §§ 1971, 1972 Rdn. 7; a.A. *Planck/Flad*, Vorbem. § 1971 Anm. 3c; zur Frage des maßgeblichen Zeitpunkts auch BeckOGK/*Herzog*, § 1970 Rdn. 18.1 f. m.w.N.

[1192] RG v. 22.3.1918, II 515/17, RGZ 92, 341, 344; *Staudinger/Dutta* (2016), § 1970 Rdn. 14; BeckOGK/*Herzog*, § 1970 Rdn. 28.

[1193] *Staudinger/Dutta* (2016), § 1970 Rdn. 19.

[1194] Siehe schon Rdn. 390.

[1195] Siehe dazu Rdn. 377.

a) Wirkungen der Ausschließung

397 Die Einrede des § 1973 BGB eröffnet dem Erben eine **weitere Möglichkeit**, seine **Haftung gegenüber im Aufgebotsverfahren ausgeschlossenen Gläubigern** ohne amtliches Verfahren **auf den Nachlass zu beschränken** und dadurch sein Eigenvermögen zu schützen.

aa) Ausschluss der haftungsbeschränkenden Wirkung des § 1973 BGB

398 Zur haftungsbeschränkenden Wirkung des § 1973 BGB kommt es nicht, wenn der Erbe zum Zeitpunkt des Erlasses des Ausschließungsbeschlusses **unbeschränkt haftet**, **§ 2013 Abs. 1 Satz 1 BGB**. Tritt der Verlust des Haftungsbeschränkungsrechtes gegenüber allen Gläubigern erst **nach dem Erlass des Ausschließungsbeschlusses** ein, bleibt **die Ausschlusswirkung erhalten, § 2013 Abs. 1 Satz 2 BGB**. Der Erbe kann sich auf eine zuvor einzelnen Gläubigern gegenüber eingetretene Haftungsbeschränkung weiterhin berufen.[1196] **Verweigert der Erbe** einem ausgeschlossenen Gläubiger **die Abgabe der eidesstattlichen Versicherung gemäß § 2006 Abs. 3 BGB**, zu dessen Abgabe er weiterhin verpflichtet bleibt, ist **streitig, ob damit die Möglichkeit entfällt, sich auf die zuvor gegenüber diesem Gläubiger eingetretene Haftungsbeschränkung zu berufen**.[1197] Gegen die Annahme dieser Rechtsfolge wird zum Teil eingewandt, die Verweigerung der Bekräftigung der Wahrheit gemäß § 2006 Abs. 3 BGB könne nicht stärker wirken als die erwiesene Unwahrheit i.S.v. § 2005 Abs. 1 Satz 1 BGB[1198] (auf diese Vorschrift verweist § 2013 Abs. 1 Satz 2 BGB ausdrücklich). Dagegen spricht, dass in § 2013 Abs. 1 Satz 2 BGB – dem ausdrücklichen Willen des Gesetzgebers entsprechend[1199] – die Regelung des § 2006 Abs. 3 BGB gerade nicht aufgeführt ist und deshalb darauf nicht erstreckt werden kann[1200]. Ob das rechtspolitisch sinnvoll ist, mag eine andere Frage sein.[1201] Ein ausgeschlossener Gläubiger muss die eidesstattliche Versicherung verlangen können, weil die Vermutungswirkung des § 2009 BGB des durch die eidesstattliche Versicherung zu bekräftigenden Inventars auch ihm gegenüber wirkt und er den Erben dem Druck der Haftungssituation des § 2006 Abs. 3 BGB aussetzen können muss.[1202]

bb) Fortbestand der ausgeschlossenen Nachlassverbindlichkeit

399 Die **Forderung** des ausgeschlossenen Nachlassgläubigers **bleibt in ihrem Bestand erhalten**. Dieser kann weiter die **Einrede des nicht erfüllten Vertrages** erheben, wenn die Forderung auf einem solchen beruht.[1203] Er kann mit ihr gegenüber Nachlassforderungen aufrechnen, nicht aber gegenüber Privatforderungen des Erben. Er bleibt auch berechtigt, einen **Antrag auf Anordnung der Nachlassverwaltung oder Eröff-

---

[1196] *Staudinger/Dutta* (2016), § 1973 Rdn. 3.
[1197] *Staudinger/Dutta* (2016), § 1973 Rdn. 4; RGRK/*Johannsen*, § 1973 Rdn. 4; *Soergel/Stein*, § 1973 Rdn. 10.
[1198] MüKo/*Küpper*, § 1970 Rdn. 7; *Kipp/Coing*, § 95 V.
[1199] Näher dazu *Staudinger/Dutta* (2016), § 1973 Rdn. 4.
[1200] *Burandt/Rojahn/Joachim*, § 1973 Rdn. 4; *Staudinger/Dutta* (2016), § 1973 Rdn. 4.
[1201] *Staudinger/Dobler* (2016), § 2013 Rdn. 2.
[1202] *Soergel/Stein*, § 1973 Rdn. 10; *Staudinger/Dutta* (2016), § 1973 Rdn. 4.
[1203] *Staudinger/Dutta* (2016), § 1973 Rdn. 5; BeckOGK/*Herzog*, § 1973 Rdn. 21.

nung des Nachlassinsolvenzverfahrens zu stellen.[1204] Die **Verjährung** der ausgeschlossenen Forderung **wird durch § 1973 BGB nicht gehemmt.** Der ausgeschlossene Gläubiger kann trotz der Regelung des § 2013 Abs. 1 Satz 2 BGB einen **Antrag auf Bestimmung einer Inventarfrist** stellen, weil ihm das Inventar den in § 1973 Abs. 2 BGB vorgeschriebenen Weg der Durchsetzung der ausgeschlossenen Forderung erleichtert.[1205]

b) Der Umfang des Leistungsverweigerungsrechts

Das Leistungsverweigerungsrecht aus § 1973 Abs. 1 Satz 1 BGB reicht so weit, wie die Forderung des ausgeschlossenen Gläubigers den Wert des nach § 1973 Abs. 2 Satz 1 BGB herauszugebenden Nachlassüberschusses übersteigt. Nur dafür **haftet der Erbe nach Maßgabe des Bereicherungsrechts.** Der **Umfang der Haftung richtet sich nach §§ 819, 818 Abs. 4 BGB.** Der Erbe kann gegenüber den ausgeschlossenen Gläubigern beliebig über den Nachlass verfügen, solange sie ihm nicht bekannt sind, insbesondere nicht ausgeschlossene Gläubiger befriedigen, § 1973 Abs. 1 Satz 1, und auch diejenigen ausgeschlossenen Gläubiger, zu deren Befriedigung er rechtskräftig verurteilt ist, § 1973 Abs. 2 Satz 3 BGB. Es muss noch keine Befriedigung erfolgt sein. Es reicht vielmehr aus, wenn der Nachlass dadurch erschöpft wird.[1206] Er kann den Nachlass sogar verschenken[1207], so dass der ausgeschlossene Gläubiger auf Ansprüche gegen den Beschenkten gemäß **§ 822 BGB** verwiesen ist.[1208] *400*

Zur Befriedigung eines ausgeschlossenen Gläubigers bleibt der Erbe nach § 1973 Abs. 1 Satz 2 BGB **verpflichtet**, wenn sonst **nur noch Verbindlichkeiten aus Pflichtteilsrechten, Vermächtnissen und Auflagen zu erfüllen sind.** Diese Verbindlichkeiten gehen Nachlassverbindlichkeiten, die gegenüber ausgeschlossenen Gläubigern bestehen, nach. Eine Ausnahme besteht, wenn der ausgeschlossene Gläubiger seine Forderung erst nach der Berichtigung einer solchen Verbindlichkeit geltend macht. § 1973 Abs. 1 Satz 1 BGB begründet kein selbstständiges Leistungsverweigerungsrecht gegenüber den vom Aufgebot nicht betroffenen Ansprüchen aus Pflichtteilsrechten, Vermächtnissen und Auflagen. *401*

c) Die Bestimmung des Nachlassüberschusses

Zur Ermittlung des Nachlassüberschusses, mit dem der Erbe ausgeschlossenen Gläubigern haftet, sind **dem ursprünglichen Aktivbestand unter Bereicherungsgesichtspunkten bestimmte Positionen hinzuzurechnen und andere abzuziehen.** *402*

Hinzuzurechnen sind dem Nachlass **die gezogenen Nutzungen** sowie das, was der Erbe **aufgrund zum Nachlass gehörender Rechte oder als Ersatz für die Zerstörung, Beschädigung oder Entziehung von Nachlassgegenständen erlangt hat.** Hat es der Erbe unterlassen, Nutzungen aus dem Nachlass zu ziehen, haftet er gegenüber

---

[1204] *Bamberger/Roth/Lohmann*, § 1973 Rdn. 3; BeckOGK/*Herzog*, § 1973 Rdn. 24.
[1205] *Bamberger/Roth/Lohmann*, § 1973 Rdn. 3; MüKo/*Küpper*, § 1973 Rdn. 2; *Burandt/Rojahn/ Joachim*, § 1973 Rdn. 3; *Lange/Kuchinke*, § 48 VI 5 a; *Soergel/Stein*, § 1994 Rdn. 3; BeckOGK/ *Herzog*, § 1973 Rdn. 25.1; a. A. *Staudinger/Dutta* (2016), § 1973 Rdn. 10.
[1206] *Staudinger/Dutta* (2016), § 1973 Rdn. 11.
[1207] MüKo/*Küpper*, § 1973 Rdn. 4.
[1208] *Knütel*, NJW 1989, 2504, 2506.

dem ausgeschlossenen Gläubiger nicht, weil die §§ 1978–1980 BGB nicht zur Anwendung kommen. Verbindlichkeiten und Lasten, die dem Erben gegenüber dem Erblasser oblagen und nach dem Erbfall **infolge Vereinigung erloschen sind**, sind ebenfalls hinzuzurechnen, weil der Erbe durch die Befreiung von einer solchen Verbindlichkeit auf Kosten des Nachlasses bereichert ist.

Abzuziehen sind **die durch Vereinigung erloschenen Forderungen und Rechte des Erben gegenüber dem Erblasser, berichtigte und unberichtigte Forderungen der nicht ausgeschlossenen Gläubiger sowie solche aus Pflichtteilsrechten, Vermächtnissen und Auflagen, soweit sie der Erbe bereits vor der Geltendmachung des Anspruchs des ausgeschlossenen Gläubigers befriedigt hatte.**[1209] Forderungen anderer ausgeschlossener Gläubiger sind abzuziehen, soweit der Erbe auch sie bereits berichtigt hatte. Abzuziehen sind ferner **Aufwendungen des Erben aus seinem Vermögen auf den Nachlass**, selbst wenn sie nicht notwendig oder nützlich waren und noch nicht einmal den Wert des Nachlasses erhöht haben[1210], sowie **Schenkungen aus dem Nachlass**, wenn nicht der Gesichtspunkt der Ersparnis sonst aus dem Eigenvermögen gemachter Aufwendungen gilt. Der ausgeschlossene Gläubiger kann nach § 822 BGB gegenüber dem Beschenkten vorgehen und auf Duldung der Zwangsvollstreckung in das Empfangene klagen.[1211]

Bei **Geldforderungen** kommt es **automatisch zum Abzug in Höhe der Aufwendung.** Besteht der Nachlassrest nicht in Geld, muss der ausgeschlossene Gläubiger dem Erben Nachlassgegenstände im Gegenwert seiner nach Bereicherungsrecht absetzbaren Aufwendungen belassen.[1212] Eine Zwangsvollstreckung des Gläubigers in diese Gegenstände kann der Erbe gemäß §§ 781, 785, 767 ZPO abwenden, bis er wegen seiner abzugsfähigen Aufwendungen befriedigt oder sichergestellt wird.[1213]

403 Der für **die Feststellung maßgebliche Zeitpunkt, ob dem Erben ein Nachlassüberschuss bleibt** und sich daraus ein Bereicherungsanspruch des ausgeschlossenen Gläubigers ergibt, ist der **Erlass des Ausschließungsbeschlusses**, nicht der der Rechtshängigkeit des von dem Gläubiger geltend gemachten Anspruchs.[1214] Auf eine spätere Erweiterung der Bereicherung ist Rücksicht zu nehmen, ebenso auf eine Verringerung (§ 818 Abs. 3 BGB), sofern keine verschärfte Haftung des Erben besteht. Im Prozess gegen den Erben entscheidet der Zeitpunkt der letzten mündlichen Verhandlung.[1215] Ist im Fall einer Verurteilung des Erben noch ein Überschuss vorhanden, kommt es bei einer Zwangsvollstreckung auf deren Beginn an, ob noch ein Überschuss vorhanden ist.[1216]

[1209] *Staudinger/Dutta* (2016), § 1973 Rdn. 16.
[1210] *Staudinger/Dutta* (2016), § 1973 Rdn. 16; *Burandt/Rojahn/Joachim*, § 1973 Rdn. 6; *Lange/Kuchinke*, § 49 IX 1 Fn. 237; a. A. *Soergel/Stein*, § 1973 Rdn. 5; *Erman/Horn*, § 1973 Rdn. 3a: nur den Nachlasswert steigernde Aufwendungen.
[1211] *Staudinger/Dutta* (2016), § 1973 Rdn. 16; siehe schon Rdn. 400.
[1212] RGRK/*Johannsen*, § 1973 Rdn. 22.
[1213] *Staudinger/Dutta* (2016), § 1973 Rdn. 18.
[1214] *Erman/Horn*, § 1973 Rdn. 3c; heute allgemeine Auffassung.
[1215] *Staudinger/Dutta* (2016), § 1973 Rdn. 17; BeckOGK/*Herzog*, § 1973 Rdn. 46.
[1216] MüKo/*Küpper*, § 1973 Rdn. 5; *Erman/Horn*, § 1973 Rdn. 3c; *Burandt/Rojahn/Joachim*, § 1973 Rdn. 7; a. A. *Staudinger/Dutta* (2016), § 1973 Rdn. 17, der auf den Zeitpunkt der letzten mündlichen Verhandlung abstellt.

d) Besondere Haftungstatbestände

Die gesetzlich gewollte Besserstellung ausgeschlossener Gläubiger gegenüber **Gläubigern von Pflichtteilsrechten, Vermächtnissen und Auflagen** führt dazu, dass **der Erbe nach der Geltendmachung ausgeschlossener Forderungen diese Verbindlichkeiten nicht mehr befriedigen darf.** Verletzt er diese Rangordnung und bewirkt dadurch den Verlust der nach § 1973 Abs. 2 BGB herauszugebenden Bereicherung, haftet er dem ausgeschlossenen Gläubiger gegenüber persönlich aufgrund seiner Kenntnis gemäß § 819 Abs. 1 BGB von der geltend gemachten Forderung. Gleiches gilt gemäß § 818 Abs. 4 BGB, wenn die Forderung rechtshängig ist. Daneben haftet er wegen der Verletzung einer schuldrechtlichen Pflicht. Die Haftung kommt nicht zum Tragen, wenn der Erbe den Umständen nach davon ausgehen durfte, dass der Nachlass zur Befriedigung der Nachlassverbindlichkeiten ausreicht.   *404*

e) Abwendungsbefugnis

Der Erbe kann gemäß § 1973 Abs. 2 Satz 2 BGB die **Herausgabe der noch vorhandenen Nachlassgegenstände durch Zahlung ihres Wertes abwenden.** Der Wert ist durch Schätzung in dem Zeitpunkt zu ermitteln, in welchem das Recht ausgeübt wird.[1217] Durch die Zahlung des Wertes wird die Nachlasszugehörigkeit der zurückgehaltenen Gegenstände nicht aufgehoben.[1218] Nur die Herausgabe kann durch Zahlung des Wertes abgewendet werden und dies auch **nur gegenüber einem ausgeschlossenen oder ihm nach §§ 1974, 1989 BGB gleichstehenden Gläubiger.**[1218a] Gegenüber anderen Nachlassgläubigern hat der Erbe mit Ausnahme des § 1992 Satz 2 BGB eine solche Abwendungsbefugnis nicht. Die weitere Nachlasszugehörigkeit der betreffenden Gegenstände hat Bedeutung in den Fällen des Nachlassinsolvenzverfahrens, der Nachlassverwaltung sowie unter den Voraussetzungen des § 1990 BGB. Insoweit kommt den Nachlassgläubigern, die der Erbe nicht zum Schätzwert abgefunden hat, eine eventuelle Wertsteigerung des betreffenden Gegenstandes zugute.[1219] Nachlassgläubiger, denen gegenüber der Erbe keine Abwendungsbefugnis hat, müssen sich nicht damit abfinden, dass der Wert der einzelnen Nachlassgegenstände durch Schätzung ermittelt wird. Der Abfindungsbetrag wird durch den Wert der Gegenstände gemindert, die der Erbe zum Schätzwert wegen des Ersatzes seiner Aufwendungen für den Nachlass übernehmen darf.[1220]   *405*

3. Die Verschweigungseinrede, § 1974 BGB

Die in § 1974 BGB geregelte sog. **Verschweigungs- oder Versäumungseinrede** dient dem Schutz des Erben vor Nachteilen durch **nachlässige oder verhinderte Gläubiger,** wenn ein **Aufgebotsverfahren nicht stattgefunden** oder der Gläubiger die Forderung überhaupt erst nach Ablauf der Anmeldefrist im Aufgebotsverfahren erworben hat. Der   *406*

[1217] *Erman/Horn,* § 1973 Rdn. 4.

[1218] *Staudinger/Dutta* (2016), § 1973 Rdn. 26; *Burandt/Rojahn/Joachim,* § 1973 Rdn. 9; a.A. MüKo/*Küpper,* § 1973 Rdn. 6; AK/*Teubner,* § 1973 Rdn. 31.

[1218a] Siehe hierzu Rdn. 406 ff.

[1219] *Staudinger/Dutta,* § 1973 Rdn. 26; grundsätzlich a.A. MüKo/*Küpper,* § 1973 Rdn. 6 Fn. 19.

[1220] MüKo/*Küpper,* § 1973 Rdn. 6; *Burandt/Rojahn/Joachim,* § 1973 Rdn. 9.

Norm kommt in der Praxis größere Bedeutung als dem Aufgebotsverfahren zu.[1221] Hat ein Aufgebotsverfahren stattgefunden, beschränkt sich die praktische Bedeutung der Vorschrift auf die Gläubiger von Pflichtteilsrechten, Vermächtnissen und Auflagen, die gemäß § 1972 BGB vom Aufgebotsverfahren nicht betroffen sind. Ihre Ansprüche fallen gemäß § 1974 Abs. 2 BGB unter den Fristablauf und unterliegen der Ausschlusswirkung der Verschweigung. Ein vorangegangenes Aufgebotsverfahren hat auch keine Bedeutung für Forderungen, die erst nach Beginn der Anmeldefrist im Aufgebotsverfahren oder nach Erlass des Ausschließungsbeschlusses begründet worden sind. Sie konnten davon nicht betroffen sein. Die systematische Stellung der Vorschrift innerhalb der Regelungen über das Aufgebot der Nachlassgläubiger erklärt sich daraus, dass ein Nachlassgläubiger, der seine Forderung erst später als fünf Jahre nach dem Erbfall gegenüber dem Erben geltend macht, nach § 1974 Abs. 1 Satz 1 BGB von Gesetzes wegen einem ausgeschlossenen Gläubiger gleichgestellt sein soll. Die Wirkung erstreckt sich auf alle Nachlassgläubiger mit Ausnahme der in § 1971 BGB genannten Gläubiger.[1222]

a) Die Voraussetzungen im Einzelnen

407 Die Verschweigungseinrede **setzt den Ablauf einer Säumnisfrist voraus,** innerhalb derer ein Nachlassgläubiger seine Forderung weder gerichtlich noch außergerichtlich gegen den Erben geltend gemacht hat und dass der Erbe noch nicht allen Gläubigern gegenüber unbeschränkbar haftend geworden ist, § 2013 Abs. 1 Satz 1 BGB.

aa) Säumnisfrist

408 Die Ausschlusswirkung tritt nach Ablauf einer Säumnisfrist von fünf Jahren ein. Diese wird **nach den §§ 187 Abs. 1, 188 BGB berechnet** und **beginnt mit dem Erbfall.**[1223] Die Vorschriften über die Verjährungshemmung sind nicht anwendbar, weil es sich um eine **Ausschlussfrist** handelt. Wird der Erblasser für tot erklärt oder wird seine Todeszeit nach den Vorschriften des Verschollenheitsgesetzes festgestellt, bestimmt § 1974 Abs. 1 Satz 2 BGB, dass die fünfjährige Frist nicht vor dem Eintritt der Rechtskraft des Beschlusses über die Todeserklärung oder über die Feststellung der Todeszeit zu laufen beginnt.

Die Verschweigungswirkung ist nicht davon abhängig, dass der betreffende Gläubiger seine Forderung innerhalb der Säumnisfrist anmelden konnte.[1224] Sie **tritt auch gegenüber einem Nachlassgläubiger ein, dessen Forderung nach Ablauf der fünf Jahre überhaupt erst entstanden ist.**[1225] Streitig ist, ob dies auch gilt, wenn der Erbe selbst, ein Testamentsvollstrecker, ein Nachlassverwalter oder ein nach §§ 1960, 1961 BGB bestellter Nachlasspfleger die Verbindlichkeit begründet hat.[1226] Dafür spricht

---

[1221] MüKo/*Küpper*, § 1974 Rdn. 1.

[1222] *Staudinger/Dutta* (2016), § 1974 Rdn. 2; Palandt/*Weidlich*, § 1974 Rdn. 1.

[1223] *Firsching/Graf*, Rdn. 4.784; *Damrau/Tanck/Gottwald*, § 1974 Rdn. 2; *Staudinger/Dutta* (2016), § 1974 Rdn. 1.

[1224] *Staudinger/Dutta* (2016), § 1974 Rdn. 6; BeckOGK/*Herzog*, § 1974 Rdn. 28.

[1225] Palandt/*Weidlich*, § 1974 Rdn. 1; *Bamberger/Roth/Lohmann*, § 1974 Rdn. 3; MüKo/*Küpper*, § 1974 Rdn. 5; *Erman/Horn*, § 1974 Rdn. 2; BeckOGK/*Herzog*, § 1974 Rdn. 20; a. A. Soergel/*Stein*, § 1974 Rdn. 3.

[1226] *Staudinger/Dutta* (2016), § 1974 Rdn. 7; *Burandt/Rojahn/Joachim*, § 1974 Rdn. 2; *Muscheler*, Testamentsvollstreckung, 150ff, 157 ff.; a. A. MüKo/*Küpper*, § 1974 Rdn. 5; Palandt/*Weidlich*, § 1974 Rdn. 1, jeweils ohne Begründung.

neben dem Wortlaut vor allem der Zweck der Regelung. Der Erbe soll vor unbekannten und innerhalb eines relativ langen Zeitraumes von fünf Jahren noch nicht geltend gemachten Nachlassverbindlichkeiten geschützt werden. Beruhen die Verbindlichkeiten auf Rechtshandlungen des Erben selbst oder eines Nachlassverwalters bzw. eines verwaltenden Testamentsvollstreckers, sind sie dem Erben ordnungsgemäß vor Ablauf der Säumnisfrist bekannt geworden, wobei er sich die Kenntnis dritter Personen zurechnen lassen muss.[1227] Dieser Fall wird von § 1974 BGB nicht umfasst.

bb) Verschweigen des Nachlassgläubigers

Der Nachlassgläubiger darf seine Forderung **innerhalb der Säumnisfrist von fünf**   *409*
Jahren weder gerichtlich noch außergerichtlich gegenüber dem Erben, einem Nachlasspfleger, einem Nachlassverwalter, einem Nachlassinsolvenzverwalter oder einem verwaltenden Testamentsvollstrecker **geltend gemacht haben.**[1228] Die **Geltendmachung gegenüber einem vorläufigen Erben, der später ausgeschlagen hat, reicht aus.**[1229] Zur Begründung kann auf eine Analogie zu § 1959 Abs. 3 BGB verwiesen werden, wonach ein Rechtsgeschäft, das gegenüber dem Erben vorgenommen werden muss, auch nach einer Ausschlagung wirksam bleibt, wenn es vor der Ausschlagung dem Ausschlagenden gegenüber vorgenommen wird.[1230]

Der Erbe kann sich auf die Verschweigungseinrede nicht berufen, wenn der Gläubi-   *410*
ger seine Forderung in einem Aufgebotsverfahren angemeldet hatte, was für die nach § 1972 BGB vom Aufgebotsverfahren nicht betroffenen Rechte von Bedeutung ist. Der Eintritt der Rechtsfolgen des § 1974 Abs. 2 BGB wird dadurch ausgeschlossen.

Das Unterlassen der Geltendmachung innerhalb der Säumnisfrist **schadet** gemäß § 1974 Abs. 3 BGB einem **Gläubiger auch nicht, wenn und soweit er gemäß § 1971 BGB von einem Aufgebotsverfahren nicht betroffen wäre.** Darunter fallen u.a. die mit dinglichen Sicherungsrechten an einzelnen Nachlassgegenständen ausgestatteten absonderungs- und aussonderungsberechtigten Gläubiger. Ist das Sicherungsrecht an einem Grundstück betroffen, kann der Erbe nach § 175 ZVG die Zwangsversteigerung beantragen und dadurch in den Fällen des § 179 ZVG möglicherweise schon vor Ablauf von fünf Jahren eine beschränkte Haftung auf das haftende Grundstück herbeiführen.[1231]

Die Fristversäumung schadet des Weiteren nicht, wenn **dem Erben die Forderung vor Ablauf der Säumnisfrist anderweitig bekannt** geworden ist. Dazu genügt das Wissen, dass der Anspruch besteht oder zumindest tatsächlich behauptet wird, ohne dass der Erbe von der Begründetheit überzeugt sein muss.[1232] Die fahrlässige Unkenntnis steht der positiven Kenntnis nicht gleich. Die **Kenntnis eines Nachlasspflegers, Nachlass- oder Nachlassinsolvenzverwalters** sowie eines **verwaltenden Testamentsvollstreckers ist dem Erben zuzurechnen**, weil die Forderung gegen diese Personen

---

[1227] *Soergel/Stein*, § 1974 Rdn. 3; MüKo/*Küpper*, § 1974 Rdn. 3.

[1228] Palandt/*Weidlich*, § 1974 Rdn. 2.

[1229] Palandt/*Weidlich*, § 1974 Rdn. 2; *Staudinger/Dutta* (2016), § 1974 Rdn. 8; MüKo/*Küpper*, § 1974 Rdn. 3; BeckOGK/*Herzog*, § 1974 Rdn. 27.

[1230] RGRK/*Johannsen*, § 1974 Rdn. 3; *Staudinger/Dutta* (2016), § 1974 Rdn. 8.

[1231] Siehe dazu Rdn. 390 f.

[1232] RGRK/*Johannsen*, § 1974 Rdn. 9; *Staudinger/Dutta* (2016), § 1974 Rdn. 10.

geltend gemacht werden kann.[1233] Die Kenntnis eines vorläufigen Erben, der später ausgeschlagen hat, kann dem endgültigen Erben dagegen nicht zugerechnet werden.[1234] In diesem Fall der Wissenszurechnung kommt – anders als bei der Geltendmachung der Forderung[1235] – eine Analogie zu § 1959 Abs. 3 BGB nicht in Betracht.

cc) Keine unbeschränkte Haftung

411 Die Geltendmachung der Verschweigungseinrede ist **dem Erben verschlossen**, wenn er **gegenüber allen Gläubigern unbeschränkbar haftet**, § 2013 Abs. 1 Satz 1 BGB. Verliert er erst nach Ablauf der Fünf-Jahres-Frist das Recht zur Beschränkung der Haftung wegen Versäumung der Inventarfrist gemäß § 1994 Abs. 1 Satz 2 BGB[1236] oder wegen einer Inventaruntreue gemäß § 2005 Abs. 1 BGB[1237], kann er sich weiterhin auf die nach § 1974 BGB bereits eingetretene Beschränkung der Haftung berufen, § 2013 Abs. 1 Satz 2 BGB. Im Fall der Verweigerung der eidesstattlichen Versicherung vor Ablauf der Frist kommt § 1974 BGB nicht zur Anwendung, weil der Erbe in diesem Fall die Forderung des Gläubigers kennt.

b) Wirkung der Verschweigung

412 § 1974 Abs. 1 Satz 1 BGB stellt die Rechtwirkungen einer fünfjährigen Verschweigung denjenigen eines Ausschlusses im Aufgebotsverfahren gleich. Die **Haftung des Erben** wird ebenso wie in § 1973 Abs. 2 BGB **auf die Bereicherung beschränkt**. Damit finden auch die §§ 818 Abs. 4, 819 Abs. 1 Alt. 1 BGB für den Fall der nach Erfüllung der Voraussetzungen des § 1974 BGB eingetretenen Rechtshängigkeit bzw. für den Fall der Kenntnis Anwendung. Bei Rechtshängigkeit oder Kenntniserlangung der Forderung vor Ablauf der Fünf-Jahres-Frist kommt § 1974 BGB von vornherein nicht zur Anwendung.

413 § 1974 Abs. 2 BGB beschränkt die Vorschrift des § 1973 Abs. 1 Satz 2 BGB, wonach der Erbe vor Gläubigern von Pflichtteilsrechten, Vermächtnissen und Auflagen sogar die im Aufgebotsverfahren ausgeschlossenen Gläubiger zu befriedigen hat, sofern diese ihre Forderung nicht verspätet geltend machen, dergestalt, dass diese Rangfolge im Verhältnis der Pflichtteils-, Vermächtnis- und Auflageansprüche untereinander nur eingreift, soweit der Gläubiger auch im Nachlassinsolvenzverfahren im Rang vorgehen würde. Deshalb hat der Erbe einen säumigen Vermächtnisgläubiger gemäß §§ 1974 Abs. 2, 1973 Abs. 1 Satz 2 BGB nur vor solchen Gläubigern zu befriedigen, die auch im Nachlassinsolvenzverfahren einen schlechteren Rang hätten. Im **Insolvenzverfahren** wäre der Pflichtteilsanspruch vor Ansprüchen aus Vermächtnissen und Auflagen zu befriedigen, wenn ein Pflichtteilsberechtigter nach Ablauf der fünfjährigen Frist einen Anspruch gegen den Erben geltend macht, wobei dieser Anspruch oftmals schon verjährt sein dürfte. Bei mehreren Pflichtteilsberechtigten muss der Erbe den Berechtigten, der von § 1974 BGB nicht betroffen ist, vor dem als ausgeschlossen zu behandelnden

[1233] *Staudinger/Dutta* (2016), § 1974 Rdn. 11; *Bamberger/Roth/Lohmann*, § 1974 Rdn. 4; *Erman/Horn*, § 1974 Rdn. 2.
[1234] *Staudinger/Dutta* (2016), § 1974 Rdn. 11; *Burandt/Rojahn/Joachim*, § 1974 Rdn. 3; a.A. *Erman/Horn*, § 1974 Rdn. 2; MüKo/*Küpper*, § 1974 Rdn. 3; *Soergel/Stein*, § 1974 Rdn. 2.
[1235] Dazu Rdn. 409.
[1236] Siehe dazu Rdn. 442 ff.
[1237] Siehe dazu Rdn. 472 ff.

Pflichtteilsberechtigten befriedigen, § 327 Abs. 3 InsO. **Greift zu Lasten mehrerer Pflichtteilsberechtigter die Verschweigungseinrede ein, müssen sie verhältnismäßig befriedigt werden, sofern der Nachlass nicht ausreicht,** § 327 Abs. 1 InsO. Für Vermächtnisnehmer und Auflagenbegünstigte gilt ebenfalls, dass die nicht verschwiegenen Ansprüche den verschwiegenen vorgehen und mehrere verschwiegene Ansprüche der gleichen Gruppe unter sich den gleichen Rang haben, also verhältnismäßig zu befriedigen sind. Missachtet der Erbe diese Rangfolge und wird dadurch die Befriedigung eines bevorrechtigten Gläubigers aus dem Überschuss ganz oder teilweise unmöglich, macht er sich gegenüber diesem Gläubiger schadensersatzpflichtig und haftet auch mit seinem Eigenvermögen.[1238]

c) Beweislast

Ein **Gläubiger**, der den Erben nach Ablauf der fünfjährigen Frist über die Bereicherung   *414* hinaus in Anspruch nehmen will, hat **darzulegen** und **zu beweisen**, dass er die **Forderung dem Erben gegenüber vor Ablauf der Säumnisfrist geltend gemacht** oder **sie in einem Aufgebotsverfahren angemeldet hat** oder dass sie **dem Erben vorher anderweitig bekannt war.**[1239] Diese Verteilung der Beweislast ergibt sich mittelbar aus der Formulierung „es sei denn …" in § 1974 Abs. 1 Satz 1 Hs. 2 BGB.[1240] Sind die Voraussetzungen der Verschweigungseinrede erfüllt und beruft sich der Gläubiger auf eine verschärfte Haftung des Erben, ist er ebenfalls darlegungs- und beweisbelastet.[1241]

4. Vereinbarung mit einzelnen Gläubigern über die Haftung

Die **allgemeine Vertragsfreiheit** ermöglicht es dem Erben, mit Nachlassgläubigern In-   *415* dividualvereinbarungen über seine Haftung zu treffen. Schon in der **Rechtsprechung des Reichsgerichts** war anerkannt, dass der Erbe bei der Begründung einer Nachlassverbindlichkeit vertraglich die Haftung auf den Nachlass beschränken kann.[1242] Die **Vereinbarung** einer solchen Beschränkung kann **ausdrücklich** oder **stillschweigend erfolgen.** Nachlassverbindlichkeiten sind auch solche aus nach dem Erbfall durch den Erben vorgenommenen Rechtsgeschäften, die gleichzeitig Eigenschulden des Erben begründen, weil er sie persönlich eingegangen ist. Die Gläubiger dieser sog. Nachlasserbenschulden[1243] sind sowohl Nachlassgläubiger als auch Eigengläubiger des Erben und können auf beide Vermögensmassen zugreifen. Hat der Erbe neben einer Nachlasseine Eigenverbindlichkeit begründet, kann er dafür nach den gesetzlichen Vorschriften keine Haftungsbeschränkung auf den Nachlass herbeiführen. Er kann in diesem Fall aber eine Haftung mit dem Eigenvermögen auszuschließen, wenn er mit einem Gläubiger vereinbart, dass die Haftung auf einen Teil seines Vermögens, den Nachlass, beschränkt bleibt. So kann er beispielsweise mit einem Werkunternehmer, der ein sturmgeschädigtes Dach einer Nachlassimmobilie reparieren soll, eine Vereinbarung treffen, dass für diese Forderung nur der Nachlass haftet. Bringt der Erbe bei Abschluss des

1238 *Lange/Kuchinke,* § 49 IX 2; MüKo/*Küpper,* § 1974 Rdn. 7.
1239 MüKo/*Küpper,* § 1974 Rdn. 7; *Staudinger/Dutta* (2016), § 1974 Rdn. 19.
1240 *Staudinger/Dutta* (2016), § 1974 Rdn. 19; *Burandt/Rojahn/Joachim,* § 1974 Rdn. 9.
1241 *Burandt/Rojahn/Joachim,* § 1974 Rdn. 9; *Staudinger/Dutta* (2016), § 1974 Rdn. 19.
1242 RG v. 21. 1. 1935, IV 311/34, RGZ 146, 343 ff.
1243 Siehe dazu Rdn. 117 ff.

Geschäftes erkennbar zum Ausdruck, dass er nur mit einem Teil seines Vermögens die Haftung für die Verbindlichkeit übernehmen will und lässt sich der Gläubiger darauf ein, ist die Vereinbarung zustandegekommen. Für das Zustandekommen einer **Individualvereinbarung zur Haftungsbeschränkung auf den Nachlass** reicht es aus, dass der **Erbe erklärt** oder hinreichend deutlich macht, **für den Nachlass handeln zu wollen.** Dem Nachlass kommt zwar keine eigene Rechtspersönlichkeit zu. Er ist jedoch Teil des Vermögens des Erben, so dass in diesen Fällen keine Vertretung im Rechtssinne stattfindet.

416   Die Möglichkeit der Haftungsbeschränkung durch Individualvereinbarung hat nicht nur Bedeutung für Verbindlichkeiten, die der Erbe im Rahmen ordnungsgemäßer Verwaltung eingeht. Sie ist **bei jedem nachlassbezogenen Rechtsgeschäft möglich** und **kann sogar Geschäfte erfassen, bei denen der Erbe nicht ordnungsgemäß handelt.** Die Möglichkeit einer vertraglich vereinbarten Haftungsbeschränkung ist auch **nicht ausgeschlossen, wenn der Erbe dieses Recht nach den gesetzlichen Vorschriften bereits verloren hat.**[1244] Die Vertragsfreiheit erlaubt es Gläubigern und Erben generell, durch eine Individualvereinbarung eine einseitig nicht mehr herbeizuführende Haftungsbeschränkung zu begründen. Der Erbe erlangt dadurch nicht die verloren gegangenen gesetzlichen Rechte zurück.

417   Auch bei einer Haftungsbeschränkung auf den Nachlass durch Individualvereinbarung muss der Erbe bei einer Verurteilung darauf achten, dass ihm gemäß § 780 Abs. 1 ZPO **im Urteilstenor die Beschränkung der Haftung auf den Nachlass vorbehalten ist.**[1245] Sind in der Vereinbarung einzelne Gegenstände bezeichnet, mit denen gehaftet werden soll, ist im Urteil auszusprechen, dass der Erbe für die Schuld nur mit diesen Gegenständen haftet.[1246] Die Haftungsbeschränkung durch Vertrag kann im Fall der Zwangsvollstreckung wie bei der Haftungsbeschränkung nach den gesetzlichen Regelungen **im Wege der Vollstreckungsabwehrklage gemäß §§ 785, 767 ZPO geltend gemacht werden.**[1247] Wird der Vertrag über die Haftungsbeschränkung erst nach dem Schluss der letzten mündlichen Verhandlung geschlossen, ist die Vollstreckungsgegenklage statthaft, obwohl dem verurteilten Erben die Beschränkung im Urteil – naturgemäß – nicht vorbehalten worden ist.[1248] Neben einer Vollstreckungsgegenklage **kommt auch ein vertraglicher Schadensersatzanspruch in Betracht.**[1249]

Im **Prozess** muss der **Erbe darlegen und beweisen,** dass eine von ihm begründete Haftung für ein nachlassbezogenes Geschäft mit dem Eigenvermögen durch eine Individualvereinbarung ausgeschlossen worden ist. Gelingt ihm das nicht oder kann der Gläubiger den Beweis erschüttern, haftet der Erbe für diese Verbindlichkeit mit seinem gesamten Vermögen. Zur Vermeidung von Beweisschwierigkeiten sollte eine Individualvereinbarung deshalb **schriftlich fixiert und ggf. sollten Zeugen hinzugezogen werden,** die die vertragliche Beschränkung der Haftung auf den Nachlass bestätigen können.

[1244] *Staudinger/Dutta* (2016), Vorbem. zu §§ 1967–2017 Rdn. 17.
[1245] *Staudinger/Dutta* (2016), Vorbem. zu §§ 1967–2017 Rdn. 18.
[1246] *Staudinger/Dutta* (2016), Vorbem. zu §§ 1967–2017 Rdn. 35.
[1247] Siehe dazu Rdn. 631 ff.
[1248] *Staudinger/Dutta* (2016), Vorbem. zu §§ 1967–2017 Rdn. 18.
[1249] *Planck/Flad,* Vorbem. § 1967 Anm. 7.

III. Die unbeschränkte Haftung des Alleinerben gegenüber allen Nachlassgläubigern

Der Erbe verliert die Möglichkeit der Beschränkung seiner Haftung auf den Nachlass gegenüber allen Nachlassgläubigern, wenn er **innerhalb einer ihm gemäß §§ 1994 ff. BGB gesetzten Frist kein Inventar errichtet** oder dies zwar tut, sich im Zusammenhang damit jedoch Verfehlungen geleistet hat, die geeignet sind, die Interessen der Nachlassgläubiger zu beeinträchtigen. Das ist der Fall, wenn der Erbe absichtlich eine erhebliche Unvollständigkeit der im Inventar enthaltenen Angabe der Nachlassgegenstände herbeiführt oder eine nicht bestehende Nachlassverbindlichkeit in ein Inventar aufnimmt in der Absicht, die Nachlassgläubiger zu benachteiligen, sog. **Inventaruntreue gemäß § 2005 Abs. 1 Satz 1 BGB.** Dagegen führt die Verweigerung der Bekräftigung eines errichteten Inventars durch eidesstattliche Versicherung gemäß § 2006 Abs. 3 BGB nur gegenüber einzelnen Nachlassgläubigern zum Verlust des Haftungsbeschränkungsrechts. | 418

1. Freiwillige Errichtung eines Inventars und Errichtung nach Fristsetzung

Der Erbe kann ein **Inventar freiwillig errichten und ist dann an keine Frist gebunden.** Er sollte dies aber nicht vor Ablauf von drei Monaten tun, um nicht frühzeitig die Dreimonatseinrede des § 2014 BGB zu verlieren.[1250] Das Recht des Erben, ein Inventar freiwillig zu errichten, besteht unabhängig davon, ob ihm das Nachlassgericht schon eine Inventarfrist bestimmt hatte. Eine **einklagbare Verpflichtung des Erben zur Errichtung** besteht **nicht.** Bei der freiwilligen Inventarerrichtung stehen dem Erben wie bei der Errichtung nach Fristsetzung alle nach den §§ 2002–2004 BGB vorgesehenen Möglichkeiten der Inventarerrichtung offen. Freiwillig kann er ein Inventar auch errichten, wenn sich der Nachlass im Besitz eines Nachlassverwalters, eines Nachlassinsolvenzverwalters, eines Testamentsvollstreckers oder eines Nichtberechtigten befindet und wenn ihm das Recht von einem Miterben vorenthalten wird.[1251] Die **Vorteile der freiwilligen Inventarerrichtung** liegen darin, dass das Nachlassgericht **dem Erben** auf Antrag eines Nachlassgläubigers **keine Inventarfrist mehr setzen darf** und er sich gegenüber den Nachlassgläubigern **die Vermutungswirkung des § 2009 BGB sichert.**[1252] | 419

2. Wirkungen der Inventarerrichtung

Der Erbe kann durch eine ordnungsgemäße Errichtung eines Inventars im Verhältnis zu den Nachlassgläubigern **keine Beschränkung seiner Haftung auf den Nachlass herbeiführen.** Im Gesetzgebungsverfahren zum Bürgerlichen Gesetzbuch war die Inventarerrichtung dagegen noch als Mittel der Haftungsbeschränkung vorgesehen.[1253] Ihr kommt **nur die Vollständigkeitsvermutung des § 2009 BGB zugute.** Danach gilt die Angabe der Nachlassgegenstände im Inventar als vollständig. Bezüglich eines Gegenstandes, der nicht im Inventar aufgenommen ist, wird angenommen, dass er nicht | 419a

---

[1250] *Herzog,* ErbR 2013, 70, 78.
[1251] *Soergel/Stein,* § 1993 Rdn. 2.
[1252] Dazu näher Rdn. 435 ff.
[1253] Näher dazu MüKo/*Küpper,* § 1993 Rdn. 1 Fn. 2.

zum Nachlass gehört.[1254] Der Erbe muss ein Inventar **vor Ablauf einer ihm gesetzten Inventarfrist** und damit „rechtzeitig" **errichtet haben,** anderenfalls er sein Haftungsbeschränkungsrecht gegenüber allen Nachlassgläubigern verliert. Nach der Systematik und Intension des Bürgerlichen Gesetzbuches **dient das Institut der Inventarerrichtung in erster Linie den Interessen der Nachlassgläubiger,** die relativ schnell einen Überblick über den ursprünglichen Bestand des Nachlasses erhalten. Sie können dann entscheiden, ob sie einen Antrag auf Anordnung der Nachlassverwaltung stellen. Der Antrag auf Fristbestimmung gibt ihnen zugleich ein Druckmittel in die Hand. Der Erbe wird dadurch regelmäßig zur schnellen Anfertigung eines Nachlassverzeichnisses angehalten, um der Rechtsfolge der unbeschränkten Erbenhaftung zu entgehen.[1255]

a) Begriff des Inventars

420 Das **Gesetz unterscheidet** in § 1993 BGB **begrifflich zwischen dem Inventar** als solchem **und seiner Errichtung.** Das „Inventar" wird als „**Verzeichnis des Nachlasses**" umschrieben, in welchem die bei Eintritt des Erbfalls vorhandenen Nachlassgegenstände (**Aktiva**) anzugeben sind. Damit ist klargestellt, dass ein Inventar **nicht über einen Erbteil errichtet** wird.[1256] Die inhaltlichen Anforderungen sind in § 2001 BGB näher umschrieben. Es handelt sich um Ordnungsvorschriften, deren Nichtbeachtung grundsätzlich keine nachteiligen Folgen nach sich zieht. Zu den Aktiva gehören auch solche, die zur Zeit der Errichtung des Inventars nicht mehr vorhanden sind. Ferner sind anzugeben die Nachlassverbindlichkeiten (**Passiva**) sowie die **durch Vereinigung bzw. Aufrechnung erloschenen Rechte und Verbindlichkeiten,** die gemäß §§ 1976, 1977, 1991 Abs. 2 BGB wieder aufleben können. Nachlassverbindlichkeiten sind in dem Umfang anzugeben, in welchem sie zum Zeitpunkt der Inventarerrichtung bestehen.[1257] Nach § 2001 Abs. 2 BGB soll das Inventar eine **Beschreibung der Nachlassgegenstände** und **Angaben des Wertes** enthalten, ohne dass eine Schätzung des Wertes durch Sachverständige erforderlich ist. **Maßgebender Zeitpunkt ist der Erbfall.**

b) Errichtung des Inventars

421 Unter „Inventarerrichtung" versteht das Gesetz in § 1993 BGB die **Einreichung des „Verzeichnisses des Nachlasses" beim Nachlassgericht.** Damit ist klargestellt, dass die Aufnahme eines Inventars noch keine Errichtung ist.[1258] Zur Aufnahme des Inventars hat der Erbe **gemäß § 2002 BGB eine zuständige Behörde oder einen zuständigen Beamten bzw. Notar hinzuzuziehen.** Tut er das nicht, stellt die spätere Einreichung beim Nachlassgericht keine wirksame Inventarerrichtung dar. **Ausnahmsweise** bedarf es zur Errichtung **keiner Einreichung des Inventars** seitens des Erben beim Nachlassgericht, wenn das Inventar **auf Antrag eines Erben durch einen vom Nachlassgericht beauftragten Notar aufgenommen worden ist,** § 2003 Abs. 1 Satz 1 BGB, oder wenn sich **bei dem Nachlassgericht bereits ein den Vorschriften der §§ 2002, 2003 BGB**

[1254] MüKo/*Küpper,* § 2009 Rdn. 5.

[1255] *Herzog* spricht von einer „Angriffswaffe" der Nachlassgläubiger gegen den Erben, ErbR 2013, 70,77.

[1256] *Staudinger/Dobler* (2016), § 1993 Rdn. 6; *Burandt/Rojahn/Joachim,* § 1993 Rdn. 2.

[1257] BGH v. 10.2.1960, V ZR 39/58, BGHZ 32, 60 = BGH, NJW 1960, 959; MüKo/*Küpper,* § 2001 Rdn. 3.

[1258] *Staudinger/Dobler* (2016), § 1993 Rdn. 7; BeckOGK/*Leiß,* § 1993 Rdn. 18.

entsprechendes **Inventar befindet,** und der Erbe vor dem Ablauf der Inventarfrist gegenüber dem Nachlassgericht erklärt, den das Inventar als von ihm eingereicht gelten soll, § 2004 BGB. Das Inventar, das ein Erbe „errichtet", muss weder von ihm persönlich noch auf seine Veranlassung aufgenommen worden sein. Einreichen (errichten) können es aber nur der Erbe selbst, ein Vertreter oder der in § 2003 BGB genannte Notar. Bei der Aufnahme und Errichtung eines Inventars **durch einen Bevollmächtigten sind die §§ 164 ff. BGB wegen des Charakters der Inventarerrichtung als Wissenserklärung nur analog anwendbar.**[1259] Die gleichzeitige Einreichung einer Vollmachtsurkunde ist nicht erforderlich. Wird die Bevollmächtigung nachträglich bestritten, trägt der Erbe die Beweislast, dass er die Vollmacht erteilt hat.[1260] Die Einreichung eines Inventars beim Nachlassgericht **durch einen Dritten als Geschäftsführer ohne Auftrag ist keine wirksame Errichtung.** Als gesetzlicher Vertreter des Erben kann ein nach §§ 1960, 1961 BGB bestellter **Nachlasspfleger das Inventar für den Erben errichten.**[1261] Ein von einem Nachlassverwalter oder Testamentsvollstrecker kraft ihres Amtes errichtetes Inventar ist von dem Erben errichtet, wenn er darauf gemäß § 2004 BGB Bezug nimmt. Der Testamentsvollstrecker hat gemäß § 2215 Abs. 1 BGB **dem Erben, den die Inventarerrichtung in den Fällen der §§ 1993, 1994 BGB trotz Testamentsvollstreckung persönlich trifft,** bei der Inventaraufnahme behilflich zu sein.[1262] **Jeder Ehegatte** kann unabhängig vom Güterstand ohne Mitwirkung des anderen ein Inventar **über die ihm angefallene Erbschaft** errichten. Das gilt auch für den in Gütergemeinschaft lebenden Ehegatten, unabhängig davon, ob die ihm angefallene Erbschaft zum Sonder-, zum Vorbehalts- oder zum Gesamtgut gehört.[1263]

Die **Errichtung** eines Inventars **durch einen Miterben kommt** gemäß § 2063 Abs. 1 BGB **den übrigen Erben zustatten,** sofern diese noch nicht unbeschränkt haften.   *421a*

c) Einreichung beim Nachlassgericht, Kosten der Errichtung, Rechtsmittel

Die Einreichung des Inventars muss **bei dem gemäß § 343 FamFG örtlich zuständigen Nachlassgericht** erfolgen. Die örtliche Zuständigkeit richtet sich in erster Linie nach dem gewöhnlichen Aufenthalt des Erblassers im Zeitpunkt seines Todes.[1264] Nach Bestimmung einer Inventarfrist muss die Einreichung des Inventars bei dem Gericht, das die Frist bestimmt hat, auch dann genügen, wenn dieses Gericht seine örtliche Zuständigkeit zu Unrecht angenommen hat.[1265] Der Einreichende kann von dem Gericht eine Empfangsbestätigung verlangen, der Gläubiger gemäß § 13 Abs. 3 FamFG eine Abschrift des eingereichten Inventars.[1266] Das **Verzeichnis ist offen einzureichen.** Die unzulässige Abgabe eines verschlossenen oder versiegelten Inventars führt nicht in allen Fällen zur Unwirksamkeit der Inventarerrichtung, weil im Zweifel anzunehmen ist, dass dem Nachlassgericht die Öffnung freistehen soll, wenn ein Berechtigter die   *422*

1259 *Staudinger/Dobler* (2016), § 1993 Rdn. 15; *Burandt/Rojahn/Joachim,* § 1993 Rdn. 6.
1260 MüKo/*Küpper,* § 1993 Rdn. 6; *Burandt/Rojahn/Joachim,* § 1993 Rdn. 6.
1261 MüKo/*Küpper,* § 1993 Rdn. 6; *Staudinger/Dobler* (2016), § 1993 Rdn. 16; BeckOGK/*Leiß,* § 1993 Rdn. 25.
1262 *Staudinger/Dobler* (2016), § 1993 Rdn. 17.
1263 *Burandt/Rojahn/Joachim,* § 1993 Rdn. 7.
1264 Gesetz vom 29.6.2015, BGBl. S. 1043.
1265 *Staudinger/Dobler* (2016), § 1993 Rdn. 20.
1266 Palandt/*Weidlich,* § 1993 Rdn. 2; BeckOGK/*Leiß,* § 1993 Rdn. 37.

Einsicht verlangt. Anderenfalls würde das Inventar seinen Zweck verfehlen. Nachlassgläubiger sollen sich schnell einen Überblick über den Nachlass verschaffen können, um entscheiden zu können, ob sie ein Nachlassverwaltungsverfahren beantragen.[1267] Von einer **Unwirksamkeit der Inventarerrichtung** ist auszugehen, **wenn der Erbe dem Gericht die Öffnung schlechthin untersagt.**

422a   Für die Übertragung des Nachlassinventars auf einen Notar nach § 2003 Abs. 1 Satz 1 BGB fällt eine **Gerichtsgebühr in Höhe von 40,00 €** nach Nr. 12412 KV GNotKG an. Der **Notar** selbst erhält für die Aufnahme des Inventars eine **2,0fache Gebühr gemäß Nr. 23500 KV GNotKG.** Für eine Mitwirkung nach § 2002 BGB entsteht eine 1,0fache Gebühr gemäß Nr. 23502 KV GNotKG, ebenso bei der Mitwirkung durch das Gericht. Die Entgegennahme des Inventars durch das Gericht löst gemäß Nr. 12410 Abs. 1 Nr. 6 KV GNotKG jeweils eine Gebühr von 15,00 € aus. Der **Geschäftswert** bestimmt sich nach dem **Wert sämtlicher Nachlassgegenstände ohne Abzug der Verbindlichkeiten** gemäß §§ 115, 38 Satz 2 GNotKG. Die Gebühr fällt neben der Gebühr des Gerichts nach Nr. 12412 KV GNotKG an.

Für die **Gerichtskosten haftet nach § 24 Nr. 4 GNotKG der Erbe** nach den Vorschriften des BGB über Nachlassverbindlichkeiten. Für die Kosten des Notars, die durch die Errichtung des Nachlassinventars entstehen, haften die Erben ebenfalls nach den Vorschriften des BGB über Nachlassverbindlichkeiten, § 31 Abs. 2 GNotKG. Die Kostenschuld setzt eine Haftung für die Kosten nach §§ 29, 30 GNotKG voraus und unterliegt bzgl. dieser Kosten der Beschränkung der Haftung nach den Regeln des BGB über Nachlassverbindlichkeiten. Im Nachlassinsolvenzverfahren sind diese Kosten Masseverbindlichkeiten, § 324 Abs. 1 Nr. 4 InsO.[1268] Die bei der Aufnahme des Inventars aufgrund der Zuziehung der zuständigen Behörde oder des Notars entstehenden Kosten sind Nachlassverbindlichkeiten und Eigenschulden des Erben.[1269]

422b   Im Fall der Weigerung des Nachlassgerichtes, ein Inventar entgegenzunehmen, steht dem Erben die befristete Beschwerde gemäß §§ 58 ff. FamFG, § 11 RPflG zu.[1270]

d) Möglichkeiten der Inventaraufnahme

423   Nach dem Bürgerlichen Gesetzbuch ist bei der Aufnahme des Inventars **zwingend eine amtliche Mitwirkung erforderlich.** Ein **Privatinventar entfaltet keine Wirkung.** Das gilt auch, wenn es wie das Nachlassverzeichnis des Vorerben gemäß § 2121 BGB oder dasjenige eines Testamentsvollstreckers nach § 2215 BGB öffentlich beglaubigt sein sollte.[1271]

Die §§ 2002–2004 BGB sehen verschiedene Möglichkeiten der Inventaraufnahme vor.

aa) Inventarerrichtung unter amtlicher Mitwirkung

424   Die Aufnahme eines Inventars kann erfolgen, indem der Erbe **zur Aufnahme** des Inventars **eine zuständige Behörde, einen zuständigen Beamten oder einen Notar hinzuzieht,** § 2002 BGB. Die amtliche Mitwirkung kann in der Weise geschehen, dass der

---

[1267] *Staudinger/Dobler* (2016), § 1993 Rdn. 21; a.A. RGRK/*Johannsen*, § 1993 Rdn. 3.

[1268] *Damrau/Tanck/Gottwald*, § 1993 Rdn. 7; MüKo/*Küpper*, § 1993 Rdn. 7.

[1269] *Damrau/Tanck/Gottwald*, § 1993 Rdn. 7; *Burandt/Rojahn/Joachim*, § 1993 Rdn. 9.

[1270] *Bamberger/Roth/Lohmann*, § 1993 Rdn. 5; Palandt/*Weidlich*, § 1994 Rdn. 6.

[1271] MüKo/*Küpper*, § 2002 Rdn. 1; *Erman/Horn*, § 2002 Rdn. 1.

Erbe die Urkunde unter dem Beistand der Amtsperson persönlich aufnimmt. Die Amtsperson hat den Erben über den Inhalt des Inventars entsprechend der Sollvorschrift des § 2001 BGB zu belehren.[1272] Sie **kann die in das Inventar aufzunehmenden Angaben des Erben** auch **selbst aufzeichnen. Notwendig ist immer die Unterschrift des Erben.** Die Unterzeichnung durch die Amtsperson ist zwar üblich aber kein Wirksamkeitserfordernis.[1273] Die Inventaraufnahme unter amtlicher Mitwirkung in § 2002 BGB unterscheidet sich von der amtlichen Aufnahme in § 2003 BGB dadurch, dass bei der amtlichen Aufnahme der Notar das Inventar selbst aufnehmen muss. Bei der Eigenaufnahme hat die Amtsperson nur die **Stellung eines Beistandes**, der nicht zur Prüfung der Vollständigkeit und Richtigkeit eines Inventars einschließlich der Wertangaben des Erben verpflichtet ist.[1274]

Die **Wirksamkeit der Inventarerrichtung hängt nur von der sachlichen Zuständigkeit ab**, während eine Verletzung von Vorschriften über die örtliche Zuständigkeit ohne Bedeutung ist.[1275] Die **sachliche und örtliche Zuständigkeit der Behörde bzw. des Beamten** richtet sich gemäß § 61 Abs. 1 Nr. 2 BeurkG bzw. gemäß Art. 147 EGBGB **nach fortgeltendem Landesrecht.** Allgemein zuständig sind nach Bundesrecht, § 20 Abs. 1 Satz 2 BNotO, die Notare, wobei in der seit dem 1. 9. 2013 geltenden Fassung der Vorschrift die Aufnahme von Nachlassinventaren ausdrücklich aufgeführt ist und die Befugnis zur Aufnahme als Minus auch die Mitwirkung nach § 2002 BGB umfasst.[1276] **Ausschließlich zuständig** sind für die Mitwirkung bei der Aufnahme des Inventars nach § 2002 die Notare in Baden-Württemberg, Bayern, im Saarland und in Sachsen-Anhalt. In anderen Bundesländern sind teilweise die Amtsgerichte und Gerichtsvollzieher, zum Teil auch Urkundsbeamten der Geschäftsstelle und Ortsgerichte zuständig.[1277]

Die **Zuziehung der zuständigen Amtsperson** zur amtlichen Mitwirkung allein wahrt – anders als die Antragstellung nach § 2003 Abs. 1 Satz 3 BGB – **eine gemäß § 1994 Abs. 1 BGB gesetzte Inventarfrist nicht.** Das Inventar ist bei der Eigenaufnahme durch den Erben **erst mit der Einreichung des unterzeichneten Verzeichnisses beim Nachlassgericht errichtet.** Die Einreichung muss nicht durch den Erben persönlich geschehen. Da eine dem § 2003 Abs. 3 BGB entsprechende Regelung bei der Eigenaufnahme fehlt, kann sie auch durch eine beigezogene Urkundsperson erfolgen.[1278] Ergibt sich wegen der erforderlichen Beiziehung der zuständigen Behörde, des zuständigen Beamten oder Notars eine von dem Erben nicht zu vertretende Verzögerung, kann die Inventarfrist gemäß § 1995 Abs. 3 BGB verlängert werden.

Für die Entgegennahme eines Nachlassinventars wird eine **Gebühr** von 15,00 € gemäß Nr. 12410 Nr. 6 KV GNotKG erhoben. **Kostenschuldner** ist der Einreichende, übrige Erben haften für die Gebühr, §§ 23 Nr. 4d, 24 GNotKG. Für das Verfahren zur

425

426

427

1272 Mot. V 616; *Staudinger/Dobler* (2016), § 2002 Rdn. 1.
1273 *Erman/Horn*, § 2002 Rdn. 1; *MüKo/Küpper*, § 2002 Rdn. 2; nach *Staudinger/Dobler* (2016), § 2002 Rdn. 2 soll die alleinige Unterschrift der Amtsperson genügen.
1274 *Palandt/Weidlich*, § 2002 Rdn. 1; *MüKo/Küpper*, § 2002 Rdn. 1 m. w. N.
1275 *Staudinger/Dobler* (2016), § 2002 Rdn. 3; *MüKo/Küpper*, § 2002 Rdn. 3; *Erman/Horn*, § 2002 Rdn. 2; *BeckOGK/Leiß*, § 2002 Rdn. 13.
1276 *Eylmann/Vaasen/Limmer*, BNotO, § 20 Rdn. 18, 20.
1277 Hierzu näher *MüKo/Küpper*, § 2002 Rdn. 3.
1278 *MüKo/Küpper*, § 2002 Rdn. 4; *Burandt/Rojahn/Joachim*, § 2002 Rdn. 4.

Aufnahme eines Nachlassinventars einschließlich der Entgegennahme von Erklärungen und Anzeigen, wenn das Verfahren mit der Übertragung der Aufnahme auf eine zuständige Behörde endet, sieht das Gesetz eine Gebühr von 40,00 € vor, Nr. 12412 KV GNotKG. Für die Mitwirkung nach § 2002 BGB entsteht eine Gebühr von 1,0 gemäß Nr. 23502 KV GNotKG. Der **Geschäftswert** bestimmt sich nach dem Wert sämtlicher Nachlassgegenstände ohne Abzug der Verbindlichkeiten.

bb) Amtliche Inventaraufnahme

428 Gegenüber der Eigenaufnahme nach § 2002 BGB hat die amtliche Inventaraufnahme den Vorteil, dass die **Inventarfrist schon durch den Antrag des Erben auf amtliche Aufnahme gewahrt** wird, § 2003 Abs. 1 Satz 3 BGB. Errichtet ist auch das amtlich aufgenommene Inventar erst mit der Einreichung beim Nachlassgericht. Die Einreichung des amtlichen Inventars muss – insoweit anderes als bei § 2002 BGB – gemäß § 2003 Abs. 3 BGB **von dem aufnehmenden Notar selbst besorgt werden.**

429 Für die **Entgegennahme des Antrages** ist das gemäß § 343 FamFG **örtlich zuständige Nachlassgericht** zuständig, das jedoch seit dem 1. 9. 2013 das Inventar nicht mehr selbst aufnehmen kann. Nach § 2003 Abs. 1 Satz 1 BGB, der durch Art. 10 des Gesetzes zur Übertragung von Aufgaben im Bereich der freiwilligen Gerichtsbarkeit auf Notare vom 16. 6. 2013[1279] mit Wirkung zum 1. 9. 2013 neu gefasst worden ist, hat die beantragte amtliche Aufnahme des Inventars **immer durch einen vom Nachlassgericht bestimmten Notar zu erfolgen.** Dadurch sollen die Nachlassgerichte entlastet werden. Der Notar erfüllt mit der Aufnahme des Inventars eine Aufgabe des Nachlassgerichts und tritt an dessen Stelle.

429a Der **Notar erhält für die Aufnahme des Nachlassinventars eine Gebühr nach dem 2-fachen Satz der Gebührentabelle B, Nr. 23500 KV GNotKG.** Der zugrunde zu legende **Wert** bestimmt nach dem Wert des Nachlasses ohne Berücksichtigung von Zinsen und Verbindlichkeiten, §§ 115, 37 Abs. 1, 38 GNotKG. Die Gebühr fällt neben der Gebühr des Gerichtes nach Nr. 12412 KV GNotKG (40,00 €) an.

Die Regelung in **§ 2003 Abs. 1 Satz 2 BGB a.F. betraf ausschließlich Baden-Württemberg,** wo staatliche Notare bis zum 31. 12. 2017 u.a. die Aufgaben der Nachlassgerichte wahrnahmen (§ 38 Baden-Württembergisches Gesetz über die freiwillige Gerichtsbarkeit (LFGG)). Die landesrechtlichen Sonderregelungen über die staatlichen Notariate in Baden-Württemberg sind am 31. 12. 2017 außer Kraft getreten.[1280] Die Notariate waren mit Notaren und Notarvertretern im Landesdienst besetzt, die in Personalunion als Nachlassrichter und als Notar tätig waren. Nach § 2003 Abs. 1 Satz 2 BGB a.F. konnten sie in ihrer Eigenschaft als Nachlassrichter nicht die in Baden-Württemberg ebenfalls bestellten selbstständigen Notare oder andere Notare im Landesdienst mit der Aufnahme beauftragen, sondern mussten das beantragte Inventar selbst aufnehmen, wenn sie als Nachlassrichter nach den allgemeinen Vorschriften zuständig waren. Mit Wirkung ab dem 1. 1. 2018 wurde § 2003 Abs. 1 Satz 2 BGB durch Art. 12 Abs. 2 des Gesetzes zur Übertragung von Aufgaben im Bereich der freiwilligen Gerichtsbarkeit und Notare wieder aufgehoben.

[1279] BGBl. I S. 1800.
[1280] Landesgesetz vom 29. 7. 2010, GBl. S. 555.

Bei einem **ausländischen Erblasser** kann ein **international zuständiges deutsches Nachlassgericht** (§ 105 FamFG) auch die nach italienischem Recht vorgesehene Erklärung minderjähriger Erben über die Annahme der Erbschaft unter Vorbehalt des Inventars entgegennehmen. Befindet sich der gesamte Nachlass eines ausländischen Erblassers im Inland und haben die Erben zur Zeit des Erbfalls ihren Wohnsitz im Inland, kann die Inventarerrichtung nach deutschem Recht erfolgen.[1281]   *429b*

Die amtliche Aufnahme des Inventars setzt gemäß § 2003 Abs. 1 Satz 1 BGB einen   *430* darauf gerichteten **Antrag des Erben** bei dem örtlich zuständigen Nachlassgericht voraus. Ein **Nachlassgläubiger ist nicht zum Antrag befugt.**[1282] **Antragsbefugt** ist **jeder Miterbe.** Der Antrag eines Miterben wahrt gemäß § 2063 Abs. 1 BGB die Frist für die übrigen Miterben.

Der mit der amtlichen Inventaraufnahme betraute Notar trägt die **Verantwortung**   *431* **für die Richtigkeit** und hat das **Inventar zu unterschreiben.** Deshalb sieht § 2003 Abs. 2 BGB eine **Pflicht des Erben zur Erteilung der notwendigen Auskunft** vor, die jedoch nicht erzwingbar ist.[1283] Verweigert der Erbe die Auskunft, kommt es gemäß § 2005 Abs. 1 Satz 2 BGB zum Verlust der Haftungsbeschränkungsmöglichkeit auf den Nachlass. Hat der Erblasser Testamentsvollstreckung angeordnet, ist der **Testamentsvollstrecker** gemäß § 2215 Abs. 1 BGB verpflichtet, **dem Erben die zur Inventaraufnahme erforderliche Beihilfe zu leisten,** damit dieser seiner Mitwirkungspflicht nachkommen kann.[1284] Eine Inventarfristversäumung ist bei unterlassener Mitwirkung bei der Auskunftspflicht nicht vorgesehen. Die Auskunftspflicht geht so weit, dass von dem Erben die Vorlage eines Nachlassverzeichnisses gemäß § 260 BGB verlangt werden kann. Ebenso wie die Auskunft selbst kann dessen Vorlage nicht erzwungen werden.[1285]

cc) Bezugnahme des Erben

Einen dritten Weg der „Inventarerrichtung", der neben der Eigenaufnahme durch den   *432* Erben (§ 2002 BGB) und der amtlichen Aufnahme (§ 2003 BGB) möglich ist, eröffnet § 2004 BGB durch die **Bezugnahme auf ein bereits bei den Akten des Nachlassgerichts befindliches Inventar.** Dieses muss aber **zuvor nach den Vorschriften der §§ 2002, 2003 BGB von einer anderen Person wirksam errichtet worden sein.** Unbeachtlich ist, ob dem Erben zuvor eine Inventarfrist gewährt worden war. Die Bezugnahme auf ein ohne amtliche Mitwirkung aufgenommenes Privatinventar ist ausgeschlossen.

Der Fall, dass der Erbe selbst ein beim Nachlassgericht befindliches **Inventar durch einen rechtsgeschäftlichen bzw. gesetzlichen Vertreter errichtet hat, ist in § 2004 BGB nicht geregelt.** Daraus lässt sich aber nicht herleiten, dass das bei dem Nachlassgericht eingereichte Inventar nicht von dem Erben aufgenommen sein darf.[1286] Andernfalls könnte ein Nachlassverzeichnis, das ein Erbe aufgrund der sich aus § 2314

[1281] BayObLG v. 2.12.1965, BReg. 1 b Z 67/65, BayObLGZ 1965, 423, 429 ff.
[1282] MüKo/*Küpper*, § 2003 Rdn. 2; *Burandt/Rojahn/Joachim,* § 2003 Rdn. 5.
[1283] *Erman/Horn,* § 2003 Rdn. 6; *Burandt/Rojahn/Joachim,* § 2003 Rdn. 6.
[1284] MüKo/*Küpper*, § 2003 Rdn. 3; *Burandt/Rojahn/Joachim,* § 2003 Rdn. 7.
[1285] *Burandt/Rojahn/Joachim,* § 2003 Rdn. 7; *Staudinger/Dobler* (2016), § 2003 Rdn. 10.
[1286] *Staudinger/Dobler* (2016), § 2004 Rdn. 2; *Soergel/Stein,* § 2004 Rdn. 2; *Burandt/Rojahn/ Joachim,* § 2004 Rdn. 3; a.A. OLG Hamm v. 27.10.1961, 15 W 418/61, NJW 1962, 53, 54; *Erman/Horn,* § 2004 Rdn. 1.

Abs. 1 Satz 1 BGB ergebenden Auskunftspflicht gegenüber einem Pflichtteilsberechtigten unter Beachtung der Vorschrift des § 2002 BGB aufgenommen hat, das jedoch infolge falscher Sachbehandlung zu den Nachlassakten gelangt ist, nicht durch einfache Erklärung des Erben als von ihm eingereicht gelten. Es handelt sich in diesem Fall nicht um eine Inventarerrichtung i.S.v. § 1993 BGB, was ebenfalls **für die Zulässigkeit der Bezugnahme spricht.**[1287] Ein nach § 2004 BGB beim Nachlassgericht befindliches Inventar, das nur „aufgenommen", aber nicht i.S.v. § 1993 BGB „errichtet" worden ist, reicht ebenfalls aus.[1288] Eine Errichtung i.S.v. § 2004 BGB setzt nicht voraus, dass Nachlassverbindlichkeiten aufgenommen werden. § 2004 BGB verweist nur auf die §§ 2002, 2003 BGB, nicht aber auf die Ordnungsvorschrift des § 2001 BGB.

433   Die **Bezugnahmeerklärung bedarf keiner Form** und **kann auch durch einen Bevollmächtigten erfolgen.**[1289] Wurde dem Erben eine Inventarfrist gemäß § 1994 Abs. 1 BGB gesetzt, muss er die Erklärung innerhalb der gesetzten Frist abgeben. Eine Vollmacht kann ebenfalls nur innerhalb dieser Frist beigebracht werden. Anderenfalls kann sie – anders als bei § 1945 Abs. 3 Satz 2 BGB – zeitlich unbegrenzt nachgereicht werden.[1290] **Für eine Bezugnahme nach § 2004 BGB kommen das Inventar eines Erbschaftsbesitzers,** eines die **Erbschaft später ausschlagenden Erben,** eines **Testamentsvollstreckers, Nachlassverwalters** oder **Nachlassinsolvenzverwalters in Betracht.** Die von diesen Personen aufgenommenen Nachlassverzeichnisse müssen aber einer besonderen Prüfung unterzogen werden, ob sie wirklich entsprechend den Vorschriften der §§ 2002, 2003 BGB errichtet worden sind. Der nach §§ 1960, 1961 BGB bestellte **Nachlasspfleger** ist als gesetzlicher Vertreter des Erben berechtigt, **für diesen das Inventar zu errichten.** Darin liegt ebenso wie bei einem bevollmächtigten Vertreter[1291] eine Inventarerrichtung durch den Erben, ohne dass es einer Bezugnahme nach § 2004 BGB bedarf.[1292]

434   Nimmt **der Erbe auf ein fremdes Inventar Bezug, dessen Unrichtigkeit er kennt,** kann er sich dadurch einer **Inventaruntreue** gemäß § 2005 Abs. 1 Satz 1 BGB analog **schuldig machen** und allgemein sein Recht zur Haftungsbeschränkung verlieren. Ist er gutgläubig und kennt die Unrichtigkeit des von einem Dritten ungetreu i.S.v. § 2005 Abs. 1 Satz 1 BGB errichteten Inventars nicht, fehlt es am Tatbestandsmerkmal der absichtlichen Verfehlung. Bei fahrlässigem oder schuldlosem Handeln ist ihm gemäß § 2005 Abs. 2 BGB analog eine neue Inventarfrist zur Ergänzung zu bestimmen.[1293]

e) Die Vollständigkeitsvermutung, § 2009 BGB

435   Durch die Errichtung eines Inventars – entweder freiwillig oder nach Fristsetzung – sollen Streitigkeiten zwischen dem Erben und Gläubigern vermieden werden. Der Erbe

---

[1287] *Soergel/Stein,* § 2004 Rdn. 2.
[1288] *Staudinger/Dobler* (2016), § 2004 Rdn. 2; a.A. OLG Hamm v. 27.10.1961, 15 W 418/61, NJW 1962, 53, 54.
[1289] *Staudinger/Dobler* (2016), § 2004 Rdn. 8; BeckOGK/*Leiß,* § 2004 Rdn. 9.
[1290] *Erman/Horn,* § 2004 Rdn. 3.
[1291] *Staudinger/Dobler* (2016), § 2004 Rdn. 6.
[1292] *Staudinger/Dobler* (2016), § 2004 Rdn. 6.
[1293] MüKo/*Küpper,* § 2004 Rdn. 4; *Staudinger/Dobler* (2016), § 2004 Rdn. 10; Palandt/*Weidlich,* § 2004 Rdn. 1; *Burandt/Rojahn/Joachim,* § 2004 Rdn. 4; a.A. RGRK/*Johannsen,* § 2004 Rdn. 5; *Riesenfeld,* Erbenhaftung Band I, 409.

soll in möglichst kurzer Zeit ein Inventar errichten. Die **Rechtsfolgen rechtzeitiger Inventarerrichtung sind in § 2009 BGB geregelt.** Danach wird im Verhältnis zwischen dem Erben und den Nachlassgläubigern vermutet, dass zur Zeit des Erbfalls weitere Nachlassgegenstände als die angegebenen nicht vorhanden gewesen seien. **Die Vermutungswirkung gilt ausschließlich zwischen dem Erben und den Nachlassgläubigern.** Sie wirkt nicht im Verhältnis zu den Eigengläubigern des Erben, zu Testamentsvollstreckern[1294], Nachlass- und Nachlassinsolvenzverwaltern[1295], Erbschaftsbesitzern, Nacherben sowie Miterben, es sei denn, diese sind zugleich Nachlassgläubiger.[1296] Im Verhältnis zu diesen Personen unterliegt das Inventar im Rechtsstreit der freien Beweiswürdigung gemäß § 286 ZPO.[1297]

Das **Inventar muss ordnungsgemäß i.S.v. §§ 2002, 2003 BGB errichtet worden sein.** Die Fehlerhaftigkeit steht der Vermutungswirkung nicht entgegen, wenn ein Inventar nicht so mangelhaft aufgenommen ist, dass der Inventarzweck mit ihm nicht mehr erreicht werden kann.[1298] Aus § 2005 Abs. 2 BGB lässt sich herleiten, dass etwaige Unvollständigkeiten nicht automatisch zur Unwirksamkeit des Inventars führen.[1299]

Die Vollständigkeitsvermutung hängt nicht davon ab, dass der Erbe die Vollständig- *436* keit des Inventars durch eidesstattliche Versicherung gemäß § 2006 Abs. 1 BGB bekräftigt hat. Die **Abgabe der eidesstattlichen Versicherung verstärkt** aber **regelmäßig die Vermutungswirkung des § 2009 BGB.**[1300] Weigert sich der Erbe, auf Antrag eines Nachlassgläubigers die eidesstattliche Versicherung abzugeben, erlischt die Vollständigkeitsvermutung gegenüber diesem Nachlassgläubiger.

Nach dem Wortlaut von § 2009 BGB gilt die Vermutung **nur für die Aktiva des** *437* **Nachlasses.** Sie erstreckt sich **nicht auf die Angaben zu deren Wert und auf die Existenz von Nachlassverbindlichkeiten.**[1301] Da im Inventar nur die zur Zeit des Erbfalls vorhanden gewesenen Nachlassgegenstände als Aktiva anzugeben sind, beschränkt sich die Vermutungswirkung darauf. Eine positive Rechtsvermutung für die Zugehörigkeit angegebener Gegenstände zum Nachlass wird nicht begründet. Das Gericht entscheidet über den Beweiswert der durch die Vermutung nicht gedeckten Angaben im Wege freier Beweiswürdigung gemäß § 286 ZPO.

Die rechtzeitige Inventarerrichtung **erleichtert dem Erben die Beweisführung, dass** *438* **der Nachlass zur Befriedigung des Gläubigers an der ihm zugewiesenen Rangstelle wahrscheinlich nicht ausreicht** oder dass es **an einer den Kosten** der Nachlassverwaltung oder des Nachlassinsolvenzverfahrens **entsprechenden Aktivmasse fehlt.** Der Vorschrift kommt damit **wesentliche Bedeutung im Zusammenhang mit den Leistungsverweigerungsrechten aus §§ 1973, 1974, 1989, 1990–1992 BGB** zu. Im Prozess muss

---

1294 *Erman/Horn,* § 2009 Rdn. 2; *Staudinger/Dobler* (2016), § 2009 Rdn. 2.
1295 MüKo/*Küpper,* § 2009 Rdn. 4; *Burandt/Rojahn/Joachim,* § 2009 Rdn. 2; *Soergel/Stein,* § 2009 Rdn. 1; a.A. für die amtlichen Verwalter *Staudinger/Dobler* (2016), § 2009 Rdn. 3.
1296 *Staudinger/Dobler* (2016), § 2009 Rdn. 2.
1297 MüKo/*Küpper,* § 2009 Rdn. 4; *Burandt/Rojahn/Joachim,* § 2009 Rdn. 2.
1298 *Erman/Horn,* § 2009 Rdn. 3; *Burandt/Rojahn/Joachim,* § 2009 Rdn. 3.
1299 *Bamberger/Roth/Lohmann,* § 2009 Rdn. 2; BeckOGK/*Leiß,* § 2009 Rdn. 7.
1300 MüKo/*Küpper,* § 2006 Rdn. 5; *Burandt/Rojahn/Joachim,* § 2009 Rdn. 4; a.A. *Staudinger/Dobler* (2016), § 2006 Rdn. 15.
1301 Palandt/*Weidlich,* § 2009 Rdn. 1; *Staudinger/Dobler* (2016), § 2009 Rdn. 4; BeckOGK/*Leiß,* § 2009 Rdn. 9.

der Erbe, der im Wege der Vollstreckungsgegenklage gemäß §§ 785, 767 ZPO die Beschränkung seiner Haftung auf den Nachlass durchsetzen will, beweisen, dass ein Gegenstand nicht zum Nachlass, sondern zum Eigenvermögen gehört. Die sich aus § 2009 BGB ergebende Vermutungswirkung, dass andere Nachlassgegenstände als die in dem Inventar angegebenen nicht vorhanden gewesen seien, erleichtert des Weiteren die Beweisführung bezüglich des gegenwärtigen Nachlassbestandes.

Der Beweis des Gegenteils steht den Nachlassgläubigern gemäß § 292 ZPO offen.[1302] Er ist auf das Vorhandensein bestimmter, im Verzeichnis nicht aufgeführter Nachlassgegenstände gerichtet. Die Vermutung der Vollständigkeit im Übrigen wird dadurch nicht entkräftet.[1303]

439 Die **Vermutungswirkung entfällt insgesamt,** wenn dem Erben eine **Inventaruntreue i.S.v. § 2005 Abs. 1 Satz 1 BGB nachgewiesen wird.**[1304] Umstritten ist, wie weit die Vollständigkeitsvermutung des Inventars reicht, wenn einem Nachlassgläubiger der Nachweis gelingt, dass **im Inventar zwar Nachlassgegenstände in erheblichem Umfang nicht aufgeführt sind, dem Erben aber keine Inventaruntreue nachgewiesen werden kann.** Um den Erben zu sorgfältiger Aufnahme anzuhalten, sollte dem Inventar auch in einem solchen Fall die Vollständigkeitsvermutung insgesamt aberkannt werden.[1305] Bedeutung kommt der Frage nach der Reichweite der Vermutungswirkung des § 2009 BGB auch bei einer Inventaruntreue nur eines Miterben zu. Dieser kann sein Haftungsbeschränkungsrecht durch Inventarverfehlungen nur bezüglich einer seinem ideellen Erbteil entsprechenden Quote jeder Nachlassverbindlichkeit verlieren, seine Haftung sonst aber noch beschränken.[1306]

f) Einsicht des Inventars

440 Wegen des **in § 2010 BGB geregelten Einsichtsrechts** in das Inventar darf der Erbe kein versiegeltes Inventar, das bei Gestattung der Einsicht eröffnet werden soll, einreichen.[1307] Jedem, der ein **rechtliches Interesse glaubhaft machen** kann, soll die Einsicht in das Inventar gestattet sein. Die Norm ist eine **auf Billigkeits- und Zweckmäßigkeitserwägungen**[1308] beruhende Anweisung an das Nachlassgericht.

Ein **rechtliches Interesse besteht,** wenn das **Inventar auf die rechtlichen Beziehungen des Einsichtnehmers einwirken kann.** Das ist bei Nachlassgläubigern, Miterben, Nachlassverwaltern und Testamentsvollstreckern der Fall, ebenso bei Steuerbehörden, die stets einsichtsberechtigt sind.[1309] Der Begriff des rechtlichen ist enger als der des berechtigten Interesses. Für letzteres ist kein bereits vorhandenes Recht erforderlich.

[1302] MüKo/*Küpper,* § 2009 Rdn. 5 m.w.N. Fn. 5; BeckOGK/*Leiß,* § 2009 Rdn. 13.

[1303] Palandt/*Weidlich,* § 2009 Rdn. 2; RGRK/*Johannsen,* § 2009 Rdn. 3; BeckOGK/*Leiß,* § 2009 Rdn. 13.

[1304] Siehe dazu Rdn. 472 ff.

[1305] *Soergel/Stein,* § 2009 Rdn. 1; *Burandt/Rojahn/Joachim,* § 2009 Rdn. 7; a.A. *Staudinger/Dobler* (2016), § 2009 Rdn. 7.

[1306] *Staudinger/Dobler* (2016), § 2009 Rdn. 7; *Burandt/Rojahn/Joachim,* § 2009 Rdn. 7.

[1307] *Bamberger/Roth/Lohmann,* § 2010 Rdn. 1; Palandt/*Weidlich,* § 2010 Rdn. 1; *Burandt/ Rojahn/Joachim,* § 2010 Rdn. 3; BeckOGK/*Leiß,* § 2010 Rdn. 8 f.; a.A. RGRK/*Johannsen,* § 2010 Rdn. 2.

[1308] Mot. V S. 621.

[1309] Palandt/*Weidlich,* § 2010 Rdn. 1; *Burandt/Rojahn/Joachim,* § 2010 Rdn. 2; BeckOGK/*Leiß,* § 2010 Rdn. 2.

Es genügt jedes nach vernünftiger Erwägung durch die Sachlage gerechtfertigtes Interesse, das auch nur wirtschaftlicher Art sein kann. **Bei einem nur berechtigten Interesse kann das Nachlassgericht nach pflichtgemäßem Ermessen gemäß § 13 Abs. 1 FamFG über die Einsichtsmöglichkeit entscheiden.** Die Gewährung der Einsicht dürfte in diesem Fall – schon unter Datenschutzgesichtspunkten – nur selten zulässig sein.[1310]

Der Antragsteller muss sein **rechtliches Interesse glaubhaft machen.** Dazu hat er einen entsprechenden Sachverhalt vorzutragen und ggf. nachzuweisen, z.b. durch die Vorlage entsprechender Schriftstücke oder durch eine eidesstattliche Versicherung gemäß § 31 FamFG. Die Gewährung der Einsicht in das Inventar **obliegt dem nach § 343 FamFG örtlich zuständigen Nachlassgericht. Funktionell zuständig** ist gemäß § 3 Nr. 2c RPflG der **Rechtspfleger.** Da § 2010 BGB das Nachlassgericht im Fall der Glaubhaftmachung eines rechtlichen Interesses zur Gestattung der Einsichtnahme verpflichtet, kann dessen ablehnende Entscheidung mit dem **Rechtsmittel der befristeten Beschwerde gemäß §§ 58 ff.** FamFG angefochten werden. Gegen die ablehnende Entscheidung eines Rechtspflegers über die Einsicht in ein Inventar steht dem Antragsteller die befristete Erinnerung gemäß § 11 Abs. 2 RPflG zu. *441*

Die **Regelung** des § 2010 BGB begründet kein Recht, eine einfache oder beglaubigte Abschrift des Inventars verlangen zu können. Einschlägig ist § 13 Abs. 3 Satz 1 FamFG, wonach sich Berechtigte auf ihre Kosten durch die Geschäftsstelle Ausfertigungen, Auszüge und Abschriften erteilen lassen können. Deren Anfertigung kann von der vorherigen Zahlung der Auslagen abhängig gemacht werden.[1311] Besteht ein Einsichtsrecht in das Inventar, steht es den Berechtigten frei, auf ihre Kosten eine Beglaubigung der Abschrift zu verlangen, § 13 Abs. 3 Satz 2 FamFG. Zuständig ist die Geschäftsstelle des verfahrensführenden Gerichts.

g) Allgemeiner Verlust des Haftungsbeschränkungsrechts durch Versäumung der Inventarfrist

Das Gesetz stellt den Nachlassgläubigern in § 1994 BGB mit der **Möglichkeit der Fristbestimmung** gegenüber dem Erben zur Inventarerrichtung ein **Mittel** zur Verfügung, um **zeitnah den Bestand des Nachlasses zur Zeit des Erbfalls zuverlässig feststellen,** anhand des Verzeichnisses dessen Veränderungen überblicken und leichter in bestimmte Nachlassgegenstände vollstrecken zu können. Das Inventar kann Entscheidungshilfe für die Beantragung der Nachlassverwaltung oder des Nachlassinsolvenzverfahrens sein. Wahrt der Erbe die Inventarfrist nicht, führt dies gemäß § 1994 Abs. 1 Satz 2 BGB dazu, dass er für die Nachlassverbindlichkeiten unbeschränkt haftet. Er muss sich so behandeln lassen, als reiche der Nachlass zur Erfüllung aller Nachlassverbindlichkeiten aus. *442*

aa) Der Antrag auf Bestimmung einer Inventarfrist

Die in § 1994 Abs. 1 Satz 1 BGB geregelte Inventarfrist wird **auf Antrag eines Nachlassgläubigers durch das Nachlassgericht bestimmt.** Es handelt sich um eine **richterliche Frist** und **nicht um eine gesetzliche.**[1312] Ein Aktivnachlass oder überhaupt *443*

1310 *Damrau/Tanck/Gottwald,* § 2010 Rdn. 2.

1311 *Keidel/Sternal,* § 13 FamFG Rdn. 61.

1312 *Erman/Horn,* § 1994 Rdn. 1; MüKo/*Küpper,* § 1994 Rdn. 1; *Gottwald,* ZEV 2006, 347, 348.

Nachlassgegenstände müssen nicht vorhanden sein.[1313] Die Fristbestimmung ist **unabhängig davon, ob der Erbe die Erbschaft angenommen hat.** Das ergibt sich aus § 1995 Abs. 2 BGB, wonach die Frist erst mit der Annahme der Erbschaft zu laufen beginnt, wenn sie vor deren Annahme bestimmt wurde. Dem Antragsteller wird damit der Nachweis der Erbschaftsannahme erspart.[1314] Hat ein vorläufiger Erbe ausgeschlagen, kann das Nachlassgericht ihm eine Frist nur bestimmen, wenn es die Ausschlagung für unwirksam hält.[1315] Die Zulässigkeit des Antrages hängt nicht davon ab, dass zwischen vermeintlichen Erben Streit über das Erbrecht besteht. Die Erteilung eines Erbscheines, dem keine materiellrechtliche Wirkung zukommt, schließt die Bestimmung der Inventarfrist gegenüber einem nicht Erbberechtigten keineswegs aus. Das Prozessgericht ist an eine von dem Nachlassgericht inzident getroffene Entscheidung über die Erbenstellung nicht gebunden, wenn ein Nachlassgläubiger seinen Anspruch gegen den vermeintlichen Erben einklagt und dieser negative Feststellungsklage erhebt, nicht Erbe zu sein. Die **Wirksamkeit der Fristbestimmung hängt** gemäß § 1994 Abs. 2 Satz 2 BGB auch **nicht davon ab, ob die Forderung besteht.** Ist der Anfall einer Erbschaft an eine juristische Person von einer staatlichen Genehmigung abhängig, darf einem Antrag auf Bestimmung einer Inventarfrist nicht vor Erteilung der Genehmigung entsprochen werden.[1316] Bei einer Erbengemeinschaft muss der Antrag auf Bestimmung einer Inventarfrist nicht gegen sämtliche Miterben gestellt werden.[1317]

444   Grundsätzlich ist **jeder Nachlassgläubiger** einschließlich der **Pflichtteilsberechtigten, Vermächtnisnehmer** und **Auflagenbegünstigten berechtigt,** den Antrag auf Bestimmung einer Inventarfrist zu stellen. **Für Pflichtteilsberechtigte** ist ein solcher Antrag **durchaus sinnvoll,** weil sie in der Regel schneller als mit einer auf § 2314 Abs. 1 BGB gestützten Auskunftsklage an ein Bestandsverzeichnis des Nachlasses gelangen. Sie können ein nach den Vorschriften der §§ 1993 ff. BGB errichtetes Inventar als eine ihnen nach § 2314 Abs. 1 Satz 1 BGB erteilte Auskunft behandeln und sogleich nach Maßgabe des § 260 Abs. 2, Abs. 3 BGB Klage auf Abgabe der eidesstattlichen Versicherung erheben.[1318] Daneben kommt ein Antrag gemäß § 2006 Abs. 1 BGB auf Abgabe der eidesstattlichen Versicherung in Betracht. Verweigert der Erbe gegenüber dem pflichtteilsberechtigten Nachlassgläubiger die Abgabe, haftet er ihm gegenüber unbeschränkt. Der rechtliche Berater eines Pflichtteilsberechtigten sollte diese Möglichkeit im Auge behalten, um in geeigneten Fällen die Rechte seines Mandanten schnell und effektiv durchsetzen zu können.[1319] **Streitig** ist, ob auch ein **Miterbe, wenn er selbst Nachlassgläubiger ist, einen Antrag auf Bestimmung einer Inventarfrist stellen kann.** Dafür könnten der uneingeschränkte Wortlaut des § 1994 Abs. 1 BGB sowie das begründete Interesse eines Miterben an der Antragstellung sprechen. In der Literatur wird deshalb ein Antragsrecht zum Teil bejaht.[1320] Die besseren Gründe sprechen da-

---

1313   MüKo/*Küpper,* § 1994 Rdn. 4; *Burandt/Rojahn/Joachim,* § 1994 Rdn. 2.
1314   MüKo/*Küpper,* § 1995 Rdn. 3.
1315   BayObLG v. 26.8.1993, 1 Z BR 80/93, NJW-RR 1994, 202, 203.
1316   *Soergel/Stein,* § 1994 Rdn. 4.
1317   *Staudinger/Dobler* (2016), § 1994 Rdn. 15; *Burandt/Rojahn/Joachim,* § 1994 Rdn. 8.
1318   RG v. 23.6.1930, IV 59/30, RGZ 129, 239, 243.
1319   *Joachim/Lange,* Pflichtteilsrecht, Rdn. 609.
1320   *Gottwald,* ZEV 2006, 347, 348; *Soergel/Siebert/Stein,* § 1994 Rdn. 2; MüKo/*Küpper,* § 1994 Rdn. 2; BeckOGK/*Leiß,* § 1994 Rdn. 6; offen gelassen von OLG Düsseldorf v. 6.6.2014, I-3 Wx 71/14, NJW-RR 2014, 1476.

für, ein Antragsrecht eines Miterben als Nachlassgläubiger zu verneinen. Ein miterbender Nachlassgläubiger kann sich die erforderlichen Informationen selbst beschaffen. Eine Inventarfristsetzung bei Versäumung der Frist könnte lediglich dazu führen, dass zu seinen Gunsten die unbeschränkte Haftung anderer Miterben herbeigeführt wird. Dies schließt die Regelung des § 2063 Abs. 2 BGB im Verhältnis zu Miterbengläubigern gerade aus. Ein Antragsrecht eines Miterbennachlassgläubigers ist danach zu verneinen.[1321]

Nicht antragsberechtigt sind der **Nachlass- und der Nachlassinsolvenzverwalter.** Eine **Inventarerrichtung scheidet** nach § 2000 Satz 3 BGB **aus, wenn ein Nachlass-** 445 **insolvenzverfahren durch Verteilung der Masse oder durch einen Insolvenzplan beendet wurde.** Das Gesetz bezeichnet in diesen Fällen eine Inventarfrist zwar nicht als unzulässig, doch ginge wegen der in § 2000 Satz 3 BGB ausgesprochenen Rechtsfolge, dass es zur Abwendung der unbeschränkten Haftung keiner Inventarerrichtung bedarf, ein entsprechender Antrag von vornherein ins Leere. Eine **Antragsberechtigung ist zu bejahen,** wenn die **Eröffnung** eines Nachlassinsolvenzverfahrens oder die Anordnung einer Nachlassverwaltung **mangels Masse abgelehnt worden ist.** Diese Fälle werden von § 2000 Satz 3 BGB und von § 2013 Abs. 1 Satz 2 BGB nicht erfasst.[1322] Nachlassgläubiger, denen der Erbe nicht unbeschränkt haftet, wenn er eine ihm gesetzte Inventarfrist ungenutzt verstreichen ließe, sind ebenfalls nicht antragsberechtigt.[1323] Das sind aufgrund der Regelung des § 2013 Abs. 1 Satz 2 BGB die im Aufgebotsverfahren ausgeschlossenen Gläubiger[1324] und diejenigen, die solchen Gläubigern gemäß § 1974 BGB gleichstehen.

Der Antrag auf Bestimmung einer Inventarfrist kann **schriftlich oder zu Protokoll** 446 **der Geschäftsstelle des Nachlassgerichtes** gestellt werden. Die für die Bestimmung der Inventarfrist anfallende **gerichtliche Festgebühr** von 25,00 € (Nr. 12411 KV GNotKG) **hat nach § 22 Abs. 1 GNotKG der Antragsteller zu tragen.** Es handelt sich um eine Rechtspflegerangelegenheit gemäß § 3 Nr. 2c RPflG. **Örtlich zuständig** ist gemäß § 343 Abs. 1 FamFG das Nachlassgericht, in dessen Bezirk der Erblasser zur Zeit des Erbfalls seinen gewöhnlichen Aufenthalt hatte. Ohne inländischen gewöhnlichen Aufenthalt ist gemäß § 343 Abs. 2 FamFG das Gericht zuständig, in dessen Bezirk der Erblasser seinen letzten gewöhnlichen Aufenthalt im Inland hatte. Der **Antragsteller muss seine Forderung glaubhaft machen, § 1994 Abs. 2 Satz 1 BGB.**[1325] Zur Glaubhaftmachung sind alle anerkannten Beweismittel sowie die Versicherung an Eides statt zulässig.

Während der Dauer der Nachlassverwaltung oder des Nachlassinsolvenzverfah- 447 **rens ist ein Antrag auf Bestimmung einer Inventarfrist gemäß § 2000 Satz 2 BGB als unzulässig zurückzuweisen.** Unzulässig ist die Bestimmung einer Inventarfrist fer-

1321 KG v. 23. 1. 1979, 1 W 2296/78, FamRZ 1980, 505 = DNotZ 1980, 163; *Burandt/Rojahn/ Joachim*, § 1994 Rdn. 4; Palandt/*Weidlich*, § 1994 Rdn. 3; *Staudinger/Dobler* (2016), § 1994 Rdn. 8.

1322 OLG Stuttgart v. 29. 8. 1994, 8 W 424/94, FamRZ 1995, 57; *Bamberger/Roth/Lohmann*, § 1994 Rdn. 7; *Staudinger/Dobler* (2016), § 1994 Rdn. 17.

1323 RGRK/*Johannsen*, § 1994 Rdn. 3 f.

1324 *Staudinger/Dobler* (2016), § 1994 Rdn. 8; RGRK/*Johannsen*, § 1994 Rdn. 3 f.; Palandt/*Weidlich*, § 1994 Rdn. 3; *Burandt/Rojahn/Joachim*, § 1994 Rdn. 4; a.A. *Bamberger/Roth/Lohmann*, § 1994 Rdn. 2; MüKo/*Küpper*, § 1973 Rdn. 2; *Soergel/Stein*, § 1994 Rdn. 3.

1325 Näher dazu KG v. 28. 9. 2004, 1 W 99/04, ZEV 2005, 114, 115 mit zust. Anm. *Joachim*, ZEV 2005, 116 f.

ner, wenn der Erbe bereits ein den Vorschriften der §§ 2002, 2003 BGB entsprechendes Inventar errichtet hat[1326], ein bereits beim Nachlassgericht befindliches Inventar von einem anderen errichtet und dem Erben lediglich gemäß §§ 2008 Abs. 1 Satz 3, 2063 Abs. 1, 2144 Abs. 2 oder 2383 Abs. 2 BGB zustatten kommt.[1327] Gleiches gilt, wenn bereits eine Frist auf Antrag eines anderen Gläubigers gesetzt wurde.[1328]

448   Wird dem **Antrag** eines Nachlassgläubigers auf Bestimmung einer Inventarfrist **stattgegeben**, erfolgt die **Fristsetzung durch Beschluss des Nachlassgerichts**. Vor der Fristsetzung hat das Nachlassgericht **dem Erben rechtliches Gehör zu gewähren**.[1330] **Beteiligte des Verfahrens** sind gemäß § 7 Abs. 1 FamFG der **Antragsteller** sowie der **Erbe** gemäß § 345 Abs. 4 Satz 1 Nr. 4 FamFG. In den Fällen des § 2008 BGB sind Beteiligte auch der in Gütergemeinschaft lebende andere Ehegatte oder eingetragene Lebenspartner, denen jeweils eine Frist zu setzen ist. Unmittelbar Betroffene wie andere Nachlassgläubiger kann das Nachlassgericht gemäß § 345 Abs. 4 Satz 2 FamFG nach seinem Ermessen hinzuziehen und muss dies gemäß § 345 Abs. 4 Satz 3 FamFG auf ihren Antrag hin tun. Der Beschluss wird mit Bekanntgabe an den/die Erben gemäß § 40 FamFG wirksam. Im Falle einer Ausschlagung kann die Fristbestimmung auf Antrag gemäß § 48 Abs. 1 FamFG zurückgenommen werden.

449   Der **Erbe**, dem **durch Beschluss** des Nachlassgerichts eine erste oder eine neue **Inventarfrist bestimmt** worden ist, kann dagegen **befristete Beschwerde gemäß §§ 58 ff. FamFG** einlegen. Dieses Rechtsmittel ist auch gegen einen Beschluss statthaft, durch den eine Fristverlängerung abgelehnt wird. Der **antragstellende Nachlassgläubiger** kann eine **befristete Beschwerde** gegen die **Ablehnung der Fristbestimmung**, gegen eine **Fristverlängerung zugunsten des Erben**, gegen die **Setzung einer neuen Frist** oder **wegen einer zu langen Frist** einlegen. Die Beschwerdefrist für Nachlassgläubiger beginnt einheitlich mit der Bekanntmachung an denjenigen, der den Antrag gestellt hat, § 360 FamFG. Die Einlegung der Beschwerde hemmt den Fristablauf nicht. Das Beschwerdegericht kann jedoch gemäß § 64 Abs. 3 FamFG eine einstweilige Anordnung erlassen.

bb) Wahrung der Inventarfrist, Versäumung

450   Der **Erbe kann gerichtlich nicht zur Errichtung eines Inventars gezwungen werden**.[1331] Er **wahrt die Inventarfrist durch Einreichung** eines den Vorschriften der §§ 2001, 2002 BGB entsprechenden Nachlassverzeichnisses, durch Stellung eines Antrages auf amtliche Aufnahme des Inventars gemäß § 2003 Abs. 1 Satz 2 BGB sowie durch Bezugnahme gemäß § 2004 BGB auf ein bei dem Nachlassgericht befindliches Inventar, wenn dieses den Vorschriften der §§ 2002, 2003 BGB entsprechend errichtet wurde.[1332] Dem Erben bleibt in diesen Fällen die Möglichkeit erhalten, die Haftungsbeschränkung herbeizuführen. Er verliert aber die aufschiebende Einrede des § 2014 BGB.

[1326]   MüKo/*Küpper*, § 1994 Rdn. 5; BeckOGK/*Leiß*, § 1994 Rdn. 17.
[1327]   *Staudinger/Dobler* (2016), § 1994 Rdn. 18; BeckOGK/*Leiß*, § 1994 Rdn. 17.
[1328]   MüKo/*Küpper*, § 1994 Rdn. 5; BeckOGK/*Leiß*, § 1994 Rdn. 17.
[1329]   *(entfällt)*
[1330]   BayObLG v. 26.5.1992, 1 Z BR 2/92, NJW-RR 1992, 1159, 1160.
[1331]   RG v. 23.6.1930, IV 59/30, RGZ 129, 240, 243; *Burandt/Rojahn/Joachim*, § 1994 Rdn. 14; *Gottwald*, ZEV 2006, 347, 348.
[1332]   MüKo/*Küpper*, § 1994 Rdn. 10.

Versäumt der Erbe die Inventarfrist, führt das zum Verlust seines Haftungsbe- 450a
schränkungsrechts gegenüber allen Nachlassgläubigern. Ist die Wirkung des Fristablaufes streitig, entscheidet das Prozessgericht.[1333] Das **gilt auch, wenn die Frist ohne
Verschulden versäumt** wurde. Das ergibt sich mittelbar aus § 1996 BGB, wonach dem
Erben trotz schuldloser Versäumung einer ursprünglich gesetzten Frist eine neue Frist
zu bestimmen ist. Der Erbe kann gemäß § 316 Abs. 1 InsO weiterhin die Eröffnung
des Nachlassinsolvenzverfahrens beantragen, jedoch nicht mehr die Anordnung einer
Nachlassverwaltung, § 2013 Abs. 1 Satz 1 BGB. Der Erbe verliert das Haftungsbeschränkungsrecht durch Versäumung der Inventarfrist auch gegenüber solchen Gläubigern, deren Forderungen erst nach Fristablauf entstehen.[1334] Betroffen sind auch geschäftsunfähige oder in ihrer Geschäftsfähigkeit beschränkte Erben, auf die weder
§ 1997 BGB noch § 1996 Abs. 1 Satz 2 BGB anwendbar sind. Geschützt sind diese nur
dadurch, dass die Zustellung des die Frist bestimmenden Beschlusses an den gesetzlichen Vertreter erfolgen muss, § 171 ZPO. Dagegen werden zu Recht verfassungs-
rechtliche Bedenken geäußert, weil dem gebotenen Überschuldungsschutz gesetzlich
vertretener Minderjähriger nicht hinreichend Rechnung getragen wird.[1335]

Kein **Verlust des Haftungsbeschränkungsrechtes** tritt gegenüber solchen Gläubigern ein, **denen gegenüber der Erbe zuvor durch Ausschließung im Aufgebotsverfahren gemäß § 1973 BGB** oder **infolge gleichstehender Säumnis gemäß § 1974 BGB
die Beschränkung seiner Haftung** erlangt hatte.

Im Verhältnis des Vorerben zum Nacherben und von Miterben untereinander wirkt
sich aus, dass Mit- und Vorerben selbst ein Inventar errichten und sich über den Bestand des Nachlasses unterrichten können, §§ 2063 Abs. 2, 2144 Abs. 3 BGB.[1336] Ein
Verlust des Haftungsbeschränkungsrechts scheidet aus.

cc) Dauer der Inventarfrist, § 1995 BGB

Die Inventarfrist als richterlich gesetzte Frist soll **nach § 1995 Abs. 1 BGB mindestens** 451
einen Monat und höchstens drei Monate betragen. Für die Fristberechnung gelten
die §§ 187 Abs. 1, 188 Abs. 2, Abs. 3 BGB.[1337] § 1995 BGB stellt eine Ergänzung zu
§ 1994 BGB dar. Es handelt sich um eine Ordnungsvorschrift, so dass ein Verstoß nicht
zur Unwirksamkeit der Fristbestimmung führt, selbst wenn die Mindestfrist unter-
schritten wird.[1338] Bei einer **Fristbestimmung vor Annahme der Erbschaft** beginnt
die Frist gemäß § 1995 Abs. 2 BGB **erst mit der Annahme zu laufen.** Sie beginnt für
jeden Erben gesondert.[1339] Wurde die Frist einem Miterben gesetzt, ist entscheidend,
wann dieser Miterbe und nicht ein anderer Miterbe angenommen hat. Die Bedeutung
dieser Bestimmung ist gering, da Erben vor der Annahme häufig unbekannt sind und
einem für sie bestellten Nachlasspfleger eine Inventarfrist gemäß § 2012 Satz 1 BGB
nicht bestimmt werden kann. Abänderungsmöglichkeiten der in Absatz 1 geregelten

---

[1333] Palandt/*Weidlich*, § 1994 Rdn. 7.
[1334] MüKo/*Küpper*, § 1994 Rdn. 12; *Burandt/Rojahn/Joachim*, § 1994 Rdn. 15; a.A. *Muscheler*,
Haftungsordnung, S. 123 f.; unklar *Staudinger/Dobler* (2016), § 1994 Rdn. 35.
[1335] *Staudinger/Dobler* (2016), § 1997 Rdn. 5 m.w.N.
[1336] MüKo/*Küpper*, § 1994 Rdn. 12.
[1337] *Staudinger/Dobler* (2016), § 1995 Rdn. 8; *Burandt/Rojahn/Joachim*, § 1995 Rdn. 3.
[1338] Palandt/*Weidlich*, § 1995 Rdn. 1.
[1339] Palandt/*Weidlich*, § 1995 Rdn. 1.

Dauer der Frist sind in § 1995 Abs. 3 BGB sowie in den §§ 1996–1998, 2007, 2008 Abs. 1 Satz 2 BGB normiert.

Die Inventarfrist **beginnt mit der Zustellung des Beschlusses**, durch den das Nachlassgericht die Frist bestimmt hat, § 41 FamFG. Die Zustellung erfolgt nach den für die Zustellung von Amts geltenden Bestimmungen der §§ 166–190 ZPO.[1340] Eine **wirksame Ersatzzustellung gemäß §§ 178 ff. ZPO reicht aus.** Der Erbe ist hinreichend dadurch geschützt, dass er unter den Voraussetzungen des § 1996 Abs. 1 Satz 2 BGB die Bestimmung einer neuen Inventarfrist erreichen kann, wenn er von der Fristsetzung ohne sein Verschulden keine Kenntnis erlangt hat.

452 **§ 1995 Abs. 3 BGB eröffnet dem Erben die Möglichkeit**, bei dem zuständigen Nachlassgericht **einen Antrag auf Verlängerung der Inventarfrist zu stellen.** Dem Antrag kann das Nachlassgericht nach freiem Ermessen entsprechen. Es ist bei der Bestimmung der Fristverlängerung weder an einen Antrag noch an die Höchstfrist des § 1995 Abs. 1 BGB gebunden.[1341] Die Verlängerung setzt anders als die Bewilligung einer neuen Frist i.S.v. § 1996 BGB voraus, dass die dem Erben ursprünglich gesetzte Frist noch nicht abgelaufen war und durch einen neuen Gerichtsbeschluss erstreckt werden kann. Deshalb muss der **Antrag vor Fristablauf bei Gericht eingegangen sein.**[1342] Die Frist beginnt mit Ablauf der zunächst bestimmten Frist. Sie führt dazu, dass die gesetzliche Folge des § 1994 Abs. 1 Satz 2 BGB – die unbeschränkte Haftung des Erben gegenüber allen Nachlassgläubigern – vermieden wird.

Bei Verstößen gegen § 1995 Abs. 1 Satz 1 BGB steht dem **Erben die befristete Beschwerde gemäß §§ 58 ff. FamFG** zu. Wird der Antrag auf Fristverlängerung zurückgewiesen, ist der Erbe als Antragsteller gemäß § 59 Abs. 2 FamFG beschwerdeberechtigt. Im Fall einer Fristverlängerung gemäß § 1995 Abs. 3 BGB hat auch der **Nachlassgläubiger** gemäß § 59 Abs. 1 FamFG ein **Beschwerderecht.**[1343]

Eine Verkürzung der Frist auf Antrag eines Nachlassgläubigers ist unzulässig.[1344]

dd) Bestimmung einer neuen Inventarfrist, § 1996 BGB

453 Die **Regelung des § 1996 BGB** schützt den Erben gegen eine unverschuldete Versäumung einer nach Maßgabe der §§ 1994, 1995 BGB gesetzten Inventarfrist und **gewährt eine Art „Wiedereinsetzung in den vorigen Stand"**[1345], indem eine neue Frist gesetzt wird. Die dem Erben nachteiligen Folgen der ursprünglichen Fristversäumung – Verlust seines Haftungsbeschränkungsrechts gegenüber allen Nachlassgläubigern – werden beseitigt.[1346] **Voraussetzung** für die Bestimmung einer neuen Frist **ist die schuldlose Versäumung der gesetzten Frist.** Das Verschulden des gesetzlichen Vertreters steht dem Verschulden des Erben gleich, §§ 9 Abs. 4, 11 Satz 5 FamFG, §§ 51 Abs. 2, 85 Abs. 2, 171 ZPO.[1347] Die Bestimmung einer neuen Inventarfrist kommt nur in Be-

---

[1340] *Damrau/Tanck/Gottwald*, § 1995 Rdn. 2; MüKo/*Küpper*, § 1995 Rdn. 2.

[1341] KG v. 5.2.1985, 1 W 3773/84, RPfleger 1985, 193; BeckOGK/*Leiß*, § 1995 Rdn. 3.

[1342] BayObLG v. 26.5.1992, BReg 1 Z 7/91, FamRZ 1992, 1326, 1327; *Burandt/Rojahn/Joachim*, § 1995 Rdn. 4; BeckOGK/*Leiß*, § 1995 Rdn. 3.

[1343] Palandt/*Weidlich*, § 1995 Rdn. 2.

[1344] *Staudinger/Dobler* (2016), § 1995 Rdn. 11.

[1345] RG v. 19.3.1903, VI 414/02, RGZ 54, 149, 151 f.

[1346] *Staudinger/Dobler* (2016), § 1996 Rdn. 1; *Burandt/Rojahn/Joachim*, § 1996 Rdn. 1.

[1347] MüKo/*Küpper*, § 1996 Rdn. 2.

tracht, wenn die abgelaufene erste Inventarfrist wirksam bestimmt worden war.[1348] **Liegen die Voraussetzungen des § 1996 Abs. 1 BGB vor, ist die Bestimmung einer neuen Inventarfrist zwingend.** Dem Nachlassgericht steht insoweit kein Ermessen zu, was sich aus dem Wortlaut des § 1996 Abs. 1 letzter Hs. BGB („hat … zu bestimmen") herleiten lässt.[1349]

Die Bestimmung einer neuen Inventarfrist setzt voraus, dass der **Erbe rechtzeitig**   *454* **einen entsprechenden Antrag stellt.** Der Antrag muss gemäß § 1996 Abs. 2 BGB **innerhalb von zwei Wochen nach der Beseitigung des Hindernisses und spätestens vor Ablauf eines Jahres nach dem Ende der ursprünglichen Inventarfrist gestellt werden.**

Eine ablehnende Entscheidung des Nachlassgerichts kann der **Erbe als Antragsteller** und Beschwerdeberechtigter i. S. v. § 59 Abs. 2 FamFG, eine stattgebende Entscheidung **jeder Nachlassgläubiger** als Berechtigter i. S. v. § 59 Abs. 1 FamFG **mit der befristeten Beschwerde** gemäß §§ 58 ff. FamFG anfechten. Die rechtskräftige Entscheidung des Nachlassgerichts ist für das Prozessgericht bindend.[1350]

Das Nachlassgericht hat vor der Entscheidung über den Antrag auf Bestimmung einer neuen Frist **dem Nachlassgläubiger, auf dessen Antrag die erste Frist bestimmt worden war, gemäß § 1996 Abs. 3 BGB rechtliches Gehör, Art. 103 Abs. 1 GG, zu gewähren.** Die Anhörung steht trotz abweichenden Wortlauts der Vorschrift nicht im Ermessen des Nachlassgerichts. Die Regelung ist verfassungskonform dahin auszulegen, dass die Anhörung im Lichte des Grundrechts **grundsätzlich zwingend ist.**[1351]

ee) Hemmung des Fristablaufs, § 1997 BGB

Nach § 1997 BGB sind die **ursprünglich gesetzte Inventarfrist** gemäß § 1994 Abs. 1   *455* Satz 1 BGB, die gemäß § 1995 Abs. 3 BGB **verlängerte Frist,** die **neue Frist** gemäß **§ 1996 Abs. 1 BGB** sowie die in § 1996 Abs. 2 BGB bestimmte zweiwöchige **Antragsfrist gehemmt, wenn der Erbe während des Laufes der Fristen geschäftsunfähig oder beschränkt geschäftsfähig wird und ohne gesetzlichen Vertreter ist.** Die Fristen laufen gemäß § 210 BGB nicht vor Ablauf von 6 Monaten ab dem Zeitpunkt, in dem der Erbe unbeschränkt geschäftsfähig geworden oder der Mangel der Vertretung behoben ist. Bestand der Mangel schon im Zeitpunkt der Zustellung des die Frist bestimmenden Beschlusses, beginnt sie von vornherein nicht zu laufen, weil die erforderliche Zustellung an den gesetzlichen Vertreter unmöglich ist.[1352] Keine Hemmung tritt ein mit der Folge des Ablaufs der Inventarfrist, wenn ein geschäftsfähig gewordener Erbe oder ein neuer gesetzlicher Vertreter die gesetzte Frist nicht kennt. Einschlägig ist in diesem Fall § 1996 Abs. 1 BGB, so dass ihm auf Antrag das Nachlassgericht eine neue Inventarfrist zu bestimmen hat. Ein Versäumnis der Frist durch den gesetzlichen Vertreter wirkt gegen den Erben.

[1348] BayObLG v. 29. 1. 1993, 1 Z BR 80/92, BayObLGZ 1993, 88, 92.

[1349] BayObLG v. 24. 2. 1993, 1 Z BR 55/92, NJW-RR 1993, 780; *Gottwald*, ZEV 2006, 347, 349.

[1350] MüKo/*Küpper*, § 1996 Rdn. 4; Palandt/*Weidlich*, § 1996 Rdn. 2; BeckOGK/*Leiß*, § 1996 Rdn. 3.

[1351] *Staudinger/Dobler* (2016), § 1996 Rdn. 9; *Burandt/Rojahn/Joachim*, § 1996 Rdn. 6; MüKo/*Küpper*, § 1996 Rdn. 4.

[1352] *Staudinger/Dobler* (2016), § 1997 Rdn. 4; *Burandt/Rojahn/Joachim*, § 1997 Rdn. 1.

ff) Tod des Erben vor Fristablauf, § 1998 BGB

456 Eine Ergänzung zu den §§ 1995, 1996 BGB stellt § 1998 BGB dar. Die Vorschrift **überträgt** die Regelung des **§ 1952 Abs. 2 BGB zum Ablauf der Ausschlagungsfrist auf die Inventarfrist und die zweiwöchige Antragsfrist des § 1996 Abs. 2 BGB. Im Fall des Versterbens des Erben vor Ablauf der Inventarfrist oder der Frist des § 1996 Abs. 2 BGB soll der Erbeserbe zunächst über die Annahme der ihm angefallenen Erbschaft ohne Druck entscheiden können.** Die Fristen enden nicht vor Ablauf der für die Erbschaft des Erben vorgeschriebenen Ausschlagungsfrist. Ist diese abgelaufen, tritt Fristablauf ein, selbst wenn der Erbeserbe keine Kenntnis von der Frist hatte.[1353] Er kann die Bestimmung einer neuen Inventarfrist gemäß § 1996 Abs. 1 BGB wegen fehlenden Verschuldens oder eine Fristverlängerung gemäß § 1995 Abs. 3 BGB beantragen, sofern die ursprünglich gesetzte Frist noch nicht abgelaufen war.

Bei **mehreren Erbeserben** ist jeder zur Inventarerrichtung hinsichtlich der gesamten, dem ersten Erben angefallenen Erbschaft befugt. Die dem ersten Erben gesetzte Inventarfrist kann entsprechend § 1944 BGB für jeden Mit-Erbeserben unterschiedlich ablaufen. Die Inventarerrichtung durch einen der Mit-Erbeserben kommt gemäß § 2063 Abs. 1 BGB den übrigen noch nicht unbeschränkbar haftend gewordenen Mit-Erbeserben zustatten.[1354] Versäumt ein Erbeserbe oder ein Mit-Erbeserbe die Inventarfrist, führt das zu seiner unbeschränkten Haftung, obwohl ihm persönlich keine Frist gesetzt worden ist. Er haftet beschränkt auf die zweite Erbschaft für die Nachlassverbindlichkeiten aus der angefallenen ersten Erbschaft. Eine Haftung mit seinem Eigenvermögen kommt nur in Betracht, wenn die Fristversäumung die zweite Erbschaft betrifft.[1355]

gg) Mitteilung an das Familien- oder Betreuungsgericht, § 1999 BGB

457 Ein **unter elterlicher Sorge oder unter Vormundschaft stehender Erbe soll gemäß § 1999 Satz 1 BGB vor einer evtl. Fristversäumung seines gesetzlichen Vertreters geschützt werden.** Die Benachrichtigung von der Bestimmung der Inventarfrist durch das Nachlassgericht an das Familiengericht oder, wenn die Nachlassangelegenheit in den Aufgabenbereich eines Betreuers des Erben fällt, gemäß § 1999 Satz 2 BGB an das Betreuungsgericht, soll diese Gerichte in die Lage versetzen, darauf hinzuwirken, dass das Inventar von den Eltern, dem Vormund, Pfleger oder Betreuer des Erben fristgemäß errichtet wird.[1356] Es handelt sich um eine **Ordnungsvorschrift**, so dass die Mitteilung auf die Wirksamkeit der Frist sowie deren Beginn und Ablauf keinen Einfluss hat.[1357] In ihrer jetzigen Ausgestaltung ist sie deshalb zum Schutz minderjähriger Erben oder ihnen gleichgestellter Personen vor einer Überschuldung kaum geeignet.[1358] Nach geltender Rechtslage ist der minderjährige Erbe besser durch § 1629a BGB geschützt, weil diese Vorschrift die Haftung auf den Bestand des bei Eintritt der Volljährigkeit vorhandenen Vermögens beschränkt.

[1353] *Staudinger/Dobler* (2016), § 1998 Rdn. 1.

[1354] *Staudinger/Dobler* (2016), § 1998 Rdn. 2; *Burandt/Rojahn/Joachim*, § 1998 Rdn. 2.

[1355] MüKo/*Küpper*, § 1998 Rdn. 3; *Staudinger/Dobler* (2016), § 1995 Rdn. 7.

[1356] *Bamberger/Roth/Lohmann*, § 1999 Rdn. 1.

[1357] *Erman/Horn*, § 1999 Rdn. 1.

[1358] Kritisch auch *Staudinger/Dobler* (2016), § 1999 Rdn. 3; *Burandt/Rojahn/Joachim*, § 1999 Rdn. 2.

hh) Unwirksamkeit der Fristbestimmung, § 2000 BGB

Der Gesetzgeber bringt durch § 2000 BGB zum Ausdruck, dass **ein schutzwürdiges** **458** **Interesse der Nachlassgläubiger an der Errichtung eines Inventars während der Dauer einer Nachlassverwaltung oder eines Nachlassinsolvenzverfahrens nicht gegeben ist.** Dem Nachlassverwalter kann gemäß § 2012 Abs. 2 BGB, dem Nachlassinsolvenzverwalter gemäß § 1994 i.V.m. § 153 InsO keine Inventarfrist bestimmt werden. Der Erbe verliert während der amtlichen Verfahren die Verantwortung über den Nachlass. **Verpflichtet zur Aufnahme eines Verzeichnisses ist der amtliche Verwalter.** Eine bereits erfolgte Fristsetzung wird unwirksam. Die nunmehrige Bestimmung einer Frist ist – auch auf Antrag des amtlichen Verwalters selbst – ausgeschlossen. An dem so definierten Zweck wird zum Teil berechtigte Kritik geübt, weil der Erbe eine Inbesitznahme des Nachlasses durch den Verwalter vereiteln kann, indem er den Stand des Nachlasses verschleiert und ein vorzulegendes Nachlassverzeichnis selbst unvollständig erstellt.[1359] Deshalb sollte **de lege ferenda** im Interesse der Nachlassgläubiger auch dem Verwalter die Befugnis zur Beantragung einer Fristbestimmung gemäß § 1994 Abs. 1 BGB eröffnet werden.[1360]

Nach § 2000 Satz 1 BGB wird eine **bereits erfolgte Bestimmung einer Inventar-** **459** **frist unwirksam,** wenn Nachlassverwaltung angeordnet oder ein Nachlassinsolvenzverfahren eröffnet wird. Die Unwirksamkeit tritt auch bei einer Eigenverwaltung des Erben unter der Aufsicht eines Sachverwalters gemäß §§ 270, 281 InsO ein.[1361] War die Inventarfrist bei der Anordnung bzw. Eröffnung schon abgelaufen, erlangt der Erbe das Recht zur Haftungsbeschränkung, das er aufgrund des Fristablaufes gemäß § 1994 Abs. 1 Satz 2 BGB verloren hatte, nicht wieder.

Eine **während der Dauer der amtlichen Verfahren** gesetzte Inventarfrist ist ge- **460** mäß **§ 2000 Satz 2 BGB unwirksam.** Die Vorschrift bezieht sich nur auf den Erben. Damit er sich Gewissheit über die Unwirksamkeit verschaffen und jeden Anschein der Wirksamkeit einer Fristsetzung ausschließen kann, steht ihm ein befristetes Beschwerderecht gegen die unwirksam gesetzte Frist zu.[1362]

Nach **§ 2000 Satz 3 BGB** bedarf es der Errichtung eines Inventars zur Abwendung **461** der unbeschränkten Erbenhaftung **auch nicht nach Beendigung eines Nachlassinsolvenzverfahrens durch Verteilung der Masse oder durch einen Insolvenzplan.** Eine Frist kann nicht mehr wirksam bestimmt werden. Der Erbe haftet gemäß § 1989 BGB nur noch nach Maßgabe des § 1973 Abs. 1 BGB nach Bereicherungsrecht auf den Nachlassüberschuss. **Endet** das **Nachlassinsolvenzverfahren auf andere Weise** oder wird die Eröffnung eines Nachlassinsolvenzverfahrens oder die Anordnung der Nachlassverwaltung mangels Masse abgelehnt[1363], **kann dem Erben auf Antrag eines Nachlassgläubigers eine Inventarfrist gesetzt werden.**

Hatte der Erbe vor Anordnung bzw. Eröffnung eines amtlichen Verfahrens zur **462** Nachlassseparation bereits freiwillig oder auf Antrag eines Nachlassgläubigers nach Fristsetzung ein Inventar errichtet und sich dabei einer **Inventaruntreue gemäß**

[1359] *Staudinger/Dobler* (2016), § 2000 Rdn. 2; *Burandt/Rojahn/Joachim*, § 2000 Rdn. 2.
[1360] *Staudinger/Dobler* (2016), § 2000 Rdn. 2; *Burandt/Rojahn/Joachim*, § 2000 Rdn. 2.
[1361] MüKo/*Küpper*, § 2000 Rdn. 2; *Staudinger/Dobler* (2016), § 2000 Rdn. 3.
[1362] MüKo/*Küpper*, § 2000 Rdn. 3; *Staudinger/Dobler* (2016), § 2000 Rdn. 4.
[1363] OLG Stuttgart v. 29.8.1994, 8 W 242/94, NJW 1995, 1227.

§ 2005 Abs. 1 BGB schuldig gemacht, führte das zum Verlust seines Haftungsbeschränkungsrechts gegenüber allen Nachlassgläubigern. **Daran ändert sich durch die nachträgliche Eröffnung des Nachlassinsolvenzverfahrens oder die Anordnung der Nachlassverwaltung nichts.** Die Inventarerrichtung kann freiwillig auch während der amtlichen Verfahren erfolgen, was bei einer Nachlassverwaltung aufgrund der Verpflichtung aus §§ 1978 Abs. 1, 260 BGB denkbar ist. Eine Inventaruntreue führt dann nicht zum Verlust des Haftungsbeschränkungsrechts[1364], weil sie keine stärkere Wirkung als die Fristversäumung selbst haben kann. Es fehlt auch am Interesse der Nachlassgläubiger an einer Inventarisierung durch den Erben, weil immer der Verwalter verpflichtet ist, ein Nachlassverzeichnis zu erstellen.

463   Die **Abgabe der eidesstattlichen Versicherung** nach einer Inventarerrichtung gemäß § 2006 Abs. 1 BGB **kann in den Fällen des § 2000 BGB nicht verlangt werden.**[1365] Eine Verletzung der Verpflichtung des Erben zur Abgabe der eidesstattlichen Versicherung nach den §§ 1978 Abs. 1, 260 Abs. 2, 666 BGB oder aus § 153 Abs. 2 Satz 1 InsO führt ebenfalls nicht zum Verlust des Haftungsbeschränkungsrechts. Der Erbe kann jedoch gemäß § 153 Abs. 2 Satz 2 InsO i.V.m. § 98 Abs. 2 InsO in Haft genommen werden.

ii) Inventar für eine zum Gesamtgut gehörende Erbschaft, § 2008 BGB

464   **Bei einer Gütergemeinschaft soll ein das Gesamtgut mit verwaltender Ehegatte die ihm zur Verfügung stehenden Mittel der Haftungsbeschränkung nicht verlieren, wenn der erbende Ehegatte eine ihm bestimmte Inventarfrist versäumt oder eine Inventarverfehlung begeht.** Die Vorschrift des § 2008 BGB ist erforderlich, weil eine Inventarfrist sonst nur einem Erben oder einem Erbschaftskäufer bestimmt werden kann, nicht jedoch dem Ehegatten eines Erben. **Nach § 2008 Abs. 1 Satz 1 BGB muss der Erbe ein im Güterstand der Gütergemeinschaft lebender Ehegatte sein.** Die Erbschaft muss nicht während der Ehe Gesamtgut i.S.v. § 1416 BGB geworden sein.[1366] Sie darf nur nicht zum Sonder- oder Vorbehaltsgut gehören. Weitere Voraussetzung ist, dass die Verwaltung des Gesamtgutes dem nicht erbenden Ehegatten entweder allein gemäß §§ 1422 ff. BGB oder gemeinschaftlich mit dem erbenden Ehegatten gemäß §§ 1450 ff., 1472 BGB obliegt. Dem erbenden Ehegatten kann dann allein wirksam keine Inventarfrist bestimmt werden. Ebenfalls unwirksam wäre die Inventarfrist, wenn sie nur dem nicht erbenden Ehegatten bestimmt würde.[1367]

465   Der **Fristsetzungsbeschluss ist beiden Ehegatten zuzustellen.** Die Frist beginnt gemäß § 1995 Abs. 1 Satz 2 BGB für jeden der Ehegatten mit der Zustellung an ihn zu laufen. **Ist die dem verwaltenden Ehegatten des Erben gesetzte Inventarfrist nicht verstrichen, endet sie auch gegenüber dem erbenden Ehegatten nicht, § 2008 Abs. 1 Satz 2 BGB.** Die Fristsetzung gegenüber dem Ehegatten setzt immer die Zulässigkeit

---

1364 *Bamberger/Roth/Lohmann*, § 2000 Rdn. 3; Palandt/*Weidlich*, § 2000 Rdn. 2; MüKo/*Küpper*, § 2000 Rdn. 5; *Burandt/Rojahn/Joachim*, § 2000 Rdn. 8; a.A. *Staudinger/Dobler* (2016), § 2000 Rdn. 8.

1365 MüKo/*Küpper*, § 2000 Rdn. 6; RGRK/*Johannsen*, § 2000 Rdn. 3; *Burandt/Rojahn/Joachim*, § 2000 Rdn. 9; a.A. *Staudinger/Dobler* (2016), § 2000 Rdn. 9.

1366 MüKo/*Küpper*, § 2008 Rdn. 2.

1367 *Staudinger/Dobler* (2016), § 2008 Rdn. 15; MüKo/*Küpper*, § 2008 Rdn. 2; *Bamberger/Roth/Lohmann*, § 2008 Rdn. 2.

der Fristsetzung an den Erben voraus. Sie ist nicht gegeben, wenn einer der Ehegatten bereits ein nach §§ 2002, 2003 BGB entsprechendes Nachlassinventar errichtet hat oder dem Erben ein durch einen Miterben errichtetes Inventar gemäß § 2063 Abs. 1 BGB zustatten kommt. Eine Fristverlängerung gemäß § 1995 Abs. 3 BGB oder die Bestimmung einer neuen Inventarfrist gemäß § 1996 BGB können sowohl der Erbe und unter den Voraussetzungen des § 2008 Abs. 1 Satz 1 BGB auch sein Ehegatte beantragen.[1368] Der nicht erbende Ehegatte kann entweder als Allein- oder Mitverwalter ein Inventar über die in das Gesamtgut gefallene Erbschaft des anderen Ehegatten errichten, das **gemäß § 2008 Abs. 1 Satz 3 BGB dem erbenden Ehegatten zustatten kommt.** Daneben kann der nicht oder nicht allein verwaltende erbende Ehegatte über die ihm angefallene Erbschaft ohne Zustimmung des verwaltenden Ehegatten gemäß § 1432 Abs. 2 BGB das Inventar errichten. Der erbende Ehegatte haftet für die Nachlassverbindlichkeiten unbeschränkbar, wenn auch der allein- oder mitverwaltende Ehegatte die Inventarfrist versäumt. Die Ehegatten können das Inventar auch gemeinsam errichten, so dass jeder von ihnen die Inventarversäumung des jeweils anderen durch sein rechtzeitig eingereichtes Inventar abwenden kann.

Das Gesetz **regelt in § 2008 BGB nicht die Fälle der Inventaruntreue gemäß § 2005** *466* **Abs. 1 BGB und der Verweigerung der eidesstattlichen Versicherung gemäß § 2006 Abs. 3 BGB.** Für die Inventaruntreue gelten die gleichen Grundsätze wie für den Fall der Fristversäumung[1369], so dass jeder Ehegatte die von dem anderen Ehegatten begangene Inventaruntreue durch ein fristgerechtes inhaltlich richtiges Inventar abwenden kann[1370]. Hat der andere Ehegatte gutgläubig auf ein unrichtiges Inventar Bezug genommen (§ 2004 BGB), muss er rechtzeitig innerhalb einer ihm nach § 2005 Abs. 2 BGB zu setzenden Frist das Inventar richtigstellen.[1371] Haben sowohl der erbende als auch der verwaltende Ehegatte das Inventar ungetreu errichtet oder bleiben beide untätig, führt das zum Verlust des Haftungsbeschränkungsrechts. Im Fall der Verletzung der Auskunftspflicht gemäß § 2005 Abs. 2 BGB wirkt die Verweigerung der Auskunft durch den nicht erbenden Ehegatten nicht zu Lasten des erbenden Ehegatten.[1372] Hat der erbende Ehegatte nach Eintritt der güterrechtlichen Voraussetzungen die Auskunft nicht geleistet, verliert auch der nicht erbende Ehegatte das Recht zur Haftungsbeschränkung, sofern ihm gegenüber eine Inventarfrist bestimmt war.[1373] Eine von dem Ehegatten des Erben erteilte Auskunft kommt gemäß § 2008 Abs. 1 Satz 3 BGB analog auch dem erbenden Ehegatten zustatten. Die Verweigerung der Auskunft durch den verwaltenden schadet den erbenden Ehegatten nicht.

Die Verweigerung der eidesstattlichen Versicherung führt zum Verlust des Rechts der Haftungsbeschränkung gegenüber dem beantragenden Nachlassgläubiger gemäß § 2006 Abs. 3 BGB. In den Fällen des § 2008 BGB trifft die Verpflichtung zur Abgabe der Ver-

---

[1368] *Soergel/Stein,* § 2008 Rdn. 9; *Burandt/Rojahn/Joachim,* § 2008 Rdn. 3.

[1369] *Bamberger/Roth/Lohmann,* § 2008 Rdn. 3; MüKo/*Küpper,* § 2008 Rdn. 3; *Staudinger/Dobler* (2016), § 2008 Rdn. 25 ff.

[1370] Palandt/*Weidlich,* § 2008 Rdn. 2; *Burandt/Rojahn/Joachim,* § 2008 Rdn. 5.

[1371] *Soergel/Stein,* § 2008 Rdn. 6.

[1372] *Staudinger/Dobler* (2016), § 2008 Rdn. 28; *Burandt/Rojahn/Joachim,* § 2008 Rdn. 5.

[1373] *Staudinger/Dobler* (2016), § 2008 Rdn. 28.

sicherung beide Ehegatten.[1374] Die Abgabe der eidesstattlichen Versicherung durch einen von ihnen kommt dem anderen Ehegatten zustatten.

467 Ein **Verzicht des erbenden Ehegatten auf das Haftungsbeschränkungsrecht gegenüber den Nachlassgläubigern ist nur mit Zustimmung des mit- oder alleinverwaltenden Ehegatten wirksam, §§ 1438, 1460 BGB.** Das gleiche gilt, wenn der erbende Ehegatte es unterlassen hat, sich die Beschränkung der Haftung im Tenor eines Urteils vorbehalten zu lassen. Der andere Ehegatte kann sich gegenüber der auf Leistung oder Duldung der Zwangsvollstreckung gerichteten Klage noch auf die Haftungsbeschränkung berufen.[1375] Bei alleiniger oder gemeinsamer Verwaltung des Gesamtgutes kann der nicht erbende Ehegatte alle Maßnahmen zur Beschränkung der Haftung auf den Nachlass ergreifen. Er kann dazu einen Antrag auf Anordnung der Nachlassverwaltung oder auf Eröffnung des Nachlassinsolvenzverfahrens stellen, sich auf die Einreden der §§ 1973, 1974, 1989, 1990, 1992 BGB sowie auf die aufschiebenden Einreden der §§ 2014, 2015 BGB berufen.[1376]

468 **Nach § 2008 Abs. 2 BGB gelten die Vorschriften des Absatzes 1 auch nach der Beendigung der Gütergemeinschaft.** Diese endet durch Aufhebung gemäß §§ 1447 f., 1469 f. BGB, durch Auflösung der Ehe, durch den Tod eines Ehegatten gemäß § 1482 BGB sowie durch Beendigung der fortgesetzten Gütergemeinschaft gemäß §§ 1492 ff. BGB. Der zur alleinigen oder Mitverwaltung befugte Ehegatte ist bis zur Auseinandersetzung berechtigt und verpflichtet. Er kann ein Inventar über eine dem anderen Ehegatten angefallene zum Gesamtgut gehörende Erbschaft errichten. Bei einer Eheauflösung durch Tod des verwaltenden nicht erbenden Ehegatten kann eine wirksame Inventarfrist nur bestimmt werden, wenn die Fristsetzung auch gegenüber dem Erben des verstorbenen Ehegatten erfolgt. Eine bereits gegenüber dem Erblasser bestimmte Frist läuft weiter.[1377] Wird die Gütergemeinschaft nach dem Tod des erbenden Ehegatten fortgesetzt, muss die Inventarfrist nur dem überlebenden Ehegatten gegenüber bestimmt werden. Die Erben des verwaltenden Ehegatten sind von der Verwaltung des Gesamtgutes und damit auch von der Inventarerrichtung ausgeschlossen, § 1487 Abs. 1 BGB.

jj) *Keine Inventarfrist für den Fiskus als Erben, für Nachlasspfleger und Nachlassverwalter, §§ 2011, 2012 BGB*

469 Der **Fiskus kann** eine ihm **als gesetzlicher Erbe angefallene Erbschaft** gemäß § 1942 Abs. 2 BGB **nicht ausschlagen.** Er ist deshalb besonders schutzwürdig, wenn ihm ein überschuldeter Nachlass zufällt. Der Gesetzgeber trägt dem Rechnung, indem sich der Fiskus **als gesetzlicher Erbe gemäß § 780 Abs. 2 ZPO auf die Beschränkung der Haftung auf den Nachlass auch berufen kann, wenn sie ihm im Urteil nicht vorbehalten worden ist.** In § 2011 Satz 1 BGB ist bestimmt, dass ihm keine Inventarfrist gesetzt werden kann. Die Vorschrift findet auch Anwendung, wenn **anstelle des Fiskus eine Körperschaft, Stiftung oder Anstalt des öffentlichen Rechts gemäß Art. 138**

[1374] Palandt/*Weidlich,* § 2008 Rdn. 2; MüKo/*Küpper,* § 2008 Rdn. 3; *Staudinger/Dobler* (2016), § 2008 Rdn. 29; *Burandt/Rojahn/Joachim,* § 2008 Rdn. 6; a.A. *Soergel/Stein,* § 2008 Rdn. 7, der nur den Erben für verpflichtet hält.

[1375] MüKo/*Küpper,* § 2008 Rdn. 4; *Burandt/Rojahn/Joachim,* § 2008 Rdn. 7.

[1376] Müko/*Küpper,* § 2008 Rdn. 5; *Burandt/Rojahn/Joachim,* § 2008 Rdn. 8.

[1377] *Staudinger/Dobler* (2016), § 2008 Rdn. 34.

EGBGB oder wenn der Fiskus **im Fall des Art. 139 EGBGB kraft gesetzlicher Regelung gesetzlicher Erbe geworden ist.** Eine entgegen § 2011 Satz 1 BGB bestimmte Frist zur Inventarerrichtung ist unwirksam.[1378] **Streitig** ist, ob der Fiskus als gesetzlicher Erbe sein Recht zur Haftungsbeschränkung verlieren kann, wenn er gemäß § 1993 BGB ein Inventar freiwillig errichtet und sich dabei einer Inventaruntreue schuldig macht oder wenn er gegenüber dem beantragenden Nachlassgläubiger die eidesstattliche Versicherung verweigert. In der Literatur wird zum Teil unter Hinweis darauf, dass sowohl die Verweigerung der Eidesleistung als auch eine Inventaruntreue seitens des Fiskus unwahrscheinlich und – trotz der Vermutungswirkung des § 2009 BGB – lebensfremd sei, die Auffassung vertreten, der Staat hafte immer nur mit dem Nachlass.[1379] Für den – nicht völlig auszuschließenden – Fall der Inventaruntreue ist dem nicht zu folgen. Ist dem Fiskus eine Inventaruntreue seines zur Vertretung befugten Beamten zurechenbar, verliert er als gesetzlicher Erbe wie jeder andere Erbe sein Haftungsbeschränkungsrecht. Er ist nicht schutzwürdiger als andere Erben.[1380] Aus den gleichen Erwägungen kommt es im Verhältnis zu dem die Abnahme der eidesstattlichen Versicherung beantragenden Nachlassgläubiger zum Verlust des Haftungsbeschränkungsrechts.[1381]

In § 2011 BGB ist nur der Fall der Inventarfristbestimmung geregelt. Der **Fiskus kann als gesetzlicher Erbe** zur Herbeiführung seines Haftungsbeschränkungsrechts die **Anordnung einer Nachlassverwaltung** oder die **Eröffnung eines Nachlassinsolvenzverfahrens beantragen** oder sich auf die **Dürftigkeitseinrede** gemäß § 1990 Abs. 1 Satz 1 BGB berufen. Die §§ 1978–1980 BGB gelten für ihn ebenfalls. Wird gegen den Fiskus als gesetzlicher Erbe des Schuldners die Zwangsvollstreckung betrieben, bleibt eine Beschränkung seiner Haftung unberücksichtigt, bis er Einwendungen erhebt, § 781 ZPO. **Erbt der Fiskus im Wege der gewillkürten Erbfolge, finden die Schutzvorschriften der §§ 1942 Abs. 2, 1966, 2011 Satz 1 BGB und § 780 Abs. 2 ZPO keine Anwendung. Ihm kann in dieser Konstellation eine Inventarfrist bestimmt werden.**[1382]

Zum Ausgleich dafür, dass ihm eine Inventarfrist nicht bestimmt werden kann, **obliegt dem Fiskus gemäß § 2011 Satz 2 BGB eine Auskunftspflicht gegenüber den Nachlassgläubigern über den Bestand des Nachlasses.** Nach dem eindeutigen Wortlaut des § 2011 Satz 2 BGB besteht die Auskunftspflicht **gegenüber jedem Nachlassgläubiger.** Das gilt auch im Fall einer Nachlassverwaltung oder eines Nachlassinsolvenzverfahrens. Eine Auskunft gegenüber den Verwaltern allein genügt nicht.[1383] Diese

470

1378 MüKo/*Küpper*, § 2011 Rdn. 1.

1379 Palandt/*Weidlich*, § 2011 Rdn. 1; MüKo/*Küpper*, § 2011 Rdn. 1; *Damrau/Tanck/Gottwald*, § 2011 Rdn. 2.

1380 RGRK/*Johannsen*, § 2011 Rdn. 1; *Erman/Horn*, § 2011 Rdn. 1; *Staudinger/Dobler* (2016), § 2011 Rdn. 3; *Soergel/Stein*, § 2011 Rdn. 1; *Burandt/Rojahn/Joachim*, § 2011 Rdn. 3.

1381 *Soergel/Stein*, § 2011 Rdn. 1; RGRK/*Johannsen*, § 2011 Rdn. 1; *Staudinger/Werner* (2017), § 1936 Rdn. 12; *Staudinger/Dobler* (2016), § 2011 Rdn. 2; *Burandt/Rojahn/Joachim*, § 2011 Rdn. 3; a.A. *Erman/Horn*, § 2011 Rdn. 1; MüKo/*Küpper*, § 2011 Rdn. 1; *Lange/Kuchinke*, § 13 IV 2 e.

1382 MüKo/*Küpper*, § 2011 Rdn. 1; *Burandt/Rojahn/Joachim*, § 2011 Rdn. 2; BeckOGK/*Leiß*, § 2011 Rdn. 4.

1383 *Staudinger/Dobler* (2016), § 2011 Rdn. 6; *Burandt/Rojahn/Joachim*, § 2011 Rdn. 8; a.A. MüKo/*Küpper*, § 2011 Rdn. 3.

Pflicht umfasst gemäß § 260 Abs. 1 BGB auch die Vorlage eines Verzeichnisses. Besteht Grund zu der Annahme einer nachlässigen Aufstellung, ist der Fiskus gemäß § 260 Abs. 2 BGB verpflichtet, die eidesstattliche Versicherung durch den zu seiner Vertretung befugten Beamten zu leisten. Die Auskunftspflicht **bezieht sich** – anders als gemäß § 2001 BGB das Inventar – **nur auf den gegenwärtigen Nachlassbestand.**[1384] Eine Pflicht zur Rechenschaftslegung kann über § 1978 Abs. 1 BGB gemäß § 666 BGB gegeben sein. **Die Verletzung der Auskunftspflicht nach § 2011 Satz 2 BGB führt nicht zum Verlust des Haftungsbeschränkungsrechts.** Im Bestreitensfall muss der beantragende Nachlassgläubiger das Auskunftsrecht im Klagewege geltend machen. Da bei Fiskuserbschaften zuvor regelmäßig eine Nachlasspflegschaft gemäß § 1960 BGB angeordnet war und der Nachlasspfleger ein entsprechendes Verzeichnis angefertigt haben wird, ist das nur denkbar, wenn dessen Verzeichnis nicht ausreichend ist.

471   Nach dem Willen des Gesetzgebers soll der Erbe sein Haftungsbeschränkungsrecht nur durch eigene Handlungen oder Unterlassungen verlieren, nicht jedoch durch solche eines gemäß §§ 1960, 1961 BGB bestellten Nachlasspflegers oder eines Nachlassverwalters. **Dem trägt § 2012 BGB Rechnung, indem einem Nachlasspfleger und einem Nachlassverwalter eine Inventarfrist nicht bestimmt werden kann.** Beide sind gegenüber den Nachlassgläubigern zur Auskunft über den Bestand des Nachlasses verpflichtet und können auf die Beschränkung der Haftung des Erben nicht verzichten, § 2012 Abs. 1 Satz 3, Abs. 2 BGB. Sie sind kraft Amtes gegenüber dem Nachlassgericht verpflichtet, ein Nachlassverzeichnis aufzunehmen, §§ 1802, 1915 Abs. 1 BGB. War vor der Anordnung einer Nachlassverwaltung dem Erben eine Inventarfrist bestimmt worden, wird diese gemäß § 2000 Satz 1 BGB mit der Anordnung unwirksam. Während der Dauer einer Nachlassverwaltung kann dem Erben eine Inventarfrist gemäß § 2000 Satz 2 BGB nicht bestimmt werden, doch kann er während der Dauer der amtlichen Verfahren ein Inventar freiwillig errichten.[1385] Bei einer Nachlasspflegschaft ist die Fristbestimmung gegenüber dem Erben nicht unwirksam, sondern nur gegenüber dem Nachlasspfleger. Die Frist beginnt im Verhältnis zu dem Erben jedoch erst mit der Annahme der Erbschaft zu laufen, § 1995 Abs. 2 BGB.

Ebenso wie der Fiskus sind sowohl der Nachlasspfleger als auch der Nachlassverwalter den Nachlassgläubigern gegenüber **zur Auskunft über den Bestand des Nachlasses verpflichtet.** Die Verpflichtung wird durch Vorlage eines Verzeichnisses über den gegenwärtigen Nachlass gemäß § 260 Abs. 1 BGB erfüllt. Die Voraussetzungen der Abgabe der eidesstattlichen Versicherung bestimmen sich nach § 260 Abs. 2 BGB. Davon ist die in § 2006 BGB geregelte Abgabe der eidesstattlichen Versicherung zu unterscheiden. Sie kann von einem Nachlasspfleger bzw. -verwalter nicht verlangt werden, weil diese Personen auf das Haftungsbeschränkungsrecht nicht angewiesen sind. Sie haften nicht für die Nachlassverbindlichkeiten wie der Erbe persönlich.[1386] Wird die eidesstattliche Versicherung gemäß § 261 BGB nicht freiwillig geleistet, kann der Nachlassgläubiger Klage erheben. Die Vollstreckung richtet sich nach den §§ 888, 889 ZPO. Bei einer schuldhaften Verletzung der Auskunftspflicht sind der Nachlasspfleger und der -verwalter den Nachlassgläubigern für den daraus entstandenen Schaden persönlich verantwortlich.

[1384] *Staudinger/Dobler* (2016), § 2011 Rdn. 6; BeckOGK/*Leiß*, § 2011 Rdn. 6.
[1385] *Staudinger/Dobler* (2016), § 2012 Rdn. 9; *Burandt/Rojahn/Joachim,* § 2012 Rdn. 2.
[1386] *Staudinger/Dobler* (2016), § 2012 Rdn. 7; *Burandt/Rojahn/Joachim,* § 2012 Rdn. 4.

3. Verlust des Haftungsbeschränkungsrechts durch Inventaruntreue

In § 2005 Abs. 1 BGB sind drei weitere Fälle geregelt, in denen der Erbe allen Nach- *472* lassgläubigern gegenüber endgültig unbeschränkt haftet. Die Vorschrift sanktioniert bestimmte Verhaltensweisen des Erben. Zum Verlust des Haftungsbeschränkungsrechts kommt es u.a. infolge einer sog. **Inventaruntreue gemäß § 2005 Abs. 1 Satz 1 BGB**, weil sowohl bei der Aufnahme eines Inventars unter amtlicher Mitwirkung als auch bei der amtlichen Aufnahme die Richtigkeit eines Inventars nicht gewährleistet sein kann, wenn der Erbe folgenlos bewusst wahrheitswidrige oder ungenaue Angaben machen könnte. Das Gesetz unterscheidet nicht zwischen der beantragten und der freiwilligen Inventarerrichtung, so dass die Rechtsfolgen des § 2005 Abs. 1 BGB in beiden Konstellationen eintreten.

Eine **Inventaruntreue gemäß § 2005 Abs. 1 Satz 1 Hs. 1 BGB** begeht der Erbe, *473* wenn er **absichtlich eine erhebliche Unvollständigkeit der im Inventar enthaltenen Angabe der Aktiva des Nachlasses herbeiführt.** Absicht in diesem Sinne erfordert mehr als die positive Kenntnis der Unvollständigkeit, ohne dass es dem Erben darauf ankommen muss, Nachlassgläubiger zu schädigen. Es reicht aus, wenn er bezweckt, einen Miterben zu benachteiligen oder gegenüber der Steuerbehörde den Nachlass gering zu halten, um Erbschaftsteuer zu sparen[1387]. Mängel der Wertangabe und der Beschreibung der Nachlassgegenstände begründen keine Inventaruntreue, weil § 2001 Abs. 2 BGB eine bloße Ordnungsvorschrift ist. Die Unvollständigkeit **muss in objektiver Hinsicht erheblich sein**, was angesichts der strengen subjektiven Voraussetzung der Absicht wenig überzeugend ist. Deshalb liegt keine Inventaruntreue vor, wenn der Erbe in das Nachlassverzeichnis nur einen nicht vorhandenen Nachlassgegenstand aufnimmt oder geringfügige Gegenstände fehlen.

Ein Fall der **Inventaruntreue liegt nach § 2005 Abs. 1 Satz 1 Hs. 2 BGB auch vor,** *474* **wenn der Erbe in der Absicht, die Nachlassgläubiger zu benachteiligen, die Aufnahme einer nicht bestehenden Nachlassverbindlichkeit in das Inventar bewirkt.** Der Gesetzgeber hat darin bewusst einen Fall der Inventaruntreue gesehen, obwohl die Angabe der Passiva nach § 2001 BGB nicht notwendiger Bestandteil des Inventars und deshalb von der Vermutungswirkung des § 2009 BGB nicht umfasst wird. Der Erbe enttäuscht das Vertrauen der Nachlassgläubiger durch die Einstellung nicht bestehender Verbindlichkeiten, um sich so finanzielle Vorteile im Verhältnis zu seinen Gläubigern verschaffen zu können. Eine **Unvollständigkeit durch Weglassen bestehender Schulden oder die Aufnahme eines nicht vorhandenen Nachlassgegenstandes führen nicht zur Inventaruntreue**, weil hierin keine Verkürzung der Gläubigerrechte liegt.[1388] Handelt der Erbe bei der Aufnahme einer nicht bestehenden Nachlassverbindlichkeit ohne Benachteiligungsabsicht, verliert er sein Haftungsbeschränkungsrecht ebenfalls nicht.[1389]

Einen **Sonderfall der Fristversäumung, der der Inventaruntreue nach Satz 1** *475* **gleichgestellt ist**[1390], regelt § 2005 Abs. 1 Satz 2 BGB. Danach verliert der Erbe sein

---

[1387] *Staudinger/Dobler* (2016), § 2005 Rdn. 4; *Burandt/Rojahn/Joachim,* § 2005 Rdn. 2.
[1388] *Soergel/Stein,* § 2005 Rdn. 2; Palandt/*Weidlich,* § 2005 Rdn. 2; *Burandt/Rojahn/Joachim,* § 2005 Rdn. 4.
[1389] *Staudinger/Dobler* (2016), § 2005 Rdn. 9; *Burandt/Rojahn/Joachim,* § 2005 Rdn. 4.
[1390] MüKo/*Küpper,* § 2005 Rdn. 2.

Haftungsbeschränkungsrecht gegenüber allen Nachlassgläubigern auch, wenn er die amtliche Aufnahme des Inventars gemäß § 2003 BGB beantragt hat und während des Ablaufes der nach § 2003 Abs. 1 Satz 3 BGB gewahrten Frist die erforderlichen Auskünfte verweigert oder absichtlich in erheblichem Maße verzögert. **Ungeschriebene Voraussetzung ist, dass dem Erben zuvor eine Inventarfrist gesetzt worden war und diese Frist bereits zu laufen begonnen hat.**[1391] Die Verweigerung der Auskunft führt regelmäßig dazu, dass der Notar das Inventar nicht aufnehmen kann. Nimmt er das Inventar ohne die erforderlichen Auskünfte auf und errichtet es, kann eine Unvollständigkeit aufgrund der Auskunftsverweigerung bzw. -verzögerung den Verlust des Haftungsbeschränkungsrechts schon nach § 2005 Abs. 1 Satz 1 BGB begründen.[1392] Die Regelung findet keine Anwendung, wenn der Erbe eine anfangs verweigerte Auskunft noch vor Ablauf einer ihm bestimmten Inventarfrist erteilt.[1393] Er verliert deshalb das Haftungsbeschränkungsrecht auch nicht, wenn vor Ablauf der ihm gesetzten Inventarfrist die Auskunft von dritter Seite in ausreichender Weise erteilt und das aufgenommene Inventar beim Nachlassgericht ohne erhebliche Verzögerung eingereicht worden ist.[1394]

476   **Rechtsfolge** einer Inventaruntreue gemäß § 2005 Abs. 1 Satz 1 BGB oder der Verweigerung bzw. Verzögerung der Auskunftserteilung gemäß § 2005 Abs. 1 Satz 2 BGB **ist der Verlust des Rechts gegenüber allen Nachlassgläubigern, die Haftung für Nachlassverbindlichkeiten auf den Nachlass beschränken zu können.** Die strenge Rechtsfolge verbietet eine entsprechende Anwendung auf andere Fälle.[1395] Der **Verlust des Haftungsbeschränkungsrechts tritt im Fall des § 2005 Abs. 1 Satz 1 BGB im Zeitpunkt der Einreichung des bewusst unvollständigen Inventars (Vollendung der Inventaruntreue) ein.**[1396] Daraus ergibt sich, dass ein absichtlich falsches Inventar oder unvollständige Angaben nach der Einreichung nicht berichtigt werden können (**keine tätige Reue**), auch nicht innerhalb einer gesetzten Inventarfrist.[1397] Anderenfalls würde ein zur Inventarerrichtung durch Gläubigerantrag gezwungener Erbe unverdientermaßen besser gestellt als ein freiwillig Errichtender.[1398] Nachlassgläubiger haben an der Vervollständigung oder Berichtigung eines Inventars kein Interesse, wenn der Erbe sein Haftungsbeschränkungsrecht allgemein verloren hat. Die **Beweislast, dass der Erbe eine der Alternativen des § 2005 Abs. 1 BGB erfüllt hat, liegt bei dem Nachlassgläubiger, der die unbeschränkte Haftung des Erben geltend macht.**[1399]

[1391] Palandt/*Weidlich*, § 2005 Rdn. 4; RGRK/*Johannsen*, § 2005 Rdn. 7; MüKo/*Küpper*, § 2005 Rdn. 2.

[1392] *Staudinger*/*Dobler* (2016), § 2005 Rdn. 8; *Burandt*/*Rojahn*/*Joachim*, § 2005 Rdn. 5; *Bamberger*/*Roth*/*Lohmann*, § 2005 Rdn. 5.

[1393] MüKo/*Küpper*, § 2005 Rdn. 2.

[1394] MüKo/*Küpper*, § 2005 Rdn. 2; *Burandt*/*Rojahn*/*Joachim*, § 2005 Rdn. 6; *Bamberger*/*Roth*/*Lohmann*, § 2005 Rdn. 5.

[1395] *Burandt*/*Rojahn*/*Joachim*, § 2005 Rdn. 7.

[1396] MüKo/*Küpper*, § 2005 Rdn. 3.

[1397] *Erman*/*Horn*, § 2005 Rdn. 4; Palandt/*Weidlich*, § 2005 Rdn. 3; *Bamberger*/*Roth*/*Lohmann*, § 2005 Rdn. 8.

[1398] Palandt/*Weidlich*, § 2005 Rdn. 3; *Burandt*/*Rojahn*/*Joachim*, § 2005 Rdn. 7; RGRK/*Johannsen*, § 2005 Rdn. 13.

[1399] MüKo/*Küpper*, § 2005 Rdn. 3; *Soergel*/*Stein*, § 2005 Rdn. 1; *Bamberger*/*Roth*/*Lohmann*, § 2005 Rdn. 7.

Eine Klage auf Feststellung der unbeschränkten Erbenhaftung ist gemäß § 256 ZPO möglich.[1400]

Für Inventarverfehlungen seines gesetzlichen Vertreters oder seines Bevollmächtigten haftet der Erbe gemäß § 278 BGB wie für eine eigene Inventarverfehlung.[1401] Dagegen schaden ihm Inventarverfehlungen eines Nachlasspflegers aufgrund der Regelung des § 2012 Abs. 1 Satz 3 BGB (kein Verzicht auf die Beschränkung der Haftung), eines Nachlass- oder Nachlassinsolvenzverwalters sowie eines Testamentsvollstreckers nicht.[1402] Auch Inventarverfehlungen von Personen, deren Inventarerrichtung dem Erben lediglich „zustatten kommt", gehen nicht zu seinen Lasten. Gemeint sind die gesetzlich geregelten Fälle des § 2008 Abs. 1 Satz 3 BGB (Inventar eines in Gütergemeinschaft lebenden Ehegatten), des § 2063 Abs. 1 BGB (Inventar eines Miterben), des § 2144 Abs. 3 BGB (Inventar eines Vorerben) sowie des § 2383 Abs. 2 BGB (Inventar eines Erbschaftsverkäufers bzw. -käufers). 477

Gesetzessystematisch wenig geglückt **regelt § 2005 Abs. 2 BGB die Befugnis des Erben, ein von ihm bereits errichtetes Nachlassinventar zu ergänzen, wenn dieses nicht sämtliche Nachlassgegenstände angibt.** Die Fristbestimmung zur Ergänzung setzt den **Antrag irgendeines Nachlassgläubigers** voraus. Aus einer entsprechenden Anwendung von § 1994 Abs. 1 Satz 1 BGB ergibt sich, dass der **Erbe nicht antragsberechtigt** ist, weil die zur Ergänzung des Inventars bestimmte Frist allein im Interesse der Nachlassgläubiger liegt.[1403] Voraussetzung für eine neue Fristsetzung ist, dass keine Inventaruntreue nach § 2005 Abs. 1 Satz 1 BGB bzw. keine Fristversäumnis nach § 2005 Abs. 1 Satz 2 BGB vorliegen. Insoweit handelt es sich um eine Selbstverständlichkeit, weil Nachlassgläubiger an der Vervollständigung eines Inventars in der Regel kein Interesse haben, wenn der Erbe sein Haftungsbeschränkungsrecht allgemein verloren hat. Hatte der Erbe ein unvollständiges Inventar ohne Fristbestimmung errichtet, ist die gemäß § 2005 Abs. 2 BGB bestimmte Frist zur Ergänzung entgegen dem Wortlaut die erste Frist.[1404] 478

Wird dem Antrag eines Nachlassgläubigers **über die Bestimmung einer neuen Inventarfrist** i.S.v. § 2005 Abs. 2 BGB **nicht stattgegeben**, ist der **Antragsteller** gemäß § 360 Abs. 2 FamFG i.V.m. § 59 Abs. 2 FamFG **beschwerdeberechtigt**. Die Voraussetzungen der befristeten Beschwerde richten sich nach den §§ 58 ff. FamFG. 478a

---

[1400] MüKo/*Küpper*, § 2005 Rdn. 3.

[1401] MüKo/*Küpper*, § 2005 Rdn. 3; *Staudinger/Dobler* (2016), § 2005 Rdn. 10.

[1402] *Staudinger/Dobler* (2016), § 2005 Rdn. 10; § 2012 Rdn. 8 f.; MüKo/*Küpper*, § 1993 Rdn. 6; *Burandt/Rojahn/Joachim*, § 2005 Rdn. 8; a.A. für den Nachlasspfleger *Erman/Horn*, § 2005 Rdn. 5.

[1403] *Staudinger/Dobler* (2016), § 2005 Rdn. 14; MüKo/*Küpper*, § 2005 Rdn. 5; Palandt/*Weidlich*, § 2005 Rdn. 5; a.A. *Soergel/Stein*, § 2005 Rdn. 7, wonach auch der Erbe antragsbefugt sein soll.

[1404] *Erman/Horn*, § 2005 Rdn. 6; MüKo/*Küpper*, § 2005 Rdn. 4.

IV. Die unbeschränkte Haftung des Alleinerben gegenüber einzelnen Nachlassgläubigern

479 Der Erbe kann aufgrund bestimmter Verhaltensweisen seines Haftungsbeschränkungsrechts gegenüber allen Nachlassgläubigern verlustig gehen. Davon ist der Verlust der Beschränkung der Haftung auf den Nachlass nur gegenüber einzelnen Nachlassgläubigern zu unterscheiden. Ein solcher tritt ein, wenn der Erbe nach der Errichtung eines Inventars gegenüber einem Nachlassgläubiger die **Abgabe der eidesstattlichen Versicherung zur Bekräftigung der Richtigkeit verweigert, gegenüber einem Nachlassgläubiger vertraglich auf die Möglichkeit der Beschränkung der Haftung verzichtet oder sich in einem Rechtsstreit ohne Vorbehalt der Beschränkung der Haftung auf den Nachlass verurteilen lässt.**

1. Die Verweigerung der eidesstattlichen Versicherung nach Inventarerrichtung, § 2006 Abs. 3 BGB

480 Die Richtigkeit und Vollständigkeit eines von dem Erben unter den Voraussetzungen der §§ 2002, 2003 BGB oder durch Bezugnahme gemäß § 2004 BGB errichteten Inventars ist nicht gewährleistet. Deshalb **räumt § 2006 Abs. 1 BGB Nachlassgläubigern das Recht ein**, von dem Erben die **Bekräftigung seines Inventars durch eidesstattliche Versicherung zu verlangen**, dass er nach bestem Wissen die Nachlassgegenstände so vollständig angegeben habe, als er dazu imstande sei.

a) Zweck der Vorschrift

481 Der Erbe ist schon aufgrund der Auskunfts- bzw. Herausgabepflichten nach den allgemeinen Vorschriften der §§ 259, 260 BGB zur Abgabe der eidesstattlichen Versicherung verpflichtet.[1405] Das ist der Fall, wenn ein Pflichtteilsberechtigter oder ein Vermächtnisnehmer ein von dem Erben errichtetes Inventar wie eine gemäß § 2314 Abs. 1 Satz 1 BGB erteilte Auskunft behandelt und nach Maßgabe des § 260 Abs. 2 Satz 3 BGB deren Bekräftigung durch eidesstattliche Versicherung verlangt. Diese Ansprüche können im Fall der Verweigerung im Klagewege durchgesetzt werden. **Um dies Nachlassgläubigern generell zu ersparen, hat der Erbe gemäß § 2006 Abs. 1 BGB ein entweder von ihm freiwillig oder nach einer gesetzten Frist errichtetes Inventar auf Verlangen vor dem Nachlassgericht durch eidesstattliche Versicherung zu bekräftigen.** Der Nachlassgläubiger kann die Abgabe nicht erzwingen, doch führt die Weigerung des Erben gemäß § 2006 Abs. 3 Satz 1 BGB diesem Gläubiger gegenüber zum Verlust des Rechts der Beschränkung der Haftung auf den Nachlass. Aus praktischen Erwägungen ist der Verlust auf den antragstellenden Gläubiger beschränkt.[1406]

b) Voraussetzungen der Pflicht zur Versicherung an Eides statt und deren Inhalt

482 Die Abgabe der eidesstattlichen Versicherung nach § 2006 Abs. 1 BGB setzt voraus, **dass der Erbe entweder selbst oder durch einen Vertreter ordnungsgemäß ein In-**

[1405] *Staudinger/Dobler* (2016), § 2006 Rdn. 1.
[1406] MüKo/*Küpper*, § 2006 Rdn. 1 unter Verweis auf Prot. Mugdan 5, 465 in Fn. 1; hierzu auch BeckOGK/*Leiß*, § 2006 Rdn. 23 f.

ventar errichtet hat. Das kann nach den Vorschriften der §§ 2002, 2003 BGB oder unter Bezugnahme auf ein vorhandenes Inventar gemäß § 2004 BGB geschehen. Dazu genügt es, dass dem Erben ein von einem Miterben, Vorerben, Erbschaftskäufer oder -verkäufer oder im Güterstand der Gütergemeinschaft lebenden Ehegatten errichtetes Inventar zustatten kommt.[1407] Zur Abgabe der eidesstattlichen Versicherung ist **nur der Erbe**, der nicht ausgeschlagen hat, **verpflichtet**, nicht ein nach §§ 1960, 1961 BGB bestimmter Nachlasspfleger oder ein Nachlassverwalter.[1408]

Jeder Nachlassgläubiger, der den Antrag auf Bestimmung einer Inventarfrist stellen darf, ist berechtigt, die Abgabe der eidesstattlichen Versicherung zu verlangen. *483* Der antragstellende Nachlassgläubiger muss ebenso wie bei dem Antrag auf Fristbestimmung seine **Forderung glaubhaft machen**, § 1994 Abs. 2 Satz 1 BGB analog.[1409] Antragsberechtigt sind auch Pflichtteilsberechtigte, Vermächtnisnehmer und Miterbengläubiger.[1410] Gläubiger, die den Antrag auf Bestimmung einer Inventarfrist nicht stellen dürfen, können wegen der Vollständigkeitsvermutung des § 2009 BGB, die dem errichteten Inventar zukommt, die Abgabe der eidesstattlichen Versicherung ebenfalls verlangen. Das sind die im Aufgebotsverfahren ausgeschlossenen oder säumigen Gläubiger der §§ 1973, 1974 BGB[1411] und die durch § 1989 BGB in den Fällen der Beendigung eines Nachlassinsolvenzverfahrens durch Masseverteilung oder durch Insolvenzplan gleichgestellten Gläubiger.[1412] **Nicht antragsberechtigt sind Nachlass- oder Nachlassinsolvenzverwalter.**[1413]

Negative Voraussetzung ist, dass der Erbe die **eidesstattliche Versicherung** nach § 2006 Abs. 1 BGB **noch nicht geleistet hat.** Ein erneuter Antrag wäre gemäß § 2006 Abs. 4 BGB nur zulässig, wenn Grund zu der Annahme besteht, dass dem Erben nach Abgabe der ersten eidesstattlichen Versicherung weitere Nachlassgegenstände bekannt geworden sind. Hat der Erbe die eidesstattliche Versicherung einem Nachlassgläubiger gegenüber verweigert, hindert das andere Nachlassgläubiger nicht, erneut seine Ladung zu beantragen.[1414]

Der Erbe hat gemäß § 2006 Abs. 1 BGB an Eides statt zu versichern, dass er nach *483a* bestem Wissen die Nachlassgegenstände so vollständig angegeben habe, als er dazu imstande sei. Die **Formel** endet nicht mit den Worten „imstande gewesen sei", sondern geht dahin, dass das Inventar nicht weniger Nachlassgegenstände angibt, als der Erbe zum Zeitpunkt der Abgabe der eidesstattlichen Versicherung angeben konnte.[1415] Der Erbe ist zu Nachforschungen nur verpflichtet, wenn er Anhaltspunkte hat, dass noch

---

[1407] Palandt/*Weidlich*, § 2006 Rdn. 1; *Staudinger/Dobler* (2016), § 2006 Rdn. 3.

[1408] *Staudinger/Dobler* (2016), § 2006 Rdn. 8.

[1409] *Staudinger/Dobler* (2016), § 2006 Rdn. 6; *Bamberger/Roth/Lohmann*, § 2006 Rdn. 6; MüKo/*Küpper*, § 2006 Rdn. 2.

[1410] MüKo/*Küpper*, § 2006 Rdn. 2; *Burandt/Rojahn/Joachim*, § 2006 Rdn. 4; *Staudinger/Dobler* (2016), § 2006 Rdn. 5; a.A. *Bamberger/Roth/Lohmann*, § 2006 Rdn. 3.

[1411] *Erman/Horn*, § 2006 Rdn. 3; Palandt/*Weidlich*, § 2006 Rdn. 2; *Staudinger/Dobler* (2016), § 2006 Rdn. 5.

[1412] *Staudinger/Dobler* (2016), § 2006 Rdn. 5; *Burandt/Rojahn/Joachim*, § 2006 Rdn. 4.

[1413] *Staudinger/Dobler* (2016), § 2006 Rdn. 4; MüKo/*Küpper*, § 2006 Rdn. 2.

[1414] *Erman/Horn*, § 2006 Rdn. 4; *Burandt/Rojahn/Joachim*, § 2006 Rdn. 5; BeckOGK/*Leiß*, § 2006 Rdn. 18.

[1415] RGRK/*Johannsen*, § 2006 Rdn. 9.

weitere Nachlassgegenstände vorhanden sind bzw. zu dem maßgeblichen Zeitpunkt des Erbfalls vorhanden waren.[1416]

483b Nach § 2006 Abs. 2 BGB kann der Erbe **vor der Abgabe** der eidesstattlichen Versicherung das **Inventar vervollständigen**, um nicht zur Abgabe einer falschen Versicherung an Eides statt mit entsprechender strafrechtlicher Ahndung nach § 156 StGB genötigt zu werden.

c) Verfahren vor dem Nachlassgericht

484 Die Abgabe der eidesstattlichen Versicherung ist eine Nachlasssache, so dass die §§ 342 ff. FamFG Anwendung finden. **Sachlich zuständig** ist gemäß § 23a Abs. 2 Nr. 2 GVG das **Amtsgericht als Nachlassgericht**. Die **örtliche Zuständigkeit** bestimmt sich nach § 343 FamFG. Funktionell zuständig ist gemäß § 3 Nr. 2c RPflG der **Rechtspfleger**.

485 **Beteiligter** am Verfahren ist gemäß § 7 Abs. 1 FamFG der **Antragsteller**. Zieht das Nachlassgericht von Amts wegen weitere Personen hinzu, deren Rechte unmittelbar betroffen sind oder muss es dies auf deren Antrag hin gemäß § 345 Abs. 4 Nr. 5, Satz 2, 3 i.V.m. § 7 Abs. 4 FamFG tun, sind sie ebenfalls Beteiligte.

486 Das Verfahren der Abgabe der eidesstattlichen Versicherung ist in § 361 FamFG geregelt. Die **Terminsbestimmung setzt ein von dem Erben oder seinem Vertreter errichtetes Inventar voraus**. Das Inventar eines Nachlassverwalters genügt nicht.[1417] Die **Bestimmung eines Termins** zur Abgabe der eidesstattlichen Versicherung erfolgt **entweder auf Antrag eines Nachlassgläubigers oder des Erben**, von dem ein Nachlassgläubiger die Abgabe verlangt hat, § 361 Satz 1 FamFG. Eine wiederholte Terminsbestimmung ist auf Antrag beider zulässig. Zulässig ist auch die Anberaumung eines dritten Termins.[1418] Die **Ladung zum Termin erfolgt von Amts wegen**. Nach § 361 Satz 2 FamFG sind sowohl der Erbe als auch der antragstellende Nachlassgläubiger zu laden. Die Anwesenheit des Gläubigers ist gemäß § 361 Satz 3 FamFG nicht erforderlich. Die Ladung des Erben erfolgt im Wege förmlicher Zustellung, weil sein Ausbleiben für ihn rechtlich nachteilige Folgen hätte.[1419] Eine Terminsbestimmung ist bei einer Erbschaftsausschlagung oder während der Dauer eines Nachlassverwaltungs- oder eines Nachlassinsolvenzverfahrens unzulässig.

487 Die Abgabe der eidesstattlichen Versicherung **muss der Erbe zu Protokoll des Nachlassgerichts in Person leisten**. Die Versicherung kann auch durch einen gesetzlichen Vertreter oder gemäß § 1902 BGB **durch einen Betreuer abgegeben werden**. Für das Verfahren gelten gemäß § 361 Satz 4 FamFG die §§ 478–480, 483 ZPO entsprechend.[1420] Über den Verlauf des Termins ist ein **Protokoll zu errichten**. Das gilt auch, wenn der Erbe die eidesstattliche Versicherung nicht abgibt. Bestreitet der Erbe als An-

---

[1416] OLG Hamm v. 4.6.2010, I-15 Wx 68/10, FamRZ 2010, 2022 = ZEV 2010, 580; *Staudinger/ Dobler* (2016), § 2006 Rdn. 11; MüKo/*Küpper*, § 2006 Rdn. 5 unter der Voraussetzung, dass die in Betracht kommenden Ermittlungen nach Umfang, Erfolgsaussichten und Kosten für den Erben zumutbar sind.

[1417] *Keidel/Zimmermann*, § 361 FamFG Rdn. 5; *Burandt/Rojahn/Joachim*, § 2006 Rdn. 8.

[1418] OLG Hamm v. 28.9.1994, 15 W 223/94, FamRZ 1995, 698, 699.

[1419] *Keidel/Zimmermann*, § 361 FamFG Rdn. 10; *Burandt/Rojahn/Joachim*, § 2006 Rdn. 8.

[1420] *Erman/Horn*, § 2006 Rdn. 6.

tragsgegner, überhaupt Erbe zu sein, ist von Amts wegen zu ermitteln.[1421] Erscheint der Erbe im Termin unentschuldigt nicht, kann ihm auf Antrag des Nachlassgläubigers gemäß § 2006 Abs. 3 Satz 2 BGB ein neuer Termin bestimmt werden. Geschieht das nicht oder erscheint der Erbe auch in dem neu bestimmten Termin unentschuldigt nicht, verliert er sein Haftungsbeschränkungsrecht gegenüber dem antragstellenden Nachlassgläubiger. Die gleiche Rechtsfolge tritt ein, wenn er im Termin erscheint, jedoch die Abgabe der eidesstattlichen Versicherung verweigert.

Gegen die Terminsbestimmung, die Verlegung und die Ladung sind keine Rechtsmittel gegeben, weil der Erbe zum Erscheinen nicht verpflichtet und somit auch nicht beschwert ist.[1422] Die **befristete Beschwerde** ist jedoch **gegen eine die Abnahme der eidesstattlichen Versicherung ablehnende Entscheidung** nach §§ 58 ff. FamFG statthaft.   *488*

Für das Verfahren fällt eine 0,5fache **Gebühr** gemäß Vorbem. 1.2 i.V.m. Nr. 15212 KV GNotKG an. Der **Geschäftswert** bestimmt sich nach dem **Wert sämtlicher Nachlassgegenstände ohne Abzug der Verbindlichkeiten** gemäß §§ 115, 38 Satz 2 GNotKG. Die **Kosten fallen dem Antragsteller** gemäß § 22 Abs. 1 GNotKG, § 261 Abs. 2 BGB analog **an**. Die Kostenentscheidung bestimmt sich nach § 81 Abs. 1 FamFG.[1423]   *488a*

d) Rechtsfolgen

Leistet der Erbe antragsgemäß die eidesstattliche Versicherung, vermeidet er den Verlust des Haftungsbeschränkungsrechts gegenüber dem antragstellenden Nachlassgläubiger. Die **Vollständigkeitsvermutung des § 2009 BGB**[1424] ist **nicht Rechtsfolge der Abgabe der eidesstattlichen Versicherung**, sondern tritt schon vorher durch Errichtung des Inventars ein. Der Beweis der Unvollständigkeit des Inventars oder einer Inventaruntreue bleibt uneingeschränkt zulässig.[1425] Im Fall der Verweigerung der eidesstattlichen Versicherung verliert der Erbe nicht nur sein Haftungsbeschränkungsrecht, sondern kann sich gemäß § 2006 Abs. 3 Satz 1 BGB analog auch nicht mehr auf die Vollständigkeitsvermutung des Inventars nach § 2009 BGB berufen. Das hat praktische Relevanz bei mehreren Erben. Ein Miterbe verliert aufgrund der Verweigerung der von ihm verlangten eidesstattlichen Versicherung das Haftungsbeschränkungsrecht nur bezüglich eines seiner ideellen Erbquote entsprechenden Teils der Forderung des Antragstellers und kann im Übrigen seine Haftung noch auf den Nachlass beschränken. Die Vermutungswirkung entfällt nur im Verhältnis zu dem antragstellenden Gläubiger.[1426] **Macht der Erbe** in der eidesstattlichen Versicherung **vorsätzlich falsche Angaben, macht er sich nach** §§ 15, 156 StGB **strafbar und verliert analog** § 2006 Abs. 3 Satz 1 BGB gegenüber dem antragstellenden Gläubiger ebenfalls sein   *489*

1421 *Staudinger/Dobler* (2016), § 2006 Rdn. 9; *Burandt/Rojahn/Joachim*, § 2006 Rdn. 9.
1422 *Keidel/Zimmermann*, § 361 FamFG Rdn. 11; *Staudinger/Dobler* (2016), § 2006 Rdn. 9; a.A. BeckOGK/*Leiß*, § 2006 Rdn. 37 m.w.N.
1423 *Keidel/Zimmermann*, § 361 FamFG Rdn. 21; a.A. MüKo/*Küpper*, § 2006 Rdn. 7; *Firsching/ Graf*, 4.752.
1424 Siehe dazu Rdn. 436.
1425 *Staudinger/Dobler* (2016), § 2006 Rdn. 15; *Burandt/Rojahn/Joachim*, § 2006 Rdn. 11.
1426 MüKo/*Küpper*, § 2006 Rdn. 6; *Staudinger/Dobler* (2016), § 2006 Rdn. 15; *Bamberger/Roth/ Lohmann*, § 2006 Rdn. 11.

Haftungsbeschränkungsrecht.[1427] Nicht nur die Verweigerung der eidesstattlichen Versicherung gegenüber dem Nachlassgericht hat den Verlust des Haftungsbeschränkungsrechts zur Folge, sondern auch, wenn sie vor, ohne oder nach Terminsanberaumung unmittelbar gegenüber dem antragstellenden Gläubiger erklärt wird.[1428] Der Verlust tritt nicht ein, wenn die Abgabe gegenüber den anderen Nachlassgläubigern verweigert wird.[1429]

490   Der Verlust des Haftungsbeschränkungsrechts nach § 2006 Abs. 3 Satz 2 BGB kann nur bei der Versäumung eines auf Antrag eines Nachlassgläubigers anberaumten Termins erfolgen. Der **Verlust bezieht sich nur auf die im Antrag bezeichnete Forderung des betreffenden Gläubigers**, so dass die Entscheidung des – nicht notwendigerweise unredlichen Erben – für ihn kalkulierbar bleibt.[1430] Ist für die im Antrag bezeichnete Forderung der Verlust des Haftungsbeschränkungsrechts eingetreten, verbleibt es dabei auch bei einer Abtretung an einen Dritten. Der Erbe kann die Haftungssanktion des § 2006 Abs. 3 Satz 1 BGB gegenstandslos machen, indem er auf Verlangen des die eidesstattliche Versicherung beantragenden Gläubigers dessen Forderung erfüllt. Die Verweigerung der Abgabe der eidesstattlichen Versicherung gegenüber einem Gläubiger führt nicht zum Verlust des Rechtes anderer Nachlassgläubiger, die Versicherung von dem Erben erneut zu verlangen.[1431]

Der **Verweigerung gleichgestellt** ist gemäß § 2006 Abs. 3 Satz 2 BGB der Fall, **dass der Erbe weder in dem Termin noch in einem auf Antrag des Gläubigers bestimmten neuen Termin erscheint**, wenn nicht ein Grund vorliegt, durch den das Nichterscheinen genügend entschuldigt wird. Die Beweislast dafür trägt der Erbe. Eine entsprechende Feststellung des Nachlassgerichts ist für das Prozessgericht bindend, weil bereits eine gerichtliche Entscheidung vorliegt.[1432]

2. Der vertragliche Verzicht des Erben auf die Beschränkung der Haftung

491   Der Erbe kann seine Haftung für Nachlassverbindlichkeiten auf den Nachlass beschränken, muss das aber nicht tun. Die **Vertragsfreiheit ermöglicht es ihm, die Beschränkungsmöglichkeit durch Rechtsgeschäft auszuschließen. Verzichtet werden kann** sowohl **auf eine bereits bestehende Beschränkung** der Haftung als auch **auf eine zukünftige Beschränkbarkeit**. Ein solcher Verzicht ist gesetzlich nicht geregelt, wird aber von Gesetzes wegen als zulässig unterstellt. Indirekt lässt sich das aus der

---

[1427] *Staudinger/Dobler* (2016), § 2006 Rdn. 16; *Burandt/Rojahn/Joachim*, § 2006 Rdn. 11.

[1428] *MüKo/Küpper*, § 2006 Rdn. 6, *Staudinger/Dobler* (2016), § 2006 Rdn. 17; *Burandt/Rojahn/Joachim*, § 2006 Rdn. 11.

[1429] *Staudinger/Dobler* (2016), § 2006 Rdn. 17; *Burandt/Rojahn/Joachim*, § 2006 Rdn. 12; a.A. *MüKo/Küpper*, § 2006 Rdn. 6.

[1430] Palandt/*Weidlich*, § 2006 Rdn. 2; *Staudinger/Dobler* (2016), § 2006 Rdn. 17; *MüKo/Küpper*, § 2006 Rdn. 6; *Burandt/Rojahn/Joachim*, § 2006 Rdn. 13; a.A. *Soergel/Stein*, § 2006 Rdn. 6; *Lange/Kuchinke*, § 48 VI 7c Fn. 154, wonach alle Forderungen des Antragstellers umfasst sind.

[1431] *Staudinger/Dobler* (2016), § 2006 Rdn. 19.

[1432] *Erman/Horn*, § 2006 Rdn. 6; *MüKo/Küpper*, § 2006 Rdn. 6; *Lange/Kuchinke*, § 48 VI 7b; *Burandt/Rojahn/Joachim*, § 2006 Rdn. 14; a.A. OLG Hamm v. 28.9.1994, 15 W 223/94, FamRZ 1995, 698, 699; *Soergel/Stein*, § 2006 Rdn. 7; *Staudinger/Dobler* (2016), § 2006 Rdn. 21; *Keidel/Zimmermann*, § 361 FamFG Rdn. 19; BeckOGK/*Leiß*, § 2006 Rdn. 26 f.

Regelung in § 2012 Abs. 1 Satz 3 BGB herleiten, wonach ein Verzicht durch den Nachlasspfleger ausgeschlossen ist. Ein Verzicht auf die Haftungsbeschränkungsmöglichkeit kann **auch konkludent erfolgen**[1433], wenn der Erbe beispielsweise eine Ratenzahlung vereinbart und der Nachlassgläubiger ihm dafür einen Teil der Schuld erlässt.

Umstritten ist, ob der Verzicht einen Vertrag voraussetzt[1434] **oder auch einseitig erklärt werden kann.**[1435] Für das Erfordernis eines Vertrages könnte sprechen, dass bei Schuldverhältnissen der Erlass einer Forderung gemäß § 397 BGB einer vertraglichen Vereinbarung bedarf. Da der Erbe den Verlust der Haftungsbeschränkung jedoch auch einseitig durch eine unerlaubte Handlung herbeiführen könnte, kann es ihm nicht verwehrt sein, den Verlust der Haftungsbeschränkung durch einen einseitigen rechtsgeschäftlichen Verzicht zu erreichen.[1436] Bei dem Verzicht auf die Haftungsbeschränkung handelt es sich zudem um einen solchen auf ein Gestaltungsrecht. Dafür ist kein Vertragsschluss erforderlich.[1437] In der Praxis werden die verschiedenen Ansichten kaum zu unterschiedlichen Ergebnissen führen, weil ein Nachlassgläubiger bei einem einseitig erklärten Verzicht des Erben diesen regelmäßig – konkludent und ohne Zugang nach § 151 BGB – annehmen wird, kommt es dadurch doch zur Erweiterung der Haftungsmasse.

Ein fehlender Hinweis des Erben gegenüber dem Nachlassgläubiger, sich auf die Beschränkung der Haftung auf den Nachlass berufen zu wollen, begründet für sich allein weder einen Verzicht, noch kann darin eine unzulässige Rechtsausübung gesehen werden.[1438] Der **Vorwurf unzulässiger Rechtsausübung** könnte begründet sein, wenn der Erbe gegenüber dem Nachlassgläubiger ein Verhalten gezeigt hat, aus dem dieser den Schluss ziehen musste, der Erbe werde die Beschränkung der Erbenhaftung nicht geltend machen und er im Vertrauen darauf keinen Antrag zur Bestimmung einer Inventarfrist gestellt hat und eine Nachprüfung der Vollständigkeit eines Inventars und seiner Wertermittlung jetzt nicht mehr möglich ist.[1439]

3. Die vorbehaltlose Verurteilung

Der Erbe haftet für Nachlassverbindlichkeiten nicht nur mit der Erbschaft, sondern auch – trotz der gesetzlich vorgesehenen materiellrechtlichen Möglichkeiten der Beschränkung der Haftung auf den Nachlass – mit seinem Eigenvermögen. Die **Haftungsbeschränkung wird im Zwangsvollstreckungsverfahren nicht automatisch berücksichtigt**, sondern nur, wenn sich der Erbe in den gegen ihn – entweder als Nachfolger des Erblassers nach Eintritt in den Prozess oder als von vornherein Beklagter – erwirkten vollstreckungsfähigen Titeln, insbesondere Urteilen, die Haftungsbeschränkung hat vorbehalten lassen, § 780 Abs. 1 ZPO. **Fehlt der Vorbehalt, kommt es im Verhältnis zu dem den Titel erwirkenden Nachlassgläubiger zur unbeschränkten Haftung mit dem gesamten Vermögen.** Eines Vorbehalts bedarf es gemäß § 780

492

493

[1433] BGH v. 2.7.1992, IX ZR 256/91, NJW 1992, 2694.
[1434] RGRK/*Johannsen*, Vor §§ 1967 ff. Rdn. 21.
[1435] *Staudinger/Dutta* (2016), Vorbem. zu §§ 1967–2017 Rdn. 16.
[1436] *Staudinger/Dutta* (2016), Vorbem. zu §§ 1967–2017 Rdn. 16.
[1437] *Planck/Flad*, Vorbem. § 1993 Anm. 6c.
[1438] OLG Celle v. 1.3.1962, 10 U 71/61, NdsRpfl 1962, 232 f.
[1439] RG v. 26.1.1939, IV 203/38, SeuffA 93, 114 ff. = RG HRR 1939 Nr. 369.

Abs. 2 ZPO nicht, wenn der Fiskus als gesetzlicher Erbe verurteilt wird oder wenn ein Urteil gegen einen Nachlassverwalter, einen nach §§ 1960, 1961 BGB bestellten Nachlasspfleger oder gegen einen Testamentsvollstrecker, dem die Verwaltung des Nachlasses obliegt, erlassen wird. Das Verfahren zur endgültigen Beschränkung der Erbenhaftung regeln die §§ 780–786 ZPO.[1440]

V. Die Haftung des zu mehreren Erbteilen berufenen Erben

494   Dem Erben, der für einen zunächst erworbenen Erbteil bereits unbeschränkbar haftet, **eröffnet § 2007 BGB für einen neu hinzuerworbenen Erbteil eine neue Haftungssituation.**[1441] Die Vorschrift knüpft an § 1951 BGB an. Darin ist die Möglichkeit getrennter Ausschlagung und Annahme geregelt, wenn jemand zu mehreren Erbteilen berufen ist. Nach § 2007 Satz 1 BGB ist die Haftung eines solchermaßen bedachten Erben für Nachlassverbindlichkeiten in Ansehung eines jeden der Erbteile so bestimmt, wie wenn die Erbteile verschiedenen Erben angefallen wären. § 2007 Satz 2 BGB normiert, dass dies in den Fällen der Anwachsung gemäß § 2095 BGB oder der Erhöhung gemäß § 1935 BGB nur gelten soll, wenn die Erbteile verschieden beschwert sind.

1. Berufung zu mehreren Erbteilen

495   Das Gesetz regelt in den §§ 1927, 1934 und 1951 BGB Fälle, in denen ein **Erbe zu mehreren Erbteilen berufen** ist. Gleichgestellt ist der Fall, dass ein Erbe gemäß § 2033 BGB einen weiteren Erbteil hinzuerwirbt.[1442] Die Voraussetzungen der Haftungsbeschränkung werden zumeist für jeden Erbteil gleich sein. Der Erbe kann aber auch für einen Erbteil bereits unbeschränkt haften. **Beim Hinzuerwerb eines weiteren selbstständigen Erbteils soll er nach § 2007 Satz 1 BGB die Möglichkeit der Beschränkung der Haftung in Ansehung dieses Erbteils haben.** Der Stellung von § 2007 BGB bei den Regelungen über die Inventarerrichtung entspricht es, dass die Fristversäumung gemäß § 1994 Abs. 1 Satz 2 BGB, die Inventaruntreue gemäß § 2005 Abs. 1 Satz 1 BGB, die Auskunftsverweigerung oder Verzögerung nach § 2005 Abs. 1 Satz 2 BGB sowie die Verweigerung der eidesstattlichen Versicherung gemäß § 2006 Abs. 3 BGB relevant sind.

496   Die unterschiedliche Behandlung mehrerer Erbteile erlangt insbesondere **praktische Bedeutung bei Miterben.** Ein Miterbe haftet vor der Teilung des Nachlasses nur hinsichtlich des Teils der Nachlassverbindlichkeiten unbeschränkt, der seinem Erbteil entspricht und bezüglich dessen er seines Rechts zur Haftungsbeschränkung bereits verlustig gegangen ist, § 2059 Abs. 1 Satz 2 BGB. **Umstritten** ist, ob die **Vorschrift des § 2059 Abs. 1 Satz 2 BGB auf den zu mehreren Erbteilen berufenen Alleinerben analog anwendbar ist,** bei dem eine Nachlassteilung nicht in Betracht kommt. Die **herrschende Meinung bejaht diese Möglichkeit zu Recht,** weil die Haftungssituation im Verhältnis zu Miterben nicht wesentlich verschieden ist, als wenn ein Alleinerbe

---

[1440] Näher zur prozessualen Geltendmachung des Haftungsbeschränkungsrechts Rdn. 618 ff.
[1441] MüKo/*Küpper*, § 2007 Rdn. 1; *Burandt/Rojahn/Joachim*, § 2007 Rdn. 1.
[1442] Palandt/*Weidlich*, § 2007 Rdn. 1.

mehrere Erbteile erwirbt.[1443] Der Wortlaut des § 2007 Satz 1 BGB unterscheidet auch nicht zwischen einem Allein- und einem Miterben. § 2007 BGB kommt nicht zur Anwendung, wenn die unbeschränkte Haftung des Erben erst nach dem Erwerb mehrerer Erbteile eintritt.[1444]

2. Anwachsung, Erhöhung

Die Bestimmung in § 2007 Satz 2 BGB ergänzt die Regelung in Satz 1 in Bezug auf   *497* sog. „unechte" Fälle der Berufung zu mehreren Erbteilen. Es handelt sich um die **Anwachsung gemäß §§ 2094, 2095 BGB nach Wegfall eines eingesetzten Erben sowie um die Erhöhung nach § 1935 BGB bei Wegfall eines gesetzlichen Erben.**[1445] Die Selbstständigkeit mehrerer Erbteile gilt dann nur hinsichtlich der diese Erbteile belastenden Vermächtnisse und Auflagen. Dem steht der Wortlaut des § 2007 Satz 2 BGB „gilt dies nur dann, wenn" nicht entgegen. Nach heute **allgemein anerkannter Auslegung** ist § 2007 Satz 2 BGB so zu lesen, dass Satz 1 in den Fällen der Anwachsung und der Erhöhung nur gilt, soweit die Erbteile mit Vermächtnissen und Auflagen verschieden beschwert sind.[1446] Anders als bei Satz 1 ist im Verhältnis zu den übrigen Nachlassgläubigern von einem einheitlichen Erbteil auszugehen. Voraussetzung ist eine unterschiedliche Beschwerung, so dass die unbeschränkte Haftung in Bezug auf einen Erbteil nur die „diesen Erbteil" betreffende Beschwerung erfasst.[1446a]

VI. Folgen der unbeschränkten Haftung des Erben

Die Folgen, die sich bei einer unbeschränkten Haftung des Erben ergeben, sind in   *498* **§ 2013 BGB bestimmt.** Absatz 1 regelt die Rechtsfolgen, wenn der Erbe gegenüber allen Nachlassgläubigern die Möglichkeit der Beschränkung der Haftung auf den Nachlass verloren hat. Unter unbeschränkter Haftung ist die allgemein unbeschränkbare Haftung zu verstehen, d.h. sowohl die Haftung mit dem Nachlass als auch mit dem Eigenvermögen.[1447] Absatz 2 beschränkt die Rechtsfolgen des Absatz 1, wenn der Verlust nur gegenüber einzelnen Nachlassgläubigern eintritt.

Bei allgemein unbeschränkbarer Haftung ist dem Erben gemäß § 2016 Abs. 1 BGB auch die **Berufung auf die aufschiebenden Einreden der §§ 2014, 2015 BGB** verwehrt. Im Fall des Verlustes der Haftungsbeschränkungsmöglichkeit gegenüber einzelnen Nachlassgläubigern bleibt das Recht des Erben erhalten, unter den Voraussetzungen des § 175 ZVG die Zwangsvollstreckung des Nachlassgrundstücks zu beantragen.[1448]

[1443] Palandt/*Weidlich*, § 2007 Rdn. 1; MüKo/*Küpper*, § 2007 Rdn. 2; *Bamberger/Roth/Lohmann*, § 2007 Rdn. 2; *Burandt/Rojahn/Joachim*, § 2007 Rdn. 3; a.A. BeckOGK/*Leiß*, § 2007 Rdn. 8 und *Staudinger/Dobler* (2016), § 2007 Rdn. 2, die darin systemwidrig die Zulassung einer endgültigen Haftungsbeschränkung ohne Nachlassseparation sehen.

[1444] Palandt/*Weidlich*, § 2007 Rdn. 1; BeckOGK/*Leiß*, § 2007 Rdn. 9.

[1445] *Damrau/Tanck/Gottwald*, § 2007 Rdn. 4; *Burandt/Rojahn/Joachim*, § 2007 Rdn. 4.

[1446] Palandt/*Weidlich*, § 2007 Rdn. 2; *Soergel/Stein*, § 2007 Rdn. 3; MüKo/*Küpper*, § 2007 Rdn. 3.

[1446a] MüKo/*Küpper*, § 2007 Rdn. 3.

[1447] Palandt/*Weidlich*, § 2013 Rdn. 1; *Burandt/Rojahn/Joachim*, § 2013 Rdn. 1; BeckOGK/*Leiß*, § 2013 Rdn. 3.

[1448] Näher dazu Rdn. 391.

499   Folge des in **§ 2013 Abs. 1 Satz 1 Hs. 1 BGB geregelten allgemeinen Verlustes der Haftungsbeschränkungsmöglichkeit** ist, dass der **Alleinerbe kein Gläubigeraufgebot mehr beantragen kann.** Er kann sich **nicht auf die Ausschließungseinrede gemäß § 1973 BGB und bei fünfjähriger Säumnis auf die Verschweigungseinrede gemäß § 1974 BGB berufen.** Nach § 2013 Abs. 1 Satz 2 BGB gilt das aber nur, wenn der Ausschließungsbeschluss erst nach Eintritt der unbeschränkten Haftung ergangen oder die fünfjährige Frist danach abgelaufen ist. War die Haftungsbeschränkung nach den §§ 1973, 1974 BGB bereits eingetreten, wird sie durch eine spätere Inventarverfehlung durch Fristversäumung oder durch Inventaruntreue nicht mehr berührt. Verliert der Erbe das Haftungsbeschränkungsrecht durch Verweigerung der eidesstattlichen Versicherung gemäß § 2006 Abs. 3 Satz 1 BGB nur gegenüber dem antragstellenden Gläubiger, kann er sich ihm gegenüber nicht auf die zuvor gemäß §§ 1973, 1974 BGB eingetretene Haftungsbeschränkung berufen.[1449] Als Miterbe kann ein unbeschränkt haftender Erbe das Aufgebot weiterhin beantragen.

Die Anordnung eines Nachlassverwaltungs- oder die Eröffnung eines Nachlassinsolvenzverfahrens stehen der persönlichen Inanspruchnahme des Erben mit seinem gesamten Vermögen nicht entgegen. Die Verfahren führen weiterhin zur Trennung von Nachlass und Eigenvermögen zugunsten der Nachlassgläubiger. Diese behalten auch ihr Antragsrecht gemäß § 1981 Abs. 2 BGB, während **der Erbe** gemäß § 2013 Abs. 1 Satz 1 Hs. 1 BGB **die Berechtigung, ein Nachlassverwaltungsverfahren zu beantragen, verliert.** Er ist aber **weiter berechtigt, einen Antrag auf Eröffnung eines Nachlassinsolvenzverfahrens zu stellen,** §§ 316 Abs. 1, 317 InsO.

500   Der Verlust des Rechts zur Haftungsbeschränkung gegenüber allen Nachlassgläubigern führt dazu, dass auch **die §§ 1977–1980 BGB unanwendbar sind.** Da der Erbe mit seinem gesamten Vermögen haftet, führt die Zuerkennung von Ersatzansprüchen für die Nachlassgläubiger zu keiner zusätzlichen Zugriffsmöglichkeit. Der Erbe seinerseits hat keine Ansprüche auf Aufwendungsersatz wegen der Berichtigung von Nachlassverbindlichkeiten aus seinem Eigenvermögen. Die Vorschrift des **§ 1976 BGB** (Wirkung der amtlichen Verfahren auf durch Vereinigung erloschene Rechtsverhältnisse) **wird durch § 2013 Abs. 1 Satz 1 BGB nicht ausgeschlossen,** so dass der unbeschränkt haftende Erbe die ihm gegenüber dem Erblasser zustehenden Forderungen geltend machen kann. **Unanwendbar** sind nach der Regelung des § 2013 Abs. 1 Satz 1 BGB auch **die §§ 1989–1992 BGB.** Der Erbe kann sich nach Verlust des Haftungsbeschränkungsrechts nicht auf die Erschöpfungs-, die Dürftigkeits- und die Überschwerungseinrede berufen.

501   Der **Verlust des Haftungsbeschränkungsrechts gegenüber einzelnen Nachlassgläubigern ist in § 2013 Abs. 2 BGB geregelt.** In diesem Fall bleiben die **§§ 1977–1980 BGB anwendbar.** Der Erbe ist weiterhin berechtigt, neben der Eröffnung eines Nachlassinsolvenzverfahrens auch die Anordnung einer Nachlassverwaltung zu beantragen. Der Haftungsbeschränkungsverlust betrifft nur das Verhältnis zu dem Nachlassgläubiger, der die unbeschränkte Haftung des Erben herbeigeführt hat. Gegenüber den übrigen Nachlassgläubigern hat der Erbe weiterhin alle in § 2013 Abs. 1 BGB aufgeführten Haftungsbeschränkungsmöglichkeiten.[1450] Er kann ein Gläubigeraufgebot beantragen

---

[1449] *Staudinger/Dobler* (2016), § 2013 Rdn. 2; *Burandt/Rojahn/Joachim,* § 2013 Rdn. 2.
[1450] RGRK/*Johannsen,* § 2013 Rdn. 14 f.; *Burandt/Rojahn/Joachim,* § 2013 Rdn. 5.

und gegenüber den ausgeschlossen und ihnen gleichstehenden Gläubigern die Aus-schließungs- und Verschweigungseinrede (§§ 1973, 1974 BGB) erheben oder sich auf die Einreden der §§ 1989–1992 BGB berufen.

Der Nachlassgläubiger, der sich auf den Eintritt der unbeschränkten Haftung be-ruft, trägt im Bestreitensfall die Beweislast. Bei der Fristversäumung hat er die Säum-nis darzulegen, während der Erbe zur Rechtzeitigkeit der Inventarerrichtung vortragen muss. **Der Erbe ist beweisbelastet, dass er seine Haftung in zulässiger Weise be-schränkt hat.** Kann er im streitigen Verfahren einen Ausschließungsbeschluss nach einem durchgeführten Aufgebotsverfahren oder einen Beschluss, durch den die Nach-lassverwaltung angeordnet oder das Nachlassinsolvenzverfahren eröffnet worden ist, vorlegen, gelingt der Beweis regelmäßig, ebenso wenn er nach Erhebung der Dürftig-keitseinrede den Beschluss des Insolvenzgerichts vorlegt, dass das Nachlassinsolvenz-verfahren mangels einer die Kosten deckenden Masse nicht eröffnet worden ist.

502

F. Besonderheiten der Haftung mehrerer Erben

Die **Haftung von Miterben** für Nachlassverbindlichkeiten **richtet sich ebenfalls nach** **503** **den Vorschriften der §§ 1967 bis 2017 BGB**, die materiellrechtlich die Haftung des Alleinerben regeln, soweit sich nicht aus den **Sondervorschriften der §§ 2058–2063 BGB** etwas anderes ergibt. Für das Verfahren gelten ergänzend die §§ 780–785 ZPO.[1451] Ein gegen den Nachlass gerichteter **Anspruch** kann auch gegen einen Miterben **vor der Annahme der Erbschaft nicht gerichtlich geltend gemacht werden**, § 1958 BGB.[1452] Miterben können sich **auf die Schonungseinreden der §§ 2014, 2015 BGB berufen**, den Aufruf der Gläubiger im Aufgebotsverfahren nach den §§ 1970 ff. BGB betreiben, die Anordnung einer Nachlassverwaltung oder die Eröffnung eines Nachlassinsolvenzverfahrens beantragen oder die Einreden der §§ 1989, 1990, 1992 BGB erheben. Ein Miterbe kann ohne Mitwirkung der übrigen Miterben gemäß § 455 Abs. 1 FamFG das Aufgebot der Nachlassgläubiger beantragen und so seinen Miterben gemäß § 460 Abs. 1 Satz 1 Hs. 1 FamFG die Aufgebots- und die Ausschließungseinrede erwerben.

I. Grundlagen der Haftung bei einer Erbengemeinschaft

Der Alleinerbe haftet für Nachlassverbindlichkeiten entweder nur mit dem Nachlass **504** oder zusätzlich mit seinem Eigenvermögen, wenn er von der Möglichkeit der Haftungsbeschränkung keinen Gebrauch gemacht oder dieses Recht verloren hat. Sind mehrere Erben eingesetzt, **kann auch jeder Miterbe entweder mit dem Nachlass und zusätzlich mit seinem sonstigen Vermögen haften**. Für den Alleinerben kommt es entscheidend darauf an, dass er seine Haftung auf den Nachlass beschränken kann. Bei einer Miterbengemeinschaft **stellt sich zusätzlich die Frage**, ob eine **gemeinschaftliche Schuld** unter ihnen entsprechend ihren Erbteilen aufgeteilt wird oder ob sie dafür **als Gesamtschuldner haften**. Zu unterscheiden ist zwischen der Frage nach der Haftungsmasse (Nachlass und/oder Eigenvermögen) – womit gehaftet wird – und der Frage nach dem Haftungsumfang (gesamtschuldnerisch oder anteilig) – wofür und wie gehaftet wird –.[1453] **Vor der Annahme der Erbschaft** besteht bei der Erbengemeinschaft wie beim Alleinerben ein Schwebezustand, dem ebenfalls Rechnung zu tragen ist. **Nach der Erbschaftsannahme** aber **vor der Teilung** des Nachlasses können Nachlassgläubiger als Haftungsgrundlage auf den gesamten ungeteilten Nachlass zurückgreifen oder auch nur einzelne Miterben in Anspruch nehmen. **Nach der Teilung** existiert der Nachlass als Sondervermögen nicht mehr, so dass sich die Nachlassgläubiger jetzt nur **noch an die einzelnen Miterben halten können**.

[1451] *Erman/Bayer*, Vor § 2058 Rdn. 2.
[1452] *Staudinger/Marotzke* (2016), Vorbem zu §§ 2058 ff. Rdn. 2.
[1453] MüKo/*Ann*, § 2058 Rdn. 3.

1. Die Erbengemeinschaft als Gesamthandsgemeinschaft

505 Zur Entstehung einer Erbengemeinschaft kommt es, wenn mehrere Personen als Erben berufen sind. Es handelt sich um eine **geborene Liquidationsgemeinschaft**, deren Zweck darin besteht, den Nachlass auseinanderzusetzen und die Nachlassgläubiger zu befriedigen. Die Erbengemeinschaft ist eine Gesamthandsgemeinschaft, so dass **der Nachlass einzelnen Miterben nur in seiner gesamthänderischen Verbundenheit zusteht.** Nachlassgegenstände stehen ihnen gemeinschaftlich zu. Gleichzeitig wird ein **Sondervermögen** gebildet, das **durch den gemeinsamen Verwaltungs-, Nutzungs- und Abwicklungszweck gebunden ist.** Miterben können gemäß § 2040 Abs. 1 BGB über einzelne Nachlassgegenstände nur gemeinschaftlich verfügen. Eine Verfügung des Miterben über seinen Anteil an einem einzelnen Nachlassgegenstand ist ausgeschlossen, § 2033 Abs. 2 BGB. Dadurch wird verhindert, dass ein Miterbe anderen Miterben gegen ihren Willen einen weiteren Teilhaber an einem bestimmten Nachlassgegenstand aufzwingen kann. Will sich ein Miterbe seiner Bindung in der Gemeinschaft entziehen, bleibt ihm nur die Möglichkeit, seinen Anteil am Nachlass gemäß § 2033 Abs. 1 BGB zu veräußern oder gemäß § 2042 Abs. 1 BGB die Auseinandersetzung der Erbengemeinschaft zu betreiben. **Miterben verwalten den Nachlass**, der ihnen bis zur Teilung als Ganzes erhalten bleibt und Haftungsgrundlage für die Nachlassgläubiger ist, **grundsätzlich gemeinschaftlich.** Aufgrund der Regelung des § 2033 Abs. 2 ist gewährleistet, dass das Sondervermögen „Nachlass" nicht gesamthandswidrig oder gegen die Interessen der Nachlassgläubiger vermindert wird. Eine Zwangsvollstreckung in einzelne Nachlassgegenstände ist bis zur Teilung gemäß § 747 ZPO nur aufgrund eines Titels gegen alle Miterben möglich. Dieser muss nicht einheitlich sein.[1454] Eigengläubiger eines Miterben können mit einem Titel gegen diesen Erben nicht in den ungeteilten Nachlass vollstrecken.

506 Das **Gesetz bestimmt für den Haftungsumfang** – bezogen auf gemeinschaftliche Nachlassverbindlichkeiten – der Miterben in § 2058 BGB **grundsätzlich** eine **gesamtschuldnerische Haftung.** Eine **teilschuldnerische Haftung** ergibt sich nur **ausnahmsweise unter den Voraussetzungen der §§ 2060, 2061 BGB.** Die gesamtschuldnerische Haftung soll Nachlassgläubiger bei einer Erbengemeinschaft nicht schlechter stellen als bei der Durchsetzung der Forderung gegen den Erblasser als ihrem ursprünglichen Schuldner.[1455] Dieser hatte zu Lebzeiten keine Möglichkeit, das zwischen ihm und seinem Gläubiger bestehende Schuldverhältnis auf mehrere Personen zu verteilen. Der zum Nachlassgläubiger gewordene Anspruchsberechtigte muss auch nach dem Tod des Erblassers die Möglichkeit haben, nur eine Person in Anspruch nehmen zu können. Aufgrund der gesamtschuldnerischen Haftung aller Miterben trägt er kein Risiko, bei einem von ihnen auszufallen. Er kann sich von vornherein nur an den aus seiner Sicht solventesten Miterben halten. Solange der **Nachlass ungeteilt** ist, **besteht trotz der gesamtschuldnerischen Haftung sowohl für den beschränkbar als auch für den schon unbeschränkbar haftenden Miterben die Möglichkeit, die Haftung auf den Nachlass bzw. auf die Höhe seines Erbteils zu beschränken.** Ob ein Miterbe neben dem Nachlass auch mit seinem Eigenvermögen oder nur mit dem Erbteil haftet, hängt

---

[1454] *Erman/Bayer,* Vor § 2058 Rdn. 2.
[1455] MüKo/*Ann,* § 2058 Rdn. 6 unter Hinweis auf Prot. V S. 871; BeckOGK/*S. Otto,* § 2058 Rdn. 10.

nicht davon ab, ob er aufgrund seiner Miterbenstellung gesamt- oder teilschuldnerisch haftet.[1456]

Bei der Erbengemeinschaft muss differenziert werden, welche Rechtsfolgen eintre- 507 ten, wenn ein Miterbe im Gegensatz zu den übrigen Miterben beschränkt oder unbeschränkt haftet und ob jeder Miterbe als Gesamtschuldner auf das Ganze haftet oder nur entsprechend der auf seinen Erbteil entfallenden Quote. **Hinsichtlich Haftungsmasse und -umfang sind für den einzelnen Miterben fünf Konstellationen denkbar:**[1457]

– die beschränkte bzw. beschränkbare gesamtschuldnerische Haftung, d.h. der Miterbe haftet als Gesamtschuldner nur mit dem Nachlass,
– die unbeschränkte gesamtschuldnerische Haftung, d.h. der Miterbe haftet sowohl mit dem Nachlass als auch mit seinem Eigenvermögen als Gesamtschuldner auf das Ganze,
– die gesamtschuldnerische und hinsichtlich eines der Erbquote entsprechenden Teils der Schuld unbeschränkbare, im Übrigen aber beschränkbare Haftung,
– die beschränkte teilschuldnerische Haftung, d.h. der Miterbe haftet nur mit dem Nachlass und lediglich für eine begrenzte Schuld,
– die unbeschränkte teilschuldnerische Haftung, d.h. der Miterbe haftet für die Teilschuld mit dem Nachlass und mit seinem Eigenvermögen.

Gemeinsam ist allen diesen Konstellationen, dass sich jeweils sowohl **Interessen der Miterben als auch der Eigen- und Nachlassgläubiger gegenüberstehen.** Eigengläubiger sind daran interessiert, Zugriff auf das gesamte Vermögen des Miterben nehmen zu können, wozu auch sein gesamthänderisch gebundener Anteil am Nachlass gehört. Nachlassgläubiger könnten wegen ihrer Forderungen in den Nachlass und in den Anteil des Miterben daran vollstrecken. Die Bindung des Nachlasses als Sondervermögen führt zunächst zu einer Trennung vom Eigenvermögen, so dass die Nachlassgläubiger vor der Vermischung beider Vermögensmassen und damit vor dem Zugriff von Eigengläubigern auf den Nachlass geschützt sind. Eine Vollstreckung in den Nachlass ist nur möglich, solange dieser noch nicht geteilt ist. Nach der Teilung stehen die Nachlassgläubiger vor der Situation, dass ihnen nur noch die einzelnen Miterben als Schuldner verbleiben. Dem trägt das Gesetz durch die fortbestehende gesamtschuldnerische Haftung Rechnung. Dadurch sollen die Miterben angehalten werden, Nachlassverbindlichkeiten entsprechend der gesetzlichen Vorgaben des § 2046 Abs. 1 BGB noch vor der Nachlassteilung zu erfüllen.[1458] Das Interesse der Miterben geht dahin, auch nach der Teilung des Nachlasses weiterhin eine Beschränkung ihrer Haftung herbeiführen zu können.

2. Gemeinschaftliche Nachlassverbindlichkeit als Grundlage gesamtschuldnerischer Haftung

Eine Nachlassforderung kann sich gegen alle Miterben, jedoch auch nur gegen einen 508 von ihnen richten. **Voraussetzung einer gesamtschuldnerischen Haftung aller Miterben nach § 2058 BGB ist aber grundsätzlich, dass es sich um eine gemeinschaftliche**

[1456] *Staudinger/Marotzke* (2016), § 2058 Rdn. 4.
[1457] Siehe auch *Erman/Bayer*, Vor § 2058 Rdn. 15; *Staudinger/Marotzke* (2016), § 2058 Rdn. 20.
[1458] MüKo/*Ann*, § 2058 Rdn. 2; BeckOGK/*S. Otto*, § 2058 Rdn. 10.

Nachlassverbindlichkeit handelt.[1459] Eine gesamtschuldnerische Haftung aller Miterben kann sich **unabhängig von § 2058 BGB auch aus §§ 427, 830, 840 BGB ergeben.**[1460] Danach ist eine gesamtschuldnerische Haftung ohne Vorliegen einer Nachlassverbindlichkeit denkbar, wenn Miterben für andere Schulden aus demselben Rechtsgrund haften[1461].

a) Gemeinschaftliche Nachlassschuld

509 Eine Nachlassverbindlichkeit ist **gemeinschaftlich,** wenn für diese Schuld **alle Miterben im Verhältnis zum Nachlassgläubiger haften.**

aa) Gemeinschaftlichkeit

509a Zu den gemeinschaftlichen Verbindlichkeiten gehören die vom Erblasser herrührenden Schulden (**Erblasserschulden**), Erbfallschulden gemäß § 1967 Abs. 2 BGB, **Nachlasskosten- und Erbschaftsverwaltungsschulden** sowie **Verbindlichkeiten aus der ordnungsgemäßen Verwaltung des Nachlasses (Nachlasserbenschulden)**.[1462] Eine gemeinschaftliche Nachlassverbindlichkeit liegt auch vor, wenn **nur ein Miterbe** gegenüber einem Nachlassgläubiger **mit einer Leistung in Verzug gerät** oder **eine andere Leistungsstörung zu vertreten** hat. Zwar gilt gemäß § 425 BGB der Grundsatz, dass sich der Verzug nur gegen den säumigen Gesamtschuldner auswirkt, der ihn herbeigeführt hat. Bei einer Gesamthandsverbindlichkeit trifft das nicht zu.[1463] Die Gesetzeslücke lässt sich durch eine Analogie zu § 31 BGB ausfüllen. Die verletzte Primärschuld lastete auf dem gesamten Nachlass. Der handelnde Miterbe kann als Organ des ohne ihn nicht handlungsfähigen Nachlasses und gleichzeitig als für dessen Verbindlichkeiten persönlich mitverpflichtete Person angesehen werden.[1464] Das Verschulden eines Organs reicht aus.[1465]

Die sich aus der Nachlassverwaltung eines Erben im Fall der Nachlassseparation **aus §§ 1978–1980 BGB** ergebenden Ansprüche sind **keine gemeinschaftlichen Nachlassverbindlichkeiten.** Sie gehören gemäß § 1978 Abs. 2 BGB als Forderungen gegen den oder die Miterben zum Nachlass, so dass **auf sie § 2058 BGB keine Anwendung findet.**[1466]

[1459] MüKo/*Ann,* § 2058 Rdn. 8; *Staudinger/Marotzke* (2016), § 2058 Rdn. 22.

[1460] MüKo/*Ann,* § 2058 Rdn. 12; *Staudinger/Dobler* (2016), § 1978 Rdn. 38; RGRK/*Kregel,* § 2058 Rdn. 4.

[1461] BGH v. 5.12.1969, V ZR 159/66, BGHZ 53, 110 = NJW 1970, 473; Palandt/*Weidlich,* §§ 2058, 2059 Rdn. 4; MüKo/*Ann,* § 2058 Rdn. 12.

[1462] MüKo/*Ann,* § 2058 Rdn. 9; näher dazu Rdn. 117 ff.

[1463] OLG Neustadt v. 26.2.1962, 3 W 5/62, DNotZ 1963, 58; MüKo/*Ann,* § 2058 Rdn. 10; *Staudinger/Marotzke* (2016), § 2058 Rdn. 49; *Soergel/Wolf,* § 2058 Rdn. 4.

[1464] *Staudinger/Marotzke* (2016), § 2058 Rdn. 47; MüKo/*Reuter,* § 31 Rdn. 17; *M. Wolf,* AcP 181, 480, 505 f.; a.A. *Soergel/Hadding,* § 31 Rdn. 8; *Erman/Westermann,* § 31 Rdn. 1.

[1465] BGH v. 8.7.1986, VI ZR 18/85, NJW 1986, 2939, 2940 ff.; *Staudinger/Marotzke* (2016), § 2058 Rdn. 47.

[1466] Palandt/*Weidlich,* §§ 2058, 2059 Rdn. 4.

bb) Erblasser als Mitglied einer Personengesellschaft

Einen Sonderfall bilden **Verpflichtungen, für die der Erblasser als Mitglied einer** 510 **Personengesellschaft einzustehen hatte.** Diese sind ebenfalls Nachlassverbindlichkeiten.[1467] Kommt es gemäß § 727 Abs. 1 BGB zur **Auflösung einer BGB-Gesellschaft,** steht den Miterben der Auseinandersetzungsanspruch nach den §§ 734, 731 Satz 2, 752 ff. BGB in ihrer gesamthänderischen Verbundenheit zu. Bei einer persönlichen Haftung des Erblassers für Schulden der Gesellschaft haben die Miterben dafür wie für sonstige Nachlassverbindlichkeiten einzustehen. Ihnen bleiben alle Möglichkeiten der Haftungsbeschränkung nach den §§ 1975 ff. BGB sowie die zusätzliche Möglichkeit nach § 2059 Abs. 1 Satz 1 BGB.

Wird die **Gesellschaft** beim Tod eines Gesellschafters **unter den verbliebenen Gesellschaftern fortgesetzt,** was auch bei der BGB-Gesellschaft regelmäßig durch entsprechende Regelungen im Gesellschaftsvertrag geschieht, bei OHG und KG kraft gesetzlicher Regelung gemäß §§ 131 Abs. 3 Nr. 1, 161 Abs. 2 HGB, steht der Abfindungsanspruch nach den §§ 738–740 BGB der Erbengemeinschaft zu. Gesellschaftsverbindlichkeiten, für die der Erblasser persönlich einzustehen hatte, sind Nachlassverbindlichkeiten.[1468]

Die BGB-Gesellschaft hat nach der Änderung der Rechtsprechung als Außen-GbR **Rechtssubjektqualität mit einem Gesamthandsvermögen**[1469], so dass von einer **Haftung** der eintretenden Gesellschafter für die Altverbindlichkeiten der Gesellschaft entsprechend § 130 HGB auszugehen ist.[1470] Das gilt in gleicher Weise, wenn der Eintritt des Gesellschafters auf der Vererbung des Gesellschaftsanteils beruht.[1471] Das Verhältnis zwischen Gesellschafts- und Gesellschafterhaftung entspricht bei der Außen-GbR mit Gesamthandsvermögen dem der akzessorischen OHG-Gesellschafterhaftung.[1472]

Bei einem **Übergang des Gesellschaftsanteils des persönlich haftenden Gesellschafters einer OHG oder einer KG** auf alle Miterben tritt jeder Miterbe in die Gesellschafterstellung ein (**einfache Nachfolgeklausel**). Die Miterben haften für die bisherigen Gesellschaftsverbindlichkeiten nach den §§ 128, 130 HGB auch mit ihrem Eigenvermögen. Daneben schulden sie unter erbrechtlichen Gesichtspunkten nach den §§ 2058 ff. BGB, so dass Gesellschaftsgläubigern auch das gesamthänderisch gebundene Nachlassvermögen haftet. Für sonstige Nachlassverbindlichkeiten haften die Erben erbrechtlich mit der Besonderheit, dass § 2059 Abs. 1 Satz 1 BGB den in das Eigenvermögen übergegangenen Teil des Gesellschaftsvermögens nicht vor dem Zugriff der Gläubiger bewahrt.[1473]

Miterben können **von ihrem Recht nach § 139 HGB Gebrauch machen und haften dann als ausgeschiedene Gesellschafter bzw. als Kommanditisten gemäß § 139 Abs. 4 HGB für** die bis dahin entstandenen Gesellschaftsschulden wie für sonstige Nachlassverbindlichkeiten, d.h. sie können ihre Haftung auf den Nachlass beschrän-

---

[1467] MüKo/*Ann,* § 2058 Rdn. 13.
[1468] MüKo/*Ann,* § 2058 Rdn. 15; BeckOGK/*S. Otto,* § 2058 Rdn. 15.
[1469] BGH v. 29.1.2001, II ZR 331/00, BGHZ 146, 341.
[1470] BGH v. 7.4.2003, II ZR 56/02, NJW 2003, 1803; MüKo/*Ulmer/Schäfer,* § 714 Rdn. 72; MüKo/*Ann,* § 2058 Rdn. 17.
[1471] MüKo/*Ulmer/Schäfer,* § 714 Rdn. 74; MüKo/*Ann,* § 2058 Rdn. 17.
[1472] BGH v. 29.1.2001, II ZR 331/00, BGHZ 146, 341, 458; Müko/*Ann,* § 2058 Rdn. 17.
[1473] MüKo/*Ann,* § 2058 Rdn. 16.

ken.[1474] Während der Dreimonatsfrist, in der sich herausstellt, ob ein Miterbe Gesellschafter der OHG bleibt, Kommanditist wird oder aus der Gesellschaft ausscheidet, haftet er ebenfalls nur nach den Grundsätzen der beschränkbaren Haftung für Nachlassverbindlichkeiten.[1475]

Bei einer **qualifizierten Nachfolgeklausel geht der Gesellschaftsanteil an einer OHG nicht auf alle Miterben über.** Die Miterben, die Gesellschafter werden, haften wie bei einer einfachen Nachfolgeklausel, die Miterben, die nicht in die Gesellschaft eintreten, haften für alle Erblasserschulden, Gesellschaftsschulden ebenso wie sonstige Verbindlichkeiten nur nach erbrechtlichen Grundsätzen und nicht nach Gesellschaftsrecht.[1476]

Tritt eine dritte Person als Nachfolger des verstorbenen Gesellschafters aufgrund einer rechtsgeschäftlichen Eintrittsklausel in die Gesellschaft ein, steht der Erbengemeinschaft ein **Abfindungsanspruch** hinsichtlich des Anteils des ausgeschiedenen Erblassers gemäß § 738 BGB zu, sofern dieser nicht durch Gesellschaftsvertrag ausgeschlossen bzw. dem Eintrittsberechtigten erbrechtlich durch Vermächtnis oder rechtsgeschäftlich durch Zuwendung auf den Todesfall gemäß § 2301 BGB zugewandt wurde.[1477] In diesem Fall **haften die Miterben** für die Verbindlichkeiten des Erblassers und damit auch für die bisherigen Gesellschaftsverbindlichkeiten **nur nach den erbrechtlichen Vorschriften.**[1478]

b) Erbteilsverbindlichkeiten

511 **Keine gemeinschaftliche Nachlassschuld** liegt vor, wenn **nur ein Miterbe** oder **nur bestimmte Miterben** für die Verbindlichkeit **einzustehen** haben. Der Nachlass haftet dann nicht als Gesamthandsvermögen.[1479] Dafür kommen nur solche Schulden in Betracht, die den Erblasser noch nicht selbst trafen.[1480] Erbteilsverbindlichkeiten sind gegeben, wenn der Erblasser nur einen Miterben mit einem Vermächtnis oder einer Auflage beschwert hat oder einer allein einem Pflichtteilsberechtigten auf Ergänzung des Pflichtteils gemäß § 2325 BGB oder auf Erfüllung des Pflichtteilsrestanspruchs aus § 2305 BGB haftet. Hat der in dieser Weise beschwerte Miterbe die Beschränkung seiner Haftung herbeigeführt, haftet nur der beschwerte Erbteil. Haften mehrere Erben, nicht jedoch alle für eine Verbindlichkeit, haftet im Falle beschränkter Haftung nur die betroffene Nachlassmasse. Da der Haftungsgrund derselbe ist, kommt es für die betroffenen Miterben in entsprechender Anwendung des § 2058 BGB[1481] zu einer gesamtschuldnerischen Haftung. Bei unbeschränkbarer Haftung haftet der Miterbe (mehrere als Gesamtschuldner), der durch diese Schuld betroffen ist, auch mit dem Eigenvermögen.

[1474] MüKo/*Ann,* § 2058 Rdn. 18.
[1475] BGH v. 21. 12. 1970, II ZR 258/67, BGHZ 55, 267, 271 = NJW 1971, 1268, 1269; *Baumbach/Hopt/Roth,* § 139 HGB Rdn. 45.
[1476] MüKo/*Ann,* § 2058 Rdn. 19.
[1477] MüKo/*Ulmer/Schäfer,* § 727 Rdn. 58.
[1478] MüKo/*Ann,* § 2058 Rdn. 20.
[1479] *Staudinger/Marotzke* (2016), § 2058 Rdn. 26; MüKo/*Ann,* § 2058 Rdn. 11.
[1480] *Staudinger/Marotzke* (2016), § 2058 Rdn. 25.
[1481] MüKo/*Ann,* § 2058 Rdn. 11; BeckOGK/*S. Otto,* § 2058 Rn. 14.

Der **Gläubiger einer Erbteilsschuld hat keine Forderung gegen sämtliche Erben.** *512*
Er **kann** deshalb **weder die Anordnung einer Nachlassverwaltung noch die Eröffnung eines Nachlassinsolvenzverfahrens beantragen.** Andernfalls wäre es ihm möglich, allen und damit auch den nicht beschwerten Miterben die Verwaltungs- und Verfügungsbefugnis über den Nachlass zu entziehen.[1482] Befriedigung aus dem ungeteilten Nachlass kann ein Erbteilsgläubiger nicht erzielen, weil es an einem Titel gegen alle Miterben mangelt. Ihm bleibt nur die Möglichkeit in den Miterbenanteil zu vollstrecken, d.h. diesen zu pfänden und sich zur Verwertung überweisen zu lassen, §§ 859 Abs. 2, 857 Abs. 1, Abs. 5 ZPO. Er kann dann die Auseinandersetzung der Erbengemeinschaft betreiben. Die Pfändung erstreckt sich auch auf das Auseinandersetzungsrecht gemäß § 2042 BGB.

3. Die Durchsetzung der Haftung im Außenverhältnis

Ein **Nachlassgläubiger kann** zur Durchsetzung der gesamtschuldnerischen Haftung *513* **jeden Miterben einzeln verklagen.** Er muss nicht die Erbengemeinschaft in Anspruch nehmen.[1483] Das gilt auch für einen Pflichtteilsberechtigten als Nachlassgläubiger, der die Feststellung seines Pflichtteilsrechts begehrt. Allerdings präjudiziert die gegen einzelne Erben ergangene Entscheidung nicht die übrigen Miterben, sondern **schafft nur relative Rechtswirkung zwischen den Prozessparteien.**[1484] **Daneben** hat er **bis zur Teilung** des Nachlasses **die Wahl, ob er als Kläger alle Miterben in Anspruch nehmen möchte,** § 2059 Abs. 2 BGB.[1485] Je nachdem, welcher Weg gewählt wird, ergeben sich unterschiedliche Rechtsfolgen.

a) Die Gesamtschuldklage

Ein Nachlassgläubiger kann die gesamtschuldnerische Haftung im Wege der sog. Ge- *514* samtschuldklage durchsetzen, **indem er entweder alle, einzelne oder einen Miterben gleichzeitig oder nacheinander verklagt.** Die Klage ist am erweiterten Gerichtsstand der Erbschaft gemäß § 28 ZPO zu erheben, der eine gemäß § 36 Abs. 1 Nr. 3 ZPO beantragte Gerichtsstandsbestimmung ausschließt.[1485a] Das Klageziel ist – anders als bei der Gesamthandsklage[1486] – **auf die Befriedigung aus dem ungeteilten Nachlass gerichtet** und **soll darüber hinaus die Vollstreckung in das jeweilige Eigenvermögen einschließlich des Miterbenanteils ermöglichen.**[1487] Miterben sind **keine notwendigen Streitgenossen i.S.v. § 62 ZPO**[1488], weil jeder als Gesamtschuldner auf das Ganze haftet und die Klagen wegen § 425 Abs. 2 BGB nicht einheitlich entschieden werden müssen. Der Miterbe haftet mit seinem Eigenvermögen einschließlich seines Erbteils,

1482 *Staudinger/Marotzke* (2016), § 2058 Rdn. 30.
1483 RGRK/*Kregel*, § 2058 Rdn. 11; MüKo/*Ann*, § 2058 Rdn. 22.
1484 RG v. 30.4.1908, IV 588/07, WarnR 1908 Nr. 487.
1485 BGH v. 24.4.1963, V ZR 16/62, NJW 1963, 1611; OLG Köln v. 30.7.1996, 19 W 40/96, OLGR 1997, 25; *Damrau/Tanck/Syrbe*, § 2058 Rdn. 22.
1485a OLG Hamm v. 16.1.2018, 32 SA 57/17, BeckRS 2018, 01296 = ZEV 2018, 165.
1486 Hierzu näher Rdn. 520 ff.
1487 *Damrau/Tanck/Syrbe*, § 2058 Rdn. 22.
1488 RG v. 28.3.1908, V 348/07, RGZ 68, 221 f.; BGH v. 24.4.1963, V ZR 16/62, NJW 1963, 1611, 1612; BGH v. 20.5.1992, IV ZR 231/91, NJW-RR 1992, 1151; *Erman/Bayer*, § 2058 Rdn. 2; *Staudinger/Marotzke* (2016), § 2058 Rdn. 68.

kann aber seine Haftung mit dem Vermögen, das er außer seinem Anteil am Nachlass hat, beschränken. Der Erbteil unterliegt der Vollstreckung gemäß § 859 Abs. 2 ZPO, so dass die Gesamtschuldklage dem Nachlassgläubiger die Möglichkeit eröffnet, Befriedigung auch aus dem Eigenvermögen des Miterben zu erlangen. Nimmt er alle Miterben mit der Gesamtschuldklage in Anspruch, kann er Befriedigung aus dem ungeteilten Nachlass erreichen. Er hat einen Titel gegen alle Miterben.

Ist der **Nachlassgläubiger selbst Miterbe**, muss er von der Forderung **den Bruchteil abziehen, der seinem Anteil am Nachlass entspricht.**[1489] Ein als Gesamtschuldner **in Anspruch genommener Miterbe kann von den übrigen Miterben gemäß § 426 Abs. 1, Abs. 2 BGB Ausgleich im Verhältnis der Erbteile, jedoch unter Berücksichtigung von Ausgleichungsrechten und -pflichten unter den Miterben nach den §§ 2050 ff. BGB verlangen.**

Der **Streitwert der Gesamtschuldklage** richtet sich nach dem vollen Betrag der streitigen Verbindlichkeit.[1490] Klagt ein Miterbengläubiger im Wege der Gesamtschuldklage, wird der Streitwert um seine eigene Quote reduziert.[1491]

aa) Verteidigung gegenüber der Gesamtschuldklage

515 Erhebt ein Nachlassgläubiger die Gesamtschuldklage, **stehen dem oder den beklagten Miterben alle materiellrechtlichen Möglichkeiten der Haftungsbeschränkung zu.** Bedeutung erlangen diese regelmäßig erst, wenn die Teilung des Nachlasses erfolgt ist.[1492] Der beklagte Miterbe, der nicht allen oder dem klagenden Nachlassgläubiger gegenüber unbeschränkt haftet, genießt den Schutz der Schonungseinreden der §§ 2014, 2015 BGB. Er kann die Einreden der §§ 1990–1992 BGB erheben oder sich auf die Verschweigungseinrede gemäß § 1974 BGB berufen. Die Ausschließungseinrede gemäß § 1973 BGB steht ihm nach Maßgabe des § 460 FamFG zu. Ein von einem Miterben gestellter Antrag sowie der von ihm erwirkte Ausschließungsbeschluss kommen den anderen Miterben zustatten. Das Aufgebot kann von jedem Miterben auch dann noch beantragt werden, wenn er selbst für die Haftungsverbindlichkeiten unbeschränkt haftet, § 460 Abs. 2 FamFG. Jeder Miterbe kann auch freiwillig oder nach Fristbestimmung gemäß § 1994 Abs. 1 BGB ein Inventar errichten. Die Inventarfrist bestimmt sich für jeden gesondert.[1493] Die Errichtung des Inventars durch einen Miterben kommt den anderen Miterben zustatten, sofern sie die Haftungsbeschränkungsmöglichkeit noch nicht verloren haben, § 2063 Abs. 1 BGB. Inventarvergehen wirken sich nur in der Person des Miterben aus, der sie begeht. Sie führen zum Wegfall des Beschränkungsrechts gegenüber den Nachlassgläubigern des betreffenden Miterben.

516 **Jeder Miterbe ist vor der Teilung berechtigt, ein Nachlassinsolvenzverfahren zu beantragen.** Die Eröffnung führt zu einer Vermögensabsonderung und damit zur Haftungsbeschränkung aller Miterben, die ihr Beschränkungsrecht nicht verloren haben. Der Eröffnungsgrund ist glaubhaft zu machen, § 317 Abs. 2 Satz 1 InsO. Die anderen Miterben sind vor der Eröffnung zu hören. Zustimmen müssen sie nicht, weil ein Zustimmungserfordernis das Nachlassinsolvenzverfahren übergebührlich verzögern könnte.

[1489] OLG Düsseldorf v. 14.5.1970, 18 U 185/69, MDR 1970, 766; *Erman/Bayer,* § 2058 Rdn. 2.
[1490] *Damrau/Tanck/Syrbe,* § 2058 Rdn. 26.
[1491] *Bamberger/Roth/Lohmann,* § 2058 Rdn. 9; *Staudinger/Marotzke* (2016), § 2058 Rdn. 93.
[1492] Siehe dazu Rdn. 535.
[1493] *Brox/Walker,* Rdn. 727.

Nachlassverwaltung kann von den Miterben nach § 2062 Hs. 1 BGB nur gemein- | *516a*
schaftlich[1494] und nur vor der Teilung gemäß § 2062 Hs. 2 BGB beantragt werden.
Grund dafür ist, dass die Anordnung der Nachlassverwaltung allen Miterben die Ver-
waltungs- und Verfügungsbefugnis über den Nachlass entzieht. Ein Mehrheitsbe-
schluss scheidet aus.[1495] Ist ein Miterbe zugleich Nachlassgläubiger, kann er unter den
Voraussetzungen des § 1981 Abs. 2 BGB den Antrag allein stellen.[1496] Streitig ist, ob
ein Antrag auf Anordnung der Nachlassverwaltung noch zulässig ist, wenn nur ein
Miterbe allen Nachlassgläubigern gegenüber unbeschränkbar haftet.[1497] Ein Miterbe
kann eine Absonderung des Nachlasses im Wege der Haftungsbeschränkung dadurch
erreichen, indem er sie für den gesamten Nachlass herbeiführt. Ein Absonderungsverfahren mit haftungsbeschränkender Wirkung nur für den eigenen Erbteil ist nicht möglich. Gegen den Willen anderer Miterben hat er nur die Möglichkeit, einen Antrag auf
Eröffnung des Nachlassinsolvenzverfahrens zur endgültigen Haftungsbeschränkung zu
stellen.[1498]

Nach § 359 Abs. 1 FamFG ist der Beschluss, durch den dem Antrag des Erben auf | *516b*
Anordnung der Nachlassverwaltung stattgegeben wird, **nicht anfechtbar. Dieser
Grundsatz wird bei Miterben durchbrochen. Jeder andere Miterbe hat gegen** den
auf Antrag nur eines oder mehrerer Miterben entgegen § 2062 BGB ergangenen **Beschluss der Anordnung der Nachlassverwaltung das Rechtsmittel der befristeten
Beschwerde gemäß §§ 58 ff. FamFG.**[1499] Eine Beschwerde gegen die Zurückweisung
eines Antrages muss von den Miterben ebenso gemeinschaftlich erhoben werden, wie
es des gemeinschaftlichen Antrages bedarf.[1500] Im Fall der Aufhebung der Nachlassverwaltung von Amts wegen können die Miterben dagegen ebenfalls nur gemeinsam
Beschwerde erheben.[1501] Beantragt ein Miterbe die Aufhebung einer Nachlassverwaltung wegen Zweckerreichung, handelt es sich um keinen Antrag im eigentlichen Sinne,
sondern lediglich um eine Anregung, die das Nachlassgericht von Amts wegen aufgrei-
fen muss.[1502] Gegen die Ablehnung einer derartigen Anregung steht jedem Miterben
ein Beschwerderecht zu.[1503]

Wird ein Miterbe von einem Nachlassgläubiger als Gesamtschuldner wegen der Er- | *516c*
füllung einer Nachlassverbindlichkeit in Anspruch genommen, kann er gegen diese
Forderung des Nachlassgläubigers nicht mit einer Forderung des Nachlasses gegen ihn
aufrechnen. Trotz bestehender Gegenseitigkeit der Forderungen i.S.v. § 387 BGB **kann
der in Anspruch genommene Miterbe nicht allein die Aufrechnung erklären.** Die
Aufrechnung mit einer Nachlassforderung stellt eine Verfügung über einen Nachlassgegenstand dar, die **nur von allen Miterben gemeinsam vorgenommen werden** kann,
§ 2040 Abs. 1 BGB. **Der Miterbe kann** jedoch **ein Zurückbehaltungsrecht gemäß**

[1494] *Börner*, JuS 1968, 109 f.; MüKo/*Ann*, § 2062 Rdn. 3.
[1495] MüKo/*Ann*, § 2062 Rdn. 3; Palandt/*Weidlich*, § 2062 Rdn. 1.
[1496] Palandt/*Weidlich*, § 2062 Rdn. 1.
[1497] Siehe zu dieser Frage Rdn. 262.
[1498] *Schlüter*, Rdn. 1201.
[1499] MüKo/*Ann*, § 2062 Rdn. 6; *Erman/Bayer*, § 2062 Rdn. 1; Palandt/*Weidlich*, § 2062 Rdn. 1.
[1500] MüKo/*Ann*, § 2062 Rdn. 6; *Erman/Bayer*, § 2062 Rdn. 1; *Bamberger/Roth/Lohmann*, § 2062 Rdn. 3.
[1501] MüKo/*Ann*, § 2062 Rdn. 7; a.A. *Staudinger/Marotzke* (2016), § 2062 Rdn. 15.
[1502] MüKo/*Ann*, § 2062 Rdn. 7.
[1503] RGRK/*Kregel*, § 2062 Rdn. 2; MüKo/*Ann*, § 2062 Rdn. 7.

§ 273 BGB **wegen einer Gegenforderung geltend machen,** an der er als Gesamthänder mitberechtigt ist.[1504] Im Fall der Geltendmachung des Zurückbehaltungsrechts wird der beklagte Miterbe zur Leistung an den Gläubiger Zug um Zug gegen Leistung des Gläubigers an die Erbengemeinschaft verurteilt.[1505] Der Miterbe kann in entsprechender Anwendung der §§ 770 Abs. 2 BGB, 129 Abs. 3 HGB mit einem Leistungsverweigerungsrecht erreichen, dass die Klage in Höhe der Gegenleistung als unbegründet abgewiesen werden muss, wenn sich der Nachlassgläubiger durch Aufrechnung gegen eine fällige Forderung der Erbengemeinschaft befriedigen kann.[1506]

517   Nimmt ein Nachlassgläubiger lediglich einen Miterben in Anspruch, weil er möglicherweise andere Miterben bewusst schonen möchte, hat der beklagte Miterbe ein **Interesse, seine ihm gegenüber anderen Miterben bestehenden Rückgriffsansprüche rechtlich und wirtschaftlich abzusichern.** Dazu steht ihm das **Recht der Streitverkündung** gemäß § 72 ZPO zu. Sie führt dazu, dass für den nachfolgenden Regressprozess die wesentlichen rechtlichen Grundlagen – insbesondere der Bestand und die Höhe der Nachlassverbindlichkeit – als geklärt angesehen werden können. Das Risiko des vorrangig beklagten Miterben besteht darin, dass er gegen andere Miterben ggf. einen weiteren Rechtsstreit führen muss und nach Obsiegen dem Risiko unterliegt, dass weder das Nachlassvermögen noch ein Eigenvermögen des in Regress genommenen Miterben vorhanden ist. Von daher käme auch eine isolierte Drittwiderklage gegenüber anderen Miterben in Betracht, wodurch der von einem Nachlassgläubiger in Anspruch genommene Miterbe zugleich mit seiner Verurteilung einen Vollstreckungstitel gegenüber einem anderen Miterben erlangt.[1507]

bb) Einrede der beschränkten Miterbenhaftung bei der Gesamtschuldklage

518   Erhebt ein Nachlassgläubiger **vor der Teilung** die Gesamtschuldklage, kann der beklagte Miterbe bis zur Teilung des Nachlasses seine Haftung auf den Miterbenanteil beschränken, sog. **aufschiebende Einrede der beschränkten Miterbenhaftung gemäß § 2059 Abs. 1 Satz 1 BGB.** Diese Einrede besteht unabhängig von der Möglichkeit der Haftungsbeschränkung nach den §§ 1973 ff. BGB und kann auch, ohne dass die Voraussetzungen der amtlichen Absonderungsverfahren – Nachlassverwaltung oder Nachlassinsolvenzverfahren – bzw. der §§ 1990–1992 BGB vorliegen, geltend gemacht werden. Der Miterbe kann seine Haftung durch die Erhebung der Einrede nicht endgültig beschränken[1508], so dass die gesamtschuldnerische Haftung unberührt bleibt. Der Nachlassgläubiger kann jedoch nur den Miterbenanteil pfänden und diesen verwerten, §§ 859 Abs. 2, 857 Abs. 1, Abs. 5 ZPO, nicht aber auf das Eigenvermögen des Miterben zugreifen, so dass die **Haftung bis zur Teilung vorläufig beschränkt** ist.[1509] Der Miterbe kann auch gegenüber dem Gläubiger einer Erbteilsschuld sein Recht aus § 2059 Abs. 1 Satz 1 BGB geltend machen.

1504   *Erman/Bayer,* § 2058 Rdn. 2.
1505   BGH v. 15. 2. 1952, V ZR 54/51, BGHZ 5, 173, 176; BGH v. 24. 10. 1962, V ZR 1/61, BGHZ 38, 122, 125; *Erman/Bayer,* § 2058 Rdn. 2.
1506   BGH v. 24. 10. 1962, V ZR 1/61, BGHZ 38, 122, 128; MüKo/*Ann,* § 2058 Rdn. 26.
1507   *Damrau/Tanck/Syrbe,* § 2058 Rdn. 29.
1508   MüKo/*Ann,* § 2059 Rdn. 13; *Staudinger/Marotzke* (2016), § 2059 Rdn. 2.
1509   MüKo/*Ann,* § 2059 Rdn. 13; *Kress,* Erbengemeinschaft, S. 141.

Ein bereits **unbeschränkt haftender Miterbe** kommt nur zum Teil in den Genuss der vorläufigen Beschränkung. Er **haftet zusätzlich mit seinem Eigenvermögen, jedoch nur für den Teil der Forderung, der seinem Erbteil entspricht, § 2059 Abs. 1 Satz 2 BGB.** Der Nachlassgläubiger kann in den Miterbenanteil vollstrecken und zusätzlich in das Eigenvermögen bis zur Höhe des Bruchteils der gesamten Schuld, der dem Miterbenanteil dieses Erben entspricht. Die **Haftungsmasse wird** damit **vorläufig auf einen Bruchteil der Verbindlichkeit beschränkt.**[1510] Da der unbeschränkbar haftende Miterbe den Verfügungsbeschränkungen der Erbengemeinschaft unterliegt, haftet er nur in Höhe seines Erbteils. Eine weitergehende Haftung zu diesem Zeitpunkt wäre unbillig.[1511] Gegenüber einem Nachlassgläubiger, der zugleich Miterbe ist, haftet der sonst unbeschränkbar haftende Miterbe nur beschränkt gemäß § 2063 Abs. 2 BGB.[1512]

Die aufschiebende Einrede der beschränkten Miterbenhaftung ist ein **echtes Leistungsverweigerungsrecht,** d. h. der **Miterbe muss sich darauf berufen. Im Gesamtschuldprozess führt die Erhebung der Einrede nicht zur Klageabweisung, sondern zu einer Verurteilung unter dem Vorbehalt der Beschränkung der Haftung auf den Nachlass gemäß § 780 Abs. 1 ZPO.**[1513] Der allgemeine Vorbehalt der beschränkten Erbenhaftung im Urteil reicht aus. Die zusätzliche Aufnahme des Vorbehalts der beschränkten Miterbenhaftung ist nicht erforderlich, aber zulässig.[1514] Die Berufung auf die Einrede verhindert nicht den Verzugseintritt des Miterben.[1515] Erhebt ein Nachlassgläubiger Klage auf Duldung der Zwangsvollstreckung in den Miterbenanteil, ist der Vorbehalt entbehrlich, da mit dem stattgebenden Tenor der Zweck erreicht ist.[1516] Das gleiche gilt, wenn der Nachlassgläubiger gegenüber dem unbeschränkbar haftenden Miterben nur den entsprechenden Bruchteil einklagt, § 2059 Abs. 1 Satz 2 BGB. Beschränkt der klagende Nachlassgläubiger seinen Antrag nicht, muss der Miterbe den Haftungsvorbehalt im Erkenntnisverfahren geltend machen[1517], andernfalls er die vorläufige Beschränkung der Haftung nicht mehr herbeiführen kann.[1518] Die **Darlegungs- und Beweislast,** dass der **Nachlass ungeteilt** ist, d. h. noch nicht unter den einzelnen Miterben aufgeteilt wurde, trifft im Verfahren der Vollstreckungsgegenklage nach den §§ 781, 785, 767 ZPO den klagenden Miterben.[1519]

b) Die Gesamthandsklage

Ein Nachlassgläubiger hat neben der Gesamtschuldklage gegen einzelne oder alle Miterben als Träger ihres Eigenvermögens auch die Möglichkeit **alle Miterben** im Wege der sog. Gesamthandsklage **in Anspruch zu nehmen und Befriedigung nur aus dem**

[1510] MüKo/*Ann,* § 2059 Rdn. 16; *Damrau/Tanck/Syrbe,* § 2059 Rdn. 16.
[1511] MüKo/*Ann,* § 2059 Rdn. 3.
[1512] *Staudinger/Marotzke* (2016), § 2063 Rdn. 19.
[1513] *Staudinger/Marotzke* (2016), § 2059 Rdn. 27; MüKo/*Ann,* § 2059 Rdn. 14; BeckOGK/*S. Otto,* § 2059 Rdn. 10.
[1514] *Kress,* Erbengemeinschaft, S. 148.
[1515] MüKo/*Küpper,* § 2059 Rdn. 15; AnwK-BGB/*Kick,* § 2059 Rdn. 17; *Soergel/Wolf,* § 2059 Rdn. 6; a. A. *Staudinger/Marotzke* (2016), § 2059 Rdn. 18.
[1516] MüKo/*Ann,* § 2059 Rdn. 14; RGRK/*Kregel,* § 2059 Rdn. 8.
[1517] RG v. 10. 7. 1909, V 43/08, RGZ 71, 366, 371; *Schlüter,* Rdn. 1194.
[1518] RG v. 15. 12. 1904, IV 311/04, RGZ 59, 301, 304; MüKo/*Ann,* § 2059 Rdn. 13; BeckOGK/*S. Otto,* § 2059 Rdn. 10.
[1519] *Brox/Walker,* Rdn. 728; MüKo/*Ann,* § 2058 Rdn. 14; *Kipp/Coing,* § 121 III Fn. 13.

ungeteilten Nachlass zu erlangen, § 2059 Abs. 2 BGB. **Haftungsmasse ist nur das Sondervermögen, nicht** aber **das Eigenvermögen der Miterben,** weil der gesamthänderisch gebundene Nachlass vom Eigenvermögen der einzelnen Miterben vor der Teilung des Nachlasses noch getrennt ist. Eine **Entscheidung kann allen Miterben gegenüber nur einheitlich ergehen,** die unabhängig von der Art der Verbindlichkeit aus materiellrechtlichen Gründen gemäß § 62 Abs. 1 Alt. 2 ZPO **notwendige Streitgenossen** sind.[1520] Der **Unterschied zur Gesamtschuldklage** liegt im Klageziel und damit letztlich im Vollstreckungsrecht.[1521] Die Vollstreckung in den Nachlass setzt gemäß § 747 ZPO einen Titel gegen alle Miterben voraus.[1522] Ein solcher Titel liegt auch vor, wenn ein Nachlassgläubiger ein Urteil gegen alle Miterben erwirkt, das auf eine zusammengefasste Gesamtschuldklage hin ergeht.[1523] Eine **Gesamthandsklage** gegen alle Miterben ist **nur anzunehmen, wenn sie ausschließlich auf Befriedigung aus dem Nachlass gerichtet ist.** Insoweit unterscheidet sie sich von der zusammengefassten Gesamtschuldklage, mit der ein Nachlassgläubiger alle Miterben als Gesamtschuldner in Anspruch nimmt, ohne festzulegen, in welche Vermögensmasse – Nachlass oder Eigenvermögen einschließlich Erbteil – er später vollstrecken will.[1524] **In Zweifelsfällen muss die Auslegung des Antrages und der Begründung ergeben, welches Klageziel der Nachlassgläubiger verfolgt**[1525], wobei vorrangig das Prozessgericht nach § 139 ZPO auf eine Klärung hinwirken muss.[1526]

Die Gesamthandsklage ist der richtige Weg, wenn der unmittelbare Vollzug einer Verfügung, die wegen § 2040 BGB nur von allen Miterben gemeinsam bewirkt werden kann, durchgesetzt werden soll, beispielsweise eine **Auflassung.** Die gemeinschaftliche Verfügung erfordert kein gleichzeitiges Handeln in einem Realakt. Es reichen zeitlich aufeinander folgende Einzelerklärungen der Miterben. Aus diesem Grund bedarf es nur einer Klage gegen die Miterben, die sich der Befriedigung aus dem Nachlass widersetzen, wenn die anderen die erforderlichen Erklärungen bereits abgegeben haben oder wenn feststeht, dass sie dazu bereit sind.[1527] Das gilt auch, wenn Miterben auf **Löschung eines im Grundbuch eingetragenen Widerspruchs** bzw. auf **Duldung der Zwangsvollstreckung aus einer Hypothek an einem zum ungeteilten Nachlass gehörenden Grundstück** verklagt werden.[1528] Bei Zahlungsklagen liegt eine Gesamt-

---

[1520] BGH v. 24. 4. 1963, V ZR 16/62, NJW 1963, 1611, 1612; RG v. 15. 6. 1931, IV 374/30, JW 1931, 3541; *Lange/Kuchinke,* § 50 IV 2 b; Palandt/*Weidlich,* §§ 2058, 2059 Rdn. 11; *Damrau/Tanck/Syrbe,* § 2058 Rdn. 2a; *Zeising,* ZErb 2013, 52, 55; a.A. *Staudinger/Marotzke* (2016), § 2058 Rdn. 69; *Zöller/Althammer,* § 62 ZPO Rdn. 18.

[1521] BGH v. 10. 2. 1988, IVa ZR 227/86, NJW-RR 1988, 710; MüKo/*Ann,* § 2059 Rdn. 19.

[1522] BGH v. 5. 12. 1969, V ZR 159/66, BGHZ 53, 110, 113; MüKo/*Ann,* § 2059 Rdn. 19; *Staudinger/Marotzke* (2016), § 2058 Rdn. 55.

[1523] *Erman/Bayer,* § 2058 Rdn. 2; BeckOGK/*S. Otto,* § 2059 Rdn. 20.

[1524] *Staudinger/Marotzke* (2016), § 2058 Rdn. 54.

[1525] BGH v. 28. 6. 1963, V ZR 15/62, NJW 1963, 1611, 1612; BGH v. 10. 2. 1988, IVa ZR 227/86, NJW-RR 1988, 710, 711; *Bamberger/Roth/Lohmann,* § 2059 Rdn. 6; BeckOGK/*S. Otto,* § 2058 Rdn. 22.

[1526] BeckOGK/*S. Otto,* § 2058 Rdn. 22.

[1527] BGH v. 25. 9. 1978, VII ZR 281/77, WM 1978, 1327; MüKo/*Ann,* § 2059 Rdn. 22; ablehnend BeckOGK/*S. Otto,* § 2059 Rdn. 21, wonach auch in diesen Fällen eine Gesamthandsklage gegen alle Miterben erforderlich sein soll.

[1528] RG v. 27. 1. 1938, V B 13/37, RGZ 157, 33, 35; MüKo/*Ann,* § 2059 Rdn. 22; BeckOGK/*S. Otto,* § 2059 Rdn. 21.

handsklage nur vor, wenn der Kläger ausdrücklich Zahlung nur aus dem ungeteilten Nachlass fordert.

Bei der Gesamthandsklage bestimmt sich der **Gerichtsstand** nach den §§ 27, 28 ZPO, solange nicht die Voraussetzungen der §§ 2060, 2061 BGB vorliegen.[1529] Ein **Vorbehalt der Haftungsbeschränkung gemäß § 780 Abs. 1 ZPO ist grundsätzlich nicht erforderlich.** Ist die Klage nicht ausdrücklich nur auf Leistung auf den Nachlass gerichtet, können und sollten sich die Miterben den Vorbehalt der Beschränkung der Erbenhaftung vorsorglich sichern, um nicht doch Gefahr zu laufen, dass der Gläubiger auf ihr Eigenvermögen zugreift. *521*

Will ein Nachlassgläubiger aus einem auf eine Gesamthandsklage ergangenen Urteil in den Nachlass vollstrecken und hat er deshalb von vornherein auf Duldung der Zwangsvollstreckung in den Nachlass geklagt, kann der **betroffene Miterbe Einwände nur insoweit erheben, als der Nachlass selbst vor der Haftung bewahrt wird.** Dazu könnte er **gegenüber der Nachlassforderung die Einrede der Verjährung erheben** oder vortragen, die **Forderung sei nicht entstanden oder gestundet.**[1530] Die Erhebung der **Schonungseinreden der §§ 2014, 2015 BGB hindert nicht die Vollstreckung in den Nachlass,** sondern hemmt nur mit aufschiebender Wirkung die Verwertung.[1531] Eine Verwertung der Nachlassgegenstände und eine Befriedigung einzelner Nachlassgläubiger während der Schonungszeit würde die übrigen Nachlassgläubiger benachteiligen. Der Nachlass muss deshalb so zusammengehalten werden, dass die Gegenstände – mögen sie auch in der Vollstreckung befindlich sein – noch vorhanden sind und dem Zugriff aller Nachlassgläubiger unterliegen. *522*

Jedem Miterben steht das Recht zu, das Aufgebotsverfahren zu beantragen, sofern er sein Recht zur Haftungsbeschränkung nicht verloren hat. Die Ausschlusswirkung kommt allen Miterben zugute, die noch beschränkbar haften, § 460 Abs. 1 Satz 1 FamFG.[1532]

c) Zusammenfassender Überblick zur Gesamtschuld- und Gesamthandsklage

Mit der **Gesamtschuldklage** kann ein Nachlassgläubiger aus einem stattgebenden Urteil sowohl auf das **ungeteilte Nachlassvermögen** als auch auf das **Eigenvermögen der Miterben** zugreifen, wenn sich die Miterben nicht erfolgreich auf die Einrede der beschränkten Miterbenhaftung gemäß § 2059 Abs. 1 Satz 1 BGB berufen haben. Bei der **Gesamthandsklage** ist gemäß § 2059 Abs. 2 BGB dem Nachlassgläubiger **nur ein Zugriff auf das gesamthänderisch gebundene Nachlassvermögen gestattet.** Eine Gesamthandsklage, die sich nicht gegen alle nicht leistungsbereiten und nicht anderweitig verurteilten Miterben richtet, ist mangels Passivlegitimation abzuweisen.[1533] *522a*

Zahlungsansprüche, die von einem Miterben nicht aus dem ungeteilten Nachlass, jedoch von ihm selbst aus seinem Privatvermögen erfüllt werden können, können sowohl im Wege der Gesamtschuld- wie auch der Gesamthandsklage verfolgt werden.[1534] Bei

---

[1529] *Damrau/Tanck/Syrbe,* § 2058 Rdn. 25.
[1530] MüKo/*Ann,* § 2059 Rdn. 25; *Michalski,* Rdn. 917.
[1531] Siehe dazu Rdn. 189 ff.
[1532] Näher dazu Rdn. 380.
[1533] *Zeising,* ZErb 2013, 52, 57.
[1534] *Zeising,* ZErb 2013, 52, 57.

sog. echten Gesamthandschulden, die von vornherein nur aus dem Nachlass bedient werden können, hat der **Nachlassgläubiger drei Alternativen**. Er kann einmal mit der Gesamtschuldklage die Miterben auf Herbeiführung der nach § 2040 Abs. 1 BGB erforderlichen gemeinschaftlichen Verfügungen in Anspruch nehmen. In einem solchen Fall sind die verklagten Miterben einfache Streitgenossen. Er kann mit der Gesamtschuldklage auch eine Leistung der einzelnen Mitwirkungsbeiträge der Miterben verfolgen. Dann bilden die verklagten Miterben in Ausnahme zu §§ 2058, 421 BGB eine materiellrechtlich notwendige Streitgenossenschaft.[1535] Daneben steht dem Nachlassgläubiger wegen solcher Verbindlichkeiten, die nur aus dem Nachlass befriedigt werden können, die Gesamthandsklage zur Verfügung, bei der sich die Beklagten in notwendiger Streitgenossenschaft befinden.

d) Gesamtschuld- und Gesamthandsklage im Vollstreckungsverfahren

523 Die **Gesamthandsklage** verschafft den Gläubigern **nur Zugriff auf den Nachlass**, wohingegen aufgrund einer obsiegenden **Gesamtschuldklage zusätzlich in das Eigenvermögen des Miterben vollstreckt werden kann**.

Nachlassgläubiger können **von der einen Klageart zur anderen übergehen**. Es handelt sich um eine **zulässige Klageänderung gemäß § 264 Nr. 2 ZPO**.[1536] Der klagende Nachlassgläubiger hat nicht die Einrede der Rechtshängigkeit zu befürchten, da er mit der einen Klage die Erben als Träger ihres Eigenvermögens, mit der anderen die Erben als Träger des Nachlasses in Anspruch nimmt.[1537] Eher **theoretischer Natur ist der Streit, ob Nachlassgläubiger beide Klagen auch gleichzeitig verfolgen können**[1538], oder ob die Gesamtschuldklage gegen alle Miterben streitgegenständlich die Gesamthandsklage einschließt. Im Ergebnis werden sich kaum Unterschiede zwischen den verschiedenen Auffassungen ergeben, weil die Gesamthandsklage immer gegen alle Miterben zu richten ist. Vorteilhafter dürfte regelmäßig die Gesamtschuldklage sein, da der erwirkte Titel gegen einzelne oder alle Miterben auch die Vollstreckung in das Eigenvermögen einschließlich ihres Erbteils ermöglicht.

524 Ein Nachlassgläubiger kann auch in den Nachlass vollstrecken, wenn er **aufgrund einer erfolgreichen Gesamtschuldklage ein Urteil gegen alle Miterben erstritten hat**. Es kommt nicht darauf an, ob er alle Miterben in einem Prozess verklagt oder in mehreren Einzelprozessen obsiegende Urteile gegen alle Miterben erlangt.[1539] Unterliegen alle Erbteile der Vollstreckung, gilt das gleichermaßen für den gesamten Nachlass.[1540] Da eine **Gesamtschuldklage die Vollstreckung noch nach der Teilung ermöglicht**[1541], ist im Zweifel eine gegen alle Miterben gerichtete Klage als Gesamtschuldklage auszulegen, sofern sie nicht eindeutig auf Befriedigung aus dem Nachlass gerichtet ist.[1542]

[1535] *Zeising,* ZErb 2013, 52, 57; str.; siehe Rdn. 520 m. w. N.

[1536] *Michalski,* Rdn. 916; *Lange/Kuchinke,* § 50 IV 2 c Fn. 44.

[1537] *Erman/Bayer,* § 2058 Rdn. 2.

[1538] Dafür *Erman/Bayer,* § 2059 Rdn. 9; *Brox/Walker,* Rdn. 724; *Lange/Kuchinke,* § 50 IV 2 c; MüKo/*Ann,* § 2058 Rdn. 25.

[1539] RG v. 28. 3. 1903, V 348/07, RGZ 68, 221, 223; *Stein/Jonas/Münzberg,* § 747 ZPO Rdn. 2.

[1540] RG v. 10. 7. 1909, V 43/08, RGZ 71, 366, 371; MüKo/*Ann,* § 2059 Rdn. 19; *Schlüter,* Rdn. 1189; *Michalski,* Rdn. 914.

[1541] MüKo/*Ann,* § 2059 Rdn. 19.

[1542] *Erman/Bayer,* § 2059 Rdn. 9; MüKo/*Ann,* § 2059 Rdn. 20; BeckOGK/*S. Otto,* § 2058 Rdn. 22.

Vollstreckt ein Gläubiger aufgrund eines Gesamthandstitels in das Eigenvermö- 525
gen, kann der Miterbe sich mit der **Vollstreckungserinnerung** gemäß § 766 ZPO wehren. Es fehlt ein entsprechender Titel. Zur Pfändung des Eigenvermögens des Erben einschließlich des Miterbenanteils ist immer ein Gesamtschuldtitel erforderlich, § 859 Abs. 2 ZPO. Hat ein Nachlassgläubiger einen Gesamtschuldtitel nur gegen einen Miterben, kann er damit nicht in den Nachlass vollstrecken. Die Vollstreckung könnte der Miterbe ebenfalls mit der Vollstreckungserinnerung gemäß § 766 ZPO verhindern, da nach § 747 ZPO ein Titel gegen alle Miterben erforderlich ist.

II. Die Haftung im Außenverhältnis vor der Nachlassteilung

Vor der Teilung des Nachlasses ist die Erbengemeinschaft daran nur in ihrer gesamt- 526
händerischen Bindung berechtigt. Die **Miterben** verwalten den Nachlass gemeinschaftlich und **können nur einvernehmlich über Nachlassgegenstände verfügen**. Ergänzend zu den allgemeinen Haftungsbeschränkungsmöglichkeiten der §§ 1973 ff. BGB besteht zu diesem Zeitpunkt die besondere Haftungsbeschränkung der Miterben aus § 2059 Abs. 1 Satz 1 BGB. Die Vorschrift berührt nicht den Grundsatz gesamtschuldnerischer Haftung der Miterben aus § 2058 BGB. Sie betrifft nicht den Haftungsumfang, sondern lediglich die Haftungsmasse.[1543]

1. Die Haftung bis zur Annahme der Erbschaft

Vor der Annahme der Erbschaft besteht bei Miterben ebenso wie beim Alleinerben ein 527
Schwebezustand. Es steht noch nicht fest, wer endgültig Miterbe wird. Jeder Miterbe kann frei entscheiden, ob er die Erbschaft annimmt oder ausschlägt. Die Frist zur Ausschlagung kann für die einzelnen Miterben unterschiedlich laufen. Ebenso wie der Alleinerbe können **Miterben vor der Annahme der Erbschaft gerichtlich nicht in Anspruch genommen werden, § 1958 BGB**.

Ist ein **verwaltender Testamentsvollstrecker**, ein **Nachlassverwalter** oder ein -**pfleger** bestellt worden, können Nachlassgläubiger diesen Personen gegenüber ihre Ansprüche schon vor der Erbschaftsannahme geltend machen. **§ 1958 BGB findet gemäß §§ 2213 Abs. 2, 1984 Abs. 1 Satz 3, 1960 Abs. 3 BGB keine Anwendung**.[1544] Handelt es sich um eine gemeinschaftliche Verbindlichkeit, können die Nachlassgläubiger nur in den Nachlass vollstrecken, wegen Erbteilsschulden nur in den betreffenden Erbteil.

2. Die Haftung zwischen Annahme und Nachlassteilung

Bis zur Teilung des Nachlasses sind die Miterben durch die Mitberechtigung der ande- 528
ren Erben gemäß § 2033 Abs. 2 BGB daran gehindert, über einzelne Nachlassgegenstände zu verfügen. Dieser Situation trägt das Gesetz in § 2059 BGB Rechnung. Die **Miterben haften als Gesamtschuldner, jedoch gemäß § 2059 Abs. 1 Satz 1 BGB nur mit dem Nachlass bzw. mit ihrem Anteil daran.** Die Haftungsbeschränkung aus § 2059 Abs. 1 Satz 1 BGB findet ihre Rechtfertigung darin, dass bei einem ungeteilten

---

[1543] MüKo/*Ann*, § 2059 Rdn. 1.
[1544] MüKo/*Leipold*, § 1958 Rdn. 13.

Nachlass der Anteil des Miterben in seiner gesamthänderischen Bindung von seinem Eigenvermögen getrennt ist. Diese Trennung reicht aus, um die Haftung für die Nachlassgläubiger zu sichern. Sie können sich **gemäß § 2059 Abs. 2 BGB weiterhin aus dem ungeteilten Nachlass und damit letztlich aus dem Vermögen des Erblassers befriedigen.** Eine weitergehende Haftung der Miterben schon vor der Teilung würde zu einer nicht interessengerechten[1545] Besserstellung der Nachlassgläubiger führen. **Hat ein Miterbe vor der Teilung sein Recht zur Haftungsbeschränkung verloren, haftet er schon jetzt mit seinem Eigenvermögen, jedoch beschränkt auf die Höhe seines Miterbenanteils gemäß § 2059 Abs. 1 Satz 2 BGB.** Eine weitergehende Beschwerung zu diesem Zeitpunkt mit einer uneingeschränkten gesamtschuldnerischen Haftung würde wiederum die Interessen der Nachlassgläubiger überbewerten, weil sie sich neben dem Eigenvermögen aus dem ungeteilten Nachlass befriedigen könnten.[1546] Die **mildere Art der Haftung endet, wenn die gesamthänderische Bindung entfällt,** indem die Miterben die Nachlassgegenstände in ihr Eigenvermögen überführen.[1547]

528a Ein **Notar verletzt** die ihm gemäß § 17 Abs. 1 Satz 1 BeurkG obliegenden **Prüfungs- und Belehrungspflichten,** wenn er einen Erbauseinandersetzungsvertrag beurkundet, der nicht die angestrebte Entlassung aus der Haftung bewirkt, sondern im Gegenteil die Gefahr begründet, dass etwaige Nachlassgläubiger Befriedigung aus dem Eigenvermögen suchen, weil mit dem Vollzug der Nachlassteilung Miterben sowohl ihr Recht, gemäß § 2059 Abs. 1 Satz 1 BGB die Berichtigung der Nachlassverbindlichkeiten aus dem Eigenvermögen zu verweigern, als auch die Möglichkeit, eine die Haftung auf den Nachlass beschränkende Nachlassverwaltung herbeizuführen, verlieren.[1548]

529 Eine **zugunsten einzelner Miterben eintretende Beschränkung der Haftung hat für die anderen Miterben keine Auswirkung.** Der Verlust des Haftungsbeschränkungsrechts eines Miterben gegenüber allen Gläubigern beispielsweise durch Versäumung der Inventarfrist oder aufgrund einer Inventaruntreue, bzw. gegenüber einzelnen Gläubigern durch Verweigerung der eidesstattlichen Versicherung nach § 2006 Abs. 3 BGB wirkt gemäß § 425 BGB immer nur in der Person des einzelnen Miterben.

III. Die Haftung im Außenverhältnis nach der Teilung des Nachlasses

530 Nach der Auflösung der Erbengemeinschaft und der Verteilung der Nachlassgegenstände **steht** den **Gläubigern der „ungeteilte Nachlass" als Haftungsobjekt nicht mehr zur Verfügung.** Jeder Miterbe hat die Möglichkeit über die Nachlassgegenstände, die ihm bei der Teilung zugefallen sind, frei zu verfügen. Nachlassgläubiger laufen aufgrund der Aufteilung der Nachlassgegenstände Gefahr, ihre Ansprüche nicht mehr realisieren zu können. Ihren Interessen trägt das Gesetz dadurch Rechnung, dass **der einzelne Miterbe nach der Nachlassteilung unbeschränkt aber beschränkbar als Gesamtschuldner haftet.** Eine **Nachlassverwaltung scheidet** nach der Teilung **aus,** da

---

[1545] MüKo/*Ann,* § 2059 Rdn. 2.
[1546] RGRK/*Kregel,* § 2059 Rdn. 9; *Staudinger/Marotzke* (2016), § 2059 Rdn. 5; *Bamberger/Roth/ Lohmann,* § 2059 Rdn. 5.
[1547] *Lange/Kuchinke,* § 50 IV 1.
[1548] BGH v. 24.7.2017, NotSt (BrfG) 2/16, ZEV 2018, 29, 30 = BeckRS 2017, 122318.

es keinen Nachlass mehr gibt, der verwaltet werden könnte. Eine von einem Miterben vorgenommene Inventarerrichtung kommt den anderen Miterben zustatten, § 2063 Abs. 1 BGB, soweit sie nicht schon unbeschränkbar haften. Die fortbestehende gesamtschuldnerische Haftung soll die Miterben motivieren, vor der Teilung die Nachlassverbindlichkeiten zu berichtigen.[1549] Ist das unterblieben, sollen sie dadurch weiter zur Befriedigung angehalten werden. Eine teilschuldnerische Haftung sieht das Gesetz nur ausnahmsweise unter den Voraussetzungen der §§ 2060, 2061 BGB vor.[1550]

1. Die Nachlassteilung

Der Nachlass gilt als geteilt, wenn die gesamthänderische Bindung nicht mehr besteht. *531*
Das ist der Fall, wenn ein **erheblicher Teil der Nachlassgegenstände in das Eigenvermögen der Miterben übergegangen ist**, so dass die Gemeinschaft als aufgelöst angesehen werden kann.[1551] Unerheblich ist, ob einzelne Gegenstände verteilt sind oder wenige zurückbleiben, solange **nach dem objektiven Gesamtbild eine Teilung erfolgt** ist.[1552] Die Verteilung einzelner wertvoller Gegenstände führt nicht automatisch zur Teilung des Nachlasses, die aber auch nicht erst mit der Übertragung des letzten Nachlassgegenstandes vollzogen ist.[1553] Maßgebend ist eine objektive Sichtweise. Für den Vollzug der Teilung ist deshalb ohne Bedeutung, ob die Miterben selbst von einer Teilung im Rechtssinne ausgehen oder zur Befriedigung noch ausreichend Gegenstände vorhanden sind.[1554]

Eine Teilung des Nachlasses ist auch gegeben, wenn **Gegenstände auf eine andere Gesamthandsgemeinschaft** mehrerer Erben oder **auf eine Bruchteilsgemeinschaft übertragen werden**. Werden **einzelne Gegenstände auf einen Miterben übertragen**, gehören sie nicht mehr zum Nachlass und werden Eigenvermögen des Miterben. Eine Gesamtteilung ist nicht erfolgt. Ob Nachlassgläubiger in einem solchen Fall bei einem dürftigen Nachlass auf Ersatzansprüche gemäß §§ 1978 Abs. 2, 1991 Abs. 1 BGB i.V.m. § 2059 Abs. 2 BGB zu verweisen sind, weil sie als Teil des Eigenvermögens vom Leistungsverweigerungsrecht aus § 2059 Abs. 1 Satz 1 BGB umfasst sind[1555], ist **streitig**. Richtig erscheint es, **vorab verteilte Gegenstände dem unmittelbaren Zugriff der Nachlassgläubiger zu unterwerfen**. Das Verweigerungsrecht aus § 2059 Abs. 1 Satz 1 BGB beschränkt sich auf das Eigenvermögen, das dem Miterben schon vor der Übertragung der einzelnen Nachlassgegenstände zustand.[1556] Von einer Benachteiligung des betroffenen Miterben kann keine Rede sein, weil der ihm übertragene Vermögensgegenstand nicht originärer Bestandteil seines Eigenvermögens war.

1549 *Staudinger/Marotzke* (2016), § 2058 Rdn. 7; MüKo/*Ann,* § 2058 Rdn. 6.

1550 Siehe dazu Rdn. 536 ff.

1551 *Soergel/Wolf,* § 2059 Rdn. 2; Palandt/*Weidlich,* §§ 2058, 2059 Rdn. 3.

1552 Palandt/*Weidlich,* §§ 2058, 2059 Rdn. 3; RGRK/*Kregel,* § 2059 Rdn. 5; a.A. BeckOGK/*S. Otto,* § 2059 Rdn. 6 m.w.N.*,* wonach für die Annahme einer Teilung maßgeblich sein soll, ob noch hinreichend werthaltige Nachlassgegenstände verbleiben, um die Nachlassverbindlichkeiten zu bedienen.

1553 MüKo/*Ann,* § 2059 Rdn. 4; RGRK/*Kregel,* § 2059 Rdn. 5.

1554 MüKo/*Ann,* § 2059 Rdn. 4.

1555 So RG v. 13.2.1917, II 464/16, RGZ 89, 403, 408; *Soergel/Wolf,* § 2059 Rdn. 4.

1556 MüKo/*Ann,* § 2059 Rdn. 10; RGRK/*Kregel,* § 2059 Rdn. 6; *v. Lübtow,* Erbrecht II, S. 1180; so jetzt wohl auch Palandt/*Weidlich,* §§ 2058, 2059 Rdn. 3 unter Hinweis auf den Gesetzeszweck.

532   War der **Erblasser Gesellschafter einer Personengesellschaft, zerfällt seine einheit-
liche Gesellschafterposition automatisch in selbstständige Gesellschafterstellungen
der Miterben, wenn die Fortsetzung der Gesellschaft im Gesellschaftsvertrag aufgrund einer einfachen oder qualifizierten Nachfolgeklausel mit allen oder einzelnen
Miterben vorgesehen ist.** Erschöpft der Wert der Gesellschaftsbeteiligung den Nachlass, insbesondere wenn an sich zum Nachlass gehörende Gewinn- und Auseinander-
setzungsansprüche wirksam ausgeschlossen sind, stellt sich die Frage, **ob** mit der kraft
Gesetzes erfolgten Aufteilung des bis dahin einheitlichen Rechts auf die Miterben und
neuen Gesellschafter **von einer Teilung des Nachlasses auszugehen ist.** Eine Teilung
lässt sich nur bejahen, wenn man die Auflösung der Erbengemeinschaft ausreichen
lässt[1557] und nicht zusätzlich ein Rechtsgeschäft als Grund dafür fordert.[1558] Für eine
Teilung ohne Rechtsgeschäft spricht, dass anderenfalls die Erben gemäß § 2059 Abs. 1
Satz 1 BGB den Zugriff der Nachlassgläubiger auf ihr Eigenvermögen sperren könnten,
obwohl nur noch unbedeutendes Nachlassvermögen vorliegt. War die Gesellschafterstellung der einzige wertvolle Vermögensgegenstand des Erblassers, ist der Nachlass
mit der Aufspaltung des Gesellschaftsanteils im Wege der Sondererbnachfolge insgesamt als geteilt anzusehen. Miterben können sich nicht auf das Leistungsverweigerungsrecht aus § 2059 Abs. 1 Satz 1 BGB berufen. Besaß der Erblasser neben der Ge-
sellschafterbeteiligung noch andere bedeutende Vermögensgegenstände, liegt in der
Sondererbfolge keine Teilung. Diese Konstellation entspricht der vorzeitigen rechtsgeschäftlichen Verteilung einzelner Nachlassgegenstände.[1559]

2. Die eintretende Haftungssituation

533   **Mit der Teilung** gibt es keinen Nachlass und folglich auch keine Miterbenanteile als
Haftungsmasse mehr. Die Haftung der Miterben mit dem ungeteilten Nachlass gemäß
§ 2059 Abs. 2 BGB und die des einzelnen Miterben mit seinem Erbteil gemäß § 2059
Abs. 1 Satz 1 BGB erlöschen. Den **Nachlassgläubigern steht nur noch das Eigenvermögen der Erben als Haftungsmasse zur Verfügung.** Haben diese zur Befriedigung einer noch nicht fälligen oder streitigen Nachlassschuld gemäß § 2046 Abs. 1
Satz 2 BGB einen Nachlassgegenstand zurückgehalten, verbleibt es für diesen bei der
ursprünglichen Haftung.[1560] Nach der Teilung haften Miterben als Gesamtschuldner
mit ihrem Eigenvermögen für gemeinschaftliche Nachlassverbindlichkeiten und nicht
mehr nur mit ihrem Anteil am Nachlass. Die Nachlassgläubiger können sich mit der
ganzen Forderung an jeden Miterben wenden.

3. Haftungsbeschränkung nach der Teilung

534   Nach der Teilung ist der Miterbe wie ein Alleinerbe in der Lage über die bei ihm vorhandenen Nachlassgegenstände zu verfügen. Ihm stehen weiterhin **alle Möglichkeiten
der Haftungsbeschränkung auf den Nachlass zur Verfügung**, die auch dem Alleinerben zustehen.

[1557] MüKo/*Ann,* § 2059 Rdn. 8.
[1558] So aber *Soergel/Wolf,* § 2032 Rdn. 22; *Staudinger/Marotzke* (2016), § 2059 Rdn. 44, insbesondere 52 ff. m. w. N.
[1559] MüKo/*Ann,* § 2059 Rdn. 9; siehe Rdn. 531.
[1560] *Brox/Walker,* Rdn. 730; MüKo/*Ann,* § 2060 Rdn. 2.

a) Grundsätzlich gesamtschuldnerische Haftung

Haben die Miterben vor der Teilung die vollständige Befriedigung der Nachlassgläubiger versäumt, rechtfertigt dies ihre Haftung als Gesamtschuldner mit dem Eigenvermögen.[1561] Nachlassgläubiger haben weiterhin **die Möglichkeit dem Miterben eine Frist zur Inventarerrichtung bestimmen zu lassen.** 535

Ein **Nachlassinsolvenzverfahren** kann **nach der Teilung ebenfalls noch eröffnet werden.** Zur Insolvenzmasse zählen die nicht verteilten Erbschaftsgegenstände oder die Surrogate sowie die Ersatzansprüche gegen Miterben gemäß §§ 1978–1980 BGB. Das Verfahren kann gemäß § 317 Abs. 1 InsO auch auf Antrag eines Miterben, der unbeschränkbar haftet, eröffnet werden. Dieser bewirkt damit, dass eine Haftungsbeschränkung für diejenigen Erben eintritt, die ihr Beschränkungsrecht noch nicht verloren haben. Eine **Nachlassverwaltung kann nach der Teilung nicht mehr beantragt werden, § 2062 Hs. 2 BGB.** Jeder Miterbe kann auch die **Dürftigkeits- und die Überschwerungseinrede, §§ 1990 Abs. 1 Satz 1, 1992 BGB, erheben** und haftet nach Bereicherungsrecht nur mit den bei ihm verbliebenen Nachlassgegenständen. Er braucht die Zwangsvollstreckung nur in die Gegenstände zu dulden, die er aufgrund der Auseinandersetzung erhalten hat.[1562] Gegenüber zurückgesetzten Nachlassgläubigern kann er sich **auf die Einreden aus §§ 1973, 1974, 1989 BGB berufen.**

b) Teilschuldnerische Haftung der Miterben unter den Voraussetzungen der §§ 2060, 2061 BGB

Unter den in §§ 2060, 2061 BGB geregelten Voraussetzungen **haftet ein Miterbe** für eine Nachlassverbindlichkeit nicht gesamtschuldnerisch, sondern **nur mit demjenigen Teil, der seinem Erbteil entspricht. Erbteil ist die ideelle Erbquote und nicht der durch eine vollzogene Ausgleichung nach den §§ 2050 ff. BGB geänderte Anteil am Überschuss.**[1563] Die Ausgleichung wirkt sich nur im Innenverhältnis der Miterben untereinander aus und bleibt gegenüber Nachlassgläubigern unberücksichtigt.[1564] Im Ergebnis kann das dazu führen, dass trotz eines insgesamt ausreichenden Nachlasses ein Nachlassgläubiger nicht voll befriedigt wird, wenn ein Miterbe, der wegen seiner Ausgleichungsverpflichtung aus dem Nachlass nichts erhält, seine Haftung nach den allgemeinen Vorschriften der §§ 1973 ff. BGB beschränkt hat. Die übrigen Miterben haften nur in Höhe ihrer Erbquote, so dass der Nachlassgläubiger mit dem Rest seiner Forderung ausfällt. Dieses Ergebnis ist nicht unbillig, weil der Nachlassgläubiger die Entstehung der teilschuldnerischen Haftung nach § 2060 Nr. 1 und 2 BGB durch Anmeldung seiner Forderung oder rechtzeitige Geltendmachung hätte vermeiden können.[1565] Hat ein Miterbe alle Erbteile erworben, haftet er auf die volle Schuld, während er für die seinem Ausgangserbteil entsprechende Teilschuld nur unter den Voraussetzungen der §§ 2060, 2061 BGB einzustehen hat. Für die übernommenen Erbteile haftet er wie- 536

[1561] MüKo/*Ann,* § 2060 Rdn. 1.

[1562] *Lange/Kuchinke,* § 50 V 3 c.

[1563] *Staudinger/Marotzke* (2016), § 2060 Rdn. 20; *Erman/Bayer,* § 2060 Rdn. 2; BeckOGK/*S. Otto,* § 2060 Rdn. 19.

[1564] *Erman/Bayer,* § 2060 Rdn. 2; Palandt/*Weidlich,* § 2060 Rdn. 1; RGRK/*Kregel,* § 2060 Rdn. 3.

[1565] MüKo/*Ann,* § 2060 Rdn. 4; RGRK/*Kregel,* § 2060 Rdn. 2; BeckOGK/*S. Otto,* § 2060 Rdn. 19; näher dazu *Staudinger/Marotzke* (2016), § 2060 Rdn. 20 ff., der das Ergebnis für unbefriedigend hält.

derum bei Vorliegen der Voraussetzungen der §§ 2060, 2061 BGB nur anteilig, bzgl. jedes übernommenen Anteils mit dem jeweiligen Veräußerer aber gesamtschuldnerisch gemäß § 421 BGB.[1566]

537   Die **teilschuldnerische Haftung tritt unabhängig davon ein, ob die Miterben beschränkbar oder unbeschränkbar haften.** Die **Vorschriften der §§ 2060, 2061 BGB begrenzen die Schuld nur der Höhe nach,** regeln aber nicht, ob die Haftung mit dem Nachlass oder mit dem Eigenvermögen des Miterben erfolgt. **Gesetzgeberischer Hintergrund** ist, dass den Miterben, die sich um die Befriedigung der Nachlassverbindlichkeiten bemüht haben, nicht zuzumuten ist, die Erbengemeinschaft mit Rücksicht darauf, dass später noch weitere Nachlassgläubiger auftreten könnten, aufrecht zu erhalten.[1567] Auf diese Weise wird eine Wiederaufnahme der Auseinandersetzung verhindert, wenn ein noch unbefriedigter Nachlassgläubiger später einen Miterben in Anspruch nimmt.

Die **Umwandlung der Gesamtschuld in eine Teilschuld tritt unter den Voraussetzungen des § 2060 Nr. 1–3 BGB automatisch ein.**[1568] Diese kraft Gesetzes entstehende teilschuldnerische Haftung ist eine Einwendung und damit **von Amts wegen zu beachten.** Das Gericht darf bei Vorliegen der Voraussetzungen nur eine anteilige Verurteilung aussprechen. **Eines Vorbehaltes gemäß § 780 Abs. 1 ZPO bedarf es nicht.**[1569] Tritt die anteilige Haftung erst nach Abschluss des Erkenntnisverfahrens ein, in dem der Gläubiger einen Gesamtschuldtitel erlangt hat, muss sich der Erbe gegen die Vollstreckung mit der Vollstreckungsgegenklage gemäß § 767 ZPO wehren. Der zwischenzeitliche Eintritt der Teilschuld bildet einen erst nach dem Schluss der letzten mündlichen Verhandlung eingetretenen Einwand, so dass der Erbe nicht nach § 767 Abs. 2 ZPO präkludiert ist.[1570]

538   Handelt es sich um eine nicht **teilbare Nachlassverbindlichkeit,** kann der Nachlassgläubiger Schadensersatz wegen Nichterfüllung verlangen. Alternativ kann er den Anspruch entsprechend seinem Geldwert geltend machen, § 45 InsO analog, wenn er in das Eigenvermögen des Miterben vollstrecken will.[1571]

aa) Öffentliches Aufgebotsverfahren durch das Nachlassgericht

539   Eine teilschuldnerische Haftung tritt nach **§ 2060 Nr. 1 BGB** gegenüber solchen Nachlassgläubigern ein, die **durch einen Ausschließungsbeschluss des Nachlassgerichts ausgeschlossen sind.** Der **Beschluss muss vor der Teilung ergangen sein.** Dafür sprechen neben dem Wortlaut der Vorschrift „Nach der Teilung … 1. wenn der Gläubiger … ausgeschlossen ist" auch Sinn und Zweck.[1572] Es stünde mit dem Schutzzweck der

---

[1566] RGRK/*Kregel*, § 2060 Rdn. 3; MüKo/*Ann*, § 2060 Rdn. 5.

[1567] MüKo/*Ann*, § 2060 Rdn. 1; BeckOGK/*S. Otto*, § 2060 Rdn. 3.

[1568] *Ebenroth*, Rdn. 1181.

[1569] MüKo/*Ann*, § 2060 Rdn. 3; *Erman/Bayer*, § 2060 Rdn. 3.

[1570] *Damrau/Tanck/Syrbe*, § 2060 Rdn. 10.

[1571] *Lange/Kuchinke*, § 50 V 4 b; MüKo/*Ann*, § 2060 Rdn. 6; *Brox/Walker*, Rdn. 731; a.A. *Staudinger/Marotzke* (2016), § 2060 Rdn. 30.

[1572] MüKo/*Ann*, § 2060 Rdn. 8; *Soergel/Wolf*, § 2060 Rdn. 4; *Palandt/Weidlich*, § 2060 Rdn. 2; *Damrau/Tanck/Syrbe*, § 2060 Rdn. 5; *Bamberger/Roth/Lohmann*, § 2060 Rdn. 4; *v. Lübtow*, Erbrecht II, S. 1192; *Brox/Walker*, Rdn. 731; a.A. *Staudinger/Marotzke* (2016), § 2060 Rdn. 68; RGRK/*Kregel*, § 2060 Rdn. 5; *Erman/Bayer*, § 2060 Rdn. 4.

Norm nicht im Einklang, wenn auch diejenigen Miterben, die unter Nichtbeachtung des § 2046 Abs. 1 BGB die Teilung des Nachlasses bereits herbeigeführt haben, nachträglich noch in den Genuss der mit der Bruchteilshaftung verbundenen Haftungsbeschränkung gelangen könnten. Der von einem Miterben erwirkte Ausschließungsbeschluss kommt allen Miterben zustatten. Er führt zur Haftungsbeschränkung aller Miterben, die noch nicht unbeschränkbar haften und zur Teilschuld.[1573]

Die teilschuldnerische Haftung ist **gemäß § 460 Abs. 1 Satz 2 FamFG besonders anzudrohen**. Nach § 460 Abs. 2 FamFG kann auch der bereits unbeschränkbar haftende Miterbe das Aufgebotsverfahren mit Androhung des in § 460 Abs. 1 Satz 2 FamFG bestimmten Rechtsnachteils beantragen. Der unbeschränkbar haftende Miterbe kann dadurch nichts mehr an seiner unbeschränkten Haftung ändern, jedoch eine Teilschuld herbeiführen.[1574] Davon sind neben den Aufgebotsgläubigern auch die in § 1972 BGB bezeichneten Gläubiger, d.h. Pflichtteilsberechtigte, Vermächtnisnehmer und Auflagenbegünstigte sowie die Nachlassgläubiger, denen der Miterbe unbeschränkt haftet, betroffen.[1575]

bb) Öffentliches Privataufgebot

Eine teilschuldnerische Haftung tritt ein, wenn Nachlassgläubiger ihre Forderung **in einem öffentlichen Privataufgebot nicht angemeldet haben und diese Forderung bis zur Teilung unbekannt war, § 2061 BGB**. Es handelt sich weder um eine Nachlasssache i.S.v. § 342 Abs. 1 FamFG noch um eine Aufgebotssache i.S.v. §§ 433 ff. FamFG, so dass gegen die Zurückweisung des an das Nachlassgericht gestellten Veröffentlichungsantrages durch den Rechtspfleger nicht die Beschwerde nach §§ 58 ff. FamFG, sondern die Rechtspflegererinnerung gemäß § 11 Abs. 2 RPflG statthaft ist.[1576]

Miterben soll ein billigerer und weniger aufwändiger Weg zur Teilschuld eröffnet werden als der des gerichtlichen Aufgebotsverfahrens gemäß § 2060 Nr. 1 BGB. Die private Aufforderung eines Miterben ist zur Ermittlung der Nachlassgläubiger ausreichend, wenn ihre Veröffentlichung Gewähr dafür bietet, dass alle betroffenen Personen sie zur Kenntnis nehmen können.[1577] Zur teilschuldnerischen Haftung kommt es, **wenn die Teilung erst nach Aufforderung und Fristablauf erfolgt ist**.[1578] Ebenso wie bei § 2060 Nr. 1 BGB ist **umstritten**, ob das öffentliche Privataufgebot vor der Teilung des Nachlasses durch Fristablauf beendet oder zumindest eingeleitet worden sein muss. Diejenigen, die auch bei § 2060 Nr. 1 BGB die vorangehende Teilung für unschädlich halten, vertreten dies auch für § 2061 BGB, zumal das Gesetz zum Zeitpunkt der Teilung – anders als bei § 2060 Nr. 1 BGB – nichts vorschreibt.[1579] Die **überwiegende Auffassung** spricht sich demgegenüber zu Recht dafür aus, dass auch das **öffentliche Privataufgebot vor der Teilung beendet sein muss**, anderenfalls es nicht mehr zulässig

540

[1573] *Schlüter*, Rdn. 1208.
[1574] MüKo/*Ann*, § 2060 Rdn. 7; BeckOGK/*S. Otto*, § 2060 Rdn. 7.2.
[1575] MüKo/*Ann*, § 2060 Rdn. 7; Erman/*Bayer*, § 2060 Rdn. 4.
[1576] OLG Köln v. 5. 10. 2016, 2 Wx 380/16, ZEV 2017, 42.
[1577] Prot. V S. 878; MüKo/*Ann*, § 2061 Rdn. 1.
[1578] MüKo/*Ann*, § 2061 Rdn. 5.
[1579] Staudinger/*Marotzke* (2016), § 2061 Rdn. 10; RGRK/*Kregel*, § 2061 Rdn. 2; *Brox/Walker*, Rdn. 731.

sei und wirkungslos werde.[1580] Das Gesetz mag – anders als bei § 2060 Nr. 1 BGB – den Zeitpunkt der Teilung nicht ausdrücklich bestimmen, doch sprechen Sinn und Zweck des § 2061 BGB dafür, dass die Teilung erst nach Aufforderung und Fristablauf erfolgt sein darf, um eine teilschuldnerische Haftung zu begründen. Ebenso wie bei § 2060 Nr. 1 BGB sollen durch § 2061 BGB diejenigen Miterben privilegiert werden, die sich vor der Teilung um die Erfüllung der Nachlassverbindlichkeiten bemüht haben. Miterben, die den Fristablauf nicht abgewartet und die Teilung bereits herbeigeführt haben, sollen nicht in den Genuss der teilschuldnerischen Haftung kommen. Zudem würde die Einschränkung des § 2061 Abs. 1 Satz 2 Alt. 2 BGB unterlaufen, wonach keine Teilschuld für die Miterben eintritt, die die Nachlassforderungen im Zeitpunkt der Teilung kennen. Um dem Ausschluss einer Teilschuld vorzubeugen, würden Miterben zu einer möglichst raschen Teilung angehalten, was die Erfüllung noch offener Erblasserschulden gefährden würde und den Interessen der Nachlassgläubiger entgegenstünde. Deshalb ist auch für § 2061 BGB das Erfordernis der Aufforderung und des Fristablaufes vor der Teilung zu bejahen.

541 Voraussetzungen für den Eintritt der Teilschuld sind neben der Teilung des Nachlasses die **Aufforderung sowie** der **Fristablauf.** Anders als bei § 2060 Nr. 1 BGB erfolgt die **Aufforderung durch den Miterben selbst** und nicht durch das Nachlassgericht. Nach § 2061 Abs. 2 Satz 1 BGB hat die **Veröffentlichung im Bundesanzeiger** und **in dem von der Landesjustizverwaltung für die Bekanntmachung des Nachlassgerichts bestimmten Blatt zu erfolgen.** Die **Aufforderung kann jeder Miterbe** einschließlich eines bereits unbeschränkt haftenden Miterben **aussprechen.**[1581] Das Nachlassgericht wirkt bei der Veröffentlichung der Aufforderung mit und nimmt die Forderungsanmeldungen entgegen. Eine Androhung des Rechtsnachteils wie bei § 460 Abs. 1 Satz 2 FamFG für das öffentliche Aufgebot ist nicht erforderlich.[1582]

Die **sechsmonatige Anmeldefrist des § 2061 Abs. 1 Satz 1 BGB** beginnt mit der letzten Einrückung gemäß § 2061 Abs. 2 Satz 2 BGB. Es handelt sich um eine **Ausschlussfrist,** so dass selbst eine Hemmung durch höhere Gewalt gemäß § 206 BGB ausgeschlossen ist.[1583] Die Berechnung der Frist erfolgt nach den §§ 187, 188, 193 BGB.[1584]

Der **Nachlassgläubiger** muss innerhalb der Frist **seine Forderung entweder beim Nachlassgericht oder bei dem auffordernden Miterben anmelden,** um die Wirkung des § 2061 BGB ihm gegenüber auszuschließen. Anderenfalls **tritt** sie nur dann **nicht ein,** wenn die **Forderung dem Miterben im Teilungszeitpunkt bekannt war, § 2061 Abs. 1 Satz 2 Alt. 2 BGB.** Die Kenntnis wirkt nur gegen denjenigen Miterben, der zur Zeit der Teilung Kenntnis von der Forderung hatte. **Hatten andere Miterben keine Kenntnis, kann der Schuldumfang unterschiedlich sein.** Derjenige, der die Forderung kennt, haftet als Gesamtschuldner, während derjenige, der keine Kenntnis hat, nur

---

[1580] MüKo/*Ann,* § 2061 Rdn. 5; *Soergel/Wolf,* § 2061 Rdn. 2; *Bamberger/Roth/Lohmann,* § 2061 Rdn. 5; AnwK-BGB/*Kick,* § 2061 Rdn. 12; *v. Lübtow,* Erbrecht II, S. 1192; *Ebenroth,* Rdn. 1181; *Damrau/Tanck/Syrbe,* § 2061 Rdn. 3; *Erman/Bayer,* § 2061 Rdn. 2 (anders noch *Schlüter* in der 13. Auflage).

[1581] MüKo/*Ann,* § 2061 Rdn. 3; *Damrau/Tanck/Syrbe,* § 2061 Rdn. 2.

[1582] *Staudinger/Marotzke* (2016), § 2061 Rdn. 3; *Riesenfeld,* Erbenhaftung Band I, S. 213.

[1583] *Staudinger/Marotzke* (2016), § 2061 Rdn. 5; MüKo/*Ann,* § 2061 Rdn. 4.

[1584] *Staudinger/Marotzke* (2016), § 2061 Rdn. 5; MüKo/*Ann,* § 2061 Rdn. 4.

anteilig schuldet.[1585] Erfolgt die Anmeldung gegenüber einem Miterben, der die Aufforderung nicht erlassen hat, wird die Forderung ihm dadurch bekannt. Leitet er die Anmeldung an das Nachlassgericht oder den Auffordernden weiter, geht dem Nachlassgericht oder dem auffordernden Miterben die Anmeldung über diesen Miterben als Boten zu.[1586]

Rechtsfolge des Privataufgebotes ist die **Begrenzung der Schuld eines jeden Miterben auf den Teil der Nachlassforderung, der seiner Erbquote entspricht.** Das gilt auch, wenn er schon unbeschränkt haftet. Die Teilschuld tritt wie bei § 2060 Nr. 1 BGB auch gegenüber den Gläubigern des § 1972 BGB ein.[1587] Dagegen berührt das Privataufgebot die Stellung der dinglich Berechtigten i.S.v. § 1971 BGB nicht, soweit es um die Befriedigung aus den ihnen haftenden Gegenständen geht. Das Privataufgebot kann nicht stärker wirken als ein gerichtliches Aufgebot.[1588]

542

Die **Kosten eines Privataufgebots** fallen gemäß § 2061 Abs. 2 Satz 3 BGB **dem Erben zur Last, der die Aufforderung erlässt.** Es handelt sich um eine Eigenverbindlichkeit des Antragstellers.[1589] Dem das private Aufgebot veranlassenden Miterben kann ein Anspruch auf Aufwendungsersatz gegen die anderen Miterben aus Auftragsrecht gemäß § 670 BGB oder aus Geschäftsführung ohne Auftrag gemäß § 681 BGB zustehen.[1590]

543

cc) Verspätete Geltendmachung von Forderungen

Eine teilschuldnerische Haftung tritt gemäß § 2060 **Nr. 2 BGB** auch gegenüber solchen Nachlassgläubigern ein, die erst nach Ablauf von fünf Jahren – gerechnet ab dem Zeitpunkt des Erbfalls gemäß § 1974 Abs. 1 Satz 1 BGB – ihre Forderung geltend machen. Einer gerichtlichen Geltendmachung bedarf es nicht. **Es genügt die außergerichtliche Geltendmachung,** wenn der Wille befriedigt zu werden hinreichend zum Ausdruck kommt.[1591] Das **gilt nicht gegenüber dinglich gesicherten Nachlassgläubigern** i.S.v. § 1971 BGB, die ihre Forderung durch Verwertung des haftenden Gegenstandes auch nach Fristablauf verfolgen können, § 2060 Nr. 2 Hs. 2 BGB. Dagegen kommt es gegenüber den nachlassbeteiligten Gläubigern des § 1972 BGB und denjenigen, gegenüber denen der Miterbe unbeschränkt haftet, zur Teilschuld durch Fristablauf. War die Forderung dem Miterben vor Ablauf der 5 Jahre bekannt, tritt keine teilschuldnerische Haftung ein.[1592] Aus dem Wortlaut des Gesetzes „dem Miterben bekannt geworden ist" ergibt sich, dass es auf die persönliche Kenntnis des jeweiligen Miterben ankommt. Bei unterschiedlichen Zeitpunkten der Kenntniserlangung kann deshalb ein Miterbe nur anteilig haften und ein anderer, der innerhalb der fünfjährigen Frist Kenntnis er-

544

[1585] MüKo/*Ann,* § 2061 Rdn. 4.

[1586] *Soergel/Wolf,* § 2061 Rdn. 3; MüKo/*Ann,* § 2061 Rdn. 4.

[1587] Palandt/*Weidlich,* § 2061 Rdn. 2; RGRK/*Kregel,* § 2061 Rdn. 3; *Staudinger/Marotzke* (2016), § 2061 Rdn. 11; *Erman/Bayer,* § 2061 Rdn. 2; *Bamberger/Roth/Lohmann,* § 2061 Rdn. 6; MüKo/*Ann,* § 2061 Rdn. 6; a.A. AnwK-BGB/*Kick,* § 2061 Rdn. 10; *Lange/Kuchinke,* § 48 V.

[1588] *Staudinger/Marotzke* (2016), § 2061 Rdn. 11; Palandt/*Weidlich,* § 2061 Rdn. 2; MüKo/*Ann,* § 2061 Rdn. 6.

[1589] MüKo/*Ann,* § 2061 Rdn. 7; RGRK/*Kregel,* § 2061 Rdn. 6; a.A. *Staudinger/Marotzke* (2016), § 2061 Rdn. 6.

[1590] MüKo/*Ann,* § 2061 Rdn. 7.

[1591] *Soergel/Wolf,* § 2060 Rdn. 8; MüKo/*Ann,* § 2060 Rdn. 10.

[1592] MüKo/*Ann,* § 2060 Rdn. 11.

langt hatte, gesamtschuldnerisch.[1593] **Zur Teilschuld kommt es** nach § 2060 Nr. 2 Hs. 1 Alt. 1 und 2 BGB **auch nicht, wenn die Forderung** entweder **vor Ablauf von 5 Jahren bekannt geworden oder im gerichtlichen Aufgebotsverfahren angemeldet worden** ist. Die Anmeldung auf ein Privataufgebot gemäß § 2061 BGB schließt die Teilschuld nicht gemäß § 2060 Nr. 2 Hs. 1 Alt. 2 aus.[1594]

dd) Masseverteilung im Rahmen des Nachlassinsolvenzverfahrens

545 Zur Teilschuld kommt es nach § 2060 **Nr. 3 BGB** gegenüber allen Nachlassgläubigern nach Durchführung eines Nachlassinsolvenzverfahrens, wenn dieses **durch Masseverteilung oder durch einen Insolvenzplan beendet wurde.** Die Vorschrift findet sinngemäß Anwendung nach Beendigung eines Nachlassverwaltungsverfahrens.[1595] Das **Nachlassinsolvenzverfahren muss vor der Teilung eröffnet worden sein.** Dafür spricht neben dem Wortlaut der Vorschrift, dass anderenfalls die endgültig eingetretene gesamtschuldnerische Haftung entwertet würde, wenn sie mit der Masseverteilung wieder zur Bruchteilsschuld würde.[1596] Jeder Miterbe kann gemäß § 317 Abs. 1 InsO die Eröffnung des Nachlassinsolvenzverfahrens beantragen, sofern der Eröffnungsgrund der Zahlungsunfähigkeit oder Überschuldung für den Gesamtnachlass vorliegt, nicht nur für den Erbteil. Ein **unbeschränkt haftender Miterbe ist antragsberechtigt,** auch wenn für ihn die Haftungsbeschränkung des § 1989 BGB wegen § 2013 Abs. 1 Satz 1 BGB nicht mehr erreichbar sein mag. Aufgrund der Möglichkeit des Eintritts der Teilschuld nach § 2060 Nr. 3 BGB kann der Antrag auf Eröffnung des Nachlassinsolvenzverfahrens für ihn sinnvoll sein, weil es in jedem Fall **zur Beschränkung der Haftung mit dem Eigenvermögen auf einen Teilbetrag der Nachlassschuld käme.** Eine **Teilschuld tritt nicht ein, wenn das Insolvenzverfahren in anderer Weise als durch Masseverteilung oder Insolvenzplan beendet worden ist,** beispielsweise durch eine Verfahrenseinstellung nach den §§ 207, 213 InsO.[1597]

Kommt es zur Beendigung des Insolvenzverfahrens durch einen Insolvenzplan, ist dessen Inhalt gegenüber den betroffenen Gläubigern vorrangig.[1598] Zur Teilschuld kommt es deshalb nur, soweit der Plan nichts anderes bestimmt sowie gegenüber den vom Insolvenzplan nicht betroffenen Gläubigern.[1599]

IV. Der Miterbe als Nachlassgläubiger

546 Ein Miterbe kann selbst Forderungen gegen die Erbengemeinschaft haben. Er ist dann zugleich Nachlassgläubiger. Bestand die Forderung schon vor dem Erbfall, kommt es

---

[1593] *Soergel/Wolf,* § 2061 Rdn. 8; MüKo/*Ann,* § 2060 Rdn. 11.

[1594] RGRK/*Kregel,* § 2060 Rdn. 7; MüKo/*Ann,* § 2060 Rdn. 12.

[1595] *Lange/Kuchinke,* § 50 V 4 a Fn. 76; MüKo/*Ann,* § 2060 Rdn. 16; *Brox/Walker,* Rdn. 731; BeckOGK/*S. Otto,* § 2060 Rdn. 18; a.A. *Staudinger/Marotzke* (2016), § 2060 Rdn. 90.

[1596] Palandt/*Weidlich,* § 2060 Rdn. 4; *Erman/Bayer,* § 2060 Rdn. 6; anders noch *Schlüter* in der Vorauflage; *Bamberger/Roth/Lohmann,* § 2060 Rdn. 6, *Soergel/Wolf,* § 2060 Rdn. 4, 9; MüKo/*Ann,* § 2060 Rdn. 15; a.A. *Staudinger/Marotzke* (2016), § 2060 Rdn. 84; RGRK/*Kregel,* § 2060 Rdn. 9; Eröffnung auch nach Teilung möglich.

[1597] Palandt/*Weidlich,* § 2060 Rdn. 4; MüKo/*Ann,* § 2060 Rdn. 14.

[1598] *Staudinger/Marotzke* (2016), § 2060 Rdn. 88; Müko/*Ann,* § 2060 Rdn. 14.

[1599] *Staudinger/Marotzke* (2016), § 2060 Rdn. 88; MüKo/*Ann,* § 2060 Rdn. 14.

nicht zur Vereinigung von Forderung und Verbindlichkeit, da der Nachlass rechtlich getrenntes Sondervermögen in der Hand der Miterben ist. Die **Schuld des Erblassers gegenüber einem Miterben gehört zu diesem Sondervermögen und bleibt** daher **in voller Höhe bestehen.**[1600] Gegenüber einem Miterbennachlassgläubiger können die übrigen Miterben ihr Haftungsbeschränkungsrecht nicht gemäß §§ 1994 Abs. 1 Satz 2, 2005 Abs. 1, 2006 Abs. 3 BGB verlieren.[1601]

Der **Miterbe kann vor der Teilung in seiner Eigenschaft als Nachlassgläubiger sowohl die Gesamtschuld- als auch die Gesamthandsklage erheben.**[1602] Bei der Gesamtschuldklage muss er von der Klageforderung den Teil abziehen, der auf seinen Erbteil entfällt[1603], während bei der Gesamthandsklage eine Kürzung der geltend gemachten Forderung um den Anteil, der seiner Erbquote entspricht, nicht in Betracht kommt.[1604] Begehrt der Miterbengläubiger nur Befriedigung aus dem ungeteilten Nachlass, scheidet eine Kürzung entsprechend seiner Erbquote von vornherein aus.[1605] Es genügt im Rahmen des § 747 ZPO ein gegen die übrigen Miterben ergangener Titel.[1606] Die **anderen Miterben** können sich **gegenüber dem als Nachlassgläubiger klagenden Miterben stets auf eine Haftungsbeschränkung berufen**, unabhängig davon, ob sie unbeschränkbar haften oder nicht, § 2063 Abs. 2 BGB. Das Reichsgericht hatte noch die Auffassung vertreten, ein Miterbe könne unter Berücksichtigung der Grundsätze von Treu und Glauben nur die Gesamthandsklage erheben oder die übrigen Miterben als Teilschuldner nach § 426 Abs. 1 und 2 BGB in Anspruch nehmen.[1607] Dagegen spricht, dass ein Miterbe als Nachlassgläubiger und nicht als Erbe die Klage erhebt. Er stützt seine Forderung nicht auf das Innenverhältnis zu anderen Miterben, sondern auf das Außenverhältnis. Aus dem Abwicklungszweck und den Besonderheiten der Miterbengemeinschaft lässt sich nach Treu und Glauben trotz der Zulässigkeit der Gesamtschuldklage herleiten, dass der Nachlassgläubiger als Miterbe zunächst Befriedigung aus dem Nachlass suchen muss.[1608] Treuwidrig verhält sich ein Miterbe als Gläubiger, wenn er aufgrund einer bestehenden Ausgleichungspflicht nach den §§ 2050 ff. BGB bei der Verteilung der Masse selbst keine Zahlung zu erwarten hätte und der Zeitpunkt der Geltendmachung die Erbengemeinschaft zu einer aus diesem Grunde mit finanziellen Einbußen verbundenen Beschaffung von Barmitteln zwingt,

547

[1600] MüKo/*Ann*, § 2058 Rdn. 27.

[1601] *Staudinger/Marotzke* (2016), § 2060 Rdn. 12.

[1602] BGH v. 10.2.1988, IVa ZR 227/86, NJW-RR 1988, 710; OLG Stuttgart v. 24.2.1959, 5 U 115/58, NJW 1959, 1735; OLG Düsseldorf v. 14.5.1970, 18 U 185/69, MDR 1970, 766; *Staudinger/Marotzke* (2016), § 2058 Rdn. 93 ff.; *Soergel/Wolf*, § 2058 Rdn. 16; Palandt/*Weidlich*, §§ 2058, 2059 Rdn. 14; RGRK/*Kregel*, § 2058 Rdn. 7; *Kipp/Coing*, § 121 III 3; *Erman/Bayer*, § 2058 Rdn. 4 (anders noch die Vorauflage); *Bamberger/Roth/Lohmann*, § 2059 Rdn. 8; MüKo/*Ann*, § 2059 Rdn. 27; a.A. AK/*Buchholz*, § 2059 Rdn. 6.; instruktiv zur Gesamtschuld- und Gesamthandsklage eines Miterbennachlassgläubigers *Schindler*, ZEV 2011, 295 ff.

[1603] BGH v. 10.2.1988, IVa ZR 227/86, NJW-RR 1988, 710, 711.

[1604] OLG München v. 20.7.2017, 23 U 3246/16, ErbR 2017, 664, 665; OLG Köln v. 30.7.1996, 19 W 40/96, zit. nach juris.

[1605] BGH v. 10.2.1988, IVa ZR 227/86, NJW-RR 1988, 710.

[1606] OLG München v. 20.7.2017, 23 U 3246/16, ErbR 2017, 664, 665.

[1607] RG v. 13.6.1918, IV 386/17, RGZ 93, 196 f.; ihm folgend *Planck/Ebbecke*, § 2039 Anm. 3; *Erman/Bayer*, § 2058 Rdn. 4.

[1608] *Lange/Kuchinke*, § 50 VII 1 a.

so z.B. zu einem Notverkauf von Nachlassgegenständen oder zur vorzeitigen Ablösung eines Darlehens unter Zahlung einer Vorfälligkeitsentschädigung.[1609]

548 **Nach der Teilung ist nach allgemeiner Ansicht nur die Gesamtschuldklage zulässig.** Der klagende Miterbennachlassgläubiger kann weiterhin andere Miterben als Gesamtschuldner in Anspruch nehmen, muss sich aber einen Schuldanteil abziehen, der seinem Erbteil entspricht.[1610]

V. Die Haftung im Innenverhältnis – Verhältnis der Miterben untereinander

549 Die Haftung der Miterben im Innenverhältnis **hängt davon ab, ob der Nachlass geteilt ist oder nicht.**

Vor der Teilung des Nachlasses sind die Miterben untereinander gemäß §§ 2038 Abs. 1 Satz 2, 2046 Abs. 1 BGB verpflichtet, **bei der Berichtigung von Nachlassverbindlichkeiten mitzuwirken.** Die gleiche Pflicht lässt sich aus dem Recht der Gesamtschuld gemäß §§ 2058, 426 Abs. 1 Satz 1 BGB herleiten. Befriedigt ein Miterbe einen Nachlassgläubiger, obwohl er dazu nicht verpflichtet ist, steht seinem Ausgleichsanspruch aus § 426 Abs. 1 BGB gegen die anderen Miterben die vorläufige Einrede aus § 2059 Abs. 1 Satz 1 BGB entgegen. Ausgleichsansprüche aus GOA oder Bereicherungsrecht scheitern aus den gleichen Erwägungen.[1611] Der Miterbe befriedigt den Gläubiger zunächst auf eigenes Risiko. Er erhält gegen die Erbengemeinschaft allenfalls einen Anspruch auf Leistung aus dem ungeteilten Nachlass.[1612]

Nach der Teilung kann ein Miterbe, der einen Nachlassgläubiger befriedigt, **gemäß §§ 2038 Abs. 2, 738 BGB von den übrigen Miterben anteilmäßige Erstattung nach dem Verhältnis der Erbteile verlangen.**[1613] Es steht den Miterben frei, im Rahmen der Auseinandersetzung ein anderes Verhältnis als das der Erbquoten zu vereinbaren.[1614] Hat der Erblasser eine entsprechende Auflage gemäß § 2192 BGB oder eine Auseinandersetzungsanordnung gemäß § 2048 BGB verfügt, kommt eine Ausgleichspflicht der anderen Miterben von vornherein nicht in Betracht. Gegenüber dem Ausgleichsanspruch aus § 426 Abs. 1 BGB kann sich der in Anspruch genommene Miterbe auf die Haftungsbeschränkung berufen, selbst wenn er nach außen unbeschränkt haftet, § 2063 Abs. 2 BGB.[1615]

Bestehen zwischen den Miterben **Ausgleichungspflichten nach den §§ 2050 ff. BGB, bleiben** sie **für den Ausgleichsanspruch nach § 426 Abs. 1 BGB unberücksich-

---

[1609] *Damrau/Tanck/Syrbe,* § 2058 Rdn. 16.
[1610] RG v. 5.3.1936, IV 243/35, RGZ 150, 344, 347.
[1611] MüKo/*Ann,* § 2058 Rdn. 31.
[1612] MüKo/*Ann,* § 2058 Rdn. 31; *Ebenroth,* Rdn. 1173; *Staudinger/Marotzke* (2016), § 2058 Rdn. 81; *Bamberger/Roth/Lohmann,* § 2058 Rdn. 12.
[1613] BayObLG v. 19.5.1970, BReg. 2 Z 32/70, NJW 1970, 1800, 1802; BayObLG v. 10.12.1963, BReg. 2 Z 118/63, BayObLGZ 1963, 319, 324; MüKo/*Ann,* § 2058 Rdn. 32; BeckOGK/ *S. Otto,* § 2058 Rdn. 19.
[1614] MüKo/*Ann,* § 2058 Rdn. 32.
[1615] *Soergel/Wolf,* § 2058 Rdn. 8; *Staudinger/Marotzke* (2016), § 2058 Rdn. 81; MüKo/*Ann,* § 2058 Rdn. 32.

tigt. Für den Erstattungsanspruch kommt es nur darauf an, welche Erbquote auf den Miterben entfällt und nicht darauf, was ihm tatsächlich zufließt.[1616] Neben dem Ausgleichsanspruch aus § 426 Abs. 1 BGB hat der Miterbe die Ansprüche aus § 426 Abs. 2 BGB, d.h. die übergegangenen Gläubigerforderungen.

[1616] *Staudinger/Marotzke* (2016), § 2058 Rdn. 89; MüKo/*Ann*, § 2058 Rdn. 33; a.A. Palandt/ *Weidlich*, §§ 2058, 2059 Rdn. 9; RGRK/*Kregel*, § 2058 Rdn. 14; AnwK-BGB/*Kick*, § 2058 Rdn. 40; hierzu auch BeckOGK/*S. Otto*, § 2058 Rdn. 19 f. mit Berechnungsbeispiel.

G. Die Haftung des Vor- und Nacherben sowie des Hauptvermächtnisnehmers

Die in einer letztwilligen Verfügung getroffene Anordnung einer Vor- und Nacherbschaft führt dazu, dass der Vor- und der Nacherbe **zeitlich nacheinander die Berechtigung am Nachlass erhalten**. Beide sind Erben des Erblassers. Der Eintritt des von dem Erblasser in den Grenzen des § 2109 BGB frei bestimmbaren Nacherbfalls – zumeist der Tod des Vorerben – ist Bedingung für die Erbenstellung des Nacherben. Gleichzeitig hört der Vorerbe auf Erbe zu sein und der Nachlass geht auf den Nacherben über. Der Erblasser kann auf diese Weise erreichen, dass der Nachlass mehreren Personen nacheinander zuteil wird. Dem **Vorerben gebühren** nach der gesetzlichen Grundkonstellation, von der durch Befreiung gemäß § 2136 BGB in weitem Umfang abgewichen werden kann, **aus dem Nachlass nur die Erträgnisse, während die Substanz des Nachlasses mit dem Nacherbfall dem Nacherben zufällt**. Sofern der Vorerbe nicht als befreiter Vorerbe eingesetzt ist, kann er über die zur Erbschaft gehörenden Gegenstände nur unter bestimmten Beschränkungen verfügen, § 2112 BGB.

Die allgemeinen Haftungsregeln der §§ 1967–2017 BGB und der §§ 2058–2063 BGB, die auf den Alleinerben und ergänzend auf die Erbengemeinschaft zugeschnitten sind, können nicht ohne Modifikationen für die Haftung des Vor- und Nacherben herangezogen werden.[1617] Deshalb ist die Haftung des Vor- und die Nacherben rechtlich selbstständig in **den §§ 2144–2146 BGB** normiert. Sie trifft zunächst den Vorerben, mit Eintritt des Nacherbfalles den Nacherben. Die persönliche Haftung bestimmt sich für jeden von ihnen unabhängig von dem anderen und ist davon abhängig, wann der Nacherbfall eingetreten ist. Dieser vollzieht sich nicht notwendig offenkundig nach außen. Deshalb sind der Vorerbe bzw. dessen Erben **gemäß § 2146 BGB gegenüber den Nachlassgläubigern verpflichtet, den Eintritt des Nacherbfalls anzuzeigen**. Für die Nachlassgläubiger stellt sich die Frage, ab welchem Zeitpunkt sie den Nacherben in Anspruch nehmen können und für welche Verbindlichkeiten. Weiter ist für sie von Interesse, ob der Vorerbe noch haftet, wenn eine Haftung des Nacherben nicht (mehr) gegeben ist.

I. Haftung vor Eintritt des Nacherbfalls

Obwohl der **Vorerbe** nur Erbe auf Zeit ist, ergeben sich für seine Haftung vor Eintritt des Nacherbfalls keine Besonderheiten. Er **haftet wie ein endgültiger Erbe**[1618], **mehrere Vorerben haften wie Miterben**. Der Nacherbe ist aufschiebend bedingter Erbe, wobei der Eintritt der aufschiebenden Bedingung noch aussteht.

[1617] *Brox/Walker*, Rdn. 734.
[1618] Zur Haftung für Nachlasserbenschulden KG v. 20.3.2009, 7 U 161/08, NJOZ 2009, 2084.

1. Haftung des Vorerben

552 Der Vorerbe kann wie jeder Alleinerbe die **Schonungseinreden der §§ 2014, 2015 BGB erheben** und die **Anordnung der Nachlassverwaltung oder die Eröffnung des Nachlassinsolvenzverfahrens beantragen**, um seine Haftung für Nachlassverbindlichkeiten zu beschränken. Reicht der Nachlass nicht aus, um die Kosten eines Nachlassinsolvenzverfahrens zu decken, kann er sich **auf die Einreden des § 1990 Abs. 1 Satz 1 BGB berufen**, ebenso **auf die Überschwerungseinrede des § 1992 BGB**, wenn die Überschuldung auf Vermächtnissen und Auflagen beruht. Gegenüber ausgeschlossenen und säumigen Gläubigern **stehen ihm die Einreden der §§ 1973, 1974 BGB zu**. Errichtet **er ein Inventar**, kann er die **Vermutungswirkung des § 2009 BGB herbeiführen**.[1619] Ihn **treffen die Folgen einer Fristversäumung gemäß § 1994 Abs. 1 BGB und einer Inventaruntreue gemäß § 2005 Abs. 1 Satz 1 BGB**.

Er **haftet nicht für Vermächtnisse und Auflagen, die der Erblasser dem Nacherben auferlegt hat.** Der Erblasser muss aber hinreichend deutlich zum Ausdruck gebracht haben, dass nur der Nacherbe verpflichtet sein soll. Ist eine derartige Bestimmung der Verfügung nicht eindeutig zu entnehmen, so treffen die Verpflichtungen aus Vermächtnissen und Auflagen sowohl den Vorerben als auch den Nacherben, der ebenfalls Erbe ist.

552a Der Vorerbe hat gegenüber den Nacherben **wegen der Erbschaftsteuerschuld einen Freistellungsanspruch.** Der Erbe versteuert seinen Erwerb wie ein Vollerbe gemäß § 6 Abs. 1 ErbStG. Diese durch die Vorerbschaft veranlasste Erbschaftsteuer ist keine Nachlassverbindlichkeit i.S.v. § 1967 Abs. 2 BGB[1620], die auf den Nacherben im Nacherbfall überginge. Es handelt sich um eine persönliche Schuld des Vorerben, die auf dessen Erben übergeht. Steuerschuldner ist nicht der Nacherbe, sondern nur der Vorerbe selbst bzw. dessen Rechtsnachfolger.[1621] Der Vorerbe hat nach § 20 Abs. 4 ErbStG die durch die Vorerbschaft veranlasste Erbschaftsteuer aus den Mitteln der Vorerbschaft zu entrichten, so dass letztlich **die durch die Vorerbschaft veranlasste Erbschaftsteuer wirtschaftlich den Nacherben trifft.** Die Erbschaftsteuer des Vorerben ist als **„außerordentliche Last"** anzusehen, der bzw. dessen Erbe **vom Nacherben** gemäß **§§ 2126, 2124 Abs. 2, 257 Satz 1 BGB Freistellung** von der gegen ihn festgesetzten Erbschaftsteuer **verlangen kann**.[1622] Außerordentliche Lasten i.S.v. § 2126 BGB werden einmalig erbracht und sind aus der Vermögenssubstanz, nicht aus den Erträgnissen zu leisten.[1623] Der **Nacherbe kann seine Haftung** für den Freistellungsanspruch gemäß § 2144 Abs. 3 BGB, § 780 Abs. 1 ZPO **auf den Nachlass beschränken.** Reicht der Nachlass nicht oder nicht mehr zur Zahlung der Erbschaftsteuer aus, kann der Erbe des Vorerben den Freistellungsanspruch nicht realisieren. Allerdings haftet der Nacherbe für eine nach Eintritt des Verzuges eintretende weitere Verschlechterung gemäß §§ 280 Abs. 2, 286 BGB persönlich.[1624]

[1619] Näher dazu Rdn. 436 ff.

[1620] Näher dazu Rdn. 113 ff.; str.

[1621] BFH v. 12.5.1970, II R 52/64, BStBl II 1972, 462, 464 = BeckRS 1970, 22000564; LG Bonn v. 24.1.2012, 10 O 453/10, ZEV 2012, 321, 322 m. Anm. Potsch.

[1622] MüKo/*Grunsky*, § 2126 Rdn. 57; Palandt/*Weidlich*, § 2126 Rdn. 1.

[1623] BGH v. 21.3.1956, IV ZR 317/55, NJW 1956, 1070.

[1624] Darauf weist zu Recht Potsch in seiner Anmerkung zu LG Bonn v. 24.1.2012, 10 O 453/10, ZEV 2012, 321 hin.

Nachlassgegenstände sind regelmäßig vor den Eigengläubigern des Vorerben ge- 553
schützt. Sichernde Maßnahmen der Eigengläubiger des Vorerben in den Nachlass wer-
den mit Eintritt des Nacherbfalls unwirksam, soweit sie das Recht des Nacherben am
Nachlass vereiteln oder beeinträchtigen, § 2115 Satz 1 BGB. Der Nacherbe hat die
Möglichkeit, der Verwertung schon vor dem Nacherbfall zu widersprechen, §§ 773
Satz 2, 771 ZPO. Die Vollstreckungsmaßnahmen als solche bleiben jedoch wirksam.
Deren Aufhebung kann der Nacherbe erst mit Eintritt des Nacherbfalls verlangen.[1625]
Auf diese Weise wird der Nachlass ausreichend vor einer haftungsrechtlichen Verwertung geschützt, die nicht begründet ist.[1626] Die **Aufrechnung eines Eigengläubigers
des Vorerben gegenüber einer Nachlassforderung ist gemäß § 394 Satz 1 BGB analog unwirksam.**[1627] Zwar ist die Forderung nicht unpfändbar, sondern nur unverwert-
bar. Der Vorschrift des § 2115 BGB ist aber der Rechtsgedanke immanent, dass ein gebundener Nachlassgegenstand nicht zur Befriedigung herangezogen werden kann.

Uneingeschränkt wirksam sind Zwangsvollstreckungsverfügungen gemäß § 2115
Satz 2 BGB, wenn eine Nachlassverbindlichkeit vorliegt oder wenn ein dingliches Recht
an einem Erbschaftsgegenstand geltend gemacht wird, die bzw. das im Nacherbfall gegenüber dem Nacherben wirksam ist. In diesem Fall hat der Nacherbe, der auch für
Nachlassverwaltungsschulden des Vorerben haftet, die Zwangsvollstreckung in Erbschaftsgegenstände hinzunehmen.[1628] Mit dem Nacherbfall wird der Vorerbe mit den
Einschränkungen des § 2145 BGB grundsätzlich von der Haftung frei.

2. Haftung des Nacherben

Die Besonderheit der Vor- und Nacherbschaft liegt darin, dass bestimmte Verfügungen 554
mit dem Eintritt des Nacherbfalls unwirksam werden. Der Nacherbe hat entsprechende Rechte, um die Erhaltung des Nachlasses zu sichern. Als nur aufschiebend bedingter Erbe hat er den Nachlass vor dem Nacherbfall noch nicht inne, obwohl dieser
die Haftungsgrundlage darstellt. Seine **Haftung kann erst zum Zuge kommen, wenn
der Nacherbfall eingetreten ist.** Vorher haftet der Nacherbe nicht.[1629] Eine vorzeitige
Annahme der Nacherbschaft während der Vorerbschaft führt nicht zu seiner Haftung.[1630] Nachlassgläubiger können ihn erst mit dem Eintritt des Nacherbfalles in Anspruch nehmen. Dies gilt auch für Ansprüche aus Vermächtnissen und Auflagen, die
nach dem Willen des Erblassers nur den Nacherben treffen sollen. Nachlassgläubiger
können gegen den Nacherben **schon vor Eintritt des Nacherbfalls eine Klage auf**

[1625] MüKo/*Grunsky,* § 2115 Rdn. 10.
[1626] *Staudinger/Avenarius* (2013), § 2115 Rdn. 1.
[1627] *Staudinger/Avenarius* (2013), § 2115 Rdn. 4; Palandt/*Weidlich,* § 2115 Rdn. 1; Bamberger/
Roth/*Müller-Christmann,* § 2115 Rdn. 9.
[1628] MüKo/*Grunsky,* § 2115 Rdn. 4.
[1629] *Soergel/Harder/Wegmann,* § 2144 Rdn. 1; *Erman/M. Schmidt,* § 2144 Rdn. 1; Palandt/*Weidlich,* § 2144 Rdn. 1; MüKo/*Grunsky,* § 2144 Rdn. 1; *Kipp/Coing,* § 52 I 1; *Brox/Walker,*
Rdn. 736.
[1630] *Lange/Kuchinke,* § 51 II 1 b; *Damrau/Tanck/Bothe,* § 2144 Rdn. 1; BeckOGK/*Deppenkemper,*
§ 2144 Rdn. 5.

Feststellung erheben, dass die Schuld besteht und eine Nachlassverbindlichkeit darstellt.[1631] Das Nacherbenanwartschaftsrecht unterliegt keiner Haftung.[1632]

II. Haftung nach Eintritt des Nacherbfalls

555 Mit Eintritt der Nacherbfolge hat sich die Person des Schuldners geändert. Es besteht ein Interesse der Nachlassgläubiger, vom Eintritt des Nacherbfalls und dem damit verbundenen Schuldnerwechsel zu erfahren. Dem trägt die **Anzeigepflicht des Vorerben aus § 2146 Abs. 1 Satz 1 BGB** gegenüber dem Nachlassgericht Rechnung. Auch der **Nacherbe kann die Anzeige vornehmen, ist dazu aber nicht verpflichtet.** Tut er es, ersetzt seine Anzeige die des Vorerben, § 2146 Abs. 1 Satz 2 BGB. Da der Nacherbfall in den meisten Fällen **mit dem Tod des Vorerben eintritt, trifft die Anzeigepflicht dessen Erben**, nicht den Nacherben in dieser Eigenschaft. Die schuldhafte Verletzung der Anzeigepflicht kann einen Schadensersatzanspruch der Nachlassgläubiger aus § 823 Abs. 2 BGB gegen den Vorerben bzw. dessen Erben auslösen, da § 2146 BGB Schutzgesetz im Sinne dieser Vorschrift ist. Eine Verpflichtung des Vorerben, den Nachlassgläubigern den Eintritt des Nacherbfalls unmittelbar persönlich anzuzeigen, ist nicht gegeben. Im Fall einer Anzeige an alle Nachlassgläubiger muss der Nacherbfall immer auch dem Nachlassgericht angezeigt werden, weil nach § 2146 Abs. 2 BGB neben den Nachlassgläubigern noch weitere Personen ein Einsichtsrecht haben können.[1633] Eine Schadensersatzpflicht des Vorerben bzw. seiner Erben entfällt gegenüber den Nachlassgläubigern, denen der Nacherbfall unmittelbar angezeigt worden ist, selbst wenn das Nachlassgericht von dem Nacherbfall nicht informiert wurde. Ein Einsichtsrecht i.S.v. § 2146 Abs. 2 BGB haben neben den Nachlassgläubigern auch Nachlassschuldner sowie Dritte, denen gegenüber eine Verfügung über einen Nachlassgegenstand vorgenommen worden ist oder werden soll.[1634]

1. Haftung des Nacherben

556 Der **Nacherbe haftet** mit Eintritt des Nacherbfalls **nach den allgemeinen Vorschriften, also unbeschränkt mit seinem gesamten Vermögen, aber beschränkbar auf den Nachlass. Mehrere Nacherben haften wie Miterben.** Die Haftung des Nacherben ist eine selbstständige Haftung, so dass es nicht darauf ankommt, ob der Vorerbe seine Haftung wirksam beschränkt hat oder unbeschränkbar haftet.[1635] Haftungserschwerende Maßnahmen des Vorerben haben für ihn keine Auswirkungen.[1636]

[1631] MüKo/*Grunsky*, § 2144 Rdn. 1; AnwK-BGB/*Gierl*, § 2144 Rdn. 4; BeckOGK/*Deppenkemper*, § 2144 Rdn. 5.1.

[1632] *Börner*, JuS 1968, 112.

[1633] MüKo/*Grunsky*, § 2146 Rdn. 1.

[1634] MüKo/*Grunsky*, § 2146 Rdn. 2; *Staudinger/Avenarius* (2013), § 2146 Rdn. 2; Soergel/*Harder/Wegmann*, § 2146 Rdn. 2.

[1635] Palandt/*Weidlich*, § 2144 Rdn. 3; MüKo/*Grunsky*, § 2144 Rdn. 5; BeckOGK/*Deppenkemper*, § 2144 Rdn. 18.

[1636] Erman/*M. Schmidt*, § 2144 Rdn. 2; *Lange/Kuchinke*, § 51 II 2 a.

a) Umfang der Haftung

Der Nacherbe **haftet gemäß § 1967 Abs. 1 BGB** wie jeder andere Erbe grundsätzlich **für alle Nachlassverbindlichkeiten.** Hat der Erblasser nur den Vorerben mit Vermächtnissen und Auflagen beschwert, haftet der Nacherbe dafür nicht. Zu den Nachlassverbindlichkeiten zählen auch die **vom Vorerben herrührenden Verbindlichkeiten, die dieser in ordnungsgemäßer Verwaltung des Nachlasses eingegangen** ist.[1637] Mag diese Verpflichtungen der Vorerbe begründet haben, haftet dafür der Nacherbe, weil ihm die Tätigkeit des Vorerben regelmäßig zugute gekommen ist. Für Verbindlichkeiten, die den Rahmen der ordnungsgemäßen Verwaltung überschreiten, hat nach dem Eintritt des Nacherbfalls ausschließlich die Vorerbe einzutreten.[1638]

557

Führt der Nacherbe ein zum Nachlass gehörendes Handelsgeschäft unter Beibehaltung der bisherigen Firma fort, haftet er unbeschadet der Frage ordnungsgemäßer Verwaltung des Vorerben **nach handelsrechtlichen Grundsätzen** für alle vom Vorerben begründeten Geschäftsverbindlichkeiten **nach §§ 25, 27 Abs. 1 HGB.**[1639] Eine Haftungsbeschränkung ist insoweit nicht möglich. Will der Nacherbe der handelsrechtlichen Haftung entgehen, muss er entweder den Betrieb innerhalb von drei Monaten nach dem Nacherbfall einstellen, die Firma ändern oder die Haftungsbeschränkung nach § 25 Abs. 2 HGB ins Handelsregister eintragen lassen.[1640]

558

Nachlassverbindlichkeiten gehen in dem Zustand auf den Nacherben über, in dem sie sich im Zeitpunkt des Nacherbfalls befinden. Der Nachlass wird sich regelmäßig aufgrund der Verwaltung des Vorerben während seiner Erbzeit verändert haben. So können Forderungen aufgrund von Rechtsgeschäften mit Mitteln des Nachlasses dazugekommen sein oder als Ersatz für Nachlassgegenstände erworbene Surrogate gemäß § 2111 BGB. Zum Nachlass zählen auch die gegen den Vorerben bestehenden Ansprüche wegen schuldhafter Schlechtverwaltung gemäß §§ 1978–1980 BGB, auf Wertersatz für verbrauchte Nachlassgegenstände sowie auf Herausgabe von Übermaßfrüchten, §§ 2130 ff. BGB. Der Vorerbe kann seinerseits gegenüber dem Nachlass Ansprüche auf Aufwendungsersatz aus seiner Verwaltungstätigkeit gemäß § 1978 Abs. 3 BGB haben, für die der Nacherbe gemäß § 2144 Abs. 3 BGB unbeschadet einer sonstigen unbeschränkten Haftung nur beschränkt haftet. Der Nacherbe haftet dafür ausschließlich mit den Gegenständen, die beim Nacherbfall zur Erbschaft gehörten.[1641] Veränderungen des Nachlasses während der Vorerbzeit trägt § 2144 Abs. 1 BGB Rechnung, indem diese Ansprüche von der Haftung des Nacherben umfasst werden. Ihn treffen die Folgen eines in der Person des Vorerben eingetretenen Verzuges.[1642] Der **Nacherbe haftet** nicht **mit dem Nachlass,** wie er dem Vorerben angefallen ist, sondern **wie er mit dem Eintritt des Nacherbfalls auf ihn übergegangen ist** einschließlich möglicher

559

[1637] BGH v. 10. 2. 1960, V ZR 39/58, BGHZ 32, 60, 64 = NJW 1960, 959; BGH v. 31. 1. 1990, IV ZR 326/88, BGHZ 110, 176, 179; für den Abschluss eines Maklervertrages LG Bochum v. 30. 12. 2009, I-5 S 93/09, ZErb 2010, 185; *Damrau/Tanck/Bothe,* § 2144 Rdn. 2; *Soergel/Harder/Wegmann,* § 2144 Rdn. 1; BeckOGK/*Deppenkemper,* § 2144 Rdn. 10.

[1638] MüKo/*Grunsky,* § 2144 Rdn. 2; siehe auch Rdn. 570.

[1639] *Soergel/Harder/Wegmann,* § 2144 Rdn. 2; MüKo/*Grunsky,* § 2144 Rdn. 3; *Damrau/Tanck/Bothe,* § 2144 Rdn. 4.

[1640] Siehe dazu Rdn. 122 ff.

[1641] MüKo/*Grunsky,* § 2144 Rdn. 11.

[1642] Palandt/*Weidlich,* § 2144 Rdn. 2; MüKo/*Grunsky,* § 2144 Rdn. 4; *Soergel/Harder/Wegmann,* § 2144 Rdn. 4.

Schadensersatzansprüche nach §§ 2130, 2131 BGB gegen den Vorerben.[1643] Wurde dem Vorerben eine Stundung gewährt, kommt sie auch dem Nacherben zugute. Bei Ausübung eines Zurückbehaltungsrechtes muss der Nacherbe einen eigenen Anspruch gegen den Nachlassgläubiger haben, weil der Anspruch des Vorerben für den Nacherben kein Zurückbehaltungsrecht begründet.[1644] Das gilt gleichermaßen für eine Aufrechnung. Der Nacherbe kann gegenüber einem Nachlassgläubiger nur mit einer eigenen Forderung aufrechnen.[1645]

b) Beschränkung der Haftung des Nacherben

560   Der Nacherbe kann gemäß § 2144 Abs. 1 BGB wie jeder andere Erbe die Haftung für Nachlassverbindlichkeiten **nach den allgemeinen Vorschriften der §§ 1973 ff. BGB beschränken.** Hat schon der Vorerbe eine Haftungsbeschränkung endgültig herbeigeführt, haftet auch der Nacherbe nur beschränkt, soweit er sich darauf beruft.

aa) Geltendmachung der Schonungseinreden

561   Der Nacherbe kann ab·der Annahme der Erbschaft, **frühestens** aber **mit Eintritt des Nacherbfalles** die Schonungseinreden der §§ 2014, 2015 BGB erheben. Da er vor Eintritt des Nacherbfalles noch nicht haftungsrechtlich verantwortlich ist, besteht bis dahin kein Bedürfnis, ihm den Schutz der aufschiebenden Einreden zu gewähren. Hat der Vorerbe ein Aufgebotsverfahren betrieben, entfällt für den Nacherben die Möglichkeit, sich auf die Einrede aus § 2015 BGB zu berufen, weil der Zweck nicht mehr erreicht werden kann. Der Nacherbe hat bereits Klarheit über die Nachlassforderungen erlangt.

bb) Errichtung eines Inventars

562   Hat der Vorerbe unter den Voraussetzungen der §§ 1993 ff. BGB ein Inventar errichtet, wirkt dieses auf den Zeitpunkt des Erbfalls. Ein **ordnungsgemäß errichtetes Inventar kommt dem Nacherben zustatten, § 2144 Abs. 2 BGB.** Dem Nacherben kann keine Frist zur Inventarerrichtung gemäß § 1994 Abs. 1 Satz 2 BGB mehr gesetzt werden. Setzt das Nachlassgericht irrtümlich doch eine Frist, kann der Nacherbe sie ohne Folgen verstreichen lassen. Ist das Inventar unwirksam oder wurde die Errichtung vom Vorerben verweigert, ist der Nacherbe zur Inventarerrichtung verpflichtet.[1646] Schon aufgrund des von dem Vorerben ordnungsgemäß errichteten Inventars wird gemäß § 2009 BGB vermutet, dass keine weiteren Nachlassgegenstände als die im Inventar angegebenen zur Erbschaft gehören. Nach zutreffender Meinung muss sich ein **von dem Nacherben zu errichtendes Inventar auf den Zeitpunkt des Erbfalls und nicht auf den des Nacherbfalls beziehen**[1647], anderenfalls die Nachlassgläubiger keine Kenntnis

---

[1643] *Brox/Walker,* Rdn. 737; Palandt/*Weidlich,* § 2144 Rdn. 2.

[1644] MüKo/*Grunsky,* § 2144 Rdn. 4.

[1645] MüKo/*Grunsky,* § 2144 Rdn. 4.

[1646] MüKo/*Grunsky,* § 2144 Rdn. 10.

[1647] MüKo/*Grunsky,* § 2144 Rdn. 10; Palandt/*Weidlich,* § 2144 Rdn. 4; *Soergel/Harder/Wegmann,* § 2144 Rdn. 7; *Bamberger/Roth/Litzenburger,* § 2144 Rdn. 4; BeckOGK/*Deppenkemper,* § 2144 Rdn. 36; a.A. *Staudinger/Avenarius* (2013), § 2144 Rdn. 19.

von Forderungen des Nacherben gegen den Vorerben hätten. Daraus könnten sich haftungsrechtliche Nachteile für sie ergeben.

Der Nacherbe hat sich bei mangelnder Kenntnis des Nachlassbestandes zum Zeitpunkt des Erbfalls gemäß § 2121 BGB **durch Verlangen der Vorlage eines von dem Vorerben angefertigten Verzeichnisses um Aufklärung zu bemühen.**[1648] Über die Veränderungen ist der Nacherbe nach §§ 1978, 1991 BGB zur Auskunft verpflichtet.[1649] Haftet der Vorerbe bereits unbeschränkt, weil er trotz Fristsetzung gemäß § 1994 Abs. 1 BGB kein Inventar errichtet hat, muss sich der Nacherbe die Beschränkung der Haftung seinerseits in einem Urteil vorbehalten lassen. Das Inventarvergehen des Vorerben trifft ihn nicht, da er nicht die Rechtsstellung des Vorerben fortsetzt. Ein nicht ordnungsgemäß errichtetes Inventar kommt dem Nacherben nicht zustatten.[1650] Deshalb ist es für ihn zweckmäßig, ein neues Inventar zu errichten, da er oftmals nicht weiß, ob das Inventar des Vorerben vollständig ist. Ist das Inventar des Vorerben unvollständig, kann dem Nacherben eine neue Frist zur Ergänzung gemäß § 2005 Abs. 2 BGB gesetzt werden.[1651]

cc) Aufgebotsverfahren

Ein **zugunsten des Vorerben erlassener Ausschließungsbeschluss wirkt zugunsten des Nacherben,** § 461 Abs. 1 FamFG.[1652] Dieser tritt in ein von dem Vorerben eingeleitetes Verfahren ohne weiteres ein. Nach Erlass des Ausschließungsbeschlusses haftet der Nacherbe nur noch nach Maßgabe des § 1973 Abs. 2 BGB mit dem Nachlassüberschuss. Wurde das Aufgebotsverfahren durch Zurücksetzung beendet, gilt das vom Zeitpunkt des Erbfalls an gerechnet. Für die Kenntnis der Nachlassgläubiger ist die Person des Nacherben maßgebend. Ist das Verfahren während der Zeit der Vorerbschaft abgeschlossen, hindert das den Nacherben nicht, erneut ein Aufgebot der Gläubiger zu beantragen. Dieses umfasst nur die Forderungen, die nach Beendigung des ersten Aufgebotsverfahrens entstanden sind. Die Fünf-Jahres-Frist des § 1974 BGB beginnt auch in diesem Fall bereits mit dem Erbfall zu laufen.[1653] | 563

dd) Nachlassverwaltung und Nachlassinsolvenzverfahren

Die Beendigung eines von dem Vorerben beantragten Nachlassinsolvenzverfahrens **durch Verteilung der Masse oder durch Insolvenzplan** führen dazu, dass auch der **Nacherbe nur noch beschränkt auf den Nachlass haftet.**[1654] Ist die Eröffnung des Nachlassinsolvenzverfahrens **mangels einer die Kosten deckenden Masse abgelehnt worden, kann der Nacherbe die Einreden des § 1990 Abs. 1 Satz 1 BGB erheben.** Kommt es während der Nacherbenzeit zu einer erheblichen Überschuldung aufgrund von Vermächtnissen oder Auflagen, die nach einer Anordnung des Erblassers erst den | 564

[1648] MüKo/*Grunsky*, § 2144 Rdn. 10.

[1649] Palandt/*Weidlich*, § 2144 Rdn. 4; *Bamberger/Roth/Litzenburger*, § 2144 Rdn. 4; RGRK/*Johannsen*, § 2144 Rdn. 15.

[1650] Palandt/*Weidlich*, § 2144 Rdn. 4; *Soergel/Harder/Wegmann*, § 2144 Rdn. 7.

[1651] *Soergel/Harder/Wegmann*, § 2144 Rdn. 7; MüKo/*Grunsky*, § 2144 Rdn. 10.

[1652] MüKo/*Grunsky*, § 2144 Rdn. 5; *Lange/Kuchinke*, § 51 II 2 e.

[1653] RGRK/*Johannsen*, § 2144 Rdn. 2; MüKo/*Grunsky*, § 2144 Rdn. 5.

[1654] Kipp/*Coing*, § 52 I 3 e; *Lange/Kuchinke*, § 51 II 2 f; MüKo/*Grunsky*, § 2144 Rdn. 6; BeckOGK/*Deppenkemper*, § 2144 Rdn. 24.

Nacherben treffen sollen, kann er sich **auf § 1992 BGB berufen oder ein Nachlassinsolvenzverfahren beantragen.** Der Eintritt der Nacherbfolge ist kein Aufhebungsgrund für ein laufendes Insolvenzverfahren. Dieses wird mit dem Nacherben fortgesetzt. Der Vorerbe kann ab Eintritt des Nacherbfalls kein Nachlassinsolvenzverfahren mehr beantragen.[1655]

565 Ein auf Antrag eines Nachlassgläubigers angeordnetes **Nachlassverwaltungsverfahren wird auf entsprechenden Antrag fortgesetzt, wenn das Verhalten oder die Vermögenslage auch des Nacherben die Verwaltung geboten erscheinen lässt.**[1656] Ein Nachlassgläubiger kann innerhalb von zwei Jahren nach Annahme der Nacherbschaft gemäß § 1981 Abs. 2 BGB Nachlassverwaltung beantragen. Hat der Nacherbe die Annahme der Erbschaft schon vor dem Nacherbfall erklärt, beginnt die Frist trotzdem erst mit dem Nacherbfall zu laufen.[1657] Eine auf Antrag des Vorerben angeordnete Nachlassverwaltung dauert fort, wenn der Nacherbe keinen Aufhebungsantrag stellt.[1658] Eine abgeschlossene Nachlassverwaltung führt dazu, dass die eingetretene Haftungsbeschränkung zugunsten des Nacherben fortwirkt.[1659]

c) Beschränkung der Haftung gegenüber dem Vorerben

566 **Gegenüber dem Vorerben haftet der Nacherbe gemäß § 2144 Abs. 3 BGB immer nur beschränkt mit den Gegenständen, die beim Nacherbfall zur Erbschaft gehörten.** Die Vorschrift entspricht der Regelung des § 2063 Abs. 2 BGB, der das für Miterben untereinander ebenfalls bestimmt. Das gilt auch für Ersatzansprüche des Vorerben gegen den Nacherben aus §§ 2124 Abs. 2 bis 2126, 2121 Abs. 4 BGB. Haftet er sonst unbeschränkbar, kann er sich gegenüber dem Vorerben gleichwohl auf die Haftungsbeschränkung berufen. Zur **Geltendmachung der Haftungsbeschränkung** muss der Nacherbe auch im Verhältnis zum Vorerben den **Vorbehalt nach § 780 Abs. 1 ZPO erwirken.**[1660]

d) Prozessuale Stellung des Nacherben

567 Ein von dem Vorerben erstrittenes **günstiges Urteil wirkt für den Nacherben, ein ungünstiges Urteil nicht gegen ihn, § 326 Abs. 1 ZPO.** Auch ein vor Eintritt des Nacherbfalls rechtskräftig gewordenes Urteil, das ein Nachlassgläubiger über eine Nachlassverbindlichkeit gegen den Vorerben erstritten hat, wirkt nur zu Gunsten des Nacherben. Die nachteiligen Wirkungen der Rechtskrafterstreckung nach § 325 ZPO treffen ihn nicht, da er nicht Rechtsnachfolger des Vorerben ist.[1661] Klagt der Vorerbe gegen einen Dritten, wirkt ein für den Nacherben günstiges Urteil für ihn, ein ungüns-

---

[1655] MüKo/*Grunsky*, § 2144 Rdn. 6.

[1656] MüKo/*Grunsky*, § 2144 Rdn. 5; BeckOGK/*Deppenkemper*, § 2144 Rdn. 22.

[1657] *Soergel/Harder/Wegmann*, § 2144 Rdn. 5; MüKo/*Grunsky*, § 2144 Rdn. 5.

[1658] *Bamberger/Roth/Litzenburger*, § 2144 Rdn. 2; MüKo/*Grunsky*, § 2144 Rdn. 5; a. A. BeckOGK/ *Deppenkemper*, § 2144 Rdn. 22 m. w. N. und AnwK-BGB/*Gierl*, § 2144 Rdn. 17, die eine Aufhebung von Amts wegen befürworten.

[1659] *Lange/Kuchinke*, § 51 II 2 f.; *Bamberger/Roth/Litzenburger*, § 2144 Rdn. 2; BeckOGK/ *Deppenkemper*, § 2144 Rdn. 22.

[1660] Palandt/*Weidlich*, § 2144 Rdn. 6; MüKo/*Grunsky*, § 2144 Rdn. 11; *Soergel/Harder/Wegmann*, § 2144 Rdn. 8.

[1661] *Thomas/Putzo*, § 326 ZPO Rdn. 1.

tiges nur dann gegen ihn, wenn der Vorerbe ohne Zustimmung des Nacherben über den Nachlassgegenstand verfügen darf, § 326 Abs. 2 ZPO. Tritt die Nacherbfolge vor Rechtskraft des Urteils ein, gibt es keinerlei Rechtskrafterstreckung für oder gegen den Nacherben.[1662] **Ein von dem Vorerben nach § 780 Abs. 1 ZPO erwirkter Beschränkungsvorbehalt wirkt nicht für den Nacherben.** Das ergibt sich aus der eigenständigen Haftung des Nacherben, da die Voraussetzungen für den Schutz des Eigenvermögens beim Nacherben andere sein können als beim Vorerben.

2. Die Haftung des Vorerben nach Eintritt des Nacherbfalls

Mit dem Eintritt des Nacherbfalls geht die Erbschaft auf den Nacherben über. Soweit der **Vorerbe** beschränkt oder beschränkbar haftete, **entfällt seine Haftung grundsätzlich zu diesem Zeitpunkt.**[1663] **Eine gegen ihn gerichtete Klage wäre unbegründet, da ihm die Passivlegitimation fehlt.** Unter den Voraussetzungen des § 2145 BGB kann er weiterhin haften und zwar entweder allein, gesamtschuldnerisch mit dem Nacherben oder nur subsidiär. Eines Haftungsbeschränkungsvorbehalts nach § 780 Abs. 1 ZPO zu seinen Gunsten bedarf es nicht, da die Parteistellung von Amts wegen zu berücksichtigen ist. Auf den Wegfall seiner Erbenstellung kann er sich nach einem bereits ergangenen Urteil im Verfahren der Vollstreckungsgegenklage berufen.[1664]   *568*

a) Ausschließliche Haftung des Vorerben

Der Vorerbe haftet nach Eintritt des Nacherbfalls **für Vermächtnisse oder Auflagen, mit denen der Erblasser ausschließlich ihn beschwert hat.**[1665] Seine Haftung besteht auch für diejenigen Verbindlichkeiten fort, die er während der Vorerbzeit zu berichtigen hatte. Er haftet ferner **für alle Eigenverbindlichkeiten, die er bei der Verwaltung des Nachlasses** – unabhängig davon, ob dies im Rahmen ordnungsgemäßer Verwaltung erfolgt war – **eingegangen ist** oder die er ausschließlich mit persönlichen Mitteln erfüllen sollte.[1666] Unbeschränkt haftet der Vorerbe für Ansprüche der Nachlassgläubiger **wegen einer unzureichenden Erbschaftsverwaltung gemäß §§ 1978, 1991 Abs. 1 BGB** und für die Ansprüche des Nacherben auf Ersatz für nicht berechtigte Verfügungen über Nachlassgegenstände, die der Nacherbenbeschränkung unterliegen, § 2138 Abs. 2 BGB. Für Ansprüche des Nacherben wegen Verletzung der Verwaltungspflichten aus §§ 2130 ff. BGB verbleibt es ebenfalls bei der ausschließlichen Haftung des Vorerben.[1667]   *569*

b) Gesamtschuldnerische Haftung neben dem Nacherben

Der Vorerbe haftet nach Eintritt des Nacherbfalls **neben dem Nacherben für solche Verbindlichkeiten, die er im Rahmen einer ordnungsgemäßen Verwaltung und damit auch als Nachlassverbindlichkeit begründet hat, sog. Nachlasserbenschul-**   *570*

[1662] *Thomas/Putzo*, § 326 ZPO Rdn. 3.
[1663] MüKo/*Grunsky*, § 2145 Rdn. 1.
[1664] MüKo/*Grunsky*, § 2144 Rdn. 1; *Lange/Kuchinke*, § 51 II 3 a.
[1665] *Kipp/Coing*, § 52 I 1; MüKo/*Grunsky*, § 2144 Rdn. 2.
[1666] *Erman/M. Schmidt*, § 2145 Rdn. 5; *Bamberger/Roth/Litzenburger*, § 2145 Rn. 3.
[1667] MüKo/*Grunsky*, § 2145 Rdn. 4.

den.[1668] Der **Vorerbe haftet** in diesem Fall **als Gesamtschuldner mit seinem Eigen-vermögen**, sofern er die persönliche Haftung bei Eingehung der Verbindlichkeit nicht ausnahmsweise ausgeschlossen hatte. Nachlasserbenschulden[1669] treffen sowohl den Vorerben als auch den Nacherben, § 2145 Abs. 1 Satz 2 BGB.[1670] Wer sie im Innenver-hältnis zu tragen hat, richtet sich nach §§ 2124 ff., 426 BGB.[1671] Erfüllt der in Anspruch genommene Vorerbe die Forderungen, hat er gegebenenfalls einen **Rückgriffsanspruch gegen den Nacherben**. Verbindlichkeiten können auch ihm nach den §§ 2124 ff. BGB im Innenverhältnis gegenüber dem Nacherben zur Last fallen. Verbindlichkeiten, die der Vorerbe außerhalb einer ordnungsgemäßen Verwaltung eingegangen ist, treffen aus-schließlich ihn mit seinem Eigenvermögen, ohne dass es zu einer Bindung des Nacher-ben kommt. Es fehlt an einer Nachlassverbindlichkeit.[1672] Zu diesen Verbindlichkeiten gehören rückständige Zinsen auf Nachlassschulden während der Zeit der Vorerbschaft sowie die gewöhnlichen Lasten und Erhaltungskosten gemäß § 2124 Abs. 1 BGB. Hat der Nacherbe geleistet, steht ihm gegen den Vorerben ein Ersatzanspruch zu.[1673] War der Vorerbe von der Verpflichtung zur ordnungsgemäßen Verwaltung des Nachlasses befreit, §§ 2130, 2136 BGB, soll der Nacherbe nach überwiegender Auffassung unab-hängig davon haften, ob der Vorerbe die Verpflichtung in ordnungsgemäßer Verwaltung begründet hat oder nicht.[1674] Dagegen spricht, dass die Vorschrift des § 2130 BGB, von der nach § 2136 BGB Befreiung eintritt, nur das Innenverhältnis des Vorerben zum Nacherben betrifft und Nachlasserbenschulden nach einhelliger Auffassung nur auf-grund einer ordnungsgemäßen Verwaltung entstehen können. Der befreite Vorerbe kann von einer Haftung nicht freigestellt werden, wenn er außerhalb einer ordnungs-gemäßen Verwaltung gehandelt hat. Die für die Anerkennung von Nachlasserbenschul-den tragende Vorschrift des § 1978 BGB gilt auch für den Vorerben, der insoweit keine weitergehende Rechtsmacht haben kann als ein Vollerbe, der nur im Rahmen ordnungs-gemäßer Verwaltung die Möglichkeit hat, Verbindlichkeiten zu begründen, die zu Las-ten des Nachlasses und damit auch der Nachlassgläubiger gehen.[1675]

571　**Gesamtschuldnerisch mit seinem Eigenvermögen haftet der Vorerbe** neben dem Nachlass in der Hand des Nacherben, **wenn er bereits vor dem Nacherbfall unbe-schränkbar haftete**.[1676] Die unbeschränkte Haftung erlischt nicht mit dem Eintritt des Nacherbfalls.[1677] Zwar verliert er seine Erbenstellung und den Nachlass, doch führt das nicht zum Wegfall einer zuvor begründeten Haftung mit seinem Eigenvermögen. Diese

1668　*Soergel/Harder/Wegmann*, § 2145 Rdn. 4; MüKo/*Grunsky*, § 2145 Rdn. 4.
1669　Siehe dazu Rdn. 117 ff.
1670　BGH v. 10.2.1960, V ZR 39/58, BGHZ 32, 60; BGH v. 31.1.1990, IV ZR 326/88, BGHZ 110, 176, 179; *Staudinger/Avenarius* (2013), Vor §§ 2144–2146 Rdn. 6 ff.; MüKo/*Grunsky*, § 2144 Rdn. 2; *Burandt/Rojahn/Lang*, § 2144 Rdn. 6; *Bamberger/Roth/Litzenburger*, § 2145 Rn. 4.
1671　MüKo/*Grunsky*, § 2145 Rdn. 2.
1672　MüKo/*Grunsky*, § 2144 Rdn. 2.
1673　MüKo/*Grunsky*, § 2145 Rdn. 5.
1674　MüKo/*Grunsky*, § 2144 Rdn. 3; *Soergel/Harder/Wegmann*, § 2144 Rdn. 2; BeckOGK/*Deppenkemper*, § 2144 Rdn. 14; weitere Nachweise bei *Küpper*, ZEV 2017, 61, 64 Fn. 22.
1675　*Küpper*, ZEV 2017, 61, 64; a.A. noch die Vorauflage Rdn. 557.
1676　MüKo/*Grunsky*, § 2145 Rdn. 2; BeckOGK/*Deppenkemper*, § 2145 Rdn. 7.
1677　Palandt/*Weidlich*, § 2145 Rdn. 1; *Staudinger/Avenarius* (2013), § 2145 Rdn. 2; MüKo/*Grunsky*, § 2145 Rdn. 2; *Brox/Walker*, Rdn. 738; a.A. *Kipp/Coing*, § 52 vor I; *Siber*, Nachlaß-schulden, S. 126.

Rechtsfolge ist in § 2145 BGB nicht ausdrücklich angeordnet, liegt jedoch der Regelung des § 2145 Abs. 2 Satz 1 BGB als selbstverständlich zugrunde.[1678] Anderenfalls hätte der Vorerbe häufig kein Interesse, ein wirksames Inventar zu errichten.

Haftet der Nacherbe unbeschränkt und verbleibt ein Nachlassrest in der Hand des Vorerben, haftet auch der Vorerbe mit diesem Teil des Nachlasses, anderenfalls dieser den Nachlassgläubigern entzogen wäre.[1679] Da der Nachlass als Ganzes die Haftungsgrundlage für die Gläubiger bildet, kann der Erblasser ihnen einen Teil nicht durch Anordnung einer Vor- und Nacherbschaft entziehen.

c) Subsidiäre Haftung des Vorerben

Den **Vorerben trifft** gemäß § 2145 Abs. 1 Satz 1 BGB eine **Ausfallhaftung für Nachlassverbindlichkeiten, für die der Nacherbe nicht einzustehen hat.** Hat der Nacherbe seine Haftung auf den Nachlass beschränkt, muss der Nachlassgläubiger zunächst Befriedigung aus dem Nachlass suchen. Er kann mit dem Betrag, mit dem er ausfällt, weil die Mittel des Nachlasses nicht ausreichen, den Vorerben in Anspruch nehmen. Zunächst muss immer der Nacherbe in Anspruch genommen werden, ohne dass es eines Titels und einer erfolglosen Vollstreckung bedarf. Der **Gläubiger muss nur nachweisen, dass der Anspruch gegen den Nacherben nicht durchsetzbar ist.**[1680] Zur subsidiären Haftung mit dem, was dem Vorerben aus dem Nachlass verblieben ist, kommt es auch, wenn **der Nacherbe zwar unbeschränkbar haftet, aber insolvent ist.**[1681] Den Nachlassgläubigern könnte sonst durch die Anordnung einer Nacherbschaft und Eintritt des Nacherbfalls ein Teil der Haftungsmasse entzogen werden. Ist eine Vollstreckung von vornherein aussichtslos, muss der Gläubiger sie nicht versuchen.

572

d) Haftungsgrundlage

Hat der Vorerbe sein Recht zur Haftungsbeschränkung nicht verloren und ist keine Eigenverbindlichkeit betroffen, haftet er nur mit dem, **was ihm noch aus dem Nachlass verblieben ist, § 2145 Abs. 2 Satz 1 BGB.** Das sind **die gezogenen Nutzungen, die ihm gebührten und verblieben sind.** Es kann sich nur um Früchte und noch vorhandene Gegenwerte handeln, die er nicht dem Nacherben herauszugeben hatte. Mit nicht mehr vorhandenen Früchten, mit dem Sachgebrauch und mit dem verbrauchten Stammvermögen, das dem Nacherben bei Einsetzung auf den Überrest nicht zu ersetzen ist, haftet der Vorerbe nicht. Insoweit käme nur ein Schadensersatzanspruch in Betracht.

Der **Vorerbe kann nach Eintritt des Nacherbfalls keine Haftungsbeschränkung durch ein Nachlassverwaltungs- oder ein Nachlassinsolvenzverfahren mehr herbeiführen**[1683], sofern er nicht selbst Nachlassgläubiger ist. Die Beschränkung der Haftung des Vorerben erfolgt nach § 2145 Abs. 2 Satz 2 BGB durch **Erhebung der Dürftigkeitseinrede gemäß §§ 1990, 1991 BGB.** Auf seine Verantwortung und den Ersatz sei-

573

[1678] MüKo/*Grunsky*, § 2145 Rdn. 2; BeckOGK/*Deppenkemper*, § 2145 Rdn. 7.
[1679] *Kipp/Coing*, § 52 II 1 b; RGRK/*Johannsen*, § 2145 Rdn. 8.
[1680] MüKo/*Grunsky*, § 2145 Rdn. 6.
[1681] Palandt/*Weidlich*, § 2145 Rdn. 1; *Erman/M. Schmidt*, § 2145 Rdn. 4; MüKo/*Grunsky*, § 2145 Rdn. 6; *Bamberger/Roth/Litzenburger*, § 2145 Rdn. 5; *Siber*, Nachlaßschulden, S. 125; a.A. *Staudinger/Avenarius* (2013), § 2145 Rdn. 3; *Soergel/Harder/Wegmann*, § 2145 Rdn. 4.
[1682] *(entfällt)*
[1683] MüKo/*Grunsky*, § 2145 Rdn. 7.

ner Aufwendungen finden – auch wenn er gemäß § 2136 BGB befreit ist – die Vorschriften der §§ 1978, 1979 BGB Anwendung.[1684] Er haftet mit dem, was er an Früchten aus dem Nachlass gezogen hat, wenn diese noch vorhanden sind, sonst mit ihrem Gegenwert, § 2111 Abs. 1 BGB. Für Eigenverbindlichkeiten, die auch Nachlassverbindlichkeiten sind, haftet er weiterhin mit seinem Eigenvermögen.[1685] Kann der Vorerbe im Prozess den Nachweis führen, dass ihm nichts aus der Erbschaft verblieben ist, muss eine gegen ihn gerichtete Klage abgewiesen werden. Anderenfalls ist der Vorbehalt der Erbenhaftung gemäß § 780 Abs. 1 ZPO im Urteil auszusprechen.[1686]

III. Die Haftung des Hauptvermächtnisnehmers

573a Die Haftung des Hauptvermächtnisnehmers hat mit der Haftung von Erben für Nachlassverbindlichkeiten nichts zu tun. Da sich die Möglichkeit der Erfüllungsverweigerung nach der Vorschrift des § 1992 BGB – Überschwerungseinrede – richtet, § 2187 Abs. 3 BGB, soll die Problematik im Rahmen dieses Werkes behandelt werden. Ein Hauptvermächtnisnehmer ist **zur Leistung eines Untervermächtnisses erst verpflichtet, wenn er die Sache, die mit dem Untervermächtnis beschwert ist, seinerseits verlangen kann.** Ein Untervermächtnis liegt vor, wenn ein Vermächtnisnehmer seinerseits mit einem Vermächtnis beschwert ist. Das Gesetz enthält in **§ 2187 BGB** eine spezielle Vorschrift für die Haftung des Hauptvermächtnisnehmers als des Beschwerten eines Untervermächtnisses.

Die Frage nach der Haftung des Hauptvermächtnisnehmers i.S.v. § 2187 BGB stellt sich nur, wenn das im Rahmen eines Hauptvermächtnisses Zugewendete zur Erfüllung des Untervermächtnisses nicht ausreicht. Es kommt darauf an, was der Hauptvermächtnisnehmer tatsächlich wirtschaftlich erhalten hat, nicht darauf, was er von dem Beschwerten zu erhalten gehabt hätte.[1687] Da Verbindlichkeiten aus einem Untervermächtnis keine Nachlassverbindlichkeiten i.S.v. § 1967 Abs. 2 BGB sind und deshalb die Haftungsbeschränkungen der §§ 1975–1992 BGB mit Ausnahme von § 2187 Abs. 3 BGB keine Anwendung finden, musste die Frage nach dem Umfang der Haftung des beschwerten Hauptvermächtnisnehmers besonders geregelt werden. **§ 2187 Abs. 2 BGB** bestimmt, dass ein nach § 2161 BGB an die Stelle des ursprünglich beschwerten Hauptvermächtnisnehmers tretender anderer nicht weiter haftet, als der Vermächtnisnehmer selbst haften würde, selbst wenn der andere Erbe ist und als solcher unbeschränkt haftet. Handelt es sich bei der an die Stelle des beschwerten Vermächtnisnehmers getretenen Person wiederum um einen Vermächtnisnehmer, findet § 2187 Abs. 1 BGB unmittelbar Anwendung.[1688]

573b Reicht das dem Hauptvermächtnisnehmer zugewandte Vermächtnis zur Erfüllung des Untervermächtnisses nicht aus, kann der Hauptvermächtnisnehmer die Erfüllung nach § 1992 BGB verweigern. Diese Vorschrift verweist ihrerseits auf die Dürfigkeits-

---

[1684] *Erman/M. Schmidt,* § 2145 Rdn. 6; *Damrau/Tanck/Bothe,* § 2145 Rdn. 8; RGRK/*Johannsen,* § 2145 Rdn. 14.

[1685] MüKo/*Grunsky,* § 2145 Rdn. 7.

[1686] MüKo/*Grunsky,* § 2145 Rdn. 9; *Soergel/Harder/Wegmann,* § 2145 Rdn. 5.

[1687] *Damrau/Tanck/Linnartz,* § 2187 Rdn. 2.

[1688] *Burandt/Rojahn/*Burandt, § 2187 Rdn. 3.

einrede gemäß § 1990 BGB sowie auf die Regelung des § 1991 BGB, die die Rechtsfolgen der Dürftigkeitseinrede bestimmt. Danach kann sich der Hauptvermächtnisnehmer durch Herausgabe des Erlangten bzw. durch die Abtretung seines Anspruches i.S.v. § 1990 Abs. 1 Satz 2 BGB oder durch die Zahlung des Hauptvermächtniswertes gemäß § 1992 Satz 2 BGB von seiner Leistungspflicht gegenüber dem Untervermächtnisnehmer befreien. Hat der **Hauptvermächtnisnehmer** einen bestimmten **nicht zum Nachlass gehörenden Gegenstand für den Untervermächtnisnehmer zu beschaffen**, der zu einer Überschuldung des Nachlasses führt, steht dem Vermächtnisnehmer ein im entsprechenden Umfang gekürzter Betrag in Geld zu. Der Untervermächtnisnehmer hat in diesem Fall statt des anteiligen Wertersatzes einen Anspruch auf Leistung des gesamten Vermächtnisgegenstandes Zug um Zug gegen Zahlung des nicht geschuldeten Überschuldungsbetrages.[1689] Hat ein Hauptvermächtnisnehmer die Unzulänglichkeit seines Vermächtnisses durch eine nicht ordnungsgemäße Verwaltung der Sache herbeigeführt, besteht ein Schadensersatzanspruch aus § 2187 Abs. 3 i.V.m. §§ 1990, 1991 Abs. 1 i.V.m. §§ 1978, 1979 BGB. Der Hauptvermächtnisnehmer haftet gemäß § 276 BGB für jedes Verschulden und macht sich mit seinem eigenen Vermögen schadensersatzpflichtig, wenn er aufgrund seines Verhaltens aus dem Hauptvermächtnis nicht das erhält, was zur Erfüllung des Untervermächtnisses erforderlich ist.[1690]

In **verfahrensrechtlicher Hinsicht** muss sich der **Hauptvermächtnisnehmer die Beschränkung seiner Haftung im Urteil vorbehalten lassen**, soweit es nicht zu einer Abweisung der Klage des Untervermächtnisnehmers kommt, weil feststeht, dass er aufgrund der bestehenden Haftungsbeschränkung nichts verlangen kann. Der Hauptvermächtnisnehmer hat die Erfüllungsverweigerung aus § 2187 Abs. 3 BGB im Wege der Vollstreckungsabwehrklage gemäß § 767 ZPO durchzusetzen. **Nach § 786 ZPO sind die Vorschriften der §§ 780 Abs. 1, 781, 785 ZPO entsprechend anwendbar.** Der Hauptvermächtnisnehmer kann mit der Vollstreckungsabwehrklage gegen die Vollstreckung des Untervermächtnisnehmers Einwendungen aufgrund seiner Haftungsbeschränkung geltend machen.[1691]   *573c*

Ist **zu insolvenzrechtlichen Zwecken die Zahlungsunfähigkeit oder Überschuldung des Nachlasses zu ermitteln**, ist die Verpflichtung aus dem Hauptvermächtnis mit einzubeziehen, weil sie nicht aus dem Vermächtnis des Erblassers i.S.v. § 1980 Abs. 1 Satz 3 BGB entstanden ist.[1692] Der **Untervermächtnisnehmer nimmt am Insolvenzverfahren des Hauptvermächtnisnehmers nicht als Nachlassgläubiger, sondern als gewöhnlicher Gläubiger teil** und kann selbst weder Nachlassverwaltung noch ein Nachlassinsolvenzverfahren beantragen. Vermächtnis und Auflage haben im Insolvenzverfahren gemäß § 327 Abs. 1 Nr. 2 InsO denselben Rang, so dass diese Unteransprüche grundsätzlich gleichmäßig zu kürzen sind, sofern der Erblasser keinen Vorrang gemäß § 2189 BGB angeordnet hat. Im Fall der Insolvenz des Hauptvermächtnisnehmers wird das Recht aus § 2187 Abs. 1 BGB durch den Insolvenzverwalter ausgeübt.[1693]   *573d*

[1689] BGH v. 29.5.1964, V ZR 47/62, NJW 1964, 2298, 2301; *Damrau/Tanck/Linnartz*, § 2187 Rdn. 5.

[1690] MüKo/*Rudy*, § 2187 Rdn. 3.

[1691] *Burandt/Rojahn*/Burandt, § 2187 Rdn. 8.

[1692] *Damrau/Tanck/Linnartz*, § 2187 Rdn. 8; *Burandt/Rojahn*/Burandt, § 2187 Rdn. 9.

[1693] *Damrau/Tanck/Linnartz*, § 2187 Rdn. 9.

H. Die Haftung im Fall des Erbschaftskaufs

Der **Erbe kann die Erbschaft als Ganzes** oder den ihm als Miterbe zustehenden An- 574
teil veräußern, um den Nachlasswert zu realisieren. Der **Verkauf ändert nichts an seiner Erbenstellung.** Er haftet in gleicher Weise für Nachlassverbindlichkeiten, wie er
vorher gehaftet hat. Der **Käufer wird nicht Erbe**, sondern übernimmt lediglich ein
fremdes Vermögen. Nur in dieser Eigenschaft tritt er in die Haftung ein. Mit Abschluss
des Kaufvertrages werden **Käufer und Verkäufer Gesamtschuldner für alle Nachlassschulden.**[1694] Der Verkauf der Erbschaft begründet somit für die Nachlassgläubiger
einen Zuwachs an Rechten[1695], da der Erbe und der Käufer jetzt gemäß § 2382 Abs. 1
BGB kumulativ haften.[1696] Die Haftung des Erbschaftskäufers beruht auf dem Rechts-
gedanken, dass er als Übernehmer eines Vermögens auch dessen Lasten mit übernommen hat.[1697] Zugleich entspricht es dem Interesse der Gläubiger, dass der Nachlass als
Haftungsobjekt erhalten bleibt. Im Innenverhältnis ist der Erbschaftskäufer gemäß
§ 2378 Abs. 1 BGB regelmäßig verpflichtet, **den Verkäufer von allen Nachlassverbindlichkeiten frei zu stellen**, sofern dieser nicht gemäß § 2376 Abs. 1 BGB für deren
Nichtbestehen haftet. Das trifft insbesondere auf Vermächtnisse und Auflagen zu. Im
Haftungsverhältnis nach außen wirkt sich das nicht aus.[1698]

Die **Haftung des Käufers kann** nicht zu Lasten von Nachlassgläubigern **durch Ver-** 575
**einbarung mit dem Verkäufer ausgeschlossen oder beschränkt werden, § 2382
Abs. 2 BGB.** Geschieht das gleichwohl, hat das nur Auswirkungen für das Innenverhältnis zwischen Verkäufer und Käufer.[1699] Es besteht aber die Möglichkeit, unter Beteiligung der Nachlassgläubiger die Haftung im Fall des Erbschaftskaufes vertraglich
für den einen oder den anderen zu beschränken oder auszuschließen. Dies kann sowohl
durch eine Vereinbarung zwischen Käufer, Verkäufer und dem Nachlassgläubiger geschehen, als auch durch eine Schuldübernahme nach § 414 BGB mit Zustimmung der
Nachlassgläubiger.[1700] In der Regel werden diese jedoch kein Interesse daran haben, einen zusätzlichen Schuldner zu verlieren.

I. Anzeigepflicht gegenüber Nachlassgläubigern

Die Nachlassgläubiger sind wegen der haftungsrechtlichen Auswirkungen des Erb- 576
schaftskaufes daran interessiert, von dem Verkauf und damit von der Person des Käufers

---

[1694] BGH v. 25. 11. 1957, VII ZR 201/56, BGHZ 26, 91, 97; Palandt/*Weidlich,* § 2382 Rdn. 1.
[1695] MüKo/*Musielak,* § 2383 Rdn. 1; *Lange/Kuchinke,* § 51 III 2 a.
[1696] *Erman/Simon,* § 2382 Rdn. 1.
[1697] MüKo/*Musielak,* § 2382 Rdn. 1.
[1698] MüKo/*Musielak,* § 2382 Rdn. 6.
[1699] MüKo/*Musielak,* § 2382 Rdn. 7.
[1700] BGH v. 25. 11. 1957, VII ZR 201/56, BGHZ 26, 97, 97; *Soergel/Zimmermann,* § 2382 Rdn. 2;
MüKo/*Musielak,* § 2382 Rdn. 3.

als neuem – weiterem – Schuldner zu erfahren. Für den **Verkäufer besteht** deshalb eine **Anzeigepflicht gemäß § 2384 Abs. 1 Satz 1 BGB gegenüber den Nachlassgläubigern über den Verkauf als solchen und über den Namen des Käufers.** Die Anzeige muss unverzüglich i.S.v. § 121 BGB beim gemäß § 343 FamFG örtlich zuständigen **Nachlassgericht** erstattet werden. Die Anzeige des Verkäufers wird gemäß § 2384 Abs. 1 Satz 2 BGB durch die Anzeige des Käufers ersetzt. Die Anzeige umfasst den schuldrechtlichen Erbschaftskauf sowie eine dingliche Übertragung.[1701]

Eine **Anzeigepflicht besteht** in entsprechender Anwendung von § 2384 Abs. 1 Satz 1 BGB **auch für einen Vertrag, der die Aufhebung des Erbschaftskaufes zum Gegenstand hat,** unabhängig davon, ob der Anzeigepflicht aus § 2384 Abs. 1 Satz 1 BGB beim Erbschaftskauf selbst genügt worden war oder nicht.[1702] Das Nachlassgericht ist nicht verpflichtet, die ihm bekannten Gläubiger auf den Verkauf hinzuweisen. Es hat lediglich die Anzeige entgegenzunehmen. Die **schuldhafte Verletzung der Anzeigepflicht kann eine Schadensersatzpflicht des Verkäufers gemäß § 823 Abs. 2 BGB i.V.m. § 2384 BGB als Schutzgesetz begründen.**[1703] Der Schadensersatzanspruch ist keine Nachlassverbindlichkeit, so dass der Verkäufer die Haftung nicht auf den Nachlass beschränken kann.[1704] Hat der Käufer den Verkauf angezeigt, scheidet ein Schadensersatzanspruch gegen den Verkäufer aus. Das gilt auch, wenn der Nachlassgläubiger unmittelbar vom Verkäufer oder Käufer über den Erbschaftskauf informiert worden ist.[1705] Unterlässt der Nachlassgläubiger nach Erhalt der Kenntnis von anderer Seite, sich beim Nachlassgericht über die Einzelheiten zu informieren, kann er dem Vorwurf des Mitverschuldens ausgesetzt sein.[1706]

577   Nach **§ 2384 Abs. 2 BGB** kann das Nachlassgericht die **Einsicht der Anzeige jedem gestatten, der ein rechtliches Interesse glaubhaft macht.** Ein rechtliches Interesse setzt stets ein auf Rechtsnormen beruhendes oder durch solche geregeltes, gegenwärtig bestehendes Verhältnis einer Person zu einer anderen oder einer Sache voraus.[1707] Das rechtliche Interesse kann sich aus § 1953 Abs. 3 Satz 2 BGB (Erbausschlagung), § 2010 BGB (Inventar), § 2081 Abs. 2 Satz 2 BGB (Anfechtung einer Verfügung von Todes wegen) oder aus § 2228 BGB (Testamentsvollstreckung) ergeben.[1708] Rein wirtschaftliche, gesellschaftliche oder sonstige außerrechtliche Interessen begründen kein Einsichtsrecht.

[1701] *Bamberger/Roth/Litzenburger,* § 2384 Rdn. 1; *Damrau/Tanck/Redig,* § 2384 Rdn. 1.

[1702] *Bamberger/Roth/Litzenburger,* § 2384 Rdn. 1; BeckOGK/*Grigas,* § 2384 Rdn. 4.

[1703] MüKo/*Musielak,* § 2384 Rdn. 3; *Lange/Kuchinke,* § 51 III 3 i.V.m. II 3 b Fn. 16; BeckOGK/ *Grigas,* § 2384 Rdn. 5.

[1704] *Staudinger/Olshausen* (2016), § 2384 Rdn. 3; MüKo/*Musielak,* § 2384 Rdn. 3; BeckOGK/ *Grigas,* § 2384 Rdn. 5.

[1705] MüKo/*Musielak,* § 2384 Rdn. 3; *Staudinger/Olshausen* (2016), § 2384 Rdn. 3.

[1706] *Damrau/Tanck/Redig,* § 2384 Rdn. 2.

[1707] BGH v. 22.1.1952, IV ZB 82/51, BGHZ 4, 323, 325 = NJW 1952, 579; MüKo/*Musielak,* § 2385 Rdn. 4.

[1708] *Damrau/Tanck/Redig,* § 2384 Rdn. 3.

II. Die Haftungssituation für Verkäufer und Käufer

Der **Verkauf der Erbschaft führt** nach § 2382 Abs. 1 Satz 1 BGB **nicht zu einer Än-** **578**
derung der Haftung des Erben als Verkäufer. Er haftet sowohl vor als auch nach dem
Verkauf – jetzt gesamtschuldnerisch mit dem Käufer[1709] – für die Nachlassverbindlichkeiten nach den allgemeinen Regeln. Eine ergänzende Vorschrift zu § 2382 BGB stellt
§ 2383 BGB dar. Sie regelt, in welchem Umfang der Erbschaftskäufer für die Nachlassverbindlichkeiten haftet und wie weit er die Haftung beschränken kann. Die §§ 2382,
2383 BGB sollen „eine Art von Rechtswegen eintretender, mit dem Abschluss des
obligatorischen Vertrages wirksam werdender Universalsukzession des Käufers in die
Passiva der Erbschaft"[1710] herbeiführen. Es gilt der Grundsatz, dass die Haftung des
Käufers zum Zeitpunkt des Abschlusses des Kaufvertrages durch die Haftung des Verkäufers bestimmt wird. **Der Käufer haftet unbeschränkt, wenn auch der Verkäufer**
zum Zeitpunkt des Verkaufes unbeschränkt haftet, § 2383 Abs. 1 Satz 2 BGB. Auf
diese Weise werden die Rechte der Gläubiger gewahrt.[1711] **Das Gesetz geht noch da-**
rüber hinaus, indem bei einer beschränkten Haftung des Käufers die unbeschränkte
Haftung des Verkäufers bestehen bleibt. Dadurch erhalten die Gläubiger beim Erbschaftskauf einen Zuwachs an Rechten.[1712] Mit Abschluss des Kaufvertrages ist die
Möglichkeit einer Haftungsbeschränkung für die Vertragsparteien selbstständig und unabhängig voneinander zu beurteilen.[1713] Eine **Ausnahme gilt nach § 2383 Abs. 2 BGB.**
Danach gilt, dass die **Errichtung des Inventars** durch den einen Vertragspartner auch
dem anderen zustatten kommt, wenn dieser nicht bereits unbeschränkt haftet.

1. Haftung im Zeitpunkt des Vertragsschlusses

Der **Umfang der Haftung des Käufers** bestimmt sich im Zeitpunkt des Abschlusses **579**
des Erbschaftskaufvertrages danach, **wie der Verkäufer zu diesem Zeitpunkt haftete.**
Bis zum Abschluss des Kaufvertrages gereicht dem Käufer die gesamte Haftungsent-
wicklung beim Verkäufer sowohl zum Vorteil als auch zum Nachteil.[1714] Bestand zum
Zeitpunkt des Kaufvertragsabschlusses für den Verkäufer die Möglichkeit der Haftungsbeschränkung, hat auch der Käufer dieses Recht. **Hat der Verkäufer die Haftungs-**
beschränkung herbeigeführt, ist auch die Haftung des Käufers beschränkt.[1715] Hatte
der Verkäufer dieses Recht bereits verloren, kann es der Käufer gemäß § 2383 Abs. 1
Satz 2 BGB ebenfalls nicht mehr geltend machen. Er tritt sowohl in die wirtschaftliche
als auch in die schuldrechtliche Position des Verkäufers ein und kann dementsprechend
aufgrund des Vertragsschlusses nicht weiter haften, als der Erbe zum Zeitpunkt des
Abschlusses des Kaufvertrages haftete.[1716] Hatte der Verkäufer ein Aufgebotsverfahren
beantragt und war ein Ausschließungsbeschluss erlassen worden oder hatte er ord-

---

[1709] Palandt/*Weidlich*, § 2382 Rdn. 1.
[1710] Mot. II S. 363; siehe auch MüKo/*Musielak*, § 2383 Rdn. 1.
[1711] Mot. II S. 362.
[1712] MüKo/*Musielak*, § 2383 Rdn. 1.
[1713] Palandt/*Weidlich*, § 2383 Rdn. 1; *Damrau/Tanck/Redig*, § 2383 Rdn. 3.
[1714] *Lange/Kuchinke*, § 51 III 2 a.
[1715] *Staudinger/Olshausen* (2016), § 2383 Rdn. 2.
[1716] *Staudinger/Olshausen* (2016), § 2383 Rdn. 1.

nungsgemäß ein Inventar errichtet, so wirkt das zugunsten des Käufers.[1717] Laufende Fristen nach den §§ 1994, 2014 BGB gelten auch gegen den Käufer.[1718]

a) Die unbeschränkte Haftung des Verkäufers vor Abschluss des Kaufvertrages

580   **Haftete der Verkäufer vor Vertragsschluss unbeschränkt, haftet im gleichen Umfang auch der Käufer unbeschränkt.** Der Verlust der Haftungsbeschränkung kann gegenüber allen Nachlassgläubigern durch Versäumung der Inventarfrist nach § 1994 Abs. 1 Satz 2 BGB, durch Inventaruntreue i. S. v. § 2005 Abs. 1 Satz 1 BGB oder durch Fristversäumung nach § 2005 Abs. 1 Satz 2 BGB, gegenüber einzelnen Nachlassgläubigern durch einen individuell vereinbarten Verzicht auf die Möglichkeit der Haftungsbeschränkung, durch Verweigerung der eidesstattlichen Versicherung nach § 2006 Abs. 3 Satz 1 BGB oder durch Versäumung des Vorbehalts im Urteil gemäß § 780 Abs. 1 ZPO eintreten. Die dadurch begründete unbeschränkte Haftung auch des Käufers mit dem Erwerb der Erbschaft führt dazu, dass dieser mit seinem gesamten Vermögen, d. h. sowohl mit den erworbenen Nachlassgegenständen als auch mit seinem Eigenvermögen, haftet und insoweit der Vollstreckung der Nachlassgläubiger ausgesetzt ist. Er ist aufgrund der von vornherein unbeschränkten Haftung auf **Gewährleistungsrechte gegenüber dem Verkäufer zu verweisen.** Letzterer wird regelmäßig verpflichtet sein, den **Käufer von den Ansprüchen der Nachlassgläubiger frei zu stellen.** Ist er dazu nicht imstande, muss er Gewähr leisten.[1719]

b) Beschränkte oder beschränkbare Haftung des Verkäufers vor Vertragsschluss

581   **Ist die Haftung des Verkäufers beschränkbar, haftet auch der Käufer beschränkbar.** Er kann die Möglichkeit verlieren, wenn er selbst eine dem Verkäufer gemäß § 1994 Abs. 1 BGB gesetzte Inventarfrist verstreichen lässt, die nach dem Verkauf weiterläuft. Beschränkt der Käufer wirksam seine Haftung auf die erworbene Erbschaft, gelten die Ansprüche aus dem Kaufvertrag als zur Erbschaft gehörend, § 2383 Abs. 1 Satz 3 BGB. Das hat zur Folge, dass der Käufer die Vollstreckung in seine Ansprüche gegen den Verkäufer dulden muss.

582   Hatte der **Verkäufer noch keine Mittel zur Haftungsbeschränkung ergriffen, stehen dem Käufer die gleichen Möglichkeiten der Beschränkung wie dem Erben zu.** Hatte der Verkäufer bereits einen Aufgebotsantrag gestellt, kommt das dem Käufer zustatten. Er kann ein laufendes Aufgebotsverfahren fortführen. Ein im Rahmen des Aufgebotsverfahrens erwirkter Ausschließungsbeschluss wirkt zu seinen Gunsten, § 463 Abs. 1 FamFG, so dass sich seine Haftung nach § 1973 Abs. 1 Satz 1 BGB bestimmt. Der Kaufpreis ist bei dem nach § 1973 Abs. 2 BGB zu berechnenden Überschuss mindernd zu berücksichtigen, weil es sich lediglich um eine Bereicherungshaftung handelt. Innerhalb der Fünf-Jahres-Frist des § 1974 BGB und vor Kaufvertragsabschluss geltend gemachte Ansprüche bleiben gegenüber dem Käufer bestehen.

583   Eine **bereits angeordnete Nachlassverwaltung oder ein schon eröffnetes Nachlassinsolvenzverfahren werden mit dem Käufer fortgeführt.** Der Käufer hat die Möglichkeit, die **Einreden des § 1990 Abs. 1 Satz 1 BGB zu erheben,** wenn eine die

---

[1717] *Soergel/Zimmermann,* § 2383 Rdn. 2.

[1718] *Bamberger/Roth/Litzenburger,* § 2383 Rdn. 2; MüKo/*Musielak,* § 2383 Rdn. 12.

[1719] MüKo/*Musielak,* § 2376 Rdn. 6; *Staudinger/Olshausen* (2016), § 2376 Rdn. 14.

Kosten des Verfahrens deckende Masse nicht vorhanden ist. Hatte der Verkäufer diese bereits erhoben, treffen den Käufer die Rechtsfolgen. Er muss den Nachlass insgesamt an die Gläubiger herausgeben, § 1990 Abs. 1 Satz 2 BGB. Er hat sich nach §§ 1991, 2381 Abs. 1 Satz 1 BGB auch für die Geschäftsführung des Verkäufers zu verantworten, kann aber Aufwendungsersatz verlangen, §§ 1978 Abs. 3, 1979 BGB. Es handelt sich nicht um eine Bereicherungshaftung, so dass der Kaufpreis nicht als die Verwendung mindernd in Ansatz gebracht werden kann.[1720]

2. Die Haftungssituation nach Vertragsschluss

Mit dem Abschluss des Vertrages trennt sich die haftungsrechtliche Entwicklung, wenn   *584* der Verkäufer noch nicht unbeschränkbar haftet. Der **Käufer haftet** bereits **mit Abschluss des Kaufvertrages** und nicht erst mit seiner Erfüllung **als Gesamtschuldner neben dem Verkäufer für die Nachlassverbindlichkeiten.**[1721] Erbschaftskäufer und Erbschaftsverkäufer haben jeder für sich und ohne Wirkung für den anderen die Möglichkeit, ihre Haftung zu beschränken.[1722] Dementsprechend **können** sie **unabhängig voneinander Möglichkeiten zur Haftungsbeschränkung** wahrnehmen. Haften beide noch nicht endgültig unbeschränkt, kann jeder für sich und ohne Erstreckung auf den anderen die Haftungsbeschränkung geltend machen.

a) Rechtsstellung des Verkäufers

Aufgrund seiner fortbestehenden Stellung als Erbe kann der Verkäufer die Scho-   *585* **nungseinreden gemäß §§ 2014, 2015 BGB geltend machen** oder ein Gläubigeraufgebot beantragen, §§ 1970 ff. BGB. **Er bleibt zur Inventarerrichtung verpflichtet**, auch wenn er den Nachlass dem Käufer übergeben hat. **Im Nachlassinsolvenzverfahren gilt kraft Gesetzes, § 330 Abs. 1 InsO, nur der Käufer als Erbe.** Dieser allein ist berechtigt, einen entsprechenden Antrag zu stellen. Der Verkäufer als eigentlicher Erbe verliert das Recht, anderenfalls er dem Käufer ein solches Verfahren aufnötigen könnte.[1723] Obwohl ihn keine Pflicht trifft, das Nachlassinsolvenzverfahren selbst zu beantragen[1724], kann er am Verfahren teilnehmen, wenn er selbst Nachlassgläubiger ist. In dieser Eigenschaft ist er auch antragsbefugt.[1725]

Der **Kaufpreis fällt in das Eigenvermögen des Verkäufers und ist** damit, sofern er seine Haftung wirksam beschränkt hat, **den Nachlassgläubigern entzogen.**[1726] Hatte der Verkäufer die Nachlassgegenstände noch nicht übertragen, können Nachlassgläubiger weiter Befriedigung darin suchen.

[1720] *Staudinger/Olshausen* (2016), § 2383 Rdn. 11; MüKo/*Musielak*, § 2383 Rdn. 9.
[1721] *Staudinger/Olshausen* (2016), § 2382 Rdn. 5; MüKo/*Musielak*, § 2382 Rdn. 3; *Leipold*, Rdn. 608; *Kipp/Coing*, § 112 Vor I.
[1722] *Staudinger/Olshausen* (2016), § 2383 Rdn. 1, 13; MüKo/*Musielak*, § 2383 Rdn. 2.
[1723] *Lange/Kuchinke*, § 51 III 2 a Fn. 44.
[1724] *Staudinger/Olshausen* (2016), § 2383 Rdn. 20.
[1725] *Soergel/Zimmermann*, § 2383 Rdn. 6; *Staudinger/Olshausen* (2016), § 2383 Rdn. 21.
[1726] *Lange/Kuchinke*, § 51 III 1 b.

b) Rechtsstellung des Käufers

586 Da der **Käufer** mit dem Kauf der Erbschaft auch die Lasten übernommen hat, **wird** er **wie ein Gesamtrechtsnachfolger des Erben behandelt**, obwohl er dies im Rechtssinne nicht ist.[1727] **Für die Haftung ist ein wirksamer Kaufvertrag Voraussetzung.** Die Haftung entfällt, wenn der Vertrag – z.B. wegen Formmangels – nichtig ist.[1728] Wird der Kaufvertrag vor seiner Erfüllung aufgehoben und dies dem Nachlassgericht angezeigt, so erlischt die Haftung des Käufers ebenfalls.[1729]

Der Käufer haftet im **Außenverhältnis** auch für diejenigen Verbindlichkeiten, die er im Verhältnis zum Verkäufer nicht zu tragen verpflichtet ist, § 2382 Abs. 1 Satz 2 BGB i.V.m. §§ 2378, 2379 BGB.[1730] Auf die Übertragung des Nachlasses und die Kenntnis des Käufers von den Nachlassverbindlichkeiten kommt es nicht an. Eine Ausnahme besteht, wenn ein einzelner Nachlassgegenstand veräußert wurde, der nahezu den gesamten Nachlass ausmacht und der Käufer dies nicht wusste.[1731] Seine Haftung entfällt, wenn er nicht erkannt hatte, dass es sich um nahezu den gesamten Nachlass handelte. Nimmt er irrtümlich an, dass ein wesentlicher Teil dem Erben verbleibt, ändert dies nichts an seiner Haftung.[1732] Hat der Käufer nur eine Nacherbenanwartschaft erworben, tritt seine Haftung noch nicht mit Abschluss des Kaufvertrages, sondern erst mit dem Eintritt des Nacherbfalls ein.[1733]

Das **Nachlassgericht kann dem Käufer selbstständig neben dem Verkäufer eine Inventarfrist setzen.** Die fristwahrende Inventarerrichtung wirkt nach § 2383 Abs. 2 BGB für den Vertragspartner, soweit dieser noch nicht unbeschränkt haftet. Im Zweifel sollten beide diese Möglichkeit nutzen. Hat der jeweils andere ein Inventar errichtet und stellt sich nachträglich heraus, dass der Errichtende sich eines Inventarvergehens nach § 2005 Abs. 1 BGB schuldig gemacht hat, fällt die dem Vertragspartner zustatten gekommene Fristwahrung weg. Nur bei ordnungsgemäßer Inventarerrichtung durch einen Vertragspartner bleibt für den anderen die Möglichkeit der Haftungsbeschränkung bestehen.[1734]

587 Ebenso wie der Verkäufer kann der **Käufer die Schonungseinreden der §§ 2014, 2015 BGB** geltend machen, soweit sie noch nicht durch den Verkäufer verbraucht sind. Eine schon vor dem Verkauf laufende Drei-Monats-Frist läuft dem Käufer gegenüber weiter, beginnt also nicht neu mit der Veräußerung der Erbschaft. Als Träger des Nachlasses kann er auch das **Nachlassinsolvenzverfahren beantragen**, § 330 Abs. 1 InsO, ebenso das **Aufgebotsverfahren**, § 463 Abs. 1 Satz 1 FamFG. Die Eröffnung des Nachlassinsolvenzverfahrens bewirkt eine Haftungsbeschränkung sowohl für den Käufer als auch für den Verkäufer, sofern keiner die Haftungsbeschränkungsmöglichkeit verloren

---

1727 MüKo/*Musielak*, § 2382 Rdn. 1.
1728 BGH v. 2.2.1967, III ZR 193/64, NJW 1967, 1128, 1131; Palandt/*Weidlich*, § 2382 Rdn. 1.
1729 MüKo/*Musielak*, § 2382 Rdn. 4.
1730 MüKo/*Musielak*, § 2382 Rdn. 6.
1731 RG v. 13.8.1943, VI 27/43, RGZ 171, 185, 191; BGH v. 26.2.1965, V ZR 227/62, BGHZ 43, 174, 177; MüKo/*Musielak*, § 2382 Rdn. 4.
1732 BGH v. 19.2.1976, III ZR 75/74, NJW 1976, 1398, 1400 zu § 419 BGB; MüKo/*Musielak*, § 2382 Rdn. 4.
1733 Palandt/*Weidlich*, § 2382 Rdn. 1; MüKo/*Musielak*, § 2382 Rdn. 4.
1734 RGRK/*Kregel*, § 2383 Rdn. 13; *Staudinger/Olshausen* (2016), § 2383 Rdn. 15; MüKo/*Musielak*, § 2383 Rdn. 6.

hat.[1735] Wegen der vergleichbaren Interessenlage **gilt** dies **auch für die Nachlassverwaltung.**[1736] Der Käufer kann auch die Ausschließungs- und die Verschweigungseinrede gemäß §§ 1973, 1974 BGB erheben. Nach Abschluss des Kaufvertrages fristgemäß geltend gemachte Forderungen wirken nur gegenüber dem Erklärungsempfänger. Daher sollten die Gläubiger ihre Forderungen sowohl dem Verkäufer als auch dem Käufer gegenüber anmelden.

Eine erst **nach Abschluss des Erbschaftskaufvertrages eingetretene unbeschränkte Haftung des Verkäufers berührt den Käufer** nicht. Er kann seine Haftung weiterhin beschränken. Haftet er beschränkt, gelten seine Ansprüche auf Gewährleistung, Herausgabe und Schadensersatz als zur Erbschaft gehörend. Er muss die Vollstreckung in diese Ansprüche dulden.[1737]   *588*

Der **Käufer haftet** nur für Nachlassverbindlichkeiten, **nicht für Forderungen aus dem Innenverhältnis zwischen Miterben.** Der **Bundesgerichtshof** nimmt eine **Haftung nach § 2382 BGB analog** für Ansprüche des Miterben aus einem Erbauseinandersetzungsvertrag auf **Übertragung eines Nachlassgegenstandes** an, obwohl es sich nicht um Nachlassverbindlichkeiten handelt.[1738] Da der Käufer den Gegenstand der Verpflichtung übernommen hat und als Außenstehender in die Gesamthandsgemeinschaft eintritt, soll er keine Entlastung erfahren.   *589*

Eine **Verurteilung des Verkäufers ohne Vorbehalt der Beschränkung der Erbenhaftung wirkt sich für den Erbschaftskäufer nicht aus.** Dieser kann die Haftungsbeschränkung gegenüber den Nachlassgläubigern weiterhin herbeiführen.[1739] **Ein gegen den Erbschaftsverkäufer ergangenes Urteil, das eine Nachlassverbindlichkeit zum Gegenstand hat, wirkt** nach § 425 BGB **nicht gegen den Käufer.**[1740] Die für Rechtsnachfolger geltenden §§ 325, 727 ZPO finden keine Anwendung, da der Käufer nicht Rechtsnachfolger des Verkäufers ist.[1741] Soweit ein rechtskräftiges Urteil gegen den Verkäufer vor dem Verkauf ergangen ist, kann eine Vollstreckungsklausel gegen den Käufer erteilt werden.[1742] War der Schuldtitel bereits gegen den Erblasser rechtskräftig ergangen, bedarf es keiner vorherigen Umschreibung auf den Verkäufer.[1743]   *590*

III. Der Erbteilskauf

Beim Verkauf eines Erbteils **haftet der Käufer ebenfalls ab dem Abschluss des Kaufvertrages gemäß § 2382 Abs. 1 BGB wie ein Miterbe.**[1744] Die Haftung ist gemäß § 2382 Abs. 2 BGB gegenüber den Gläubigern nicht abdingbar. Die Haftung hängt davon ab, ob die Miterbengemeinschaft bereits auseinandergesetzt ist oder nicht. Der   *591*

[1735] MüKo/*Musielak*, § 2383 Rdn. 7; *Staudinger/Olshausen* (2016), § 2383 Rdn. 22.
[1736] MüKo/*Musielak*, § 2383 Rdn. 7; *Staudinger/Olshausen* (2016), § 2383 Rdn. 24.
[1737] MüKo/*Musielak*, § 2383 Rdn. 13.
[1738] BGH v. 31. 10. 1962, V ZR 24/61, BGHZ 38, 187, 193 f. = NJW 1963, 345; Palandt/*Weidlich*, § 2382 Rdn. 3; zustimmend auch *Bamberger/Roth/Litzenburger*, § 2382 Rn. 7.
[1739] *Staudinger/Olshausen* (2016), § 2383 Rdn. 17.
[1740] MüKo/*Musielak*, § 2382 Rdn. 9.
[1741] *Soergel/Zimmermann*, § 2382 Rdn. 3; MüKo/*Musielak*, § 2382 Rdn. 9.
[1742] *Soergel/Zimmermann*, § 2382 Rdn. 3; *Thomas/Putzo*, § 729 ZPO Rdn. 2.
[1743] *Soergel/Zimmermann*, § 2382 Rdn. 3; MüKo/*Musielak*, § 2382 Rdn. 9.
[1744] *Lange/Kuchinke*, § 51 III 2 b; MüKo/*Musielak*, § 2382 Rdn. 8.

Erbteilskäufer haftet neben dem Verkäufer, dessen Haftung für sämtliche Nachlassverbindlichkeiten bestehen bleibt, und den übrigen Miterben den Nachlassgläubigern gemäß § 2058 BGB als Gesamtschuldner.[1745]

Bis zur Teilung des Nachlasses kann der **Erbteilskäufer** wie jeder Miterbe die **Haftung mit dem Eigenvermögen verweigern, § 2059 Abs. 1 Satz 1 BGB.** Er hat schon vor der Übertragung des Miterbenanteils ein Verweigerungsrecht[1746], obwohl er mit dem Kaufvertrag nur den Anspruch auf Übertragung des Erbteils erworben, aber noch nichts aus der Erbschaft erlangt hat. Haftete der Verkäufer bereits unbeschränkt, muss der Erwerber entsprechend § 2059 Abs. 1 Satz 2 BGB die Befriedigung in Höhe des gekauften Anteils dulden.[1747] Bereits vor der Teilung können die Nachlassgläubiger auch vom Erbteilskäufer die Befriedigung aus dem ungeteilten Nachlass verlangen. Ein Antrag auf Nachlassverwaltung bedarf der Zustimmung aller Miterben und auch der des Käufers. Der Antrag ist nur bis zur Teilung möglich.

Nach der Teilung des Nachlasses haften der Erbteilskäufer und der **verkaufende Miterbe** neben den anderen Miterben **für die gesamte Nachlassverbindlichkeit weiterhin als Gesamtschuldner.** Der Erwerber hat ebenso wie andere Miterben die Möglichkeit, seine gesamtschuldnerische Haftung nach den §§ 2060, 2061 BGB in eine teilschuldnerische Haftung umzuwandeln.

591a   **Übt ein Miterbe sein nach § 2034 Abs. 1 BGB bestehendes Vorkaufsrecht gegenüber dem Erbteilskäufer aus, wird der Erbteilserwerber von der Haftung frei.** Dies ist Konsequenz dessen, dass er durch die Ausübung des Vorkaufsrechts gezwungen wird, seinen erworbenen Anteil an den vorkaufsberechtigten Miterben zu übertragen. Der Erwerber soll durch die Ausübung des Vorkaufsrechts keinen Schaden erleiden.[1748] Die Haftungsbefreiung des Käufers tritt selbst dann ein, wenn er das Recht zur Beschränkung der Haftung bereits verloren hat. Dann haften die Vorkäufermiterben mit dem nunmehr hinzuerworbenen Erbteil unbeschränkt, § 2383 BGB.[1749] Der **Zeitpunkt der Haftungsfreistellung des Erbteilserwerbers ist umstritten**, wenn der Anteil ohne Zwischenerwerb des Käufers vom Verkäufer auf die das Vorkaufsrecht ausübenden Miterben übertragen wird. Die **herrschende Meinung stellt zu Recht auf den Zeitpunkt der Übertragungsverfügung** ab[1750], während andere die Ausübung des Vorkaufsrechts als maßgebend ansehen.[1751] Für die herrschende Meinung spricht, dass der Kaufvertrag zwischen Käufer und Verkäufer trotz der Ausübung des Vorkaufsrechts bestehen bleibt und sich die Haftung prinzipiell unabhängig von einer Weiterveräußerung fortsetzt.

War der Erbanteil vor dem Erwerb durch die vorkaufenden Miterben auf den Käufer übertragen worden, kommt eine **Haftung des Käufers** bzw. eines weiteren Erwerbers **für fehlerhafte Verwaltungshandlungen nach den §§ 1978–1980 BGB in Betracht, § 2036 Satz 2 Hs. 1 BGB.** Ist der Käufer wegen fehlerhafter Verwaltungshandlungen

---

[1745] Näher dazu Rdn. 513 ff.
[1746] *Staudinger/Olshausen* (2016), § 2383 Rdn. 31.
[1747] *Staudinger/Olshausen* (2016), § 2383 Rdn. 29.
[1748] *Burandt/Rojahn/Flechtner*, § 2036 Rdn. 1.
[1749] MüKo/*Gergen*, § 2036 Rdn. 3; *Burandt/Rojahn/Flechtner*, § 2036 Rdn. 1.
[1750] MüKo/*Gergen*, § 2036 Rdn. 2; *Erman/Bayer*, § 2036 Rdn. 1; BeckOGK/*Rißmann/Szalai*, § 2036 Rn. 9.
[1751] *Brox/Walker*, Rdn. 486; RGRK/*Kregel*, § 2036 Rdn. 1.

gegenüber den Nachlassgläubigern haftbar, handelt es sich um Eigenverbindlichkeiten, für die er mit seinem Eigenvermögen haftet.[1752] § 2036 Satz 2 Hs. 2 BGB, wonach die §§ 1990, 1991 BGB entsprechende Anwendung finden, kann nur Bedeutung haben für den Fall, dass der Käufer bzw. Erwerber nach den §§ 1978–1980 BGB haftet, wenn es wegen einer Dürftigkeit des Nachlasses i.S.v. § 1990 BGB nicht zu einem amtlichen Verfahren der Nachlassverwaltung oder der Nachlassinsolvenz kommt.[1753] Es handelt sich offenbar um ein Redaktionsversehen. Eine entsprechende Anwendung der Vorschriften der §§ 1990, 1991 BGB kommt nicht in Betracht, weil diese voraussetzen, dass der Haftende den Nachlass noch in den Händen hat. Das ist nach der Übertragung des Erbteils auf die das Vorkaufsrecht ausübenden Miterben nicht der Fall.[1754]

[1752] RGRK/*Kregel,* § 2036 Rdn. 3; *Staudinger/Löhnig* (2016), § 2036 Rdn. 4; MüKo/*Gergen,* § 2036 Rdn. 4; BeckOGK/*Rißmann/Szalai,* § 2036 Rdn. 10.

[1753] RGRK/*Kregel,* § 2036 Rdn. 3; *Brox/Walker,* Rdn. 486; *Soergel/Wolf,* § 2036 Rdn. 3; *Staudinger/Löhnig* (2016), § 2036 Rdn. 4.

[1754] MüKo/*Gergen,* § 2036 Rdn. 5; ebenso *Brox/Walker,* Rdn. 486; *Burandt/Rojahn/Flechtner,* § 2036 Rdn. 2.

I. Die Haftung des Hoferben

In den Ländern der ehemaligen britischen Besatzungszone, d.h. in Hamburg, Nie-
dersachsen, Nordrhein-Westfalen und Schleswig-Holstein, ist die **Höfeordnung an die
Stelle der früheren Anerben- und Höfegesetze einschließlich des Anerbenrechts in
dem preußischen Ansiedlungsgesetz in der britischen Besatzungszone getreten.** In
Bayern, Berlin, im Saarland und in den neuen Bundesländern richtet sich die Vererbung land- oder forstwirtschaftlichen Grundbesitzes nach den allgemeinen **Vorschriften des Bürgerlichen Gesetzbuches**, in den **übrigen alten Bundesländern nach lan-
desgesetzlichem Anerbenrecht.**[1755] Die Höfeordnung ist nach ihrem Erlass mehrfach
geändert worden, insbesondere durch das zweite Gesetz zur Änderung der Höfeordnung vom 29.3.1976.[1756] Die Höfeordnung soll einerseits den **Schutz des Hoferben**
oder -übernehmers als **Bewirtschafter eines Hofes** gewährleisten, andererseits und zugleich **dem öffentlichen Interesse an der Erhaltung ungeteilter, leistungsfähiger und
landwirtschaftlicher Betriebe im Erbgang dienen.**[1757] Vor diesem gesetzgeberischen
Hintergrund enthält § 15 HöfeO Regelungen, die die Haftung des Hoferben für Nachlassverbindlichkeiten betreffen. Die Regelung ist seit dem Inkrafttreten der Höfeordnung am 24.4.1947 weitgehend unverändert geblieben. Nur der frühere Begriff „Einheitswert des Hofes" ist durch den Begriff „Hofeswert" ersetzt worden. Zudem wurde
Absatz 5 als Folge der Neuordnung der Stellung minderjähriger Erben angepasst.[1758]
Der **Begriff der Nachlassverbindlichkeit in § 15 HöfeO entspricht demjenigen der
Vorschriften des Bürgerlichen Gesetzbuches** in § 1967 BGB.[1759] Die Vorschrift bestimmt – neben der Auseinandersetzung über den hoffreien Nachlass gemäß § 15
Abs. 4 HöfeO – in Absatz 1 die Haftung des Hoferben im Außenverhältnis, d.h. von
wem die Nachlassgläubiger die Berichtigung ihrer Verbindlichkeiten verlangen können.
In den Absätzen 2 und 3 ist die Haftung im Innenverhältnis geregelt, d.h. wem im Verhältnis zwischen Hoferben und Miterben die Erfüllung von Nachlassverbindlichkeiten
obliegt. Absatz 5 normiert den Sonderfall, wenn zu einem Nachlass mehrere Höfe gehören.

I. Die Haftung im Außenverhältnis

Anders als im Bürgerlichen Recht vererben sich Hof und hoffreies Vermögen nach
der Höfeordnung getrennt nach verschiedenen Erbregeln. Die nicht Hoferbe gewordenen Miterben sind am hofgebundenen Vermögen dinglich nicht beteiligt. Diese **höfe-**

592

593

[1755] Näher dazu *Lüdtke-Handjery/von Jeinsen/von Jeinsen*, Einl. Rdn. 25 ff.

[1756] BGBl. I S. 881, 1977 I S. 288.

[1757] *Wöhrmann*, LwErbR, § 1 HöfeO Rdn. 2; *Lüdtke-Handjery/von Jeinsen/von Jeinsen*, Einl.
Rdn. 3.

[1758] BT-Drs. 7-14443, S. 28.

[1759] *Lüdtke-Handjery/von Jeinsen/Haarstrich*, § 15 HöfeO Rdn. 4.

rechtliche Nachlassspaltung[1760] darf nicht dazu führen, dass die Haftungssituation, wie sie ursprünglich zugunsten der Gläubiger im Verhältnis zu dem Erblasser bestand, durch dessen Tod verschlechtert wird. Ihnen haftete ursprünglich das gesamte Vermögen des Erblassers, das sowohl aus dem Hof als auch aus dem hoffreien Vermögen bestand. Dem trägt § 15 Abs. 1 HöfeO Rechnung, indem **für Haftungszwecke zugunsten der Nachlassgläubiger die Einheit des Nachlasses wieder hergestellt wird.** Es besteht eine **gesamtschuldnerische Haftung des Hoferben und anderer Miterben für Nachlassverbindlichkeiten,** selbst wenn der Hoferbe an dem hoffreien Vermögen nicht als Miterbe beteiligt ist.[1761] Für die übrigen Miterben, denen das hoffreie Vermögen angefallen ist, ergibt sich die gesamtschuldnerische Haftung gegenüber den Nachlassgläubigern unmittelbar aus § 2058 BGB.[1762] Sie können die Nachlassgläubiger nicht mit der Begründung an den Hoferben verweisen, dieser habe den Hauptteil des Nachlasses geerbt.

594   Die Regelung des § 15 Abs. 1 HöfeO bedeutet keine Abweichung von dem Grundsatz, dass mehrere Erben als Gesamtschuldner **nur für gemeinschaftliche Nachlassverbindlichkeiten haften. Keine gemeinschaftlichen Nachlassverbindlichkeiten** sind solche aus **Vermächtnissen, Auflagen** sowie **dingliche Verbindlichkeiten aus Grund- und Rentenschulden, die nur einzelne Miterben betreffen.** Gleiches gilt für Pflichten aus Rechten, die dem Hof dienen und mit dem Eigentum am Hof verbunden sind sowie **für Verbindlichkeiten aus Abfindungsansprüchen der Miterben selbst**[1763] oder **aus einem Altenteil**, das nach der Natur dieses Rechts nur vom Hoferben erfüllt werden kann.[1764]

Das Gesetz sieht im Außenverhältnis gemäß § 15 Abs. 1 HöfeO, §§ 2058 ff. BGB grundsätzlich eine unbeschränkte, jedoch beschränkbare Haftung der Erben vor, die sowohl den Nachlass als auch das sonstige Vermögen der Erben umfasst. Der Hoferbe kann ebenso wie die sonstigen Miterben die Haftung für Nachlassverbindlichkeiten **nach den Vorschriften des Bürgerlichen Rechts** durch die amtlichen Verfahren zur Nachlassseparation – Nachlassverwaltung nach § 1975 ff. BGB oder Nachlassinsolvenz gemäß § 1975 BGB i.V.m. §§ 315 ff. InsO –, durch ein Gläubigeraufgebot sowie durch Erhebung der Dürftigkeits- oder[1765] der Überschwerungseinrede gemäß §§ 1990 Abs. 1 Satz 1, 1992 BGB **auf den Nachlass beschränken.** Der Hoferbe hat diese Möglichkeit auch, wenn er am hoffreien Nachlass nicht beteiligt ist. Ihm **stehen auch die Schonungseinreden der §§ 2014, 2015 BGB zur Verfügung.**

594a   Nach § 4 HöfeO fällt ein Hof – abweichend von den Regelungen des Bürgerlichen Gesetzbuches – immer nur einem Erben zu, selbst wenn mehrere Erben vorhanden sind. **Aufgrund dieser speziellen gesetzlichen Teilungsanordnung stellt sich die Frage, ob sich die Miterben auch auf die Einrede des § 2059 Abs. 1 Satz 1 BGB berufen können.** Bis zur Teilung ist die Haftung der Miterben auf den Nachlass gemäß § 2059 Abs. 1 Satz 1 BGB beschränkt, was die Miterben zu einer raschen Berichtigung

---

[1760] *Wöhrmann*, LwErbR, § 15 HöfeO Rdn. 4.

[1761] *Wöhrmann*, LwErbR, § 15 HöfeO Rdn. 4; a.A. *Lüdtke-Handjery/von Jeinsen/Haarstrich*, § 15 HöfeO Rdn. 7, wonach von vornherein eine Nachlasseinheit bestanden habe. Dann hätte es jedoch der Sonderregelung des § 15 Abs. 1 HöfeO nicht bedurft.

[1762] *Lüdtke-Handjery/von Jeinsen/Haarstrich*, § 15 HöfeO Rdn. 11.

[1763] *Lüdtke-Handjery/von Jeinsen/Haarstrich*, § 15 HöfeO Rdn. 6.

[1764] *Wöhrmann*, LwErbR, § 15 HöfeO Rdn. 5.

[1765] *Lüdtke-Handjery/von Jeinsen/Haarstrich*, § 15 HöfeO Rdn. 8.

von Nachlassverbindlichkeiten vor der Teilung anhalten soll. Anderenfalls würden Nachlassgläubiger durch die Ausweitung der Haftung auf das Privatvermögen der Miterben unangemessen privilegiert, ohne dass die Miterben aufgrund ihrer gesamthänderischen Bindung des Nachlasses über ihren Erbteil verfügen können.[1766] Der Hof fällt von Gesetzes wegen an den Hoferben und ist damit Teil von dessen Eigenvermögen. Stellt der Hof den wesentlichen Vermögensgegenstand des Nachlasses dar, können sich andere Erben auf das Leistungsverweigerungsrecht des § 2059 Abs. 1 Satz 1 BGB nicht berufen. Sinn und Zweck der Haftungsregelung in § 15 HöfeO ist die Verbundenheit von Hof und hoffreiem Vermögen im Außenverhältnis zu den Nachlassgläubigern und im Innenverhältnis zwischen den Miterben. Im Außenverhältnis haftet der Hoferbe als Gesamtschuldner für die gemeinschaftlichen Nachlassverbindlichkeiten. Er hat im Innenverhältnis weichende Erben gegenüber den Gläubigern freizustellen, wenn das hoffreie Vermögen zur Berichtigung von Nachlassverbindlichkeiten nicht ausreicht. Hat der **Hoferbe** im Innenverhältnis seine Miterben notfalls auch aus seinem Eigenvermögen freizustellen, **widerspräche es Sinn und Zweck des § 15 HöfeO, wenn er sich im Außenverhältnis gegenüber den Nachlassgläubigern auf § 2059 Abs. 1 Satz 1 BGB berufen könnte.**[1767]

II. Die Haftung im Innenverhältnis

Nachlassverbindlichkeiten sind wegen der gesetzgeberischen Intention der Befreiung des Hofes gemäß § 15 Abs. 2 HöfeO **im Innenverhältnis zwischen dem Hoferben und den Miterben grundsätzlich aus dem hoffreien Vermögen zu berichtigen, sofern dieses dazu ausreicht.** Das gilt nicht nur für die ungesicherten Nachlassverbindlichkeiten beispielsweise aus Schuldverhältnissen, sondern auch für die auf dem Hof lastenden Verbindlichkeiten aus Hypotheken, Grund- und Rentenschulden.[1768] Damit **erhält ein Hoferbe den Hof lastenfrei, wenn der Erblasser genügend sonstiges Vermögen hinterlässt, weil im Innenverhältnis nur die Miterben des hoffreien Vermögens verpflichtet sind. Allein den Hoferben treffen die auf dem Hof selbst ruhenden Lasten, die keine Hypotheken, Grund- oder Rentenschulden sind,** wie beispielsweise ein **Nießbrauch** oder ein **Altenteil**, da diese aus dem Hof bzw. dessen Erträgnissen zu erfüllen sind. Für die übrigen Nachlassverbindlichkeiten gilt das nur, soweit das hoffreie Vermögen zu ihrer Berichtigung nicht ausreicht. Der Hoferbe hat in diesem Fall die anderen Miterben von einer etwaigen Haftung mit dem Privatvermögen im Außenverhältnis gegenüber den Nachlassgläubigern freizustellen, § 15 Abs. 3 HöfeO.

Einem **Miterbennachlassgläubiger** kann der Hoferbe, wenn die Nachlassverbindlichkeit ihm gegenüber geltend gemacht wird, nicht den Einwand der anteiligen Gesamtschuldnerverpflichtung aus § 426 BGB entgegenhalten, sofern er gemäß § 15 Abs. 3 HöfeO im Innenverhältnis für diese Verbindlichkeit allein haftet.[1769] Nachlass-

595

[1766] Siehe dazu näher Rdn. 518 f.

[1767] *Lüdtke-Handjery/von Jeinsen/Haarstrich*, § 15 HöfeO Rdn. 9.

[1768] *Wöhrmann*, LwErbR, § 15 HöfeO Rdn. 7; *Lüdtke-Handjery/von Jeinsen/Haarstrich*, § 15 HöfeO Rdn. 12.

[1769] BGH v. 7.1.1960, VII ZR 220/58, BGHZ 31, 394 = NJW 1960, 860; *Lüdtke-Handjery/von Jeinsen/Haarstrich*, § 15 HöfeO Rdn. 13.

verbindlichkeiten, die dem Hoferben zur Last fallen, führen unter den Voraussetzungen des § 12 Abs. 3 Satz 1 HöfeO jedoch zur Kürzung der Abfindungsansprüche anderer Miterben.

596 **Der Erblasser kann Abweichungen von der gesetzlichen Regelung anordnen,** als **der Hoferbe auch die auf dem Hof lastenden dinglichen Verbindlichkeiten allein tragen soll.** Die abweichende Regelung muss sich zugunsten der anderen Miterben auswirken und darf keine übermäßige Belastung des Hoferben und damit den Ausschluss des Höferechts gemäß § 16 Abs. 1 Satz 1 HöfeO bewirken.[1770]

III. Haftung bei mehreren Höfen

597 Werden mehrere Höfe vererbt, **bestimmt sich die Haftung gegenüber Nachlassgläubigern nach § 15 Abs. 5 HöfeO.** Danach haften die **Hoferben im Außenverhältnis wie Miterben gemäß § 2058 BGB als Gesamtschuldner.** Für Abfindungsansprüche nach § 12 HöfeO und Versorgungsansprüche wie beispielsweise den Anspruch auf das Altenteil nach § 14 Abs. 2 HöfeO für den überlebenden Ehegatten gelten keine Besonderheiten. Nach § 12 Abs. 6 Satz 2 HöfeO kann ein minderjähriger Miterbe keinen Unterhalt in Natur verlangen, sondern nur Beiträge zu den durch Unterhaltsansprüche nicht gedeckten Kosten des angemessenen Lebensbedarfs und einer angemessenen Berufsausbildung, in Anrechnung auf seine Abfindung. Das schließt nicht aus, dass der abfindungsberechtigte Minderjährige wegen des Anspruchs aus § 12 Abs. 6 Satz 2 HöfeO den Hoferben seiner Wahl in Anspruch nehmen kann, § 421 Satz 1 BGB.

598 Im **Innenverhältnis** untereinander haben mehrere Hoferben die Abfindungsansprüche einschließlich der Leistungen nach § 12 Abs. 6 Satz 2 HöfeO auf Unterhalt, Berufsausübung und Ausstattung sowie die Nachlassverbindlichkeiten **anteilig im Verhältnis der Hofeswerte zu tragen.** Hofeswert ist – wie in § 15 Abs. 4 Satz 2 HöfeO – der in § 12 Abs. 2 HöfeO bestimmte Hofeswert. Das ist gemäß § 12 Abs. 2 Satz 2 HöfeO der 1,5-fache Einheitswert unter Berücksichtigung etwaiger Zu- und Abschläge.

599 **Streitig ist, ob Altenteilsleistungen auszugleichen sind, die ein Hoferbe bei der Vererbung mehrerer Höfe dem altenteilsberechtigten überlebenden Ehegatten des Erblassers erbringt.** Das Altenteilsrecht ist gemäß § 14 Abs. 2 Satz 1 HöfeO an einen Verzicht auf Abfindungsansprüche aus § 12 HöfeO gebunden. Von daher kann dieses Recht im Rahmen des § 15 Abs. 5 HöfeO nicht anders behandelt werden als die Abfindungsansprüche nach § 12 HöfeO, so dass Altenteilsleistungen auch **nur anteilig zu tragen sind.**[1771] Insbesondere darf es nicht dem überlebenden altenteilsberechtigten Ehegatten überlassen bleiben, ob er bei einer Vererbung mehrerer Höfe einem ihm nicht genehmen oder nicht gemeinschaftlichen Abkömmling unter Schonung gemeinschaftlicher Abkömmlinge ohne Rücksicht auf den Willen des Erblassers Leistungen aufbürdet, die andere nicht zu erbringen haben und für die auch kein Ausgleich geleistet werden muss.

600 Die Regelung des **§ 15 Abs. 5 HöfeO setzt voraus,** dass **mehrere Höfe desselben Eigentümers an mehrere Hoferben vererbt** werden. **Denkbar** ist aber auch, dass **ein Erblasser mehrere Höfe nur einem Hoferben vererbt.** Für diesen Fall wird zum Teil

---

[1770] *Wöhrmann,* LwErbR, § 15 HöfeO Rdn. 11.
[1771] *Wöhrmann,* LwErbR, § 15 HöfeO Rdn. 15; a.A. *Scheyhing,* § 15 HöfeO Rdn. 17.

die Auffassung vertreten, die Regelung des § 15 Abs. 5 HöfeO müsse sowohl nach dem Wortlaut als auch im Wege einschränkender Auslegung dahingehend verstanden werden, dass sie auf nur einen – vom Hoferben zu bestimmenden – Hof angewendet werden könne. Dem höferechtlichen Zweck sei eine über die Betriebseinheit hinausgehende Privilegierung in der Person desselben Hoferben fremd, so dass die übrigen Höfe als hoffreies Vermögen zu behandeln seien. Der Hoferbe müsse sie ggf. ganz oder teilweise veräußern, um aus dem Erlös die Nachlassverbindlichkeiten sowie die nach dem Verkehrswert des hoffreien Vermögens zu berechnenden Pflichtteilsansprüche anderer Miterben befriedigen zu können.[1772] Dieser Auffassung einer einschränkenden Auslegung steht jedoch nicht nur der eindeutige Wortlaut des § 15 Abs. 5 HöfeO entgegen, sondern auch der gesetzgeberische Zweck der Höfeordnung. Aufgrund einer möglichen Verpflichtung zur Veräußerung anderer Höfe könnte es zu einer nicht gewollten Zerschlagung kommen. Die Grundsätze des § 15 HöfeO sind deshalb bei der Vererbung mehrerer Höfe an einen Miterben anwendbar.[1773]

IV. Verfahren

Streitigkeiten nach § 15 HöfeO werden vor dem Landwirtschaftsgericht verhandelt. Es handelt sich um ein Verfahren nach den Vorschriften über das Anerbenrecht gemäß § 1 Nr. 5 LwVG. Die früheren Sonderregelungen zum Geschäftswert und zur Kostentragung in der HöfeVfO sind nach Inkrafttreten des GNotKG und der damit verbundenen Vereinheitlichung der Kostenvorschriften ersatzlos entfallen.[1774]

601

V. Verlustabzug nach § 10d EStG

Der **Bundesfinanzhof** hat in Anlehnung an eine Entscheidung des Großen Senates des Bundesfinanzhofes vom 17.12.2007 zur Vererblichkeit des Verlustabzuges gemäß § 10d EStG[1775] entschieden, dass einem Miterben, der sowohl als Hoferbe im Sinne der Höfeordnung als auch als Miterbe am hoffreien Vermögen eingesetzt ist, der vom Erblasser nicht ausgenutzte Verlustabzug nur in Höhe seines Miterbenanteils zustünde.[1776] Nach der **neuen Rechtsprechung des Bundesfinanzhofes** kann ein Erbe den vom Erblasser nicht ausgenutzten Verlustabzug nach § 10d EStG bei seiner Veranlagung zur Einkommensteuer nicht geltend machen. Der Große Senat des Bundesfinanzhofes hat jedoch betont, dass die bisherige gegenteilige Rechtsprechung aus Gründen des Vertrauensschutzes in allen Erbfällen anzuwenden sei, die bis zum Ablauf des Tages der Veröffentlichung des Beschlusses eingetreten seien. Danach können Miterben die Verluste des Erblassers nur in dem Verhältnis abziehen, in dem sie Erben sind, vorausge-

602

[1772] *Wöhrmann/Stöcker,* 6. Aufl., § 15 HöfeO Rdn. 26; *Kegel,* FS für *Ernst J. Cohn,* S. 85 ff.; a. A. *Lüdtke-Handjery/von Jeinsen/Haarstrich,* § 15 HöfeO Rdn. 17; *Wöhrmann,* LwErbR, § 15 HöfeO Rdn. 26.

[1773] *Lüdtke-Handjery/von Jeinsen/Haarstrich,* § 15 HöfeO Rdn. 17; *Wöhrmann,* LwErbR, § 15 HöfeO Rdn. 26.

[1774] *Lüdtke-Handjery/von Jeinsen/von Jeinsen,* Einl. Rdn. 10.

[1775] Näher dazu Rdn. 87 ff.

[1776] BFH v. 17.9.2008, IX R 79/99, ZEV 2009, 148, 149.

setzt, dass der oder die Erben den Verlust auch tatsächlich tragen.[1777] Die erforderliche wirtschaftliche Belastung fehlt, wenn der Erbe für Nachlassverbindlichkeiten gar nicht oder nur beschränkt haftet, weil er beispielsweise im Innenverhältnis von der Verlusttragung freigestellt ist. Der Bundesfinanzhof hält es für unerheblich, dass der nach der Höfeordnung vererbte Hof und das hoffreie Vermögen zwei Nachlassgegenstände bilden, die unmittelbar im Wege der Sonderrechtsnachfolge auf den Hoferben und im Wege der Universalsukzession gemäß § 1922 Abs. 1 BGB auf die Erbengemeinschaft übergehen.[1778] **Hof und hoffreies Vermögen gehörten zu einem Nachlass und bildeten für Haftungszwecke eine Einheit.** Der Hoferbe hafte für gemeinschaftliche Nachlassverbindlichkeiten auch dann als Gesamtschuldner, wenn er am übrigen Nachlass nicht als Miterbe beteiligt sei. Die nach der Höfeordnung vorgegebene Haftungseinheit zwischen Hof- und Miterben spreche dafür, sie steuerrechtlich mit gleichen Anteilen am Verlust des Erblassers zu beteiligen.[1779]

1777 BFH v. 5. 5. 1999, XI R 1/97, BStBl. II 1999, 653 = ZEV 1999, 452 = NJW 2000, 239.
1778 BFH v. 17. 9. 2008, IX R 79/99, ZEV 2009, 148, 149.
1779 BFH v. 17. 9. 2008, IX R 79/99, ZEV 2009, 148, 149.

J. Die Haftung des Staates

Regelungen über das Erbrecht des Staates enthalten die §§ 1936, 1964–1966 BGB. **603** Diese Normen betreffen jeweils das gesetzliche Erbrecht des Staates. Besondere Bestimmungen zum Erbrecht des Fiskus als gewillkürter Erbe enthält das Bürgerliche Gesetzbuch nicht, auch nicht zur Haftung des durch Testament oder Erbvertrag zum Erben eingesetzten Fiskus für Nachlassverbindlichkeiten. Deshalb sind auf ihn **im Fall gewillkürter Erbschaft die allgemeinen Regelungen zur Erbenhaftung anzuwenden, die für Allein-, Mit-, Vor- und Nacherben gelten.**

I. Der Fiskus als gesetzlicher Erbe

Der Staat tritt nach § 1936 BGB als gesetzlicher Erbe ein, wenn zur Zeit des Erbfalls **604** weder ein Verwandter, ein Ehegatte oder Lebenspartner des Erblassers vorhanden ist. Dem gleichgestellt ist der Fall, dass diese Personen beim Erbfall leben, jedoch aufgrund Erbverzichts, Erbunwürdigkeitserklärung, Enterbung oder Ausschlagung nicht gesetzliche Erben werden.[1780] Der **Sinn und Zweck der Regelung** liegt nicht in fiskalischen Gründen, sondern insbesondere in der **Ordnungsfunktion**. Es **sollen herrenlose Nachlässe verhindert** und **eine ordnungsgemäße Nachlassabwicklung gewährleistet werden**.[1781] Damit stellt sich die Frage, ob die Aufgabe der Sicherung und Abwicklung bei überschuldeten Nachlässen lediglich mittels Nachlasspflegschaft, Nachlassverwaltung oder Nachlassinsolvenzverfahren ohne materiell Berechtigten zu erfüllen und ob ein Nachlassgläubiger berechtigt ist, die Einleitung eines Feststellungsverfahrens nach § 1964 BGB zu beantragen. Dies ist mit Hinblick auf Sinn und Zweck der Regelung des § 1936 BGB zu bejahen, unabhängig davon, ob der Nachlass geringwertig oder überschuldet ist. Von der Frage, ob im Rahmen des § 1936 BGB i.V.m. §§ 1964, 1965 BGB ein Feststellungsverfahren durchzuführen ist, ist die Frage nach Art und Weise bzw. des Umfangs der gebotenen Ermittlung für die Feststellung des gesetzlichen Erbrechts des Fiskus zu unterscheiden. Kommt ein gesetzliches Erbrecht des Fiskus in Betracht, ist von Amts wegen die Durchführung eines Feststellungsverfahrens veranlasst.[1782] Die erfolgte Feststellung begründet nach § 1964 Abs. 2 BGB nur eine widerlegbare Vermutung der Erbenstellung des Staates.

[1780] MüKo/*Leipold,* § 1936 Rdn. 3.

[1781] BGH v. 14.10.2015, IV ZR 438/14, NJW 2016, 156 Rdn. 9; *Burandt/Rojahn/Große-Boymann,* § 1936 Rdn. 1; MüKo/*Leipold,* § 1936 Rdn. 2; *Bamberger/Roth/Müller-Christmann,* § 1936 Rdn. 1.

[1782] OLG München v. 5.5.2011, 31 Wx 164/11, BeckRS 2011, 11614; KG v. 2.8.1904, I. Ferien, OLGE 9, 384; LG Düsseldorf v. 14.4.1981, 25 T 199/81, Rpfleger 1981, 358; LG Stade v. 5.2.2002, 9 T 290/01 und v. 17.12.2003, 9 T 53/02, Rpfleger 2004, 568 m. krit. Anm. *Bestelmeyer* 569 f.; *Burandt/Rojahn/Najdecki,* § 1964 Rdn. 2; *Soergel/Stein,* § 1964 Rdn. 2; MüKo/*Leipold,* § 1964 Rdn. 3, 8; a.A. *Firsching/Graf,* Rdn. 4.521; Frohn, Rpfleger 1986, 37, 38.

Klar geregelt ist, wann der Bund oder wann ein Bundesland als gesetzlicher Erbe berufen ist.[1783] Für Erbfälle ab dem 1. 1. 2010 ist in erster Linie das Bundesland berufen, in dem der Erblasser seinen letzten Wohnsitz, ersatzweise seinen gewöhnlichen Aufenthalt hatte, § 1936 Satz 1 BGB. Sind diese Voraussetzungen nicht gegeben, wird der Bund gesetzlicher Erbe, § 1936 Satz 2 BGB.

Die Norm ist nur anzuwenden, **wenn für den Erbfall nach den Regeln des internationalen Privatrechts deutsches Erbrecht gilt.**[1784] Nach der Sonderbestimmung des § 1942 Abs. 2 BGB ist der Staat als gesetzlicher Erbe nicht berechtigt, eine ihm angefallene Erbschaft auszuschlagen und wird damit immer auch Erbe einer überschuldeten Erbschaft.[1785] Das gilt gleichermaßen für die nach Landesrecht gemäß Art. 138 EGBGB an seine Stelle tretenden Körperschaften, Anstalten oder Stiftungen des öffentlichen Rechts.[1786] Der Staat ist gegen die ihm drohenden Nachteile eines überschuldeten Nachlasses durch besondere gesetzliche Bestimmungen hinreichend geschützt, §§ 1966, 2011 BGB, § 780 Abs. 2 ZPO. Regelt das Gesetz keine Besonderheiten, gibt es für die Haftung des Fiskus als gesetzlichem Zwangserben für Nachlassverbindlichkeiten keine Unterschiede zu den allgemeinen Regelungen.

1. Haftung nach materiellem Recht

605 Einen **Ausgleich für die fehlende Ausschlagungsmöglichkeit nach § 1942 Abs. 2 BGB stellt § 1966 BGB dar**, der die Rechtsstellung des Fiskus **vor der Feststellung, dass ein anderer Erbe nicht vorhanden ist, regelt.** Gegen den Fiskus als gesetzlichem Erben **kann ein Recht erst geltend gemacht werden, nachdem dies von dem Nachlassgericht festgestellt worden ist.** Die Bestimmung des § 1958 BGB, wonach Erben vor der Annahme der Erbschaft nicht verklagt werden können, findet auf den Fiskus keine Anwendung. Der **Staat ist erst nach der Feststellung i. S. v. § 1964 BGB im Prozess passivlegitimiert.** Eine zuvor gegen ihn gerichtete Klage ist abzuweisen. Der Kläger muss ggf. darlegen und beweisen, wenn er den Staat als Erben benennt, dass das Erbrecht des Fiskus bereits festgestellt wurde.

606 Als gesetzlicher Erbe **haftet der Fiskus für Nachlassverbindlichkeiten unbeschränkt mit dem Nachlass und seinem sonstigen fiskalischen Vermögen**, hat aber wie andere Erben das **Recht, die Haftung auf den Nachlass zu beschränken.** Dazu muss er sich der amtlichen Mittel der Nachlassseparation – Nachlassverwaltung oder Nachlassinsolvenzverfahren –, eines Gläubigeraufgebotes oder der Einreden der §§ 1990–1992 BGB bedienen. Ebenso wie sonst auch wird der Nachlass dadurch von dem sonstigen fiskalischen Vermögen getrennt, wodurch den Nachlassgläubigern eine Inanspruchnahme verschlossen ist.

607 Die Regelung des § 2011 BGB beruht ebenfalls auf dem Gedanken der fehlenden Ausschlagungsmöglichkeit.[1787] **Dem Fiskus kann als gesetzlichem Erben gemäß § 2011 Satz 1 BGB keine Inventarfrist bestimmt werden.** Die Fristsetzung soll einem Nachlassgläubiger ein Druckmittel gegen den Erben an die Hand geben, damit dieser

---

[1783] MüKo/*Leipold*, § 1936 Rdn. 1; *Burandt/Rojahn/Große-Boymann*, § 1936 Rdn. 1.
[1784] MüKo/*Leipold*, § 1936 Rdn. 4.
[1785] *Riesenfeld*, Erbenhaftung Band II, S. 459.
[1786] *Burandt/Rojahn/Najdecki*, § 1942 Rdn. 12.
[1787] *Burandt/Rojahn/Joachim*, § 2011 Rdn. 1; MüKo/*Küpper*, § 2011 Rdn. 1.

schnell ein Inventar errichtet und im Fall der Fristversäumung unbeschränkt haftet. Der Fiskus darf nicht in diese Gefahr gebracht werden, weil er eine ihm als gesetzlichem Erben angefallene Erbschaft nicht ausschlagen kann. **Zum Ausgleich ist er nach § 2011 S. 2 BGB verpflichtet, auf Verlangen über den Nachlass Auskunft zu erteilen.**[1788] Verletzt der Fiskus die Auskunftspflicht, ergibt sich daraus keine unbeschränkte Haftung, weil die §§ 1994, 2005 Abs. 1, 2006 BGB auf ihn nicht anwendbar sind. Für das Verzeichnis gelten auch nicht die Vorschriften der §§ 2002, 2003 BGB, sondern die allgemeine Bestimmung des § 260 BGB. Danach muss der Fiskus ein Verzeichnis des Bestandes des Nachlasses vorlegen und evtl. die Richtigkeit durch den zuständigen Beamten eidesstattlich versichern. Die Forderung der eidesstattlichen Versicherung nach § 260 Abs. 2 BGB setzt begründete Bedenken gegen die bei der Anfertigung des Verzeichnisses geübte Sorgfalt voraus. Der Fiskus kann sich durch seine Verwaltung nach Maßgabe der §§ 1978–1980 BGB gegenüber den Nachlassgläubigern schadensersatzpflichtig machen. Der Zeitpunkt der rechtskräftigen Feststellung nach § 1964 BGB tritt für § 1978 BGB an die Stelle der Annahme.[1789] § 1978 Abs. 1 Satz 2 BGB findet keine Anwendung.

Sind **mehrere Fisci gesetzliche Erben, finden die** für die Mehrheit von Erben geltenden **Bestimmungen der §§ 2058–2063 BGB Anwendung.** Vor der Teilung des Nachlasses haften sie gemäß § 2059 Abs. 1 Satz 1 BGB beschränkt auf den Nachlass, ohne dass sie sich als Beklagte den Vorbehalt des § 780 Abs. 1 ZPO sichern müssten. Nach der Teilung haften sie auch mit dem fiskalischen Vermögen als Gesamtschuldner, können jedoch alle Maßnahmen der Haftungsbeschränkung ergreifen und unter den Voraussetzungen der §§ 2060, 2061 BGB eine teilschuldnerische Haftung herbeiführen.[1790] Die Vorschrift des § 2063 Abs. 1 BGB ist für den Staat wegen der Regelung des § 2011 Satz 1 BGB ohne Bedeutung. || *608*

Der Fiskus kann als gesetzlicher Erbe **kraft ausdrücklicher Vorschrift des § 2104 Satz 2 BGB nicht Nacherbe sein.** Fehlen Verwandte oder ein Ehegatte/eingetragener Lebenspartner, verbleibt die Erbschaft dem Vorerben, wenn sich nicht durch Auslegung ergibt, dass der Erblasser dann lieber den Staat als Vorerben als den endgültigen Erben sehen will.[1791] || *609*

2. Die prozessuale Situation

Wird der Fiskus als gesetzlicher Erbe verklagt, erfährt er aufgrund der **prozessualen Sonderregelung des § 780 Abs. 2 ZPO eine weitere Besserstellung gegenüber anderen Erben. Er muss keinen Vorbehalt der Haftungsbeschränkung auf den Nachlass im Urteil erwirken.** Trotz eines nicht erwirkten Vorbehalts bleibt ihm jede Möglichkeit der Haftungsbeschränkung erhalten. Diese dem Fiskus als gesetzlichem Erben eingeräumte Begünstigung begründet sich wiederum aus der Vorschrift des § 1942 Abs. 2 BGB. Indem das Gesetz dem Staat als gesetzlichem Erben das Recht zur Ausschlagung einer ihm angefallenen Erbschaft nimmt, wodurch grundsätzlich eine unbeschränkte || *610*

[1788] *Burandt/Rojahn/Joachim,* § 2011 Rdn. 6; Palandt/*Weidlich,* § 2011 Rdn. 2.
[1789] MüKo/*Küpper,* § 2011 Rdn. 3.
[1790] Siehe dazu Rdn. 536 ff.
[1791] MüKo/*Grunsky,* § 2104 Rdn. 7.

Haftung für Nachlassverbindlichkeiten eintritt, werden ihm besondere Maßnahmen erspart, um die Beschränkung zu wahren.[1792] Die Haftungsbeschränkung verliert er nur, wenn er davon überhaupt keinen Gebrauch macht.

II. Der Staat als gewillkürter Erbe

611 Erbt der Fiskus als gewillkürter Erbe, **gelten für die Haftung gegenüber Nachlassgläubigern die allgemeinen Regelungen für Allein-, für Mit- sowie für Vor- und Nacherben.** Er haftet für Nachlassverbindlichkeiten **grundsätzlich unbeschränkt mit dem Nachlass und dem sonstigen fiskalischen Vermögen.** Für die **Beschränkung der Haftung auf den Nachlass** stehen ihm die Dreimonatseinrede des § 2014 BGB[1793], die amtlichen Verfahren der Nachlassseparation – Nachlassverwaltung und Nachlassinsolvenzverfahren –, die §§ 1973, 1974 BGB sowie die §§ 1990–1992 BGB zur Verfügung. Als gewillkürtem Erben kann dem Fiskus auch eine Inventarfrist gemäß § 1994 Abs. 1 BGB bestimmt werden. Versäumt er die gesetzte Frist, verliert er allgemein das Recht zur Haftungsbeschränkung. Gleiches gilt bei Verstößen nach § 2005 Abs. 1 BGB oder im Verhältnis zu dem beantragenden Gläubiger bei Verweigerung der eidesstattlichen Versicherung, § 2006 Abs. 3 BGB. Der als gewillkürter Erbe verklagte Fiskus ist wie jeder andere Erbe gehalten, sich **den Vorbehalt des § 780 Abs. 1 ZPO zu sichern.** Anderenfalls verliert er das Recht der Haftungsbeschränkung gegenüber dem Kläger und haftet diesem gegenüber für die Urteilsforderung unbeschränkt.

612 Bei **gewillkürter Erbschaft mehrerer Fisci haften diese wie andere Miterben gemäß § 2058 BGB als Gesamtschuldner für die gemeinschaftlichen Nachlassverbindlichkeiten.** Vor der Teilung gilt nach § 2059 Abs. 1 Satz 1 BGB eine Haftung nur mit dem Nachlass. Im Prozess müssen sie sich den Vorbehalt des § 780 Abs. 1 ZPO gesichert haben. Nach der Teilung kommt es zur Haftung auch mit dem sonstigen fiskalischen Vermögen. Dem einzelnen Fiskus stehen weiterhin sämtliche Möglichkeiten der Haftungsbeschränkung zur Verfügung und zusätzlich die Möglichkeit der Herbeiführung einer teilschuldnerischen Haftung nach den §§ 2060, 2061 BGB.

Der **zum Vorerben** oder **Nacherben eingesetzte Staat haftet unter den Voraussetzungen der §§ 2144, 2145 BGB** für Nachlassverbindlichkeiten.

613 Anders als der Fiskus als gesetzlicher Erbe kann der durch Testament oder Erbvertrag zum Erben eingesetzte Staat gemäß § 1942 Abs. 1 BGB **die ihm angefallene Erbschaft ausschlagen. Für ihn gilt auch § 1958 BGB,** so dass er vor der Annahme der Erbschaft gerichtlich nicht belangt werden kann. Er kann seinerseits vor der Annahme Ansprüche, die zum Nachlass gehören, gerichtlich geltend machen.

[1792] *Riesenfeld*, Erbenhaftung Band II, S. 460.
[1793] Palandt/*Weidlich*, § 1966 Rdn. 1.

K. Die prozessuale Geltendmachung des Haftungsbeschränkungsrechts

Das materielle Recht sieht eine unbeschränkte, auf den Nachlass beschränkbare Haftung 614 des Erben für Nachlassverbindlichkeiten vor. Eine Haftungsbeschränkung kann er durch die amtlichen Verfahren zur Trennung von Nachlass und Eigenvermögen – Nachlassverwaltung und Nachlassinsolvenzverfahren –, durch Erhebung der Ausschließungs- oder Verschweigungseinrede gemäß §§ 1973, 1974 BGB oder durch Erhebung der Einreden nach den §§ 1990 Abs. 1 Satz 1, 1992 BGB herbeiführen. Miterben können sich zusätzlich auf die Einrede der beschränkten Miterbenhaftung gemäß § 2059 Abs. 1 Satz 1 BGB berufen.[1794] **Dieses Haftungssystem setzen die §§ 780 ff. ZPO in das Verfahrensrecht um.** Zur Durchsetzung der materiellrechtlichen Haftungsbeschränkung wird der Erbe regelmäßig gegenüber dem im Erkenntnisverfahren obsiegenden und aus dem erstrittenen Titel vollstreckenden Nachlassgläubiger auf den Weg der **Vollstreckungsgegenklage verwiesen** und ist damit praktisch gezwungen, sich auf einen weiteren u. U. kostspieligen Prozess einzulassen.

I. Das Verhältnis von Erkenntnis- und Vollstreckungsverfahren

Prozessuales Ziel der Nachlassgläubiger ist es, wegen ihrer Nachlassforderungen im 615 Erkenntnisverfahren einen vollstreckungsfähigen **Titel gegen den Erben als Schuldner der Verbindlichkeiten zu erlangen.** Der jeweilige Gläubiger kann daraus die **Vollstreckung in den Nachlass sowie in das sonstige Vermögen des Erben betreiben** und auf diese Weise seine Nachlassforderung befriedigen. Der Titel muss die Vollstreckung in das gesamte Vermögen des Erben – Nachlass und Eigenvermögen – erlauben.

Als Ausdruck einer bestehenden materiellrechtlichen Haftungsbeschränkungs- 616 **möglichkeit muss sich der Erbe im Erkenntnisverfahren im Urteilstenor den Vorbehalt der beschränkten Erbenhaftung gemäß § 780 Abs. 1 ZPO sichern.**[1795] Die Vorschrift gilt für Erben und Miterben, für Nacherben nach Maßgabe des § 2144 BGB und für Erbschaftskäufer nach § 2383 BGB, nicht aber für die Haftung nach einer Teilung des Nachlasses, § 2060 BGB.[1796] Auf ausländische Rechtsinstitute, die zu einer der Nachlassverwaltung nach § 1975 BGB ähnlichen Haftungsbeschränkung führen, ist die Regelung des § 780 ZPO entsprechend anzuwenden. Der Bundesgerichtshof hat dies zu Recht für die Annahme der Erbschaft mit Vorbehalt der Inventarerrichtung nach

---

[1794] *Zöller/Geimer*, § 780 ZPO Rdn. 3.
[1795] *Stein/Jonas/Münzberg*, § 780 ZPO Rdn. 5; *Zöller/Geimer*, § 780 ZPO Rdn. 1.
[1796] *Zöller/Geimer*, § 780 ZPO Rdn. 5.

italienischem Recht (Art. 470 Abs. 1 Hs. 2 Codice Civile) bejaht.[1797] Nachlassgläubiger sind unabhängig von dem Vorbehalt berechtigt, aus dem Titel in das gesamte Vermögen des Erben einschließlich seines Eigenvermögens zu vollstrecken. **Die Beschränkung der Erbenhaftung bleibt gemäß § 781 ZPO in der Zwangsvollstreckung unberücksichtigt, solange sich der Erbe nicht auf sie beruft.** Die Befugnis der Vollstreckung in das gesamte Vermögen des Erben entfällt nicht von selbst, auch wenn die Haftung bei Abschluss des Erkenntnisverfahrens beispielsweise durch ein amtliches Verfahren der Nachlassabsonderung – Nachlassverwaltung oder Nachlassinsolvenzverfahren – materiellrechtlich beschränkt ist. Der **Erbe muss immer tätig werden** und die Diskrepanz zwischen der materiellrechtlichen Haftungsbeschränkung und der prozessualen Vollstreckungsbefugnis, die auch dem Titel mit Beschränkungsvorbehalt innewohnt, beseitigen. Anders kann er die Haftungsbeschränkung gegenüber dem vollstreckenden Nachlassgläubiger nicht durchsetzen.

Der Erbe muss wegen der materiellrechtlichen Haftungsbeschränkung **gegen die Zwangsvollstreckung im Wege der Vollstreckungsgegenklage Einwendungen erheben, die ihre Grundlage ausschließlich im materiellen Recht** haben. Aufgrund des Vorbehalts der Beschränkung der Erbenhaftung im Urteilstenor muss ein Nachlassgläubiger Einschränkungen seiner Zugriffsmöglichkeiten auf den Nachlass und den Verlust des Vollstreckungsgegenklageverfahrens befürchten, wenn der Erbe die Voraussetzungen der materiellrechtlichen Beschränkungsmöglichkeit darlegen und ggf. beweisen kann. **Aus Sicht des Erben geht es im Erkenntnisverfahren darum, ob es sich bei der gegen ihn gerichteten Forderung überhaupt um eine Nachlassverbindlichkeit handelt** und ob er dafür **mit seinem gesamten Vermögen oder beschränkt auf den Nachlass haftet.** Hat ein Nachlassgläubiger aufgrund des Titels aus dem Erkenntnisverfahren bereits in das gesamte Vermögen vollstreckt, kommt es jetzt zur Klärung, ob die einzelnen gepfändeten Gegenstände tatsächlich der Vollstreckung unterliegen. Die Frage nach dem Ob einer Nachlassverbindlichkeit stellt sich immer schon im Erkenntnisverfahren. In welchem Umfang der Erbe dafür haftet, könnte schon im Erkenntnisverfahren entschieden werden. Nach dem Wortlaut der einschlägigen Bestimmungen der §§ 780 ff. ZPO ist die Klärung aber regelmäßig dem Vollstreckungsverfahren vorbehalten.

617 Im Fall der Anordnung eines **Nachlassverwaltungs-** oder der Eröffnung eines **Nachlassinsolvenzverfahrens** kann der Erbe gemäß **§ 784 Abs. 1 ZPO** Maßregeln der Zwangsvollstreckung gegen sein Eigenvermögen beseitigen, sofern sie noch nicht zur Verwertung geführt haben. Auf **Antrag des Nachlassverwalters** kann eine bereits erfolgte **Vollstreckungsmaßnahme eines Eigengläubigers des Erben in den Nachlass gemäß § 784 Abs. 2 ZPO aufgehoben werden.** Im Insolvenzverfahren verlieren Vollstreckungsmaßnahmen mit dem Eröffnungsbeschluss automatisch ihre Wirkung (sog. **Rückschlag**).

[1797] BGH v. 19.12.2014, V ZR 32/13, NJW-RR 2015, 521, 523; *Zöller/Geimer,* § 780 ZPO Rdn. 3; MüKo-ZPO/K. Schmidt/Brinkmann, § 780 Rdn. 7.

II. Haftungsbeschränkung im Erkenntnisverfahren

Der **Vorbehalt** der Beschränkung der Haftung auf den Nachlass gemäß § 780 Abs. 1   *618*
ZPO im Urteilstenor **wird im Erkenntnisverfahren nicht von Amts wegen berücksichtigt**, sondern nur aufgrund von Einwendungen des Erben. Fehlt ein Ausspruch des
Vorbehalts, kann dies im Fall der Rechtskraft der Entscheidung nicht mehr nachgeholt
werden.[1798] Gegenüber dem klagenden Nachlassgläubiger ist ohne Vorbehalt eine unbeschränkte Haftung mit dem gesamten Vermögen eingetreten.

Zur Vermeidung jeglichen Risikos **sollte sich der Erbe den Haftungsbeschränkungsvorbehalt vorsorglich immer – zumindest hilfsweise – sichern.** Er sollte dies
sogar dann tun, wenn der Nachlass zum Zeitpunkt des Prozesses ausreichend erscheint,
um alle Nachlassgläubiger befriedigen zu können. Die Notwendigkeit einer Haftungsbeschränkung offenbart sich wegen eines vermeintlich werthaltigen Nachlasses nicht
immer sogleich.[1799] Nachträgliche Änderungen wie ein Kursverfall bei Aktien, Wert-
minderungen bestimmter Nachlassgegenstände oder das Auftauchen bis dahin unbekannter Forderungen können nach Abschluss des Erkenntnisverfahrens zu einer Überschuldung des Nachlasses führen. Fehlt der Vorbehalt des § 780 Abs. 1 ZPO im Urteil,
haftet der Erbe unabhängig von diesen Veränderungen unbeschränkt auch mit seinem
Eigenvermögen.

Die Geltendmachung der Einrede ist im Rahmen eines erbrechtlichen Mandates **An-**   *618a*
waltspflicht.[1800] Hat ein Rechtsanwalt die Aufnahme des Vorbehalts versäumt, haftet
er u. U. wegen einer fehlerhaften Beratung auf Schadensersatz.

Zur Aufnahme des Haftungsbeschränkungsvorbehalts im Urteilstenor ist **kein besonderer Antrag des Erben erforderlich.**[1801] Er muss sich nur irgendwie hinreichend
deutlich auf die Einrede der beschränkten Erbenhaftung berufen, **ohne dass es eines
darüber hinausgehenden Sachvortrages oder einer gesonderten Begründung bedarf.**[1802] Dem Vortrag, der Nachlass sei überschuldet, lässt sich regelmäßig die Erhebung der Einrede des § 1990 Abs. 1 Satz 1 BGB entnehmen. Damit materiellrechtliche
Einwendungen nicht versehentlich übergangen werden oder weil sie dem Vorbringen
des beklagten Erben nicht hinreichend deutlich zu entnehmen sind und deshalb die
Aufnahme im Urteil unterbleibt, **sollte ein entsprechender Antrag vorsorglich gestellt werden.** Der Antrag ist dahingehend zu formulieren, dem (beklagten) Erben die
Beschränkung seiner Haftung auf den Nachlass des … (Erblassers) vorzubehalten.[1803]

1. Die Reichweite des Haftungsbeschränkungsvorbehalts

Der Haftungsvorbehalt kann aufgrund einer Individualvereinbarung mit einem Nach-   *619*
lassgläubiger und aufgrund jeder materiellrechtlichen Beschränkungsmöglichkeit erfol-

---

[1798] BGH v. 9. 3. 1983, IVa ZR 211/81, NJW 1983, 2378, 2379; *Zöller/Geimer,* § 780 ZPO Rdn. 14.
[1799] BGH v. 11. 7. 1991, IX ZR 180/90, NJW 1991, 2839, 2840; BGH v. 9. 3. 1983, IVa ZR 211/
81, NJW 1983, 2378, 2379.
[1800] BGH v. 2. 7. 1992, IX ZR 256/91, NJW 1992, 2694.
[1801] BGH v. 9. 3. 1983, IVa ZR 211/81, NJW 1983, 2378, 2379; *Zöller/Geimer,* § 780 ZPO
Rdn. 10; MüKo-ZPO/K. *Schmidt/Brinkmann,* § 780 Rdn. 15.
[1802] BAG v. 12. 11. 2013, 9 AZR 646/12, ErbR 2014, 242; MüKo-ZPO/K. *Schmidt/Brinkmann,*
§ 780 Rdn. 15.
[1803] *Zöller/Geimer,* § 780 ZPO Rdn. 12.

gen.[1804] Der **Vorbehalt ist bei allen gegen den Erben erwirkten vollstreckungsfähigen Urteilen erforderlich, bei der Leistungsklage bereits im Grundurteil**[1805], **bei ausländischen Urteilen im Vollstreckungsurteil gemäß § 722 Abs. 1 ZPO,** selbst wenn das ausländische Recht den Vorbehalt nicht kennt.[1806] Auch in **Anerkenntnis- und Versäumnisurteile**[1807], in **urteilsgleiche Titel,** in **notarielle vollstreckbare Urkunden**[1808], **Prozessvergleiche als Titel nach § 794 Abs. 1 Nr. 1 ZPO**[1809] sowie in **Vollstreckungsbescheide**[1810] ist der Vorbehalt aufzunehmen. **In schiedsgerichtlichen Verfahren muss er im Schiedsspruch enthalten sein, nicht** dagegen **in einem Feststellungsurteil.** Bei der **Verurteilung zur Abgabe einer Willenserklärung ist der Vorbehalt erforderlich, wenn die Wirkung der §§ 894, 895 ZPO ausgeschlossen sein soll.**[1811] Ordnet ein Erblasser in einer letztwilligen Verfügung an, dass sich der Erbe der sofortigen Zwangsvollstreckung in sein gesamtes Vermögen unterwerfen soll, um die Erfüllung eines Vermächtnisses sicherzustellen, sollte der Erbe keine vorbehaltlose Unterwerfungserklärung abgeben. Die Aufnahme des Vorbehalts der beschränkten Erbenhaftung ist zwingende Folge der Anwendung des § 780 Abs. 1 ZPO auf die notarielle Urkunde. Anderenfalls wäre dem Erben später die Möglichkeit genommen, sich auf eine Beschränkung der Erbenhaftung zu berufen. Ein Vermächtnisnehmer kann aus einer letztwilligen Verfügung grundsätzlich nur einen Anspruch auf sofortige Zwangsvollstreckungsunterwerfung unter dem Vorbehalt der beschränkten Erbenhaftung herleiten.[1812]

620   Der **Regelung des § 780 Abs. 1 ZPO unterfällt nicht die Geltendmachung der teilschuldnerischen Haftung von Miterben nach §§ 2060, 2061 BGB,** da keine gegenständliche Haftungsbegrenzung erfolgt.[1813] Von dem Vorbehalt des § 780 Abs. 1 ZPO ebenfalls **nicht erfasst werden die vorläufigen Einreden der §§ 2014, 2015 BGB,** weil die Haftung nach ihrer Erhebung nur aufgeschoben und nicht endgültig auf den Nachlass beschränkt wird. **Auf Antrag des Erben ist während der Fristen die Zwangsvollstreckung auf Arrestmaßnahmen zu beschränken, §§ 782, 305 ZPO.**[1814] Ein Vorbehalt nach § 780 Abs. 1 ZPO **scheidet auch bei der handelsrechtlichen Haftung nach § 27 Abs. 2 HGB aus,** weil es nicht um ein erbrechtliches Haftungsinstitut geht. Gleiches gilt, wenn die Parteien sich **rechtsgeschäftlich auf einen Verzicht der Haftungsbeschränkung geeinigt** haben.[1815] Entbehrlich ist der Vorbehalt des Weiteren, wenn Vollstreckungsgegenstand aufgrund des Antrages im Erkenntnisverfahren nur ein einzelner oder mehrere Nachlassgegenstände sind, namentlich bei Herausgabeanträgen und solchen auf Duldung der Zwangsvollstreckung in einen bestimmten Nachlassge-

---

1804   Siehe dazu Rdn. 614.
1805   OLG Köln v. 13.7.1967, 10 U 67/67, VersR 1968, 380; *Zöller/Geimer,* § 780 ZPO Rdn. 6.
1806   *Zöller/Geimer,* § 780 ZPO Rdn. 6.
1807   Hk-ZPO/*Kindl,* § 780 Rdn. 4; MüKo-ZPO/K. *Schmidt/Brinkmann,* § 780 Rdn. 18.
1808   BGH v. 11.7.1991, IX ZR 180/90, NJW 1991, 2839.
1809   BGH v. 11.7.1991, IX ZR 180/90, NJW 1991, 2839; MüKo-ZPO/K. *Schmidt/Brinkmann,* § 780 Rdn. 3 u. 21.
1810   *Stein/Jonas/Münzberg,* § 780 ZPO Rdn. 8; MüKo-ZPO/K. *Schmidt/Brinkmann,* § 780 Rdn. 21.
1811   *Zöller/Geimer,* § 780 ZPO Rdn. 6.
1812   *Neukirchen,* RNotZ 2016, 228, 230.
1813   *Stein/Jonas/Münzberg,* § 780 ZPO Rdn. 18; MüKo-ZPO/K. *Schmidt/Brinkmann,* § 780 Rdn. 8.
1814   MüKo-ZPO/K. *Schmidt/Brinkmann,* § 780 Rdn. 8.
1815   *Baumbach/Lauterbach/Albers/Hartmann/Hartmann,* § 780 ZPO Rdn. 3; MüKo-ZPO/ K. *Schmidt/Brinkmann,* § 780 Rdn. 8.

genstand.[1816] Schon begrifflich scheidet ein Haftungsbeschränkungsvorbehalt aus bei solchen **Titeln, die gegen den Erblasser ergangen** sind. In diesen Fällen kann der Erbe den Vorbehalt von vornherein nicht erwirken. Die Haftungsbeschränkungsmöglichkeit als Folge des Todes des Erblassers tritt erst nach Schluss der letzten mündlichen Verhandlung ein.

Kraft Gesetzes entbehrlich ist der Vorbehalt **in den Fällen des § 780 Abs. 2 ZPO**,   621
weil der Schuldner immer nur mit dem Nachlass haftet. Das ist der Fall, wenn der **Staat als gesetzlicher Erbe verurteilt** wird oder **bei Urteilen, die gegen einen Nachlassverwalter, Nachlasspfleger oder einen verwaltenden Testamentsvollstrecker ergehen.** Diese Personen handeln nur für den Nachlass.[1817]

In persönlicher Hinsicht muss auch **jeder Miterbe die Aufnahme des Vorbehalts in**   622
einen Titel bewirken, wenn er **sich auf § 2059 Abs. 1 Satz 1 BGB beruft** und damit den Gläubiger auf seinen Anteil am ungeteilten Nachlass verweisen möchte. Der Vorbehalt nach § 780 Abs. 1 ZPO gilt ferner **für den Nacherben sowie den Erbschaftskäufer, auf die gemäß §§ 2144, 2383 BGB die Vorschriften über die Haftungsbeschränkung Anwendung finden.** Der Vorerbe kann die mit dem Nacherbfall eintretende Haftungsbeschränkung aus § 2145 Abs. 1 BGB im Wege der Vollstreckungsgegenklage auch geltend machen, wenn sie ihm nicht vorbehalten ist. Die Beschränkungsmöglichkeit aus § 2145 Abs. 2 BGB auf den verbleibenden Nachlass steht ihm nur zu, wenn seine Haftung noch nicht unbeschränkt ist. Für deren Geltendmachung ist damit ein Vorbehalt gemäß § 780 Abs. 1 ZPO erforderlich.[1818]

2. Die Erhebung der Einrede der beschränkten Erbenhaftung

Der Erbe ist verpflichtet, die Einrede der beschränkten Erbenhaftung **bis zum Schluss**   623
der letzten mündlichen Verhandlung im Erkenntnisverfahren vorzubringen, sofern die materiellrechtlichen Voraussetzungen der Haftungsbeschränkung nicht erst danach eintreten.[1819] Die Aufnahme des Vorbehalts der beschränkten Erbenhaftung bedarf keines Sachvortrages und keiner Begründung.[1820] Der Erbe muss sich im Erkenntnisverfahren nur darauf berufen.[1821] Deshalb ist der Vorbehalt der beschränkten Erbenhaftung nach § 780 Abs. 1 ZPO entgegen dem revisionsrechtlichen Grundsatz, dass eine auf eine neue Tatsache gestützte Einrede in der **Revisionsinstanz** gemäß § 559 Abs. 1 ZPO keine Berücksichtigung findet, zuzulassen, wenn es dem Erben in der Tatsacheninstanz noch nicht möglich war, den Vorbehalt anzubringen. Dies ist der Fall, wenn der Erbfall selbst erst während des Revisionsverfahrens eingetreten ist.[1822] Allein mit dem

---

[1816] *Zöller/Geimer,* § 780 ZPO Rdn. 8.
[1817] *Zöller/Geimer,* § 780 ZPO Rdn. 8.
[1818] *Zöller/Geimer,* § 780 ZPO Rdn. 5; Hk-ZPO/*Kindl,* § 780 Rdn. 3; *Stein/Jonas/Münzberg,* § 780 ZPO Rdn. 16.
[1819] *Zöller/Geimer,* § 780 ZPO Rdn. 10; Hk-ZPO/*Kindl,* § 780 Rdn. 7; *Musielak/Voit/Lackmann,* § 780 ZPO Rdn. 6.
[1820] BGH v. 9.3.1983, IVa ZR 24/81, NJW 1983, 2378, 2379; BAG v. 12.11.2013, 9 AZR 646/12, ErbR 2014, 242.
[1821] BGH v. 29.4.1993, IX ZR 215/92, BGHZ 122, 297, 305 = NJW 1993, 1851.
[1822] BAG v. 12.11.2013, 9 AZR 646/12, BeckRS 2014, 65257 Rdn. 6 = ErbR 2014, 242; BGH v. 21.3.1955, III ZR 115/53, BGHZ 17, 69, 72 ff.; BGH v. 25.1.2018, III ZR 561/16, BeckRS 2018, 1443; *Kipp/Coing,* § 101 III Fn. 2; MüKo-ZPO/*K. Schmidt/Brinkmann,* § 780 Rdn. 16.

Ziel ohne Nachprüfung des Urteils den Vorbehalt aufzunehmen ist die Revision unzulässig.[1823] Es kann dann allerdings Vollstreckungsgegenklage gemäß §§ 781, 785 ZPO ohne Vorbehalt erhoben werden. Greift ein Kläger allein den Ausspruch des Vorbehalts der beschränkten Erbenhaftung an, ist eine – selbst durch das Berufungsgericht zugelassene – Revision mangels Beschwer unzulässig, wenn der Vorbehalt nach § 780 Abs. 2 ZPO entbehrlich war.[1824]

623a   Der Bundesgerichtshof hält eine einstweilige Einstellung der Zwangsvollstreckung im Verfahren der Nichtzulassungsbeschwerde grundsätzlich für ausgeschlossen, wenn der Schuldner es versäumt hat, im Berufungsrechtszug einen Vollstreckungsschutzantrag gemäß § 712 ZPO zu stellen, obwohl ihm ein solcher möglich und zumutbar war.[1824a] Rückt während des Nichtzulassungsbeschwerdeverfahrens aufgrund eines Erbfalls der Vollstreckungsschuldner in die prozessuale Stellung des Erblassers, müsse dieser sich grundsätzlich zurechnen lassen, dass der vormalige Schuldner keinen Vollstreckungsschutzantrag nach § 712 ZPO gestellt habe. Der Erbe könne im laufenden Verfahren nicht geltend machen, ihm müsse die Möglichkeit erhalten bleiben, den Vorbehalt der beschränkten Erbenhaftung geltend zu machen. Die beantragte uneingeschränkte Einstellung der Zwangsvollstreckung aus dem Berufungsurteil scheide bereits deshalb aus, weil dadurch auch eine zulässige Zwangsvollstreckung in den Nachlass betroffen wäre. Ob im Rahmen des Einstellungsantrages als „minus" auch eine einstweilige Beschränkung der Zwangsvollstreckung auf den Nachlass möglich wäre, ließ der Bundesgerichtshof dahingestellt. Grund dafür war, dass die materiellen Voraussetzungen der Haftungsbeschränkung auf den Nachlass nicht glaubhaft gemacht waren.[1824b] Dem Erben sollte diese Möglichkeit aber grundsätzlich eröffnet sein.

624   Der im Wege der Einrede geltend gemachte **Vorbehalt der beschränkten Erbenhaftung kann** ebenso wie die Verjährungseinrede **erstmals in der Berufungsinstanz erhoben werden**, wenn die zugrunde liegenden tatsächlichen Umstände unstreitig sind.[1825] Der **Bundesgerichtshof** ist zu Recht der früher in der obergerichtlichen Rechtsprechung und Literatur überwiegend vertretenen Auffassung entgegengetreten, dass die erstmalige Erhebung der Einrede der beschränkten Erbenhaftung im Berufungsrechtszug gemäß § 531 Abs. 2 Satz 1 ZPO generell nicht mehr berücksichtigt werden könne, weil kein Zulassungsgrund gegeben sei und es auf eine Verzögerung nicht ankäme.[1826] **Unter den Begriff „neue Angriffs- und Verteidigungsmittel" i.S.v. § 531 ZPO fällt nur streitiges Vorbringen.**[1827] Die Erhebung der Einrede der beschränkten Erbenhaftung setzt immer einen **Erbfall** sowie **die Erbenstellung des Beklagten** voraus.

[1823] BGH v. 26.6.1970, V ZR 156/69, BGHZ 54, 204, 205; BGH v. 25.1.2018, III ZR 561/16, BeckRS 2018, 1443, Hk-ZPO/*Kindl*, § 780 Rdn. 7.

[1824] BGH v. 17.2.2017, V ZR 147/16, ZErb 2017, 333.

[1824a] BGH v. 25.1.2018, III ZR 561/16, BeckRS 2018, 1443 Rdn. 1.

[1824b] BGH v. 25.1.2018, III ZR 561/16, BeckRS 2018, 1443 Rdn. 6.

[1825] BGH v. 2.2.2010, VI ZR 82/09, ZEV 2010, 314 m. Anm. *Joachim*, ZEV 2010, 315; MüKo-ZPO/*K. Schmidt/Brinkmann*, § 780 Rdn. 16.

[1826] OLG Düsseldorf v. 20.10.2003, I-24 U 115/03, FamRZ 2004, 1222; OLG Hamm v. 15.11.2005, 27 U 88/05, MDR 2006, 695 = NJOZ 2006, 920; Hk-ZPO/*Kindl*, § 780 Rdn. 7; *Stein/Jonas/Münzberg*, § 780 ZPO Rdn. 5; *Zöller/Geimer*, § 780 ZPO Rdn. 10; *Baumbach/Lauterbach/Albers/Hartmann/Hartmann*, § 780 ZPO Rdn. 4; a.A. *Prütting/Gehrlein/Scheuch*, § 780 ZPO Rdn. 9.

[1827] BGH v. 23.6.2008, GSZ 1/08, BGHZ 177, 212, 214 ff.

Der klagende Nachlassgläubiger muss seinen Vortrag auf diese Voraussetzungen stützen, weil sie die Grundlage für die Verurteilung des erbenden Beklagten bilden. Sie sind deshalb **regelmäßig nicht streitig.**[1828] Ein – nicht einmal erforderlicher – Antrag, den Vorbehalt der beschränkten Erbenhaftung auszusprechen darf im Berufungsrechtszug auch nicht mit der Begründung zurückgewiesen werden, es sei zwischen den Parteien streitig, ob die materiellrechtlichen Voraussetzungen der Haftungsbeschränkung vorliegen und ob es dazu weiterer Feststellungen bedarf. Die sachliche Klärung des Haftungsumfangs ist grundsätzlich dem besonderen Verfahren der Vollstreckungsabwehrklage gemäß §§ 785, 767 ZPO überlassen.[1829]

Ist der Vorbehalt erhoben, jedoch übersehen worden, kommt eine **Urteilsergänzung**   *625* **gemäß § 321 Abs. 1 ZPO** in Betracht.[1830] Die nachträgliche Entscheidung muss gemäß § 321 Abs. 2 ZPO **binnen einer zweiwöchigen Frist nach Urteilszustellung beantragt werden.** Bei einem unterlassenen Vorbehalt ist nur ein Rechtsmittel gegen das Urteil möglich.[1831]

Ist eine **Nachlassforderung als solche unstreitig,** sollte der Erbe sie **aus Kosten-**   *626* **gründen unter dem Vorbehalt der beschränkten Erbenhaftung sofort anerkennen.**[1832] Hatte er zuvor keinen Anlass zur Klage gegeben, kommt die für ihn günstige **Kostenfolge des § 93 ZPO zum Tragen.** Andernfalls ermäßigen sich die Gerichtskosten von drei Gebühren auf eine Gebühr. Anwälte erhalten nach dem RVG eine 1,2-fache Termingebühr, was nach RVG VV Teil 3 Nr. 3104 Abs. 1 Nr. 1 auch gilt, wenn im schriftlichen Verfahren ein Anerkenntnisurteil nach § 307 Abs. 2 ZPO ergeht.[1833] Der Vorbehalt begründet folglich kein zusätzliches Kostenrisiko.

3. Das Verhalten des Klägers nach Erhebung der Einrede

Hat der Beklagte die Einrede der beschränkten Erbenhaftung erhoben, kann der **Klä-**   *627* **ger eine Verurteilung ohne Vorbehalt verhindern, wenn er darlegt und ggf. beweist, dass der Erbe** – entweder ihm oder allen Nachlassgläubigern gegenüber – **unbeschränkbar haftet.** Dazu kann er vortragen, der Erbe habe eine gemäß § 1994 Abs. 1 BGB gesetzte Inventarfrist versäumt, hafte wegen einer Inventaruntreue nach § 2005 Abs. 1 Satz 1 BGB, wegen Auskunftsverweigerung nach § 2005 Abs. 1 Satz 2 BGB, oder habe ihm gegenüber gemäß § 2006 Abs. 3 BGB die Abgabe der eidesstattlichen Versicherung verweigert.

Ist die Haftungsbeschränkung als solche unstreitig und wird sie von dem klagenden Nachlassgläubiger anerkannt, sollte er seinen **Antrag umstellen und nur noch Vollstreckung in den Nachlass verlangen.** Das Gericht verurteilt dann den Erben nur zur Leistung aus dem Nachlass[1834], wodurch unnötige Kosten im Vollstreckungsverfahren vermieden werden können.

[1828] *Prütting/Gehrlein/Scheuch*, § 780 ZPO Rdn. 9.

[1829] BGH v. 17.12.1953, IV ZR 101/03, NJW 1954, 635; BGH v. 29.5.1964, V ZR 47/62, NJW 1964, 2289, 2300; BGH v. 29.4.1993, IX ZR 215/92, BGHZ 122, 297, 305 = NJW 1993, 1851.

[1830] *Zöller/Geimer*, § 780 ZPO Rdn. 13; *Musielak/Voit/Lackmann*, § 780 ZPO Rdn. 8.

[1831] *Zöller/Geimer*, § 780 ZPO Rdn. 13; *MüKo-ZPO/Schmidt/Brinkmann*, § 780 ZPO Rdn. 19.

[1832] OLG Köln v. 14.5.1952, 6 W 53/52, NJW 1952, 1145 f.

[1833] *Zöller/Feskorn*, § 307 ZPO Rdn. 12.

[1834] BayObLG v. 7.10.1999, 2 Z BR 73/99, NJW-RR 2000, 306, 308; Hk-ZPO/*Kindl*, § 780 Rdn. 9; MüKo-ZPO/*K. Schmidt/Brinkmann*, § 780 Rdn. 13.

4. Die Entscheidung des Gerichts im Erkenntnisverfahren

628 Während der Dauer eines **Nachlassverwaltungs- oder eines Nachlassinsolvenzverfahrens** ist eine **gegen den Erben gerichtete Klage unzulässig.** Vor Abschluss der amtlichen Verfahren scheidet eine Beschränkung aus, weil die endgültige Feststellung, mit welchen Gegenständen der Erbe haftet, erst nach deren Beendigung möglich ist. Nach Abschluss der amtlichen Verfahren haftet der Erbe entweder gemäß §§ 1989, 1973 BGB nach den Vorschriften über die Herausgabe einer ungerechtfertigten Bereicherung oder gemäß §§ 1990, 1991 BGB beschränkt auf den Nachlass.

629 Es bedarf **für die Aufnahme des Vorbehalts der beschränkten Erbenhaftung keines Sachvortrages.**[1835] Das **Prozessgericht kann sich nach fast einhellig vertretener Auffassung im Erkenntnisverfahren immer und damit auch im Fall der Entscheidungsreife darauf beschränken, den Erben unter dem Vorbehalt der beschränkten Erbenhaftung zu verurteilen.** Es soll ausschließlich im gerichtlichen Ermessen stehen, ob der Vorbehalt ungeprüft in den Urteilstenor aufgenommen oder ob über das Bestehen der Haftungsbeschränkung eine Sachentscheidung getroffen wird.[1836] Eine **Sachentscheidung** zur Haftungsbeschränkung **ist erforderlich,** wenn sich der Gläubiger auf die **handelsrechtliche Haftung nach § 27 Abs. 2 HGB beruft** oder um bei einer **Verurteilung zur Abgabe einer Willenserklärung die Wirkung des § 894 ZPO zu erhalten,** anderenfalls nur eine Vollstreckung nach § 888 ZPO möglich wäre.[1837]

629a Soweit die ungeprüfte Aufnahme des Vorbehalts im Erkenntnisverfahren damit gerechtfertigt wird, dass eine sachliche Entscheidung zu einer erheblichen Verzögerung und Verteuerung des Rechtsstreits führen würde[1838], ist dieses Argument fragwürdig. Schwierige Sachfragen werden in das Verfahren der Vollstreckungsgegenklage verlagert, wenn der obsiegende Kläger aus dem Urteil vollstreckt und der beklagte Erbe einer Vollstreckung in sein gesamtes Vermögen nach den Vorschriften der §§ 785, 767 ZPO entgegentritt. Gerichtliche und ggf. außergerichtliche Kosten fallen sowohl im Erkenntnis- als auch im Vollstreckungsgegenklageverfahren an. Ist der Erbe in der Lage, schon im Erkenntnisverfahren beispielsweise darzulegen und zu beweisen, dass der Nachlass erschöpft ist oder die Voraussetzungen der Dürftigkeit i.S.v. § 1990 Abs. 1 Satz 1 BGB vorliegen, ist der Rechtsstreit entscheidungsreif. In einem solchen Fall ist nicht einzusehen, warum es dem Ermessen des Gerichts unterliegen soll, in keine inhaltliche Prüfung einzutreten und über die Möglichkeit der Haftungsbeschränkung nicht sachlich zu entscheiden. Es sollte eine **Verpflichtung des Prozessgerichts beste-**

[1835] BGH v. 2.2.2010, VI ZR 82/09, zit. n. juris Tz. 7; BAG v. 12.11.2013, 9 AZR 646/12, ErbR 2014, 242; OLG München v. 1.12.2016, 23 U 2755/13, NWB 2017, 247 = BeckRS 2016, 20512.

[1836] BGH v. 17.12.1953, IV ZR 101/53, NJW 1954, 635, 636; BGH v. 13.7.1989, IX ZR 227/87, NJW-RR 1989, 1226, 1230; BGH v. 25.1.2018, III ZR 561/16, BeckRS 2018, 1443; BayObLG v. 7.10.1999, 2 Z BR 73/99, BayObLGZ, NJW-RR 2000, 306, 308; KG v. 21.11.2002, 12 U 32/02, NJW-RR 2003, 941, 942; OLG Koblenz v. 31.5.2005, 3 U 1313/04, NJW-RR 2006, 377, 378; OLG Celle v. 14.1.2010, 6 U 114/09, ZEV 2010, 409, 410; Hk-ZPO/*Kindl,* § 780 Rdn. 8; *Stein/Jonas/Münzberg,* § 780 ZPO Rdn. 6; *Musielak/Voit/Lackmann,* § 780 ZPO Rdn. 7; MüKo-ZPO/*K. Schmidt/Brinkmann,* § 780 Rdn. 17.

[1837] *Stein/Jonas/Münzberg,* § 780 ZPO Rdn. 6; Hk-ZPO/*Kindl,* § 780 Rdn. 8; *Zöller/Geimer,* § 780 ZPO Rdn. 6.

[1838] Hk-ZPO/*Kindl,* § 780 Rdn. 8 unter Hinweis auf AG Hoyerswerda vom 1.10.2004–1 C 439/04, BeckRS 2004, 31055910.

hen, bei Entscheidungsreife im Erkenntnisverfahren eine Verurteilung zur Leistung aus dem Nachlass auszusprechen und den Rechtsstreit endgültig zu entscheiden.[1839]

Sollte ein Berufungsgericht erwägen, sein Ermessen dahin auszuüben, den erstmals im Berufungsrechtszug geltend gemachten Vorbehalt nach § 780 Abs. 1 ZPO nicht nur ungeprüft auszusprechen, sondern eine Sachentscheidung zu treffen, stellt sich die weitere Frage, ob dies dem beklagten Erben zum Nachteil einer Präklusion als Novum gereichen kann.[1840] Zur Beantwortung bedarf es keiner verfassungskonformen Auslegung des § 531 ZPO mit Blick auf Art. 3 Abs. 1 GG, den Grundsatz des fairen Verfahrens oder der Herstellung materieller Gerechtigkeit zur Vermeidung einer Präklusion.[1841] Es fehlt entweder an der Entscheidungsreife, so dass eine Verpflichtung des Berufungsgerichts zur Sachentscheidung von vornherein entfällt, oder es besteht eine Hinweispflicht des Berufungsgerichts, dass der bisherige Tatsachenvortrag eine Haftungsbeschränkung (noch) nicht zulässt und weiterer Sachvortrag erforderlich ist. Erst wenn der beklagte Erbe untätig bleibt, ist eine Sachentscheidung zu seinem Nachteil gerechtfertigt.

Nach ganz herrschender Meinung trägt der im Erkenntnisverfahren zunächst obsiegende klagende Nachlassgläubiger im anschließenden Verfahren der Vollstreckungsgegenklage gemäß §§ 785, 767 ZPO das Risiko, dass der Erbe die materiellrechtlichen Voraussetzungen der Haftungsbeschränkung beweisen kann und mit einer für ihn günstigen Kostenfolge obsiegt. Für den im Erkenntnisverfahren unterlegenen Erben dürfte es jedoch zumeist belastend sein, einen neuen Prozess anstrengen zu müssen, um der Vollstreckung in das Eigenvermögen entgegenzutreten. Es stellt sich daher generell die Frage, ob die von Gesetzes wegen vorgesehene Art der Umsetzung des materiellrechtlichen Haftungssystems des Bürgerlichen Gesetzbuches durch die §§ 780 ff. ZPO in das Verfahrensrecht unter prozessökonomischen Gesichtspunkten noch als zeitgemäß anzusehen ist.[1842] Kann der Erbe im Erkrnntnisverfahren die Voraussetzungen darlegen und beweisen, sollte die Klage abgewiesen oder eine Verurteilung zur Leistung aus dem Nachlass ausgesprochen werden. Kann der klagende Nachlassgläubiger dem Erben im Erkenntnisverfahren eine Inventarverfehlung nachweisen, ist dieser vorbehaltlos zu verurteilen. Führt der Erbe den Nachweis, nur noch im beschränkten Umfange Nachlassgegenstände zu besitzen, sollte er mit der Maßgabe verurteilt werden, dass die Zwangsvollstreckung auf diese Gegenstände beschränkt ist. Unter den Voraussetzungen des § 1973 Abs. 2 BGB ist ihm die Zahlung des Wertes der Nachlassgegenstände zur Abwendung der Zwangsvollstreckung vorzubehalten.[1843]

629b

[1839] *K. Schmidt*, JR 1989, 45, 46; *Baumbach/Lauterbach/Albers/Hartmann/Hartmann*, § 780 ZPO Rdn. 5; wohl auch KG v. 21.11.2002, 12 U 32/02, NJW-RR 2003, 941; a.A. die herrschende Meinung: BGH v. 13.7.1989, IX ZR 227/87, NJW-RR 1989, 1226, 1230; BGH v. 25.1.2018, III ZR 561/16, BeckRS 2018, 1443; offen gelassen BGH v. 17.2.2017, V ZR 147/16, ZErb 2017, 333, 334; OLG Koblenz v. 31.5.2005, 3 U 1313/04, NJW-RR 2006, 377, 378; OLG Celle v. 14.1.2010, 6 U 114/09, ZEV 2010, 409, 410; *Stein/Jonas/Münzberg*, § 780 ZPO Rdn. 6; Hk-ZPO/*Kindl*, § 780 Rdn. 8; *Zöller/Geimer*, § 780 ZPO Rdn. 6; MüKo-ZPO/ *K. Schmidt/Brinkmann*, § 780 Rn. 17.

[1840] Dazu *Schindler*, Anm. zu OLG Celle v. 14.1.2010, 6 U 114/09, ZEV 2010, 410, 411.

[1841] So aber *J. Lange*, jurisPR-FamRZ 10/2010 Anm. 2.

[1842] De lege ferenda sollte erwogen werden, die Klärung der materiellrechtlichen Voraussetzungen des Haftungsbeschränkungsvorbehaltes generell im Erkenntnisverfahren und damit in einem Prozess herbeizuführen; siehe auch Rdn. 12e.

[1843] RG v. 20.6.1932, VI 67/32, RGZ 137, 50, 55.

III. Haftungsbeschränkung im Vollstreckungsverfahren

630 Das im Erkenntnisverfahren gegen den Erben ergangene Urteil ermöglicht trotz des Vorbehalts nach § 780 Abs. 1 ZPO die Zwangsvollstreckung in den Nachlass und in das sonstige Vermögen des Erben, sofern nicht ausnahmsweise eine Verurteilung zur Leistung aus dem Nachlass erfolgt ist, die haftenden Gegenstände benannt worden sind und nur insoweit zur Duldung der Vollstreckung verurteilt wurde.[1844] Anderenfalls **bleibt trotz des Vorbehalts der beschränkten Erbenhaftung im Urteilstenor die Haftungsbeschränkung unberücksichtigt, bis sich der Erbe darauf beruft, § 781 ZPO.**

1. Vollstreckungsabwehrklage des Erben

631 Will der Erbe die Vollstreckung aus einem im Erkenntnisverfahren gegen sich ergangenen Titel trotz des Vorbehalts der beschränkten Erbenhaftung in sein gesamtes Vermögen verhindern, muss er dies mit der **Vollstreckungsabwehrklage gemäß §§ 785, 767 ZPO** tun. **Örtlich und sachlich ausschließlich zuständig** ist gemäß §§ 785, 767 Abs. 1 ZPO das **Prozessgericht des ersten Rechtszuges.** Er kann sich nur so gegen Zwangsvollstreckungsmaßnahmen eines Nachlassgläubigers wehren, wenn dieser in Gegenstände seines Eigenvermögens vollstreckt, die nicht der Haftung unterliegen. Die Geltendmachung der beschränkten Erbenhaftung im Wege eines Widerspruchs gemäß § 900 Abs. 4 ZPO ist ausgeschlossen.[1845]

Nach Beginn der Zwangsvollstreckung ist der **Klageantrag darauf zu richten,** die Zwangsvollstreckung aus dem Urteil (genaue Bezeichnung) in (genaue Bezeichnung des Vollstreckungsgegenstandes, der nicht zum Nachlass gehört) und die am ... erfolgte Pfändung des ... (genaue Bezeichnung des Gegenstandes) für unzulässig zu erklären.[1846] Im Verfahren der Vollstreckungsgegenklage muss der **Erbe als Kläger beweisen,** dass eine **Nachlassverbindlichkeit betroffen,** seine **Haftung nach den materiellrechtlichen Vorschriften** allgemein oder dem vollstreckenden Gläubiger gegenüber **beschränkt** ist und der **Gegenstand, in den vollstreckt wird, zu seinem Eigenvermögen** und nicht zum Nachlass **gehört.**

632 Ist ein **Nachlassinsolvenzverfahren mangels Masse eingestellt** worden, steht die Dürftigkeit des Nachlasses mit **Tatbestandswirkung durch den entsprechenden Beschluss des Insolvenzgerichts** fest. In diesem Fall kann der Erbe sich auf die Erhebung der Dürftigkeitseinrede des § 1990 Abs. 1 Satz 1 BGB unter Hinweis auf den Beschluss beschränken. Nach der Regelung des § 1990 Abs. 1 Satz 1 BGB ist der Tatbestandswirkung des Einstellungsbeschlusses im Nachlassinsolvenzverfahren **der Fall gleichgestellt,** dass ein Nachlassinsolvenz- oder ein Nachlassverwaltungsverfahren **mangels einer die Kosten des Verfahrens deckenden Masse von vornherein abgelehnt wird.**[1847] **An die Entscheidungen des Nachlass- bzw. des Insolvenzgerichts ist das Prozessgericht gebunden.**[1848] Der im Verfahren der Vollstreckungsgegenklage beklagte Nachlassgläubiger kann sich gegenüber der Dürftigkeitseinrede darauf berufen, der Erbe hafte wegen Schlechterfüllung der Verwaltung ihm gegenüber aus § 1978 Abs. 1 BGB

[1844] *Stein/Jonas/Münzberg,* § 780 ZPO Rdn. 7.
[1845] LG Lübeck v. 3. 3. 2009, 7 T 92/09, ZEV 2009, 312, 313.
[1846] *Zöller/Geimer,* § 785 ZPO Rdn. 2.
[1847] BGH v. 13. 7. 1989, IX ZR 227/87, NJW-RR 1989, 1226, 1227; *Ebenroth,* Rdn. 1161.
[1848] BGH v. 13. 7. 1989, IX ZR 227/87, NJW-RR 1989, 1226; *Zöller/Geimer,* § 785 ZPO Rdn. 2.

auf Schadensersatz oder aus anderen Gründen unbeschränkbar. Die Vollstreckungsgegenklage ist abzuweisen, wenn der Erbe zur Ersatzleistung auch mit seinem Eigenvermögen verpflichtet ist.[1849]

Die **Vollstreckungsgegenklage** ist **zulässig**, wenn ein bereits **gegen den Erblasser** 633
ergangener Titel auf den Erben umgeschrieben ist, § 727 ZPO, oder wenn sich der
Erbe die Beschränkung der Haftung vorbehalten hat, § 780 Abs. 1 ZPO. Zulässig ist sie
bereits vor Vollstreckungsbeginn.[1850] Das Rechtsschutzbedürfnis ist in diesem frühen
Verfahrensstadium zu bejahen, wenn der Titel gegen den Erblasser auf den Erben umgeschrieben ist.[1851] Der Nachlassgläubiger ist gegen eine voreilige Klage durch § 93
ZPO hinreichend geschützt. Der Klageantrag des Erben vor Beginn der Vollstreckung
ist darauf zu richten, die Zwangsvollstreckung aus dem Urteil des … (genaue Bezeichnung) in das nicht zum Nachlass gehörende Vermögen des Klägers für unzulässig zu
erklären.[1852] Fehlt der Vorbehalt, ist die Vollstreckungsabwehrklage als unzulässig abzuweisen. Das **Rechtsschutzbedürfnis** für eine Vollstreckungsabwehrklage **fehlt**, wenn
der Erbe von vornherein nur zur Zahlung aus dem Nachlass verurteilt worden ist.

§ 785 ZPO verweist einheitlich auf die Vollstreckungsabwehrklage, obwohl die 634
Klageziele unterschiedlich sein können. Der Erbe kann die Beschränkung auf den
Nachlass geltend machen, indem er sich gegen den Inhalt des Titels, der zur Vollstreckung in sein gesamtes Vermögen berechtigt, wendet. Diese Situation entspricht der
klassischen Vollstreckungsabwehrklage. Er kann sich aber auch gegen die **Vollstreckung in einen bestimmten Gegenstand wenden, der nicht der Haftung unterliegt.**
Diese Situation ist eher der einer **Drittwiderspruchsklage vergleichbar.**[1853] In einem
Urteil, das aufgrund der Erhebung der Überschwerungseinrede gemäß § 1992 BGB auf
Duldung der Vollstreckung in bestimmte Nachlassgegenstände lautet, kann sich der
Erbe die Abwendung der Vollstreckung durch Zahlung des Wertes dieser Gegenstände
gemäß § 1992 Satz 2 BGB vorbehalten lassen.[1854]

Der **beklagte Nachlassgläubiger** kann sich gegenüber der Vollstreckungsabwehr- 635
klage nicht damit verteidigen, der Erbe hafte ihm gegenüber unbeschränkt, wenn er diesen Einwand bereits im Erkenntnisverfahren hätte vorbringen können. Mit diesem Vorbringen wäre er **gemäß §§ 785, 767 Abs. 2 ZPO präkludiert.** Begeht der Erbe erst nach
dem Schluss der letzten mündlichen Verhandlung im Erkenntnisverfahren ein seine unbeschränkte Haftung begründendes Verhalten, ist der beklagte Nachlassgläubiger damit
im Vollstreckungsgegenklageverfahren nicht ausgeschlossen. Da § 785 ZPO auf § 767
ZPO insgesamt verweist, **gilt auch § 767 Abs. 3 ZPO.** Danach sind bei einer wiederholten Vollstreckungsabwehrklage die im ersten Verfahren versäumten Einwendungen
präkludiert.[1855] Der Schuldner (Erbe) muss in der von ihm zu erhebenden ersten Klage
alle Einwendungen geltend machen, die er zur Zeit der Erhebung der Klage geltend zu

---

[1849] BGH v. 13.7.1989, IX ZR 227/87, NJW-RR 1989, 1226; *Zöller/Geimer,* § 785 ZPO Rdn. 2.

[1850] *Stein/Jonas/Münzberg,* § 785 ZPO Rdn. 4; *Zöller/Geimer,* § 785 ZPO Rdn. 3; *K. Schmidt,* JR
1989, 45, 47.

[1851] *Zöller/Geimer,* § 785 ZPO Rdn. 3; *K. Schmidt,* JR 1989, 45, 47.

[1852] *Zöller/Geimer,* § 785 ZPO Rdn. 3.

[1853] *K. Schmidt,* JR 1989, 46; *Dauner-Lieb,* FS für Gaul, S. 101.

[1854] *Erman/Horn,* § 1992 Rdn. 4.

[1855] *Zöller/Herget,* § 767 ZPO Rdn. 22.

machen im Stande ist.[1856] Es reicht aus, wenn die Einwendungen im laufenden Verfahren erhoben werden.[1857]

636   **Obsiegt der Erbe** mit der Vollstreckungsabwehrklage, berührt das die Vollstreckungsmaßnahmen zunächst nicht. Er muss **bei dem Vollstreckungsorgan** unter Beifügung einer vollstreckbaren Ausfertigung des Urteils **einen entsprechenden Antrag stellen,** woraufhin das Vollstreckungsorgan die Maßnahme ausdrücklich aufhebt, §§ 775 Nr. 1, 776 ZPO.

637   Ergänzend sollte immer ein **Antrag auf einstweilige Anordnung wegen der Zwangsvollstreckung gemäß §§ 785, 769 ZPO gestellt werden.** Er ist darauf zu richten, dass die Zwangsvollstreckung gegen oder ohne Sicherheitsleistung eingestellt oder nur gegen Sicherheitsleistung fortgesetzt werden darf. Soweit Vollstreckungsmaßnahmen zum Zeitpunkt der Anordnung der Nachlassverwaltung oder der Eröffnung des Nachlassinsolvenzverfahrens schon erfolgt waren, sind sie aufzuheben. **Zuständig** ist das **Prozessgericht, bei dem die Hauptsache anhängig ist.** Das Prozessgericht kann einstweilige Anordnungen nach § 769 ZPO auf Antrag oder von Amts wegen gemäß §§ 785, 770 ZPO im Urteil treffen, die mit der Rechtskraft des Urteils außer Kraft treten.[1858]

2. Geltendmachung der aufschiebenden Einreden

638   Die aufschiebenden Einreden der §§ 2014, 2015 BGB werden nicht von dem Vorbehalt der beschränkten Erbenhaftung gemäß § 780 Abs. 1 ZPO erfasst. **Für sie gelten die §§ 305, 782 ZPO.**

a) Beschränkung der Zwangsvollstreckung auf Sicherungsmaßnahmen der Arrestvollstreckung

638a   Die Geltendmachung der aufschiebenden Einreden bewirkt zwar die Aufnahme des Vorbehalts der insoweit beschränkten Erbenhaftung gemäß § 305 Abs. 1 ZPO in das Urteil, doch hindert er die Zwangsvollstreckung in den Nachlass und in das sonstige Vermögen des Erben nicht. Der Erbe muss die Einreden der §§ 2014, 2015 BGB ebenfalls **mit der Vollstreckungsabwehrklage gemäß §§ 785, 767 ZPO geltend machen.** Anders als bei sonstigen materiellrechtlichen Beschränkungsmöglichkeiten kann er mit den aufschiebenden Einreden der §§ 2014, 2015 BGB nicht der Zwangsvollstreckung als solcher – auch nicht der in sein eigenes Vermögen – entgegentreten, sondern **während der Dauer der Schutzfristen lediglich verlangen, die Zwangsvollstreckung auf Sicherungsmaßnahmen der Arrestvollstreckung zu beschränken.**

Maßgeblich sind die §§ 930–932 ZPO. Nach § 930 Abs. 1 Satz 1 ZPO wird die Vollziehung eines Arrestes in bewegliches Vermögen durch Pfändung bewirkt, diejenige in ein Grundstück oder in eine Berechtigung, für die die sich auf Grundstücke beziehenden Vorschriften ebenfalls gelten, gemäß § 932 Abs. 1 Satz 1 ZPO durch Eintragung einer Sicherungshypothek für die Forderung. Wurde bei dem Kläger Geld gepfändet, ist dieses gemäß § 930 Abs. 2 ZPO zu hinterlegen. Voraussetzung ist immer, dass der

---

[1856]   BGH v. 6. 2. 1967, VIII ZR 24/66, MDR 1967, 586.
[1857]   *Geißler,* NJW 1985, 1886.
[1858]   *Zöller/Herget,* § 770 ZPO Rdn. 1.

Erbe noch nicht unbeschränkt haftet, § 2016 Abs. 1 BGB. Diesen Ausschlusstatbestand muss der beklagte Nachlassgläubiger nachweisen, wenn er sich darauf beruft und nicht präkludiert ist.

Der **Klageantrag des Erben** ist darauf zu richten, die Zwangsvollstreckung oder *638b* sonstige Verwertung der aufgrund des Urteils … (genaue Bezeichnung) bei dem Kläger gepfändeten Gegenstände … (genaue Bezeichnung) bis zum … einschließlich für unzulässig zu erklären. Wird gemäß **§ 782 Satz 2 ZPO** vor Ablauf der entsprechenden Fristen der Schonungseinreden die Eröffnung des Nachlassinsolvenzverfahrens beantragt, muss der Erbe **auf Verlängerung der Beschränkung klagen**. Er **kann beantragen**, das Urteil vom … bis zur rechtskräftigen Entscheidung über den Antrag auf Eröffnung des Nachlassinsolvenzverfahrens über den Nachlass des … aufrechtzuerhalten.

Die aufschiebenden Einreden können auch gemäß § 2213 BGB ein verwaltender Testamentsvollstrecker, gemäß § 1984 BGB ein Nachlassverwalter und gemäß § 2017 BGB ein Nachlasspfleger erheben. Eines Vorbehalts im Urteil bedarf es dann nicht.

b) Die aufschiebenden Einreden gegenüber persönlichen Schuldnern

Die Regelung des § 782 ZPO zur Geltendmachung der aufschiebenden Einreden der *639* §§ 2014, 2015 BGB wird **durch § 783 ZPO ergänzt**. Die Vorschrift verschafft dem Erben, um ungestört ein Inventar errichten und überlegen zu können, ob er von seinem Recht der Beschränkung der Erbenhaftung Gebrauch machen will, zur vollständigen Erreichung dieses Zwecks auch **gegenüber** seinen **persönlichen Gläubigern** – ohne Urteilsvorbehalt – **eine Befugnis, die Zwangsvollstreckung auf Arrestmaßregeln in Ansehung der Nachlassgegenstände zu beschränken.**[1859] Die Berechtigung muss ebenfalls **im Wege der Vollstreckungsgegenklage gemäß §§ 785, 783, 767 ZPO durchgesetzt werden.**

Der **Antrag** ist darauf zu richten, dass die Verwertung der … (genaue Bezeichnung der gepfändeten Gegenstände) für unzulässig erklärt wird.[1860] Den Erben trifft als Kläger die Beweislast, dass es sich bei dem gepfändeten Gegenstand um einen solchen des Nachlasses handelt und die entsprechende Schutzfrist noch nicht abgelaufen ist. Der beklagte Gläubiger hat zu beweisen, dass der Erbe für Nachlassverbindlickeiten unbeschränkt haftet, § 783 Hs. 2 ZPO.

3. Zwangsvollstreckung bei Nachlassverwaltung und Nachlassinsolvenzverfahren

Vollstreckungsmaßnahmen, die zum Zeitpunkt der Anordnung einer Nachlassver- *640* waltung oder der Eröffnung eines Nachlassinsolvenzverfahrens **bereits erfolgt** waren, werden von **§ 784 ZPO erfasst**. Der Erbe kann gemäß **§ 784 Abs. 1 ZPO die Aufhebung der zugunsten eines Nachlassgläubigers bereits erfolgten Vollstreckungsmaßnahmen in sein Eigenvermögen verlangen.** Die Vorschrift gilt analog für die Beschränkungsmöglichkeiten der §§ 1973 ff., 1990 BGB.[1861] Die **Rechte** aus § 784 Abs. 1 ZPO muss der Erbe gemäß §§ 785, 767 ZPO **im Wege der Vollstreckungsgegenklage**

[1859] *Zöller/Geimer*, § 783 ZPO Rdn. 1.
[1860] *Zöller/Geimer*, § 783 ZPO Rdn. 1.
[1861] *Zöller/Geimer*, § 784 ZPO Rdn. 2.

beim Prozessgericht der ersten Instanz verfolgen. Der **Klageantrag** ist darauf zu richten, dass die Zwangsvollstreckung in die aufgrund des Urteils ... (genaue Bezeichnung) gepfändeten Gegenstände ... (genaue Bezeichnung) für unzulässig erklärt wird.[1862]

641 Gemäß § 784 Abs. 2 ZPO ist auch der Nachlassverwalter befugt, die Aufhebung bereits erfolgter Zwangsvollstreckungsmaßnahmen in Gegenstände des Nachlasses zugunsten eines persönlichen Gläubigers des Erben zu verlangen. Damit werden die Interessen der Nachlassgläubiger, zu deren Befriedigung der Nachlass in erster Linie dienen soll, hinreichend berücksichtigt. Der Nachlassverwalter muss **bei einer Zwangsvollstreckung vor Anordnung der Nachlassverwaltung die Rechte aus § 784 Abs. 2 ZPO im Wege der Vollstreckungsgegenklage gemäß §§ 785, 767 ZPO durchsetzen.**

Nach der Anordnung der Nachlassverwaltung ist die Zwangsvollstreckung anderer als Nachlassgläubiger in den Nachlass gemäß § 1984 Abs. 2 BGB ausgeschlossen. Bei einer Zwangsvollstreckung nach Anordnung der Nachlassverwaltung ohne Titel und/oder Klausel gegen den Nachlassverwalter steht diesem die Vollstreckungserinnerung gemäß § 766 ZPO zu. Wurde die Klausel gegen den Verwalter erteilt, ist die Klauselgegenklage gemäß §§ 732, 768 ZPO statthaft.[1863]

642 Die **Eröffnung des Nachlassinsolvenzverfahrens schließt eine Zwangsvollstreckung von Insolvenzgläubigern gemäß § 89 Abs. 1 InsO generell aus.** Der Insolvenzverwalter kann die Einwendungen nach § 89 Abs. 3 InsO erheben. Eine nach Eintritt des Erbfalls, aber **vor Eröffnung des Nachlassinsolvenzverfahrens erfolgte Zwangsvollstreckung in den Nachlass ermöglicht weder einem Nachlassgläubiger noch einem persönlichen Gläubiger des Erben gemäß § 321 InsO abgesonderte Befriedigung.** Der Insolvenzverwalter kann ohne Rücksicht auf die erfolgte Zwangsvollstreckung die Verwertung der Massegegenstände durchführen und der Fortsetzung der Zwangsvollstreckung mit der Vollstreckungserinnerung gemäß § 766 ZPO entgegentreten.[1864] Der Erbe kann ebenfalls Vollstreckungserinnerung gemäß § 766 ZPO gegen die Fortsetzung der Zwangsvollstreckung durch den Gläubiger einlegen. Die Vollstreckungsmaßnahmen waren ursprünglich von dem materiellen Titel gedeckt und zum Zeitpunkt der Maßnahme war auch das richtige Vollstreckungsobjekt betroffen. Nunmehr erfolgt jedoch rückwirkend der Entzug des Vollstreckungsobjekts aufgrund einer Änderung der materiellen Rechtslage.

[1862] *Zöller/Geimer,* § 785 ZPO Rdn. 3.
[1863] *Jaspersen,* Rpfleger 1995, 243.
[1864] *Zöller/Geimer,* § 785 ZPO Rdn. 5.

L. Exkurs: Die Haftung des Erbschaftsbesitzers

Die **Thematik**, unter welchen Voraussetzungen und in welchem Umfang der Erb- *643*
schaftsbesitzer gegenüber dem wahren Erben haftet, **hat mit der Haftung des Erben
gegenüber Nachlassgläubigern**, die Gegenstand dieses Buches ist, **nichts zu tun**. Die
abweichenden Haftungsgrundlagen werden wegen ihrer praktischen Bedeutung und
zum besseren Verständnis im Wege eines knappen Exkurses dargestellt.

I. Übersicht

Erbschaftsbesitzer, auch Erbprätendent genannt, im Rechtssinne ist derjenige, der *644*
dem wahren Erben Erbschaftsgegenstände unter Berufung auf ein vermeintliches
Erbrecht vorenthält.[1865] Letzterem gewährt das Gesetz in den §§ 2018–2031 BGB einen besonderen erbrechtlichen Herausgabeanspruch in Form eines **einheitlichen Gesamtanspruchs**[1866], den sog. **Erbschaftsanspruch**. Daneben stehen ihm diejenigen
Einzelansprüche zu, die zum Zeitpunkt des Todes in der Person des Erblassers begründet waren. Insoweit rückt der Erbe vollständig in die Rechtsstellung des Erblassers
ein. Als **Einzelansprüche** kommen wegen Erbschaftsgegenständen insbesondere die
§§ 985, 861, 1007, 812 ff., 823 i. V. m. §§ 249 ff. BGB in Betracht.[1867] Darüber hinaus
stehen dem wahren Erben **Auskunftsansprüche** über erbschaftsrechtliche Verhältnisse aus §§ 2027 Abs. 1, Abs. 2, 2028, 2030 BGB sowie aus § 2362 Abs. 2 BGB zu.
Nach dieser Vorschrift hat derjenige, dem ein unrichtiger Erbschein erteilt worden ist,
dem wahren Erben über den Bestand der Erbschaft und über den Verbleib von Erbschaftsgegenständen Auskunft zu erteilen. Der Erbe kann gemäß § 2362 Abs. 1 BGB
die **Herausgabe des unrichtigen Erbscheins an das Nachlassgericht verlangen** und
zur Feststellung seines Erbrechts eine **Feststellungsklage gemäß § 256 ZPO** am Gerichtsstand der Erbschaft gemäß § 27 ZPO erheben.[1868]

II. Rechtsnatur und rechtliche Bedeutung des Erbschaftsanspruchs

Der Erbschaftsanspruch enthebt den Erben als **umfassend konzipierter Rechtsbehelf** *645*
der Notwendigkeit, Einzelansprüche auf Herausgabe einzelner Nachlassgegenstände

---

1865 Palandt/*Weidlich*, § 2018 Rdn. 4; *Erman/Horn*, § 2018 Rdn. 2.
1866 Dies entspricht heute der ganz herrschenden Meinung; MüKo/*Helms*, § 2018 Rdn. 7; *Damrau/
      Tanck/Schmalenbach*, § 2018 Rdn. 1; *Bamberger/Roth/Müller-Christmann*, § 2018 Rdn. 6;
      Erman/Horn, Vor § 2018 Rdn. 1; Palandt/*Weidlich*, § 2018 Rdn. 1; kritisch *Staudinger/Gursky*
      (2016), Vorbem. zu §§ 2018 ff. Rdn. 15 m. w. N. zu teilweise gegenteiligem älteren Schrifttum
      in Fn. 14.
1867 MüKo/*Helms*, § 2018 Rdn. 2; *Burandt/Rojahn/Gierl*, § 2018 Rdn. 1.
1868 *Staudinger/Gursky* (2016), Vorbem zu § 2018 ff. Rdn. 4.

gegen demjenigen zu erheben, der sie nach dem Erbfall aufgrund eines ihm in Wirklichkeit nicht zustehenden Erbrechts erlangt hat.[1869] Aufgrund des Gesamtanspruchs können auch einzelne Gegenstände herausverlangt werden. Letztlich geht es jedoch immer um deren Herausgabe als Bestandteil der Erbschaft als Ganzes. Der Erbe kann sich aufgrund dieses Anspruchs in den Besitz der Erbschaft setzen, ohne gegen den Erbschaftsbesitzer Klagen wegen jedes einzelnen Erbschaftsgegenstandes erheben zu müssen.[1870] Er kann mit dem Erbschaftsanspruch alles herausverlangen, was im Zeitpunkt des Todes des Erblassers tatsächlich in den Nachlass gefallen ist, wodurch die **Rechtsverfolgung gegen den Erbschaftsbesitzer erheblich erleichtert** wird.[1871]

Der **Erbschaftsanspruch ist übertragbar** und **kann** damit **verpfändet, abgetreten** oder **gepfändet werden**. Er ist aktiv und passiv vererbbar.[1872] Er erspart dem Erben den Nachweis, welches Recht der Erblasser auf die einzelnen zum Nachlass gehörenden Gegenstände gehabt hat.[1873] In einem erbrechtlichen Herausgabeprozess steht zumeist nicht die rechtliche Zugehörigkeit des Gegenstandes zum Vermögen des Erblassers im Streit, sondern die Frage, wer infolge des Erbfalles tatsächlich Inhaber der zum Nachlass gehörenden Gegenstände geworden ist.

646   Die **Vorschriften** über den Erbschaftsanspruch **dienen** in erster Linie dem **Schutz des wahren Erben**, in gewissem Umfang aber auch **Interessen des gutgläubigen unverklagten Erbschaftsbesitzers**.[1874] Dieser haftet nur nach Bereicherungsrecht, soweit ihm die Herausgabe erlangter Nachlassgegenstände, Surrogate oder gezogener Nutzungen unmöglich geworden ist. Zu seinen Gunsten ist die Möglichkeit der Geltendmachung von Verwendungsersatz in § 2022 BGB gegenüber § 994 BGB erweitert. § 2025 Satz 2 BGB schränkt seine deliktische Haftung gegenüber § 992 BGB ein.

647   Der Erbschaftsanspruch **entzieht** als Gesamtanspruch dem in Anspruch genommenen **Erbprätendenten alle aus dem Nachlass erlangten Gegenstände und damit verbundenen Vorteile**.[1875] Jeder Einzelanspruch wird an den mit ihm konkurrierenden Teil des Erbschaftsanspruchs angeglichen. Auf diese Weise soll verhindert werden, dass die gewollte Privilegierung des gutgläubigen unverklagten Erbschaftsbesitzers nicht durch Abweichungen bei den Einzelansprüchen unterlaufen werden kann. Der Erbschaftsanspruch steht zu dem jeweiligen durch § 2029 BGB modifizierten Singularanspruch in **Anspruchsgrundlagenkonkurrenz**.[1876] Um zu verhindern, dass der Erbe durch eine Einzelklage den Erbschaftsbesitzer – namentlich wegen dessen Ersatzanspruch aufgrund von Verwendungen – in eine ungünstigere Rechtslage bringen könnte als bei der Geltendmachung des einheitlichen Erbanspruchs, bestimmt § 2029 BGB,

---

[1869] *Staudinger/Gursky* (2016), Vorbem zu §§ 2018–2031 Rdn. 5.

[1870] MüKo/*Helms*, § 2018 Rdn. 1; *Staudinger/Gursky* (2016), Vorbem zu §§ 2018–2031 Rdn. 1.

[1871] BGH v. 12.12.2003, V ZR 158/03, FamRZ 2004, 537, 538 = ZEV 2004, 378, 379.

[1872] MüKo/*Helms*, § 2018 Rdn. 10; *Burandt/Rojahn/Gierl*, § 2018 Rdn. 4.

[1873] MüKo/*Helms*, § 2018 Rdn. 5.

[1874] MüKo/*Helms*, § 2018 Rdn. 3.

[1875] BGH v. 12.12.2003, V ZR 158/03, FamRZ 2004, 537, 539 = ZEV 2004, 378, 379; *Brox/Walker*, Rdn. 596; *Bamberger/Roth/Müller-Christmann*, § 2018 Rdn. 6; *Olzen*, Jura 2001, 223; *Staudinger/Gursky* (2016), Vorbem zu §§ 2018–2031 Rdn. 14–18; anders noch *Oertmann*, AcP 123 (1925), 129, 157, der für einen selbständigen verschiedenen Gesamtanspruch verneint. Gemeint sei die Summe der ohnehin begründeten und in ihrer Selbstständigkeit bewahrten Einzelansprüche; ähnlich *Wieling*, JZ 1986, 5, 6 ff.

[1876] Näher dazu MüKo/*Helms*, § 2029 Rdn. 1.

dass sich die Haftung des Erbschaftsbesitzers nach den Vorschriften über den Erbschaftsanspruch bestimmt, unabhängig davon, ob die §§ 2018 ff. BGB für diesen vorteilhaft oder nachteilig sind.[1877]

Zusammengefasst bietet der Erbschaftsanspruch als Gesamtanspruch gegenüber den Einzelansprüchen folgende **Vorteile**:   *647a*

– Der Erbe muss im Prozess als Kläger nur nachweisen, dass der Beklagte den Besitz nach dem Erbfall als Erbschaftsbesitzer erlangt hat, nicht jedoch, dass er noch im Besitz der Nachlassgegenstände ist und auch nicht, welches Recht dem Erblasser auf die einzelnen herausverlangten Nachlassgegenstände zustand.
– Gehören zum Nachlass mehrere in verschiedenen Gerichtsbezirken belegene Grundstücke, ermöglicht der Gesamtanspruch gemäß § 27 ZPO die Klageerhebung am letzten Wohnsitz des Erblassers.[1877a] Die Einzelvindikationsansprüche müssten am jeweiligen dinglichen Gerichtsstand gemäß § 24 ZPO erhoben werden.[1878]
– Im Vergleich zur Vindikation tritt eine Besserstellung des Erben durch eine dingliche Surrogation gemäß § 2019 BGB ein.
– Steht dem Erben kein schuldrechtlicher oder sachenrechtlicher Einzelanspruch zur Verfügung, beispielsweise weil dieser aufgrund einer kürzeren Frist verjährt ist, bleibt ihm der Erbschaftsanspruch erhalten. Dieser verjährt gemäß § 197 Abs. 1 Nr. 2 BGB erst nach 30 Jahren.[1879]
– Der Umfang des Erbschaftsanspruchs kann über den der konkurrierenden Einzelansprüche hinausgehen, so wenn dem Erben außer dem Erbschaftsanspruch nur noch Bereicherungsansprüche zustehen. In diesem Fall können sich die im Vergleich zu § 819 BGB geringeren Anforderungen aus § 2024 BGB im Hinblick auf die Haftungsverschärfung auswirken.
– Der Erbschaftsanspruch berechtigt als auch dinglicher Anspruch im Insolvenzverfahren zur Aussonderung gemäß § 47 InsO.
– Der Erbe hat gegen den Erbschaftserwerber, der die Erbschaft durch Vertrag von einem Erbschaftsbesitzer erworben hat, trotz des entgeltlichen Erwerbs einen Herausgabeanspruch abweichend von § 993 Abs. 1 Hs. 2 BGB. Ein gutgläubiger Erwerb der Erbschaft oder eines Erbteils ist ausgeschlossen.

III. Die prozessuale Durchsetzung des Erbschaftsanspruchs

Der Erbe kann als Anspruchsberechtigter bei Kenntnis der Gegenstände, die sich der   *648*
Erbschaftsbesitzer einverleibt hat, auf **Herausgabe dieser Gegenstände klagen**. Im Fall fehlender oder unzureichender Kenntnisse über die Gegenstände kann er auch eine **isolierte Auskunftsklage** nach § 2027 BGB **erheben**. Diese wird zumeist mit einer Herausgabeklage in Form einer Stufenklage zu verbinden sein.

[1877] *Soergel/Dieckmann*, § 2029 Rdn. 1; *Bamberger/Roth/Müller-Christmann*, § 2029 Rdn. 1.
[1877a] Siehe auch Rdn. 684a.
[1878] *Burandt/Rojahn/Gierl*, § 2018 Rdn. 31.
[1879] Palandt/*Weidlich*, § 2018 Rdn. 10; *Damrau/Tanck/Schmalenbach*, § 2018 Rdn. 16; siehe auch Rdn. 662.

1. Zuständiges Gericht

648a Der Erbe kann die Klage aus dem Gesamtanspruch in den **Gerichtsständen der §§ 12, 13–19 ZPO** und im **besonderen Gerichtsstand der Erbschaft aus § 27 ZPO** erheben.[1880] Man spricht von der sog. **Erbschaftsklage.**[1881] Dagegen gilt § 27 ZPO nicht für die Einzelklagen.[1882]

2. Rechtskraft

648b Die Erbschaftsklage ist von der Klage auf Feststellung der Erbschaft zu unterscheiden. **Gegenstand des Erbschaftsanspruchs ist nicht das Erbrecht als solches, sondern die Erbschaft oder Teile derselben.**[1883] Die Rechtskraft des Urteils über den Erbschaftsanspruch erfasst nur den Anspruch auf Herausgabe der im Urteil bezeichneten Gegenstände,[1884] während das Erbrecht lediglich Vorfrage für die Entscheidung über den Erbschaftsanspruch ist.[1885] Da die Stellung des Klägers als Erbe Voraussetzung für den Anspruch aus § 2018 BGB ist, **sollte die Klage auf Herausgabe immer mit einer Klage auf Feststellung der Erbschaft gemäß § 256 Abs. 1 ZPO verbunden werden** (Anspruchshäufung gemäß § 260 ZPO), weil dann die positive Beantwortung der Vorfrage in Rechtskraft erwächst.[1886] Möglich ist auch die Erhebung einer **Zwischenfeststellungsklage.**[1887] Ein zwischen mehreren Erbprätendenten ergangenes Feststellungsurteil entfaltet Rechtswirkung nur zwischen den Parteien, nicht auch gegenüber Nachlassgläubigern. Diese können den im Erbschaftsstreit Unterlegenen als Erbe in Anspruch nehmen. Der Sieger könnte theoretisch zwar gegenüber dem Nachlassgläubiger seine Eigenschaft als Erbe bestreiten, doch greift ihm gegenüber dann regelmäßig der Arglisteinwand.[1888]

3. Klageantrag, Stufenklage

649 Der Erbe macht als Kläger einen Gesamtanspruch geltend, doch befreit ihn das nicht davon, im **Klageantrag die herausverlangten Nachlassgegenstände im Hinblick auf § 253 Abs. 2 Nr. 2 ZPO so genau wie möglich zu bezeichnen.**[1889] Dazu wird er oftmals erst nach Auskunftserteilung gemäß § 2027 Abs. 1 BGB in der Lage sein, so dass sich regelmäßig eine **Stufenklage gemäß § 254 ZPO** empfiehlt. Diese ermöglicht es,

---

[1880] MüKo/*Helms*, § 2018 Rdn. 32.

[1881] Siehe dazu Muster Anhang 25.

[1882] OLG Nürnberg v. 16. 9. 1980, 1 W 1404/80, OLGZ 81, 115; OLG Köln v. 23. 10. 1985, 2 U 79/85, OLGZ 86, 210, 212; *Stein/Jonas/Roth*, § 27 ZPO Rdn. 8; *Zöller/Schultzky*, § 27 ZPO Rdn. 5.

[1883] Palandt/*Weidlich*, § 2018 Rdn. 11; *Staudinger/Gursky* (2016), Vorbem zu §§ 2018–2031 Rdn. 23.

[1884] MüKo/*Helms*, § 2018 Rdn. 30; *Brox*, JuS 1962, 121 ff.

[1885] *Soergel/Dieckmann*, Vor § 2018 Rdn. 5; *Staudinger/Gursky* (2016), Vorbem zu §§ 2018–2031 Rdn. 23.

[1886] Palandt/*Weidlich*, § 2018 Rdn. 11; *Zöller/Schultzky*, § 27 ZPO Rdn. 5; *Bamberger/Roth/ Müller-Christmann*, § 2018 Rdn. 24.

[1887] MüKo/*Helms*, § 2018 Rdn. 31; *Bamberger/Roth/Müller-Christmann*, § 2018 Rdn. 24.

[1888] *Staudinger/Gursky* (2016), Vorbem zu §§ 2018 ff. Rdn. 26.

[1889] *Erman/Horn*, Vor § 2018 Rdn. 10; Palandt/*Weidlich*, § 2018 Rdn. 11; *Burandt/Rojahn/Gierl*, § 2018 Rdn. 27; *Bamberger/Roth/Müller-Christmann*, § 2018 Rdn. 22.

sich die bestimmte Angabe bis zur Erteilung der Auskunft – ggf. nach erfolgter eidesstattlicher Versicherung – vorzubehalten.[1890] Stellt sich im laufenden Verfahren heraus, dass der Klageantrag bezüglich der herauszugebenden Gegenstände unvollständig war, kann der Kläger ihn berichtigen und/oder ergänzen. Darin liegt keine Klageänderung oder Klagehäufung, sondern eine nach § 264 Nr. 2 ZPO zulässige Klageerweiterung.[1891] Der Kläger kann aber den Einzel- und den Gesamtanspruch im Wege der Klagehäufung gemäß § 260 ZPO verbinden.[1892]

4. Beweislast

Der **klagende Erbe** muss sein **Erbrecht** und den **Erbschaftsbesitz** des Beklagten beweisen.[1893] Leitet er sein Erbrecht aus einer letztwilligen Verfügung her, reicht der Beweis des Todes des Erblassers, der formgerechten Errichtung und des Berufungsgrundes aus. Die Vorlegung der Urkunde ist nicht erforderlich.[1894] Willensmängel des Erblassers, die die Anfechtbarkeit dieser Verfügung von Todes wegen begründen könnten, hat der Beklagte darzulegen und ggf. zu beweisen.[1895] Als gesetzlicher Erbe muss der Kläger das Verwandtschaftsverhältnis zum Erblasser bzw. das Bestehen einer Ehe oder einer eingetragenen Lebenspartnerschaft und, falls sie vorhanden waren, den Wegfall vorgehender Erbberechtigter beweisen.[1896]

Der **Erbe** trägt die **Darlegungs- und Beweislast** dafür, dass der Erbschaftsbesitzer irgendetwas aus der Erbschaft **gerade aufgrund einer Erbrechtsanmaßung** erlangt hat. Ihn trifft die Darlegungs- und Beweislast für die Umstände, die zweifelsfrei erkennen lassen, dass der Erbschaftsbesitzer die Sachen als Erbe an sich genommen hat.[1897]

Nach **herrschender Meinung hat der Erbe** als Kläger auch **darzulegen, dass die Gegenstände zum Nachlass gehören**.[1898] Hat der Beklagte den Besitz nach dem Erbfall erlangt, streitet im Hinblick auf § 857 BGB zu seinen Gunsten nicht die Vermutungswirkung des § 1006 Abs. 1 Satz 1 BGB. Nach § 1006 Abs. 1 Satz 2 BGB gilt die Sache dem Erben als abhanden gekommen. Deshalb hat der beklagte Erbschaftsbesitzer den Rechtsgrund für den Rechtserwerb darzulegen und zu beweisen.[1899] Die Vorlage eines Erbscheins führt nicht zu einer Beweislastumkehr, da **bei einem Streit zwischen Erbprätendenten** § 2365 BGB keine Anwendung findet.[1900] Der **Beklagte** hat **Umstände**

650

[1890] MüKo/*Helms,* § 2018 Rdn. 28; *Bamberger/Roth/Müller-Christmann,* § 2018 Rdn. 23.

[1891] *Lange/Kuchinke,* § 40 II 2 a Fn. 61; Palandt/*Weidlich,* § 2018 Rdn. 11; *Damrau/Tanck/ Schmalenbach,* § 2018 Rdn. 29.

[1892] *Brox/Walker,* Rdn. 598.

[1893] MüKo/*Helms,* § 2018 Rdn. 33 ff.

[1894] *Staudinger/Gursky* (2016), § 2018 Rdn. 40.

[1895] MüKo/*Helms* § 2018, Rdn. 34.

[1896] RGRK/*Kegel,* § 2018 Rdn. 12.

[1897] *Damrau/Tanck/Schmalenbach,* § 2018 Rdn. 33; *Staudinger/Gursky* (2016), § 2018 Rdn. 45; *Bamberger/Roth/Müller-Christmann,* § 2018 Rdn. 24.

[1898] OLG Oldenburg v. 31. 3. 1998, 5 U 92/97, WM 1998, 2239; Palandt/*Weidlich,* § 2018 Rdn. 12; MüKo/*Helms,* § 2018 Rdn. 35; *Soergel/Dieckmann,* § 2018 Rdn. 14; *Bamberger/Roth/ Müller-Christmann,* § 2018 Rdn. 28; differenzierend *Burandt/Rojahn/Gierl,* § 2018 Rdn. 36.

[1899] OLG Koblenz v. 7. 9. 1999, 3 U 158/99, NJW-RR 2000, 1606, 1608; *Staudinger/Gursky* (2016), § 2018 Rdn. 46.

[1900] *Burandt/Rojahn/Gierl,* § 2018 Rdn. 37.

darzulegen und zu beweisen, die das **Erbrecht des Klägers ausschließen**, so zum Beispiel eine letztwillige Verfügung, die den Kläger enterbt und/oder den Beklagten zum Erben beruft bzw. einen Erbverzicht des Klägers gemäß § 2346 Abs. 1 BGB.[1901]

Der **Kläger** muss dem beklagten Erbschaftsbesitzer nur **nachweisen, dass dieser überhaupt etwas aus der Erbschaft aufgrund einer Erbrechtsanmaßung erlangt hat**[1902], sog. **Erbbesitz**. Er erfährt im Verhältnis zum konkurrierenden vindikatorischen Einzelanspruch eine Privilegierung, indem er **lediglich nachweisen muss, dass der Beklagte Nachlasssachen erlangt hat, nicht** jedoch, **dass diese sich noch in seinem Vermögen befinden**.[1903] Es obliegt dem Beklagten den Besitzverlust darzulegen und zu beweisen.[1904] Die Unmöglichkeit der Herausgabe durch Untergang bzw. durch Verlust oder Entreicherung stellt eine Einwendung dar und ist daher ebenfalls vom Beklagten darzulegen und ggf. zu beweisen.[1905] Der Kläger hat die Behauptung des Beklagten zu widerlegen, dieser habe die Sache durch einen Rechtstitel unter Lebenden erlangt.[1906] Bei Mobilien ist die Vermutung des § 1006 Abs. 1 Satz 1 BGB entweder durch Widerlegung der Vermutungsbasis oder durch entsprechenden Gegenbeweis zu entkräften.

Kann der Kläger zwar die Besitzerlangung, nicht jedoch die Erbrechtsanmaßung beweisen, kann er zum Einzelanspruch übergehen. Darin liegt ein zulässiger Begründungswechsel und keine – sonst allerdings als sachdienlich anzusehende – Klageänderung.[1907]

5. Vorläufiger Rechtsschutz, Streitwert

651 Ist der Erbe auf bestimmte Sachen des Nachlasses zur Erzielung seines Lebensunterhaltes oder zur Vermeidung oder Beseitigung einer Notlage angewiesen, kommt eine **einstweilige Verfügung auf Herausgabe von Erbschaftsgegenständen (Leistungsverfügung) in Betracht**.[1908] Die Zulässigkeit einer Sicherungsverfügung ist zu bejahen, wenn die Substanz von Nachlassgegenständen durch die Nutzung eines Dritten nachhaltig beeinträchtigt und erheblich verschlechtert wird. In diesem Fall sind die Sachen an einen Sequestor herauszugeben.[1909]

651a Der **Zuständigkeitsstreitwert** bestimmt sich nach dem geltend gemachten Klageanspruch. Beschränkt sich der Erbe auf einen isolierten Auskunftsanspruch, ist der Wert nach § 3 ZPO zu schätzen und wird regelmäßig mit 1/4 bis 1/10 des Hauptanspruches angesetzt. Wird eine Feststellungsklage auf Feststellung des Erbrechts erhoben, beträgt

---

[1901] *Staudinger/Gursky* (2016), § 2018 Rdn. 39; OLG Celle v. 8.5.1908, III ZS, OLGE 18, 350, 351.

[1902] *Staudinger/Gursky* (2016), § 2018 Rdn. 45; *Soergel/Dieckmann*, § 2018 Rdn. 14.

[1903] *Lange/Kuchinke*, § 40 II 2 b; *Staudinger/Gursky* (2016), § 2018 Rdn. 45.

[1904] BGH v. 5.6.1985, IVa ZR 257/83, NJW 1985, 3068, 3070 mit Anm. *Dieckmann*, FamRZ 1985, 1247; MüKo/*Helms*, § 2018 Rdn. 35; *Bamberger/Roth/Müller-Christmann*, § 2018 Rdn. 28.

[1905] *Burandt/Rojahn/Gierl*, § 2018 Rdn. 36.

[1906] *Staudinger/Gursky* (2016), § 2018 Rdn. 46.

[1907] *Erman/Horn*, § 2018 Rdn. 13; *Soergel/Dieckmann*, § 2018 Rdn. 14; *Staudinger/Gursky* (2016), § 2018 Rdn. 45; a.A. *Brox/Walker*, Rdn. 598; *v. Lübtow*, Erbrecht II, S. 1070.

[1908] *Damrau/Tanck/Schmalenbach*, § 2018 Rdn. 34.

[1909] *Damrau/Tanck/Schmalenbach*, § 2018 Rdn. 34.

der Wert des Feststellungsantrages 50 % bis 80 % des Wertes der entsprechenden Leistungsklage. Bei einer Stufenklage ist der Wert durch Addition der Werte aller Stufen nach § 5 ZPO zu ermitteln.[1910]

Der **Gebührenstreitwert** bestimmt sich gemäß § 18 GKG nach dem höchsten Wert der geltend gemachten Ansprüche, also in der Regel nach dem Wert des Herausgabeanspruches, ohne dass eine Zusammenrechnung der Ansprüche erfolgt.[1911]

IV. Der Erbschaftsanspruch in der Einzelvollstreckung und im Insolvenzverfahren

Der Erbschaftsanspruch enthält trotz seines Charakters als Gesamtanspruch obligatorische und dingliche Komponenten.[1912] Als **dinglich ist er einzustufen**, soweit er auf eine Naturalrestitution der primär erlangten Gegenstände (§ 2018 BGB), der Surrogate (§ 2019 BGB) sowie auf die nicht in das Eigentum des Erbschaftsbesitzers gefallenen Früchte gerichtet ist. **Obligatorisch** sind die Herausgabepflichten nach Bereicherungsgrundsätzen (§ 2021 BGB), die Ansprüche auf Schadensersatz (§§ 2023–2025 BGB) sowie der Anspruch auf Übereignung und Übergabe der nach § 2020 Hs. 2 BGB in das Eigentum des Erbschaftsbesitzers gefallenen Früchte.[1913]

652

Die Unterscheidung in obligatorische und dingliche Komponenten wirkt sich in der Einzel- und in der Gesamtvollstreckung aus. Im **Einzelvollstreckungsverfahren** berechtigt nur ein solcher Anspruch zu einer Drittwiderspruchsklage gemäß § 771 ZPO. Im **Insolvenzverfahren über das Vermögen des Erbschaftsbesitzers** begründet nur ein solcher Anspruch das Recht zur Aussonderung gemäß § 47 InsO. Anderenfalls läge eine nur quotal zu befriedigende und damit regelmäßig weitgehend ausfallende Insolvenzforderung vor.[1914]

Trotz seines „Mischcharakters" ist der **Erbschaftsanspruch** gemäß §§ 829, 835, 846–849 ZPO **pfändbar**. Dem steht die Regelung in § 851 Abs. 1, Abs. 2 ZPO – wie man aufgrund der dinglichen Komponente vermuten könnte – nicht entgegen. Zwar ist eine Forderung in Ermangelung besonderer Vorschriften der Pfändung nur insoweit unterworfen, als sie übertragbar ist, doch finden auf den Erbschaftsanspruch die allgemeinen Grundsätze über Schuldverhältnisse Anwendung und damit auch die §§ 398 ff. BGB.[1915] Abtretbar ist die dingliche Komponente, weil es sich bei ihr nicht um einen Rechtsverwirklichungsanspruch handelt, bei dem eine Zession ausgeschlossen wäre.[1916] Der Anspruch dient nicht der Verwirklichung eines eigentumsähnlichen dinglichen subjektiven Herrschaftsrechts am Nachlass.[1917]

[1910] *Damrau/Tanck/Schmalenbach*, § 2018 Rdn. 35.
[1911] *Damrau/Tanck/Schmalenbach*, § 2018 Rdn. 36.
[1912] *Brox/Walker*, Rdn. 596; *Bamberger/Roth/Müller-Christmann*, § 2018 Rdn. 6.
[1913] *Staudinger/Gursky* (2016), Vorbem zu §§ 2018–2031 Rdn. 20.
[1914] *MüKo/Helms*, § 2018 Rdn. 8.
[1915] *MüKo/Helms*, § 2018 Rdn. 9; *Bamberger/Roth/Müller-Christmann*, § 2018 Rdn. 7.
[1916] So für § 985 BGB *Baur/Stürner*, Sachenrecht, § 11 C I 3 a m.w.N.; str.
[1917] Näher dazu *Staudinger/Gursky* (2016), Vorbem zu §§ 2018–2031 Rdn. 20, auch zur Gesamtzession von Einzel- und Gesamtanspruch.

V. Die Herausgabepflicht des Erbschaftsbesitzers aus § 2018 BGB

653   Der Herausgabeanspruch aus § 2018 BGB ist **als erbrechtlicher einheitlicher Gesamtanspruch an bestimmte** im Folgenden darzustellende **Voraussetzungen geknüpft.**

1. Anspruchsberechtigung

654   Der Anspruch aus § 2018 BGB steht dem **wahren Allein-** und jedem **wahren Miterben** zu, dem **wahren Vorerben** bis zum Eintritt des Nacherbfalls, danach gemäß § 2139 BGB dem **wahren Nacherben**, nicht jedoch gegenüber dem Vorerben. Dessen Haftung bestimmt sich nach § 2130 BGB, der die §§ 2018 ff. BGB als lex specialis verdrängt.[1918] Der Miterbe kann vor der Auseinandersetzung wegen der gesamthänderischen Bindung nur Leistung an alle gemäß § 2039 Satz 1 BGB oder Hinterlegung (Verwahrung) für alle Miterben verlangen, § 2039 Satz 2 BGB.[1919] Der Anspruch steht ferner dem **Rechtsnachfolger des Miterben** im Fall des § 2033 BGB und dem **Gläubiger eines Pfand- oder Pfändungspfandrechts am Erbteil** zu.

Bei angeordneter Nachlassverwaltung oder nach Eröffnung des Nachlassinsolvenzverfahrens können auch der **Nachlass-** oder **Nachlassinsolvenzverwalter** und bei entsprechender Anordnung der **verwaltende Testamentsvollstrecker** jeweils während der Dauer der Verwaltung den Anspruch geltend machen.[1920] **Streitig** ist, ob die Befugnis **auch dem nach §§ 1960, 1961 BGB bestellten Nachlasspfleger als gesetzlichem Vertreter des unbekannten Erben zusteht.** Der **Bundesgerichtshof und ein Teil der Literatur verneint dies**, weil der Nachlasspfleger aufgrund seines Rechts zum Besitz und zur Verwaltung von jedermann einschließlich des wahren Erben gemäß § 1960 BGB die Herausgabe von Nachlassgegenständen verlangen könne, ohne die Nichtberechtigung des Erbanwärters beweisen zu müssen.[1921] Die **Gegenansicht** hält dem zu Recht entgegen, dass ein dem Nachlasspfleger nach ganz überwiegender Meinung zustehender Herausgabeanspruch die Ansprüche auf Nutzungsersatz, Surrogate und Verwertungsbereicherung nicht erfasst und die Aktivlegitimation des Nachlasspflegers im Rahmen des § 2018 BGB deshalb zu bejahen sei.[1922] Da der Bundesgerichtshof den Herausga-

---

1918   BGH v. 29. 6. 1983, IVa ZR 57/82, NJW 1983, 2874, 2875; *Soergel/Dieckmann,* § 2018 Rdn. 7, *Staudinger/Gursky* (2016), § 2018 Rdn. 17; *Bamberger/Roth/Müller-Christmann,* § 2018 Rdn. 13; a.A. *Kipp/Coing,* § 50 III 1; RGRK/*Kregel,* § 2018 Rdn. 6.

1919   RG v. 17. 11. 1913, IV 327/13, LZ 1914, 576; Palandt/*Weidlich,* § 2018 Rdn. 3; *Olzen,* JuS 1989, 374, 375.

1920   OLG Oldenburg v. 31. 3. 1998, 5 U 92/97, WM 1998, 2239, 2240; Palandt/*Weidlich,* § 2018 Rdn. 3; MüKo/*Helm,* § 2018 Rdn. 13; *Burandt/Rojahn/Gierl,* § 2018 Rdn. 11; a.A. *Maurer,* Das Rechtsverhältnis zwischen Erben und Erbschaftsbesitzer, S. 55 f.

1921   BGH v. 21. 6. 1972, IV ZR 110/71, NJW 1972, 1752; BGH v. 6. 10. 1982, IVa ZR 166/81, NJW 1983, 226, 227 m. Anm. *Dieckmann,* FamRZ 1983, 582; RGRK/*Kregel,* § 2018 Rdn. 3; *Jauernig/Stürner,* § 2018 Rdn. 1; *Muscheler,* ErbR 2009, 38, 47 f.

1922   RG v. 28. 5. 1930, IV 485/29, JW 1931, 44, 45; *Erman/Horn,* § 2018 Rdn. 1; MüKo/*Helms,* § 2018 Rdn. 13 mit der Einschränkung, dass der Nachlasspfleger beweisen kann, dass der in Anspruch Genommene als Erbe ausscheidet; ebenso AK/*Wendt,* § 2018 Rdn. 17; *Staudinger/ Gursky* (2016), § 2018 Rdn. 3; *Soergel/Dieckmann,* § 2018 Rdn. 1; *Bamberger/Roth/Müller-Christmann,* § 2018 Rdn. 9; *Brox/Walker,* Rdn. 574.

beanspruch des Nachlasspflegers analog § 2019 BGB auch auf Surrogate erstreckt hat[1923], ist der Streit in der Praxis weitgehend ohne Auswirkung.[1924]

2. Anspruchsgegner

Anspruchsgegner ist der **Erbschaftsbesitzer.** Das ist derjenige, der dem wahren Erben **655** **Gegenstände des Nachlasses unter Berufung auf ein vermeintliches Erbrecht vorenthält.** Dem Erbschaftsbesitzer steht derjenige gleich, der von diesem die Erbschaft durch Vertrag erwirbt, § 2030 BGB.

a) Erlangung von Gegenständen des Nachlasses

In **objektiver Hinsicht** muss der Gegner „etwas" aus der Erbschaft erlangt haben. **656** Darunter fällt jeder aus dem Nachlass stammende oder mit Nachlassmitteln erworbene Vermögensvorteil.[1925] Der Erbprätendent muss nicht zwingend Besitzer von Nachlassgegenständen sein, sofern er nur **irgendeinen Vermögensvorteil aus dem Nachlass gezogen** hat.[1926] Auf eine förmliche Rechtsänderung kommt es nicht an. Ausreichend ist die Erlangung des Bucheigentums oder einer Schuldbefreiung, die der Gegner nach § 185 BGB als Folge einer Genehmigung oder aufgrund einer nach § 2367 BGB wirksamen Aufrechnung mit einer Nachlassforderung gegenüber seinem persönlichen Gläubiger erlangt hat.[1927] Damit wird jeder Nachlassschuldner zum Erbschaftsbesitzer, der dem wahren Erben die Erfüllung einer Nachlassforderung mit der Begründung selbst Erbe zu sein verweigert und behauptet die Verbindlichkeit sei durch Konfusion erloschen.[1928] Hauptsächlich wird die Erlangung von unmittelbarem Besitz in Betracht kommen, so bei einer Wegnahme oder der Entgegennahme einer Sache durch den Erbschaftsbesitzer. Dem steht der Fall gleich, dass der Erbschaftsbesitzer den Gegenstand bereits vor dem Erbfall in Besitz hatte, nach dem Erbfall die Sache jedoch aufgrund eines angemaßten Erbrechts weiter in Besitz behält.[1929] Der **Erbschaftsbesitzer kann sowohl Eigen- als auch Fremdbesitz erworben haben.**[1930] Es reicht die Erlangung mittelbaren Besitzes aus.[1931]

Der **Vermögensvorteil muss gerade aus der Erbschaft erlangt sein.** Dafür reicht es **657** aus, dass die in Besitz genommene Sache zwar nicht rechtlich, aber zumindest nach der Besitzlage zur Erbschaft gehört. Das ist bei Fremdbesitz des Erblassers der Fall, den sich nach dem Tode der Erbschaftsbesitzer anmaßt.[1932] Aus der Formulierung in § 2026 BGB „die er als zur Erbschaft gehörend im Besitz hat", lässt sich herleiten, dass die

[1923] BGH v. 6. 10. 1982, IVa ZR 166/81, NJW 1983, 226, 227 m. Anm. *Dieckmann,* FamRZ 1983, 582; ebenso Palandt/*Weidlich,* § 2018 Rdn. 3.
[1924] *Brox/Walker,* Rdn. 574; *Bamberger/Roth/Müller-Christmann,* § 2018 Rdn. 9.
[1925] *Ebenroth,* Rdn. 1015.
[1926] *Ebenroth,* Rdn. 1015; *Brox/Walker,* Rdn. 578; *Burandt/Rojahn/Gierl,* § 2018 Rdn. 15.
[1927] *Staudinger/Gursky* (2016), § 2018 Rdn. 25; *Ebenroth,* Rdn. 1015; *Burandt/Rojahn/Gierl,* § 2018 Rdn. 15.
[1928] *Soergel/Dieckmann,* § 2018 Rdn. 5; RGRK/*Kregel,* § 2018 Rdn. 3; kritisch *Staudinger/Gursky* (2016), § 2018 Rdn. 26; a.A. AK/*Wendt,* § 2018 Rdn. 58.
[1929] MüKo/*Helms,* § 2018 Rdn. 22; *Burandt/Rojahn/Gierl,* § 2018 Rdn. 15.
[1930] *Burandt/Rojahn/Gierl,* § 2018 Rdn. 15.
[1931] RG v. 8. 2. 1913, IV 527/12, RGZ 81, 293, 296; MüKo/*Helms,* § 2018 Rdn. 22.
[1932] *Lange/Kuchinke,* § 40 II 5 a; MüKo/*Helms,* § 2018 Rdn. 22.

Sache nicht hinsichtlich ihres Eigentums, sondern nur hinsichtlich ihres Besitzes zum Nachlass gehören muss.[1933]

b) Erbrechtsanmaßung

658 Der Erbschaftsbesitzer muss sich **subjektiv** ein Erbrecht **nicht ausdrücklich anmaßen,** sondern sich **als Besitzer von Nachlassgegenständen nur irgendwie als Erbe oder Miterbe gerieren.**[1934] Dafür genügt eine Besitzergreifung, die erkennen lässt, dass der Ergreifende diejenigen Rechte ausüben will, die einem Erben zustehen. Das gilt **unabhängig** davon, **ob** dies **in gutem oder schlechtem Glauben** geschieht.[1935] Es reicht nicht aus, dass er lediglich erbrechtliche Geschäfte wie ein Erbe führt, etwa Schulden des Erblassers bezahlt.[1936] Die **Passivlegitimation des Erbschaftsbesitzers hängt entscheidend von einer Willensentäußerung ab**, die hinsichtlich der Willensfähigkeit volle Geschäftsfähigkeit erfordert.[1937] Nach dem Wortlaut des Gesetzes kommt es auf die Erlangung des Besitzes gerade durch Erbrechtsanmaßung an. Ein **Kausalzusammenhang zwischen der Erlangung des Nachlassgegenstandes und der Anmaßung des Erbrechts ist nicht erforderlich.**[1938] Nach dem Zweck der Vorschrift des § 2018 BGB ist auch derjenige als Erbschaftsbesitzer anzusehen, der dem wahren Erben unter Berufung auf ein vermeintlich eigenes Erbrecht Gegenstände des Nachlasses vorenthält, die er schon vor dem Erbfall als Mieter oder Verwahrer besessen[1939] oder an denen er nach dem Erbfall zunächst ohne Erbrechtsanmaßung Besitz begründet hat.[1940] Die §§ 2018 ff. BGB greifen allerdings in diesen Fällen erst ab dem Augenblick ein, in dem der Besitzer die Nachlassgegenstände als Erbe beansprucht.[1941]

Ein **Miterbe** kann ebenfalls **Gegner des Erbschaftsanspruchs sein**, wenn er für sich eine Alleinerbenstellung in Anspruch nimmt und deshalb Alleinbesitz begründet. Er ist nur bzgl. des ihm nicht zustehenden Erbteils Erbschaftsbesitzer. Der Erbschaftsanspruch richtet sich auf die Herstellung eines der erbrechtlichen Mitberechtigung entsprechenden Besitzstandes und ist auf Einräumung des Mitbesitzes gerichtet.[1942] Die Ansprüche aus § 2018 BGB und § 2042 BGB können unter Miterben in objektiver Klagehäufung geltend gemacht werden.[1943] **Am subjektiven Element des Erbschaftsanspruches fehlt** es, wenn **Miterben gesamthänderisch Mitbesitz** beanspruchen und **einer der Miterben lediglich einen höheren Erbteil beansprucht.**[1944]

[1933] *Staudinger/Gursky* (2016), § 2018 Rdn. 31; *Burandt/Rojahn/Gierl*, § 2018 Rdn. 15; *Bamberger/ Roth/Müller-Christmann*, § 2018 Rdn. 18.

[1934] MüKo/*Helms*, § 2018 Rdn. 1, 15; *Staudinger/Gursky* (2016), § 2018 Rdn. 6.

[1935] *Staudinger/Gursky* (2016), § 2018 Rdn. 6; *Damrau/Tanck/Schmalenbach*, § 2018 Rdn. 7; *Bamberger/Roth/Müller-Christmann*, § 2018 Rdn. 11.

[1936] Prot. V S. 709.

[1937] *Staudinger/Gursky* (2016), § 2018 Rdn. 12.

[1938] MüKo/*Helms*, § 2018 Rdn. 16.

[1939] RG v. 8.2.1913, IV 527/12, RGZ 81, 293, 294.

[1940] MüKo/*Helms*, § 2018 Rdn. 16; *Soergel/Dieckmann*, § 2018 Rdn. 5.

[1941] *Soergel/Dieckmann*, § 2018 Rdn. 5.

[1942] *Staudinger/Gursky* (2016), § 2018 Rdn. 13; *Damrau/Tanck/Schmalenbach*, § 2018 Rdn. 8; MüKo/*Helms*, § 2018 Rdn. 19.

[1943] *Damrau/Tanck/Schmalenbach*, § 2018 Rdn. 8.

[1944] MüKo/*Helms*, § 2018 Rdn. 19; *Bamberger/Roth/Müller-Christmann*, § 2018 Rdn. 14.

Die **überwiegende Meinung** behandelt als **Erbschaftsbesitzer** zurecht auch **denjeni-** 659
gen, der **zunächst** Nachlassgegenstände durch eine **Erbrechtsanmaßung erlangt** hat,
später aber die Herausgabe der Gegenstände nicht mehr wegen des angemaßten Erbrechts, sondern **unter Berufung auf einen Einzelerwerb oder ohne Angabe von**
Gründen verweigert.[1945] Dafür spricht der durch das Gesetz angestrebte umfassende
Schutz des wahren Erben. Der Schuldner darf es nicht in der Hand haben, die Anwendbarkeit der §§ 2018 ff. BGB durch die bloße Aufgabe einer Erbrechtsanmaßung
auszuschließen, um sich so der Verpflichtung zur Herausgabe von Surrogaten oder aller
gezogenen Nutzungen zu entziehen.[1946]

Kein Erbschaftsbesitzer ist derjenige, der Erbschaftsgegenstände nur besitzt, **ohne** 660
zu irgendeinem Zeitpunkt ein Erbrecht für sich in Anspruch genommen zu haben.
Der Anspruch aus § 2018 BGB kann nicht gegen jemanden gerichtet werden, der sein
Recht auf einen **Eigentumserwerb aufgrund eines Rechtsgeschäfts mit dem Erblas-**
ser, auf eine **Schenkung von Todes wegen** oder auf ein **persönliches oder dingliches**
Recht zum Besitz stützt.[1947] Der Anspruch besteht auch nicht gegenüber einem vermeintlichen Vermächtnisnehmer und gegenüber demjenigen, der Nachlassgegenstände
ohne Rechtsgrund erlangt, wie beispielsweise ein Dieb.

3. Anspruchsinhalt

Der Herausgabeanspruch aus § 2018 BGB ist auf **das Erlangte einschließlich der Er-** 661
satzgegenstände i.S.v. § 2019 BGB und der **Nutzungen** gemäß § 2020 BGB gerichtet.
Verteidigt der Erbschaftsbesitzer eine ohne Rechtsgrundlage erlangte Buchposition,
richtet sich der Erbschaftsanspruch gemäß § 894 BGB auf Zustimmung zur Berichtigung des Grundbuches.[1948] Ist der Erbschaftsbesitzer nicht in der Lage, das Erlangte
als Gesamtheit herauszugeben, tritt an die Stelle des Anspruchs aus § 2018 BGB ein
solcher auf Wertersatz nach den Vorschriften über die ungerechtfertigte Bereicherung,
§ 2021 BGB, oder ein Schadensersatzanspruch nach den §§ 2023 ff. BGB.[1949]

4. Die Verteidigung des Erbschaftsbesitzers

Der in Anspruch genommene Erbschaftsbesitzer muss sich nicht darauf beschränken, 662
die Anspruchsvoraussetzungen des § 2018 BGB zu bestreiten. Ihm stehen gegenüber
dem Gesamtanspruch alle **Einwendungen und Einreden aus seinem Verhältnis zum**
Erben und zum Erblasser zu.[1950] Er kann geltend machen, aufgrund eines bereits gegenüber dem Erblasser oder eines gegenüber dem Erben begründeten speziellen
Rechtstitels – etwa aus Miete oder Übereignung – ein **Recht zum Besitz zu haben**[1951],

---

[1945] BGH, zitiert nach *Johannsen,* WM 1985, Sonderbeilage Nr. 1 S. 5 f.; BGH v. 5.6.1985, IVa
ZR 257/83, NJW 1985, 3068, 3069 m. Anm. *Dieckmann,* FamRZ 1985, 1247; MüKo/*Helms,*
§ 2018 Rdn. 16; *Staudinger/Gursky* (2016), § 2018 Rdn. 11; a.A. RGRK/*Kregel,* § 2018
Rdn. 6.

[1946] MüKo/*Helms,* § 2018 Rdn. 17; *Staudinger/Gursky* (2016), § 2018 Rdn. 11.

[1947] MüKo/*Helms,* § 2018 Rdn. 18.

[1948] *Soergel/Dieckmann,* § 2018 Rdn. 12; *Burandt/Rojahn/Gierl,* § 2018 Rdn. 25.

[1949] *Staudinger/Gursky* (2016), § 2018 Rdn. 34.

[1950] MüKo/*Helms,* § 2018 Rdn. 26.

[1951] MüKo/*Helms,* § 2018 Rdn. 26; *Soergel/Dieckmann,* § 2018 Rdn. 13.

den **Entreicherungseinwand** gemäß §§ 2021, 818 Abs. 3 BGB **erheben** oder ein **Zurückbehaltungsrecht** nach den §§ 2022 Abs. 1 Satz 2, 1000 BGB **ausüben**, wenn er Verwendungen gemacht, Aufwendungen für die Beerdigung des Erblassers getätigt oder andere Nachlassverbindlichkeiten berichtigt hat.[1952] Dagegen steht ihm kein Zurückbehaltungsrecht wegen eines ihm möglicherweise bestehenden Pflichtteils- oder Vermächtnisanspruchs zu, da der Anspruch aus § 2018 BGB den Erben zunächst in die Lage versetzen soll, den Nachlass zu sichten und vorrangige Nachlassverbindlichkeiten zu erfüllen.[1953]

5. Verjährung des Erbschaftsanspruchs

662a   Eine weitere Einrede des Erbschaftsbesitzers kann sich daraus ergeben, dass der Erbschaftsanspruch verjährt ist und dadurch einredebehaftet wird. Der **Erbschaftsanspruch** aus §§ 2018, 2019 BGB **verjährt gemäß § 197 Abs. 1 Nr. 2 BGB einheitlich in 30 Jahren.**[1954] Das gilt auch für den Anspruch gegen einen Miterben.[1955]

Die **Verjährung beginnt einheitlich mit der Entstehung des Gesamtanspruchs,** § 200 Satz 1 BGB. Dies ist für alle erlangten Erbschaftsgegenstände der Zeitpunkt, in dem der Erbschaftsbesitzer erstmals einen Gegenstand aus der Erbschaft erlangt hat, mag er auch später weitere Gegenstände erlangt haben.[1956] Nach **anderer Auffassung** soll die Verjährung des gesamten Anspruches **erst mit der Erlangung des letzten Erbschaftsgegenstandes zu laufen beginnen**[1957] **oder für jeden einzelnen Gegenstand der Erbschaft gesondert mit der Besitzerlangung.**[1958] Dagegen sprechen Wortlaut und Charakter des Erbschaftsanspruchs als Gesamtanspruch.[1959] Die Verjährung beginnt auch dann mit der Entstehung des Anspruchs, wenn der ursprüngliche Erbe aufgrund einer erfolgreichen **Anfechtung** einer letztwilligen Verfügung oder durch eine erfolgte **Erbunwürdigkeitserklärung** seine Berechtigung rückwirkend verliert und dadurch unberechtigter Erbschaftsbesitzer wird. Die Verjährung beginnt deshalb schon mit dem Zeitpunkt, in dem etwas aus der Erbschaft erlangt wurde. Das ist der erste Erwerb eines Nachlassgegenstandes aus der Erbschaft durch den Erbschaftsbesitzer

---

[1952] *Staudinger/Gursky* (2016), § 2018 Rdn. 37; *Damrau/Tanck/Schmalenbach*, § 2018 Rdn. 14.

[1953] BGH v. 25.4.2001, IV ZR 281/99, ZEV 2001, 313, 314; BGH v. 28.10.1992, IV ZR 122/91, BGHZ 120, 96, 103; BGH v. 27.9.1984, IX ZR 53/83, BGHZ 92, 194, 198; OLG Hamm v. 11.6.1963, 6 U 17/63, MDR 1964, 151; OLG Düsseldorf v. 9.11.1990, 7 U 270/89, FamRZ 1992, 600, 602 f.; *Soergel/Dieckmann*, § 2018 Rdn. 13; *Damrau/Tanck/Schmalenbach*, § 2018 Rdn. 14; a.A. MüKo/*Helms*, § 2018 Rdn. 27 und *Bamberger/Roth/Müller-Christmann*, § 2018 Rdn. 21, die ein Zurückbehaltungsrecht bejahen, wenn dadurch eine wirtschaftlich sinnvolle Nachlassabwicklung nicht gefährdet wird.

[1954] BGH v. 12.12.2003, V ZR 158/03, FamRZ 2004, 537 = ZEV 2004, 378; MüKo/*Helms*, § 2026 Rdn. 1.

[1955] MüKo/*Helms*, § 2026 Rdn. 2.

[1956] Palandt/*Weidlich*, § 2018 Rdn. 10; *Bamberger/Roth/Müller-Christmann*, § 2026 Rdn. 3; MüKo/*Helms*, § 2026 Rdn. 3; *Burandt/Rojahn/Gierl*, § 2018 Rdn. 7.

[1957] *Enneccerus/Kipp*, § 66 I.

[1958] *Staudinger/Gursky* (2016), § 2026 Rdn. 4 ff.; *Lange/Kuchinke*, § 40 IV 7 Fn. 120; *Lange*, JZ 2013, 598; *Bamberger/Roth/Müller-Christmann*, § 2026 Rdn. 3.

[1959] MüKo/*Helms*, § 2026 Rdn. 2.

und nicht der Zeitpunkt der Ausübung des Anfechtungsrechts.[1960] Auf die Kenntnis des Anfechtungsberechtigten vom Anfechtungsgrund kommt es nicht an.

Der Erbschaftsbesitzer muss den Gegenstand aufgrund eines angemaßten Erbrechts in Besitz genommen haben. Hatte er den **Gegenstand bereits vorher im Besitz, so beginnt die Verjährungsfrist in dem Zeitpunkt zu laufen, in dem er sich als Erbe geriert.**[1961] Während des Besitzes des Erbprätendenten kommt gemäß § 198 BGB die verstrichene Verjährungszeit dem **Rechtsnachfolger des Erbschaftsbesitzers zugute,** unabhängig davon, ob der Anspruch dinglicher oder schuldrechtlicher Natur ist.

Eine **Hemmung der Verjährung** durch Klageerhebung gemäß § 204 Abs. 1 Nr. 1 BGB tritt – trotz der Rechtsnatur des § 2018 BGB als Gesamtanspruch – **nur hinsichtlich der Gegenstände ein, die im Klageantrag bezeichnet sind.** Aus diesem Grunde empfiehlt sich die Stufenklage i.S.v. § 254 ZPO, da bereits mit der ersten Stufe der Auskunft die in der dritten Leistungs- oder Herausgabestufe herausverlangten Gegenstände rechtshängig werden.[1962] Bei Erhebung der Erbschaftsklage durch einen Miterben wirkt die Hemmung nicht zugunsten anderer Miterben, selbst wenn die Klage gemäß § 2039 Satz 1 BGB auf Leistung an alle Erben gerichtet ist.[1963]

662b

Ist Verjährung eingetreten, kann der Erbschaftsbesitzer die Herausgabe der Nachlassgegenstände verweigern, ohne dadurch selbst Erbe zu werden.[1964] Er haftet nicht für die Nachlassverbindlichkeiten, kann aber selbst keine Nachlassgegenstände von anderen Personen herausverlangen.[1965]

VI. Unmittelbare Ersetzung, § 2019 BGB

Die **Herausgabepflicht** aus § 2018 BGB **erstreckt sich** gemäß § 2019 Abs. 1 BGB **auch auf die Ersatzstücke, die der Erbschaftsbesitzer mit Mitteln der Erbschaft erwirbt,** sog. **Surrogation oder Ersetzungserwerb.** Der Zweck dieser unmittelbaren dinglichen Ersetzung[1966] besteht darin, den wirtschaftlichen Wert des Nachlasses und die Zugriffsmöglichkeit des Erben auf den Nachlass in seinem wechselnden Bestand zu sichern.[1967] **Die Regelung trägt auch dem Interesse der Nachlassgläubiger am Erhalt des Nachlasses als Haftungsmasse Rechnung.**[1968]

663

[1960] *Staudinger/Gursky* (2016), § 2026 Rdn. 8; *Damrau/Tanck/Schmalenbach*, § 2018 Rdn. 20; a.A. *Soergel/Dieckmann*, § 2026 Rdn. 2; MüKo/*Helms*, § 2026 Rdn. 3 und *Bamberger/Roth/ Müller-Christmann*, § 2026 Rdn. 3.

[1961] BGH v. 12.12.2003, V ZR 158/03, ZEV 2004, 378, 380; *Burandt/Rojahn/Gierl*, § 2018 Rdn. 7.

[1962] *Thomas/Putzo/Reichold*, § 254 ZPO Rdn. 4.

[1963] *Staudinger/Gursky*, § 2026 Rdn. 10.

[1964] Palandt/*Weidlich*, § 2018 Rdn. 10; *Erman/Horn*, Vor § 2018 Rdn. 7.

[1965] MüKo/*Helms*, § 2026 Rdn. 6; *Burandt/Rojahn/Gierl*, § 2018 Rdn. 9; *Bamberger/Roth/ Müller-Christmann*, § 2026 Rdn. 6.

[1966] MüKo/*Helms*, § 2019 Rdn. 1.

[1967] *Soergel/Dieckmann*, § 2019 Rdn. 1; MüKo/*Helms*, § 2019 Rdn. 1.

[1968] *Burandt/Rojahn/Gierl*, § 2019 Rdn. 1.

1. Anwendungsbereich der Vorschrift

664 Die Regelung des § 2019 BGB ist keine eigene Anspruchsgrundlage. Sie erweitert nur den Herausgabeanspruch aus § 2018 BGB auf rechtsgeschäftliche Surrogate.[1969] **Gesetzliche Surrogate** werden von ihr **nicht erfasst**. Sie stehen dem Erben aus §§ 2041, 2111 Abs. 1 BGB zu.[1970] Die wesentliche Bedeutung der unmittelbaren dinglichen Surrogation liegt darin, dass der von einem Erbschaftsbesitzer mit Mitteln der Erbschaft gemachte rechtsgeschäftliche Erwerb unmittelbar als Bestandteil der Erbschaft anzusehen ist. Er steht dem wahren Erben so zu, als wenn dieser ihn unmittelbar durch einen Stellvertreter getätigt hätte.[1971] Der Wert des Nachlassvermögens als Ganzes soll über alle Wechsel seiner konkreten Bestandteile hinweg im Interesse des Erben erhalten bleiben.[1972] Zur Durchsetzung des beabsichtigten Schutzes des Erben kommt es zu einer Surrogation **auch bei** der **Weiterveräußerung** eines rechtsgeschäftlich erworbenen Gegenstandes, sog. **Kettensurrogation**.[1973] Dem Erben fällt auch dasjenige zu, was ein Erbschaftsbesitzer **aufgrund eines zum Nachlass gehörenden Rechts oder als Ersatz für eine Zerstörung oder Entziehung eines Nachlassbestandteils erlangt.[1974] Kein Fall von § 2019 BGB liegt vor**, wenn Nachlasssachen mit Sachen des Erbschaftsbesitzers **verbunden, vermischt** oder **vermengt** werden und so Miteigentum entsteht. Der entstandene Miteigentumsanteil gehört zum Nachlass, ohne dass es einer Surrogation bedarf und eröffnet über § 2018 BGB einen Anspruch auf Einräumung des Mitbesitzes.[1975]

2. Grenzen der Surrogation

665 Eine **empfindliche Einschränkung** kann der Schutz des Erben aus § 2019 BGB dadurch erfahren, dass es **für die Surrogation nicht auf die Gleichwertigkeit von hingegebenem und erlangtem Gut ankommt**.[1976] Das gilt bei einer Veräußerung eines Nachlassgegenstandes unter Wert, sofern nicht die Wertdifferenz zum Gegenstand eines Anspruchs auf Wertersatz aus §§ 2021, 818 Abs. 2 BGB oder zum Gegenstand eines Schadensersatzanspruchs gemäß §§ 2023 ff. BGB gemacht werden kann.[1977]

666 Ein **Ersetzungserwerb scheidet auch aus**, wenn das, was der Erbschaftsbesitzer mit Mitteln der Erbschaft erlangt hat, **restlos in seinem Eigenvermögen aufgeht**, so wenn der Erbschaftsbesitzer mit Mitteln des Nachlasses eigene Verbindlichkeiten tilgt oder mit einer zum Nachlass gehörenden Forderung gegenüber einer ihn persönlich treffenden Schuld die Aufrechnung erklärt.[1978] Eine Surrogation kommt bei höchstpersönlichen Rechten wie einem Nießbrauch (§ 1059 BGB) oder einer beschränkten persön-

---

[1969] *Brox/Walker*, Rdn. 579.

[1970] *Brox/Walker*, Rdn. 579, 601; MüKo/*Helms*, § 2019 Rdn. 4.

[1971] *Staudinger/Gursky* (2016), § 2019 Rdn. 4 mit Beispielen; *Soergel/Dieckmann*, § 2019 Rdn. 1.

[1972] BGH v. 20. 10. 1989, V ZR 341/87, BGHZ 109, 114; Palandt/*Weidlich*, § 2019 Rdn. 1.

[1973] RGRK/*Kregel*, § 2019 Rdn. 1; *Damrau/Tanck/Schmalenbach*, § 2019 Rdn. 3.

[1974] Palandt/*Weidlich*, § 2019 Rdn. 2; RGRK/*Kregel*, § 2019 Rdn. 3; *Staudinger/Gursky* (2016), § 2019 Rdn. 20.

[1975] *Staudinger/Gursky* (2016), § 2019 Rdn. 6; *Damrau/Tanck/Schmalenbach*, § 2019 Rdn. 5.

[1976] *Soergel/Dieckmann*, § 2019 Rdn. 2; MüKo/*Helms*, § 2019 Rdn. 2.

[1977] *Staudinger/Gursky* (2016), § 2019 Rdn. 7, § 2021 Rdn. 2; MüKo/*Helms*, § 2019 Rdn. 2.

[1978] *Staudinger/Gursky* (2016), § 2019 Rdn. 8; MüKo/*Helms*, § 2019 Rdn. 6.

lichen Dienstbarkeit (§ 1092 BGB) ebenfalls nicht in Betracht. Der Erbe kann nur die wertmäßige Herausgabe der Bereicherung gemäß §§ 2021, 818 Abs. 2 BGB verlangen.[1979]

3. Voraussetzungen der Surrogation

Die **Surrogation** nach § 2019 Abs. 1 BGB **knüpft an drei Voraussetzungen** an: Der   667
Erbschaftsbesitzer muss etwas erworben haben; dieser Erwerb muss mit Mitteln der Erbschaft erwirkt worden sein; es muss sich um einen rechtsgeschäftlichen Erwerb handeln.

a) Gegenstand des Erwerbs

Der **Erwerb** des Erbschaftsbesitzers **muss in der Erlangung eines Rechts**, beispiels-   668
weise einer Forderung, dinglicher Rechte, Eigentum oder Besitz an einer beweglichen oder unbeweglichen Sache **bestehen.**[1980] Der **Bundesgerichtshof** geht unter Aufgabe seiner früheren Rechtsprechung zutreffend davon aus, dass von der dinglichen Surrogation auch unübertragbare Rechtspositionen erfasst sein können, wenn der Erbschaftsbesitzer zur Erbschaft gehörende Vermögensteile in eine Gesellschaft einbringt. In diesem Fall wird die erworbene Beteiligung Bestandteil des Nachlasses.[1981] Anderenfalls könnte der Erbschaftsbesitzer dem Erben Nachlassmittel durch deren Umtausch in unübertragbare Rechtspositionen willkürlich entziehen.[1982] Als „Erwerbsobjekt" scheiden damit Scheinpositionen, die der Erbschaftsbesitzer vom Nichtberechtigten erworben hat, oder unrichtige Buchpositionen[1983] aus. Gegen eine Erstreckung auf solche Positionen spricht, dass diese zwar zur Statuierung von Herausgabepflichten dienen, jedoch nicht durch das Gesetz mit automatischer Wirkung umgestaltet werden und somit an diesen Rechtspositionen eine Surrogation schon gar nicht einsetzen kann.[1984] Wird eine Forderung erworben, erstreckt sich der Erwerb auch auf die zu ihrer Geltendmachung erforderlichen Urkunden wie Schuldscheine und Grundschuldbriefe.[1985]

b) Erwerb mit Mitteln der Erbschaft

Der Erwerb muss immer **mit Mitteln der Erbschaft** vollzogen werden. Als solche   669
kommen **alle Nachlassmittel in Betracht**, sofern es sich nicht um rein wirtschaftliche Positionen handelt.[1986] Es muss ein zum Nachlass gehörendes Recht geopfert werden.

[1979] *Brox/Walker,* Rdn. 605; MüKo/*Helms,* § 2019 Rdn. 6; *Staudinger/Gursky* (2016), § 2019 Rdn. 8.

[1980] MüKo/*Helms,* § 2019 Rdn. 5 ff.; Palandt/*Weidlich,* § 2019 Rdn. 2.

[1981] BGH v. 21.11.1989, IVa ZR 220/88, BGHZ 109, 214, 217 f.; anders noch BGH v. 15.12.1976, IV ZR 52/75, NJW 1977, 433.

[1982] BGH v. 21.11.1989, IVa ZR 220/88, BGHZ 109, 214, 217 f.; dem BGH folgend *Lange/ Kuchinke,* § 40 II 5 b; kritisch und a.A. *Staudinger/Gursky* (2016), § 2019 Rdn. 8.

[1983] *Staudinger/Gursky* (2016), § 2019 Rdn. 10; a.A. die h.M.: *Brox/Walker,* Rdn. 605; *Lange/ Kuchinke,* § 41 III 2 b; MüKo/*Helms,* § 2019 Rdn. 5; *Burandt/Rojahn/Gierl,* § 2019 Rdn. 4.

[1984] Darauf weist zutreffend *Staudinger/Gursky* (2016), § 2019 Rdn. 10 hin.

[1985] *Lange/Kuchinke,* § 40 II 5 b; AnwK-BGB/*Fleindl,* § 2019 Rdn. 5; *Burandt/Rojahn/Gierl,* § 2019 Rdn. 4.

[1986] *Staudinger/Gursky* (2016), § 2019 Rdn. 11; *Soergel/Dieckmann,* § 2019 Rdn. 2; a.A. *Erman/ Horn,* § 2019 Rdn. 4; *Burandt/Rojahn/Gierl,* § 2019 Rdn. 6.

Keine Surrogation tritt daher bei der **Veräußerung solcher Gegenstände ein, die nur besitzmäßig zum Nachlass gehören.**[1987] **Umstritten** ist, ob ein Erwerb unter einer Aufopferung von Nachlassmitteln bereits vorliegt, wenn ein Bestandteil des Nachlasses nur rein faktisch z. B. durch eine unwirksame Verfügung weggegeben wird, oder ob die Wirkungen der Surrogation in diesem Fall erst mit der nachträglichen Genehmigung der unwirksamen Verfügung durch den Erben eintreten. Ein Ersetzungserwerb wird heute ganz überwiegend zu Recht bei einer zunächst unwirksamen Verfügung des Erbschaftsbesitzers angenommen, weil Mittel des Nachlasses für den Erwerb hingegeben worden sind.[1988] Der Erbe kann von dem Dritten nicht die Herausgabe des Nachlassgegenstandes und gleichzeitig von dem Erbschaftsbesitzer die Herausgabe des Surrogates verlangen. Von dem Erbschaftsbesitzer ist die Herausgabe des Ersatzgegenstandes nur Zug-um-Zug gegen Erteilung einer Genehmigung der unwirksamen Verfügung möglich.[1989]

670　　Zwischen der Aufopferung der Nachlassmittel und dem Erwerb des Ersatzgegenstandes durch den Erbschaftsbesitzer muss **ein Zusammenhang bestehen.** Ein **enger wirtschaftlicher Zusammenhang reicht aus.**[1990] Eine rechtliche Verknüpfung ist nicht erforderlich[1991], um die dem Schutz des Erben dienende Vorschrift des § 2019 Abs. 1 BGB nicht allzu sehr einzuschränken. Werden für verschenkte Nachlasssachen Gegengeschenke empfangen, sind diese der Surrogation nur unterworfen, wenn sie schon bei der Schenkung ausdrücklich vereinbart waren.[1992] Ein erkennbarer Zusammenhang reicht nicht aus.[1993] Gibt der Handelnde Nachlassgegenstände unentgeltlich weg, so kann es mangels eines rechtsgeschäftlichen Erwerbs von vornherein nicht zu einer Surrogation kommen.[1994]

c) Erwerb durch Rechtsgeschäft

671　　Dritte Voraussetzung für eine Surrogation nach § 2019 Abs. 1 BGB ist ein **rechtsgeschäftlicher Erwerb**, wobei der Begriff des Rechtsgeschäfts insgesamt nicht eng zu verstehen ist. Welchen Zweck der Erbschaftsbesitzer mit dem Rechtsgeschäft verfolgt, ist ohne Belang. Das Geschäft muss sich auch nicht auf den Nachlass beziehen.[1995] Selbst die mit Nachlassmitteln erworbenen und für den persönlichen Gebrauch des Erbschaftsbesitzers bestimmten Sachen werden Bestandteil der Erbschaft.[1996] Es kann sich

---

[1987] *Soergel/Dieckmann*, § 2019 Rdn. 2; *Staudinger/Gursky* (2016), § 2019 Rdn. 11; *Damrau/Tanck/Schmalenbach*, § 2019 Rdn. 7; a. A. *Erman/Horn*, § 2019 Rdn. 4.

[1988] *Bamberger/Roth/Müller-Christmann*, § 2019 Rdn. 8; *Erman/Horn*, § 2019 Rdn. 1e; Palandt/*Weidlich*, § 2019 Rdn. 2; *Soergel/Dieckmann*, § 2019 Rdn. 3; a. A. AnwK-BGB/*Fleindl*, § 2019 Rdn. 11; *Staudinger/Gursky* (2016), § 2019 Rdn. 12.

[1989] *Erman/Horn*, § 2019 Rdn. 1e; MüKo/*Helms*, § 2019 Rdn. 11.

[1990] *Staudinger/Gursky* (2016), § 2019 Rdn. 15; *Martinek*, ZGR 1991, 74, 82; MüKo/*Helms*, § 2019 Rdn. 13.

[1991] *Bamberger/Roth/Müller-Christmann*, § 2019 Rdn. 9; anders noch *Planck/Flad*, § 2019 Anm. 3.

[1992] *Lange/Kuchinke*, § 41 III 2 d Fn. 45; Palandt/*Weidlich*, § 2019 Rdn. 2 *Bamberger/Roth/Müller-Christmann*, § 2019 Rdn. 9.

[1993] *Staudinger/Gursky* (2016), § 2019 Rdn. 15; *Burandt/Rojahn/Gierl*, § 2019 Rdn. 9; a. A. *Soergel/Dieckmann*, § 2019 Rdn. 15.

[1994] *Lange/Kuchinke*, § 41 III 2 d.

[1995] MüKo/*Helms*, § 2019 Rdn. 8; *Brox/Walker*, Rdn. 578.

[1996] MüKo/*Helms*, § 2019 Rdn. 8.

auch um Austauschvorgänge handeln, die materiell-rechtsgeschäftlicher Art und nur aus rechtstechnischen Gründen in die Form eines Erwerbs kraft gesetzlicher Vorschrift eingekleidet sind, wie z.b. ein von dem Erbschaftsbesitzer mit Mitteln des Nachlasses in der Zwangsversteigerung erstandenes Grundstück.[1997]

4. Das Verhältnis von Ersetzungserwerb und denkbaren Sekundäransprüchen

Hat der Erbschaftsbesitzer eine zum Nachlass gehörende Sache unter Wert verkauft, stellt sich die Frage, **welche Ansprüche dem Erben wegen der Differenz zustehen.** Die Regelung des § 2021 BGB begründet keinen Anspruch auf die Wertdifferenz, da die dem Erbschaftsbesitzer verbleibende Bereicherung bereits real, nämlich über den Anspruch auf Herausgabe des Surrogates abgeschöpft wird.[1998] Der Erbschaftsbesitzer ist jedoch unter den Voraussetzungen der §§ 2023 ff. BGB **Schadensersatzansprüchen ausgesetzt.**[1999]

672

5. Rechtsfolgen

Die **durch Rechtsgeschäfte mit Mitteln der Erbschaft erworbenen Gegenstände fallen dem Erben unmittelbar an,** so dass er auch sie gemäß § 2018 BGB herausverlangen kann. Die **Surrogationswirkung tritt kraft Gesetzes** ein, so dass es auf die Willensrichtung einer der beteiligten Personen nicht ankommt. Es kommt nicht zu einem Zwischenerwerb des Erbschaftsbesitzers, wodurch ein Zugriff der Eigengläubiger auf den konkreten Gegenstand ausgeschlossen wird. Voraussetzung ist immer, dass die Leistungsgeschäfte von beiden Parteien gleichzeitig vorgenommen werden. Anderenfalls kommt es, wie z.B. bei Kreditgeschäften, bei denen ein Erbschaftsbesitzer erst im zeitlichen Nachgang zur eingegangenen schuldrechtlichen Verpflichtung die Schuld tilgt, zu einem Durchgangserwerb des Erbschaftsbesitzers.[2000] In diesem Fall erwirbt der Erbschaftsbesitzer zunächst den schuldrechtlichen Anspruch. Erfüllt er später die eingegangene Verpflichtung, fällt der Anspruch gegen den Dritten in den Nachlass. Die Gegenleistung des Dritten gelangt unmittelbar in den Nachlass. Im Fall einer Vorleistung des Dritten erwirbt zunächst der Erbschaftsbesitzer die Leistung, weil in diesem Zeitpunkt noch nicht erkennbar ist, ob die von dem Erbschaftsbesitzer geschuldete Leistung aus dem Nachlass oder aus Eigenmitteln bewirkt wird. Erst wenn die Leistung durch Nachlassmittel erfolgt, fällt der Gegenstand infolge der Surrogationswirkung aus dem Eigentum des Erbschaftsbesitzers in den Nachlass.[2001]

673

[1997] *Staudinger/Gursky* (2016), § 2019 Rdn. 18; *Brox/Walker*, Rdn. 605; *Lange/Kuchinke*, § 41 III 2 d.

[1998] *Staudinger/Gursky* (2016), § 2019 Rdn. 24.

[1999] *Staudinger/Gursky* (2016), § 2019 Rdn. 24; a.A. *Maurer*, Das Rechtsverhältnis zwischen Erben und Erbschaftsbesitzer, S. 108, wonach bei einer Surrogation sämtliche Sekundäransprüche ausgeschlossen sind, was aber dem Schutzzweck der Norm widerspricht.

[2000] *Burandt/Rojahn/Gierl*, § 2019 Rdn. 11.

[2001] MüKo/*Helms*, § 2019 Rdn. 14; *Staudinger/Gursky* (2016), § 2019 Rdn. 4; *Brox/Walker*, Rdn. 606; *Burandt/Rojahn/Gierl*, § 2019 Rdn. 11; *Bamberger/Roth/Müller-Christmann*, § 2019 Rdn. 10; a.A. Palandt/*Weidlich*, § 2019 Rdn. 1; *Soergel/Dieckmann*, § 2019 Rdn. 1; *Erman/Horn*, § 2019 Rdn. 1d.

674   Der **Umfang der Surrogation** wird zum einen von dem Recht des Erblassers an dem hingegebenen Nachlassgegenstand bestimmt und zum anderen bei der Aufwendung von Eigen- oder Nachlassmitteln durch den Erbschaftsbesitzer von der Höhe des Anteils der Nachlassmittel an der Aufwendung beeinflusst. Die Mitberechtigung des Erben ergibt sich aus dem Verhältnis der Nachlassmittel zur Gesamtaufwendung.

Die **Beweislast**, dass der Erwerb aus Nachlassmitteln erfolgt ist, obliegt ebenso wie für die Tatsache, dass der ursprüngliche Gegenstand zum Nachlass gehörte, dem Erben. Ihm wird die Beweisführung durch die Auskunftspflicht des Erbschaftsbesitzers aus § 2027 BGB erleichtert.

6. Der Schutz gutgläubiger Dritter, § 2019 Abs. 2 BGB

675   **Verfügungen über Erbschaftsgegenstände** trifft der Erbschaftsbesitzer als **Nichtberechtigter**. **Zu Gunsten eines gutgläubigen Dritten** gelten über § 2019 Abs. 2 BGB die Vorschriften über den Schutz des guten Glaubens, **§§ 892, 893, 932–936, 1032, 1138, 1155, 1207, 2366, 2367 BGB**.[2002] Beim Erwerb beweglicher Sachen ist § 857 BGB i. V. m. § 935 BGB zu beachten, wonach ein Übergang des Besitzes auf den Erben stattfindet, wenn der Gegenstand von vornherein Nachlassbestandteil war. Eine solchermaßen vom Erbschaftsbesitzer weggegebene Sache ist regelmäßig abhanden gekommen, so dass ein gutgläubiger Erwerb nur noch über § 2366 BGB möglich ist, wenn der Erbschaftsbesitzer durch einen Erbschein legitimiert ist.

Die Surrogation begründet für den Dritten ein weiteres Problem. Hat der Erbschaftsbesitzer mit Mitteln der Erbschaft rechtsgeschäftlich Forderungen im eigenen Namen begründet, ordnet der Ersetzungsgrundsatz diese dem Erben zu. Der Schuldner, der die Zugehörigkeit der Forderung zum Nachlass regelmäßig nicht kennt, bedarf deshalb eines erweiterten Schutzes. Er genießt gemäß § 2019 Abs. 2 Hs. 1 BGB **Schutz wie bei einem gesetzlichen Forderungsübergang nach § 412 BGB**.[2003] Die Surrogation muss der Schuldner gegen sich gelten lassen, wenn er Kenntnis von den genannten Tatsachen erlangt hat, also den wahren Erben als seinen Gläubiger behandeln. Der Schuldner kann nach § 404 BGB dem Erben alle Einwendungen entgegenhalten, die bis zum Zeitpunkt der Kenntniserlangung gegenüber dem Erbschaftsbesitzer entstanden waren.[2004]

Zum Schutz des Schuldners ordnet § 2019 Abs. 2 Hs. 2 BGB eine **entsprechende Anwendung der §§ 406–408 BGB** an. Der Schuldner kann deshalb mit einer ihm gegen den Erbschaftsbesitzer zustehenden Forderung auch gegenüber dem Erben aufrechnen, sofern er nicht bei dem Erwerb der Forderung gegen den Erbschaftsbesitzer von der Zugehörigkeit der Hauptforderung zum Nachlass Kenntnis hatte oder seine Forderung erst nach Erlangung der Kenntnis und später als die Erbschaftsforderung fällig geworden ist, § 406 BGB. Nicht anwendbar ist § 405 BGB, weil § 2019 Abs. 2 BGB den Schuldner und nicht den Erben schützen soll.[2005]

[2002] MüKo/*Helms*, § 2019 Rdn. 16; *Damrau/Tanck/Schmalenbach*, § 2019 Rdn. 13.

[2003] *Soergel/Dieckmann*, § 2019 Rdn. 9; MüKo/*Helms*, § 2019 Rdn. 17.

[2004] MüKo/*Helms*, § 2019 Rdn. 17; *Soergel/Dieckmann*, § 2019 Rdn. 9.

[2005] *Bamberger/Roth/Müller-Christmann*, § 2019 Rdn. 13; *Soergel/Dieckmann*, § 2019 Rdn. 9; MüKo/*Helms*, § 2019 Rdn. 17.

VII. Nutzungen und Früchte, § 2020 BGB

Der Erbschaftsbesitzer hat **alle** aus Erbschaftsgegenständen gezogenen **Nutzungen,** 676
d.h. unmittelbare und mittelbare Sachfrüchte, Rechtsfrüchte und Gebrauchsvorteile
i.S.v. §§ 99, 100 BGB **herauszugeben.**[2006] Diese Rechtsfolge entspricht den allgemeinen Vorschriften des Eigentümer-Besitzer-Verhältnisses. Da der **Erbschaftsbesitzer** für
deren Erwerb kein Opfer erbringen musste, wird er **wie ein unentgeltlicher Besitzer**
i.S.v. § 988 BGB behandelt.[2007] Der Herausgabeanspruch kann dinglicher oder schuldrechtlicher Natur sein, wobei zwischen unmittelbaren Sachfrüchten sowie mittelbaren
Sach- und Rechtsfrüchten sowie Gebrauchsvorteilen zu differenzieren ist.[2008]

1. Unmittelbare Sachfrüchte

Unmittelbare Sachfrüchte fallen grundsätzlich mit der Trennung in das Eigentum 677
des Erben, §§ 953 ff. BGB. Der **Erbe hat nach § 2020 Hs. 1 BGB einen dinglichen
Herausgabeanspruch gegen den Erbschaftsbesitzer.** Ihm steht im Fall der Insolvenz
des Erbschaftsbesitzers ein Aussonderungsrecht gemäß § 47 InsO zu.[2009] Der Erbschaftsbesitzer kann jedoch nach § 955 BGB als gutgläubiger Eigenbesitzer Eigentum
erwerben, weil die besonderen sachenrechtlichen Vorschriften wie bei einem gesetzlichen Eigentumserwerb an Früchten nicht vom Surrogationsgrundsatz ausgeschlossen
werden.[2010] In diesem Fall steht dem Erben ein **schuldrechtlicher Anspruch auf
Übereignung der Früchte aus § 2020 Hs. 2 BGB** zu. Der Erbschaftsbesitzer kann
auch unmittelbare Früchte von Sachen ziehen, die tatsächlich zur Erbschaft gehören,
ohne dass dem Erblasser selbst ein Fruchtziehungsrecht zustand. Weder der bösgläubige Erbschaftsbesitzer noch der Erbe erwerben Eigentum an den Früchten. Der
Erbschaftsbesitzer muss diese Früchte dennoch dem Erben herausgeben, dem ein aus-
sonderungsfähiger Anspruch zusteht.[2011] Die Nutzungsherausgabeansprüche des Erben aus § 2020 BGB setzen nicht voraus, dass ein Ausschluss der Pflicht zur Nutzungs-
herausgabe bei fehlender eigener Nutzungsbefugnis des Erben bestünde.[2012]

2. Mittelbare Sachfrüchte und Rechtsfrüchte

Mittelbare Sachfrüchte (beispielsweise eine Mietzinsforderung aus einer vermieteten 678
Nachlasssache) und Rechtsfrüchte (beispielsweise Darlehenszinsen aus einem vom Erblasser gewährten Darlehen) i.S.v. § 99 Abs. 3 BGB **hat der Erbschaftsbesitzer herauszugeben,** wobei die **Behandlung der mittelbaren Sachfrüchte umstritten** ist. Es geht
um die – für die Praxis eher von untergeordneter Bedeutung – diskutierte Frage des
Verhältnisses von § 2020 Hs. 2 BGB zum Surrogationsprinzip des § 2019 BGB. Nach
ganz überwiegender Meinung findet § 2020 Hs. 2 BGB nur auf unmittelbare Sach-

---

[2006] *Staudinger/Gursky* (2016), § 2020 Rdn. 1; MüKo/*Helms,* § 2020 Rdn. 2.
[2007] MüKo/*Helms,* § 2020 Rdn. 1; *Ebenroth,* Rdn. 1027.
[2008] MüKo/*Helms,* § 2020 Rdn. 2 ff.; *Soergel/Dieckmann,* § 2020 Rdn. 2.
[2009] MüKo/*Helms,* § 2020 Rdn. 3; *Staudinger/Gursky* (2016), § 2020 Rdn. 2.
[2010] *Staudinger/Gursky* (2016), § 2020 Rdn. 2; MüKo/*Helms,* § 2020 Rdn. 3; a.A. AK/*Wendt,*
      § 2020 Rdn. 5 ff., der von einer dinglichen Zuordnung zum Nachlass ausgeht.
[2011] MüKo/*Helms,* § 2020 Rdn. 2; *Soergel/Dieckmann,* § 2020 Rdn. 2; ablehnend *Wieling,* JZ
      1986, 5, 7.
[2012] *Staudinger/Gursky* (2016), § 2020 Rdn. 11.

früchte Anwendung, so dass es **für mittelbare Sach- und Rechtsfrüchte beim Surrogationsprinzip** des § 2019 BGB **bleibt.** Der Erbe erwirbt automatisch ein aussonderungsfähiges Vollrecht.[2013] Die heute kaum noch vertretene Gegenauffassung hält eine dingliche Surrogation bei allen Fruchtarten für unanwendbar, weil der Erbschaftsbesitzer unabhängig von seiner Gut- oder Bösgläubigkeit nach den allgemeinen Übertragungsregeln an mittelbaren Früchten Eigentum erwerbe und deshalb nur obligatorisch nach § 2020 Hs. 2 BGB zur „Herausgabe", d.h. zur Übereignung, verpflichtet sei.[2014] Dagegen spricht, dass auf diese Weise der Surrogationsgrundsatz zu sehr eingeschränkt würde, was dem gewollten wirksamen Schutz des wahren Erben und der Nachlassgläubiger widerspräche.[2015]

3. Gebrauchsvorteile

679 Die **Herausgabepflicht** für gezogene Gebrauchsvorteile i.S.v. § 100 Alt. 2 BGB **ergibt sich aus §§ 2021, 818 Abs. 2 BGB.** Insoweit besteht ein schuldrechtlicher Anspruch des Erben, der auf Herausgabe der Bereicherung gerichtet ist. Hat der Erblasser ein zum Nachlass gehörendes Grundstück selbst bewohnt, so hat der Erbschaftsbesitzer den Wert dieser Nutzung in Höhe des marktüblichen Mietpreises zu ersetzen, ohne sich auf den Wegfall der Bereicherung berufen zu können, weil er selbst Aufwendungen erspart hat.[2016]

4. Gegenstand der Herausgabe

680 Nutzungen, die noch vorhanden sind, muss der Erbschaftsbesitzer **in Natur herausgeben.** Ist er dazu nicht in der Lage, ergibt sich seine **Wertersatzpflicht aus §§ 2021, 818 Abs. 2 BGB.** Die Vorschriften der §§ 275 ff. BGB werden durch § 2021 BGB verdrängt.[2017] Sind die Früchte noch ungetrennt vorhanden, können sie mit der Erbschaftsklage aus § 2018 BGB herausverlangt werden.[2018]

5. Gut- und Bösgläubigkeit des Erbschaftsbesitzers im Fall von Nutzungen

681 Für schuldhaft nicht gezogene Nutzungen **haftet der Erbschaftsbesitzer nicht, wenn er gutgläubig war.** Seine Haftung verschärft sich mit Eintritt der Rechtshängigkeit des Herausgabeanspruchs, § 2023 BGB, oder mit der Kenntniserlangung von der Unrechtmäßigkeit des Besitzes, § 2024 Satz 2 BGB.

[2013] *Soergel/Dieckmann,* § 2020 Rdn. 2; *Staudinger/Gursky* (2016), § 2020 Rdn. 4; MüKo/*Helms,* § 2020 Rdn. 4; a.A. RGRK/*Kregel,* § 2020 Rdn. 1; Palandt/*Weidlich,* § 2020 Rdn. 1; *Planck/ Flad,* § 2020 Anm. 2c; *Weinkauf,* Der Erbschaftsanspruch als besondere Anspruchsgrundlage zur Wahrung der berechtigten Interessen des Erben, S. 119 ff., 125.

[2014] So insbesondere *Maurer,* Das Rechtsverhältnis zwischen Erbe und Erbschaftsbesitzer, S. 155 ff.; *Planck/Flad,* § 2020 Anm. 2c.

[2015] MüKo/*Helms,* § 2020 Rdn. 4; *Staudinger/Gursky* (2016), § 2020 Rdn. 4.

[2016] Beispiel nach MüKo/*Helms,* § 2020 Rdn. 5.

[2017] *Staudinger/Gursky* (2016), § 2020 Rdn. 6.

[2018] *Staudinger/Gursky* (2016), § 2020 Rdn. 6.

VIII. Die Haftung des Erbschaftsbesitzers im Einzelnen

Die Haftung des Erbschaftsbesitzers bestimmt sich danach, ob er **gutgläubig** und **unverklagt** ist, **verklagt wurde** oder **als deliktischer Besitzer gehandelt hat.** *682*

1. Die Herausgabepflicht des unverklagten gutgläubigen Erbschaftsbesitzers, § 2021 BGB

Kann der gutgläubige unverklagte Erbschaftsbesitzer das Erlangte, was er nach *683* §§ 2018–2020 BGB herauszugeben hätte, nicht mehr herausgeben, so **haftet er gemäß § 2021 BGB nach den Vorschriften über die Herausgabe einer ungerechtfertigten Bereicherung.** Es handelt sich um eine **Rechtsfolgenverweisung auf die Regelungen der §§ 818 ff. BGB**[2019], die dem Schutz des gutgläubigen Erbschaftsbesitzers dient. Dieser unterliegt auch keiner Verzugshaftung, was sich aus einem Umkehrschluss aus § 2024 Satz 3 BGB herleiten lässt.[2020]

a) Unmöglichkeit der Herausgabe

Die Vorschrift setzt voraus, dass **dem Erbschaftsbesitzer die Herausgabe des Erlang-** *684* **ten unmöglich ist.** Daran fehlt es, wenn nach § 2019 BGB eine Surrogation eingetreten, der Ersatzgegenstand noch vorhanden ist oder wenn der Erbschaftsbesitzer zwar ein Surrogat erlangt hat, dieses jedoch wertmäßig hinter der veräußerten Sache zurückbleibt. Würde man § 2021 BGB auf diese Fallgruppe anwenden, dürfte der Anspruch in der überwiegenden Zahl der Fälle an einem Wegfall der Bereicherung auf Seiten des Erbschaftsbesitzers gemäß § 818 Abs. 3 BGB scheitern.[2021] Geht der Anspruch auf Herausgabe von Bargeld und hat der gutgläubige unverklagte Erbschaftsbesitzer dieses ausgegeben, gilt zu seinen Lasten nicht der Grundsatz der unbeschränkten Vermögenshaftung, wonach ein Leistungsunvermögen bei Geldbetragsschulden nicht zur Entlastung des Schuldners führt. Der Anspruch ist auf die Herausgabe ganz bestimmter Banknoten und Münzen gerichtet. Das kann unmöglich sein, so dass sich der gutgläubige Erbschaftsbesitzer auf den Wegfall der Bereicherung berufen kann.[2022]

b) Haftung nach Bereicherungsgrundsätzen

Ist der Erbschaftsbesitzer zur Herausgabe außerstande, hat er dem Erben gemäß § 818 *685* Abs. 2 BGB den **Wert des Erlangten in Geld zu ersetzen.** Die Verpflichtung zur Zahlung von Wertersatz entfällt, wenn sich der **Erbschaftsbesitzer auf die Einrede der Entreicherung gemäß § 818 Abs. 3 BGB berufen kann.** Maßgeblich ist wegen der Einordnung des Erbschaftsanspruchs als Gesamtanspruch für die Frage des Fortbestehens der Bereicherung, ob die Vermögensmehrung, die dem Vermögen des Erbschaftsbesitzers durch die Erbschaft als Ganzes zugeflossen ist, nach Abzug aller Ausgaben,

---

[2019] RG v. 16.1.1913, IV 504/12, RGZ 81, 204, 206; RG v. 14.11.1932, VIII 331/32, RGZ 139, 17, 22; *Bamberger/Roth/Müller-Christmann*, § 2021 Rdn. 1; *Burandt/Rojahn/Gierl*, § 2021 Rdn. 5; *Jauernig/Stürner*, § 2021 Rdn. 1.
[2020] MüKo/*Helms*, § 2024 Rdn. 5; *Soergel/Dieckmann*, § 2023 Rdn. 2; *Staudinger/Gursky* (2016), § 2023 Rdn. 6; *Brox/Walker*, Rdn. 583.
[2021] MüKo/*Helms*, § 2021 Rdn. 2.
[2022] *Soergel/Dieckmann*, § 2021 Rdn. 3; RGRK/*Kregel*, § 2021 Rdn. 4.

die er im Vertrauen auf die Beständigkeit des Erwerbs der Erbschaft gemacht hat, noch vorhanden ist.[2023] Als Minderungsposten gelten diejenigen Ausgaben, die der Erbschaftsbesitzer aus seinem eigenen Vermögen im Vertrauen auf die mit der Erbschaft erlangte Vermögensmehrung macht. Denkbar ist, dass der Erbschaftsbesitzer den Nachlass schont und im Vertrauen auf die Erbschaft eigene Mittel verbraucht, um seine Lebenshaltung zu verbessern.[2024]

686 Zu einem **Wegfall der Bereicherung** führen auch **Verwendungen auf die Erbschaft**.[2025] Abzugsfähig sind die Kosten eines Rechtsstreits, den der gutgläubige unverklagte Erbschaftsbesitzer geführt hat, um sich den Besitz der erlangten Erbschaft zu erhalten.[2026] Aufwendungen des Erbschaftsbesitzers, um überhaupt in den Besitz der Erbschaft zu kommen, sind nicht abzugsfähig, weil schon nach den allgemeinen Grundsätzen des Bereicherungsrechts nur solche Vermögensnachteile die Bereicherung mindern, die durch die haftungsbegründende Erlangung verursacht worden sind.[2027] Die Kosten eines unrichtigen Erbscheins kann der Erbschaftsbesitzer nicht in Abzug bringen.

c) Unentgeltliche Zuwendung an einen Dritten

687 Gibt der Erbschaftsbesitzer den Gegenstand unentgeltlich an einen Dritten weiter, gelten die allgemeinen bereicherungsrechtlichen Grundsätze. Der **Dritte ist entweder nach § 822 BGB zur Herausgabe verpflichtet**, soweit sich der Erbschaftsbesitzer auf § 818 Abs. 3 BGB berufen kann, **oder nach § 816 Abs. 1 Satz 2 BGB**, wenn er als Nichtberechtigter über den Nachlass wirksam verfügt hat.[2028]

d) Beweislast

688 Der **Erbe** hat als Kläger die Unmöglichkeit der Herausgabe[2029] und den objektiven Wert des nicht mehr vorhandenen Nachlassgegenstandes[2030] oder den des aus dem Nachlass erlangten Vorteils sowie ggf. den Eintritt verschärfter Haftung zu beweisen. Der **Erbschaftsbesitzer** hat als Beklagter die Beweislast für den Wegfall der Bereicherung.[2031]

[2023] MüKo/*Helms*, § 2021 Rdn. 5; *Olzen*, Jura 2001, 223, 226; *Staudinger/Gursky* (2016), § 2021 Rdn. 7; a.A. *Dietz*, Familien- und Erbrecht, S. 154.

[2024] *Olzen*, Jura 2001, 223, 226.

[2025] BGH v. 12.12.2003, V ZR 158/03, FamRZ 2004, 537, 538 = ZEV 2004, 378, 379; *Brox/Walker*, Rdn. 581; RGRK/*Kregel*, § 2021 Rdn. 5.

[2026] MüKo/*Helms*, § 2021 Rdn. 6; *Staudinger/Gursky* (2016), § 2021 Rdn. 9; *Bamberger/Roth/Müller-Christmann*, § 2021 Rdn. 5; a.A. *Erman/Horn*, § 2021 Rdn. 3; *Brox/Walker*, Rdn. 581; *Soergel/Dieckmann*, § 2021 Rdn. 5.

[2027] MüKo/*Helms*, § 2021 Rdn. 6; *Staudinger/Gursky* (2016), § 2021 Rdn. 9; *Brox/Walker*, Rdn. 581; a.A. AK-BGB/*Wendt*, § 2021 Rdn. 17.

[2028] MüKo/*Helms*, § 2021 Rdn. 7; *Staudinger/Gursky* (2016), § 2021 Rdn. 11.

[2029] *Staudinger/Gursky* (2016), § 2021 Rdn. 15; a.A. *Burandt/Rojahn,/Gierl* § 2021 Rdn. 9; AnwK-BGB/*Fleindl*, § 2021 Rdn. 5: Erbschaftsbesitzer.

[2030] *Staudinger/Gursky* (2016), § 2021 Rdn. 6; *Bamberger/Roth/Müller-Christmann*, § 2021 Rdn. 8.

[2031] *Staudinger/Gursky* (2016), § 2021 Rdn. 15.

2. Der verklagte Erbschaftsbesitzer, § 2023 BGB

Nach Eintritt der Rechtshängigkeit aufgrund der allgemeinen Vorschriften, §§ 261 **689** Abs. 1, Abs. 2, 253 Abs. 1, 696 Abs. 3 ZPO, **haftet der Erbschaftsbesitzer verschärft** nach den Bestimmungen, die für das Verhältnis zwischen dem Eigentümer und dem unrechtmäßigen Besitzer von dem Eintritt der Rechtshängigkeit des Eigentumsanspruchs an gelten, § 2023 BGB i.V.m. §§ 987 Abs. 2, 989 BGB. Diese Haftung findet ihre Berechtigung darin, dass der Erbschaftsbesitzer ab dem Zeitpunkt der Rechtshängigkeit sein vermeintliches Erbrecht als bestritten kennt und mit der Möglichkeit rechnen muss, dass es sich bei den Gegenständen der Erbschaft um für ihn fremde Güter handelt.[2032]

a) Der Anwendungsbereich des § 2023 BGB

Nach § 2023 Abs. 1 BGB **betrifft die verschärfte Haftung nur den dinglichen Teil** **690** **des Erbschaftsanspruchs,** also den Anspruch auf Herausgabe des unmittelbar Erlangten i.S.v. § 2018 BGB und der Surrogate gemäß § 2019 Abs. 1 BGB. Die Regelung des § 2023 Abs. 2 BGB erstreckt die Haftungsverschärfung auf den Anspruch des Erben auf Herausgabe oder die Vergütung von Nutzungen. Ob die Verweisung des § 2023 Abs. 2 BGB auch für den schuldrechtlichen Herausgabeanspruch bezüglich derjenigen Früchte gilt, an denen der Erbschaftsbesitzer Eigentum erworben hat[2033], oder im Fall der Unanwendbarkeit die allgemeine Vorschrift des § 292 BGB zur Anwendung kommt[2034], ist für die Praxis ohne Bedeutung. Letztere Norm verweist ebenfalls auf die §§ 987, 989 BGB.[2035] Die **Vorschrift des § 2023 Abs. 1 BGB gilt** schon nach ihrem Wortlaut **nicht für den Bereicherungsanspruch des Erben aus § 2021 BGB.**[2036] Dieser richtet sich im Fall der Rechtshängigkeit nach § 818 Abs. 4 BGB, der auf die Bestimmungen der §§ 291, 292, 987 ff. BGB verweist, so dass nur ein nicht zu vertretender Wegfall der Bereicherung den Erbschaftsbesitzer entlastet.[2037] Fraglich ist, ob der Erbe auch für die Beschädigung oder die Zerstörung solcher Sachen Schadensersatz verlangen kann, die nur besitzmäßig zum Nachlass gehörten und an denen ihm kein obligatorisches Nutzungsrecht zustand.[2038] Eine Haftung ist dem Grunde nach zu bejahen, wobei die notwendige Korrektur bei der Bestimmung des Schadensumfangs vorzunehmen ist.[2039]

b) Folgen der Haftungsverschärfung

Die Regelung des § 2023 Abs. 1 BGB führt aufgrund der angeordneten **entsprechen-** **691** **den Anwendung der Vorschriften über die Nebenfolgen der Vindikation im Eigen-** **tümer-Besitzer-Verhältnis** zu einer Verschärfung der Haftung.[2040] Der **Erbschafts-**

[2032] *Brox/Walker,* Rdn. 582.
[2033] So RGRK/*Kregel,* § 2023 Rdn. 1.
[2034] So *Olzen,* Jura 2001, 223, 226; *Staudinger/Gursky* (2016), § 2023 Rdn. 2.
[2035] MüKo/*Helms,* § 2023 Rdn. 2.
[2036] *Soergel/Dieckmann,* § 2023 Rdn. 2.
[2037] *Brox/Walker,* Rdn. 582.
[2038] Näher dazu *Staudinger/Gursky* (2016), § 2023 Rdn. 7.
[2039] *Staudinger/Gursky* (2016), § 989 Rdn. 21 ff., § 2023 Rdn. 7.
[2040] *Soergel/Dieckmann,* § 2023 Rdn. 2.

besitzer haftet nach Rechtshängigkeit **gemäß § 989 BGB auf Schadensersatz** für den schuldhaften Untergang, die Verschlechterung oder die sonstige Unmöglichkeit der Herausgabe einer Sache, die dem dinglichen Herausgabeanspruch unterliegt. Gleiches gilt, wenn der Erbschaftsbesitzer nur schuldrechtlich zur Herausgabe der Sache als Nutzung gehalten war, §§ 2020, 2023 Abs. 2, 292, 989 BGB. Er haftet zudem für schuldhaft nicht gezogene Nutzungen, § 989 Abs. 2 BGB. Der Erbschaftsbesitzer muss ab Eintritt der Rechtshängigkeit damit rechnen, dass er nicht wahrer Erbe ist. Deshalb kann er nur solche Verwendungen ersetzt verlangen, die notwendig waren und zusätzlich dem wirklichen oder mutmaßlichen Willen des Erben entsprochen haben, wenn der Erbe sie genehmigt hat, §§ 994 Abs. 2, 683, 684 Satz 2 BGB, oder wenn der Erbe im Zeitpunkt der Herausgabe noch bereichert ist, §§ 994 Abs. 2, 684 Satz 1, 812 ff. BGB. Unmaßgeblich ist, ob die Verwendungen auf den herausverlangten Gegenstand gemacht wurden. Es reicht aus, dass die Verwendung für andere Nachlassgegenstände oder auf den Nachlass als Ganzen erfolgt ist.[2041] Bei einer Tilgung von Nachlassverbindlichkeiten kommt ein Verwendungsersatzanspruch in Betracht, wenn der Erbschaftsbesitzer den Nachlass unter den Voraussetzungen der §§ 1978–1980, 1991 BGB verwaltet hat.[2042]

3. Der bösgläubige Erbschaftsbesitzer, § 2024 BGB

692 Das Gesetz **stellt den bösgläubigen Erbschaftsbesitzer** in § 2024 BGB **dem verklagten Erbschaftsbesitzer gleich.** Dieser **haftet grundsätzlich wie der gutgläubige nach Eintritt der Rechtshängigkeit.**[2043] Der Anwendungsbereich des § 2024 BGB ist in der Weise erweitert, dass diese Bestimmung für den dinglichen und den schuldrechtlichen Teil des Erbschaftsanspruchs gilt und damit auch für den Anspruch auf Wertersatz gemäß § 2021 BGB.[2044] Auf diese Weise wird vermieden, dass die Haftung für den Anspruch aus § 2021 BGB und der dingliche Anspruch aus § 990 BGB auseinanderfallen. Dazu käme es, weil § 819 BGB für den Bereicherungsanspruch auf die Kenntnis vom Fehlen des Rechtsgrundes abstellt, § 990 BGB aber schon grob fahrlässige Unkenntnis genügen lässt.[2045]

Die **Beweislast** für Bösgläubigkeit und Verzug i.S.v. § 2024 Satz 3 BGB trägt der **Erbe.**[2046]

a) Fehlender guter Glaube

693 Der Erbschaftsbesitzer muss nach § 2024 Satz 1 BGB **bei Begründung seines Besitzes,** d.h. in dem Zeitpunkt, in dem er erstmals als vermeintlicher Erbe etwas aus der Erbschaft erlangt hat, **positive Kenntnis** haben oder **grob fahrlässig nicht wissen, dass er nicht Erbe ist,** § 932 Abs. 2 BGB analog. Bösgläubig ist auch derjenige Erbschafts-

---

[2041] MüKo/*Helms,* § 2023 Rdn. 6; *Staudinger/Gursky* (2016), § 2023 Rdn. 11; AnwK-BGB/ *Fleindl,* § 2023 Rdn. 4; a.A. Palandt/*Weidlich,* § 2023 Rdn. 3.
[2042] *Erman/Horn,* § 2023 Rdn. 3; *Staudinger/Gursky* (2016), § 2023 Rdn. 12.
[2043] Dazu näher Rdn. 689 ff.
[2044] *Staudinger/Gursky* (2016), § 2024 Rdn. 6; MüKo/*Helms,* § 2024 Rdn. 1; *Bamberger/Roth/ Müller-Christmann,* § 2024 Rdn. 1.
[2045] Prot. V S. 719.
[2046] *Burandt/Rojahn/Gierl,* § 2024 Rdn. 9.

besitzer, der **nach Begründung des Erbschaftsbesitzes positiv erfährt, dass er nicht Erbe ist,** § 2024 Satz 2 BGB. Der späteren Kenntnis ist der Fall gleichzustellen, dass sich der Erbschaftsbesitzer vorsätzlich der Kenntnisnahme vom Fehlen seines Erbrechts verschließt.[2047]

b) Haftungsverschärfung bei Verzug

Nach § 2024 Satz 3 BGB bleibt eine Verschärfung der Haftung des bösgläubigen Erbschaftsbesitzers wegen Verzuges unberührt. Wird er gemahnt – die Klageerhebung steht dem gleich – und liegen die subjektiven Voraussetzungen des Verzuges gemäß § 286 Abs. 4 BGB vor, so hat der **Erbschaftsbesitzer dem Erben sämtlichen durch die Verzögerung der Herausgabe bedingten Schaden zu ersetzen,** § 2024 Satz 3 BGB i.V.m. §§ 280 Abs. 1, Abs. 2, 286 BGB. Darüber hinaus muss er gemäß §§ 280 Abs. 1, Abs. 3, 283, 287 Satz 2 BGB auch für die durch Zufall eintretende Unmöglichkeit der Herausgabe einstehen. Das gilt nicht, wenn derselbe Schaden bei dem Erben auch eingetreten, nachdem der Erbschaftsbesitzer seiner Herausgabepflicht unverzüglich nach Zugang der Mahnung nachgekommen wäre.[2048] *694*

Soweit es um das Verschulden des Erbschaftsbesitzers wegen der Unkenntnis seines fehlenden Erbrechts geht, soll sich nach wohl herrschender Meinung der **Verschuldensmaßstab** ausschließlich nach § 2024 BGB als lex specialis zu § 286 Abs. 4 BGB bestimmen. Damit käme die Haftungsverschärfung bei Verzug i.S.v. § 2024 S. 3 BGB erst bei grober Fahrlässigkeit zum Tragen.[2049] Dadurch würde der bösgläubige Erbschaftsbesitzer jedoch ungerechtfertigt privilegiert, so dass der allgemeine Verschuldensmaßstab gelten muss.[2050] *695*

4. Der deliktische Erbschaftsbesitzer, § 2025 BGB

Die Vorschrift des § 2025 BGB ist der des § 992 BGB nachgebildet. Sie begründet eine **Verschärfung der Haftung des Erbschaftsbesitzers, der einen Erbschaftsgegenstand durch eine Straftat oder durch schuldhaft verbotene Eigenmacht erlangt hat.** Er haftet nach den Vorschriften über den Schadensersatz wegen unerlaubter Handlungen, §§ 823 ff. BGB. Es handelt sich ebenso wie bei § 992 BGB um eine **Rechtsgrundverweisung auf das Deliktsrecht**[2051], die hinsichtlich ihres Regelungsgehaltes jedoch noch über § 992 BGB hinausgeht. Die Haftung wird auf alle denkbaren Erbschaftsgegenstände erstreckt und damit auch auf Rechte.[2052] Die Haftungsverschärfung erfasst immer nur den konkreten Gegenstand, der auf diese Weise erlangt wurde.[2053] Die Vorschrift führt nicht dazu, dass der Erbschaftsbesitzer allgemein nur noch nach Deliktsrecht haftet. Aufgehoben wird nur die gedanklich vorausgesetzte Sperre gegenüber dem Deliktsrecht. Es wird eine zusätzliche unter Umständen mit den §§ 2023, 2024 *696*

[2047] RGRK/*Kregel,* § 2024 Rdn. 4; *Bamberger/Roth/Müller-Christmann,* § 2024 Rdn. 2.

[2048] *Staudinger/Gursky* (2016), § 2024 Rdn. 9.

[2049] So *Erman/Horn,* § 2024 Rdn. 3; MüKo/*Helms,* § 2024 Rdn. 5; *Burandt/Rojahn/Gierl,* § 2024 Rdn. 8.

[2050] Ebenso *Staudinger/Gursky* (2016), § 2024 Rdn. 10.

[2051] *Kipp/Coing,* § 108 V; RGRK/*Kregel,* § 2025 Rdn. 4; *Burandt/Rojahn/Gierl,* § 2025 Rdn. 1; *Bamberger/Roth/Müller-Christmann,* § 2025 Rdn. 1.

[2052] *Staudinger/Gursky* (2016), § 2025 Rdn. 3; *Brox/Walker,* Rdn. 584.

[2053] MüKo/*Helms,* § 2025 Rdn. 1.

BGB konkurrierende Anspruchsgrundlage geschaffen.[2054] Die Haftung nach § 2025 Satz 1 BGB setzt immer voraus, dass ein Erbschaftsgegenstand betroffen ist. Dazu zählen alle zur Erbschaft gehörenden Sachen und Rechte sowie deren Surrogate. Der Begriff des Erbschaftsgegenstandes erfasst auch die Erbschaft als Ganzes, so wenn sie durch eine falsche Versicherung an Eides statt erlangt wird.[2055]

Der **Anspruch aus § 2025 BGB verjährt in der regelmäßigen dreijährigen Verjährungsfrist** nach §§ 195, 199 Abs. 1 BGB. Es handelt sich aufgrund der Einordnung als Rechtsgrundverweisung um einen Schadensersatzanspruch und nicht um den primären Herausgabeanspruch aus § 2018 BGB bzw. um einen Hilfsanspruch zu dessen Geltendmachung, so dass § 197 Abs. 1 Nr. 2 BGB nicht gilt.[2056] Die besondere Verjährungshöchstfrist des § 199 Abs. 3a ist zu beachten.[2057]

a) Erlangung durch eine Straftat

697 Als Straftaten i.S.v. § 2025 Satz 1 1. Alt. BGB kommen **Diebstahl, Unterschlagung, Betrug, Nötigung, Erpressung, Urkundenfälschungen** an letztwilligen Verfügungen sowie die **Abgabe einer falschen eidesstattlichen Versicherung im Erbscheinsverfahren** in Betracht.[2058] Verschafft sich der Erbschaftsbesitzer Erbschaftsgegenstände durch eine Straftat, wird er regelmäßig auch bösgläubig sein. Die verschärfte Haftung aus § 2025 Satz 1 BGB trifft ihn ferner, wenn er zwar hinsichtlich seines Erbrechts gutgläubig ist, die Straftat aber gerade der Erlangung seines vermeintlichen Erbrechts dient.[2059] Die Vorschrift richtet sich gegen die verwerfliche Art der Besitzerlangung.[2060]

b) Erlangung durch verbotene Eigenmacht

698 Neben der Erlangung mittels einer Straftat wird die verschärfte Haftung **nach § 2025 Satz 1 2. Alt. BGB auch durch Erlangung einer Nachlasssache aufgrund verbotener Eigenmacht** gemäß § 858 BGB ausgelöst. Da der Besitz gemäß § 857 BGB unmittelbar auf den wahren Erben übergeht, könnte der gutgläubige Erbschaftsbesitzer bei der Inbesitznahme eines Nachlassgegenstandes verbotene Eigenmacht selbst dann ausüben, wenn der Erbe daran noch keine Sachherrschaft begründet hatte. Nach § 2025 **Satz 2 BGB** setzt die Haftung des gutgläubigen Erbschaftsbesitzers aufgrund verbotener Eigenmacht deshalb voraus, dass der **Erbe über den Nachlassgegenstand bereits die tatsächliche Sachherrschaft erlangt hat**. Dazu zählt auch der mittelbare Besitz i.S.v. § 868 BGB. Ein Entzug der tatsächlichen Sachherrschaft zu Lasten des Erben ist gegeben, wenn er den Besitz einer Sache dadurch verliert, dass einem Besitzmittler die tatsächliche Sachherrschaft an der Sache entzogen wird.[2061]

[2054] *Staudinger/Gursky* (2016), § 2025 Rdn. 4.

[2055] *Staudinger/Gursky* (2016), § 2025 Rdn. 3.

[2056] Palandt/*Weidlich*, § 2025 Rdn. 3; *Staudinger/Gursky*, § 2025 Rdn. 13; *Burandt/Rojahn/Gierl*, § 2025 Rdn. 6; MüKo/*Helms*, § 2025 Rdn. 7; *Damrau/Tanck/Schmalenbach*, § 2025 Rdn. 13.

[2057] *Damrau/Tanck/Schmalenbach*, § 2025 Rdn. 13.

[2058] RGRK/*Kregel*, § 2025 Rdn. 2; *Damrau/Tanck/Schmalenbach*, § 2025 Rdn. 4; *Bamberger/Roth/Müller-Christmann*, § 2025 Rdn. 2.

[2059] MüKo/*Helms*, § 2025 Rdn. 2; RGRK/*Kregel*, § 2025 Rdn. 2; *Lange/Kuchinke*, § 40 IV b Fn. 99; *Bamberger/Roth/Müller-Christmann*, § 2025 Rdn. 2.

[2060] *Lange/Kuchinke*, § 40 IV b.

[2061] MüKo/*Helms*, § 2025 Rdn. 5; *Burandt/Rojahn/Gierl*, § 2025 Rdn. 3.

Ebenso wie bei § 992 BGB muss die **verbotene Eigenmacht vorsätzlich oder fahrlässig begangen** worden sein.[2062] Das ergibt sich aus einem Vergleich mit der Tatbestandsalternative der Erlangung durch eine Straftat, die stets ein Verschulden – sogar in der gesteigerten Form des Vorsatzes – voraussetzt. Es wäre ein Wertungswiderspruch, wenn es bei der Alternative der verbotenen Eigenmacht zur Haftungsverschärfung ohne Verschulden käme. Zudem verlangen die in Bezug genommenen §§ 823 ff. BGB ohnehin Verschulden.

c) Umfang der Haftung

Der Umfang der deliktischen Haftung bestimmt sich nach den **§§ 823 ff., 249 ff. BGB.** *699* Hervorzuheben ist, dass **über § 848 BGB auch für Zufall gehaftet wird**, wenn die Besitzentziehung als solche eine unerlaubte Handlung darstellt. Der Anspruch auf Schadensersatz für den Verlust an Substanz oder Nutzbarkeit der Nachlasssache ist **nach § 849 BGB ab dem Schadenseintritt zu verzinsen.**

Nach Eintritt der deliktischen Haftung kann auch ein gutgläubiger Erbschaftsbesitzer nur noch Ersatz notwendiger und nützlicher Verwendungen gemäß §§ 850, 994–996 BGB verlangen.[2063]

IX. Verwendungsersatzansprüche des Erbschaftsbesitzers

Der **gutgläubige unverklagte Erbschaftsbesitzer wird privilegiert.** Er hat gemäß *700* § 2022 Abs. 1 BGB gegenüber dem wahren Erben Ansprüche auf Ersatz wegen seiner auf die Erbschaft gemachten Verwendungen. Das sind freiwillige Vermögensopfer in Form von Vermögenswerten, Maßnahmen und Ausgaben, die einer Nachlasssache oder der Erbschaft insgesamt zugute kommen sollen.[2064] Für den verklagten, bösgläubigen Erbschaftsbesitzer sind die §§ 2023 Abs. 2, 2024 BGB maßgebend.

1. Der Verwendungsersatzanspruch des unverklagten gutgläubigen Erbschaftsbesitzers

Verwendungsersatz kann unter den in § 2022 Abs. 1 BGB geregelten Voraussetzungen verlangt werden. Nach dem Wortlaut der Norm steht dem Erbschaftsbesitzer nur *701* gegenüber dem dinglichen Anspruch auf Herausgabe der zur Erbschaft gehörenden Gegenstände ein **Zurückbehaltungsrecht** zu. Die Vorschrift findet jedoch auf den schuldrechtlichen Anspruch auf Herausgabe der Früchte, an denen der Erbschaftsbesitzer gemäß § 2020 Hs. 2 BGB Eigentum erlangt hat Anwendung.[2065] Andernfalls stünde sich der gutgläubige unverklagte Erbschaftsbesitzer schlechter als der bösgläubige.[2066]

[2062] MüKo/*Helms,* § 2025 Rdn. 4; *Bamberger/Roth/Müller-Christmann,* § 2025 Rdn. 5.

[2063] MüKo/*Helms,* § 2025 Rdn. 7; *Damrau/Tanck/Schmalenbach,* § 2025 Rdn. 12.

[2064] BGH v. 10.7.1953, V ZR 22/52, BGHZ 10, 171, 177; BGH v. 26.2.1964, V ZR 105/61, BGHZ 41, 157.

[2065] MüKo/*Helms,* § 2022 Rdn. 2; *Bamberger/Roth/Müller-Christmann,* § 2022 Rdn. 2.

[2066] *Staudinger/Gursky* (2016), § 2022 Rdn. 2.

a) Voraussetzungen des Verwendungsersatzanspruchs aus § 2022 BGB

702 § 2022 Abs. 1 Satz 1 BGB gilt für **alle gemachten Verwendungen** des Erbschaftsbesitzers, **gleichgültig ob sie notwendig, nützlich oder werterhöhend waren.**[2067] Der Erbschaftsbesitzer muss die Aufwendungen stets **aus Eigenmitteln erbringen** und sie **auf Nachlassgegenstände oder auf die Erbschaft als Ganzes gemacht haben.** Aufwendungen auf eigene Sachen sind nur nach § 2021 BGB im Rahmen der Entreicherung zu berücksichtigen. Ferner dürfen die Verwendungen nicht schon durch eine Anrechnung auf die nach § 2021 BGB herauszugebende Bereicherung gedeckt sein.[2068]

Die Regelung des § 2022 Abs. 2 BGB stellt klar, dass zu den Verwendungen auch solche Aufwendungen gehören, die, wie das Bestreiten von Lasten der Erbschaft oder die Berichtigung von Nachlassverbindlichkeiten, der Erbschaft als Ganzes zu Gute kommen. Deshalb ist auch die Zahlung der Erbschaftsteuer aus Eigenmitteln des Erbschaftsbesitzers eine erstattungsfähige Verwendung auf die Erbschaft, jedoch nur in dem Umfang, in dem ihr der Erbe selbst unterliegt.[2069]

b) Durchsetzung des Anspruchs

703 Der Anspruch auf Verwendungsersatz ist gemäß § 2022 Abs. 1 Satz 2 BGB nach den für den Eigentumsanspruch geltenden Vorschriften der §§ 1000–1003 BGB geltend zu machen. Der **Erbschaftsbesitzer kann gemäß § 1000 BGB ein Zurückbehaltungsrecht ausüben.** Er kann auch Klage auf Ersatz der Verwendung erheben und sich gemäß § 1003 BGB aus den Nachlasssachen befriedigen. In entsprechender Anwendung der §§ 997, 258 BGB steht dem Erbschaftsbesitzer ein **Wegnahmerecht** zu.[2070] Dieser hat die Ausschlussfrist des § 1002 Abs. 1 BGB zu beachten, wenn der Erbe die Verwendungen genehmigt oder die Sache durch Herausgabe oder in sonstiger Weise wiedererlangt hat.

Der **Erbschaftsbesitzer** trägt die **Beweislast,** dass er auf einen Nachlassgegenstand oder die Erbschaft als Ganzes Verwendungen gemacht hat. Im Fall des § 2022 Abs. 2 BGB hat er nachzuweisen, dass die Nachlassverbindlichkeit bestand.[2071] Der **Erbe** muss darlegen und ggf. beweisen, dass die geltend gemachten Verwendungen bereits durch Anrechnung auf die nach § 2021 BGB herauszugebende Bereicherung erfasst sind.

c) Weitergehende Ansprüche, § 2022 Abs. 3 BGB

703a Dem Erbschaftsbesitzer bleiben **nach § 2022 Abs. 3 BGB alle weitergehenden Ansprüche vorbehalten,** die er nach den sonstigen Vorschriften wegen nicht auf einzelne Sachen gemachte Aufwendungen hat. Betroffen sind Aufwendungen auf unkörperliche Erbschaftsgegenstände oder solche, die auf die Erbschaft im Ganzen gemacht worden sind.[2072] Als weitergehende Ansprüche kommen **solche aus ungerechtfertigter Berei-**

[2067] MüKo/*Helms,* § 2022 Rdn. 4.
[2068] MüKo/*Helms,* § 2022 Rdn. 5.
[2069] *Staudinger/Gursky* (2016), § 2022 Rdn. 6.
[2070] *Brox/Walker,* Rdn. 586; MüKo/*Helms,* § 2022 Rdn. 13; Palandt/*Weidlich,* § 2022 Rdn. 5; *Bamberger/Roth/Müller-Christmann,* § 2022 Rdn. 9.
[2071] MüKo/*Helms,* § 2022 Rdn. 15.
[2072] MüKo/*Helms,* § 2022 Rdn. 14; *Damrau/Tanck/Schmalenbach,* § 2022 Rdn. 17.

cherung des Erben nach §§ 812 ff. BGB in Betracht. Dem Erbschaftsbesitzer steht beispielsweise eine Rückgriffskondiktion gegen den Erben zu, wenn er aus eigenen Mitteln Nachlassverbindlichkeiten beglichen hat.[2073] In Betracht kommen des Weiteren Ansprüche aus § 1968 BGB, wenn der Erbschaftsbesitzer für das Begräbnis des Erblassers gesorgt hat. Ansprüche aus Geschäftsführung ohne Auftrag gemäß § 687 BGB scheiden aus, weil der Erbschaftsbesitzer kein fremdes Geschäft besorgen wollte.[2074]

2. Verwendungsersatzansprüche des verklagten und bösgläubigen Erbschaftsbesitzers

Der verklagte und bösgläubige Besitzer kann gemäß §§ 2023 Abs. 2, 2024 BGB Verwendungen ausschließlich nach den Vorschriften des Eigentümer-Besitzer-Verhältnisses, §§ 994–996 BGB geltend machen. Er kann **nach den Regeln über die Geschäftsführung ohne Auftrag gemäß §§ 677 ff. BGB Ersatz für notwendige Verwendungen** verlangen[2075], **wenn sie dem wirklichen oder mutmaßlichen Willen des Erben entsprochen** haben, der **Erbe** sie gemäß §§ 994 Abs. 2, 683, 684 S. 2 BGB genehmigt hat oder für diesen noch eine **ungerechtfertigte Bereicherung im Zeitpunkt der Herausgabe darstellten, §§ 994 Abs. 2, 684 Satz 1 BGB.**[2076] Wegen der Einordnung des Erbschaftsanspruchs als Gesamtanspruch ist es gleichgültig, ob die Verwendungen gerade auf die herauszugebenden Sachen gemacht worden sind.[2077]   *704*

3. Verwendungsersatzansprüche des deliktischen Erbschaftsbesitzers

Der deliktische Erbschaftsbesitzer muss sich ebenfalls einen **Abzug beim Ersatz der auf die Erbschaft gemachten Verwendungen gefallen lassen.** § 2025 BGB verweist insoweit auf die §§ 850, 994–1003 BGB. Danach werden dem gutgläubigen deliktischen Besitzer notwendige und nützliche Verwendungen ersetzt, während ein bösgläubiger deliktischer Erbschaftsbesitzer nur notwendige Verwendungen über die Verweisung des § 994 Abs. 2 BGB nach den Vorschriften der Geschäftsführung ohne Auftrag ersetzt erhält.[2078] Hat er den Nachlassgegenstand durch eine vorsätzliche unerlaubte Handlung erlangt, entfällt auch sein Zurückbehaltungsrecht gemäß § 1000 Satz 2 BGB.[2079]   *705*

[2073] *Staudinger/Gursky* (2016), § 2022 Rdn. 15; *Damrau/Tanck/Schmalenbach*, § 2022 Rdn. 17.

[2074] *Staudinger/Gursky* (2016), § 2022 Rdn. 15; *Damrau/Tanck/Schmalenbach*, § 2022 Rdn. 17; *MüKo/Helms*, § 2022 Rdn. 14; a. A. *Brox/Walker*, Rdn. 586; *Bamberger/Roth/Müller-Christmann*, § 2025 Rdn. 10.

[2075] *Brox/Walker*, Rdn. 587.

[2076] *Soergel/Dieckmann*, § 2023 Rdn. 3.

[2077] *Lange/Kuchinke*, § 40 IV 5; *Soergel/Dieckmann*, § 2023 Rdn. 4; *Staudinger/Gursky* (2016), § 2023 Rdn. 10; a. A. *Kipp/Coing*, § 108 I 1 b; Palandt/*Weidlich*, § 2023 Rdn. 3, soweit nicht § 2022 Abs. 3 BGB eingreift.

[2078] *Ebenroth*, Rdn. 1038.

[2079] *Ebenroth*, Rdn. 1038; *Brox/Walker*, Rdn. 588.

X. Auskunftspflicht des Erbschaftsbesitzers und des Hausgenossen

706   Die **Auskunftspflichten des Erbschaftsbesitzers** bzw. des **Hausgenossen aus §§ 2027, 2028 BGB** dienen der prozessualen Durchsetzung des Erbschaftsanspruchs. Der Erbe hat bei der Geltendmachung des Herausgabeanspruchs aus § 2018 BGB dem Bestimmtheitsgebot des § 253 Abs. 2 Nr. 2 ZPO Rechnung zu tragen und die herausverlangten Gegenstände hinreichend deutlich zu bezeichnen. Oftmals hat er keine oder eine unzureichende Kenntnis vom Bestand, von der Zusammensetzung und dem Verbleib des Nachlasses.

Der **Erbschaftsbesitzer** ist **gemäß § 2027 Abs. 1 BGB verpflichtet**, dem Erben ein **Verzeichnis der zur Erbschaft gehörenden einzelnen Gegenstände vorzulegen.** Besteht Grund zu der Annahme, dass dieses nicht mit der erforderlichen Sorgfalt aufgestellt wurde, ist ein Anspruch auf **Abgabe der eidesstattlichen Versicherung** gemäß §§ 260 Abs. 2, 259 Abs. 3 BGB gegeben. Nach § 2027 Abs. 1 BGB ist eine besondere Auskunft über den Stand der Erbschaft, über den Verbleib von Erbschaftsgegenständen, ihre Verschlechterung, ihren Untergang sowie über Surrogate zu erteilen.[2080] **§ 2027 Abs. 2 BGB** erweitert diesen Anspruch **gegenüber sonstigen Besitzern von Nachlassgegenständen.** Das sind Personen, die ohne Berufung auf ein vermeintliches Erbrecht Sachen aus dem Nachlass an sich genommen haben, bevor der Erbe den Besitz tatsächlich ergriffen hat.[2081] Zu den insoweit auskunftspflichtigen Personen zählen nicht der verwaltende Testamentsvollstrecker, der Nachlassverwalter und der Nachlasspfleger.[2082]

707   Ein Auskunftsanspruch besteht zugunsten des Erben und der zur Verwaltung berechtigten Personen **gemäß § 2028 Abs. 1 BGB auch gegen den Hausgenossen des Erblassers.** Ein **Miterbe** kann anderen Miterben gegenüber ebenfalls nach § 2028 BGB auskunftspflichtig sein.[2083] Zu den Hausgenossen gehören die Personen, die zur Zeit des Erbfalls mit dem Erblasser in häuslicher Gemeinschaft gelebt haben. Der **Begriff der häuslichen Gemeinschaft ist weit auszulegen.**[2084] Es reicht aus, dass jemand nach seinen räumlichen und persönlichen Beziehungen zum Erblasser Gelegenheit hatte, erbschaftliche Geschäfte zu führen oder sonst auf den Nachlass einzuwirken.[2085] Die Pflicht des Hausgenossen erstreckt sich umfänglich darauf, welche erbrechtlichen Geschäfte i.S.v. § 1959 Abs. 1 BGB er geführt und welche Kenntnis er über den Verbleib von Nachlassgegenständen hat. Insoweit unterscheidet sich die Auskunftspflicht des § 2028 BGB von derjenigen des § 2027 BGB. Der Hausgenosse hat weder Auskunft über den Bestand des Nachlasses noch ein Bestandsverzeichnis gemäß § 260 Abs. 1 BGB vorzulegen.

[2080]   BGH v. 5.6.1985, IVa ZR 257/83, NJW 1985, 3068, 3069 f. m. Anm. *Dieckmann,* FamRZ 1985, 1247.

[2081]   MüKo/*Helms,* § 2027 Rdn. 10.

[2082]   MüKo/*Helms,* § 2027 Rdn. 11.

[2083]   RG v. 28.11.1912, IV 265/12, RGZ 81, 30; *Staudinger/Gursky* (2016), § 2028 Rdn. 6.

[2084]   RG v. 26.10.1912, IV 219/12, RGZ 80, 285, 286; MüKo/*Helms,* § 2028 Rdn. 3 m.w.N.; *Bamberger/Roth/Müller-Christmann,* § 2028 Rdn. 3.

[2085]   RG v. 28.11.1912, IV 219/12, RGZ 80, 285; *Staudinger/Gursky* (2016), § 2028 Rdn. 5.

XI. Ersitzung, § 2026 BGB

Das **Verhältnis zwischen der Verjährung des Erbschaftsanspruchs und dem Rechts-** *708*
institut der Ersitzung ist in § 2026 BGB geregelt. Dies ist notwendig, weil der Erbschaftsanspruch aus § 2018 BGB gemäß § 197 Abs. 1 Nr. 2 BGB in 30 Jahren verjährt,
während bewegliche Sachen gemäß § 937 Abs. 1 BGB bereits mit Ablauf von 10 Jahren
ersessen werden können.[2086]

Ein gutgläubiger Erbschaftsbesitzer erlangt als Eigenbesitzer an beweglichen Erbschaftsgegenständen, ihren Surrogaten, den ins Eigentum des Erben fallenden Nutzungen und an den im Eigentum Dritter stehenden beweglichen Sachen, die er für Bestandteile der Erbschaft hält, nach 10 Jahren zwar Eigentum durch Ersitzung, doch **schließt
§ 2026 BGB die Möglichkeit einer Ersitzung zu Lasten des Erben aus, solange nicht
der Erbschaftsanspruch verjährt ist.**[2087] Im Verhältnis zu Dritten hat die Vorschrift
keine Bedeutung, so dass der Erbschaftsbesitzer ihnen gegenüber alle Rechte aus seinem
am Nachlassgegenstand durch Ersitzung erlangten Eigentum, beispielsweise aus §§ 985,
1004 BGB, geltend machen kann. Die Bedeutung im Verhältnis zum Erben liegt darin,
dass der gutgläubige Erbschaftsbesitzer trotz der Eigentumserlangung an dem Nachlassgegenstand durch Ersitzung schuldrechtlich zur Herausgabe des Gegenstandes an
den Erben verpflichtet ist.[2088] Hat der Erbschaftsbesitzer durch Ersitzung Eigentum an
Gegenständen erlangt, die im Eigentum Dritter standen, fallen sie analog § 2019 BGB
in das Eigentum des Erben. Dabei ist unerheblich, ob der Erbe selbst bzgl. der Eigen-
tumslage an dem Gegenstand gutgläubig war.[2089]

Die **Ersitzungszeit, die zugunsten eines Erbschaftsbesitzers verstrichen ist,** *709*
kommt gemäß § 944 BGB dem Erben zustatten. Diese Regelung gilt nur für die vom
Erben beendete Ersitzung und kommt deshalb nur zum Tragen, wenn der Erbe die Sache vor Ablauf der 10-Jahres-Frist von dem Erbschaftsbesitzer zurückerhalten hat. Der
Erbe kann die Ersitzung nur vollenden, wenn er auch bzgl. der Zugehörigkeit der Sache
zum Nachlass gutgläubig ist und bleibt, § 937 Abs. 2 BGB.[2090]

Die Ersitzung der Erbschaft im Ganzen, d.h. des Erbrechts, ist dem Gesetz unbe- *710*
kannt.[2091]

[2086] *Brox/Walker,* Rdn. 594.
[2087] Zur Verjährung siehe Rdn. 662a ff.
[2088] *Staudinger/Gursky* (2016), § 2026 Rdn. 15; MüKo/*Helms,* § 2026 Rdn. 7; AnwK-BGB/
Fleindl, § 2026 Rdn. 2; *Burandt/Rojahn/Gierl,* § 2026 Rdn. 9; a.A. für relative Unwirksamkeit der Ersitzung gegenüber dem Erben *Soergel/Dieckmann,* § 2026 Rdn. 2, Hk/*Hoeren,*
§ 2026 Rdn. 2; *Brox/Walker,* Rdn. 595.
[2089] MüKo/*Helms,* § 2026 Rdn. 8; *Brox/Walker,* Rdn. 595.
[2090] *Staudinger/Gursky* (2016), § 2026 Rdn. 19.
[2091] *Staudinger/Gursky* (2016), § 1926 Rdn. 20.

M. Erbenhaftung und internationales Erbrecht

Seit dem 17. 8. 2015 gilt in Deutschland für Erbfälle zur Bestimmung des Erbstatuts aus- *711* schließlich die **Europäische Erbrechtsverordnung (EuErbVO)**. Für **Erbfälle mit Auslandsberührung vor dem 17. 8. 2015 bleibt es bei der Anwendung des bisherigen Rechts**.[2092] Mit dem Anwendungsbeginn der EuErbVO kann das Erbstatut nicht mehr entsprechend dem bisherigen autonomen deutschen Kollisionsrecht gemäß Art. 25 Abs. 1 EGBGB an die Staatsangehörigkeit des Erblassers im Zeitpunkt des Todes angeknüpft werden, die sich ihrerseits nach Art. 5 EGBGB bestimmte. Nur soweit die Rechtsfolge von Todes wegen nicht in den Anwendungsbereich der Verordnung fällt, gelten nach Art. 25 EGBGB n. F. die Vorschriften des Kapitels III entsprechend. Bei sog. Mehrstaatern war das Recht des Staates anzuwenden, mit dem die Person am engsten verbunden war, insbesondere durch den gewöhnlichen Aufenthalt oder den Verlauf des Lebens. Vorrangig war gemäß Art. 5 Abs. 1 S. 2 EGBGB jedoch die deutsche Staatsangehörigkeit. Bei der Verweisung des Art. 25 Abs. 1 EGBGB a. F. handelte es sich um eine Gesamtverweisung i. S. v. Art. 4 Abs. 1 S. 1 EGBGB, bei der auch auf das internationale Privatrecht des entsprechenden Staates verwiesen wurde. Rück- und Weiterverweisungen waren zu beachten. Das frühere deutsche Recht ermöglichte nur sehr eingeschränkt eine Rechtsvereinigung im Hinblick auf das Erbstatut. So hatte der Erblasser gemäß Art. 25 Abs. 2 EGBGB nur für im Inland belegenes unbewegliches Vermögen die Möglichkeit, deutsches Recht durch Verfügung von Todes wegen zu wählen.

Die **EuErbVO** stellt eine **umfassende Kodifikation** dar, die **grenzüberschreitende** *712* **Erbfälle als unmittelbar anwendbarer Rechtsakt** regelt. **Auslegungsfragen** können nicht durch einen Rückgriff auf deutsche Rechtsgrundsätze, sondern **müssen autonom aus der Sicht des Unionsrechts beantwortet werden**. Die Union selbst verfügt über keine Kompetenz in Fragen des materiellen Erbrechts, so dass eine Angleichung des Sachrechts nicht in Frage kam.[2093] Die grenzüberschreitende Zusammenarbeit in Erbsachen musste im einheitlichen Raum der Europäischen Union durch eine Vereinheitlichung des internationalen Erbverfahrens- und Erbkollisionsrechts gestärkt werden. In Deutschland und in der EU insgesamt besitzt ungefähr jeder zehnte Erbfall einen grenzüberschreitenden Bezug. Das entspricht jährlich ca. 450.000 grenzüberschreitenden Erbfällen mit einem Gesamtnachlasswert von ca. 123 Mrd. €.[2094] Wesentliche Regelungsanliegen der Verordnung ergeben sich aus den Erwägungsgründen (ErwG) 7, 38 und 67. Insgesamt ist ihr ein umfangreicher **Prolog mit insgesamt 83 Erwägungsgründen vorangestellt**. So soll die **effektive grenzüberschreitende Durchsetzung von Rechten** im Zusammenhang mit einem Erbfall **gesichert**, ErwG 7 S. 1 und 3, sowie die **Nachlassabwicklung erleichtert werden**, ErwG 67. Die EuErbVO verbindet Regelun-

---

[2092] Hierzu wird verwiesen auf einschlägige Kommentierungen, insbesondere auf Staudinger/*Dörner* Art. 25 EGBGB Rdn. 387 ff.

[2093] *Dutta/Weber/Weber*, IntErbR, Einl. Rdn. 19.

[2094] Pressemitteilung der Kommission IP/09/1508; Kleinschmidt, RabelsZ 77 (2013), 723, 726.

gen des internationalen Verfahrensrechts und des Kollisionsrechts. Neben der Bestimmung des wesentlichen Regelungsinhalts der Verordnung **geben die Erwägungsgründe über die Motive des Gesetzgebers Aufschluss,** so dass ihnen bei der Auslegung der Vorschriften erhebliche Bedeutung zukommt. Die EuErbVO ist eine Verordnung i.S.v. Art. 288 UAbs. 2 AEUV, die in jedem Mitgliedsstaat ohne weiteren Umsetzungsakt gilt. Nach Art. 81 Abs. 1 AEUV kann die Union in Zivilsachen mit grenzüberschreitendem Bezug Maßnahmen zur Angleichung mitgliedschaftlicher Rechtsvorschriften erlassen, wodurch die justizielle Zusammenarbeit gestärkt wird.

713 Das **Vereinigte Königreich und Irland** sind gemäß Art. 1 des Protokolls Nr. 21 über die Position des Vereinigten Königreichs und Irlands hinsichtlich des Raums der Freiheit, der Sicherheit und des Rechts nicht an Maßnahmen nach Titel V des AEUV und damit nicht an Rechtsakten nach Art. 81 AEUV beteiligt. Sie haben jedoch die Möglichkeit eines Opt-in, Art. 3 des Protokolls Nr. 21. Beide Staaten haben davon im Fall der EuErbVO keinen Gebrauch gemacht aufgrund von Bedenken gegen den Anknüpfungspunkt des gewöhnlichen Aufenthaltes, der das strengere Domicile-Kriterium ihrer eigenen Rechtsordnungen auflockern und unter leichteren Voraussetzungen zu einem Statutenwechsel führen könnte. Zum anderen befürchtete man, dass die Nachlassverwaltung inländischen Vermögens einem ausländischen Erbstatut unterstehen und es deshalb zu einer Ausschaltung der lex-fori-Regeln zur adminstration of estates kommen könnte. Bei Anwendung eines kontinentalen Erbrechts wurde zudem befürchtet, dass lebzeitige Schenkungen eines Erblassers zur Erfüllung von Pflichtteilsrechten, die nach Art. 23 Abs. 2 lit. h EuErbVO dem Erbstatut unterliegen, zurückgefordert werden könnten.[2095] Für das Vereinigte Königreich haben sich diese Überlegungen nach dem BREXIT-Votum erledigt. **Dänemark** beteiligt sich gemäß Protokoll Nr. 22 über die Position Dänemarks, ABL. EU 2012 C 326, 299 nicht an der justiziellen Zusammenarbeit in Zivilsachen und ist deshalb ebenfalls **nicht an dieEuErbVO gebunden.**

I. Anknüpfung an den letzten gewöhnlichen Aufenthalt, Art. 21 EuErbVO

714 Die **EuErbVO knüpft die Zuständigkeit und das anwendbare Recht an den letzten gewöhnlichen Aufenthalt des Erblassers an**, der sich in der Praxis oftmals schwerer als die Staatsangehörigkeit feststellen lassen wird. Der Gesetzgeber hat sich für dieses Anknüpfungskriterium entschieden, weil es Aufgabe des Kollisionsrechts ist, den Schwerpunkt des Rechtsverhältnisses nach dem Prinzip der engsten Verbindung zu bestimmen. Die Staatsangehörigkeit begründet oftmals keine engere Bindung zur erbrechtlichen Rechtsnachfolge nach dem Erblasser als der gewöhnliche Aufenthalt, so dass die Anknüpfung daran dem Mittelpunkt der Lebensverhältnisse des Erblassers und seiner gesellschaftlichen Verwurzelung eher gerecht wird als die frühere Anknüpfung an die Staatsangehörigkeit. Häufig befindet sich am letzten gewöhnlichen Aufenthalt ein erheblicher Teil des Erblasservermögens und liegt dort auch der Schwerpunkt der vom Erblasser geknüpften Rechtsbeziehungen. Da zudem eine Zuständigkeit der Gerichte des Staates des letzten gewöhnlichen Aufenthalts für die Nachlassabwicklung besteht, sprechen gleichfalls **Praktikabilitätserwägungen aufgrund der Nähe der Ge-**

[2095] Näher dazu *Dutta/Weber/Weber*, IntErbR, Einl. Rdn. 27.

richte zum Nachlassvermögen für eine Anknüpfung an den letzten gewöhnlichen Aufenthalt.[2096]

Der Begriff des gewöhnlichen Aufenthaltes in Art. 21 Abs. 1 EuErbVO ist wie in   *715* Art. 4 EuErbVO zu verstehen, um den Gleichlauf von Zuständigkeit und anwendbarem Recht zu gewährleisten. **Gewöhnlicher Aufenthalt ist der Schwerpunkt aller sozialen, kulturellen und wirtschaftlichen Beziehungen des Erblassers,** d.h. dort, wo er seinen **Lebensmittelpunkt** hat.[2097] Es handelt sich um keinen besonders erbrechtlich geprägten Begriff. Er ist so auszulegen, wie er in anderen unionsrechtlichen Vorschriften oder internationalen Konventionen verstanden wird.[2098] Der Erblasser kann immer nur einen gewöhnlichen Aufenthalt haben, so dass es weder aufenthaltslose Erblasser gibt noch solche, die gleichzeitig mehrere gewöhnliche Aufenthalte haben. **Art. 21 Abs. 2 EuErbVO ermöglicht im Einzelfall die Anwendung eines anderen Rechts als das des Staates, in dem der Erblasser zum Zeitpunkt seines Todes seinen gewöhnlichen Aufenthalt hatte.** Auf diese Weise soll es möglich sein, für die internationale Zuständigkeit am gewohnten Begriff des letzten gewöhnlichen Aufenthaltes festzuhalten. Nach ErwG 25 S. 1 ist eine Gesamtbetrachtung aller Umstände des Einzelfalls anzustellen, wobei Art. 21 Abs. 2 EuErbVO nur ausnahmsweise zur Anwendung kommen soll. Die Anwendung soll auf Fälle beschränkt bleiben, in denen die Anknüpfung an den Begriff des gewöhnlichen Aufenthaltes für die Bestimmung des Erbstatuts ungeeignet erscheint. Rechtsfolge ist, dass der Gleichlauf von internationaler Zuständigkeit und anwendbarem Recht durchbrochen wird. Das nach Art. 4 ff. EuErbVO zuständige Gericht hat in einem solchen Fall ausländisches Erbrecht anzuwenden.[2099]

II. Möglichkeit der Rechtswahl, Art. 22 EuErbVO

Zur Verbesserung der Rahmenbedingungen für die internationale Nachlassplanung und   *716* der Rechtssicherheit und Stabilität **räumt Art. 22 EuErbVO dem Erblasser die Möglichkeit ein, das anzuwendende materielle Erbrecht selbst zu wählen.** Nach Art. 22 Abs. 1 EuErbVO ist der **Kreis der wählbaren Rechtsordnungen** jedoch **eingeschränkt,** als an die Stelle des Rechtes des Staates, in dem der Erblasser seinen letzten gewöhnlichen Aufenthalt hat, das **Heimatrecht des Erblassers** tritt, d.h. **das Recht des Staates, dem er angehört.** Nicht wählbar ist das Recht eines Staates, in dem sich der Erblasser gewöhnlich aufgehalten hat. Eine solche Rechtswahl hat der Gesetzgeber ausgeschlossen, weil dadurch berechtigte Erwartungen von Pflichtteilsberechtigten enttäuscht werden könnten, ErwG 38 S. 2. Bei mehreren Staatsangehörigkeiten ist es dem Erblasser nach Art. 22 Abs. 1 UAbs. 2 EuErbVO möglich, jede der Staatsangehörigkeiten unabhängig von ihrer Effektivität zu wählen. Für die Bestimmung der Staatsangehörigkeit ist das Recht des Staates heranzuziehen, dessen Staatsangehörigkeit in Rede steht, so dass **deutsches Staatsangehörigkeitsrecht entscheidet, ob ein Erblasser deutscher Staatsangehöriger ist.**[2100]

[2096] *Dutta/Weber/Weber,* IntErbR, Einl. Rdn. 35 m.w.N.

[2097] *Erman/Hohloch* zu Art. 5 EGBGB Rdn. 47.

[2098] *Erman/Hohloch,* Art. 21 EuErbVO Rdn. 2 .

[2099] *Dörner,* ZEV 2012, 505, 511; *Dutta/Weber/Bauer,* IntErbR, Art. 21 EuErbVO Rdn. 13.

[2100] MüKo/*Dutta,* Art. 22 EuErbVO Rdn. 4; *Dutta/Weber/Bauer,* IntErbR, Art. 22 EuErbVO Rdn. 7.

717   Die **Rechtswahl erfasst das Erbstatut als solches** und damit den **gesamten Nachlass ungeachtet seiner Belegenheit und Zusammensetzung.** Die Rechtswahl kann **nicht auf einen bestimmten Nachlassteil beschränkt werden oder auf bestimmte erbrechtliche Fragestellungen.** Sie kann sowohl **ausdrücklich als auch konkludent** erfolgen, wobei Indizien einer konkludenten Rechtswahl Bezugnahmen auf Rechtsinstitute einer bestimmten Rechtsordnung (ErwG 39 S. 2) oder die Verwendung charakteristischer Rechtsbegriffe in der Muttersprache sein können. Die materielle Wirksamkeit der Rechtswahl unterliegt dem gewählten Recht, Art. 22 Abs. 3 EuErbVO. Da Vorschriften für die Wirksamkeit einer Rechtswahl nach der EuErbVO im gewählten Recht regelmäßig fehlen, ist auf die Regelungen für letztwillige Verfügungen von Todes wegen entsprechend abzustellen.[2101] **Umstritten ist, ob ein Erblasser nur eine konkrete Rechtsordnung oder auch das Recht des Staates, dem er angehört, abstrakt** als solches **wählen kann.** Eine abstrakte – nach Art. 22 Abs. 1 EuErbVO ausdrücklich zulässige – Bestimmung der Rechtsordnung läge beispielsweise in der Formulierung, dass ein Erblasser das Recht des Staates wählt, dem er im Zeitpunkt seines Todes angehört, womit die gewählte Rechtsordnung erst im Todeszeitpunkt bestimmbar wäre.[2102] Auch wenn der Wortlaut der Verordnung eine abstrakte Bestimmung nicht ausschließt, lehnt die überwiegende Ansicht im Schrifttum die Möglichkeit einer abstrakten Rechtswahl zu Recht ab.[2103]

III. Ziel der Nachlasseinheit

718   Nach dem früheren Rechtszustand kam es im internationalen Erbkollisionsrecht häufig zu einer Nachlassspaltung in der Weise, dass für unbewegliches Vermögen eines Erblassers das Recht der Belegenheit galt und für das bewegliche Vermögen das Recht des letzten gewöhnlichen Aufenthaltes bzw. der Staatsangehörigkeit. Die EuErbVO ist diesem Regelungsansatz nicht gefolgt, sondern hat sich für das **Prinzip der Nachlasseinheit** entschieden. Auf diese Weise werden die Nachteile der Nachlassspaltung vermieden. Danach war jeder Nachlass rechtlich für sich betrachtet und isoliert abzuwickeln, was die Nachlassplanung und die Abwicklung erschwerte. Zudem kam es häufig zu schwierigen Anpassungsfragen, wenn sich die Vermögensnachfolge wegen unterschiedlicher Erb- und Pflichtteilsquoten nicht entsprechend der Vorstellung des Erblassers verwirklichen ließ.[2104]

719   Wegen der **Zulassung einer Rück- und Weiterverweisung i.S.v. Art. 34 EuErbVO** (Renvoi) im Verhältnis zu Drittstaaten **kann die Nachlassspaltung auch unter der Geltung der EuErbVO eine Rolle spielen.** So kann das drittstaatliche Recht hinsichtlich des beweglichen Vermögens auf das mitgliedstaatliche Recht zurückverweisen und den Verweis nur hinsichtlich des unbeweglichen Vermögens annehmen.[2105] Im Zusammenhang mit Eingriffsnormen gemäß Art. 30 EuErbVO sowie dem Fiskuserbrecht gemäß Art. 33 EuErbVO kann es ebenfalls zur Nachlassspaltung kommen.

[2101]   *Döbereiner*, DNotZ 2014, 323, 325; *Dutta/Weber/Bauer*, IntErbR, Art. 22 EuErbVO Rdn. 22.

[2102]   Palandt/*Thorn*, Art. 22 EuErbVO Rdn. 3.

[2103]   Palandt/*Thorn*, Art. 22 Rdn. 3 EuErbVO; *Dörner*, ZEV 2012, 505, 511; *Döbereiner*, DNotZ 2014, 323, 324; a.A. *Dutta/Weber/Bauer*, IntErbR, Art. 22 EuErbVO Rdn. 17.

[2104]   *Lorenz*, ErbR 2012, 39, 43; *Dörner/Hertel/Lagarde/Riering*, IPRax 2005, 1, 2.

[2105]   *Mansel/Thorn/Wagner*, IPRax 2013, 1, 7; *Dutta/Weber/Weber*, IntErbR, Einl. Rdn. 39.

IV. Gleichlauf von Zuständigkeit und anwendbarem Recht

Die EuErbVO will einen weitgehenden **Gleichlauf von Zuständigkeit und anwend-** **720** **barem materiellen Recht ermöglichen,** ErwG 27 S. 1. Sowohl die **internationale Zu-** **ständigkeit** als auch das **Erbstatut** knüpfen deshalb **an den letzten gewöhnlichen** **Aufenthalt des Erblassers an.** Das Gericht kann sich gemäß Art. 6 EuErbVO für un- zuständig erklären, wenn die Gerichte im Staat des nach Art. 22 EuErbVO gewählten Rechts in der Sache besser entscheiden können. Grundsätzlich soll das zuständige Ge- richt sein eigenes Recht anwenden, wodurch Rechtsermittlungskosten erspart werden und zugleich die Qualität der Rechtsanwendung erhöht wird.[2106] Der Gleichlauf ver- meidet auch schwierige Abgrenzungsfragen an der Schnittstelle von Sach- und Verfah- rensrecht.[2107]

V. Verhältnis von Erb- und Familienrecht

Das **Güterrecht ist vom Anwendungsbereich der EuErbVO ausgenommen,** Art. 1 **721** Abs. 2 lit. e EuErbVO. Zwar unterwirft Art. 23 Abs. 2 lit. b EuErbVO auch Nachlass- ansprüche des überlebenden Ehegatten dem Erbstatut, was aber nicht bedeutet, dass Ansprüche gegen den Nachlass stets erbrechtlich zu qualifizieren wären. Die erbrecht- liche Einordnung eines Nachlasses käme nur in Betracht, wenn dem überlebenden Ehe- gatten eine Beteiligung am Nachlass nicht aufgrund eherechtlicher Vermögensverhält- nisse, sondern aufgrund einer persönlichen Beziehung zum Erblasser eingeräumt wird. Solange das Güterrecht auf kollisionsrechtlicher Ebene nicht harmonisiert ist und es zu divergierenden Anknüpfungen kommt, können Friktionen zwischen Erb- und Güter- recht nicht ausgeschlossen werden.[2108] Als **besonders problematisch** erweist sich in diesem Zusammenhang **die Qualifikation der güterrechtlichen Erhöhung des gesetz-** **lichen Erbteils bei dem Güterstand der Zugewinngemeinschaft verheirateten Ehegat-** **ten gemäß § 1371 Abs. 1 BGB.** Es ist eine Besonderheit des deutschen materiellen Rechts, dass ein ehelicher Güterstand Einfluss auf die Erbquote des überlebenden Ehe- gatten hat. Dabei kommt es im Rahmen eines pauschalierten Zugewinnausgleichs zur Erhöhung der Erbquote des überlebenden Ehegatten um 1/4, unabhängig davon, ob die Eheleute tatsächlich einen Zugewinn erzielt haben. Ausländische Rechtsordnungen kennen dagegen keinen pauschalierten Zugewinnausgleich. Das führt zu Problemen, wenn sich das Erbstatut nach dem ausländischen Recht bestimmt, für das Güterrecht aber das deutsche Recht maßgeblich ist. In derartigen Fällen stellt sich die Frage, ob die nach ausländischem Recht ermittelte gesetzliche Erbquote des Ehegatten um den deutschen pauschalierten Zugewinnausgleich zu erhöhen ist. Die **wohl herrschende** **Meinung** geht von einer **güterrechtlichen Qualifikation des § 1371 Abs. 1 BGB aus,** **so dass eine Erhöhung des Erbteils zulässig ist.**[2109] Die güterrechtliche Qualifikation

---

[2106] *Mankowski,* IPRax 2015, 39, 41.
[2107] MüKo/*Dutta,* Vor Art. 4 EuErbVO Rdn. 3.
[2108] *Dutta/Weber/Weber,* IntErbR, Einl. Rdn. 60.
[2109] BGH v. 13. 5. 2015, IV ZB 30/14, NJW 2015, 2185; OLG Schleswig v. 19. 8. 2013, 3 Wx 60/ 13, ZEV 2014, 93, 94 f.; OLG München v. 16. 4. 2012, 31 Wx 45/12, ZEV 2012, 591, 593; *Mankowski,* ZEV 2014, 121, 123 ff.

wird mit dem Ziel begründet, Vermögensmehrungen auszugleichen, die während der Ehe stattgefunden haben. Würde die güterrechtliche Qualifikation unter der Geltung der EuErbVO fortgesetzt werden, so wäre unabhängig von dem anzuwendenden Erbrecht die Erhöhung weiterhin durchzuführen, soweit deutsches Güterrecht maßgeblich ist.[2110]

VI. Verhältnis zu Drittstaaten, internationale Abkommen

722   Die EuErbVO gilt als Verordnung i.S.v. Art. 288 UAbs. 2 AEUV in jedem Mitgliedstaat unmittelbar. Sie verdrängt die Bestimmungen des mitgliedschaftlichen Rechts, soweit sie sich mit dem Anwendungsbereich der Verordnung überschneiden. Nicht mehr anwendbar sind die mitgliedstaatlichen Vorschriften über die internationale Zuständigkeit und das anwendbare Erbrecht, soweit sie Regelungsgegenstand der EuErbVO sind.

1. Regelung drittstaatlicher Sachverhalte

723   Aus der EuErbVO lässt sich **keine Einschränkung herleiten, dass sie nur in solchen Drittstaatensachverhalten zur Anwendung gelangt, die gleichzeitig einen Bezug zu einem weiteren Mitgliedstaat aufweisen.**[2111] An einigen Stellen regelt die EuErbVO explizit drittstaatliche Sachverhalte. So enthält **Art. 10 EuErbVO** im internationalen Verfahrensrecht eine Zuständigkeitsregelung für den Fall, dass der Erblasser seinen letzten gewöhnlichen Aufenthalt in einem Drittstaat hat. In **Art. 11 EuErbVO** ist eine Notzuständigkeit normiert, wenn es nicht möglich oder zumutbar ist, in einem Drittstaat eine Entscheidung zu erlangen. Das Gericht kann nach **Art. 12 EuErbVO** Vermögenswerte in Drittstaaten vom Verfahren ausklammern, wenn zu erwarten ist, dass die Entscheidung im Drittstaat nicht anerkannt wird oder nicht für vollstreckbar erklärt werden kann. Andernfalls nimmt die Verordnung auf drittstaatliche Verfahren keine Rücksicht. Es besteht keine Möglichkeit, dass sich ein Gericht nach Art. 6 EuErbVO für unzuständig erklärt, wenn der Erblasser das Recht eines Drittstaates nach Art. 22 EuErbVO gewählt hat. Kommt es zu einem Konflikt zwischen einem drittstaatlichen und einem anderen mitgliedschaftlichen Urteil, ist die Regelung zur Anerkennungsverweigerung, Art. 40 lit. d EuErbVO, einschlägig. **Nach Art. 21 EuErbVO ist drittstaatliches Recht zur Anwendung berufen, wenn die Kollisionsnorm der EuErbVO darauf verweist.** Ob Bestimmungen des drittstaatlichen Kollisionsrechts aus Sicht der EuErbVO zu beachten sind, richtet sich nach der Regelung des Art. 34 EuErbVO, die eine differenzierte Regelung einer Rück- und Weiterverweisung enthält. Die **Rück- oder Weiterverweisung des drittstaatlichen Kollisionsrechts** ist nur beachtlich, wenn der Verweis zur Anwendung mitgliedschaftlichen Rechts oder des Rechts eines weiteren Drittstaats führt, der sein eigenes Recht anwenden würde.[2112]

[2110] *Dörner*, ZEV 2012, 505, 507 f.; *Tersteegen* in: Süß, Erbrecht in Europa, S. 380.

[2111] BeckOGK/*Schmidt*, Art. 1 EuErbVO Rdn. 10; *Dutta/Weber/Weber*, IntErbR, Einl. Rdn. 72.

[2112] Zur Folge der Nachlassspaltung im Verhältnis zum Drittstaat, wenn das drittstaatliche Recht die Verweisung nur hinsichtlich des unbeweglichen Vermögens annimmt siehe Rdn. 720.

Die **Anerkennung und Vollstreckung drittstaatlicher Entscheidungen ist ungere-** 724
gelt geblieben, weil sich Art. 39 ff. EuErbVO nur auf Entscheidungen eines anderen
Mitgliedstaates beziehen. Entsprechendes gilt für die Annahme und Vollstreckbarkeit
öffentlicher Urkunden, Art. 59 Abs. 1, Art. 60 EuErbVO sowie für die Vollstreckbarkeit gerichtlicher Vergleiche, Art. 61 EuErbVO. Maßgebend ist insoweit die lex fori.[2113]

2. Internationale Staatsverträge

Nach **Art. 75 Abs. 1 EuErbVO** finden die von den Mitgliedstaaten geschlossenen 725
Übereinkommen weiterhin Anwendung, auch das **Haager Testamentsformüberein-**
kommen. Ausschließlich zwischen zwei oder mehreren Mitgliedstaaten geschlossene
Übereinkommen treten hinter der EuErbVO zurück, Art. 75 Abs. 2 EuErbVO.

Aus deutscher Sicht relevant sind das **deutsch-persische Niederlassungsabkom-** 726
men vom 17. 2. 1929, das **deutsch-türkische Nachlassabkommen** vom 28. 5. 1929 sowie der **deutsch-sowjetische Konsularvertrag** vom 25. 4. 1958. Nach Art. 351 Abs. 1
AEUV bleiben die Rechte aus Übereinkünften vor dem 1. 1. 1958 unberührt. Die Vorschrift ist analog auf nach dem 1. 1. 1958 geschlossene Verträge anzuwenden, sofern die
Union erst zu einem späteren Zeitpunkt eine Kompetenz erworben hat und der Erwerb
dieser Kompetenz unvorhersehbar war. Soweit Verweisungsnormen in den Übereinkommen territorial auf das im Mitgliedstaat belegene Vermögen begrenzt sind, kann
es zu schwierigen Abgrenzungsfragen zur EuErbVO kommen.[2114]

Das **deutsch-persische Niederlassungsabkommen** gilt im Verhältnis zum Iran. 727
Art. 8 Abs. 3 des Abkommens **knüpft Fragen des Erbrechts** unter Einschluss der testa-
mentarischen und gesetzlichen Erbfolge an die **Staatsangehörigkeit des Erblassers** an.
Umstritten ist, ob der Verweis nur auf das im jeweiligen Vertragsstaat belegene Vermögen beschränkt ist oder auch in Drittstaaten belegenes Vermögen erfasst.[2115]

Das **deutsch-türkische Nachlassabkommen** sieht eine **kollisionsrechtliche Nach-** 728
lassspaltung vor. Das bewegliche Vermögen vererbt sich nach dem Recht der Staatsangehörigkeit, Art. 20 § 14 Abs. 1 des Abkommens, wohingegen sich die Erbfolge für
unbewegliches Vermögen nach dem Recht des Staates der lex rei sitae richtet, Art. 20
§ 14 Abs. 2 des Abkommens. Nach überwiegender Ansicht gilt das Abkommen nur für
das sich im anderen Vertragsstaat befindliche Vermögen der eigenen Staatsangehörigkeit.[2116]

Der **deutsch-sowjetische Konsularvertrag** gilt im Verhältnis zu den meisten Nach- 729
folgestaaten der Sowjetunion und insbesondere im Verhältnis zur russischen Födera-
tion. **Geregelt wird nur die Erbfolge in das unbewegliche Vermögen,** für das Art. 28
Abs. 3 des Konsularvertrages an das Erbrecht des Staates anknüpft, in dessen Gebiet
das Vermögen belegen ist. Insoweit ist die Erbfolge auf das im jeweiligen Vertragsstaat
belegene unbewegliche Vermögen beschränkt.

[2113] *Dutta/Weber/Dutta*, IntErbR, Einl. Rdn. 75.

[2114] *Dutta/Weber/Weber*, IntErbR, Einl. Rdn. 81.

[2115] Hierfür MüKo/*Dutta*, Art. 25 EGBGB Rdn. 288; a. A. *Süß* in: *Dutta/Herrler*, Europäische
Erbrechtsverordnung, 181 Rdn. 21.

[2116] *Dörner*, ZEV 1996, 90, 94; *Majer*, ZEV 2012, 182, 184; a. A. MüKo/*Dutta*, Art. 25 EGBGB
Rdn. 299.

VII. Statutenwechsel

730　Der Erblasser kann nach Errichtung eines Testamentes **seinen gewöhnlichen Aufenthalt in einen anderen Staat verlegen.** Kommt es zu einem Statutenwechsel, ändert sich das für die Bestimmung des maßgeblichen Erbstatuts maßgebliche Anknüpfungsmoment. Verstirbt er dort, ist das Recht dieses Staates auf die Erbfolge anwendbar, Art. 21 EuErbVO. **Fraglich ist, wie sich der Statutenwechsel auf nach dem bisherigen Erbstatut vorgenommene Rechtshandlungen auswirkt.** Die Erbfolge aufgrund einer letztwilligen Verfügung richtet sich stets nach dem allgemeinen Erbstatut. **Art. 24 EuErbVO** normiert eine unwandelbare Sonderanknüpfung für die Zulässigkeit und die materielle Wirksamkeit der Verfügung und **erklärt insoweit das zum Errichtungszeitpunkt hypothetisch geltende Erbstatut für anwendbar.** Dieses gilt auch für die Klärung, ob die bisher errichtete Verfügung abänderbar bzw. widerruflich ist, Art. 24 Abs. 3 EuErbVO. Bei einem Statutenwechsel ist somit ausgeschlossen, dass das neue Recht dem Erblasser die Testierfähigkeit im Hinblick auf die Änderung und den Widerruf der bisherigen Verfügung von Todes wegen abspricht, Art. 26 Abs. 2 EuErbVO. Die Wirkungen der Verfügung von Todes wegen unterliegen im Übrigen dem Erbstatut, was für Erbverträge in Art. 25 EuErbVO entsprechend bestimmt ist.

731　　Aufgrund der Möglichkeit eines Statutenwechsels **kann es zu einer Erschwerung der Nachlassplanung kommen.** Es sollte die Möglichkeit einer Rechtswahl gemäß Art. 22 EuErbVO erwogen werden, wodurch die Stabilität des Anknüpfungsmoments gewährleistet ist.[2117] Zuträglich wäre einer Nachlassplanung, wenn der Erblasser nicht nur das Recht seiner Staatsangehörigkeit im Zeitpunkt der Errichtung der letztwilligen Verfügung oder des Todes wählen könnte, sondern auch das Recht des gegenwärtigen gewöhnlichen Aufenthaltes. Dies ist nach der EuErbVO aber ausgeschlossen. Der Statutenwechsel kann Auswirkungen im Hinblick auf die Erbrechtsberechtigung von Angehörigen haben, was sich am Beispiel des gesetzlichen Erbrechts von Lebenspartnern bzw. gleichgeschlechtlichen Ehegatten verdeutlichen lässt. Haben ein Deutscher und ein Pole eine Lebensgemeinschaft nach dem LPartG in Deutschland begründet und verlegen sie ihren gewöhnlichen Aufenthalt nach Polen, obwohl sie weiterhin enge Beziehungen zu Deutschland unterhalten, beurteilt sich die Frage, ob dem überlebenden Lebenspartner ein Erbrecht zusteht, nach polnischem Erbrecht, Art. 21, Art. 23 Abs. 2 lit. b EuErbVO. Da das polnische Erbrecht weder die Erbberechtigung eines Lebenspartners noch eines gleichgeschlechtlichen Ehegatten kennt, kommt es zur gesetzlichen Erbfolge nach polnischem Recht, das für den überlebenden Lebenspartner keine gesetzliche Erbberechtigung vorsieht.[2118]

[2117]　MüKo/*Dutta*, Art. 22 EuErbVO Rdn. 1.

[2118]　Beispiel nach *Dutta/Weber/Weber*, IntErbR, Einl. Rdn. 120.

VIII. Reichweite des anzuwendenden Rechts, Art. 23 Abs. 2 lit. g EuErbVO

Die Haftung für Nachlassverbindlichkeiten unterliegt gemäß Art. 23 Abs. 2 lit. g   *732*
EuErbVO **dem Erbstatut**, während die Einordnung, welche Verbindlichkeiten des Erblassers als solche vererblich sind und mit seinem Tod nicht erlöschen, dem Schuldrechtsstatut unterliegen.[2119] Dieses kommt zur Anwendung bei höchstpersönlichen Verpflichtungen des Erblassers und bei Unterhaltsforderungen.

1. Begriff der Nachlassverbindlichkeit i. S. v. Art. 23 Abs. 2 lit. g EuErbVO

Der Begriff „Nachlassverbindlichkeit" versteht sich unter der Geltung der EuErbVO   *733*
ebenso wie im materiellen deutschen Recht **umfassend.** Dazu zählen die **von dem Erblasser selbst herrührenden Verbindlichkeiten**, die **mit dem Erbfall neu begründeten Schulden** einschließlich der Ansprüche von Pflichtteilsberechtigten, Vermächtnisnehmern oder „beneficiaries" und auch die **Beerdigungskosten** (§ 1968 BGB). Nachlasskosten i. S. d. deutschen Rechts werden von dem Begriff der Nachlassverbindlichkeit ebenfalls umfasst. Das sind die durch die Anrufung der Nachlassgerichte entstehenden Gebühren, die Kosten der Inventarerrichtung oder die Aufwendungen für die Tätigkeit eines Testamentsvollstreckers. Wer für diese Verbindlichkeiten haftet, welche Gegenstände dafür zur Verfügung stehen sowie das Rangverhältnis der verschiedenen Gläubiger bestimmt sich einheitlich nach dem Erbstatut. Bei „**Nachlasserbenschulden**"[2120] i. S. d. deutschen Rechts – das sind solche Verbindlichkeiten, die erst infolge ordnungsgemäßer Verwaltung eines Nachlasses entstehen – ist richtigerweise danach zu differenzieren, ob der Rechtsnachfolger dafür haftet und wenn ja, welche Vermögensmasse den Gläubigern zur Verfügung steht. Dagegen bestimmt sich nach dem Einzelstatut, ob die Verpflichtungen wirksam begründet sind und welchen Inhalt sie haben.[2121] Die **Haftung für die Erbschaftsteuer ist dem Anwendungsbereich der EuErbVO entzogen**. Dies ergibt sich aus Art. 1 Abs. 1 Satz 2 EuErbVO.

2. Haftungssubjekt

Wer für die Nachlassverbindlichkeiten haftet (Haftungssubjekt), **bestimmt sich ebenfalls nach dem Erbstatut.** Die Gläubiger können sich an den Gesamtrechtsnachfolger   *734*
halten. Dies ist regelmäßig der Erbe, der sich auf Einreden (beispielsweise nach §§ 2014, 2015 BGB entsprechend dem deutschen Recht) berufen kann. Bei einer **Erbengemeinschaft** regelt das Erbstatut, ob die Erben eine gesamtschuldnerische oder eine teilschuldnerische Haftung trifft und wie der Innenausgleich vonstatten zu gehen hat. Nach dem französischen Recht haften auch ein Universalvermächtnisnehmer und ein Quotenvermächtnisnehmer für Nachlassverbindlichkeiten (Art. 1009, 1012 Code civil). Beide sind nicht „Héretiers" im formalen Sinne, sondern haften als Gesamtrechtsnachfolger."[2122] Von dem Vermächtnisnehmer nach deutschem Verständnis, der einen schuldrechtlichen Anspruch gegen den Nachlass hat, ist das Vindinkationslegat zu unter-

---

[2119] *Dutta/Weber/Schmidt*, IntErbR, Art. 23 EuErbVO Rdn. 96.
[2120] Siehe siehe dazu Rdn. 117 ff.
[2121] *Dutta/Weber/Schmidt*, IntErbR, Art. 23 EuErbVO Rdn. 98.
[2122] *Dutta/Weber/Schmidt*, IntErbR, Art. 23 EuErbVO Rdn. 100.

scheiden, bei dem mit unmittelbarer Wirkung einer Person ein Gegenstand zugewandt und gleichzeitig dem Nachlass entzogen wird. Die entsprechenden Rechtsordnungen sehen in der Regel eine subsidiäre Haftung des Legatars vor (Art. 999, 1034 pol. Codeks cywilny; Art. 495 Abs. 2 Codice civile).

Im englischen Recht ist Haftungssubjekt als Gesamtrechtsnachfolger der sog. „**personal representative**", während **in den nordischen Ländern** die Haftung für Nachlassverbindlichkeiten **regelmäßig gerichtlich organisiert ist.** Damit ist Haftungssubjekt entweder das Gericht oder der Nachlass selbst.[2123]

3. Haftungsobjekt

735 **Dem Erbstatut unterliegt auch die Klärung, welche Güter dem Zugriff der Nachlassgläubiger ausgesetzt sind** (Haftungsobjekt). Der Nachlass geht im Wege der Universalsukzession als Ganzes auf den oder die Erben über, ohne dass die Passiva des Nachlasses von den Aktiva getrennt werden dürfen. Die Nachlassgläubiger können sich an die Nachlassgüter halten. Wie der Zugriff auf den Nachlass im Einzelnen erfolgen kann und insbesondere verfahrensrechtlich durchzusetzen ist, ist von Rechtsordnung zu Rechtsordnung unterschiedlich.[2124] Der **Belegenheitsort der Nachlassgüter spielt keine Rolle.** Das kann Gläubiger vor Probleme stellen, die nicht in dem Land des zuständigen Gerichts ansässig sind, beispielsweise wenn eine Nachlassforderung innerhalb einer bestimmten Frist angemeldet werden muss.[2125]

Bei der Bestimmung, welche Güter für Nachlassverbindlichkeiten haften, ist von wesentlicher Bedeutung, **ob den Gläubigern nur der Nachlass zur Verfügung steht** oder ob die **Gesamtrechtsnachfolger auch mit ihrem Eigenvermögen haften. Frankreich, Deutschland, Italien** und die **Schweiz** kennen den Grundsatz der unbeschränkten, aber beschränkbaren Erbenhaftung. In diesen Fällen muss der Erbe aktiv werden, damit die Gläubiger nicht auf sein sonstiges Vermögen zurückgreifen können. Das deutsche Recht sieht hierfür die amtlichen Verfahren der Nachlassverwaltung und der Nachlassinsolvenz gemäß §§ 1975 ff. BGB vor oder im Falle des Fehlens einer kostendeckenden Masse die Möglichkeit der Erhebung der Dürftigkeitseinrede gemäß § 1990 Abs. 1 Satz 1 BGB. **Andere Rechtsordnungen** ermöglichen eine Trennung des Nachlasses vom Eigenvermögen und damit eine **Beschränkung des Haftungsobjekts schon dann, wenn der Erbe ein Inventar errichtet** (Beneficium Inventarie). Immer entscheidet das Erbstatut, ob die Haftung gegenständlich oder wertmäßig auf den Nachlass beschränkt ist.[2126]

Das zuständige Gericht, das zur Herbeiführung einer Haftungsbeschränkung eingeschaltet wird, darf die materiellrechtlichen Fragen der Nachlasshaftung nicht der lex fori unterwerfen oder die Vornahme der beantragten Handlung verweigern.[2127] So hatte

---

[2123] HWBEuP/*Helms*, Erbenhaftung, S. 404 (405).

[2124] Siehe hierzu die Länderübersicht Rdn. 743

[2125] Bonomi/Wautelet/*Wautelet*, Art. 23 EuErbVO Rdn. 75, potentielle Gefährdung von Gläubigerinteressen.

[2126] Der Bundesgerichtshof hat bei einem ausländischen Erbstatut und der Beschränkung der Haftung durch Inventarerrichtung § 780 Abs. 1 ZPO angewandt; BGH v. 19. 12. 2014, V ZR 32/13, FamRZ 2015, 653 m. Anm. Christandl.

[2127] MüKo/*Dutta*, Art. 23 EuErbVO Rdn. 32; *Dutta/Weber/Schmidt*, IntErbR, Art. 23 EuErbVO Rdn. 104.

das Bayerische Oberste Landesgericht schon nach dem früheren Rechtszustand die internationale Zuständigkeit eines deutschen Nachlassgerichts für die Behandlung und Entscheidung eines Antrages auf Inventarerrichtung nach italienischem Recht bejaht und in Bezug auf die Entgegennahme der Annahmeerklärung und der Annahme der Erbschaft unter dem Vorbehalt der Inventarerrichtung eine internationale Zuständigkeit aus dem früheren § 2369 BGB entnommen.[2128] Die Errichtung des Inventars stand nicht mehr im unmittelbaren Zusammenhang mit der Erbscheinserteilung, so dass nach einer strengen Anwendung der früher geltenden Gleichlauftheorie die betroffenen minderjährigen Erben auch mit ihrem Eigenvermögen für Verbindlichkeiten ihres italienischen Vaters hätten aufkommen müssen. Nach italienischem Recht bestand wegen der Anknüpfung an den letzten Wohnsitz des Erblassers in Deutschland nur eine Zuständigkeit der deutschen Gerichte für die Errichtung des Inventars. Das italienische Recht sah keine andere Möglichkeit der Haftungsbeschränkung auf den Nachlass als durch Errichtung eines Inventars vor. Die Erben des italienischen Staatsbürgers mit letztem Wohnsitz in Deutschland hätten im Fall der Weigerung deutscher Nachlassgerichte, sich für eine Inventarerrichtung zur Haftungsbeschränkung nach italienischem Recht für zuständig zu erklären, keine Möglichkeit gehabt, die Nachlassgläubiger auf den Nachlass zu verweisen und einen Zugriff auf ihr Eigenvermögen zu verhindern. Das Bayerische Oberste Landesgericht bejahte eine Zuständigkeit des deutschen Nachlassgerichts. Das Problem war schon durch § 105 FamFG entschärft worden. Danach kann die Inventarerrichtung italienischer Erben nach deutschem Verfahrensrecht angeordnet und ausgeführt werden, wohingegen sich die Wirkung der Errichtung des Inventars nach dem materiellen italienischen Recht bestimmte.

In **England** oder in **Portugal ist die Haftung** des Erben bzw. des „personal representative" **von vornherein auf den Nachlass beschränkt.** Der Erbe, der nach Art. 2071 Abs. 2 port. CÓDIGO civil kein Inventar errichtet hat, trägt die Beweislast für die Überschuldung des Nachlasses. Bei einer unsachgemäßen Abwicklung des Nachlasses durch einen „personal representative" kann dieser sich einer persönlichen Haftung ausgesetzt sehen, beispielsweise wenn er an einen „beneficiary" zu früh Leistungen erbringt.[2129]

Die Frage, in welchem **Rangverhältnis die Nachlassforderungen untereinander stehen, bestimmt sich ebenfalls nach dem Erbstatut** (ErwG 42 S. 3).[2130] Gleiches gilt für die Folgen eines Aufgebotsverfahrens oder für die Möglichkeiten der Nachlassgläubiger zur Herbeiführung einer Vermögenstrennung, um ihrerseits den Eigengläubigern den Zugriff auf den Nachlass zu verwehren. Zum Teil besteht die Möglichkeit im Fall eines überschuldeten Nachlasses die Eröffnung eines Insolvenzverfahrens i.S.d. EuInsO zu beantragen. Nach Art. 76 EuErbVO genießt dies Vorrang.[2131]

Kommt es zu einer Übertragung von Gütern des Erblassers außerhalb des formalen *736* Erbrechts auf eine andere Person, beispielsweise im Wege eines **Vertrages zugunsten Dritter auf den Todesfall,** stellt sich die Frage, **inwieweit Gläubiger auch auf die insoweit nicht in den Nachlass gefallenen Güter zurückgreifen können.** Zum Schutz

---

[2128] BayObLG v. 2.12.1965, BReg. 1b Z 67/65, BayObLGZ 1965, 423 ff.

[2129] *Dutta/Weber/Schmidt*, IntErbR, Art. 23 EuErbVO Rdn. 105.

[2130] MüKo/*Dutta*, Art. 23 EuErbVO Rdn. 25.

[2131] Max-Planck-Institut, RabelsZ 74 (2010), 522 (Rdn. 355 ff.).

der Nachlassgläubiger ist das zu bejahen, anderenfalls der Erblasser selbst eine Beeinträchtigung der Interessen der Nachlassgläubiger durch sein Verhalten herbeiführen könnte. Von daher sollte sich die Frage einer Haftung des Zuwendungsempfängers ebenfalls nach dem Erbstatut bestimmen. Der Begünstigte eines „will substitute" erlangt den entsprechenden Vorteil auch erst mit dem Tod des Erblassers und anders als ein Beschenkter nicht bereits zu seinen Lebzeiten. Ein kollisionsrechtlicher Vertrauensschutz wäre daher nicht angemessen.

IX. Klagen von Nachlassgläubigern und Aneignungsrecht des Staates, Art. 32 IntErbRVG

737   **Verfahren in Erbsachen werden von Art. 17 EuErbVO erfasst.** Die Brüssel Ia-VO klammert das Gebiet des Testaments- und Erbrechts aus ihrem Anwendungsbereich aus, Art. 1 Abs. 2 lit. f Brüssel Ia-VO. Welche Rechtsstreitigkeiten erbrechtlicher Natur sind, ist insbesondere Art. 23 Abs. 1 und 2 EuErbVO zu entnehmen. **Erbrechtliche Fragen müssen Gegenstand des Verfahrens sein.**[2132]

1. Anwendbarkeit von Art. 17 EuErbVO

738   **Nicht umfasst ist von Art. 17 EuErbVO eine Klage des Nachlassgläubigers gegen den Erben,** mag Art. 23 Abs. 2 lit. g EuErbVO die Haftung für Nachlassverbindlichkeiten dem Erbstatut unterwerfen.[2133] Die **Frage der Erbenhaftung ist nicht maßgeblicher Verfahrensgegenstand, sondern der eingeklagte Anspruch.** Die EuErbVO ist auch dann nicht einschlägig, wenn sich im Rahmen einer Klage gegen den Nachlass erbrechtliche Vorfragen als Verteidigungsmittel stellen wie z.B. für die Frage der Haftung für Nachlassverbindlichkeiten im Zusammenhang mit der Haftungsbeschränkung des Erben nach §§ 1975 ff. BGB oder § 1990 Abs. 1 Satz 1 BGB. Es spielt des Weiteren keine Rolle, ob der Anspruch gegen den Nachlass unstreitig ist. Für die Abgrenzung kommt es auf den Verfahrensgegenstand, nicht auf die Streitpunkte an. Gleiches gilt in ähnlich gelagerten Fällen der Klagen der Gläubiger gegen Nachlassverwalter oder Testamentsvollstrecker.[2134]

2. Haftung für Nachlassverbindlichkeiten nach wirksamer Ausübung des staatlichen Aneignungsrechts, Art. 32 Abs. 6, 7 IntErbRVG

739   Durch Art. 32 IntErbRVG wird dem deutschen Staat hinsichtlich erbenloser Nachlässe unter bestimmten Voraussetzungen ein Aneignungsrecht eingeräumt. Der deutsche Gesetzgeber hat mit der Regelung den Spielraum des Art. 33 EuErbVO genutzt, der staatliche Aneignungsrechte der Mitgliedsstaaten **für im Inland belegene Nachlassgegenstände unberührt lässt.** Damit ist vor allem bei einem Konflikt zwischen einem Fiskuserbrecht und einem staatlichen Aneignungsrecht für im Aneig-

---

[2132] MüKo/*Dutta*, Art. 1 EuErbVO Rdn. 4; BeckOGK/Schmidt, Art. 3 EuErbVO Rdn. 25.
[2133] MüKo/*Dutta*, Art. 1 EuErbVO Rdn. 4; *Dutta/Weber/Weber*, IntErbR, Art. 17 EuErbVO Rdn. 6.
[2134] *Dutta/Weber/Weber*, IntErbR, Art. 17 EuErbVO Rdn. 6.

nungsstaat belegene Vermögensgegenstände dem Aneignungsrecht der Vorrang einge-räumt.[2135]

Dem deutschen Staat ist mit § 32 IntErbRVG die Möglichkeit der Aneignung eines erbenlosen Inlandsnachlasses möglich, wenn nach einem ausländischen Erbstatut ein ausländischer Staat Fiskuserbe ist oder sich aufgrund eines ausländischen Aneignungs-rechts lediglich den erbenlosen Auslandsnachlass in seinem Hoheitsgebiet angeeignet hat. Das Recht zur Aneignung von nach ausländischem Erbstatut erbenlosen Inlands-nachlässen nach § 32 IntErbRVG ist somit eine **Ergänzung des Fiskuserbrechts des deutschen Staates nach § 1936 BGB, das sich auf den weltweiten Nachlass eines Er-blassers bezieht. Fiskuserbrecht** und **Aneignungsrecht** sind **konzeptionell völlig un-terschiedlich ausgestaltet.** Allerdings ist auch beim Fiskuserbrecht die gerichtliche Feststellung einer Erbenlosigkeit des Nachlasses nach §§ 1964 ff. BGB erforderlich, be-vor der Fiskus sein Erbrecht geltend machen kann. Entsprechende Parallelen sind bei der Anwendung von § 32 IntErbRVG zu berücksichtigen. Für den deutschen Staat er-weitert sich durch eine Kombination aus Fiskuserbrecht und Aneignungsrecht die Mög-lichkeit eines Zugriffs auf erbenlose Nachlässe erheblich. Mit dem Fiskuserbrecht wird ein weltweiter Anspruch auf erbenlose Nachlässe, die deutschem materiellen Erbrecht unterliegen, erhoben, während erbenlose Nachlässe, die im Inland belegen sind, ange-eignet werden, selbst wenn das ausländische Recht kein Fiskalerbrecht kennt, jedoch des ausländischen Staates, und dieses Fiskuserbrecht sich auf den weltweiten Nachlass bezieht und damit auch auf den Nachlass in Inland. Der deutsche Staat kann sich in Ausübung des Art. 33 EuErbVO damit das Beste aus beiden Welten nehmen.[2136]

Kommt es zur wirksamen Ausübung des Aneignungsrechts i.S.v. § 32 IntErbRVG, *740* **bestimmt sich die Haftung für Nachlassverbindlichkeiten nach § 32 Abs. 6, 7 Int-ErbRVG.** Zu dem von einer wirksamen Ausübung des Aneignungsrechts betroffe-nen Nachlassvermögen i.S.v. § 32 Abs. 4 Satz 1 IntErbRVG sind zunächst die wirksam angeeigneten Nachlassgegenstände, also diejenigen, auf die sich das Aneignungsrecht erstreckt, und die vom Umfang der wirksamen Aneignungserklärungen erfasst sind, be-troffen. Hierzu **gehören auch die Nachlassverbindlichkeiten.** Dies ist in § 32 Abs. 7 IntErbRVG ausdrücklich klargestellt. Danach bleibt das **Recht der Gläubiger, die Be-friedigung aus dem gesamten Nachlass zu verlangen, unberührt.** Die Regelung ent-spricht der Intention des Art. 33 EuErbRVO, der einen Vorrang eines inländischen An-eignungsrechts vor einem ausländischen Fiskuserbrecht nur zulässt, wenn Interessen der Nachlassgläubiger gewahrt werden. Die **Gläubiger können somit Befriedigung auch aus den angeeigneten Nachlassgegenständen als Teil des gesamten Nachlasses ver-langen.** Damit regelt das allgemeine Erbstatut weiterhin die Haftung dieses fingierten Gesamtnachlasses für Nachlassverbindlichkeiten, was Art. 23 Abs. 2 lit. g EuErbVO klarstellt. Im Fall der Aneignung nach § 32 IntErbRVG legt das stets ausländische Erbstatut auch fest, inwieweit die Nachlassgläubiger weiterhin auf die angeeigneten Nachlassgegenstände zugreifen können, selbst wenn sie nun vom jeweiligen Land oder Bund getragen werden. Das Erbstatut bestimmt weiter, inwieweit die Gläubiger auf et-waige Surrogate zugreifen können, wenn Nachlassgegenstände nicht mehr bei der an-eignenden Körperschaft vorhanden sind.

[2135] MüKo/*Dutta*, Art. 33 EuErbVO Rdn. 1; *Dutta/Weber/Dutta*, IntErbR, § 32 IntErbRVG Rdn. 2.

[2136] *Dutta/Weber/Dutta*, IntErbR, § 32 IntErbRVG Rdn. 6.

Regelmäßig kommt es auch unter der Anwendung von § 32 IntErbRVG zu einer **Beschränkung der Haftung auf den Nachlass oder zu einer Beschränkungsmöglichkeit.** Zwingend ist das nicht, so dass das jeweilige Land oder der Bund prüfen müssen, ob der Staat für eine Beschränkung der Haftung nach dem Erbstatut aktiv werden muss. Dies ist unter der Geltung des deutschen Fiskuserbrechts nach § 1936 BGB ebenso der Fall.[2137] Das jeweilige Land bzw. der Bund kann von Nachlassgläubigern vor ausländischen Gerichten in Anspruch genommen werden, da sich die internationale Zuständigkeit für die Durchsetzung von Nachlassverbindlichkeiten nach den allgemeinen Regeln für Zivil- und Handelssachen richtet, vor allem nach der Brüssel Ia-VO.

741   Die Ausübung des Aneignungsrechts wirkt sich unterschiedlich auf die Nachlassgläubiger aus. Besteht nach dem Erbstatut ein **Fiskuserbrecht eines ausländischen Staates, so erhalten die Nachlassgläubiger über § 32 Abs. 7 IntErbRVG einen zusätzlichen Schuldner.** Das ist **die aneignende Körperschaft,** die möglicherweise im Haftungsumfang nur beschränkt auf die angeeigneten Gegenstände haftet. Sieht das ausländische Erbstatut ein Aneignungsrecht des Staates vor, so ermöglicht das Aneignungsrecht den Gläubigern erstmalig einen Zugriff auf das inländische Nachlassvermögen, das bis dahin herrenlos war. Zu den Nachlassverbindlichkeiten, für welche die angeeigneten Nachlassgegenstände als Teil des Haftungsverbandes haften, gehören auch Verbindlichkeiten aus Vermächtnissen. Damnationsvermächtnisse sind gewöhnliche Nachlassverbindlichkeiten, für die ebenfalls § 32 Abs. 7 IntErbRVG gilt. In § 32 Abs. 6 IntErbRVG ist klargestellt, dass das Gleiche auch bei Vindikationsvermächtnissen gilt, die im Hinblick auf die vermachten Gegenstände ein Aneignungsrecht nicht ausschließen. Passivlegitimiert ist das jeweilige Land bzw. der Bund, für das bzw. den die nach § 32 Abs. 4 Satz 3 IntErbRVG zuständige Aneignungsstelle gehandelt hat. Aus § 32 Abs. 6 IntErbRVG folgt keine gesetzliche Prozessstandschaft der Aneignungsstelle, da diese als Behörde regelmäßig nicht nach § 50 ZPO im Zivilprozess parteifähig wird.[2138]

X. Grundsatz des ordre public, Art. 35 EuErbVO

742   Art. 35 EuErbVO enthält den **in kollisionsrechtlichen Verordnungen üblichen ordre public-Vorbehalt.** Im Einzelfall soll von der EuErbVO eigentlich berufenes ausländisches Sachrecht nicht zur Anwendung kommen. Der ordre public-Vorbehalt kann nicht Vorschriften des Ortsrechtes, die als besonders wichtig eingestuft werden, gegen ausländisches Recht durchsetzen. Gegenstand der Kontrolle ist ein konkretes Ergebnis der Anwendung ausländischen Rechts im Einzelfall, nicht dagegen die abstrakte Beurteilung einer ausländischen Rechtsordnung oder einer Einzelvorschrift. Das Ergebnis der Rechtsanwendung muss **mit der öffentlichen Ordnung des Forumstaates offensichtlich unvereinbar** sein. Maßgeblich ist die öffentliche Ordnung des Staates, dessen Gericht oder dessen Behörde mit einer Erbsache befasst ist. Es muss sich um eine **Abweichung von grundlegenden, für die Rechtsordnung des Forumstaates als wesentlich anzusehenden Vorschriften handeln.** Das Ergebnis der Rechtsanwendung muss gemessen an den grundlegenden Vorschriften des Forumstaates nicht hinnehmbar sein.[2139]

[2137] *Dutta/Weber/Dutta,* IntErbR, § 32 IntErbRVG Rdn. 53.
[2138] *Dutta/Weber/Dutta,* IntErbR, § 32 IntErbRVG Rdn. 56.
[2139] MüKo/*Dutta,* Art. 35 EuErbVO Rdn. 2; BeckOGK/*Schmidt,* Art. 35 EuErbVO Rdn. 14.

Da ein Verstoß gegen den ordre public offensichtlich sein muss, ist klargestellt, dass von der Klausel zurückhaltend und **nur in Ausnahmefällen Gebrauch gemacht werden darf.**[2140] Entscheidend ist die Beurteilung zum Zeitpunkt der gerichtlichen oder behördlichen Entscheidung.

[2140] *Erman/Hohloch*, Art. 35 EuErbVO Rdn. 1.

743

XI. Länderübersicht[2141]

Land	Ausgestaltung der Haftung des/der Erben für Nachlassverbindlichkeiten
Australien	Mehrere Erben erwerben nicht im Wege der Gesamtrechtsnachfolge das Vermögen des Erblassers. Der gesamte Nachlass wird zunächst um die Verbindlichkeiten bereinigt, der ausschließlich für die Schulden haftet. Nur der verbliebene Nettonachlass wird von einem „personal representative" an den oder die Erben ausgekehrt. Eine Haftung des/der Erben mit seinem/ihrem Eigenvermögen kommt von vornherein nicht in Betracht.
Belgien	Der Erbe kann zur Vermeidung der Haftung mit seinem persönlichen Vermögen für Nachlassverbindlichkeiten die Annahme der Erbschaft unter dem Vorbehalt der Aufnahme eines Inventars erklären, Art. 793 ff. ZGB. Dies hat zur Folge, dass das persönliche Vermögen des Erben nicht mit dem Nachlassvermögen vermischt wird. Der Erbe haftet für die Verbindlichkeiten und Lasten des Nachlasses nur bis in Höhe des Wertes der Güter, die er erbt. Voraussetzung für die Annahme unter Vorbehalt ist eine ausdrückliche Erklärung, die bei der Kanzlei des Gerichts erster Instanz beurkundet werden muss. Zuständig ist das Gericht des Bezirks, in dem der Nachlass eröffnet wurde. Die Erklärung wird im belgischen Staatsblatt veröffentlicht. In der Veröffentlichung werden Gläubiger und Vermächtnisnehmer aufgefordert, innerhalb von drei Monaten ihre Rechte geltend zu machen. Der Erbe, der unter Vorbehalt angenommen hat, muss innerhalb von drei Monaten nach der Eröffnung des Nachlasses ein Inventarverzeichnis notariell beurkunden lassen, Art. 795 ZGB. Die Frist kann durch das zuständige Gericht verlängert werden, Art. 798 ZGB. Der Erbe kann ein Inventarverzeichnis noch nach Ablauf der Frist und auch der verlängerten Frist beurkunden lassen und insoweit als Vorbehaltserbe auftreten, sofern er keine nur einem Erben zustehende Handlung unternommen hat und kein rechtskräftiges Urteil gegen ihn vorliegt, das ihn in der Eigenschaft eines annehmenden Erben verurteilt hat. Als Vorbehaltserbe muss er das Nachlassvermögen verwalten und liquidieren. Ggf. kann gerichtlich ein Verwalter bestellt werden, der die Nachlassverwaltung und Nachlassliquidation anstelle des Vorbehaltserben wahrnimmt.[2142]

2141 Zur Vertiefung europäischer Rechtsordnungen siehe *Süß*, Erbrecht in Europa, 3. Aufl. 2015.
2142 *Schür* in: *Süß* Rdn. 115 f.

Bosnien und Herzegowina	Unabhängig davon, ob eine Nachlassauseinandersetzung bereits stattgefunden hat, haften die Erben solidarisch nur bis zur Höhe ihres jeweiligen Erbanteils, sofern der Erblasser nicht etwas anderes bestimmt hat. Unklar ist, ob die Nachlassgläubiger im Außenverhältnis nicht doch von jedem Erben einen vollständigen Ausgleich ihrer Verbindlichkeiten verlangen können und die Haftung nur im Innenverhältnis den Erbquoten entsprechend anteilsmäßig besteht oder auch im Außenverhältnis nur anteilig gegeben ist. Die Gläubiger können innerhalb von drei Monaten nach dem Erbfall eine Trennung des Nachlasses vom Eigenvermögen der Erben beantragen.
Brasilien[2143]	Gläubiger des Erblassers, der Erben und der Vermächtnisnehmer sind grundsätzlich berechtigt, die Einleitung eines Nachlassverfahrens beim zuständigen Gericht zu beantragen, sofern dies nicht schon von einer anderen dazu berechtigten Person innerhalb einer Frist von 60 Tagen seit dem Tod des Erblassers beantragt worden war. Sie können ihre Forderung in einem solchen Verfahren anmelden. Vor Abschluss der Erteilung können die Forderungen erst befriedigt werden, wenn sie bereits fällig oder einforderbar sind. Im Übrigen ist der Gläubiger auf den ordentlichen Prozessweg verwiesen, sofern nicht alle Erben mit der Begleichung der angemeldeten Forderung einverstanden sind. Der zuständige Nachlassrichter ordnet zum Schutz des Gläubigers die erforderlichen Maßnahmen an. Grundsätzlich haftet der Nachlass für alle Verbindlichkeiten des Erblassers. Nach der Erbteilung haften mehrere Erben nur noch anteilsmäßig mit ihrem Erbanteil. Die Haftung findet ihre Grenze in der Höhe ihres Erbanteils.
Bulgarien	Haben die Erben das Erbe angenommen, haften sie für Nachlassverbindlichkeiten. Die Haftung richtet sich nach ihrem jeweiligen Anteil am Nachlass. Der Erbe kann seine Haftung beschränken, indem er die Erbschaft nach Anfertigung eines Verzeichnisses annimmt. Die verzeichnisgebundene Erklärung wird in das Buch der Erbeserklärungen beim Gericht eingetragen. Dies kann innerhalb von drei Monaten ab Kenntnis vom Erbfall erfolgen. Es kommt zu einer Haftungsbeschränkung zu Gunsten aller Erben. Eine zwingende Fiktion besteht für Geschäftsunfähige und für den Staat. Sie nehmen das Erbe immer nach Anfertigung eines Verzeichnisses an, auch wenn dies nicht erfolgt ist. Das Verzeichnis selbst wird nach den Regeln der bulgarischen ZPO erstellt, d.h. auf Gesuch des Erben durch einen staatlichen oder privaten Gerichtsvollzieher. Um von der beschränkten Haftung zu profitieren, muss der Erbe alle ihm bekannten Vermögensgegenstände des Nachlasses angeben.

2143 Näher dazu *Rechsteiner*, ZEV 2007, 212, 215.

Land	Ausgestaltung der Haftung des/der Erben für Nachlassverbindlichkeiten
Dänemark	Die gesetzliche Grundlage für die Erbenhaftung findet sich nicht im Erbgesetz, sondern im sog. Auseinandersetzungsgesetz. Ob und in welchem Umfang die Erben haften, hängt von der Art des auf die Auseinandersetzung anwendbaren Verfahrens ab, innerhalb des jeweiligen Verfahrens nach der Art der Schulden. Bei einem öffentlich verwalteten Auseinandersetzungsverfahren haften die Erben grundsätzlich nicht, da der Erbe die Erbschaft noch nicht angenommen hat. Die Begleichung der Schulden erfolgt im Verfahren. Erst der um die Verbindlichkeiten bereinigte Nachlass wird an die Erben ausgekehrt. Im Erbschaftsannahmeverfahren (öffentlichen Auseinandersetzungsverfahren) werden die Gläubiger im Wege des öffentlichen Aufgebots aufgefordert, Ansprüche gegen den Nachlass geltend zu machen. Die Frist dafür beträgt 8 Wochen. Nach der Aufteilung des Nachlasses haften die Erben persönlich in Höhe ihres Anteils am Nachlass. Eine gesamtschuldnerische Haftung gibt es nicht. Sofern die Auseinandersetzung privat vollzogen wurde, haften die Erben wie im Erbschaftsannahmeverfahren nur für Steuerschulden ausnahmsweise gesamtschuldnerisch.
Estland	Mit der Annahme – die Ausschlagungsfrist beträgt drei Monate ab Kenntnis des Erbfalls und des Erbenstatuses – der Erbschaft gehen im Wege der Gesamtrechtsnachfolge alle Rechte und Pflichten sowie die Verbindlichkeiten auf den/die Erben über. Erben, die sich zur Annahme der Erbschaft entschlossen haben, haben das Recht, eine Inventur zu verlangen. Dies führt zu einer beschränkten Haftung auf den Wert des Nachlasses. Mehrere Erben haften gesamtschuldnerisch auch mit ihrem Eigenvermögen, können aber die Haftung auf den Umfang der Nachlassmasse beschränken, indem sie bei Annahme der Erbschaft eine Inventur beantragen. Der Antrag auf eine Inventur ist immer beim Notar zu stellen, der damit einen Gerichtsvollzieher beauftragt und ihm dafür eine Frist von zwei bis drei Monaten gibt. Die Kosten sind Nachlassverbindlichkeiten. Bei Dürftigkeit des Nachlasses können die Erben einen Insolvenzantrag stellen.
Finnland	Nach dem Tod eines in Finnland wohnhaft gewesenen Erblassers ist binnen drei Monaten ein Inventar zu errichten, in das auch alle Verbindlichkeiten aufzunehmen sind. Die Erben haften grundsätzlich nur mit dem Nachlassvermögen. Die Haftung kann bei fahrlässigem oder vorsätzlichem Verhalten ausgeweitet werden. Eine strenge Schuldenhaftung für die Erben tritt ein, wenn der Nachlass nicht innerhalb der gesetzlichen Frist inventarisiert wird.
Frankreich	Ein Erbe kann die Erbschaft vorbehaltlos annehmen oder ausschlagen, kann sie aber auch unter Beschränkung seiner Haftung auf den Aktivnachlass annehmen. Letzteres ermöglicht dem Erben eine Haftungsbeschränkung auf das ererbte Vermögen, was technisch durch eine Trennung von Erblasser- und sonstigem Vermögen des Erben bewirkt wird. Die Vorbehaltsannahme muss durch formelle Erklärung vor der Geschäftsstelle des Tribunal de grande instance am letzten Wohnsitz des Erblassers erfolgen und wird landesweit veröffentlicht. Weitere Voraussetzung für

	die Haftungsbeschränkung ist, dass innerhalb von zwei Monaten nach der Erklärung zu notarieller Urkunde ein Inventar mit Angabe des jeweiligen Wertes der Nachlassgegenstände errichtet wird. Dieses wird wie die Option des Erben veröffentlicht. Die 2-Monats-Frist kann aus wichtigen Gründen gerichtlich verlängert werden, während die Fristversäumung zur Annahme der Erbschaft führt. Die Gläubiger können nach Inventarerrichtung innerhalb von 15 Monaten ihre Forderungen anmelden, anderenfalls sie erlöschen, sofern für sie keine Sicherheit besteht. Innerhalb der 15 Monate besteht eine Vollstreckungssperre. Der Erbe behält die Befugnis, den Nachlass zu verwalten. Er kann Nachlassgegenstände verkaufen. Der Erlös fällt in den Nachlass. Die angemeldeten Forderungen werden nach Ablauf der Frist von 15 Monaten befriedigt. Sofern sie mit Sicherheiten unterlegt sind, erfolgt die Befriedigung nach dem Rang der Sicherheit, anderenfalls nach der Reihenfolge der Forderungsanmeldung.[2144]
Griechenland	Für die Erben gilt der Grundsatz der unbeschränkten Haftung, d.h. der Haftung mit dem Nachlass und dem Eigenvermögen. Es besteht die Möglichkeit der Annahme der Erbschaft unter dem Vorbehalt der Inventarerrichtung. Die Erklärung ist formbedürftig und erfolgt beim zuständigen Beamten der Geschäftsstelle des Nachlassgerichts. Voraussetzung für diese Haftungsbeschränkung ist die Berechtigung der Erben, die Erbschaft auszuschlagen. Geschäftsunfähige oder beschränkt geschäftsfähige Erben haften immer beschränkt. Bei einer Miterbengemeinschaft hat jeder Miterbe unabhängig von den anderen die Möglichkeit der Haftungsbeschränkung.
Großbritannien/ England und Wales	Im englischen Erbrecht geht der Nachlass nicht unmittelbar auf die Erben über, sondern wird zunächst auf einen „personal representative" übertragen. Mangels Gesamtrechtsnachfolge kommt es nicht zu einer persönlichen Haftung der Erben und Vermächtnisnehmer. Die Haftung wird vermieden, indem der Nachlass erst ausgekehrt wird, wenn alle Nachlassverbindlichkeiten durch den „personal representative" beglichen wurden. Bei einem überschuldeten Nachlass kommt es nicht zwingend zu einem Nachlassinsolvenzverfahren. Der „personal representative" hat ein Wahlrecht, ob er den überschuldeten Nachlass selbst verteilt oder ob er eine Anweisung zur Überführung auf einen Insolvenzverwalter beantragt. Zur Vermeidung seiner Haftung bei eigener Abwicklung kann er Anweisungen des High Court zur Verteilung beantragen.
Großbritannien/ Schottland	Die Aufgaben und Befugnisse eines schottischen executors entsprechen weitgehend denen eines englischen Nachlassabwicklers. Das Amt beginnt in Schottland erst mit der Bestätigung durch den zuständigen Sheriff Court. Eine Verwaltung ohne förmliche Bestätigung führt dazu, dass die handelnde Person persönlich für alle Verbindlichkeiten des Verstorbenen haftet.

2143 *Döbereiner* in: Süß Rdn. 158.

Land	Ausgestaltung der Haftung des/der Erben für Nachlassverbindlichkeiten
Irland	Das irische Erbrecht entspricht in Bezug auf die Erbenhaftung weitgehend dem englischen Recht.
Italien	Nimmt der Erbe die Erbschaft vorbehaltlos an, so haftet er für Nachlassverbindlichkeiten unbeschränkt. Er hat die Möglichkeit, die Annahme unter dem Vorbehalt der Inventarerrichtung (accettazione con beneficio d'inventario) zu erklären. Seine Haftung ist dann auf den Nachlass beschränkt. Die Vermögensmassen bleiben getrennt. Bei einer Annahme unter Vorbehalt hat der Erbe die Nachlassgläubiger erst nach Ablauf eines Monats ab Eintragung der Vorbehaltsannahme in das Erbschaftsregister zu befriedigen. Die sich meldenden Gläubiger kann er grundsätzlich in der Reihenfolge ihrer Anspruchsstellung befriedigen, so dass sich später meldende Gläubiger leer ausgehen können oder nur gleichmäßig befriedigt werden. Bei Widerspruch von Gläubigerseite muss der Erbe die Gläubiger unter Einschaltung eines Notars gleichmäßig unter Berücksichtigung eines erstellten Rangverzeichnisses befriedigen. Der Erbe kann die Erbschaft auch einem zu bestellenden Pfleger übertragen. Mit der Übergabe des Nachlasses an diesen ist er von allen Nachlassverbindlichkeiten befreit. Der Vermächtnisnehmer haftet nicht für Nachlassverbindlichkeiten. Im italienischen Erbrecht ist die Miterbengemeinschaft keine Gesamthands- sondern eine Bruchteilsgemeinschaft. Die Beteiligten haften nur in Höhe ihrer Beteiligungs(erb)quote. Zur gesamtschuldnerischen Haftung kommt es bei Erbschaftsteuerschulden, unteilbaren Schulden und hypothekarisch gesicherten Forderungen. Der in Anspruch genommene Miterbe hat einen Ausgleichsanspruch gegen die Miterben.
Kroatien	Es wird ein Nachlassverfahren von Amts wegen durch das kommunale Gericht oder durch einen Notar als „Gerichtskommissär" eingeleitet, sobald das Gericht vom Tod des Erblassers erfährt. Nach Durchführung der Anhörung wird ein Erbschein ausgestellt, in dem die Erben, die Vermächtnisse und die Zusammensetzung des Nachlasses aufgeführt werden. Mehrere Erben bilden eine Erbengemeinschaft. Nachlassgläubiger können innerhalb von drei Monaten nach Eintritt der Erbfolge beantragen, dass der Nachlass vom Eigenvermögen des Erben getrennt wird. Die Erben sind dann nicht mehr zur Verfügung über den Nachlass befugt. Im Gegenzug sind auch die Nachlassgläubiger von der Vollstreckung in das Eigenvermögen des Erben ausgeschlossen.
Lettland	Durch die Annahme der Erbschaft gehen alle Rechte und Verbindlichkeiten des Erblassers, soweit sie nicht als höchstpersönliche mit dessen Tod erlöschen, im Wege der Universalsukzession auf den/die Erben über. Es kommt zur unbeschränkten Haftung, d.h. der Erbe haftet für die Nachlassverbindlichkeiten mit dem Nachlass und mit seinem Eigenvermögen. Der Erbe kann die Haftung auf den Nachlass beschränken, wenn er innerhalb von zwei Monaten ein Inventar errichtet. Der Erbe haftet dann lediglich im Umfang der Erbschaft, wobei er die Kosten für die Beerdigung des Erblassers, die Errichtung des Inventars und die übrigen Gerichtskosten in Abzug bringen kann. Mehrere Erben haften entsprechend der Höhe ihres Erbteils und nicht als Gesamtschuldner.

Litauen	Der Erbe haftet nach der Annahme der Erbschaft, die ausdrücklich gegenüber dem zuständigen Notar oder stillschweigend durch faktische Übernahme der Verwaltung des Nachlasses erfolgen kann, unbeschränkt. Er kann die Erbschaft auf der Grundlage eines Nachlassverzeichnisses beim zuständigen Gericht annehmen und dadurch die Haftung auf den Nachlass beschränken. Gläubiger müssen ihre Forderungen innerhalb von drei Monaten nach dem Tod des Erblassers anmelden. Mehrere Erben haften nach der Annahme solidarisch und unbeschränkt. Von der grundsätzlich unbeschränkten Erbenhaftung bestehen gesetzliche Ausnahmen. Das gilt auch, wenn kein Nachlassverzeichnis beantragt wird. Solche sind Unterhaltspflichten für einen geschiedenen Ehegatten oder für Kinder. Die Pflichten gehen auf den Erben nur unter Berücksichtigung des geerbten Vermögens über. Hatte der Verstorbene kein Vermögen, endet die Zahlungspflicht. Der Staat haftet immer nur mit dem geerbten Vermögen.
Luxemburg	Für Nachlassverbindlichkeiten haften sowohl die gesetzlichen Erben als auch die Vermächtnisnehmer mit Ausnahme des Stückvermächtnisnehmers. Erben haben die Möglichkeit der Haftungsbeschränkung, wenn sie die Erbschaft unter dem Vorbehalt der Errichtung eines Inventars annehmen. Die Haftung beschränkt sich dann auf das Nachlassvermögen. Mehrere Erben haften entsprechend ihrer jeweiligen Beteiligungsquote am Nachlass, nicht gesamtschuldnerisch. Wird ein Erbe über seine Quote hinaus in Anspruch genommen, hat er gegen die übrigen Erben einen Regressanspruch.
Malta	Der Nachlass geht unmittelbar auf den/die Erben über. Der Übergang des Nachlasses auf die Erben erfolgt durch Annahme der Erbschaft, die ausdrücklich oder schlüssig erfolgen kann. Zur Haftungsbeschränkung kann der Erbe die Erbschaft unter dem Vorbehalt des Inventars annehmen. Bei Minderjährigen und betreuten Personen ist die Annahme unter dem Vorbehalt des Inventars zwingend. Mehrere Erben bilden eine Erbengemeinschaft, die als spezielle Form der Bruchteilsgemeinschaft ausgestattet ist. Sie haften persönlich für die Nachlassverbindlichkeiten. Vorbehaltlich der Maßnahmen zur Haftungsbeschränkung ist die Haftung der Miterben der Höhe nach unbeschränkt, aber quotal beschränkt auf die Erbquote.
Niederlande	Die Erben haben die Möglichkeit, ihre Haftung auf den Nachlass zu beschränken, indem sie die Erbschaft unter dem Vorbehalt der Errichtung eines Inventars annehmen. Mehrere Erben haften entsprechend ihrer jeweiligen Beteiligungsquote am Nachlass. Hinsichtlich der Begleichung von Erbschaftsteuerschulden gelten abweichende Regelungen. Hierfür haften die Erben als Gesamtschuldner.

Land	Ausgestaltung der Haftung des/der Erben für Nachlassverbindlichkeiten
Norwegen	Im Rahmen der Nachlassabwicklung können die Erben zunächst eine Übersicht über die Verpflichtungen des Erblassers erhalten, indem sie ein Aufgebot ausstellen lassen. Dies geschieht in Form einer Mitteilung, in der die Gläubiger aufgefordert werden, ihre Ansprüche geltend zu machen. Ein Erbe, der die Verantwortung für die Schulden des Erblassers im Rahmen einer privaten Teilung übernommen hat, kann ein Aufgebot ausstellen. Soll der Nachlass öffentlich geteilt werden, stellt das Gericht ein Aufgebot aus. Das Gericht kann aber auch auf Begehren eines Erben ein Aufgebot ausstellen, bevor entschieden wird, ob der Nachlass privat oder öffentlich geteilt werden soll. Das Aufgebot enthält eine Aufforderung an die Gläubiger, ihre Forderung innerhalb der Frist anzumelden sowie die Information, dass nach Ablauf der Frist die Forderung nicht mehr berücksichtigt wird. Die Frist beträgt sechs Wochen nach der letzten Veröffentlichung, was zweimal mit einem zeitlichen Abstand von mindestens einer Woche im Staatsanzeiger sowie in einer örtlichen Zeitung geschieht. Ist die Frist abgelaufen, können Forderungen nicht mehr geltend gemacht werden mit Ausnahme steuerlicher Forderungen oder Forderungen der Sozialversicherung. Im Falle einer privaten Teilung hat zumindest einer der Erben, der volljährig sein muss, gegenüber dem Gericht eine Erklärung abzugeben, dass er die Verantwortung für die Nachlassverbindlichkeiten übernimmt.
Österreich	Die Abwicklung eines Nachlassverfahrens geschieht in Österreich, indem ein sog. Verlassenschaftsverfahren von Amts wegen eingeleitet wird, sobald aufgrund einer öffentlichen Urkunde der Todesfall bekannt geworden ist. Zuständig ist das Bezirksgericht am letzten gewöhnlichen Aufenthaltsort des Erblassers. Das Verfahren ist ein mündliches Verfahren vor einem Notar, der laut Geschäftsverteilung des Gerichts für die Verlassenschaftsabhandlung zuständig ist. Er wird als Gerichtskommissär bezeichnet. Ihm obliegen die Ermittlung des erblasserischen Vermögens, der Verbindlichkeiten, der gesetzlichen und testamentarischen Erben, der Pflichtteilsberechtigten und andere Maßnahmen. Das Nachlassvermögen verbleibt regelmäßig im Besitz der Angehörigen, die sich jedoch jeder eigenmächtigen Verfügung über den Nachlass zu enthalten haben. Bis zur Beendigung des Verlassenschaftsverfahrens, d.h. bis zur Einantwortung des Nachlasses, ist der Nachlass vom Vermögen des Erben getrennt. Nachlassschulden können nur aus dem Nachlass befriedigt werden. Eine Überschuldung des Erben gefährdet bereits während des Verlassenschaftsverfahrens die Einbringlichkeit der Forderungen von Verlassenschaftsgläubigern. Auf Antrag eines Nachlassgläubigers kann daher vom Verlassenschaftsgericht die Nachlassabsonderung bewilligt werden. Bei Bewilligung der Nachlassabsonderung ist ein Inventar zu errichten, das Nachlassvermögen zu sichern und durch einen Verlassenschaftskurator zu verwalten. Bei einem überschuldeten Nachlass ist das aktive Nachlassvermögen den Gläubigern beschlussmäßig zu überlassen. Im Fall einer unbedingten Erbantrittserklärung muss der Erbe im weiteren Verlauf des Verlassenschaftsverfahrens eine Vermögenserklärung abgeben, d.h. ein Verzeichnis vorlegen über die aktiven und passiven Nachlasswerte.

	Nach der Einantwortung ist für die Haftung zu unterscheiden, ob die Erbschaft vorbehaltlos oder unter dem Vorbehalt der Inventarerrichtung angenommen wurde. Im letzteren Fall kommt es zur Beschränkung der Haftung auf den Nachlass.
Polen	Der Erbe kann die Erbschaft entweder ohne eine Beschränkung der Haftung für die Nachlassverbindlichkeiten annehmen (einfache Annahme), sie mit einer Beschränkung der Haftung annehmen (Annahme unter Vorbehalt der Inventarerrichtung) oder die Erbschaft ausschlagen. Die Ausschlagung bezieht sich immer auf den gesamten Nachlass. Es ist nicht möglich, die Erbschaft teilweise anzunehmen und teilweise auszuschlagen. Generell haften die Erben für die Nachlassverbindlichkeiten bis zum Zeitpunkt der Annahme der Erbschaft nur mit dem Nachlass. Bei der einfachen Annahme der Erbschaft haftet der Erbe für die Nachlassverbindlichkeiten unbeschränkt. Der Erbe, der die Erbschaft unter dem Vorbehalt der Inventarerrichtung angenommen hat, haftet für die Nachlassverbindlichkeiten nur bis zu dem im Inventar festgestellten Wert des Nachlasses. Bei der Erbengemeinschaft hat die Annahme der Erbschaft unter dem Vorbehalt der Inventarerrichtung durch einen der Erben zur Folge, dass auch die anderen Erben, die keine fristgerechte Erklärung abgegeben haben, die Erbschaft unter dem Vorbehalt der Inventarerrichtung angenommen haben.
Portugal	Der Erbe kann die Erbschaft unter dem Vorbehalt der Inventarerrichtung annehmen. Bei der Annahme der Erbschaft unter dem Vorbehalt der Inventarerrichtung ist die Haftung auf das Vermögen beschränkt, dessen Vorhandensein in einem gerichtlichen Inventarerrichtungsverfahren festgestellt wurde. Bei minderjährigen Erben kann die Annahme nur unter dem Vorbehalt der Inventarerrichtung erfolgen. Wird die Erbschaft ohne Inventarerrichtung angenommen, haftet der Erbe ebenfalls nur mit dem Nachlass. Er muss aber beweisen, dass der Nachlass nicht zur Erfüllung der Verbindlichkeiten ausreicht.
Rumänien	Die Abkömmlinge des Erblassers, seine Eltern und auch der Ehegatte erlangen den Besitz an den Nachlassgegenständen mit Eintritt des Erbfalls. Andere Erben bedürfen einer sog. Einweisung in den Besitz, die durch Aushändigung des Erbscheins erfolgt und auf den Eintritt des Erbfalls zurückwirkt. Die Annahme der Erbschaft kann ausdrücklich, aber auch stillschweigend erfolgen. Als stillschweigende Annahme gelten kraft Gesetzes insbesondere die Verfügung über Nachlassgegenstände, die Ausschlagung der Erbschaft zugunsten eines oder mehrerer bestimmter anderer Erben sowie der Verzicht bzw. die Ausschlagung auf die Erbfolge gegen Entgelt. Die gesetzliche Frist für die Annahme der Erbschaft beträgt ein Jahr. Sie beginnt regelmäßig nach Eintritt des Erbfalls und kann vom Gericht auf Antrag verkürzt werden. Hat der Berechtigte die Annahme nicht innerhalb der Frist erklärt und auch vorgenommen, so gilt die Erbschaft als ausgeschlagen. Mit der Annahme fällt der Nachlass rückwirkend auf den Tag des Eintritts der Erbfolge an die Erben, die jedoch für die Nachlassverbindlichkeiten und sonstigen Lasten des Nach-

Land	Ausgestaltung der Haftung des/der Erben für Nachlassverbindlichkeiten
	lasses nicht unbeschränkt, sondern ausschließlich mit den Nachlassaktiva, und zwar in Höhe der ihnen jeweils zustehenden Erbquote, haften. Das geltende Recht sieht eine Annahme der Erbschaft unter dem Vorbehalt der Inventarerrichtung nicht mehr vor, wodurch früher die Erbmasse als separate Vermögensmasse neben dem sonstigen Vermögen des Erben erhalten blieb und der Erbe die Nachlassverbindlichkeiten lediglich aus der Erbmasse zu begleichen hatte. Nach dem neuen Recht tritt die Haftungsbeschränkung bereits von Gesetzes wegen ein, so dass ein Vorbehalt der Inventarerrichtung nicht mehr als erforderlich angesehen wird. Das Gesetz enthält weiterhin die Möglichkeit der Errichtung eines Nachlassinventars, mit dem sich der Erbe oder ein Nachlassgläubiger gegen die Gefahren aus der Vermögensvermischung absichern kann.
Russ. Föderation	Ein Erbe, der die Erbschaft angenommen hat, haftet für die Schulden des Erblassers in Höhe des wirklichen, auf ihn entfallenden Nachlasswertes. Die Haftung umfasst alle Verbindlichkeiten des Erblassers einschließlich solcher, die erst nach seinem Tod entstanden sind. Nicht erfasst werden Schulden, die untrennbar mit der Persönlichkeit des Erblassers verbunden sind, sowie öffentlich-rechtliche Verbindlichkeiten (Bußgelder etc.). Sind mehrere Erben vorhanden, so haften sie als Gesamtschuldner. Jeder haftet nur mit dem auf ihn entfallenden Wert seines Erbteils.
Schweden	Der schwedische Gesetzgeber geht von dem Grundgedanken aus, dass ein Gläubiger sich grundsätzlich nur an den Nachlass halten kann. Eine persönliche Haftung des/der Erben ist ausgeschlossen. Mehr verlangen kann er nur, wenn ein Nachlassbeteiligter durch unredliches Handeln die Möglichkeiten von Nachlassgläubigern verschlechtert, ihren Anspruch durchzusetzen. Das schwedische Recht sieht anderenfalls nur eine Haftung des Nachlasses als juristische Person vor. Dies gilt auch, wenn es nur einen Erben oder Testamentsnehmer gibt. Es gibt keine Ausschlagungsfrist. Anders als das deutsche Recht geht das schwedische Erbrecht nicht von dem Grundsatz der unbeschränkten, aber beschränkbaren Haftung des Erben aus. Zum Schutz und im Interesse der Nachlassgläubiger sieht das Gesetz die Aufzeichnung des Nachlasses vor. Die Erbenhaftung richtet sich bei internationalen Erbfällen nach dem Heimatrecht des Erblassers zum Zeitpunkt des Todes.
Schweiz	Nach dem Schweizer Erbrecht hat der Erbe drei Möglichkeiten, sich der Haftung für Nachlassverbindlichkeiten mit seinem Privatvermögen zu entziehen. Er kann die Erbschaft innerhalb von drei Monaten nach Kenntnis des Erbfalls ausschlagen. Dies führt dazu, dass die Erbenstellung rückwirkend auf den Tod des Erblassers wegfällt. Für den Aus-

	schlagenden entfällt die Haftung für Nachlassschulden. Vor der Ausschlagung kann er die Errichtung eines öffentlichen Inventars begehren. Nach Abschluss des Inventars kommt neben der Ausschlagung u.a. die Annahme unter dem Vorbehalt des öffentlichen Inventars in Betracht. Die Inventarerrichtung dient der Haftungsbeschränkung. Zwar haftet der Erbe weiterhin persönlich für Nachlassschulden, aber nur für die im Verzeichnis enthaltenen Vermögenswerte. Nicht in das Inventar aufgenommene Verbindlichkeiten sind präkludiert. Die Erben haften weder persönlich noch mit der Erbschaft. Bei unverschuldet nicht aufgenommenen Schulden findet eine Haftungsbeschränkung statt. Die Erben haften nur in Höhe der Bereicherung aus der Erbschaft. Der Erbe kann auch die amtliche Liquidation beantragen. Dabei handelt es sich nicht um ein amtliches Nachlassverwaltungsverfahren, sondern um ein amtliches Verfahren zur Ermittlung des Nachlasses und von dessen Verbindlichkeiten. Nur ein eventueller Überschuss fällt an die Erben. Die amtliche Liquidation verhindert sowohl im Interesse der Erben als auch der Nachlassgläubiger die vollständige Verschmelzung des Erblasservermögens mit dem der Erben. Es kommt zu einer weitgehend beschränkten Erbenhaftung.
Serbien	Der Nachlass geht – vorbehaltlich einer Ausschlagung – mit dem Tod des Erblassers auf die Erben über. Diese haften für die Nachlassverbindlichkeiten solidarisch, jedoch beschränkt auf den Wert des jeweils auf sie entfallenden Erbteils. Mehrere Erben bilden eine Erbengemeinschaft und verfügen gemeinsam über den Nachlass. Sie haften solidarisch, jeder aber beschränkt auf den jeweiligen Anteil. Der Alleinerbe haftet beschränkt auf den Wert des gesamten Nachlasses.
Slowakei	Der Nachlass geht – vorbehaltlich einer Ausschlagung – mit dem Tod des Erblassers auf die Erben über. Die Erben haften kraft Gesetzes für die Nachlassverbindlichkeiten einschließlich der angemessenen Kosten der Bestattung nur beschränkt auf den Wert des auf sie entfallenden Erbteils bzw. der Alleinerbe bis zur Höhe der erlangten Erbschaft.
Slowenien	Die Erben treten im Wege der Universalsukzession in die Rechtsstellung des Erblassers ein. Der Erbe haftet beschränkt auf den Wert des Nachlasses, Miterben solidarisch jeweils bis zur Höhe des Wertes des Erbteils. Eine Inventarerrichtung zur Haftungsbeschränkung ist nicht vorgesehen.
Spanien	Mit dem Tod des Erblassers erwirbt der Erbe nur das Recht, die Erbschaft durch Annahme tatsächlich zu erwerben. Bis zur Annahme der Erbschaft haftet der Erbe nicht. Nimmt er die Erbschaft vorbehaltlos an, so haftet er für Nachlassverbindlichkeiten nicht nur mit dem Nachlass, sondern auch mit seinem Eigenvermögen. Um seine Haftung zu beschränken, hat er die Möglichkeit, die Erbschaft unter dem Vorbehalt der Inventarerrichtung anzunehmen. Möchte er sich vor der Annahme einen Überblick verschaffen, so ist es auch möglich, die Inventarerrichtung zu beantragen. Der Erbe hat dann dreißig Tage Zeit, die Erbschaft auszuschlagen.

Land	Ausgestaltung der Haftung des/der Erben für Nachlassverbindlichkeiten
	Schweigen bedeutet Annahme der Erbschaft. Die Inventarerrichtung begrenzt die Haftung auf den Wert des Nachlasses. Der Nachlass stellt ein Sondervermögen dar, das vom sonstigen Vermögen des Erben getrennt ist. Mehrere Erben haften gesamtschuldnerisch. Sofern ein Erbe in Anspruch genommen wird, hat er Ausgleichsansprüche gegen die übrigen Erben. Der Nachlass ist rechtlich getrennt vom sonstigen Vermögen der Erben. In **Katalonien** gilt ebenfalls das System der ausdrücklichen Annahme der Erbschaft. Erst die Annahme bewirkt den Eintritt des Erben in die Position des Erblassers und damit auch in die Verbindlichkeiten. Für diese haftet der Erbe mit dem Nachlass, aber auch mit seinem sonstigen Vermögen unbegrenzt. Infolge der Annahme ist es zu einer Vermischung des Nachlasses mit dem sonstigen Vermögen des Erben gekommen. Nach katalonischem Recht kann der Erbe die Vermischung der Vermögensteile verhindern und die Haftung für die Schulden des Erblassers auf den Nachlass begrenzen, wenn er die Annahme mittels Aufstellung eines Inventars erklärt. Der Erbe muss den hierauf gerichteten Willen gerichtlich oder vor einem Notar manifestieren. Das Bestandsverzeichnis muss innerhalb eines Jahres ab dem Zeitpunkt der möglichen Erbannahme aufgestellt werden. Erben stellen ein Inventar zumeist im Zeitpunkt der Erbannahme auf, so dass das katalonische Recht die Haftungsbeschränkung auf diese Fälle erweitert hat. Seit 2009 ist die Haftung des Erben für die Verbindlichkeiten des Erblassers auf den Nachlass auch dann begrenzt, wenn der Erbe nicht ausdrücklich die Erbschaft unter dem Vorbehalt der Inventarerrichtung angenommen hat, solange ein Inventar innerhalb von sechs Monaten seit dem Erbanfall aufgestellt wird. Geschieht dies nicht, wird vermutet, dass das Erbe ohne Vorbehalt angenommen wurde mit der Folge unbegrenzter Haftung.
Tschechien	Der Erbe haftet bis zum Wert der erworbenen Erbschaft für angemessene Beerdigungskosten und für Verbindlichkeiten des Erblassers, die auf ihn aufgrund des Todesfalls übergegangen sind. Miterben haften für die Beerdigungskosten und die Verbindlichkeiten im Verhältnis ihres Anteils zum Gesamtnachlass. Im Gegensatz zur früheren Rechtslage haftet der Erbe nicht automatisch nur bis zum Wert der erworbenen Erbschaft. Er muss sich ausdrücklich die Erstellung eines Nachlassverzeichnisses vorbehalten, um seine Haftung auf den Nachlass zu beschränken. Erben, die sich die Erstellung eines Nachlassverzeichnisses nicht vorbehalten, haften für Nachlassverbindlichkeiten unbeschränkt und gesamtschuldnerisch. Der Vorbehalt eines Miterben wirkt nicht zugunsten anderer Miterben, so dass jeder Miterbe in unterschiedlicher Höhe haften kann. Erben, die den Vorbehalt erklärt haben, haften ebenfalls gesamtschuldnerisch, jedoch beschränkt auf den Wert des Nachlasses. Auf das Recht der Erstellung eines Nachlassverzeichnisses zum Zweck der Haftungsbeschränkung kann in einem Erbvertrag nicht verzichtet werden. Entsprechende Anordnungen eines Erblassers sind unwirksam. Der Vorbehalt muss durch mündliche Erklärung vor dem Nachlassgericht oder durch schriftliche, dem Gericht eingesandte Erklärung erfolgen. Er kann seinerseits nicht unter einem Vorbehalt oder unter einer Bedingung erklärt werden. Den Vorbehalt kann

	der Erbe nur innerhalb eines Monats erklären, nachdem er von dem Nachlassgericht über dieses Recht benachrichtigt worden ist. Das Gericht kann aus wichtigen Gründen die Frist verlängern, auch nur gegenüber einzelnen Erben. Für Miterben können deshalb unterschiedliche Fristen laufen. Nachträglich kann der Vorbehalt nicht erklärt werden. Nachlassgläubiger dürfen im Gegensatz zur früheren Rechtslage nunmehr schon vor Abschluss des Nachlassverfahrens den Ausgleich ihrer Forderungen verlangen, sofern die Befriedigung aus der Substanz des Nachlasses möglich ist. Im Fall der Befürchtung einer Überschuldung des Erben können sie eine Absonderung der Nachlassmasse beantragen. Auf Antrag eines Erben, der sich die Erstellung eines Nachlassverzeichnisses vorbehalten hat, auf Antrag des Staates, der geerbt hat, sowie auf Antrag eines Gläubigers kann das Nachlassgericht eine Nachlassliquidation anordnen. Zur Erbenhaftung kommt es kraft Gesetzes. Sie ist unabhängig davon, ob die entsprechenden Verbindlichkeiten im Nachlassverfahren verhandelt oder aufgelistet wurden. Die Erben können eine Auseinandersetzungsvereinbarung bzgl. der Verbindlichkeiten treffen und diese auch nur einem Erben zuordnen. Gläubiger sind anders als nach dem früheren Recht nicht zu beteiligen. Die Vereinbarung wirkt nur im Innenverhältnis und lässt die gesamtschuldnerische Haftung aller Erben gegenüber den Gläubigern unberührt.
Türkei	Die Erbschaft geht nach dem Anfallprinzip auf den/die Erben mit dem Todesfall über. Die Haftung der Erben für die gesamten Erbschaftsschulden und Vermächtnisse ist solidarisch, persönlich und unbeschränkt. Lediglich für Steuerschulden haften die Erben nicht solidarisch. Ist ein einzelner Erbe mit einem Vermächtnis beschwert, haftet er dafür allein. Die Erben können innerhalb von drei Monaten ab Kenntnis vom Erbfall ausschlagen. Daneben gibt es die Möglichkeit der amtlichen Liquidation, um die persönliche Haftung auszuschließen. Voraussetzung ist, dass sich alle Miterben für die amtliche Liquidation entscheiden. Statt einer amtlichen Liquidation können die Erben binnen eines Monats ab dem Erbfall eine Inventaraufnahme verlangen. Dafür reicht der Antrag eines Erben. Durch die Inventaraufnahme beschränkt sich die Haftung auf die Verbindlichkeiten, die in das Inventar aufgenommen wurden. Gegenüber Gläubigern, die ihre Forderungen trotz Rechnungsrufs des Friedensgerichts durch öffentliche Auskündigung nicht ins Inventar aufnehmen lassen, haften die Erben weder mit dem Nachlass noch mit ihrem persönlichen Vermögen. Trifft den Gläubiger bei der Versäumnis keine Schuld, haften die Erben, soweit sie aus der Erbschaft bereichert sind. Nach Abschluss des Inventars wird jeder Erbe von dem zuständigen Friedensgericht aufgefordert, sich innerhalb einer Monatsfrist über den Erwerb der Erbschaft zu erklären. Schlägt der Erbe innerhalb der Frist die Erbschaft nicht aus und verlangt auch keine amtliche Liquidation, wird nach Fristablauf angenommen, dass der Erbe die Erbschaft unter dem Vorbehalt des öffentlichen Inventars annimmt.
Ukraine	Der Nachlass geht erst mit Annahme der Erbschaft auf den/die Erben über. Die Erklärung erfolgt vor dem Notar und ist innerhalb von sechs Monaten möglich. Miterben haften für Nachlassverbindlichkeiten nicht gesamtschuldnerisch, sondern nur in Höhe ihrer Erbquote. Eine Haftung mit dem Eigenvermögen ist nicht vorgesehen.

Land	Ausgestaltung der Haftung des/der Erben für Nachlassverbindlichkeiten
Ungarn	Nach ungarischem Erbrecht erfolgt der Erbanfall automatisch, ohne dass eine Annahmeerklärung erforderlich ist. Eine Ausschlagung ist sowohl bei gesetzlicher als auch bei testamentarischer Erbfolge möglich. Eine unbeschränkte Haftung gegenüber den Nachlassgläubigern ist von Gesetzes wegen ausgeschlossen. Die Erben haften immer nur bis zur Höhe des Nachlasses in erster Linie mit ihrem Erbteil bzw. nach ihrer Wahl mit ihrem Privatvermögen bis zur Höhe des Erbteils. Ergänzend zu diesem Haftungsgrundsatz regelt das neue bürgerliche Gesetzbuch zwei Fälle, in denen es möglich ist, dass Erben über den Nachlass hinaus haften. Für Nachlasskosten sowie die Kosten des Nachlassverfahrens haftet der Erbe nunmehr auch mit seinem sonstigen Vermögen. Um den Kreis der Nachlassgläubiger zu ermitteln und um gutgläubige Erben zu befreien, gibt es das Institut des Aufrufs der Nachlassgläubiger. Dieser findet statt, wenn begründet vermutet werden kann, dass es unbekannte Nachlassverbindlichkeiten gibt. Auf Antrag des Erben ruft der Notar die Nachlassgläubiger auf, ihre Forderungen anzumelden. Ein Gläubiger, der seine Forderung nicht innerhalb der im Aufgebot des Notars gesetzten Frist angemeldet hat, kann wegen der Rangordnung und des Verhältnisses der Befriedigungen der zu seiner Gruppe gehörenden Forderungen gegen die bis zu seiner Anmeldung erfolgte Befriedigung keine Einrede erheben. Ist bereits eine Nachlassteilung erfolgt, kann der Gläubiger von den Miterben nur eine Befriedigung im Verhältnis ihrer Erbteile fordern. Das gilt nicht, wenn der Erbe auch ohne die Anmeldung Kenntnis von der Forderung hatte. Wird kein Aufrufverfahren durchgeführt und hat der Erbe die bekannten Gläubiger befriedigt und dabei den Nachlass ausgeschöpft, haftet er gegenüber den anderen Gläubigern mit seinem gesamten Privatvermögen. Für die Nachlassverbindlichkeiten gibt es eine Rangfolge, dass die Kosten einer gebührenden Bestattung vor den mit dem Erwerb, der Sicherung und Verwaltung des Nachlasses angefallenen Kosten (Nachlasskosten) sowie den Kosten der Nachlassabwicklung zu befriedigen sind. Danach folgen die eigentlichen Verbindlichkeiten des Erblassers sowie nachfolgend die aus dem Pflichtteil herrührenden Verpflichtungen. An fünfter und letzter Stelle sind die Verpflichtungen aus Vermächtnissen und Auflagen zu befriedigen. Die vorrangig eingestuften Nachlassschulden gehen bei der Befriedigung der nachgeordneten Verbindlichkeiten vor. Sollten in einer Gruppe nicht mehr sämtliche Forderungen umfassend befriedigt werden können, ist die Befriedigung im Verhältnis der Forderungen der Forderungen zueinander zulässig. Der Erbe haftet gegenüber den Gläubigern für die Nachlassverbindlichkeiten mit den Gegenständen des Nachlasses sowie deren Früchten. Befinden sich bei der Durchsetzung der Forderung die Gegenstände oder Früchte des Nachlasses nicht in seinem Besitz, haftet er bis zur Höhe des Nachlasses auch mit seinem sonstigen Vermögen. Ein Ehegatte ist verpflichtet, aus dem mit seinem Nießbrauch belasteten Vermögen die Befriedigung der Forderungen der Gläubiger – mit Ausnahme der auf Vermächtnissen und Auflagen beruhenden Forderungen – zu dulden. Miterben haften für Nachlassverbindlichkeiten sowohl vor der Erbteilung als auch danach als Gesamtschuldner.

USA	Im Erbrecht der Bundesstaaten der USA ist die Haftung auf den Nachlass begrenzt. Es ist die Hauptaufgabe des Nachlassverfahrens, die Gläubiger des Erblassers zu befriedigen, und erst danach den Reinnachlass an die Erben auszukehren. Diese Aufgabe übernimmt ein „personal representative". Die Gläubiger müssen ihre Forderungen in einer bestimmten Frist anmelden. Ein Gericht entscheidet über die Ansprüche.
Republik Zypern	Mit dem Erbfall geht die Vermögensmacht über den Nachlass auf einen vom Erblasser testamentarisch ernannten Executor oder einen gerichtlich bestellten Administrator über, wobei regelmäßig der Ehegatte bestellt wird. Dieser wickelt den Nachlass ab und verteilt ihn auf die Vermächtnisnehmer bzw. auf die gesetzlichen Erben. Für auf Zypern belegenen Nachlass ist grundsätzlich durch zypriotische Nachlassgerichte ein „personal representative" zu bestellen. Dieser hat auch die Nachlassverbindlichkeiten zu befriedigen.

Anhänge

Anhang 1

Muster: Ausschlagungserklärung eines Alleinerben ohne Abkömmlinge

An das
Amtsgericht ...
– Nachlassgericht –

In der Nachlasssache des am ... verstorbenen Herrn ... überreiche ich anbei die Sterbeurkunde des Standesamtes ... vom ... Diese bezeugt, dass er in ..., seinem letzten gewöhnlichen Aufenthalt verstorben ist. Der Verstorbene war mein Vater. Er war verwitwet. Seine Ehefrau ... , meine Mutter, war schon am ... in ... verstorben. Nach deren Tod ist ein Nachlassverfahren nicht eröffnet worden.

Aus der Ehe meiner Eltern sind außer mir keine weiteren Abkömmlinge hervorgegangen. Der Verstorbene hat mich, ..., geboren am ..., wohnhaft ..., in einem eigenhändigen Testament vom ..., das ich im Original überreiche, zum alleinigen Erben eingesetzt. Das Testament habe ich am ... in den persönlichen Unterlagen meines Vaters gefunden.

Ich schlage die Erbschaft hiermit aus.

Diese Erklärung bezieht sich sowohl auf meine Einsetzung als Testamentserbe als auch als gesetzlicher Erbe.

Mein Vater lebte zuletzt in einem Altersheim und bezog nur eine geringe Rente. Der Nachlass ist überschuldet. Als nächster gesetzlicher Erbe kommt die Schwester meines Vaters, Frau ..., wohnhaft ..., in Frage.

Unterschrift

Beglaubigungsvermerk des Notars, wenn die Ausschlagung nicht gegenüber dem Rechtspfleger erklärt wurde

Anhang 2

Muster: Ausschlagungserklärung eines Miterben für sich und seine minderjährigen Kinder

An das
Amtsgericht ...
– Nachlassgericht –

Nachlasssache der ..., geboren am ..., verstorben am ...

Az....

Am ... ist meine Mutter, Frau ..., zuletzt wohnhaft in ..., verstorben. Sie hat eine letztwillige Verfügung hinterlassen, die mir durch Schreiben des Nachlassgerichts ... vom ... zur Kenntnisnahme übermittelt worden ist. In der letztwilligen Verfügung hat sie mich, ... sowie meinen Bruder, Herrn ..., geboren am ..., wohnhaft ... zu gleichen Teilen als Miterben eingesetzt.

Ich, ..., geboren am ..., wohnhaft ...,

schlage hiermit die Erbschaft nach meiner Mutter, Frau ..., aus.

Diese Erklärung bezieht sich auf alle Berufungsgründe und damit sowohl auf meine Einsetzung als Testamentserbe als auch als gesetzlicher Miterbe.

Durch meine Ausschlagung kommen meine beiden minderjährigen Kinder ..., geboren am ..., wohnhaft ..., und ..., geboren am ..., wohnhaft ..., an meiner Stelle als Miterben nach meiner Mutter, Frau ..., in Betracht.

Wir, vorgenannt, und ... (Mutter), geboren am ..., wohnhaft ...,

schlagen hiermit als gemeinsame Inhaber des gesetzlichen Sorgerechts von ... und ... für unsere gemeinsamen Kinder die Erbschaft nach Frau ... aus allen Berufungsgründen aus.

Der nächste gesetzliche Erbe ist Herr ..., mein Bruder, der durch die Ausschlagungen Alleinerbe würde.

..., den ...

Unterschriften

Beglaubigungsvermerk des Notars, wenn die Ausschlagung nicht gegenüber dem Rechtspfleger erklärt wurde

Anhang 3

Muster: Teilausschlagung

An das
Amtsgericht ...
– Nachlassgericht –

In der Nachlasssache (Az.: ...) des am ... verstorbenen Herrn ..., zuletzt wohnhaft in ...,

schlage ich die Erbeinsetzung aufgrund des sich bei den Nachlassakten befindlichen gemeinschaftlichen Testamentes des Erblassers und Frau ... vom ... aus. Das mir zugewandte Vorausvermächtnis nehme ich ausdrücklich an.

..., den ...

Unterschrift

Beglaubigungsvermerk des Notars, wenn die Ausschlagung nicht gegenüber dem Rechtspfleger erklärt wurde

Anhang 4

Muster: Anfechtung einer Erbschaftsausschlagungserklärung wegen Irrtums gemäß § 119 Abs. 2 BGB

An das
Amtsgericht ...
– Nachlassgericht –

In der Nachlasssache des ..., geboren am ..., verstorben am ...

Az....

habe ich, ..., geboren am ..., wohnhaft ..., mit Erklärung vom ... (UR-Nr. ... des Notars ...) die Erbschaft nach meinem Großvater, Herrn ..., aus allen Berufungsgründen ausgeschlagen. Da mein Großvater zuletzt sehr bescheiden in einem Pflegeheim lebte, trotzdem aber erhebliche monatliche Pflegekosten anfielen, bin ich irrtümlich davon ausgegangen, dass der Nachlass überschuldet ist. Zwischenzeitlich habe ich durch Schreiben der Sparkasse ... vom ..., das ich dieser Erklärung in beglaubigter Kopie beifüge, erfahren, dass der Erblasser bei der Sparkasse ein hohes Guthaben in Höhe von ... EUR hatte sowie aufgrund eines Schreibens der ... Bank, das ich ebenfalls in beglaubigter Kopie beifüge, über ein Wertpapierdepot verfügte.

Ich erkläre hiermit die

Anfechtung der Erbschaftsausschlagung

wegen eines Irrtums über eine verkehrswesentliche Eigenschaft (§ 119 Abs. 2 BGB) und nehme die Erbschaft nach meinem Großvater, Herrn ..., an.

..., den ...

Unterschrift

Beglaubigungsvermerk des Notars

Anhang 5

Muster: Antrag auf Abweisung einer Klage wegen Unzulässigkeit vor der Annahme der Erbschaft, § 1958 BGB

An das
Landgericht …

Klageerwiderung

In Sachen … gegen … (Langrubrum)

zeigen wir die Vertretung des Beklagten an.

Namens und in Vollmacht des Beklagten werden wir beantragen:

1. Die Klage wird abgewiesen.
2. (Kosten, vorläufige Vollstreckbarkeit).

Mit einer Entscheidung durch den Einzelrichter ist der Beklagte einverstanden.

Begründung:

Es trifft zu, dass der Beklagte der Enkel des am … verstorbenen Herrn … ist. Er hat erst vor 2 Wochen durch ein Schreiben des Nachlassgerichts … zum Az. … erfahren, dass seine Mutter als zunächst in einem notariellen Testament seines Großvaters zur Alleinerbschaft Berufene die Erbschaft ausgeschlagen hat, so dass ihm als Nächstberufenem die Erbschaft als Ersatzerbe angefallen ist.

Beweis: Schreiben des Nachlassgerichts … vom … in Kopie in der Anlage.

Der Beklagte hat die Erbschaft nach seinem Großvater bisher nicht angenommen. Er ist zur Zeit noch damit beschäftigt, den Nachlass zu sichten und behält sich vor, die nach der Ausschlagung durch seine Mutter ihm angefallene Erbschaft ebenfalls auszuschlagen.

Die Klage ist daher – zur Zeit – als unzulässig abzuweisen.

Rechtsanwalt

Anhang 6

Muster: Aufnahme eines unterbrochenen Rechtsstreits durch einen Alleinerben mit Antrag auf Vorbehalt der Haftungsbeschränkung gemäß § 780 Abs. 1 ZPO

An das
Landgericht …

In Sachen … gegen … (Langrubrum)

zeigen wir an, dass wir Frau …, wohnhaft …, vertreten. Eine auf uns lautende Original-Vollmacht fügen wir in der Anlage bei.

Das vorliegende Verfahren war vor der mündlichen Verhandlung am … auf Antrag des Unterzeichnenden gemäß § 246 Abs. 1 HS. 2 ZPO ausgesetzt worden. Grund dafür war, dass die frühere Beklagte am … verstorben ist. Sie ist von ihrer einzigen Tochter, Frau …, allein beerbt worden. Ich überreiche hierzu eine beglaubigte Abschrift des Erbscheins des Nachlassgerichts … vom … in der Anlage.

Zunächst wird darum gebeten,

das Passivrubrum zu berichtigen.

Es handelt sich um den Fall eines gesetzlichen Parteiwechsels, so dass die Bezeichnung der betroffenen Partei zu ändern ist.

Namens und in Vollmacht der Alleinerbin … nehmen wir hiermit den Rechtsstreit auf. Es wird darum gebeten, einen neuen Verhandlungstermin zu bestimmen. Im Termin werden wir die bisherigen Anträge stellen.

Hilfsweise werden wir beantragen,

der Beklagten die Beschränkung ihrer Haftung bzgl. der Hauptsache, der Nebenforderungen und der Kosten des Rechtsstreits auf den Nachlass der am … verstorbenen Frau … vorzubehalten.

Begründung:

Zur Begründung beziehe ich mich zunächst auf meine bisherigen Ausführungen in den Schriftsätzen vom … für die verstorbene Erblasserin. Danach wird die Klage abzuweisen sein.

Die Beklagte hat noch keinen genauen Überblick über den Umfang des Nachlasses. Dieser könnte überschuldet sein, so dass vorsorglich ein Antrag auf Aufnahme des allgemeinen Haftungsbeschränkungsvorbehalts nach § 780 Abs. 1 ZPO zu stellen ist. Einer näheren Begründung bedarf es dafür im Erkenntnisverfahren nicht.

Rechtsanwalt

Anhang 7

Muster: Antrag auf Tatbestandsberichtigung verbunden mit Antrag auf Urteilsergänzung bei fehlendem Beschränkungsvorbehalt

An das
Landgericht ...

In Sachen ... gegen ...

beantrage ich namens und in Vollmacht des Beklagten:

I. Den Tatbestand des Urteils des erkennenden Gerichts vom ... dahingehend zu berichtigen, dass der Beklagte hilfsweise auch beantragt hatte, ihm die Beschränkung seiner Haftung auf den Nachlass des am ... verstorbenen ... vorzubehalten.

II. Das Urteil nach Berichtigung des Tatbestandes dahin zu ergänzen, dass dem Beklagten die Beschränkung seiner Haftung auf den Nachlass des am ... verstorbenen ... vorbehalten bleibt.

Begründung:

Aus dem Terminsprotokoll vom ... ergibt sich, dass der Beklagte vorsorglich hilfsweise beantragt hatte, ihm die Beschränkung seiner Haftung auf den Nachlass seines verstorbenen Großvaters vorzubehalten. Das Gericht hat versehentlich bei der Wiedergabe der Anträge im Tatbestand des Urteils diesen Antrag übergangen, so dass der Tatbestand gemäß § 320 Abs. 1 ZPO entsprechend zu berichtigen ist.

Dem Beklagten ist nach dem relevanten berichtigten Tatbestand die Beschränkung der Haftung auf den Nachlass im Urteil versehentlich nicht vorbehalten worden. Deshalb muss das Urteil gemäß § 321 Abs. 1 ZPO durch ein Ergänzungsurteil ergänzt werden.

Der Beklagte ist mit einer Entscheidung ohne mündliche Verhandlung gemäß § 128 Abs. 2 ZPO einverstanden.

Rechtsanwalt

Anhang 8

Muster: Klageerwiderung mit Erhebung der Verschweigungseinrede gemäß § 1974 BGB

An das
Landgericht ...

Klageerwiderung

In Sachen ... gegen ...

zeige ich an, dass ich den Beklagten vertrete.

Namens und in Vollmacht des Beklagten werde ich beantragen:

I. Die Klage wird abgewiesen.

II. (Kosten)

III (Vorläufige Vollstreckbarkeit)

IV. Hilfsweise dem Beklagten die Beschränkung der Haftung auf den Nachlass der am ... verstorbenen ... vorzubehalten.

Begründung:

Die Klage ist schon deshalb abzuweisen, weil die Darlehensforderung, derer sich der Kläger gegen die am ... verstorbene Erblasserin und Mutter des Beklagten berühmt, nicht begründet ist. Nur vorsorglich und hilfsweise beruft sich der Beklagte als ihr Alleinerbe auf die Verschweigungseinrede gemäß § 1974 BGB. Eine beglaubigte Abschrift des Erbscheins ist beigefügt als Anlage ...

1. Die Erblasserin hat mit dem Kläger keinen Darlehensvertrag geschlossen. Er hat ihr auch keinen Geldbetrag in Höhe von ... zinslos in bar überlassen. Der Kläger konnte dem Beklagten auf dessen Anforderung keinen schriftlichen Darlehensvertrag vorlegen. Zeugen für eine entsprechende Abrede und auch für die Geldübergabe konnte er nicht benennen. Die Erblasserin war immer sehr vorsichtig und hätte ein entsprechendes Rechtsgeschäft nicht mündlich geschlossen, mag der Kläger auch ein langjähriger enger Freund der Erblasserin gewesen sein.

2. Sollte der Kläger wider Erwarten den Beweis des Abschlusses eines Darlehensvertrages mit der Erblasserin und der Auszahlung der Darlehenssumme führen können, beruft sich der Beklagte, der sein Recht zur Haftungsbeschränkung nicht verloren hat, darauf, dass der Kläger ihm gegenüber seine – vermeintliche – Forderung erst später als 5 Jahre nach dem Erbfall geltend gemacht hat.

   Der Erbfall ist am ... eingetreten, während der Kläger den Beklagten in seiner Eigenschaft als Rechtsnachfolger seiner Mutter erst am ... schriftlich zur Zahlung aufgefordert hat. Das Schreiben des Klägers an den Beklagten fügen wir in Kopie bei. Zum Zeitpunkt der Zahlungsaufforderung waren bereits mehr als 5 Jahre seit dem Erbfall vergangen. Der Beklagte hatte bis dahin von der entsprechenden Forderung, sollte sie tatsächlich bestehen, keinerlei Kenntnis. Er hat nach Annahme der Erbschaft zunächst alle ihm bekannten Nachlassverbindlichkeiten beglichen. Das verbliebene Barvermögen hat er genutzt, um seinem Sohn einen mehrwöchigen Sprachaufenthalt zu finanzieren. Aus dem Nachlass sind lediglich noch eine Computeranlage sowie ein Klavier vorhanden.

Der Beklagte hat den Kläger davon mit einem Schreiben vom … in Kenntnis gesetzt und ihm für den Fall, dass er seine Forderung zur Überzeugung des Beklagten nachweisen könne, die Herausgabe der noch vorhandenen Nachlassgegenstände angeboten.

Beweis: Schreiben des Beklagten vom … in Kopie in der Anlage.

Der Kläger hat das abgelehnt.

Die Haftung des Beklagten würde sich wegen der Verschweigung auf den Überschuss des Nachlasses beschränken, so dass im Erkentnisverfahren der allgemeine Haftungsbeschränkungsvorbehalt auszusprechen ist.

Rechtsanwalt

Anhang 9

Muster: Klageerwiderung mit Vorbehalt der Haftungsbeschränkung durch Erhebung der Dürftigkeitseinrede gemäß § 1990 Abs. 1 Satz 1 BGB

An das
Landgericht ...

Klageerwiderung

In Sachen ... gegen ...

werde ich namens und in Vollmacht des Beklagten beantragen:

die Klage abzuweisen;

hilfsweise,

dem Beklagten als Alleinerbe der am ... verstorbenen Frau ... die Beschränkung der Haftung auf den Nachlass vorzubehalten.

Begründung:

Die Klage ist unbegründet. Die Klägerin berühmt sich zu Unrecht eines Kaufpreiszahlungsanspruchs in Höhe von 6.000,00 € gegen den Beklagten als Alleinerbe seiner Mutter, der im Hilfsantrag benannten Erblasserin. Jedenfalls müsste dem Beklagten die Beschränkung seiner Haftung auf den Nachlass der Erblasserin vorbehalten werden.

1. Die Klägerin hat der Erblasserin zu Lebzeiten ihren gebrauchten Pkw ... nicht veräußert, sondern als Anerkennung dafür geschenkt, dass diese ihr während der letzten 10 Jahre vor ihrem Tod den Haushalt geführt hatte. Die Klägerin beabsichtigte, ein neues Fahrzeug zu erwerben. Bei der Übergabe des Pkw hat die Klägerin in Gegenwart der Zeugin ... ausdrücklich erklärt, dass es sich um ein Geschenk handelt.

    Beweis: ...

    Danach besteht keine Zahlungsverpflichtung, die mit dem Erbfall auf den Beklagten übergegangen ist.

2. Die Erbenstellung des Beklagten als einzigem Sohn der verwitweten Erblasserin ist zwischen den Parteien nicht streitig. Der Beklagte beruft sich als Erbe vorsorglich darauf, dass der Nachlass erschöpft ist. Er haftet auch nicht bereits unbeschränkt.

    Die Erblasserin bezog jahrelang nur eine geringe Rente in Höhe von ... EUR. Bei ihrem Tod verfügte sie lediglich über ein Geldvermögen auf ihrem Girokonto in Höhe von 30,00 € sowie den 8 Jahre alten Pkw, der ursprünglich der Klägerin gehört hatte. Diesen hat der Beklagte für 3.500,00 € veräußert und davon die Beerdigungskosten gezahlt. Der Betrag reichte nicht einmal aus, um alle Kosten zu decken, so dass er den Rest aus Eigenmitteln gezahlt hat.

Beweis: ...

Der Hausrat der Erblasserin war wertlos, so dass der Beklagte ihn und die persönlichen Sachen der Erblasserin entsorgen ließ. Weitere Nachlassgegenstände waren nicht vorhanden.

Beweis: ...

Damit ist der gesamte Nachlass verbraucht. Sollte das Gericht nicht selbst über die Voraussetzungen der Haftungsbeschränkung entscheiden, müsste dem Beklagten die Haftung auf den Nachlass im Urteil vorbehalten werden. Dem trägt der Hilfsantrag Rechnung.

Rechtsanwalt

Anhang 10

Muster: Klageerwiderung mit Vorbehalt der Haftungs-beschränkung durch Erhebung der Überschwerungseinrede gemäß § 1992 Satz 1 BGB und Geltendmachung des Abfindungsrechts gemäß § 1992 Satz 2 BGB

An das
Landgericht ...

Klageerwiderung

In Sachen ... gegen ...

zeige ich an, dass ich die Beklagte vertrete.

Die Beklagte wird im Termin zur mündlichen Verhandlung

den mit der Klage geltend gemachten Anspruch in vollem Umfang unter dem Vorbehalt der Beschränkung ihrer Haftung auf den Nachlass des am ... verstorbenen Herrn ... und unter Verwahrung gegen die Kostenlast anerkennen.

Wir werden gleichzeitig namens und in Vollmacht der Beklagten beantragen,

der Beklagten vorzubehalten, die Vollstreckung in den Nachlass des am ... verstorbenen Herrn ... wegen eines zugunsten des Klägers ausgesetzten Vermächtnisanspruchs in Höhe von 15.000,00 € durch Zahlung des Wertes der Nachlassgegenstände in Höhe von ... € abzuwenden.

Begründung:

Das Gericht wird auf das Anerkenntnis der Beklagten, mag dieses unter dem Vorbehalt der Haftungsbeschränkung auf den Nachlass erfolgen, dem Kläger die Kosten des Rechtsstreits auferlegen müssen, weil es sich um ein sofortiges Anerkenntnis i.S.v. § 93 ZPO handelt. Die Beklagte hat keine Veranlassung zur Klageerhebung gegeben.

1. Der am ... verstorbene Lebensgefährte der Beklagten hat diese in einem eigenhändigen Testament vom ... zur Alleinerbin eingesetzt, was zwischen den Parteien unstreitig ist. Den Kläger, seinen einzigen Enkel und Sohn der verstorbenen Tochter, hat er mit einem Geldvermächtnis in Höhe von 15.000,00 € bedacht. Die Beklagte hat immer erklärt, sie wolle den letzten Willen ihres Lebensgefährten erfüllen und hat die Forderung weder dem Grunde noch der Höhe nach bestritten. Sie hat dem Kläger unter Vorlage entsprechender Belege darzulegen versucht, dass die Aktiva des Nachlasses nicht ausreichen, um den Vermächtnisanspruch in voller Höhe erfüllen zu können und sie nicht bereit sei, die Differenz aus ihrem Eigenvermögen zu zahlen.

   Beweis: Schreiben der Beklagten an den Kläger vom ...

2. Der Erblasser hatte kurz nach der Errichtung seines eigenhändigen Testamentes einen schweren Sturz erlitten und war danach schwerstpflegebedürftig. Bei seinem Tod war wegen des sich daraus ergebenden erhöhten Pflegeaufwandes mit entspre-

chend hohen Aufwendungen nur noch ein geringes Barvermögen in Höhe von 4.000,00 € vorhanden, das die Beklagte vollständig zur Begleichung der Beerdigungskosten aufgewendet hat.

Beweis: Kopien der Rechnungen des Pflegeheims …

Rechnung des Beerdigungsinstituts …

Kontoauszüge der Sparkasse …

Zeugnis …

3. Der Erblasser hat als ehemaliger Musiker neben – insoweit zwischen den Parteien unstreitig – wertlosem Inventar und einigen persönlichen Dingen ohne materiellen Wert lediglich eine Geige, ein Klavier sowie einige Notenblätter hinterlassen. Die Musikinstrumente sind stark reparaturbedürftig.

Beweis: Sachverständigengutachten.

Die Beklagte geht davon aus, dass der Wert der Musikinstrumente und der Notenblätter zusammen allenfalls … € beträgt.

Beweis: Sachverständigengutachten.

Der Nachlass ist nur deshalb überschuldet, weil der Erblasser zugunsten seines Enkels das Geldvermächtnis ausgesetzt hatte. Zwar verfügte er vor einigen Jahren noch über ein erhebliches Geldvermögen, das aus einer Erbschaft nach seinem Onkel stammte. Er hat dieses Geldvermögen zu Lebzeiten fast vollständig verbraucht, weil seine monatlichen Renteneinkünfte sowie die Zahlungen aus der Pflegeversicherung nicht ausreichten, um die erheblichen Kosten für das Pflegeheim zu decken. Die Beklagte, die auch Betreuerin ihres Lebensgefährten war, hat die Differenz jeweils aus dem vorhandenen Geldvermögen gezahlt, so dass beim Tod des Erblassers keinerlei Forderungen des Pflegeheims mehr bestanden.

Beweis: Vorlage der Abrechnungsunterlagen und Kontoauszüge,

Zeugnis der Heimleiterin …

Die Beklagte beruft sich gegenüber dem Vermächtnisanspruch des Klägers auf die Beschränkung ihrer Haftung auf den Nachlass unter den Voraussetzungen der Überschwerungseinrede gemäß § 1992 Satz 1 BGB. Die Haftungsbeschränkung ist ihr in dem zu erlassenden Anerkenntnisurteil vorzubehalten.

4. Die unter Ziffer 3. beschriebenen verbliebenen Nachlassgegenstände haben für die Beklagte einen hohen immateriellen Wert, so dass sie bereit ist, dem Kläger einen Betrag in vorgenannter Höhe zu zahlen. Sie möchte insoweit von ihrem Abfindungsrecht gemäß § 1992 Satz 2 BGB Gebrauch machen und hatte dem Kläger dies vorprozessual mehrfach angeboten. Sie hatte ihm alternativ das Angebot unterbreitet, dass ein Sachverständiger beauftragt wird, um den Wert der Musikinstrumente und der Notenblätter zu schätzen. Der Kläger hat sich damit nicht einverstanden erklärt. Er meint, es befinde sich noch genügend Bargeld im Nachlass, um seinen Vermächtnisanspruch in vollem Umfange erfüllen zu können. Dies trifft aber nicht zu.

Um antragsgemäße Entscheidung wird gebeten.

Rechtsanwalt

Anhang 11

Muster: Antrag einer Nachlasspflegerin auf Eröffnung des Nachlassinsolvenzverfahrens, § 317 Abs. 1 InsO

AMTSGERICHT ...
– Insolvenzgericht –

Antrag auf Eröffnung des Nachlassinsolvenzverfahrens

Gegenwärtig

Rechtspfleger/in

Es erscheint

Frau ..., ausgewiesen durch ... und erklärt:

I. Eröffnungsantrag

Ich stelle den Antrag, über den Nachlass des ..., verstorben am ... das

Nachlassinsolvenzverfahren

zu eröffnen.

Der Verstorbene hatte seinen letzten Wohnsitz unter folgender Anschrift: ...

Zum Insolvenzgrund:

Der Nachlass ist überschuldet. Der Nachlass dürfte aber zur Deckung der Insolvenzverfahrenskosten ausreichen.

Auf die Anlagen wird verwiesen.

Zum Antragsrecht:

Ich bin durch das Amtsgericht – Nachlassgericht – zur Nachlasspflegerin bestellt worden (vgl. AG ... – Az.: ...) und als solche antragsberechtigt.

II. Anlagen:

(X) Personalbogen bzgl. des Verstorbenen   (Anlage 1)

(X) Nachlassverzeichnis   (Anlage 2)

(X) Gläubiger- und Forderungsverzeichnis   (Anlage 3)

III. Versicherung (zum Zwecke der Glaubhaftmachung):

Die Richtigkeit und Vollständigkeit der in den beigefügten Anlagen enthaltenen Angaben und Erklärungen versichere ich.

(Ort, Datum)   (Unterschrift)

Rechtspfleger/in

Anlage 1 zum Eröffnungsantrag

Angaben zur Person des Erblassers/der Erblasserin

Name:

früherer Name:

Geburtsname:

Vornamen (Rufname unterstreichen):

Geburtsdatum und Geburtsort:

verstorben am:

Wohnanschrift:

Straße:

Hausnummer:

Postleitzahl:

Ort:

Familienstand: ( ) ledig

( ) verheiratet

( ) geschieden seit

( ) lebend seit

(X) verwitwet seit

Erlernter Beruf:

Beteiligung am

Erwerbsleben: ( ) selbständig im Bereich

( ) Land- und Forstwirt/in

( ) Gewerbetreibende/r

( ) Freiberuflich Tätige/r

( ) Sonstiges:

( ) unselbständig als ( ) keine Beteiligung am

( ) Arbeiter/in ( ) Erwerbsleben, weil

( ) Angestellte/r (X) Rentner/in, Pensionär/in

( ) Beamter/Beamtin ( ) arbeitslos, seit

( ) Aushilfe ( ) Schüler/in, Student/in

( ) Sonstiges ( ) Sonstiges, und zwar

Unterhaltsberechtigte Kinder (X) nein ( ) ja, Anzahl:

Anlage 2 zum Eröffnungsantrag

Nachlassverzeichnis

I. Bargeld, Wohnung und Haushalt, Wertgegenstände, Fahrzeuge

   1. Bargeld (auch ausländische Währung)

   2. Guthaben aus Mietkautionen
      wenn ja, Name und Anschrift des Vermieters lauten:

   3. Wertvolle Möbel, Fernseh- und Videogeräte, sonstige elektronische Geräte, wertvolle Kleidungsstücke, sonstige wertvolle Gebrauchsgegenstände (z.B. Kameras, Waffen, optische Geräte u.ä.), wertvolle Bücher (Anzahl, Gesamtwert: ...)

   4. Sonstiger Hausrat

   5. Sonstige Wertgegenstände
      wertvolle Kunstobjekte, Musikinstrumente, Uhren, Schmuck, Sammlungen (z.B. Münzen, Briefmarken), Gegenstände aus Edelmetall, Edelsteine, Perlen, Goldmünzen usw.

   6. Bauten auf fremden Grundstücken (z.B. Gartenhäuser, Verkaufsstände)

   7. Privat genutzte Fahrzeuge (PKW, LKW, Wohnwagen, Motorräder, Mopeds usw.): (genaue Bezeichnung, Typ, Baujahr, amtliches Kennzeichen)

   8. Land- und forstwirtschaftliche Maschinen, Geräte und Fahrzeuge, Viehbestände, Vorräte, geschlagenes Holz u.ä.

II. Konten und Sparverträge bei Banken und Sparkassen

   Genaue Bezeichnung des Kreditinstitutes

   a) Name, Anschrift und Bankleitzahl

   b) Kontonummer (evtl. gesonderte Aufstellung oder Depotauszug beifügen)

   1. Girokonten, Tagesgeldkonten, Termin- oder Festgeldkonten, Fremdwährungskonten

   2. Sparkonten (Sparbücher)

   3. Ratensparverträge, Bausparverträge

   4. Sonstige Einlagen

III. Forderungen aus Versicherungsverträgen

   Genaue Bezeichnung

   a) Name und Anschrift der Versicherungsgesellschaft oder Kasse

   b) Nr. des Versicherungsscheins

   c) Art des Anspruchs (z.B. Versicherungsleistung, Beitragserstattung)

   1. Lebensversicherung, Sterbekasse

   2. Private Rentenversicherung

   3. Private Krankenversicherung

   4. Sonstige Versicherungen

IV. Vermögensgegenstände, die in Ergänzungsblättern gesondert aufgeführt sind

1. Grundstücke und Eigentumswohnungen

2. Ansprüche aus Lebensversicherungen/Sterbekassen

3. Wertpapiere, Schuldbuchforderungen, sonstige Darlehensforderungen und ähnliche Geldanlagen

4. Gegenstände im Zusammenhang mit einem Erwerbsgeschäft einer anderen selbständigen wirtschaftlichen Tätigkeit des Schuldners

5. Aktien, Genussrechte und sonstige Beteiligungen an Kapitalgesellschaften (AG, GmbH, KGaA)

6. Beteiligungen an Personengesellschaften (Offene Handelsgesellschaft, Kommanditgesellschaft, Partnerschaftsgesellschaft, Gesellschaft bürgerlichen Rechts u. ä.)

7. Beteiligungen als stiller Gesellschafter

8. Beteiligungen an Genossenschaften

V. Sonstige private Geldforderungen

Genaue Bezeichnung

a) Name und Anschrift des Drittschuldners

b) Rechtsgrund der Forderung

c) Fälligkeitsdatum

1. Rückständiges Arbeitseinkommen

2. Steuererstattungsansprüche

3. Sonstige Zahlungsansprüche, z.B. aus Schadensfällen oder aus noch nicht erfüllten Verträgen

VI. Immaterielle Vermögensgegenstände

Genaue Bezeichnung, evtl. Registerbehörde (z.B. Deutsches Patentamt) und deren Geschäftszeichen, Angaben über Nutzungsverträge u. ä., Urheber-, Patent-, Verlagsrechte oder ähnliche Rechte

VII. Rechte und Ansprüche aus Erbfällen

Genaue Bezeichnung des Erbfalls sowie der Beteiligung oder des Anspruchs, Beteiligung an Erbengemeinschaften, Pflichtteilsansprüche, Vermächtnisse, Beteiligung an einer fortgesetzten Gütergemeinschaft

VIII. Schenkungen und Veräußerungen des Erblassers/der Erblasserin in den letzten zehn Jahren (§§ 132, 133, 134 InsO)

Hat der Erblasser/die Erblasserin in den letzten zehn Jahren vor dem Antrag auf Eröffnung des Insolvenzverfahrens in erheblichem Umfang Geld oder wertvolle Gegenstände verschenkt oder wertvolle Gegenstände in einem nicht mehr zum normalen Geschäftsbetrieb zählenden Umfang veräußert?

wenn ja:

Jahr:

Empfänger:

Gegenstand:

Wert:

Nahestehende Personen (§ 138 InsO):

( ) Ehegatte
(vor oder während der Ehe, nach Scheidung)

( ) Lebensgefährte, Personen, die mit dem Erblasser/der Erblasserin in häuslicher Gemeinschaft leben oder im letzten Jahr vor der Veräußerung oder Schenkung gelebt haben

( ) Kinder oder Enkel des Erblassers/der Erblasserin

( ) Ehegatten, Eltern, Geschwister und Halbgeschwister des Erblassers/der Erblasserin

( ) die Ehegatten der zuvor genannten Personen

( ) Sonstige Empfänger:

IX. Sicherungsrechte

Welche der bisher angegebenen beweglichen Gegenstände (Sachen, Forderungen, Rechte) sind mit Sicherungsrechten belastet (z.B. Lohnabtretungen, Lohnverpfändungen, Eigentumsvorbehalt, Sicherungsübereignung, Sicherungsabtretung, freiwillige Verpfändung, zwangsweise Verpfändung)?

1. Eigentumsvorbehalt

Gegenstand:

Kaufpreis:

Name und Anschrift des Verkäufers:

Restschuld:

2. Sicherungsübereignung, Sicherungsabtretung

Gegenstand und Umfang

Datum und Zweck der Abtretung bzw. Übereignung

Name und Anschrift des Sicherungsgläubigers

Gegenwärtige Höhe der gesicherten Schuld

3. Freiwillige Verpfändung
   Gegenstand und Umfang
   Datum und Zweck der Verpfändung
   Name und Anschrift des Pfandgläubigers/der Pfandgläubigerin
   Gegenwärtige Höhe der gesicherten Schuld

4. Pfändung
   Gegenstand
   Datum der Pfändung
   Name des Gerichtsvollziehers und DR-Nr. des Pfändungsprotokolls
   Name und Anschrift des Gläubigers/der Gläubigerin
   Gegenwärtige Höhe der gesicherten Schuld

Anlage 3 zum Eröffnungsantrag

Erblasser:

Gläubiger- und Forderungsverzeichnis
Verzeichnis der Gläubiger und Verzeichnis der gegen den Nachlass gerichteten Forderungen

Lfd. Nr.:   Genaue Bezeichnung des Gläubigers/der Gläubigerin

Anrede:

Vorname:

Name (Firma):

Straße:

Hausnummer:

Postleitzahl:

Ort:

Telefon:

Geschäftszeichen:

Ansprechpartner:

Nahestehende Person   ( ) nein

(§ 118 Abs. 1 InsO):   ( ) ja

                                  Vertreter/Vertreterin des Gläubigers/der Gläubigerin

Rechtsanwalt?   ( ) nein

Rechtsanwältin?   ( ) ja

Vorname:

Name:

Straße:

Hausnummer:

Postleitzahl:

Ort:

Geschäftszeichen:

Ansprechpartner:

433

Forderungen dieses Gläubigers/
dieser Gläubigerin gegen den Nachlass

Forderung 1   Forderung 2

Hauptforderung:

Zinsen:

Kosten:

Summe:

Forderungsgrund
(z.B. Kaufvertrag, Wohnungsmiete, Darlehen, Unterhaltspflicht):

Entstehungszeitpunkt:

Zeitpunkt der Fälligkeit:

Falls über die Forderung ein Schuldtitel existiert (z.B. Vollstreckungsbescheid, Urteil):
genaue Bezeichnung des Titels mit Gericht,

Datum und Aktenzeichen:

Summe aller Forderungen dieses Gläubigers/dieser Gläubigerin:

Anhang 12

Muster: Antrag eines Alleinerben auf Eröffnung des Nachlassinsolvenzverfahrens, § 1980 Abs. 1 Satz 1 BGB

An das
Amtsgericht ...
– Insolvenzgericht –

In der Nachlasssache des am ... in ..., seinem letzten Wohnsitz, verstorbenen Herrn ... zeige ich die Vertretung der Frau ..., seiner Tochter, an. Eine auf mich lautende Vollmacht füge ich im Original bei.

Der Erblasser hatte meine Mandantin in einem am ... vom Nachlassgericht ... (Az.: ...) eröffneten notariellen Testament zu seiner Alleinerbin eingesetzt. Sie hat die Erbschaft angenommen. Zur Glaubhaftmachung überreiche ich eine beglaubigte Abschrift des Erbscheins.

Ich beantrage, über den Nachlass das

Nachlassinsolvenzverfahren

zu eröffnen.

Dem Nachlass droht die Zahlungsunfähigkeit. Die Alleinerbin hat unter amtlicher Mitwirkung ein Inventar errichtet, das ich in der Anlage in beglaubigter Kopie beifüge. Ich rege an, die Nachlassakten beizuziehen.

Aus dem Verzeichnis ergibt sich zwar, dass zur Zeit die Summe der Aktiva die Summe der Passiva noch übersteigt, doch richten sich einige der aufgeführten besonders werthaltigen Forderungen gegen Schuldner, über deren Vermögen bereits ein Insolvenzverfahren eröffnet worden ist (wird weiter ausgeführt).

Nach Errichtung des Inventars hat sich die A-Bank an meine Mandantin, die davon keine Kenntnis hatte, gewandt und einen Darlehensrückzahlungsanspruch in Höhe von ... € geltend gemacht, der am ... fällig werden wird. Gegen die Forderung dürften keine Einwände zu erheben sein. Spätestens zum Zeitpunkt der Fälligkeit dieser Forderung wird die Alleinerbin ihre Zahlungspflichten nicht mehr erfüllen können.

Der Nachlass reicht aus, um die Insolvenzkosten zu decken.

Rechtsanwalt

Anhang 13

Muster: Anmeldung einer Forderung
zur Insolvenztabelle beim Nachlassinsolvenzverwalter

An
Frau Rechtsanwältin ... in ihrer Eigenschaft
als Nachlassinsolvenzverwalterin über das
Vermögen des am ... verstorbenen Herrn ...

Betr.: Forderungsanmeldung der Frau ...

Sehr geehrte Frau Kollegin ...,

ich darf Ihnen mit beglaubigter Kopie der auf mich lautenden Vollmacht anzeigen, dass ich Frau ..., die einzige Tochter des am ... verstorbenen Herrn ..., anwaltlich vertrete. Meine Mandantin ist von ihrem Vater aufgrund notariellen Testaments vom ... (UR-Nr. ... des Notars ...), das als beglaubigte Kopie beigefügt ist, enterbt worden. Alleinerbin ist seine zweite Ehefrau, auf deren Antrag das Insolvenzverfahren eröffnet worden war. Als Abkömmling steht ihr ein Pflichtteilsanspruch nach einer Quote von 1/2 zu.

Namens und in Vollmacht meiner Mandantin melde ich folgende Forderung zur Nachlassinsolvenztabelle an:

Pflichtteilsanspruch in Höhe von ... EUR

Eine genaue Berechnung der Forderung ist dieser Anmeldung als Anlage beigefügt.

Das Insolvenzgericht ... hat meine Mandantin mit Schreiben vom ..., das ich in der Anlage als beglaubigte Kopie beifüge, zur Anmeldung ihres Pflichtteilsanspruchs aufgefordert. Die persönlichen Verhältnisse zu dem Erblasser werden deshalb unstreitig bleiben. Die Forderung meiner Mandantin ist nachrangig zu den in §§ 38, 39 InsO bezeichneten Verbindlichkeiten.

Nach Abhaltung des allgemeinen Prüfungstermins bitte ich um Übersendung einer Bestätigung, dass die angemeldete Forderung in voller Höhe anerkannt wurde.

Mit freundlichen kollegialen Grüßen

Rechtsanwalt

Anhang 14

Muster: Antrag eines Alleinerben auf Anordnung der Nachlassverwaltung, § 1981 Abs. 1 BGB

An das
Amtsgericht ...
– Nachlassgericht –

Antrag auf Anordnung der Nachlassverwaltung

Am ... verstarb mein Vater, der Bauunternehmer ... in ..., seinem letzten gewöhnlichen Aufenthalt. Nach seinem bei den Akten des zuständigen Amtsgerichts – Nachlassgericht – ... (Az.: ...) befindlichen notariellen Testament bin ich zum Alleinerben eingesetzt worden. Einen Erbschein habe ich beantragt. Ich beantrage,

die Verwaltung des Nachlasses des ... anzuordnen.

Ein Nachlassverzeichnis werde ich umgehend vorlegen. Schon jetzt ist absehbar, dass die Nachlassmasse die Verfahrenskosten übersteigt.

Ich hafte nicht allgemein unbeschränkt gegenüber den Nachlassgläubigern. Bei der Auswahl des Nachlassverwalters sollte berücksichtigt werden, dass zum Nachlass mehrere Mietshäuser und ein Bauunternehmen gehören. Die auszuwählende Person sollte deshalb Erfahrungen in der Immobilienverwaltung und in baurechtlichen Angelegenheiten haben.

Unterschrift

Anhang 15

Muster: Antrag eines Nachlassgläubigers auf Anordnung der Nachlassverwaltung, § 1981 Abs. 2 BGB

An das
Amtsgericht ...
– Nachlassgericht –

Am ... verstarb in ..., seinem letzten gewöhnlichen Aufenthalt, der verwitwete Bauunternehmer ..., geb. am ... Nach dem von dem Amtsgericht – Nachlassgericht – ... eröffneten und bei den Akten (Az. ...) befindlichen Testament sind seine einzigen Kinder, Frau ..., wohnhaft in ... und Herr ..., wohnhaft in ... Erben je zur Hälfte geworden. Sie haben die Erbschaft angenommen. Eine die Kosten des Verfahrens deckende Masse ist vorhanden, weil der Erblasser ein Guthaben auf einem Girokonto in Höhe von mindestens 100.000,00 € hinterlassen hat, während die bekannten Nachlassverbindlichkeiten nur etwa 30.000,00 € betragen. Der Nachlass ist noch nicht geteilt.

Zur Glaubhaftmachung der Richtigkeit meiner Angaben nehme ich Bezug auf die Nachlassakten des Amtsgerichts – Nachlassgericht – ..., auf den dort befindlichen Erbschein sowie das darin enthaltene Nachlassinventar.

Ich hatte mit dem Erblasser einen Werkvertrag über Putzarbeiten geschlossen, aus dem mir eine fällige Forderung wegen erbrachter Handwerkerleistungen in Höhe von 5000,00 € zusteht. Diese Forderung konnte der Erblasser nicht begleichen und hat deswegen ein notarielles Schuldanerkenntnis abgegeben. Eine beglaubigte Abschrift des Schuldanerkenntnisses füge ich in der Anlage bei.

Wie das anliegende Pfändungsprotokoll zeigt, haben bereits mehrere Eigengläubiger der Miterbin ... Nachlassgegenstände, insbesondere eine zum Nachlass gehörende Büroeinrichtung gepfändet. Die Miterbin, die bis zum Tod ihres Vaters nur ein sehr geringes Einkommen bezog, macht seit dem Erbfall Reisen nach Asien und Südamerika. Dazu entnimmt sie aus dem Nachlass laufend erhebliche Beträge. Hierzu führe ich wie folgt näher aus: ...

Es besteht nach alledem Grund zu der Annahme, dass durch die ungünstige Vermögenslage der Miterbin ... die gleichmäßige Befriedigung der Nachlassgläubiger aus dem Nachlass gefährdet wird.

Ich beantrage deshalb,

die Verwaltung des Nachlasses anzuordnen.

Unterschrift

Anhang 16

Muster: Antrag des Nachlassverwalters auf Eintragung der Anordnung der Nachlassverwaltung in das Grundbuch

An das
Amtsgericht ...
– Grundbuchamt –

Ich bin durch Beschluss des Amtsgerichts – Nachlassgerichts – ... vom ... zum Nachlassverwalter über den Nachlass der am ... in ... verstorbenen Frau ... bestellt worden.

Ich füge eine Ausfertigung des Beschlusses zum Aktenzeichen ... bei und ebenso die Ausfertigung meiner Bestallung mit der Bitte um sofortige Rückgabe.

Zum Nachlass gehört neben anderen Gegenständen das im Grundbuch von ... Band ... Blatt ... verzeichnete Grundstück. Eine Ablichtung aus dem Grundbuch ist beigefügt.

Ich beantrage,
    die Anordnung der Nachlassverwaltung in Abt. II des Grundbuches einzutragen.

Rechtsanwalt als Nachlassverwalter

Anhang 17

Muster: Antrag von Miterben auf Anordnung der Nachlassverwaltung

An das
Amtsgericht ...
– Nachlassgericht –

Antrag auf Anordnung der Nachlassverwaltung

Am ... ist meine Mutter, Frau ..., verstorben. Sie hatte mit ihrem vorverstorbenen Ehemann, meinem Vater, am ... ein gemeinschaftliches notarielles Testament errichtet, das sich bei den Akten des Nachlassgerichts ... zum Aktenzeichen ... befindet. Meine Eltern haben darin ihre fünf Kinder zu gleichen Teilen zu Schlusserben des Längstlebenden eingesetzt. Ein gemeinschaftlicher Erbschein ist beantragt, liegt aber noch nicht vor.

Der Ehemann der Erblasserin war früher Inhaber eines großen Bauunternehmens, das nach seinem Tod von einem angestellten Geschäftsführer weitergeführt worden ist. Nach dem Ableben meiner Mutter haben sich zahlreiche Gläubiger gemeldet und Forderungen geltend gemacht, weil es im Zusammenhang mit Bauvorhaben zu erheblichen Mängeln gekommen sein soll. Der Miterbe ... hat daraufhin am ... die amtliche Aufnahme eines Inventars beantragt. Es ist schon jetzt absehbar, dass eine die Verfahrenskosten deckende Nachlassmasse vorhanden ist.

Der Nachlass ist nicht geteilt und keiner der Miterben haftet unbeschränkt.

Ich beantrage,

die Verwaltung des Nachlasses anzuordnen.

Gleichzeitig rege ich an, Herrn Rechtsanwalt und Notar Dr. ... zum Nachlassverwalter zu bestellen. Dieser hat meine Mutter in den letzten Jahren in allen wirtschaftlichen, rechtlichen und steuerlichen Fragen beraten.

Unterschrift

Anhang 18

Muster: Antrag eines Miterben auf Erlass des Aufgebots der Nachlassgläubiger, § 1970 BGB, § 454 FamFG

An das
Amtsgericht ...
– Nachlassgericht –

Am ... ist in ..., ihrem letzten gewöhnlichen Aufenthalt, meine Mutter, ..., verstorben. Mein Vater ist vorverstorben. In ihrem Testament, das sich bei den Akten des Amtsgerichts – Nachlassgericht – ... (Az. ...) befindet, sind meine drei Schwestern und ich als Erben zu je 1/4 eingesetzt. Alle Erben haben die Erbschaft angenommen. Das Amtsgericht – Nachlassgericht – ... hat bereits einen gemeinschaftlichen Erbschein erteilt. Eine beglaubigte Kopie ist in der Anlage beigefügt.

Ich hafte für Nachlassverbindlichkeiten nicht unbeschränkt. Ergänzend verweise ich auf die Nachlassakten und überreiche in der Anlage ein Verzeichnis der mir bekannten Nachlassgläubiger mit Angabe ihres Wohnortes.

Zur Glaubhaftmachung beziehe ich mich auf die anliegende eidesstattliche Versicherung. Ich rege zudem an, die Nachlassakten beizuziehen.

Ich beantrage,

> die Nachlassgläubiger im Wege des Aufgebotsverfahrens zur Anmeldung ihrer Forderungen aufzufordern und im Aufgebotstermin den Erlass eines Ausschließungsbeschlusses.

Unterschrift

Anhang 19

Muster: Antrag eines Nachlassgläubigers auf Bestimmung einer Inventarfrist

An das
Amtsgericht ...
– Nachlassgericht –

Antrag auf Bestimmung einer Inventarfrist

Am ... ist in ..., seinem letzten gewöhnlichen Aufenthalt, der Kaufmann ..., geb. am ..., verstorben. Er hat keine Verfügung von Todes wegen hinterlassen, so dass gesetzliche Erbfolge eingetreten ist. Alleinerbin ist seine Ehefrau, die Witwe ... Die Ehe war kinderlos. Der Erblasser hatte auch keine nichtehelichen Abkömmlinge und keine Adoption vorgenommen. Die Eltern sind vorverstorben.

Ausweislich des in beglaubigter Kopie der vollstreckbaren Ausfertigung beigefügten rechtskräftigen Urteils des Landgerichts ... vom ... schuldete mir der Erblasser einen Betrag in Höhe von 16.729,00 € nebst Zinsen in Höhe von 5 Prozentpunkten über dem Basiszinssatz seit dem ...

Ein ausreichender Nachlass ist vorhanden, unter anderem zwei vollständig vermietete Geschäftshäuser.

Ich beantrage,

Frau ... eine Frist zur Inventarerrichtung zu bestimmen.

Die Erbin hat bisher kein den Vorschriften der §§ 2002, 2003 BGB entsprechendes Inventar errichtet. Ein Nachlassverwaltungs- oder ein Nachlassinsolvenzverfahren sind nicht angeordnet bzw. eröffnet worden.

Unterschrift

Anhang 20

Muster: Beschluss des Amtsgerichts über die Bestimmung einer Inventarfrist auf Antrag eines Nachlassgläubigers

Amtsgericht
– Nachlassgericht –

Az....

Beschluss

Der Nachlassgläubiger ..., wohnhaft in ..., hat durch Vorlage einer beglaubigten Abschrift des rechtskräftigen Urteils des Landgerichts ... (Az. ...) glaubhaft gemacht, dass ihm eine Forderung gegen den Nachlass des Herrn ..., verstorben am ..., in Höhe von 60.000,00 € nebst 5 % Zinsen über dem Basiszinssatz seit dem ... zusteht.

Auf seinen Antrag wird der Alleinerbin, Frau ..., wohnhaft in ..., die die Erbschaft angenommen hat, hiermit eine Frist von

einem Monat

zur Errichtung eines Inventars über den Nachlass gesetzt. Die Frist beginnt mit der Bekanntgabe dieses Beschlusses.

Die Erbin muss zu der Aufnahme des Inventars einen Notar oder einen zuständigen Beamten (z.B. Gerichtsvollzieher) zuziehen und das aufgenommene Inventar innerhalb der Frist bei dem oben bezeichneten Gericht einreichen (§ 2002 BGB). Sie kann statt dessen innerhalb der Frist auch die amtliche Aufnahme des Inventars bei dem Gericht beantragen (§ 2003 BGB). Der Errichtung des Inventars bedarf es auch dann, wenn der Nachlass wertlos ist oder Nachlassgegenstände nicht vorhanden sind.

Wird diese Verpflichtung nicht erfüllt, so haftet die Erbin für die Nachlassverbindlichkeiten nicht nur mit dem Nachlass, sondern auch mit ihrem Eigenvermögen.

Dasselbe gilt, wenn die Erbin

a) absichtlich eine erhebliche Unvollständigkeit der im Inventar enthaltenen Angabe der Nachlassgegenstände herbeiführt oder in der Absicht, die Nachlassgläubiger zu benachteiligen, die Aufnahme einer nicht bestehenden Nachlassverbindlichkeit bewirkt (§ 2005 Abs. 1 Satz 1 BGB) oder

b) falls die Aufnahme des Inventars bei dem Gericht beantragt ist, die Erteilung der zur Aufnahme des Inventars erforderliche Auskunft verweigert oder absichtlich in erheblichem Maße verzögert (§ 2005 Abs. 1 Satz 2 BGB).

Rechtspfleger
Rechtsbehelfsbelehrung (§ 39 FamFG)

Anhang 21

Muster: Inventarerrichtung durch einen Alleinerben, § 2002 BGB

An das
Amtsgericht ...
– Nachlassgericht –

Am ... ist in ..., seinem letzten gewöhnlichen Aufenthalt, mein Vater, ..., verstorben. Meine Mutter ist vorverstorben. Mein Vater hat mich durch ein bei den Nachlassakten des Amtsgerichts – Nachlassgericht – ... (Az. ...) befindliches Testament zum Alleinerben eingesetzt. Ich rege an, diese Akten beizuziehen.

Ich überreiche in der Anlage das Verzeichnis seines Nachlasses, das ich unter Zuziehung des Notars ... aufgenommen habe.

Unterschrift

Anlage
Inventar des Nachlasses des am ... verstorbenen Herrn ...

I. Beim Tode vorhandene Nachlassgegenstände:

    1. Das im Grundbuch von ..., Band ..., Bl. ... eingetragene Grundstück ...; der Wert beträgt ausweislich des beigefügten Verkehrswertgutachtens: 800.000,00 €

    2. Bankguthaben bei der A-Bank in Höhe von: 15.676,00 €

    3. Darlehensforderung gegen seine frühere Lebensgefährtin ..., wohnhaft in ..., nachgewiesen durch vollstreckbare Urkunde des Notars ... nebst Zinsen in Höhe von 5 Prozentpunkten über dem Basiszinssatz p. a.; Zinsen sind nicht rückständig   20.000,00 €

    4. Anspruch aus einer auf den Todesfall ohne Angabe eines Bezugsberechtigten bei der ... Versicherungsgesellschaft in ... bestehenden Lebensversicherung in Höhe von: 100.000,00 €

    5. Hausrat und Wirtschaftsgegenstände wie folgt: (genaue Beschreibung und eventuell Angabe des Wertes) Der Gesamtwert beträgt: 25.000,00 €

    6. Münzsammlung, bestehend aus: ... (es folgt eine Aufstellung nebst Wertangaben) Der Gesamtwert beträgt: 30.000,00 €

7. Die zum persönlichen Gebrauch des Erblassers bestimmten
   Gegenstände wie Bekleidung, Schmuck, Bücher etc. wie folgt: ...
   (es folgt eine genaue Aufstellung
   nebst Wertangaben)

   Der Gesamtwert beträgt: 6.000,00 €

   Gesamtwert aller Aktiva: 996.676,00 €

II. Nachlassverbindlichkeiten:

   1. Beerdigungskosten
      (genaue Aufstellung nach Belegen): 6.728,00 €

   2. Steuerverbindlichkeiten des Erblassers:
      Einkommen- und Kirchensteuer
      laut Veranlagung des Finanzamtes ... vom ... 12.776,00 €

   3. Kosten der Testamentseröffnung: 350,00 €

   4. Kosten der Inventarerrichtung: ... €

   Summe der Nachlassverbindlichkeiten ... €

III. Differenz zwischen Nachlassgegenständen und
   Nachlassverbindlichkeiten ... €

Unterschrift

Das vorstehende Inventar ist von Herrn ..., wohnhaft ..., der sich durch einen gültigen
Reisepass auswies, unter meiner Hinzuziehung aufgenommen worden.

Notar

Anhang 22

Muster: Antrag eines Erben auf amtliche Aufnahme eines Inventars, § 2003 BGB

An das
Amtsgericht ...
– Nachlassgericht –

Ich bin testamentarische Alleinerbin des am ... in ..., seinem letzten gewöhnlichen Aufenthalt, verstorbenen Herrn ... Die Erbschaft habe ich im Eröffnungstermin vor dem Amtsgericht – Nachlassgericht – in ... am ... angenommen. Mir ist durch Beschluss des Amtsgerichts – Nachlassgericht – ... vom ... (Az. ...), zugestellt am ..., auf Antrag des Nachlassgläubigers ..., eine Frist von zwei Monaten zur Errichtung eines Inventars bestimmt worden. In der Nachlassakte befindet sich auch der mich legitimierende Erbschein.

Ich beantrage hiermit

die amtliche Aufnahme des Inventars.

Zugleich rege ich an, mit der Aufnahme Herrn Notar Dr. ... mit Sitz in ... zu betrauen. Er war der langjährige Rechtsberater des Erblassers und ist mit dessen Verhältnissen bestens vertraut.

Unterschrift

Anhang 23

Muster: Erklärung eines Erben, wonach ein bei dem Nachlassgericht bereits befindliches Inventar als von ihm eingereicht gelten solle, § 2004 BGB

An das
Amtsgericht ...
– Nachlassgericht –

In der Nachlasssache (Az. ...) über den Nachlass des am ... in ... verstorbenen Arztes Dr. ... ist mir auf Antrag des Nachlassgläubigers ... durch Beschluss des Nachlassgerichts vom ... eine Frist von zwei Monaten zur Inventarerrichtung gesetzt worden. Ich bin Miterbe des Verstorbenen zu 1/2. Ich rege an, die Nachlassakte beizuziehen, in der sich auch der gemeinschaftliche Erbschein befindet.

Durch Beschluss des Amtsgerichts – Nachlassgericht – ... vom ... ist auf Antrag des ... die Verwaltung des Nachlasses angeordnet und der Betriebswirt ... zum Nachlassverwalter bestellt worden. Der Nachlassverwalter hat bereits am ... ein Inventar aufgenommen und bei dem Amtsgericht – Nachlassgericht – ... eingereicht.

Das von dem Nachlassverwalter errichtete Inventar soll als von mir eingereicht gelten.

Unterschrift

Anhang 24

Muster: Antrag eines Nachlassgläubigers auf Abgabe der eidesstattlichen Versicherung durch einen Erben gemäß § 2006 Abs. 1 BGB, § 361 Abs. 1 Satz 1 FamFG

An das
Amtsgericht ...
– Nachlassgericht –

Ich bin die einzige Tochter des am ... verstorbenen Herrn ... aus dessen erster Ehe. Eine beglaubigte Ablichtung aus dem Familienstammbuch ist diesem Antrag beigefügt. Die zweite Ehefrau meines Vaters, Frau ..., wohnhaft in ..., hat als testamentarische Alleinerbin nach Annahme der Erbschaft beim Amtsgericht – Nachlassgericht – in ... ein Inventar errichtet, das sich bei den Nachlassakten (Az. ...) befindet.

Als Abkömmling des Erblassers steht mir ein Pflichtteilsanspruch gegen die Alleinerbin zu.

Ich verlange von der Alleinerbin die Abgabe der eidesstattlichen Versicherung, dass sie nach bestem Wissen die Nachlassgegenstände so vollständig angegeben hat, als sie dazu imstande ist und beantrage,

einen Termin zur Abgabe der eidesstattlichen Versicherung zu bestimmen.

Unterschrift

Anhang 25

Muster: Klage gegen Miterben als Gesamtschuldner nach Teilung des Nachlasses

An das
Landgericht ...

Klage

der ...   – Klägerin –

Prozessbevollmächtigte: ...

gegen

1. Herrn ...   – Beklagter zu 1 –

2. Frau ...   – Beklagte zu 2 –

wegen: Anspruch aus ungerechtfertigter Bereicherung

Streitwert: ... €

Namens und in Vollmacht der Klägerin erhebe ich Klage und werde beantragen:

> Die Beklagten werden als Gesamtschuldner verurteilt, an die Klägerin ... € nebst Zinsen in Höhe von 5 Prozentpunkten über dem jeweiligen Basiszinssatz seit dem ... zu zahlen.

Begründung:

Die Klägerin begehrt von den Beklagten die Rückzahlung der nach dem Tod der Frau ... noch auf deren Girokonto überwiesenen monatlichen Renten.

1. Die Beklagten sind die Erben des am ... verstorbenen Herrn ..., der seinerseits testamentarischer Alleinerbe seiner am ... verstorbenen Mutter, Frau ..., war (im folgenden Erblasserin) geworden ist.

Beweis: Ablichtungen der Erbscheine.

Die Erblasserin bezog von der Klägerin eine Rente, die monatlich auf ihr Girokonto überwiesen wurde. In Unkenntnis des Todes der Erblasserin zahlte die Klägerin über den Tod hinaus in dem Zeitraum ... bis ... die Renten unverändert weiter. Nachdem der Ehemann der Beklagten zu 2 und Vater des Beklagten zu 1 verstorben war, teilten die Beklagten bei der Erbauseinandersetzung die noch auf dem Girokonto der Erblasserin befindlichen Beträge einschließlich der darauf gezahlten Renten unter sich auf. Dies hat die Beklagte zu 1 gegenüber der Mitarbeiterin der Klägerin, Frau ..., telefonisch bestätigt.

Beweis: Zeugnis ...

Die Klägerin verlangt von den Beklagten die Rückzahlung der ungerechtfertigt noch auf das Girokonto der Erblasserin überwiesenen Renten, was die Beklagten abgelehnt haben.

2. Es ist der Rechtsweg zu den ordentlichen Gerichten gegeben, weil es sich um eine Streitigkeit bürgerlich-rechtlicher Art handelt. Die Rückforderung fehlgegangener Leistungen eines Versicherungsträgers von Dritten, mit denen der Versicherungsträger keine versicherungsrechtliche Leistungsbeziehung unterhält, richtet sich mangels anderweitiger gesetzlicher Regelungen nach dem bürgerlichen Recht. Das gilt unabhängig davon, dass ursprünglich ein Leistungsverhältnis des Rentenversicherungsrechtes zwischen der Klägerin und der Erblasserin bestanden hat.

3. Die Klägerin hat gegen die Beklagten als Erben des Herrn ... einen Rückforderungsanspruch aufgrund der irrtümlich auf das Konto der Erblasserin geleisteten Rentenzahlungen aus ungerechtfertigter Bereicherung. Die auf das Konto der Erblasserin nach deren Tod überwiesenen Renten haben die Beklagten nach dem Tod des Herrn ... als seine Erben unter sich aufgeteilt. Dieser haftete ursprünglich als Alleinerbe seiner Mutter für die Verbindlichkeit, weil für die Zahlungen ein Rechtsgrund nicht bestand. Nunmehr haften die Beklagten für diese Verbindlichkeit als Erbeserben. Der Bereicherungsanspruch besteht als gesamtschuldnerische Forderung unabhängig davon, dass die Beklagten den der Klägerin zustehenden Betrag unter sich aufgeteilt haben. Die Forderung der Klägerin hätte vor der Teilung befriedigt werden müssen.

4. Die Beklagten haben vorprozessual keine Einwendungen gegen die Höhe des zurückzuzahlenden Betrages erhoben. Die Klägerin hat die Höhe ihrer Forderung durch die in der Anlage in Kopie beigefügten Auszahlungsquittungen belegt, aus der sich die monatlichen Überweisungen auf das Konto der Erblasserin ergeben.

Rechtsanwalt

Anhang 26

Muster: Klage wegen Erklärung der Auflassung und Bewilligung der Eigentumsumschreibung im Grundbuch gegen Miterben

An das
Landgericht ...

Klage

des ...   – Kläger –

Prozessbevollmächtigter: ...

gegen

1. Herrn ...   – Beklagter zu 1 –

2. Herrn ...   – Beklagter zu 2 –

wegen Auflassung und Bewilligung der Grundbuchumschreibung

Streitwert: ... €

Namens und in Vollmacht des Klägers erhebe ich Klage und werde beantragen:

> Die Beklagten werden verurteilt, sich mit dem Kläger darüber einig zu erklären, dass das im Grundbuch von ..., Band ..., Blatt ... eingetragene Grundstück ... Eigentum des Klägers wird und die Umschreibung des Eigentums auf ihn im Grundbuch zu bewilligen.

Begründung:

Die Beklagten sind die Söhne des am ... in ... verstorbenen verwitweten Herrn ... und neben ihrer Schwester, Frau ..., Miterben im Wege gesetzlicher Erbfolge geworden.

Beweis: Vorlage des gemeinschaftlichen Erbscheins in Kopie in der Anlage.

Der Erblasser hatte noch vor seinem Tod das oben bezeichnete Grundstück an den Kläger veräußert, der den Kaufpreis bereits im Vertrauen auf die Redlichkeit des ihm seit langem bekannten Erblassers an diesen gezahlt hat. Die Auflassung war in dem Kaufvertrag noch nicht erklärt worden.

Beweis: Notarieller Kaufvertrag des Notars ... zur UR-Nr. ...

Das veräußerte Grundstück befindet sich noch im ungeteilten Nachlass der Beklagten.

Der Kläger verlangt nunmehr von den Beklagten als Erben des Verkäufers die Auflassung und Bewilligung der Grundbuchumschreibung, um endlich Eigentümer des von ihm erworbenen Grundstücks zu werden. Die Miterbin ... hat ihm gegenüber bereits ihre Bereitschaft bekundet, an der Eigentumsübertragung mitzuwirken und ihrerseits vor dem Notar ... die Auflassung erklärt und die Grundbuchumschreibung zugunsten des Klägers bewilligt.

Beweis: Urkunde des Notars … in Kopie in der Anlage.

Die Beklagten weigern sich dagegen, an der Eigentumsübertragung auf den Kläger mitzuwirken, weil sie die Auffassung vertreten, der Kläger könne ihnen gegenüber aus dem von dem Erblasser geschlossenen Kaufvertrag keine Rechte herleiten. Sie hätten ihm die Rückzahlung des Kaufpreises angeboten.

Der Kläger hat dies abgelehnt, weil er an dem Grundstück interessiert ist. Er muss deshalb seinen Anspruch auf Auflassung und Eigentumsumschreibung im Klagewege durchsetzen.

Rechtsanwalt

Anhang 27

Muster: Klage auf Feststellung einer Nachlassverbindlichkeit gegen einzelne Erben bei ungeteiltem Nachlass

An das
Landgericht ...

Klage

des ...   – Kläger –

Prozessbevollmächtigte: ...

gegen

Herrn ...   – Beklagter

wegen: Feststellung einer Nachlassverbindlichkeit

Streitwert: ... €

Namens und in Vollmacht des Klägers erhebe ich Klage und werde beantragen:

> Es wird festgestellt, dass dem Kläger ein Pflichtteilsrecht nach seinem verstorbenen Vater ... zusteht.

Begründung:

Die Parteien sind Brüder und neben zwei Schwestern die vier Kinder des am ... verstorbenen verwitweten Herrn ... (im folgenden Erblasser). Dieser hatte in einem notariellen Testament den Beklagten und eine der Schwestern, Frau ..., zu seinen Erben eingesetzt. Dem Kläger hat er den Pflichtteil entzogen, weil dieser ihn zu Lebzeiten körperlich misshandelt habe.

Die Voraussetzungen für die Entziehung des Pflichtteils des Klägers liegen jedoch nicht vor. Der Kläger ist niemals in der in dem Testament beschriebenen Weise gegen seinen Vater tätlich geworden. Die angebliche Tätlichkeit wäre auch nicht geeignet, eine Pflichtteilsentziehung zu rechtfertigen. Jedenfalls läge darin kein schweres vorsätzliches Vergehen zu Lasten des Erblassers.

Während die Miterbin und Schwester der Parteien dem Kläger glaubt und bereit ist, sein Pflichtteilsrecht anzuerkennen, beruft sich der Beklagte weiterhin auf die Pflichtteilsentziehung.

Beweis: Schreiben des Beklagten an den Kläger vom ...

Die Miterben haben den Nachlass noch nicht unter sich aufgeteilt. Hintergrund ist, dass auch zwischen ihnen Streit darüber besteht, ob dem Kläger ein Pflichtteilsanspruch zusteht und ebenso über die Höhe des Pflichtteilsanspruchs der weiteren Schwester. Die Pflichtteilsansprüche müssten die Erben vor der Teilung als Nachlassverbindlichkeit befriedigen.

Der Kläger begehrt im Verhältnis zu dem Beklagten die positive Feststellung seines Pflichtteilsrechts nach seinem Vater. Das Pflichtteilsrecht ist Voraussetzung für die Geltendmachung von Auskunfts- und Wertermittlungsansprüchen gemäß § 2314 Abs. 1 BGB sowie für den ordentlichen Pflichtteilsanspruch aus § 2303 Abs. 1 BGB.

Rechtsanwalt

Anhang 28

Muster: Vollstreckbare Urkunde mit Vorbehalt der Haftungsbeschränkung gemäß § 780 Abs. 1 ZPO

Hannover, den …. UR-Nr.

Vor mir, dem unterzeichneten Notar … erschien heute Herr …, wohnhaft …, von Person bekannt.

Er erklärte:

Ich bin Alleinerbe meiner am … verstorbenen Mutter, Frau … Der Erbschein, aus dem sich mein Erbrecht ergibt, befindet sich in den Akten des Amtsgerichts – Nachlassgericht – … (Az. …).

Die Erblasserin schuldete ihrem langjährigen Lebensgefährten, Herrn …, wohnhaft …, zum Zeitpunkt des Erbfalls aus einem ihr am … gewährten Darlehen einen Betrag in Höhe von 20.000,00 € nebst 6 % Zinsen p.a. Die Zinsen bis zum 30. April 2018 betragen … €. Hinzu kommen die seitdem aufgelaufenen Zinsen.

Ich erkenne hiermit die Forderung des Herrn … in Höhe von insgesamt … nebst 6 % Zinsen p.a. auf … € seit dem 01. Mai 2018 an und unterwerfe mich der sofortigen Zwangsvollstreckung in mein gesamtes Vermögen.

Das Anerkenntnis erfolgt unter dem Vorbehalt der Beschränkung meiner Haftung auf den Nachlass. Zugleich beantrage ich,

dem Gläubiger eine vollstreckbare Ausfertigung zu erteilen.

Das Protokoll wurde dem Erschienenen vorgelesen, von ihm genehmigt und wie folgt unterschrieben:

Unterschrift

Notar

Anhang 29

Muster: Klage gegen einen minderjährigen Erben, dieser vertreten durch einen Ergänzungspfleger

An das
Landgericht …

Klage

des …   – Kläger –

Prozessbevollmächtigte: …

gegen

den minderjährigen … (Alleinerbe), dieser gesetzlich vertreten durch den Ergänzungspfleger …, wohnhaft …

– Beklagter –

wegen: Zahlung einer Werklohnforderung

Vorläufiger Streitwert: … €

Namens und in Vollmacht des Klägers erhebe ich Klage und werde beantragen:

1. Der Beklagte wird verurteilt, an den Kläger … € nebst Zinsen in Höhe von fünf Prozentpunkten über dem Basiszinssatz seit … zu zahlen.

2. Dem Beklagten wird als Erbe der am … verstorbenen Frau …, zuletzt wohnhaft …, die Beschränkung seiner Haftung im Hinblick auf die Hauptforderung und die Zinsen vorbehalten.

Begründung:

Der Kläger hat in der Eigentumswohnung der am … verstorbenen Frau … in deren Bad Fliesenarbeiten vorgenommen, die die Erblasserin nicht mehr bezahlt hat. Mit der Klage verlangt der Kläger die Zahlung seines Werklohns. Der Beklagte ist der minderjährige Erbe seiner alleinerziehenden Mutter. Die Erblasserin hatte mit Testament vom … den Vater des Beklagten von der Verwaltung ihres Nachlasses ausgeschlossen.

Daraufhin hat das Amtsgericht … am … Ergänzungspflegschaft gemäß §§ 1909, 1638 BGB für die Verwaltung des Nachlasses angeordnet und … zum Ergänzungspfleger bestellt.

Beweis: 1. Testament vom …

2. Bestellungsurkunde des Ergänzungspflegers, vorzulegen durch diesen.

Ich rege vorsorglich an, die Nachlassakte beizuziehen.

Die Forderung wird unstreitig bleiben, weil Einwände zum Grund und zur Höhe nicht erhoben worden sind. Zugunsten des Beklagten greift § 1629a Abs. 1 Satz 1 Hs. 1 Alt. 2 BGB.

Rechtsanwalt

Anhang 30

**Muster: Auskunftsklage eines Nachlassgläubigers
nach Erhebung der Dürftigkeitseinrede, nach Anordnung
der Nachlassverwaltung oder nach Eröffnung des
Nachlassinsolvenzverfahrens**

An das
Landgericht …

Klage

des …   – Kläger –

Prozessbevollmächtigte: …

gegen

Herrn …   – Beklagter –

wegen: Auskunft über Bestand und Verwaltung eines Nachlasses

Vorläufiger Streitwert: … €

Namens und in Vollmacht des Klägers erhebe ich Klage und werde beantragen:

1. Der Beklagte wird verurteilt, dem Kläger Auskunft zu erteilen

   a) über den Bestand des Nachlasses der am … verstorbenen Frau …, zuletzt wohnhaft …, durch Vorlage eines Bestandsverzeichnisses,

   b) über die Verwaltung des Nachlasses seit dem Todestag der Erblasserin …, d.h. vom … bis zum Tag der Auskunftserteilung in Form einer geordneten Zusammenstellung der Einnahmen und Ausgaben einschließlich der zugehörigen Kontenbelege, Quittungen und Rechnungen,

   c) über die entgeltliche, teilentgeltliche und unentgeltliche Weitergabe von Nachlassgegenständen, unterlassener Nutzung, unterbliebener Einziehung von Forderungen sowie über etwaige Nachlassprozesse und deren Hintergründe Rechenschaft abzulegen.

2. Der Beklagte hat die Kosten des Rechtsstreits zu tragen.

Begründung:

Der Kläger war der langjährige Vermieter der am … verstorbenen Frau …, die monatelang keine Miete gezahlt hatte. Als der Kläger die Erblasserin zur Räumung aufforderte, war diese zwischenzeitlich verstorben.

Der Beklagte ist der einzige Sohn der Erblasserin und gesetzlicher Alleinerbe.

Der Kläger hat den Beklagten außergerichtlich zur Zahlung der offenen Mieten aufgefordert, woraufhin dieser erklärte, dass er die – von ihm nicht bestrittene – Forderung aus dem vorhandenen Nachlass nicht begleichen könne. Die Erblasserin habe von einer sehr geringen Rente gelebt und bei zahlreichen Gläubigern offene Forderungen nicht mehr bedient. Der Nachlass habe nicht einmal ausgereicht, um die Beerdigungskosten zu zahlen, so dass der Beklagte sie teilweise aus Eigenmitteln gezahlt haben will.

Der Beklagte beruft sich auf die Einrede der Dürftigkeit gemäß § 1990 Abs. 1 Satz 1 BGB (auf eines der amtlichen Verfahren der Nachlassverwaltung des Nachlassinsolvenzverfahrens) und begehrt gegenüber dem Kläger die Beschränkung seiner Haftung auf den Nachlass. Über § 1991 BGB finden auch die §§ 1978, 1979 BGB hinsichtlich der Verantwortlichkeit des Erben für dessen Nachlassverwaltung Anwendung. Der Beklagte ist als Erbe gemäß § 1978 BGB dem Kläger für seine bisherige Verwaltung des Nachlasses so verantwortlich, als wenn er den Nachlass im Auftrag des Klägers verwaltet hätte. Er schuldet ihm gemäß §§ 666, 259, 260 BGB Auskunft über den Bestand des Nachlasses, Rechnungslegung zu den Einnahmen und Ausgaben sowie eine Rechenschaftslegung. Darüber hinaus ist er verpflichtet, im Rahmen seiner Rechenschaftspflicht seine geschäftlichen Entscheidungen zu erläutern.

Der Beklagte hat dies bisher abgelehnt, so dass Klage geboten ist.

Rechtsanwalt

Anhang 31

Muster: Schadensersatzklage eines Nachlassgläubigers aufgrund verspäteten Insolvenzantrages

An das
Amtsgericht ...

Klage

des ...   – Kläger –

Prozessbevollmächtigte: ...

gegen

Herrn ...   – Beklagter –

wegen: Schadensersatz aufgrund verzögerten Antrages auf Eröffnung eines Nachlass-insolvenzverfahrens

Vorläufiger Streitwert: ... €

Namens und in Vollmacht des Klägers erhebe ich Klage und werde beantragen:

> Der Beklagte wird verurteilt, an den Kläger ... € nebst Zinsen in Höhe von fünf Prozentpunkten über dem Basiszinssatz seit ... zu zahlen.

Begründung:

Der Kläger ist Maurermeister und erbrachte gegenüber dem am ... verstorbenen Herrn ... (im folgenden Erblasser), zuletzt wohnhaft in ..., Werklohnarbeiten in dessen Mietwohnung. Der Beklagte ist der gesetzliche Alleinerbe des Herrn ..., der ihm ein Vermögen in Höhe von ... € hinterließ. Davon bezahlte der Erbe die Beerdigungskosten in Höhe von mindestens ... € sowie die Forderung von fünf weiteren Nachlassgläubigern in Höhe von insgesamt ... €.

Der Kläger hat den Erben außergerichtlich zur Zahlung seiner Werklohnforderung aufgefordert, woraufhin dieser erklärte, dass der restliche Nachlass zur Zahlung der – von ihm nicht bestrittenen – Forderung des Klägers sowie weiterer Nachlassgläubiger nicht ausreiche. Diese hätten – für den Erben unerwartet – Schadensersatzansprüche wegen vorsätzlicher Beschädigung ihrer Pkw geltend gemacht. Insoweit war gegen den Erblasser Anklage erhoben worden. Der Erbe überwies dem Kläger auf dessen Gesamtforderung lediglich ... €, was der fiktiven Insolvenzquote entspricht. Zahlungen aus seinem Privatvermögen lehnte der Beklagte als Erbe ab.

Der Erbe beruft sich auf die Einrede der Dürftigkeit gemäß § 1990 Abs. 1 Satz 1 BGB, um seine Haftung gegenüber dem Kläger als Nachlassgläubiger auf den Nachlass zu beschränken. Der Beklagte haftet jedoch dem Kläger gegenüber nicht nur mit dem Nachlass, sondern auch persönlich mit seinem eigenen Vermögen gemäß § 1980 Abs. 1 BGB auf Schadensersatz in Höhe der Klagesumme. Er hätte wegen des Verhaltens des Erblassers mit weiteren Nachlassverbindlichkeiten als den bekannten, insbesondere auch mit Schadensersatzansprüchen rechnen müssen und war deshalb verpflichtet, beim Nachlassgericht gemäß § 1970 BGB das Aufgebot der Nachlassgläubiger zu beantragen. Er hat dies unterlassen, so dass aufgrund von § 1980 Abs. 2 BGB vermutet wird, dass er die Überschuldung des Nachlasses fahrlässig nicht erkannte und nicht rechtzeitig einen Antrag auf Eröffnung des Nachlassinsolvenzverfahrens stellte. In einem Aufgebotsverfahren wären die weiteren Gläubiger mit ihren Schadensersatzansprüchen ausgeschlossen worden. Die Aufgebotsfrist hätte längstens 6 Monate betragen dürfen. Sie teilten dem Erben aber selbst mit, dass sie die Schadensersatzforderung gar nicht hätten anmelden können, weil sie sich jeweils längere Zeit im Ausland aufgehalten hätten und erst 12 Monate nach dem Tod des Erblassers zurückgekehrt seien. Die beiden Schadensersatzforderungen wären im Insolvenzverfahren gemäß § 327 Abs. 3 InsO erst nach der Forderung des Klägers befriedigt worden.

Bei einem rechtzeitig gestellten Nachlassinsolvenzantrag hätten Nachlassaktiva in Höhe von … € Nachlassverbindlichkeiten in Höhe von insgesamt … € und Verfahrenskosten in Höhe von … € gegenübergestanden. Nach Abzug der Verfahrenskosten hätte sich für den Kläger eine Insolvenzquote von … ergeben. Das entspräche einer Summe in Höhe von … €. Die Differenz zwischen dieser Summe und der tatsächlichen Zahlung durch den Beklagten entspricht der Klageforderung.

Rechtsanwalt

Anhang 32

Muster: Umstellung eines Zahlungsantrages auf einen Duldungsantrag nach Erhebung der Dürftigkeitseinrede

An das
Landgericht ...

In der Sache ...

hat der Kläger gegen die Beklagte als Alleinerbin ihres am ... verstorbenen Vaters ... Klage wegen einer Werklohnforderung in Höhe von ... € erhoben. Die Werklohnforderung ergab sich daraus, dass der Kläger zu Lebzeiten des Erblassers das Dach von dessen Einfamilienhaus neu gedeckt hatte und dieser kurz danach verstorben war. Die Beklagte hatte auf mehrere Zahlungsaufforderungen des Klägers nicht reagiert und sich in der Klageerwiderung ausschließlich damit verteidigt, dass der Nachlass überschuldet sei. Zu Beweiszwecken hat die Beklagte eine beglaubigte Abschrift des Beschlusses des Insolvenzgerichts ... vorgelegt, wonach ein Insolvenzverfahren über den Nachlass ihres Vaters eingestellt worden ist, weil keine die Kosten deckende Masse vorhanden ist.

Das erkennende Gericht ist an die Feststellung des Insolvenzgerichts gebunden, so dass der Kläger nur noch Duldung der Zwangsvollstreckung in den Nachlass verlangt.

Ich beantrage deshalb nunmehr namens und in Vollmacht des Klägers,

die Beklagte zu verurteilen, wegen der Klageforderung in Höhe von ... € die Zwangsvollstreckung in den Nachlass des am ... verstorbenen Herrn ... zu dulden.

Dem Antrag ist stattzugeben. Einwendungen gegen die Forderung als solche hat die Beklagte nicht erhoben.

Rechtsanwalt

461

Anhang 33

Muster: Umstellung eines Klageantrages nach Erhebung der Ausschließungseinrede gemäß § 1973 Abs. 1 BGB

An das
Landgericht ...

Stellungnahme und Umstellung des Klageantrages

In der Sache ...

nehme ich zu der Klageerwiderung nachfolgend Stellung.

Die Beklagte hat gegen die Forderung des Klägers weder dem Grunde noch der Höhe nach Einwendungen erhoben. Sie hat sich ausschließlich darauf berufen, dass der Kläger in einem von ihr, der Beklagten, angestrengten Aufgebotsverfahren durch Erlass eines rechtskräftigen Ausschließungsbeschlusses des Amtsgerichts – Nachlassgericht – ... ausgeschlossen worden sei. Zum Beweis hat die Beklagte eine beglaubigte Abschrift dieses Beschlusses vorgelegt. Von dem Beschluss hatte der Kläger bis zur Klageerhebung keine Kenntnis. Die Beklagte hat sich auf die Beschränkung ihrer Haftung auf den Nachlass berufen und dazu weiter vorgetragen, dass der Nachlass nach Befriedigung vorrangiger Gläubiger noch nicht erschöpft sei. Es seien vielmehr noch einige Nachlassgegenstände vorhanden. Hierzu hat sie eine beglaubigte Abschrift eines von ihr bei dem Nachlassgericht eingereichten Inventars vorgelegt.

Dies voraussetzend beantrage ich nunmehr namens und in Vollmacht des Klägers,

die Beklagte zu verurteilen, die Zwangsvollstreckung in den verbliebenen Nachlass des ..., bestehend aus (näher ausführen), zu dulden.

Rechtsanwalt

Anhang 34

Muster: Klageumstellung von Erbengemeinschaft auf Miterben

An das
Landgericht …

In dem Rechtsstreit … gegen … (Erbengemeinschaft)
ändert der Kläger als Nachlassgläubiger seinen bisherigen Antrag wie folgt:

> Die Beklagten werden als Gesamtschuldner verurteilt, an die Klägerin … € nebst Zinsen in Höhe von fünf Prozentpunkten über dem Basiszinssatz seit … zu zahlen.

Begründung:

Der Kläger verlangte ursprünglich Zahlung von … € nur aus dem Nachlass der Erblasserin. Die Forderung hatte er im einzelnen begründet und Beweis angetreten. Der Kläger hat zwischenzeitlich erfahren, dass die Beklagten den Nachlass vor einem Monat vollständig auseinandergesetzt haben. Sie haben auch die Nachlasskonten aufgelöst, so dass der ursprüngliche Klageantrag nunmehr ins Leere geht.

Beweis: …

Der geänderte Klageantrag ist nach § 264 Nr. 2 ZPO zulässig und muss Erfolg haben.

Rechtsanwalt

Anhang 35

Muster: Vollstreckungsabwehrklage eines Alleinerben unter Geltendmachung der aufschiebenden Einrede des § 2015 Abs. 1 BGB

An das
Landgericht ...

Klage

des ... (Alleinerbe)   – Kläger –

Prozessbevollmächtigte: ...

gegen

den ... (Nachlassgläubiger)   – Beklagter –

Prozessbevollmächtigte: ...

wegen: Unzulässigkeit der Zwangsvollstreckung

Streitwert: ... €

Namens und in Vollmacht des Klägers erhebe ich Klage und werde beantragen:

Die Versteigerung oder anderweitige Verwertung des bei der Klägerin aufgrund des Endurteils des angerufenen Gerichts vom ... (Az. ...) auf Antrag des Beklagten gepfändeten Pkw ... mit dem amtlichen Kennzeichen ... wird bis zum ... einschließlich für unzulässig erklärt.

Für den Fall der Anordnung des schriftlichen Vorverfahrens beantrage ich

bei Vorliegen der gesetzlichen Voraussetzungen nach § 331 Abs. 3 ZPO Versäumnisurteil zu erlassen.

Begründung:

Die Gläubigerin begehrt die Verhinderung der Vorabbefriedigung des Beklagten als Nachlassgläubiger.

1. Die Klägerin ist als Alleinerbin ihrer verstorbenen Mutter durch rechtskräftiges Urteil des erkennenden Gerichts zur Zahlung von ... € wegen einer Darlehensforderung, die der Beklagte gegen die Erblasserin hatte, verurteilt worden. In dem Urteil ist der Klägerin die beschränkte Erbenhaftung vorbehalten worden. Der Beklagte hat aufgrund dieses Urteils am ... den zum Eigenvermögen der Klägerin gehörenden Pkw ... pfänden lassen.

   Beweis: Ablichtung des Endurteils des angerufenen Gerichts vom ... (Az.: ...), Ablichtung des Pfändungsprotokolls.

2. Der Pkw darf zum jetzigen Zeitpunkt weder versteigert noch anderweitig verwertet werden. Die Klägerin hatte bereits am … das Aufgebot der Nachlassgläubiger beantragt, welches vom Amtsgericht – Nachlassgericht – in … am … erlassen worden ist. Der späteste Aufgebotstermin ist auf … bestimmt worden.

    Beweis: Beschluss des Amtsgerichts – Nachlassgerichts – … vom …

    Ich rege an, die Nachlassakten beizuziehen.

3. Das Verfahren ist noch nicht beendet, so dass die Zwangsvollstreckung während der Dauer der Frist auf Sicherungsmaßnahmen der Arrestvollziehung zu beschränken ist.

Rechtsanwalt

Anhang 36

Muster: Vollstreckungsabwehrklage unter Geltendmachung der Dürftigkeitseinrede gemäß § 1990 Abs. 1 Satz 1 BGB mit Antrag auf einstweilige Einstellung der Zwangsvollstreckung nach § 769 Abs. 1 Satz 1 ZPO

An das
Landgericht ...

Klage

der ... (Erbin)   – Klägerin –

Prozessbevollmächtigter: ...

gegen

den ... (Nachlassgläubiger)   – Beklagter –

Prozessbevollmächtigter: ...

wegen: Unzulässigkeit der Zwangsvollstreckung in das Privatvermögen der Klägerin

Streitwert: ... €

Namens und in Vollmacht der Klägerin erhebe ich Klage und werde beantragen:

I. Die Zwangsvollstreckung aus dem Urteil des Landgerichtes vom ... (Az. ...) in das nicht zum Nachlass gehörende, sondern im Eigentum der Klägerin stehende, im Grundbuch von ... Bl. ... eingetragene Grundstück ... durch Eintragung einer Sicherungshypothek in Abt. III lfd. Nr. ... des Grundbuches wird für unzulässig erklärt.

II. Der Beklagte wird verurteilt, die vollstreckbare Ausfertigung des Urteils des erkennenden Gerichts vom ... (Az.: ...) an die Klägerin herauszugeben.

Vorab beantrage ich,

im Wege der einstweiligen Anordnung zu beschließen, die Zwangsvollstreckung aus dem vorbezeichneten Urteil bis zum Erlass des Urteils in diesem Rechtsstreit gegen Sicherheitsleistung in Höhe von ... EUR einstweilen einzustellen.

Für den Fall der Anordnung des schriftlichen Vorverfahrens beantrage ich

bei Vorliegen der gesetzlichen Voraussetzungen nach § 331 Abs. 3 ZPO Versäumnisurteil zu erlassen.

Begründung:

Die Klägerin begehrt die Feststellung der Unzulässigkeit der Zwangsvollstreckung in ein in ihrem Vermögen befindliches Grundstück.

1. Die Klägerin ist die einzige Tochter und Alleinerbin des am … verstorbenen … Der Beklagte hatte noch zu Lebzeiten gegen den Erblasser ein rechtskräftiges Urteil des erkennenden Gerichts (Az. …) erwirkt, mit dem dieser zur Zahlung von Werklohn für den Einbau einer Heizungsanlage in seine Mietwohnung in Höhe von 8.000,00 € verurteilt worden ist.

   Beweis: Ablichtung des Urteils des Landgerichts … (Az.: …) nebst Rechtskraftvermerk.

   Der Beklagte hat die Zwangsvollstreckung aus dem vorbenannten Urteil in das zum Eigenvermögen gehörende und im Grundbuch von … eingetragene Grundstück der Klägerin betrieben und in Abt. III des Grundbuches eine Sicherungshypothek eintragen lassen. Die Klägerin hatte das Grundstück lange vor dem Tod des Erblassers mit Eigenmitteln erworben.

   Beweis: …

2. Bei der Sichtung des Nachlasses hat die Klägerin festgestellt, dass der Nachlass überschuldet ist. Gegen den Erblasser lagen zahlreiche rechtskräftige Titel vor, aus denen die Gläubiger bereits fruchtlos die Zwangsvollstreckung betrieben hatten. Sie erfuhr auch, dass der Erblasser am … die eidesstattliche Versicherung abgegeben hatte. Die Klägerin hat daraufhin am … die Eröffnung eines Nachlassinsolvenzverfahrens beantragt. Die Eröffnung ist durch Beschluss des Amtsgerichts – Insolvenzgericht – … wegen Fehlens einer die Kosten des Verfahrens deckenden Nachlassmasse abgelehnt worden.

   Beweis: Ablichtung des Beschlusses des Amtsgerichts – Insolvenzgericht – … (Az.: …).

   Der Nachlass ist dürftig und unzulänglich, so dass die Voraussetzungen einer Vollstreckung in das Eigenvermögen der Klägerin nicht gegeben sind. Die Zwangsvollstreckung in das Privatvermögen ist für unzulässig zu erklären.

3. Anspruchsgrundlage für die Herausgabe des Schuldtitels gemäß Klageantrag zu 2. ist § 371 S. 1 BGB analog. Es ist nicht auszuschließen, dass der Beklagte als Gläubiger mit der vollstreckbaren Ausfertigung des Titels Missbrauch betreibt.

4. Da die Versteigerung des Grundstücks bereits am … stattfinden soll, rechtfertigt sich der Antrag auf Erlass einer einstweiligen Anordnung durch einstweilige Einstellung bis zur Entscheidung des erkennenden Gerichts in der Sache gegen Sicherheitsleistung in Höhe von … €.

   Beweis: …

Um antragsgemäße Entscheidung wird gebeten.

Rechtsanwalt

Anhang 37

Muster: Vollstreckungsabwehrklage eines Miterben unter Geltendmachung des vorläufigen Haftungsbeschränkungsvorbehalts aus § 2059 Abs. 1 Satz 1 BGB mit Antrag auf einstweilige Einstellung der Zwangsvollstreckung nach § 769 Abs. 1 Satz 1 ZPO

An
das Landgericht ...

Klage

des ... (Miterbe)   – Kläger –

Prozessbevollmächtigte: ...

gegen

den ... (Nachlassgläubiger)   – Beklagter –

Prozessbevollmächtigter: ...

wegen: Unzulässigkeit der Zwangsvollstreckung in das Privatvermögen des Klägers

Streitwert: ... €

Namens und in Vollmacht des Klägers erhebe ich Klage und werde beantragen:

I. Die Zwangsvollstreckung aus dem Urteil des angerufenen Gerichts vom ... (Az. ...) in den Pkw ..., amtliches Kennzeichen ... durch den Gerichtsvollzieher ... aufgrund des Pfändungs- und Überweisungsbeschlusses des Amtsgerichts ... (Az. ...) wird für unzulässig erklärt.

II. Der Beklagte wird verurteilt, die vollstreckbare Ausfertigung des Urteils des erkennenden Gerichts vom ... (Az.: ...) an den Kläger herauszugeben.

Vorab beantragen wir im Wege der einstweiligen Anordnung zu beschließen,

die Zwangsvollstreckung aus dem vorgenannten Urteil durch Pfändungs- und Überweisungsbeschluss des Amtsgerichts ... (Pfändung des vorbenannten Pkw) vom ... (Az. ...) bis zum Erlass eines Urteils im vorliegenden Rechtsstreit gegen Sicherheitsleistung einstweilen einzustellen und den Gerichtsvollzieher ... anzuweisen, die bereits erfolgte Pfändung gemäß Pfändungsprotokoll vom ..., DR-Nr. ..., aufzuheben, das Pfandsiegel zu entfernen und den vorbenannten Pkw an den Kläger herauszugeben.

Für den Fall der Anordnung des schriftlichen Vorverfahrens und für den Fall des Anerkenntnisses des Beklagten wird beantragt,

gemäß § 307 Abs. 2 ZPO zu verfahren und nach Ablauf der Frist des § 276 Abs. 1 ZPO unter den Voraussetzungen des § 331 Abs. 3 ZPO Versäumnisurteil zu erlassen.

Begründung:

Der Kläger wendet sich gegen die Pfändung eines in seinem Eigenvermögen stehenden Pkw ...

1. Der Kläger ist zusammen mit seinem Bruder ... Miterbe seines am ... verstorbenen Vaters ... zu je 1/2 Anteil. Dies ist zwischen den Parteien unstreitig. Der Beklagte hatte gegen den Erblasser am ... vor dem angerufenen Gericht ein Urteil über ... € erwirkt, das am ... gemäß § 727 ZPO gegen den Kläger und seinen Bruder als Rechtsnachfolger ihres Vaters umgeschrieben wurde. Aufgrund des daraufhin erlassenen Pfändungs- und Überweisungsbeschlusses des Amtsgerichts ... vom ... ließ der Beklagte durch den Gerichtsvollzieher ... den im Privateigentum des Klägers stehenden Pkw mit dem amtlichen Kennzeichen ... pfänden.

Beweis: 1. Pfändungs- und Überweisungsbeschluss vom ...

2. Vorlage der Zulassungsbescheinigung Teil II des Landkreises ... vom ... in Kopie in der Anlage

3. Zeugnis ...

Der Pkw soll laut Ankündigung des Gerichtsvollziehers am ... versteigert werden.

Beweis: Schreiben des Gerichtsvollziehers ... vom ...

2. Der Kläger erhebt die

Einrede der beschränkten Miterbenhaftung.

Deren Voraussetzungen liegen vor.

Der Erblasser lebte bis zu seinem Tod in einer kleinen 2-Zimmer-Wohnung. Seine monatliche Rente reichte gerade aus, um die Miete bezahlen und seine persönlichen Bedürfnisse befriedigen zu können. Der Nachlass besteht im Wesentlichen aus persönlichen Gegenständen ohne Wert und einem geringen Geldvermögen auf einem Konto bei der ... Der wertlose Hausrat wurde entsorgt, nachdem der Kläger und sein Bruder das Mietverhältnis gekündigt und die Wohnung fristgemäß an den Vermieter zurückgegeben haben.

Beweis: ...

Ich überreiche in der Anlage in Kopie das private Nachlassverzeichnis des Klägers und seines Bruders vom ..., aus dem sich der Umfang des Nachlasses des Vaters ergibt.

Eine Teilung des Nachlasses unter den Miterben hat bisher nicht stattgefunden.

Beweis: ...

Der Kläger haftet nicht unbeschränkt für Nachlassverbindlichkeiten, so dass ihm die Einrede des ungeteilten Nachlasses zusteht. Die Herbeiführung eines Vorbehalts gemäß § 780 Abs. 1 ZPO war nicht möglich, weil der Kläger nicht Partei des Vorprozesses war. Der Beklagte hatte das Urteil noch gegen den Erblasser erwirkt, das auf den Kläger und seinen Bruder als Miterben im Klauselverfahren umgeschrieben wurde.

3. Der Herausgabeanspruch ergibt sich aus § 371 S. 1 BGB analog. Es kann nicht ausgeschlossen werden, dass der Beklagte als Gläubiger Missbrauch mit der vollstreckbaren Ausfertigung des Titels betreibt.

4. Ich überreiche zur Glaubhaftmachung die eidesstattliche Versicherung des Klägers und seines miterbenden Bruders vom ...
   Nach den vorstehenden Ausführungen ist auch der Antrag auf Erlass einer einstweiligen Anordnung begründet, um den Fortgang der Vollstreckung umgehend zu verhindern.

Rechtsanwalt

Anhang 38

Muster: Vollstreckungsabwehrklage eines Miterben zur Herbeiführung der teilschuldnerischen Haftung gemäß § 2060 Nr. 1 BGB mit Antrag auf einstweilige Einstellung der Zwangsvollstreckung gemäß § 769 Abs. 1 Satz 1 ZPO

An
das Landgericht ...

Klage

des ... (Miterbe)   – Kläger –

Prozessbevollmächtigte: ...

gegen

den ... (Nachlassgläubiger)   – Beklagter –

Prozessbevollmächtigter: ...

wegen: Unzulässigkeit der Zwangsvollstreckung

Streitwert: ... €

Namens und in Vollmacht des Klägers erhebe ich Klage und werde beantragen:

> Die Zwangsvollstreckung aus dem vollstreckbaren Urteil des Landgerichts ... vom ... (Az. ...) wird in Höhe eines Teilbetrages von 5.000,00 € nebst Zinsen in Höhe von fünf Prozentpunkten über dem Basiszinssatz seit ... für unzulässig erklärt.

Vorab beantrage ich im Wege der einstweiligen Anordnung zu beschließen,

> die Zwangsvollstreckung aus dem vorbezeichneten Urteil bis zum Erlass des Urteils in diesem Rechtsstreit gegen Sicherheitsleistung in Höhe von ... EUR einstweilen einzustellen.

Für den Fall der Anordnung des schriftlichen Vorverfahrens beantrage ich

> bei Vorliegen der gesetzlichen Voraussetzungen nach § 331 Abs. 3 ZPO Versäumnisurteil zu erlassen.

Begründung:

Der Kläger wendet sich gegen eine Zwangsvollstreckung nach eingetretener teilschuldnerischer Haftung als Miterbe.

1. Der Kläger ist neben seiner Schwester gesetzlicher Erbe seines am ... verstorbenen Vaters, Herrn ... zu je ½ geworden.

   Beweis: Erbschein des Amtsgerichts – Nachlassgericht – ... vom ...

   Der Erblasser hatte dem Beklagten vor seinem Tod den Auftrag zum Einbau einer Heizungsanlage in sein Wohnhaus für 10.000,00 € erteilt. Der Beklagte hat diesen Auftrag mangelfrei erfüllt. Unmittelbar nach dem Versterben des Erblassers hat sich der Beklagte an den Kläger gewandt und ihn zum Ausgleich der Gesamtsumme aufgefordert. Der Kläger hatte dem Beklagten zugesagt, die Sache sofort mit seiner Schwester besprechen zu wollen. Er hat ihm auch erklärt, dass dies einige Zeit in

Anspruch nehmen würde, da sich die Schwester noch für zwei Monate in einem Kloster in Südostasien aufhält und dort nicht erreichbar ist. Der Beklagte hat den Kläger daraufhin sofort vor dem erkennenden Gericht auf Zahlung des Gesamtbetrages verklagt. Die Klage hatte Erfolg. Das Urteil ist rechtskräftig.

Beweis: Urteil des erkennenden Gerichts vom ... zum Az. ...

2. Der Kläger hatte, nachdem ihm die Klage zugestellt worden war, bei dem Amtsgericht – Nachlassgericht – ... den Erlass eines Aufgebots beantragt. In dem Aufgebot ist den Nachlassgläubigern für den Fall, dass sie sich nicht melden, neben den in § 1973 BGB, § 458 FamFG erwähnten Rechtsnachteilen auch angedroht worden, dass jeder Erbe und damit auch der Kläger ab der Teilung des Nachlasses nach Erlass des Ausschließungsbeschlusses nur für den seinem Erbteil entsprechenden Teil der Verbindlichkeit haftet. Das Amtsgericht – Nachlassgericht – ... hat am ... einen Ausschließungsbeschluss erlassen. Der Beklagte hatte seine Forderung nicht innerhalb der gesetzten Frist im Aufgebotsverfahren angemeldet. Er ist deshalb mit seiner Werklohnforderung im Aufgebotsverfahren ausgeschlossen.

Beweis: Kopie des Ausschließungsbeschlusses des Amtsgerichts – Nachlassgericht – ... zum Az. ...

Ich rege an, die Nachlassakte beizuziehen.

3. Die Erben haben nach Bekanntgabe des Ausschließungsbeschlusses die Teilung des Nachlasses vorgenommen. Der Kläger hat unmittelbar danach einen seiner Erbquote von 1/2 entsprechenden Betrag in Höhe von 5.000,00 € nebst anteiliger Zinsen an den Beklagten gezahlt. Trotzdem sah sich der Beklagte nicht gehindert, aus dem Urteil des erkennenden Gerichts wegen seiner weitergehenden Forderung von 5.000,00 € zuzüglich anteiliger Zinsen die Zwangsvollstreckung in das gesamte Vermögen des Klägers zu betreiben.

Die Zwangsvollstreckung aus dem Urteil wegen des überschießenden Teilbetrages von 5.000,00 € zuzüglich anteiliger Zinsen ist unzulässig. Der Kläger kann sich gemäß § 2060 Nr. 1 BGB auf eine teilschuldnerische Haftung berufen, weil der Beklagte als Nachlassgläubiger im Aufgebotsverfahren ausgeschlossen ist. Der Ausschließungsbeschluss ist nach der letzten mündlichen Verhandlung im Vorprozess erlassen worden, so dass der Kläger diesen Einwand im Vorprozess nicht geltend machen konnte. Aufgrund der eingetretenen anteiligen Haftung entfällt eine Haftung des Klägers als Gesamtschuldner für die Nachlassverbindlichkeiten.

4. Vor einer Woche erschien bei dem Kläger der Gerichtsvollzieher, Herr ... und pfändete den in seinem Privateigentum stehenden Pkw ..., amtliches Kennzeichen ...

Beweis: 1. Vorlage einer Abschrift des Pfändungsprotokolls

2. Vorlage einer Ablichtung der Zulassungsbescheinigung Teil II der Stadt ... vom ...

5. Die Versteigerung des Pkw steht unmittelbar bevor, wie sich aus dem in Kopie beigefügten Schreiben des Gerichtsvollziehers ... ergibt. Daraus rechtfertigt sich der Antrag auf sofortige einstweilige Einstellung der Zwangsvollstreckung bis zur Entscheidung des erkennenden Gerichts in der Sache gegen Anordnung einer Sicherheitsleistung.

Rechtsanwalt

Anhang 39

Muster: Privataufgebot eines Miterben gemäß § 2061 BGB

Private Aufforderung der Nachlassgläubiger zur Forderungsanmeldung

Am ... ist in ..., seinem letzten Wohnsitz, mein Vater, Herr ..., verstorben. Meine Mutter ist vorverstorben. Er hat kein Testament hinterlassen. Gesetzliche Erben sind meine zwei Schwestern und ich. Ich habe die Erbschaft ebenso wie meine Schwestern angenommen. Das Amtsgericht – Nachlassgericht – in ... hat am ... einen gemeinschaftlichen Erbschein erteilt. Auf die Nachlassakten des Amtsgerichts – Nachlassgericht – ... zum Az. ... nehme ich Bezug.

Hiermit fordere ich die Nachlassgläubiger zur Anmeldung ihrer Forderungen innerhalb einer Frist von 6 Monaten, spätestens bis zum ..., mir gegenüber unter der Anschrift ... oder gegenüber dem Amtsgericht – Nachlassgericht – in ... zum Az. ... auf.

Unterschrift

(Die Aufforderung ist gemäß § 2061 Abs. 2 BGB im Bundesanzeiger zu veröffentlichen)

Anhang 40

Muster: Streitverkündungsschriftsatz eines Miterben an einen anderen Miterben aufgrund der Haftung im Innenverhältnis

An
das Landgericht ...

Streitverkündung

In Sachen ... gegen ...
verkünde ich hiermit Frau ...

den Streit,

verbunden mit der Aufforderung, dem Rechtsstreit auf Seiten des Beklagten beizutreten.

Wir bitten das Gericht, diesen Schriftsatz nebst beigefügter beglaubigter Ablichtung der Klageschrift und der Klageerwiderung der Streitverkündeten alsbald zuzustellen.

Zur Begründung führen wir aus:

Der Kläger nimmt den Beklagten wegen einer Verletzung der Verkehrssicherungspflicht in Anspruch und trägt dazu vor, er sei am ... auf dem Grundstück ... aufgrund einer Bodenunebenheit gestürzt und habe sich dabei erheblich verletzt. Der Beklagte hat dies bestritten. Darüber hinaus ist die Schmerzensgeldforderung völlig überhöht (wird ausgeführt).

Das Grundstück steht im gesamthänderischen Eigentum des Beklagten und seiner Schwester. Beide sind zu gleichen Teilen Miterben ihres am ... verstorbenen Vaters ... geworden. Der Kläger trägt vor, dass aufgrund der bei dem Sturz erlittenen Verletzungen eine Erwerbsunfähigkeit eingetreten sei. Der Beklagte geht allerdings davon aus, dass der Kläger durchaus in der Lage ist, auch schwere körperliche Arbeiten zu verrichten. Zeugen haben ihn dabei beobachtet, wie er auf seinem Grundstück Steine geschleppt und seine Terrasse neu gepflastert hat.

Beweis: Zeugnis ...

Sollte der Kläger den Sturz und die dabei erlittenen Verletzungen nebst deren Folgen wider Erwarten doch zur Überzeugung des Gerichts beweisen können und würde der Beklagte deshalb wegen Verletzung seiner Verkehrssicherungspflicht verurteilt werden, hätte er einen Anspruch gegen die Streitverkündete auf Schadloshaltung.

Die Streitverkündete bewohnt seit dem Tod des Erblassers das auf dem Grundstück befindliche Wohnhaus unentgeltlich. Hintergrund ist, dass sich der Beklagte regelmäßig für längere Zeiträume im Ausland aufhält und sich um das Grundstück sowieso nicht kümmern könnte. Die Miterben haben deshalb eine schriftliche Vereinbarung dahingehend getroffen, dass die Streitverkündete die Verkehrssicherungspflicht für das gesamte Grundstück allein trägt, und zwar einschließlich der zur Sicherstellung erforderlichen Kosten.

Beweis: Vorlage einer Ablichtung der Vereinbarung vom …

Aufgrund der Vereinbarung hätte der Beklagte bei einer Verurteilung einen Ausgleichsanspruch gegen die Streitverkündete aus § 426 BGB. Im Außenverhältnis würden der Beklagte und die Streitverkündete als Miterben dem Kläger gesamtschuldnerisch haften, doch träfe im Innenverhältnis die Haftung die Streitverkündete aufgrund der getroffenen schriftlichen Vereinbarung allein. Deshalb ist die Streitverkündung notwendig und zulässig, um der Streitverkündeten in einem möglichen Regressprozess den Einwand abzuschneiden, der Prozess sei schlecht geführt worden.

Der Stand des Prozesses ergibt sich aus der beigefügten beglaubigten Ablichtung der Klageschrift und der Klageerwiderung. Das Gericht hat bisher noch keinen Termin zur mündlichen Verhandlung bestimmt. Im Übrigen verweise ich die Streitverkündete auf das Recht zur Akteneinsicht.

Rechtsanwalt

Anhang 41

Muster: Vollstreckungsabwehrklage des Nachlassverwalters nebst Antrag auf einstweilige Einstellung der Zwangsvollstreckung gemäß § 769 Abs. 1 ZPO

An
das Landgericht ...

Klage

des ... in seiner Eigenschaft als Nachlassverwalter über den Nachlass des am ... verstorbenen Herrn ...

– Kläger –

Prozessbevollmächtigte: ...

gegen

den ... (Nachlassgläubiger)   – Beklagter –

Prozessbevollmächtigte: ...

wegen: Unzulässigkeit der Zwangsvollstreckung und Aufhebung von Zwangsvollstreckungsmaßnahmen nach § 784 Abs. 2 ZPO

Streitwert: ... €

Namens und in Vollmacht des Klägers erhebe ich Klage und werde beantragen:

I.   Die Zwangsvollstreckung aus dem Urteil des Landgerichts ... vom ... (Az. ...) in den zum Nachlass gehörenden Pkw ..., amtliches Kennzeichen ... aufgrund des Pfändungs- und Überweisungsbeschlusses des Amtsgerichts ... (Az. ...) wird für unzulässig erklärt.

II. Der Beklagte wird verurteilt, die vollstreckbare Ausfertigung des Urteils des erkennenden Gerichts vom ... (Az.: ...) an den Kläger herauszugeben.

Vorab beantrage ich im Wege der einstweiligen Anordnung zu beschließen:

Die Zwangsvollstreckung aus dem Urteil des Landgerichts ... vom ... (Az. ...) wird gegen Sicherheitsleistung in Höhe von ... bis zur Entscheidung des erkennenden Gerichts in dieser Sache einstweilen eingestellt und der Gerichtsvollzieher wird angewiesen, die Pfändung gemäß Pfändungsprotokoll vom ..., DR-Nr. ..., aufzuheben, das Pfandsiegel zu entfernen und den Pkw ... an den Kläger herauszugeben.

Für den Fall der Anordnung des schriftlichen Vorverfahrens beantrage ich bei Vorliegen der gesetzlichen Voraussetzungen nach § 331 Abs. 3 ZPO Versäumnisurteil zu erlassen.

Begründung:

Der Kläger begehrt eine bereits vor Anordnung einer Nachlassverwaltung erfolgte Maßnahme der Zwangsvollstreckung zugunsten eines Eigengläubigers des Erben ... in den Nachlass für unzulässig zu erklären sowie die Aufhebung bereits erfolgter Zwangsvollstreckungsmaßnahmen im Wege der einstweiligen Anordnung.

1. Der Kläger ist Nachlassverwalter über den Nachlass des am … verstorbenen Herrn …, zuletzt wohnhaft … Die Nachlassverwaltung wurde am … auf Antrag eines Nachlassgläubigers durch das Amtsgericht – Nachlassgericht – in … angeordnet.

   Beweis: 1. Beschluss des Amtsgerichts – Nachlassgericht – … vom …,*

   2. Bestallungsurkunde des Klägers vom …

   Der Erblasser wurde von seinen Söhnen … je zur Hälfte beerbt.

   Beweis: Kopie des Erbscheins des Amtsgerichts – Nachlassgericht – … vom …

2. Der Beklagte hatte am … und damit schon vor Anordnung der Nachlassverwaltung in einen zum Nachlass gehörenden Pkw … als persönlicher Gläubiger des Miterben … die Zwangsvollstreckung betrieben und das im Klageantrag zu 1 näher bezeichnete Fahrzeug pfänden lassen. Die Forderung resultiert aus einem Darlehen, das der Beklagte dem Miterben … am … und damit zu Lebzeiten des Erblassers gewährt und am … fällig gestellt hatte. Nachdem keine Zahlung erfolgt war, hat er gegen den Miterben ein rechtskräftiges Urteil erstritten, aus dem er die Zwangsvollstreckung betrieben hat.

   Der Kläger hat nach Annahme seines Amtes umgehend ein Nachlassverzeichnis errichtet.

   Beweis: Beglaubigte Ablichtung des Nachlassverzeichnisses des Klägers vom …

   Aus dem Nachlassverzeichnis ergibt sich, dass der von dem Beklagten gepfändete Pkw Teil des Nachlasses des am … verstorbenen Herrn … ist. Hierzu überreichen wir ergänzend eine Kopie der Zulassungsbescheinigung Teil II, die noch auf den Erblasser lautet. Der Erblasser hat das Fahrzeug bis zu seinem Tod allein genutzt.

3. Als Nachlassverwalter kann der Kläger gemäß § 784 Abs. 2 ZPO verlangen, dass bereits vor der Anordnung der Nachlassverwaltung erfolgte Maßnahmen der Zwangsvollstreckung zugunsten von persönlichen Gläubigern eines Erben in den Nachlass für unzulässig erklärt und die Zwangsvollstreckungsmaßnahmen aufgehoben werden. Der Nachlass soll in erster Linie der Befriedigung der Verbindlichkeiten von Nachlassgläubigern dienen. Eine Zwangsvollstreckung in den Nachlass zugunsten von Gläubigern, die nicht Nachlassgläubiger sind, ist gemäß § 1984 Abs. 2 BGB ausgeschlossen.

4. Der Herausgabeanspruch ergibt sich aus § 371 S. 1 BGB analog.

5. Der Gerichtsvollzieher hat angekündigt, den Pkw am … versteigern zu wollen.

   Beweis: Schreiben vom …

Um dies zu verhindern, bedarf es des Erlasses einer einstweiligen Anordnung gemäß § 769 Abs. 1 ZPO. Die Zwangsvollstreckung wird durch die Klageerhebung nicht gehemmt.

Zur Glaubhaftmachung wird auf die beglaubigten Abschriften der Urkunden sowie auf die eidesstattliche Versicherung des Klägers und des Miterben … Bezug genommen, woraus sich auch die Begründetheit des Antrages auf eine einstweilige Anordnung ergibt.

Rechtsanwalt

Anhang 42

Muster: Stufenklage gegen einen Erbschaftsbesitzer (Auskunft, eidesstattliche Versicherung, Herausgabe, Feststellung des Erbrechts)

An das
Landgericht ...

Klage

der ... (Alleinerbin)   – Klägerin –

Prozessbevollmächtigter: ...

gegen

den ... (Erbschaftsbesitzer)   – Beklagter –

Prozessbevollmächtigter: ...

Namens und in Vollmacht der Klägerin erhebe ich Klage und werde beantragen:

Der Beklagte wird verurteilt,

1. der Klägerin Auskunft über den Bestand des Nachlasses des am ... verstorbenen Herrn ... sowie über den Verbleib der Erbschaftsgegenstände durch Vorlage eines Verzeichnisses zu erteilen, insbesondere über den Verbleib folgender Gegenstände:
   a) Münzsammlung, bestehend aus (möglichst genaue Beschreibung);
   b) goldenes Feuerzeug der Marke ... (möglichst genaue Beschreibung);
   c) Gemälde von ... (möglichst genaue Beschreibung);

2. für den Fall, dass das Verzeichnis nicht mit der erforderlichen Sorgfalt erstellt worden sein sollte, den Beklagten zu verurteilen, an Eides statt zu versichern, dass er nach bestem Wissen den Bestand so vollständig angegeben habe, als er dazu imstande sei;

3. nach Erteilung der Auskunft den Beklagten zu verurteilen, an die Klägerin die in dem zu erstellenden Verzeichnis bezeichneten Nachlassgegenstände herauszugeben;

4. für den Fall, dass der Beklagte dazu nicht imstande ist, Wertersatz in noch zu bestimmender Höhe nebst Zinsen in Höhe von 5 Prozentpunkten über dem Basiszinssatz seit Rechtshängigkeit zu zahlen;

5. festzustellen, dass die Klägerin Alleinerbin nach dem verstorbenen Herrn ... geworden ist.

Für den Fall der Anordnung des schriftlichen Vorverfahrens beantrage ich bei Vorliegen der gesetzlichen Voraussetzungen nach § 331 Abs. 3 ZPO Versäumnisurteil zu erlassen.

Begründung:

Die Klage richtet sich gegen die Beklagte in ihrer Eigenschaft als Erbschaftsbesitzerin.

1. Die Klägerin ist die Tochter des Beklagten und einzige Enkelin des am ... verstorbenen Herrn ... (im folgenden Erblasser). Der Beklagte hatte nach dessen Tod auf-

grund eines notariellen Testaments den gesamten Nachlass in Besitz genommen. Der Erblasser hatte jedoch noch kurz vor seinem Tod im Vollbesitz seiner geistigen Kräfte ein eigenhändiges Testament errichtet und darin die Klägerin zur Alleinerbin eingesetzt. Von der Existenz und vom Inhalt dieses Testaments hat die Klägerin erst nach der Inbesitznahme des Nachlasses durch den Beklagten Kenntnis erlangt.

Beweis: ...

Der Erblasser hat anlässlich der Errichtung des eigenhändigen Testaments gegenüber seinen dabei anwesenden Freunden ausdrücklich erklärt, es sei sein Wille, dass seine Enkelin Alleinerbin seines Vermögens sein soll und nicht sein Sohn. Mit ihm hatte er sich lange vor seinem Tod überworfen, nachdem sich der Beklagte um den Erblasser in den letzten Jahren nicht mehr gekümmert und ihn mehrfach beleidigt hatte. Zu der Klägerin hatte er Zeit seines Lebens ein sehr gutes Verhältnis.

Beweis für alles Vorstehende: Zeugnis ...

2. Der Beklagte hat gegenüber der Klägerin schriftlich erklärt, dass er das spätere zugunsten der Klägerin errichtete eigenhändige Testament seines Vaters für unwirksam hält. Seine Enterbung habe nicht dem tatsächlichen Willen des Erblassers entsprochen.

Beweis: ...

Damit kann der Beklagte nicht gehört werden.

Auf die Aufforderung der Klägerin mit Schreiben vom ..., Auskunft über den Bestand des Nachlasses und den Verbleib der Erbschaftsgegenstände, insbesondere über den Verbleib der im Klageantrag zu 1 bezeichneten Gegenstände zu erteilen sowie den Nachlass herauszugeben, hat er nicht mehr reagiert. Das Schreiben wird in Kopie als **Anlage** ... beigefügt.

Der Beklagte hat den Nachlass weiter in Besitz. Der genaue Bestand des Nachlasses ist der Klägerin nicht bekannt.

3. Die Klägerin kann nicht ausschließen, dass der Beklagte, der regelmäßig Spielcasinos aufsucht und deswegen ständig in finanziellen Schwierigkeiten steckt, die wertvollsten Nachlassgegenstände bereits veräußert hat. Die im Klageantrag zu 1) bezeichneten Gegenstände haben einen Wert von mindestens ... €, wobei auf die Münzsammlung ... €, auf das goldene Feuerzeug mindestens ... € sowie auf das Gemälde mindestens ... € entfallen.

Beweis: ...

Diese Werte hätte der Beklagte der Klägerin zu ersetzen, wenn er die Gegenstände nicht herausgeben kann.

4. Der Feststellungsantrag rechtfertigt sich daraus, dass die Klägerin wegen der streitigen Erbfolge nach ihrem Großvater ein berechtigtes Interesse an einer rechtskräftigen Feststellung ihres Erbrechts hat.

Das spätere Testament, das die Klägerin als Alleinerbin ausweist, ist wirksam errichtet worden.

Rechtsanwalt

Verzeichnis der verwendeten und weiterführenden Literatur

Bahrenfuss, Dirk (Hrsg.), FamFG, Kommentar, 3. Auflage 2017

Bamberger, Heinz Georg/Roth, Herbert/Hau, Wolfgang/Poseck, Roman (Hrsg.), Beck'scher Online-Kommentar zum BGB, 44. Edition, München, Stand: 25.1.2018 (zit. Bamberger/Roth/Bearbeiter)

Bartels, Klaus, Der erbrechtliche Erwerb des Insolvenzschuldners, KTS 2003, 41–67

Bartsch, Herbert, Fälle zur Erbenhaftung, ZErb 2010, 345–351

Basedow, Jürgen/Hopt, Klaus J. /Zimmermann, Reinhard, Handbuch des Europäischen Privatrechts, 2009

Bassenge, Peter/Herbst, Gerhard/Roth, Herbert, Gesetz über das Verfahren in Familiensachen und in Angelegenheiten der freiwilligen Gerichtsbarkeit, Rechtspflegergesetz (RpflG), Kommentar, 12. Auflage 2009

Baumbach, Adolf/Lauterbach, Wolfgang/Albers, Jan/Hartmann, Peter, Zivilprozessordnung, 76. Auflage 2017

Baumbach, Adolf/Hopt, Klaus J. /Merkt, Hanno, Handelsgesetzbuch, 38. Auflage 2018

Baur, Fritz/Baur, Jürgen F. /Stürner, Rolf, Sachenrecht, 18. Auflage 2009

Behnke, Thorsten, Das neue Minderjährigenhaftungsbeschränkungsgesetz, NJW 1998, 3078–3083

Bengel, Manfred, Gestaltung letztwilliger Verfügungen bei Vorhandensein behinderter Abkömmlinge. Zugleich eine Anmerkung zum BGH-Urteil vom 20.10.1993 – IV ZR 231/92, ZEV 1994, 29–31

Bentler, Thomas M., Die Erbengemeinschaft im Internationalen Privatrecht, 1993

Bergschneider, Ludwig, Der Tod des Unterhaltsverpflichteten – Praktische Anmerkung zu § 1586b BGB, FamRZ 2003, 1049–1057

Bestelmeyer, Horst, Anmerkung zu den Beschlüssen des LG Stade vom 5.2.2002, 9 T 290/01 und vom 17.12.2003, 9 T 53/02, Rpfleger 2004, 569–570

Beuthien, Volker, Die Miterbenprokura, Festschrift für Robert Fischer, 1–18 (zit. Beuthien, Miterbenprokura)

Binder, Julius, Die Rechtsstellung des Erben II, 1903 (zit. Binder, Rechtsstellung)

Blümich, Einkommensteuergesetz Körperschaftssteuergesetz Gewerbesteuergesetz Kommentar, 139. Auflage, Loseblattausgabe Stand: 1. November 2017 (zit.: Blümich-Bearbeiter)

Bonifacio, Michael, Die Haftung des Erben als Hausgeldschuldner nach dem WEG, MDR 2006, 244–246

Bonomi, Andrea/Wautelet, Patrick, Droit européen des successions: Commentaire du Reglement n° 650/2012 du 4 juillet 2012, 2016

Boehmer, Gustav, Erbfolge und Erbenhaftung, 1927

Börner, Bodo, Das System der Erbenhaftung, JuS 1968, 53–58; 108–114

Brandi, Tim, Das Haager Abkommen von 1989 über das auf die Erbfolge anzuwendende Recht, 1996

Brox, Hans/Walker, Wolf-Dietrich, Erbrecht, 27. Auflage 2016

Brox, Hans, Die objektiven Grenzen der materiellen Rechtskraft im Zivilprozess, JuS 1962, 121–128

Bunjes, Johann/Geist, Reinhold, Umsatzsteuergesetz, Kommentar, 16. Auflage 2017

Burandt, Wolfgang/Rojahn, Dieter (Hrsg.), Beck'sche Kurzkommentare, Band 65, Erbrecht, 2. Auflage 2014 (zit. Burandt/Rojahn/Bearbeiter)

Canaris, Claus-Wilhelm/Habersack, Mathias/Schäfer, Carsten, Staub Handelsgesetzbuch, Großkommentar, Erster Band Einleitung §§ 1–47b HGB, 5. Auflage 2009; Dritter Band, §§ 105–160 HGB, 5. Auflage 2009 (zit. Bearbeiter in GroßkommHGB)

Canaris, Claus-Wilhelm, Handelsrecht, 24. Auflage 2006

Christmann, Verena, Die Geltendmachung der Haftungsbeschränkung zugunsten Minderjähriger, ZEV 2000, 45–49

Crezelius, Georg, 10 Jahre ZEV: Die Entwicklung des Steuerrechts, ZEV 2004, 45–54

Damrau, Jürgen, Die Fortführung des von einem Minderjährigen ererbten Handelsgeschäfts, NJW 1985, 2236–2239

Damrau, Jürgen, Grabpflegekosten sind Nachlassverbindlichkeiten, ZEV 2004, 456

Damrau, Jürgen/Tanck, Manuel (Hrsg.), Praxiskommentar Erbrecht, 3. Auflage 2014

Dauner-Lieb, Barbara, Zwangsvollstreckung bei Nachlassverwaltung und Nachlasskonkurs, Festschrift für Hans Friedhelm Gaul, 93–108 (zit. Dauner-Lieb, FS für Gaul)

Dauner-Lieb, Barbara, Unternehmen im Sondervermögen, Haftung und Haftungsbeschränkung, 1998 (zit. Unternehmen im Sondervermögen)

Depping, Bernd, Steuerrisiken der beschränkten Erbenhaftung, DStR 1993, 1246–1248

Dieckmann, Albrecht, Pflichtteilsverzicht und nachehelicher Unterhalt, FamRZ 1992, 633–636

Dieckmann, Albrecht, Kein nachehelicher Unterhaltsanspruch gegen den Erben nach Erb- oder Pflichtteilsverzicht – Eine Erwiderung, FamRZ 1999, 1029–1035

Dieckmann, Albrecht, Handelsrechtliche Erbenhaftung als Bestandteil des Unternehmensrechts, ZHR 157 (1993), 600–620

Dieckmann, Albrecht, Die Erbengemeinschaft nach einem Einzelkaufmann, NJW 1985, 2785–2793

Dieckmann, Albrecht, Zur Auswirkung eines Erb- oder Pflichtteilsverzichts auf die nachehelichen Unterhaltsansprüche eines (früheren) Ehegatten, NJW 1980, 2777–2781

Dietz, Rolf, Familien- und Erbrecht, 1949

Döbereiner, Christoph, (Bindende?) Rechtswahlen nach der EU-Erbrechtsverordnung, DNotZ 2014, 323

Dörner, Heinrich/Hertel, Christian/Lagarde, Paul/Riering, Wolfgang, Auf dem Weg zu einem europäischen Erb- und Erbverfahrensrecht, IPRax 2005, 1–8

Dörner, Heinrich, EUErbVO: Die Verordnung zum internationalen Erb- und Erbverfahrensrecht ist in Kraft!, ZEV 2012, 505

Dörner, Heinrich, Das deutsch-türkische Nachlassabkommen, ZEV 1996, 90

Dutta, Anatol/Weber, Johannes, Internationales Erbrecht, 2016

Dutta, Anatol/Herrler, Sebastian, Die Europäische Erbrechtsverordnung, 2014

Ebenroth, Carsten Thomas, Erbrecht, 1992

Eberl-Borges, Christina, Die Tierhalterhaftung des Diebes, des Erben und des Minderjährigen, VersR 1996, 1070–1076

Ehrenkönig, Ernst-Michael, Die Erbenhaftung. Ein Vorschlag zur Neuregelung, Frankfurt a. Main 1991

Eickmann, Dieter/Flessner, Axel u. a. (Hrsg.), Heidelberger Kommentar zur Insolvenzordnung, 6. Auflage 2011 (zit. HK-InsO/Bearbeiter)

Enneccerus, Ludwig/Kipp, Theodor, Lehrbuch des Bürgerlichen Rechts, Fünfter Band Erbrecht, 13. Bearbeitung 1978

Erbguth, Wilfried/Stollmann, Frank, Bodenschutzrecht, 2001

Erbrechtsausschuss für Deutsches Recht, Die Reform der Erbenhaftung im Erbrechtsausschuss der Akademie für Deutsches Recht, eine rechtsgeschichtliche und rechtsvergleichende Untersuchung zu einer nie verwirklichten Reform, dargestellt anhand der Vorschläge von *Siber* und *Karpe*, 1938

Erman, Walter, Bürgerliches Gesetzbuch mit Nebengesetzen, 15. Auflage 2017

Eylmann, Horst/Vaasen, Hans-Dieter, Bundesnotarordnung, Beurkundungsgesetz: BNotO BeurkG, 4. Auflage 2016

Fahrenkamp, Wolfgang, Bis zu welchem Zeitpunkt kann der Erbe seinen Antrag auf Nachlassverwaltung zurücknehmen?, NJW 1975, 1637–1638

Firsching, Karl/Graf, Hans Lothar, Nachlassrecht, 11. Auflage 2018 (zit. Firsching/Graf)

Fischer, Elke/Lacus, Sebastian, Probleme mit der Nicht-Vererbbarkeit von Verlustvorträgen, DStR 2014, 302–305

Fischer, Robert, Fortführung eines Handelsgeschäfts durch eine Erbengemeinschaft?, ZHR 144 (1980), 1–17

Fluck, Jürgen/Frenz, Walter/Fischer, Kristian/Franßen, Gregor (Hrsg.), Kreislaufwirtschafts-, Abfall- und Bodenschutzrecht, (KrW-/Abf- u. BodSchR), Heidelberg, Loseblattwerk 135. Ergänzungslieferung, Stand: Juni 2017

Försterer, Lutz, Anwaltsskript Erbrecht, 3. Auflage 2009

Frank, Rainer, Der Verzicht auf erbrechtlichen Erwerb zum Nachteil der Gläubiger, in: Festschrift für Dieter Leipold zum 70. Geburtstag, herausgegeben von Rolf Stürner/Hiroyuki Matsumoto/Wolfgang Lüke/Masahisa Deguchi, 2009, 983–996

Frenz, Norbert, Anmerkung zum Urteil des BGH vom 29. 11. 2000 – XII ZR 165/98, ZEV 2001, 115

Frieser, Andreas, Die anwaltliche Praxis in Erbschaftssachen, 1995 (zit. Frieser, anwaltliche Praxis)

Frohn, Peter, Fiskalrecht, Feststellung des Fiskalerbrechts und „Erbenaufgebot", RPfleger 1986, 37–44

Frohn, Peter, Ausschlagung schon vor dem Erbfall, RPfleger 1997, 340–343

Fromm, Nachlassverwaltung: Eine Bedrohung für mittelständische Unternehmen im Nachlass, ZEV 2006, 298–301

Geck, Reinhard/Messner, Michael, ZEV-Report Steuerrecht, ZEV 2018, 79–85

Geißler, Markus, Die Vollstreckungsklagen im Rechtsbehelfssystem der Zwangsvollstreckung, NJW 1985, 1865–1872

Gerhold, Thomas, Die Behandlung streitiger Rechtsfragen der Sanierungsverantwortlichkeit durch das BBodSchG, Altlasten spektrum 1998, 107–112

v. Gierke, Otto, Das Bürgerliche Gesetzbuch und der Deutsche Reichstag, 1896

Giesberts, Ludger/Reinhardt, Michael (Hrsg.), Beck´scher Online-Kommentar Umweltrecht, Stand: 1. 8. 2017

Glanegger, Peter/Güroff, Georg, Gewerbesteuergesetz Kommentar, 9. Auflage 2017

Gosch, Dietmar, Anmerkung zum Urteil des BFH vom 13. 12. 1995 – XR 261/93, StBp 1996, 166–167

Gottwald, Peter (Hrsg.), Insolvenzrechts-Handbuch, 5. Auflage 2015 (zit. Gottwald/ Bearbeiter)

Gottwald, Uwe, Fristen im Erbrecht: Fristsetzung durch das Nachlassgericht und durch Beteiligte, ZEV 2006, 347–350

Graf, Hans Lothar, Möglichkeiten der Haftungsbeschränkung für Nachlassverbindlichkeiten, ZEV 2000, 125–131

Graf-Schlicker, Marie Luise, InsO, Kommentar zur Insolvenzordnung, 4. Auflage 2014

Gsell, Beate/Krüger, Wolfgang/Lorenz, Stephan/Reymann, Christoph (Hrsg.), Beck'scher-Online Großkommentar zum BGB, Stand 1. 10. 2017 (zit. BeckOGK/ Bearbeiter)

Grau, Carsten, Anmerkung zum Beschluss des OLG Celle vom 21. 7. 2016, 6 W 92/16 und 6 W 107/16, ZEV 2017, 96

Grunewald, Barbara, Die Auswirkungen eines Irrtums über politische Entwicklung in der DDR auf Testamente und Erbausschlagungen, NJW 1991, 1208–1212

Grziwotz, Herbert, Pflichtteilsverzicht und nachehelicher Unterhalt, FamRZ 1991, 1258–1259

Haarmeyer, Hans/Wutzke, Wolfgang/Förster, Karsten, Handbuch zur Insolvenzordnung, InsO, 4. Auflage 2013 (zit. Haarmeyer/Wutzke/Förster, Kap.)

Hanisch, Hans, Nachlassinsolvenzverfahren und materielles Erbrecht, Schwerpunkte im Binnen- und Auslandsbezug, FS für Wolfram Henckel 1995, 369–386 (zit. FS für Henckel)

Hartmann, Timo, Die Einrede der Dürftigkeit des Nachlasses im Steuerrecht, ZEV 2009, 324–329

Häsemeyer, Ludwig, Insolvenzrecht, 4. Auflage 2007

Hausmann, Rainer/Hohloch, Gerhard, Handbuch des Erbrechts, 2. Auflage 2010

Heinrich, Jürgen/Heinrich, Christian, Das Ausschlagungsrecht der Erbeserben, RPfleger 1999, 201–204

Herzog, Stephanie, Nachlasshaftung und Nachlassinsolvenz (1. Teil), ErbR 2013, 70–82

Hillebrand, Stephan-Robert, Die Nachlassverwaltung – unter besonderer Berücksichtigung der Verwaltungs- und Verfügungsrechte des Nachlassverwalters –, Diss. Bochum 1998

Holzer, Johannes, Das Aufgebot der Nachlassgläubiger nach dem FamFG, ZEV 2014, 583, 584

Holzwarth, Fritz/Radtke, Hansjörg/Hilger, Bernd/Bachmann, Günther, Bundes-Bodenschutzgesetz/Bundes-Bodenschutz- und Altlastenverordnung, Handkommentar, 2. Auflage 2014

Hübschmann/Hepp/Spitaler, Kommentar zur Abgaben- und zur Finanzgerichtsordnung, Loseblattausgabe, 244. Aktualisierung 2017 (zitiert: H/H/S/Bearbeiter)

Hüffer, Uwe, Die Fortführung des Handelsgeschäfts in ungeteilter Erbengemeinschaft und das Problem des Minderjährigenschutzes – Überlegungen zu den Entscheidungen BGHZ 92, 259 und BVerfG WM 1986, 826, ZGR 1986, 603–655

Isekeit, Christian/Weiß, Christian, Das Nachlassinsolvenzverfahren – Grundzüge des Insolvenzrechts für Erbrechtler, ZErb 2016, 249–253

Ivo, Malte, Die Erbausschlagung eines Sozialhilfeempfängers, FamRZ 2003, 6–9

Ivo, Malte, Anmerkung zum Beschluss des OLG Frankfurt vom 4.5.2017 – 20 W 197/16, ZEV 2017, 515, 527

Jaspersen, Kai, Vollstreckung nach Anordnung der Nachlassverwaltung, Rpfleger 1995, 243–246

Jauernig, Othmar, Bürgerliches Gesetzbuch mit AGG, herausgegeben von Rolf Stürner, 16. Auflage 2015

Joachim, Norbert, Die Haftung des Erben, ZEV 2005, 99–102

Joachim, Norbert, Anmerkung zum Urteil des BGH vom 2.2.2010 – VI ZR 82/09, ZEV 2010, 315–316

Joachim, Norbert, Zur Beschränkung der Haftung auf den Nachlass bei Wohngeldschulden; zugleich Anmerkung zu BGH v. 5.7.2013 – V ZR 81/12, NJW 2013, 3446ff., ZEV 2013, 609–613

Joachim, Norbert/Janzen, Sven, Gehören Erbschaftsteuerschulden zu den Nachlassverbindlichkeiten iSv § 1967 Abs. 2 BGB?, ZEV 2018, 74–79

Joachim, Norbert/Kräft, David, Die Rechtsmittel des FamFG, JR 2010, 277–282

Joachim, Norbert/Lange, Niels, Haftungsbeschränkung des Erben für bodenschutzrechtliche Sanierungspflichten, ZEV 2011, 53–59

Joachim, Norbert/*Lange, Niels*, Zivilrechtliche Aspekte der Sterbegeldversicherung, ZEV 2012, 126–130

Joachim, Norbert/*Lange, Niels*, Pflichtteilsrecht 3. Auflage 2017 (zit. Joachim/Lange, Pflichtteilsrecht)

Johannsen, Kurt Herbert u.a. (Hrsg.), Das Bürgerliche Gesetzbuch mit besonderer Berücksichtigung der Rechtsprechung des Reichsgerichts und des Bundesgerichtshofes, Kommentar, Band V §§ 1922–2146, 12. Auflage 1974 (zit. RGRK/Bearbeiter)

Karpe, Heinz, Breslauer Entwurf eines Gesetzes über die Haftung für Nachlaßschulden in: 3. Denkschrift des Erbrechtsausschusses der Akademie für Deutsches Recht, 1939

Karczewski, Christoph, Die Totenfürsorge: ein unbekanntes Rechtsinstitut?, ZEV 2017, 129–134

Kegel, Gerhard, Zum Pflichtteil vom Großgrundbesitz, in: Liber amicorum Ernst J. Cohn, Festschrift für Ernst J. Cohn zum 70. Geburtstag, herausgegeben von A. G. Chloros/Karl H. Neumayer, 1975, 85–134

Keidel, Theodor/Engelhardt, Helmut/Sternal, Werner, FamFG, 19. Auflage 2017

Keuk, Brigitte, Die neuere Einkommensteuer-Rechtsprechung des BFH, StuW 1973, 74–89

Kinne, Harald/*Schach*, Klaus/*Bieber*, Hans-Jürgen, Miet- und Mietprozessrecht, 2011

Kipp, Theodor/Coing, Helmut, Erbrecht, 14. Auflage 1990

Kirchhof, Hans-Peter/Lwowski, Hans-Jürgen/Stürner, Rolf (Hrsg.), Münchener Kommentar zur Insolvenzordnung, Band 1: §§ 1–79 InsO, InsVV, 3. Auflage 2013, Band 2: §§ 80–216 InsO, 3. Auflage 2013, Band 3: §§ 217–359 InsO, Art. 103a–110 EGInsO, Konzerninsolvenz, Insolvenzsteuerrecht, 3. Auflage 2014

Kirchhoff, Paul, Kompaktkommentar Einkommensteuergesetz, 16. Auflage 2017

Klein, Franz, Abgabenordnung Kommentar, 13. Auflage 2016

Kleinschmidt, Jens, Optionales Erbrecht: Das europäische Nachlasszeugnis als Herausforderung an das Kollisionsrecht, RabelsZ 77 (2013), 723

Klingelhöffer, Hans, Das Testament des geschiedenen, unterhaltspflichtigen Ehegatten – Praktische Überlegungen zu § 1586b BGB, ZEV 1999, 13–14

Klingelhöffer, Hans, Die erbrechtliche Unterhaltssicherung des ersten und zweiten Ehegatten: Ein ungeklärtes Problem des § 1586b BGB, ZEV 2001, 179–180

Kloepfer, Michael, Umweltrecht, 4. Auflage 2016

Klook, Sven, Die überschuldete Erbschaft, 1998, zugleich Diss. Bremen 1997 (zit. Klook, Die überschuldete Erbschaft)

Knütel, Rolf, § 822 BGB und die Schwächen unentgeltlichen Erwerbs, NJW 1989, 2504–2509

Koenig, Ulrich, Abgabenordnung: AO, 3. Auflage 2014

Kroiß, Ludwig/Ann, Christoph/Mayer, Jörg (Hrsg.), Bürgerliches Gesetzbuch Anwaltkommentar BGB, Band 5: Erbrecht §§ 1922–2385, 4. Auflage 2014 (zit. AnwK-Bearbeiter)

Kress, Hugo, Die Erbengemeinschaft nach dem Bürgerlichen Gesetzbuch für das Deutsche Reich, 1903 (zit. Kress, Erbengemeinschaft)

Kübler, Bruno/Prütting, Hanns/Bork, Reinhard, Kommentar zur Insolvenzordnung, Band I §§ 1–79 InsO (Loseblatt), Stand: 72. Lieferung 6/2017, Band III §§ 174–359 InsO

Kügel, Wilfried, Die Entwicklung des Altlastenrechts, NJW 1996, 2477–2485

Küpper, Wolfgang, Haftung und Bindung des Nacherben aus der Nachlassverwaltung und des Vorerben: Erläutert am Abschluss eines Leihvertrages über eine Nachlassimmobilie, ZEV 2017, 61–65

Kuhn, Johannes/Trappe, Sebastian, Der Anspruch auf ein notarielles Nachlassverzeichnis gemäß § 2314 Abs. 1 Satz 3 BGB, ZEV 2011, 347–353

Kurze, Dietmar, Die Vollmacht nach dem Erbfall, ZErb 2008, 399–411

Landel, Christoph/Vogg, Reiner/Wüterich, Christoph, Bundes-Bodenschutzgesetz, Kommentar 2001

von Landmann, Robert/Rohmer, Gustav, Umweltrecht, Band 4, Loseblatt Stand: 83. Ergänzungslieferung, 2017

Lange, Heinrich/Kuchinke, Kurt, Lehrbuch des Erbrechts, 5. Auflage 2001

Lange, Heinrich, Die Regelung der Erbenhaftung, 3. Denkschrift des Erbrechtsausschusses der Akademie für deutsches Recht, Tübingen 1939

Lange, Knut Werner, Wann verjährt ein Anspruch aus § 2018 BGB?, JZ 2013, 598–603

Lange, Knut Werner, Erbrecht, 2. Auflage 2017

Lange, Jerome, Zulässigkeit des erstmals im Berufungsrechtszug erhobenen Vorbehalts der beschränkten Erbenhaftung, jurisPR-FamRZ 10/2010 Anm. 2

Leipold, Dieter, Erbrecht, 21. Auflage 2016

Leonhardt, Peter/Smid, Stefan/Zeuner, Mark (Hrsg.), Insolvenzordnung (InsO), 3. Auflage 2010 (zit. Smid/Bearbeiter)

Lepsius, Oliver, Zu den Grenzen der Zustandshaftung des Grundeigentümers, JZ 2001, 22–27

Liebisch, Arnold, Über die Rechtsstellung der Erben eines offenen Handelsgesellschafters, ZHR 116, 128–188

Limperg, Bettina/Oetker, Hartmut/Rixecker, Roland/Säcker, Franz-Jürgen(Hrsg.), Münchener Kommentar zum BGB, Band 8, 1. Halbband, §§ 1297–1588 BGB/ GewSchG, VersAusglG, LPartG, 7. Auflage 2017, Band 10, Erbrecht, §§ 1922–2385 BGB, §§ 27–35 BeurkG, 7. Auflage 2017, Band 11, Internationales Privatrecht I, Europäisches Kollisionsrecht, Einführungsgesetz zum Bürgerlichen Gesetzbuche (Art. 1–24/Art. 1–26), 6. Auflage 2015/7. Auflage 2018, Band 12 Internationales Privatrecht II, Internationales Wirtschaftsrecht, Einführungsgesetz zum Bürgerlichen Gesetzbuche (Art. 25–248), 6. Auflage 2015 (zit. MüKo/Bearbeiter)

Linde, Trutz, Zur Ausschlagung einer Erbschaft – Nasciturus, Sozialhilfe – BWNotZ 1988, 54–58

Lorenz, Stephan, Erbstatut, Erberwerbsstatut und Erbenhaftung im deutsch-österreichischen Verhältnis: „le mort saisit le vif" contra „hereditas iacens" und die Folgen (zu OGH, 12. 6. 2003 – 2 Ob 81/03f, oben S. 531, Nr. 42), IPRax 2004, 536–540

Lorenz, Stephan, Erbrecht in Europa – auf dem Weg zu kollisionsrechtlicher Rechtseinheit, ErbR 2012, 39

v. Lübtow, Ulrich, Erbrecht, 2. Halbband, 1971 (zit. v. Lübtow, Erbrecht II)

Lüdtke-Handjery, Elke/v. Jeinsen, Ulrich, Höfeordnung, 11. Auflage 2015

Lützenkirchen, Klaus, Neue Mietrechtspraxis für Wohnraum- und sonstige Mietverhältnisse, 2001

Lutter, Marcus, Zahlungseinstellung und Überschuldung unter der neuen Insolvenzordnung, ZIP 1999, 641–647

Luttermann, Claus, Die Erbenhaftung bei Kommanditanteilen, ZErb 2008, 139–145

Majer, Christian F., Das deutsch-türkische Nachlassabkommen: Ein Anachronismus, ZEV 2012, 182

Malitz, Michael, Erbausschlagung und Rechtsirrtum, ZEV 1998, 415–419

Mankowsky, Peter, Das erbrechtliche Viertel nach § 1371 Abs. 1 BGB im deutschen und europäischen Internationalen Privatrecht, ZEV 2014, 121

Mankowsky, Peter, Der gewöhnliche Aufenthalt des Erblassers unter Art. 21 Abs. 1 EUErbVO, IPrax 2015, 39

Mansel, Hans-Peter/Thorn, Karsten/Wagner, Rolf, Europäisches Kollisionsrecht 2012: Voranschreiten des Kodifikationsprozesses – Flickenteppich des Einheitsrechts, IPrax 2013,1

Marotzke, Wolfgang, Anmerkung zu BayObLG, Beschl. v. 7. 10. 1999, 2 ZBR 73/99, ZEV 2000, 153–155

Marotzke, Wolfgang, Kann ein Erbe trotz Unkenntnis oder Ungewissheit seiner Erbenstellung verpflichtet sein, die Eröffnung eines Nachlassinsolvenzverfahrens zu beantragen?, ZinsO 2011, 2105–2109

Martinek, Michael, Der Kommanditanteil als Nachlasssurrogat – ein neuer Konflikt zwischen Erb- und Gesellschaftsrecht –, ZGR 1991, 74–102

Maurer, Robert, Das Rechtsverhältnis zwischen Erben und Erbschaftsbesitzer, Diss. Passau 1999

Max-Planck-Institut, „Comments on the European Commissions Proposal for a Regulation of the European Parliament and of the Council on jurisdiction, applieble law, recognition on enforcement of decisions an authentic instruments in matters of succession" and the creation of a European Certificate of succession, RabelsZ 74 (2010), 522

Mayer, Jörg, Anmerkung zu OLG Stuttgart, Beschl. vom 25. 6. 2001 – 8 W 494/99, ZEV 2002, 369–370

Meincke, Jens-Peter/Hannes, Frank/Holtz, Michael, Erbschaftsteuer- und Schenkungsteuergesetz: ErbStG, 17. Auflage 2018

Meincke, Jens Peter, Anmerkung zum Vorlagebeschluss an den Großen Senat des BFH, ZEV 2005, 80–81

Michalski, Lutz, BGB – Erbrecht, 4. Auflage 2010

Münzberg, Wolfgang, Anmerkung zu BayObLG, Beschl. vom 7. 10. 1999 – 27 BR 73/99, Rpfleger 2000, 216–217

Muscheler, Karlheinz, Der Erbschaftsanspruch, Teil 1, ErbR 2009, 38–50

Muscheler, Karlheinz, Haftungsbeschränkung zugunsten Minderjähriger (§ 1629a BGB), WM 1998, 2271–2288

Muscheler, Die Haftungsordnung der Testamentsvollstreckung, 1994

Muscheler, Karlheinz, Erbrecht (2 Teilbände), 2010

Musielak, Hans-Joachim, Der Irrtum des Erblassers und der Erben, ZEV 2016, 353–360

Musielak, Hans-Joachim, Anmerkung zu BGH, Beschl. vom 26. 2. 2009 – VII ZB 30/08, ZEV 2009, 249–250

Musielak, Hans-Joachim/Voit, Wolfgang, Kommentar zur Zivilprozessordnung, 14. Auflage 2017

von Mutius, Albert/Nolte, Martin, Die Rechtsnachfolge im Bundes-Bodenschutzgesetz, DÖV 2000, 1–7

Neukirchen, Mark, Der Vorbehalt der beschränkten Erbenhaftung in notariellen Vollstreckungstiteln, RNotZ 2016, 228–230

Niedenführ, Werner, Haftung des Erben für Wohngeld, NZM 2000, 641–643

Nerlich, Jörg/*Römermann, Volker* (Hrsg.), Insolvenzordnung, Kommentar (Loseblatt), 31. Auflage 2017

Nöll, Mario/Flitsch, Michael, Nachlassverwaltung als Sanierungsinstrument bei todesfallbedingten Unternehmenskrisen, ZEV 2017, 247–251

Oertmann, Paul, Zur Struktur des subjektiven Privatrechts, AcP 123 (1925), 129–160

Olzen, Dirk, Der Erbschaftsanspruch, §§ 2018ff. BGB, Jura 2001, 223–228

Olzen, Dirk, Der Erbschaftsanspruch, JuS 1989, 374–382

Ostholt, Konrad, Das Haftungsregime des § 1978 Abs. 1 Satz 1 BGB, ZEV 2015, 444–449

Otte, Gerhard, 10 Jahre ZEV: Die Entwicklung des Erbrechts von 1994–2003, ZEV 2004, 9–13

Palandt, Otto, Bürgerliches Gesetzbuch Kommentar, 77. Auflage 2018 (zit. Palandt/Bearbeiter)

Papier, Hans-Jürgen, Die Verantwortlichkeit für Altlasten im öffentlichen Recht, NVwZ 1986, 256–263

Paus, Bernhard, Einkommensteuerpflicht des Erben auch bei Nachlassverwaltung, DStZ 1993, 82–83

Pentz, Adolf, Nachehelicher Unterhalt trotz Pflichtteilsverzichts, FamRZ 1998, 1344–1346

Pentz, Adolf, Ausschlagung durch Erbeserben (§ 1952 Abs. 3 BGB), Rpfleger 1999, 516–518

Piltz, Detlev, Maßnahmen gegen den Verlust des Verlustvortrags im Erbfall, ZEV 2008, 376–379

Planck, Kommentar zum Bürgerlichen Gesetzbuch, Bd. V, Erbrecht, 5. Auflage 1933/1938 (zit. Planck/Bearbeiter)

Pötsch, Nicolas, Anmerkung zu LG Bonn v. 24. 1. 2012, 10 O 453/10, ZEV 2012, 321, 324

Prütting, Hanns/Gehrlein, Markus (Hrsg.), ZPO Kommentar, 8. Auflage 2016

Pütter, Thomas, Der Nachlassverwalter als Unternehmer, 1999

Rauscher, Thomas/Wax, Peter/Wenzel, Joachim (Hrsg.), Münchener Kommentar zur Zivilprozessordnung, Band 2: §§ 355–945b, 5. Auflage 2016, Band 3: §§ 946–1117, EGZPO, GVG, EGGVG, UKlaG, Internationales und Europäisches Zivilprozessrecht, 5. Auflage 2017

Rebmann, Stefanie, Der Eintritt des Erben in pflichtbelastete Rechtspositionen, Diss. Reutlingen 2004

Rechsteiner, Beat W., Das Erbrecht Brasiliens – Eine Übersicht, ZEV 2007, 212–215

Reihlen, Irmgard, Kann ein Miterbe Nachlassverwalter werden?, MDR 1989, 603–604

Riesenfeld, G., Die Erbenhaftung nach dem Bürgerlichen Gesetzbuch, Erster Band: Die Grundsätze der Haftung, Zweiter Band: Das Inventar und die Mittel der Haftungsbeschränkung, 1916 (zit. Riesenfeld, Erbenhaftung Band)

Roessink, Uta, Zur Berechtigung für den Geschiedenenunterhalt gemäß § 1586b BGB, FamRZ 1990, 924–928

Rolfs, Christian/Giesen, Richard/Kreikebohm, Ralf/Udsching, Peter (Hrsg.), Beck´scher Online-Kommentar Sozialrecht, München 47. Edition, Stand: 1. 12. 2017 (zit.: Bearbeiter in:)

Rugullis, Sven, Nachlassverwaltung und Nachlassinsolvenzverfahren, ZEV 2007, 117–120

Saenger, Ingo, Handkommentar zur ZPO, 7. Auflage 2017 (zit. Hk-ZPO/Bearbeiter)

Scherer, Stephan, Münchener Anwalts Handbuch Erbrecht, 5. Auflage 2017 (zit. Scherer/Bearbeiter)

Scheyhing, Robert, Höfeordnung, 1967

Schindler, Andreas, Anmerkung zum Urteil des OLG Celle vom 14. 1. 2010 – 6 U 114/09, ZEV 2010, 410–411

Schindler, Andreas, Gesamtschuld- und Gesamthandsklage eines Miterbenachlassgläubigers, ZEV 2011, 295–299

Schink, Alexander, Rechtsfragen der Altlasten, GewArch 1996, 50–62

Schlegelberger, Franz, Handelsgesetzbuch, Kommentar, bearb. *von Geßler, Hefermehl, Hildebrandt, Schröder, Martens und K. Schmidt*, 5. Auflage, 1. Band 1973; 3. Band, 2. Halbband, 1986 (zit. Schlegelberger/Bearbeiter)

Schmidt, Karsten, Zum Prozessrecht der beschränkten Erbenhaftung, JR 1989, 45–48

Schmidt, Karsten, Handelsrechtliche Erbenhaftung als Bestandteil des Unternehmensrechts, ZHR 157 (1993), 600–620

Schmidt, Karsten (Hrsg.), Münchener Kommentar zum Handelsgesetzbuch, Band 1 §§ 1–104a, 4. Auflage 2016, Band 2 §§ 105–160, 4. Auflage 2016, Band 3 §§ 161–237, 4. Auflage 2018 (zit. MüKo-HGB/Bearbeiter)

Schmidt, Karsten, Handelsrecht, 5. Auflage 1999 (zit. Schmidt, Handelsrecht)

Schmidt, Ludwig, Einkommensteuergesetz Kommentar, 36. Auflage 2017

Schmidt-Futterer, Wolfgang/Blank, Hubert, Mietrecht, 13. Auflage 2017

Schmitz, Hans-Walter, Kein nachehelicher Unterhaltsanspruch gegen den Erben nach Erb- oder Pflichtteilsverzicht – Anmerkung zu dem Beitrag von Dieckmann FamRZ 1999, 1029, FamRZ 1999, 1569

Schneider, Norbert, Kostenpraxis beschränkte Erbenhaftung in der Kostenfestsetzung, ErbR 2011, 276.

Schulze, Reiner/Dörner, Heinrich u.a., Bürgerliches Gesetzbuch, Handkommentar, 9. Auflage 2017 (zit. Hk/Bearbeiter)

Schwartmann, Rolf/Vogelheim, Markus, Die Beschränkung der öffentlich-rechtlichen Altlastenhaftung des Erben, ZEV 2001, 101–104

Schwartmann, Rolf/Vogelheim, Markus, Die bodenschutzrechtliche Zustandshaftung für geerbte Grundstücke, ZEV 2001, 343–347

Siber, Heinrich, Haftung für Nachlaßschulden nach geltendem und künftigem Recht (mit einem Gesetzesentwurf), 1937 (zit. Siber, Nachlaßschulden)

Sick, Philipp, Die Haftung des Erben nach § 1967 BGB und das Problem der Haftungsbeschränkung auf den Nachlass, ZErb 2010, 325–332

Siegmann, Gerhard, Nochmals: Haftung des Erben für Wohngeld, NZM 2000, 995–997

Siegmann, Gerhard, Urteilsanmerkung im StRK, Anm. AO, § 45 Rechtsspruch 8

Siegmann, Gerhard, Ungereimtheiten und Unklarheiten im Nachlassinsolvenzrecht, ZEV 2000, 221–223

Siegmann, Gerhard/Siegmann, Matthias, Einkommensteuerschuld und Erbenhaftung, StVj 1993, 337–350

Siegmann, Matthias, Neues zur Haftung des Erben für nachlassbezogene Einkommensteuerschulden, ZEV 1999, 52–54

Soergel, Theodor (Begr.), Bürgerliches Gesetzbuch, Band 10 Einführungsgesetz, Stand: Anfang 1996; Band 21 Erbrecht 1, §§ 1922–2063, 13. Auflage, Stand: Januar 2002; Band 22 Erbrecht 2, §§ 2064–2273, §§ 1–35 BeurkG, 13. Auflage, Stand: Winter 2002/2003; Band 23 Erbrecht 3, §§ 2274–2385, 13. Auflage, Stand: Sommer 2002

Sölch/Ringleb, Umsatzsteuergesetz, Kommentar, 82. Auflage 2018, Stand: Januar 2018

Spieth, Wolf Friedrich/Wolfers, Benedikt, Die neuen Störer: Zur Ausdehnung der Altlastenhaftung in § 4 BBodSchG, NVwZ 1999, 355–360

Spieth, Wolf Friedrich/von Oppen, Matthias, Begrenzung der Sanierungsverantwortung für Altlasten. Konsequenzen aus dem Beschluss des BVerfG vom 16. Februar 2000 und neuerer Entscheidungen der Obergerichte, ZUR 2002, 257–265

v. Staudinger, Julius, Kommentar zum Bürgerlichen Gesetzbuch mit Einführungsgesetz und Nebengesetzen, Buch 1: Allgemeiner Teil, §§ 90–124; §§ 130–133, Neubearbeitung 2017; Buch 2: Recht der Schuldverhältnisse, BGB §§ 557–580a (Mietrecht 2, Miethöhe und Beendigung des Mietverhältnisses), Neubearbeitung 2017; Buch 5: Erbrecht: Einleitung zum Erbrecht, §§ 1922–1966, Neubearbeitung 2017; §§ 1967–2063, Neubearbeitung 2016; §§ 2064–2196, Neubearbeitung 2013; §§ 2346–2385, Neubearbeitung 2016, (zit. Staudinger/Bearbeiter)

Stein, Axel, Nachlassverwaltung und Zwangsvollstreckung, ZEV 1998, 178–181

Stein, Friedrich/Jonas, Martin, Kommentar zur Zivilprozessordnung, §§ 704–827, 22. Auflage 2002 (zit. Stein/Jonas/Bearbeiter)

Sticherling, Philipp, Anmerkung zu LG Lüneburg, Beschluss vom 1. 4. 2009 – 3 T 103/08, Rpfleger 2009, 459–460

Striewe, Peter, Rechtsprobleme der Altlastenbeseitigung, ZfW 1986, 273–291

Strnad, Oliver, Vererblichkeit des einkommensteuerlichen Verlustabzugs, FR 1998, 935–937

Strnad, Oliver, Anmerkung zum Urteil des BFH vom 16. 5. 2001 – I R 76/99, FR 2001, 1053

Strothmann, York, Einzelkaufmännisches Unternehmen und Erbenmehrheit im Spannungsfeld von Handels-, Gesellschafts-, Familien- und Erbrecht, ZIP 1985, 969–978

Süß, Rembert, Erbrecht in Europa, 3. Auflage 2015

Taupitz, Jochen, Das Bundesbodenschutzgesetz aus dem Blickwinkel des Zivilrechts, in: Bodenschutz und Umweltrecht, 15. Trierer Kolloquium zum Umwelt- und Technikrecht vom 19. bis 21. September 1999, herausgegeben von Reinhard Hendler, Berlin 2000

Thomas, Heinz/Putzo, Hans/Reichhold, Klaus/Hüßtege, Rainer, Zivilprozessordnung, 38. Auflage 2017

Tipke, Klaus/Kruse, Heinrich Wilhelm, Abgabenordnung, Finanzgerichtsordnung Band 1 §§ 1–154 AO; Band 2 §§ 155–415 AO, Loseblattsammlung, Stand 148. Aktualisierung 2017

Trappe, Sebastian, Erfolgreich anfechten – oder: „The Art of Storytelling": Aktuelle Rechtsprechung zur Anfechtung von Annahme und Ausschlagung der Erbschaft, ErbR 2017, 458–463

Troll, Max/Eisele, Dirk, Grundsteuergesetz, 11. Auflage 2014

Uhlenbruck, Wilhelm/Hirte, Heribert/Vallender, Heinz (Hrsg.), Insolvenzordnung Kommentar, 14. Auflage 2015 (zit. Uhlenbruck/Bearbeiter)

Versteyl, Ludger-Anselm/Sondermann, Dieter, Bundes-Bodenschutzgesetz, Kommentar, 2. Auflage 2005

Vorwerk, Volkert/Wolf, Christian (Hrsg.), Beck´scher Online Kommentar zur ZPO, München 26. Edition, Stand: 15. 9. 2017 (zit.: Vorwerk/Wolf/Bearbeiter)

Wacke, Andreas, Gutgläubiger Vormerkungserwerb und Konfusion, NJW 1981, 1577–1581

Walter, Elfriede, Annahme und Ausschlagung der Erbschaft, ZEV 2008, 319–323

Wassermann, Rudolf (Hrsg.), Reihe Alternativkommentare, Kommentar zum Bürgerlichen Gesetzbuch, Band 6 Erbrecht, 1990 (zit. AK/Bearbeiter)

Weber, Werner, Testamentsauslegung im Hinblick auf die Anordnung eines bedingten Vermächtnisses und die Konkursantragspflicht bei einer Überschuldung des Nachlasses, ZEV 1998, 101f.

Weimar, Wilhelm, Aufwendungen für Trauerkleidung als Beerdigungskosten, MDR 1967, 980–981

Weimar, Wilhelm, Für den juristischen Nachwuchs: Haftpflicht bei Schäden durch Nachlasssachen, MDR 1971, 369–370

Weinkauf, Holger, Der Erbschaftsanspruch als besondere Anspruchsgrundlage zur Wahrung der berechtigten Interessen des Erben, Diss. Göttingen 1981

Welzel, Peter, Erbenhaftung im Steuerrecht, DStZ 1993, 425–429

Wimmer, Klaus, (Hrsg.), Frankfurter Kommentar zur Insolvenzordnung, 9. Auflage 2017 (zit. FK-InsO/Bearbeiter)

Wieling, Hans, Hereditatis petitio und res iudicata, JZ 1986, 5–11

Wolf, Manfred, Die Fortführung eines Handelsgeschäftes durch die Erbengemeinschaft, AcP 181 (1981), 481–514

Wöhrmann, Heinz, Das Landwirtschaftserbrecht, Kommentar zur Höfeordnung, zum BGB-Landguterbrecht und zum GrdstVG-Zuweisungsverfahren (zit. Wöhrmann, LwErbR), 10. Auflage 2011

Zeising, Jörg, Gesamtschuldklage und Gesamthandklage gegen Miterben, ZErb 2013, 52–57

Zimmermann, Walter, Probleme der Nachlassverwaltervergütung, ZEV 2007, 519–521

Zimmermann, Walter, Die Auswahl von Testamentsvollstreckern, Nachlasspflegern und Nachlassverwaltern durch das Nachlassgericht, ZEV 2007, 313–316

Zöller, Richard (Begr.), Kommentar zur Zivilprozessordnung, 32. Auflage 2018 (zit. Zöller/Bearbeiter)

Stichwortverzeichnis

(Die Zahlen verweisen auf die Randziffern.)